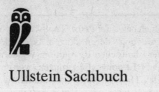

Ullstein Sachbuch

DAS BUCH:

Nach seinem Indochina-Buch berichtet Peter Scholl-Latour von seinen Erfahrungen mit einer Bewegung, deren derzeit beispiellose Dynamik
unsere Welt verändert: der islamischen Revolution. Wiederum dringt der
Autor in spannungsgeladenen Erlebnisschilderungen – von den Philippinen
bis nach Marokko – zu den Hintergründen vor, die der Westen kennen
muß, um die Herausforderung durch den Islam zu bestehen.
Das Buch beginnt mit einem Abenteuer bei den Moslems der Philippinen
und endet – in der Zusammenfassung – mit den Türken in der Bundesrepublik. Die Sprache, die alle Bekenner des Islam verbindet, hat Peter
Scholl-Latour in jenem Dorf gelernt, aus dem der neue libanesische Staatspräsident Amin Gemayel stammt, den er seitdem kennt. Das Arabische
öffnete Scholl-Latour Zugänge, die anderen verschlossen blieben. So gelang es ihm, die Wegmarken der islamischen Revolution jeweils zum richtigen Zeitpunkt zu entdecken.
Peter Scholl-Latour war dabei, als – beispielhaft für viele andere islamische
Völker – die Algerier ihre Unabhängigkeit erkämpften. Er hat Khomeini
auf seinem inzwischen historischen Flug von Paris nach Teheran begleitet
und den iranischen Umsturz im Zentrum dieses politischen Erdbebens erlebt. Er kennt die Mohammedaner Afrikas, Chinas und des Fernen Ostens;
er ritt mit den Aufständischen in die afghanische Bergwelt; er prüfte die
Lebenskraft des Islam in der Sowjetunion. Und für die dramatische Entwicklung im Nahen Osten ist er ein Augenzeuge ersten Ranges, denn er
hat sich hier wie dort ein eigenes Bild verschafft: im Libanon wie in Irsrael,
in Syrien wie im Irak.
Dieses Buch ist ein fesselnd geschriebener Bericht und zugleich ein Stan-
dardwerk über den Aufbruch einer Bewegung, die uns noch lange in Atem
halten wird; ein Erlebnis für alle Leser.

DER AUTOR:

Dr. phil. Peter Scholl-Latour, geboren 1924 in Bochum, studierte an den
Universitäten Mainz, Paris und Beirut (dort Arabistik). Seit 1950 ist er
Journalist. Von 1960 bis 1963 war er Afrika-Korrespondent der ARD,
von 1963 bis 1969 leitete er das Pariser Studio der ARD, von 1969 bis 1971
war er Programmdirektor des WDR-Fernsehens, 1975 bis 1983 war er
Leiter des Pariser ZDF-Studios; seit 1983 ist Scholl-Latour Vorstands-
mitglied der Gruner + Jahr AG, seit 1984 darüber hinaus Beiratsmitglied
der UFA-Film- und Fernseh-GmbH, Hamburg.
Veröffentlichungen: Fernseh-, Funk- und Zeitungsberichte und mehrere
Bücher, darunter »Der Tod im Reisfeld« (Ullstein-TB Nr. 33022), das
erfolgreichste politische Sachbuch seit 1945.

Peter Scholl-Latour

Allah ist mit den Standhaften

Begegnungen mit der islamischen Revolution

Mit 6 Karten

Ullstein Sachbuch

Ullstein Sachbuch
Ullstein Buch Nr. 34308
im Verlag Ullstein GmbH,
Frankfurt/M – Berlin

Ungekürzte Ausgabe (Reprint
der 7. Auflage, 1985)

Umschlagentwurf:
Hansbernd Lindemann
Unter Verwendung eines Fotos
von Michael Schleimann
Alle Rechte vorbehalten
Mit freundlicher Genehmigung der
Deutschen Verlags-Anstalt GmbH,
Stuttgart
© 1983 Deutsche Verlags-Anstalt GmbH,
Stuttgart
Printed in Germany 1985
Druck und Verarbeitung:
Ebner Ulm
ISBN 3 548 34308 2

Januar 1986

Vom selben Autor im
Verlag Ullstein erschienen:

Der Tod im Reisfeld (Nr. 33022)
Sieben Gesichter Chinas (mit Josef
Kaufmann; Nr. 34160)

CIP-Kurztitelaufnahme
der Deutschen Bibliothek

Scholl-Latour, Peter:
Allah ist mit den Standhaften:
Begegnungen mit d. islam. Revolution /
Peter Scholl-Latour. –
Ungekürzte Ausg., (Reprint d. 7. Aufl.). –
Frankfurt/M; Berlin: Ullstein, 1986.
   (Ullstein-Buch; Nr. 34308:
   Ullstein-Sachbuch)
   ISBN 3-548-34308-2
NE: GT

Inhalt

ALGERISCHES STUNDENBUCH

ERBSTREIT IM HAUSE ABRAHAM

DIE MOSLEMS VOR DER TÜR

KARTEN

Dieses ist die Schilderung einer persönlichen Begegnung mit dem Islam, die sich über mehr als dreißig Jahre erstreckt. Ich erhebe natürlich keinen Anspruch auf Vollständigkeit und versuche auch nicht, mit der Wissenschaft der Orientalisten zu wetteifern. Wenn ich mir ein Vorbild, einen Weggenossen gewählt habe, so den maghrebinischen Schriftsteller Ibn Battuta, der im 14. Jahrhundert die Islamische Welt zwischen Atlantik und Pazifik unermüdlich bereiste. Seine Neugier, sein Staunen und – sagen wir es ruhig – seine Naivität mögen sich auch in diesem Buche spiegeln.

P. S.-L.

Hinweise

Die Namen der in diesem Buch auftretenden Personen, gelegentlich auch der Ort der Begegnung, sind aus Gründen der Diskretion und vor allem der Sicherheit in gewissen Fällen verändert worden.

Zur Transkription

Die Transkription vom Arabischen ins Deutsche habe ich flexibel und wenig orthodox gehandhabt. Der Buchstabe »jim« – um nur dieses Beispiel zu erwähnen – wird in diesem Buch meist mit »j« wiedergegeben, wie das im Englischen und Französischen üblich ist, im Bereich des ägyptischen Dialekts hingegen mit »g«. Bei gewissen Worten, die im Deutschen geläufig sind, habe ich es bei »dsch« – siehe »Mudschahidin«– belassen. Auch die phonetische Angleichung des Artikels »el« an die nachfolgenden »Sonnenzeichen« habe ich nur in dem Maße vorgenommen, wie dadurch das Verständnis des Lesers nicht beeinträchtigt wird. So heißt es »Gamal Abdel Nasser«, aber »Anwar-es-Sadat«. Die weitgespannten regionalen Unterschiede haben zusätzliche Fragen aufgeworfen. So hätten – im Sinne einer puristischen Transkription – das indonesische Fest »Sekaten« als »Schahadatani« und der guineische Staatschef »Sekou Touré« als »es Scheikhu Tury« ausgeschrieben werden müssen. Der Autor bleibt sich der Problematik bewußt.

WECKRUF DES MUEZZIN

Wa lillahi el maschreq wa el maghreb.
Gottes ist der Orient, Gottes ist der Okzident

Koran, Sure 2, Vers 115
Goethe, West-östlicher Divan, Talismane

Gefangen bei den Moros

Zamboanga (Süd-Philippinen), Mai 1973

Der Koranlehrer war endlich eingeschlafen. Er lag ruhig unter dem Moskitonetz auf der Holzpritsche. Der Dschungel begann nur ein paar Meter hinter unserer Pfahlhütte. Das gesteigerte Trommeln und Surren der Insekten kündigte den nahenden Tag an. Die drei Kollegen des Kamera-Teams hatten sich gegen Mitternacht übermüdet und verschwitzt auf die Bambusmatte geworfen und waren tief entschlummert. Ich war allein mit der schwülen Nacht der süd-philippinischen Insel Basilan und mit meiner Sorge um die kommenden Stunden. Der Zettel, den der Koranlehrer mir heimlich zugesteckt hatte, signalisierte die Gefahr. Wir wurden für Agenten des amerikanischen Geheimdienstes CIA gehalten, und wenn es uns nicht gelang, diesen Verdacht zu entkräften, blieben nur geringe Chancen, das Fischerdorf Tuburan – wo wir seit achtzehn Stunden gefangengehalten wurden – lebendig zu verlassen. Die philippinischen Wachen mit ihren M 16-Gewehren kauerten vor der Holztreppe zu unserem improvisierten Haftlokal. Das Gespräch dieser aufständischen Moslem-Partisanen, »Moros« genannt, war immer einsilbiger geworden und am Ende ganz verstummt. Die Aussichten, den malaiischen Stammeskriegern zu entkommen, waren äußerst gering. Wir waren auf unseren Auslegebooten in Segeltuchschuhen nach Tuburan gekommen, und der Fluchtweg hätte über messerscharfe Korallenriffe längs des Strandes nach Südwesten geführt, wo die Vorhuten der philippinischen Armee erst bei Lamitan, mehr als dreißig Kilometer entfernt, standen. Bis dahin hätte man uns eingeholt.

Der Koranlehrer hatte sich wie ein Kind zusammengerollt. Mit »Ustaz«, mit »Professor«, redeten die Leute seines Heimatbezirks am Rande der Provinzhauptstadt Zamboanga ihn an. Er hatte uns diese fatale Situation eingebrockt, uns unwissentlich in diese Falle gelockt. Tagelang hatten wir versucht, Kontakt zu den süd-philippinischen Rebellen aufzunehmen, deren Organisation ganz offiziell den Namen »Moro Liberation Front« trug. Die Moros hatten sich gegen die Zentralregierung des Präsidenten Marcos in Manila erhoben und widmeten sich mit abenteuernder Begeisterung dem »Heiligen Krieg«. Im Night Club »New Vinta« in Zamboanga waren wir an Freddy verwiesen worden, der trotz seines flotten Namens und seiner noch frivoleren Tätigkeit als gehobener Zuhälter ein Mittelsmann der auf Basilan verschanzten Moslems sein sollte. Aber Freddy war lediglich daran interessiert gewesen, ein paar spärlich bekleidete und grell geschminkte Filipino-Mädchen an unseren Tisch zu lotsen. Diese Schönheiten der Nacht waren am Rande der schummerigen Tanzpiste in einer angestrahlten Ausstellungsloge wie in einem Brutkasten zur Besichtigung und Abschätzung ausgestellt. Von einer Verbindung zu den Moros wollte Freddy nichts hören. Die Kämpfe hätten sich in den letzten Tagen verschärft. Wir würden uns einem unkalkulierbaren Risiko aussetzen, meinte er achselzuckend.

Am Tag darauf hatten wir in der Freitags-Moschee gefilmt. Es war ein schmuckloses Brettergebäude. Die Kuppel unter dem Halbmond glänzte silbern in der tropischen Sonne. Sie war aus billigem Blech zusammengehämmert. Als ich nach der »Khutba«, der Predigt, und dem abschließenden Gebet ein paar Fragen über die Religionspraxis auf Mindanao stellen wollte, war ich an Ahmed, den Ustaz, verwiesen worden. Der schmächtige Koranlehrer war dem Typ nach ein reiner Malaie, und doch hatte er sich jene würdige Bedächtigkeit angeeignet, die die Schriftgelehrten des Korans auf der ganzen weltumspannenden Breite des islamischen Gürtels auszeichnet. Als er hörte, daß ich einst im Libanon Arabisch studiert hatte, wollte der Ustaz sich nur noch in der Sprache des Propheten mit mir unterhalten, die er mit erstaunlicher grammatikalischer Reinheit beherrschte, während meine Kenntnisse des »Fasih« in zwanzig Jahren mangelnder Praxis erheblich geschrumpft waren. »Ich werde Sie auf die andere Seite bringen zu den ›Mudschahidin‹, den Kämpfern des Heiligen Krieges«, hatte Ahmed im Weggehen geflüstert. »Halten Sie sich übermorgen bereit!«

Der Aufbruch vollzog sich hastig und ohne Planung. Ahmed führte uns auf den menschenwimmelnden Markt von Zamboanga, aber wir kauften dort weder Lebensmittel noch Medikamente, sondern schwarze längliche Kopfbedeckungen, eine Art »Schiffchen«, wie sie von den meisten Muselmanen Südostasiens getragen werden. Auf meine erstaunte Frage, was das solle, antwortete der Ustaz, er habe die Mudschahidin wissen lassen, er komme mit einem muselmanischen Kamera-Team zu Besuch, und wir sollten uns getrost als treue Anhänger des Propheten aus Deutschland ausgeben. Über die tatsächlichen religiösen Verhältnisse in Europa seien diese frommen Krieger Allahs ohnehin nicht informiert. Diese Tarnung löste bei uns eine solche Heiterkeit aus, daß wir uns der damit verbundenen Gefahr gar nicht bewußt wurden. Der einzige übrigens, der diese muselmanische Kopfbedeckung mit Glaubwürdigkeit trug, war unser Kameramann Jossi, und der war gebürtiger Israeli, hatte als Soldat am ersten Sinai-Feldzug von 1956 teilgenommen.

Unser Aufbruch vollzog sich ohne Aufsehen. Eine ganze Flotte von Fischerbooten und die Nachen der malaiischen »See-Zigeuner« drängten sich am Pier. Ahmed steuerte auf zwei offene Auslegeboote mit tuckernden Motoren zu, deren schweigsame Besitzer knallbunte Handtücher zu Turbanen gewunden hatten. Sie sahen uns schweigend und etwas mißbilligend zu, während wir das Kamera-Material verstauten und unsere Moslem-Käppchen zurechtrückten. »Sprechen Sie von nun an nur noch Arabisch, Said«, schärfte mir der Ustaz ein. Die Außenbordmotoren sprangen an, und auf einer spiegelglatten See tuckerten wir zwischen prächtig bemalten Seglern und den Patrouillen-Avisos der philippinischen Marine dem offenen Meer entgegen. Die alte spanische Kolonialfestung von Zamboanga, die Palmensilhouette der Küste schrumpften und schwebten eine Weile in der zitternden Tropenluft. In der Ferne zeichnete sich eine andere Insel, der schwarze Urwald von Basilan, ab. Nach etwa dreistündiger Fahrt öffnete sich eine sandige Bucht mit einem Pfahldorf und einer für malaiische Verhältnisse stattlichen Moschee. »Wir sind am Ziel«, sagte Ahmed. Aber da rannten plötzlich bewaffnete Männer mit wildem Blick auf uns zu, redeten gestikulierend auf Ahmed ein. Wir spürten die Verlegenheit und die Angst, die sich des Koranlehrers bemächtigten. »Ich glaube, wir sind ins falsche Dorf geraten«, raunte er mir zu. »Ich hatte doch unsere Ankunft ankündigen lassen, aber diese Männer wissen von nichts.« Unsere Boote hatten sich im Sand festgefahren, und wir wateten an Land. Vor uns lag das Dorf Tuburan, eine der Hochburgen des Moro-Aufstandes, wie uns eine Woche zuvor ein philippinischer Fregattenkapitän vor der Karte des rebellischen Süd-Archipels lässig erklärt hatte.

Unter bewaffneter Eskorte wurden wir in ein stattliches Gemeinschaftshaus geführt, wo wir auf einem Sofa aus rotem Samt Platz nehmen mußten. Man brachte uns Tee, aber die Wachen ließen uns nicht aus dem Auge. Zwei junge Malaien fingerten mit ungeschickten Griffen an unserer Kamera-Ausrüstung. Sie glaubten wohl, ein geheimes Sendegerät sei darin versteckt. Drei alte Männer mit schütterem Bartwuchs hatten sich zu uns gehockt. Zu meiner äußersten Verwunderung sprachen sie ein ziemlich reines Hocharabisch. Ich versuchte den Greisen, die sich als Mekka-Pilger vorstellten, zu erklären, wie wichtig es sei, daß die Außenwelt über ihre Situation informiert würde. Deshalb seien wir zu ihnen gekommen. Die Vereinten Nationen, »el umam el muttachida«, – ich dankte meinem libanesischen Lehrer, der mir diese politischen Begriffe eingepaukt hatte – müßten von ihrem gerechten Abwehrkampf gegen das totalitäre Regime von Manila erfahren. Die ganze islamische Welt würde dann auf ihrer Seite stehen.

Wie viele Moslems es in Deutschland denn gebe, wollten die Alten wissen, denen unser Ustaz nun doch vorgeschwindelt hatte, wir seien Anhänger des Propheten. Mit Hilfe der in der Bundesrepublik siedelnden Türken kam ich zu einer stattlichen Zahl. Ob wir auch unterdrückt würden durch die Christen, die »Massichin«, wie die philippinischen Muselmanen? Ich konnte mit gutem Gewissen verneinen. Aber als wir nach unseren Namen gefragt wurden, der simpelste und wirksamste Test der Religionszugehörigkeit, konnte nur Jossi, der Israeli, sich ohne Selbstverleugnung behaupten. Josef – Yussuf auf arabisch – ist ein gut muselmanischer Name, und die Alten nickten ihm wohlwollend zu.

Offenbar waren die Männer des Dorfes in zwei Gruppen gespalten: die Älteren, die frommen Traditionalisten, deren naive Frömmigkeit keiner zusätzlichen Ideologie bedurfte, um ihren Heiligen Krieg gegen die Ungläubigen aus dem Norden zu motivieren, und die jungen Partisanen, deren Wortführer teilweise auf philippinische Schulen gegangen waren und dort gewisse Pauschalbegriffe vom Sozialismus in der Dritten Welt und von der anti-imperialistischen Revolte aufgegriffen hatten. Mit den ersteren war besser auszukommen. Sie kosteten die Gelegenheit aus, mit einem Besucher aus dem Fernen Westen in der Sprache des Propheten zu konversieren, und ich hatte nur eine Angst; daß sie uns zur Teilnahme am gemeinsamen Gebet auffordern könnten. Unter den Mudschahidin von Tuburan schien sehr bald der Streit entbrannt zu sein, ob wir tatsächlich ein harmloses Fernseh-Team aus einem etwas obskuren Europa waren, oder ob wir nicht doch als verkappte Spione des amerikanischen Imperialismus entlarvt werden müßten. Der verzweifelte Zwang, längst vergessene Vokabeln wieder zu finden und in grammatikalisch wohlgesetzte Wendungen zu bringen – gepaart mit der nervösen Überreizung der Situation – wurde für mich fast unerträglich. Da kam ein würdiger greiser Turbanträger auf mich zu, klopfte mir anerkennend auf die Schulter und sagte: »Wer sich einer solchen Mühe unterzieht, die Sprache unseres Propheten Mohammed –Friede und der Segen Allahs sei mit ihm – zu erlernen, der muß fürwahr ein guter Moslem sein.« Die Dämmerung kam plötzlich. Die Greise gingen zur Moschee, um das Abendgebet,»Salat-el-Maghreb«, zu verrichten, und wir waren jetzt den Jungen ausgeliefert, den»Ideologen«, wie wir sie flüsternd bezeichneten. Sie trugen alle Pistolen oder Schnellfeuerwaffen, verhielten sich korrekt, aber mißtrauisch. Ein Unterführer kam die Treppe herauf, und wie er sich aufrichtete, überkam mich ein Schock. Der Mann trug ein grünes T-Shirt mit einem riesigen Hakenkreuz und der deutschen Inschrift »Sieg-Heil!« Diese Männer durften auf keinen Fall Jossis Herkunft und Religion erfahren, durchfuhr es mich, sonst wäre sein Leben verwirkt. Sein Paß lag, Allah sei Dank, im Hotel von Zamboanga; aber wie leicht wäre es für die Partisanen, über einen Mittelsmann die Gästeliste einsehen zu lassen.

Das Gespräch oder, besser gesagt, das Verhör, verlief jetzt auf englisch. Wie es denn möglich sei, daß wir die Kontrollen der Regierungsarmee passiert hätten, ohne angehalten worden zu sein, wollten sie wissen. Wenn sie miteinander auf malaiisch beratschlagten, fiel immer wieder das Wort »CIA«. Nach Einbruch der Nacht wurden wir in das kleine Pfahlhaus geführt, das von Posten umstellt wurde. Ein etwa fünfundzwanzigjähriger Mann mit Sonnenbrille, langen Haaren, die ihm bis auf die Schultern fielen, und den Allüren eines Städters, fungierte wohl als politischer Kommissar und stellte immer die gleichen Fangfragen. Er habe mit der Moro-Bewegung nichts zu tun, er sei nur zufällig hier, aber er möchte gern unsere Meinung über den Bürgerkrieg auf den Süd-Philippinen wissen. Ich schämte mich nicht, ihm nach dem Mund zu reden. Die Lage auf der großen Insel Mindanao war uns bekannt. Dort hatten wir eine Woche zuvor im Begleitschutz der philippinischen Armee die Kampfzone im Umkreis der Stadt Cotabato besucht.

Der Konflikt zwischen Moslems und Christen war bereits in den ersten Nachkriegsjahren durch die massive Einwanderung von katholischen Filipinos aus dem armen Visaya-Archipel ausgelöst worden. Mit stillschweigender, aber aktiver Unterstützung der Zentralregierung in Manila hatten diese Neusiedler durch List und Gewalt die Bodenrechte der dort ansässigen Moslems an sich gerissen, was ihnen um so leichter fiel, als es keinerlei geordnetes Katastersystem gab, sondern nur dörflichen Gemeinschaftsbesitz. Als die Moslems sich zur Wehr setzten, organisierten die Christen blutrünstige, bewaffnete Banden, die auf den stolzen Namen »Ilagas«, das heißt »Ratten«, hörten. Sie gingen mit äußerster Grausamkeit gegen die einheimischen Muselmanen vor. Die Ohren der getöteten Gegner wurden als Trophäen konserviert. Die Moslems wiederum taten sich im Kampfbund der »Baracudas«, der »Raubfische«, zusammen. Im Stadtkern von Cotabato, im armseligen Gewirr der Wellblechbaracken und Strohhütten, hatten die Brandstiftungen dieses unerbittlichen Bruderkrieges breite, verkohlte Schneisen hinterlassen. Auf dem flachen Land mußten die christlichen Zuwanderer sich vor dem Anstürmen der Moros in Wehrdörfern verbarrikadieren. Sie wurden durch Hubschrauber versorgt. Während unserer Besichtigungsflüge waren Erinnerungen an Vietnam und an den Algerien-Feldzug bei mir geweckt worden. Die philippinischen Armee-Einheiten machten einen sehr lässigen Eindruck. »Sie kämpfen ähnlich wie die Kambodschaner des Marschall Lon Nol«, hatte Jossi gemeint. Gegen Abend gruppierte sich ein Trupp Soldaten malerisch um einen Panzer und zündete ein Lagerfeuer an. Einer von ihnen griff zur Gitarre, und sang ein melancholisches Lied in der malaiischen Tagalog-Sprache. Aber die Melodie, der Rhythmus wirkten fast andalusisch, erinnerten an die vierhundertjährige spanische Kolonialzeit. Die Offiziere hielten sich meist abseits von der Truppe. Sie waren geprägt vom präzisen amerikanischen Drill, aber ein Hauch hispanischer Grandezza haftete ihnen noch an, gemildert durch die malaiische Heiterkeit. Die meisten Filipinos aus dem Norden trugen Amulette mit der Jungfrau Maria um den Hals. Sie zeigten uns voller Verachtung die Koransprüche, die sie auf den Leichen der gefallenen Rebellen entdeckten. Die Moros hatten sich offenbar von diesen Suren magischen Schutz gegen Verwundungen und Tod versprochen. Schon bei der Kadettenvereidigung im Höhenort Baguio durch Präsident Ferdinand Marcos und seine schöne Frau Imelda hatte mich frappiert, wie oberflächlich die Spuren der mehr als fünfzigjährigen amerikanischen Präsenz auf den Philippinen waren. Dieser Archipel am Rande der gewaltigen asiatischen Landmasse, der zur Zeit der spanischen Herrschaft vom Vizekönig in Mexiko verwaltet wurde, neigte in mancher Beziehung dem lateinamerikanischen Subkontinent zu. Das importierte amerikanische Demokratie-Modell war sehr bald dem »Caudillismo« gewichen, und die politische Opposition in Manila konnte nur noch auf ein »Pronunciamiento« hoffen, um einen Regimewechsel zu erzwingen. Schließlich hatte der »American Way of Life«, der mit Coca-Cola-Plakaten und Baseball-Begeisterung zu triumphieren schien, die protzige

Männerpose des »Machismo« nicht verdrängen können. Hatte nicht sogar Präsident Marcos seine Karriere als »Pistolero« begonnen, als er einen politischen Gegner seines Vaters aus dem Weg räumte? Später hatte er sich im Abwehrkampf gegen die Japaner als todesmutiger Guerilla-Führer bewährt.

Ich hütete mich natürlich, meinen muselmanischen Bewachern und Interrogatoren von unseren Erfahrungen auf seiten der philippinischen Armee zu erzählen. Dagegen berichtete ich von einer sehr brisanten Theateraufführung, zu der wir ein Jahr zuvor in Manila eingeladen worden waren, als die Regierungszensur Ferdinand Marcos' die Aufsässigkeit der Presse und des Geisteslebens noch nicht geknebelt hatte. Studenten der Universität Manila, die in heftiger Opposition zum Regime standen und offensichtlich mit der marxistischen Aufstandsbewegung »New People's Army« – Neue Volksarmee – sympathisierten, hatten in der alten Zitadelle ein Stück inszeniert, das den Titel »Moro – Moro« trug. Dargestellt wurden die Ausbeutung, Ausplünderung und Vertreibung der einheimischen Bauern von Mindanao durch raffsüchtige Geschäftemacher und Landräuber aus dem christlichen Norden. Wehrlose Moslems wurden auf der Bühne von den Ilagas gemordet. Vor einem katholischen Publikum wurden die muselmanischen Totengebete aufgesagt. Das Schauspiel endete mit einem großen Spektakel. Die Moros stürmten die Quartiere ihrer Peiniger unter dem Kampfschrei: »Allahu akbar – Allah ist größer« – und ein lodernder Lichteffekt signalisierte ihren Sieg. Die Darsteller waren fast ausnahmslos christlich getaufte, aber marxistisch orientierte Studenten. Nur für die Rolle des islamischen Vorbeters, des Imam, hatten sie auf einen Moslem aus dem Süden zurückgreifen müssen. Die oppositionelle Intelligenzia des Nordens schien bereit zu sein, ihr katholisches Erbgut über Bord zu werfen, um mit den Moslems des Südens gemeinsame revolutionäre Sache gegen die Marcos-Diktatur zu machen. Die linksradikalen, damals noch maoistischen Regimegegner von Manila suchten die Kampfstimmung von drei Millionen Moros sowie die islamische Revolution von Mindanao, die zweifellos auch ökonomisch und sozial motiviert war, in den Dienst ihrer eigenen umstürzlerischen Ziele zu stellen. Ob dieses Zweckbündnis jemals tragfähig würde, war eine andere Sache.

Jetzt – ein Jahr später – befanden wir uns im Gewahrsam dieser Moros, die uns auf der Bühne von Manila so sympathisch dargestellt worden waren. Ob sie wohl wußten, woher ihr Name stammte? Moro steht im Spanischen für Maure. Als die Weltumsegler seiner Katholi-

schen Majestät, von Osten kommend, die Philippinen entdeckten und
sie dem christlichen Glauben unterwarfen, identifizierten sie die malaiischen Anhänger des Propheten Mohammed, die sie zu ihrem Staunen
an diesem äußersten Ende der Welt, in der Nachbarschaft des mysteriö-
sen Cipangu, vorfanden, mit jenen muselmanischen Erbfeinden, die sie
im Zuge einer endlosen Rückeroberung, im Zuge der »Reconquista«, aus
Kastilien, aus Andalusien verdrängt und über die Straße von Gibraltar
zurückgeworfen hatten. In fast vierhundertjähriger Herrschaft war den
Spaniern auf den Philippinen nur ein partieller Waffen- und Missionie-
rungserfolg beschieden gewesen. Die große Insel Mindanao blieb überwiegend muselmanisch, und auf dem südlichsten Sulu-Archipel, der
bereits nach Borneo überleitet, behauptete sich der malaiische Moslem-
Stamm der Tausog, Krieger und Piraten zugleich, mit beispielloser Todesverachtung. Selbst die Amerikaner, die 1890 die Spanier verdrängten,
waren mit den fanatischen Tausog nicht fertig geworden. Die Marines
des General Pershing – der später im Ersten Weltkrieg das US-Expediti-
onscorps in Frankreich befehligte – hatten sich auf den Sulu-Inseln blutige Köpfe geholt. Die Japaner hatten die Moros, diese streitbaren Außenseiter, bei ihrem Eroberungszug im Pazifik links liegenlassen, aber nach
der Kapitulation Tokios sorgten die willkürlichen Maßnahmen der
christlichen Zentralverwaltung von Manila für neuen Zündstoff. Vermutlich warteten viele Moros und insbesondere die Tausog nur auf das
Signal zur Revolte. Präsident Marcos lieferte den Vorwand, als er die
Ablieferung aller in Privatbesitz befindlichen Waffen auf den südlichen
Inseln verfügte. Zu diesem Zeitpunkt hatte sich sogar auf den Philippinen herumgesprochen, daß der weltweite Führungsanspruch des
Westens und der christlichen Zivilisation im Gefolge des Zweiten Weltkrieges und der sich anschließenden Emanzipation der Dritten Welt
zusammengebrochen war. Das Regime von Manila, das sich mit den tradierten Vorstellungen des Abendlandes und den Konsumgewohnheiten
aus den USA oberflächlich verbunden fühlte, geriet in die Schußlinie des
militanten Anti-Imperialismus. Bis nach Mindanao dröhnte nunmehr
aus dem Fernen Westen das Echo der islamischen Wiedergeburt, der islamischen Revolution.

Es hatte nicht viel Sinn, mit unserem bebrillten und langhaarigen
Gesprächspartner auf Tuburan über den kulturpolitischen Hintergrund
der Moro-Revolte zu diskutieren. Als ich die Situation auf den Philippinen mit dem konfessionellen Bürgerkrieg in Nordirland in Beziehung
bringen wollte – eine sehr fragwürdige Parallele, wie ich eingestehen

mußte –, stellte sich heraus, daß er von der Grünen Insel des Heiligen Patrick noch nie gehört hatte. Diese Ignoranz machte mir Sorge, zumal sich herausstellte, daß zwei oder drei der jungen Rädelsführer auf irgendeiner Schule des Nordens im Sinne eines konfusen Marxismus beeinflußt worden waren. Die mangelnde islamische Frömmigkeit dieser pseudointellektuellen Führer brachte uns lediglich den Vorteil ein, daß sie nicht länger über unsere angebliche und suspekte Zugehörigkeit zum Glauben des Propheten beratschlagten.

Im Türrahmen stand plötzlich ein Neuankömmling. Der etwa dreißigjährige Mudschahid kehrte wohl von einer Patrouille zurück, denn seine Kleidung war schlammverkrustet. Er stellte sein Gewehr in die Ecke. Anders als seine Altersgenossen trug er die muselmanische Kopfbedeckung. »My name is Abubakar«, stellte sich der Hinzutretende vor. Im Gegensatz zur nervösen Anspannung des langhaarigen Studenten und dessen Gefährten zeichnete sich Abubakar durch betonte Selbstbeherrschung und Reserve aus. Sein Blick war starr und wirkte seltsam verschleiert, wie ich es bei religiösen Eiferern im Orient häufig beobachtet hatte. Unser ständig wiederholtes Angebot, mit einem positiven Filmbericht die Weltöffentlichkeit auf das Schicksal der kämpfenden Moros aufmerksam zu machen und am Vorabend der Generalversammlung der Vereinten Nationen einen Stimmungsumschwung zu ihren Gunsten einzuleiten, fegte Abubakar mit einer knappen Handbewegung weg. »Was haben die ganzen Debatten in New York den Palästinensern eingebracht?« fragte er. Die sporadischen Solidaritätsbekundungen der muselmanischen Staaten des Orients hatten diese Partisanen am äußersten Ende der islamischen Welt zutiefst enttäuscht. Als ich nach der Hilfe für die kämpfenden Moros fragte, derer Oberst Kadhafi von Libyen sich rühmte, erhitzte sich sogar der Langhaarige, der seinen Namen nicht preisgab. »Kadhafi verspricht viel, aber er hält wenig.« Nennenswerter waren wohl die Gewehr- und Munitionslieferungen, die aus dem Sultanat Sabah, einem Teilstaat der Malaisischen Föderation auf Nordost-Borneo, die philippinischen Mudschahidin gelegentlich erreichten. »Die Zigaretten- und Whisky-Schmuggler von Sabah sind zu Waffenhändlern geworden«, bemerkte Abubakar verächtlich, »und wenn der starke Mann von Sabah, Tun Mustafa, sich gelegentlich unserer Sache anzunehmen vorgibt, so tut er das weit mehr aus eigenem Machtstreben als aus islamischem Pflichtgefühl. Die feudalistische Sippe Tun Mustafas stammt aus dem philippinischen Sulu-Archipel, und er möchte sich am liebsten durch die Sezession unserer Südinseln von Manila und durch den

Zusammenschluß mit Sabah ein erweitertes Herrschaftsgebiet schaffen.«
Er glaube nicht, daß die Häuptlinge des Tausog-Stammes dieses Spiel
mitmachen würden. Geistiger Führer oder zumindest Theoretiker des
Aufstandes bleibe weiterhin jener Professor Nur Misuari, der nach
Aufgabe seines Lehrstuhls in Manila in dem arabischen Mittleren Osten
flüchten mußte und von dort aus mit Behelfsmitteln einen Propaganda-
feldzug gegen die ungläubigen Unterdrücker führe. Ob seine Mitstreiter
sich mit den Marxisten der »New People's Army« auf einer gleichen
Linie bewegten, fragte ich Abubakar. Da warf er einen kurzen, abschät-
zenden Blick auf den anonymen Langhaarigen. »Es ist eine sehr
begrenzte Allianz«, antwortete er, »mehr nicht. Wir sind Soldaten des
Islam. Nahnu dschunud el Islam.« Er war plötzlich mit diesem letzten
Satz ins Arabische übergegangen.

Zum Abendessen wurden uns Tee und ein Napf Reis gereicht. Dann
zeigte uns Abubakar die Pritschen für die Nacht und löschte die Öllampe.
Unser Koranlehrer Ahmed begleitete die Partisanen ins Langhaus. Eine
Stunde später kam er zurück. Ich hatte ohnehin nicht einschlafen können. Plötzlich spürte ich, wie seine schweißnasse Hand mir einen zer-
knüllten Zettel zuschob. »Lesen Sie das«, flüsterte er mir zu. Ich stand
nach einer Weile auf und ging zu dem primitiven Bretterverschlag, der
als Abtritt diente. Dabei bewegte ich mich umständlich in der Dunkelheit und zündete im Schutz der niedrigen Holzwand ein Streichholz an.
In englischer Sprache hatte der Ustaz seine Warnung auf das Papier
gekritzelt: »Sie sind in Lebensgefahr. Wenn es Ihnen nicht gelingt, die
Mudschahidin von Ihrer Absicht zu überzeugen, weltweite Propaganda
für ihren Kampf zu machen, müssen Sie mit dem Schlimmsten rechnen.
Man hält Sie für Spione.« Ich kehrte unter mein Moskitonetz zurück. Die
Gefährten schliefen bereits, und ich hütete mich, sie zu wecken oder sie
gar durch die Mitteilung der Hiobsbotschaft zu verunsichern. Ich dachte
an Jossi und den Malaien mit dem Hakenkreuz. Ich spürte Angst.

Welch seltsame, absurde Situation am Rande des Regenwaldes in
dieser südostasiatischen Inselwelt! Wie hatte die Botschaft des Propheten,
die Religion der arabischen Wüste, die aus der einsamen Konfrontation
des Menschen mit dem Alleinigen Gott hervorgegangen war, in diesem
wuchernden, triebhaften, dämonen-verseuchten Dschungel Fuß fassen
können? Die Verehrung zahlloser Naturgeister und Tiergötzen hätte
doch die natürliche Kultform dieser grünen Wildnis sein müssen. Der
Islam war einst durch fromme arabische Kaufleute und Seefahrer,
Gefährten des Sindbad, aus Hadramaut über Sumatra und Java in diese

Inselwelt importiert worden. Die hinduistische Herrlichkeit der großen
javanischen Reiche von Shirivijaya und Madjapahit hatte der herrischen
Botschaft des Koran nicht standgehalten, selbst wenn die Überlieferung
des Ramayana in der Märchenwelt und im javanischen Schattenspiel des
Wajang Kulit bis auf den heutigen Tag fortlebte und der heidnische
Aberglaube sich bei den indonesischen Muselmanen – sehr zum Skandal
der frommen und auf Reinheit bedachten »Ulama«– in den Praktiken der
Wundertäter und Wahrsager, der »Dukun«, in den Dörfern, ja bis in die
Umgebung des Präsidenten Suharto behauptete. In diesem Fischerdorf
Tuburan, auf diesem äußersten Vorposten Allahs im Fernen Osten
Asiens, wo nur die unendliche Weite des Pazifik der Ausbreitung der
koranischen Offenbarung Einhalt geboten hatte, schien die religiöse
Strenge intakt, wachten die alten Imame und Mekka-Pilger darüber, daß
die eifersüchtige Einzigkeit Gottes nicht durch den Spuk der grünen
Hölle ringsum beleidigt wurde. Ich erinnerte mich an eine fromme Rezi-
tationsübung in einem Dorf bei Jogjakarta, auf Zentral-Java, wo bei
Nacht die gläubigen Moslems im Kreis zusammenhockten, sich zum
»Dhikr« in regelmäßiger Pendelbewegung verbeugten und mit beschwörender, ekstatischer Inbrunst immer wieder den gleichen Satz psalmo-
dierten: »La Ilaha illa Allah, La Ilaha illa Allah . . . – Es gibt keinen Gott
außer Gott . . .«, als ginge es darum, die Gespenster und Götzen der Vergangenheit – die Krischna, Wischnu, Kali und Brahma – wie auch den
unergründlichen Verführer Gautama Buddha in den Kreis ihrer Verdammung und ihrer infernalischen Täuschung zurückzuweisen.

Die heiße Nacht wollte nicht enden. Die Vorstellung vom Tod im
Dschungel überkam mich wieder, der Gedanke an die Myriaden von
Insekten, Larven und Würmern, denen der sterbende Körper ausgeliefert wäre. Ich sah auf das leuchtende Zifferblatt der Uhr. Lange konnte
es nicht dauern, bis ein erster grauer Streifen im Osten den Tag ankündigen würde. Da kam vom anderen Ende des Dorfes, dort wo sich die Moschee befand, ein heiserer, krächzender Laut, die zittrige Stimme eines
alten Mannes. Der schrille, meckernde Ton überdeckte das Summen
des Dschungels und den leisen Takt der Brandung. Beim zweiten An-
lauf verstand ich den Ruf des Muezzin: »Hayya-ala-s-salat . . .
hayya-ala-l-falah!« – Eilt zum Gebet . . . Eilt zur Freude!«, und dann
zweimal der Satz: »As salatu kheirun min an naumin . . . Das Gebet ist
besser als der Schlaf.« Die Folge, die »Schahada«, war bekannt: »Ich
bekenne, daß es nur einen Gott gibt und daß Mohammed sein Prophet
ist.«

Nach einem frugalen und nervösen Frühstück schickte ich Jossi aus, um mit unseren Wächtern zu verhandeln. Von der tatsächlichen Bedrohung sagte ich ihm nichts. Er wollte unbedingt Bilder von den Moros heimbringen, und das war Motivation genug. Von zwei Bewaffneten begleitet, verschwand er auf der Dorfstraße aus unserer Sicht. Die Wartezeit von einer Stunde wurde zur Qual. Wenn uns etwas aus dieser prekären Lage befreien konnte, war es seine jüdische Chuzpe. Der Gott Abrahams oder Ibrahims, wie die Moslems den semitischen Urvater nennen, war auf unserer Seite. Mit strahlender Selbstverständlichkeit kam der Kameramann zurück: »Wir müssen uns beeilen«, lachte er, »die Moros wollen uns auf Erkundungsfahrt mitnehmen. Wir dürfen filmen. Das Boot sticht in einer halben Stunde in See.«

Es war ein bunter, verwegener Haufen, der uns am Strand erwartete. Der kleine Kutter war morsch. Der Motor ächzte mühsam, als ein Turbanträger ihn anwarf. Diese Kämpfer des Heiligen Krieges, diese Mudschahidin, hätte man für Piraten halten können. Die beiden Eigenschaften schlossen sich in dieser Gegend wohl seit Menschengedenken nicht aus. Abubakar hatte als »qaid-el-askari« das Kommando übernommen und sein schwarzes Käppchen durch einen grünen Turban ersetzt. Es waren ganz junge Leute an Bord, die mit Lausbubenfreude an ihren Waffen spielten und sich für die Kamera zu malerischen Rotten gruppierten. Die Gesichter waren von der südlichen Meeressonne tief braun gebrannt. Aus den Mandelaugen leuchtete Wildheit. Von Uniformierung konnte keine Rede sein, und sie waren nicht einmal durch Armbinden als Partisanen gekennzeichnet. Als das Boot sich vom Ufer löste, riefen sie im Chor: »Allahu akbar!«

Abubakar suchte an diesem Morgen keinen Feindkontakt, sondern wollte uns ein Moro-Dorf zeigen, das von der philippinischen Armee überfallen und eingeäschert worden war. Die Einwohner seien umgebracht worden, soweit sie nicht im Dschungel Zuflucht gefunden hätten. Wir hatten vor den verkohlten Balkenresten dieser Siedlung gerade Anker geworfen, da breitete sich unter den Mudschahidin Spannung und Aufregung aus. Am Horizont, jenseits der flachen silbernen See, war eine Rauchwolke zu erkennen. »Wahrscheinlich ist das ein Kanonenboot der philippinischen Marine«, rief uns Abubakar zu. »Springt über Bord und watet an Land!« Die Moros hatten sich längst in das brusttiefe Wasser gleiten lassen und hielten die Waffen über dem Kopf trocken, während sie sich auf den Strand zu bewegten. Wir zögerten ein paar Sekunden, ob wir ihnen folgen oder die Ankunft der Regierungssoldaten abwarten sollten. Aber wir hätten riskiert, von den Partisanen als Verräter beschossen zu werden, während der Kanonenboot-Kommandeur uns vermutlich durch das Fernrohr für die langgesuchten arabischen Ausbilder der Rebellen gehalten hätte. Also nahmen wir ebenfalls das unfreiwillige Bad im lauwarmen Salzwasser auf uns. Die Korallengewächse bohrten sich uns in die nackten Füße. Wir hatten Mühe, das Kameramaterial vor der Feuchtigkeit zu schützen. Als wir an Land zwischen den noch rauchenden Ruinen des Dorfes standen und die frischen Kettenspuren der philippinischen Panzerfahrzeuge erkannten, drehte das vermeintliche Kanonenboot langsam ab. Wieder erklang der Ruf: »Allahu akbar!« Von nun an wurden wir gewissermaßen als Waffenbrüder der Aufständischen behandelt. Die Moros ergingen sich in Freundschaftsbeteuerungen. Dennoch blieben sie unruhig, befürchteten wohl eine neue Intervention der philippinischen Marine und steuerten, nachdem wir wieder auf den Kutter geklettert waren, nach Tuburan zurück. Dort erwartete uns ein Festessen mit gelbem Reis, Hühnerfleisch und vielen Früchten, das von anmutigen malaiischen Mädchen serviert wurde. Ihre Haare wurden durch ein züchtiges Kopftuch verdeckt. Abubakar hielt sogar eine kurze Ansprache zu unseren Ehren, dann wies er uns ein größeres Fischerboot zu, das uns nach Zamboanga zurückbringen sollte. Als das Dorf Tuburan, die schwarze Mauer des Dschungels und das weiße Gemäuer der Moschee vom flimmernden Horizont verschlungen wurden, überkam uns eine unbändige Freude. Ich überraschte mich beim Murmeln der Formel: »el hamdulillah«. Doch dann verbesserte ich mich und sagte: »Deo gratias«.

Der Hafen von Zamboanga lag im roten Schein der Abendsonne. Die See-Zigeuner hatten ihre Nachen in die Nähe der Hotelterrasse gerudert und boten den Gästen blendendweiße Korallenbüsche an. Die großen Segler mit dem knallbunt bemalten Bug wirkten barbarisch und fremd. Die Welt Joseph Conrads war hier lebendig.

Aus den mächtigen Steinquadern der Zitadelle sprach weiterhin der längst verklungene Imperialanspruch der Hispanität. In Zamboanga hatten die Spanier seinerzeit ihr mächtigstes südliches Bollwerk gegen die Aufsässigkeit der Moros errichtet. Mit den Kellnern, die uns Langusten servierten, konnten wir uns in fast reinem Kastilianisch unterhalten, was in den übrigen philippinischen Provinzen unmöglich geworden ist. Wir verabschiedeten unseren Ustaz Ahmed, der nach dem Verlauf unserer Expedition verschüchtert und enttäuscht war. »Wir stehen noch am Anfang der Bewegung«, entschuldigte er sich, »es haben sich aus den

Universitäten des Nordens ein paar unliebsame, dem wahren Glauben entfremdete Elemente eingeschlichen. Aber Allah kennt die Seinen. Der ›Dschihad‹ wird keine Pause kennen, ehe nicht auf unseren Inseln des Südens eine unabhängige islamische Republik gegründet ist. Dazu brauchen wir keine gottlose Ideologie und keinen Marxismus. Aber wir lassen uns auch nicht mehr von den korrupten Datus und den herrschsüchtigen Sultanen gängeln. Sie sind Repräsentanten der feudalistischen Vergangenheit und suchen bereits mit den Abgesandten des Präsidenten Marcos nach einem Kompromiß, um ihre Privilegien zu wahren. Wir werden einen egalitären Islam predigen. Wir haben das algerische, das palästinensische Beispiel vor Augen und – was immer man von ihm in Tuburan gesagt hat – Kadhafi ist wichtiger für uns als Mao Tse-tung.« Der kleine Ustaz hatte uns lange die Hand geschüttelt und war einsam aus dem frivolen Rahmen des Hotels davongegangen, wo die ersten philippinischen Paare trotz der frühen Stunde sich eng umschlungen zur Jazzmusik bewegten. Er kehrte zurück in das Halbdunkel seiner Koranschule und in die prüde Gewißheit seines Glaubens.

Beim Abendspaziergang entdeckten wir, in die hohe Mauer des Kastells eingelassen, das Muttergottesbild der »Virgen del Pilar de Zaragoza«. So nah war die Herrschaft der Katholischen Könige von Spanien noch. Alte und junge Frauen, mit weißen oder schwarzen Spitzenmantillen auf dem Kopf, knieten vor dem Marienbild und zündeten Kerzen an. Das Abendgeläut der schweren Glocken der Kathedrale von Zamboanga dröhnte weit über die Reisfelder am Stadtrand. »Salve Regina, mater misericordiae . . .«, murmelte die Greisin neben mir. Ein alter Mann kniete mit kreuzweise ausgestreckten Armen vor der Madonna mit dem Kind. Jenseits des Palmenhains leuchtete die Silberkuppe einer Moschee. Dort bediente sich der Muezzin, um gegen den erzenen Schwall der christlichen Glocken anzukommen, längst eines Lautsprechers, wenn er zum Gebet rief.

»Allahu akbar«, klang jetzt wieder der Kampfschrei des Islam gegen den katholischen Triumphalismus an. »Allah ist größer!«, und der Routine-Appell gewann seine alte herausfordernde Bedeutung zurück. Ein schönes philippinisches Mädchen betete vor dem Bildnis der Heiligen Jungfrau den Rosenkranz, und ich mußte an die Nacht im Night Club »New Vinta« denken.

Das halbnackte Taxi-Girl, das von Freddy an meinen Tisch gewiesen worden war, hatte in diesem sündhaften Rahmen nach dem üblichen Geplapper unvermittelt gefragt: »Glaubst du an Gott?«, und nach einer

Pause: »Weißt du, daß man in diesem Land ohne Glauben an Gott nicht leben kann?« Islam und Christentum stießen unversöhnlich aufeinander in dieser einst östlichsten Eroberung der iberischen Christenheit, in diesem äußersten Bekehrungsgebiet der arabischen Koranprediger. Eine aktuelle Spiegelung der andalusischen Zustände vor der christlichen Reconquista bot sich plötzlich dem ergriffenen Beobachter an diesem Ende der Welt. Die friedliche und harmonische Koexistenz von Moslems, Christen und Juden, die angeblich im arabisch beherrschten Spanien des Mittelalters geblüht hatte und die in den Geschichtsbüchern so oft gerühmt wird, hält ohnehin einer gründlichen Untersuchung nur partiell stand. So standen sich auch heute – an der Schwelle jener endlosen Wasserwüste des Pazifik, über der die Atompilze von Bikini und Eniwetok eine neue Menschheitsphase einzuleiten schienen – die beiden Bekenntnisse in überbrachter Kampfhaltung und erstarrter Herausforderung gegenüber.

Ein kleiner Konvoi von philippinischen Soldaten in voller Kampf-Montur passierte die schwarze Festungsmauer mit dem Marienbild. Die Soldaten bekreuzigten sich, bevor sie nach Norden abzweigten, wo die muselmanischen Aufständischen – die Moros, die Mauren – am Nachmittag einen tödlichen Hinterhalt gelegt hatten.

Skorpione im Wüstensand

Oase Tinduf, März 1976

Scherif ließ auf sich warten. Am frühen Nachmittag hätte er anrufen müssen, um uns den Zeitpunkt unseres Aufbruchs nach der Oase Tinduf in der West-Sahara anzukündigen. Aber nun senkte sich schon die Dämmerung über Algier. Die Entscheidung über unsere Reise würde sicherlich in der unmittelbaren Umgebung des Präsidenten der Demokratischen Volksrepublik Algerien getroffen, denn alle Fäden liefen in der häufig wechselnden Befehlszentrale zusammen, wo Houari Boumedienne sich wie die Spinne im Netz verhielt. Es war ein gutes Omen für unser Vorhaben, daß der für uns abgestellte Begleiter Scherif dem umfangreichen Sicherheitsapparat des Staatschefs angehörte.

Zum erstenmal war ich Houari Boumedienne begegnet, als er 1962 – bereits nach der Proklamierung der Unabhängigkeit – an der Spitze

seiner Grenzarmee über den Atlas nach Norden auf die Hauptstadt vor-
gerückt war, um die Regierung Ben Khedda zu stürzen. Damals wirkte
der Oberst wie ein hagerer Wolf. Seinen Kampfanzug trug er nachlässig.
Der Kragen stand offen. Nie sah man ihn mit einer Kopfbedeckung.
Rangabzeichen verschmähte er. Das Profil war messerscharf, und die
Augen fixierten den Gesprächspartner mit stechender Intensität. Nachdem er drei Jahre später seinen Rivalen Ben Bella eingekerkert und sich
selbst zum Präsidenten der Republik proklamiert hatte, war mit Houari
Boumedienne eine allmähliche Verwandlung vor sich gegangen. Er trug
nun dunkle, gut geschneiderte Einreiher, weiße Hemden und einen
feierlichen Schlips. Über die Schultern hatte er stets eine »Aba«, einen
schwarzen ärmellosen Mantel, geworfen, wohl um die orientalische
Ausrichtung seiner Politik auch visuell zu unterstreichen. In den Augen
der Regimegegner verlieh ihm dieses düstere Cape das Aussehen eines
maghrebinischen Dracula. Doch wer erlaubte sich schon Späße über
Houari Boumedienne? Auch an der Spitze des Staates war er ein Mann
des Geheimnisses und der Verschwörung geblieben. Sein Mißtrauen war
sprichwörtlich, und im Revolutionsrat verstand er es, die verschiedenen
Fraktionen sorgfältig zu dosieren und gegeneinander auszuspielen. Manche hatten gehofft, daß die späte Heirat dieses asketischen Eiferers mit
einer stattlichen Orientalin, der man im Kreise seiner Feinde jüdische
Abstammung nachsagte, die stets düstere Laune Boumediennes aufhel-
len würde. Aber er war sich treu geblieben und verbarg wohl hinter dem
schroffen, abweisenden Gebaren eine Vielzahl von Hemmungen und
eine sehr islamische, immer noch pubertär wirkende Schüchternheit.

Die Zeit verging schleppend im Hotel »Aurassi«, wo man uns einquartiert hatte. Das »Aurassi« war nach jenem Aures-Gebirge benannt, wo
der Aufstand gegen die Franzosen 1954 seinen Ausgang genommen hatte. Dieser überdimensionale Betonkegel, der von einer Menge Geheimpolizisten, aber wenig kompetentem Personal betreut wurde, konnte
auch nicht durch die lila, grünen und gelben Möbel aufgeheitert werden,
die aus Italien importiert waren.

Die Stadt Algier unter uns war in Nebel und kalten Regen gehüllt. Das
Mittelmeer in der Ferne – stahlgrau wie eine Panzerplatte – war kaum zu
erkennen. Die Kasbah und die Admiralität versackten bereits in der Dunkelheit. Die Lichtergirlanden, die in steilen Kurven zu den Höhen von El
Biar führten, zitterten wie ertrinkende Lampions. Mit jeder Stunde, die
verstrich, wurde unsere Stimmung trübseliger.

Plötzlich stand Scherif in der Tür. Er hatte nicht einmal angeklopft.

Der junge hochgewachsene Algerier mit dem kurzen, krausen Haar und dem mächtigen Schnurrbart strahlte gute Laune aus. Er trieb uns zum Aufbruch an. Die beiden Autos, die uns und unser Material zum Flugplatz »Maison Blanche« – jetzt sagte man »Dar el Beida« – bringen sollten, ständen bereits vor dem Portal. Höchste Eile sei geboten, auch wenn der Pilot der Linienmaschine nach Bechar Weisung erhalten habe, auf unser Eintreffen zu warten. Die mediterrane Fröhlichkeit Scherifs wirkte ansteckend. Er gehörte zu jenen Nordafrikanern, die das Französische – neben ihrem rauhen maghrebinischen Dialekt – wie eine zweite Muttersprache beherrschten. Sein Akzent erinnerte unverfälscht an jene »Pieds Noirs«, jene »Schwarzfüße«, wie die Algier-Franzosen sich selbst bezeichneten, die einst das Stadtviertel Bab el Oued bewohnt und dort einen verzweifelten und mörderischen Widerstand gegen die Emanzipationspolitik de Gaulles geleistet hatten, ehe sie über das Mittelmeer in ein unbekanntes Mutterland flüchten mußten.

Das Verkehrschaos in Algier war komplett. Die Fahrzeuge standen hupend Stoßstange an Stoßstange. Mit Blaulicht und Sirene bahnte uns der Motorradfahrer der Präsidentschaft einen Durchlaß. Im Flugzeug nach Bechar, das seit einer halben Stunde mit dröhnenden Motoren auf der Rollbahn stand, waren die algerischen Militärs in olivgrünem Drillich in der Mehrzahl. Die Zivilisten trugen zerknitterte europäische Anzüge und hatten sich meist malerische Tücher oder Turbane um den Kopf geschlagen. Die Oase Bechar, unweit der marokkanischen Grenze, war einst unter dem Namen Colomb-Bechar eine der Hauptgarnisonen der Fremdenlegion in der westlichen Sahara gewesen. Wir landeten dort gegen Mitternacht. Die Luft war schneidend kalt, aber wir empfanden die klirrende Trockenheit der Wüste wie eine Wohltat nach dem klammen Rheuma-Klima des algerischen Küstenfrühlings. Der Himmel über uns wirkte klar wie eine schwarze Glasplatte. Die Sternbilder, die sich dort spiegelten, kamen uns vergrößert vor wie in einem Observatorium. Die mit dem Lineal gezogenen Straßen von Bechar waren menschenleer. Armeepatrouillen begegneten uns auf der Fahrt zum Hotel, das in der Franzosen-Zeit zur luxuriösen Kette »Transatlantique« gehört hatte und das sich jetzt in einem haarsträubenden Zustand der Verwahrlosung und Verschmutzung befand.

Die Sonne ging wie eine flammende Orange auf. Wir flogen in südwestlicher Richtung weiter nach Tinduf, dem großen rückwärtigen Stützpunkt der Polisario-Partisanen auf algerischem Boden. Unter uns rollten sechshundert Kilometer löwengelber Sandwüste ab, durch die

sich nur das schwarze Band einer Asphaltstraße zog. Die einzige befahr-
bare Landverbindung der vorgeschobenen Sahara-Festung Tinduf mit
dem algerischen Kernland verlief in bedrohlicher Nähe der feindseligen
marokkanischen Grenze, um die schon einmal im Jahre 1963 ein kurzer,
heftiger Konflikt der beiden maghrebinischen Nachbarstaaten entbrannt
war.

In Tinduf empfing uns die Stimmung eines modernen Wüstenkrieges.
Ohne Unterlaß starteten oder landeten auf der Rollbahn Flugzeuge vom
Typ Mig 17 oder Mig 19. Die Luftbasis war durch ein Gewirr von Gräben
und Stacheldraht nach allen Seiten geschützt. Auf den kahlen Dünen
zeichneten sich die Flak-Batterien vom blaßblauen Himmel ab. Die Soldaten in den Stellungen und Baracken trugen sowjetische Stahlhelme.
An der Ausfahrt wurden wir peinlich genau kontrolliert. Scherif umarmte einen gedrungenen jungen Zivilisten, der uns erwartete und
offenbar dem gleichen Sicherheitsdienst angehörte. Selim, so hieß er,
war ebenfalls ein Freund lärmender Heiterkeit und nicht endenwollen-
der dümmlicher Späße. Neben dem sympathischen Scherif wirkte er
etwas verschlagen.

Das Städtchen Tinduf, das von den Franzosen einmal als Wohn- und
Verwaltungszentrum für das Personal der nahen Eisengruben von Gara
Djebilet wie ein Schachbrett angelegt worden war, wirkte heruntergekommen und verödet. Sogar die anspruchslosen Dornakazien längs der
schnurgeraden Alleen verdursteten. Die trostlose Siedlung wurde von
einer steilen Felswand beherrscht. Ein altes Kolonialfort, halb Spielzeug,
halb Filmrequisite, mit roten Lehmzinnen, Schießscharten und eisenbe-
schlagenen Toren vermittelte auf dieser Höhe einen Hauch von Romantik und Nostalgie. Über dem quadratischen Turm flatterte die grün-
weiße Fahne Algeriens mit rotem Halbmond und Stern. Unser Hotel war
wohl seit Jahren nicht mehr gereinigt worden. Überall war der feine
Wüstensand eingedrungen. Die Bettücher hatten sicher schon ein Dutzend Gäste über sich ergehen lassen. »Haben Sie die Schwedinnen gesehen, die zu unserer Bewirtung bereitstehen?«, fragte Baldur, der hünen-
hafte blonde Kameramann, der sich wegen seines exotisch-germani-
schen Typus bei den Orientalen besonderer Beliebtheit erfreute und
prompt mit »Baladur« angeredet wurde. Ich fiel auf den Scherz herein,
blickte in den Innenhof und entdeckte drei pechschwarze Sudan-Nege-
rinnen, die als Zimmermädchen fungierten. Die dünnen Beine steckten
in billigen Kattunröcken und auf dem Kopf sträubte sich eine Vielzahl
von geflochtenen Zöpfen wie Rattenschwänze.

Wir brauchten nicht lange nach den »Sahrawi«, wie man die Polisario-Anhänger nannte, zu suchen. Jenseits des Forts in südlicher Richtung erstreckte sich eine große, wohlgeordnete Zeltstadt, über der die Fahnen und Wimpel der eben gegründeten »Arabischen Demokratischen Sahara-Republik« flatterten. Das rot-weiß-grüne Emblem mit Dreieck und Stern glich dem Wappen der palästinensischen Befreiungsfront. In dem Camp nahe der Stadt waren fast nur Frauen, Kinder und Greise gruppiert. Selbst von diesen Nicht-Kombattanten ging eine selbstverständliche Würde aus. Die Frauen mit den ebenmäßigen, kupferbraunen Gesichtern trugen ihren dunkelblauen Umhang mit natürlicher Eleganz. Beim Anblick unserer Kamera drängten sie sich gestikulierend vor dem Objektiv. Sie brachen in das grelle, markerschütternde Ju-Ju-Geschrei aus, das die Weiber des Maghreb zur Feier freudiger Ereignisse, zum Beklagen der Toten, zum Schmähen der Feinde und zur Aufpeitschung der eigenen Männer vor der kriegerischen Tat anstimmen. Sie skandierten in einstudiertem Sprechchor: »Tahia el Dschumhuriya es sahrawiya el arabiya ed dimokratiya – Es lebe die Arabische und Demokratische Sahara-Republik!«

Dazu wiegten sie sich wie im Tanzrhythmus einer Festtrommel. Aber sie gerieten nie außer sich. Der Krieg war für sie kein Ausnahmezustand, die Vertreibung kein Verhängnis, mit dem man nicht fertig wurde wie etwa bei den Palästinensern, diesen entwurzelten Ackerbauern und Städtern, mit denen die Sahrawi so häufig verglichen wurden. Die Nomaden der West-Sahara hatten seit Menschengedenken keine dauerhafte Bleibe besessen. Sie waren mit ihren Herden den Wolken gefolgt in der Hoffnung, daß ein gnädiger Regenguß die Dürre und Öde vorübergehend mit spärlichem Grün überziehen würde. Diese Menschen gehörten überwiegend dem Stamm der Rgibat an, für den der Krieg ein männliches Alltagsgeschäft war; sie schwärmten am Lagerfeuer von Überfällen, »Rezzu« und Scharmützeln. »Männer der Wolken« nannte man die Rgibat. Die Mauren der West-Sahara, die seit ihrer Bekehrung zum Islam und dem Eindringen versprengter arabischer Eroberungsgruppen im Gegensatz zu den meisten Algeriern und Marokkanern ein fast reines Arabisch, den Hassania-Dialekt, sprachen, bewegten sich in ihren blauen Gewändern wie biblische Gestalten. Das Indigo ihrer Kleidung, die vor Hitze und Sand schützte, hatte auf die Haut abgefärbt, und die Legende ging, daß bei diesen »blauen Menschen« schon die Neugeborenen mit erblicher Indigo-Tönung zur Welt kämen.

Wir wurden zu einer jungen Frau unter das Zelt geführt. Eine Maschinenpistole vom Typ Kalaschnikow lehnte am Pfosten in Griffweite neben ihr. Die Maurin, die sich als Lehrerin und verantwortliche Frauensprecherin des Polisario zu erkennen gab, hielt uns in wohlgesetztem Hocharabisch einen Vortrag über den Willen des Sahrawi-Volkes, seine volle Unabhängigkeit gegen die Unterjochungspolitik Hassans II., des Königs von Marokko, zu ertrotzen. »Wir werden kämpfen bis zum letzten Blutstropfen«, betonte sie pathetisch, »auch wir Frauen, und wir werden über den Thron von Rabat siegen.« Nicht nur die fortschrittlichen Kräfte der großen arabischen Nation, die gesamte islamische »Umma« werde sich nach und nach mit den Freiheitskämpfern des Polisario solidarisieren, so meinte sie, denn sie ständen im Lager des revolutionären Anti-Kolonialismus, der sozialistischen Gerechtigkeit, sie befänden sich auf dem »rechten Wege Allahs«. Ähnlich wie diese maurische Amazone mochte Aischa, die junge Lieblingsfrau Mohammeds, vom Rücken ihres Kamels zu den Kriegern des frühen Islam gesprochen haben, als sie nach dem Tod des Propheten aktiv in die Nachfolgekämpfe eingriff.

Die Thesen des »Frente Polisario« waren uns bekannt und auf zahlreichen internationalen Tribünen – bis hin zur Vollversammlung der Vereinten Nationen in New York – hinreichend vorgetragen worden. Vor ihrem Abzug aus der West-Sahara hatten die Spanier der maurischen Bevölkerung des Sakhiet el Hamra und des Rio de Oro zugesagt, daß sie sich für ihr demokratisches Selbstbestimmungsrecht und – je nach Ausgang des Referendums – für ihre staatliche Unabhängigkeit einsetzen würden. So lautete auch eine Geheimabsprache, die General Franco in seinen letzten Herrschaftstagen mit Präsident Boumedienne von Algerien getroffen hatte. Aber statt dessen hatte die spanische Armee ihre ehemalige Besitzung überstürzt geräumt, als König Hassan von Marokko breite Massen seiner Untertanen zum »Grünen Marsch« nach Süden mobilisierte. Rund 350 000 Marokkaner – Junge und Alte, Männer und Frauen – hatten sich im Dezember 1975 zunächst mit Lastwagen und Bussen, dann zu Fuß in Bewegung gesetzt. Es war zu einem Sturm nationaler und religiöser Begeisterung gekommen, und der umstrittene Monarch von Rabat hatte aus dieser Atmosphäre patriotischer Einstimmigkeit politisches Kapital geschlagen. Er erschien seinen Untertanen plötzlich wieder als »Amir el Mu'minin«, als Befehlshaber der Gläubigen, in dessen Namen die Freitagspredigt in den Moscheen gehalten wird. Über den waffenlosen Kolonnen des »Grünen Marsches« flatterten die roten Fahnen mit dem grünen Scherifischen Stern in der ockergelben Wüste. In den Händen hielten die eifernden Bekenner, diese frommen

Expansionisten des Groß-Marokkanischen Reiches, das Buch der Offenbarung, den Heiligen Koran. Alle Parteien, sogar die erbittertsten Gegner des Königs, hatten sich um den Thron geschart. Selbst die kleine Schar des Kommunistenführers Ali Yata äußerte sich militant zugunsten des Anschlusses der West-Sahara an das Scherifische Mutterreich. Was konnten die spanischen Sahara-Truppen, was konnten die Elite-Soldaten des »Tercio«, der spanischen Fremdenlegion, anderes tun angesichts der menschlichen Sturmflut, die sich ihren Stacheldrahtverhauen, Bunkern und Minenfeldern unaufhaltsam und opferbereit entgegenschob, als ihr den Weg freizugeben und damit all jene Zusagen zunichtezumachen, die die Regierung von Madrid und die lokale Kolonialverwaltung ihren Schutzbefohlenen, den Sahrawi, gemacht hatten?

Im Dreiecksverhältnis zwischen Marokko, Algerien und Spanien ging es ja nicht nur um historische Territorialansprüche und das Selbstbestimmungsrecht maurischer Nomaden, sondern um handfeste wirtschaftliche Interessen. Im Sakhiet el Hamra wurden gewaltige Phosphatvorkommen abgebaut, auf die Rabat ein begehrliches Auge geworfen hatte, um ein weitgehendes Weltmonopol über diesen Rohstoff zu erlangen. Zur gleichen Zeit ermutigte Algier den Widerstand des Polisario in der Hoffnung, über diesen Pufferstaat einen indirekten Zugang zum Atlantischen Ozean zu erhalten, während die Spanier ihre wirtschaftlichen Interessen in einer kleinen und ohnmächtigen Sahara-Republik besser gesichert wähnten als in einem Anhängsel des Groß-Marokkanischen Reiches. Die Polisario-Front selbst träumte wohl davon, dank des Phosphats und anderer noch zu entdeckender Mineral-Vorkommen, zu einer Art Kuweit im äußersten Westen der arabischen Welt zu werden, wo jedem Sahrawi, der lesen und schreiben konnte, der Zugang zu hohen Regierungsstellen, Botschafterposten und wirtschaftlichen Sinekuren offenstand. Nach übereinstimmenden Schätzungen zählte das ehemals spanische Territorium nicht mehr als 80 000 Menschen, meist Nomaden. Im Jahr 1962 – als ich den Sakhiet el Hamra zum erstenmal besucht hatte – war das Verwaltungszentrum El Ayun, dem die Phosphatförderung von Bu Kraa erst in späteren Jahren ökonomische Bedeutung verschaffen sollte, lediglich eine erweiterte Wüstengarnison des Tercio. Ohne aktive algerische Einmischung, daran zweifelte niemand, wäre der Unabhängigkeitskampf der Sahrawi von den Scherifischen Streitkräften im Keim erstickt worden.

Die Unverhohlenheit, mit der sich die Militärbehörden Boumediennes zu ihrer Intervention im West-Sahara-Konflikt bekannten, verwunderte uns mehr und mehr. Am Tag nach unserer Ankunft in Tinduf fuhren wir, begleitet von Scherif und Selim, in die südliche Wüste. Kaum zwanzig Kilometer war der Landrover gerollt, und wir befanden uns eindeutig noch auf algerischem Territorium, da entdeckten wir den großen rückwärtigen Stützpunkt, das Auffang- und Sammellager des Polisario. Auch hier duckten sich Zelte und ärmliche Baracken in einer schmutzig-brauner Mondlandschaft. Der kalte Sturm wirbelte Sandwolken hoch und verdüsterte den Himmel. Die Sonne wurde zur blassen Scheibe. Wir preßten schützend die langen Enden unseres Kopftuches, des »Schesch«, vor den Mund. Die Lippen waren wund vor Trockenheit. Auch hier waren die Männer im waffenfähigen Alter selten. Man sah sie allenfalls in der gelben Uniform der früheren spanischen Sahara-Schutztruppe mit flatterndem Turban auf ihren Jeeps durch die Lageralleen rasen. Die Frauen wurden hier militärisch gedrillt, übten sich stolpernd im Gleichschritt, exerzierten an den Gewehren und sangen kriegerische Weisen, die der Wind in Fetzen zu uns trug. Sogar die Kinder nahmen an dem kriegerischen Ritual teil, auch wenn sie mit Holzgewehren hantierten. Ab dreizehn Jahren stießen die Knaben ohnehin zu ihren Vätern und fieberten mit angestammtem Instinkt dem mörderischen Überfall auf den Feind entgegen. Früher hatte man Karawanen geplündert oder schwerfällige Kolonialkolonnen in den Hinterhalt gelockt. Jetzt sprang man dem marokkanischen Eindringling an die Gurgel.

In einer Steinhütte, die mit staubigen Decken ausgelegt war, fanden wir Unterkunft. Hier standen wir bereits unter der Obhut der Sahara-Partisanen. Es waren umgängliche, sympathische Männer, die uns meist auf Spanisch ansprachen und sich damit als authentische Bewohner des Rio de Oro auswiesen. Nur Murad, der »Masul« der Polisario-Front, der für die Betreuung ausländischer Journalisten verantwortlich war, beherrschte das Französische und wurde nicht müde, propagandistisch auf uns einzuwirken. Er hatte wohl früher in Algerien oder – wer weiß – in Casablanca studiert und wirkte recht intellektuell unter den rauhen Kriegergestalten seines Stammes. Zu den Mahlzeiten gab es frischgebackenes Brot, das sandig unter den Zähnen knirschte, und Sardinen aus der Büchse. Dazu tranken wir Tee und gelegentlich Ziegenmilch. Wir brauchten einige Zeit, ehe wir die Ausmaße des weitgestreuten Sammellagers des geflüchteten Sahara-Volkes erkannten. Es mochten – wenn man die unsichtbaren Männer hinzurechnete – etwa 40 000 Menschen im Umkreis dieser vegetationslosen Wasserstelle versammelt sein, die noch aus der Zeit der französischen Kolonisation den spaßigen Namen »Hassi

Robinet« trug. Die Hälfte der Bevölkerung in der ehemals spanischen Sahara hatte sich also auf den Weg ins Exil und in den Widerstand begeben. Wie Murad uns feierlich mitteilte: Es hatte ein »Plebiszit der Füße« stattgefunden. Am Abend trafen zusätzliche Lastwagen mit erschöpften Familien in Hassi Robinet ein. Sie waren vor vier Tagen aus den Flecken Gelta Zemmur und Umm Dreiga nach Norden aufgebrochen und stammten aus jenem Teil der Wüste, den die Marokkaner bei ihrer willkürlichen Aufteilung des Rio de Oro vorübergehend dem südlichen Nachbarstaat, der Islamischen Republik Mauretanien, zugeschlagen hatten.

Zwei Stunden lang waren wir durch eine steinige, schwarze Einöde gefahren, die wie Anthrazitkohle schimmerte, ehe uns unsere bewaffneten Polisario-Begleiter ihre Gefangenen vorführten. Die zwei Landrover hatten ständig die Richtung gewechselt, um die Orientierung zu erschweren und bei uns den Eindruck zu erwecken, wir hätten das algerische Staatsgebiet verlassen. Doch wir hatten vorsorglich einen Kompaß eingesteckt, und die Sonne zeigte an, daß wir nach Südosten rollten. In Einer-Kolonne kamen etwa achtzig Gefangene mit schleppenden Schritten aus einer Mulde hoch. Ihr Lager konnten wir nicht einsehen. Sie hockten sich resigniert in einem Halbkreis nieder. Ein halbes Dutzend Polisario-Partisanen bewachte sie lässig. Es waren meist pechschwarze Neger, die uns vorgeführt wurden, Angehörige der winzigen mauretanischen Armee von damals insgesamt zweitausend Mann, die in ihren isolierten Wüstenforts mühelos überwältigt worden waren. Die Schwarzen stammten wohl überwiegend aus dem südlichsten Streifen der Islamischen Republik Mauretanien, die bereits an den Senegal-Fluß grenzt und dem Sahel-Gürtel zuzurechnen ist. Seit Jahrhunderten war es ihr trauriges Los gewesen, von den hellhäutigen Nomaden der Wüste gefangen, verschleppt oder als Sklaven verkauft zu werden. Noch heute verwenden die weißen Mauren, die »Beidan«, wie sie sich selbst nennen, in ihren Oasen schwarze Leibeigene, die »Haratin«, um die Dattelernte einzubringen und die bescheidenen landwirtschaftlichen Arbeiten zu verrichten. Ein Angehöriger der stolzen Kriegerkaste oder der frommen Marabu-Stämme würde sich einer solchen Tätigkeit schämen. Unter den Gefangenen befanden sich auch vier Marokkaner, die sich nicht nur durch die helle Haut, sondern auch durch selbstbewußtes Auftreten hervortaten. Sie schilderten ohne Umschweife die Umstände ihrer Gefangennahme. Bei Nacht waren die Sahrawi wie Wüstenfüchse über ihren schwerfälligen Konvoi hergefallen. Die Berbersoldaten aus dem Atlas waren diesem Krieg nicht gewachsen, während die Polisario-Partisanen sich in ihrem vertrauten Element bewegten. Ehe der Morgen graute, war die marokkanische Kolonne aufgelöst, die Fahrzeuge waren gesprengt, die Sahrawi wie ein Spuk verschwunden.

Nach Hassi Robinet zurückgekehrt, bedrängten wir Murad mit unserer Forderung, an einer Expedition in den zum Greifen nahen Sakhiet el Hamra teilzunehmen. Unsere Ungeduld wurde durch die Ankunft eines französischen Fotoreporters gesteigert, der mit drei Jeeps und zehn Guerilleros an einem viertägigen Streifzug partizipiert hatte. Er war dabei bis in die Nähe von Amgala gelangt, einem marokkanisch besetzten Stützpunkt, gegen den eine Woche zuvor ausnahmsweise ein Bataillon der regulären algerischen Armee einen massiven Angriff vorgetragen hatte, dabei jedoch mit schweren Verlusten abgewiesen worden war. Murad versprach uns nach kurzem Hin und Her, daß wir am kommenden Morgen mit dem Generalsekretär der Polisario-Front, die nunmehr als Einheitspartei der neugegründeten Sahara-Republik fungierte, mit Sayed el Wali, zusammentreffen würden.

Am Lagerfeuer vor unserer Steinbaracke kauerte ein Dutzend Journalisten. Wegen der Kälte waren wir eng an die Glut gerückt. Es waren Franzosen, Algerier, drei Libyer und ein Spanier dabei. Mit den Libyern war nicht viel anzufangen, aber der Spanier Antonio, der seit Wochen vergeblich auf eine lohnende Reportage-Expedition mit den Sahrawi wartete, erfreute sich allgemeiner Beliebtheit, auch bei den Wüstenkriegern, die uns mit wachsamen Augen und unendlicher Würde Gesellschaft leisteten. Antonio vertrat eine kleine linksgerichtete Zeitung aus Katalonien. Ein paar Jahre hatte er in der spanischen West-Sahara gelebt und sich mit den Unabhängigkeitswünschen dieser Mauren solidarisiert. Die Kapitulation Madrids vor dem rüden marokkanischen Zugriff hatte ihn zutiefst enttäuscht. Jetzt ließen ihn sogar seine Freunde vom Polisario auf den versprochenen Rezzu warten und vertrösteten ihn von Woche zu Woche. Antonio stammte aus Andalusien und war den Arabern nahe geblieben. Er holte die Gitarre hervor und sang ein paar Lieder, die von der Alhambra und vom Ende des letzten maurischen Königs von Granada erzählten. Er trug seine Wartezeit mit Fatalismus. Aus dem nahen Zeltlager drangen weibliche Sprechchöre, Ju-Ju-Rufe und Trommeltakte zu uns herüber. »Selbst bei Nacht hören sie nicht auf zu feiern«, lächelte Antonio, »sie kosten ihr Abenteuer aus, la fiesta permanente.«Er erzählte mir von den engen Verflechtungen zwischen Iberien und dem Maghreb, von einer psychologischen Verwandtschaft, die auch die Reconquista überdauert habe. Spanische »Renegaten« hatten immer wieder im Dienste des Sultans von Marokko gestanden, der diesen oberflächlich bekehrten Christen wohl mehr Vertrauen schenkte als seinen eigenen muselmanischen Untertanen. »Wissen Sie, daß es spanische ›Renegados‹ waren, die unter dem Sultan Ahmed el Mansur die ganze Sahara durchquerten, um bis zur geheimnisvollen Stadt Timbuktu an der großen Niger-Schleife vorzudringen? Wenn der König von Rabat und seine Istiqlal-Partei heute von einem Groß-Marokkanischen Reich träumen, das bis zum Niger reichen soll, so ist das dieser Handvoll spanischer Söldner zu verdanken, die ihr Eldorado – statt in der Neuen Welt oder in Cipangu – im Herzen Afrikas suchten. Immer die gleiche, mit Raffsucht gepaarte Donquichotterie.«

Ich erzählte Antonio von meiner Schiffsreise nach Timbuktu im Sommer 1959. Wir waren in Gao an Bord des altertümlichen Schaufeldampfers »Archambauld« gegangen. Nach zweitägiger Fahrt über die tiefgrünen Wasser des Niger, aus dem abends die wulstigen Köpfe der Flußpferde wie Felsbrocken herausragten, waren wir voller Erwartung an Land gegangen. Ich hatte dabei sehr intensiv an jene spanischen Eroberer, die Desperados und Renegaten des Pascha Dschaudar denken müssen, die vermutlich von dem legendären Timbuktu ebenso enttäuscht waren wie jetzt ich. Denn schon vor vier Jahrhunderten war von der Pracht der Hauptstadt des negro-islamischen Sonrai-Reiches nur noch ein Schatten übriggeblieben. Schon damals duckten sich staubige Gassen, trostlose Lehmhäuser unter der grausamen Sonne. Aus den massiven Minaretten der ockerfarbenen Moscheen ragten die schwarzen Trägerbalken wie eine barbarische Dekoration. Die höchsten Kuppeln waren von Straußeneiern gekrönt. Der Hafen war längst versandet und auf dem Marktplatz hatten wir bei den Bambara-Negerinnen Hals- und Armschmuck aus Lehm und geflochtenem Stroh erstanden, die mit einer gelbglänzenden Tinktur überpinselt waren und deshalb von den Franzosen als »Or de Tombouctou« – als »Gold von Timbuktu« – bezeichnet wurden. Für Dschaudar und seine Männer war der angebliche Reichtum der schwarzen Niger-Reiche zu einer schmerzlichen Fata Morgana geworden. Wie groß muß die Verlassenheit dieser Abenteurer gewesen sein, als die endlose Sahara hinter ihnen lag und sie sich auf ein ruhmloses Garnisonsleben an diesem gottverlassenen Strom einrichten mußten, der sich träg und scheinbar ziellos zwischen Sandbänken und Dünen schlängelte. Immerhin, für die kriegerischen Tuareg der Wüste, die mit ihren Kamelen und ihren schwarzen Sklaven – verschleiert und unheimlich – bis zu diesen Ufern vordrangen, und die nur an die Tümpel ihrer winzigen Oasen gewöhnt waren, wirkte dieser seichte Fluß wie ein Naturwunder. Sie bezeichnen den Niger bis auf den heutigen Tag als »el bahr« – als das Meer.

Sayed el Wali hatte ein großes schwarzes Zelt in der Wüste aufschlagen lassen, weit von den Frauen, den Kindern und deren Lärm. Der Generalsekretär des Polisario empfing uns, auf Teppiche gelagert, in einem Kreis von Stammesführern und ehrwürdigen Greisen. Zwei davon hatten der Notabeln-Versammlung von El Ayun, der »Dschemaa«, angehört, die noch die Spanier ins Leben gerufen hatten. Im Zelt Sayed el Walis ging es feierlich zu. Die Jugend dieses Mannes verblüffte mich – er war erst sechsundzwanzig Jahre alt –, und ich empfand für ihn eine spontane Sympathie. Er war im Gegensatz zum Indigo-Blau seiner Umgebung in ein weißes wallendes Gewand gehüllt und trug keinen Turban. Die Haare wuchsen buschig und zerzaust. Der kurze Backenbart umrahmte ein hageres, kühnes Gesicht. Seine Stimme – er sprach fließend Französisch – klang unerwartet hell, und jedesmal wenn er das Wort ergriff, spiegelten sich eine naive Verwunderung und eine verschmitzte Heiterkeit in den Augen dieses ungewöhnlichen Partisanenführers.

Das Transistorgerät – unentbehrliches Requisit aller arabischen Revolutionäre – wurde bei unserer Ankunft ausgeschaltet. Ein schwarzer Diener reichte grünen Tee, den Sayed el Wali persönlich in winzige Tassen ausschenkte. Dreimal mußten wir sie leeren. Der erste Trunk, so wurde uns erklärt, sei bitter wie das Leben, der zweite süß wie die Freundschaft, der dritte mild wie der Tod. Ob es nicht bei der zweiten Tasse heißen müsse »süß wie die Liebe«, fragte ich nach den unvermeidlichen Begrüßungs- und Willkommensformeln. »Das erzählen die Europäer und die Städter des Maghreb«, kicherte Sayed el Wali »aber hier in der Wüste haben Sie es mit einer Männergesellschaft zu tun, und für Romantik ist in unseren Beziehungen zu den Frauen kein Raum.« Man hatte mir berichtet, Sayed el Wali sei im Grunde gar kein echter Sahrawi, er stamme aus dem äußersten marokkanischen Süden bei Tan Tan und habe sogar seine Schulausbildung in Rabat genossen. Als ich ihn danach befragte, lachte er schallend. »Was bedeuten denn Grenzen in der Wüste?« entgegnete er, »es sind die gleichen Stämme, die zwischen Mauretanien und Algerien, Marokko und der West-Sahara, Mali und Libyen nomadisieren. Wir bilden eine große Gemeinschaft, und die Marokkaner, die uns heute erobern und beherrschen möchten, sind in

früheren Jahrhunderten von uns niedergeworfen worden.« Ähnlich wie
er selbst, so berichtete ich Sayed el Wali, hatte sich im Grunde Kronprinz
Mulay Hassan auf der Konferenz der Blockfreien von Belgrad im Jahr
1961 geäußert, als ich ihn nach der völkerrechtlichen Zugehörigkeit der
damals spanischen Sahara befragte. Lächelnd und mit elegantem
Abstand hatte der spätere König Hassan II. gesagt: »Die Frage ist müßig,
ob die West-Sahara den Marokkanern, oder ob Marokko den Sahrawi
gehören soll. Tatsache ist, daß wir eine organische und historische
Einheit bilden.«

In Algier munkelte man, daß Sayed el Wali nicht mehr das Vertrauen
Präsident Boumediennes genösse, daß er sogar vorübergehend unter
Hausarrest gestellt worden sei. Offenbar hatte der Generalsekretär des
Polisario die algerische Bevormundung als Belastung empfunden und
beim libyschen Staatschef Kadhafi, der ihm als Beduine ohnehin näherstand, eine zusätzliche Rückendeckung gesucht. Es wäre müßig gewesen,
ihm diesbezügliche Antworten zu entlocken. Unser Gespräch wandte
sich hingegen der sozialistischen Ausrichtung der Sahrawi-Bewegung
zu. Die These, die Sayed el Wali vortrug, war keineswegs originell. Als
islamische Revolutionäre seien die Polisario-Partisanen durchaus nicht
auf die westlichen und atheistischen Denkmodelle des Marxismus-
Leninismus angewiesen. Es genüge, zum Kern der muselmanischen
Offenbarung zurückzukehren. Der reine, der ursprüngliche Islam sei
sozialistisch und absolut egalitär gewesen. Diese Idealvorstellungen, wie
sie der Prophet Mohammed und die ersten Khalifen vorgelebt hätten,
gelte es heute neu zu beleben. Der Aufstand der Sahara gegen den
marokkanischen Thron trage nicht nur arabisch-nationalistische Züge, er
beschränke sich auch nicht auf die radikale Ablehnung aller Annexions-
ansprüche der Alawiten-Dynastie, sondern ihm liege zutiefst die Forderung nach religiöser Erneuerung zugrunde.

»Sie kennen sicher die Geschichte der Almoraviden, el Murabitun,
wie wir sie auf Arabisch nennen«, fuhr der junge Guerillaführer fort, und
plötzlich kam wie ein Hauch von Verzückung über sein Gesicht. »Es
waren fromme Männer der Wüste, die sich in einem Kloster, einem
›Ribat‹ nördlich des Senegal verschanzt hatten, ehe sie die Stämme der
West-Sahara, vor allem die verschleierten Sanhadscha, sammelten und
wie ein Wirbelsturm nach Norden aufbrachen, wo die damaligen Fürsten
Marokkos sich in Bruderkriegen erschöpften, dem wahren Islam den
Rücken kehrten, dem Aberglauben und dem Sittenverfall erlagen. Die
Almoraviden haben nicht nur die inneren Verhältnisse Marokkos total

verändert und revolutioniert, sie sind als Mudschahidin des Islam über die Straße von Gibraltar nach Spanien übergesetzt, haben in Andalusien die Herrlichkeit der arabischen Herrschaft wiederhergestellt und die christliche Reconquista um Jahrhunderte verzögert. Ähnlich wie vor neunhundert Jahren die Murabitun, diese strengen Krieger Allahs, pochen auch wir heute an die südlichen Pforten des Scherifischen Reiches. Wir wollen nicht nur als Sahrawi unsere Unabhängigkeit von Rabat erkämpfen, sondern in Marokko selbst einen morschen Thron stürzen, um auf seinen Trümmern den republikanischen Staat der islamischen Gerechtigkeit zu errichten.«

Sayed el Wali lud mich zu einer kurzen Besichtigungsfahrt seiner Truppe ein. Er setzte sich selbst ans Steuer des Jeep. Plötzlich war er wieder ein ausgelassener Jüngling. Er gab Vollgas, und das Fahrzeug vollführte waghalsige Kapriolen. Ich mußte mich an den Sitz klammern, um nicht in den Sand geschleudert zu werden. Für die Nomaden des Polisario hatten Jeeps und Landrover die Kamele ersetzt. Ihren Spaß am waghalsigen Reiterspiel, an der »Fantasia«, hatten sie auf diese Benzinrösser übertragen. Es war keine gewaltige Heerschau, die Sayed el Wali vorzustellen hatte, aber die Partisanen, die sich in zwangloser Beduinen-Art um uns scharten, waren Krieger aus Leidenschaft und Veranlagung. Der islamische Glaube und seine Gottergebenheit verliehen ihnen unbegrenztes Beharrungsvermögen, die Tugend des »Sabr«. In dieser vegetations- und menschenleeren Einöde wurde der maoistische Lehrsatz des Volksbefreiungskrieges, demzufolge der Partisan in der Bevölkerung zu leben habe wie der »Fisch im Wasser«, scheinbar ad absurdum geführt. Doch diese Männer lauerten in der Sahara wie der Skorpion im Wüstensand. Sie verfügten über ein phänomenales Orientierungsvermögen und nahmen jede Überlebenschance wahr. Zehn gelbe Landrover, mit Wüstensand zur Tarnung zusätzlich verkrustet, waren aufgereiht. »Wir sind heute schon in der Lage, die Phosphatgruben von Bu Kraa zu verunsichern«, sagte Sayed el Wali, »sogar die Küste des Atlantik haben unsere Vorhuten erreicht.« Diese Behauptung klang damals wenig glaubwürdig, aber zwei Jahre später sollte ich tatsächlich Filmaufnahmen der Polisario-Partisanen an der Steilküste des Sakhiet el Hamra sehen, wie sie am Steuer ihrer Geländewagen stolz und triumphierend auf das unendliche Meer zu ihren Füßen blickten, vergleichbar mit jenem fernen Eroberer Oqba Ben Nafi, der im siebten Jahrhundert den ganzen Maghreb in einem einzigen Eroberungsritt dem Islam unterworfen hatte und der, am Ufer des Atlantik angelangt, das Pferd bis zur Brust in die Fluten trieb,

den Säbel zum Himmel hob und der Überlieferung zufolge ausrief: »Im
Namen Allahs, wenn der Ozean mich nicht daran hinderte, würde ich
die Botschaft des Propheten noch weiter nach Westen tragen!«

Sayed el Wali machte kein Geheimnis daraus, daß er in der Islamischen Republik Mauretanien, diesem problematischen Relikt der französischen Kolonisation zwischen Maghreb und Senegal, den schwachen
Punkt der marokkanischen Expansionspolitik sah. Gegen Mauretanien
wollte er das Schwergewicht seiner Commando-Aktionen richten, zumal
er bei den dortigen Nomaden, die meist dem Rgibat-Stamm angehörten,
sowie bei den aufsässigen Panarabisten und Studenten der Hauptstadt
Nuakschott auf spontane Unterstützung zählen konnte. Der Staatschef
Mauretaniens, Mukhtar Uld Daddah, dessen französische Frau ihren
christlichen Namen Marie in Miriam abgewandelt hatte, mußte sich in
jenen Tagen bereits isoliert und verlassen vorkommen. In seinem
bescheidenen Palast von Nuakschott hatte mir dieser Abkömmling eines
frommen und unkriegerischen Marabu-Stammes knapp zwei Monate
zuvor ausführlich über die bittere Enttäuschung berichtet, die ihm
Houari Boumedienne von Algerien bereitet hatte. Leichten Herzens war
Mukhtar Uld Daddah das Bündnis mit König Hassan II. nicht eingegangen, zumal die marokkanischen Garnisonen, die alsbald in sein Land
einrückten, sich wie eine Besatzungsarmee gebärdeten. Eine Art Verhängnis war über diesen hochachtbaren Mann mit dem sensiblen Predi-
gerantlitz hereingebrochen. Er spürte damals wohl schon, daß das Ende
seiner Herrschaft nahe war.

Auch Sayed el Wali sollte nur allzubald das Opfer der Sahara-Tragö-
die, seines eigenen Ehrgeizes und seines grenzenlosen Mutes werden.
Wenige Wochen nach unserer Begegnung unter dem Nomadenzelt stieß
er mit einer Handvoll Krieger schnurstracks durch die Wüste fünfhundert Kilometer nach Süden in Richtung auf Nuakschott vor. Er hatte die
Hauptstadt Mauretaniens, die er wohl im Handstreich erobern wollte,
mit Granatwerfern beschossen. Seine Truppe war von der französischen
Luftaufklärung jedoch vorzeitig erkannt und durch eine marokkanische
Interventionseinheit vernichtet worden. Er selbst kam bei diesem Husa-
renritt ums Leben, und die Nachricht von seinem Tod dürfte in Algier,
wo man sein Zusammenspiel mit Kadhafi, seine weitreichenden umstürzlerischen Pläne argwöhnisch beobachtete, mit heimlicher Erleichterung aufgenommen worden sein.

Die ehemals spanische West-Sahara war zum Schauplatz eines verworrenen Machtspiels geworden. Die arabischen Chronisten des Mittel-

alters hätten hier alle Elemente ihrer Berichterstattung wiedergefunden: dynastische, mörderische Rivalitäten an der Spitze, den ewigen Widerstreit der Stämme und im Hintergrund – urgewaltig, alles beherrschend – das feierliche Postulat des Islam, die obligate Ausrichtung der Politik auf den Traum von einem utopischen Gottesstaat.

Auf Anweisung Sayed el Walis erhielten wir endlich die Genehmigung, eine Gruppe Sahrawi auf ihrem Streifzug in das ehemals spanische Gebiet zu begleiten. Das Unternehmen war improvisiert, und es stimmte uns gar nicht fröhlich, daß unser Landrover zusätzlich zu unserem Kameragerät mit einem riesigen Benzinfaß befrachtet wurde. Im Falle eines marokkanischen Tieffliegerangriffs wären wir in Form einer lodernden Fackel in die Gärten Allahs eingegangen.

Die Sonne näherte sich dem Horizont, als wir Hassi Robinet verließen. Wir fuhren auf die gelbe Scheibe zu, vor der sich der Führungs-Jeep wie ein Scherenschnitt abzeichnete. Nach ein paar Kilometern mußten wir die Grenze überschritten haben. In der Dämmerung erkannten wir Militärlager jenseits der Dünen und Schatten im Sand, die irgendwelchen militärischen Übungen nachgingen. Die Stunde war feierlich, und die Dunkelheit fiel schnell. Früher als erwartet, wir mußten uns im Umkreis des marokkanisch besetzten Forts Mahbes befinden, machten unsere Sahrawi-Gefährten halt. Murad, der von den Partisanen als berufsmäßiger Propagandist wohl nicht ganz voll genommen wurde, wußte auch keine Erklärung für diese vorzeitige Unterbrechung unseres Unternehmens. Wir hatten ein kleines Zeltlager errichtet. Gemeinsam mit den Nomaden drängten wir uns um das Feuer, das mit Akazienzweigen und Kameldung gespeist wurde. Ein Neger, der seine Kalaschnikow nicht aus der linken Hand ließ, reichte uns Tee, und dann aßen wir aus der Emailschüssel unser Nachtmahl: kalte Nudeln mit Ölsardinen vermischt. Es schmeckte sogar. Die Kälte schnitt uns ins Fleisch, und wir waren dankbar für die zusätzlichen Decken, die man uns brachte. Unter den Sahrawi begann eine endlose Beratung, an der auch Murad teilnahm.

Ich hatte mich etwas abseits in eine Mulde gekauert und ergab mich dem Zauber der Wüstennacht, der totalen Einsamkeit des Menschen zwischen Erde und Firmament. Wo anders als in der Wüste hatte der Glaube an den Einzigen Gott seinen Ursprung nehmen können? Hier gab es keine frivole Ablenkung, keine Versuchung, anthropomorphe Nebengötzen zu errichten, hier drängte sich der Monotheismus geradezu als mathematischer Zwang auf, und im Dornbusch, dessen helle Zweige sich vom Sternenhimmel abhoben, hatte sich dem Moses der Juden, dem Musa der Muselmanen, der Unaussprechliche offenbart. Wem es gelungen ist, die Wüste zu lieben, der mag Verständnis haben für den Ausruf des Haschemitenkönigs Abdullah, mit dem er – jedesmal wenn er die kümmerlichen Gärten seiner Hauptstadt Amman hinter sich ließ – die Beduinen seiner Leibgarde anspornte: »Endlich keine Bäume mehr!«

Der kommende Morgen brachte Ärger. Aufgrund irgendwelcher hoher Weisungen, die über das Funkgerät zu uns gelangt waren, wurde unsere Expedition in den Sakhiet el Hamra kurzerhand abgebrochen. Der Befehl lautete, vor Einbruch der Dunkelheit müßten wir nach Hassi Robinet zurückgekehrt sein. Wir bedrängten Murad vergeblich. Auch mein Hinweis, der Verzicht auf unsere Patrouille im Feindgebiet komme dem Eingeständnis eigenen Unvermögens gleich, fruchtete nichts. So dilettantisch dürfe man mit gutgesinnten ausländischen Beobachtern nicht umspringen, schimpften wir, wenn man sich vor der Weltöffentlichkeit durchsetzen wolle. Ich ahnte an jenem Morgen nicht, daß die Polisario-Partisanen sich binnen zwei Jahren als wahre Meister der Propaganda entpuppen würden. Murad ließ unsere Vorwürfe mit schmerzlichem Lächeln über sich ergehen. Es hatte keinen Sinn, weitere Tage mit fruchtlosem Warten zu vertun. Unmittelbar nach meiner Ankunft in Tinduf forderte ich meinen Rückflug nach Algier an. Als ich zwei Tage später am Flugplatz stand und die Migs wieder über mir heulten, umarmte mich Scherif, der Algerier, mit breitem Grinsen. »Murad läßt Ihnen diese Botschaft zukommen«, sagte er und drückte mir einen Zettel in die Hand. Ich entfaltete das Papier und las »Au Camarade Latour«, stand da. »Hab Dank für Deine revolutionäre Kritik!« Man konnte diesen Sahrawi einfach nicht böse sein.

Tan-Tan, März 1976

Man wechselt schnell die Fronten in Nordafrika. Es genügt, von Algier nach Paris zu fliegen, und dort steigt man auf die nächste Maschine nach Rabat um. In der marokkanischen Hauptstadt verloren wir keine Zeit und wurden vom Stab der Königlichen Streitkräfte mit einer Militärmaschine über Agadir nach Tan-Tan weitergeleitet. Tan-Tan liegt bereits in der Wüste des sogenannten Tarfaya-Streifens. Hier befand sich der Befehlsstand des Oberkommandierenden der Scherifischen Truppen in der westlichen Sahara, Oberst Ahmed Dlimi.

Die Marokkaner, die uns am Flugplatz mit dem Landrover abholten, waren mit amerikanischen Schnellfeuergewehren bewaffnet. Obwohl sich Tan-Tan am Südrand des unumstritten marokkanischen Staatsgebiets befindet, war die Gegend unsicher. Die Soldaten König Hassans ließen keinen Blick von der nahen Horizontlinie, die sich unter den Stößen des bitterkalten Windes in graue, häßliche Staubwolken auflöste. Die Polisario-Front hatte offenbar ihre Drohung verwirklicht, den Krieg bis nach Süd-Marokko hineinzutragen. Das Städtchen Tan-Tan selbst dehnte sich mit seinen grauen Lehm- und Betonklötzen unter einem trostlosen Himmel. Die Gassen wimmelten von Militär. Die Männer steckten in dicken khaki-farbenen Mänteln. Die Patrouillen trugen US-Stahlhelme. Diese Armee war mir von Indochina her vertraut, wo die marokkanischen »Goumiers« unter französischem Kommando zu den zuverlässigsten Einheiten gezählt hatten. Aber niemand trug hier den braungestreiften Wollburnus, die kunstvoll gedrehten Turbane dieser Elite-Einheiten aus dem Atlas. Tan-Tan war eine Garnisonstadt ohne jede Romantik. Die Soldaten lungerten unschlüssig vor zahllosen Verkaufsständen und Buden, wo Transistoren, elektrische Rasierapparate, Zigaretten und alles nur denkbare Schmuggelgut von maurischen Händlern angeboten wurden, die vielleicht zu den besten Informanten des Polisario zählten. Der Sold reichte nur zu geringen Geschäften. Am Ende einer Gasse stauten sich die braunen Uniformen vor einem Militär-Bordell. Sehr appetitlich ging es da wohl nicht zu. Die wenigen Frauen im Straßenbild gingen tief verschleiert.

Das Hotel von Tan-Tan war etwas besser geführt als das Etablissement von Tinduf. In einer düsteren Bar, durch deren Türritzen Sand wehte, saß eine Gruppe marokkanischer Offiziere. Für sie war dieser Feldzug zwar eine ziemlich freudlose Angelegenheit. Abwechslungen gab es nicht in den einsamen Wüstenstellungen, die ihnen zugewiesen wurden. Aber der Krieg blieb in ihren Augen immer noch das respektabelste Männergeschäft. Befriedet war das Scherifische Reich nur ein paar Jahrzehnte lang unter der französischen Fremdherrschaft gewesen. Selbst diese »pax franca« wurde durch stets aufflammende Aufstände erschüttert. Bevor die Franzosen 1912 ins Land gekommen waren, hatte sich die Herrschaft des Sultans ohnehin nur auf die Städte und Küstenebenen erstreckt, auf das »Bled Maghzen«, während im »Bled Siba« die stolzen Berber-Stämme des Atlas ihre Autonomie mit der Waffe zu wahren und dem Herrscher ihre Bedingungen aufzudiktieren wußten.

Ein stämmiger Major mit glattrasiertem Schädel, das Fallschirmabzeichen auf der Brust, kam auf mich zu. Er stellte sich als Commandant Brahim vor. »Wenn ich mich recht erinnere«, sagte er, »habe ich Sie schon einmal getroffen, Anfang der sechziger Jahre im Kongo, der heute Zaire heißt, in Leopoldville, das man heute Kinshasa nennt.« Tatsächlich hatte ich damals engen Kontakt zum marokkanischen Kontingent der Vereinten Nationen gepflegt. Der Scherifische General Kettani, der angesehenste Truppenführer unter den Blauhelmen der Weltorganisation, hatte in jenen Tagen einem verstörten kongolesischen Oberst namens Joseph Désiré Mobutu Zuflucht und Rat geboten. Mobutu, der ein paar Monate zuvor noch als Unteroffizier der belgischen Kolonialtruppe gedient hatte, war zu den Marokkanern geflüchtet, als die Batetela-Krieger des Ministerpräsidenten Patrice Lumumba– sie wirkten in ihren Tarnuniformen wie schwarze Walpurgisnacht-Gestalten – ihn wegen eines angeblichen Putschversuchs verfolgten. Kettani war durch die schnelle Auffassungsgabe und die freundlichen Manieren seines Schützlings, der sich zur Tarnung einen Bart hatte wachsen lassen, positiv beeindruckt. Dieser politisch versierte General suchte in dem Chaos, das sich in Zentral-Afrika entfesselt hatte, nach einem Gegengewicht zu den turbulenten und total wirkungslosen Regierungsmethoden Lumumbas. Als es ein paar Wochen später tatsächlich zu einem Pronunciamiento der Kongo-Militärs unter Colonel Mobutu kam, waren die marokkanischen UNO-Offiziere wohl nicht sonderlich überrascht gewesen.

Ich glaubte tatsächlich, mich an einen Leutnant Brahim im Stab Kettanis zu erinnern, dem ich wohl in der flämischen Ziegelkaserne der »Force Publique« von Leopoldville begegnet war. In Tan-Tan tauschten wir sofort alte Kongo-Geschichten aus. Brahim erzählte den unvermeidlichen Scherz, der damals auch beim tunesischen UNO-Kontingent umging. In Matadi, so lautete die Anekdote, sprach ein alter Kongo-Neger bei einer der zahlreichen Verbrüderungsfeiern einen hellhäutigen marokkanischen Berber-Soldaten an. »Ihr seid doch Afrikaner?« fragte der Schwarze. »Ja, natürlich sind wir Afrikaner«, lautete die Antwort des Marokkaners. – »Und ihr seid unabhängig?« – »Ja, wir sind unabhängig.«– »Wie lange seid ihr denn unabhängig?« – »Seit etwa fünfzehn Jahren.« – Da zeigte sich ungläubiges Staunen auf dem Gesicht des alten Negers. »Und ihr seid schon so weiß!« rief er aus.

Zwei weitere Marokkaner, ein Hauptmann und ein Oberleutnant, waren an unseren Tisch gerückt. Sie sprachen recht offen über ihren Feldzug in der West-Sahara. Die Frage stelle sich jetzt, ob es sich überhaupt lohne, jede Wasserstelle in der Wüste zwischen Tarfaya und Nuadhibu an der mauretanischen Küste zu halten und damit dem Polisario verwundbare Ziele für seine Überfälle zu liefern. Am Ende würde die marokkanische Kriegführung im Sakhiet el Hamra darauf hinauslaufen müssen, ein strategisches Dreieck zwischen der rückwärtigen Basis Tan-Tan, dem Phosphat-Zentrum Bu Kraa und der Heiligen Stadt der Sahrawi, Smara, zu halten. »Smara hat nicht nur militärische Bedeutung«, erklärte Brahim. »In Smara haben noch in den dreißiger Jahren die Anhänger des großen Scheich Ma-el-Aini zum Heiligen Krieg gegen Spanier und Franzosen aufgerufen, und die Religion, wie Sie wissen, ist bei uns immer die letzte und gültigste Motivation.« Mit einer uralten Ju 52 der spanischen Luftwaffe hatte ich 1962 die »Heilige Stadt« Smara angeflogen und mir damals nicht träumen lassen, daß diese Hütten aus schwarzen Lavabrokken, die von einem schmucklosen Minarett beherrscht wurden, jemals zum Zankapfel der widerstreitenden maghrebinischen Parteien würden.

Von dem krankhaften Mißtrauen, das den Umgang mit den Algeriern und den meisten Arabern oft belastet, war im Umgang mit diesen Marokkanern nichts zu spüren. Wer im Gespräch mit den rauhen Söhnen des Atlas den richtigen Ton fand, wurde mit brüderlicher Offenheit und Gastlichkeit aufgenommen. Das Scherifische Reich hatte bei aller Turbulenz seiner langen Geschichte einen überaus selbstbewußten Menschenschlag hervorgebracht. Ich enthüllte meinen Gesprächspartnern nicht, daß ich mich ihrem Land auch persönlich verbunden fühlte durch eine jener Zufälligkeiten, die das Leben zwischen Maghreb und Maschreq gelegentlich beschert. Nach Absolvierung meines Arabisch-Lehrgangs im Libanon suchte die marokkanische Regierung, die das französische Protektorat gerade abgeschüttelt hatte, nach franko- und arabophonen Experten für ihre Verwaltung. Mir war der Posten eines politischen Ratgebers beim marokkanischen Provinzgouverneur von Meknes oder Ouarzazate angeboten worden. Da in der Umgebung von Meknes ein unerfreulicher Streit mit den französischen Kolonisten und Großgrundbesitzern entbrannt war, entschied ich mich für das Oasengebiet von Ouarzazate, das sich jenseits des südlichen Atlas am Nordrand der Sahara erstreckt. Die roten Lehmmauern und Zinnen von Ouarzazate hallten damals noch nicht vom Freizeit-Trubel des »Club Méditerrannée« wider. In einer eremiten-ähnlichen Abgeschiedenheit hätte ich dort die nachbarschaftlichen Beziehungen dieser Provinz zu Algerien sowie das Stammesleben der Berber in den Felsschluchten des Draa und des Dades studieren können. Meine Ernennung zu diesem Posten lag bereits im Innenministerium von Rabat vor, aber eine solche Tätigkeit als »political agent«, wie die Engländer sagen, entsprach wohl doch nicht mehr dem Geist der Zeit. Am Ende konnte ich von Glück sprechen, daß meine Berufung nach Ouarzazate durch eine absolut verständliche Reaktion maghrebinischen Nationalismus gegenstandslos wurde.

Gegen Mitternacht war ich noch einmal auf die Hauptstraße von Tan-Tan getreten. Eine Militärstreife prüfte meine Papiere und verschwand mit hallenden Schritten. Der Wind heulte immer noch und erstickte sogar das wütende Bellen der Hunde. Der schwarze Himmel riß plötzlich auf. Zwischen rasenden Wolkenfetzen leuchtete die volle Scheibe des Mondes überhell, mit scharfen Konturen wie ein mysteriöses Fanal. Im Sommer 1955, so erinnerte ich mich, hatte die exaltierte Masse der frommen marokkanischen Bevölkerung in diesem Antlitz des Mondes die leidenden Züge ihres verbannten Sultan Mohammed V. zu erkennen geglaubt.

Erinnerung an Marokko, Sommer 1955 bis Winter 1964

Wie ein Schwarm kreischender Vögel saßen die Prostituierten auf der Terrasse des Hotel »Balima« von Rabat. Sie waren aus dem »Bouzbir« von Casablanca in die marokkanische Königsstadt herübergewechselt, als dieses größte Bordell-Viertel der Welt aufgrund der Unruhen mit Polizeigewalt geschlossen worden war. Die Mädchen waren grell angemalt und riefen den Journalisten, die im »Balima« ihre Arbeitsquartiere bezogen hatten, am hellichten Tag Obszönitäten zu. Der Anblick dieser Unordnung, die über das biedere Verwaltungs- und Europäer-Viertel Rabats aus der südlichen Hafen-Metropole Casablanca hereingebrochen war, erfüllte die französischen Zivilisten mit bösen Ahnungen. Eine Ordnung brach zusammen, und die Freudenmädchen aus dem Bouzbir erschienen wie Vorboten des Unheils, wie ein kreischender Erinnyen-Chor in einer unverständlichen, exotischen Inszenierung.

In der Generalresidenz oberhalb des Sultanspalastes herrschte Entmutigung. Ich wurde ohne Umstände von dem rot kostümierten Türsteher, dem »Schausch«, zum Präfekten Antoine hereingelassen, der vor ein paar Wochen erst die juristische Abteilung übernommen hatte. Wir kannten uns seit langem, denn er hatte vor seiner überstürzten Ernennung in Marokko eine ähnliche Funktion beim französischen Hochkommissariat in Saarbrücken ausgeübt. »Das Spiel ist aus«, begrüßte mich Antoine.

»Der neue Generalresident Grandval hat verloren. Wir hatten alles darauf gesetzt, während wir mit den nationalistischen Parteien der arabisierten Städte verhandelten, daß die Berber-Stämme des Atlas stillhalten würden. Unsere Militärs hatten uns diese Zusicherung gemacht. Aber Sie wissen ja, was gestern und heute nacht passiert ist.« Unter dem Schrei »Allahu akbar« und »Yahia el Malik – Es lebe der König« waren die wilden Männer des Gebirges, für deren Loyalität sich die angeblichen Experten des französischen »Contrôle Civil« verbürgt hatten, über das Grubenstädtchen Oued Zem hergefallen. Eine Vielzahl von Europäern – Männer, Frauen und Kinder – waren wie Vieh geschlachtet worden. Nun konnte es kein Halten mehr geben. Ein Atlas-Stamm nach dem anderen würde sich dem Aufstand anschließen, und die angestaute nationalistische Unrast der städtischen Medinas würde explodieren, wenn nicht schnellstens der rechtmäßige Herrscher des Scherifischen Reiches, Sultan Mohammed V., »el Malik – der König«, wie er nunmehr beim Volk hieß, auf seinen Thron zurückkehrte.

Das marokkanische Experiment Grandval hatte unter einem schlechten Stern begonnen. Der frühere Militärgouverneur, Hochkommissar und Botschafter im Saarland, war von Ministerpräsident Edgar Faure nach Rabat als neuer Generalresident beordert worden, nachdem alle Versuche seiner dortigen Vorgänger, die Entwicklung noch einmal in den Griff zu bekommen, fehlgeschlagen waren. Gilbert Grandval hatte sich mit Elan und mit einer gewissen Naivität in die neue Aufgabe gestürzt. In Saarbrücken hatte er sich als konsequenter Verfechter französischer Interessen zu erkennen gegeben. Die Autonomie-Politik, die er dort unterstützte, bewegte sich in der Tradition Richelieus und der von Paris patronierten deutschen Kleinstaaterei. Das »Europäische Statut« des Saarlandes, das schließlich zwischen Adenauer und Mendès-France ausgehandelt worden war, trug in seinen Augen den Makel der abendländischen Supranationalität. Grandval war nach Marokko berufen worden, als er noch nicht wissen konnte, daß seine Saar-Politik in der Stunde der Volksabstimmung am 23. Oktober 1955 wie ein Kartenhaus zusammenbrechen würde. In Rabat angekommen, schaltete dieser autoritär veranlagte Mann auf eine Linie äußerster Flexibilität um. In wenigen Tagen gewann er das Vertrauen der konservativen marokkanischen Nationalisten der »Istiqlal-Partei« sowie auch der marokkanischen Progressisten der späteren »Volksunion«. Diese Kontakte brachten ihm jedoch in den Augen der meisten französischen Siedler in Marokko – sie mochten an die 300000 sein – den Ruf eines Verzicht-Residenten, ja eines halben Landesverräters ein. »Diese Leute, die den Gang der Ereignisse im Maghreb überhaupt nicht begreifen, diese sturen Reaktionäre einer überholten Kolonisations-Routine, verfügen seit heute morgen, seit dem Massaker von Oued Zem, über ein tödliches Argument«, sinnierte der Präfekt Antoine; »es hilft uns nichts, daß unsere guten Beziehungen zu den organisierten Nationalisten sich bewährt, daß Unruhe und Attentate in den Städten aufgehört haben, seit Grandval hier eintraf. Die Colons werden anklagend darauf verweisen, daß das Bled, das offene Land, zur Aufstandszone wurde, obwohl sie selbst es waren, die von der unverbrüchlichen Treue der Berber gegenüber Frankreich faselten.«

Schon zwei Jahre zuvor war der entscheidende, der unverzeihliche Fehler gemacht worden. Der damalige Ministerpräsident Georges Bidault, der bereits im Indochina-Feldzug schwere Verantwortung auf sich geladen hatte, wollte in Nordafrika den starken Mann spielen. Die satirische Zeitung *Le Canard Enchaîné* spottete seit langem über seinen ungezügelten Alkoholgenuß. Dieser einstige Repräsentant fortschrittlicher Christ-Demokratie in Frankreich hatte sich in einen verbitterten Nachhut-Strategen spätkolonialer Abenteuer verwandelt. Bidault gab im August 1953 dem damaligen Generalresidenten Guillaume freie Hand, Sultan Mohammed V. abzusetzen und ins Exil nach Madagaskar zu verschicken. General Guillaume hatte seit langem auf diese Gewaltlösung gedrängt. Mohammed V., der in seiner Jugend von den Franzosen auf den Thron gehoben worden war, weil er im Gegensatz zu seinem Bruder ein willfähriges Instrument der Pariser Nordafrika-Politik zu werden versprach, hatte sich während des Zweiten Weltkriegs als ein Staatsmann von unvermuteten Gaben zu erkennen gegeben. Er war in seinem nationalen Emanzipationswunsch von Präsident Roosevelt persönlich ermutigt worden. Auch de Gaulle wußte diesen Monarchen zu schätzen, der sich dem Kapitulantentum Vichys widersetzte, mit den »Freien Franzosen« konspirierte und dafür später mit dem Lothringer Kreuz des Befreiungsordens dekoriert wurde. Aber General Guillaume wußte es offenbar besser. Er hatte die stolzen Tabor-Einheiten der Atlas-Berber im Italien-Feldzug befehligt und bis nach Württemberg geführt. Er glaubte die Methode zu kennen, wie man mit einem aufsässigen Sultan umsprang, der nur noch auf die Ratschläge seines ehrgeizigen und hochintelligenten Sohnes Mulay Hassan zu hören schien. Das wahre Marokko, so argumentierten die französischen Militärs und die Administratoren aus dem Elite-Korps des »Contrôle Civil«, finde man nicht bei den entwurzelten Proletariermassen der Küstenstädte und auch nicht bei jenen bürgerli-

chen Intellektuellen, die den aufrührerischen Radiosendungen des
»Saut-el-Arab« aus Kairo lauschten. Gegen die Aufrührer, die sich in den
Medinas zusammenrotteten, gegen die Attentäter, die mit Sprengstoff
und gezielten Morden Unruhe stifteten, wollte sich Generalresident
Guillaume auf die ursprünglichen Kräfte des Landes, auf seine treuen
Berber verlassen. Als Mohammed V. des Landes verwiesen wurde, waren
ganze Reiterkolonnen aus den Bergen aufgeboten worden, die sich in
malerischer Heerschar auf den Weg in die Ebene machten. Sie kampierten bedrohlich vor den Mauern von Fez und Rabat wie in jener Zeit, als
die Krieger des Bled Siba aus der Wildnis ihrer Atlas-Höhen herausbra-
chen, um über die Küstensiedlungen herzufallen und sie zu plündern.
Hinter diesem Staatsstreich profilierte sich die imposante, furchterre-
gende Gestalt El Glaouis, des letzten selbstherrlichen Berber-Fürsten aus
dem südlichen Atlas, ein Raubvogel, der den Herrscher von Rabat stets
als einen verächtlichen Schwächling angesehen hatte. El Glaoui war es
auch, der die Versammlung der Ulama, der koranischen Schriftgelehrten, demütigte und diese frommen, aber korrupten Männer zwang,
einen gefügigen Gegen-Sultan zu küren, den harmlosen und etwas
einfältigen Greis Mohammed Ben Arafa. Der Usurpator war ein ziemlich
unbekannter Angehöriger des Geschlechts der Alawiten. Man wußte
lediglich von ihm, daß er in rührender Bescheidenheit jeden Morgen in
Marrakesch auf den Markt ging, um höchstpersönlich um sein Gemüse
zu feilschen. Kaum inthronisiert, hatte der neue Sultan Ben Arafa alles
Interesse daran, sich vor seinem Volk zu verbergen, denn schon bei einer
seiner ersten Ausfahrten zum Freitags-Gebet wäre er beinahe von einem
Fanatiker erdolcht worden. Nur die Geistesgegenwart eines französischen Unteroffiziers der berittenen Schwarzen Garde hatte ihn in letzter
Sekunde gerettet.

Die französischen Protektorats-Behörden und Georges Bidault hatten
ihre Rechnung ohne Berücksichtigung der veränderten Volksstimmung
im Maghreb gemacht. Mohammed V. hatte man nach Antsirabe abgeschoben. Die französischen Illustrierten hatten hämische Bildreportagen
über jene Sondermaschine publiziert, die der gestürzte Monarch benö-
tigte, um seinen umfangreichen, verschleierten Harem nach Madagaskar
zu transportieren. In Paris mochte man darüber schmunzeln. Die Marokkaner blieben von dieser verunglimpfenden Propaganda unberührt. Sie
lauschten den Radiosendungen aus Kairo und Damaskus. Sie hatten bislang mit ihrem Scherifischen Herrscher, der sich nur selten im weißen
Burnus mit Kapuze seinen Untertanen zeigte, nicht sonderlich sympathi-

siert. Dazu wirkte der Mann viel zu verschlossen und scheu. Aber jetzt war Mohammed V. durch die willkürliche Absetzung, durch seine Verbannung und Schmähung plötzlich zum Märtyrer geworden. Wenn die Franzosen ihn in den Indischen Ozean verschickten, dann mußte er eben doch der gültige Repräsentant der sich aufbäumenden nationalen Kräfte des »Maghreb el Aqsa«und in seiner Eigenschaft als »Befehlshaber der Gläubigen« die Verkörperung des militanten, unbesiegbaren Islam sein. Mit einem Schlag war Si Mohammed V. zum Brennpunkt der nationalen und religiösen Revolution geworden. Kein Wunder, daß gerade die armen Leute in den Slums von Casablanca sein Antlitz in der vollen Scheibe des Mondes erkannten.

Im Juli 1954 hatte die Vierte Republik in Indochina die Konsequenzen aus dem Debakel von Dien Bien Phu und einer aussichtslosen Situation ziehen müssen. Am Allerheiligentag des gleichen Jahres war Algerien von der ersten Attentatswelle heimgesucht worden. Das Kabinett Bidault war längst durch andere kurzlebige Kombinationen abgelöst worden. Niemand in Paris war ernsthaft bereit, sich im westlichen Atlas in einen neuen Kolonialfeldzug zu stürzen, zumal die legendäre Tapferkeit der Rif-Kabylen noch in aller Erinnerung lebte. Auf General Guillaume war nach verschiedenen administrativen Zwischenphasen das liberale Unternehmen Grandval gefolgt, und auch dieser Versuch war im Ansatz gestrandet. Sultan Ben Arafa bereitete seine Flucht vor, und der stolze Berber-Fürst El Glaoui erwog seine Unterwerfung unter den rechtmäßigen Herrscher, um wenigstens den Bestand seiner Sippe und deren Besitz über die sich anbahnende Umwälzung hinüberzuretten. Er sollte diesen dramatischen Canossa-Gang tatsächlich ein paar Monate später vollziehen. Die französische Presse brachte Bilder von jener unglaublichen Szene, wie der alte einäugige Atlas-Adler El Glaoui im Schloß von La Celle Saint-Cloud auf die Knie fiel, um dem Malik ehrerbietig die Hand und das Knie zu küssen. Um ein Schauspiel mittelalterlicher Größe war man in Marokko nie verlegen.

Im zweiten Stockwerk der Generalresidenz traf ich den neuen Informationsdirektor Jacques Chazelle. Auch er war ein alter Freund aus Saarbrücken. Chazelle gehörte zu den brillantesten jungen Diplomaten des Quai d'Orsay. Er zeigte sich nicht weniger pessimistisch als der Präfekt Antoine. »Wissen Sie, daß Grandval vor Übernahme der Generalresidenz Charles de Gaulle in dessen Einsiedelei von Colombey-les-deux-Eglises aufgesucht hat«, begann er das Gespräch. »Der General hat ihn nicht gerade ermutigt. ›Sie mögen noch so mutig und geschickt sein‹, hatte er Grandval zu verstehen gegeben, ›aber an den verfaulten Institutionen der Vierten Republik werden Sie zerbrechen. Erst muß die Autorität des Staates wieder hergestellt sein, ehe Frankreich wieder glaubhaft zu seinen Freunden und Gegnern sprechen kann.‹ Im übrigen, so deutete de Gaulle an, komme niemand mehr an einer Rückkehr Mohammeds V. vorbei.« Der General sei nach seinem Monolog an das Turmfenster seines Landsitzes getreten und habe schweigend über die herbe lothringische Waldlandschaft geblickt, wo einst Bernhard von Clairvaux die einsame Inspiration zu seinen Kreuzzugs-Predigten gesucht hatte und wo noch früher im Sumpfland der Katalaunischen Felder die Entscheidung über den Bestand des Abendlandes gefallen war. Ein livrierter marokkanischer Diener brachte Kaffee, und der Informationsdirektor mußte lachen. »Es ist nicht leicht, in diesem Land an seinen liberalen und emanzipatorischen Überzeugungen festzuhalten«, sagte er. »Ich hatte mir fest vorgenommen, im Gegensatz zum Brauch der hiesigen Europäer, alle Eingeborenen, auch die Diener, zu siezen. Aber was soll ich machen, wenn mich der Türsteher und der Kaffeeträger in Ermangelung grammatikalischer Feinheiten ihrerseits mit ›du‹ anreden.« Es entstand eine Pause. »Wir werden uns nach neuen Posten umsehen müssen«, fügte Chazelle hinzu. »Für die Mannschaft Grandval ist demnächst kein Platz mehr in Nordafrika. Aber bevor wir den Platz räumen, will ich Sie noch mit einer interessanten Persönlichkeit in Verbindung setzen, mit einem Mann der Zukunft. Er heißt Mehdi Ben Barka.« Chazelle griff zum Telefon und ließ sich verbinden.

Das wuchtige Eingangstor der Medina war schwer bewacht. Die französische Protektorats-Polizei in hellblauen Uniformen war auf Anweisung Grandvals durch ein Kontingent »Gendarmes Mobiles« ersetzt, die aus dem Mutterland eingeflogen waren. Die lokalen Polizisten hatten bei den Leibesvisitationen, denen die Marokkaner häufig unterworfen wurden, allzuoft Wertsachen und Brieftaschen mitgehen lassen. Die breitschultrigen Gendarmen aus der Metropole strömten hingegen Gesetzlichkeit und Gelassenheit aus. Ihre Ankunft war von den Moslems teilweise mit Beifall begrüßt worden. Ein junger Marokkaner in Dschellabah erwartete mich an der Schwelle der Medina. Es wäre nicht ratsam gewesen, als isolierter Europäer in das Gassengewirr vorzudringen. Schlagartig war ich in eine andere, mittelalterliche Welt versetzt. Die Medinas der Küste – Rabat, Sale, Mogador, Mazagan und wie sie alle hießen – hatten zur Zeit der spanischen Reconquista viele maurische Flüchtlinge aus Andalusien aufgenommen. Der Stil der Häuser, die verschwiegenen

Patios hinter hohen Mauern, die eckige Pracht der Minaretts erinnerten an Sevilla, an Granada und Cordoba. Der Schöpfer des französischen Protektorats, Marschall Lyautey, hatte darüber gewacht, daß die muselmanische und die später zugewanderte europäische Bevölkerung streng getrennt voneinander lebten. Diesem elitär eingestellten Offizier, der lange in Algerien gedient hatte, war die dortige Assimilations- und Vermischungspolitik der Dritten Republik ein Greuel gewesen. Ihm lag im Grunde die angeborene Noblesse so vieler Marokkaner näher als die hemdsärmelige Quirligkeit jener mediterranen »petits Blancs«, die in der Mehrzahl iberischer oder italienischer Herkunft waren. So hatte das Scherifische Reich – im Gegensatz zu den algerischen Départements – seine Eigenart, seinen Charakter, seine nostalgische Größe auch unter dem fremden Protektorat bewahrt.

Sogar das Judenviertel war als separater Körper der Medina voll erhalten geblieben. Die Handwerker unter dem runden mosaischen Käppchen hatten wachsbleiche Gesichter, weil in ihre schmalen Gassen fast nie ein Sonnenstrahl fiel. Die Juden lebten im »Mellah«; das Wort war von dem arabischen Wort »Melch«, zu deutsch »Salz« abgeleitet, weil in früheren Zeiten eine der Aufgaben der Israeliten darin bestand, die Köpfe der hingerichteten Feinde des Sultans einzupökeln, ehe sie auf den Stadtmauern der Medina zur Abschreckung aufgespießt wurden. Die jüdische Gemeinde von Marokko, deren Familien-Namen noch häufig die toledanische Herkunft verrieten, ja die in ihrem Schatzkästlein gelegentlich noch den Schlüssel des spanischen Hauses aufbewahrten, aus dem ihre Vorfahren durch die christliche Inquisition vertrieben worden waren, sahen der steigenden Flut des islamisch inspirierten Nationalismus mit bangen Ahnungen entgegen. Zwar hatte Mohammed V. sie zur Zeit Marschall Pétains gegen die antisemitischen Verfügungen der Vichy-Behörden zu schützen gewußt und ließ sie auch jetzt aus seinem Exil in Madagaskar wissen, daß die Söhne Israels als Angehörige der »Familie des Buches«, des »Ahl el Kitab«, von der marokkanischen Unabhängigkeit keine Diskriminierung oder gar Verfolgung zu befürchten hätten. Aber wer konnte schon gewährleisten, daß der Monarch nach seiner Rückkehr stark genug sein würde, um die Unduldsamkeit seiner Untertanen im Zaum zu halten. Im Dämmerlicht der Synagogen stellten die Rabbiner gemeinsam mit verschwiegenen Emissären aus Tel Aviv Listen für die Auswanderung nach Israel zusammen, während die wohlhabende, französisch assimilierte jüdische Bourgeoisie sich auf die Umsiedlung nach Frankreich vorbereitete.

Mein junger Begleiter in der Medina war ein trefflicher Leibwächter.
Jedesmal wenn wir einer finster blickenden Gruppe von Männern im
landesüblichen Burnus entgegentrieben, erwähnte er wie ein Markt-
schreier das Ziel unseres Besuchs. Der Name Ben Barka wirkte wie ein
»Sesam, öffne dich«. Die Häuserwände waren ringsum mit arabischen
Inschriften beschmiert. Die Hochrufe »Yahia el Malik – Es lebe der
König« und die Zauberformel »Istiqlal – Unabhängigkeit«waren überall
zu lesen. In zahllosen Abbildungen blickte das sorgenvolle Antlitz
Mohammed V. auf seine Untertanen herab. Ich sollte mir die Erfahrungen dieses Medina-Besuchs in den kommenden Wochen noch mehrfach
zunutze machen. Jedesmal wenn ich in Fes, Meknes oder Marrakesch in
die geheimnisvolle Welt der marokkanischen Altstädte eintauchte und
das grünliche Halbdunkel dieser exotischen Welt mich wie ein Aquarium umfing, nannte ich in regelmäßigen Abständen den Namen des
nationalistischen Politikers oder Verschwörers, mit dem ich mich verabredet hatte und war dadurch gefeit gegen die Dolche, die in jenen Tagen
gegen so manchen Europäer gezückt wurden.

Mehdi Ben Barka begrüßte mich an der kunstvoll beschlagenen Tür
seines Hauses. Er führte mich in ein weißgetünchtes Zimmer mit blauen
Holzläden, die wegen der grellen Mittagshitze bereits geschlossen
waren. Auf dem roten Steinboden lagen Lederkissen. Eine ältere Frau mit
Tätowierungen auf der Stirn, die Mutter Ben Barkas, wie er sie vorstellte,
brachte uns süßen Pfefferminztee mit hellgrünen Blättern in hohen Gläsern. »Sie kommen von Chazelle«, begann Ben Barka das Gespräch. »Das
ist eine gute Empfehlung. Aber die Franzosen haben ihre letzten Karten
verspielt, seit unsere Feudalherren des Atlas begriffen haben, daß die
Zeit für Mohammed V. arbeitet. Die Stammesfürsten können und wollen
ihre Krieger nicht mehr zügeln, und jetzt stehen auch wir fortschrittlichen Politiker im Zwang, unserer Gefolgschaft unter den Arbeitern, den
Intellektuellen, den Kaufleuten greifbare Erfolge vorzuweisen. Sie wissen gar nicht, wie schwer es für uns war, die aufgebrachte Stadtbevölkerung vor der Versuchung des Chaos zu bewahren. Selbst die paar Kommunisten, die es bei uns gibt, haben wir diszipliniert. Aber jetzt wird
diese Gratwanderung lebensgefährlich. In der Unabhängigkeitspartei
verläuft bereits ein tiefer Spalt zwischen den Konservativen und den
Feudalsippen auf der einen, den Kräften des sozialen Fortschritts – verkörpert vor allem durch die Gewerkschaften – auf der anderen Seite. Es
wird Zeit, höchste Zeit, daß der König zurückkommt und dem Spuk des
Protektorats ein Ende setzt.«

Ben Barka hatte ohne jeden Eifer, ohne Erregung gesprochen. Er trug Hemd und Hose, die Ärmel waren hochgekrempelt. Der Kragen stand offen. Der Mann wirkte gedrungen. Aus dem Gesicht sprach hohe Intelligenz. Sein breiter Kopf mit der leicht eingedrückten Nase wirkte sehr europäisch, hätte nach Andalusien gepaßt. Ben Barka hatte in einem Gymnasium Mathematik unterrichtet, war sogar Privatlehrer des Kronprinzen Mulay Hassan gewesen, ehe er in den politischen Widerstand ging und neben dem großen Vorläufer der marokkanischen Erneuerung, Allal el Fassi, zum mächtigsten Oppositionsführer im Untergrund wurde. »Mohammed V. wird sich bald entscheiden müssen, wie er optieren will: für eine Monarchie, die sich weiterhin auf die Kräfte der Reaktion und des Großgrundbesitzes stützt, oder für eine sozialistische Demokratie, die auch der Dynastie der Alawiten auf konstitutioneller Basis die sicherste Gewähr des Überlebens bietet«, dozierte mein Gastgeber. »Bis zur Erringung der totalen Unabhängigkeit haben wir unsere Forderung nach gesellschaftlicher Umgestaltung zurückgestellt, aber bald wird die Stunde der Entscheidung schlagen. Wir wollen ein modernes, gerechtes, egalitäres Marokko, und wenn der Thron sich uns in den Weg stellt, dann schrecken wir auch vor dem Gedanken an eine Republik nicht zurück. Doch das muß nicht sein, und der Malik ist auch für uns eine unentbehrliche, charismatische Kristallisationsfigur der nationalen Erhebung.« Die Offenheit, die Unverblümtheit dieses Revolutionärs wirkten gewinnend. Als ich das weiße Haus in der Medina nach langem Gespräch verließ, versprachen wir uns, in Verbindung zu bleiben.

Erst im Sommer 1959 sollte ich Ben Barka wiedertreffen. Er war ein mächtiger Mann geworden, Vorsitzender der Beratenden Marokkanischen Versammlung und Führer des linken Flügels der Istiqlal-Partei. Von seiner prunkvollen Dienstresidenz in Rabat hatte er mich im Jaguar zu einer Kader-Schule seiner Bewegung am Rande von Casablanca gefahren. Das Jugendheim lag in einem Hain von Korkeichen. Mit sichtbarem Wohlbehagen streifte Ben Barka, nachdem er dort seinen Koffer in einer Studentenbude mit Feldbett abgestellt hatte, die ihm offiziell zugewiesene protokollarische Feierlichkeit ab, krempelte die Ärmel hoch und setzte sich ohne Aufheben zu seinen Zöglingen auf die Bank. Als ein elegant gekleideter hoher Beamter aus irgendeinem Ministerium zum Vortrag aufs Podium schritt, wurde er von den Kader-Schülern mit Protest begrüßt: »Zieh erst einmal die Jacke aus«, riefen sie ihm zu, »gib dich nicht so geziert!« Der plötzliche Wechsel aus der Rolle des gehetzten Untergrundkämpfers in das steife Amt des Kammerpräsidenten schien

Ben Barka immer noch zu belustigen. Schon waren die ersten Illusionen über die marokkanische Unabhängigkeit geplatzt. »Es wäre notwendig, daß wir die westlichen Investitionen ermutigen und dem ausländischen Kapital Vertrauen einflößen«, hatte er mir auf der Fahrt gesagt. »Aber dann laufen wir Gefahr, die Interessen der darbenden marokkanischen Massen und ihre sozialen Forderungen zu verraten. Der Thron ist drauf und dran, den falschen Weg zu wählen, den Kontakt mit dem Volk zu verlieren. Warten Sie nur, bis Mohammed V. mit seinem immensen Prestige verschwindet, dann wird seinem Nachfolger nur noch der Weg ins heroisch-absurde Abenteuer, in den groß-marokkanischen Chauvinismus übrigbleiben, um den Staat zusammenzuhalten.«

Der kühle Realist Ben Barka hielt auch nichts von den orientalischen Redeschwällen und Kraftakten eines Gamal Abdel Nasser. »Meine Studenten erhitzen sich an dem Wort »isti'mar«, das bei uns für Imperialismus und Kolonialismus steht, und blicken in der Mehrzahl wie gebannt auf die neue Sphinx am Nil. Aber für mich sind Nasser und seine ›freien‹ Offiziere‹ entfesselte Kleinbürger, mehr nicht. In Algerien dagegen, wo der Befreiungskampf nunmehr ins fünfte Jahr geht, dort keimt möglicherweise etwas ganz Neues. Da schimmert vielleicht zum ersten Mal für die arabische und die muselmanische Welt eine reale Hoffnung auf radikale Erneuerung . . .«

Wiederum drei Jahre später, auf einer Gewerkschaftstagung der Dritten Welt in Tunis, im Winter 1962, begegnete ich Ben Barka zum letzten Mal. Er war ein Flüchtling, ein Exil-Politiker, geworden. Seine revolutionären Ideale waren mit dem Selbstbehauptungswillen des Scherifischen Throns nicht zu vereinbaren gewesen. Der neue König Hassan II. hatte wohl geahnt, daß am Ende des gesellschaftlichen Umbruchs, den Mehdi Ben Barka und seine Gefolgschaft ansteuerten, die Ausrufung einer marokkanischen Republik stehen würde. Dennoch war der Verbannte von Tunis guten Muts. Auf unserem Gang über das Konferenzgelände spielte ein spitzbübisches Lächeln um seinen Mund. »Ich bin wieder in die Rolle des Verschwörers, des Revolutionärs gedrängt. Aber die Kräfte, die ich repräsentiere, sind unentbehrlich, ohne die arbeitenden Massen läßt sich Marokko nicht mehr regieren. Sonst kommt es zur Explosion, und König Hassan II., mein früherer Schüler, ist intelligent genug, um dies zu wissen. Nicht aus Sympathie, sondern aus politischem Kalkül wird er eines Tages den Kontakt zu mir suchen, nach einer Alternative der Erneuerung greifen, und meine Bewegung wird ihm keine unüberwindlichen Schwierigkeiten in den Weg legen, keine unerträglichen

Bedingungen stellen. Wir sind zur ehrlichen Zusammenarbeit mit dem Thron bereit. Aber das wissen natürlich auch die unbelehrbaren Kräfte der Beharrung, und sie werden mit allen Mitteln meinen Dialog mit dem König zu verhindern suchen.«

Im Winter 1964 wurde Ben Barka von seinem Schicksal ereilt. Zu viele konspirative Fäden liefen bei diesem inzwischen graumelierten Mann zusammen, der in Paris sein Quartier aufgeschlagen hatte. Der Tod kam in Gestalt Mohammed Oufkirs, General der Königlich-Marokkanischen Streitkräfte, Vertrauter und Innenminister Hassan II. Das Verschwinden Mehdi Ben Barkas machte im Februar 1964 Schlagzeilen, und auch ich fuhr mit dem Kamera-Team zur Brasserie Lipp im Viertel Saint-Germain-des-Prés, wo der Exil-Politiker durch einen zwielichtigen Agenten des französischen Nachrichtendienstes SDECE in die Falle gelockt wurde. Wir suchten anschließend im Norden von Paris die Banlieue nach jener Villa ab, in deren Heizungskeller – wie die Presse vermutete – Mehdi Ben Barka seinem Erzfeind Mohammed Oufkir ausgeliefert worden war. Wie die Begegnung, das Verhör, die Folterung, die Hinrichtung verlaufen sind, niemand hat es je erfahren. Der einzige voll informierte Augenzeuge dieser Vorgänge, der marokkanische Polizei-Major Ahmed Dlimi, hat nie ein Wort darüber verlauten lassen. Wurde Ben Barka mit der gebieterischen Forderung seines Königs konfrontiert, nach Marokko zurückzukehren und dort als loyaler Führer der Linksopposition Seiner Majestät zu fungieren? Hat in dieser Situation à la Beckett der Revolutionär Mehdi Ben Barka mit starrer Verweigerung ähnlich reagiert wie einst in England Bischof Thomas Morus, der die kompromittierenden Angebote seines Königs zurückwies. »Ben Barka oder die Ehre der Revolution«, hätte der Titel dieser zeitgenössischen Tragödie sein können. Sehr lange dürfte die Diskussion im Heizungskeller bei Paris ohnehin nicht gedauert haben. Das entsprach nicht dem Temperament und dem unerbittlichen Raubtierinstinkt Mohammed Oufkirs, der als einer der kühnsten Soldaten des Atlas galt – er hatte sich schon am Monte Cassino durch Tapferkeit ausgezeichnet – und der sich als Innenminister einen gefürchteten Namen gemacht hatte. Ist die Leiche Ben Barkas dann in einen Betonblock eingegossen und irgendwo im Meer versenkt worden? Die Vermutungen der französischen Polizei deuteten in diese Richtung, während der blanke Zorn de Gaulles über diese Verletzung des Asylrechtes den französischen Geheimdienst in eine seiner schwersten Krisen stürzte.

Nach meinem Gespräch mit Ben Barka verlangte es mich auf dem Rückweg durch die stickigen Gassen der Medina nach den Weiten des marokkanischen Rif, des offenen Landes, wo innerhalb einiger Stunden das
liberale Experiment Grandvals zu Schaden gekommen war. Nach dem
Überfall der Berber auf die Phosphat-Gruben von Oued Zem und Ku-
rigba waren Fallschirmjäger der Fremdenlegion mitten im Aufstandsgebiet abgesprungen. Die revoltierenden Stämme wurden blutig unterworfen. Ihre Scheichs hatten vor dem kommandierenden französischen
Oberst die wehrfähigen Männer in langer Reihe wie zur Inspektion versammelt. Ein Dutzend Stiere wurden von Knaben herangeführt. Den
Tieren wurden blitzschnell die Sehnen der Hinterbeine durchschnitten,
und die Bullen brachen mit klagendem Gebrüll zusammen. Die Szene
symbolisierte auf archaische Weise die Unterwerfung der aufsässigen
Atlas-Berber.

Adelbert Weinstein von der *Frankfurter Allgemeinen Zeitung* war zu
mir in den offenen Wagen gestiegen, und wir rollten nach Passieren der
französischen Sperren in Richtung Südosten. Ich hatte Weinstein ein
Jahr zuvor in Hanoi, in den letzten Tagen der endgültigen französischen
Niederlage, kennengelernt. Jetzt erlebten wir den Zusammenbruch eines
anderen Pfeilers des früheren französischen Imperiums. Je mehr wir uns
von Rabat entfernten, desto leerer wurde das Land. Die Asphaltstraße
folgte dem felsigen Bett eines Wadi, auf dessen Grund Oleanderbüsche
wuchsen. Die Höfe der französischen Kolonisten waren verbarrikadiert
und verrammelt, als richteten sie sich auf eine Belagerung ein. Kein
einziges Fahrzeug begegnete uns mehr. Nach etwa zwei Stunden hielten
wir in einem Kolonistendorf. Die europäischen Einwohner hatten sich in
einem Ausschank mit Tankstelle versammelt. Die Männer horchten mit
nervösen Gesichtern auf die Nachrichten, die aus dem Radio kamen.
Jeder von ihnen war bewaffnet mit Schrotflinten oder Maschinenpistolen. Die Frauen hielten die Kinder mit angstgeweiteten Augen in ihren
Armen. »Sie können jederzeit kommen«, sagte der Wirt, »und unsere
Soldaten werden wieder einmal zu spät zur Stelle sein. Dieser Generalresident Grandval hat uns den Wilden und Fanatikern ausgeliefert.« Wir
setzten unsere Fahrt in Richtung Khurigba trotz der Mahnungen der
Siedler fort. Von nun an sichteten wir Reiter auf den kahlen Hügeln
beiderseits der Straße. Sie spähten zu uns hinunter und trabten dann aus
unserem Blickfeld. Es herrschte eine Wild-West-Atmosphäre, zumal jetzt
am Horizont eine schwarze Rauchwolke aufstieg, die von einem großen
Brand herrühren mußte. Wir waren ganz allein in dieser karstigen Wild-

nis und einigten uns darauf, daß Adelbert Weinstein die Höhen zur Rechten, ich die Hügel zur Linken beobachten sollten. In dreihundert Meter Entfernung tauchte ein blauer Reiter auf. Er hatte das Gewehr in die Hüfte gestemmt. Da wir langsam und vorsichtig fuhren, fiel es ihm nicht schwer, mit uns Schritt zu halten. Die Spannung wurde lastend, da hörte ich einen gellenden Schrei zu unserer Linken. Ein Kind, ein Hirte, hatte ihn ausgestoßen, der dort seine Schafe weidete. Der Knabe, nur mit einem braunen Überhang bekleidet, stürzte die Böschung hinunter, eilte so schnell auf uns zu, daß er fast stürzte. Er war keine zwanzig Meter entfernt, da machte er eine unmißverständliche Geste: Er legte die flache Hand an seinen Hals, als wolle man ihm die Gurgel durchschneiden. Die Warnung war eindeutig. Vielleicht hat uns dieser Berber-Junge das Leben gerettet. Ich wendete jedenfalls das Auto und fuhr zurück in Richtung Casablanca.

Die Nacht war fortgeschritten, als ich den kastenförmigen Hochbau des Hotels »Marhaba« verließ. Bis zur Stadtmauer der Medina von Casablanca waren es nur ein paar Schritte. Es war nicht ratsam, bei Dunkelheit in dieses Viertel einzudringen. Die Zugänge zur Medina waren durch Senegal-Neger bewacht. Ihre weißen Augen leuchteten aus der Dunkelheit. Die Scheinwerfer der wenigen Autos ließen den blanken Stahl der aufgepflanzten Bajonette aufflackern. Die Soldaten trugen kugelsichere Westen. In dem einzigen Straßen-Café, das auf der europäischen Seite der baumbestandenen Allee noch geöffnet war, wollte ich einen Whisky bestellen. Da fiel mir eine wohlbekannte Gestalt neben dem Barschemel auf. Raymond Pardoux stand ganz allein vor einer Karaffe Rotwein. Er erkannte mich gleich. »Mit Ihnen hatte ich heute abend wirklich nicht gerechnet«, sagte er lachend. Seine Zunge lallte ein wenig, und er hievte sich umständlich auf den Barhocker. Pardoux war ein unauffälliger Mann, wie das seinem Gewerbe entsprach. Er war kleingewachsen. Das schwarze Haar war straff zurückgekämmt und pomadiert. Das Menjou-Bärtchen gab ihm etwas Fuchsiges, und dieser Eindruck wurde durch die flinken Augen noch bestärkt. Auch Pardoux war im Gefolge Grandvals nach Marokko gekommen, um seine nachrichtendienstliche Begabung an der neuen afrikanischen Umgebung zu erproben. Der frühere Unteroffizier war während des Zweiten Weltkrieges einer der unentbehrlichen Untergrund-Agenten der Résistance in Ostfrankreich gewesen. An der Saar hatte er sich später mit der Überwachung und Bespitzelung der deutschen Heimatbund-Partei zufriedengeben müssen. »Ich höre, daß Johannes Hoffmann sein Referendum über

das Europäische Saar-Statut im Oktober voraussichtlich verlieren wird?«
fragte Pardoux. Ich bestätigte die Prognose. »Ehrlich gesagt«, meinte der
Mann des Geheimdienstes, »ich hätte auch keine Lust mehr, dorthin
zurückzukehren. Wir sind hier in Marokko gescheitert. Wie sollen Sie
hier zuverlässige Nachrichten sammeln, ›faire du renseignement‹, wenn
die Traumtänzer vom Zweiten Büro uns mit gezielten Fehlinformationen
und mit Selbsttäuschungen füttern, wenn die liberalen Sympathisanten
des Grandval-Kurses sich so hemmungslos den Arabern an die Brust werfen, daß sie darüber die Interessen Frankreichs und den Respekt vor sich
selbst vergessen?« Pardoux kippte ein weiteres Glas, und ich tat es ihm
gleich. »Die Résistance im Zweiten Weltkrieg«, fuhr er fort, »das war eine
große Sache, eine Donquichotterie vielleicht, denn viel haben wir ja
nicht ausgerichtet. Aber die permanente Gefahr, durch einen Denunzianten in einen ›Nacht- und Nebel-Trupp‹ der deutschen KZs verfrachtet zu werden, wirkte auf uns wie eine Droge. Die Polizei-Arbeit an der
Saar nach 1945 war daran gemessen ein dürftiges Geschäft. Im Grunde
hatten wir den Deutschen vom ›Heimatbund‹ ja nichts vorzuwerfen.
Hier in Nordafrika hingegen haben alle Dinge eine andere Dimension.
Hier begreife ich nichts mehr, hier versagen alle meine Tricks. Die Arbeit
ist zutiefst frustrierend. In diesem arabisch-islamischen Raum werden
vielleicht eines Tages meine jungen Kollegen und Nachfolger auf Sein
oder Nichtsein gefordert werden. Für mich ist es zu spät.«
    Ich hatte noch einen Zeitungsartikel zu schreiben und wollte ins
Hotelzimmer zurückkehren. »Hören Sie doch auf zu arbeiten«, protestierte Pardoux mit schwerer Zunge; »holen Sie sich eine spanische Nana
für die Nacht, lieber keine Marokkanerin, das rate ich Ihnen, die sollen
gelegentlich im Verkehr mit Ausländern mit dem Messer spielen.« –
»Was kann denn aus Marokko weiter werden?« fragte ich mit etwas perfi-
der Naivität. Pardoux stand kerzengerade vor mir: »Was mich betrifft, so
schaue ich mich bereits nach einem Job in einer Fabrikleitung bei
Châlons-sur-Marne um, und was das Scherifische Reich angeht, so warten wir auf die Heimkehr Seiner Majestät Mohammed V., damit er hier
Ordnung schafft und das Schlimmste verhütet. In schaa Allah, so sagt
man ja wohl hier.«

Nochmals Tan-Tan, März 1976

Oberst Dlimi erwartete uns in der Residenz des Gouverneurs von Tan-Tan, einem weißen Gebäude hinter hohen Mauern. Der Mann, der das Geheimnis vom Tode Ben Barkas in seiner Brust vergraben trug, empfing uns mit großer Liebenswürdigkeit. Sehr martialisch wirkte er nicht, und ich kannte die Unzufriedenheit vieler marokkanischer Offiziere, von einem früheren Polizisten befehligt zu werden. Ahmed Dlimi trug eine schmucklose Felduniform. Eine gewisse Traurigkeit ging von ihm aus, und der Blick unter den schweren Lidern war verhangen. Er ließ einen kurzen Lagevortrag halten. Ein Hubschrauber stand bereit, um uns nach Mahbes zu bringen. Die Marokkaner wollten demonstrieren, daß sie dieses äußerste Wüstenfort in unmittelbarer Nachbarschaft der algerischen Grenze, das ich ein paar Tage zuvor von Tinduf aus angestrebt hatte, voll in ihrer Kontrolle hatten. Aber die Wetterbedingungen waren abscheulich. »Sie sehen selbst, daß unsere Helikopter in diesem Sturm nicht starten können«, meinte Dlimi. Tatsächlich jagte ein Orkan aus Sandkörnern und feinen Regentropfen um die weiße Residenz. »Machen Sie es sich bequem«, forderte uns Dlimi auf, ging in den Funkraum und ließ uns mit Tee, Süßigkeiten und Früchten allein.

Den Abend zuvor hatte ich mit ein paar Hauptleuten und Majoren der Königlich-Marokkanischen Streitkräfte im Casino verbracht. Der Alkohol, dem diese frommen, aber unkonventionellen Moslems ungeniert zusprachen, hatte die ursprüngliche Zurückhaltung gelockert. Zudem verfügten wir über gemeinsame Referenzen, die ein gewisses Vertrauen schufen. Oberst Dlimi habe den Oberbefehl über die Sahara-Front erhalten, sagte Brahim, weil Hassan II. seit der Affäre Oufkir keinem hohen Armee-Offizier mehr trauen könne. »Sie kannten doch Oufkir?« wurde ich gefragt. Ich war dem früheren Innenminister natürlich begegnet, und am lebendigsten haftete die Erinnerung dieses pantherhaften Mannes, der die Augen stets hinter einer Sonnenbrille versteckte, aus den Tagen des Thronfestes von Fes im Jahr 1965. Hassan II. – ganz in Weiß gekleidet – war unter einem weißen Sonnenschirm auf einem weißen Hengst durch die Altstadt geritten. Die Menge hatte dem König pflichtschuldigst Beifall gespendet. Sein leicht gedunsenes Gesicht wirkte in der weißen Verhüllung, die einem Leichentuch glich, seltsam puppig. Hinter ihrem Monarchen schritten die Höflinge, ebenfalls in Weiß. Bunt livrierte Diener trugen mächtige Wedel aus Pfauenfedern, während die

»Schwarze Garde« in leuchtend roter Uniform den Umzug absicherte. Es
war ein barbarisch schönes Bild. Unter dem Dröhnen der Trommeln und
Trompeten, mit einem letzten Wink an die Menge, verschwand der
Malik hinter dem geschwungenen maurischen Portal des Palastes. Zur
gleichen Stunde begann unter den zinnenbewehrten Mauern der königlichen Festung Fez, dieser herrlichsten aller arabischen Städte, dieser
Leuchte des Islam im fernsten Westen, das Reiterspiel, die Fantasia der
Berber-Stämme aus dem nördlichen Rif. Die Männer standen im Sattel
und jagten in rasendem Galopp auf die kompakte Zuschauermasse zu,
während die Frauen in leuchtenden Festgewändern und nur teilweise
verschleiert mit markerschütterndem Ju-Ju ihre Stammes- und Sippen-
angehörigen anfeuerten. Auf den Hügeln rund um Fez hatten sich
unzählige Zelte wie ein Wald aus braunen und gelben Pilzen entfaltet.
Dort saßen Berber und Kabylen, tranken Tee und führten endlose
Gespräche, die Waffe stets in Reichweite, während die Weiber Hammel-
braten, den »Meschui« rösteten. Mit kleiner Eskorte, in einen weißen
Burnus gehüllt, war General Oufkir von Zelt zu Zelt, von Clan zu Clan
gegangen, hatte mit den Kriegern ein paar Worte in der kehligen Sprache
des Atlas gewechselt. Eine solche Autorität, ein so spürbarer Machtinstinkt waren von diesem barhäuptigen General mit der Sonnenbrille
ausgegangen, daß ich mich fragte, wie lange sein enges Einverständnis
mit dem Scherifischen Herrscher wohl noch dauern konnte.

Von der Affäre Oufkir, von den Intrigen und Komplotten, die den Tod
dieses undurchdringlichen Mannes umrankten, hatten die marokkanischen Streitkräfte sich nie erholt. »Der König hat es mit Hilfe des ›grünen
Marsches‹ und unseres einmütigen Anspruchs auf die West-Sahara fertiggebracht, die Nation zusammenzuschmieden, aber die Armee hat er
in die Wüste geschickt.« Hauptmann Raschid, der diese Äußerung wagte,
war mir von Brahim als ein entfernter Verwandter des mystischen Vor-
kämpfers des marokkanischen Nationalismus, Allal el Fassi, vorgestellt
worden, den die Franzosen wegen seiner revolutionären Umtriebe
bereits 1936 in das äquatorial-afrikanische Gabun verbannt hatten.
»Seine Majestät ist ein kluger Politiker«, fuhr Raschid fort, »und bei uns
heißt es, daß er über die ›Baraka‹ verfügt, jene Unverwundbarkeit, die
der Segen Allahs verleiht. Dem König kommt heute zugute, daß nicht
nur Algier, sondern auch Tripolis die Sahrawi-Rebellen unterstützt.
Deshalb sind bei uns alle Kundgebungen jener Sympathisanten verstummt, die in Oberst Kadhafi von Libyen bereits den Erneuerer des
Maghreb und des wahren Islam sahen.« Raschid war ein typischer Fassi.

Aus dem blassen Gesicht blickten blaue Augen, und der Kinnbart war rötlich gefärbt. Kein Wunder, daß immer wieder von bösen Zungen behauptet wurde, der Ursprung dieser streng islamischen Patrizier-Sippe aus Fez gehe in Wirklichkeit auf andalusische Juden zurück.

Auf den Militärs lastete die Erinnerung des blutigen Attentats von Skirath im Juli 1971. Hassan II. hatte damals seine Höflinge, das Diplomatische Corps und die Oligarchie des Scherifischen Reiches zu einem prunkvollen und etwas lasziven Gartenfest in seinen Sommerpalast nördlich von Rabat versammelt. Man trank Champagner und aß Kaviar. Ein Orchester spielte modernsten Beat aus den USA. Die Frauen trugen Bikini, die Männer bunte Strandkleidung. Der König selbst ging in Bermuda-Shorts und Hawaii-Hemd unter seinen Gästen umher. Da geschah plötzlich das Unfaßbare. Ein heiliger und schrecklicher Sturm brach über diese frivole und sündhafte Gesellschaft herein. Unter dem Ruf des Heiligen Krieges »Allahu akbar!« waren die Unteroffiziers-Schüler aus Ahermumu im Rif unter Anleitung ihres Kommandeurs auf Lastwagen in Skirath angerollt, hatten sich mit ihren Waffen den Weg zum Palastinneren und zum großen Swimming-Pool freigeschossen und begannen jetzt ein Gemetzel unter den Notabeln, den Diplomaten und Generalen, die der Einladung Hassan II. gefolgt waren. Blankes Entsetzen war unter den Gästen ausgebrochen. Die jungen fanatischen Berber gebärdeten sich wie ihre Vorväter, die im Gefolge der eifernden islamischen Erneuerungsbewegung der »Almohaden – Al Muwahhidun« – im zwölften Jahrhundert aus den rauhen Höhen des Atlas in die Ebene der Verweichlichung vorgestoßen waren, um im Namen der Einzigkeit Gottes den lasterhaften und abtrünnigen Epigonen der Almoraviden-Dynastie ein Ende zu setzen. Die entfesselten Aufrührer aus Ahermumu, die – wie sich später herausstellte – von Agenten aus Libyen aufgewiegelt worden waren, hatten sich vorgenommen, den König zu ermorden. Schon wähnte man Hassan II. unter den Toten. In Wirklichkeit hatte sich der geistesgegenwärtige Monarch in eine Umkleidekabine geflüchtet. Als die Soldaten ihre systematische Suche fortsetzten und die verschlossenen Türen erbrachen, wobei auch die Dienerschaft wahllos niedergemäht wurde, hatte Hassan II. sich gefaßt. Er hatte eine weiße Dschellabah über seine Bermuda-Shorts gestülpt, öffnete den Aufrührern selbst den Zugang, ging ihnen aufrechten Hauptes entgegen, hob die Hände zum Gebet und rezitierte die »Fatiha«, die Eröffnungs-Sure des Koran: »Bismillahi rahmani rahim – Im Namen Gottes des Gnädigen, des Barmherzigen . . . Herrscher der Welt, König am Tag des Letzten Gerichts . . .«

Das löste eine erstaunliche Reaktion aus: Die rasenden Mörder, die eben noch wild um sich geschossen hatten, erstarrten im Angesicht ihres Khalifen, des Befehlshabers der Gläubigen, des Nachkommens des Propheten, ließen die Waffen fallen und stimmten in das Gebet ein: »ihdina sirata el mustaqim – Führe uns den Weg der Rechtschaffenen, derjenigen, denen Du Dein Wohlwollen schenkst, und nicht den Weg derjenigen, denen Du zürnst, den Weg der Irrenden, Amen.« Das Attentat von Skirath war an der verblüffenden Geistesgegenwart des Monarchen gescheitert. General Oufkir, der auf seltsame und verdächtige Weise vom Gemetzel verschont geblieben war, hatte endlich die treu ergebene Palastwache mobilisiert. Die Offiziers-Schüler ließen sich fast wehrlos abführen. Ihre Rädelsführer wurden auf der Stelle erschossen. Eine Tragödie Shakespeareschen Ausmaßes hatte sich im Maghreb el Aqsa vollzogen.

Ein Jahr später holte die Luftwaffe zum tödlichen Schlag gegen den König aus. Auf dem Rückflug von einem offiziellen Besuch in Madrid wurde das Sonderflugzeug Hassan II. von marokkanischen Jägern angegriffen. Die Maschinengewehrgarben von vier F-5 prasselten durch den Rumpf der Boeing, und wie durch ein Wunder blieb der König unverletzt. Wieder rettete ihn sein kaltblütiger Mut. Er gab dem Piloten die Weisung, den Angreifern mitzuteilen, daß er tödlich getroffen sei und daß die Maschine um Landeerlaubnis in Sale bäte. Diese Genehmigung wurde gewährt. Das Sonderflugzeug war noch nicht ausgerollt, da sprang Hassan II. in ein wartendes Auto und raste auf die schützenden Mauern seines Palastes zu. Dieses Mal bestand kein Zweifel, daß Mohammed Oufkir hinter dem Attentat stand und den Putsch inszeniert hatte, um die Macht an sich zu reißen. Der General wurde zum König zitiert und verließ den Palast als Leichnam. Nur Oberst Dlimi soll der Konfrontation zwischen dem Monarchen und seinem Innenminister beigewohnt haben. Das Gerücht besagt, Hassan II. habe eigenhändig die tödlichen Schüsse gegen Oufkir abgefeuert. Dennoch wurde dem Hochverräter ein würdiges Begräbnis inmitten seines Berber-Clans zugebilligt.

Der König hatte nicht nur äußerste Todesverachtung bewiesen. Von nun an merkte man ihm auch die extreme Menschenverachtung an. Aus dem vermeintlichen Playboy, dem man zahllose galante Abenteuer nachsagte, der allzu enge italienische Anzüge trug und eine ganze Flotte von Luxusautomobilen unterhielt, war ein Skeptiker auf dem Thron geworden, der die Möglichkeit seines Sturzes bei seinen wenigen Gesprächen mit ausländischen Gästen mit gelassenem Fatalismus diskutierte. Er hielt die Armee, der der Sahara-Feldzug wachsenden Einfluß zuzuspielen drohte, auf Distanz. Den darbenden Fellachen in den Atlas-Tälern und den elenden Massen in den Slums der Hafenstädte gegenüber, deren soziale Bedürfnisse er beim besten Willen nicht hätte befriedigen können, kehrte er mehr und mehr seine Rolle als Statthalter des Islam heraus. Hassan II. besaß Instinkt und Klugheit genug, um die Zeichen der religiösen Stunde zu deuten.

»Sie trauern wahrscheinlich Mehdi Ben Barka nach, wie die meisten Europäer«, nahm Hauptmann Raschid die sprunghafte Unterhaltung wieder auf. »Ich glaube nicht, daß er noch der Mann der heutigen Situation wäre. Ben Barka ist durch das Ende Oufkirs gerächt worden, wenn man so sagen darf, aber seine Vorstellungen von einem sozialistischen und weltlichen Staat, sein Streben nach der Trennung von Politik und Religion mögen noch eine Fraktion der Studenten, einen Teil der Bourgeoisie und die französisch erzogene Intelligenzia begeistern. Für die Masse der Marokkaner findet eine Rückkehr zu den traditionellen Werten statt. Mein Onkel Allal el Fassi hat diese Wende nicht mehr erleben dürfen, aber wenn wir heute in der Sahara stehen und kämpfen, dann geht das doch auf seine Vision vom Großmarokkanischen Reich zurück.«

Im Juli 1959 hatte ich Allal el Fassi das letzte Mal aufgesucht. Ein müder Mann saß mir gegenüber. Seine taubengrauen Augen waren mit einem seltsamen Porzellanblick auf mich gerichtet. Der rote Backenbart war grau geworden. Allal el Fassi hatte sich mit Enttäuschung und Verbitterung in seine islamische Wissenschaft zurückgezogen, in die fromme Atmosphäre der ehrwürdigen Qarawiyin-Universität von Fez. Die Spaltung seiner Istiqlal-Partei hatte er offenbar nicht verwunden. Seine angeborene aristokratische Konzilianz suchte er durch ein letztes kämpferisches Aufbäumen zu verdrängen. Er hatte sich angeblich bemüht, den marxistischen Agitatoren der Gewerkschaft UMT seine eigenen, islamisch orientierten Arbeiterverbände entgegenzustellen. Er forderte die Abkehr Marokkos von allen Bindungen an den Westen, tat jedoch auch das Experiment Gamal Abdel Nassers, das in den arabisierten Schichten des Maghreb so gewaltigen Anklang fand, mit einer Handbewegung ab. Im Zusammenschluß Europas, so gab er vor, sah er den Auftakt zu einer neuen Kreuzzugs-Epoche. Damals hatte ich über den kummervollen Zorn Allal el Fassis den Kopf geschüttelt. »Die Tragödie dieses Koran-Gelehrten«, so schrieb ich an jenem Juli-Tag 1959, »ist die Tragödie des zeitgenössischen Islam.« Ich konnte nicht voraussehen, daß die Dinge sich in den folgenden zwei Jahrzehnten so gründlich wandeln würden. Im Lichte der jüngsten Erfahrungen mit der islamischen Revolution erscheint Allal el Fassi gar nicht mehr als der ewig Gestrige, sondern als ein Vorläufer, ein Wegweiser.

Oberst Dlimi kam aus seinem Befehlsstand von Tan-Tan zurück. Die klimatischen Bedingungen hatten sich noch verschlechtert. »Wenn Sie wollen, können Sie unsere Truppe auf dem Landweg nach Mahbes begleiten. Das Bataillon wird sich unverzüglich in Marsch setzen«, schlug er vor. Aber mit einer solchen Expedition hätten wir mindestens eine Woche verloren, und das Ergebnis wäre aller Voraussicht nach mager gewesen. Wir fuhren also mit Dlimi zu den Einheiten, die zwischen ihren Lastwagen im Karree angetreten waren. Neben den regulären Soldaten bemerkten wir eine Anzahl von »Moghaznis«, bärtige und oft schon ergraute Reservisten aus dem Atlas, urwüchsige Berber mit Löwenprofilen, die nach einem letzten Abenteuer, einer späten kriegerischen Bestätigung dürsteten. Über ihnen wehte die knallrote marokkanische Fahne mit dem grünen Scherifen-Stern. Auf den Befehl ihres Kompanie-Chefs sprangen die Männer auf die Fahrzeuge. Wir folgten der Kolonne eine Weile über die holprige Piste. Sofort nahm uns die Wüste auf. Der Sturm peitschte den Sand wie unzählige Nadelstiche ins Gesicht. Die Fahrzeuge waren mit gelber Farbe getarnt und verschwanden bereits im aufgewirbelten Staub. Nach ein paar Kilometern hielten wir an und blickten dem Konvoi nach. In Mahbes würden die Moghaznis sich einigeln, mit schmerzenden Augen in die unendliche Weite spähen und auf den stets ungewissen Ansturm des Feindes warten, wie jene verlorene Garnison, die Dino Buzzati in seiner »Tatarenwüste« beschreibt. Der Orkan verwischte die Konturen der Landschaft. Es gab keine Erde, keinen Himmel und schon gar keinen Horizont mehr, sondern nur noch eine bräunlichgraue Masse, die in unwirkliche Dämmerung getaucht war. Die rote marokkanische Fahne leuchtete aus der Ferne wie ein Blutstropfen auf der Lehmmauer eines »Bordsch«.

Kadhafi und der Kardinal

Kardinal Pignedoli war in die Falle gegangen, und Oberst Kadhafi verstand sich auf das Geschäft der Geiselnahme. Der Vatikan und der libysche Staatschef hatten vereinbart, einen Dialog zwischen Muselmanen und Christen zu führen. Die beiden monotheistischen Religionen sollten einander näherkommen, sich auf ihre gemeinsamen Ursprünge besinnen, Front machen gegen eine Welt der Gottlosigkeit, die sich im Osten dem »wissenschaftlichen Materialismus« marxistischer Obedienz, im Westen der Verehrung des Goldenen Kalbes und der permissiven Konsumgesellschaft ergeben hatte. Politische Hintergedanken waren auf beiden Seiten vorhanden. Der Araber suchte in Rom Unterstützung für seine Palästina-Politik und seinen militanten Anti-Zionismus. Die katholische Kirche wollte Kadhafi für eine größere Toleranz gegenüber den christlichen Minderheiten im Orient gewinnen und hatte vor allem das Überleben der mit Rom unierten Christen des Libanon im Auge. Bekanntlich gehörte der Libyer auch zu den maßgeblichen Geld- und Waffenlieferanten der muselmanischen Aufständischen auf den Philippinen. Die Frau des Präsidenten Marcos war höchstpersönlich von Manila nach Tripolis gereist, um für eine Beilegung dieses Bürgerkrieges zu plädieren. Doch die schöne Imelda hatte wenig ausrichten können. Nun sollte offenbar die Kurie in die Bresche springen und unter anderem die Beilegung des Konflikts aushandeln, den die Moros entfacht hatten.

In Rom hatte man ursprünglich an vertrauliche Kontakte, an ein diskretes Gremium von Theologen gedacht. Doch die Rechnung war ohne den libyschen Wirt gemacht worden. Zur Bestürzung des Kardinals Sergio Pignedoli, Leiter des Vatikanischen Sekretariats für die nicht-christlichen Religionen, hatte Kadhafi die islamisch-christliche Konferenz zu einer Mammutveranstaltung aufgeblasen. Das Theater El Massara in Tripolis, ein moderner Betonklotz von betrüblicher Einfallslosigkeit, lieh dem Unternehmen seinen Rahmen. Die beiden Delegationen sollten wie Akteure auf der Bühne Platz nehmen. Als Zuschauer und Augenzeugen waren rund tausend Gäste aus aller Welt zusammengetrommelt worden. Mich selbst hatte die Einladung in Frankfurt erreicht. Neben Kohorten von Journalisten, Diplomaten und Klerikern waren auch alle nur denkbaren Vertreter umstürzlerischer und verschwörerischer Bewegungen in Tripolis zusammengeströmt. Der frühere Anführer der »Schwarzen Panther«, Stokely Carmichael, war aus Uganda angereist, wo er im Auftrag Kadhafis die Willkürherrschaft des absurden Marschalls Idi Amin zu gängeln versuchte.

Vier Tage waren dem Treffen von Tripolis gesetzt, und schon in den ersten Stunden kam es zum offenen Disput. Das äußere Bild, der Habitus der Delegationen waren aufschlußreich. Die muselmanischen »Ulama« bewegten sich in ihrer wallenden, traditionellen Tracht. Unter den weißen Turbanen blickten ihre bärtigen Gesichter mit dem Ausdruck triumphierender Überlegenheit auf die christliche Gegenpartei am getrennten Konferenztisch zu ihrer Linken. Die Moslems hatten ein Jahrhundert kolonialer Unterwerfung wettzumachen, und das Erdöl, das in ihren öden Siedlungsräumen so reichlich sprudelte, war ein unumstößliches Zeichen für das Wohlwollen Allahs, das wieder auf seinen Gläubigen ruhte. Das Petroleum spendete unverdienten Reichtum und unverhoffte Macht. Demgegenüber gaben die Repräsentanten des Vatikans ein schwaches Bild ab. Kardinal Pignedoli, ohnehin kleingewachsen, schien sich noch mehr zu ducken und war auf eine Taktik permanenter Entschuldigung eingestellt. Was nützte es der katholischen Delegation, daß sie in ihren Reihen mit den Dominikanern aus Kairo über die profundesten Koran-Interpreten verfügte, bei denen gelegentlich sogar die Schriftgelehrten der islamischen Universität El Azhar Anregungen suchten. Die Mehrzahl der römischen Geistlichen war im schlichten Clergy-Man-Aufzug erschienen, und die Auswirkungen des Zweiten Vatikanischen Konzils hatten ihr festgefügtes dogmatisches Gebäude in mehr als einem Punkt erschüttert. Den Muselmanen fiel es leicht, ihren christlichen Brüdern und Kontrahenten vorzuwerfen, sie hätten den Pfad der wahren Religiosität verlassen und die sittlichen Werte des Christentums, in vieler Hinsicht mit denen des Islam identisch, verkümmern lassen. Die Reinheit der Offenbarung sei durch eine falsche Wissenschaftlichkeit getrübt worden. Die römische Kirche habe schließlich mit Verspätung und schlechtem Gewissen dem Gedankengut der Aufklärung stattgegeben und sogar mit Rücksicht auf das Idol des materiellen Fortschritts die Gewißheiten des Glaubens getrübt. Der Islam hingegen habe die innere Geschlossenheit wiedergewonnen und ordne seine politischen Vorstellungen kategorisch einem religiös orientierten Weltbild unter.

Die streitlustigen Ulama trugen ihre Vorwürfe mit fast grimmiger Heiterkeit vor. Sie platzten vor Gewißheit gegenüber einem Gesprächspartner, der sich das Zweifeln angewöhnt, der die Beschwichtigung zum System erhoben hatte, der dem Modernismus um so eilfertiger nacheilte, als er das »Aggiornamento« um Jahrzehnte versäumt hatte. Der Kardinal und seine in sich gespaltene Gruppe boten ein klägliches Schauspiel auf der Bühne von Tripolis, und keiner der islamischen Koran-Gelehrten honorierte es im geringsten, wenn ihnen nach dem Schlag auf die rechte Wange der Christen auch noch die linke geboten wurde. Die katholische Delegation, die an diesem nordafrikanischen Ufer gestrandet war, spiegelte die leidvolle innere Zerrissenheit ihres obersten Hirten, Papst Paul VI., wider, und die Widersprüche einer ratlosen Klerisei.

Unter den christlichen Beobachtern kam es mehrfach zu Äußerungen des Mißmuts und der Ungeduld. Während der Konferenzpausen war ich mit einem irisch-amerikanischen Jesuiten, Father O'Connor, ins Gespräch gekommen, der im Auftrag eines katholischen Verlagshauses des Mittelwestens nach Tripolis gekommen war. »Dieser italienische Kardinal ist eine Katastrophe«, sagte O'Connor unverblümt. Seine blauen Augen funkelten zornig hinter der randlosen Brille. »Ich bin wahrhaftig kein Anhänger des französischen Bischofs Lefèbvre, dieses alten Narren, der mit seinen reaktionären politischen Vorstellungen seine vernünftige Forderung nach liturgischer Kontinuität diskreditiert. Aber was sich hier vollzieht, ist die römische Kapitulation vor einer unverschämten Herausforderung. Wir ernten jetzt die Früchte, die viele meiner Confratres selbst gesät haben. Mit rührender Naivität, oft auch mit schamlosem Opportunismus haben sie die Religion in eine fortschrittliche Soziallehre ummünzen wollen. Sie huldigten dem vermeintlich areligiösen Zeitgeist und zerstörten damit das eigene Fundament.«

Father O'Connor war selber Orientalist, hatte lange Jahre im Irak gelebt und war dort Zeuge der blutigen Unterdrückung der nestorianischen Christenheit geworden. »Kann denn dieser Kurien-Prälat nicht begreifen, daß wir als Christen den Muselmanen nur Achtung gebieten, wenn wir ihnen militant und fest im Glauben entgegentreten?« fragte er erregt. »Der Kardinal Pignedoli möchte mit seiner Nachgiebigkeit die Duldsamkeit Kadhafis für die Christen im Libanon einhandeln. Aber wissen Sie, was der libysche Oberst im Kreise seiner Getreuen erklärt hat: Es gebe eine gottgewollte, zwangsläufige Identität zwischen Arabertum und Islam. Jeder Araber müsse Moslem sein und deshalb sei kein Platz – im Libanon und andernorts – für arabische Christen. Daß die katholischen Maroniten der Levante schon das Kreuz verehrten, als die Beduinen des Hedschas noch Götzen aus Holz und Stein anbeteten, scheint dieser Libyer völlig zu ignorieren.«

Am Nachmittag des zweiten Konferenztages entstand Bewegung in der Versammlung. Die Delegierten und die meisten Beobachter standen auf. Zwei Reihen vor mir tuschelten zwei bärtige Mullahs aus Sowjetisch-Usbekistan, die in weißen Turbanen und grün, gelb, blau gestreiften Seidenmänteln besonderes Aufsehen erregten, mit einem orthodoxen Popen – möglicherweise der KGB-Beauftragte –, der sie begleitete und überwachte. Jetzt erkannte auch ich den Grund der plötzlichen Spannung. Muammar-el-Kadhafi – von wenigen Sicherheitsbeamten umgeben – hatte den Saal betreten. Er ging gar nicht bis zur Bühne, sondern nahm mit betonter Bescheidenheit in einer Zuschauerreihe Platz. Doch da kam der Kardinal bereits in devoter Haltung auf den libyschen Staatschef zugeeilt, nahm ihn bei der Hand – fast hätte er sie geküßt – und führte den pro forma widerstrebenden Libyer auf die Empore. Ein gewaltiger Applaus brandete hoch. Die anwesenden Muselmanen hatten ihren Erwählten erblickt. Ein paar italienische und französische Journalistinnen gerieten beim Anblick dieses schönen Mannes mit dem ausdrucksvollen Beduinenkopf in Verzückung. Kadhafi wirkte in der Tat wie ein strahlender Filmschauspieler. Eine sympathische Jungenhaftigkeit ging von ihm aus, und nur aus der Nähe fiel die brennende Starrheit seines Blickes auf, die gelegentlich sogar etwas Gehetztes hatte. Kadhafi genoß seinen Triumph. Er war auf das einfachste gekleidet: eine schwarze Hose und ein schwarzer Rollkragenpullover, und er bewegte sich mit der Geschmeidigkeit einer Katze. Neben diesem Krieger der Wüste erschien der beflissene römische Prälat mit seiner roten Kalotte, der roten Schärpe über der Soutane, den roten Socken in den Spangenschuhen wie ein Komödiant.

Alle Augen waren von nun an auf Kadhafi gerichtet. Zu viele Geheimnisse rankten sich um diesen Mann. Der CIA hatte ein ausführliches Psychogramm des libyschen Diktators entworfen. Seine Herkunft als Sohn armer Beduinen habe ihn gezeichnet. Gerade weil er in seinen Knabenjahren stets mißachtet und vernachlässigt worden sei, weil er in der Schule zurückstehen mußte hinter den Söhnen wohlhabender und arroganter Feudalherren, habe sich das brennende Bedürfnis nach sozialer Gleichmacherei in ihm angestaut. Die ersten Knabenjahre in der erbarmungslosen Unendlichkeit der Libyschen Wüste hätten ihn mit einem fast prophetischen Sendungsbewußtsein erfüllt. Wieder einmal habe die Einsamkeit eines Menschen zwischen Sand und Firmament das Verlangen nach der totalen Übereinstimmung mit dem Willen Allahs und ein fanatisches Verlangen nach religiöser Erneuerung, nach Abrechnung mit der korrupten und gottlosen Welt ausgelöst.

Jetzt war dieser Beduinensohn zum tätigen Instrument, ja zum Motor jeder Form revolutionären Umsturzes geworden. Er hatte versucht, seine eigene Nation von nur drei Millionen Menschen – zum geringen Teil Beduinen, in der Mehrzahl städtische Krämer, Handwerker und Gelegenheitsarbeiter – in eine egalitäre, islamische Gesellschaftsform einzuschmelzen. Zur Bezeichnung seines neuen Staatswesens, das auf dem Konsensus der Massen ruhen sollte, hatte er den arabischen Neologismus »Dschamahiriya« geschaffen. Zweifellos war es ihm gelungen, seine Mitbürger mit dezenten Lebensbedingungen und mit nationaler Arroganz auszustatten. Eine Laune der Geologie, der immense Erdölreichtum des tripolitanischen Bodens, verschaffte ihm die Mittel dazu. Aber sein krampfhafter Versuch, aus den Libyern eine geschlossene Vorhut der arabischen und islamischen Wiedergeburt zu machen, die Jugend seines Landes zu kasernieren und das Heldentum zur obligatorischen Staatstugend zu erheben, stieß auf die Trägheit, die Profitsucht und die Bestechlichkeit einer Bevölkerung, die sich zwar bei den offiziellen Kundgebungen hysterisch gebärdete, aber zutiefst pragmatisch blieb. Immerhin war Muammar-el-Kadhafi zur Spinne im Netz eines weltweit verzweigten Terroristen-Systems geworden. Nicht nur bei den muselmanischen Moros von Mindanao oder bei der radikalsten Fraktion der palästinensischen »Front der Verweigerung« hatte er seine Hände im Spiel. Seine Emissäre finanzierten die Bombenleger und Attentäter der »Irisch-Republikanischen Armee« in Belfast, der »Befreiungsfront von Korsika«, der baskischen Unabhängigkeitsbewegung ETA, der bretonischen Autonomisten, der »Rote-Armee-Fraktion« in der Bundesrepublik. Wo immer Unruhe und Blutvergießen in der Dritten Welt entstand, vornehmlich in den islamischen Randgebieten, waren Kadhafis Agenten am Werk. Es hieß, daß er – ungeachtet seines jüngsten Zweckbündnisses mit Moskau – sogar versucht habe, islamische Propagandisten nach Sowjetisch-Zentralasien einzuschleusen. Zur Zeit der islamisch-christlichen Konferenz munkelte man, der eine oder andere deutsche Terrorist, der beim jüngsten Attentat auf die OPEC-Sitzung von Wien verwundet worden war, warte in einem Militärhospital von Tripolis auf seine Genesung. Die Spuren des ominösen Carlos führten zum libyschen Geheimdienst.

Gegen Ende der Sitzung verließ Kadhafi als erster das Theater El Massara. Er wechselte ein paar Worte mit den Journalisten. Plötzlich erkannte er in der Menge der Reporter den Korrespondenten der Pariser Zeitung Le Monde. Eric Rouleau war als Jude in Ägypten geboren, und Kadhafi wußte das sehr wohl. Dennoch schloß er Rouleau mit brüderlicher Geste in seine Arme. Nächtelang hatte er mit diesem prominenten französischen Orientkenner diskutiert, hatte versucht, diesen mosaischen Angehörigen der »Familie des Buches« zur koranischen Offenbarung zu bekehren. Das Verwirrende an Kadhafi lag auch darin, daß keine systematische Verteufelung auf ihn paßte und daß man diesem inspirierten Querulanten eine gewisse Sympathie nicht verweigern konnte.

Im Sommer 1958 hatte ich zum ersten Mal Libyen bereist. Mit dem Autobus war ich entlang der tunesischen Südküste gefahren. Als wir die Grenze überquerten, hatte mich ein »Alim« der Zaituna-Universität, der neben mir saß, auf ein paar Betonbunker aufmerksam gemacht, Reste jener Mareth-Linie, mit der die Franzosen im Winter 1939 ihre nordafrikanischen Besitzungen gegen die Divisionen Mussolinis abschirmen wollten. Wie unendlich weit lag das zurück! Am Rande der tripolitanischen Asphaltbahn entdeckte ich die verlassenen Siedlungen jener italienischen Kolonisten, die das faschistische Regime in die Wüste geschickt hatte, um an die grandiose Agrar-Tradition des antiken Rom anzuknüpfen. Die Felder, die dort unter unsäglichen Mühen der Wüste abgerungen worden waren, versanken längst wieder im Sand. Die schmucken weißen Häuschen waren verlassen, die Türen erbrochen. Schwarze Ziegen suchten nach spärlichen Grasbüscheln.

Im August 1958 war Tripolis noch eine europäisch geprägte Stadt. Das urbanistische Talent der Italiener hatte anspruchsvolle Verwaltungsbauten und vor allem eine herrliche Hafenpromenade hinterlassen. Unter den Arkaden des hochgewölbten Geschäftsviertels ging es fast neapolitanisch zu. Der greise König Idris-el-Senussi, den die Engländer nach der faschistischen Niederlage auf den Thron gehoben hatten, war ein gefügiges Werkzeug des Westens. Die Briten bildeten seine Armee aus und verfügten über Basen in der Cyrenaika, während die Amerikaner vor den Toren der Hauptstadt den gewaltigen Luftstützpunkt Wheelus Field ausgebaut hatten. Kein Wunder, daß sich unter den jungen libyschen Offizieren, in der aufsässigen Kaufmannschaft, vielleicht sogar bei den Beduinen der Wüste der Wille nach tatsächlicher Unabhängigkeit regte und der Wunsch, am großen Aufbruch des Arabismus teilzuhaben.

Im Hotel »Mehari«, dessen Fenster sich auf die tiefblaue Bucht öffneten, erfuhr ich die große Nachricht des Tages. Der irakische König Feisal war in der Nacht ermordet worden. Mit der Machtergreifung radikaler arabischer Nationalisten in Bagdad war das gesamte amerikanische Bündnissystem im Nahen und Mittleren Osten ins Wanken geraten. Der alte Gewährsmann der Briten im Zweistromland, Nuri es Said, wurde bei seinem Fluchtversuch, den er in Frauengewändern unternahm, erkannt und getötet. Die Sympathisanten des ägyptischen »Rais« Gamal Abdel Nasser triumphierten an Euphrat und Tigris. Dem Haschemitischen Königreich Jordanien, dessen Herrscher Hussein zu seinem Vetter Feisal in Bagdad engste Beziehungen gepflegt hatte, drohte ein ähnliches Debakel. Britische Fallschirmjäger wurden unter Benutzung des israelischen Luftraumes nach Amman eingeflogen und sorgten dort für Stabilität. Im Libanon, wo Teile der muselmanischen Bevölkerung ebenfalls in den Taumel der nasseristischen Begeisterung geraten waren, rief der christliche Präsident Camille Chamoun die Amerikaner ins Land, weil in Beirut und im Gebirge offener Bürgerkrieg drohte. Am Tag meiner Ankunft in Tripolis waren die US-Marines, die »Ledernacken«, an der libanesischen Küste an Land gegangen, und der ganze Maschreq, der ganze arabische Orient, vibrierte vor Empörung und Wut. In Tripolis hatten die Koran-Gelehrten und die panarabischen Nationalisten den Generalstreik ausgerufen. Ich ließ mich zur Altstadt fahren, die jenseits der malerischen türkischen Zitadelle begann. Sämtliche Läden waren geschlossen. Kaum ein Mensch war zu sehen. Während ich einsam durch die verwaisten Gassen schlenderte, dröhnte fast aus jedem Haus eine wohlbekannte Stimme. Gamal Abdel Nasser hatte die Menschenmassen des Niltals zusammengerufen. Der ägyptische Rais stand damals auf dem Höhepunkt seines Ansehens. Zwei Jahre zuvor hatte er den Suez-Kanal verstaatlicht und den Ansturm von Franzosen, Engländern und Israeli – mit Hilfe Chruschtschows und Eisenhowers wohlweislich – überlebt. Nun donnerte er gegen die amerikanische und britische Intervention im Libanon und in Jordanien an. Sein mächtiger Aufruf zum nationalen Widerstand hallte nicht nur durch Ägypten, sondern durch die ganze arabische Welt von Marokko bis zum Persischen Golf. Saut el Arab, Stimme der Araber, nannte sich der überall hörbare Rundfunksender von Kairo. Den Namen Saut el Arab hatte sich sogar einer der Partisanenführer der Algerischen Befreiungsfront als »nom de guerre« zugelegt. Die Libyer hatten ihre Radiogeräte auf maximale Lautstärke gestellt und lauschten gebannt dem großen Volkshelden vom Nil. Ich mußte an die Szene im Film »The Great Dictator« denken, wo Charly Chaplin durch die verödeten Straßen einer polnischen Provinzstadt hetzt, verfolgt von der Stimme des entfesselten und tobenden Tyrannen. Eine ähnliche Psychose herrschte in den vereinsamten Gassen von Tripolis. Ganz unbedenklich wäre es nicht gewesen, in dieser Stunde anti-imperialistischer Aufwallung als westlicher Ausländer erkannt zu werden. Als ich auf einem stillen Platz im Schatten einer kleinen Moschee schließlich doch eine Gruppe Männer entdeckte, die um das Radio geschart der Botschaft aus Kairo lauschten und dabei ihren Kaffee schlürften, ging ich schnurstracks auf sie zu und setzte mich zu ihnen. Auf die Frage, woher ich käme, gab ich an, ich sei Druse, ein »Darsi« aus dem Libanon. Das reichte aus, um mich akzeptabel zu machen, obwohl sicher keiner der Anwesenden über die geheimnisvolle und recht abseitige Sekte der Drusen auch nur annähernd Bescheid wußte. Man bot mir eine Tasse Kaffee an, und schon war ich einbezogen in die brüderliche Stimmung islamisch-arabischer Frontstellung gegen die verderblichen Machenschaften der westlichen Aggressoren. An jenem Tag im August 1958 hätte ich wetten mögen, daß dem Regime des Königs Idris, der der stolzen Überlieferung seiner Vorfahren den Rücken gekehrt hatte, ein baldiges Ende gesetzt würde, auch wenn ich nicht wissen konnte, daß eine Gruppe junger Offiziere der libyschen Armee, angeführt von einem Beduinen-Sohn namens Kadhafi, bereits fieberte, dem nasseristischen Beispiel zu folgen und den Putsch vorbereitete, der im folgenden Jahr das Schicksal der Senussi-Dynastie besiegeln sollte.

In den achtzehn Jahren, die seit diesem ersten denkwürdigen Aufenthalt in Tripolis vergangen waren, hatte sich in der libyschen Hauptstadt ein brutaler Wandel vollzogen. Die harmonischen Überreste italienischer Architektur waren durch scheußliche Betonfronten verschandelt worden. Die herrliche Strandpromenade war in einem chaotischen Gewirr von Hafenanlagen, Kränen, Piers und Lagerhäusern untergegangen. Die Straßen waren durch eine hupende Autoflut verstopft. Als meine Mitarbeiter die Statue des römischen Kaisers Septimus Severus filmen wollten, die nur deshalb noch nicht vom Sockel gestürzt worden war, weil dieser Imperator libyschen Ursprungs war, wurden sie einen halben Tag lang auf einer Polizeistation festgehalten. Reichtum und Macht waren mit der Entdeckung des Erdöls über das einstige Königreich der Senussi hereingebrochen, aber ob das schwarze Gold diesem Wüstenland zum Segen gereichte, blieb dahingestellt. Die zahlreichen tunesischen Fremdarbeiter, die aus rein finanziellen Gründen nach Tripolis geströmt waren, klagten über die neureiche Überheblichkeit und die ideologische Verbohrtheit, die die Libyer Kadhafis neuerdings auszeichneten. Die Stimmung in Tripolis war nicht nur den Fremden gegenüber feindselig und mißtrauisch. Die permanente Verschwörung wurde zum Grundelement dieses Staates, und die Geheimpolizei war allgegenwärtig.

Am vorletzten Tag der islamisch-christlichen Konferenz von Tripolis kam es zur Enthüllung. Kadhafi – wieder ganz burschikos in Schwarz gekleidet – hielt seine große Rede und goß Hohn über das Haupt seines so gefügigen Partners, des Kardinals Pignedoli. Dem Repräsentanten des Vatikan hatte es nichts genutzt, daß er gewissermaßen für die Kreuzzüge Abbitte leistete, daß er den europäischen Kolonialismus verurteilte, daß er die angebliche Mißachtung des Korans durch die Christenheit tadelte, ja Mohammed als Propheten des Islam anerkannte. Pignedoli hatte einem Kommuniqué zugestimmt, das später von römischer Seite widerrufen werden mußte, weil es den Zionismus als rassistische Bewegung disqualifizierte und Jerusalem als arabische Stadt bezeichnete, die weder geteilt noch internationalisiert werden dürfe. Muammar-el-Kadhafi, der »Bruder Kadhafi«, wie er sich nennen ließ, begann seine Ausführungen, indem er Jesus, »Isa« auf arabisch, als Propheten gelten ließ und auf jene Verse des Korans verwies, die nicht nur den christlichen Erlöser, sondern auch dessen Mutter lobend erwähnen. Christen und Moslems verfügten über die gleiche Offenbarung, sie ständen einander nahe, seien eng verwandt, beriefen sich auf die gleiche Urschrift, beteuerte der libysche Staatschef und Revolutionär. Es bedürfe nur einiger kleiner Berichtigungen, um die beiden zerstrittenen Zweige der »Familie des Buches« zusammenzuführen. Es reiche aus, wenn die Christen die Verfälschungen der Heiligen Schrift, die ihnen bei der Abfassung des Evangeliums und bei dessen Interpretation unterlaufen seien, richtigstellten und wenn sie Mohammed als Vollender der göttlichen Offenbarung, als Siegel der Propheten verehrten. Sobald diese Voraussetzungen erfüllt seien, stehe der Einheit zwischen Christen und Moslems nichts mehr im Wege. Der vatikanischen Delegation hatte sich nun doch eine deutliche Verwirrung und Bestürzung bemächtigt. Auf den Zuschauertribünen rumorte es. Father O'Connor war vor Verärgerung rot angelaufen. »So tief ist Rom gefallen«, murmelte der amerikanische Jesuit. »Jetzt können wir nur noch den heiligen Bernhard von Clairvaux anrufen, daß er einen Funken jenes Geistes wieder anfacht, der damals die Christenheit der Kreuzzüge beseelte. Die Maroniten des Libanon werden die ersten Leidtragenden dieser Kapitulation der Kurie sein.«

Auch bei den muselmanischen Delegierten gab es keine einhellige Zustimmung für den libyschen Staatschef. Kadhafi hatte sich allzu viele politische Feinde innerhalb der Umma gemacht. Seine jüngste These, wonach allein der Buchstabe des Korans, nicht aber die islamische Überlieferung – die »Sunna« oder der »Hadith« – als Richtschnur des Glaubens gelten sollten, stieß bei den Schriftgelehrten auf offenen Widerspruch. »Am liebsten möchte er ein neuer Khalif werden«, brummte ein

mürrischer Beobachter aus Ägypten. »Als Beweis seiner Berufung zu
diesem Amt als Statthalter Gottes auf Erden versucht er krampfhaft,
Erfolge im Kampf gegen die Ungläubigen vorzuweisen.« Ein älterer,
blauäugiger Turbanträger mit grauem Bart war auf mich zugetreten und
stellte sich als Imam einer deutsch-islamischen Glaubensgemeinschaft
im nördlichen Baden vor. Auch er war nicht ganz glücklich über den
aggressiven Ton Kadhafis. Er hätte lieber einem versöhnlichen Gespräch
des Ausgleichs beigewohnt. Sogar die scharf anti-zionistische Gangart
dieses Kongresses weckte Unbehagen bei dem deutschen Imam. »Ich
gehöre nicht zu jener Gruppe von Nazis, die nach dem Krieg zum Islam
übertraten, beim rabiaten Arabismus Unterschlupf suchten und ihren
antijüdischen Zwangsvorstellungen weiter nachhängen«, sagte er. »Ich
war bereits junger Moslem, als Hitler zur Macht kam, und ich bin damals
verfolgt und vorübergehend von der Gestapo eingesperrt worden, weil
ich Anhänger einer semitischen Religion war.«

Es herrschte noch tiefe Finsternis, als der Wecker in meinem Hotelzimmer rappelte. Das Flugzeug der »Libyan Airways« startete sehr zeitig
nach Rom. Stets wenn mich das Läuten der Uhr zu früher Stunde aus dem
Schlaf reißt, kommt mir die Erinnerung an die Jahre meiner Kindheit im
Internat, als jeden Morgen um halb sechs der Präfekt in schwarzer
Soutane den Schlafsaal betrat, das Licht andrehte und der grelle Ton
seiner Glocke die Stille zerriß. »Benedicamus Domino« rief er dazu, und
die aufgescheuchten Schüler antworteten schlaftrunken: »Deo gratias«.
So geschah es mir auch an jenem Morgen in Tripolis. »Benedicamus
Domino«, brummte ich ärgerlich. Plötzlich hallte vom nahen Minarett
der Ruf des Muezzin, der hier im Zeichen der Modernität auf Tonband
aufgezeichnet war und die Gläubigen über Lautsprecher weckte: »as
salatu kheirun min an naumin – Das Gebet ist besser als der Schlaf«. Ich
klingelte wie verabredet im Zimmer Father O'Connors an, weil er mit
dem gleichen Flugzeug abreisen mußte, und verwies ihn per Telefon auf
die seltsame Parallelität der Bekenntnisse und ihrer Rituale.

In jenem Februar 1976 wußten wir nicht, daß drei Jahre später bei
dem Konklave, aus dem Johannes Paul II. als erster polnischer Papst hervorgehen sollte, Kardinal Sergio Pignedoli zu den »Papabili« gezählt
würde. Wir konnten auch nicht ahnen, daß die Autoren Collins und
Lapierre in einem durchaus plausiblen Zukunftsroman den Obersten
Kadhafi als Wasserstoffbomben-Leger in New York und als Fünften
Reiter der Apokalypse porträtieren würden. Den Spezialisten der westlichen Geheimdienste hingegen blieb schon damals nicht verborgen, daß

der missionarische Ausdehnungsdrang des libyschen Staatschefs sich nach Süden, auf die afrikanische Sahel-Zone richtete.

Kadhafi hatte 1969 den ungeliebten und hinfälligen Monarchen Idris-el-Senussi gestürzt. Doch nun trat er fast zwangsläufig in die Fußstapfen jener islamischen Bruderschaft der Senussiya, deren nominelles Oberhaupt der frühere König bis zuletzt gewesen war. Viel war nicht übriggeblieben von dieser fanatischen »Tariqa«, die sich seit dem 19. Jahrhundert in der Cyrenaika entfaltet, die Rückkehr zum reinen Islam der Frühzeit gefordert hatte und einen Gottesstaat errichten wollte. Mit türkischer Unterstützung hatten die Beduinen der Senussiya vor dem Ersten Weltkrieg der italienischen Eroberung standgehalten. Diese kargen, einfältigen Männer waren – ähnlich der ihnen wesensverwandten »Mahdia« des Sudan – Vorläufer eines religiösen Erwachens, dem sich der arabische Nationalismus erst als Sekundär-Phänomen anschließen sollte. Ihre Eroberungs- und Missionierungszüge uferten jenseits der Wüste auf den afrikanischen Sahel aus. Sie unterwarfen sich den heutigen Tschad bis zu den animistischen Stämmen der Savanne, sie beherrschten die jetzige Republik Niger, weite Teile von Mali und die südlichen Oasen der algerischen Sahara. Als Franzosen und Italiener auf dem Höhepunkt der Materialschlachten des Ersten Weltkrieges gezwungen waren, ihre nordafrikanischen Kolonien von Truppen zu entblößen, bemächtigte sich die Bruderschaft der Senussiya eines gewaltigen Territoriums. Erst in den dreißiger Jahren gelang es den Legionen des faschistischen Generals Graziani nach vielen Rückschlägen, die Cyrenaika zu unterwerfen und der Senussiya das Rückgrat zu brechen. Das Oberhaupt der Tariqa flüchtete zu den Engländern nach Ägypten, die ihn zwanzig Jahre später als alten Mann auf dem Thron von Tripolis als Handlanger ihrer Politik installierten. Benito Mussolini war 1940 nicht vor der Lächerlichkeit zurückgeschreckt, das »Schwert des Islam« zu gürten, ehe er zur angeblichen Befreiung des Niltals vom britischen Joch jenen Vorstoß nach Ägypten befahl, der schon in den Grenzstellungen von Sollum kläglich steckenblieb. War es dieser italienische Frevel, diese Überheblichkeit Mussolinis, die der römische Kardinal Pignedoli jetzt mit Demütigung und Beschämung in Tripolis büßen mußte?

Muammar-el-Kadhafi hatte mit der »Weißen Garde« der Senussi-Krieger, die ihrem König in der Cyrenaika die Treue halten wollten, kurzen Prozeß gemacht. Die totale Machtergreifung fiel ihm in Libyen leicht, denn von nun an verkörperte er jenen Geist islamischen Siegesbewußtseins, jenen revolutionär-religiösen Taumel, der einst die fromme

Bruderschaft der Senussiya zu ihren Waffentaten befähigt hatte. Die Propagandisten Kadhafis schwärmten neuerdings in den Sahel-Staaten aus. Die Petro-Dollars flossen in Strömen. 1976 hatte Kadhafi stillschweigend den Awzu-Streifen im nördlichen Tschad annektiert, wo Uranium vermutet wurde. Seine Agenten schürten den Aufstand des kriegerischen Volkes der hamitischen Tubu in der Tibesti-Wüste gegen die überwiegend christliche Regierung des Tschad. Vielleicht schwebte dem Obersten von Tripolis schon damals die Schaffung einer weitgezogenen »Islamischen Sahel-Republik« vor. Jedenfalls rekrutierte die libysche Dschamahiriya eine »Islamische Legion«, in der sich Freiwillige aus einer Vielzahl afrikanischer Staaten einfanden. Die algerische Abwehr hatte rechtzeitig erfahren, daß die Werber Kadhafis beim Wüstenstamm der Tuareg aktiv geworden waren und daß sie diesen verschleierten Nomaden libysche Pässe aushändigten. Die Tuareg, so argumentierte Kadhafi, seien libyschen Ursprungs und sie hätten sich auf dem Höhepunkt der Senussi-Bewegung dieser »Zawiya« mit kriegerischer Begeisterung angeschlossen. Von nun an waren die Algerier hellhörig geworden, denn nicht nur im Norden von Mali und Niger nomadisierten die Tuareg; auch im südlichsten Algerien lebten versprengte Gruppen dieser einst so gefürchteten Rasse.

Sahara-Durchquerung, Februar 1956

Sand zwischen den Zähnen; Sand in den Augen; Sand in den Haaren. Die Oasen Ghardaia, El Golea, In Salah lagen hinter uns. Solange die Wüstenpiste mit einer gewissen Regelmäßigkeit von Lastkraftwagen befahren wurde, hatte sich der Staub infolge der Motorenvibration zu einer Art Wellblech-Formation konsolidiert, auf der sich bei achtzig Kilometer Geschwindigkeit ohne allzuschmerzliche Erschütterung zügig fahren ließ. Aber südöstlich von In Salah blieben wir zwischen Steinbrocken und tiefem Flugsand stecken. Immer häufiger fluchten die französischen Geologen, die zu einer ersten Uran-Forschung nach dem Air-Gebirge in Niger unterwegs waren, wenn eines ihrer drei Fahrzeuge – zwei Landrover und ein Lastwagen – bis zur Achse einsackte. Die Sonne rötete unsere Gesichter. Der Wind war eiskalt. Wenn eines der Autos sich festfuhr, legten wir Leitern unter, zogen mit vereinten Kräften, setzten im äußersten Fall die Winde des Lkw in Gang. Die Reise war fast unerträglich, bis schließlich die europäische Ungeduld unmerklich von uns abfiel und wir in den Bann der zeitlosen Landschaft gerieten. Der staubige Flecken In Salah lag weit hinter uns. »Brunnen des Heils«, hieß die Oase in der Übersetzung. Die Steinformationen zu beiden Seiten der Piste wurden jetzt unwirklich und phantastisch. Wie erstarrte Atompilze ragten die Felsen. Die tektonischen Erschütterungen und vor allem der unermüdliche Wüstenwind hatten die seltsamsten Gebilde an den Horizont gezaubert, Kathedralen-Umrisse, die in rötliches Licht getaucht schienen, Moschee-Kuppeln, die bläulich widerstrahlten, erstarrte Dinosaurier aus Granit. Dazwischen nackte, schwarze Steinsträhnen, die wie Wegweiser zu einem Ort der Verdammung wirkten. Erschöpfung, aber auch Gelassenheit, fast Gleichgültigkeit hatte sich unser bemächtigt. Zwei- oder dreimal halfen wir einzelnen Lastwagenfahrern weiter, Mozabiten mit weißen Kappen, die mit einem Motor- oder Reifenschaden liegengeblieben waren. Sie saßen schon seit einigen Tagen fest, zeigten sich mit umständlichen Sprüchen erkenntlich für unsere Hilfe, aber ihr wirklicher Dank gehörte einem anderen: »el hamdulillah«, sagten sie, »Lob sei Gott«.

Auch wir selbst gerieten beinahe in eine Stimmung frommer Schicksalsergebenheit. Die Sahara ist ein strenger Zuchtmeister. Nirgendwo fühlt sich der Mensch so klein und verloren wie in der Unendlichkeit der Wüste. Nirgendwo fühlt er sich so groß, so einmalig auserwählt wie in dieser leblosen Einsamkeit. Die französischen Geologen waren fröhliche, handfeste Burschen, die jede Gesteinsbildung instinktiv auf ihre mineralogische Zusammensetzung prüften. Aber in der Erschöpfung der kurzen Mittagspause, wenn das Licht eine glasklare, schmerzende Härte gewann, stellten auch sie unerwartete metaphysische Betrachtungen an. Unwiderstehlich umfing uns die Einöde des Hoggar-Gebirges, eine chaotische Welt aus Basalt und Granit. »C'est dantesque«, scherzte Henri, der Leiter der Expedition. »Dantesque« war das Modewort der französischen Salon-Touristen. Tatsächlich hätte Dante Alighieri seinen Abstieg zur Hölle an der Hand des Dichters Vergil in diese Landschaft transponieren können. Die Piste wurde jetzt durch Wanderdünen völlig überlagert. Damit die Reisenden nicht die Richtung verloren und elend verdursteten, waren in regelmäßigen Abständen Holzpfosten in den Boden gerammt worden. Aber die Pfähle waren so weit voneinander entfernt, gelegentlich verschwanden sie auch ganz im Flugsand, daß wir häufig auf die Motorhaube des Lastwagens klettern mußten, um den nächsten Wegweiser anzupeilen. Ich mußte an den »Llano estacado« aus den Wildwest-Erzählungen Karl Mays denken.

Endlich entdeckten wir Menschen. Zwei Tuareg, schwarz und blau verhüllt, – nur der Augenschlitz war frei – standen reglos auf einem Felsvorsprung. Etwas abseits knabberten vier weiße Kamele an einem dornigen Strauch. Die Tuareg regten sich nicht bei unserem Anblick. Der hohe Sattelknauf ihrer Mehari endete in einem Kreuz; auch der Schwertgriff dieser hamitischen Nomaden war kreuzförmig gestaltet, so daß die Ethnologen die These aufgestellt hatten, die Tuareg seien im frühen Mittelalter Christen gewesen, ehe die arabischen Eroberer, die ganz Nordafrika überfluteten, auch sie zum muselmanischen Glauben bekehrten.

Am späten Abend erreichten wir den Verwaltungsflecken Tamanrasset. Der Ort bestand aus roten Lehmhütten, auf deren Wänden die Maurer – vielleicht aus irgendeinem Aberglauben – langgezogene Fingerspuren hinterlassen hatten. Ähnlich gezeichnet durch die äolische Erosion – als sei der Finger Gottes am Werk gewesen – waren die roten Basaltfelsen, die den Horizont rundum versperrten. Der französische »Offizier für Eingeborenenfragen« empfing uns in weiten Pluderhosen und einem prächtig bestickten maurischen Umhang. Er lebte in seinem Bordsch mit einer kleinen Garde von Tuareg. »Leicht hat man es nicht mit diesen Fürsten der Wüste«, sagte der Capitaine, »in meinem Verwaltungsbereich leben noch siebentausend Männer, die dem Volk der Tuareg angehören. Seit sie unter dem Zwang der ›pax franca‹, die wir hier errichtet haben, ihre Raubzüge gegen Karawanen und Oasen einstellen mußten und nicht mehr die seßhaften schwarzen Völker am Niger terrorisieren, ist eine seltsame Form der Resignation, ja der Apathie über sie gekommen. Sie passen sich den neuen Verhältnissen schwer an. Ihre ehemaligen schwarzen Sklaven sind viel geschickter, viel beweglicher, wenn es gilt, sich die Errungenschaften der Modernisierung anzueignen. Auf unerklärliche Weise scheint den Tuareg der Selbstbehauptungswille abhanden gekommen zu sein, ganz im Gegensatz zu jenen wilden Tubu, ihren hamitischen Verwandten in der Tibesti-Wüste, die an Libyen grenzt. Die Tubu sind weiterhin als Räuber und Wegelagerer gefürchtet, und mehr als einmal in diesem Jahr mußten meine Kollegen in Niger und Tschad ihre Kamelreiter gegen diese Banditen in Marsch setzen. Bei uns ist der Amenokal, der Oberhäuptling oder König der Tuareg, nur noch eine malerische Repräsentationsfigur, die wir gelegentlich den offiziellen Besuchern aus Paris vorführen.«

Tamanrasset liegt 1400 Meter hoch, und die Nacht war kalt. Im Gästehaus wurde uns Kamelfleisch serviert. An diesem Abend wurde sogar unter offenem Himmel ein Film vorgeführt, eine Klamotte, die im achtzehnten Jahrhundert am Hof Ludwig XV. spielte. Der Anblick der weißen Puderperücken und des höfischen Mummenschanzes lösten bei den Tuareg- und Neger-Kindern, die trotz der Kälte halbnackt über die Lehmmauern spähten, unbändige Heiterkeit aus. Auf dem Heimweg zu unserer bescheidenen Bleibe begegneten wir einer Gruppe bewaffneter Tuareg. Sie stolzierten wie Statisten zwischen den mageren Ethel-Bäumen, die wie verkrüppelte Trauerweiden aussahen und von den Franzosen mit viel Mühe gesetzt worden waren.

Ein paar Wochen später sollte ich im Umkreis von Agades, in der damaligen Kolonie Niger, einen eindrucksvolleren Zweig dieses sagenumwobenen Volkes antreffen. In der dortigen Wüste, die dem Air-Gebirge vorgelagert ist, waren die Stammesstrukturen noch weitgehend intakt. Innerhalb der Kaste der Edlen sorgte die matrilineare Erbfolge dafür, daß die Negrifizierung der hellhäutigen Hamiten begrenzt blieb. Die jungen Frauen, die das goldbraune Antlitz unverhüllt trugen, zeichneten sich oft durch Anmut und Schönheit aus. Außerhalb der Ortschaften hatte sich die Sitte erhalten, die Mädchen, wenn sie heiratsfähig wurden, in Käfige zu sperren, wo sie unbeweglich kauerten und mit Kamelmilch pausenlos gemästet wurden, bis sie so fett waren, daß sie kaum noch gehen konnten. Dann war das urwüchsige Schönheitsideal dieser Nomaden erreicht, vergleichbar mit den Fruchtbarkeits-Idolen, die uns aus der Steinzeit überliefert sind. Die Tuareg-Männer, diese hageren Wölfe der Wüste, die nur aus Haut, Sehnen und Knochen bestehen, verzehrten sich in Sehnsucht nach diesen dickbäuchigen, weiblichen Amphoren, in die sie zur Lust und mit dem angespannten Willen zur Fortzeugung ihren Samen ergießen würden. In Agades begann bereits das schwarze Afrika des Sahel. Die Viehzüchter des Peul-Volkes trauerten unter ihren buntgeflochtenen Strohhelmen einer gar nicht so fernen kriegerischen Vergangenheit nach. Die schwarzen »Griots«, halb Gaukler, halb Bänkelsänger, lauerten den vornehmen Stammesherren oder den zahlungskräftigen Fremden auf, schmeichelten ihnen mit improvisierten, plumpen Lobliedern und steckten ein paar Münzen ein. Die grell kostümierten Haussa-Händler breiteten ihre Waren aus. Das weißgetünchte Hotel mit den dicken Lehmmauern, in dem wir Unterkunft fanden, verfügte über einen stilvollen Kuppelsaal, der – wie der französische »patron« berichtete – zur Zeit des Senussi-Aufstandes im Ersten Weltkrieg dieser fanatischen Sekte als Hauptquartier bei ihren Razzien bis nach Gao und Timbuktu gedient hatte.

Aber zurück nach Tamanrasset. Am Morgen nach unserer Ankunft

fuhr mich der Capitaine zu einem kleinen Fort am Rande der Ortschaft.
Die Lehmfestung, von Ethel-Bäumen umsäumt, kam mir seltsam
bekannt vor, als hätte ich sie schon einmal im Traum gesehen. Plötzlich
kam mir die Erleuchtung. Ich fühlte mich um zwanzig Jahre zurückversetzt. Damals war ich im westschweizerischen Fribourg mitsamt den
anderen Internatsschülern in einen erbaulichen Film über den Wüsten-
Eremiten Charles de Foucauld geführt worden. In der dunkelblauen Uniform unseres Collège hatten wir die festungsähnlichen Mauern von
Saint-Michel in geschlossener Dreier-Formation zu einer der wenigen
Zerstreuungen verlassen, die uns erlaubt wurden. Es war ein spannender
Film. Der französische Kavallerie-Offizier Charles de Foucauld hatte um
die Jahrhundertwende ein Leben in Saus und Braus geführt. Die Internatsschüler von Saint-Michel waren vor allem von den erotischen Abenteuern dieses Lebemannes in Uniform angetan und starrten fasziniert
auf den üppigen Busenausschnitt einer Tänzerin, mit der de Foucauld
seine Nächte verbrachte. Jedesmal wenn diese Verlockung des Fleisches
auf der Leinwand aufflimmerte, hielten die drei Dominikaner, die in der
Stuhlreihe neben uns saßen, schamhaft die Hand vor die Augen. Aber
dann kam der Wandel in der Laufbahn des Charles de Foucauld. Er wurde
– als jüdischer Rabbi verkleidet – nach Marokko eingeschleust, um die
französische Eroberung dieses Sultanats vorzubereiten. In den Gassen
der maghrebinischen Medinas, im Kontakt mit der intensiven Frömmigkeit des Islam, überkam ihn die göttliche Gnade. Er trat in den Trappi-
sten-Orden ein und zog sich später in das Herz der Sahara, nach Tamanrasset zurück, um dort als Einsiedler und Büßer zu leben. Er hegte wohl
auch die Hoffnung, den Nomaden der Wüste durch das Vorleben christlicher Tugenden den Weg zum Heil zu weisen. Dieser fränkische »Marabu« hatte bei den ortsansässigen Stämmen offenbar hohe Achtung
genossen, auch wenn natürlich kein Moslem daran dachte, der Lehre
Mohammeds seinetwegen den Rücken zu kehren. Während des Ersten
Weltkrieges, als Afrika von französischen Truppen entblößt wurde, drangen 1916 die fanatischen Senussi von Agades kommend in das Hoggar-
Gebirge ein und gewannen die Tuareg-Stämme für ihre kämpferische
Gemeinschaft. Nun schlug die Stunde des Martyriums für den Einsiedler
Charles de Foucauld. Ein Trupp verschleierter Wüstenkrieger brach in
sein unverteidigtes Wüstenfort ein und erschoß ihn. Nach Kriegsende
hatte sich die Kirche Frankreichs mit großer Beharrlichkeit für die
Heiligsprechung des Père de Foucauld eingesetzt, aber in Kreisen der
Kurie, wo man in diesem ehemaligen Offizier eine allzu gallikanische

Erscheinung sah, zeigte man keine große Neigung, dem »Heiligen des Quai d'Orsay«, wie man ihn nannte, zur Ehre der Altäre zu verhelfen.

»Sie sollten den Assekrem-Paß besuchen«, hatte mir der Capitaine geraten, als wir den Bordsch Charles de Foucaulds verließen. »Ganz ohne Nachfolger ist dieser Einsiedler nämlich nicht geblieben.« Die Sand- und Steinpiste stieg in steilen Windungen. Ein Kamel hatte sich losgerissen und versperrte uns störrisch den Weg. Dem fluchenden algerischen Fahrer gelang es schließlich, das Tier mit Steinwürfen zu verjagen, und es entfernte sich grotesk, als bewege es sich auf Sprungfedern. Zu Füßen des Assekrem-Felsen mußte ich aussteigen. Der Pfad war unbefahrbar. Der Paß lag 2700 Meter hoch. Die Kälte war beißend, obwohl der Abend noch nicht fortgeschritten war. Keuchend kam ich auf der Höhe an. Zwei blau gekleidete Männer mit Turban, Gesichtsschleier und Sandalen an den bloßen Füßen erwarteten mich. Auf der Brust trugen sie ein schmuckloses Kreuz aus Holz. Als ich zu ihnen trat, senkten sie den Schleier wie ein Visier. Europäische Gesichter kamen zum Vorschein, von üppigen blonden Bärten eingerahmt. »Soyez le bienvenu«, sagte der ältere, der sich als Frère Vincent vorstellte. Sein Gefährte hieß Louis. Sie gehörten der Gemeinschaft der »Kleinen Brüder vom Heiligen Herzen Jesu« an, die dem Beispiel Charles de Foucaulds nachleben wollten. Sie hatten die islamische Umwelt erwählt, nicht in der Absicht zu missionieren, wie sie erklärten, denn spätestens seit der Gründung des Ordens der »Weißen Väter« durch die Kreuzrittergestalt des Kardinals Lavigerie hatten die Franzosen erkannt, daß man einen Muselmanen nicht zum Glauben von Nazareth bekehren kann. Sie wollten lediglich, in aller Demut und Armut, die Nachfolge Christi vorleben, und das war – bei Gott – kein bescheidenes Unterfangen in dieser Landschaft am Ende der Welt.

Das Spiel der Wintersonne tauchte die gigantische Mondlandschaft, diese zu Stein erstarrte Springflut in eine ständig wechselnde Symphonie von Farben. Ein zartes Rosarot gab den Grundton ab, verdunkelte sich aber jäh zu Violett, ging dann über in Gelb und Pastellblau. Als der Wind aus dem Fezzan im Licht des erlöschenden Tages über die monumentale Basaltorgel strich, schien es, als müsse jeden Moment aus der menschenleeren, schweigenden Wildnis eine überirdische Sphärenmusik erklingen. »Die Sonne tönt nach alter Weise,/In Brudersphären Wettgesang./Und ihre vorgeschriebne Reise/Vollendet sie mit Donnergang«, zitierte Bruder Vincent, der einmal Germanistik studiert hatte, bevor er dem Ruf der Wüste gefolgt war. Er lud mich in seine Höhle ein. Ein Eisenbett, über das ein paar Kamelhaardecken gebreitet waren, bildete das einzige

Zugeständnis an westliche Bedürfnisse. Ein vergilbtes Bild stellte den
Père de Foucauld dar, einen ausgezehrten, hageren Mann, auf dessen
weißem Burnus ein Kreuz und das Herz Jesu aufgenäht waren. Aus dem
Blick des Eremiten sprach eine Mischung von Verzückung und Resignation. Er mußte den Tod durch die Senussi als Erlösung empfunden haben.
Louis, der jüngere der beiden Brüder vom Heiligen Herzen Jesu, hatte
Tee gekocht. Sie luden mich ein, zum Abendessen zu bleiben. Es würde
nur gehacktes Kamelfleisch und Brotfladen geben. »Man braucht seine
Zeit, bis man sich an die Existenz des Anachoreten gewöhnt«, fuhr Vincent fort. »Das blaue Indigo-Gewand macht noch keinen Targi aus.« Er
zeigte in die Schlucht, derer sich bereits die Schatten bemächtigten. Mit
groben Felsbrocken war dort ein Rechteck abgegrenzt worden mit einer
halbkreisförmigen Ausbuchtung nach Osten. »Sehen Sie diese Behelfs-
Moschee, la mosquée des nomades, wie wir sie nennen«, erklärte Vincent. »Der Halbkreis weist nach Mekka, gibt die Qibla, die Gebetsrichtung, an.« Tatsächlich erkannte ich einen alten Mann, der sich zum Gebet
verneigte und mit der Stirn den sandigen Boden berührte. »Sie sind
fromme Moslems, diese Tuareg«, sagte Louis, »ohne profunde Kenntnis
ihrer Religion, aber der einfältige Glaube ersetzt vorteilhaft die Gelehr-
samkeit. Auf dem Höhepunkt der Senussi-Revolte waren sie mit Begeisterung in den Sog dieser primitiv-mystischen Sufi-Bewegung geraten.
Heute sind ihre kollektiven Ritualübungen des Dhikr seltener geworden.
Sie versammeln sich nur noch ausnahmsweise zur pausenlosen Wiederholung des Bekenntnissatzes: la Ilaha illa Allah, der sich im rhythmisch
bewegten Singsang bis zur Trance steigert. Aber der Marabutismus
beherrscht weiterhin diese Außenseiter der islamischen Umma.« Wir
diskutierten über die Verwandtschaft dieser Bruderschaften des Maghreb und des Sahel mit den Derwischen des arabischen Orients. Louis, der
über eine solide orientalische Ausbildung verfügte, verglich die Senussi
mit den Wahhabiten Saudi-Arabiens, bei denen ebenfalls der eifernde
Puritanismus und die Suche nach der ursprünglichen Reinheit der koranischen Lehre zu einer brisanten politisch-religiösen Expansion
geführt hatte, mit dem Unterschied allerdings, daß die saudischen Beduinen des Nadschd jede Form mystischer Abschweifung, jeden »Sufis-
mus«kategorisch ablehnten und sich den asketischen, trockenen Vorschriften der hanbalitischen Rechtsschule verpflichteten.

Die Dunkelheit erreichte nun auch den Assekrem-Paß, und die
beiden Fratres knieten nieder zum Completorium. Die Sprache der
ersten Petrus-Epistel war der unerbittlichen Umgebung des Hoggar bes-

ser angepaßt als die süßlich-sulpizianische Frömmigkeit des Herz-Jesu-Kultes. »Fratres sobrii estote et vigilate«, betete Vincent vor. »Brüder, seid nüchtern und wachsam. Denn Euer Feind, der Teufel, geht um wie ein brüllender Löwe und sucht, wen er verschlingen kann. Widersteht ihm stark im Glauben!« Die Kälte wurde unerträglich. Die beiden Eremiten gingen an ihre simplen Geräte, um ihre täglichen hydrographischen und meteorologischen Messungen vorzunehmen. »Wir sind trotz allem Abendländer geblieben; ein wenig wissenschaftliche Nebenbeschäftigung ist für uns unentbehrlich«, entschuldigte sich Vincent. Er zündete mit Kameldung ein Feuer an, denn die Temperatur, die am Assekrem bis zu siebzehn Grad minus herabsinken kann, hatte den Nullpunkt bereits unterschritten. Ich schnatterte unter den Kameldecken. »Cui resistete fortes in fide«, nahm Vincent wieder auf. »Mit dem Glauben haben wir Probleme. Da liegt die Versuchung. Unsere Halluzinationen sind nicht die des Säulenheiligen Antonius aus der thebaischen Wüste. Uns erscheinen keine nackten Frauen und apokalyptischen Ungeheuer. Aber die Einzigkeit Gottes macht uns zu schaffen, wie der Islam sie so triumphierend, absolut und abstrakt verkündet. Der Heilige Augustinus war nicht von ungefähr Nordafrikaner, Berber und Bischof von Hippo im heutigen Algerien. Nicht nur, daß seine ›Civitas Dei‹ die Identität von Politik und Religion vorschreibt, die Unterordnung der Polis unter die göttliche Fügung, wie sie heute im militanten Islam wieder gepredigt wird; Augustinus quälte sich auch mit dem unergründlichen Geheimnis der Dreifaltigkeit. Für Mohammed gab es nur einen einzigen Gott, und der darf nicht dargestellt werden, denn er ist nicht anthropomorph. Da ist kein Vater mit dem Rauschebart, kein Sohn, der am Kreuze stirbt, keine Taube, die über den Wassern schwebt. Es gibt keinen Gott außer Gott, und dieser einzige Gott zeugt nicht und wurde nicht gezeugt, ›'lam ialid wa lam iulad‹. Der Prophet von Mekka mag das Christentum nur bruchstückartig verstanden haben. Vermutlich sah er in der Dreifaltigkeit die Gemeinschaft von Gottvater, Gottsohn und der Jungfrau Maria. Aber diese Assoziation, jede Assoziation war in seinen Augen eine Form von Vielgötterei, von ›Schirk‹, Spaltung der Einzigkeit Allahs. Die Christen gehören zwar zur ›Familie des Buches‹, weil sie an der abrahamitischen Offenbarung teilhatten, aber sie bleiben ›Muschrikin‹, Spalter und verkappte Polytheisten. Sie kennen doch die Legende des Augustinus, als er am Strand von Hippo auf und ab ging, rastlos nach der Erklärung des Mysteriums der Trinität suchend, und wie er einen Knaben entdeckte, der mit einem Löffel Meerwasser in eine Sandkuhle schüttete. – ›Was

machst du da‹, hatte der kabylische Bischof gefragt. – ›Ich bin dabei, das
Meer in diese Sandgrube zu leeren‹, antwortete das Kind, das in Wirklichkeit ein Engel war. – ›Das ist doch völlig unmöglich‹, erwiderte der
Heilige Augustinus. Doch der Cherub lächelte wissend: ›Ich werde eher
die Fluten des Meeres in diese Sandgrube umlöffeln, als daß du das
Mysterium der Dreifaltigkeit ergründest.‹ In der Wüste und im Islam ist
alles so einfach«, seufzte Frère Vincent, »und die Anfechtungen des Glaubens können zur Zwangsvorstellung werden. Wissen Sie, daß es Tage
gibt, wo es mir schwerfällt, mich zu bekreuzigen: ›Im Namen des Vaters,
des Sohnes und des Heiligen Geistes‹, wo ich sagen möchte, ›Bismillahi
rahmani rahim – Im Namen Allahs des Gnädigen, des Barmherzigen.‹
Dann greife ich wie ein mittelalterlicher Narr einen Stein auf und schleu-
dere ihn gegen den nächsten Basaltfelsen, als könnte ich den gesteinigten
Satan, wie die Moslems ihn nennen, ›es scheitanu erradschim‹ verjagen.«

Tiefe Nacht umgab uns. Wir traten aus der Einsiedlerhöhle. Die Felsen
zeichneten schwarze Scherenschnitte in einen Sternenhimmel von
unvorstellbarer Herrlichkeit. »Man gewinnt hier Distanz von den nuancierten und komplizierten Geistern des Abendlandes murmelte Vincent,
der die seltene Gelegenheit zu einem Monolog mit Zuhörern voll ausko-
stete. »Von Pascal, der gern das Firmament betrachtete, stammt doch das
Wort: ›Das Schweigen dieser unendlichen Räume erschreckt mich‹, aber
spüren Sie nicht die Geborgenheit und die Musikalität, die hier von der
Unendlichkeit der Galaxien ausgeht. Er war wohl ein kleinmütiger
Christ, der Philosoph Pascal. Man denke nur an seine berühmte ›Wette‹,
sein krämerisches Versteckspiel mit Gott. Dieser verkappte Jansenist
erklärte, daß es sich in jedem Falle lohne, an Gott zu glauben und seinen
Geboten zu folgen. Wenn Gott existiere, zahle sich diese Frömmigkeit am
Tage des Gerichtes aus; wenn es Gott nicht gäbe, sei aber auch nichts verloren. Erklären Sie einmal diese Wette, die so zahlreiche französische
Gymnasiallehrer – ich gehörte ja einmal dazu – beeindruckt, einem
frommen Muselmanen. Er wird dieses Kalkül zu Recht als Gotteslästerung empfinden, wo ihm die totale Ergebenheit, die völlige Unterwerfung unter den Willen Allahs, Erfüllung und Frieden bringen sollen.«

Frère Louis beendete das allzu theologische Gespräch, indem er die
verschiedenen Sternbilder erklärte. Die Venus leuchtete besonders hell.
Einer Legende der Tuareg zufolge habe eine Fürstentochter vor grauen
Zeiten auf Anraten eines bösen Magiers ihren Vater als Sklaven verkauft,
um vollkommene Schönheit zu erlangen. Zur Strafe sei sie als Gestirn, als
Venus, in die eiskalte Flimmerferne des Weltalls verbannt worden.

VOM PFAUENTHRON ZUM
SCHIITISCHEN GOTTESSTAAT

> *Le XXIe siècle sera religieux ou ne sera pas.*
> *Das 21. Jahrhundert wird religiös sein,*
> *oder es findet nicht statt.*
>
> André Malraux

Heimkehr des Ayatollah

Zwischen Paris und Teheran, Februar 1979

Der persischen Passagiere in der Air France-Sondermaschine Paris – Teheran hatte sich Unruhe bemächtigt. War die Zeit für das Morgengebet bereits gekommen und wie ließ sich die Richtung bestimmen, in der Mekka lag? Nicht nur die Mullahs unter den schwarzen und weißen Turbanen zeigten sich besorgt, auch die Laien unter den islamischen Revolutionären, die schlecht rasierten Männer in zerknitterten Anzügen und offenen Hemdkragen, nahmen an der Beratung teil. Zu diesem Zeitpunkt gab uns Sadegh Tabatabai ein Zeichen. Er war mit seinem jungenhaften Lächeln die steile Treppe heruntergekommen, die zu dem Kuppelraum des Jumbo führte. »Der Imam erwartet Sie«, sagte Tabatabai, »Sie sind die einzigen, denen es erlaubt ist, ihn beim Morgengebet zu filmen.« In der oberen Etage der Boeing 747 hockte Ayatollah Ruhollah Khomeini auf einer braungemusterten Air France-Decke. Er trug den schwarzen Turban, der ihn als Nachkommen des Propheten auswies. Er hatte höchstens zwei Stunden geschlafen seit dem Start von Roissy-Charles de Gaulle, aber der achtzigjährige Greis schien in keiner Weise ermattet. Seinen braunen Umhang, die »Aba«, hatte er sorgfältig um sich drapiert. Als er unser Kamera-Team sah, lächelte er uns zu. Es war das erste Mal, daß ich Khomeini lächeln sah. Er wirkte entspannt, fast heiter. In seinem schäbigen Häuschen von Neauphle-le-Château bei Paris hatten wir ihn bei den Pressekonferenzen und Interviews immer nur mißmutig, abweisend, fast argwöhnisch erlebt. Wenn er zu seinen Getreuen in der notdürftigen Moschee sprach, die im gegenüberliegenden Garten unter einer Zeltplane improvisiert worden war, nuschelte und brummelte er zwar nicht mehr in sich hinein wie bei seinen Antworten an die Journalisten. Seine Stimme festigte sich dann, wurde gebieterisch und klar. Aber sein Gesichtsausdruck blieb streng, fast zornig, und er schüchterte seine iranischen Zuhörer, die aus ganz Europa zusammengeströmt waren, sichtlich ein. Später sollte ich ihn auf zahllosen Plakaten in Teheran wiederum lächeln sehen, aber diese gestellte und unnatürliche Pose der Leutseligkeit bekam ihm nicht. Der lächelnde Khomeini auf den Posters wirkte furchterregender als sein ernstes und eiferndes Naturell. Warum gab sich der Imam jetzt so gelockert, so gelassen und freundlich, während seine Maschine – die Journalisten hatten für den Sonderflug den Code-Namen »Fliegender Teppich« erfunden – in zehntausend Meter Höhe auf die Hauptstadt des Iran zusteuerte? War es das Gefühl des Triumphes, über den »satanischen« Widerstand des Schahs obsiegt zu haben, die Genugtuung, nach fünfzehnjährigem Exil wieder nach Hause zu kommen? Khomeini wußte natürlich, daß er den Sieg noch keinesfalls in der Tasche hatte. Seit die Boeing das persische Hoheitsgebiet erreicht hatte, mußte jeden Moment damit gerechnet werden, daß die Abfangjäger der iranischen Luftwaffe, die auf dem Flugplatz von Khazvin startklar in Bereitschaft standen, mit vernichtendem Bordwaffenfeuer auf die Sondermaschine niederstoßen würden. Nicht umsonst hatten die islamischen Revolutionäre eine Hundertschaft von Journalisten aus aller Welt an Bord geladen. Die Pressevertreter waren gewissermaßen als Geiseln mitgekommen und boten eine Gewähr gegen eventuelle Versuche gewisser kaisertreuer Elemente, die Ankunft des Ayatollah in Teheran doch noch gewaltsam und tödlich zu vereiteln. Erst sehr viel später kam mir eine andere Erklärung für das friedliche Lächeln Khomeinis. Vielleicht rechnete er insgeheim mit einem tragischen Ausgang seines Unternehmens, und diese Perspektive des Märtyrertodes konnte ihn nicht schrecken: Sein Tod von den Händen gottloser Feinde hätte ihn als »Schahid« bestätigt, hätte ihn eingereiht in die lange Reihe der heiligen schiitischen Blutzeugen.

Der Imam überreichte Tabatabai eine Reihe von Dokumenten – darunter eine gelbe Mappe –, an denen er gearbeitet hatte, und erhob sich zum Gebet. Er zögerte nicht lange, die Richtung der heiligen Kaaba von Mekka zu bestimmen. Er hob die Hände, murmelte die Verse des »salat-es-subh«, verbeugte sich nach Südwesten, kniete nieder und berührte die Air France-Decke, die als Gebetsteppich diente, mit der Stirn. Ich blickte zum Bordfenster hinaus. Die aufgehende Sonne erleuchtete eine wildzerklüftete, völlig unbewohnte Gebirgswelt und tauchte den Schnee der Gipfel in flüssiges Gold. Unter uns rollte die rauhe Landschaft Persisch-Kurdistans und Aserbeidschans ab. In diesem Moment kam mir nicht der scheppernde Ruf eines Muezzin in den Sinn, sondern der Paukenklang der Ouvertüre von Richard Strauss: »Also sprach Zarathustra.«

Im Passagierraum bestürmten inzwischen die Journalisten ihre iranischen Reisegefährten mit Fragen. Vor allem Mohammed Yazdi, der in Neauphle-le-Château als Sprecher des Ayatollah fungiert hat, war dicht umdrängt. Der bärtige Yazdi – später sollte er vorübergehend Außenminister werden – hatte in den USA studiert und als Arzt praktiziert, eine Amerikanerin geheiratet und sogar die US-Staatsbürgerschaft erworben, was ihn in manchen Augen verdächtig machte. Yazdi genoß seine Rolle als »Spokesman«. Neben der anderen Sitzreihe hatte Sadegh Ghotbzadeh – auch er sollte später ein kurzlebiger Außenminister werden – die französischsprachige Presse um sich versammelt. Ghotbzadeh war ein hochgewachsener, für persische Begriffe schöner Mann, und auch mich faszinierte sein großflächiges Verschwörergesicht mit den fleischigen Lippen und dem verschleierten Blick. »Un beau ténébreux« auf einem Vorstadtball in Paris, so beschrieb ihn ein französischer Kollege. Ganz abseits, abgekapselt und schweigsam hielt sich Bani Sadr. Der künftige Staatspräsident der Islamischen Republik Iran hatte seine übliche Beredsamkeit abgelegt und wirkte fast schüchtern. Hinter seinen dicken Brillengläsern bewegten sich flinke Eulenaugen, denen nichts entging. Der kleine Wuchs, der schmale Schnurrbart über vorstehenden Zähnen gaben ihm das Aussehen eines Nagetieres. Bani Sadr stand unter den Pariser Beobachtern im Ruf, den linken, sozialistischen Flügel der schiitischen Revolution zu repräsentieren, und manche unterstellten diesem Sohn eines frommen Ayatollahs zu Unrecht, er sei ein verkappter Marxist.

Über dem Flugplatz von Teheran ging der Jumbo tief nieder, wohl um zu prüfen, ob nicht doch eine Flak-Batterie das Feuer eröffnen würde, vor allem um sich zu vergewissern, daß die Rollbahn nicht blockiert war, und startete zweimal durch. Für alle Fälle war genügend Benzin getankt, um nach Ankara zurückfliegen zu können. In diesem Moment trat Sadegh Tabatabai zu mir, nahm mich beiseite und überreichte mir die gelbe Dokumentenmappe, die ich zuvor in den Händen Khomeinis gesehen hatte. Tabatabai sprach perfekt Deutsch, denn er hatte in der Bundesrepublik studiert. »Nehmen Sie bitte diese Papiere an sich und verstecken Sie sie«, sagte Tabatabai, »falls wir nach der Landung verhaftet werden, behalten Sie sie; wenn uns nichts passiert, geben Sie sie mir bitte zurück.« Die Ankunft verlief ohne Zwischenfall. Als unsere Iraner feststellten, daß weder Soldaten der Kaiserlichen Garde noch iranische »Rangers« die Rollbahn umstellten, sondern daß nur Angehörige der Luftwaf-

fe, die teilweise mit der Revolution sympathisierte, einen laschen Ordnungsdienst ausübten, löste sich die unerträgliche Spannung, und
Siegesstimmung kam auf. Die Masse der Teheraner Bevölkerung – es
mochten drei oder vier Millionen Menschen zusammengeströmt sein –
war in beträchtlicher Entfernung vom Flugplatz Mehrabad durch ein
Aufgebot islamischer Miliz im Umkreis des Schahyad-Monuments –
einst zu Ehren der Pahlevi-Dynastie errichtet – blockiert worden. Bis zu
uns drangen jedoch die nicht enden wollenden, dröhnenden Sprechchöre: »Allahu akbar, Khomeini rachbar – Allah ist groß, Khomeini ist unser
Führer«. In der Empfangshalle hatte sich eine Vielzahl von Mullahs in
wallenden Gewändern versammelt, um dem Heimkehrer zu huldigen.
Unter ihnen befanden sich auch Bischöfe der christlichen Konfessionen,
Armenier, Nestorianer, Katholiken. Die Fernsehapparate übertrugen
live die Ankunft des heiligen Verbannten von Neauphle-le-Château
sowie den Jubel der Menge. Dabei fiel auf, daß dieser gigantische Menschenauflauf frei war von fanatischer Überreizung und von Hysterie, wie
sie nach den langen Tagen des bangen Wartens natürlich gewesen wäre.
Statt dessen lag die Stimmung eines Volksfestes über Teheran, und die
Demonstranten begegneten sich brüderlich.

Plötzlich kam es doch zu einem Zwischenfall. Auf den zirkulär aufgestellten Fernsehapparaten in der Flugplatzhalle brach die Übertragung
der Rückkehr Khomeinis abrupt ab, die kaiserliche Hymne ertönte, und
ein Standbild des Schah in schamarierter Uniform erschien auf der Mattscheibe. Diese Störsendung kaisertreuer Elemente wurde sofort abgeschaltet, aber sie war symptomatisch für den Widerstand, den der amtierende Premierminister Schapur Bakhtiar der islamischen Revolution
immer noch entgegenzusetzen gewillt war. Bakhtiar war vom Schah
unmittelbar vor dessen Abreise ins Exil als Regierungschef installiert
worden und beriet sich zur gleichen Stunde fieberhaft mit den Generälen
der Kaiserlichen Armee, wie man Khomeini und seinen Anhängern notfalls mit Waffengewalt in den Arm fallen und die Proklamierung des
Islamischen Gottesstaates verhindern könne.

Unser Kamera-Team blieb am Flugplatz zurück, als der Imam mit
einem Hubschrauber über das Menschenmeer hinweg zum Friedhof
Beheschte Zahra transportiert wurde. Dort, vor den Gräbern der Opfer
der schiitischen Revolution, kündigte er in seiner ersten Rede auf persischem Boden der Regierung Bakhtiar und allen Feinden der islamischen
Staatsordnung den unerbittlichen Kampf an. Für den Nachmittag buchte
ich auf der Linienmaschine der Lufthansa den Rückflug nach Frankfurt,

um aus dem Cockpit per Funk über die neue Lage in Teheran zu berichten. Mit etwas Verspätung sollte es mir sogar gelingen, das Fernsehstudio in Wiesbaden für die letzten Nachrichten zu erreichen. Während ich in Teheran nach dem Lufthansa-Büro suchte, hatte Sadegh Tabatabai sich brüderlich von mir verabschiedet und die ominöse gelbe Mappe wieder an sich genommen. Erst acht Monate später offenbarte er mir, was diese Papiere enthielten: Es war Khomeinis Verfassungsentwurf für die »Islamische Republik Iran«.

Erste Begegnung mit Persien

Rückblick Iran, August 1951

An meine erste Begegnung mit Persien kann ich nur mit einem Lächeln zurückdenken. Zwei Tage lang war ich von Erzerum bis zur aserbeidschanischen Grenzstation bei Maku gefahren. Die Stimmung war martialisch gewesen unter den türkischen Offizieren und Soldaten, die den klapprigen Bus füllten. Sie kehrten nach einem Kurzurlaub bei ihren Familien zu ihrer Garnison im Länderdreieck mit Persien und der Sowjetunion zurück. Die Türken blätterten in grell illustrierten Zeitungen, die die Waffentaten und den Todesmut ihrer nach Korea entsandten Brigade glorifizierten. Die Hänge zu Füßen des Ararat vermittelten bereits den Eindruck zentralasiatischer Weite. Die karge Landschaft war spärlich bevölkert, schien sich von den schrecklichen Armenier-Massakern nie erholt zu haben. Vereinzelte kurdische Frauen in knallbunten, langen Kleidern trieben ihre Schafherden und verschwanden in Staubwolken. Die türkischen Militärs waren herzliche und sympathische Reisebegleiter, wenn ich sie auch nicht mit derselben Verzückung betrachten konnte wie der schriftstellernde englische Lord, der als einziger Ausländer außer mir an dieser Busfahrt teilnahm. Lord K. war homophil veranlagt und beklagte lediglich, daß diese strammen kriegerischen Männer stets so schlecht rasiert seien. »Man sollte endlich aufhören, von Anatolien als Kleinasien zu sprechen und statt dessen den Ausdruck ›Klein-Europa‹ einführen«, meinte der grauhaarige Engländer, der insgeheim wohl davon träumte, die Rolle eines »Lawrence of Anatolia« zu spielen. Agententätigkeit und Homosexualität ergänzen sich häufig in diesem Teil der Welt, wie ich später erfahren sollte.

Aber jetzt war ich im Iran angekommen, und die Stimmung hatte sich schlagartig verändert. Ich saß im Garten der iranischen Grenzstation und beobachtete einen grotesken persischen Polizisten, der barfuß mit hochgekrempelten Hosenbeinen wie der Storch im Salat durch herrliche Blumenbeete stelzte und seine Gießkanne leerte. Auf dem Kopf trug er würdevoll eine schwarze Pickelhaube mit blitzender Spitze und dem goldenen iranischen Löwen. Der persische Grenzkommissar, ein stoppelbärtiger Polizist, merkte, wie ich mich über seinen Gärtner amüsierte. »Wir sind keine wilden Berserker wie unsere türkischen Freunde nebenan«, sagte er in fließendem Englisch. »Ich stamme aus Schiras, der Stadt der Rosen und Gedichte. Wenn ich schon nach Aserbeidschan verbannt bin, so will ich wenigstens von Blumen umgeben sein.« Ein zerlumpter Diener erneuerte ständig den Tee in unseren Tassen, während ein kurzsichtiger Schreiber mit seltsam verbogenen Schriftzeichen eine Seite nach der anderen in meinem Paß füllte. Der Grenzbeamte erzählte mir von einem fünfhundertseitigen Gedichtband, den er in seiner Einsamkeit – umgeben von türkisch und kurdisch sprechenden Barbaren – verfaßt hatte und strich mit dem Fuß den schweren, handgewobenen Teppich grade.

Der Autobus rollte – nur fünf Kilometer an der sowjetischen Grenze vorbei – in den sinkenden Abend. Die Schotterstraße war fürchterlich. Der Chauffeur sang mit rauher Kehle aserbeidschanische Kriegslieder, und die unrasierten Passagiere mit den stechenden Blicken stimmten im Chor ein. Sie sahen furchterregend aus, diese Aserbeidschaner, aber sie überschütteten mich als einzigen Fremden mit Trauben, Melonenscheiben und rohen Salatgurken. Die Landschaft war kahl, und die untergehende Sonne überzog die schroffen Felsen mit rotem Glanz. Die Straße schlängelte sich durch schwarze, erstarrte Lavaströme, die der Berg Ararat einmal ausgespuckt hatte. Alle zehn Kilometer wurde der Bus angehalten. Persisches Militär, in Khaki gekleidet und reichlich verwahrlost, kontrollierte umständlich die Passagiere. Von der türkischen Exaktheit war hier keine Spur mehr. Stets wurde an den Sperren Tee serviert. Das Mißtrauen war mit Händen zu greifen. Im Flecken Maku, dessen alte Mauern wie Schwalbennester in die Felswand eingelassen waren, stieg ein fast eleganter Iraner zu, der sich neben mich setzte und mich in einem schauderhaften Französisch über meine Einstellung zum Kommunismus ausfragte. Was mag er von meinen Antworten verstanden haben?

Nicht weit von Khoj hielten wir in der Dunkelheit. Die Frauen waren tief verschleiert und immer noch mit Wasserschleppen beschäftigt. Sie trugen die Krüge mit biblischer Geste auf der Schulter. Unversehens hatte sich hier John zu uns gesellt, ein junger Amerikaner mit Brille und blondem Bart; ermattet sank er auf einen der abgewetzten Polstersitze nieder. Als er mich sah, belebte sich sein Blick. »Ich bin amerikanischer Archäologe«, stellte er sich vor und musterte mich eine Weile schweigend. »Ich weiß, daß Sie mich für einen Spion halten«, sagte er dann abrupt, »aber ich denke das gleiche von Ihnen.« John wirkte gehetzt und wurde noch nervöser, wenn eine neue Kontrolle nahte.

In jenen Tagen war Täbris, die Hauptstadt von Iranisch-Aserbeidschan, noch vom Bürgerkrieg gezeichnet. Die Russen hatten hier während des Zweiten Weltkrieges die turksprachigen und kurdischen Separatisten begünstigt. Nach 1945 hatten sie sogar eine prosowjetische Volksrepublik Aserbeidschan und in Mahabad einen kurdischen Satellitenstaat proklamiert. Nur durch äußersten Druck – man sprach dabei sogar von atomarer Drohung – hatte Präsident Truman Ende 1946 von Marschall Stalin den Abzug der Roten Armee ertrotzt, aber auch nach der sowjetischen Evakuierung hatten die örtlichen Kommunisten den vorrückenden Persern hartnäckigen Widerstand geleistet. Die Soldaten des Schah hatten in Täbris die marxistischen Führer, deren sie habhaft wurden, am Galgen aufgeknüpft. Zur Zeit meiner Ankunft war die Unsicherheit überall zu spüren. Es kam gelegentlich zu Demonstrationen unter roten Fahnen. Häufig wurden Zivilgefangene unter strenger Militäreskorte durch die staubigen Gassen geführt. Der wahre Kampf spielte sich wohl unterirdisch ab. Als Ausländer wurde man– zwischen zwei Schleppern, die minderjährige Jungfrauen und kleine Knaben als Lustobjekte anpriesen – auch von finsteren Typen jäh auf russisch angesprochen. Ein sowjetischer Agent dürfte schwerlich auf diese plumpe Form der Provokation hereingefallen sein.

Ich kam mit John im Hotel »Metropol« unter, der einzig annehmbaren Herberge in Täbris, unweit der zyklopenhaften Ziegelfestung, die angeblich die Horden Dschingis Khans hinterlassen hatten. Im Restaurant spielten armenische Musikanten, die sich durch französische und englische Sprachkenntnisse auszeichneten und den seltenen Ausländern eine übertriebene Aufmerksamkeit widmeten. Ob diese Minderheitsangehörigen der iranischen Polizei wirklich von Nutzen waren? Besaß doch fast jeder Armenier Verwandte in der Sowjetunion und war deshalb erpreßbar. Hatten nicht die englischen Konsulate, Banken und Öl-Gesellschaften zahllose Armenier als Angestellte beschäftigt? Dieser Kontakt war – nach Ausbruch des iranisch-britischen Konflikts um das

Petroleum von Abadan – kaum abgebrochen. An den Tischen des »Metropol« saßen Kurden-Häuptlinge unter schwarzgefranstem Turban und unterbrachen die Wiener Walzer des armenischen Orchesters mit schallendem Rülpsen. »Es ist ein gutes Zeichen, wenn die Kurden in der Stadt sind«, meinte John, »dann bereiten sie wenigstens keine neuen Überfälle vor.«

Den späten Abend verbrachte ich beim französischen Konsul, einem älteren Lothringer, der das Pech gehabt hatte, Marschall Pétain noch anläßlich der amerikanischen Landung in Nordafrika seiner Treue zu versichern und der deshalb nach 1945 auf diesen verlorenen Posten verschickt worden war. Der Konsul lebte mit seiner hübschen blonden Tochter hinter einer Lehmmauer. Jenseits der engen Eingangspforte tat sich ein herrlicher Garten auf, und ein idyllischer Kachelbrunnen spendete Kühle. Wir lagerten auf Kissen und Teppichen. Endlich hatte ich ein Stück Persien meiner Vorstellungen entdeckt. »Aserbeidschan ist eine Bastion des kalten Krieges«, meinte der Konsul. »Die Geheimdienste des Westens und des Ostens liefern sich hier eine Schlacht im Dunkeln. Wenn nur die Amerikaner etwas diskreter wären. Die Sowjets sind zwar weg, aber ihr Informationsbüro ist auch nach der Zwangsschließung des russischen Konsulats äußerst aktiv geblieben. Moskau will aus dem Erdöl-Konflikt Vorteil ziehen, der zwischen London und Teheran entbrannt ist, und niemand weiß heute, ob Ministerpräsident Mossadegh mit seiner Nationalisierung der Anglo-Iranian-Oil-Company nicht am Ende den Sowjets in die Hände spielt. – Haben Sie übrigens einen jungen amerikanischen Archäologen getroffen, der heute in Täbris eintreffen sollte? Mein Kollege vom US-Konsulat macht sich große Sorgen. Die iranische Abwehr ist hinter dem angeblichen Altertumsforscher her.« Ins »Metropol« zurückgekehrt, forschte ich vergebens nach John. Der schmierige Nachtportier berichtete, der Amerikaner habe fluchtartig das Hotel verlassen, kurz ehe ein Jeep der iranischen Militärpolizei mit quietschenden Bremsen vor dem Eingang gehalten habe.

In Teheran traf ich mit einer ruhrähnlichen Erkrankung ein, die mich während meines ganzen Persien-Aufenthalts nicht mehr loslassen sollte. Vielleicht war es dieser fiebrige Dauerzustand, der die iranische Krise in meinen Augen so verworren, undurchdringlich, beklemmend erscheinen ließ. In Wirklichkeit stand ich dem Orient und seinen Komplikationen ohne Erfahrung gegenüber. In der jugoslawischen Pension, wo ich mein Quartier aufgeschlagen hatte, führte ich bis in die späte heiße Nacht Tagebuch und versuchte mich an politischen Analysen. Ministerpräsident Mossadegh, der den britischen Wirtschaftsimperialismus am Persischen Golf auf Leben und Tod herausgefordert hatte, beherrschte seinerzeit die Schlagzeilen der westlichen Presse fast in gleichem Maße wie dreißig Jahre später Khomeini. Schon damals war der Konflikt zwischen Pfauenthron und nationalistischer Volkserhebung akut.

»Auch Persien hatte seinen Atatürk«, so notierte ich damals, »aber die Perser sind keine Türken. Fünfzehn Jahre lang hat Reza Schah Pahlevi mit eiserner Faust versucht, das Land zu modernisieren. Aus dem verlausten Marktflecken Teheran machte er eine moderne Hauptstadt, die, abgesehen von der mangelnden Kanalisation, sehr wohl den Vergleich mit Ankara aushielte, wenn sie mehr wäre, als der Stein gewordene Wille eines Despoten, wenn sie wirklich eine nationale Erneuerung symbolisierte, wie das bei Ankara zweifellos der Fall ist.

Was half es Reza Schah, daß er Eisenbahnen schuf, Straßen anlegte, Hotels baute? Wo sich ihm Widerstand stellte, brach er ihn mit allen Mitteln. Er stellte ein einheitliches Heer auf, unterwarf zum ersten Mal die aufsässigen Stämme der Kurden, Bakhtiaren und Kaschgai, die das Land unsicher machten, und setzte die Bevölkerung unter den Druck seiner allmächtigen Polizei. Das Volk fügte sich. Die reichen Großgrundbesitzer zitterten, aber der Schwung einer nationalen Begeisterung wurde nie wach. Unter der Knute des Schah sahen sogar die Mullahs ihren religiösen Einfluß schwinden. Die Frauen in Teheran hörten auf, sich zu verschleiern, die Gesetze des Korans machten einem modernen Lebensstil Platz. Dennoch blieb die iranische Masse in ihrer Gesamtheit das, was sie war: ein altes, dekadentes Volk, das paradoxerweise nie reif geworden war. Diejenigen, die es leiten sollten, führten ihr nutzloses Feudalleben weiter, ohne von der importierten Zivilisation mehr als den blinkenden äußeren Schein anzunehmen.

Als daher 1941 Engländer und Russen, die ohnehin die Versuche einer nationalen Wiedergeburt Persiens und die Sympathien Reza Schahs für das Dritte Reich mit Mißtrauen verfolgt hatten, das Land besetzten, den Herrscher zugunsten seines Sohnes zur Abdankung zwangen und ihn nach Südafrika deportierten, brach auch sein Werk wieder auseinander. Das Land atmete auf, als das eiserne Regime verschwand, obwohl es Reza Schah nachträglich den Titel ›Der Große‹ verlieh. Die Straßen verfielen, die Verwaltung kehrte zum alten Schlendrian zurück, die Stämme begannen zu rumoren, die Mullahs gewannen wieder ihren Einfluß über das dumpfe Volk, und die reiche Großgrundbesitzer- und Händlerschicht setzte an die Stelle der erbarmungslosen, aber wirksamen Diktatur eine korrupte Oligarchie, die das breite Volk in seinem unsagbaren Elend und seiner erbärmlichen Unwissenheit stagnieren ließ. Die Spiegelfechtereien einer parlamentarischen Demokratie mußten als fadenscheinige Täuschung für jene Mächte herhalten, die direkten Nutzen aus dieser Situation zogen.

Man kann die Lage Irans im Sommer 1951 ohne diese Vorgeschichte nicht verstehen und noch weniger ohne das Wissen um die sowjetische Besatzung im Norden des Landes, die während fünf Jahren den Iran in unmittelbaren Kontakt mit dem Kommunismus brachte. In Teheran hatte die Bevölkerung Gelegenheit, die russische mit der englischen Besatzung zu vergleichen, und der Vergleich fiel – oh Wunder! – nach allgemeinem Urteil zugunsten der Sowjets aus. ›Das sind nicht die Nikolai‹, sagten die alten Perser, die sich noch der zaristischen Einfälle entsannen. Nach Kriegsschluß wurde das Land gleichzeitig im Norden und Süden geräumt, und als die aserbeidschanische Episode 1946 zu Ende ging, blieb von der russischen Besatzung kaum mehr als die Drachensaat der kommunistischen Ideologie, die bei der jungen Intelligenzia auf fruchtbaren Boden gefallen war.

Die Russen gingen, die Engländer blieben. Nicht die britische Armee, aber die zahllosen Konsuln, Kaufleute, Erdölspezialisten und Geheimagenten, die hier zwar nicht mehr das Vorfeld Britisch-Indiens schützten, die jedoch der angeschlagenen britischen Nachkriegswirtschaft das kostbare Erdöl von Abadan und eine reiche Dollarquelle offenhielten. 1946 schien es, als hätte England alle Trümpfe in der Hand. Es gab kaum einen Abgeordneten in den ›Majlis‹, den beiden Kammern des iranischen Parlaments, der nicht direkte Einkünfte von der Anglo-Iranian bezogen hätte. Wenn trotzdem die Regierung nicht gefügig sein sollte, hielten sich die Stämme des Südens als altbewährtes Druckmittel zur Verfügung. Der Intelligence Service scheute sich nicht, sogar unter den Arbeitern der großen Städte kleine, rötlich gefärbte Unruhen in Szene zu setzen, um der herrschenden Clique mit dem Gespenst des Kommunismus Angst einzujagen.

Damit aber auch von dieser Seite keine unerwarteten Sorgen auftauchten, wurde die muselmanische Reaktion mit Nuancen unterstützt. Der Islam, so schien es den englischen Spezialisten, würde hier dem Bolschewismus eine unüberwindliche Mauer entgegensetzen, gleichzeitig aber jeder modernen und radikalen Erneuerung auf nationaler Grundlage den Wind aus den Segeln nehmen. Der Sohn Reza Schahs war zudem aus einem viel weicheren Holz als sein Vater geschnitzt. Sein

Bild, das in jedem öffentlichen Gebäude dutzendweise hing, täuschte nicht über seine stark verminderte Stellung als konstitutioneller Monarch hinweg. Er schien sich in dieser Rolle wohl zu fühlen und gewann durch seine Bescheidung seltsamerweise die Sympathien des Volkes, um die sich sein resoluter Vater nie geschert hatte. Die Hauptstadt interessierte sich für die galanten Abenteuer des jungen Herrschers. Unterdessen ging die Auflösung der iranischen Staatsgewalt langsam, aber unerbittlich voran. Die sozialen, wirtschaftlichen und religiösen Mißstände häuften sich zu einem explosiven Gemisch.

Der Streit um das Erdöl wurde in dieses Land hineingetragen wie die futuristischen Stahlgerüste von Abadan. Beide passen nicht nach Persien, dieses im feudalen muselmanischen Mittelalter erstarrte Land, in diese phantastische Wüstenlandschaft mit den rosa, gelben und schwarzen Felsen, in diese Lehmdörfer, die durstig um Brunnen hocken und über denen die goldenen oder smaragdgrünen Kuppeln der Moscheen wie Stein gewordene Ekstasen der strengen Wüstenreligion schweben. Was können diese Menschen, denen die hochentwickelte Technologie der Bohrtürme unheimlich und unverständlich bleiben muß, von der wirtschaftlichen Rolle des Petroleums ahnen, wenn sie in Isfahan und Schiras unter revolutionären Transparenten oder grünen Fahnen demonstrieren und Solidaritätstelegramme an Ministerpräsident Mossadegh schicken? Für die Masse gehört dieser Streit mit der Anglo-Iranian in eine orientalische Fabelwelt. Selbst in den Basars von Teheran wird der Streit mit den Engländern weniger anhand von Zahlen und Statistiken verfolgt als durch plumpe Zeichnungen mystifiziert. So wird der britische Imperialismus durch einen Drachen dargestellt, dessen bluttriefendes Maul die iranische Bevölkerung verschlingt. Eine andere Karikatur zeigt Ministerpräsident Mossadegh, der mit kühner Geste eine Kapitalistengestalt mit Zylinder und Zigarre – Symbol der Anglo-Iranian-Oil-Company – erdolcht, aber aus dem Hintergrund feuern bereits finstere Verschwörergestalten ihre Revolver auf den Helden der nationalen Erneuerung ab. In der Vorstellung dieser Orientalen vollzieht sich hier ein Kampf der Gespenster, der Ungeheuer, der okkulten Kräfte. Wo das müde persische Temperament der nationalen Leidenschaft nicht fähig ist, steigert es sich zu anglophober Hysterie. Das Programm der Regierenden ist von Wunschdenken geprägt. So versprach kein Geringerer als der iranische Wirtschaftsminister ein paar Tage nach der Nationalisierung, daß in Zukunft jedem persischen Staatsangehörigen aus den Einkünften des Erdöls täglich zweihundert Rial ausbezahlt würden.

Dennoch soll man die Männer in der Umgebung Mossadeghs nicht für naiver halten als sie sind. Eine tief eingefleischte Geheimniskrämerei beherrscht ihre politischen Winkelzüge. Zu meinen Informanten an der Bar des Hotel ›Ritz‹, das der internationalen Presse als Hauptquartier dient, zählt ein englischer Kollege, der stets einen blütenweißen Tropenanzug trägt und dem das Monokel wie einem Gardeoffizier aufs Auge geschraubt ist. ›Wenn Sie nicht um den ‚Ketman' wissen, my young friend‹, so sagte er, ›dann verstehen Sie nichts von der iranischen Revolution. Ketman, so lautet bei den schiitischen Moslems, mit denen wir es hier in Persien zu tun haben, die Kunst der Verheimlichung der innersten Überzeugungen, die Gewohnheit instinktiver Verstellung, wenn es um die Mysterien des Glaubens geht. Der Ketman ist von den schiitischen Mullahs unter gewissen Umständen zum religiösen Gebot erhoben worden. Er ist den Persern in Fleisch und Blut übergegangen. Was Sie heute im Iran erleben, ist nicht nur ein anti-imperialistischer Amoklauf gegen das perfide Albion, wie man manchmal auf dem Kontinent sagt. Die Perser wollen gewiß die Verfügung über die eigenen Bodenschätze an sich reißen. Darüber hinaus wird hier jedoch in erster Linie ein interner Machtkampf ausgetragen, und die Kampagne um das Erdöl verschleiert den Ehrgeiz und die Ränke der Politiker.‹

Erstaunlicherweise machte der stellvertretende iranische Ministerpräsident Fatemi, der mich in einem pompösen und altmodischen Spiegelsaal empfing, ähnliche Eröffnungen. Über seinem Schreibtisch hingen die Porträts der letzten europäischen Herrscher von Napoleon III. bis Eduard VII. in einer verblüffenden Aufreihung, wie man sonst Jagdtrophäen ausstellt. Fatemi gestand ohne weiteres zu, daß der Ursprung des Petroleum-Konfliktes in den unbeschreiblichen sozialen Mißständen des Landes zu suchen sei, und daß der Ansturm gegen die korrupten Feudalherren, die die Majlis beherrschten, aus zwei Richtungen kam. Da waren einerseits jene religiösen Fanatiker, die ursprünglich von den Engländern in ihrer Ablehnung der Pahlevi-Dynastie unter der Hand aufgewiegelt worden waren. Diese schiitischen Extremisten schlossen sich in der ›Fedayin‹-Gruppe zu einer blindwütigen Terroristen-Organisation zusammen, der trotz ihrer muselmanischen Grundüberzeugung angeblich nihilistische Züge anhaften. Zu spät wurden sich die Briten mit Schrecken bewußt, daß sie dank ihrer systematischen Förderung der islamischen Kräfte im Nahen und Mittleren Osten ein geradezu selbstmörderisches Manöver eingeleitet hatten. Auf der anderen Seite stießen die Großgrundbesitzer, Finanzherren und Stammesfürsten, die die Wandelgänge der Majlis bevölkerten, auf die rabiate Opposition einer kleinen Gruppe bürgerlicher und verwestlichter Abgeordneter, die meist in Teheran gewählt waren und sich unter dem Sammelnamen ›Nationale Front‹ der Öffentlichkeit vorstellten. Diese nationalistischen Intellektuellen, die in London oder Paris studiert hatten, waren fest entschlossen, das Herrschaftsmonopol der feudalistischen und kaufmännischen Oligarchie zu brechen.

Der Streit um das Erdöl hatte der Minderheitsbewegung der ›Nationalen Front‹ im Frühjahr 1951 erlaubt, die Regierung Persiens zu übernehmen, und nun diente dieser Konflikt mit der Anglo-Iranian-Oil-Company dazu, diese Gruppe von nur acht Abgeordneten an der Macht zu halten. Natürlich wäre es dem greisen Mossadegh, der aufgrund seiner rhetorischen Gaben die ›Nationale Front‹ beherrschte, nie gelungen, sich diese Führungsstellung zu erkämpfen, wenn nicht die islamische Massenbewegung unter Führung des listenreichen Ayatollah Kaschani ihr Gewicht in die Waagschale geworfen hätte. Die letzte Entscheidung zugunsten Mossadeghs fiel in der Stunde, als der englandfreundliche Regierungschef Razmara mitsamt seinem Erziehungsminister den Kugeln der ›Fedayin-e-Islam‹ zum Opfer fiel. Razmara war gerade damit beschäftigt, seinen eigenen Staatsstreich anzuzetteln und die Proklamation einer nationalen Diktatur vorzubereiten. Die Fedayin-e-Islam waren ihm zuvorgekommen, und nun fand sich niemand mehr unter den Parlamentariern, der bereit gewesen wäre, das tödliche Risiko einer solchen Nachfolge auf sich zu nehmen mit Ausnahme eben jenes kleinen Fähnleins der ›Nationalen Front‹, die somit durch die Drohung der religiösen Fanatiker ihr Regierungsmandat erhielten. Die Gefolgsleute Mossadeghs bezeichneten sich oft als Sozialisten, aber das war ein großes Wort für diese sehr disparate Fraktion aufbegehrender Intellektueller, die sich fortschrittlich und liberal gebärdeten. Mossadegh selbst stammte aus einer Großgrundbesitzerfamilie, war sogar mit jener Qadscharen-Dynastie verwandt, die der Emporkömmling Reza Schah erst 1924 vom Thron gejagt hatte. Insgeheim trug er vielleicht – jenseits der großen nationalen Anliegen – eine familiäre, eine persönliche Fehde gegen den Pahlevi-Kaiser, diesen Usurpator auf dem Pfauenthron, aus. Auch Mossadegh war ein wahrer Sohn seines Landes und des schiitischen Glaubens. Bevor er den kühnen Entschluß zur Verstaatlichung des iranischen Erdöls faßte – so verkündete er dem Volk – war ihm im Traum ein von Allah entsandter Engel erschienen.

Die Diskussionen der Journalisten im ›Ritz‹ kreisten endlos um die verschleierten Hintergründe der nationalen iranischen Revolution. Alle waren sich einig, daß der Umschwung in Teheran erst möglich wurde, als die blinde Unzufriedenheit des Volkes von einer Gruppe modernistischer und nationalistischer Politiker systematisch gesteuert wurde. Das unlösbare Problem für diese kleine Minderheit bürgerlicher Intellektueller rund um Mossadegh bestand nun darin, sich mit Hilfe des Petroleum-Konfliktes gegen die konservative Reaktion in den Majlis und in der Armee zu behaupten, ohne jedoch den Staat der Anarchie oder den von den Mullahs aufgepeitschten Massen auszuliefern.

Ein glücklicher Zufall verschaffte mir Einlaß zum Prozeß gegen Nasratollah Ghomi in Teheran, den Mörder des Erziehungsministers Zangeneh. Die Sitzungen verliefen jedesmal wie folgt: Der Angeklagte, ein junger, recht gut aussehender Fedayi, betritt unter dem Beifall der zahlreichen Zuschauer den Gerichtssaal, zieht den Rock aus, geht in großen Schritten vor den Richtern auf und ab und hält eine zündende Ansprache. Er fordert die Anwesenden auf, den Kampf gegen die Knechte Englands mit allen Mitteln fortzusetzen und die Feinde Persiens und des Islams ihrem wohlverdienten Schicksal zuzuführen. Während das Publikum tosenden Beifall spendet, unterbrechen die Richter die Sitzung, und der Prozeß wird wieder einmal vertagt. Wer möchte unter diesen Umständen ein exemplarisches Urteil fällen? Dieser Prozeß ist weit aufschlußreicher als die spontanen Kundgebungen für Mossadegh, die sich im ganzen Lande abspielen, aufschlußreicher sogar als jene Straßenschlacht in Teheran, die als anti-britische Kundgebung begann und als blutige Auseinandersetzung zwischen Kommunisten und Antikommunisten endete. Viele sahen in dieser Massenprügelei die geschickte Hand des Intelligence Service, der den Amerikanern gern die ganze nationale Bewegung im Iran als ein Manöver der Kommunisten darstellen möchte, um Washington und den CIA zu einer pro-britischen Kehrtwendung zu veranlassen. Tatsache ist, daß kommunistische Flugblätter gefunden wurden, die in britischen Druckereien gefertigt worden waren, daß unter den Manifestanten, die vor der Residenz des amerikanischen Vermittlers ›Harriman, go home!‹ schrien, englisch bezahlte Provokateure erkannt wurden. Die Sowjets selbst sind viel zu geschickt, als daß sie im augenblicklichen Stadium aus dem Schatten träten. Sie fahren fort, in den Gewerkschaften entschlossene Kader zu werben, sie finden bei der jungen Intelligenzia willige Ohren für die marxistischen Ideen und glauben wohl im übrigen, daß in dieser Phase die Unterstützung des radikalen Nationalismus der Weltrevolution noch die besten Dienste leistet.

Von ihren verschwommenen sozialen Absichten hat die ›Nationale Front‹ noch kein Jota in die Tat umgesetzt. Wie könnte sie auch? Ihre Selbstbehauptungstaktik in den Majlis bedient sich des Erdölstreits wie einer Peitsche. Für jedes andere Programm würden ihr die Abgeordneten die Zustimmung entziehen. ›Mein Programm ist das Erdöl‹, erklärte Mossadegh neuerlich, ›und das Erdöl allein.‹ Einen eindringlicheren Beweis seiner Schwäche konnte er nicht erbringen. Ein Wunder, wie dieser kahlköpfige Aristokrat mit der weinerlichen Stimme sein Land in Trance zu versetzen vermag. Nun hat aber die Opposition, die allmählich durch die katastrophale Finanzlage und die Aufruhrschreie des Volks beunruhigt wird, ein neues Mittel gefunden, die Aktivität Mossadeghs zu hemmen. Bei den letzten Sitzungen kam niemals das Anwesenheits-Quorum für die Abstimmung über die Gesetzesvorlagen zustande, und die Regierung ist in entscheidenden Fragen gelähmt. Gerüchte über einen konservativen Staatsstreich gehen in Teheran um. So bleibt der Regierung Mossadegh nichts anderes übrig, als der Appell an die Massen, die aufgefordert werden, auf die Deputierten den Druck der Gewalt auszuüben. Doch für eine gesellschaftliche Revolution ist die Mehrzahl der Iraner kaum schon reif. Ihrer nationalen Begeisterung fehlt es wohl an Ausdauer, es sei denn, daß die Fedayin-e-Islam wieder mit ihren Revolverspezialisten das Gesetz des Handelns an sich rissen.

Man hatte bisher geflüstert, Ministerpräsident Mossadegh könne nur in diesem Maße den starken Mann spielen, weil er der Rückendeckung der Amerikaner gewiß sei. Sicher hat sich das Kalkül gewisser amerikanischer Gesellschaften nicht immer zugunsten der englischen Interessen ausgewirkt. Es gehen beharrliche Gerüchte über amerikanische Erdöl-Prospektionen im südlichen Kerman um. Aber seit der letzten Stellungnahme Harrimans ist klar, daß die britische Regierung das State Department weitgehend mit seinen Argumenten überzeugt hat und sei es durch ihre unerwartete Nachgiebigkeit beim Abschluß des japanischen Friedensvertrages. Durch diese neue Festigung der anglo-amerikanischen Zusammenarbeit wurde auch jenen englischen Stellen der Wind aus den Segeln genommen, die allmählich mit der Idee einer neuen Teilung Persiens mit den Russen zu liebäugeln schienen. Die Schließung der britischen Banken in Täbris und Meshed war richtungweisend für diese Abgrenzung der Interessensphären, die ein anglo-russisches Abkommen aus dem Jahr 1921 vorsieht und die für manche englische Instanzen vielleicht tragbar gewesen wäre, wenn sich daraus nicht unabsehbare strategische Folgen für das gesamte westliche Bündnis ergäben. In den Augen

der meisten Perser verfügte in jenen Tagen der britische Geheimdienst
über okkulte, geradezu dämonische Kräfte. Den Agenten des I.S. wurde
alles zugetraut; sie waren allgegenwärtig.

In der Bar des ›Ritz‹ gehen die Meinungen auseinander. Die meisten
Beobachter befürchten bereits, daß das Übergangsregime Mossadegh
den Weg für eine kommunistische Machtergreifung freigibt. Auch eine
dauerhafte Selbstbehauptung Mossadeghs könnte dem Staat schwerlich
jene feste Grundlage verschaffen, die Voraussetzung für die unentbehrlichen Gesellschaftsreformen wäre. Die autoritäre Staatsform scheint seit
der Absetzung des alten Schah endgültig diskreditiert zu sein, und dem
jungen Mohammed Reza Pahlevi traut niemand eine feste Hand zu. Nun
erwägen ein paar Pessimisten, ob nicht die Machtergreifung der Marxisten das einzige Mittel wäre, das Land von seinen Parasiten zu befreien
und dem fatalen Pendelspiel zwischen Lethargie und Hysterie ein Ende
zu setzen. Doch man hüte sich vor den oberflächlichen Expertisen der
Abendländer. Was sich wirklich hinter dem Schleier des Ketman vollzieht, bleibt ein persisches Geheimnis. Die Stunde der langen Messer ist
bedrohlich nahegerückt. Das verelendete Volk in den ausgepreßten Dörfern und den Blechhütten am Rande der Städte harrt der politischen Vergewaltigung.«

Soweit mein damaliges Tagebuch. Ich habe den Intrigen und Wirren
von Teheran den Rücken gekehrt und bin nach Süden gereist, immer
noch fiebrig und geschwächt. Die Schotterstraße schüttelt und rüttelt den
roten Autobus und seine Passagiere. Ich sehe die öde Landschaft wie
durch einen Schleier. Über einer Lehmsiedlung von pathetischer Häßlichkeit schwebt ein Dom aus purem Gold. »Das ist die heilige Stadt
Qom«, sagt mein persischer Nachbar, dessen ungewaschene Trauben
wohl dazu beitragen, meine Diarrhöe zu verschlimmern. Längs der Piste
überholen wir feierliche Kamelkarawanen, oder wir kreuzen eine Sippe
grell bekleideter Nomaden.

Isfahan war damals noch frei von Touristen. Ich schleppte mich durch
die smaragdgrüne, die zartblaue Zauberwelt der Moscheen, rastete im
Schatten der endlos geblümten Kuppeln und gab mich ihrer mystischen
Verzückung hin. Dabei wunderte ich mich, wie sich ausgerechnet in
diesem von der Geschichte ausgelaugten Land eine so machtvolle Architektur entfalten konnte, deren religiöse Inbrunst nur noch von den gotischen Kathedralen des Abendlandes übertroffen wird.

Persepolis lag einsam und tragisch unter der erbarmungslosen Sonne.
Ich stand mit einem iranischen Begleiter ganz allein vor dem gewaltigen

Marmorsockel der Königsburg. Die enthaupteten Säulen beherrschten die weite, einst fruchtbare Ebene. Schwarze Zelte der Kaschgai duckten sich vor den Felsgräbern der Monarchen, vor denen einst die griechischen Hopliten zitterten. Wenige durstige Brunnen malen grüne Tupfen in die rostbraune Leere. Ich verweilte lange vor den steinernen Reliefprozessionen der bärtigen Priester und Satrapen, die in steifer, hieratischer Haltung dem König der Könige huldigen. Der geflügelte Gott mit dem Menschenhaupt unter der Mitra, die Symbole des Zarathustra-Kultes, die alles überragende Figur des Herrschers, der immer wieder mit gewaltiger Faust den Löwen niederschmettert, waren Relikte einer versunkenen Welt, besaßen nicht den geringsten Bezug zum hektischen, aufgewühlten Iran von heute und seiner islamischen Verkrampfung. Weder die iranischen Busreisenden noch die nomadisierenden Stämme verschwendeten einen Blick auf den monumentalen Sarkophag Kyros des Großen. Nur die wenigen Altertumspilger aus dem Ausland gedachten des Weltreichs der Achämeniden.

In Schiras suchte ich vergebens nach den Rosengärten, die einst der Dichter Hafiz besungen hatte. Ich traf dort einen jungen deutschen Arzt, der in Khuzistan praktizierte. Der blonde Deutsche wurde nicht müde, von seinen amourösen Abenteuern im Land der Scheherezade zu erzählen. Er zeigte mir Bilder seiner persischen Geliebten. Manche glichen tatsächlich jenen glutäugigen Tänzerinnen und Haremsdamen, die sich auf den Miniaturen der Safawiden-Dynastie von schmachtenden Liebhabern umschlingen lassen. Es muß wohl Nacht werden, ehe man etwas vom Zauber des alten Persiens und seiner Dichter nachempfinden kann. Dann verwandelt der Mond die kahlen Gebirge in pures Silber. In den Straßen von Schiras kreisen die Pferdekaleschen, und die verhüllte Matrone auf dem Rücksitz bietet ihre blutjunge Begleiterin für einen Besuch im Palmenhain am Stadtrand an. Ich saß mit dem deutschen Arzt auf der Hotelterrasse, und wir tranken den schweren, süßen Rotwein, den schon Omar Khayyam besungen hatte. Über den düsteren Häuserzeilen zeichneten sich die Kuppeln der Heiligtümer gegen den Sternenhimmel ab. Aus den verwahrlosten Gärten, wo sich zu dieser Stunde die Paare zu käuflicher Liebe vereinten, kam ein schwüler Wind auf und täuschte den Duft längst verwelkter Rosen vor.

Unser Gespräch kreiste um Frauen, wie sollte es anders sein in einer solchen Nacht in Schiras. Der Arzt erzählte von seinen Sprechstunden in Khuzistan, jener gottverlassenen, ausgedorrten Provinz am Persischen Golf, die aufgrund ihres Petroleum-Reichtums plötzlich die Schlagzeilen der Weltpresse beherrschte. Die Frauen dort seien zwar durch den schwarzen Tschador total verhüllt und schienen fern jeder Frivolität. In Wirklichkeit seien sie zu jedem galanten Abenteuer und jeder Laszivität bereit, wenn sich nur die geringste Gelegenheit böte. Auch in den großbürgerlichen Kreisen Teherans hatte der blonde Deutsche beachtliche Eroberungen vorzuweisen, wie einige suggestive Photos von rassigen Iranerinnen auf Parties, am Swimmingpool und in der Intimität zu erkennen gaben. Vielleicht war diese Sexualprotzerei eine Kompensation für die Monotonie seines Wüstendaseins am Schatt-el-Arab. Der Arzt schwieg und seufzte. Dann zitierte er in singendem Farsi den wehmütigen Vers des großen Dichters Hafiz, den er auf sich bezog: »Die Vielerfahrenen auf den Wegen der Liebe sind im tiefen Ozean geschwommen, aber die Wellen haben sie nicht genetzt.«

Die Weiße Revolution des Schah

Yazd, Februar 1974

Die Türme und Kuppeln der Moscheen von Yazd weisen bereits nach Samarkand. Die grün-blaue Keramik der Sakralbauten ist immer wieder durch einen gelben Grundton aufgehellt, der den imperialen Dachziegeln der Verbotenen Stadt in Peking entliehen sein könnte. Wir befinden uns in Yazd an der Schwelle Zentralasiens. Die Stadt ist nur spärlich vom autokratischen Modernisierungswillen des Schah erfaßt worden. Der Beton beherrscht die Geschäftsstraßen im Zentrum. Das Gassengewirr ringsum duckt sich in lehmiger Monotonie. Die massiven Festungsmauern von Yazd blicken auf Gärten und Felder. Haben sie wirklich den Mongolenstürmen des Dschingis Khan und des Tamerlan standgehalten? Vermutlich wurden sie nach den Verwüstungen durch die Steppenvölker neu errichtet. Jenseits der schmalen Haine, die die Oase Yazd umgürten, beginnt die Wüste. Von der Höhe des Walls sind noch die leicht angedunkelten Trassen jenes unterirdischen Kanalsystems, der »Ghanat«, zu erkennen, die bis zu den Bergen im Norden führen, wo sie das Wasser der Schneeschmelze in die Ebene leiten und die Felder befeuchten.

Die Februar-Sonne strahlt klar und kühl aus dem wolkenlosen, blassen Himmel. Eine Gruppe von Architekturstudenten aus Teheran mitsamt ihren Professoren ist im Autobus nach Yazd gekommen. Sie haben den ganzen Vormittag über die antiken Monumente besichtigt. Jetzt picknicken sie schwatzend und lachend auf der alten Stadtmauer. Diese jungen Leute würden ebensogut nach London oder Paris passen. Einheitsuniform sind Jeans und T-Shirt. Die Hosen der Mädchen sitzen prall auf den orientalischen Rundungen, und die Hemden – stets eine Nummer zu klein – unterstreichen die Weiblichkeit. Die Haare werden offen getragen. Auch bei den Jünglingen fällt die Mähne oft bis auf die Schulter. Es wird geraucht und Coca-Cola getrunken. Aus den Transistor-Radios kommt harter amerikanischer Beat. Es ist eine ungezwungene, sympathische, total verwestlichte Generation, der wir hier begegnen. Seit meiner Persienreise von 1951 scheinen nicht 23 Jahre, sondern ein Säkulum vergangen zu sein. Wir wechseln ein paar Banalitäten auf englisch, aber es ist nicht leicht, mit diesen jungen Iranern ins Gespräch zu kommen. Sie beobachten unsere Dreharbeiten und machen ihre Witze darüber. Unsere persischen Begleiter hingegen, die nicht nur zu unserem Schutz, sondern vor allem zu unserer Überwachung bestallt sind, stoßen auf deutliche Ablehnung. Marie-Claude gelingt es noch am besten, die Mauer des trotzigen Mißtrauens zu durchbrechen, die diese Studenten allen Fremden gegenüber errichten. Sie ist Soziologin und von Jugend auf militante Feministin.

Zusammen mit dem Luxemburger Gordian, der sich als Reporter, Kameramann und Fotograf einen weltweiten Namen gemacht hat, war Marie-Claude schon zur Zeit Mossadeghs durch den Iran gereist, ohne daß wir uns damals begegnet wären. Die französische Journalistin, die gern ihren bäuerlichen Ursprung aus der Auvergne betont, war bei allen ihren Bekenntnissen zu den Aufstandsbewegungen der Dritten Welt eine echte Tochter der Aufklärung und der großen bürgerlichen Revolution geblieben. Die beiden arbeiteten bereits an einer Fernsehserie mit dem programmatischen Titel: »Im Namen des Fortschritts«. Neben ihnen kam ich mir recht konservativ vor. Marie-Claude hatte bei ihrem kurzen Gespräch herausgefunden, daß die überwiegende Mehrheit der Architekturstudenten vollauf von der Stimmung der Auflehnung gegen den Schah und sein Regime erfaßt waren, die sich damals schon an den iranischen Hochschulen ausbreitete. Den imperialen Personenkult, den kaiserlichen Autoritätswahn empfanden sie als unerträglich. Viele ihrer Kommilitonen, in der Mehrzahl Kinder jener Mittel- und Oberschicht, die von der Industrialisierungs- und Modernisierungspolitik Mohammed Reza Pahlevis profitiert hatte, waren zum Studium ins Ausland – nach USA, Frankreich, England und in die Bundesrepublik – gegangen.

In Deutschland und vor allem in West-Berlin hatten sie seinerzeit – im Verbund mit ihren deutschen Gesinnungsgefährten – die Krawalle und Kundgebungen gegen den Schah inszeniert. Offenbar war es an den persischen Fakultäten große Mode, linksradikal, zumindest progressistisch und republikanisch orientiert zu sein. Einige waren weitergegangen und hatten bei den Kommunisten ideologische Heimat und gläubige Ausrichtung gefunden. Die Führer der Tudeh-Partei – so hieß es – verfügten über ein rückwärtiges Hauptquartier in Ost-Berlin. Doch ihr revolutionärer Impetus wurde durch den vorsichtigen Pragmatismus gebremst, den sich die Sowjetunion als verantwortliche Großmacht in ihren Beziehungen zu ihrem südlichen Anrainer jenseits des Kaspischen Meeres auferlegt hatte. Der Pfauenthron von Teheran lavierte gegenüber dem Kreml auf einem argwöhnischen Kurs gut nachbarschaftlicher Beziehungen, auch wenn der Iran sich seit 1953 als engagierter Verbündeter der Vereinigten Staaten von Amerika zu erkennen gab. Im Sommer 1953, als Mossadegh den westlichen Öl-Imperialismus im dritten Jahr herausforderte, seine »Nationale Front« die Kontrolle über die Straße und die roten Agitatoren des Tudeh zu verlieren schien, als selbst der mächtige Ayatollah Kaschani diesem linkslastigen Abenteuer zu mißtrauen begann und die ursprüngliche Gefolgschaft des Ministerpräsidenten unter den Basar-Kaufleuten den wirtschaftlichen Bankrott nahen sah, hatte der CIA, der den Intelligence Service der Briten längst abgelöst hatte, zum Tiefschlag ausgeholt. Mit Hilfe einer entfesselten Masse von Schlägern und Tagedieben – aber auch dank der aktiven Unterstützung eines Teiles der Kaiserlichen Armee – war Mossadegh gewaltsam gestürzt worden. Der Schah, der bereits nach Rom geflüchtet war, konnte als Triumphator von Washingtons Gnaden nach Teheran zurückkehren. Die »Nationale Front« wurde aufgelöst. Mossadegh war vor ein Tribunal gezerrt worden, wo die Verhandlungen sich phrasenreich und sehr orientalisch in die Länge zogen. Der gescheiterte Nationalheld trat stets im legendären Pyjama vor seine Richter und bewegte die Massen durch seine larmoyanten Plädoyers. Die Tränen, die er überreichlich vergoß, waren die besten Argumente seiner Verteidigung. Seine jammervolle Selbstbemitleidung rührte das Volk. Schah Mohammed Reza Pahlevi war damals gewissermaßen auf den Fußspitzen heimgekehrt. Er erschien als der schwächliche Schatten seines Vaters, wurde erst wieder zum internationalen Illustrierten-Held durch seine problematische Heirat mit der grünäugigen Soraya. Die Perser mokierten sich in jenen Tagen darüber, daß die männliche Kraft des Gründers der Dynastie, des einstigen Kosaken-Feldwebels Reza, offenbar voll und ganz von der Zwillingsschwester des Herrschers, von der Prinzessin Aschraf, aufgesogen worden sei, die sich tatsächlich in den Tagen der Thronkrise wie eine Tigerin behauptet hatte.

Die Plauderei mit den Studenten hatte zwischen Marie-Claude und mir eine alte Diskussion neu angefacht. Schon beim Verlassen der trostlosen Slums von Süd-Teheran, wo die Elendshütten zu dieser Jahreszeit in Schlamm, Regen und fauligem Abwasser ersoffen, hatten wir uns über die Zukunft Persiens gestritten. Es gehört wohl zur Pose, aber auch zum Erfahrungswert des journalistischen Berufs, daß man sich stets in der Rolle der Kassandra gefällt. Im Prinzip waren wir uns darüber einig, daß die Hybris des Pahlevi-Regimes in einem revolutionären Umsturz enden müsse. Während jedoch die französische Kollegin auf die progressistische oder gar marxistische Auflehnung der Massen unter Führung der Intelligenzia baute, um dieser uralten, verbrauchten Nation ein vielversprechendes Morgenrot zu weisen, neigte ich zu der Annahme, daß die große Wandlung eines Tages aus den Tiefen des schiitischen Glaubens und der angestauten Wut seines gedemütigten Klerus kommen werde. Letztere These klang in jenen Tagen ziemlich abenteuerlich, und als ich sie nach meiner Rückkehr in einem Dokumentarfilm vortrug, brachte sie mir den Spott der jungen deutschen Linken, aber auch den Widerspruch jener deutschen Industriekreise ein, die im Schah einen Garanten ihrer marktwirtschaftlichen Ziele im Orient sahen.

Die Studenten, denen wir in Yazd begegneten, waren typische Zeugen der psychischen Zerrissenheit ihrer Generation. Rein äußerlich waren sie Produkte des American Way of Life. Dennoch galt es bei ihnen als schick, sich antiamerikanisch zu gebärden. Die meisten von ihnen lehnten es allerdings ab, in Moskau ihr Heil zu suchen. Rußland hatte im neunzehnten Jahrhundert breite Streifen persischen Territoriums annektiert und stand immer noch auf dem Sprung, aus einem neuen imperialistischen Teilungskomplott Profit zu schlagen. Neben der moskau-hörigen und recht zahmen Tudeh-Partei waren deshalb andere, gewalttätige Widerstandsbewegungen entstanden. Aus jenen »Fedayin-e-Islam«, jenen »Todesfreiwilligen des Islam«, die das kaiserliche Regime bereits zur Zeit meines ersten Persien-Besuchs das Fürchten lehrten, waren Nachfolge-Organisationen hervorgegangen. Die einen nannten sich »Fedayin Khalq« oder Volks-Fedayin, bekannten sich zum Marxismus-Leninismus und wollten weder mit den islamischen Eiferern noch mit den Agenten der Sowjetunion etwas zu tun haben. Die anderen hat-

ten sich den Namen »Mudschahidin Khalq« – das Wort Khalq stand für
Volk oder Masse – zugelegt und betrachteten sich als heilige Krieger
einer islamisch gefärbten, aber extrem sozialistischen Revolution. Gegen
diese Untergrundkämpfer, die vor keinem Attentat und – wie ihr Name
besagte, der durch die Palästinenser inzwischen banalisiert worden war –
auch nicht vor der persönlichen Selbstaufopferung zurückschreckten,
hatte der Schah als Instrument unerbittlicher Repression seine politische
Staatspolizei, die ominöse »Savak«, angesetzt. Es gingen furchtbare
Gerüchte um über die Folterkammern dieser allmächtigen Sicherheitsorgane, die den Terrorismus mit extremen und oft sadistischen Methoden
des Anti-Terrors bekämpften.

Auf unserer Fahrt von Teheran nach Yazd waren wir zunächst durch
die Wüste südlich der Hauptstadt gerollt, die durch Zehntausende von
Plastiktüten, durch unzählige Kunststoff-Fetzen verunstaltet war und die
beklemmende Untergangsvision einer aus den Fugen geratenen Kon-
sumwirtschaft bot. In Qom hatten wir in einer Teestube haltgemacht
und dabei die Terrasse erklommen, die den Blick auf den ersten Innenhof
des Heiligtums der Fatima, der jungfräulichen Schwester des großen
Imam Reza freigab. Unter dem Gold-Dom stolzierten schiitische Mullahs in wallender Aba, tuschelten die weißen und schwarzen Turbane,
bärtige Gestalten des Obskurantismus, wie Marie-Claude mir versicherte, in deren muffige Gemeinschaft der Schah bereits eine ganze Garnitur
regimetreuer Kreaturen eingeschleust habe. Ich enthielt mich der Erwi-
derung, aber als wir längs der Strecke nach Yazd im Schatten einer zerfallenen Moschee rasteten, deren türkisfarbene Kuppel von blühenden
Kirschzweigen umrankt war und sich gegen die braunen Höhen abzeichnete, da zankten wir uns wieder über das Schicksal des Iran wie die Herren Settembrini und Naphta im »Zauberberg« von Thomas Mann, wobei
mir – mutatis mutandis – die Rolle des Jesuiten zufiel.

Am Abend nach unserer Ankunft in Yazd schüttelten wir unsere offiziellen Beschatter ab und trafen uns in einem verschwiegenen Haus der
Altstadt mit Hussein K., einem alten Bekannten Marie-Claudes. Hussein
war ein würdiger älterer Herr. Er trug europäische Kleidung. Sein sehr
iranisches Gesicht strahlte heitere Gelassenheit aus, ein Zug, der in
diesem Lande selten war. Zwei Töchter mit riesigen Gazellenaugen saßen
zu Füßen dieses Patriarchen. Das Haus war mit wertvollen Teppichen
ausgelegt. Man servierte uns Tee. Marie-Claude hatte absichtlich diese
Begegnung inszeniert. »Sagen Sie uns bitte, Hussein, was es mit der
angeblichen Wiedergeburt des Islam im Iran auf sich hat«, fragte sie nach

den orientalischen Präliminarien. Sie heftete ihre klugen, etwas müden Augen auf den lächelnden Perser. »Der Schah hat die Mullahs einzuschüchtern versucht«, antwortete Hussein in vorzüglichem Englisch, aber in schleppender und nasaler Diktion. »Er hat ihnen den größten Teil ihrer riesigen Ländereien weggenommen, als er vor zehn Jahren seine Bodenreform dekretierte. Er versucht, die Frauenemanzipation als Rammbock gegen die weitverbreitete Bigotterie des Klerus auszunutzen. Er hat seinen amerikanischen Protektoren exorbitante Rechte eingeräumt. Der Schah hat sogar die Mullahs als Schweine beschimpft – eine schlimmere Beleidigung gibt es kaum im Islam – und wenn er nicht, wie sein Vater Reza Schah, den höchsten Ayatollah in der Fatima-Moschee der Heiligen Stadt Qom eigenhändig verprügelt und am Bart gezerrt hat, so wohl nur, weil er über ein weniger aufbrausendes Temperament und geringeren Mut verfügt. Die Mullahs kuschen vor der Gewalt des Thrones. Sind sie ausgeschaltet und bezwungen? Ich hoffe es, ich glaube es vielleicht. Aber Sie kennen den Ketman, die ›Taqiya‹, wie man auf arabisch sagt, die Kunst der Verstellung, die uns schiitischen Iranern als Erbgut in die Wiege gelegt wird.« Er selbst sei, wie wir wohl gehört hätten, ein frommer Mann, fuhr unser Gastgeber fort, während uns Zuckergebäck und Früchte gereicht wurden. Man nenne ihn einen »Sufi«, also einen islamischen Mystiker, wie man es in Europa ausdrücken würde. Der Islam neige dazu, durch die mystische Betonung der Einheit Allahs die göttliche Allgegenwärtigkeit so sehr zu veranschaulichen, daß im Extremfall eine Art Pantheismus daraus würde. Gott ist in mir und ich bin in Gott, sei die ekstatische Ausweitung des »Tauchid«, der Lehre von der Einheit. Manch einer sei in seiner gottestrunkenen Meditation so weit gegangen, daß er sich mit Gott identifizierte. Der Dichter Hafiz sei nicht fern gewesen von dieser – den strengen muselmanischen Schriftgelehrten unerträglichen – Häresie, ja Hafiz habe Religion und Erotik in einer für die prüden Mullahs zutiefst anstößigen Assoziation zelebriert. »Ich bin ein Sufi, wenn Sie wollen«, fügte Hussein hinzu, »aber ich bin nicht typisch für dieses Land und sein Volk. Es hat ganz andere Mystiker in unserem Orient gegeben, die die Vereinigung mit Gott im Blutvergießen und in der eigenen Selbstaufopferung suchten. Der Schah erzwingt heute eine zivilisatorische und technologische Revolution von oben. Die Weiße Revolution hat er das genannt. Ich habe selber zuviel westliche Wissenschaft aufgenommen. Ich sollte mit diesen Maßnahmen der Modernisierung, auch wenn sie gewalttätig und despotisch herbeigeführt werden, sympathisieren. Aber ich habe Furcht vor der Zukunft, Furcht vor den unberechenbaren Abgründen der persischen Seele. Denken Sie nur an die unglaubliche Macht, die der schiitische Klerus um die Jahrhundertwende demonstrierte, als er – um die Vergabe des Tabak-Monopols an die englischen Ausbeuter zu verhindern – der gesamten iranischen Bevölkerung ein absolutes Rauchverbot auferlegte. Die Perser gehorchten damals wie ein Mann. Der Qadscharen-Schah mußte seine Konzession aufkündigen und sich den Mullahs beugen. Wer möchte heute in diesem Land den Propheten spielen?«

Tags zuvor hatten wir bei einem Abstecher nach Kerman einem ganz anderen Perser gegenübergesessen. Unser Gastgeber von Kerman war Angehöriger der iranischen Oberschicht, Großgrundbesitzer und Aristokrat. Sein palastähnliches Haus war durch hohe Mauern geschützt. Eine Allee blühender Mandelbäume führte zum Portal, wo die Diener uns erwarteten. Der Salon war mit echten Louis-quinze-Möbeln ausgestattet. Ali Mazandari begrüßte uns in perfektem Französisch. Im Zuge der vom Schah verordneten Landreform waren seine Latifundien weitgehend konfisziert worden. Der Staat hatte ihn entschädigt, aber Ali zögerte, diese Summen in der aufkeimenden iranischen Industrie zu investieren. »Der Schah möchte in Persien eine Art Meiji-Revolution durchführen, den Iran zum Japan des Mittleren Ostens machen«, sagte Mazandari und hob mitleidig die Schultern. »Haben Sie sich unsere Bauern angesehen? Sie verkommen noch in Erdlöchern ohne Elektrizität und fließendes Wasser. Sie sind keiner Initiative fähig. Die Bürokraten von Teheran haben schnell begreifen müssen, daß eine Zerstückelung des Großgrundbesitzes unter unseren früheren Pächtern und Leibeigenen nur zum Schrumpfen der Agrar-Produktion auf deren eigene Subsistenz-Bedürfnisse führt. Seine Majestät hat bereits amerikanische Unternehmer ins Land geholt, um große Kollektiv-Unternehmen, um eine Art Agro-Industrie ins Leben zu rufen. Das ist die Form des Kollektivismus, die uns die Weiße Revolution zu bieten hat. Ob sich das Los der Bauern dadurch bessern wird? Die Landflucht jedenfalls geht weiter.« Mazandari hatte keineswegs zornig gesprochen. Er gab sich mit einer gewissen Wonne seiner selbstgefälligen Melancholie hin. »Für Leute meines Schlages ist in Teheran und am Hof kein Platz«, sagte er. »Der Schah sieht jene Familien nicht besonders gern, die ihm vor Augen führen, daß seine Dynastie aus dem Nichts kommt. Die Geschäftemacher, die Spekulanten, die Neureichen, die Speichellecker und Opportunisten, die hemmungslosen und protzigen Anbeter des Geldes, haben heute das Sagen. Sie erzielen astronomische Gewinne, häufen in Windeseile Vermögen an. Ob das Land davon profitiert, wie Seine Majestät das zweifellos wünscht, das ist mehr als ungewiß. Immerhin hat er Glück gehabt, dieser Pahlevi auf dem Pfauenthron. Der phänomenale Anstieg der Erdöl-Preise seit dem Ramadan-Krieg von 1973 hat ihm eine finanzielle Grundlage geboten, die ans Wunderbare grenzt. Sie kennen doch das Märchen von Aladins Wunderlampe. Das ist bei uns jetzt politische und ökonomische Wirklichkeit geworden. Sie sind hier im Orient, im Bereich der Fabel. Denken Sie doch an die Zweitausendfünfhundert-Jahre-Feier, das grandiose Staatsgründungs-Jubiläum Persiens, das Mohammed Reza Pahlevi in Persepolis zelebrierte, als er – der Sohn eines Usurpators und Söldners – ungeniert nach der Erbschaft Kyros des Großen griff.«

Es war noch dunkel, als wir unser Gasthaus von Yazd in südöstlicher Richtung verließen. Ein heller Streifen erschien über den nackten Höhen, deren Gipfel durch grobgefügte Ringmauern gekrönt waren, Begräbnisstätten der arischen Ur-Religion Persiens. Das Tagesgestirn nahte hier nicht mit Rosenfingern wie im fernen Hellas des Homer. Die ersten Strahlen tasteten wie blendende Laser-Strahlen über die Kuppen. Nietzsche kam mir in den Sinn: »Also sprach Zarathustra und verließ seine Höhle, glühend und stark wie die Morgensonne, die aus den dunklen Bergen kommt.«

Der Schah Mohammed Reza Pahlevi hatte aus Gründen der Hygiene verfügt, daß die letzten Gläubigen der Zarathustra-Religion – »Zardoschti« genannt –, die im Iran die Islamisierung überdauert hatten, die Leichen ihrer Angehörigen nicht mehr in den kreisrunden »Türmen des Schweigens« aussetzen, den Geiern und Adlern zum Fraß ausliefern dürften. Etwa dreißigtausend Zardoschti leben noch im Iran, von den Schiiten ihrer Umgebung meist geachtet oder zumindest geduldet. Aufgrund einer seltsamen Koran-Auslegung wurde ihnen – obwohl sie keinerlei abrahamitische Ableitung ihrer Lehre vorweisen konnten – der Status der »Familie des Buches« zuerkannt. Das Bestattungs-Dekret des Schah hatten sie geschmeidig umgangen. Die Vorschriften der »Avesta« sollen verhindern, daß die verwesenden Kadaver weder die Erde, das Wasser noch vor allem das Feuer verunreinigen. Also werden die Toten heute in Zementblöcken – ähnlich wie Atom-Müll – isoliert und in neu angelegten Friedhöfen zu Füßen der heiligen Berge eingemauert. Im indischen Bombay hingegen, wo sich eine starke und wohlhabende Gruppe von »Parsi« seit der Flucht aus der alten Heimat behauptet hat und streng über die Wahrung ihrer Zarathustra-Riten wacht, sind die »Dakhme«, die Türme des Schweigens, in ihrer ursprünglichen Bestimmung erhalten geblieben. Von der Terrasse des dortigen Generalkonsulats der Bundesrepublik war es ein faszinierendes Schauspiel, den Flug der Aasgeier zu verfolgen, die sich der archaischen Begräbnisstätte mit untrüglichem Instinkt näherten. »Eines Tages werden sie mir ein Stück Menschenfleisch in die Suppenschüssel fallen lassen«, hatte der Generalkonsul geschimpft.

Am Nachmittag suchten wir in Yazd einen Priester, einen »Mobed« des Zarathustra-Kultes auf. Die Häuser der Zardoschti zeichneten sich durch peinliche Sauberkeit aus und waren an den grünen Türen zu erkennen. Der Mobed war als Tischler tätig. Der unscheinbare bebrillte Mann mit dem schmalen schwarzen Schnurrbart begleitete uns zu seinem Kultzentrum, das nach den Tempelvorbildern der Sassaniden-Zeit entworfen schien und nicht frei war von religiösem Kitsch. Neben der Relief-Darstellung des geflügelten Lichtgottes Ahura Mazda, Symbol der Helligkeit und des Guten, fiel uns vor allem ein Farbdruck mit der Abbildung des Propheten Zarathustra auf. Ein blondbärtiger Mann mit blauen Augen war dort zu sehen, einer sulpizianischen Herz-Jesu-Darstellung nicht unähnlich. Er schritt in weißem Gewand durch eine felsige Landschaft, begleitet von einem Löwen und einem Adler. Marie-Claude hatte sich intensiv mit den Überlieferungen dieser eigenartigen Minderheit befaßt. »Der Zarathustra-Glaube hat den Westen weit stärker beeinflußt als wir denken. Nietzsche ist ein Nachzügler«, erklärte sie. Die Dämonenvorstellungen und die Höllenbeschreibungen, die vom Judentum nur zögernd übernommen wurden und sich später in der christlichen Mythologie konkretisiert hätten, seien von dieser persischen Ur-Religion abgeleitet. Ahriman, die Ausgeburt des Bösen und der Finsternis, der sich in die Herrschaft der Welt mit der Lichtgestalt Ahura Mazda in einem unaufhörlichen und nie ganz entschiedenen Kampf teile, wirke in unserem abendländischen Unterbewußtsein fort. Die christliche Irrlehre des Persers Mani, der Manichäismus, der die Kräfte des Guten und des Bösen in einem komplementären Zwiespalt unaufhörlicher Gegnerschaft fixiert habe, sei von den Kirchenvätern endgültig verdammt worden. Aber wer wisse, so meinte Marie-Claude hintergründig, ob nicht die Verteufelung des Gegners oder des Andersartigen, ob nicht der verbohrte Antisemitismus, von dem die deutschen Nationalsozialisten zuletzt besessen waren, in verschlungenen Pfaden auf jene arische Frühreligion der Avesta zurückginge, in der die Rassenideologen des Dritten Reiches Inspiration und Rechtfertigung suchten.

Der Mobed war aus einer Art Sakristei in den großen Kultraum getreten. Er stand vor der heiligen Flamme, Abglanz alles Lichten und Guten. Der eigentliche Opferplatz war durch ein Eisengitter abgeschirmt. Der Mobed war ganz in Weiß gekleidet. Mit seiner weißen Kappe und dem weißen Mundschutz wirkte er wie ein Chirurg. Vor dem offenen Feuer, in das er gelegentlich aromatische Zweige warf, rezitierte er in der uralten Zend-Sprache der arischen Früheroberer Persiens die heiligen Texte der Avesta.

Eine seltsam aseptische Lehre schien sich hier erhalten zu haben. Es fiel schwer sich vorzustellen, daß die Reiche der Meder und Perser, daß die mächtigen Achämeniden und zuletzt die streitbaren Sassaniden jahrtausendelang diesem strengen und hierarchisierten Feuerkult angehangen hatten, dessen Ruinen bis nach Syrien reichen. Die katholische Liturgie, so wußte Marie-Claude zu berichten, sei nicht frei von zarathustrischen Einflüssen. Man denke nur an die Meßgewänder der Priester, die Mitren der Bischöfe. Von Papst Johannes XXIII., als er noch Nuntius in Paris war, hieß es, daß er angesichts einer Studentendemonstration des Quartier Latin gesagt habe: »Da bewege ich mich in den Gewändern eines persischen Satrapen und soll mit der Jugend des zwanzigsten Jahrhunderts einen gemeinsamen Standpunkt finden!«

Ein paar Tage zuvor hatten wir in Teheran eine Hochzeit der Zardoschti gefilmt. Dem Typus nach waren die Gläubigen des Zarathustra von den übrigen Persern nicht zu unterscheiden. Sie waren weder blond noch blauäugig. Die Trauung vollzog sich wie ein orientalisches Familienfest, aber im Gespräch mit dem Mobed enthüllte sich uns eine abweisende, in sich gekehrte Weltanschauung. Der Priesterstand sei bei den Zardoschti erblich und elitär wie bei den Brahmanen Indiens, gab uns der Obergeistliche zu verstehen. Er hatte seine weiße Tracht abgelegt und saß uns in einem zerknitterten Anzug gegenüber. Unter der hohen Stirn, die in eine Glatze überging, ragte eine gewaltige Nase wie ein Geierschnabel über fleischigen Lippen. Dieser Hohe Priester der arischen Ur-Religion hätte für einen mitteleuropäischen Rasseforscher stark semitisch gewirkt, er hätte die Vorlage zu einer »Stürmer«-Karikatur abgeben können. »Wenn nur der Führer oder Alfred Rosenberg diesen Prototyp eines Ariers hätte sehen können!« flüsterte mir der Luxemburger Gordian auf deutsch zu. Der Mobed verwies auf die unerbittliche Sittenstrenge innerhalb seiner Gemeinde. Eine untreue Frau werde unweigerlich umgebracht, nicht nur aus Gründen der Moral, sondern vor allem, weil sie sich durch ihren Fehltritt an der Reinheit des Blutes und der arischen Rasse vergangen habe.

»Wir kommen heute mit unseren muselmanischen Landsleuten gut aus«, fuhr der kleine »Brahmane« fort. »Der Schah hat uns äußerste Toleranz gewährt, wie wir sie in früheren Jahrhunderten nicht genossen. Gewiß, Mohammed Reza Pahlevi ist selbstverständlich Mohammedaner und gehört der schiitischen Staatsreligion an. Aber in Würdigung der tausendjährigen Geschichte des Iran und in Anlehnung an die Ur-Religion seines Landes läßt er sich seit einigen Jahren ganz bewußt als ›Aryamehr‹, als ›Leuchte der Arier‹ bezeichnen, wie einst seine fernen Vorgänger auf dem Löwenthron der Achämeniden. Wir koexistieren mit den Moslems, weil wir mit ihnen den Glauben an einen einzigen Schöpfer, einen allmächtigen und allwissenden Gott des Lichtes teilen. Zarathustra war der erste arische Prophet, der den Monotheismus verkündete. Die Mullahs wissen es vor allem zu schätzen, daß wir auf jede Form der Bekehrung Andersgläubiger, auf jeden Proselytismus verzichtet haben. Diese Beschränkung hat politische und mehr noch eugenische Gründe, denn wir wollen unsere Rasse rein erhalten und uns vor der Vermischung mit nicht-arischem Blut hüten. Wir sind eben zutiefst überzeugt, daß die arische Zivilisation höher steht als die der Araber oder anderer Völker. Würden wir uns mit fremdem Blut vermengen, dann würde die folgende Generation minderwertig sein. Wer denkt schon daran, einen edlen Baum mit Dschungelgewächs zu paaren?« Wir sahen den Mobed ziemlich fassungslos an. Er sprach gesetzt und zuversichtlich, als formuliere er Selbstverständlichkeiten. »Im Westen werden wir oft fälschlich als Feueranbeter bezeichnet«, nahm er wieder auf. »Das ist eine grobe Verzerrung unserer Lehre. Aber fahren Sie einmal in unsere südlichen Provinzen am Persischen Golf, wo die Wüste allenthalben erleuchtet wird von den Fackeln der Raffinerien und der Erdgasvorkommen. Das ist für uns ein unmißverständlicher Hinweis. Die Wiedergeburt, die Modernisierung und die Industrialisierung des Iran vollzieht sich heute im Zeichen des heiligen Feuers. Bedarf es einer zusätzlichen Bestätigung unserer Lehre vom Sieg des Lichtes über die Finsternis?«

Seit 1951 war der Iran unzweifelhaft in Bewegung, in Gärung gekommen. In Kerman stießen wir auf eine Parade Jugendlicher in gut geschneiderten braunen Clubjacken. Sie trugen die weißen Fahnen der Weißen Revolution, die der Schah-in-Schah, Leuchte der Arier, von oben verordnet hatte. Die Kundgebung wurde von der Regierungspartei »Iran-e-Novin – Neuer Iran«, getragen. Damals leistete sich der Herrscher neben dieser staatstragenden Partei auch noch eine offizielle Scheinopposition im Parlament, in den Majlis, deren Abgeordnete wohlweislich auf ihre Regimetreue überprüft worden waren. Ab 1974 sollte er auf diese illusorische Vielfalt verzichten und die Gründung der Einheitspartei »Rastakhiz«, zu deutsch »Wiedergeburt«, dekretieren. »Es lebe der Schah!« riefen die jungen Männer mit den Clubjacken im Chor. Auf der Ehrentribüne drängte sich die regimetreue Prominenz der Provinz um Premierminister Hoveida, der zu einer kurzen Visite gekommen war. Hoveida stand im Ruf eines kultivierten Mannes mit starker Affinität zu Frankreich. Er zeigte sich nie ohne eine Orchidee im Knopfloch und eine dicke Zigarre zwischen den Lippen. Er bot sich gewissermaßen als Karikatur des Kapitalismus an. Von Hoveida (und seiner engsten Umgebung) wurde gemunkelt, er gehöre insgeheim der Bahai-Sekte an, die, von den schiitischen Mullahs als eine teuflische Irrlehre verflucht, aufgrund der Lokalisierung ihres zentralen Heiligtums in Haifa, also in Israel, noch in dem zusätzlichen Verdacht prozionistischer Neigung stand.

Am Vormittag hatten wir bei unserer Fahrt über Land noch zerlumpte Tagelöhner gesehen, die sich in Ermangelung von Ochsen oder Pferden selbst vor den Pflug gespannt hatten und in ächzendem Schweiß Furche um Furche durch den spröden Steppenboden zogen. Zwölfjährige Knaben waren trotz der Kälte mit nackten Füßen in die Lehmhöhlen des halbverfallenen Kanalsystems geklettert und hatten den Schlamm in viel zu schweren Säcken ans Tageslicht gefördert. In den Dörfern lebte die Bauernbevölkerung kaum anders als zur Zeit der Mongolenstürme. Aber auf der Ehrentribüne von Kerman spreizte sich jetzt die Erfolgsklasse der Geschäftemacher, der Spekulanten, der geschickten Jongleure mit den Krediten, die Premierminister Hoveida so freizügig verteilte. Ihre Frauen trugen Pelzmäntel und auffällige Juwelen. Solange sie jung waren, rivalisierten sie mit den Prinzessinnen aus Tausendundeiner Nacht. Aber mit zunehmender Reife und Fettleibigkeit wurden die viel zu scharf geschminkten Gesichter zu starren, tragischen, bösartigen Masken. Die biblische Königin Athalja hätte sich hier unter Schwestern bewegt. Der junge Sicherheitsoffizier, der uns begleitete, war offenbar ein guter Psychologe. »Seine Majestät ist Realist«, wandte er beschwichtigend ein. »Der Schah weiß, daß sich Idealismus auch durch eine Revolution von oben nicht erzwingen läßt. Die Kompetenz und das notwendige Verantwortungsgefühl der Elite können erst in einem generationslangen psychologischen Prozeß reifen. Also hat der Schah ganz bewußt das Streben nach Profit zur Triebfeder der Modernisierung und industriellen Entwicklung unseres Landes gemacht. Um die skandalösesten Auswüchse eines allzu raffgierigen Frühkapitalismus einzudämmen, bildet die soziale Fürsorge der Regierung, verkörpert durch die Armee, ein unentbehrliches Gegengewicht.«

Tatsächlich war die Armee in diesem Februar 1974 allgegenwärtig. Aus den vergammelten Wegelagerern, denen ich 1951 begegnet war, hatten die Offiziere des Kaisers – nach Ausbildung in den Militärakademien des Westens und vor allem der USA – eine durchaus präsentable Truppe gemacht. Der unverhoffte Erdöl-Boom des Jahres 1973 erlaubte es dem Schah, die perfektioniertesten und teuersten Waffensysteme einzukaufen. Viele Bauern und Kleinbürger erkannten, welche Aufstiegschance ihren Söhnen die militärische Laufbahn bot. Wer den Fuß auf die Leiter der sozialen Aufwertung setzen wollte, dem stand von nun an der aufgeblähte Armee-Apparat des Pahlevi-Staates zur Verfügung. Gleichzeitig wurden Oberschüler und Studenten in Uniform – darunter viele Mädchen – als sogenannte »Armee des Wissens« in die Dörfer und zu den Nomaden geschickt, um die rückständigsten Bevölkerungsschichten mit den Zielen der Weißen Revolution vertraut zu machen, um Alphabetisierung und Gesundheitspflege zu fördern. Von diesen jungen Lehrern und Sanitätern in Uniform ist ohne Zweifel viel idealistische Aufbauarbeit geleistet worden. In jedem Flecken haben wir diese Missionare eines neuen Iran getroffen, dabei aber auch die Schwächen ihres Experiments gespürt. Sie litten selber darunter, diese Studenten und Studentinnen, daß ihre patriotische Pflichtübung einem hemmungslosen Kaiserkult unterworfen war. »Wir können noch von Glück reden, daß im Niavaran-Palast zu Teheran nicht die Übung des Kniefalls, der ›Kynesis‹, wieder eingeführt wurde, wie zu Zeiten der persischen Großkönige des Altertums«, hatte uns ein Abiturient aus Teheran zugeflüstert, der südlich von Kerman Nomadenkinder unterrichtete und dessen spitzes Intellektuellengesicht gar nicht zu seiner Uniform passen wollte.

Das Beispiel des Staates Israel hatte Schah Mohammed Reza Pahlevi zweifellos fasziniert. Jedenfalls mußte ich angesichts der jungen persischen Amazonen, die in Khaki-Uniform am Gewehr ausgebildet wurden und bei jedem Schuß, den sie liegend abfeuerten, heftig zusammenzuckten, an die Kampfgruppe jüdischer Siedlerinnen eines »Nachal« am Toten Meer denken. Gemessen am Widerstand, gegen den der Gründer der Pahlevi-Dynastie, Reza Schah, bei der Abschaffung des Schleiers, des Tschadors, geprallt war, erschien diese weibliche Truppe als ein beachtliches Ergebnis planmäßiger Frauen-Emanzipation. Die schwarzhaarigen Mädchen, die sogar in Uniform versuchten, sexy zu wirken, stellten sich nach der Schießübung in Reih und Glied vor einem Fahnenmast auf, blickten starr auf die grün-weiß-rote Fahne mit dem iranischen Löwen und sangen im Chor: »Hoch lebe unser König der Könige. Er erhält unser Land. Dank der Pahlevi ist unsere Heimat glorreicher als in den ruhmvollsten Jahren unserer Geschichte. Heute sind alle Iraner glücklich und beten zu Gott, daß er das Leben unseres Kaisers schützen möge.«

Marie-Claude hatte Mühe, ihre Entrüstung zu beherrschen. Sie sah in diesem Schauspiel militärischer Exhibition eine gezielte Irreführung des feministischen Gleichberechtigungsstrebens. Weit bedenklicher erschien mir das Poem, das uns ein zerlumpter Knabe unter dem Zelt einer Nomadenschule mit erstaunlicher schauspielerischer Begabung und geradezu komischem Pathos deklamierte. Der junge Kaschgai, dessen Mutter mit blau tätowiertem Gesicht im Hintergrund kauerte, trug eine viel zu weite Jacke mit vielen Flicken. Der Schädel war kahl rasiert. Wie eine Vogelscheuche bewegte er die Ärmel seines Sakko zur rezitativen Geste. Während seine Mitschüler bewundernd zu ihm aufblickten, schrie er unter der niedrigen Plane seine Verse, als stände er vor einem riesigen Auditorium: »Oh Schah! Unsere Herzen sind von Liebe zu Dir erfüllt. Gott der Mächtige sei Dein Beschützer. Oh Arm Allahs, Du hast unser Land gerettet, den Armen geholfen, unserem Leben einen Sinn gegeben und das Elend beseitigt. Oh Kaiser! Wie schwer mußt Du gekämpft und gelitten haben, um aus dem alten Iran einen neuen Iran zu machen.«

In gedrehten Windungen verließen wir das kalte Hochland und steuerten der Wärme des Persischen Golfes zu. »Du Arm Allahs«, so hatte der kleine Nomade den Kaiser angerufen, was jedem frommen Schiiten als Gotteslästerung und Schmähung des Verborgenen Imam erscheinen mußte. Im Nu war unser theologischer Disput mit Marie-Claude wieder im Gange. Die Enge des Autos förderte wohl eine klaustrophobe Gereiztheit. Es wurde Zeit, daß wir dem iranischen »Zauberberg« den Rücken kehrten. Je näher das Meer rückte, desto schwüler wurde das Klima. Der Hafen Bandar Abbas empfing uns mit bunter Geschäftigkeit, die bereits arabisch wirkte. Die Frauen aus den Emiraten begnügten sich hier nicht mit schwarzen Schleiern, sie trugen lederne Gesichtsmasken, die in einem unheimlichen Schnabel endeten. Überall wurde gemauert und betoniert. Dazwischen lagen alle Ramschwaren des Orients und des Westens zum Verkauf aus. Schah Mohammed Reza Pahlevi hatte sich zum Protektor des Persischen Golfes und der Straße von Hormuz proklamiert. In der Bucht von Bandar Abbas ankerten Kriegsschiffe des Cento-Paktes. Amerikaner und Briten, Pakistani und Türken waren mit Flotteneinheiten vertreten. Die iranische Kriegsmarine führte ihre frisch erworbenen Hoovercraft vor. Diese Luftkissen-Schiffe sollten vornehmlich in der flachen Sumpf- und Küstenlandschaft des Schatt-el-Arab operieren, wo zwischen Teheran und Bagdad ein akuter Territorial-Konflikt und eine uralte Erbfeindschaft schwelten. Die Flottenmanöver der Mittelost-Allianz liefen in Sichtweite jener zyklopischen Festung von Hormuz ab, die die Portugiesen des Herzogs von Albuquerque hinterlassen hatten. Eine phantastische Vorstellung, daß diese winzige Truppe von etwa sechshundert lusitanischen Seeleuten und Abenteurern unter der unerbittlichen Fuchtel ihres Admirals vor vierhundert Jahren den ganzen Indischen Ozean zwischen Mozambique und Goa, zwischen Hormuz und Mombasa beherrscht hatte und daß es erst der türkischen Großmacht gelungen war, diesen überspannten imperialen Anspruch zu brechen.

Die Expansionspolitik des Schah Mohammed Reza Pahlevi griff auf die gegenüberliegende arabische Halbinsel aus. Die iranische Marine hatte vor drei Jahren im Handstreich die Eilande Tumb und Abu Musa besetzt, die bislang zum arabischen Emirat Rhas-el-Kheima gehört hatten und die schmale Durchfahrt der Straße von Hormuz kontrollierten. Diese Meerenge war zur Schlagader der westlichen Erdölversorgung geworden. In Washington hatte man die willkürliche Militäroperation des Schah mit offener Befriedigung quittiert, zumal die Russen zu erkennen gegeben hatten, daß sie am irakischen Ausläufer des Schatt-el-Arab das Fischerdorf Umm-el-Qasr für ihre Flottenzwecke ausbauen wollten. König Feisal von Saudi-Arabien hatte zwar gegen die iranische Eigenmächtigkeit protestiert, doch die Herrscherfamilie von Riad blickte ihrerseits voller Sorge auf gewisse revolutionäre Umtriebe in Bahrein und vor allem auf die Unruhen im Sultanat Oman. Dort war seit Jahren im unzugänglichen Gebirgsland von Dhofar längs der süd-yemenitischen Grenze ein bewaffneter Aufstand im Gange. Den Truppen des Sultan Qabus und ihren britischen Instrukteuren war es bisher nicht gelungen, mit dieser Revolte fertig zu werden, deren Partisanen von den marxistischen Nachbarn im süd-yemenitischen Aden unterstützt wurden. Die Sowjetunion verfügte im Süd-Yemen über eine aktive Marinebasis, und die Guerilla von Dhofar war ein erster Schritt zur Entstabilisierung der gesamten Golfküste. Der Schah hatte sich nicht lange bitten lassen, als der Sultan von Oman und Maskat ihn um Waffenhilfe gegen die Aufständischen von Dhofar bat. Iranische Elitetruppen, Fallschirmeinheiten und Rangers, gingen im belagerten Hafenflecken Salamat an Land, zogen systematisch eine Verkehrsachse durch das felsige Guerilla-

Gebiet, riegelten die Grenze nach Süd-Yemen ab und gingen mit einem gewaltigen Aufwand militärischer Mittel, der an die amerikanische Kriegführung in Vietnam erinnerte, gegen das kläglich bewaffnete Hirtenvolk der Dhofari vor. Zwar spotteten die britischen Experten über die Neigung der Iraner, wahllos in der Gegend herumzuballern, Material zu vergeuden und auf alles zu schießen, was sich regte, »selbst auf den Feind«, aber am Ende machte sich der persische Einsatz bezahlt. Der Aufstand von Dhofar schrumpfte zusammen, und Sultan Qabus, nunmehr ein treuer Verbündeter Teherans, konsolidierte seine prekäre Position.

Marie-Claude und Gordian waren drei Jahre zuvor bei den aufständischen Dhofari zu Gast gewesen. Sie waren – aus Hadramaut kommend – zwei Wochen lang mit den Partisanen durch deren karge Heimat mit den blühenden Dornakazien gezogen. Sie hatten dabei mit größtem Erstaunen festgestellt, daß diese Freiheitskämpfer an der äußersten Südküste Arabiens das kleine »Rote Buch« Mao Tse-tungs in arabischer Übersetzung in ihrem kärglichen Marschgepäck führten. Politische Kommissare hielten marxistische Vorträge und ließen den großen Steuermann der Volksrepublik China hochleben. Kurzum, sie entdeckten eine ideologische Verirrung bei diesem weltvergessenen Volk von Viehzüchtern und Nomaden, die man an dieser Stelle am wenigsten erwartet hätte. Offenbar war es in dieser Abgeschiedenheit des Dhofar der islamischen Missionierung in tausend Jahren nicht gelungen, altangestammte animistische Vorstellungen zu verdrängen. Die abstruse Hinwendung dieser wilden Außenseiter Arabiens zum Kommunismus maoistischer Prägung habe sich als Folge der Ablehnung des weltlichen und vor allem des religiösen Führungsanspruchs des Sultans von Oman ziemlich spontan vollzogen, so berichteten meine Gewährsleute. Marie-Claude, die das politische Erwachen und das gesellschaftliche Selbstbewußtsein der Frauen von Dhofar mit Sympathie verfolgt hatte, schwärmte immer noch von diesen wackeren Kriegern, diesen rauhen, herzlichen Menschen, die durch eine Laune der Geopolitik zwischen die Mühlsteine unverstandener Ideologien geraten waren.

In Bandar Abbas erreichte mich die Mitteilung aus Teheran, der Schah habe einem Interview zugestimmt. Der Termin war kurzfristig anberaumt, und ich flog unter Zurücklassung meiner beiden Gefährten in die Hauptstadt zurück. Wie überall prangte auch im Wartesaal des Flugplatzes von Bandar Abbas das Bild der Kaiserfamilie im Krönungsornat: der Schah mit einer grotesken Krone von unschätzbarem Wert und in einer goldchamarierten Uniform, die Schahbanu Farah Diba, die bei aller strengen Schönheit in dieser Verkleidung wie eine Faschingsprinzessin wirkte, und schließlich der kleine Kronprinz Reza mit den großen orientalischen Augen, den man wie einen Zirkuspagen aufgezäumt hatte. Immerhin wirkte dieses Familienporträt noch bescheiden neben der Darstellung des Schah, die die Empfangshalle des Hotels von Bandar Abbas beherrscht hatte. Dort wandelte Mohammed Reza Pahlevi ohne Uniform und Orden schlicht über den Wolken, die Hand zum Gruß oder zum Segen erhoben wie ein Nachfolger des großen arischen Propheten Zarathustra. Nur der rote Diktator Kim-Il-Sung von Nordkorea, so schrieb später der englische Iran-Beobachter Robert Graham, habe den Schah mit den Auswüchsen seines Personenkultes übertroffen.

In den Redaktionsstuben des iranischen Fernsehens herrschte Verwirrung. Man erfuhr zwar nach einem kurzen Telefonat bei Hof, daß seine Majestät mir eine Audienz gewährt hatte, aber von einem Fernseh-Interview sei keine Rede gewesen, und ein Kamera-Team könne man mir schon gar nicht zur Verfügung stellen. Nach vielem Hin und Her wurde mir dann doch eine Mannschaft zur Seite gegeben. Vielleicht würde es klappen. Am hohen Schmiedeeisen-Portal des Niavaran-Palastes, auf den zugigen Höhen Nord-Teherans, erwartete mich ein eleganter Protokollbeamter und ließ mich sofort in einen kleinen Warte-Salon ein. Das Fernseh-Interview sei höchst problematisch, so meinte er, nicht so sehr, weil Majestät einer solchen Erklärung abgeneigt sei, sondern weil die unbekannten Kameraleute, die in letzter Minute bestellt wurden, ein erhebliches Sicherheitsrisiko darstellten. Ich befand mich in der seltsamen Situation, daß die Palastgarde mir als Ausländer mehr Vertrauen schenkte als den eigenen Landessöhnen. Nach zahllosen orientalischen Palavern war es dann doch soweit. Meine iranischen Begleiter – durchweg junge, kompetente Männer – wurden eingelassen und nach Waffen untersucht. Auch das Kamera- und Tongerät wurde eingehend geprüft. In einem überdimensionalen Arbeitszimmer, das mit viel Stuck, Spiegeln, Kacheln und vor allem einer ganzen Sammlung wertvollster Naim-Teppiche ausgestattet war, bauten wir unser Material auf. Der Schah würde an dem Louis-quinze-Schreibtisch Platz nehmen, der mit den übrigen Rokoko-Möbeln stilrein harmonierte. Vor den hohen Fenstern à la française entfaltete sich ein herrlicher Park.

Ich mußte an jene Anekdote denken, die mir ein britischer Botschaftssekretär ein paar Jahre zuvor erzählt hatte. Der Schah war bei einer Routine-Inspektion vor einer militärischen Beförderungszeremonie in festlicher Uniform als Oberbefehlshaber an einer Kompanie seiner Leibgarde vorbeigeschritten. Da hatte ein fanatisierter Bauernjunge seine Maschinenpistole hochgerissen und das Feuer auf den Kaiser eröffnet. Der Attentäter war so nervös, daß er sein Ziel verfehlte, und eine Ladehemmung vereitelte den Anschlag vollends. Mohammed Reza Pahlevi habe auf seine Art äußerste Geistesgegenwart bewiesen, indem er nämlich mit der Geschwindigkeit eines Olympioniken die Flucht ergriff und unter dem weithin scheppernden Klirren seiner Orden hinter dem nächsten Palastportal verschwunden sei.

Der Mann, der mir jetzt mit sportlichem Schritt im eleganten grauen Anzug entgegenkam, schien von keinerlei Ängsten geplagt zu sein. Er übersah die tiefen Verbeugungen seiner Höflinge, nahm auch vom Kamerateam keine Notiz, reichte mir die Hand und lud mich in perfektem Französisch ein, auf dem Sessel Platz zu nehmen, der seinem Schreibtisch gegenüberstand. Es fiel mir auf, daß Mohammed Reza Schah kleiner und zierlicher wirkte als auf den meisten Bildern. Die Gesichtszüge waren sehr iranisch unter dem graumelierten Haar. Sein Blick war ernst, ein wenig traurig, geprägt von jener Einsamkeit, die bei den Herrschenden wohl mit der Menschenverachtung einhergeht. Im Gegensatz zu der italienischen Journalistin Oriana Fallaci konnte ich kein Scheusal in Menschengestalt entdecken. Der Kaiser begegnete dem ausländischen Fragesteller mit großer Reserve, aber ohne Herablassung. Er wirkte wohlerzogen und – ein wenig schüchtern. Als ich ihn bitten mußte, für die Zwischenschnitt-Aufnahmen und das Wechseln der Kassetten ein paar Minuten zu warten, äußerte er keine Ungeduld. Er merkte, daß ich mit meinen persischen Mitarbeitern englisch sprach und entdeckte plötzlich, daß er es mit Landsleuten zu tun hatte. »Ce sont des garçons de chez nous«, fragte er mit einem leisen Lächeln, »Das sind doch unsere Jungens«, und winkte ihnen mit einer kleinen Geste zu. Auch jetzt schien er nicht beunruhigt zu sein.

Dennoch wußte jedermann in Teheran, daß der Schah zutiefst darunter litt, weiterhin im Schatten seines kolossalen und gewalttätigen Vaters zu stehen, der sich aus dem Sattel des Kosakenfeldwebels auf den Pfauenthron geschwungen hatte und der wie ein Condottiere der Renaissance um die Methoden wußte, ein Volk zu vergewaltigen. Reza Schah, der Gründer der Pahlevi-Dynastie, war angeblich zutiefst enttäuscht gewesen, einen schwächlichen und scheuen Sohn gezeugt zu haben und gab es ihm mit Schelte und Verachtung zu spüren. Ich hatte Mühe, mir vorzustellen, daß der nicht unsympathische Mann, der in einwandfreiem, etwas schleppendem Französisch meine Fragen beantwortete, zu den umstrittensten Persönlichkeiten seiner Zeit zählte. In zunehmendem Maße galt er weithin als blutrünstiger Tyrann, der seine gefürchtete Geheimpolizei, die Savak, auf jede Form der Opposition losließ und seine Gegner zu Tode folterte. Der Schah hatte paradoxerweise sein glanzvolles Protokoll dem schillernden Hof Napoleons III. und der Kaiserin Eugénie entliehen. Sein Staatsgehabe wirkte deshalb trotz aller modernistischen Bestrebungen verstaubt und verspielt. Infolge der gigantischen Finanz-manipulationen seiner engsten Familie entwickelte er sich zum Symbol der Korruption und des Nepotismus. Er berief sich vermessen auf das Vorbild Kyros des Großen, zermalmte Opposition und Kritik, sträubte sich gegen jede ehrliche Beratung. Die »Leuchte der Arier« benahm sich als eine Art persischer Sonnenkönig. Er handelte nach dem Prinzip »L'Etat c'est moi«, ohne sich jedoch wie Ludwig XIV. mit dem Äquivalent zu einem Wirtschaftsplaner Colbert, einem Festungsbauer Vauban, einem Feldherrn Turenne und einem geistlichen Mentor Bossuet zu umgeben.

Auf der Lichtseite dieses zwiespältigen Charakters steht die Figur eines fleißigen und ehrgeizigen Monarchen, der mit Sicherheit das Beste, das Modernste, das Großartigste für sein Reich und sein Volk anstrebte, aber der den unmittelbaren Bezug zu seinen Landsleuten und deren Psyche verloren hatte, obwohl er in so vielen Facetten seines Wesens einer der Ihren geblieben war. Der Schah litt schwer darunter, daß er keine charismatische Persönlichkeit war, daß er keine Ausstrah-lung besaß. Nach einer Zwischenperiode großer Popularität auch bei den kleinen Leuten hatte sich seiner eine eigenartige Menschenscheu, eine melancholische Abkapselung bemächtigt. Er mied von nun an den Kon-takt zu seinen Untertanen. Seine vornehme Internatserziehung in der Schweiz wurde zu einem zusätzlichen Handicap. Ähnlich wie Friedrich II. von Preußen sprach er besser Französisch als seine Muttersprache. Jedenfalls fehlte es ihm im Persischen, im »Farsi«, an jener Fülle und Kraft des Ausdrucks, die bei seinem poetisch und verbal veranlagten Volk eine der Voraussetzungen für geistige Gefolgschaft ist. Erstaunlich, daß dieser introvertierte und spröde Mann es dennoch vermochte, sich der Loyalität des Offizierskorps zu versichern. Aber das geschah mit Hilfe eines Aufsichtsmonopols, das bis zur persönlichen Beförderung von Bataillonskommandeuren durch den Monarchen selbst hinabreich-te. Was taugte wohl diese Armee, die plötzlich mit überperfektioniertem Material überschüttet wurde, deren kriegerische Tradition jedoch gering war? Hatte nicht um die Jahrhundertwende eine russische Kosaken-schwadron genügt, um ganze persische Heerscharen in Furcht und Panik zu versetzen?

Meine Interview-Fragen stießen auf korrekt formulierte und intelligente Platitüden. Die subversive Tätigkeit im Iran, die in jenen Tagen schon von Bagdad und Aden aus gesteuert wurde, beschäftigte den Monarchen. Er revanchierte sich, indem er den Aufstand der Kurden im Irak unterstützte. Er bemühte sich um die Stabilisierung der Golf-Emirate und sorgte sich um das Scheichtum Bahrein, das gerade der amerikanischen Flotte die Benützung seiner Hafenanlagen verweigert hatte. Eine gewisse Irritation über das mangelnde amerikanische Engagement schien sich auch damals schon abzuzeichnen.

»Unser Beitrag zur Bekämpfung der umstürzlerischen, anarchischen Kräfte kann nur geleistet werden, wenn Washington uns in aller Form dazu auffordert«, sagte der Schah. – »Sire«, fragte ich auf französisch, »wir beobachten in der gesamten arabischen Welt eine Wiedergeburt des Islam; kündigt sich eine vergleichbare Entwicklung auch im Iran an?« Der Kaiser zögerte keine Sekunde mit seiner Antwort. Er sei gläubiger Moslem und vertrete die Ansicht, daß eine feststrukturierte Gesellschaft wie die iranische auf religiösen Grundlagen ruhen müsse. Er sei ja auch nach Mekka gepilgert. »Aber wir wollen unsere Weiße Revolution erfolgreich verwirklichen«, so fuhr er fort, »und haben deshalb eine klare Trennungslinie gezogen zwischen Politik und Religion. Daran werden wir auch in Zukunft festhalten, denn jedesmal, wenn die religiösen Kräfte bei uns sich in die Politik einmischten, hat unser Land schwere und gefährliche Zeiten erlebt. Ein solcher Irrlauf endete stets im Obskurantismus.«

Schwarze Fahnen

Mesched, Februar 1974

Die Städte des Iran sind im Zuge der Weißen Revolution zutiefst verändert worden. Die Lehmbauten wurden durch Betonstrukturen ersetzt, die Öllampen durch Neonröhren. Schöner ist das Land dadurch nicht geworden. Im Umkreis der Siedlungen ist die Wüste durch die Abfälle der Konsumindustrie verunstaltet. Auch im östlichen Mesched, der persischen Hauptstadt des Khorassan, sind die grauen Mauern von goldenen Moscheekuppeln und geblümter Keramik gekrönt. Über der trivialen Geschäftigkeit des Basar schwebt die Ahnung einer mystischen Inbrunst, die in das krampfhafte Okzidentalisierungsprojekt des Herrschers nicht einzuordnen ist. Es heißt, der Schah habe den Mullahs – mindestens achtzigtausend an der Zahl – das Rückgrat gebrochen, seit der säkularisierte Staat sogar in den islamischen Koran-Schulen ein Mitspracherecht erzwungen hat, wo die künftigen Geistlichen ausgebildet werden. Die Pahlevi-Dynastie will sich offenbar eine regimetreue geistliche Hierarchie, einen »clergé assermenté« heranziehen. Aber wer weiß denn wirklich, was sich im Schatten dieser prachtvollen Moscheen vollzieht, die dem Volk wie die Verheißung der unergründlichen Herrlichkeit Allahs erscheinen?

Auf dem Flug von Teheran nach Meschhed fielen uns wieder jene braunen Streifen auf, die die gelbe Wüste durchzogen, die unterirdischen Wasserkanäle, die »Ghanat«. Ihre Spuren führen stets zu kargen Gebirgszügen, deren Schneekuppen wie ein Wasserreservoir die durstigen Oasen im Frühling zum Blühen bringen. Meschhed ist eine besonders grüne und fruchtbare Insel in der grauen Einöde des iranischen Hochlandes. Durch Gärten und Pflanzungen, an silberklaren Bächen entlang, fuhren wir gleich vom schmucken Airport-Gebäude zur kleinen Ortschaft Tus und zum Grabmal Firdausis, des bedeutendsten iranischen Dichters. Mohammed Reza Pahlevi hatte hier ein klotziges Monument zu Ehren des Barden errichten lassen, der – kaum dreihundert Jahre nach der muselmanischen Unterwerfung und der arabischen Überfremdung – zurückfand zur Sagenwelt der arischen Ur-Rasse und der mythischen Sassaniden-Herrscher. In reinstem Farsi – aus dem alle semitischen Neologismen verbannt waren – hatte Firdausi im zehnten Jahrhundert das »Buch der Könige – Schah Nameh«, geschrieben und vor allem die Taten jenes prähistorischen Recken Rustam aufgezeichnet, der – wie ein mittelasiatischer Siegfried – Heldentat um Heldentat vollbrachte, ehe er – in einem schrecklichen Irrtum – den eigenen Sohn und Herausforderer erschlug. Die Absicht, die der Schah mit der Glorifizierung des Nationaldichters Firdausi verbindet, ist einleuchtend. Er will auf die Einzigartigkeit des Iran hinweisen, auf seine historische Kontinuität. Eine Tradition der kulturellen Selbstbehauptung soll hier zelebriert werden, die im Volksmund nie erloschen war und unter anderem in den keulenschwingenden Übungen einer sehr spezifisch persischen Gymnastik-Schule überlebte. In den »Zurkhaneh«, in den großen Turnhallen der iranischen

Städte, treffen sich diese Athleten wie zum Ritual eines esoterischen Männerordens, bewegen sich in rhythmischen Schwüngen mit nacktem Oberkörper, in engen, reichbestickten Hosen. In Teheran hatte ich dem Ritual einer Zurkhaneh beigewohnt, deren Mitglieder tagsüber harmlose Angestellte der großen staatlichen Melli-Bank waren. Um so verblüffender war der quasi-liturgische Singsang, der den Keulentanz dieser ochsenstarken Männer begleitete. Von düsteren Paukenschlägen untermalt, rezitierten die Eingeweihten der Zurkhaneh die Verse des »Schah Nameh« und die Legende des früh-iranischen Helden Rustam. Im Jahr 1953, so flüsterte mir mein persischer Begleiter zu, hatten diese Muskelprotzen an der Spitze jenes Straßenaufstandes gestanden, der dem Experiment Mossadegh ein brutales Ende setzte und die Dynastie Pahlevi rettete. Auch jetzt zählten sie angeblich zu den gefürchtetsten Gegnern der teils marxistischen, teils islamischen Attentatskommandos, die sich in den Geheimbünden Fedayin Khalq oder Mudschahidin Khalq den Sturz und die Ermordung des Schah zum Ziel gesetzt hatten.

Die Landschaft des Khorassan dehnt sich hellgrün und samtbraun unter dem zartblauen, zentralasiatischen Himmel. Samarkand und die gigantischen Ruinen des Timur-Reiches sind nicht fern. Die Stadt Meshed gilt als Hochburg des schiitischen Fanatismus. Meshed bedeutet in der Übersetzung »Stätte des Märtyrers oder des Bekenners«, denn unter der goldenen Kuppel der Goharschad-Moschee ruht der Achte Imam Reza, der bedeutendste Nachfolger Alis. »Schiiat Ali – Partei des Ali« (gemeint ist der Schwiegersohn Mohammeds, der die Prophetentochter Fatima geheiratet hatte) – davon leitet sich die schiitische Religionsbezeichnung ab. Wie alle anderen zwölf Imame dieser tragischen Glaubensrichtung, die erst seit dem sechzehnten Jahrhundert zur Staatsreligion Persiens erhoben wurde, ist Reza dem Mordanschlag seiner Gegner zum Opfer gefallen. Er wurde Anfang des neunten Jahrhunderts auf Geheiß des Abbasiden-Khalifen El Maimun, Sohn und Erbe des großen Harun-ar-Raschid, vergiftet. Seitdem ist Meshed ein hehrer Ort schiitischer Frömmigkeit und permanenter Trauer. Der Siedepunkt des religiösen Eifers wird im Monat Muharram erreicht. Dann gedenkt die »Partei Alis« des tragischen Untergangs ihres Dritten, ihres heiligsten Imam, des Propheten-Enkels Hussein, der in Kerbela im fernen Mesopotamien erschlagen wurde. Dann bilden sich Büßer- und Flagellanten-Prozessionen, die sich bis aufs Blut kasteien und dabei in hysterische Verzückung geraten. Die Pahlevi-Dynastie hat alles getan, um diesen unkontrollierten und barbarischen Passionsspielen ein Ende zu setzen. Die Iraner sollten durch massive staatliche Erziehungsarbeit stets daran erinnert werden, daß der Islam im siebten Jahrhundert als arabische Fremdherrschaft über das bis dahin Zarathustra-gläubige Persien hereingebrochen war. Die schiitische Abweichung von der muselmanisch-sunnitischen Rechtgläubigkeit, so lautete die offizielle Deutung, habe auf ihre Weise einen verkappten, aber wirksamen Widerstand des iranischen Nationalbewußtseins gegen die religiöse Entfremdung durch die arabischen Sunniten verkörpert. Hatte sich nicht in vielen Dörfern der Brauch erhalten, einmal im Jahr – in Erinnerung an die semitische Eroberung – eine Strohpuppe zu verbrennen, die den Khalifen Omar, den erfolgreichsten Feldherrn des Früh-Islam, darstellte? Der Schah versuchte sogar, den frommen Pilgerstrom, der sich aus Persien jährlich nach Mekka und Medina ergoß, auf die rein nationalen Heiligtümer, die Grabmäler der schiitischen Imame, umzulenken. Insbesondere Meshed und das Mausoleum des Achten Imam Ali-el-Reza sollten davon profitieren.

Der Basar gliedert sich ringförmig um die Masjed-e-Goharschad, die aus dem fünfzehnten Jahrhundert, der Timuriden-Epoche, stammt und mit den üblichen Blumenfayencen geschmückt ist. Ausländer und Ungläubige werden in Meshed zur Vorsicht ermahnt. Es brodelt gelegentlich in den Gassen. Die Mullahs unter dem schwarzen und weißen Turban sind hier zahlreich und werfen finstere Blicke auf die fremden Eindringlinge. Durch eine besondere Gunst wurde mir die Erlaubnis erteilt, einen Blick auf das zentrale Heiligtum, den »Haram«, zu werfen, wo sich das Grab des Imam Reza befindet. Es war ein verwirrender Kuppelbau von geradezu magischer Wirkung. Die massiven Vergoldungen des Sarkophags reflektierten sich in einer Vielzahl winziger Spiegelflächen. Es entstand dadurch eine Stimmung der Unwirklichkeit und der Verzauberung. Die Stalaktiten dieses sakralen Spiegelsaals sprudelten wie erstarrte, silberne Kaskaden. Das kunstvolle Glitzern war nicht frei von Effekthascherei. In Meshed und erst recht im Umkreis des Sanktuariums gingen die Frauen fast alle tief verschleiert. Hier wehte nicht die weiße Flagge der vom Schah verordneten Weißen Revolution. Im ersten Frühlingswind, der von der nahen afghanischen Grenze herüberwehte, entfalteten sich zahllose schwarze Wimpel und Fahnen, düstere Symbole der unstillbaren schiitischen Trauer und ihrer geheimen Verheißung.

Der blutige Freitag

Teheran, Anfang September 1978

Zwischenlandung in Teheran. Die Maschine der »Iran Airways« hat mich von Tokio nach einem nächtlichen Flug über Sinkiang, Kaschmir und Afghanistan in die persische Hauptstadt transportiert. Es ist nur ein kurzer Aufenthalt vor dem Weiterflug nach Paris. Für eine Nacht bin ich im »Hilton« einquartiert. Das Hotel ist überfüllt mit ausländischen Journalisten. In der Lobby treffe ich den Amerikaner Ted Murphy, dem ich häufig in Vietnam begegnet war. »Was machst du hier?« frage ich ihn. »Du bist doch bibelfest«, antwortet er lachend. »Wo ein Aas ist, da sammeln sich die Geier.« Das Aas, so scheint es, ist bereits der umstrittene Herrscher auf dem Pfauenthron. Kein Tag vergeht, ohne daß die studentische Opposition zu einer Kundgebung gegen den Schah aufruft. Dabei werden Schaufenster zertrümmert, ja ganze Häuserzeilen niedergebrannt. Es heißt, daß auch die gefürchtete Savak ihre Provokateure ausgeschickt hat. Die gefangenen Aufrührer werden in den Gefängnissen schrecklich gefoltert. Im Umkreis der Teheraner Universität haben Militär und Polizei mehrfach das Feuer auf die jugendlichen Demonstranten eröffnet. Es ist zu einem »blutigen Freitag« gekommen, und die Zahl der Opfer, so berichten die teils islamischen, teils marxistischen Aufrührer, gehe in die Tausende. In den vom heißen Sommer ausgetrockneten Rinnsteinen der Teheraner Innenstadt fließt Blut.

Am Tag meiner kurzen Zwischenstation befindet sich Hua Guofeng, der Parteivorsitzende und Regierungschef der Volksrepublik China, in der iranischen Hauptstadt. Er stattet Mohammed Reza Pahlevi einen offiziellen Staatsbesuch ab und gibt damit zu erkennen, daß die chinesischen Kommunisten den Schah weiterhin als einen verläßlichen und soliden Gesprächspartner betrachten. Selbst die Russen, die sehr diskret mit ihren Gefolgsleuten der iranischen Tudeh-Partei im Untergrund konspirieren, bauen offenbar auf die Permanenz des Pahlevi-Regimes, begegnen dem Herrscher mit größter Ehrerbietung. Der Schah ist für den Herbst nach Ost-Berlin eingeladen. Die Geschäftsleute aus USA und Westeuropa wollen nicht an eine iranische Götterdämmerung glauben. In der politischen Lagebeurteilung der westlichen Industrievertreter und Diplomaten paart sich ökonomisches Wunschdenken mit konservativer Nostalgie. Zwar beklagt man sich über die flegelhafte Anmaßung der persischen Hof- und Wirtschafts-Kamarilla, denen der Erdöl-Boom der vergangenen Jahre die letzten Hemmungen genommen habe, aber man bleibt weiterhin überzeugt, daß der Schah über die stärkeren Bataillone verfügt und daß der Iran längst nicht reif ist für den Aufstand der Massen.

Am späten Abend trifft sich im Garten des Hotels die Crème der iranischen Geschäftswelt. Die Männer tragen weißen Smoking. Die Frauen haben sich Dior-Abendkleider aus Paris kommen lassen. Auf den gewagten Dekolletés glitzern kostbarste Juwelen. Es ist kaum vorstellbar, daß zur gleichen Stunde ein paar Straßenzüge entfernt Rotten von Jugendlichen und Regimegegnern Todesrufe gegen den Kaiser ausstoßen und die Losung »Margbar Schah – Tod dem Schah« auf die Mauern pinseln. Es herrscht keine Weltuntergangs- oder auch nur Katastrophenstimmung bei den Reichen von Teheran und den Günstlingen des Hofes. Man protzt noch ein wenig demonstrativer als sonst, und wenn man schon nicht selbst bereit ist, um den eigenen Besitz und die eigenen Privilegien zu kämpfen – »Wann geht schon die Bourgeoisie auf die Barrikaden?« meint Ted Murphy –, so verläßt man sich auf die braven Soldaten der Armee und die Treue des Offizierskorps zu ihrem Monarchen. Eine Jazzband spielt den neuesten amerikanischen Beat. Die Champagnerpfropfen knallen. Es fehlt nur noch ein Feuerwerk, um die Feststimmung vollzumachen. Aber dafür sorgen wohl ein paar verzweifelte Revolutionäre in den Nebengassen der Reza-Schah-Avenue mit ihren Maschinenpistolen und Molotow-Cocktails. Ein deutscher Industrierepräsentant hat mich beiseite genommen. Wie ich auf die Spannung, die Unheimlichkeit der Situation verweise, lacht er schallend. »Sie sollten es doch besser wissen«, meinte er wohlgemut. »Sie haben doch die sogenannte Mai-Revolution von 1968 im Quartier Latin erlebt. Was sich hier vollzieht, ist durchaus vergleichbar. Der Schah zögert vielleicht zu lange, seine Panzer rollen zu lassen, aber erinnern Sie sich, wie schnell es damals Ihrem General de Gaulle gelungen ist, die Lage in Paris wieder in den Griff zu bekommen.«

Die Botschaft des Verborgenen Imam

Neauphle-le-Château, November 1978

In Neauphle-le-Château gingen seltsame Dinge vor. Das Dorf der äußeren Pariser Banlieue, nach einem herrschaftlichen Schloß aus dem siebzehnten Jahrhundert benannt, liegt schon am Rande jener fruchtbaren Getreide-Ebene der Beauce, die die Kathedrale von Chartres mit ihren violett-blauen Kirchenfenstern und der von Péguy besungenen Weihe umschließt. Ausgerechnet in diesen Flecken – vermutlich weil ein persischer Landsmann ihm seine winzige »Maison de Campagne« zur Verfügung gestellt hatte – war der Ayatollah Ruhollah Khomeini gekommen und hatte sich dort mit ein paar Getreuen niedergelassen. Es dauerte eine Weile, ehe die Pariser und ausländische Presse auf den »Marché persan«, auf den persischen Jahrmarkt mitsamt seinen bärtigen Turbanträgern aufmerksam wurde, der sich dort entfaltete. Wer kannte damals schon den Ayatollah Khomeini, und wer wußte um die hintergründige Glaubenswelt der muselmanischen Schiia?

Unter den vielen iranischen Studenten hingegen, die über ganz Westeuropa, vor allem in der Bundesrepublik und Frankreich, verstreut lebten, hatte sich die Nachricht von der Ankunft Khomeinis wie ein Lauffeuer verbreitet. Eine seltsame Signalwirkung ging von diesem weißbärtigen Greis aus, der den schwarzen Turban der Nachkommen des Propheten trug. Khomeini war nach offener Auflehnung gegen den Schah und dessen Säkularisierungspolitik im Jahr 1963 relativ glimpflich davongekommen. Er war nur vorübergehend verhaftet worden. Die Savak hatte ihn im Gegensatz zu seinem Streitgefährten aus Teheran, dem Ayatollah Taleghani, nicht gefoltert und ihn nach ein paar Monaten Kerker ins Ausland abgeschoben, in den Irak. Dem feindlichen Baath-Regime von Bagdad wurde damit ein vergiftetes Geschenk ausgeliefert, denn die sunnitische Regierungsmannschaft des irakischen Präsidenten Hassan-el-Bakr blickte voll Mißtrauen auf jene schiitische Glaubensgemeinschaft im südlichen Mesopotamien, die mehr als die Hälfte der Bevölkerung des eigenen Landes ausmachte, von den Positionen der Macht jedoch sorgsam entfernt gehalten blieb. Khomeini hatte sich auf eigenen Wunsch in der Heiligen Stadt Nadschaf niedergelassen, in unmittelbarer Nachbarschaft des Grabes Ali Ibn Abu Talibs, des Ersten und heiligsten Imam. Jeden Tag, stets zur gleichen Stunde, pilgerte er zur vergoldeten Grabstätte dieses Schwiegersohns und Erben des Propheten

Mohammed, der der Schiia, der Partei Alis, den Namen gegeben hatte. Die irakischen Sicherheitsdienste richteten ein wachsames Auge auf den fanatischen Ober-Mullah aus der persischen Stadt Qom, behinderten seine Kontakte mit den irakischen Glaubensbrüdern, behandelten ihn eher als eine Geisel denn als einen Gast oder Asylanten. Dem Schah Mohammed Reza Pahlevi, dem Khomeini einen heiligen Haß geschworen hatte, konnte das nur recht sein. Sollte doch der Ayatollah seinen theologischen Studien nachgehen. Sollte er doch seine Vorstellungen über den schiitischen Gottesstaat niederschreiben und eine Vielzahl von sexuellen Verhaltensregeln kodifizieren, deren anatomische Detailwütigkeit befremdete. Der politische Einfluß dieses Fanatikers auf die Iraner zu Hause schien gering zu sein. Es waren die marxistisch gefärbten Linksgruppen, die den Pfauenthron durch Verschwörung und Attentate verunsicherten, so analysierten die Anti-Guerilla-Spezialisten der Savak und ihre amerikanischen Counselors. Wenn im iranischen Bereich Unruhe entstand, so schien sie eher von der Gefolgschaft jenes schiitischen Erneuerers Ali Schariati auszugehen, der vor der Polizei des Schah nach Paris und London geflohen war. Als Ali Schariati an der Themse einem Herzschlag erlag, hatte die Bewegung der islamisch-sozialistischen Wiedergeburt im Iran ihren bedeutendsten Theoretiker und Bannerträger verloren. Zu Hause ging das Gerücht um, er sei einem Anschlag der Savak zum Opfer gefallen.

Wie war Ruhollah Khomeini ausgerechnet nach Frankreich, nach Neauphle-le-Château, gekommen? Das war keine spontane Entscheidung. Im Sommer 1975 waren die Regierungen von Teheran und Bagdad endlich übereingekommen, ihren uralten Erbstreit, der bis auf das babylonische Altertum und die ersten Jahrzehnte des Islam zurückging, durch einen modus vivendi zu unterbrechen, der beiden Teilen Vorteile brächte. Im Norden des Irak dauerte seit Jahren der separatistische Aufstand der Kurden an. Der Iran hatte den Freiheitskampf dieses indo-europäischen und sunnitischen Volkes systematisch mit Waffen beliefert und gegen die überlegene Armee Bagdads am Leben erhalten. Jetzt zeigte sich der neue starke Mann des Irak, Saddam Hussein, jedoch bereit, dem Schah im Hinblick auf die Schiffahrt im Schatt-el-Arab, wo Tigris und Euphrat einen gemeinsamen Strom bilden und in den Golf münden, substantielle Zugeständnisse zu machen. Als Gegenleistung würde Mohammed Reza Pahlevi mit zynischer Rücksichtslosigkeit die kämpfenden Kurden des Irak, Peschmerga genannt, dem Baath-Regime von Bagdad ausliefern. Eine Nebenklausel dieses orientalischen Handels berührte auch den Exil-Mullah von Nadschaf, den Ayatollah Khomeini, den die Iraker – auch mit Rücksicht auf die Lage im eigenen Land – in einen dritten Staat abschieben wollten. Der irakische »Mukhabarat«, der Geheimdienst Saddam Husseins, hatte der Savak vorgeschlagen, den eigensinnigen schiitischen Greis nach Tripolis oder Algier ausreisen zu lassen. Aber Teheran legte sein Veto ein. Bei Präsident Boumedienne von Algier oder gar bei Oberst Kadhafi von Libyen hätte Khomeini sofort eine revolutionäre Plattform gefunden, hätte er sich – wie die Polizei-Experten meinten – zu einem bedrohlichen Fackelträger der islamischen Entrüstung über den Sittenverfall des Pahlevi-Regimes stilisieren können. Also ließ Teheran über die iranische Botschaft in Paris beim Quai d'Orsay anfragen, ob die Fünfte Republik Giscard d'Estaings wohl bereit sei, diesem wenig bekannten Prediger aus Qom ein Einreisevisum nach Frankreich zu erteilen. In Paris gaben die zuständigen Behörden der DST, »Direction de la Surveillance du Territoire«, ihre Zustimmung und ahnten wohl ebensowenig wie ihre Kollegen von Teheran, daß sie die Büchse der Pandora öffneten. In Tripolis und Algier wäre Khomeini einer unter vielen Exilpolitikern und Möchtegern-Revolutionären aus aller Welt gewesen. Er wäre, von der internationalen Presse kaum beachtet, in das lähmende Netz der argwöhnischen lokalen Sicherheitsorgane eingesponnen gewesen. In Frankreich hingegen, in unmittelbarer Nachbarschaft der Weltstadt Paris, wurde Khomeini über Nacht zum exotischen Kuriosum und in Windeseile zum explosiven Politikum.

Den Ausschlag gaben – wie gesagt – die in Westeuropa ansässigen Perser. Die Mehrzahl von ihnen – obwohl sie der iranischen Bourgeoisie angehörten und ihre Familien vom Schah-Regime meist Nutzen gezogen hatten – verkrampften sich seit Jahren in tödlicher Feindschaft zu Mohammed Reza Pahlevi. Diese jungen Männer und Frauen waren im Umkreis der Sorbonne und der Frankfurter Lehrstühle in den Sog des Marxismus geraten. Sie erschöpften sich in zahllosen Revolutionsklüngeln und suchten vergeblich nach dem einigenden Fanal, das ihnen den Weg zum Systemwechsel in Teheran weisen konnte. Viele dieser Verschwörer stammten aus einem streng religiösen islamischen Elternhaus. Sie trugen am schwersten unter dem quasi-schizophrenen Widerspruch zwischen ihrem angestammten schiitischen Erbe und den radikalen, atheistischen Postulaten des militanten Leninismus. Bei dieser Gruppe war die Zahl der Selbstmorde besonders hoch. Studenten und Intellektuelle, die auch in Europa ihren islamischen Überlieferungen treu blieben, waren kaum vorhanden. Sadegh Tabatabai sagte mir einmal, daß er sich fast lächerlich machte, wenn er sich als praktizierender Moslem zu erkennen gab. Das Wort »Allah« war bei der persischen Emigration tabu.

Aber plötzlich tauchte Ruhollah Khomeini in dem winzigen, schäbigen Häuschen von Neauphle-le-Château auf. In den Straßen von Teheran floß seit dem Sommer das Blut der »Schuhada«, der Märtyrer, für welche Sache sie auch ihr junges Leben opfern mochten. Und nunmehr sprang der heilige Funke auf die Ungläubigen und die Abtrünnigen des wissenschaftlichen Materialismus über. In Neauphle-le-Château versammelten sich die iranischen Studenten der Sorbonne, rollten die Busse aus dem Ruhrgebiet an, gefüllt mit jungen persischen Akademikern und Gastarbeitern. Sie begegneten dem heiligen Eiferer aus Qom, entsannen sich plötzlich der Suren des Korans, der rituellen Verneigungen nach Mekka und stießen – wie aus dem Unterbewußtsein heraus – den uralten islamischen Schlachtruf aus: »Allahu akbar«. Die persischen Studentinnen aus bürgerlichem Hause, deren weibliche Formen durch die strammen Pullover bisher überbetont wurden, denen die Jeans nicht eng genug sitzen konnten, versteckten sich auf einmal unter häßlichen Tüchern. Der Tschador verhüllte Körper und Haare und wurde oft mit den Zähnen festgehalten. Keine Spur von Make-up wurde mehr geduldet. Die Stoppelbärte der jungen Männer wurden zum Erkennungszeichen des islamischen Engagements.

Ganz spontan hatte sich dieses Wunder Khomeini denn doch nicht vollzogen. Dahinter stand eine kleine Gruppe im Westen ausgebildeter, aber in der schiitischen Überzeugung gefestigter Männer. Da war Ibrahim Yazdi, der hochqualifizierte persische Arzt aus USA. Als Sprecher und Dolmetscher des Imam, wie man Khomeini nunmehr im Kreise der Getreuen nannte, fungierte unter anderem Sadegh Ghotbzadeh, der konspirative Jahre in Syrien und Libanon verbracht hatte, der sogar über einen syrischen Paß verfügte und deshalb von den westlichen Sicherheitsdiensten sehr zu Unrecht als verkappter Kommunist eingestuft wurde. Die französischen Journalisten fanden Zugang zu einem an der Sorbonne ausgebildeten Soziologen namens Bani Sadr, der sich nur spärlich äußerte, noch geheimnisvoller wirkte als seine Gefährten und von einem hohen Missionsbewußtsein durchdrungen war. Bani Sadr war durch die schiitischen Lehren des Reformers Ali Schariati sowie durch die Vorlesungen des französischen Professors Jacques Berque beeinflußt, der in den fünfziger Jahren auch mein Lehrer für Arabistik und Orientalistik im Libanon gewesen war. Durch seine Verbindlichkeit und Offenheit zeichnete sich Sadegh Tabatabai aus, ein junger wissenschaftlicher Assistent der Universität Bochum, zu dem ich auf Anhieb persönlichen und freundschaftlichen Zugang fand. Tabatabai gehörte zum engsten Kreis des Imam, denn seine Schwester hatte den Sohn des Ayatollah Khomeini, den Hodschatulislam Ahmed Khomeini, geehelicht. Er verschaffte uns unmittelbaren Zugang zu seinem Schwager Ahmed, dem stets eine kühne Haarsträhne unter dem schwarzen Turban in die wachsbleiche Stirn fiel. Ahmed Khomeini erschien uns von Anfang an als verbindliche und schalkhafte Antithese zu seinem gestrengen Vater, in dessen Gegenwart diese gesamte Gruppe von Hitzköpfen und Revolutions-Amateuren in Ehrfurcht und Unterwerfung erstarrte.

Der Imam war in Neauphle-le-Château von einem ganzen Gefolge bärtiger Mullahs, von einer Vielzahl weißer und schwarzer Turbane umgeben. Die französischen Beamten der »Renseignements Généraux«, die das Innenministerium mitsamt einem Aufgebot von Gendarmen zu dieser Wallfahrtsstätte beordert hatte, versuchten vergeblich, die Querverbindungen und Geheimkontakte aufzudecken, die zwischen dem verschlafenen Dorf bei Versailles und der persischen Emigration in aller Welt gesponnen wurden. Der Elysée-Palast hatte wohl nicht vorausgesehen, welche umstürzlerische Dynamik sich plötzlich in der ländlichen Stille der Ile-de-France entfalten würde. Dem Asylsucher Khomeini räumte man stillschweigend eine Handlungsfreiheit und propagandistische Aktivität ein, wie sie ansonsten politischen Emigranten nicht gewährt wurde. Offenbar hatte man an der Seine den Kaiser des Iran als überfällige Herrschaftserscheinung bereits abgeschrieben, und eilfertig bereiteten sich die Orient-Experten des Quai d'Orsay mit der ihnen eigenen zynischen Behendigkeit auf die Nachfolge vor. Es war kein sehr einträgliches Kalkül, wie die Zukunft zeigen sollte.

Die erfolgreichste Einsatzgruppe Khomeinis waren die westlichen Journalisten. Es brauchte einige Zeit, und es kam zu den üblichen Auseinandersetzungen, ehe die Zentralredaktion meines Senders von der Bedeutung der Vorgänge in Neauphle-le-Château überzeugt werden konnte. Aber dann wurde man in Wiesbaden nicht müde, nach immer neuen und immer gleichen Bildern von diesem seltsamen schiitischen Prediger zu verlangen. Der Spätherbst war mit Regen, eisigen Winden, Schlamm und sogar Schnee über die Ile-de-France hereingebrochen. Fast jeden Tag fuhr jetzt unser Teamwagen zu dem einstöckigen »Cabanon« und dem angrenzenden Obstgarten, wo sich das Schicksal Persiens entschied. Meine erste Begegnung mit Ruhollah Khomeini fand in einer Art Fließband-Audienz statt. Die internationalen Fernseh-Teams standen im schlammigen Vorgarten Schlange und wurden von Sadegh Ghotbzadeh in streng programmierter Folge vorgelassen. Vor dem Betreten des niedrigen Raums, wo der Imam auf einem Teppich an die Mauer gelehnt kauerte, mußten wir unsere Schuhe ausziehen. Mir fiel dabei ein überaus eleganter englischer Kollege auf, der plötzlich mit durchlöcherten Socken dastand und so schnell wie möglich in den Schneidersitz ging, um diese Peinlichkeit zu verstecken. Aber Khomeini übersah solche Menschlichkeiten geflissentlich. Er war aus seiner Heimat wohl an Schlimmeres gewöhnt. Der Imam ließ sich mit teilnahmslosem Gesicht Fragen aus dem Englischen oder Französischen von Sadegh Ghotbzadeh übersetzen. Seine Antworten erteilte er in einförmigem Singsang, nuschelte seine Ausführungen ton- und akzentlos in den Bart, als wären ihm diese Auftritte äußerst lästig. Nur selten richtete er unter den pechschwarzen, buschigen Augenbrauen den Blick auf den Interviewer. In seinen Augen schimmerte dabei keine Spur von Wohlwollen. Ein tragischer Ernst sprach aus diesem Blick, eine Strenge, ein totaler Abstand, der schaudern machte. Plötzlich spürte ich, daß ich hier keiner mittelalterlichen Persönlichkeit gegenübersaß, wie immer wieder geschrieben und behauptet worden war. Hier begegnete ich einem Mann von biblischer Dimension, der den Richtern und Propheten des Alten Testaments verwandt war. Diese Versetzung in eine ferne, mystische Phase der Menschheit ist bis zuletzt mein faszinierendstes Erlebnis im Umgang mit Khomeini und seiner schiitischen Revolution geblieben.

Dank meiner persönlichen Verbindung zu Tabatabai und somit auch zu Ghotbzadeh erhielten wir sehr bald Zugang zum inneren Kreis um Khomeini. Meine orientalische Ausbildung kam mir dabei zugute. Bei Nacht trafen wir uns in einer großbürgerlichen, aber kaum möblierten Wohnung des Quai Kennedy in der Nähe des Rundbaus des Französischen Rundfunks, und bereiteten unsere Reportage-Reise nach Teheran vor, die in die kritischen Tage des schiitischen Märtyrer-Monats Muharram fallen würde. Die Gruppe von Neauphle hatte ein perfektes Mittel gefunden, um die Botschaft des Ayatollah den persischen Massen nahezubringen. Tonband-Kassetten, die sich leicht im Gepäck der Reisenden verbergen, dann an Ort und Stelle beliebig vervielfältigen ließen, wurden zur idealen Propagandawaffe des islamischen Aufstandes. Die Reden Khomeinis dröhnten durch die Straßen und Gassen des Iran. Seine Aufrufe wurden auswendig gelernt. Fast jede Nacht versammelten sich die frommen Schiiten auf den Dächern ihrer Häuser, und die Dunkelheit hallte wider von dem Siegesruf: »Allahu akbar!«

In den Antworten, die er mir brummig gewährte, machte Khomeini kein Geheimnis daraus, daß er die totale islamische Gottesherrschaft anstrebte. Es gab für ihn keine Trennung zwischen Politik und Religion. Die Politik war gewissermaßen eingebettet in die Religion. Politische Legitimität gab es nur in strenger Anlehnung an den Koran und die Überlieferung der Imame, ja die letzte politische Rechtfertigung war im Geheimnis des Zwölften Imam beschlossen, jenes Mehdi, der aus der Verborgenheit die Geschicke der Welt lenkt und eines Tages zurückkehren wird, um das Reich Gottes und der Gerechtigkeit wieder herzustellen. Mit dem Schah gebe es keine Möglichkeit des Kompromisses, beteuerte Khomeini, ohne die Stimme anzuheben. Dem Satan könne man keine Zugeständnisse machen. Im Gegensatz zu seinen Presse-Mitteilungen entfaltete Khomeini eine gewisse rhetorische Begabung, wenn er unter dem blau-weiß-gestreiften Zelt des Obstgartens seine fiebernden iranischen Gefolgsleute ansprach. Die Welt sei vom Übel, von den Kräften des Bösen beherrscht, rief er dann. Ein Modell für die islamische Theokratie, die er errichten wollte, konnte Khomeini nirgendwo entdecken, und als ich ihn einmal fragte, ob nicht Saudi-Arabien eventuell – wo der Koran doch die einzige Gesetzgebung und Verfassung dieses Königreichs darstellt – seinen Vorstellungen nahekomme, antwortete er schroff, dieses »Mamlakat« sei alles andere als ein islamischer Staat. Von den gemäßigten Emissären der einstigen »Nationalen Front«, die ihn aus Teheran zu kontaktieren suchten und die eine gewaltlose Übernahme der Macht durch die Islamische Republik inszenieren wollten, verlangte Khomeini bedingungslose Unterwerfung. Seine Frontstellung gegen den Westen war unverhüllt. Die permissive Fäulnis der Okzidentalisierung und die Konsumvergötzung bedrohten in seinen Augen die Sittenreinheit des Islam und der iranischen Jugend.

Wie stand der Imam zur Sowjetunion? Vor allem wollte ich wissen, wie er sich zum Problem der muselmanischen Minderheiten in Sowjetisch-Zentralasien und im Kaukasus äußern würde. Khomeini überlegte nicht lange. Er blickte auf den schäbigen Teppich und antwortete mit scheppernder Greisenstimme: »Sie werden verstehen, daß ich diese Frage nicht freiweg beantworten kann. Aber ich verlange Religionsfreiheit im weitesten Sinne für die Moslems in der Sowjetunion. Sie sind unsere Brüder.« Beim Verlassen des Raumes nahm Sadegh Ghotbzadeh mich auf die Seite: »Sie werden die Behutsamkeit des Imam verstehen«, sagte er, »aber ich darf Sie auf seine Schriften verweisen. Darin fordert er alle politischen Rechte für die unterdrückte islamische Gemeinschaft in der

Sowjetunion, und er verlangt sogar von Moskau, daß uns jene Gebiete des ›Dar-ul-Islam‹ zurückgegeben werden, die die Zaren zu Unrecht dem russischen Imperium einverleibt haben.«

Inzwischen war Ruhollah Khomeini in die Legende eingegangen. Unter seinen Getreuen ging die Kunde um, gedungene Mörder der Savak seien nach Neauphle-le-Château entsandt worden; als sie jedoch in die ärmliche Klause eingedrungen seien, hätten sie statt eines Ayatollah zwölf völlig identische Imame vorgefunden und voller Entsetzen die Flucht ergriffen. Eine andere Mär besagte, daß die Pantoffeln des heiligen Mannes, die er vor dem Gebet jedesmal abstreifte, sich von selbst in die entgegengesetzte Richtung umkehrten, damit er auf dem Rückweg gleich in sie hineinschlüpfen könne. In Teheran schließlich, so wurde mir mitgeteilt, und dabei mußte ich natürlich an Marokko und Sultan Mohammed V. denken, entdeckte die fromme Bevölkerung bei ihren nächtlichen Kundgebungen das bärtige Antlitz Khomeinis in der vollen Scheibe des Mondes. Die Umgebung des Schah hatte darauf spekuliert, daß der aufsässige Mullah aus Qom in der Ferne, in der Hektik der Weltstadt Paris, in Vergessenheit geraten, zur Bedeutungslosigkeit schrumpfen würde. Aber der Hof hatte seine Rechnung ohne die gläubige Inbrunst der Massen gemacht. Gerade weil sich eine so gewaltige geographische Distanz zwischen Khomeini und seinem Volk erstreckte, wurde er auf seine Weise zu einem Verborgenen Imam oder zumindest zum Vorläufer jenes mythischen Mehdi, auf dessen Wiederkehr die trauernde Glaubensgemeinschaft der Schiiten seit mehr als tausend Jahren wartete, wie einst die Juden den Messias herbeisehnten.

Enterbte, erhebt euch!

Teheran, Dezember 1978

Die graue Betonmasse von Teheran tauchte zwischen Wolkenfetzen auf. Ein Gemisch von Regen und Schnee ging über der iranischen Hauptstadt nieder. Das Elbrus-Gebirge war in Nebelschwaden gehüllt. Trotz der fortgeschrittenen Vormittagsstunde fuhren die Autos mit aufgeblendeten Scheinwerfern. Die Essen eines Elektrizitätswerkes im Zentrum leuchteten wie eine Feuersbrunst. Die Polizeikontrolle nach der Landung war lässig, der Flugplatz Mehrabad verschmutzt. Eine Ordnung brach zusammen. Die Straßen wimmelten von Militärs in grau-grünen Parkas. Die Soldaten trugen amerikanische Helme und hielten Schnellfeuergewehre vom Typ M 16 schußbereit in der Hand. Es roch nach Belagerungszustand. Der schiitische Trauermonat »Muharram« hatte begonnen, und der Schah mußte das Schlimmste befürchten.

Das Gespräch mit Botschafter Ritzel in der deutschen Vertretung, die im Reichskanzler-Stil der dreißiger Jahre gebaut war, verlief kurz. Er bot uns für den äußersten Ernstfall den Schutz seines exterritorialen Gebäudes an. Aber er sei in keiner Weise bereit, mich bei Hofe zu empfehlen, nachdem ich über die Ereignisse in Neauphle-le-Château so einseitig berichtet hätte. Als ob ich dieses Mal die Absicht gehabt hätte, mit der Umgebung des Schah Kontakt aufzunehmen. Wir waren bei unserer Ankunft im »Hilton« längst von den Vertrauensmännern der islamischen Revolution in Empfang genommen worden, fließend Deutsch sprechenden Personen, die in der Bundesrepublik studiert hatten und jetzt über unsere Absichten voll informiert waren. Unter strömendem Regen fuhren wir mit Huschi und Brahim zum Friedhof Beheschte Zahra. Unsere Kameras versteckten wir unter den Mänteln, um von den Militärkontrollen nicht zurückgeschickt zu werden.

Ein paar tausend Menschen hatten sich an den frischen Gräbern der Märtyrer zusammengefunden. Schuhada nannte man diese »Bekenner« der islamischen Revolution, die den Kugeln der Repression zum Opfer gefallen waren. Einer von ihnen war unlängst den Soldaten mit geöffnetem Hemd entgegengetreten, bot ihnen die Brust als Zielscheibe in der Gewißheit, daß der Tod ihm die Pforten des Paradieses öffnen würde. Die Truppe hatte gezögert, aber ein Offizier gab den Feuerbefehl. Während der junge Revolutionär zusammenbrach, stürzten sich seine Begleiter auf den Leichnam, tauchten die Hände in seine Wunden und beschmierten sich das Gesicht mit seinem Blut. »Sanguis martyrum«. Was half es da, daß die Regierung des Schah, die nunmehr dem General Azeri unterstellt war, die nächtliche Ausgangssperre verfügte und öffentliche Ansammlungen verbot. Von den flachen Häusern rund um den Bazar dröhnten nach Einbruch der Dunkelheit die Sprechchöre »Allahu akbar«, und über Lautsprecher wurden die Kassetten mit den Ansprachen des Imam Khomeini abgespielt. »Zögert nicht, euer Blut zu vergießen, um den Islam zu schützen und die Tyrannei zu stürzen«, feuerte die Stimme aus Neauphle-le-Château die Gläubigen an.

Wir waren auf feindselige Reaktionen am Friedhof Beheschte Zahra gefaßt gewesen. Schon aus der Ferne hallte uns der Schrei »Margbar

Schah – Tod dem Schah!« entgegen. Die Gefahr bestand, daß man uns für
Amerikaner, wer weiß, für Polizeispitzel hielt, die die Bilder der Trauernden der Savak zur Verfügung stellen würden. Aber wir wurden von
den bärtigen jungen Protestlern wie Brüder aufgenommen, und die
Frauen im Tschador brachten uns Weintrauben und Tee. Fast ohne es zu
merken, wurden wir einbezogen in die feierliche Trauerstimmung des
Muharram. Am Nachmittag wurden wir zu einem jungen Mullah geleitet, der lange in Deutschland gelebt hatte. Er gehörte dem liberalen Flügel der schiitischen Bewegung an und war ein Jünger Ali Schariatis, des
religiösen Erneuerers, der die sozialistische Komponente des Islam zur
Dynamisierung und Modernisierung der persischen Gesellschaft entwik-
keln wollte. Zum erstenmal spürte ich, daß diese Auflehnung der Schia
gegen den Schah und die westliche Überfremdung keine monolithische
Erscheinung, sondern daß sie von tiefen Gräben durchzogen war. Die
politische Zielsetzung, die theologische Inspiration, vor allem aber die
Unverträglichkeit der führenden Ayatollahs untereinander spielten eine
maßgebliche Rolle. Gegenüber dem versteinerten Fundamentalismus
eines Khomeini, der die Idealgesellschaft des Islam für alle Zeiten auf die
Regierungsform des Propheten Mohammad in Medina und des Imam
Ali in Kufa fixieren wollte, verkörperte insbesondere der greise und
hochangesehene Ayatollah Taleghani eine fortschrittlichere und
geschmeidige Tendenz. Es bestand kein Zweifel, daß unser Gastgeber
sich eher zu Taleghani hingezogen fühlte.

Der Morgen des Neunten Tages des Muharram begann mit bösen
Ahnungen. Die islamischen Massen waren von den Mullahs und einer
unglaublich wirksamen Untergrundorganisation aufgefordert worden,
sich in den Vormittagsstunden im Umkreis des Hauses Taleghanis zu
sammeln und dann einen Marsch quer durch die Hauptstadt von Ost
nach West anzutreten. Ein junger Armenier, der den marxistischen
Volks-Fedayin näherstand als den islamischen Fanatikern, sollte uns begleiten. Im Dämmerlicht verließen wir das Hotel. Die Nebel hingen tief,
aber es regnete nicht. Niemand wußte, wie die Armee sich verhalten
würde. Die Militärattachés hatten mir von heftigen Auseinandersetzungen am Hof berichtet, wo General Oveissi, der Stadtkommandant von
Teheran, für eine rücksichtslose Unterdrückung plädierte und bereit war,
ein Blutbad anzurichten. Aber Premierminister Azeri, ein Vertrauter des
Herrschers seit den Tagen der Militärakademie, scheute vor diesem Massaker zurück, sah wohl auch dessen Sinnlosigkeit ein, und der Schah, der
sich von seinem langjährigen Regierungschef Hoveida getrennt hatte,

war auch kein Blutsäufer. Die Armee erhielt den Befehl, das Stadtzentrum zu räumen, und in diesem Moment wußte das Volk von Teheran, daß der Sieg des Islam nicht mehr aufzuhalten war.

Die Fahrt in die Stadt war beklemmend. Die Militärpatrouillen waren nervös. Mehr als einmal wurde die Chaussee durch die bedrohliche Silhouette eines Chieftain-Panzers versperrt. Aber immer wieder fand sich ein Durchlaß. Die großen Steinschluchten des Zentrums waren fast menschenleer. Am Kreuzungspunkt der Avenue Reza Schah erwarteten uns die iranischen Gefährten. Wieder waren Huschi und Brahim dabei. Sie wiesen uns einige Häuser an, wo wir Unterschlupf finden könnten, falls die Streitkräfte doch noch zum Gegenschlag ausholen würden. Plötzlich, wie auf ein geheimes Kommando, nahte aus den Nebenstraßen und Gassen die Mammut-Kundgebung der Revolution. Die Männer gingen eng gedrängt, sie trugen grüne und schwarze Fahnen. Auf den Transparenten standen die Losungen des Umbruchs. Die Menschenmassen, die so unerwartet aus dem Boden gestampft schienen, wirkten ruhig, siegesbewußt, zum äußersten Opfer entschlossen. Wir erkletterten eine Überführung und blickten auf ein Meer von Menschen, das sich vom Bazar her auf uns zu bewegte. Die weißen und schwarzen Turbane der Mullahs bildeten eine geschlossene Kohorte, aber am eindrucksvollsten war die endlose Prozession der schwarz verschleierten Frauen, die sich in kompakten Marschblocks wie eine Generalversammlung von Witwen und Waisen in den Zug einordneten. Ich rief Jossi zu, die Kamera aufzubauen, stellte mich vor die erste Reihe der Demonstranten, deren Transparent die »Schiitische Revolution« hochleben ließ und begann meinen Kommentar mit den Worten: »In dieser Stunde ist in Teheran de facto die Islamische Republik proklamiert worden.« Anschließend zitierte ich auf arabisch einen Koran-Vers, der mir gerade einfiel und der für die Ohren der aufmerksam lauschenden Iraner ringsum bestimmt war: »Inna lahum el janna, iuqatiluna fi sabil Allah – Denn fürwahr, denen gehört das Paradies, die sich auf dem Wege Allahs mühen, die töten und getötet werden, ihnen gilt die wahre Verheißung . . .«

Mindestens eine Million Menschen hat sich an diesem Tag in perfekter Ordnung und Disziplin durch Teheran bewegt. Die Parolen waren in den Tagen der Vorbereitung von den Mullahs sorgfältig abgesprochen worden. »Allahu akbar«, der Schrei wurde mehr und mehr zur Zwangsvorstellung, und immer häufiger ertönte wie ein Echo der Folgeruf »Khomeini rachbar« – »Khomeini ist unser Führer«. Auf einem Spruchband entzifferte ich den Satz: »Unsere Revolution richtet sich gegen den

Imperialismus und gegen den Kommunismus«. Ein kleiner Trupp von Anhängern der kommunistischen Tudeh-Partei, die mit marxistischen Parolen aufwarten wollte, wurde vom islamischen Ordnungsdienst zersprengt, ihre Plakate zerrissen. Es bot sich eine unvergeßliche Szene: An uns vorbei – zu Hunderttausenden – defilierten die Kaufmannsgilden des Bazar, die Studenten und Volksschüler, die untere Beamtenschaft, das Volk von Teheran und vor allem jene »Mustazafin«, jene Enterbten und Armen aus den Slums am Südrand der Hauptstadt, die Khomeini am wirksamsten mobilisiert hatte, denen er sich am engsten verbunden fühlte.

Diese Mustazafin waren die Speerspitze des islamischen Aufbruchs. Sie hatten die glitzernde Welt des Pahlevi-Regimes, die Protzsucht der Reichen, die unheimliche Technologie der westlichen Entfremdung nur aus der Ferne, vom Rande her, aus der Perspektive der Mülltonne des verheißenen Wohlstandes erlebt. Diese »Enterbten« waren aus ihren elenden Dörfern aufgebrochen. Sie waren ursprünglich durch die Lichter der Großstadt geblendet, dann in eine Psychose der Ratlosigkeit und Entwurzelung gelockt worden. Sie suchten nach einem eigenen Stand, nach angestammten Werten, nach einem überlieferten Begriff, an dem sie sich festhalten konnten. Was stand ihnen anderes zur Verfügung, als die Besinnung auf den Islam, als die Rückkehr zu den Gewißheiten des Glaubens, als die Verheißung einer frommen Ur-Gesellschaft, in der nach dem Willen Mohammeds und Alis alle Menschen gleich waren vor ihrem Schöpfer, wo das Wort »Islam« fromme und zuversichtliche Ergebung in den Willen des Schöpfers bedeutet. An der Spitze dieses Heerzuges der Mustazafin, die sich durch knochige Schädel, Stoppelbart und erbärmliche Kleidung zu erkennen gaben, schritten die wohlgenährten Mullahs in der feierlichen Aba wie Triumphatoren. Manche von ihnen tanzten wie Derwische vor Verzückung, waren am Rande des hysterischen Zusammenbruchs. Andere bewegten sich mit biblischer Würde und strahlenden Augen. Aus ihrer Schar klangen jene Verse des Korans, die tatsächlich eine hochrevolutionäre Botschaft mitteilten: »Enterbte erhebt euch und verteidigt euch . . . Brecht auf zur Bewahrung des Islam, denn es ist eure Pflicht, ihn zu verteidigen!«

»Märtyrer seid ihr wie unser Imam Hussein!« brauste der Ruf der Menge durch die seelenlosen Straßenschluchten von Teheran. Es fand nicht nur eine Revolution statt. Es wurde ja auch der schiitische Trauermonat Muharram begangen. Dieses Mal hatten die Mullahs darauf verzichtet, die Gläubigen zu den üblichen Geißelungsszenen anzuhalten. In diesem Dezember 1978 sah man weder Flagellanten noch blutige Peitschen- und Messerwunden, die die in Trance geratenen Gläubigen sich selbst zufügten, um an der Passion ihres heiligen Vorbildes, des Imam Hussein, teilzuhaben. Sie forderten an diesem Tag schlimmere Gefahren und Leiden heraus. Sie wußten, daß jederzeit der Kugelhagel der Ordnungskräfte des Schah auf sie einprasseln könnte. Nie waren sie dem Propheten-Enkel Hussein so nahe gewesen, der vor tausenddreihundert Jahren während der Schlacht von Kerbela in den Hinterhalt seines Feindes Yazid, des teuflischen Usurpators, gelockt, enthauptet und von den Hufen der Pferde zermalmt worden war. In Teheran vollzog sich während dieses Muharram 1978 die späte Rechtfertigung, der posthume Triumph der »Partei Alis«. Die Schiiat Ali wiederholte die Schlacht von Kerbela unter veränderten Vorzeichen. Sieger in diesem Kampf zwischen Gott und Satan, zwischen Gut und Böse, zwischen Licht und Finsternis war der neue Hussein, verkörpert durch Ruhollah Khomeini, der Ayatollah – »Zeichen Gottes« in der Übersetzung –, der in Neauphle-le-Château auf seine Stunde wartete. Auf der anderen Seite stand der Unterlegene, der Besiegte dieser heiligen Stunde, Wiedergeburt des grausamen Khalifen Yazid, und diese Fleischwerdung des Bösen, dieser Satan in Menschengestalt trug den Namen Mohammed Reza Pahlevi.

Am folgenden Zehnten Tage, »Aschura«, des heiligen Monats Muharram, Höhepunkt dieses schiitischen Passionsspieles, bestätigte sich der Erfolg der Revolution. Wieder stauten sich Hunderttausende, drängten zielstrebig und diszipliniert zu dem seltsamen Denkmal Schahyad, das der Kaiser zur Glorifizierung seiner Dynastie errichtet hatte. Das weiße Monument in der Nähe des Flugplatzes Mehrabad, das einem Atommeiler ähnelt, war über und über mit islamischen Parolen bepinselt. Die Mullahs ließen sich zur Predigt auf einen Volkswagenbus hissen. Jossi hielt ihnen die Kamera fast unter die Nase, aber sie störten sich nicht daran. Sie genossen diese Publizität. Der Jubel und die Zustimmung des Volkes dröhnten zu ihnen wie die Brandung des Ozeans. Wir waren eingekeilt zwischen den Gläubigen. Huschi hatte uns zur Sicherheit drei Hünen mit grünen Armbinden als Leibwächter zugeteilt. Wir brauchten sie gar nicht. Am Aschura-Tag war die Furcht vor einer militärischen Gegenaktion bereits gewichen. Das Märtyrer-Gedenken wurde zum Volksfest. Der junge Armenier neben mir hatte die ganze Zeit über betroffen und nachdenklich geschwiegen. Dann hielt er nicht mehr an sich: »What Marxism did not achieve«, sagte er tonlos, »a bunch of Mullahs did it – Was der Marxismus nicht vollbracht hat, das hat eine Bande

Mullahs geschafft.« Bevor ich ins »Hilton« zurückfuhr, schloß mein Leibwächter mich brüderlich in die Arme und küßte mich auf beide Wangen.
Der Bart des Riesen war mindestens fünf Tage alt.

Parallel zu diesen öffentlichen Massenparaden gefielen sich die schiitischen Revolutionäre im Spiel der Verschwörung und des Geheimnisses, in der schattigen Atmosphäre des Ketman. Wir mußten dreimal das
Auto wechseln, fuhren im Kreise durch das Gassengewirr der Innenstadt,
ehe wir das Versteck des Ayatollah Taleghani erreichten. Hier befand
sich eine zentrale Schaltstelle der Bewegung. Das Ansehen Taleghanis
ließ sich mit dem Prestige Khomeinis vergleichen. Unterschwellig – nur
für Eingeweihte ersichtlich – waren die beiden frommen Greise Rivalen.
Weit mehr als Khomeini war Taleghani vom schmerzlichen Glanz des
Martyriums umgeben. Jahrelang hatte er in den feuchten Kellern der
Savak gelitten. Er war mißhandelt worden. Angeblich wurde seine leibli-
che Tochter von den Schergen des Schah vor seinen Augen vergewaltigt.
Einer seiner Söhne, der in den Reihen der marxistisch-leninistischen
Volks-Fedayin kämpfte – manche behaupteten sogar, er sei Maoist gewe-
sen – wurde, vermutlich von einer rivalisierenden Fraktion, umgebracht.
Taleghani war zum Symbol des Leidens geworden und entsprach somit
der trauersüchtigen Erwartung seiner schiitischen Gefolgschaft.

Nach kurzem Palaver mit den bewaffneten Zivilisten, die seine Unterkunft abschirmten, wurden wir in einen großen Raum eingelassen, der
wie immer mit Teppichen ausgelegt war. Taleghani saß im Schneidersitz
längs der Wand, und ich kauerte mich zu seiner Linken nieder. Selten
hatte ich einen würdigeren Greis gesehen. Der Bart war schlohweiß. Die
Augen blickten müde, aber wohlwollend hinter dicken Brillengläsern auf
den Besucher. Die bleiche Haut unter dem schwarzen Turban erschien
fast durchsichtig. Taleghani war wohl ebensoalt wie Khomeini. Fünfzehn Jahre Haft hatten seine physische Kraft aufgezehrt, aber es ging
eine Güte von ihm aus, von der bei Khomeini kein Hauch zu spüren war.
Taleghani hielt nicht viel von der unerbittlichen Theokratie, die der Exi-
lierte von Neauphle-le-Château vorbereitete. Auch er wollte eine gewisse
Mitwirkung des Klerus an der iranischen Gesetzgebung durchsetzen, wie
sie übrigens in der Verfassung von 1906, die immer noch theoretisch in
Kraft war, festgeschrieben war. Aber Taleghani hatte – vermutlich unter
dem Einfluß seiner Kinder, die mit den extremen Linksorganisationen
sympathisierten – Verständnis für den Fortschritt, für den Wunsch vor
allem der Jugendlichen nach einer gesellschaftlichen Veränderung, die
sich nicht nur nach den mittelalterlichen Schablonen und Utopien des

Früh-Islams vollzöge. »Die religiösen Führer«, so betonte Taleghani, »sollen in der Islamischen Republik keine direkte Macht übernehmen, das heißt, sie werden nicht selbst regieren, sondern sie werden einige Persönlichkeiten, die vertrauenswürdig sind, dem Volk vorstellen, und das Volk wird seine Meinung äußern.« Daß mir dieses geheime geistliche Oberhaupt der schiitischen Gemeinde von Teheran nicht seine letzten Absichten und Überzeugungen enthüllte, verstand sich von selbst. Nach dem Interview nahm mich ein schüchterner junger Mullah beiseite. »Taleghani möchte eine breite Kollegialität der Ulama, der Korangelehrten, an der Spitze der Glaubensgemeinschaft wieder herstellen«, erklärte er in fließendem Englisch. Das reformerische Gedankengut Ali Schariatis sei durchaus vereinbar mit den heiligen Grundprinzipien des Islam. Die klassenlose Gesellschaft entspräche dem koranischen Gesetz des Tauchid, der gottgewollten Einheit. Im übrigen verfüge Taleghani über die Gefolgschaft der Händler und Handwerker des Bazar. Gewiß, diese Basari hätten sich der religiösen Sache nicht nur aus heiliger Begeisterung angeschlossen, sondern aus sehr materiellen Interessen. Die Finanzkonzentration unter dem Pahlevi-Regime, die Auswüchse des wild wuchernden Neokapitalismus und eine überstürzte Industrialisierung hätten sich auf Kosten der traditionellen Kaufmannsgilden vollzogen, dem Bazar sein Handelsmonopol entzogen. Wichtiger sei die Tatsache, daß die studentische Jugend, die Intelligenzia zu Taleghani Vertrauen habe und in ihm ein notwendiges Gegengewicht zu dem starren Eifer eines Khomeini sähe.

Seltsame und verschwiegene Welt der Schiia! Mindestens dreihundert Ayatollahs – manche erwähnen die Zahl von tausend – übten in Persien ihr Amt als religiöse Führer und Ratgeber aus. Natürlich gab es keinen Priesterstand im christlichen Sinne. Doch weit mehr als im sunnitischen Zweig des Islam verfügten die höchsten Interpreten der Religion – ein halbes Dutzend von Ayatollah Uzma – im Zeichen des »Ijtihad«, der frommen »Bemühung«, über individuelle Rahmenfreiheit der Deutung und Auslegung der heiligen Texte. Im Umkreis der Moscheen predigten und beteten rund achtzigtausend Mullahs. Daneben gab es zahlreiche andere Kategorien geistlichen Hilfspersonals. Den Übergang zur hierarchischen Spitzenstufe der Ayatollahs bildeten die »Hodschatulislam«, »Beweise des Islam« in der Übersetzung. Hinzu kam, daß mindestens eine halbe Million Iraner sich als »Sayyed«, als rechtmäßige Nachkommen des Propheten betrachteten und somit Anspruch auf das Tragen des schwarzen Turbans hatten. Es war kaum zu begreifen, daß zu Zeiten

der Pahlevi-Herrschaft allenfalls die Spitze dieses Eisberges erkannt worden war, denn zumindest die Orientalisten unter den westlichen
Geheimdienstlern hätten wissen müssen, daß hier ein immenses Potential, eine gewaltige Zahl von Anwärtern bereitstand, das grüne Banner
des Propheten, die schwarze Fahne der Trauer um die Ermordung Alis
und Husseins aufzurichten.

Spät in der Nacht saß ich in der Hotelbar bei einem Whisky mit einem
Kollegen aus der DDR zusammen, der meinen Kontakt gesucht hatte und
der sich in Teheran zweifellos nicht auf seine rein journalistische Tätigkeit beschränkte. Wir rätselten lange an dem Phänomen der Schiia herum. »Manche Spezialisten«, so meinte der behäbig wirkende Mann aus
Ost-Berlin, »vergleichen die Obrigkeitsstrukturen der ›Partei Alis‹ mit
der strengen Hierarchie der römischen Kirche. Die Schiiten seien die
Katholiken des Islam, behaupten sie. Aber das Ausschlaggebende ist der
Ijtihad, ist die persönliche Interpretation der überlieferten Schriften, von
Koran und Hadith, die sich vom Einstimmigkeitsprinzip der Sunna, vom
›Ijma‹, grundsätzlich unterscheidet. Glauben Sie mir, ich sehe in den
Schiiten die Protestanten des Islam, und ich weiß, wovon ich rede: Mein
Vater war nämlich evangelischer Pfarrer in Mecklenburg.«

Die westlichen Ausländer hatten endlich begriffen, was die Stunde
geschlagen hatte. Bis zuletzt hatten sie sich an die Hoffnung geklammert,
der Schah werde doch noch seine gewaltige Militärmacht einsetzen, um
den Aufstand niederzuschlagen. Sie waren in ihrer Urteilsfähigkeit
durch die eigenen Geschäftsinteressen, durch den Pomp des Hofes
geblendet worden. Der krampfhafte Wunsch ist ein schlechter Ratgeber.
Am entschuldbarsten war vielleicht noch der amerikanische Botschafter
Sullivan gewesen, dessen Berichte Washington in einem folgenschweren
Optimismus eingelullt hatten. Der weißhaarige Sullivan, der wie ein
Filmstar aussah, war mir aus Indochina bekannt. Dort hatte er erlebt, wie
die amerikanische Vietnam-Politik sich auf den Buddhismus hatte stützen wollen, um die revolutionäre Heilslehre des Kommunismus einzudämmen. Aber die entsagende Lehre Gautamas hatte sich als völlig untauglich für diese militante Abwehrfunktion erwiesen. Seitdem hielt der
amerikanische Diplomat wohl nicht viel von der Rolle der Religion in der
Politik, und wenn er im Iran nach umstürzlerischen Kräften suchte, so
witterte er sie – wie seine Mitarbeiter vom CIA – eher hinter den roten
Emblemen der marxistischen Partisanen als unter dem muffigen Turban
der Mullahs. Als Sullivan schließlich seine Fehleinschätzung des Islam
erkannte und sehr pragmatische Ratschläge nach Washington kabelte,

war Präsident Carter gegen seinen Beauftragten in Teheran so aufgebracht, daß er sich weigerte, diese Berichte überhaupt zur Kenntnis zu nehmen.

Auf den letzten Cocktails der europäischen Industrievertreter und Kaufleute bewegte man sich zwischen Furcht und Galgenhumor. Diese Empfänge fanden stets im Prominentenviertel von Schemiran statt. Die Luxusvillen, die dicht gedrängt den Berg erkletterten, rivalisierten im Reichtum, wenn ihre Architektur auch unter betrüblicher Einfallslosigkeit litt. »Die neue Bourgeoisie, die übrigens zahlreicher ist, als die meisten Schah-Gegner vermuten, taugt nicht zur Verteidigung des Regimes«, hatte Joseph, der Armenier, gesagt.

Diese Klasse der Privilegierten im Umkreis des Pfauenthrons hatte dem islamischen Umsturz keinerlei geistige Motivation entgegenzusetzen. Zu Recht sprach man von einer intellektuellen Wüste in Teheran. Das einzige Buch, das sich in den gehobenen Kreisen einer zahlreichen Leserschaft erfreute, trug den Titel: »How to care for your car – Wie pflege ich meinen Wagen?«

In der Ausländerkolonie kolportierte man die neuesten Stimmungsberichte aus der Umgebung des Schah. Der Monarch hatte sich mehr denn je im Niavaran-Palast abgekapselt. Der Korrespondent des *Figaro*, der persönlichen Zugang zu Kaiserin Farah Diba besaß, erzählte mir von den »zyklotymischen« Zuständen des Kaisers. Einmal brenne er vor Entschlossenheit und Zuversicht. Dann breite sich wieder tiefste Depression und Verzweiflung aus. Vielleicht ließen sich diese Schwankungen durch die Einnahme stärkster Medikamente erklären, die Mohammed Reza Pahlevi gegen seine damals noch unbekannte, letale Krankheit verschrieben worden waren. »Es herrschen Verwirrung und Ratlosigkeit bei Hof«, berichtete der französische Kollege, »und der einzige Mann im Palast ist die Schahbanu.«

Wie lange würde die Armee zu ihrem Kaiser stehen? Diese zentrale Frage beschäftigte alle. Es war ein Wunder, daß die Streitkräfte noch nicht auseinandergebrochen waren. Der Schah hatte nichts, aber auch gar nichts getan, um in dieser Stunde äußerster Prüfung Loyalität und ehrliche Ergebenheit zu wecken. Die Militär-Attachés blickten mit Sorge auf das Heer. Hier stammten die Subaltern-Offiziere und die Soldaten meist vom Lande, hatten enge verwandtschaftliche Beziehungen zum einfachen Volk bewahrt, und dieses Volk war religiös geblieben, wie sich in dieser Stunde erwies. Würden sie in der letzten Krisensituation auf ihre islamischen Brüder schießen? Der Schah könne sich hingegen, so wurde versichert, voll auf die technischen Truppen, vor allem die Luftwaffe verlassen, deren Offiziere in Amerika ausgebildet und durch die Handhabung modernsten Geräts gegen den Obskurantismus der Mullahs gewappnet seien.

Daß ausgerechnet die Luftwaffe es war, die bei Ausbruch des kurzfristigen Bürgerkrieges als erste zu den Kräften der islamischen Revolution überging, hatte keiner geahnt. Alle Prognosen erwiesen sich als falsch. Als im Februar 1979 – mit der Flucht des Schah – die Stunde der äußersten Prüfung und Bewährung für die Streitkräfte schlug, erwies sich, daß die bestausgerüsteten Soldaten der Welt völlig untauglich für den Straßenkampf und die Partisanengefechte waren. Da rollten die perfektesten Panzer wie hilflose Stiere in einer Arena durch das Straßenlabyrinth der Hauptstadt und wurden von jungen Dilettanten mit Molotow-Cocktails geknackt. Die Kaiserliche Garde, der Stolz des Schah, die »Javidan«, die »Unsterblichen«, wie er sie nannte, hißten die weiße Fahne, als ein wirrer Haufen von kaum bewaffneten Fedayin gegen ihre Kaserne losstürmte. Der Zusammenbruch dieser Armee, die laut kaiserlichem Programm im Jahr 1982 über mehr Feuerkraft verfügen sollte als die gesamte NATO, nahm die Ausmaße eines alttestamentarischen Untergangs an, als sei auf den Wänden des Niavaran-Palastes ein »Mene Tekel U-pharsin« aufgeleuchtet.

In Neauphle-le-Château packten die Mullahs und die Berufsrevolutionäre ihre Koffer und Bündel für die Reise nach Teheran. Khomeini war sich seines Sieges gewiß. Der Vorsitzende des Regentschaftsrates, Teherani, ein Routinier der Majlis, hatte um eine Zusammenkunft mit dem Imam ersucht. Khomeini verlangte und erreichte die Abdankung Teheranis, ehe er ihn zu einer kurzen, brüskierenden Audienz empfing. Als der letzte Regierungschef des Schah, Schapur Bakhtiar, ein unentwegter Oppositioneller gegen das Pahlevi-Regime, vom scheidenden Herrscher widerwillig ernannt wurde, bahnte sich sogleich der unerbittliche Konflikt mit Khomeini an. Schapur Bakhtiar war ein iranischer Patriot, ein Gegner des Schah, aber auch ein Verächter der Mullahs und der islamischen Theokratie. Dieser Feudalherr türkischer Abstammung, der mit der früheren Qadscharen-Dynastie verschwägert war, mußte in den Augen des Ayatollah als gottloser Frevler erscheinen. Bakhtiar war total verwestlicht, hatte eine Französin geheiratet, in der französischen Armee gedient und besaß sogar die französische Staatsangehörigkeit. Darüber hinaus war er gewillt, mit Hilfe der Streitkräfte die Kraftprobe mit der schiitischen Bewegung in Kauf zu nehmen. Der Ausgang dieses Wagnisses stand von vornherein fest, und die dilettantischen Einmischungsversuche Präsident Carters haben es dann zustande gebracht, daß Bakhtiar die iranische Armee in jene verzweifelte und unrühmliche Straßenschlacht trieb, aus der ihre Trümmer demoralisiert und entehrt hervorgehen sollten.

Aber soweit waren wir noch nicht in Neauphle-le-Château. Ich hatte dem Imam eine Kassette mit unseren Filmaufnahmen während des Muharram in Teheran zukommen lassen, und Jossi berichtete mir, daß der alte Mann sichtlich beeindruckt gewesen sei. Mein Koran-Zitat am Tassoa-Tag sei allerdings den Umständen nicht ganz angepaßt gewesen, habe er nachsichtig bemerkt und eine andere Sure vorgeschlagen. Sadegh Tabatabai schlug uns im Hinblick auf die bevorstehende Rückkehr des Ayatollah nach Persien vor, daß dessen Sohn Ahmed uns den Lebenslauf seines Vaters vor der Kamera schildern solle. Zu nächtlicher Stunde kam der jugendliche Hodschatulislam Ahmed Khomeini in unser Studio in der Rue Goethe nahe des Pont de l'Alma, nahm an meinem Schreibtisch unter einem nostalgischen Plakat »Follow me to Saigon« Platz und wußte nicht nur Anekdoten zu berichten. Er entwickelte die Vorstellungen seines Vaters vom islamischen Gottesstaat. Dabei hatte er Sinn für Ironie und amüsierte sich besonders über jene marxistisch geprägten Exilperser, die eine Zeitlang geglaubt hatten, den greisen Ayatollah aus Qom für ihre eigenen ideologischen Ziele einspannen zu können. Nun waren sie dem Charisma dieses Predigers erlegen oder mußten sich zumindest dem religiösen Taumel, der wie ein Pfingsterlebnis über die iranische Diaspora gekommen war, anpassen und fügen.

In der Nacht der Operation »Fliegender Teppich«, als Ruhollah Khomeini, wie schon geschildert, nach Teheran zurückkehrte, traf ich am Flugplatz Charles de Gaulle unter den zahlreichen Journalisten aus aller Herren Ländern nur einen einzigen Kollegen aus dem Ostblock. Es war mein ungarischer Freund Laszlo, der mir in Indochina geholfen hatte, die Filmaufnahmen von meiner Gefangenschaft beim Vietkong nach Deutschland zu schmuggeln. Wir umarmten uns. »Du als Marxist im Gefolge dieses heiligen Mannes?« fragte ich. »Glaubst du nicht, daß dieser Aufbruch der Mythen auch für euren wissenschaftlichen Materialismus gefährlich werden kann?« – Laszlo lachte. »So ganz bibelunkundig bin ich auch nicht«, sagte er, »und wir kennen in Ungarn das Gleichnis, das auf den Schah gemünzt sein könnte: die Fabel vom Koloß auf den tönernen Füßen.«

»Viel Feind, viel Ehr!«

Teheran, September 1979

Neun Monate dauerte schon die Revolution. Aber der Berg hörte nicht auf zu kreißen. Gleich nach meiner Ankunft in Teheran mischte ich mich mit dem Kamera-Team in eine der Kundgebungen gegen den amerikanischen Imperialismus, die fast täglich in der Innenstadt zelebriert werden. Wir hatten noch keine offizielle Pressekarte und wurden von phantasievoll uniformierten »Wächtern der Revolution«, auf Farsi »Pasdaran« genannt, vorübergehend in einem Polizeilokal festgehalten. Ein paar arabische Worte entspannten die Situation, und wir konnten weiterarbeiten. Vor dem Abflug aus Paris war mir der ganze Iran als ein brodelndes, mörderisches Chaos geschildert worden. Die Wirklichkeit Teherans war davon weit entfernt. Das größte Ordnungsproblem der Hauptstadt blieb der anarchische Autoverkehr: endlose Stauungen aus Karosserieblech. Revolutionstribunale waren keineswegs an jeder Straßenecke zu finden, wenn auch die iranischen Zeitungen mit einem geradezu masochistischen Eifer immer wieder auf der ersten Seite Bilder von Exekutionskommandos zeigten, die Gegner der islamischen Revolution füsilierten, frühere Agenten der Savak, schah-treue Offiziere, aber auch Rauschgifthändler und Homosexuelle. Die Frauen waren in Teheran längst nicht alle verschleiert. Die Ausländer litten vor allem unter dem strikten Alkoholverbot, das durch ein Überangebot an billigem Kaviar nicht kompensiert werden konnte. In den Hotels mit Swimmingpool galten jetzt streng getrennte Badezeiten für Männer und Frauen, aber in der Lobby des »Intercontinental« konnte man zur Teestunde noch sehr muntere iranische Lebedamen entdecken, die einladende Blicke verschenkten.

Die antiamerikanische Kundgebung in der Avenue Takhte Dschamschid wirkte keineswegs schreckerregend für jemanden, der mit den Stimmungen des Orients vertraut war. Natürlich waren die Präsenz des Schah in Mexiko und seine angeblichen Komplotte gegen die schiitische Ordnung in Teheran das beherrschende Thema der anklagenden Reden, die ein paar stoppelbärtige Wirrköpfe von einer improvisierten Tribüne in die Menge brüllten. Unvermeidlich kamen auch Israel und der Zionismus an die Reihe, und die Menge ließ die palästinensische Befreiungsorganisation hochleben.

Den Gefolgsleuten Yassir Arafats war jenes Gebäude als offizielle Vertretung zugewiesen worden, das zu Zeiten des Schah den Verbindungs-

stab israelischer Experten beherbergt hatte und das in den Tagen des
Umsturzes von den Anhängern Khomeinis verwüstet worden war. Bislang hatte niemand daran gedacht, diese neue PLO-Unterkunft auch nur
notdürftig wieder instandzusetzen. Die feindseligen Schreie der Kundgebung richteten sich auch gegen alle Regime der arabischen Welt, die
sich von der iranischen Revolution distanzierten. Die Baath-Regierung
von Bagdad wurde der Verschwörung und der Anzettelung des Kurden-
Aufstandes beschuldigt. Anwar-es-Sadat von Ägypten wurde als Kapi-
tulant geschmäht, und auch die Herrscher Saudi-Arabiens sahen sich
unter die Feinde Allahs eingereiht. Gleichzeitig wurde das marxistische
Regime des Präsidenten Taraki, das im April 1978 in Kabul die Macht
usurpiert und sich in die Abhängigkeit Moskaus begeben hatte, wegen
seines Verrats am Islam angeprangert. Die Sowjetunion saß gemeinsam
mit den USA und Israel auf der Anklagebank. Bei den persischen Revolutionären schien die Formel zu gelten: »Viel Feind, viel Ehr«. Die Menschen, die an dieser Routine-Kundgebung teilnahmen, schrien ihre Slogans mit wutverzerrten Gesichtern und spielten mit ihren Waffen,
sofern sie welche besaßen. Zwischendurch lächelten sie uns freundlich zu
und wiesen uns günstige Aufnahmeplätze für unsere Kameras an. Im
Gedränge erkannte ich eine Gruppe Afghanen an ihrer typischen runden
Kopfbedeckung aus brauner Wolle, die ursprünglich aus Nuristan
stammt. Diese bärtigen Männer mit den Adlerköpfen gaben sich als
Mudschahidin zu erkennen. Sie trugen das Porträt eines relativ jungen
Mannes mit Vollbart und strengen Augen unter der hohen Karakul-
Kappe. »Das ist der Ingenieur Gulbuddin Hekmatyar, der Führer unseres
heiligen Kampfes«, erklärte mir ein junger Afghane in kaum verständli-
chem Englisch. Wie denn ihre Bewegung heiße, fragte ich. »Hezb-e-
Islami«, antwortete der Afghane, die »Islamische Partei Afghanistan«.
»Die Hezb wird uns vom Joch der gottlosen Sowjets befreien.«

Am späten Abend fuhr ich mit iranischen Freunden auf die Höhe
Teherans, unweit des Niavaran-Palastes. Eine Art fröhlicher Jahrmarkt
hatte sich dort entfaltet. In Ermangelung von Arrak wurden Coca-Cola
und Canada Dry in den Buden verkauft. Schischkebab wurde gebraten.
Doktor Khadili, ein junger Arzt, der einer rechtsextremistischen Split-
terpartei pan-iranischer Nationalisten angehörte, amüsierte sich über
diesen nächtlichen Rummelplatz, der so gar nicht zum offiziellen Puritanismus der Islamischen Republik paßte. »Wissen Sie, wer die Besitzer
dieser Schnellimbiß-Buden und Straßenrestaurants sind? Sie werden es
nicht erraten. Es handelt sich um Studenten, die ihre Examen nicht

abschließen können, die keinen Beruf finden und sich deshalb nach neuen Aktivitäten umsehen. Und noch häufiger finden Sie hier unter den improvisierten Restaurateuren die früheren Zuhälter aus dem ›Red Light‹-Viertel von Teheran, das von den Tugendbolden der Revolution, von den Pasdaran und den Schlägertrupps, die man hier ›Hezbollahi‹ nennt, zertrümmert und niedergebrannt wurde. In diesem Volkspark sehen Sie die andere Seite der Münze, das Gegenstück zum islamischen Eifer, nämlich die persische Kunst der Anpassung, des Zynismus, des hemmungslosen Individualismus und eines Profit-Instinktes, wie er nur im Orient blüht. Lassen Sie sich durch die eifernden Pseudo-Propheten, die heute das große Wort führen, nicht täuschen. Wir sind ein uraltes, skeptisches, dekadentes Volk, das zu jedem Opportunismus, zu jedem Verrat, zu jeder Simulation fähig ist. Was wir brauchen, ist eine große kriegerische Auseinandersetzung, um die Nation zu härten, zusammen-zuschmieden, aus ihren morbiden Neigungen religiöser oder merkantilistischer Natur herauszureißen. Vielleicht bietet uns der Afghanistan-Konflikt die Chance zu dieser Regeneration.«

Doktor Khadili hatte mit seiner pathetischen Anklage bei unserer Begleiterin Leila nur gurrende Heiterkeit ausgelöst. Leila war ebenfalls Ärztin und als Dozentin für Psychiatrie an der Universität von Teheran tätig. Sie hatte ihr üppiges Haar blond gefärbt und ihren Reizen mit Schminke stark nachgeholfen. Ob sie weiterhin ihre Lehrtätigkeit aus-üben könnte, erschien der jungen Frau, die ein provozierendes, fast durchsichtiges Kleid trug, höchst ungewiß. »In einem Regime, das die Lehre von Sigmund Freud als anti-islamisch und die Psychoanalyse als teuflische Machenschaft verdammt, läßt sich mit Psychiatrie nicht mehr viel anstellen«, sagte sie in einem Anflug von Galgenhumor. »Ich werde sehen müssen, daß ich im Ausland, in Europa, praktizieren kann. Dieses Land steuert einer Phase akuter Schizophrenie entgegen, aber an eine Individual-Therapie ist hier nicht mehr zu denken. Für mich als Frau werden ohnehin die beruflichen Möglichkeiten immer enger begrenzt. Ich gehöre bereits zu den ›Taghuti‹, den Gottlosen, und nur dem Umstand, daß in den Lehrsälen der Universität der Kampf zur Stunde zwischen marxistischen Fedayin, muselmanisch-sozialistischen Mud-schahidin und islamisch-fanatischen ›Hezbollahi‹ mit dem Knüppel, manchmal auch mit der Maschinenpistole ausgetragen wird, verdanke ich, daß ich bisher nicht öffentlich zur Rechenschaft gezogen wurde. Sehen Sie sich die Mullahs heute an. Sie gehen nicht mehr, sie schreiten und schweben durch unsere Straßen. Früher, wenn einer dieser Turbanträger die Chaussee überquerte und ich am Steuer meines Wagens saß, gab ich Gas, um ihm Beine zu machen. Heute tragen diese Tugendbolde ihre gespreizte, lächerliche Männerwürde wie Triumphatoren zur Schau. Dabei empfinden sie eine tiefe Verunsicherung vor den tellurischen Urkräften des Weibes. Glauben Sie mir, ich habe diese Dinge studiert. Wenn die muselmanische Welt fortfährt, sich in den frauenfeindlichen Puritanismus, in die penible Keuschheit einzusperren, die Khomeini in seinen Schriften fordert, wenn den jungen Männern jeder Kontakt zum anderen Geschlecht versperrt ist, ehe sie – meist viel zu spät – die Mittel für eine Ehe aufbringen, dann wird sich die sexuelle Frustration ins Unerträgliche steigern. Eines Tages wird der ganze islamische Orient an seinem kollektiven Samenkoller explodieren.«

Eine große amerikanische Limousine bahnte sich mit Sirenengeheul und Blaulicht den Weg durch die Feierabendmasse, die dem bescheidenen Genuß von Hammelfleisch und Coca-Cola nachging oder sich vor einer Music-Box mit dröhnendem amerikanischem Beat staute. Aus dem Wagen blickten schlechtrasierte Gesichter und Gewehrläufe. »Das sind die Wichtigtuer der Revolution, die Angehörigen der Islamischen Komitees«, sagte Khadili im Ton tiefster Verachtung. »Aber begehen Sie nicht den Fehler so vieler westlicher Beobachter im heutigen Iran. Glauben Sie nicht, diese religiöse Welle sei ein kurzfristiges Übergangsphänomen. Hier ist Urgestein zum Vorschein gekommen, und das Ende des Erdbebens ist noch längst nicht abzusehen.«

Wir hatten so schnell wie möglich von Teheran nach Kurdistan aufbrechen wollen, doch am zweiten Tage stieß ein unerwartetes Ereignis unsere Pläne um. Ayatollah Taleghani war in der Nacht gestorben, nach einem hitzigen Gespräch mit dem sowjetischen Botschafter, wie der Volksmund bereits kolportierte, und der ganze Iran war plötzlich wieder in die wollüstige Stimmung der schiitischen Trauer getaucht. Eine endlose Autokolonne hatte sich am frühen Morgen in Richtung auf den Friedhof Beheschte Zahra, wo Taleghani am Nachmittag bestattet werden sollte, in Bewegung gesetzt. Schwarze Fahnen wehten auf den überfüllten Bussen, deren Kühler mit Bildern des verstorbenen Ayatollah geschmückt waren. Die Frauen drängten sich im schwarzen Tschador. Auch die Pasdaran hatten Trauerflore um ihre Gewehrläufe gewunden. Hunderttausende erdrückten sich am frisch aufgeworfenen Grab. Das Fernsehen übertrug die Bilder aus dem Hubschrauber. Es war, als kreise eine ungeheuerliche Prozession schwarzer Ameisen rund um Beheschte Zahra.

Sadegh Ghotbzadeh, der Verschwörer aus Neauphle-le-Château, war jetzt Intendant des iranischen Fernsehens. Auf seine Weisung wurde das Programm seit Wochen fast ausschließlich durch fromme Gesänge, Predigten der Mullahs und die Rezitation des Koran bestritten, was nicht gerade zu seiner Popularität bei weiten Kreisen der Bevölkerung beitrug. Die Auswüchse der »Mullahkratie« wurden allmählich als lästig empfunden. Ghotbzadeh empfing mich mit großer Liebenswürdigkeit, was bei diesem eitlen, introvertierten Mann ungewöhnlich war. Er war der getreue Gefolgsmann Khomeinis geblieben, und niemand ahnte damals, daß dieser schiitische Zelot ein paar Monate später in die Schußlinie der Ultraklerikalen geraten könnte. Aufgrund der Staatstrauer trug der Intendant einen schwarzen Anzug und ein offenes schwarzes Hemd, was seinem Charakterkopf etwas Dämonisches gab. Sehr viel harmloser wirkten die Sekretärinnen in seinem Vorzimmer, die sich natürlich auch in schwarze Blusen und Röcke geworfen hatten. Die Trauer stand diesen »Elektras« gut, die in den frühen Monaten der Revolution auf den Lippenstift noch nicht verzichten wollten. In Teheran ging das absurde Gerücht um, jede unverheiratete Beamtin und Sekretärin der öffentlichen Verwaltung müsse sich einem Jungfräulichkeitstest unterziehen, wenn sie ihre Stellung behalten wollte.

Zwei Tage später fand die offizielle Trauerfeier für Taleghani auf dem Universitätsgelände statt. Dort waren der Revolution die blutigsten Opfer gebracht worden. Wir hatten Mühe, uns den Weg durch die erregte Menge zu bahnen. Immer wieder stießen wir auf Gruppen junger Männer, die sich im Kreis aufstellten und eine Geißelungsszene mimisch andeuteten. Mit aller Kraft schlugen sie sich rhythmisch mit den Händen auf Schulter, Brust und Schädel. Für sie war Ayatollah Taleghani schon wieder eine Reinkarnation des heiligen Märtyrers Hussein. Der Singsang, der diese Flagellations-Szene begleitete, entsprach den Litaneien des Muharram, der Klage um die Passion von Kerbela. »Hussein hat keine Gefährten mehr«, hieß es da, »Hussein hat keine Kräfte mehr, Hussein hat kein Wasser mehr.« Und dann in einem plötzlichen Bezug auf die aktuelle politische Lage des Iran und in völliger Verkennung der gespannten Beziehungen zwischen den beiden schiitischen Würdenträgern: »Khomeini hat keinen Bruder mehr!« Der Imam Khomeini hatte seine Residenz in der heiligen Stadt Qom nicht verlassen, um den Feierlichkeiten zu Ehren Taleghanis beizuwohnen. Das war recht bemerkenswert, zumal jetzt endlich bekannt wurde, daß Taleghani der Vorsitzende jenes geheimen Revolutionsrates war, der über weit mehr Macht verfügte als die offizielle iranische Regierung des Ministerpräsidenten Mehdi Bazargan.

Die Masse auf dem Universitätsgelände war wie elektrisiert. Von Zeit zu Zeit sprang ein bärtiger Mann oder eine verschleierte Frau auf. Sie brüllten Lobpreisungen des Verstorbenen. Auf den Dächern der umliegenden Gebäude hatten die Pasdaran mit Kalaschnikows Stellung bezogen. Viele von ihnen trugen Tarnjacken. Es waren wilde Gestalten darunter. Die Militärs waren kaum vertreten. Die Blicke der ausländischen Diplomaten richteten sich fasziniert auf zwei getrennte Gruppen von Trauernden. Auf der einen Seite der Eingangstreppe hockten die Mitglieder der Regierung Bazargan. Der Premierminister, ein angesehener Experte für Erdölförderung, der als Professor unterrichtet und zu Zeiten der Mossadegh-Bewegung dem religiösen Flügel der »Nationalen Front« angehört hatte, war ein sympathischer älterer Herr mit kahlem Schädel, Brille und Spitzbart. Khomeini hatte ihn selbst als Regierungschef installiert, wohlweislich nur für eine Periode des Übergangs, die längstens bis zur Wahl des neuen Parlaments dauern sollte. Die Minister trugen westliche Anzüge und wirkten durchweg vertrauenerweckend. Jenseits der Treppe hatte sich die andere Kategorie von Prominenten niedergelassen, die Turbanträger, die Mullahs. Sie sonnten sich in ihrer neugewonnenen Wichtigkeit. Sie waren die tatsächlichen Herren der Lage, das spürte jeder Beobachter. Mein alter Freund Huschi nahm mich bei der Hand und stellte mich in fast demütiger Haltung einer etwas beängstigenden Erscheinung vor, einem hochgewachsenen Ayatollah mit schwarzem Turban, der durch seinen mächtigen rötlichen Vollbart, die makellose Eleganz seines geistlichen Gewandes und seine anmaßende Haltung auffiel. Der heilige Mann nahm nur flüchtig von mir Notiz. Sein Name war Mohammed Beheschti, und er hatte laut Huschi fünf Jahre lang in Hamburg als Imam der größten schiitischen Moschee Europas fungiert.

Ministerpräsident Bazargan war ans Rednerpult getreten. Er war sichtlich bewegt. Dieser liberale, versöhnliche Mann hatte mit Taleghani einen wirksamen Protektor verloren. Er beklagte den Tod eines großzügigen, demokratischen Führers, der dem Iran in Zukunft fehlen würde. Taleghani sei bei aller islamischen Strenggläubigkeit ein Mann des Fortschritts und des modernen Aufbruchs gewesen. Das war keine Rede nach dem Geschmack der Kleriker. Am gleichen Abend wurde noch die Reaktion Khomeinis auf diese Ansprache bekanntgegeben. Der Imam ließ aus Qom verlauten, Taleghani sei als groß zu betrachten, nicht weil er liberal, demokratisch oder progressistisch gewesen sei, sondern weil er sich als vorbildlicher Moslem dem Schah entgegengestellt habe.

Nach Einbruch der Dunkelheit stand mir an diesem unerträglichen Trauertag eine sehr frivole Ablenkung bevor. Die drei jungen Engländer, die mit viel Witz und Sachkenntnis die persischen Ereignisse im Auftrag der Agentur Reuters verfolgten, luden mich zu einem alkoholischen Abendessen ein, ein lasterhafter Vorsatz in den Augen dieses streng antialkoholischen Regimes, dessen fanatisierte Gefolgsleute in den großen Ausländerhotels mit allen Zeichen der geistigen Verwirrung Zehntausende von Wein- und Whisky-Flaschen zertrümmert hatten. Unser Treffpunkt war ein koreanisches Restaurant in einer verschwiegenen Seitenstraße. Man wurde dort nur auf Empfehlung eingelassen. Wir tafelten im ersten Stock fast allein. Die Koreaner brachten mit lächelnder Diskretion dänisches Bier, schottischen Whisky und französischen Wein, soviel wir nur wünschten. Die Stimmung wurde ausgelassen. Die Engländer waren bestens informiert und kommentierten das Phänomen Khomeini sowie die schiitische Revolution mit einer bissigen Schärfe, die an Evelyn Waugh und »Black Majesty« erinnerte. Ich hatte nicht den Eindruck, als befände ich mich in einem orientalischen »Speak easy«, wie man zu Zeiten der amerikanischen Prohibition sagte. Seltsamerweise gemahnte mich die diskrete und höfliche Atmosphäre dieses ungewöhnlichen Korea-Restaurants an ein fernöstliches Luxus-Bordell. Die Sünde hat vielfältige und durchaus ähnliche Gesichter.

Mein eigentlicher Gönner, der unsere Fernsehreportage über die iranische Revolution ermöglichte, war natürlich Sadegh Tabatabai. Er amtierte jetzt als Regierungssprecher bei Mehdi Bazargan und trug den Titel eines stellvertretenden Ministerpräsidenten. Nach einer legeren Leibesvisitation wurden wir in sein Ministerbüro eingelassen. Tabatabai kam uns im gutgeschneiderten, hellen Anzug entgegen und hatte seit Neauphle-le-Château sichtlich an Würde und Autorität gewonnen. Dabei strömte er immer noch die alte Wärme und Herzlichkeit aus. Bei der Schilderung der Probleme und Schwierigkeiten seines Landes nahm er kein Blatt vor den Mund. Er sprach von den Wirren in Kurdistan, wo die Russen den Aufständischen angeblich Waffen zukommen ließen, wie die Sowjetunion offenbar auch in Iranisch-Belutschistan die Aufsässigkeit der dortigen sunnitischen Stämme schürte. Neben dem Schreibtisch Tabatabais hing eine große Fahne des Iran, Grün-Weiß-Rot. »Ich lege Wert auf dieses Symbol unseres Staates«, sagte Tabatabai. »Wissen Sie, daß der Imam – gemeint war Khomeini – sich niemals unter einer persischen Fahne gezeigt hat und auch das Wort Iran systematisch meidet. Für ihn ist dies eine rein islamische, eine religiöse und keine nationale Revolution.« Tabatabais besondere Aufgabe im Kabinett Bazargan bestand zweifellos in einer Mittler- und Verbindungsfunktion zwischen dem Ministerpräsidenten, dem er loyal ergeben war, und dem Ayatollah von Qom, zu dessen Familie er als Schwager Ahmed Khomeinis gehörte.

Tabatabai hatte uns für die bevorstehende Reportage in Kurdistan zwei sehr unterschiedliche Gefährten zugeteilt. Der eine war Abol Fadl, ein junger Architekt, der infolge der politischen Umstände keine professionellen Aufträge mehr fand. Abol Fadl, Enkel eines Ayatollah und als »Sayyed« durchaus berechtigt, den schwarzen Turban der Propheten-Nachkommen zu tragen, entpuppte sich als heiterer Gesellschafter mit äußerst liberalen Vorstellungen. Er gebärdete sich ein wenig als Playboy. Er hatte in England studiert und trauerte einer blonden Freundin in London nach. Seine skeptische und liebenswürdige Präsenz relativierte die düsteren Exzesse der islamischen Eiferer. Er war es aber auch, der unsere Abscheu über die Schnelljustiz der islamischen Tribunale dämpfte, indem er auf die Ausschreitungen der jüngsten europäischen Vergangenheit verwies. Im Westen errege man sich darüber, daß nach einem Vierteljahrhundert totaler Willkürherrschaft des Schah bisher etwa sechshundert Menschen hingerichtet worden seien, aber bei der Befreiung Frankreichs im Jahr 1944 habe es – offiziellen Angaben zufolge – dreißigtausend Opfer unter den echten oder vermeintlichen Kollaborateuren und Anhängern des Vichy-Regimes gegeben, das nur vier Jahre gedauert hatte. Daß der Blutrichter der schiitischen Revolution, Ayatollah Khalkhali, der offenbar von geistiger Debilität gezeichnet war, immer wieder mit Heinrich Himmler oder dem Nazi-Richter Freisler verglichen werde, zeuge ja auch nicht gerade von unserer abendländischen Überlegenheit. Abul Fadl konnte damals nicht ahnen, daß die schlimmsten Exzesse der iranischen Revolutionsjustiz erst noch bevorstanden.

Die Rolle Qassems, unseres zweiten Begleiters, war undurchsichtig. Qassem, der im Gegensatz zur modischen Eleganz Abol Fadls eine verwahrloste Kleidung bevorzugte und sich die Bartstoppeln nach dem Vorbild Yassir Arafats stehen ließ, gehörte dem neuen Sicherheitsdienst an. Dadurch öffnete er uns auf unseren Reisen eine Vielzahl von Türen, die ansonsten verschlossen geblieben wären, aber er bewachte uns natürlich auch. Qassem hatte einmal Ingenieur werden wollen, ehe er in den letzten Jahren der Pahlevi-Herrschaft im brodelnden Chaos des Libanon untergetaucht war. Er war in den Lagern der PLO zum Fedayi ausgebildet worden. Die Stimmung der Palästinenser – ein Gemisch von Verzweiflung, revolutionärer Hysterie, Unbeherrschtheit, Spionitis und Todesmut – hatte auch auf ihn abgefärbt. Dabei war er ein sympathischer, etwas naiver Geselle geblieben. Sein unermüdliches Diskussionsthema war die »islamische Ideologie«, ohne daß er in der Lage gewesen wäre, die gedanklichen Konturen dieser diffusen Weltanschauung zu präzisieren. Qassem war im Südlibanon nach seiner militärischen Instruktion bei den Partisanen von »El Fatah« zu jener schiitischen Kampforganisation »El Amal« – zu deutsch »Die Hoffnung« – gestoßen, die den arabisch-libanesischen Angehörigen dieser islamischen Glaubensgemeinschaft nach Jahrhunderten der Unterdrückung durch die sunnitischen Machtstrukturen und die eigenen Feudalherren endlich ein spätes politisches Selbstbewußtsein vermittelt hatte. »El Amal« hatte die Schiiten des Libanon, die im wesentlichen südlich des Litani-Flusses und in der Hochebene der Bekaa beheimatet sind, in Erinnerung gerufen, daß sie ein knappes Drittel der libanesischen Gesamtbevölkerung und somit die stärkste konfessionelle Gruppe bildeten. Die Entwicklung der libanesischen Schiia zum politischen und militärischen Machtfaktor war durch das Auftreten eines bärtigen Hünen iranischer Herkunft magisch beschleunigt worden. Der Imam Musa Sadr, den seine Gegner als einen orientalischen Rasputin beschrieben, hatte in Qom einst als Lieblingsschüler Khomeinis gegolten. Nebenbei war er ein Onkel Sadegh Tabatabais. Unter der charismatischen Anleitung Musa Sadrs hatte sich das Erwachen der »Partei Alis« in den Bergen des Libanon vollzogen, wo ihre Vorfahren einst vor der unerbittlichen sunnitischen Verfolgung Zuflucht gesucht hatten. Ganz unvermeidlich war es zu Reibereien und Spannungen mit den palästinensischen Fedayin gekommen, die gerade im schiitischen Siedlungsgebiet südlich des Litani-Flusses ihre Kampfpositionen gegen Israel bezogen hatten und sich dort wie in einem eroberten Land aufführten. Musa Sadr war eine so undurchschaubare und einflußreiche Figur im verworrenen Puzzle der Libanon-Krise geworden, daß seine Gegner, wer immer sie auch waren, an seiner Ausschaltung interessiert waren. Bei einem Besuch in der libyschen Hauptstadt Tripolis, wo er Oberst Kadhafi treffen sollte, wurde Musa Sadr im Sommer 1978 beseitigt, vermutlich umgebracht, und seitdem war er in den Augen seiner Gefolgsleute zusätzlich vom Glanz des schiitischen Martyriums verklärt. Die Umgebung Khomeinis vermutete wohl nicht zu Unrecht, daß eine Fraktion der Palästinenser an der Verschwörung gegen Musa Sadr Anteil hatte.

So problemlos und herzlich, wie die eilfertige westliche Presse berichtete, waren die Beziehungen zwischen der islamischen Revolution des Iran und der Palästinensischen Befreiungsorganisation nämlich nicht, zumal eine Anzahl persischer Volks-Fedayin und Volks-Mudschahidin ebenfalls in den Lagern der PLO an der Waffe ausgebildet waren und nunmehr im Verdacht konspirativer Tätigkeit gegen die Umgebung Khomeinis standen, ja als potentielle Bürgerkriegspartisanen gefürchtet wurden. Kein Wunder, daß die Regierung Bazargan sich weigerte, der PLO die Eröffnung eines Verbindungsbüros ausgerechnet in der arabisch bevölkerten Erdölprovinz Khuzistan zu gewähren und daß Khomeini in der Person Muammar-el-Kadhafis, des vermeintlichen Mörders seines Lieblingsschülers Musa Sadr, einen Intimfeind sah. Am frühen Morgen, als ich mich von Tabatabai verabschiedete, um nach Kurdistan zu fliegen, war gerade ein von schiitischen »Hijackern« entführtes Flugzeug in Teheran zwangsgelandet. Die schiitischen Terroristen aus dem Libanon wollten die Passagiere ihrer Maschine erst freigeben, wenn volles Licht in das düstere Kapitel des Verschwindens Musa Sadrs gebracht würde. »Ich habe volles Verständnis und Sympathie für diese erbitterten Menschen«, sagte Tabatabai, bevor er als offizieller Vermittler zum Flugplatz eilte, »aber wir können natürlich nur mit äußerster Behutsamkeit an diese Affäre herangehen, zumal wir ziemlich sicher sind, daß mein Onkel Musa Sadr tot ist. Im übrigen bleibt Kadhafi eine Karte im panarabischen Spiel, auf die wir nicht ganz verzichten können.« Es gelang Tabatabai übrigens, den Zwischenfall ohne viel Aufsehen beizulegen.

Die gelben Berge von Kurdistan

Urmia, September 1979

Auf unserer Landkarte trug Urmia, die Hauptstadt von West-Aserbeidschan, noch den Namen »Rezayeh« zu Ehren des Gründers der Pahlevi-Dynastie, Reza Khan. Die islamischen Revolutionsbehörden haben die ursprüngliche Benennung wieder eingeführt, die semitisch-assyrischen Ursprungs ist. Das Wort »Ur« stand schon zu Zeiten Abrahams für »Stadt«, und die Silbe »mia« entspricht der arabischen Vokabel »ma«, gleich Wasser. Das Urmia-Meer, es handelt sich um einen Salzsee, wie Qassem erklärte, erschien aus der Luke des kleinen Düsenflugzeugs, das

die iranische Luftwaffe uns speziell zur Verfügung gestellt hatte, beinahe
schwarz inmitten einer sandfarbigen Höhenlandschaft. Der Sturm zeichnete weiße Schaumkronen. Wir wurden vom Flugplatz gleich zum
Befehlsstand der 64. Iranischen Division gefahren. Das Stabsquartier war
in schmucken, etwas altertümlichen Gebäuden untergebracht, die die
Blumenrabatte eines runden Platzes umschlossen. Der pseudo-orientalische Stil dieses architektonischen Ensembles ging angeblich auf deutsche
Architekten zurück, die sich zur Zeit des germanophilen Reza Schah
hoher Gunst erfreut hatten. General Zaher Nejad, der Kommandeur der
64. Division, empfing uns in seinem Kartenzimmer. Er war ein kleingewachsener Mann, fast kahl, mit schwarzen Augenbrauen und forschendem Blick. Wenn man ihm einen schwarzen Turban aufgesetzt und einen
weißen Bart angeklebt hätte, wäre er dem Ayatollah Khomeini durchaus
ähnlich gewesen. Der General stellte uns seine Offiziere vor, die ihn fast
alle um einen Kopf überragten. Wie sich herausstellte, waren sie in der
Mehrzahl Angehörige der aserbeidschanischen, also türkischen Minderheit, die fast zehn Millionen Menschen in den Nordwestprovinzen des
Iran zählt und sich zum schiitischen Glauben bekennt. Bei dieser Gelegenheit erfuhr ich auch, daß in den Offizierskasinos der persischen
Armee überwiegend Türkisch gesprochen wird. Zaher Nejad schilderte
die Bürgerkriegs-Situation in Kurdistan ohne Beschönigung. Die kurdischen Separatisten der DKP – »Demokratische Partei Kurdistans« – würden vom Ausland unterstützt und von den Agenten des Imperialismus
aufgewiegelt. Natürlich sei der amerikanische CIA an der Sezessionsbewegung beteiligt, aber die Präsenz von ehemaligen Offizieren des Schah
bei den Aufständischen wurde von Zaher Nejad rundum dementiert. Die
iranische Armee sei nach der Flucht des Kaisers nicht auseinandergefallen, wie immer behauptet werde. Sogar ein Regiment der »Kaiserlichen
Garde«, der »Unsterblichen«, sei gegen die Rebellen eingesetzt worden
und habe sich vorzüglich bewährt. Der Kurden-Führer Abdurrahman
Ghassemlu, der in Mahabad bereits eine autonome Kurden-Republik
ausrufen wollte, habe vor ein paar Wochen die Warnung vor einem
Eingreifen der iranischen Armee mit schallendem Gelächter beantwortet. »Welche iranische Armee meinen Sie denn?« soll Ghassemlu gespottet haben. »Die gibt es doch gar nicht mehr.« Aber das Gegenteil sei ihm
bewiesen worden, und der Rädelsführer der Separatisten sei in die Berge
geflohen, vermutlich in den nahen Irak.

   Ich wollte wissen, wo die Kurden den nachhaltigsten Widerstand
leisteten. Der General beauftragte einen breitschultrigen Major mit dem

Lagevortrag. Daraus ging hervor, daß das Dreieck Sardascht, Baneh, Piranschar die kritischste Gegend blieb, weil auf der anderen Seite der Grenze der von den Irakern unterstützte Kurden-Führer Jalal Talabani seinen iranischen Stammesbrüdern Hilfe leistete. Wo früher einmal Schah Mohammed Reza Pahlevi die Kurden des Irak benutzt hatte, um die Regierung von Bagdad unter Druck zu setzen, mißbrauchte nunmehr der irakische Präsident Saddam Hussein dieses gleiche unglückliche Volk, um die Islamische Republik Khomeinis zu erschüttern. »Wir werden Ihnen morgen einen Hubschrauber zur Verfügung stellen«, schlug Zaher Nejad vor, »Sie können selber Ihr Ziel aussuchen.« Ich nannte die Ortschaften Mahabad, Sardascht und Piranschar, was bei den Offizieren beifällige Heiterkeit auslöste. »Ich werde Ihnen in aller Ehrlichkeit eine einzige Beschränkung auferlegen«, sagte der General. »Das unmittelbare Grenzgebiet zwischen Sardascht und Piranschar werden Sie mit Ihrem Helikopter meiden müssen. Es handelt sich um einen schmalen Streifen, der dicht bewaldet ist und wo die Rebellen mit irakischer Hilfe über Luftabwehr verfügen. Ansonsten stehen Ihnen alle Ziele offen.«

Wir sprachen noch eine Weile über die politischen Hintergründe des Kurden-Aufstandes. Anfänglich berichtete Zaher Nejad – von unserem Begleiter Qassem heftig sekundiert – vom weltweiten amerikanischen Komplott und von der Aktivität der Zionisten in diesem Raum. Doch nachdem er dieser Pflichtübung genügt hatte und auf Aufforderung Qassems sogar ein paar verworrene Worte über die »islamische Ideologie« hinzugefügt hatte, die die Truppe nunmehr beseele, kam er zur Sache. Der Separatismus der Kurden komme natürlich den Iraki zugute, doch auch Bagdad müsse vorsichtig operieren, denn vor gar nicht langer Zeit sei das Baath-Regime des General Bakr durch den Kurden-Aufstand des greisen Mustafa Barzani nordöstlich von Kirkuk und Mossul in seinen Grundfesten erschüttert worden. Eine kurdische Selbständigkeit käme dem Irak des heutigen Präsidenten Saddam Hussein in keiner Weise zugute. Hingegen habe die Sowjetunion, die ja schon einmal – im Jahr 1946 – in Mahabad eine Kurdische Volksrepublik proklamiert habe, alles Interesse daran, die Kurden-Frage als Sprengsatz zu benutzen. Abdurrahman Ghassemlu, der Vorsitzende der DKP, der im Westen als Freiheitskämpfer so hoch gefeiert werde, habe immerhin fünfzehn Jahre im Ostblock verbracht. Seine Frau lebe noch heute in Prag, und die Experten hätten ihn längst als waschechten Marxisten identifiziert. Sein religiöser Verbündeter, Scheich Azzeddin Husseini, sei in mancher Beziehung gefährlicher als der gottlose Intellektuelle Ghassemlu, denn er verstehe es, die Abneigung, welche die Kurden als sunnitische Moslems gegenüber der schiitischen Zentralgewalt in Teheran empfänden, für seine separatistischen Ziele zu aktivieren. »Was uns bedenklich stimmt«, so beendete General Zaher Nejad seine Ausführungen, »ist die Tatsache, daß neuerdings persische Anhänger der marxistisch-leninistischen Volks-Fedayin und teilweise auch der Volks-Mudschahidin mit den Kurden gemeinsame Sache machen, um die Islamische Republik des Imam Khomeini zu schwächen.«

Bevor wir am nächsten Morgen unseren Hubschrauber zur vereinbarten Inspektionstour bestiegen, bot sich uns ein martialisches Spektakel. Unter dem Fahnenmast hämmerte ein Paukenschläger in Uniform in rhythmischen Abständen auf sein Instrument ein. Eine Anzahl von Rekruten schmissen die Beine hoch und übten unter der strengen Aufsicht eines Feldwebels eine Art Parademarsch. Wir konnten uns das Lächeln nicht verkneifen.

Unter uns rollten jetzt die gelben Berge von Kurdistan ab. Die Dörfer waren selten und die Bevölkerung spärlich. Dieses Gelände eignete sich schlecht zum Partisanenkrieg. Die Hänge waren kahl, und es gab auch keine Felshöhlen, die Unterschlupf boten. Mit Hubschraubern und Kampfbombern ließ sich hier jeder konzentrierte Widerstand in kürzester Frist brechen. Die einzige Chance der kurdischen Peschmerga waren die Dunkelheit der Nacht und die Nähe der irakischen Grenze. Wir flogen relativ niedrig und hätten mit unserem Hubschrauber eine ideale Zielscheibe abgegeben.

»Wir nähern uns Mahabad«, stieß mich der Hauptmann an, der unsere Führung übernommen hatte. Wir sahen zwischen zwei Tälern eine ausgedehnte Siedlung mit recht modernen Häusern und berührten innerhalb eines weiten Militärgeländes am Stadtrand den Boden. Als der aufgewirbelte Staub sich legte, überkam uns das Staunen. Die 64. Division hatte ihre Selbstdarstellung gut vorbereitet. Mächtige Chieftain-Tanks rollten an uns vorbei. Die Panzerkuppeln waren mit der Losung »Allahu akbar« bepinselt. Die weißen Schriftzüge auf einem Sturmgeschütz vom Kaliber 155 mm ließen wir uns übersetzen: »Der Schritt des Soldaten ist der Herzschlag der Nation«, eine etwas verwegene Losung im Iran der Ayatollahs. Hochrufe auf Khomeini waren überall zu lesen. Ein schneidig uniformierter Oberst salutierte stramm und lud uns zur Besichtigung seines Regiments ein. Infanteristen übten an Maschinengewehren und Mörsern. Der ganze Exerzierplatz hallte wider vom Rasseln der Panzerketten und von den Kommandoschreien der Vorgesetzten.

Als ich den Wunsch äußerte, das Kasernengelände zu verlassen und in das Stadtzentrum Mahabads zu fahren, wurden die Offiziere verlegen. Man könne unsere Sicherheit dort nicht gewährleisten. Es gäbe immer noch ein paar Störenfriede. Im übrigen sei die Pazifizierung der Stadt den Pasdaran, den Revolutionswächtern, übertragen. Die Armee verfüge dort über keine unmittelbare Autorität. Auf meine Drohung, notfalls zu Fuß und ohne Eskorte ins Zentrum zu wandern, besorgte Qassem einen Jeep. Schon in den ersten Straßen spürten wir die Spannung, die auf Mahabad lastete. Es waren wenig Menschen zu sehen. Auf den Mauern standen immer noch die Parolen, teilweise in englischer Sprache, die Selbstbestimmungsrecht und Freiheit für Kurdistan forderten. Die Anfangsbuchstaben DKP, waren überall angemalt. Wir stießen auf eine Gruppe Pasdaran. Sie steckten in Phantasie-Uniformen, waren wie stets unrasiert und höchst nervös. Sie hatten sich in einem zweistöckigen Gebäude hinter Sandsäcken verschanzt. Über dem Eingang prangte das Bild Khomeinis und der programmatische Satz: »Hizb faqad hizb Allah – Es gibt nur eine Partei, die Partei Allahs!«

Die Schah-Statue auf dem Platz im Zentrum war längst gestürzt. In einer Nebengasse entdeckten wir bewaffnete Kurden, erkennbar an ihren Turbanen mit Fransen. Qassem erklärte uns, daß es sich bei diesen Männern um Loyalisten handelte, die sich zur islamischen Revolution des Iran bekannten. Die kurdischen Kollaborateure hatten ihre Quartiere ebenfalls durch Sandsäcke geschützt und standen in Abwehrbereitschaft. Als wir unsere Kameras auf das enthauptete Denkmal zu Ehren der Pahlevi-Dynastie richteten, waren wir plötzlich von einer größeren Schar Jugendlicher umringt. Ihr Sprachführer war des Englischen kundig. »Die kurdischen Patrioten werden hier von den Pasdaran gefoltert«, schrie der junge Kurde und bebte vor Erregung. »Unser Widerstand ist nicht gebrochen, auch wenn der Blutrichter Khalkhali unsere Brüder erschießen läßt.« Qassem war kreidebleich geworden. Er versuchte mit den jungen Nationalisten zu diskutieren, wurde jedoch beiseite gedrängt. Immer mehr Kurden kamen aus den Seitenstraßen. »Wenn Sie keine blutigen Zwischenfälle provozieren wollen, sollten wir schleunigst aufbrechen«, sagte der Hauptmann, der uns im Jeep begleitet hatte, und wir fuhren an einem Markt mit knallbunt gekleideten kurdischen Bauernfrauen entlang zur Kaserne zurück.

Die nächste Zwischenlandung war Sardascht. Der kleine Ort gruppiert sich um eine einzige Geschäftsstraße. Im Westen drängten sich zerklüftete, vegetationslose Berge bis an den Behelfsflugplatz. Sardascht lag

in der vordersten Kampfzone, und die Grenze des Irak war zum Greifen
nahe. Eine abenteuerliche Horde von Bewaffneten gab dem kurdischen
Städtchen das Gepräge. Khomeini, der ein paar Wochen zuvor das Oberkommando über sämtliche Streitkräfte an sich gerissen hatte – der Achtzigjährige gebärdete sich getreu der Tradition der Imame und Khalifen
als »Amir el mu'minin – Befehlshaber der Gläubigen« – wollte in diesem
Sektor den Pasdaran die Chance geben, ihre militärische Tauglichkeit zu
erproben. Daraus resultierten Durcheinander und taktisches Unvermögen. Die kurdischen Peschmerga, die im Partisanenkrieg über lange
Erfahrung und angeborenen Instinkt verfügten, lockten die Milizionäre
der schiitischen Revolution immer wieder in blutige Hinterhalte. Die
Pasdaran hatten zudem eine so kindliche Freude am Spiel mit den
Schnellfeuergewehren, daß immer wieder eine Waffe von selbst losging
und zusätzliche Verluste in den eigenen Reihen verursachte. Die kurdische Bevölkerung betrachtete diese verwahrlosten persischen Okkupanten mit offener Feindseligkeit. Vor einem Kontrollposten standen die
Angehörigen dieser stolzen Gebirgsrasse an, um – den Weisungen der
iranischen Behörden gemäß – ihre Flinten abzuliefern. Sie trennten sich
blutenden Herzens von ihrer Waffe.

In der Geschäftsstraße von Sardascht gaben die jungen Kurden, die
uns als Journalisten identifiziert hatten, ihrer Entrüstung freien Lauf.
»Diese Pasdaran spielen sich als Helden auf«, höhnte ein Jura-Student,
»aber sie wären unseren ›Demokraten‹ – so nannten sich die Partisanen
der ›Demokratischen Partei Kurdistans‹ – hoffnungslos unterlegen,
wenn die iranische Luftwaffe nicht mit Cobra-Hubschraubern und Phan-
tom-Maschinen unseren Widerstand niederwalzen würde. Die ›Wächter
der Revolution‹, was sind das schon? Ein paar verbohrte Intellektuelle aus
Teheran, die ein romantisches Abenteuer suchen, und ansonsten vor
allem die armen Schlucker aus dem Unterproletariat der persischen Städte, jene Mustazafin, von denen Khomeini so viel daherredet.« Während
uns ein breiter Kreis von Zuhörern umringte, war auch Qassem hinzugetreten, und schon begann eine heftige Diskussion zwischen den jungen
Autonomisten und dem Repräsentanten des revolutionären Sicherheits-
apparates. »Ihr behauptet immer, wir seien Kommunisten«, schrie ein
zorniger Händler, der aus seinem Laden hinzugeeilt war, »aber wir sind
fromme Moslems, allerdings Sunniten, wie ihr wissen solltet.« Bei unserer ziellosen Wanderung wurde ich diskret von einem blassen Jüngling
beiseite genommen, der ohne Umschweife eingestand, daß der Marxismus für die Kurden offenbar die letzte Hoffnung verkörpere, das Ziel der

nationalen Selbstbestimmung zu verwirklichen. »Wir müssen unsere Verbündeten dort suchen, wo sie zu finden sind«, sagte er.

Das Pahlevi-Denkmal von einst war auch in Sardascht zertrümmert. Der Sockel war über und über mit Propaganda-Plakaten beklebt. Der Schah wurde geschmäht, und eine zionistische Klaue griff nach Palästina. Darstellungen Khomeinis waren gleich zu Dutzenden vorhanden. Aber das Antlitz des streitbaren Ayatollah aus Qom war hier immer wieder mit roter Farbe wie mit Blut verschmiert.

Wir erreichten die Freitags-Moschee, einen schmucklosen rechteckigen Bau, in dessen Vorhof Kurden und persische Pasdaran ihre rituellen Waschungen vornahmen, ehe sie in das Innere des Gotteshauses traten. Die Gemeinde – aus Sunniten und Schiiten bunt zusammengesetzt – richtete sich in tadelloser Anordnung vor dem »Michrab«, der Gebetsnische, auf. Nach den Verbeugungen in Richtung Mekka und der Rezitation einiger Suren bestieg ein sunnitischer Vorbeter die Kanzel und hielt die »Khutba«, die Freitags-Predigt. Sie war dem Thema der Einheit aller Muselmanen und der Gleichheit aller Menschen vor Gott gewidmet. Der »Khatib« hielt einen schmalen Stab in der Hand. Im Anschluß an den Gottesdienst trat der örtliche Befehlshaber der Pasdaran, ein junger Intellektueller namens Arabi in gescheckter Tarnjacke neben den Minbar und hielt eine politisch gefärbte Rede im Sinne der islamischen Revolution. Während er zu sprechen begann, verließen die meisten Kurden ostentativ die Moschee. Im Herausgehen blickte ich nach oben und stellte fest, daß die Kuppel des Gebetsraums auf höchst originelle Weise – nämlich mit einer peinlich geordneten Vielzahl von Pepsi-Cola-Verschlüssen – dekoriert war. »Koran und Pepsi-Cola, eine seltsame Kombination«, lachte Abol Fadl, als er mein Staunen bemerkte. »Wir haben eben unsere eigenen Formen des zivilisatorischen Synkretismus. Die Verschmelzung oder auch nur die Versöhnung der beiden großen Strömungen des Islam hingegen, der Sunna und der Schiia, die ist seit den Tagen der Omayyaden- und Abbasiden-Khalifen noch nicht vorangeschritten. Im Gegenteil. Der alte Streit um die rechtmäßige Nachfolge des Propheten ist durch die iranische Revolution neu angeheizt worden. Die Kritiker aus dem Westen sollten sich jedoch nicht zu erhaben vorkommen. Als ich in England studierte, habe ich einmal einen Abstecher nach Ulster gemacht. Was sich dort zwischen katholischen und protestantischen Iren abspielt, hat mein Selbstbewußtsein als Orientale und Moslem wieder aufgerichtet.«

Der Grenzposten Tamatschin östlich der Garnisonstadt Piranschar, den wir schließlich anflogen, leitet bereits in das irakische Kurdistan über. Die betonierten Grenzstellungen, in denen sich vorübergehend die Peschmerga festgekrallt hatten, waren von den Raketen und Bomben der iranischen Luftwaffe plattgewalzt worden. Mit dem Feldstecher konnten wir die vorgeschobenen Posten der irakischen Armee deutlich erkennen. Die Sonne stand bereits tief im Westen, und unser Begleitoffizier drängte zum Heimflug. Wir besichtigten noch ein Bataillon der 64. Division, das unmittelbar im felsigen Grenzabschnitt eine kreisförmige Stellung zur Rundum-Verteidigung bezogen hatte. Nach Einbruch der Dunkelheit würde auch in dieser Nacht die Knallerei losgehen. Die iranischen Soldaten wirkten diszipliniert. Ihre Bewaffnung mit Panzern und Geschützen war auf dem letzten Stand. Die Perser hatten von ihren früheren Militär-Ratgebern aus USA gelernt, wie man ein perfektioniertes Waffensystem optimal, massiv und verschwenderisch gegen einen unterlegenen Gegner einsetzt. Die Stellung von Tamatschin weckte plötzlich Erinnerungen an die amerikanische Partisanenbekämpfung in Vietnam.

Bei der Landung in Urmia begegneten wir Mustafa Tschamran, der mit der Organisation der islamischen Milizen beauftragt war und kurz darauf Verteidigungsminister werden sollte. Tschamran trug Zivil, aber war von einer kriegerischen Horde umgeben. Mit seinem Glatzkopf, dem Vollbart und der Brille wirkte er wie ein Studienrat. Diesen Beruf hatte er tatsächlich früher ausgeübt. Sein Blick war streng und fanatisch. Qassem war mit diesem einflußreichen Mann, der als Leiter einer schiitischen Schule im Süd-Libanon die ersten Milizen der »Amal«-Organisation rekrutierte, aus den bewegten Zeiten des Exils vertraut. Die beiden küßten sich auf die Wangen, und Qassem erreichte es, daß Tschamran meine Frage beantwortete, wie er sich denn die Koexistenz zwischen regulärer Armee und Miliz der Revolutionswächter in Zukunft vorstelle. Der künftige Verteidigungsminister wollte den aktiven Militärs lediglich die Rolle eines Spezialisten-Korps zur Handhabung hochtechnisierter Waffen für Panzer- und Luftkrieg zuweisen. Die Pasdaran hingegen sollten das Volksheer von morgen bilden, eine islamische »levée en masse«, eine permanente, religiös motivierte Mobilisierung der Nation. Ich mußte an einen deutschen Kaufmann in Teheran denken, der die Spannungen zwischen Armee und Pasdaran mit dem Verhältnis zwischen Reichswehr und SA vor dem Röhm-Putsch verglich. Aber was besagen schon solche Analogien im Orient? Mustafa Tschamran sollte an der Spitze seiner Pasdaran im späteren Krieg gegen den Irak den Tod finden. Er wurde von hinten erschosssen.

Der nächste Tag war wieder einer Inspektions-Tournee im Hubschrauber gewidmet. Dieses Mal begleiteten wir den Gouverneur von West-Aserbeidschan, Dschamschid Haqgu, einen elegant gekleideten, jugendlich wirkenden Mann mit blondem Bart und blauen Augen, den man für einen Nordeuropäer gehalten hätte. »Ich bin Aserbeidschaner, ich bin Türke«, stellte sich Haqgu mit großer Jovialität vor. Er hatte in den USA studiert und gemeinsam mit dem späteren Außenminister Yazdi die studentische Agitation der Exil-Perser gegen den Schah gesteuert. Haqgu galt als Verfechter eines versöhnlichen Kurses gegenüber den aufständischen Kurden. Trotzdem wurde sein Hubschrauber durch einen Cobra-Helikopter abgesichert, der sich mit der tödlichen Geschmeidigkeit eines Haifisches im knallblauen Himmel zwischen den gelben Schluchten bewegte. In der Bahnstation Maku, unmittelbar an der türkischen Grenze und nur ein paar Kilometer von der kaukasischen Südspitze der Sowjetunion entfernt, war am Vortag die Schienenstrecke gesprengt worden. Doch an diesem Morgen waren die kurdischen Notabeln der Umgebung zur feierlichen Begrüßung ihres Gouverneurs wie in Friedenszeiten angetreten. Ein furchterregender Riese mit dem Gesicht eines Neandertalers und mit Bärenpranken sprach in röhrender Lautstärke die Willkommensworte. Dschamschid Haqgu hatte Mühe, die Dorfältesten zu hindern, ihm nach alter Sitte die Hand zu küssen.

Zwischen dem Flecken Maku und der aserbeidschanischen Distrikthauptstadt Khoy inspizierte der Gouverneur Administrationsbüros und Garnisonen. »Ich habe von Teheran verlangt, daß man mich in meinem Verwaltungsgebiet von den Revolutionswächtern verschont«, meinte Haqgu sorgenvoll. »Die Pasdaran, ihr rüdes Auftreten, ihre Unkenntnis der örtlichen Stammesverhältnisse haben entscheidend dazu beigetragen, daß sich der Kurden-Aufstand so schnell ausbreiten konnte. Ich ziehe es vor, mit regulären Streitkräften zusammenzuarbeiten, die an Disziplin gewöhnt sind und deren aserbeidschanische Offiziere mit der hiesigen Bevölkerung umgehen können. Für die Bekämpfung der Peschmerga ziehe ich sogar die früheren Rangers des Schah den unberechenbaren Milizionären vor. Unsere Armee ist ohnehin seit der Revolution eine islamische Truppe geworden, und die Nostalgiker des Pahlevi-Regimes sind selten.«

Die Stadt Khoy hatte ich zum letztenmal im Sommer 1951 gesehen. Sie hatte sich total verändert. Aus dem malerischen Durcheinander von Lehmgassen mit einem überdachten Bazar echt orientalischen Gepräges war eine seelenlose Anreihung schlechtverputzter Betonfassaden und

schreiender Neonreklamen geworden. Nur der gekachelte Turm der
Moschee, deren Stil auf die türkischen Seldschuken verwies, war erhalten geblieben. Eine Massenkundgebung war organisiert worden, und
Haqgu ergriff das Wort. Die Ordnungskräfte in Khoy setzten sich aus
Pasdaran zusammen, aber sie wirkten hier keineswegs aggressiv. Einer
von ihnen vertraute mir sogar an, daß er an Khomeini keinen Gefallen
finden könne. Seine religiöse Leitfigur sei vielmehr der Ayatollah Khoyi.
Es bestätigte sich, daß die höchsten Würdenträger der Schiia, die »Mujta-
hidin«, beim einfachen Volk nicht nur als Interpreten der Religion, sondern als lebende Vorbilder verehrt wurden, und daß in Aserbeidschan
der in Qom residierende Ayatollah Schariat Madari über die stärkste
Gefolgschaft verfügte.

In Sero, östlich von Urmia, berührten wir wieder die Grenze der Türkei. In diesem lieblichen Dorf, das zwischen saftigen Wiesen, Weidenbü-
schen und silbern fließenden Bächen eingebettet lag, hatte der Kurden-
Aufstand gegen den Schiiten-Staat Khomeinis seinen Ausgang genommen. Grobe Übergriffe der Revolutionskomitees hatten den nationalen
und sunnitischen Widerstand dieser kriegerischen Gebirgs-Clans herausgefordert. Gouverneur Haqgu, dem sich General Zaher Nejad beigesellt
hatte, wurde von den Dorfältesten und Stammesführern festlich empfangen. Die Frauen – sie waren sämtlich unverschleiert – hielten sich abseits
im Schatten der Bäume. Die Männer waren alle bewaffnet, und viele trugen die russische Kalaschnikow. »Für die Kurden ist das Gewehr ein
unveräußerliches Attribut der Manneswürde«, erklärte mir Haqgu, »und
es gäbe nur zusätzlichen Ärger, wenn wir versuchten, diese stolzen Krieger zu demütigen.«

Nach einem üppigen Mahl – Reis, Hammel und Früchte – das im
Kauern und mit bloßen Fingern verzehrt wurde, versammelten sich die
Kurden-Führer in einem großen Obstgarten. Dschamschid Haqgu hatte
in einem Polstersessel Platz genommen. Vor ihm war ein Teppich ausgebreitet. Es begann eine lange Debatte über die Schwierigkeiten mit den
Behörden, über die Willkür der Khomeini-Komitees aus Teheran. Wir
konnten den Einzelheiten nicht folgen, aber alle Parteien wirkten am
Ende besänftigt und gelockert. Unter den Fransen-Turbanen zeichneten
sich verwegene und stolze Profile ab. Einer der Kurdenführer nahm mich
bei dem anschließenden Spaziergang zur türkischen Grenzstation beiseite. »Diese offizielle Versöhnung mag schön und gut sein«, lachte er, »aber
bei der nächsten günstigen Gelegenheit werden wir den persischen
Eindringlingen doch wieder mit der Waffe begegnen.« Im gleichen

Moment hallte aus der Ferne eine Salve Schüsse zu uns herüber. Mit dem Feldstecher konnten wir an einem Steilhang, der längs der türkischen Grenze verlief, drei Reiter erkennen, deren galoppierende Pferde braune Staubfahnen aufwühlten. Auf dem Kamm waren türkische Soldaten mit dem Gewehr im Anschlag zu sehen. »Das sind ganz gewöhnliche Schmuggler«, sagte mein kurdischer Begleiter mit dem gewaltigen Schnurrbart und zuckte die Achseln. Die Szene hätte in eine Karl-May-Schilderung gepaßt: »Durchs wilde Kurdistan«.

Bis zur roten Fahne mit weißem Halbmond und Stern, die über dem türkischen Kontrollposten wehte, waren es nur fünfhundert Meter. Die Barriere war für unseren Besuch gehoben worden. Perser und Türken begrüßten sich wie Brüder. Gouverneur Haqgu konnte sich mit seinen westlichen Nachbarn in deren Muttersprache unterhalten. »Die politischen Bestrebungen der Kurden sind aussichtslos«, kommentierte General Nejad, der sich etwas abgesondert hatte. »Selbst wenn es den sogenannten Peschmerga gelänge, im Irak oder bei uns ein eigenes Staatsgebilde zu gründen, die Türken würden es nicht zulassen und notfalls intervenieren.« Tatsächlich wurde die Assimilation der millionenstarken kurdischen Minderheit im östlichen Bergland von Anatolien seit Atatürk mit äußerster Härte durchgeführt. Die Volksbezeichnung »Kurden« war in Ankara offiziell abgeschafft worden, und man sprach dort nur von »Berg-Türken«.

Den zwei türkischen Zollbeamten versuchten wir klarzumachen, daß wir nach der erzwungenen alkoholischen Abstinenz in Persisch-Aserbeidschan gern einen Schluck Bier getrunken hätten. Es dauerte lang, bis man uns verstand. Dann aber rannte einer der Zöllner zum nahen Gebirgsbach, der als Kühlschrank diente, und kam triumphierend mit einer Flasche Bier zurück. Die Perser sahen mit etwas Mißbilligung unserer Ausschweifung zu, und die strahlenden Osmanen wollten keine Bezahlung entgegennehmen.

Im Umkreis von Urmia hat sich eine versprengte Gemeinde nestorianischer, assyrischer Christen erhalten. Vor Jahrhunderten schon waren ihre Vorfahren vor den Verfolgungen in Mesopotamien in diese Gebirgswelt geflüchtet. Sie hatten während des britischen Mandats im Irak Verstärkung erhalten, als die Regierung von Bagdad sich anschickte, die christlichen Minderheiten zu unterdrücken und auszurotten. Die alten Kirchen der Nestorianer sind meist wie Höhlen in den Felsboden eingelassen, und der Besucher muß sich tief bücken, eine erzwungene Verbeugung vor dem Tabernakel vollziehen, um ins Innere zu gelangen. Die

Ikonen des Altars waren künstlerisch wertlos. Verstaubte Stickereien hingen von den Kellerwänden. Daß die nestorianische Christenheit sich vor dem Aufkommen des Islam als kräftig missionierende Kirche bis tief nach Zentralasien, ins heutige Sinkiang, ausgebreitet hatte, erschien angesichts dieser verschüchterten Überreste unvorstellbar.

Bei einem Spaziergang durch Urmia war ich von einem nestorianischen Arzt angesprochen worden, der in Deutschland studiert hatte und sich nun um eine Niederlassung in der Bundesrepublik bemühte. Er gehörte dem mit Rom unierten chaldäischen Flügel der assyrischen Kirche an und lud uns zu einem Ausflug in sein Heimatdorf Gogtape in der südlichen Nachbarschaft ein. Der Flecken war von Weingärten umgeben. Das Leben in den grauen Lehmgassen war gedämpft. Wir trafen meist alte Leute, die mit dem Arzt in einem archaischen semitischen Dialekt verkehrten. Angeblich sprachen sie eine Spätform jenes aramäischen Idioms, das zu Zeiten Christi im ganzen Orient verbreitet war. Nicht die bescheidene Kirche mit den roten Kreuzabdrücken auf der Außenmauer bildete das Zentrum von Gogtape, sondern ein verwahrloster Friedhof. Die Steinkreuze und Sarkophage waren dort mit christlichen Ursymbolen geschmückt. Gleich daneben hatten französische Archäologen tiefe Schächte aufgerissen. Die Arbeiten waren jetzt durch die Revolution unterbrochen. Auf dem Hügel von Gogtape hatte schon zu prähistorischen Zeiten eine wenig bekannte semitische Urbevölkerung gesiedelt. Über der ganzen Gegend und ihren Menschen hing eine beklemmende und traurige Stimmung. Ich erinnerte mich an jene Szene im Film »Der Exorzist«, wo der Jesuit bei seinen Ausgrabungsarbeiten in Mesopotamien unvermittelt auf eine unheilbringende Darstellung Luzifers prallt.

»Wir leben hier ›Unter der Sonne Satans‹, so heißt doch der Roman von Bernanos«, sagte der Arzt, als habe er meine Gedanken erraten. Er hatte ursprünglich Priester werden sollen. Der schwarze Bart im bleichen, großnasigen Gesicht verlieh ihm das Aussehen eines assyrischen Magiers. »Wir Christen haben keine Hoffnung und keine Zukunft im Orient mehr. Das Khomeini-Regime hat uns zwar alle nur denkbaren Zusicherungen gegeben, und niemand hat uns bisher drangsaliert. Aber wir sind eine Minderheit ohne Perspektive. Die meisten von uns bereiten ihre Auswanderung nach Europa und vor allem nach den USA vor. Bald wird es kaum noch einen Nestorianer im Iran geben.«

Die Juden, von denen es vor der Revolution rund fünfzigtausend in Persien gab, so erklärte der Arzt weiter, liefen zwar stets Gefahr, als Zionisten verdächtigt und belästigt zu werden. Aber sie hätten dennoch in der Existenz des Staates Israel eine Bestätigung ihrer göttlichen Auserwähltheit gefunden. Die dreihunderttausend Armenier, auch wenn sie in ihrem Herzen glühende Antikommunisten seien, sähen in der sowjetischen Teilrepublik von Eriwan ein mögliches Refugium, eine letzte nationale Heimstätte. Die dreißigtausend Mazdeisten der alten Zarathustra-Religion hätten in mehr als tausendjähriger Unterwerfung die Resignation gelernt. Wirklich verfolgt und bedroht seien heute vor allem die Bahai, von denen es angeblich vierhundertfünfzigtausend in Persien gäbe. Den Sektierern der Bahai, die sich erst im neunzehnten Jahrhundert vom Islam abgewandt hatten, indem sie zwischen den Widersprüchen von Thora, Evangelium und Koran einen synkretistischen Ausweg, eine Pforte, zu arabisch »Bab« suchten, gelte der ganze Zorn der schiitischen Fundamentalisten. Der Assyrer bestätigte, daß sogar der langjährige Premierminister des Schah, Hoveida, der Mann mit der Orchidee, im Ruf gestanden habe, der Bahai-Sekte insgeheim anzugehören. Kein Wunder, daß die islamischen Revolutionsrichter ihn erschießen ließen, nachdem der Schah ihnen diesen treuen Diener des Pfauenthrons schmählich ausgeliefert hatte.

Unsere Rückkehr nach Teheran war weniger komfortabel als unser Hinflug. Wir fanden in einer Hercules-Maschine der iranischen Luftwaffe Platz. Trotz des Dröhnens der Motoren hätte ich in dieser C 130, die mir aus Vietnam so vertraut war, Schlaf gefunden, wenn nicht eine Truppe hitziger Revolutionswächter unsere Reisegefährten gewesen wären. Die jungen Männer wurden nicht müde, »Allahu akbar« zu schreien. Dann stimmten sie Kampflieder an, die den gottgewollten Sieg des Islam über die teuflischen Feinde der Religion glorifizierten. Nach der Ankunft in Teheran fuhr uns das Taxi an gewaltigen Wohnblocks vorbei, die der Schah in Auftrag gegeben hatte. Diese unvollendeten Hochhäuser blickten mit leeren Fensterhöhlen wie überdimensionale Ruinen einer gescheiterten Zukunft auf die rötlich schimmernden Flanken des Elburs-Gebirges. Zu Füßen der Betonmauern kampierten Nomaden und Zigeuner vor Zelten und Lagerfeuern.

Hochburg des Glaubens

Qom, September 1979

Gold und Blumen. Die heilige Stadt Qom, Festung des Glaubens, ist von pathetischer Häßlichkeit wie die meisten persischen Ortschaften, die dem überstürzten Modernisierungs-Imperativ der Pahlevi zum Opfer gefallen sind. Der kleine Fluß, dessen Rinnsal sich in der nahen Wüste verliert, spendet keine Erfrischung. Die glasierten Minaretts zittern in der Hitze. Über der Trostlosigkeit dieser Stadt schweben die beiden Kuppeln der Fatima-Moschee. Die eine leuchtet aus purem Golde. Die blaue Keramik der anderen, deren Grundton an das geheimnisvolle Leuchten der Kathedralenfenster von Chartres erinnert, ist mit herrlichen Blumenornamenten versehen, als wären sie in den Gärten Allahs gepflückt. Eine strahlende Vision des Paradieses, die in schroffem und atemraubendem Gegensatz zur düsteren Larmoyanz des schiitischen Glaubens und seiner unermüdlichen Passionsspiele steht.

Unsere Ankunft ist aus Teheran rechtzeitig angekündigt worden, und wir werden an der Tafel vorbei, die allen Nicht-Moslems das Betreten des Heiligtums strikt untersagt, auf einen erhobenen Rundgang geführt, der uns den Blick auf den großen Innenhof und den Eingang zur Gruft der Fatima freigibt. Zu Füßen der Kuppel drängen sich die Gläubigen – viele Frauen sind darunter – und die Mullahs, die eine »Fatwa«, ein Rechtsgutachten erteilen oder den Koran interpretieren. Andere waschen sich in Vorbereitung des nächsten Gebetes. Auf dem Eingangsdach zwischen den gewaltigen Minaretts ist ein überdimensionales Buntporträt Khomeinis aufgestellt, der die Ketten der imperialistischen Unterjochung mit athletischer Geste sprengt. Die beiden bewaffneten Pasdaran erscheinen daneben wie Zwerge. Das Heiligtum von Qom ist der jungfräulichen Fatima, der Schwester des großen Achten Imam Reza geweiht, einer Märtyrerin des Glaubens. Ganz so weiberfeindlich, wie oft behauptet wird, ist der Islam wiederum auch nicht. »Unsere liebe Frau von Fatima«, könnte man auch in Qom sagen. Der schwarze Tschador, so sagen die Apologeten der muselmanischen Revolution, sei ein Instrument der gesellschaftlichen Gleichschaltung, denn den armen Frauen aus dem Volk komme der düstere Umhang zugute, um ihre zerrissenen und geflickten Kleider zu verbergen. »Die Frauen hören dank dem Tschador auf, passive Objekte männlicher Lust zu sein«, hatte mir in Teheran ein junger Volks-Mudschahid erklärt; »Sie sollten im Westen doch Verständ-

nis dafür haben, wo so viele ›emanzipierte‹ Mädchen heute auf Schminke
und jede künstliche Attraktivität verzichten und sich formlose Parkas
über ihre ausgeweiteten Jeans stülpen.«

Das Bild des Imam Khomeini ist in Qom allgegenwärtig. Auf Wolken,
von Engeln umgeben, erscheint er auf einem Plakat wie ein strenger
Richter, und zu seinen Füßen kauert die satanische Figur des Schah, von
schrecklichem Gewürm angefressen, von einem Onkel Sam verstoßen,
auf dessen Zylinderhut der Davidstern aufleuchtet. Oder Khomeini
bewegt sich auf einer anderen Darstellung in einer heiligen Wolke, wie
Moses auf dem Sinai, als ihm das Gesetz verliehen wurde. Khomeini
wird dargestellt wie ein Prophet, so möchte man sagen, wenn im islamischen Glauben nicht Mohammed, Friede und Heil seinem Namen, das
Siegel der Offenbarung, der letzte und größte aller Gesandten wäre. Für
einen Sunniten ist diese Mythologisierung des Imam Khomeini dennoch
ein schwer faßbares, fast lästerliches Phänomen. »Ayatollah – Zeichen
Gottes«, welcher Mensch dürfte in der egalitären Sunna schon einen solchen Titel für sich beanspruchen. Die Assoziation der Rufe: »Allahu
akbar, Khomeini rachbar – Allah ist groß und Khomeini ist unser Führer« hat für den Nicht-Schiiten einen Beigeschmack von Blasphemie.

Aber in Qom sind wir im Herzen der Mysterien des Glaubens. Hier
triumphiert die Partei Alis. Nach dem Tode Mohammeds hatten die
frommen Mitstreiter des Propheten den rechtschaffensten aus ihrer Mitte, Abu Bakr, zum Ersten Khalifen, zum geistlichen und weltlichen Sachwalter des Islam ernannt. Es folgten der große Eroberer Omar und der
Dritte Khalif Othman. Dann erst als Vierter Khalif wurde Ali Ibn Abu
Talib, der Schwiegersohn des Propheten, der dessen Tochter Fatima
geheiratet hatte, mit der Würde des Befehlshabers der Gläubigen ausgestattet, und sofort regte sich Widerspruch. Nur fünf Jahre lang konnte Ali
im mesopotamischen Kufa einer Glaubensgemeinschaft vorstehen, die in
der Vorstellung der Schiiten von fast ebenso perfekter Heiligkeit über-
strahlt war wie die Versammlung der Gefährten Mohammeds, der
»Ansar«, in Medina. Gegen die Khalifatswürde Alis erhob sich der Usurpator Muawiya, ein entfernter Verwandter des Propheten. Mit List und
Gewalt verdrängte und ermordete Muawiya den rechtmäßigen Khalifen
Ali und gründete die Dynastie der Omayyaden, deren Herrschaft sich
von Cordoba in Andalusien bis nach Samarkand in Turkestan erstreckte.
Die beiden Söhne Alis, die Propheten-Enkel Hassan und Hussein, fielen
– nach schiitischer Darstellung – ebenfalls den Mordanschlägen der
Omayyaden zum Opfer. Das Martyrium des Imam Hussein in Kerbela

bildet, wie wir bereits mehrfach erwähnten, den pathetischen Gipfel der schiitischen Leidensgeschichte. Die Partei Alis, die »Schiiat Ali«, hatte nach dessen Tod nicht kapituliert. Diese Legitimisten, die vor allem in Mesopotamien, im heutigen Irak, stark vertreten waren, betrachteten Ali Ibn Abu Talib als den einzigen und wahren Erben und Nachfolger des Propheten, verwarfen selbst die ersten drei Khalifen, die sogenannten »Raschidun«, und um so mehr ihre Todfeinde aus dem Geschlecht der Omayyaden. Die Spaltung des Islam ist durch die Ablösung des Omayyaden-Khalifats von Damaskus durch die Abbasiden von Bagdad nicht gemindert worden und schon gar nicht durch den sehr fragwürdigen Übergang der höchsten geistlichen und weltlichen Würde des sunnitischen Islam auf die türkischen, die osmanischen Eroberer, die aus den Steppen Zentralasiens kamen. Während die Sunna und ihre Khalifen – der letzte dieser Statthalter Allahs auf Erden wurde erst 1924 von Atatürk abgesetzt – rüde Machtpolitik betrieben, das Reich des Islam mit Waffengewalt ausdehnten oder verteidigten, in Glaubensfragen meist einem einfallslosen, orthodoxen Konformismus huldigten, verkapselte sich die Partei Alis in esoterischen Spekulationen über die unauslöschliche, göttliche Erwähltheit, über die Unfehlbarkeit ihrer Imame. Denn in der Folge Alis, Hassans und des Schahid Hussein waren weitere Heilige aufgestanden, zwölf Imame insgesamt, direkte Nachkommen aus der Verbindung Alis und Fatimas, sämtlich dazu verurteilt, eines gewaltsamen Todes von seiten ihrer sunnitischen Verfolger zu sterben. Am Ende steht – bei den sogenannten »Zwölfer-Schiiten« – die ergreifende Figur eines Kindes, des fünfjährigen Mohammed Mehdi – »Mehdi« heißt »Der von Gott Geführte«. Dieser Knabe verschwand im Jahr 874 unserer Zeitrechnung in einem unterirdischen Gewölbe der Stadt Samarra im Irak, aber dem schiitischen Glauben zufolge ist Mehdi dabei nicht umgekommen, sondern er lebt in der Verborgenheit weiter. Aus dieser Verborgenheit heraus wird er am Ende der Zeiten zur Welt zurückfinden, um das Reich Gottes und der Gerechtigkeit zu gründen. Bis dahin verkörpert der Verborgene Zwölfte Imam die mystische Herrschaft, die oberste Richtschnur. Nur in seinem Namen darf regiert, darf die Lehre des Propheten ausgelegt, darf Recht gesprochen werden. Um den Imam Mehdi rankt sich gewissermaßen die »geheime Offenbarung« der Schiia. In seiner Vertretung kann sich als Zeichen göttlicher Gnade ein »Nayeb« kundtun, der als »zeitlicher Imam« dem Volk den rechten Weg weist und es auf die Wiederkehr der messianischen Gestalt des Zwölften Verborgenen Imam vorbereitet.

Dies und nichts Geringeres ist der tiefe Sinn der Berufung Ruhollah Khomeinis an die Spitze der schiitischen Gemeinschaft der islamischen Revolution. So bekundet es nicht nur der Glaube der Massen, sondern auch der Buchstabe jener neuen Verfassung der Islamischen Republik Iran, zu deren Wächter ich bei der Landung des Ayatollah in Teheran vorübergehend berufen worden war. Der Artikel V dieser Konstitution proklamiert als oberstes Gesetz die »Statthalterschaft, die Regentschaft des Koran-Gelehrten – Welayet-e-Faqih«. Der Faqih, der höchste Führer, wird wie folgt beschrieben: »Das Land und seine Regierung werden durch einen Mann geleitet, der wegen seiner Tugenden des Mutes, der Ehrlichkeit, des Wissens und der Weisheit bekannt ist und der niemals Verbrechen oder Delikte begangen hat.« Die Vollmachten dieses Faqih, der durch die breite Zustimmung der Gläubigen identifiziert wird, sind praktisch unbeschränkt: »Er kann den Präsidenten der Republik absetzen, gegen die Kandidaten auf dieses Amt sein Veto einlegen, er kann jedes Gesetz und jede Bestimmung aufheben, die er als nicht vereinbar mit dem Islam erachtet; er ist Oberbefehlshaber der Streitkräfte und kann alle hohen Offiziere ernennen oder absetzen; er entscheidet allein über Krieg und Frieden.«

Das orientalische Märchen vom bärtigen Ayatollah Khomeini aus Neauphle-le-Château war durch die abstruse Verbindung von schiitischer Mystik und revolutionärer Verfassungs-Juristerei zu einer realpolitischen Konstruktion ausgeufert, vor der die westlichen Kanzleien sich ratlos und verzweifelt die Haare rauften. Denn dieses System der institutionalisierten Heiligkeit hatte seine eigene Logik, seine eigene Methodik sogar. »Der Islam ist alles«, so hat es bei Khomeini geheißen; »was im Westen Freiheit und Demokratie genannt wird, ist im Islam enthalten. Der Islam umfaßt alles.« Hier war der westlichen Rationalität, die die Pahlevi-Herrscher so mühselig in Persien einführen wollten, ein Riegel vorgeschoben worden. Hier traten im Gewande der Mystik uralte Realitäten zutage.

Im Iran der islamischen Revolution wurden westliche Emanzipationsbegriffe wie die Menschenrechte von 1789, der Westminster-Parlamentarismus, das Prinzip der Gewaltenteilung à la Montesquieu als schädliches, oft teuflisches Blendwerk aus einer fremden Welt abgelehnt. In einem unserer langen Gespräche hatte Sadegh Tabatabai einmal versucht, mir das geistige System Khomeinis zu erläutern. »Oberstes Prinzip, ja Wesen des Islam«, so sagte er, »ist der Tauchid, die Einheit, die Einzigkeit Gottes. Der Tauchid ist der Kern der muselmanischen Offenbarung. Nicht Pluralität der Gesellschaft ist das Ziel der islamischen Erneuerung, wie unser Imam Khomeini sie anstrebt. Im Gegenteil. Wenn die Gesellschaft nach dem koranischen Gesetz lebt, dann spiegelt die Einstimmigkeit des Volkes die Einzigkeit Gottes, dann steigt der Tauchid gewissermaßen auf Erden hinab.« Ich wandte ein, daß auch das christliche Mittelalter ähnliche Vorstellungen genährt hatte. »Consensus fidelium« hieß es damals im Abendland.

Unser Plan, Khomeini im Faiziya-Seminar von Qom bei der Predigt zu filmen, war nicht zu verwirklichen. Am Vortag war beim Auftritt des Imam unter den Gläubigen eine so hysterische Erregung, ein solches Getümmel entstanden, daß zwei alte Frauen zu Tode getrampelt wurden. Khomeini hatte sich daraufhin tadelnd und grollend in sein Haus zurückgezogen. Wir suchten statt dessen den Ayatollah Schariat Madari auf, der ebenfalls in Qom residierte und von manchen Beobachtern in Teheran als potentieller Gegenspieler Khomeinis eingeschätzt wurde. Schariat Madari stammte aus Aserbeidschan und verfügte bei den zehn Millionen schiitischen Azeri dieser Nordwest-Region über starken Anhang. Tatsächlich sollte es später in Täbris zu Straßenschlachten zwischen den Gefolgsleuten der beiden heiligen Männer kommen. Aber der greise Schariat Madari war seinem Widerpart in keiner Weise gewachsen. Er empfing uns im Innenhof seiner Residenz. Ich kauerte mich wie üblich neben ihn auf den Boden, den Rücken an die Mauer gelehnt. Schariat Madari wirkte noch älter und sehr viel zerbrechlicher als Khomeini. Die schwachen Augen blickten listig und manchmal schalkhaft hinter den funkelnden Brillengläsern. Sein Bart war schlohweiß. Der Ayatollah war von einigen ehrfürchtigen Mullahs umgeben. Darunter fiel uns vor allem ein hochgewachsener junger Turbanträger auf, der seine homophile Veranlagung durch tänzelnde Bewegungen und feuchte Blicke betonte.

Schariat Madari übte unverblümte Kritik an den Regierungsmethoden Khomeinis und an dessen Unfehlbarkeitsanspruch: »Wer den Anspruch erhebt, die Geistlichkeit mit allen Attributen der Macht im Staat auszustatten, darf sich nicht wundern, wenn die Diener der Religion später an den Ergebnissen ihrer Regentschaft in Politik und Wirtschaft gemessen werden«, sagte Schariat Madari. Das Urteil drohe negativ auszufallen, und die Religion hätte am Ende das Nachsehen. »Aber was kann ich schon daran ändern«, meinte der Ayatollah mit einer resignierenden Handbewegung und gab sich als beschwichtigender Zauderer zu erkennen. Beim Verlassen dieser Audienz wurde ich auf der Straße von einem fanatisch blickenden Jüngling angerempelt, der uns heftige Vorwürfe machte, mit diesem deklarierten Gegner des Imam Khomeini Gespräche zu führen, statt uns von dem wahren Führer der islamischen Revolution belehren zu lassen. Die Spannungen innerhalb der hohen schiitischen Geistlichkeit warfen ihre Schatten voraus.

Zwei Tage zuvor hatten wir in den Wandelgängen des Majlis-Gebäudes, des Parlaments von Teheran, den Ayatollah Mohammed Bescheschti getroffen, der als Verfechter der intoleranten, ultraklerikalen Linie galt und dem neuen Verfassungskomitee vorstand. Bescheschti hatte uns lange warten lassen. In der Zwischenzeit konnten wir einen Blick in den Beratungssaal werfen, wo die Mullahs in starker Überzahl waren und die Grundlagen ihrer Islamischen Republik und der »Mullahkratie« zu zementieren suchten. Pro forma waren auch die religiösen Minderheiten in diesem Gremium vertreten: ein Zardoschti, ein Jude und zwei Christen, der eine Armenier, der andere Nestorianer. Die Turbanträger in den Majlis bewegten sich mit der anmaßenden Würde von Pharisäern. Ihre Freude am theologischen Streit um jeden Verfassungsparagraphen hätte in eine Talmud-Schule gepaßt. Bescheschti zeigte sich uns gegenüber kurz angebunden und arrogant. Er war dabei, jene »Republikanisch-Islamische Partei« aufzubauen, die bei den ersten Parlamentswahlen des Jahres 1980 die absolute Mehrheit davontragen sollte und den eifernden Fundamentalismus zur Regierungsdoktrin erhob, auch wenn er angesichts des Aufmuckens der sunnitischen Randvölker Persiens auf die Proklamation der Schiia als Staatsreligion schweren Herzens verzichten mußte. In den Augen Bescheschtis und seiner Parteigänger war Premierminister Bazargan ein allzu lascher Moslem, der immer noch mit dem Westen liebäugelte. Bescheschti arbeitete systematisch darauf hin, die gemäßigte Fraktion unter den Khomeini-Anhängern kaltzustellen. Ihm schwebte wohl damals schon eine Art islamische Kulturrevolution vor. Er wartete geduldig auf seine Stunde, suchte das Monopol der Macht und – ziemlich unverblümt – die Nachfolge-Investitur Khomeinis. Dieser undurchsichtige Mann, dem aus seiner fünfjährigen Amtstätigkeit als Imam der schiitischen Moschee in Hamburg bedenkliche Kontakte zur Savak nachgesagt wurden, war seinem Ziel recht nahe gekommen, als ein perfekter Bombenanschlag der Volks-Mudschahidin seiner machiavellistischen Karriere im Juni 1981 ein brutales Ende setzte.

Am späten Nachmittag mischten wir uns in Qom unter die Menge, die sich in Sichtweite des Hauses Khomeinis staute. Die Gasse war durch Eisengitter und ein starkes Aufgebot bewaffneter Pasdaran abgeriegelt.

Der Imam bewohnte ein bescheidenes zweistöckiges Gebäude unweit des
Flusses. Auf dem Dach zeichneten sich hohe Antennen, die wilden Sil-
houetten der Revolutionswächter und zwei schwere Maschinengewehre
vom dunstigen Himmel ab. Nur ein paar Sekunden lang erschien die
feierliche Gestalt Khomeinis an der Brüstung seiner Terrasse. Er winkte
den Gläubigen zu, von denen viele in Trance gerieten. »Allahu akbar«,
schrie das Volk, und dann kreischte eine schluchzende, verhüllte Frau
den Satz, der endlos wiederholt wurde und den Abol Fadl mir kopfschüt-
telnd übersetzte: »Du bist das Licht Gottes und der Schrei unserer Herzen!«

Die zerbrochene Wunderlampe

Abadan, Oktober 1979

Die Erdölraffinerie von Abadan ist den Aussagen der Iraner zufolge die
größte der Welt. Beeindruckend sind diese veralteten Installationen
nicht. Über dem Eingang ist das unvermeidliche Khomeini-Porträt angebracht. Sicherungsmaßnahmen sind – abgesehen von ein paar Sandsäk-
ken – nicht zu entdecken. Es herrscht eine gedrückte Stimmung unter
den Arbeitern und Angestellten dieses riesigen Unternehmens. Seit
Mossadeghs Zeiten ist aus der Anglo-Iranian längst die »National Ira-
nian Oil Company« geworden. Aber das reicht den islamischen Revolutionskomitees nicht, die sich neuerdings in alle Fragen der Produktion und
Vermarktung ohne einen Hauch von Kompetenz einmischen. Die Arbei-
terschaft, so hat sich bei den Streiks in den letzten Monaten der Pahlevi-
Dynastie ergeben, war marxistisch unterwandert. Die moskau-hörige
Tudeh-Partei sollte hier auch bei den Ingenieuren über Anhänger verfügen. Die qualifiziertesten Kräfte seien zum Teil ins Ausland abgewandert
oder planten ihre Abreise, seit der tatkräftige Generaldirektor Nazih
durch ein Dekret aus Qom seines Postens enthoben wurde, weil er ein zu
lauer Moslem war, wurde uns anvertraut. Im Clubgebäude der NIOC tragen die Sekretärinnen noch europäische Sommerkleider und spielen
Ping-Pong mit ihren männlichen Kollegen. Diese bescheidene Freizügigkeit im Umgang der Geschlechter hat bereits den Groll der Mullahs
erregt.

Unterdessen ist die Petroleumproduktion abrupt gesunken. Die Zeit ist längst vorbei, da die Fackeln des Erdgases in der Wüste von Khuzistan einen phantastischen Petro-Dollar-Ertrag verhießen und mit Aladins Wunderlampe verglichen wurden. Laut offiziellen Angaben werden noch durchschnittlich drei Millionen Barrel Erdöl pro Tag gefördert, aber niemand kann das nachprüfen, und die letzten westlichen Experten stellen düstere Prognosen. Man spricht von Verwahrlosung der Bohrstellen, von zunehmender Versandung, vom Verschleiß des Materials. Noch reichen die Einnahmen aus, um die geschrumpften Ansprüche des persischen Staatswesens seit der islamischen Machtergreifung recht und schlecht zu befriedigen. Die Gehälter der Beamten werden ziemlich pünktlich gezahlt, die Verpflichtungen gegenüber dem Ausland honoriert. Die Armen und die zahllosen Arbeitslosen werden von karitativen islamischen Komitees mit Lebensmitteln versorgt. Das Land findet zu einer gewissen wirtschaftlichen Anarchie und somit zum persischen Normalzustand zurück, der nur durch den modernistischen Ehrgeiz der Pahlevi zwei Generationen lang unterbrochen worden war. Bei der Händlerkaste, bei den Basari, erregt der wirtschaftliche Niedergang, der durch die Ignoranz der Mullahs in fataler Weise beschleunigt wird, ersten Widerspruch gegen die schiitische Theokratie, aber für die Enterbten, für die Mustazafin, denen der Imam seine väterliche Zuneigung schenkt, hat sich in der Lebenshaltung nicht viel geändert. Das wenige, das sie sich früher mit Mühe und Schweiß erschuften mußten, wird ihnen heute ohne Arbeitsleistung im Namen der islamischen Solidarität verteilt. Es besteht also kein Grund zur Auflehnung.

Wir hatten Ahwas, die Provinzhauptstadt Khuzistans, auf einer schnurgeraden Asphaltstraße verlassen, die längs der irakischen Grenze nach Süden verlief. In glühender Hitze waren wir zum Hafen Khorramschahr gefahren und von dort südöstlich nach Abadan abgezweigt. Die Atmosphäre der Spannung und Verdächtigung in dieser Region war mit Händen zu greifen. Aus dem Irak sickerten häufig Sabotagetrupps ein, sprengten Pipelines, Pumpstationen und Eisenbahnlinien. Am Tage unserer Ankunft war kurz vor Ahwas ein Personenzug auf eine Mine gefahren. Es hatte vierzehn Tote und viele Verletzte gegeben. In den irakischen Zeitungen wurde Khuzistan stets als »Arabistan« bezeichnet, weil die Mehrzahl der dortigen Einwohner arabisch sprach. Bagdad förderte systematisch den panarabischen Irredentismus in Khuzistan, und auf den arabischen Landkarten war der »Persische Golf« ohnehin seit vielen Jahren als »Arabischer Golf« aufgeführt. Ahwas erschien uns als ziemlich trostlose Bazarstadt. Das Ufer des Karun-Flusses, wo sich die

weißen Dschellabas der Fellachen unter Palmen bewegten, wirkte fast
ägyptisch. Auf dem zentralen Rundplatz fielen mir zahllose Plakate mit
dem energischen Kopf des Admiral Madani auf. »Retter des Iran« stand
darunter. Madani war zu diesem Zeitpunkt noch Oberbefehlshaber der
iranischen Marine und Gouverneur von Khuzistan. Als solcher begegnete er dem irakischen Terrorismus mit starker Hand. Er zögerte nicht,
die Pasdaran für diese Polizeimaßnahmen einzusetzen, denn das iranische Heer litt in diesem Sektor unter Symptomen der Auflösung. Der
Panzerwaffe fehlte es an Ersatzteilen. Die Hubschrauber wurden nur
noch durch verschwenderischen »Kannibalismus« halbwegs einsatzfähig
erhalten. Auf der Zwischenstation in Isfahan hatten wir Hunderte von
unbrauchbaren Helikoptern wie ermattete Heuschrecken am Boden hok-
ken sehen. Die mangelnde Wartung und der Materialverschleiß hatten
das immense Waffenarsenal binnen kurzer Frist gelähmt. Admiral
Madani, so munkelte man in Ahwas, wolle sich bei den angekündigten
Präsidentschaftswahlen aufstellen lassen, und jedermann wußte, daß die
Anwärterschaft dieses pragmatischen Offiziers dem Imam Khomeini
alles andere als genehm wäre.

In Abadan verweilten wir lange am Rande des Schatt-el-Arab. Euphrat und Tigris haben sich hier zu einem mächtigen gemeinsamen
Strom zusammengefunden, der dem nahen Meer zustrebt. Der Schatt-
el-Arab ist etwa sechshundert Meter breit. Auf dem westlichen Gegen-
ufer waren die befestigten Anlagen der irakischen Armee mit dem bloßen Auge zu erkennen. Die persische Erdölraffinerie lag unmittelbar am
Wasser. Es wäre eine Leichtigkeit, dieses breitflächige Ziel vom irakischen Nachbarterritorium aus mit gewöhnlichen Granatwerfern in
Brand zu schießen. Aber so wahnwitzig, so selbstmörderisch, einen solchen Befehl zu erteilen, würde doch in Bagdad niemand sein, räsonierten
wir damals, zumal die Perser sofort an den irakischen Petroleumanlagen
von Basra Vergeltung üben konnten.

Wir überschätzten an diesem heißen Oktobertag noch die Berechen-
barkeit orientalischer Politik und Strategie. Es wäre uns auch niemals
eingefallen, dem irakischen Staatschef Saddam Hussein zu unterstellen,
er würde auf dem Landweg über Khorramschahr gegen das Hindernis
des Karun-Flusses mit seinen Panzerdivisionen zum Angriff auf Abadan
antreten. Sehr viel plausibler wäre es gewesen, mit Kommando-Einhei-
ten in Bataillonstärke den auf persischer Seite unbewachten Schatt-
el-Arab mit Sturm- oder notfalls Schlauchbooten zu überqueren und die
größte Raffinerie der Welt im Handstreich, vermutlich fast kampflos zu

besetzen. Aber auch hier würde sich im Herbst 1980 herausstellen, daß das irakische Oberkommando mit den elementaren Geboten der strategischen Vernunft mindestens ebensosehr auf Kriegsfuß stand wie mit den verhaßten Persern. Mühsam sollten sich die Soldaten Saddam Husseins, die bereits von amerikanischen Gazetten als die »Preußen des Orients« gefeiert worden waren, bis zum Stadtkern von Khorramschahr und zum Karun-Ufer südlich von Ahwas vorquälen. Dann buddelten sie ihre hochwertigen T 62-Panzer aus der Sowjetunion im Wüstensand ein und spielten Stellungskrieg. Während wir die schiitischen Revolutionswächter von Khuzistan – unrasiert und undiszipliniert wie immer – zwischen den gelben Backsteinvillen herumlungern sahen, die die Briten hinterlassen hatten, ahnten wir nicht, daß diese Behelfskrieger sich angesichts der hochtrainierten irakischen Berufssoldaten wie Löwen schlagen würden.

In Khorramschahr lud uns die iranische Admiralität zu einer Flußfahrt auf dem Schatt-el-Arab ein. Vorher führte ich ein Gespräch mit dem Hafenkommandanten, einem Fregattenkapitän, der in der Bundesrepublik einen Lehrgang absolviert hatte. Der Offizier beantwortete meine Fragen mit sympathischer Lässigkeit. Die iranische Marine, so sagte er, sei entgegen den Behauptungen der ausländischen Militärattachés in Teheran voll einsatzbereit. Die Fregatten und Minensucher hätten Khorramschahr verlassen, um gegen einen feindlichen Überraschungsschlag gefeit zu sein. Das Flaggschiff, der einzige iranische Kreuzer, befände sich in der Gegend des Flottenstützpunktes Bandar Khomeini, der früher Bandar Abbas hieß. Vor wenigen Tagen hätten zufriedenstellende Manöver stattgefunden. Nur bei den Hoovercrafts seien technische Mängel aufgetreten, und diese Armada von Luftkissenfahrzeugen, mit denen der Schah einst die seichten Gewässer vor der schmalen irakischen Küste dominieren wollte, sei praktisch gefechtsunfähig. Der Fregattenkapitän war ein verbindlicher Mann. Das Wort »islamische Revolution« kam ihm nur stockend über die Lippen, und dabei setzte er stets ein entschuldigendes Lächeln auf.

Die Sonne senkte sich über dem Schatt-el-Arab, als unser Patrouillenboot stromabwärts tuckerte. Die Hitze des Tages hatte nachgelassen. Auf der iranischen Seite zogen die Stahlgerüste Abadans wie ein krauses Produkt der »Modern Art« an uns vorbei. Die lodernden Abgase verschmolzen sich mit dem violetten Himmel. Am westlichen Kai von Abadan lagen vier Fregatten vor Anker. Sie wirkten ausgestorben wie Geisterschiffe. Das irakische Ufer wurde von einem herrlichen Palmenhain beherrscht. Darunter duckten sich quadratische Lehmsiedlungen, ein Anblick, der sich seit den prähistorischen Zeiten der Sumerer kaum verändert haben dürfte. Dieses war eine der geschichtsträchtigsten Gegenden der Welt. Hier waren die Herrscher Babylons und die persischen Großkönige immer wieder aufeinandergeprallt. Weiter nördlich, jenseits der Palmenwedel hatte in Kufa der fromme, aber schwächliche Imam Ali, der Schwiegersohn des Propheten, seine kleine Gemeinschaft in vorbildlicher Heiligkeit regiert, ehe er der Heimtücke des Khalifen Muawiya zum Opfer fiel. Wir suchten auf der Karte nach dem Flecken Qadissiya, wo der Khalif Omar mit seiner Truppe barfüßiger Beduinen die Streitmacht des persischen Sassaniden-Herrschers vernichtend schlug. »Wir wollen dem Finsterling Khomeini ein neues Qadissiya bereiten«, tönte es heute aus den Propaganda-Kanälen der Arabischen Republik Irak.

Diesen Herausforderungen gegenüber verhielt sich Khomeini wie die Spinne im Netz. Sein heiliger Auftrag war keine nationale iranische Erneuerung, sondern eine allumfassende islamische Revolution, und in seinen Augen ruhte der wahre Islam in der treuen Nachfolge der zwölf schiitischen Imame. Es ging hier nach Jahrhunderten der Unterdrückkung, der Verfolgung, der Verleumdung um die Rechtfertigung, um die Revanche der Schiia, der Partei Alis. Waren es nicht die Anhänger der Sunna, die vom wahren Weg Allahs, von der leiblichen Erbfolge Mohammeds abgewichen waren, und galt es jetzt nicht, ihnen zu zeigen, wo der heilige Eifer des Islam am reinsten glühte? Gewiß, in den Augen der sunnitischen Araber waren diese Perser ein Volk, das nur mittelbar teilgehabt hatte an einer Offenbarung, die zunächst ihnen, den Söhnen Abrahams, in ihrer eigenen, der ungeschaffenen Sprache des Koran, zuteil geworden war. Die iranische Schiia, so mutmaßten die »Ulama« der sunnitischen Rechtsschulen, sei insgeheim durchdrungen von Spuren zoroastrischer Ketzerei. Khomeini war sich demgegenüber seiner politischen und religiösen Trümpfe bewußt. Wenn das irakische Baath-Regime so wütend gegen ihn Sturm lief, so entsprach das teilweise dem Bewußtsein der eigenen Schwäche. Mehr als die Hälfte der Bevölkerung Mesopotamiens, obwohl arabischer Rasse und Sprache, bekannte sich zur »Schiiat Ali«, wurde seit Jahrhunderten niedergehalten und diskriminiert. Weder in den Ministerien noch in den Armeestäben von Bagdad waren die irakischen Schiiten nennenswert vertreten, und aus der Befehlszentrale der allgewaltigen Sozialistischen Baath-Partei waren sie praktisch ausgeschlossen. Die Predigerstimme Khomeinis weckte ein gefährliches Echo bei seinen Religionsbrüdern an Euphrat und Tigris. Dazu kamen die Schiiten des Libanon, die in diesem vom Bürgerkrieg zerrissenen Staat ein Drittel der Gesamtbevölkerung ausmachten und sich endlich auf ihre Identität besannen. Die Emissäre Khomeinis waren in Bahrein mahnend und tadelnd in Aktion getreten, versuchten die dortige Gefolgschaft Alis zu mobilisieren. In Kuweit sah sich Scheich Jabir Ahmed es-Sabah gezwungen, einen besonders aufsässigen Ober-Mullah, der seine Weisungen unmittelbar aus Qom erhielt, mitsamt seiner Sippe des Landes zu verweisen. In Saudi-Arabien lebte nur eine Gemeinde von etwa dreihunderttausend Schiiten, aber ihr Siedlungsgebiet befand sich in bedenklicher Nachbarschaft der größten Erdölvorkommen der Welt. Wenn schließlich zwischen Teheran und Damaskus – trotz der säkularen Ausrichtung der dortigen Baath-Partei – eine enge Solidarität entstand, so war das auf die Zugehörigkeit des syrischen Präsidenten Hafez-el-Assad zur Sekte der Alawiten zurückzuführen, die der Schiat Ali verwandt war.

Gewisse Experten schlossen nicht aus, daß das heilige Experiment Khomeinis der totalen islamischen Revolution auch bei den sunnitischen Arabern auf Nachahmung und Widerhall stoßen könnte. Der islamische Fundamentalismus, seine Forderung nach kompromißloser Anwendung der Gesetze des Propheten in ihrer ursprünglichen Reinheit, gewann ja auch dort ständig an Boden. In Zukunft würde die mangelnde Frömmigkeit und Sittenstrenge der eigenen Herrscher am Beispiel dieses zürnenden Schiiten-Führers gemessen werden. Nicht nur die Golf-Emirate, auch das wahhabitische Königreich Saudi-Arabien und sogar das ägyptische Niltal, wo im Mittelalter unter der schiitischen Khalifen-Dynastie der Fatimiden eine kulturelle und theologische Glanzzeit aufgeblüht war, gerieten widerstrebend und fasziniert in den Sog des iranischen Gottesstaates. Zumindest wollte man diesen persischen und schiitischen Außenseitern nicht den Vorrang der religiösen Erneuerung überlassen.

Die Geiseln von Teheran

Teheran, Anfang November 1979

Die Telefonverbindung zwischen Paris und Teheran war vorzüglich. Hassan Tabatabai, der Kabinettsdirektor des stellvertretenden Ministerpräsidenten Sadegh Tabatabai und wohl auch sein entfernter Verwandter, teilte mir mit, daß der Imam Khomeini bereit sei, mir in Qom ein Interview zu gewähren, eine sehr seltene Gunst in jenen Tagen. Hassan hatte das gleiche Internat im west-schweizerischen Fribourg besucht wie ich, und das hatte unsere Beziehungen erleichtert.

Abol Fadl holte mich am Flugplatz Mehrabad ab, und ich merkte gleich, daß die Stimmung fiebriger und argwöhnischer geworden war. Am 22. Oktober war Mohammed Reza Pahlevi aus seinem Exil in Mexiko nach New York übergesiedelt, um dort seine Krebserkrankung behandeln zu lassen. Der Aufenthalt des Schah in den USA hatte in Persien bei fast allen Volksschichten einen Sturm der Entrüstung ausgelöst. Niemand glaubte an die medizinischen Gründe, die vom Sprecher des Weißen Hauses vorgebracht wurden. Fast jeder Iraner sah in der Präsenz des gestürzten Herrschers auf amerikanischem Boden den Zipfel eines imperialistischen Komplotts, das Präsident Carter und seine Umgebung weiterhin gegen die islamische Revolution Khomeinis schmiedeten. Die Tatsache, daß Henry Kissinger zu den eifrigsten Anwälten der Aufnahme des Schah im New Yorker Cornell Medical Center zählte, machte die ganze Angelegenheit noch suspekter. Wie sollte man dem durchschnittlichen Perser verargen, daß er sich weigerte, an die Erkrankung des Schah zu glauben, an die Waldenströmsche Erkrankung der Lymphdrüsen, die den Herrscher schon seit 1974 befallen hatte, wo doch die Amerikanische Botschaft und der allgegenwärtige CIA mit seinen unzähligen Agenten von diesem Leiden angeblich nichts gewußt hatten. Die gemäßigte Regierung Bazargan, die die islamische Revolution in halbwegs ordentliche Bahnen zu kanalisieren suchte, fühlte sich düpiert. Die Mullahs sprachen von Provokation und witterten eine Chance der Radikalisierung. »Sie haben die Büchse der Pandora geöffnet«, sagte Außenminister Yazdi zum amerikanischen Geschäftsträger Laingen und wußte, daß seine Tage im Amt gezählt waren.

Selbst der friedfertige Abol Fadl war geschockt. »Sie wissen, daß ich kein opportunistischer Schreier und ganz westlich erzogen bin«, meinte er sorgenvoll. »Aber so können die Amerikaner nicht mit uns umspringen. Der Schah hätte – wenn er wirklich leidend ist – auch in Mexiko behandelt werden können. Es geht hier nicht um die Person des ehemaligen Kaisers, den man hier natürlich zu systematisch verteufelt hat. Viele Perser wollen heute nicht mehr wahrhaben, daß sie ihm früher einmal zujubelten und den Rücken vor ihm gebeugt haben. Aber Carter hat dem Ministerpräsidenten Bazargan mit seiner Entscheidung einen Dolchstoß in den Rücken versetzt. Bazargan ist vor ein paar Tagen in Algier mit dem amerikanischen Sicherheitsbeauftragten Zbigniew Brzezinski zusammengetroffen in der Hoffnung, wieder ein halbwegs normales Verhältnis zu den USA zu finden. Er glaubte im Sinne des Imam zu handeln, aber er hatte Khomeini wohl nicht voll informiert. Jetzt hat das Kesseltreiben der Mullahs und der Fanatiker gegen Bazargan begonnen, und wir alle werden das Nachsehen haben.«

Im Amtsgebäude des Ministerpräsidenten suchte ich sofort Sadegh Tabatabai auf. Auch er war besorgt. »Wir werden kaum noch verhindern können, daß es zu anti-amerikanischen Kundgebungen kommt«, sagte er. »Gestern haben wir mit List und Einsatz der Pasdaran gerade noch vereitelt, daß die tobende Menge gewalttätig gegen amerikanische Einrichtungen vorging. Den ultra-klerikalen Hezbollahi und gewissen Linksextremisten im Hintergrund wird es jetzt leichtfallen, die letzten Brücken zum Westen zu sprengen.« Unser Sicherheitsbeauftragter Qassem, der mit uns nach Kurdistan gereist war, hatte im Zustand nervöser Erregung das Büro betreten. Wir küßten uns auf die Wangen. Dann nahm er Tabatabai tuschelnd beiseite und verschwand eilig. »Der Imam wird Sie übermorgen in Qom empfangen, und ich werde Sie begleiten«, teilte mir Tabatabai lächelnd mit. »Haben Sie Ihre Interview-Fragen mitgebracht, damit ich sie nach Qom durchgebe?« Ich hatte die Fragen parat – ein durchaus übliches Procedere in solchen Fällen – und die Telefonverbindung zu Ahmed Khomeini, dem Sohn des Ayatollah, war schnell hergestellt. Tabatabai gab meine Liste durch. Dabei erregte eine Frage besondere Heiterkeit. Ich wollte unter anderem wissen, was Khomeini, der ja für die Zerstörung des Staates Israel plädierte, im Falle eines Sieges der PLO mit den in Palästina lebenden Juden anfangen wolle.

Nach dem Gespräch fragte ich, was denn so lustig gewesen sei an dieser Frage. Tabatabai schmunzelte. »Ich sollte es Ihnen eigentlich nicht sagen. Aber Ahmed Khomeini, der Sohn des Imam, hat gefunden, daß die Frage völlig absurd sei. Die Palästinenser würden doch nie über die Israeli siegen.« Wir sprachen noch eine Weile über die anti-amerikanische Agitation in Teheran und den unversöhnlichen Haß, mit dem

Khomeini Präsident Carter verfolgte. Das sei alles nicht so irrational und manichäisch, wie viele Kommentatoren behaupteten, erklärte Sadegh Tabatabai. Für den Imam stelle nicht so sehr Amerika, sondern der American Way of Life, wie er von vielen Persern nachgeäfft wurde, eine tödliche Gefahr der Entfremdung dar. Gerade weil das Modell Amerika vor allem bei den jungen Iranern aller Schichten mit Alkoholgenuß, Diskotheken, Frauenemanzipation, sexueller Libertinage, Konsumvergötzung und Suche nach dem irdischen Glück – pursuit of happiness – so gleißend und verlockend wirke, habe der Imam diese verderblichen Einflüsse, die den strengen Lebensregeln des Islam diametral entgegenständen, einen unerbittlichen Kampf angesagt. Der amerikanische Satan, dieses goldene Kalb der Gegenwart, sei weit bedrohlicher für die sittliche Reinheit der islamischen Jugend als die subversiven Ideen des Marxismus, die aufgrund ihrer Gottlosigkeit an sich das absolute Übel darstellten, jedoch nur bei gewissen Intellektuellen eine begrenzte Anhängerschaft fänden. Lebensstandard und Lebensstil der benachbarten Sowjetunion verfügten über geringe Ausstrahlungs- und Werbekraft.

Teheran beging wieder einmal eines der zahllosen Trauerfeste. Vor genau einem Jahr war eine Anzahl von Studenten unter den Kugeln der Savak und der Kaiserlichen Armee verblutet. Aus diesem Grund war eine Massenkundgebung auf dem Universitätsgelände einberufen worden, und Tabatabai gab mir den Rat, mich mit dem Kamera-Team dort einzufinden. »Wir wissen, daß gewisse Kräfte diese Feier zu Ehren der Märtyrer in eine anti-amerikanische Gewaltaktion ausarten lassen wollen. Was sie genau vorhaben, wissen wir nicht. Aber für alle Fälle haben wir die Theologie-Studenten, die ›Tullab‹ aus Qom, nach Teheran und zu dieser Feier kommen lassen, damit sie eventuelle Ausschreitungen dämpfen und beschwichtigen können.« Zu Zehntausenden waren die Gläubigen auf dem gleichen weiten Innengelände zusammengeströmt, wo man im Sommer des verstorbenen Ayatollah Taleghani gedacht hatte. Der neue Freitags-Imam von Teheran, der als Nachfolger Taleghanis an der Spitze des mächtigen Revolutionsrates fungierte, Ayatollah Montazeri, war auf die Rednertribüne getreten. Montazeri trug den schwarzen Turban der Sayyed. Er wirkte kränklich. Die Augen funkelten fanatisch hinter den Brillengläsern, und der Mund war verkniffen. Während seiner Ansprache, der Khutba, stützte der Freitags-Imam sich auf ein Schnellfeuergewehr mit aufgepflanztem Bajonett. Die Kalaschnikow hatte das althergebrachte Schwert des Islam – Saif-ul-Islam – bei der Predigt verdrängt, ein bemerkenswertes Zugeständnis an den technischen

Fortschritt. In den ersten Reihen kauerten die Mullahs. Sie waren von ihrer Wichtigkeit durchdrungen und in der Mehrzahl recht korpulent, wie Abol Fadl kritisch bemerkte. Dahinter drängten sich die »Tullab« aus Qom sowie ein buntes Durcheinander von Pasdaran und Mustazafin aus den Armenvierteln der Hauptstadt. Die Frauen im Tschador saßen säuberlich von den Männern getrennt und bildeten einen düsteren Block. Die Versammlung verneigte sich rhythmisch zum Gebet, nachdem Montazeri in seiner Ansprache das Komplott Carters und Mohammed Reza Pahlevis gegeißelt hatte. Es sei höchste Zeit, den verkappten Sympathisanten Amerikas in den eigenen Reihen der islamischen Revolution das Handwerk zu legen, hatte der Vorsitzende des Revolutionsrates gedroht. Die Kundgebung wurde plötzlich durch die Ankunft einer Truppe Soldaten in Heeresuniform aufgewühlt. Sie trugen riesige Kränze und wurden von einem Mullah in Uniform, halb Feldgeistlicher, halb politischer Kommissar, angeführt. Im Sprechchor brüllten die Soldaten »Allahu akbar« und die Litaneien der schiitischen Leidensprozessionen. Sie feierten die Gefallenen der Armee im aufständischen Kurdistan. Die Armee verfügte endlich über ihre eigenen Märtyrer und hatte sich somit in den heiligen Strom des Leidens für die Religion integriert. Die Militärs bewegten sich nunmehr auf dem Wege Allahs, hatten die Schmach ihres Einsatzes im Dienste des teuflischen Schah-Regimes abgestreift. Sie hatten sich das Bestattungsritual der mit ihnen rivalisierenden Revolutionswächter zum Vorbild genommen. Welche Lust an der Trauer, ja welche Wonne am Tod bemächtigte sich doch dieser Pasdaran, wenn sie die gespenstisch in weiße Laken gehüllten Leichen der Schuhada auf den Schultern trugen, mit Rosenwasser begossen und dazu in hysterischer Verzückung mit geballten Fäusten auf den eigenen Körper einschlugen. Nach dieser patriotisch-religiösen Exhibition der Soldaten war eine Knabengruppe in Pfadfinder-Aufzug auf die Tribüne geklettert. Mit piepsigen Stimmen trugen sie ein Lied vor, in dem sich das Wort »Schahid-Märtyrer« stets wiederholte. »Unser Blut kocht . . . Wir werden bis zum letzten Herzschlag kämpfen . . .«, sangen die Kinder.

Ins »Intercontinental« zurückgekehrt, erfuhren wir vom aufgeregten Empfangspersonal die große Nachricht des Tages, die tragischste Demütigung der Großmacht USA seit dem Verlust Indochinas. Ein Trupp von rund dreihundert Jugendlichen hatte sich der amerikanischen Vertretung im Herzen der Hauptstadt bemächtigt und nach schwacher Gegenwehr der wachhabenden Marines die Botschaftsangehörigen als Geiseln festgesetzt. Unter dem Schrei »Margbar Schah« waren die jungen Leute –

auch Mädchen waren dabei – über die Gitter der US-Botschaft geklettert. Die zum Schutz des exterritorialen US-Geländes abgeordneten Pasdaran machten nach kurzem Zögern gemeinsame Sache mit den Geiselnehmern, und die Theologie-Studenten aus Qom, von denen sich die Regierung Bazargan einen mäßigenden Einfluß versprochen hatte, sahen in der Besetzung dieses angeblichen Spionagehorts, in der Verhaftung dieser imperialistischen Teufelsbrut einen unverhofften Triumph der islamischen Bewegung. Die Botschaftsangehörigen würden erst freigelassen, wenn Carter den Schah an die iranischen Behörden auslieferte, ließen die jungen Geiselnehmer wissen, die sich als »Anhänger der Khomeini-Ideologie« deklarierten.

Vor der gestürmten Botschaft ballte sich sofort eine gewaltige Menge zusammen. »Allahu akbar«, dröhnte es von den nackten Häuserfronten der Takhte-Dschamschid-Avenue wider. Das Leitmotiv lautete wieder: »Margbar Schah – Tod dem Schah«. Im Nu wurden Transparente aufgespannt und übergroße Karikaturen, die den US-Imperialismus als schreckliche Krake mit räuberischen Fangarmen darstellten, während Präsident Carter, der »neue Yazid«, wie man ihn bereits nannte, mit geradezu kannibalischem Grinsen die Zähne fletschte. Trotz langen Parlamentierens mit den bewaffneten Pasdaran, die vor der Botschaftsmauer Posten standen, wurden wir nicht durch die verriegelten Eisentore in den inneren Compound eingelassen. Schon war das Tor der US-Vertretung von einem großen Khomeini-Porträt gekrönt. Zwischen den niedrigen Ziegelbauten, auf die sich die verschiedenen Amtsstellen der Kanzlei verteilten, sahen wir die Helden des Tages, stoppelbärtige junge Männer mit bleichen Gesichtern und glühenden Blicken, die an ihren Erfolg selber noch nicht zu glauben wagten und sich wie in einem hysterischen Krampf bewegten. Die revolutionären Mädchen waren verschleiert und ebenfalls leichenblaß. Die tobenden und schreienden Zuschauer auf der Straße erwiesen sich beim Näherkommen als durchaus umgängliche Zeitgenossen. Obwohl sie nicht wußten, welchem Land wir angehörten, ob wir nicht sogar amerikanische Journalisten seien, reagierten sie ohne jede Feindseligkeit, erleichterten unsere Kamera-Arbeit und boten uns – als wir uns aneinander gewöhnt hatten – sogar Früchte an. Nachdem die erste Überreiztheit verzogen und die Kehlen heiser krakeelt waren, dröhnten die anti-amerikanischen Sprechchöre erst wieder auf, wenn die Kamera auf die Demonstranten gerichtet und das Tonband eingeschaltet war. Eine Gruppe Studenten trug ihre Losungen auch auf englisch vor, und als ein kanadisches Fernseh-Team auftauchte, entstand eine Diskussion, ob man auf englisch oder auf französisch »Tod dem Schah!« brüllen sollte. Für die TV-Zuschauer aus der frankophonen Provinz Quebec wurde bereitwillig der Ruf »Mort au Chah!« angestimmt.

Vor dem verrammelten Botschaftseingang sprach mich eine verschleierte junge Iranerin in perfektem Deutsch an. Als ich ihr zu beteuern suchte, daß der Schah tatsächlich wegen seines Krebsleidens und der notwendigen Operation nach New York transportiert worden sei, stieß ich auf totale Ungläubigkeit. »Wir werden von den Imperialisten aus West und Ost mit Falschmeldungen gefüttert«, sagte das Mädchen; »da wird auch behauptet, der afghanische Verräter Taraki sei umgebracht worden. In Wirklichkeit, so bin ich sicher, lebt er unter dem Schutz seiner sowjetischen Freunde weiter.« Mein Hinweis, daß ich knappe zwei Monate zuvor in Kabul die Spuren des Feuergefechts im Regierungspalast persönlich gesehen hatte, die von der Erschießung Tarakis durch seinen Rivalen Hafizullah Amin herrührten, konnte ihr abgrundtiefes Mißtrauen nicht erschüttern. »Wir haben es mit einer weltweiten Verschwörung gegen unseren Imam zu tun«, beendete sie das Gespräch.

Ich hatte befürchtet, die plötzliche Zuspitzung der Lage würde zur Annullierung unseres Interviews mit Khomeini führen. Aber am frühen Nachmittag starteten wir in Richtung Qom. Sadegh Tabatabai fuhr uns in einem knallroten Mercedes 280 voraus. Es mußte irgendeine Festlichkeit im Gange sein, denn am Eingang der heiligen Stadt stauten sich die Pilgermassen. Vom Fluß her näherten wir uns dem Haus des Imam. Die Pasdaran waren von unserer Ankunft verständigt und räumten die Hindernisse, die die Straße sperrten, grüßend beiseite. Durch eine Eisentür wurden wir eingelassen und waren sofort von einer Anzahl Turbanträger umgeben. Den einen oder anderen kannte ich seit Neauphle-le-Château. Wir waren im Herzen des »schiitischen Vatikan« und wurden in einen großen studioähnlichen Raum geführt, in dem Kameras aufgebaut waren und der speziell für die Televisions-Auftritte des Ayatollah im iranischen Fernsehen hergerichtet schien. Aller Anwesenden hatte sich in Erwartung des Imam Zurückhaltung und Scheu bemächtigt. Es wurde nur halblaut geredet wie in einer Kirche.

Plötzlich stand Khomeini unter uns, er winkte mir kurz zu und setzte sich mit dem Rücken zur Wand auf den Teppich, ein großes, aber wertloses Serienfabrikat. Ich kauerte mich zu seiner Linken nieder. Tabatabai nahm auf der anderen Seite Platz. Es entspann sich ein langes Gespräch zwischen dem Ayatollah und dem stellvertretenden Ministerpräsidenten wie zwischen einem autoritären Vater und seinem gehorsamen Sohn.

Khomeini war nicht in bester Laune, aber was hieß das schon bei diesem düsteren Mann? Er ließ sich meine Fragen übersetzen, nachdem er überprüfte, daß auch seine Gefolgsleute ein eigenes Tonband zur Kontrolle mitlaufen ließen. Ich konnte den alten Mann aus unmittelbarer Nähe beobachten. Er schien seit seinem Exil in Neauphle-le-Château in keiner Weise gealtert. Die Wangen waren rosig durchblutet, die Bewegungen lebhaft. Von dem Herzleiden, das ihn ein paar Wochen später heimsuchen sollte, war an jenem 5. November nichts zu spüren. Der Achtzigjährige verhielt sich ebenso unwirsch und unpersönlich wie damals in Frankreich. Er hielt die Augen vor sich auf den Boden gerichtet, während er antwortete, und die Stimme war monoton. Zu dem Zeitpunkt, als er sich zu uns setzte, wußte Khomeini bereits, daß Premierminister Bazargan seinen Rücktritt eingereicht hatte, um gegen die Geiselnahme zu protestieren, und er hatte auch schon beschlossen, diese Demission anzunehmen. Aber er ließ sich nichts anmerken, sondern verwies lediglich auf dringende Geschäfte, die ihn zur Eile zwängen.

Auf meine Frage, ob man in der heutigen industriellen Welt noch bei den Gesellschaftsvorstellungen des Propheten Mohammed in Medina oder des Imam Ali in Kufa verharren könne, war die Antwort gewissermaßen vorprogrammiert. Die moralischen Werte, die Lehre vom Tauchid – von der Einzigkeit Allahs, die sich ja in der Einstimmigkeit des Gottesvolkes widerspiegelt – oder das Ideal der Gerechtigkeit zwischen den Individuen und den Völkern, die seien unveränderlich und von Ewigkeit her festgeschrieben. Materielle Errungenschaften hingegen seien der Anpassung und der Veränderung unterworfen.

Als ich ihn auf die Wirren in Kurdistan ansprach, betonte er die Gleichheit aller Völkerschaften des Iran vor dem Gesetz. Es existiere kein internes Kurden-Problem, hingegen gäbe es Einmischungen, Provokationen und Sabotage-Akte, die vom amerikanischen Geheimdienst in Kurdistan und in Khuzistan angezettelt seien. »Alle Einwohner des Iran«, so beteuerte der Ayatollah, »Kurden, Luren, Perser und wie sie alle heißen mögen, standen bisher unter dem schädlichen Einfluß des Auslandes, und die Fremden haben das Land bis an den Rand der Vernichtung gebracht. – Wenn unsere Streitkräfte in Kurdistan nicht Rücksicht auf die friedfertigen Männer, auf Frauen und Kinder nähmen, hinter denen sich die Saboteure verstecken, dann könnten wir die militärischen Operationen binnen zwei Tagen erfolgreich abschließen. Aber diese Menschen sind unsere Brüder, und wir müssen sie schonen.«

Wir kamen jetzt zum Thema der Juden in Palästina, das von seinem Sohn Ahmed am Telefon so unkonventionell kommentiert worden war. »Wir müssen den Unterschied machen zwischen Juden und Zionisten«, murmelte der Ayatollah. »Die Zionisten sind ebenso schlimm wie der Schah. Aber was die Juden betrifft, so werden sie in einem befreiten Palästina ein völlig normales Leben führen können. Es wird kein Unterschied gemacht werden zwischen Juden und Nichtjuden, und niemand darf sie angreifen.« Er erzählte zur Erläuterung eine Anekdote aus der Legende des Imam Ali, des Schwiegersohns des Propheten, während dessen kurzer Herrschaft in Kufa. Zwischen Ali und einem Juden in Kufa sei es damals zu einem Rechtsstreit gekommen, und sie seien beide zum Qadi gegangen. Beim Eintritt Alis habe sich der Richter verneigt, den Juden habe er mit Nichtachtung bestraft. Daraufhin habe sich Ali entrüstet: »Du schuldest diesem Juden, der gegen mich klagt, dieselbe Achtung wie mir, denn – obwohl ich Khalif bin – sind wir beide vor dem Gesetz gleich.« Im Laufe der Verhandlung sei das Urteil zuungunsten Alis ausgefallen. Hierin sehe er, Khomeini, ein hohes Beispiel islamischer Justiz und Toleranz.

Mit besonderer Spannung wartete ich auf die Aussage Khomeinis zur Geiselnahme in der Amerikanischen Botschaft von Teheran. Es lag bis jetzt noch keine offizielle Erklärung vor. Dieses Mal wurde der Patriarch von Qom etwas lebhafter: »Fünfzig Jahre lang haben die amerikanischen Imperialisten Verbrechen gegen den Iran begangen«, so klagte er an. »Sie haben das Land verkauft und seine Sitten ruiniert. Unsere Jugend wurde gemordet. Die Frommen wurden verbannt, verhaftet und getötet. Wir richten uns nicht gegen das amerikanische Volk, sondern gegen eine amerikanische Regierung, die fortfährt, uns zu bekämpfen, die den Bürgerkrieg in Kurdistan und Khuzistan schürt. Ich sehe deshalb die Besetzung der Amerikanischen Botschaft in Teheran als eine natürliche Reaktion, als eine spontane und gerechte Gegenwehr unseres Volkes an.«

Er machte eine kurze Pause, war fast abwesend und kaum zu hören, als er hinzufügte: »Ich weiß, wie mühsam es ist, in unserem Land das Reich der Gerechtigkeit zu schaffen. In fünfzig Jahren sind alle Einrichtungen des wahren Islam korrumpiert worden. Wir werden es sehr schwer haben, und der Erfolg unserer Erneuerung ist nicht garantiert. Vielleicht wird uns der Sieg beschert sein, aber ich werde notfalls auch bereit sein, unsere Überzeugung von der göttlichen Gerechtigkeit mit ins Grab zu nehmen.« Ebenso brüsk, wie er gekommen war, stand Ruhollah Khomeini auf und verließ den Raum.

Die Rückfahrt von Qom nach Teheran war ein Alptraum. Die Asphaltstraße von rund hundertfünfzig Kilometern war durch die Überzahl von
Fahrzeugen in einen reißenden, mörderischen Strom aus Blech verwandelt worden. Unser Chauffeur benahm sich am Steuer wie Ben Hur in der
Arena. Alle anderen Fahrer bewegten ihre Autos mit ähnlicher Waghal-
sigkeit und Rücksichtslosigkeit. Ich zwang mich dazu, nicht nach vorn zu
blicken, sondern starrte seitlich auf den großen Salzsee, den die untergehende Sonne mit einer Kupferlegierung überzog. Zur Linken sichtete ich
die Stacheldrahtverhaue und Wachttürme eines riesigen Militärlagers.
Man konnte die Schattenrisse einer Kompanie Pasdaran bei der Übung
ausmachen, während der Wagen vorbeiraste.

In diesem Camp, so erfuhr ich sehr viel später, sollte angeblich die
amerikanische Kommandotruppe »Delta« des Unternehmens »Blue
Light« mit ihren Hubschraubern zwischenlanden und sich sammeln, ehe
sie zur gewaltsamen Befreiung der Geiseln im Zentrum von Teheran
aufbrechen würde. Angesichts der Präsenz von bewaffneten Revolutionswächtern an diesem konspirativen Treffpunkt mußte die Aktion
»Blue Light«, die glücklicherweise schon in der Wüste von Tabas abgebrochen wurde, als ein Gipfel des militärischen Dilettantismus, ja des politischen Wahnwitzes anmuten.

Sadegh Tabatabai war fast gleichzeitig mit mir im Hotel »Intercontinental« eingetroffen. Er begleitete mich auf mein Zimmer, um mir die
Antworten Khomeinis in Ruhe zu übersetzen. Wir ließen Coca-Cola und
Süßigkeiten kommen. Die Demission Bazargans hatte sich inzwischen
herumgesprochen. Bis zur Wahl eines Staatspräsidenten und des neuen
Parlaments, wie sie in der Verfassung der Islamischen Republik Iran vorgeschrieben war, würde der Revolutionsrat die Regierungsgewalt aus-
üben. Damit wurde dem Vorsitzenden dieser geheimnisvollen Körper-
schaft, dem Ayatollah Montazeri, eine entscheidende Stellung im Staat
zugespielt. Montazeri war als engstirniger Fanatiker bekannt. Wegen
seines schlechten Gesundheitszustandes würde voraussichtlich der
größte Einfluß dem ominösen Ayatollah Mohammed Beheschti zufallen,
der sich als Vorsitzender des Verfassungskomitees, später des höchsten
Gerichtshofes geschickt im Hintergrund hielt und in Wirklichkeit die
Machtgier der extrem-religiösen Bewegung manipulierte. Das Ziel
Beheschtis war es, mit Hilfe der von ihm gegründeten »Islamisch-Republikanischen Partei« der »Mullahkratie« im Parlament und im Staat zum
totalen Sieg über die Abweichler, die Lauen, die Gemäßigten zu verhelfen. Niemand innerhalb der gestürzten Regierung Bazargan behauptete,

daß die Geiselnahme in Teheran von Khomeini oder von einem anderen geistlichen Führer angeordnet oder auch nur angestiftet worden sei. Die schiitischen Fundamentalisten erkannten jedoch sofort ihre Chance, als das Völkerrecht in so flagranter Weise durch einen Haufen Studenten verletzt wurde.

Von Anfang an ging es gar nicht um das Schicksal der amerikanischen Botschaftsangehörigen, nicht einmal um die Auslieferung des Schah, die von der aufgepeitschten Menge so lauthals gefordert wurde. Die Geisel-Affäre war zum wirksamen Instrument des internen Herrschaftskampfes in den Spitzen-Instanzen der islamischen Revolution geworden. Ayatollah Montazeri, Vorsitzender des Revolutionsrates, hatte die Zustimmung Khomeinis gar nicht erst abgewartet, um sich mit der Geiselnahme der sogenannten »islamischen Studenten« in der Botschaft zu solidarisieren. Im Zuge der kommenden Wochen und Monate würde Mohammed Beheschti mit Hilfe der internationalen Spannung, die das Diplomaten-Drama von Teheran anheizte, seine politischen Widersacher einen nach dem anderen zu Fall bringen. Auf Außenminister Yazdi, der als verräterischer Freund Amerikas angeprangert wurde, war Premierminister Bazargan gefolgt, dem seine Gespräche mit Zbigniew Brzezinski in Algier zum Verhängnis wurden. Als der neuernannte Außenminister Sadegh Ghotbzadeh die Ansicht vertrat, die US-Botschaft sei notfalls »manu militari« zu besetzen, um die gefangenen Amerikaner der Willkür eines fanatischen Komitees von Halbwüchsigen zu entziehen, war auch sein Sturz besiegelt. Die Mullahs konnten zwar nicht verhindern, daß im Dezember 1979 der islamische Soziologe Bani Sadr mit sechsundsiebzig Prozent der abgegebenen Stimmen zum Präsidenten der Republik gewählt wurde und somit den Kandidaten der Ultra-Klerikalen weit hinter sich ließ; doch auch Bani Sadr – der im Westen noch unlängst als verkappter Marxist verdächtigt worden war – sollte systematisch an die Wand gespielt werden. Das Geiseldrama hielt die Stimmung der iranischen Massen am Kochen. Eine seltsame Einstimmigkeit hatte sich in dieser Affäre der Volksseele bemächtigt. Selbst der skeptische Abol Fadl wies meinen Hinweis auf die Regeln des Völkerrechts heftig zurück. »Sie können doch nicht ernsthaft erwarten, daß die Iraner heute noch jene Abmachungen über die Privilegien von Diplomaten respektieren, die zu den Walzer-Takten des Wiener Kongresses stipuliert wurden«, warf er mir vor. »Die Zeiten haben sich total geändert. In dieser US-Botschaft ist doch tatsächlich spioniert und komplottiert worden; im übrigen müssen die Europäer sich endlich daran gewöhnen, daß ihre eigenen Normen keine weltweite Gültigkeit mehr haben. Die Zeit des Eurozentrismus ist vorbei, so sehr ich das in mancher Hinsicht persönlich bedauern mag.«

Die Iraner seien wahnsinnig geworden, schrieb die Presse des Westens. Aber dieser Wahnsinn hatte Methode. Gleich in den ersten Stunden hatte Ruhollah Khomeini seinen Sohn Ahmed nach Teheran geschickt – er wurde von den Pasdaran über die geschlossenen Gitter gehoben, wobei er seinen Turban verlor – um zu verhindern, daß die Botschaftsangehörigen physisch mißhandelt würden. Der Imam hatte die Aktion, die so breiten Anklang bei den Mustazafin fand, gutgeheißen, aber nun bereitete er sich auf seine Rolle als deus ex machina vor. Die islamische Revolution, so spürte er wohl, drohte seit einigen Monaten in der Routine zu erstarren, sich in formalistischen Erklärungen zu erschöpfen. Der Ayatollah wußte nur zu gut um die Versuchungen der bürgerlichen Politiker rund um Bazargan, auch wenn sie rechtschaffene Moslems waren, ihre alten Bindungen an Amerika und Europa neu zu beleben. Diesen Neigungen war nun durch die Radikalisierung der Bewegung als Folge der Geiselnahme ein Riegel vorgeschoben worden. Der Alte von Qom beobachtete den internen, skrupellosen Machtkampf, der sich hinter der Tarnung eines trügerischen, islamischen Konsensus unter Mißbrauch des Tauchid vollzog, sicherlich mit Abscheu und Trauer. Die Schlägertypen aus den Armenvierteln, die fanatisierten Hezbollahi, die »Parteigänger Allahs«, wie sie sich nannten, prügelten sich und schossen sich mit den marxistischen Volks-Fedayin und mehr noch mit den linksmuselmanischen Volks-Mudschahidin herum. Die Kommunisten der Tudeh-Partei klammerten sich unter Verleugnung aller ideologischen Grundsätze an die unversöhnlichsten Tribune der islamischen Kulturrevolution, hießen jede Äußerung Khomeinis gut, hetzten gegen Amerika, versuchten, die beherrschenden islamischen Gruppen zu umgarnen und zu infiltrieren. Über das Schicksal der Geiseln werde in letzter Instanz das iranische Parlament entscheiden, hatte Khomeini sibyllinisch erklärt. Es mußte fast ein ganzes Jahr verstreichen, ehe dieser neue Majlis gewählt war und die »Islamisch-Republikanische Partei« Beheschtis über die absolute Mehrheit in dieser Versammlung verfügte.

Die schiitische Theokratie schien nunmehr gefestigt. Das Fiasko der amerikanischen Aktion »Blue Light« in der Wüste von Tabas, der kriegerische Überfall des Irak gegen die persischen Westprovinzen hatten selbst unter den Feinden der islamischen Revolution eine wehrhafte Reaktion patriotischer Einstimmigkeit ausgelöst. Der Außenseiter Bani Sadr geriet mehr und mehr in die Isolation. Präsident Jimmy Carter hatte inzwischen seinen Wahlkampf gegen Ronald Reagan verloren, und die Schmach von Teheran dürfte dabei eine entscheidende Rolle gespielt haben. Für Khomeini war Ende 1980 – ein Jahr nach der Botschaftsbesetzung – der Zeitpunkt gekommen, dieses gefährliche Katz-und-Maus-Spiel, das den Mittleren Osten an den Rand eines Großkonfliktes gesteuert hatte, abzubrechen.

Das erste Zeichen des Einlenkens wurde aus Teheran über die Deutsche Botschaft signalisiert. Im Auftrag des Imam bat Sadegh Tabatabai Botschafter Ritzel, er möge ihm in der Bundesrepublik ein Gespräch mit einem Bevollmächtigten des Weißen Hauses vermitteln. Damit war die deutsche Rolle in der Geiselbefreiung aber auch schon beendet, denn als es jetzt darum ging – nach dem ersten Kontakt zwischen Tabatabai und dem stellvertretenden US-Außenminister Warren Christopher im Gästehaus am Bonner Venusberg – konkrete Bedingungen politischer und vor allem finanzieller Art auszuhandeln, wurden algerische Diplomaten als Mittler und Makler eingeschaltet. Noch einmal sollte Khomeini seine taktische Manövrierkunst darlegen können. Er verfolgte den unglücklichen Jimmy Carter mit unerbittlicher Feindschaft. Er wollte dem geschlagenen Präsidenten nicht die Gunst erweisen, die befreiten Geiseln von Teheran, gewissermaßen als versöhnlichen Abschluß einer glücklosen Amtsperiode, im Weißen Haus willkommen zu heißen. Andererseits befürchtete man wohl in Teheran, daß der neue Präsident Reagan notfalls zum Schlag mit dem »big stick« ausholen würde, um dieser Episode amerikanischer Erniedrigung ein Ende zu setzen. Ohne einen Widerspruch oder gar Widerstand des angeblich unkontrollierbaren Studentenkomitees wurde also die Freilassung der Geiseln so exakt und präzis programmiert, daß Carter bereits aus dem Weißen Haus ausgeschieden und Reagan die tatsächliche Staatsführung noch nicht konkret übernommen hatte. Der Imam konnte mit seinem orientalischen Bazar-Trick zufrieden sein.

Zu keinem Zeitpunkt war Khomeini gewillt gewesen, sich in dieser kritischen Geisel-Affäre einem wie auch immer gearteten Schiedsspruch – sei es durch die islamische Staatengemeinschaft oder gar die Vereinten Nationen und den Haager Gerichtshof – zu unterwerfen. Die Gründe für diese prinzipielle Ablehnung hat niemand besser beschrieben als Mohammed Hassanein Heikal, der frühere Vertraute des ägyptischen Präsidenten Gamal Abdel Nasser. Mohammed Hassanein Heikal, dessen zweiter Vorname eine Affinität zur Schiia aufdeckt, wie sie im Niltal seit dem Ende der Fatimiden selten geworden ist, gesteht ein, daß er von der

Persönlichkeit Khomeinis gefesselt war und schrieb in der Zeitschrift *Jeune Afrique:* »Täglich erhält der Imam Berichte des Außen- und des Innenministeriums sowie des militärischen Oberkommandos. Er wirft kaum einen Blick darauf. Das interessiert ihn nicht. Er kennt ja die Wahrheit. Um die Wahrheit zu entdecken, befolgt er den Leitsatz des Imam Ali, des Inspirators der Schiia: Frage dein eigenes Herz! Aus der Zeit Alis, aus dem siebten Jahrhundert, bezieht Khomeini seine Kraft und seine Grundsätze. Nach der Schlacht von Siffin waren die Gegner Ali und Muawiya, die beide Anspruch auf die Führung des Islam erhoben, übereingekommen, ihre Forderungen einem Schiedsspruch zu unterbreiten in getreuer Auslegung der Texte des Korans. Dieser Schiedsspruch wurde betrügerisch verfälscht. Muawiya behauptete sich und gründete das Reich der Omayyaden. Ali wurde besiegt und seine Anhänger, die Schiiten, wurden zerstreut. Deshalb steht Khomeini jeder Form von Schlichtung oder Schiedsspruch zutiefst skeptisch gegenüber. Wenn es zu einem Konflikt zwischen der Wahrheit und den Umständen kommt, so sagt er, müssen sich die Umstände beugen, nicht die Wahrheit. Der Imam ist überzeugt, daß er den Kampf der Wahrheit führt gegen den Irrtum, den Kampf der Gerechtigkeit gegen das Unrecht. Wenn er auf die Menge seiner Getreuen blickt, sagt er: »Alle sind zum Sterben bereit. Niemand kann eine Nation besiegen, die im Tod die Eingangspforte des Paradieses erblickt.«

Wir sind den Ereignissen weit vorausgeeilt. An jenem Abend des 5. November 1979 im Hotel »Intercontinental« klingelte das Telefon. Ich wurde von der »Heute«-Redaktion in Wiesbaden angerufen. In meinem Kommentar zur Geiselnahme hatte ich die Vermutung ausgesprochen, daß sich unter den Studenten, die in die US-Botschaft eingedrungen waren, auch linksextremistische Rädelsführer befänden. Die Agentur Pars hatte in Bonn gegen diese Unterstellung protestiert. Es seien lediglich islamische und Khomeini-treue Jugendliche an der Geiselnahme beteiligt gewesen. Ich teilte Tabatabai, der neben mir saß, dieses Dementi der persischen Presse-Agentur mit. Er zuckte die Achseln. »Wir selber wissen ja nicht, wer diese Leute tatsächlich sind und wer hinter ihnen steckt«, sagte er. In Wiesbaden wollte man erfahren, ob auch die Britische Botschaft, wie Reuters gemeldet hatte, am gleichen Abend unserer Rückkehr von Qom durch junge Fanatiker besetzt worden sei, und ob es stimme, daß sich feindselige Demonstranten auf die sowjetische Vertretung in Teheran zubewegten. Wir wußten von nichts. Sadegh Tabatabai, immer noch stellvertretender Ministerpräsident und Regierungssprecher, ließ sich mit den zuständigen Behörden verbinden. Nach mehreren Fehlkontakten erhielt er endlich die gewünschten Informationen. In den Park der Britischen Botschaft waren tatsächlich muselmanische Extremisten eingedrungen und standen im Begriff, die englischen Diplomaten festzunehmen. Vor der Sowjetischen Botschaft staute sich eine tobende Menschenmenge, und die rote Fahne mit Hammer und Sichel war bereits symbolisch verbrannt worden. Da waren jedoch in letzter Minute bewaffnete und disziplinierte Pasdaran ausgeschickt worden, die die Räumung der Britischen Botschaft und den Abbruch der Demonstration vor der russischen Vertretung mit Nachdruck erzwangen. »Wer jetzt noch fortfährt, fremde Botschaften zu besetzen oder eigenmächtig gegen Ausländer vorzugehen, muß als Provokateur, als Agent des CIA oder des israelischen Geheimdienstes Mossad angesehen werden«, hallte es über die Lautsprecher. Die hitzigen Demonstranten zerstreuten sich. Die schiitische Kunst des Ketman, der Verstellung und Verschleierung, hatte sich wieder einmal bewährt. Selbst Tabatabai mußte lächeln, als er uns den Ausgang dieser Kraftprobe schilderte.

Am nächsten Morgen standen wir wieder vor den verschlossenen Gittern der US-Botschaft. Jenseits der Fahrbahn, wo der Verkehr weiterging, lungerten die Gaffer in dichten Trauben. Von Zeit zu Zeit wurden Revolutionslieder gesungen. Sprechchöre forderten den Tod des Schah sowie die Niederlage Amerikas und Israels. Präsident Carter wurde mit besonders giftigen Schmährufen bedacht. Über der Menge ragte ein Galgen mit der Inschrift: »We want the Shah now!« Dennoch war die Atmosphäre keineswegs überreizt. Es sah mehr nach Kirmes als nach Volkstribunal aus. Nach endlosem Palaver der »Revolutionswächter« mit den Studenten jenseits des Gitters – Abol Fadl hatte sich mit besonderer Verve eingesetzt – wurden wir als einziges Fernseh-Team in die Botschaft eingeschleust. Man tastete uns oberflächlich nach Waffen ab. Wir wurden in ein niedriges Gebäude geführt, wo sich offenbar die Bibliothek der Amerikaner befunden hatte. An den Wänden dieses Raumes lasen wir »Down with America« in großen roten Lettern, wie überhaupt die Geiselnehmer im Vorhof vornehmlich mit dem Pinseln von Parolen beschäftigt schienen. In der Bibliothek war die US-Fahne säuberlich zusammengerollt, während draußen ein Sternenbanner zertrampelt und zerrissen worden war.

Nach kurzem Warten gesellten sich drei junge Männer zu uns, die etwa zwanzig Jahre alt sein mochten. Sie bezeichneten sich als verant-

wortliche Sprecher des Besetzungs-Komitees. Sie seien radikale Anhänger der »Khomeini-Ideologie« und ließen keine andere politische Richtung gelten. Der revolutionäre Islam sei ihre einzige Leitschnur. Die
schlecht rasierten Jünglinge, die eines Lächelns unfähig waren, wirkten
abgespannt, verkrampft, verstockt. Doch sie schienen zum Äußersten
entschlossen. Auf meine Frage antworteten sie, daß sie die Auslieferung
des Schah verlangten und daß die Amerikaner festgehalten würden, um
dieser Forderung Nachdruck zu verleihen. Sie sagten jedoch nicht, was
sie mit ihren Gefangenen tun würden, falls Jimmy Carter die Übergabe
Mohammed Reza Pahlevis verweigern sollte. Der totale Bruch mit den
USA sei vollzogen und die Botschaft habe aufgehört, ein Nest von Spionen zu sein. Das sei, wie sie meinten, ein erstes und sehr positives
Resultat.

Diese Argumente wurden mit gedämpfter, höflicher Stimme vorgetragen. Unserem Wunsch, die Botschaftsangehörigen zu sehen, wurde
nicht entsprochen. Die Geiseln befänden sich bei guter Gesundheit und
würden menschlich behandelt. Damit war unser Gespräch auch schon
beendet. Vor dem Ausgang entdeckte ich den amerikanischen Journalisten Bruce Van Voorst, den ich als Korrespondenten von »Newsweek« in
Bonn kennengelernt hatte. Er bewegte sich mit imponierender Gelassenheit zwischen den Eiferern, den Mullahs, den Pasdaran und den Neugie-
rigen. Er verheimlichte gar nicht, daß er Amerikaner war, aber niemand
trat ihm zu nahe. Ich berichtete ihm über meinen enttäuschenden Gang
in die Botschaft. »Das Ding ist zu gut organisiert und angezettelt worden«, meinte Bruce Van Voorst, »und niemand soll mir erzählen, es würden keine geschulten marxistischen Kräfte dahinterstecken. Die meisten
dieser Geiselnehmer mögen tatsächlich Khomeini-Fans sein. Aber
kannst du hier rein äußerlich einen Moslem-Fanatiker von einem
schlechtrasierten Agitator der Tudeh-Partei unterscheiden?«

Am gleichen Abend, am 6. November, verließ ich Teheran, um in
Bangkok einen Vertrauensmann der »Roten Khmer« zu treffen. Es ging
um die Vorbereitung einer Reportage bei den ominösen »Steinzeit-
Kommunisten« Kambodschas, die im Dschungel nördlich von Siem Reap
ihren Widerstand gegen die Vietnamesen versteiften. Der Abschied vom
revolutionären Iran fiel mir leicht. Obwohl Abol Fadl, der mich zum
Flugplatz begleitet hatte, lebhaften Widerspruch einlegte, wurde mein
Gepäck von den Revolutions-Mädchen im Tschador, die als Zöllnerinnen
fungierten, auf schikanöse Weise gefilzt. Eine neue, total unduldsame
Phase der islamischen Erneuerung kündigte sich an.

Der Auserwählte

Nach meiner Rückkehr aus Kambodscha und Thailand habe ich am Schneidetisch unseres Pariser Studios das Material gesichtet, das Baldur während meiner Abwesenheit im Iran gedreht hatte. Er war noch einmal mit Abol Fadl nach Qom gefahren und hatte dort denkwürdige Bilder festgehalten. Ich sehe auf dem Monitor, wie Khomeini langsamen Schrittes auf den Rand seiner Terrasse zugeht. Ein Mullah schiebt ihm einen Stuhl unter. Der Imam erscheint ermattet, fast erloschen in der Großaufnahme. Neben ihm hat sich ein Oberst der iranischen Armee in Parade-Uniform aufgebaut. Das Volk in der Gasse unten wird von schwerbewaffneten Pasdaran zurückgedrängt. Die Heranfahrt mit der Gummilinse zeigt einen alten Perser, dem vor Rührung und frommer Inbrunst die Tränen über die Wangen laufen. Die Revolutionswächter haben einen freien Durchlaß geschaffen. Eine Militärkapelle spielt auf, und plötzlich marschiert ein Bataillon des iranischen Heeres in seiner besten Uniform und tadelloser Ausrichtung an. Die Soldaten werfen die Beine fast wie zum Stechschritt hoch, aber sie sind unbewaffnet. Zwischen den finster blickenden Pasdaran, die ihre Schnellfeuergewehre schußbereit halten, sieht es aus, als fände ein Spießrutenlaufen statt. Dann bilden die Militärs ein Karree, bringen Hochrufe auf die islamische Revolution und den Imam Khomeini aus. »Allahu akbar« schreien Soldaten, Pasdaran und Zuschauer im Chor.

Der Oberst verliest mit schnarrender Stimme eine Ergebenheitsadresse an den alten Mann neben ihm, seinen obersten Kriegsherrn. Die Kamera ist jetzt voll auf Khomeini gerichtet. Der Blick des Imam schweift auf die jubelnde und ergriffene Menge unter ihm, um deren Wankelmütigkeit er weiß, richtet sich prüfend auf die Mullahs, die sich auf der Terrasse gesammelt haben und die sich wohl zu fragen beginnen, wer nach dem Ableben Khomeinis als Faqih an seine Stelle treten könne, Montazeri oder Beheschti oder eine kollektive religiöse Führung. Khomeini weiß selber wohl um seine eiskalte Einsamkeit an der Spitze des Staates und der Umma. Es kommen nunmehr wieder Kadetten und Pasdaran ins Bild. Die Armee könnte – in dem Maße wie sie unentbehrlich wird, um die Kriegsherde an der Westgrenze niederzuhalten – wieder an Einfluß und Ansehen gewinnen, und jedermann weiß in der Dritten Welt, der der Iran jetzt wieder voll angehört, daß »die Macht sich am Ende des

Gewehrlaufes befindet«; also sprach Mao Tse-tung. Die Pasdaran, die auf den umliegenden Dächern Luftabwehrgeschütze aufgebaut haben, erinnern ihrerseits an jene kriegerischen Derwische der Schiia, die im sechzehnten Jahrhundert – als Persien von den sunnitischen Eroberern aus Ost und West, von Afghanen und osmanischen Türken in seiner Existenz bedroht war – der »Partei Alis« aus einer schier hoffnungslosen Lage zum Sieg und damit der iranischen Nation zum Überleben verholfen hatten. Aus diesen frommen Derwisch-Orden war jene Dynastie der Safawiden hervorgegangen, die die Größe des Pfauenthrones wieder herstellte und das schiitische Bekenntnis zur Staatsreligion des Iran deklarierte. Oder sollte am Ende der iranischen Revolution eine Art schiitischer Oberst Kadhafi stehen, ein ehrgeiziger junger Truppenführer, der im Namen eines neu interpretierten Islam die Mullahs in ihre Moscheen verweisen würde?

Angesichts der Verzückung der Gläubigen und der martialischen Darbietung seiner Armee mag Ruhollah Khomeini, der als Statthalter Allahs auf Erden und als Sachwalter des Zwölften Imam seinen Nachfolger nicht selbst bestimmen darf und kann, die Widersprüche, die Ausweglosigkeit seines heiligen und schrecklichen Experiments geahnt haben. Der tödlichen Konfrontation mit der Supermacht Amerika begegnete er mit furchterregender Gelassenheit. Trachtete er denn überhaupt nach dem Erfolg, nach dem Sieg? War nicht die Niederlage, der Fehlschlag für diesen unzeitgemäßen Patriarchen die größere Verlockung? Das Martyrium würde ihn einreihen in die lange Passionsreihe der schiitischen Imame und in ihre Leidensgeschichte. Der Untergang wäre für ihn fast eine Bestätigung seiner göttlichen Auserwähltheit.

Ich suchte nach einem Schlußtext für die letzten Einstellungen meines Films, der zu der aufgehenden Sonne über den Bergen von Yazd passen würde, zu den Begräbnisstätten der Feueranbeter, zu der endlosen roten Wüste, zu der zitternden Stimme des Muezzin in der Ferne, und ich schrieb:»Lachende Löwen, wie Friedrich Nietzsche sie erhoffte, habe ich keine angetroffen in dieser Heimat Zarathustras, im Persien von heute, wohl aber manche Tarantel. Im Iran des Ayatollah Khomeini stirbt Gott nicht an seinem Mitleid mit den Menschen. Allah, der Barmherzige, Rahman, rahim, der weder zeugt noch gezeugt wurde, ist größer – Allahu akbar – steht jenseits aller anthropomorphen Eigenschaften, jenseits des Allzu-Menschlichen.« – Die Cutterin Gaby fand diesen Ausklang sehr pathetisch.

ALGERISCHES STUNDENBUCH

Quis talia fando temperet a lacrimis ...
Wer könnte sich bei einer solchen Schilderung
der Tränen enthalten?

Aeneas am Hofe der Königin Dido von Karthago
(Vergil, Aeneis II)

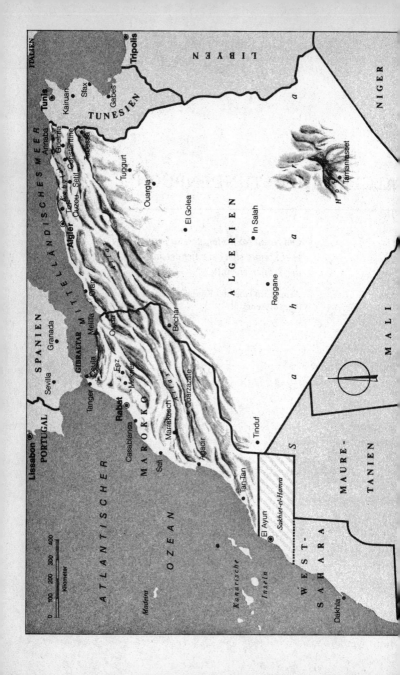

Roms Ruinen im Atlas

Timgad, im Herbst 1953

Der Himmel über Timgad ist schon herbstlich leer. Das Aures-Gebirge in der Ferne entfaltet nackte, schwefelgelbe Flanken. Die Hochebene ist von zyklopischen, schwärzlichen Felsbrocken übersät. Die Ruinen sind Bestandteil dieser chaotischen Landschaft geworden. »Das blieb von der Herrlichkeit des Imperium Romanum«, sagt der Weiße Vater, der uns begleitet. Er trägt eine rote Scheschia mit Troddeln zu seiner weißen Kutte, die hier wie ein Burnus wirkt, und sein Bart ist silbergrau. »Die Vandalen hatten gründliche Vorarbeit geleistet, aber im siebten Jahrhundert kamen die Araber von Osten angestürmt wie ein sengender Wüstensturm, fegten die byzantinischen Garnisonen hinweg, und sie haben alles vernichtet«, fährt der Mönch in vehementer Vereinfachung der Geschichte fort. »Wo einst unendliche Wälder grünten, wo sich die Kornkammer des Römischen Reiches erstreckte, haben die Beduinen Verkarstung und Wüste geschaffen. Was ihrer Verwahrlosung, ihrer Verachtung für alle Landwirtschaft nicht zum Opfer fiel, das haben in jahrhundertelanger Kleinarbeit die schwarzen Ziegen geschafft, die jede Vegetation bis auf den Stumpf und die Wurzel abnagten. Wenn ich heute die Nachrichten vom panarabischen und panislamischen Aufbegehren des Orients höre, wenn ich durch die menschenwimmelnden Moslem-Viertel von Algier gehe oder durch die blühenden Gärten der Mitidscha fahre, dann überkommen mich böse Ahnungen; ich muß an Timgad denken.«

Dieser Ort ist eindrucksvoller als Pompeji. Wir wandern über die Quadern der römischen Straßen, wo die Wagenspuren tiefe Rinnen geschleift haben. Wir lassen auf den Steinbänken des Amphitheaters, das Tausende von Zuschauern faßte und wo Plautus und Aristophanes aufgeführt wurden, das Echo spielen. Die Säulen der Tempel, die später unter der byzantinischen Herrschaft zu Basiliken umfunktioniert wurden, ragen wie anklagende Finger. Die Götter der Antike und die Heiligen des Frühchristentums sind der Bilderstürmerei der Muselmanen zum Opfer gefallen. Die alten Geschäfts- und Zunftviertel hingegen sind deutlich erhalten. Am stärksten beeindrucken uns die Thermen und ihr marmorner Luxus. Wer den zerlumpten und schmutzstarrenden Schawiya-Berbern aus dem Aures-Massiv begegnet, die dem fremden Reisenden Münzen aus der Zeit nordafrikanischer Glorie unter den Cäsaren anbieten, wer diese schäbige Gegenwart an der Hygiene und der raffinierten Leibespflege mißt, die sich in den Bädern des Altertums offenbaren, den verwirrt der Eindruck des Niedergangs. Sogar die Bedürfniseinrichtungen waren in Stein gehauen und mit marmornen Seitenstützen in Form von Delphinen geschmückt, weil die Aedilen und Patrizier von Timgad sogar an dieser trivialen Stätte Gespräch und Geselligkeit pflegten.

Die Spuren vorislamischer Religiosität sind von den arabischen Eroberern systematisch gelöscht worden, aber die puritanischen Eiferer aus der Wüste des Hedschas haben es versäumt, die aufdringlichen Zeichen entfesselter Sexualität zu verwischen, die ihnen Rom und Byzanz hinterlassen hatten. Wegweiser im Irrgarten dieser Ruinenfelder zwischen den zerbröckelnden Triumphbogen und dem verwaisten Forum sind weniger die paar Inschriften, die die französischen Archäologen anbrachten, als jene in Stein gehauenen Phalli, die die Richtung zu einer Vielzahl von Lupanaren weisen. »Wenn die männlichen Glieder überkreuzt sind, dann führen sie zu einem Epheben-Bordell«, erklärte uns der Mönch mit tadelndem Ausdruck. Im kleinen Museum, das in einem Ziegelbau untergebracht ist, enthüllt der kabylische Wächter ein perfekt erhaltenes Mosaik, das einen nackten Neger darstellt. Seinen überdimensionalen Penis hat der schwarze Mann auf eine Waage gelegt und hält damit das Gleichgewicht zur anderen Schale, auf der ein Haufen Gold geschichtet ist. »Sexuelle Kraft galt damals wohl als der größte Reichtum«, kommentiert unser geistlicher Cicerone. »Der ausschweifenden Perversion waren keine Grenzen gesetzt.«

Der nackte Himmel über Timgad wurde überraschend von düsteren Wolken durchzogen, die flackernde Schatten auf das Trümmerfeld warfen. »Beachten Sie, wie diese Stadt Timgad im Laufe der letzten Jahrzehnte vor ihrer endgültigen Ausmerzung geschrumpft ist«, nahm der Père Blanc wieder auf. »Der Ring der Befestigungsmauern wurde immer enger. Die letzten byzantinischen Garnisonen im Umkreis dieser Siedlung, die sich unter dem Ansturm der Barbaren und – wer weiß – unter

Einwirkung von Hunger und Seuchen nach und nach entvölkerte, rissen Tempel und Kirchen ein, trugen Paläste und Magazine ab, verwandten Quadern und Mauern zum letzten Schutz, zum Kampf ums nackte Überleben. Am Ende blieb dieses quadratische Kastell, dieser gewaltige, schreckliche Torso des Untergangs. In meiner frommen Einfalt bilde ich mir ein, daß der Sittenverfall, daß der verzweifelte Hedonismus, die sexuelle Gier, die uns in dieser Trümmerstadt – gewissermaßen in Stein gehauen – überliefert wurden, am Anfang der Tragödie standen. Rom und Byzanz endeten hier in dieser numidischen Außenprovinz wie Sodom und Gomorrha.«

Im Zwielicht der Kasbah

Algier, im Herbst 1953

Warum dachte ich an Karthago, als ich auf der Terrasse eines Türkenhauses stand und die Sonne über der Bucht von Algier aufging. Zu meinen Füßen lärmte bereits die arabische Altstadt, die »Kasbah«, mit krächzenden barbarischen Lauten. Der dunkelhaarige Philosophiestudent aus Oran neben mir, ein »Pied Noir« oder »Schwarzfuß«, wie man die alteingesessenen Franzosen Algeriens nennt, ein entfernter Verwandter des Schriftstellers Albert Camus, zitierte denn auch aus »Salammbô«, dem Roman Flauberts, den ich mit angehaltenem Atem als Internatsschüler gelesen hatte: »Ein heller Streifen erhob sich im Osten . . . Die konischen Dächer der Tempel, die Treppen, die Terrassen, die Ringmauern zeichneten sich allmählich gegen die bleiche Dämmerung ab. Rund um die Halbinsel zitterte ein weißer Schaumgürtel, während das smaragdfarbene Meer in der Morgenkühle wie erstarrt lag. Der rosa Himmel weitete sich, und die engen Häuser drängten sich wie eine dunkle Ziegenherde den Hang hinab . . . Alles bewegte sich jetzt in einem verschwommenen Rot, denn der Sonnengott goß über Karthago in vollen Strahlen den Goldregen seiner Adern aus . . . la pluie d'or de ses veines . . .«

Stundenlang war ich am Vortag durch die Gassen der Kasbah geirrt. Diese mittelalterlich-orientalische Welt, die von der hundertzwanzigjährigen Einwirkung französischer Assimilationsbemühungen nicht einmal gestreift schien, war faszinierend und beklemmend. Die Kasbah hatte sich in ihrer Abgeschlossenheit erhalten wie in jenen düsteren Zeiten, als

der Dey von Algier im Namen des Osmanischen Sultans von Istanbul
hier regierte und sich nur im Amt und am Leben erhalten konnte, wenn
er die türkischen Janitscharen gegen die Gilde der Korsaren, die »Taifat-
er-Rias«, ausspielte. Die Frauen der Kasbah waren meist in weiße »Haik«
gehüllt, was ihnen im Zwielicht das Aussehen von Gespenstern verlieh.
Die Männer und Kinder waren vom mangelnden Tageslicht in den son-
nenlosen Gassen gezeichnet. Sie wirkten bleich und rachitisch. Aus den
zahllosen Garküchen, wo Hammelköpfe und Eingeweide aushingen,
drang penetranter Gestank. In dieser Welt des Halbdunkels herrschte ein
ständiges Gedränge und Geschiebe. Die Frauengemächer waren durch
Holzgitter abgeschirmt, und die balkengetragenen Erker bedrängten sich
so eng, daß man sich über den Fußgängerpassagen die Hand hätte
reichen können. Die gelegentliche Pracht alter osmanischer oder maurischer Architektur verschwand meist unter einer speckigen Schicht von
Schmutz. Die Fayencen der Innenhöfe bröckelten zwischen gedrechselten Säulen ab. Über steile Treppen rieselte der Unrat. In den türkischen
Bädern, den »Hammamat« saßen nackte Männer in heiße Dampfwolken
gehüllt. Nur selten entdeckte man winzige Ecken der Erholung, ja der
Erbauung. In einem Hinterhof, der mit Berberteppichen ausgelegt war,
entfaltete sich – eine unvermutete Pracht – ein Feigenbaum, und darunter kauerten weißbärtige würdige Männer, ließen den muselmanischen
Rosenkranz, die Namen Allahs aufzählend, durch die Hand gleiten, und
ergaben sich in dieser Zawiya der stillen Meditation. Der Europäer blieb
ein Fremder in dieser Altstadt, hatte keinen Zugang zu ihrem Leben.
Sogar die französische Polizei war machtlos im Labyrinth der Kasbah. Im
Irrgarten dieser verschachtelten Häuser, die alle über Terrassen und
Geheimtreppen miteinander kommunizierten, verästelte sich eine sehr
spezifische Unterwelt, die sich jedem äußeren Zugriff entzog.

Auch an den Weißen Vater von Timgad, an seine Entrüstung und
seine Prophezeiungen angesichts des byzantinischen Niedergangs
wurde ich erinnert, wenn ölige Schlepper uns immer wieder zum Besuch
eines der zahllosen Bordelle aufforderten. Das waren oft mehrstöckige
Häuser mit einem gekachelten maurischen Innenhof, wo die Prostituierten sich halbnackt den brennenden Augen der Eingeborenen darboten.
Die Paare verschwanden eilfertig und wortlos hinter kunstvoll geschnitzten Türen, nachdem eine fette »Madame«, hinter einer Registrierkasse
das Geld entgegengenommen und wie im Casino einen oder mehrere
Jetons ausgehändigt hatte. Mittels einer schrillen Klingel wachte sie darüber, daß die den »Liebenden« zugeteilte und bezahlte Zeit nicht über-

schritten wurde. Es gab Freudenhäuser für Europäer und Araber, für
Reiche und Arme. Die meisten von ihnen wirkten wie Bedürfnisanstalten,
und die Mädchen hatten harte oder verhärmte Gesichter.

Daneben gab es auch das andere, das »weiße Algier – Alger la blanche« –
wie es auf den Prospekten hieß und wie es sich als großartige,
blendende Silhouette den Passagierdampfern bot, die aus Marseille
ansteuerten. »Algier ist eine ganz weiße Stadt«, hatte schon Georges
Duroy, jener Gelegenheitsjournalist, der als »Bel Ami« in die Literatur
eingegangen ist, in der Novelle Maupassants mühsam zu Papier
gebracht, als er seine Nordafrika-Erlebnisse niederschreiben sollte. Als
Zentrum des gutbürgerlichen Algiers der Europäer galt damals die Rue
Michelet zu Füßen der Universität. Die Ortsansässigen mochten diese
geschäftige Durchgangsstraße als eine Art »Champs Elysées« betrachten.
In Wirklichkeit war sie der Canebière von Marseille verwandt. Die
Luxusgeschäfte waren spießig. In der Rue Michelet fielen vor allem die
Straßencafés auf, wo sich die Söhne und Töchter der reichen Kolonisten
aus dem Landesinnern ein Stelldichein gaben. In diesen Studentenlokalen
vibrierte ein sehr konservatives Quartier Latin. Sie waren selbstbewußt,
sonnengebräunt und laut, diese jungen Algier-Franzosen
aus gutem Hause. Eine Welt schien sie von den düsteren Gassen der
Kasbah und deren bleichen Schatten zu trennen. Muselmanen waren in
der Rue Michelet nur als Straßenverkäufer und als weißverhüllte Putzfrauen
zu sehen, denen man kurzum den Sammelnamen »Fatma« zu
geben pflegte.

Dennoch waren Maghreb und Europa ineinander verschachtelt in
dieser quirligen, stets aufgeregten Stadt. Es gab nämlich auch die »kleinen
Weißen – les petits Blancs«–, wie selbst die Araber allmählich mit
betonter Verachtung zu sagen pflegten; es gab ein europäisches Proletariat,
das in den schäbigen Zonen von Belcour und Bab-el-Oued zusammengepfercht
lebte und in diesen Tagen oft noch kommunistisch wählte.
Diese urwüchsigen, humorvollen armen Leute von Algier, diese wahren
Pieds Noirs waren zu einem geringen Teil französischen Ursprungs. Die
Andalusier, Sizilianer, Malteser und Juden waren bei ihren Vorvätern in
der Mehrheit: »Krethi et Plethi«. Aber gerade weil sie bescheiden lebten
und mit jedem Franc rechnen mußten, waren sie besonders darauf
bedacht, die Privilegien ihres europäischen Statuts gegenüber den Moslems
zu behaupten. Auch die Juden genossen seit dem »Décret Crémieux«
von 1870 die verfassungsrechtlichen Vorteile der Mutterlands-
Franzosen. Die kleinen Pieds Noirs, die in einer Atmosphäre mediterra-

ner Überschwenglichkeit und Brüderlichkeit lebten – den Figuren Pagnols nicht unähnlich –, die sich mehrmals am Tag im Bistro zu endlosen Debatten und zum Klatsch trafen, waren eine vitale Mischrasse und wachten eifersüchtig darüber, daß die »Sidis«, wie man die arabisch-kabylischen Eingeborenen spöttisch nannte, auch in den Gewerkschaften nicht zum Zuge kamen, denen sie theoretisch angehören durften.

Kommandostelle der politischen Machtausübung in Algier war das quadratisch-moderne Gebäude des »Gouvernement Général«, im Volksmund »G.G.« genannt. Von der geräumigen Esplanade, dem »Forum«, das dem G.G. vorgelagert war, schweifte der Blick weit über das blaue Mittelmeer. Das Hafenbecken der Amirauté zeichnete sich von dieser beherrschenden Höhe wie eine strategische Skizze ab mitsamt den Inselchen, die einst der Stadt »El Dschazair« den Namen gegeben hatten. Im G.G. amtierte der höchste Repräsentant Frankreichs, der Gouverneur Général, der Sozialist Léonard. Die Verwaltung der drei nordafrikanischen Départements war weitgehend eine Domäne der Sozialistischen Partei, SFIO, ohne die keine Regierung der Vierten Republik gebildet werden konnte, womit sich später die verhängnisvolle Verwicklung dieser ansonsten fortschritts- und emanzipationsgläubigen Parlamentsfraktion in die Repression gegen den nationalen Unabhängigkeitskampf der Algerier erklären ließ.

An der Machtfülle des Generalgouverneurs, des Prokonsuls aus Paris gemessen, nahm sich die parlamentarische Lokalversammlung, die »Assemblée Algérienne«, recht bescheiden aus. Dieses maghrebinische Land litt an einem unheilbaren konstitutionellen Widerspruch. Auf der einen Seite beteuerten die Regierungen in Paris, daß die drei nordafrikanischen Départements – Algier, Oran und Constantine – integrierter Bestandteil der Republik seien. Als solcher waren sie sogar in den Verteidigungsbereich der Atlantischen Allianz einbezogen worden. Andererseits wachten die Administration und die mächtige Lobby der Algier-Franzosen darüber, daß die acht Millionen eingeborenen Moslems weniger realen Einfluß ausübten als eine Million europäischer Siedler. Die französische Assimilationspolitik im Maghreb war nur formal jenem Erlaß des römischen Kaisers Caracalla gefolgt, der mit einem Federzug alle freien Einwohner seines Imperiums als »cives romani« deklariert hatte. Aus einem Labyrinth von politischen Intrigen und widerstreitenden wirtschaftlichen Interessen war 1947 die Assemblée Algérienne hervorgegangen. Sie stand theoretisch dem Generalgouverneur als beratende Kammer zur Seite und war befugt, die Gesetze des französischen

Mutterlandes auf Algerien auszudehnen. Die fundamentale Schwierigkeit lag in der Ausbalancierung des politischen Einflusses zwischen Moslems und Europäern, und der Kompromiß lief eindeutig zuungunsten
der Eingeborenen hinaus. Zwei getrennte Kollegien von je sechzig Delegierten waren geschaffen worden. Das erste oder europäische Kollegium
besaß die gleichen Befugnisse wie das zweite oder muselmanische Collège. Selbst der Präsident der Assemblée war turnusmäßig Europäer oder
Moslem. Aber das ausgeklügelte Verhältnis täuschte nicht darüber hinweg, daß eine Million Franzosen über die gleiche parlamentarische
Repräsentation verfügten wie acht Millionen Nordafrikaner, und dieses
Mißverhältnis spiegelte sich ebenfalls in jener Gruppe von dreißig algerischen Abgeordneten paritätisch wider, die in der Pariser Nationalversammlung vertreten waren.

Von den unterschwelligen Spannungen, die aus dieser Verfälschung
des allgemeinen Wahlrechts zwangsläufig resultierten, war in den Wandelgängen der Assemblée von Algier wenig zu spüren. In dem stattlichen
Gebäude längs der Hafenbalustrade begegneten sich »Français europé-
ens« und »Français musulmans«, wie sie im amtlichen Jargon hießen,
ungezwungen und jovial. Fast alle sprachen fließend Französisch mit dem
unverkennbaren Akzent der Pieds Noirs. Sie versammelten sich in der
Buvette zum Apéritif, zum ortsüblichen Pastis. Befremdend wirkten
allenfalls der braune Burnus, der golddurchwirkte Turban, die schnabel-
förmigen Schlürfschuhe der eingeborenen Volksvertreter. Doch selbst
hier – unter den Kollaborateuren der französischen Macht – wurden bei
näherem Zusehen Risse deutlich. So hatte keiner der Muselmanen, die
Anspruch auf ein europäisches Statut, das heißt auf Wahlberechtigung
zum ersten Kollegium, besaßen – diese Ausnahme betraf vor allem die
Träger von militärischen Auszeichnungen und französischen Universi-
tätsdiplomen – von diesem Privileg Gebrauch gemacht. Der Politik der
Assimilation war es auch im versöhnlichen Rahmen dieser Assemblée
nicht gelungen, die Schranken zwischen Abendland und Islam zu verwischen.

In jenen Tagen schrieb ich in einer Zeitungskorrespondenz: »Die
Assemblée Algérienne stellt zweifellos aus der Sicht der Algier-Franzosen das Maximum der Konzession an die einheimische Bevölkerung dar,
das nicht überschritten werden kann, ohne daß es zu schweren Unruhen,
ja zur Anarchie käme. Es wäre jedoch ein schwerer Irrtum zu glauben,
daß die lebendigen Kräfte des Landes sich auf der fiktiven Plattform
dieser Beratenden Versammlung entgegenträten. Trotz seiner westlichen

geographischen Lage ist Algier tief im Orient verwurzelt, und wann wäre
– etwa in Persien – die wirkliche Politik je in den Majlis gemacht worden. Im Orient gedeiht die Politik in den Basars und im Schatten der
Minaretts.«

Islamischer Urboden

Constantine, im Herbst 1953

Die Stadt Constantine in Ostalgerien krallt sich festungsähnlich auf
einen Felsvorsprung, der die Schlucht des wasserarmen Rummel-Flusses
beherrscht. Numidier, Römer, Byzantiner, Araber und Türken hatten im
Umkreis ihre vorgeschobenen Garnisonen errichtet, um die wilden
Gebirgsvölker des nahen Aures-Gebirges zu zähmen. In dieser Gegend
hatte sich wohl auch die legendäre Berber-Fürstin Kahina, Seherin und
Priesterin, zurückgezogen, um dem grünen, siegreichen Banner des
Islam letzten Widerstand zu bieten. Die Kasbah von Constantine befindet sich in einem schrecklichen Zustand der Verwahrlosung und starrt
vor Schmutz. Hier hat sich seit dem Abzug der Janitscharen nichts verändert. Die offenen Läden sind mit billigen Messingwaren und bunten Teppichen aus dem nahen Tunesien vollgestopft. In den maurischen Cafés
hocken die apathischen Orientalen wie verkleidete Clochards, nur daß
sie – statt an der Rotweinflasche zu hängen – den kalten Rauch ihrer
Nargileh, der Wasserpfeife, einsaugen. In den unsagbaren Gassen des
»Quartier réservé« sitzt der Ausschuß der »Uled Nail«, die sich angeblich
ihre Mitgift durch Prostitution verdienen, wie Tiere hinter Gittern. Ihre
gelben Gesichter sind blau tätowiert.

Die Atmosphäre gegenüber Europäern in der Kasbah von Constantine
ist abweisend, ja feindselig. Mir fallen die barfüßigen Jungen auf, die mit
kehligen Schreien eine Zeitung, L'Algérie Libre, verkaufen. In kleiner
Schrift steht unter dem Titel zu lesen, daß es sich hier um das Blatt der
»Bewegung für den Triumph der Demokratischen Freiheiten« (MTLD)
handelt. Es genügt, den Leitartikel zu überfliegen, um zu wissen, welcher
Wind hier weht. Die MTLD droht den Algier-Franzosen zwar nicht mehr
direkt mit der Alternative: »Auswanderung oder Sarg«, aber sie bleibt die
Partei des panarabischen Nationalismus und der islamischen Wiedergeburt. Unverhüllt ruft sie zum Kampf gegen den Kolonialismus auf, glori-

fiziert die wilden Männer des Mau-Mau in Kenia als vaterländische Helden und stellt ausgerechnet das korrupte und lethargische Libyen des Senussi-Königs Idris als Vorbild einer Befreiung von der europäischen Fremdherrschaft hin. Die französischen Polizisten von Constantine nehmen von dieser revolutionären Botschaft scheinbar keine Notiz und schauen den kleinen Zeitungsverkäufern zu, als böten sie den *Figaro* oder das ultrakonservative *Echo d'Alger* an. Im Département Constantine war es im Mai 1945 – als Zehntausende algerischer Tirailleurs auf den Schlachtfeldern Europas den Sieg Frankreichs feierten, für den sie ihr Blut vergossen hatten – zu einem überraschenden Volksaufruhr unter der Fahne des Propheten gekommen. Den französischen Militärs war nichts Besseres eingefallen, als diese Kundgebungen, die vor allem die Städte Setif und Guelma aufgewühlt hatten, im Blut zu ersticken. Die Erinnerung an diese tragische Stunde lebt offenbar fort.

Angesichts der lastenden Stimmung in der Kasbah von Constantine mußte ich an ein Gespräch in Algier mit Albert Custine, dem dortigen Korrespondenten der *Agence France Presse* denken. Albert war ein gedrungener, bärbeißiger Lothringer und gebot in seinem muffigen Büro in der Rue Charras über ein Netz von zuverlässigen Informanten. Er war durchaus kein Linker, sondern ein Liberaler und ein Journalist, der die offiziellen Lügen und Beschönigungen zum Erbrechen leid war. Ich hatte ihm von meinem Besuch bei Abderrahman Farès, dem muselmanischen Präsidenten der Assemblée Algérienne, erzählt, und wie sehr ich von der Urbanität, dem politischen Verstand dieses mit europäischer Eleganz gekleideten Anwalts beeindruckt war. »Lassen Sie sich durch Farès und seinesgleichen nicht irreführen«, hatte Albert gewarnt. »Er ist ein Mann guten Willens, der Rationalität und des Fortschritts, wie wir Europäer das bezeichnen würden. Er meint vielleicht sogar, er könnte – mit Pariser Duldung – das Experiment Atatürks in Nordafrika zumindest partiell nachvollziehen. Abderrahman Farès macht sich zum Beispiel stark für die Emanzipation der algerischen Frau. Aber dabei merkt er nicht, daß er mit seiner verwestlichten Progressivität bereits ein Nachhutgefecht liefert. Die Zukunft gehört den Predigern des unversöhnlichen algerischen Nationalismus, und der wurzelt nun einmal in der ›spécificité islamique‹, im muselmanischen Grundcharakter dieses Landes. Die Gefolgschaft des Abderrahman Farès, auch wenn er sich von ihr zu distanzieren sucht, die nennt man hier ›le parti des Caïds‹. In ihr sind die Notabeln, die korrupten Stammesführer, die Feudalherren, die Ortsvorsteher, einige Ulama oder Koran-Gelehrte, kurzum alle beamteten

Opportunisten zu finden, denen die französische Administration mit
Wahlbetrug, Urnenaustausch und skandalöser Manipulation ihre Dele-
giertensitze im zweiten, im muselmanischen Collège unseres Scheinpar-
laments zugeschanzt hat. Es ist die Partei der ›Beni Oui-Oui‹, der ewigen
Ja-Sager, wie der Volksmund sie hier verächtlich nennt. Farès mag ein
ehrenwerter Mann sein, aber er stellt leider keine reale politische Kraft
dar.«

Albert setzte zu einem langen Vortrag über einen ganz anderen algerischen Politiker an, einen bittergehaßten und heißgeliebten Tribun
namens Messali Hadj. Eine seltsame Erscheinung, dieser Messali Hadj.
Mit seinem langen Bart, der wallenden Mähne und der schwarzen
Dschellabah wirkte er fast wie ein Pope. Er war der umstrittene Inspirator
des »Mouvement pour le Triomphe des Libertés Démocratiques« (MTLD).
Die einfältige islamische Bevölkerung, die Armen und Elenden, verehrten ihn wie einen Heiligen, einen »Marabu«, ja sahen in ihm vielleicht
eine Art »Mahdi«, einen »von Gott Gelenkten«. Dem tat auch der bizarre
Umstand keinen Abbruch, daß seine kürzlich verstorbene Frau eine
brave Provinzfranzösin aus Nancy war. Messali Hadj, so berichtete
Albert, sei seit einigen Jahren aufgrund seiner Agitation für einen unabhängigen islamischen Staat, in dem die europäischen »Colons« die Wahl
zwischen der Annahme der algerischen Nationalität und einem liberalen
Ausländerstatut gehabt hätten, vom Pariser Innenministerium in einen
kleinen Ort Westfrankreichs verbannt worden und lebe dort unter Polizeiaufsicht. Doch seine zündenden nationalistischen Predigten seien
nicht vergessen. »Bleiben Sie nicht in Algier«, hatte der AFP-Korrespon-
dent mir eindringlich geraten. »Hier werden Sie geblendet von den Villenvierteln auf den Hängen von El Biar. Im blühenden Hinterland der
Hauptstadt entdecken Sie die schmucken Höfe der Mitidscha, wo die
weißen Siedler im Verlauf eines Jahrhunderts die Sümpfe und das karge
Weideland der Nomaden in paradiesische Gärten verwandelt haben.
Dort sind die muselmanischen Algerier fast nur noch als Knechte oder
Tagelöhner anzutreffen, und allenfalls entsinnen sie sich insgeheim und
ohne Hoffnung jener fernen Tage, als der Emir Abdel Kader vor hundert
Jahren der Kolonisation mutig und glücklos Widerstand leistete. Nein,
gehen Sie nach Constantine. Dort springt Ihnen die unlösbare Problematik dieser nordafrikanischen Départements ins Gesicht.«

Dieser Messali Hadj entpuppte sich bei näherem Studium als eine faszinierende Gestalt, als symbolträchtiger Vorläufer. Nach dem Ersten
Weltkrieg war er wie so manche Kabylen als Fremdarbeiter nach Frank-

reich ausgewandert. Schon in den zwanziger Jahren war die Zahl dieser
fleißigen und anspruchslosen Berber, die den größten Teil ihrer kargen
Ersparnisse ins heimatliche Dschurdschura-Gebirge an ihre Familien
und Clans überwiesen, auf hunderttausend gewachsen. Die meisten lebten am Rande der Seine-Metropole in der armseligsten Banlieue. Messali
war einer von ihnen, suchte Gelegenheitsarbeit in den Fabriken und vollzog allmählich den sozialen Aufstieg, der all diesen rührigen Nordafrikanern vorschwebte. Er wurde fliegender Händler und konnte es sich später leisten, ein kleines »Café-Hotel« zu erwerben, das als Treffpunkt
vieler Entwurzelter aus dem Maghreb den heimatlichen Dorfplatz, den
»Suq«, oder gar die Ortsversammlung, die Dschemaa, ersetzte. Kein
Wunder, daß bei Messali Hadj politisiert wurde. Natürlich waren die
Sidis einer konstanten rassischen Diskriminierung, Polizeischikanen,
der permanenten Demütigung sowie der Ausbeutung durch skrupellose
Arbeitgeber ausgesetzt. Ganz spontan entstand bei ihnen – im Kontakt
mit der fremden Zivilisation des angeblichen Mutterlandes – eine
aufsässige Stimmung, die erst sehr viel später auf das eigentliche Alge-
rien übergreifen sollte. Messali Hadj gehörte zu den Gründern einer
nationalistisch-revolutionären Bewegung, die sich den Namen »Etoile
Nordafricaine – Nordafrikanischer Stern« zulegte. Die eigentlichen
Drahtzieher dieser Bewegung, die sich wohlweislich im Hintergrund
hielten, waren französische Kommunisten, die sich ihrerseits auf einen
Beschluß der Moskauer Komintern aus dem Jahre 1926 beriefen.

Die materielle Interessenverteidigung der muselmanischen Nordafrikaner stand als offizieller Zentralpunkt auf dem Programm der »Etoile«,
aber Messali Hadj, damals Generalsekretär dieser Organisation, formulierte schon 1927 auf einem kommunistisch inspirierten »Kongreß der
unterdrückten Völker« in Brüssel eine Reihe von Forderungen, die in
dieser Kompromißlosigkeit erst fünfunddreißig Jahre später verwirklicht
werden sollten: Unabhängigkeit Algeriens, Abzug der französischen
»Besatzungsarmee«, Bildung einer verfassunggebenden Versammlung
auf der Basis allgemeiner Wahlen, Konstituierung einer national-revolu-
tionären Regierung Algeriens, Verstaatlichung der Wälder und Gruben,
auch jener Latifundien, die den einheimischen Feudalherren, den europäischen Kolonisten, den kapitalistischen Agrargesellschaften gehörten,
sowie deren Aufteilung unter den darbenden »Fellachen« im Zuge einer
radikalen Bodenreform. Kein Wunder, daß die Pariser Behörden 1929 die
Auflösung des »Nordafrikanischen Sterns« verfügten. Unter veränder-
tem Namen lebte die »Etoile Nordafricaine« wieder auf. So sammelten

sich die maghrebinischen Nationalisten zur Zeit der Volksfront in der »Algerischen Volkspartei« P.P.A. Messali Hadj war vorübergehend verhaftet worden, dann nach Genf geflohen. Er hatte sich mit der Regierung Léon Blum arrangiert, war anschließend wieder in den Untergrund verstoßen worden. Nach dem Zweiten Weltkrieg gründete er die »Union für den Triumph der Demokratischen Freiheiten«.

Die entscheidende Wandlung unter den algerischen Emigranten hatte sich bereits im Oktober 1930 vollzogen. Messali Hadj war der ständigen Bevormundung durch die französischen Kommunisten und durch den Komintern überdrüssig geworden. Er entdeckte und betonte die nationale und vor allem religiöse Eigenart der Algerier. Der Café-Wirt und Hotelbesitzer Messali Hadj hatte in einer bemerkenswerten Rückbesinnung die Abkehr vom proletarischen Klassenkampf marxistischer Prägung und die Hinwendung zu den unveräußerlichen, egalitären Idealen des Islam vollzogen. Die KPF zog schnell die Konsequenzen aus diesem Abfall. Im Mai 1932 ließ Generalsekretär Maurice Thorez der Komintern mitteilen, daß er mit dem »Nordafrikanischen Stern« gebrochen habe, weil diese Bewegung sich des nationalen und religiösen Deviationismus schuldig mache. Unterdessen publizierte Messali Hadj in französischer Sprache natürlich – denn seine Kabylen beherrschten das Schrift-Arabisch nicht – eine Zeitung, die den programmatischen arabischen Titel *El Oumma* – »Islamische Gemeinschaft« trug. In ihren Spalten wurde die neue Morgenröte und die koranische Wiedergeburt gefeiert. Aus einem Sozialrevolutionär marxistischer Prägung hatte sich Messali Hadj zum religiös inspirierten Prediger gewandelt, zum großen Marabu der nordafrikanischen Auflehnung gegen die kolonialistische Überfremdung. Die französischen Kommunisten waren bei dem Versuch, die algerischen Fremdarbeiter in ihrem Sinne zu politisieren, gescheitert. Die KPF hatte geglaubt, den Islam beiseite drängen zu können, und nicht begriffen, daß gerade die entwurzelten und gedemütigten Nordafrikaner der Pariser Emigration nach einer eigenen Identität, nach Selbstbewußtsein und jener Würde suchten, die ihnen offenbar nur die Botschaft des Propheten Mohammed bieten konnten. Die trügerische Brüderlichkeit des Proletariats und der dialektische Materialismus waren dafür kein Ersatz.

Seit meinem Gespräch mit Albert hatte ich einen Blick für die politischen Inschriften gewonnen, die mir ansonsten rätselhaft geblieben wären. Auf der Fahrt von Algier ins Département Constantine entdeckte ich auf den Lehmmauern der Eingeborenensiedlungen immer wieder die Buchstaben M.T.L.D., und darunter war mit ungelenker Hand ein fünfzackiger Stern gepinselt. Meine Reisebegleiter machten mich im Waggon erster Klasse auf einen Algerier aufmerksam, der lebhaft mit einer Gruppe Landsleute diskutierte. Er trug einen gutgeschnittenen Zweireiher und hätte wie ein europäischer Intellektueller gewirkt, wenn ihn nicht das scharfe Profil und der krause Haaransatz als Berber ausgewiesen hätten. »Das ist der Apotheker Ferhat Abbas«, flüsterte man mir zu, »der Führer der nationalistischen UDMA-Partei.«

Die »Union du Manifeste Algérien« vertrat zu jener Zeit eine weit versöhnlichere Haltung als die Bewegung des Messali Hadj. Die UDMA, so erfuhr ich, war die Partei des eingeborenen Bürgertums, der Gemäßigten, der algerischen Intelligenzia. Der gewalttätige Radikalismus der Demagogen war dieser mittelständischen Gruppierung nicht geheuer. Die Union des Ferhat Abbas war vom europäischen Gedankengut und vom Geist der Französischen Revolution beeinflußt. Der Apotheker aus Setif war vor zwanzig Jahren sogar ein engagierter Verfechter der Assimilation an Frankreich und der Verleihung voller französischer Bürgerrechte an die Algerier gewesen. In einem vielzitierten Aufsatz hatte er damals geschrieben: »Ich habe die algerische Nation in der Geschichte gesucht, aber ich habe sie nicht gefunden«, womit er zweifellos eine objektive historische Wahrheit formulierte, denn dieses in sich zerrissene nordafrikanische Zentralland hatte auch vor der französischen Eroberung stets in fremder Abhängigkeit – zuletzt als Außenposten des türkischen Reiches – gelebt. Die Tatsache, daß der Pharmacien Ferhat Abbas, dieser durch und durch westlich orientierte, bürgerliche Politiker, knappe zehn Jahre nach seiner Absage an die algerische Nation an den Lügen der angeblichen Pariser Assimilationspolitik verzweifelte und sich an die Spitze einer nuancierten Unabhängigkeitspartei stellte, hätte die französischen Generalgouverneure zutiefst stutzig machen, wie ein letztes Alarmsignal wirken müssen. Die UDMA trat zwar für eine lockere Föderation mit Frankreich, eine Art Commonwealth-Lösung ein, aber sie machte aus ihrer Absicht kein Geheimnis – ähnlich wie die ihr verwandte Neo-Destur-Partei von Tunesien – der Arabischen Liga beizutreten. Ferhat Abbas verfügte im Herbst 1953 über ganze vier Delegierte in der offiziellen Assemblée Algérienne. Seine Botschaft der Mäßigung und Vernunft stieß bei den französischen Siedlern auf Spott, Ablehnung und Intoleranz, aber auch bei den muselmanischen Massen konnte sie nicht zünden. Das Volk des Maghreb wartete wohl schon insgeheim auf die Stunde der Propheten und Gewalttäter. Einer solchen Rolle war der kleine Apotheker Ferhat Abbas nicht gewachsen.

Ein Herzog der Sahara

Tuggurt, im Herbst 1953

Das Aures-Gebirge liegt weit hinter uns. In Tuggurt sind wir von gold-
gelben Sanddünen umgeben, und der Himmel ist knallblau. In Biskra,
der ersten Oase, in der wir uns nach dem Verlassen der El Kantara-
Schlucht aufhielten, hatten aus der großen Synagoge hebräische Gesänge
geklungen. Es waren nicht nur die liturgischen Klagen der Thora, sondern Kampflieder aus Israel. Der militante Zionismus hatte auf die zahlreiche mosaische Gemeinde von Biskra übergegriffen. Die jüdische
Diaspora in Nordafrika verfügte plötzlich über drei Vaterländer: Algerien, wo sie seit Menschengedenken lebte – manche Ethnologen behaupten sogar, daß die Mehrzahl der nordafrikanischen Israeliten gar keine
Nachfahren der zwölf Stämme, sondern in der Frühzeit zum Judaismus
bekehrte Berber seien – die Französische Republik, die die Juden schon
im neunzehnten Jahrhundert – im Gegensatz zu den algerischen Moslems – nach dem Prinzip des »Teile und herrsche« zu vollwertigen Staats-
bürgern gemacht hatte; und neuerdings Erez Israel, das gelobte Land der
Propheten und des auserwählten Volkes. In Biskra entzündete sich
bereits unterschwellig der arabisch-muselmanische Nationalismus am
neuentdeckten Triumphalismus der ortsansässigen Juden.

In Tuggurt herrschte noch die »Pax franca«, verkörpert durch einen
»Offizier für Eingeborene Angelegenheiten«. Capitaine de Brozon war
ein eindrucksvoller Mann. Den Bart hatte er nach maurischer Art so
gestutzt, daß er ihm als »Collier« das Gesicht umrahmte. Seine Uniform
war ein Schaustück kolonialer Pracht: Sandalen an den Füßen, darüber
eine schwarze Pluderhose, eine schneeweiße Offiziersjacke, himmel-
blaues Képi und eine rote Gandura, die er locker auf den Schultern trug.
Monsieur de Brozon schien einem Roman von Pierre Benoît entstiegen.
Aber er verstand sich auf Verwaltung und Menschenführung. Er
betreute die Nomaden, die mit ihren Kamelkarawanen aus dem endlosen
Sandmeer des Südens kamen. Er überwachte die herrlichen Palmenhaine, von denen Tuggurt mehr noch als vom Durchgangshandel lebte, und
war – bei der Jagd nach Schädlingen und Parasiten – ein Experte auf dem
Gebiet der Botanik und Wüstenzoologie geworden. Der Hauptmann
genoß bei der Oasenbevölkerung, die zum großen Teil schon sudane-
sisch, also schwarz, geprägt war, unangetastete Autorität. Er stieß sogar
auf ehrliche Zuneigung bei den einfachen Menschen der Sahara.

»Meine Vorfahren, so erzählt man in unserer Familie, haben an den Kreuzzügen teilgenommen«, sagte de Brozon, als wir im Jeep, den er tollkühn lenkte, auf die verdurstete Gespenster-Oase von El Oued zusteuerten. »Im Kontakt mit dieser archaischen Bevölkerung wird man selbst zu einem verspäteten Kreuzritter, zu einer romantischen Gestalt. Ich bin mir dessen durchaus bewußt. Aber wem ist es schon vergönnt, heute noch ein Stück Sahara wie sein eigenes Herzogtum zu verwalten. Demnächst geht diese Herrlichkeit ohnehin zu Ende. Heute zählt Algerien acht bis neun Millionen Muselmanen. Im Jahr 1980 werden es bei dem galoppierenden Bevölkerungswachstum, der die drei Départements kennzeichnet, zwanzig Millionen sein. Bis dahin wird auch die nationalistische Agitation bis zu uns in die Wüste vorgedrungen sein. Im übrigen bahnt sich hier eine völlig neue Entwicklung an. Seit Jahren suchen unsere Geologen im Sand und Geröll verzweifelt nach Spuren von Petroleum. Bisher ist es nur in der nördlichen Gegend von Aumale zu spärlichen Funden gekommen. Aber neulich war eine geologische Mission bei mir zu Gast, die von gewaltigen Öl- und Erdgaslagern in der Nähe der tunesischen Grenze berichtete. Wie hatten die Briten gespottet, als die französische Armee Ende des neunzehnten Jahrhunderts die Weiten der Sahara in das »Empire Colonial Français« einverleibten: ›Laßt doch den gallischen Hahn im Sand der Wüste scharren!‹ Jetzt haben wir tatsächlich solang gekratzt, bis aus den Tiefen des Sandes das schwarze Gold heraussprudelt. Unsere Oasen-Romantik geht damit zu Ende. Aber mit dem Petroleum-Reichtum erhält das selbstsüchtige, krämerische Mutterland endlich eine zwingende Motivation, sich an Französisch-Algerien und an die Sahara zu klammern.«

Ratlosigkeit in der Kabylei

Beni Mançour, im Herbst 1953

Die Kabylei ist dem benachbarten Sizilien verwandt. Hier könnte man von einer politischen und kulturellen Einheit des Mittelmeeres träumen, wenn der Einbruch des Islam vor tausenddreihundert Jahren nicht eine endgültige und unauslöschliche Trennungslinie zwischen Nord und Süd, zwischen Christus und Mohammed, gezogen hätte. Diese relativ grüne Gebirgsgegend am Rande des Mittelmeers ist dicht besiedelt. Die Dörfer

auf den Bergkuppen erinnern an die Siedlungen von Apulien und Kalabrien. Die Männer auf dem Feld arbeiten unter breiten Strohhüten. Die
Frauen sind unverschleiert. Silbern schimmernde Olivenhaine lösen sich
mit verkrüppelten Wäldern ab, wo die Korkeichen vorherrschen. Längs
der Asphaltstraße hat die französische Forstverwaltung Eukalyptusbäume pflanzen lassen. Sogar der Bahnhof von Beni Mançour, sauber
gelb gestrichen, mit roten Ziegeln gedeckt, würde in die Provence passen.

Aber mit einem Schlag ist die südeuropäische Illusion verflüchtigt, die
maghrebinische Wirklichkeit wieder hergestellt. Der Zug aus Bougie ist
eingerollt, und ihm entsteigt ein biblischer Greis in weißer Dschellabah,
den die Einwohner von Beni Mançour mit erregten Hochrufen und viel
Ehrerbietung begrüßen. Sogar altertümliche Jagdflinten werden abgefeuert, während sich die Notabeln des Ortes vor dem Patriarchen verneigen und ihm die Hand küssen. Ein junger Kabyle, bis auf den gelben Turban europäisch gekleidet, erklärt mir das Ereignis: »Die Pilger aus Mekka
sind zurück. Dieser ›Hadschi‹ lebt in unserem Dorf. Er hat die Heilige
Kaaba umschritten, am Berg Arafat gebetet, in Mina den Teufel gesteinigt. Er hat in Medina am Grab des Propheten verweilt. Jetzt ist er wieder
unter uns, und das ist ein großer Segen für die Gemeinde.« Ein paar
Einheimische mischten sich in unser Gespräch. Sie trugen geflickte
Anzüge, aber sie sprachen zu meiner Verwunderung ein beinahe reines
Schulfranzösisch, wozu ich sie beglückwünschte. Der junge Wortführer
mit dem gelben Turban lächelte bitter. »Vor dem Gesetz sind wir Franzosen. In Wirklichkeit sind wir Unterworfene und Unterdrückte. Schauen
Sie sich doch die Landschaft an. Dort im Tal, wo die Vegetation wächst
und grünt, da sitzt der französische Colon. Die dürren Hügel aber, wo die
Schafe weiden, die gehören uns. Es ist immer das gleiche: Die Ausbeutung des Menschen durch den Menschen.« Mein Versuch, in dieser kabylischen Runde zu Erkenntnissen über die politische Stimmung zu kommen, geriet nicht weit. Von der Unabhängigkeit Algeriens sei vorerst
nicht die Rede. Die Forderung der Muselmanen richte sich zunächst auf
wirtschaftliche und soziale Gleichberechtigung. Auch die Parolen des
Panarabismus aus Kairo, so erfuhr ich, würden in der Kabylei nicht sonderlich ankommen. »Wir sind keine Araber«, sagte der junge Mann, »wir
sind Berber, auch wenn wir in den Städten arabisch sprechen. Unser
erster nationaler Held war jener numidische König Jugurtha, der dem
Römischen Reich so lange erfolgreichen Widerstand geleistet hat.« Der
alte Hadschi war zu uns getreten und begrüßte auch mich mit väterli

chem Lächeln. Der mitteilsame Turbanträger küßte seinerseits dem Greis die Hand. »Wir sind natürlich Moslems«, fügte er plötzlich hinzu, »das dürfen Sie nie vergessen.«

Die Siesta verbrachte ich im Hause des französischen Volksschullehrers von Beni Mançour. Auguste Berthin, ein schmalbrüstiger, bebrillter Südfranzose, war unmittelbar aus dem Mutterland gekommen. Er bekannte sich zum Sozialismus und war auf die reichen, selbstbewußten französischen Siedler nicht gut zu sprechen. Er war mit dem Idealismus eines engagierten Antikolonialisten nach Nordafrika gegangen. Inzwischen war Wasser in den Wein seiner emanzipatorischen Begeisterung geflossen. Ein Feind des Kapitalismus und des Großgrundbesitzes war er geblieben. Doch die Entwicklungsmöglichkeiten der algerischen Muselmanen schätzte er nicht hoch ein. Ich berichtete ihm von meinem kurzen Gespräch mit den Kabylen. »Die armen Kerle befinden sich in einem Zustand heilloser geistiger Verwirrung«, meinte Auguste. »Ich versuche, ihnen die Botschaft der Menschenrechte, der Französischen Revolution zu vermitteln. Die Fremdarbeiter, die aus Frankreich heimkehren, bringen unausgegorene marxistische Parolen nach Hause, und im Hintergrund – wie karstiges Urgestein – behaupten sich die unerschütterlichen Gewißheiten des Islam.« Auguste erzählte mir mit antikolonialistischer Schadenfreude vom mißlungenen Experiment des Ordens der »Weißen Väter«, deren Gründer, der Kardinal Lavigerie im vergangenen Jahrhundert mit allen Mitteln versucht hatte, die Berber der muselmanischen Lehre abspenstig zu machen. Mit der Koran-Wissenschaft sei es bei den Kabylen nicht sehr weit her gewesen. Aberglauben, Sektenunwesen und Marabutismus hätten vorgeherrscht. Aber die Christianisierung der »Pères Blancs« sei nicht einen Schritt vorangekommen. Alle Berufung auf den Heiligen Augustinus, Bischof von Hippo Regius (von Bône, wie man heute sagt), der selber Berber war, habe nichts genutzt. Die »Weißen Väter« hätten längst resigniert. Sie würden sich im Maghreb rein sozialen und karitativen Aufgaben widmen und hätten ihren missionarischen Eifer auf die animistischen Stämme von Schwarzafrika verlagert.

»Wie lange wird es noch gutgehen im französischen Algerien?« fragte ich sehr direkt. Auguste nahm nachdenklich die Brille ab. »Es besteht kein Anlaß zur Panik. Die Kolonisation verfügt über Macht und Erfahrung. Ehe es zum offenen Aufstand des algerisch-muselmanischen Nationalismus, zum blutigen Partisanenkrieg kommt, werden bestimmt noch zehn Jahre vergehen, vielleicht sogar zwanzig.«

Der Aufstand beginnt

Constantine, Januar 1956

Es hat keine zehn Jahre gedauert und schon gar keine zwanzig, bis die Waffen in Algerien losgingen. Zwölf Monate nach meinem Gespräch mit dem Lehrer Auguste in der Kabylei schlug die Geburtsstunde der bewaffneten algerischen Revolution am Allerheiligentag 1954. Wenn man in Paris in den ersten Monaten noch hoffen konnte, dieser sporadischen Rebellion Herr zu werden – im August 1955 geschah das Unwiderrufliche. Die algerischen Partisanen der »Nationalen Befreiungsfront« ermordeten in der Gegend von Philippeville 123 französische Siedler auf ihren isolierten Höfen. Darauf antworteten die bewaffneten Milizen der Pieds Noirs wie Berserker mit dem Massaker Tausender Moslems.

Im Januar 1956 reise ich als Kriegsberichterstatter in den nordafrikanischen Départements. Während der Zug von Algier nach dem Aufstandsgebiet um Constantine rollt, muß ich an die Nacht vor dem Waffenstillstand in Indochina denken. In jener Nacht zum 20. Juli 1954 saß ich unweit von Hanoi unter dem als Offiziersmesse notdürftig hergerichteten Zelt einer französischen Panzereinheit. In der brütenden Schwüle kauerten die Offiziere wie gebannt vor dem Radiogerät, das die Nachrichten aus Genf brachte. Vor wenigen Stunden war der Vietminh noch bis auf zweihundert Meter an die Wagenburg aus Panzern und Halftracks herangeschlichen, und die Leuchtspurmunition hatte das Kriegsende mit einem vernichtenden Feuerwerk gefeiert. Als der Morgen graute, sahen sich die Männer, von denen die meisten eine Reihe ihrer besten Jahre in den Dschungeln und Reisfeldern Indochinas geopfert hatten, mit müden resignierten Blicken an. Draußen fuhr der Jeep vor, der mich nach Hanoi bringen sollte. »Wir werden uns wohl sobald nicht wiedersehen«, sagte ich beim Abschied zu dem Oberst, der – nur mit Shorts bekleidet – wie ein bösartiger Buddha dasaß. Aber der lachte bitter: »In zwei Jahren, mein Lieber, sehen wir uns schon wieder, und zwar in Nordafrika.«

Der Oberst hat Wort gehalten. Der Zug nach Constantine ist zu drei Vierteln mit Soldaten besetzt: Fallschirmtruppen in Tarnjacken und roten Bérets, Fremdenlegionäre mit weißem Képi, algerische Schützen und Senegalneger. Sie sind alle wieder dabei und tragen ganz selbstverständlich das blaue Indochina-Bändchen über der linken Brusttasche. An der Bar des Speisewagens zeigt ein Sergeant das Bild seiner hübschen

»Congai« aus Haiphong. Ob die jetzt bei Ho Tschi Minh in der Fabrik arbeiten muß? Sie reden alle von den mörderischen Reisfeldern Indochinas mit einer Art Heimweh und haben die Flüche längst vergessen, mit denen sie unter den Moskitonetzen jeden neuen Morgen begrüßten.

Noch etwas haben die meisten aus Indochina mitgebracht: die Erbitterung gegen die Politik, die in Paris gemacht wird oder vielmehr nicht gemacht wird, die Wut auf eine Volksvertretung, die tatenlos zusieht, wie Frankreich von einem Kolonialkrieg in den anderen und von einem Rückzug zum anderen taumelt. Der elegante Kavallerie-Hauptmann in meinem Abteil hat ausgerechnet die Zeitung Pierre Poujades zur Hand, jenes populistischen Tribuns der Kleinhändler und Kleinbauern, dem besorgte Beobachter etwas voreilig das Etikett »faschistoid« verpaßt haben. Ist das wirklich die letzte Zuflucht der französischen Rechten? »Das kommt davon, wenn man von sechshundert Abgeordneten regiert wird«, erhitzt sich der Capitaine, »und das wird so weitergehen, bis wir für einige Zeit die Demokratie abgestellt haben.« Die algerischen Partisanen werden von den französischen Indochina-Veteranen in jenem Winter 1956 kurz und bündig als »Viets« bezeichnet, als würden sie noch im Reisfeld statt im »Dschebl« kämpfen. Auch die nordafrikanische Aufstandsbewegung ist offenbar vom indochinesischen Präzedenzfall gezeichnet. Bei den ersten Überfällen auf einsame französische Posten schrien die Angreifer: »Dien-Bien-Phu, Dien-Bien-Phu«, um sich selbst Mut und den Franzosen durch die Erinnerung an diesen Schauplatz ihrer Niederlage in Fernost Angst zu machen.

In der anderen Ecke meines Abteils sitzt ungerührt ein alter Moslem. Wie die meisten Algerier trägt er ein stilloses Gemisch aus westlicher und orientalischer Kleidung. Über einem Anzug von fast europäischem Schnitt hängt der hellbraune Burnus. Auf dem Kopf trägt er einen weißen Turban um den Fez. Hinter der nickelgefaßten Brille lesen die müden Augen in irgendeinem heiligen Buch, und die Lippen bewegen sich dazu. Daß er in der ersten Klasse fährt, hindert ihn nicht daran, zwei gekochte Kartoffeln als einzige mitgebrachte Nahrung zu schälen.

Vor dem Fenster zieht die einförmige algerische Landschaft vorbei. Die Gärten des Küstengebiets liegen hinter uns, und der Zug durchquert eine dunkelbraune Hochebene, wo schon das Wintergetreide grünt. Gegen den blassen Himmel zeichnen sich die schneebedeckten Felsen der Kabylenberge ab. Zwischen kleinen Gruppen von Eukalyptusbäumen ducken sich die festgemauerten Höfe der französischen Colons, die ebensogut in der Provence stehen könnten. Vor den Lehmhütten der

Eingeborenen spielen ganze Schwärme buntgekleideter Kinder. Sie winken den französischen Soldaten im Zug mit obszönen Gesten nach. Je näher wir Constantine kommen, desto häufiger werden die Militärkonvois auf den Straßen. Die Soldaten tragen Helme und haben die Gewehre schußbereit zur Hand. Das erscheint wie ein harmloses Kriegsspiel, denn vom Aufstand ist keine Spur zu entdecken. Die Telegrafenmaste sind unbeschädigt, ganz zu schweigen von den Brücken und Bahndämmen, über die der Zug mit ungehemmter Geschwindigkeit fährt. Die winzigen Bahnhöfe, die auch in die Auvergne passen würden, wäre nicht die ablehnende Landschaft im Hintergrund, hüllen sich jetzt in dichte Drahtverhaue ein. Im Speisewagen sind heftige Diskussionen entbrannt. »Was sollen wir denn machen?« fragt ein Fallschirmjäger einen französischen Siedler. »Wir dürfen nicht einmal das Feuer eröffnen, wenn wir die Rebellen vor uns sehen. Wir müssen warten, bis sie zuerst auf uns schießen. Wenn wir Gefangene machen, müssen wir sie der Gendarmerie abliefern. Vorige Woche haben wir hundertfünfzig Verdächtige gestellt, und nur zwei davon sind festgehalten worden. Sobald wir im Gebirge eine ›Meschta‹ erreichen, ist sie von der Bevölkerung verlassen. Aber kaum haben wir den Rücken gekehrt, da kommen sie aus ihren Schlupfwinkeln zurück.« Der Colon liest sorgenvoll im *Echo d'Alger*, wo wieder eine ganze Seite mit dem Bericht über die letzten Überfälle der Aufständischen gefüllt ist. »Der Krieg hier kostet zuviel Geld«, mischt sich ein Fremdenlegionär ein, »und eine Kolonie, die sich nicht mehr rentiert, wird vom Mutterland abgestoßen.« Kriegerischer Eifer oder gar spätkoloniale Entschlossenheit kommen nicht auf in diesem Zug, der ins Aufstandsgebiet fährt.

Trüge in Constantine nicht jeder dritte Mann eine Uniform, es würde keinem Besucher einfallen, an die Existenz einer weitverzweigten Revolte in diesem Département zu glauben. Ich entdecke die Stadt zum zweitenmal, sehe sie plötzlich mit anderen Augen. Die einsame Höhenlage, der drückend graue Himmel erinnern an die südamerikanischen Hauptstädte hoch in den Anden. Ähnlich wie die bolivianischen Cholos machen die Eingeborenen von Constantine in ihrer Schmuddligkeit einen abweisenden, stumpfen Eindruck. Während im Département Algier auf einen Europäer neun Araber kommen und im Département Oran nur vier, ist das Verhältnis im Département Constantine eins zu achtzehn. Aber hunderttausend Soldaten und Gendarmen sind in dieses Gebiet verlegt worden, so daß praktisch jeder zehnte Mann ein Wächter der Ordnung ist.

Die Mauern der Europäerstadt sind wie von Lepra zerfressen. Rings um den Hauptplatz hat sich beim frühen Einbruch der Dunkelheit ein hektischer Verkehr entwickelt. Schulkinder – Araber und Franzosen – kommen in hellen Scharen aus den gewundenen Gassen. Zwischen zwei Caféhäusern, wo die Gäste hinter schmutzigen Scheiben wie traurige Fische in einem Aquarium sitzen, hat sich eine Art Promenade gebildet. Dort trifft sich die Jugend von Constantine. Beim Anblick dieser schlampigen jungen Europäer stellt sich die Frage, ob die von Frankreich in Algerien betriebene Assimilation sich nicht zugunsten der Araber auswirkt, ob es nicht die Weißen sind, die unmerklich afrikanisiert werden.

Zwischendurch tauchen in schmierigen biblischen Gewändern heruntergekommene Patriarchen auf, dicht gefolgt von ihren Frauen, die in schwarze Schleier gehüllt sind. Die Soldaten nennen diese Vermummungen »Kohlensäcke«. Nur die Kabylenfrauen mit den roten Kopftüchern und den geblümten Röcken gehen unverschleiert. Sie sind häßlich wie die Nacht. Noch ist es ungefährlich, bis in das Herz der Kasbah vorzudringen. So schlendern kleine Gruppen unbewaffneter Soldaten durch die schlüpfrigen, stinkenden Gassen, wo aus fast jeder Höhle das eintönige Leiern der arabischen Radiomusik tönt.

Ab neun Uhr abends ist über Constantine Ausgehverbot verhängt. Dann stehen nur noch die schußbereiten Patrouillen an den hell erleuchteten Straßenecken. Die Lampen eines kümmerlichen Lustgartens, wo die Liebespaare sich in friedlichen Zeiten zwischen römischen Ausgrabungen trafen, werfen ein zitterndes Licht auf das silberne Laub der Eukalyptusbäume. Der gallische Hahn aus Bronze, der auf einer korinthischen Säule hoch über dem Place de Nemours thront, geht unter in den Schatten der algerischen Nacht.

Der Sous-Préfet im Verwaltungsgebäude von Constantine, der mir am Schreibtisch gegenübersitzt, telefoniert mit dem Administrateur von Batna, der Hauptstadt des Aures-Gebietes. »Herzlichen Glückwunsch zu eurem Erfolg von gestern. 68 Rebellen kann man nicht alle Tage unschädlich machen.« Der Beamte gehört zu dem dynamischen Typ junger Leute, die seit Kriegsende oft die höchsten Posten der französischen Ministerien erklommen haben. »Ich bin hier in meinem Element«, sagt der Sous-Préfet und blinzelt mir zu. »Vor zwölf Jahren war ich selber noch bei den Terroristen, wie die Deutschen uns damals nannten, ich war im französischen Widerstand, und glauben Sie mir, bei vertauschten Rollen würde ich hier mehr Unruhe stiften als meine algerischen Gegenspieler.«

Im Département Constantine gibt es nach offiziellen und wohl auch ungeschminkten Angaben rund fünftausend Aufständische, die sich als Angehörige der »Nationalen Befreiungsarmee« bezeichnen. Dazu kommen auf jeden Bewaffneten drei Vertrauensleute, die Träger- und Botendienste leisten. Die Rebellen haben es verstanden, die Mehrheit der Landbevölkerung zu passiven Komplizen ihrer Bewegung zu machen. Sie appellieren dabei an die tief eingefleischte Abneigung der Muselmanen gegen die Fremden und Ungläubigen. Wo dieser Instinkt nicht ausreicht, helfen sie mit Gewalt und Morddrohungen nach.

Die Bilanz des Aufstandes, in Zahlen gemessen, ist noch keineswegs sensationell. Auf den Tabellen, die der Sous-Préfet mir zeigt, sind für die Zeit vom 1. November 1954 bis zum 1. November 1955 auf seiten der »Fellaghas«, wie man die Rebellen neuerdings nennt, 2265 Tote und 241 Verwundete angeführt, auf seiten der französischen Truppen 345 Tote, 649 Verletzte und 41 Vermißte. »Fellagha« bedeutet in Nordafrika soviel wie Wegelagerer oder Banditen. Unter der Zivilbevölkerung fielen bisher 123 Europäer tödlichen Anschlägen zum Opfer und 88 wurden verwundet. Hingegen brachte die Befreiungsarmee 441 Moslems um und verwundete 301, meist weil sie im Verdacht standen, mit den Franzosen zusammenzuarbeiten. Seit Anfang Dezember haben diese Zahlen entgegen den beruhigenden Versicherungen der Behörden von Algier kräftig zugenommen.

Täglich wird die Ausdehnung des Aufstandsgebietes auf neue Landstriche gemeldet. Es fängt meist damit an, daß auf ein einsam fahrendes Auto Schüsse aus dem Hinterhalt abgegeben werden. Zwei Tage später werden die ersten Attentate auf muselmanische Hilfspolizisten oder Tabakhändler gemeldet, bis jeder Verkehr bei Nacht stilliegt, die isolierten Kolonistenhöfe sich mit Sandsäcken und Schutzmauern befestigen und die kleinen Kampftrupps der Nationalen Befreiungsarmee aus ihren abgelegenen Verstecken den Terror in jede Meschta, in jedes Eingeborenendorf, tragen. Im Unterschied zu Marokko, wo die Unruheherde seinerzeit in den übervölkerten Städten zu suchen waren, verlegt die algerische Revolution das Schwergewicht ihrer Aktionen auf das offene Land. Dort bietet das Bauernproletariat fruchtbaren Nährboden für jede Revolte. Parallel zur militärischen Tätigkeit setzt der politische Druck der »Nationalen Befreiungsfront« ein. Der Streik gegen jede Steuereintreibung der französischen Verwaltung ist in der Regel das untrügliche Symptom dafür, daß die Aufständischen sich durchzusetzen beginnen. Diese Weigerung geht nämlich parallel zu drastischen Erhebungen an Geld

und Nahrungsmitteln, die die »Front de Libération Nationale« (FLN)
bei ihren Glaubensgenossen vornimmt. Es bestätigt sich, daß in mehr als
einem Drittel Algeriens kein Straßentransport von Gütern und Personen
mehr stattfindet, dessen Sicherheit nicht mit klingender Münze von den
Fellaghas erkauft worden ist.

Auf diesem Weg der Erpressung dringt der Aufstand allmählich bis in
die Städte vor. Wenn in Constantine oder Algier ein mozabitischer
Händler umgebracht wird, wenn in einem Araber-Café von Blida oder
Batna eine Granate explodiert, dann ist der Grund dafür oft genug in
einer Abgabeverweigerung an die Rebellen zu suchen. Das unsichtbare
Netz der FLN hat sich engmaschig über einen großen Teil des Landes
gelegt. Im Schatten der desorganisierten Lokalverwaltung von Bône und
Constantine konstituieren sich die geheimen Dschemaas der nationalen
Revolution.

»Warum setzen sich denn die betroffenen Moslems nicht zur Wehr?«
frage ich den Beamten der Präfektur. »Das ist eine Frage des größeren
Risikos«, wird mir geantwortet. »Wenn wir einen Algerier der passiven
Beihilfe zum Aufstand überführen, stecken wir ihn zwei Wochen ins
Gefängnis. Die Fellaghas hingegen schneiden ihm im Weigerungsfalle
die Gurgel von einem Ohr zum anderen auf, damit er besser atmen
kann.«

Das Unheimliche an dieser Revolte ist ihre Anonymität. Der französische Nachrichtendienst hat zwar die Namen der höchsten Verantwortlichen beschaffen können, soweit sie im Ausland, in Ägypten und Libyen,
an obskuren Drähten ziehen. Die Führer der Nationalen Befreiungsfront
im Innern sind meist unbekannt. Das Programm der FLN beschränke
sich auf die kompromißlose Unabhängigkeitsforderung für Algerien;
staatsrechtliche, wirtschaftliche oder gar soziale Fragen würden in
keinem der Geheimdokumente berührt, die den Franzosen in die Hände
gefallen sind, so sagt man in der Präfektur. Das Haupt der O.S., der sogenannten »Organisation Spéciale« sei weit vom Schuß in Kairo installiert;
es handele sich um ein Triumvirat von Revolutionären ohne große politische Vergangenheit: Ben Bella, Budiaf, Khider lauten angeblich die
Namen.

Die Rundschreiben der Anführer an ihre Gefolgsleute, an die »Brüder«, sind in einem kuriosen Stil abgefaßt, einem Gemisch von Gebets-
formeln des Islam und marxistischer Terminologie. Alle traditionellen
Vorkämpfer der algerischen Autonomie, selbst der radikale Nationalist
Messali Hadj, der in Frankreich interniert ist, werden als »Gegenrevolu-

tionäre« bezeichnet und in Abwesenheit zum Tode verurteilt. »Die Revolution steht über den Parteien und Personen«, heißt es in den Losungen, aus denen hervorgeht, daß die Nationale Befreiungsfront auch unter den dreihunderttausend in Frankreich arbeitenden Algeriern festen Fuß gefaßt hat: »Allah sei gelobt; in Frankreich haben wir Klarheit geschaffen und verfügen über eine gute Organisation. Die Messalisten sind auch da, aber nicht mehr lange.« Immer wieder taucht in dieser Geheimkorrespondenz die Erwähnung des »Großen Bruders« auf, der höchster Gönner und letzte Zuflucht des algerischen Aufstandes zu sein scheint. Das französische »Deuxième Bureau« hat nicht lange gebraucht, um das Inkognito des »Grand Frère« zu lüften, hinter dem sich kein Geringerer als der Führer des neuen Ägyptens, Oberst Gamal Abdel Nasser, verbirgt.

In Batna hören die Straßen auf

Batna, Januar 1956

In der vorletzten Nacht ist der Flugplatz von Batna durch eine Gruppe Partisanen beschossen worden. Obwohl das Lazarett, wo man mir in Ermangelung eines Hotelzimmers ein Bett angewiesen hat, nur sechshundert Meter davon entfernt ist, habe ich nichts gehört. Ebensowenig ist mir aufgefallen, daß ein unbekannter Berber am nächsten Morgen eine lodernde Petroleumflasche in einen Tabakladen geworfen hat. Zur gleichen Stunde wurde ein jüdischer Händler unweit der Hauptstraße von einem Attentäter mit dem Rasiermesser angegriffen und erlitt tiefe Schnittwunden im Gesicht. Nach der Beschreibung des Angreifers befragt, schwieg sich der Jude aus. Es ist gefährlich geworden, die Rache der Nationalisten herauszufordern. Auf dem Postamt wird mitgeteilt, daß die Hochspannungsleitung zwischen Batna und Constantine gesprengt sei.

All das geschieht sozusagen am hellichten Tage, obwohl die Sous-Préfecture Batna am Fuße des vielgenannten Aures-Gebirges einem Heerlager gleicht. Ununterbrochen mahlen die Panzerspähwagen und Armeelaster ihre Räder und Ketten durch die schlammigen Straßen. Bewaffnete Posten regeln den Verkehr an den Kreuzungen. Vor jedem Truppenkommando sind Barrikaden aufgetürmt. Hier ist die Unsicherheit, von der man noch in Constantine mit einiger Skepsis sprach, mit Händen greifbar.

Batna ist ein armseliger Ort. Das benachbarte Gebirge verschwindet unter grauschwarzen Regenwolken. Ohne Unterlaß rieselt eiskalter Sprühregen auf die rechtwinklig angelegten Straßen. Vor drei Tagen hatte noch eine dünne Schneeschicht gelegen. Die Eingeborenen, die jeden Rekord der Verwahrlosung brechen, erscheinen in diesem harten Klima mit ihren orientalischen Gewändern völlig fehl am Platz. Auch die ortsansässigen Europäer machen keinen sehr rühmlichen Eindruck. Wenn schon die Unsicherheit in Batna an den Wilden Westen unserer Kinophantasie erinnert, so sind die Siedler hier oben alles andere als rauhbeinige Pioniere. Unter den Kolonisten herrscht der südfranzösische, oft korsische Typus vor. Die Rolle des kleinen Postbeamten oder Barbesitzers liegt diesen »petits Blancs« weit mehr als die des Farmers oder des Rauhreiters. Von den Ortsansässigen stechen die jungen Offiziersfrauen vorteilhaft ab. Sie bringen selbst in diese kärgliche Militärsiedlung einen Hauch schlichter Eleganz. Einmal in der Woche besteigen sie mit unbekümmerter Miene den mit Panzerblechen bestückten Triebwagen nach Constantine, um frisches Gemüse und einen Strauß Blumen heimzubringen.

Vor dem Büro des Straßenbauamtes unter den zerrupften Eukalyptusbäumen der Hauptstraße hat sich eine lange Schlange von Arbeitslosen gebildet. Die französische Verwaltung bekämpft in der Arbeitslosigkeit, die zu einem chronischen Übel Algeriens geworden ist, einen der gefährlichsten Herde der Rebellion. Sie beschäftigt eine wachsende Zahl von Müßiggängern mit Straßenerweiterungen und der Wiederherstellung jener abseitigen Verkehrswege, die von den Fellaghas immer wieder aufgerissen werden. Nur wenige Schritte weiter klingt amerikanischer Jazz aus einer muffigen Kneipe, wo die arabischen Stammgäste neben Spielautomaten letzten Modells auch Schießbuden finden, wo sie Hand und Auge an einem possierlich grunzenden Bären üben können. Es steht dann dem frisch ausgebildeten Scharfschützen frei, seine Kunst an lebenden Soldaten der »Französischen Union« im Dschebl zu erproben.

In Batna hören die Straßen auf. Gewiß rollt auf einem peinlich überwachten Schienenstrang der Zug nach Biskra täglich bis an die Tore der Sahara. Vorsorglich wird er aber hoch in den Lüften von einem Hubschrauber begleitet, der beim ersten Gefahrenzeichen per Funkspruch zum Anhalten auffordert. Östlich dieser Bahnlinie, im unermeßlichen Rechteck der Aures- und Nementscha-Berge, herrschen die Rebellen.

Ihre Überfälle dehnen sich häufig auf jenen Gürtel von Kolonistendörfern im Norden aus, die nach den Pariser Untergrundbahnhöfen Edgar Quinet, MacMahon, Chateaudun und Pasteur benannt sein könnten.

In das eigentliche Aures-Gebirge, wo der algerische Aufstand am Allerheiligentag 1954 seinen Ausgang nahm, dringen nur einmal in der Woche schwer gesicherte Militärtransporte ein. Für die entlegensten Verwaltungsposten der eigens aus Marokko herbeigeholten Spezialisten für Berberfragen ist der Hubschrauber die einzige Verbindung zur Außenwelt. Seit Jahresbeginn vergeht im Aures kein Tag, an dem nicht blutige Zusammenstöße mit Fellagha-Banden in Stärke bis zu hundertfünfzig Mann gemeldet werden. In dieser urweltlichen Wildnis, deren Cañons sich tief in die giftgrünen und rosahellen Felsen einfressen, verfügen die aufständischen Schawiya-Berber über ein so unantastbares System von Höhlen und Labyrinthen, daß den verzweifelten Infanteristen auch nicht mit den Raketengeschossen der Luftwaffe geholfen werden kann.

Die Bevölkerung dieses Massivs zählt zu den rückständigsten ganz Nordafrikas. Seit zweitausend Jahren leben die Schawiya unberührt von der römischen wie von der arabischen Eroberung in selbstbewußter Isolation und Anarchie. Die Aufstände des Aures gegen die jeweiligen Fremdherrscher entsprechen einem uralten Zyklus. Wenn jedoch die letzte Revolte im Herbst 1954 jäh an Bedeutung gewann und sich blitzschnell und weit über die Grenzen des Berber-Landes ausdehnen konnte, so weil sie sich auf die längst schwärende Aufsässigkeit des algerischen Nationalismus gegen die französische Kolonisierung stützen konnte und nicht zuletzt, weil die Waffenkarawanen aus Tripolis in den unwegsamen »Nementschas« unkontrollierbare Durchgangspfade fanden.

Die Nationale Befreiungsfront ist sich der Unberechenbarkeit der wilden Berberstämme, deren Islam noch in uralte heidnische Bräuche verstrickt ist, voll bewußt. »Nehmt Euch vor den Aures-Bewohnern in acht«, heißt es in den Rundschreiben der »Geheimorganisation« O.S. aus Kairo; »sie sind Wilde.« Langsam, mühselig sind die Nationalisten dabei, alle abenteuernden Wegelagerer, die unter dem Vorwand des Heiligen Krieges Ruhm und Gewinn ernten möchten, unter ein einheitliches Kommando zu pressen. Dort wo die Fellaghas sich den Weisungen der Nationalen Befreiungsarmee nicht beugen wollten, wurden sie oft genug ausgemerzt, ja den Franzosen an die Klinge geliefert. Dieser unerbittliche Zentralisierungsvorgang unter den Aufständischen erfüllt das französische Kommando mit wachsender Sorge.

Oberstleutnant Gauthier, der mir vor der Landkarte ein privates »briefing« erteilt, leitet den Operationsstab des General Vanuxem. Das hatte er schon in Indochina getan. Auch Gauthier entrüstet sich über die Kurzlebigkeit der Zufallsregierungen in Paris und über deren Zick-Zack-Kurs in der Nordafrika-Krise. Bis spät in die Nacht arbeiten die Stäbe in Batna. In den Schreibstuben hängen niedliche Plakate, auf denen ein französischer Soldat ein junges Mädchen auf den Mund küßt. »Von Mund zu Mund – ja; von Mund zu Ohr – nein«, mahnen sie zur Schweigepflicht. Vor dem Rundfunkgerät in der Ecke lauschen die Subaltern-Offiziere mit gerunzelter Stirn einer Sendung aus Paris. Der Professor für Verfassungsrecht, Maurice Duverger, und der MRP-Politiker Maurice Schumann führen eine erhitzte Debatte darüber, ob es wohl zweckmäßiger sei, eine Regierung der »Nationalen Union« oder der »Republikanischen Front« zu bilden. Ähnliches müssen die oströmischen Zenturionen im benachbarten Tebessa empfunden haben, wenn die Senatoren von Byzanz sich über theologische Spitzfindigkeiten stritten, während vor ihren Kastellen die Barbaren heulten.

Suche nach der Algerischen Nation

Algier, Februar 1956

In Algier bieten die jungen Araber an den Straßenecken tiefblaue Anemonen zum Verkauf, und die Fellaghas sind weit. Die Europäerviertel der Stadt – die Franzosen sind hier gegenüber den Muselmanen leicht in der Überzahl – wirken weiterhin wie eine Spiegelung von Marseille oder Toulon jenseits des Mittelmeers. Die wenigen Greise, die man noch in der wallenden Dschellabah und dem golddurchwirkten Turban antrifft, gleichen glanzlosen Statisten aus einem zweitklassigen Orientfilm. In der Rue d'Isly fällt mir auf, daß manche Frauen der muselmanischen Mittelschicht sich nicht mehr europäisch kleiden. Sie hüllen sich häufiger als früher in weiße Schleier. Der dynamische Bürgermeister von Algier, Jacques Chevallier, ehemaliger Minister im linksliberalen Kabinett Mendès-France, hat in Rekordzeit das Stadtbild um zwei gewaltige Wohnblocks erweitert. Er hat sie der arabischen Bevölkerung zur Verfügung gestellt und mit den poetischen Namen »Siedlung des Glücks« und »Siedlung des gehaltenen Versprechens« versehen. Trotzdem sind die »bidon-

villes« – die »Kanisterstädte« – nicht verschwunden, in denen sich das
Elend des Orients anhäuft und in die sich ein unversiegbarer Zustrom
entwurzelter Landbevölkerung ergießt. Das Herz der Stadt ist ohnehin
die Kasbah geblieben, wo sich seit der Belagerung durch Karl V. nicht viel
geändert hat. Hier ist sich ein Europäer nach Einbruch der Dunkelheit
seines Lebens nicht mehr sicher. Man munkelt, daß sich in den winzigen
Innenhöfen der »Medersas«, der Koranschulen, die Sendboten der
»Nationalen Befreiungsarmee« treffen, und es würde keinen aufmerksa-
men Beobachter des algerischen Aufstandes wundern, wenn sich die
Welle des Terrors schlagartig auf die Hauptstadt ausdehnte. Vorerst
haben sich die Rebellen darauf beschränkt, Granaten in arabische Kinos
zu werfen, deren Besitzer versäumt hatten, die vorgeschriebenen Abgaben an die Befreiungsfront zu entrichten. Gruppen von jungen Leuten
fordern die muselmanische Bevölkerung der Kasbah zum Tabakstreik als
Zeichen der nationalen Solidarität auf, und man erzählt die Geschichte
von jenem rauchenden Moslem, der zur Strafe gezwungen wurde, seinen
ganzen Tabakvorrat herunterzuschlucken. Die Sicherheitsbeamten des
Generalgouvernements beobachten ein Phänomen, das ihnen aus der
Zeit der »Résistance« im eigenen Mutterland gegen die deutsche Besatzung vertraut sein sollte. Ein Teil der Unterwelt in der Kasbah von Algier
– schwere Jungen, Messerstecher und Zuhälter – kooperiert als Spitzel
und Denunzianten mit den französischen Ordnungswächtern. Aber
andere Gesetzesbrecher haben ihr patriotisches Herz entdeckt und im
nationalen Widerstand eine neue Heimat, ja eine Verklärung ihrer Illegalität gefunden. Der Name eines vielgesuchten Gewalttäters, »Ali la
Pointe«, taucht immer wieder auf. Wenn die Polizisten der »Sûreté«
gebildeter wären, müßten sie wohl an Bertolt Brecht denken: Mackie
Messer als vaterländischer Held.

   Am Abend meiner Rückkehr aus dem Aufstandsgebiet im Aures war
ich zu einem Pressecocktail in die Assemblée Algérienne eingeladen.
Abderrahman Farès, der muselmanische Vorsitzende der Assemblée,
dem ich vor drei Jahren begegnet war, hatte sein Amt turnusmäßig an
einen Algier-Franzosen abgegeben. Die europäischen Delegierten
besprachen mit hitzigen Mienen den letzten Plan des Generalgouverneurs Jacques Soustelle, der die Einverleibung Algeriens in die französische Republik durch die völlige Gleichstellung der Eingeborenen veran-
kern möchte. Jacques Soustelle war ausgerechnet von Pierre Mendès-
France nach Algier entsandt worden in der Hoffnung, daß dieser ehemalige Chef des gaullistischen Geheimdienstes im Londoner Exil eine libe-

ralere Politik durchsetzen würde als sein sozialistischer Vorgänger Roger
Léonard. Aber PMF, wie man Mendès-France nannte, der Mann, der den
Indochina-Krieg mit dem Mut der Verzweiflung beendete und für Tunesien den Weg zur Unabhängigkeit freimachte, merkte zu spät, daß er
sich in der Person des neuen Generalgouverneurs gründlich geirrt hatte.
Kaum in Algerien eingetroffen, entpuppte sich Soustelle als ein senti-
mentaler Eiferer der »Algérie Française«, der aus den widerstrebenden
Moslems vollwertige Franzosen machen wollte. »Mit den meisten Vorschlägen Soustelles sind wir ja einverstanden«, sagte ein hünenhafter
Siedler aus der Gegend von Bône, »aber das gleiche Wahlrecht können
wir diesen Leuten auf keinen Fall einräumen. Wir würden ja in der
Masse untergehen.« – »In wenigen Jahren sind die Araber so oder so an
der Macht«, wandte ein alter Herr mit der Rosette der Ehrenlegion ein
und schilderte einen Überfall, der noch vor zwei Tagen seinem Nachbarn
bei Philippeville das Leben gekostet hatte.

Die Franzosen Algeriens haben sich hinter die sogenannte Gruppe der
zweiundachtzig Bürgermeister gestellt, die in Paris und beim Generalgouverneur darauf pochen, daß für sie weder die volle Gleichberechtigung der Araber noch eine föderative Lösung in Frage komme, von der
Unabhängigkeit Algeriens ganz zu schweigen. Gegenüber diesen Kräften
des Kolonialismus, die sehr ernsthaft anfangen, mit dem Demagogen
Poujade zu liebäugeln, hat sich eine Anzahl muselmanischer Parlamentarier und Kommunalräte, die »Einundsechzig«, wie sie sich selbst
bezeichnen, zusammengetan, um jede Lösung zu verwerfen, die dem
neuen und revolutionären Konzept der »Algerischen Nation«, nicht
gerecht würde.

Es ist ein kurioses Schauspiel, wie die meist auf Betreiben der französischen Verwaltung aufgestellten muselmanischen Volksvertreter selbst in
den friedlichsten Villenvierteln von Algier der tödlichen Erpressung der
»Nationalen Befreiungsfront« unterliegen. Unter dem Schock eines
einzigen anonymen Briefes entdecken diese »Beni Oui-Oui« auf einmal
ihr nationalistisches Herz und verdammen in allen Tönen jene Assimilation an Frankreich, die bislang ihr oberstes Programm war. Die Rück-
tritte algerischer Delegierter und Stadträte sind so zahlreich geworden,
daß der Generalgouverneur kurzerhand beschloß, sie pauschal zu ignorieren. »Diese Demissionen«, flüsterte mir ein in Algier ansässiger Journalist ins Ohr, »sind aufschlußreicher als die zahllosen Gewalttaten der
Fellaghas. Kennen Sie das türkische Sprichwort: Der Sultan fürchtet sich
mehr vor den Komplotten seiner Eunuchen als vor dem Aufstand der
Janitscharen.«

Von der Wand der Redaktionsstube blicken die Porträts der Vorkämpfer
der asiatisch-afrikanischen Revolution: Gandhi, der Apostel des gewalt-
losen Widerstandes in Indien; Ho Tschi Minh, der Vater des roten Vietnam; Mohammed Ali Jinnah, der Gründer Pakistans; Habib Burgiba, das
Haupt des Neo-Destur in Tunesien; General Nagib, der die Monarchie in
Ägypten stürzte; Mohammed ben Yussuf, Sultan von Marokko; aber
auch Kemal Atatürk, der Erneuerer der Türkei, und Franklin D. Roosevelt
als konsequenter Förderer des farbigen Nationalismus. Es war nicht
leicht gewesen, das Büro der »Union du Manifeste Algérien« in einem
unansehnlichen Seitenhaus des Hafenviertels zu finden. Die Zeitung
dieser bislang gemäßigten Nationalistengruppe erscheint unter dem programmatischen Kopf: »Die Algerische Republik«.

Ahmed Francis, der Chefredakteur, ist ein schmächtiger Intellektueller. In normalen Zeiten hatte er als Arzt praktiziert. Aus seiner europäischen Erziehung macht er keinen Hehl. Die ganze Tragik der algerisch-
französischen Symbiose wird am Beispiel dieser mittelständischen
UDMA-Partei bloßgelegt. Ihr geistiger Vater, der Apotheker Ferhat
Abbas, hatte bekanntlich für das volle französische Bürgerrecht aller
algerischen Moslems gestritten. Jetzt ist er vom Gang der Geschichte
überholt worden. Noch formuliert die UDMA in ihren offiziellen Verlautbarungen Vorstellungen von einem franko-algerischen Common-
wealth. In Wirklichkeit arbeitet auch sie auf die totale »Indépendance«
hin. Die bürgerlichen Gefolgsleute des Ferhat Abbas haben sich noch
nicht in den Strudel der blutigen Gewaltaktionen hineinreißen lassen,
aber dafür müssen sie mit Bitterkeit zusehen, wie die sich aufbäumenden
arabischen Massen, die bis 1954 dem bärtigen Propheten Messali Hadj
nachgelaufen waren, heute nur noch auf die Untergrundführer der
»Nationalen Befreiungsfront« hören.

Ahmed Francis schiebt mit seiner Hand alle Gegenargumente der
französischen Verwaltung beiseite. »Angeblich muß das französische
Mutterland jährlich fünfzig Milliarden Francs zum Ausgleich unseres
Budgets aufbringen. Selbst wenn dem so wäre, blieben die Colons die
Nutznießer. Jedes vierte algerische Kind geht heute in die Schule. Das ist
nach hundertzwanzigjähriger pénétration culturelle kein überzeugendes
Ergebnis, zumal in keiner Klasse auf arabisch unterrichtet wird. Unsere
islamische Tradition wurde vom Pariser Staat nicht angetastet, so hören
wir, aber die Administration hat darüber gewacht, daß die religiöse
Erneuerung, die aus der El Azhar-Universität von Kairo zu uns herüberklang, daß die Bewegung der Ulama kein Echo bei der Bevölkerung fan-

den. Hingegen wurden das Sektierertum der Zawiya, der Aberglaube, der finstere Marabutismus begünstigt. Man hat uns um die Grundsätze der Französischen Revolution, die wir auf der Schule pauken mußten, in der Realität des Alltags betrogen.« Ahmed Francis blickte zu den Porträts der Staatsmänner an der Wand seines Redaktionsbüros auf. »Sie haben im vergangenen Sommer erlebt, was sich in Marokko abgespielt hat«, fügte er hinzu. »Am Ende ist der Wille des Volkes ausschlaggebend. Hier ist ein unwiderstehlicher Mythos im Entstehen – der Mythos der algerischen Nation.«

Wir sprachen über die Bemühungen der französischen Regierung, in ihren nordafrikanischen Départements neue und unbelastete Gesprächspartner zu finden, die auch beim Volk auf breite Zustimmung stoßen könnten. Immer mehr war in Paris die Rede von den sogenannten »interlocuteurs valables«, aber sie blieben unauffindbar. Im Zeichen des Soustelle-Plans, des Vorschlags der totalen Integration, war kein Kompromiß möglich. Ausgerechnet der damalige Innenminister François Mitterrand, der den Ruf eines Liberalen genoß, hatte den algerischen Aufständischen entgegengerufen: »La négociation c'est la guerre – Verhandlung bedeutet Krieg.« Der sozialistische Ministerpräsident Guy Mollet hatte den Algier-Franzosen mit Argumenten der Vernunft kommen wollen, aber sie hatten ihn mit Tomaten bombardiert und umgestimmt. Bei den Moslems stieß inzwischen das Angebot auf Durchführung wirklich repräsentativer Wahlen auf totale Ungläubigkeit und Wut. Die »Nationale Befreiungsfront« sorgte ihrerseits dafür, daß sich kein repräsentativer algerischer Gesprächspartner zu erkennen gab. »Alle Personen sind zu liquidieren, die den ›interlocuteur valable‹ spielen wollen«, hieß es in einer Weisung der Revolutionskomitees.

Einige Stunden nach der Zusammenkunft in der Redaktion der »Algerischen Republik« fuhr ich mit einem alteingesessenen französischen Siedler durch die Umgebung von Algier. Es war ein warmer Frühlingstag, und die Obstbäume trugen Blüten. Jenseits der zartblauen See, über die der Schirokko strich, schimmerten die schneebedeckten Berge der Kabylei. Der Winterregen hatte Plantagen und Wälder in ein sattes Grün getaucht. »Dieses herrliche Land, dessen Reichtum wir erst geschaffen haben, sollen wir jetzt den Nomaden überlassen«, knirschte der Colon. »Aber wir haben unsere Trümpfe noch nicht ausgespielt.«

Wir ließen ein häßliches Industriestädtchen hinter uns, wo die Araber uns unfreundlich nachstarrten. Auf einer üppigen Plantage war französisches Militär stationiert. »Der Senator Denisot läßt seine Besitzungen

bewachen«, stellte der Siedler anerkennend fest. Ich mußte an die Soldaten von Constantine denken, die sich darüber beschwerten, daß die Kolonisten oft bei den ersten Zwischenfällen ihre Höfe verließen, auch wenn
die Truppe deren Schutz übernahm.

Wir bogen in den Ort Castiglione ein, eine gepflegte Strandsiedlung,
deren flache Standard-Villen hinter Blumen und Palmen verschwanden.
Eine sorglos lärmende, ausschließlich europäische Menschenmenge
tafelte auf den Terrassen der Restaurants. Tanzmusik drang ins Freie.
Eine Weile überlegte ich, wo ich ein ähnliches Bild schon einmal gesehen
hatte. Dann fiel es mir ein: In Israel zwischen Tel Aviv und Haifa sind die
Dörfer ähnlich ans Meer gelagert.

»Algérie Française!«

Algier, im Sommer 1958

René Courtin hat sein listigstes Lächeln aufgesetzt und rückt die randlose
Brille zurecht. »Du hattest nicht erwartet, mich so bald in Algier wieder-
zusehen«, sagte er. »Man hat mir hier im Generalgouvernement eines
der schäbigsten Büros zugewiesen. Ein liberaler Offizier wie ich ist bei
den Generalen, die in Algier den Ton angeben, reichlich suspekt. Wenn
ich überhaupt als Berater für muselmanische Angelegenheiten in diese
Mammutverwaltung abgeordnet wurde, so ist das durch die Machtüber-
nahme de Gaulles zu erklären, der offenbar sehr viel differenzierter in
Nordafrika taktiert, als die hysterischen Algier-Franzosen erwarteten.«

Vor einem Jahr hatte ich mit dem Major Courtin noch gemeinsam im
libanesischen Gebirgsdorf Bikfaya gesessen und in einem klösterlichen
Sprachzentrum arabische Wortwurzeln und koranische Weisheiten
gepaukt. Wer hätte damals geahnt, daß die Ereignisse im Maghreb so
schnell einem dramatischen Gipfel zusteuern würden. Der Zorn der
»Centurionen« hatte die Vierte Republik und ihre parlamentarischen Pos-
senspiele beiseite gefegt. Die Pariser Politiker, deren Regierungskarussel
und deren mangelnde Entschlossenheit die Afrika-Armee in Wut und
Verzweiflung versetzt hatten, waren vor den Forderungen der Militärs
von Kapitulation zu Kapitulation getaumelt, seit ausgerechnet der sozialistische Ministerpräsident Guy Mollet, der von einer linksliberalen
Minderheit gewählt worden war, um nach einer Verhandlungsmöglich-

keit mit den Rebellen zu suchen, durch die Tomatenwürfe der Algier-Franzosen verschüchtert worden war. Das Offizierskorps hatte diesen jämmerlichen Auftritt mit sardonischem Gelächter quittiert. Gegen den Protest von Pierre Mendès-France, der aus der Regierung ausschied, hatte sich Guy Mollet nunmehr auf einen harten Kurs festgelegt. Am untauglichen Beispiel Algeriens wollten die französischen Sozialisten, die von bornierten Konservativen stets des mangelnden nationalen Engagements bezichtigt wurden, offenbar beweisen, daß sie untadelige Patrioten seien. Als der Aufstand in Nordafrika sich ausweitete, war Guy Mollet nicht davor zurückgeschreckt, die Dauer des Militärdienstes auf dreißig Monate zu erhöhen und auch die jungen Wehrpflichtigen über das Mittelmeer zu schicken. Im Laufe der Jahre sollte das Aufgebot der französischen Algerien-Armee auf eine halbe Million anschwellen.

Im Oktober 1956 war dem französischen Geheimdienst SDECE der perfekte Coup geglückt. So meinten jedenfalls die jubelnden Offiziere, die bei der Nachricht vom »Kidnapping« des Aufstandführers und seiner vier Gefährten die Champagnerpfropfen knallen ließen. Ein marokkanisches Flugzeug, das den FLN-Chef Ben Bella von Rabat nach Tunis bringen sollte – wohlweislich unter Vermeidung algerischen Territoriums – war von seinem französischen Piloten direkt nach Algier umgeleitet worden, wo ein militärisches Empfangskomitee bereitstand. Ahmed Ben Bella, ehemaliger Feldwebel der französischen Armee, der im Italien-Feldzug mit solcher Bravour gefochten hatte, daß de Gaulle in Person ihm die »Médaille Militaire« anheftete, befand sich von nun an in französischem Sicherheitsgewahrsam und sollte bis zum Ende des Algerien-Krieges in Frankreich gefangen bleiben. Guy Mollet, der von den Plänen seines Geheimdienstes nichts geahnt und statt dessen wieder einmal versucht hatte, Kontakt zu den Exil-Algeriern in Tunis aufzunehmen, wurde kreidebleich, als ihm die Entführung Ben Bellas im Ministerrat gemeldet wurde. Die Hoffnungen des SDECE, den algerischen Aufstand mit diesem Husarenstreich enthauptet zu haben, erwiesen sich sehr bald als sträfliche Selbsttäuschung. Ben Bella wurde statt dessen in den Jahren seiner Inhaftierung vom zusätzlichen Glanz des Martyriums verklärt. Inzwischen gab es auch für die gemäßigten Nationalisten Algeriens keinen Grund mehr, auf einen Sinneswandel in Paris zu hoffen. Angesichts der verschärften Repression hatten sich Ferhat Abbas und seine Freunde von der UDMA nach Tunis abgesetzt und dem bewaffneten Widerstand angeschlossen.

Die entscheidende und tragische Wende vollzog sich nicht in Alge-

rien, sondern an den Ufern des Suez-Kanals. Weniger um den ägyptischen Rais Gamal Abdel Nasser für die Verstaatlichung dieses internatio-
nalen Wasserweges zu strafen, als um den panarabischen Verschwörer
und Förderer der algerischen Résistance auszuschalten, landeten Anfang
November 1956 französische Elite-Einheiten im Verbund mit britischen
Truppen und im engen Zusammenspiel mit der israelischen Armee in
der ägyptischen Hafenstadt Port Said. Die strategische Rechnung Guy
Mollets und Anthony Edens war ohne die beiden Supermächte USA und
Sowjetunion gemacht worden, die diese Eigenmächtigkeit der Entente-
Staaten nicht dulden wollten. Nikita Chruschtschow drohte mit Nuklear-
Raketen, und General Eisenhower gab den erschrockenen Politikern an
Seine und Themse zu verstehen, daß das Krisenmanagement der Gigan-
ten nicht durch spätkoloniale Kanonenboot-Politik gestört werden dürfe.
Das Unternehmen von Suez mußte sang- und klanglos abgeblasen wer-
den, und diese Demütigung Frankreichs dröhnte im ganzen arabischen
Maghreb wider.

Anfang 1957 kam es zu einer neuen Eskalation der Gewalt. Angesichts
mangelnder militärischer Fortschritte auf dem offenen Land – die
»Quadrillage« des Terrains durch die verstärkten französischen Einheiten
begann sich auszuwirken – verlagerte die Algerische Befreiungsfront
den Schwerpunkt ihrer Aktivitäten in die Hauptstadt Algier selbst. Der
Bombenterror wurde zum schrecklichen Instrument des nationalen
Aufstandes. In den verschachtelten Gassen der Kasbah wurden geheime
Laboratorien eingerichtet, wo die Sprengmeister der FLN ihre tödlichen
Ladungen vorbereiteten. In der Person des Untergrundkämpfers und früheren Zimmermanns Yacef Saadi hatten die Verschwörer einen listenreichen Anführer gefunden. Der bereits erwähnte Ali la Pointe sollte dort
wie ein authentischer Patriot sterben, als er sich mitsamt seinem Explo-
siv-Arsenal vor der Festnahme durch die Franzosen in die Luft jagte. Die
Bomben, die in den Cafeterias, den Bars, Kaufhäusern, Sportstadien der
Europäerstadt explodierten und zahlreiche Opfer forderten, schürten
unter den Algier-Franzosen Panik und Haß auf alle Moslems. Das Ziel
der totalen Verfeindung der beiden Bevölkerungsgruppen wurde von
den Aufständischen erreicht. Diese Terror-Aktion wirkte um so unheimlicher, als die ausführenden Agenten meist harmlose und unschuldig
blickende muselmanische Mädchen waren. Die berühmteste dieser unerbittlichen Jungfrauen hieß Djamila Bouhired, algerische Jeanne d'Arc
und islamischer Todesengel in einer schmächtigen, ja lieblichen Person.

Im Sommer 1957 wurde die 10. französische Fallschirmdivision des

General Massu aus dem Bled, aus dem Hinterland, nach Algier verlegt, um mit diesem Spuk aufzuräumen. Generalgouverneur Lacoste, ein borniierter sozialistischer Politiker aus dem französischen Südwesten, hatte den Militärs Carte blanche erteilt. Die Schlacht um die Kasbah wurde zum düstersten Kapitel der französischen Pacification. Gasse um Gasse, Haus um Haus, Keller um Keller wurden von den Paras systematisch durchkämmt. Tausende von Moslems wurden verhaftet, die Verdächtigen systematisch der Folterung unterzogen. Die »Gégène«, der Elektroschock, wurde zum privilegierten Instrument der Verhörmethoden. Der Erfolg war verblüffend. Die Widerstandsnester wurden mit Hilfe von Gewalt und Denunziation systematisch geknackt, die Rädelsführer, inklusive Yacef Saadi, gefangen. Die französische Armee sollte dieses Erfolges nicht froh werden, auch wenn die terroristische Bedrohung Algiers nunmehr für ein paar Jahre ausgeschaltet war. Die stolzen Paras waren zu Polizeischergen degradiert worden, und die liberalen Zeitungen des Mutterlandes berichteten ausführlich über den Skandal dieser »Gestapo-Methoden«.

Wie oft hatte ich mit Major Courtin in der Abgeschiedenheit des libanesischen Gebirges über diese Ereignisse diskutiert. Was sich im fernen Maghreb vollzog, war uns aus der nahöstlichen Perspektive aussichtslos und absurd erschienen. Courtin war jetzt ans Fenster getreten und blickte auf die Bucht von Algier. Er war ein Außenseiter in dieser brutalen Kriegslandschaft Nordafrikas. Er verabscheute die Colonels und hielt auch nicht viel von jenem General Massu, der sich als einer der ersten »Freien Franzosen« de Gaulle angeschlossen, schon im Tschad unter Leclerc gekämpft und später in Indochina kommandiert hatte. »Immerhin hat Massu mit größtem Widerwillen die Schmutzarbeit in der Kasbah auf sich genommen«, räumte Courtin ein. »Die Politiker von Paris verlangen von mir, daß ich mich mit Blut und Scheiße beschmiere, soll Massu damals gesagt haben. ›Le sang et la merde‹.« Courtin wirkte wie ein Maulwurf und strich sich das schüttere blonde Haar zurück. »Ich bin Republikaner, wie du weißt, und trotz meines Major-Rangs geheimer Antimilitarist; aber manchmal verstehe ich diese Armee, die am 13. Mai 1958 geputscht hat.«

Zum Zeitpunkt des Aufstandes der Militärs und der europäischen Ultras von Algier hatte ich mich in Prag befunden. Das dortige französische Botschaftspersonal, mit dem ich engen Kontakt hielt, sympathisierte ganz offen mit den Generalen Massu und Salan, die vor einer brodelnden Menschenmasse auf dem Forum von Algier die Bildung eines »Wohl-

fahrts-Ausschusses«, eines »Comité de Salut Public«, proklamierten. Der
Ausdruck war dem jakobinischen Wortschatz der Revolution von 1789
entliehen. Die Putschisten von Algier forderten die Regierung Pflimlin
in Paris zum Rücktritt auf und wollten für alle Zeiten die Zugehörigkeit
Algeriens zu Frankreich festschreiben. Sie drohten ganz offen mit der
militärischen Invasion des Mutterlandes. Ich war Gast bei einem französischen Botschaftsempfang in Prag, als die Meldung durchkam, Korsika
habe sich den Putschisten angeschlossen. Eine fiebrige Begeisterung
bemächtigte sich der anwesenden Franzosen. Mit der Kultur-Referentin,
einer blonden Normannin, war ich auf die Terrasse hinausgetreten. Wir
blickten auf den von Scheinwerfern vergoldeten Hradschin. Sie sagte
mir, ihr Bruder befinde sich unter den Fallschirmoffizieren, die gerade in
Ajaccio an Land gegangen waren. »Wir sollten nicht« dem Pöbel der
Algier-Franzosen den Lauf der Ereignisse überlassen«, sagte die herbe
Frau, die in den Kriegsjahren für die *France-Libre* gearbeitet hatte. »Es
wird Zeit, daß Charles de Gaulle die Zügel übernimmt. Raoul Salan, der
sich auf dem Balkon des Generalgouvernements von Algier von den
Pieds Noirs feiern läßt, ist ein politischer General, ein Intrigant. Salan ist
nie Gaullist gewesen. In Indochina hat er zu lange Geheimdienst betrieben, und mein Bruder, der unter ihm diente, nennt ihn nur ›le Chinois‹.
Einer unserer Vertrauensleute hat Salan am entscheidenden Abend des
13. Mai das Stichwort souffliert: ›Vive de Gaulle!‹, und jetzt kommen die
Schreihälse vom ›Wohlfahrts-Komitee‹ an dieser Kommandeursstatue
nicht mehr vorbei.«

Ich erzählte Courtin von diesem Abend in Prag. Er strich sich über die
hohe Stirn und lachte wieder. Ganz wurde man nie aus ihm klug. »Du
weißt, daß ich alles andere als ein Bewunderer de Gaulles bin. Als die
Vierte Republik angstschlotternd nach einem Retter vor den Militärs
suchte, haben sie den Alten aus seiner Einsiedelei in Colombey-les-
Deux-Eglises, wo er zwölf bittere Jahre verbracht hatte, in den Elysée-
Palast geholt. Die Generale von Algier – Massu ist ja treuer Gaullist der
ersten Stunde – haben mitgespielt. Die Algier-Franzosen und ihre
Rädelsführer hatten darauf spekuliert, daß sie den Einsiedler von Colom-
bey in ihrem Sinne manipulieren könnten. Die Armee war ohnehin
davon überzeugt, daß der Führer der ›Freien Franzosen‹ ein bedingungs-
loser Anhänger der ›Algérie Française‹ sein müsse. Sie haben den Alten
wohl unterschätzt. Hier im Generalgouvernement hat man anfangs gejü-
belt, als de Gaulle den tosenden Massen des Forums die zweideutige Formel: ›Je vous ai compris – Ich habe euch verstanden‹ zurief. Inzwischen

sind sie ungeduldig, sogar mißtrauisch geworden. De Gaulle weigert sich, das Wort ›Algérie Française‹ in den Mund zu nehmen. Er trifft nicht die erwarteten radikalen Maßnahmen, um die Integration Algeriens mit der Metropole zu vollziehen. Auch er, so munkelt man, will mit den aufständischen Moslems, mit den Fellaghas, verhandeln, ja in seiner Umgebung wird ein Appell vorbereitet, den er demnächst an die Partisanen der ›Befreiungsfront‹ richten will, um mit ihnen den ›Frieden der Tapferen – La paix des braves‹ zu schließen. – Ich mag den Alten nicht«, wiederholte Courtin, »aber ich unterschätze ihn nicht. Er ist listig und umsichtig wie ein Elefant. Ich amüsiere mich heimlich, wenn ich die siegesbewußten Mienen in unseren Stäben sehe. De Gaulle ist durch den Putsch der starke Mann Frankreichs geworden, aber hier in Algier – so scheint mir – wurde den Fröschen ein Klotz gesetzt.«

Der General ist überall. Am Flugplatz von Maison Blanche ist jede Säule, jede Scheibe, jede freie Fläche mit dem riesigen Porträt Charles de Gaulles beklebt. So geht es weiter längs der Anfahrtstraße zur Stadtmitte, jener zwanzig Kilometer langen »Via Triumphalis«, wo die Algier-Franzosen dem neuen Regierungschef bei seinem ersten Besuch zugejauchzt hatten. Der Einreisende ist von diesem ewig wiederkehrenden Plakat fasziniert, das ihn an allen Straßenecken, ja bis vor die erbärmlichen Lasterhöhlen am Eingang der Kasbah begleitet.

Das ist nicht mehr das Bild des noch jugendlich straffen Mannes mit dem goldverbrämten Képi, wie es den Gaullisten von 1940 her vertraut war. Das ist auch kein naiver Buntdruck im Stil der muselmanischen Legendendarstellung, wie er in den Kriegsjahren an die Völker des französischen Imperiums verteilt wurde. Das Plakat von Algier – in ungewissen grauen Konturen gehalten – zeigt einen gealterten Mann, dessen Augen geheimnisvoll und seherisch in die Weite gerichtet sind.

Dieses Bild de Gaulles paßt ganz und gar nicht in den Kirmes-Rummel, in den die »Volkserhebung des 13. Mai« sehr schnell abgeglitten ist. Es ist bezeichnend, daß in Algier am 18. Juni, am Tag der gaullistischen Widerstandsbewegung, auf den Straßen getanzt wurde, während in Paris die »Compagnons de la Libération – Die Gefährten des Befreiungsordens« sich in schlichter, beinahe düsterer Feier auf dem Hinrichtungsplatz am Mont Valérien sammelten. Es bleibt eine Dissonanz bestehen zwischen der ungestümen patriotischen Explosion der Europäer Nordafrikas und der ernsten, fast tragischen Maske des Mannes, den sie an die Macht trugen.

Selbst die Algerier merken das allmählich, wenn sie zwischen den zahllosen Fähnchen und blau-weiß-roten Banderolen zum Geschäft oder zum Apéritif eilen. Denn die Fähnchen sind geblieben seit den Marathon-Kundgebungen des »Wohlfahrts-Ausschusses«. Hat man sie hängen lassen in Erwartung neuer Feiern des nationalen Überschwangs? Hat man sie ganz einfach vergessen? Vielleicht ist das der Grund, weshalb Algier auf den Ankömmling wie ein gewaltiger Ballsaal nach dem Fest wirkt. Die Algier-Franzosen geben in vertraulichen Gesprächen zu, daß ihnen beim Lesen der Nachrichten aus Paris zumute ist wie nach dem Erwachen aus einem Rausch. Ernüchterung, das ist die Stimmung in Algier, wo man das Wort »Enttäuschung« noch nicht wahrhaben möchte.

Am Nachmittag vor dem Abflug aus Paris hatte ich die Pressekonferenz André Malraux' erlebt. Das war kein Zeitungsgespräch im üblichen Sinne. Wenn der Autor der »Condition humaine«, der heute das Informationsministerium de Gaulles leitet, die Verbrüderung der Europäer und Araber in Nordafrika lyrisch erwähnt, klingen Töne an, wie sie aus dem spanischen Bürgerkriegs-Epos »Die Hoffnung« vertraut sind. Literatur wird hier zur Aktion so wie die Aktion sich zum literarischen Gleichnis ausweitet. – Was können die Europäer von Algier wohl mit Malraux und seiner tragischen Geschichtsvision anfangen? Bei ihnen blieb allenfalls haften, daß der Informationsminister de Gaulles sich kategorisch gegen jede Form der Tortur aussprach, daß er die Folterung als schändlich und unerträglich bezeichnete, und diese Absage stimmt die Pieds Noirs eher mißtrauisch.

Frühmorgens war ich in Maison Blanche gelandet. Die Kontrolle war überaus großzügig. Die Koffer blieben von jeder Inspektion verschont. Auch die militärischen Sicherheitsmaßnahmen in Algier selbst scheinen seit Januar 1956, als ich das letzte Mal nordafrikanischen Boden betrat, fühlbar gelockert. Gewiß, die Fenster der Autobusse sind durch Drahtgitter gegen eventuelle Granaten gesichert. In regelmäßigen Abständen schieben sich Patrouillen durch die bunte, heitere Menschenmenge der Rue Michelet und der Rue d'Isly: Fallschirmjäger in gesprenkelter Tarnjacke, europäische Reservisten, deren verbissene »Volkssturm«-Gesichter und deren milizähnliches Auftreten wenig Vertrauen einflößen, Spahis und Kolonial-Infanteristen. Noch tragen die gelben Jeeps der Paras den weißen Buchstaben H gleich Hamilkar, Feldherr Karthagos und Code-Name für das sinnlose Landungsunternehmen in Ägypten. Am Eingang des altertümlichen Radio-Gebäudes müssen die Aktentaschen geöffnet werden.

Doch nicht der militärische Aufwand befremdet. Nicht die Sicherheitsvorkehrungen schaffen den Eindruck der Verpflanzung in eine neue irritierende Umgebung. Ein Klima der Gereiztheit und Beklemmung lastet auf Algier. In der größten Zeitung, dem *Echo d'Alger*, hütet man sich, die liberalen Aussagen der Pariser Regierung hinsichtlich der algerischen Moslems auf der ersten Seite wiederzugeben. Der Satz aus Malraux' Pressekonferenz, daß an eine Abschaffung der politischen Parteien nicht zu denken sei, wurde unterschlagen.

Das »Forum«, dieser weite Freiplatz vor dem Generalgouvernement, wo die Fenster seit dem Studentensturm des 13. Mai noch nicht wieder verglast sind, liegt verlassen in der Mittagsglut. Nur ein paar Kinder und ihre verschleierten Kabylen-Dienstmädchen beleben die Leere. Die Bevölkerung denkt schon mit Wehmut an jene Tage zurück, da sie einmal Geschichte machen, aus vollem Halse schreien konnte und sich dem Eindruck hingab, am algerischen Wesen müsse ganz Frankreich genesen.

Die tägliche Pressekonferenz des Oberkommandos wird hoch über der Stadt abgehalten. Von dem schlichten Beratungszimmer schweift der Blick über die dunkelblaue See, über Palmenwedel und weiße Hochhäuser. Zur Zeit sind nur die festen Algier-Korrespondenten zugegen. Sehr bald stellt der Neuankömmling fest, daß – hinter dem Schleier jovialer Albernheit – der örtliche Journalismus in zwei Lager gespalten ist. Auf der einen Seite die unnachgiebigen, die unbeirrten Herolde des »Wohlfahrts-Ausschusses« und daneben eine kleine, aber recht selbstbewußte Gruppe von Liberalen. Es ist bezeichnend, daß der Liberalismus in Algier sich heute auf das Prestige de Gaulles beruft.

Den Hauptmann, der neben Oberst Lacheroy, dem Sprecher der Armee, sitzt, hatte ich bereits in Indochina im Presse-Camp von Hanoi als jungen Leutnant kennengelernt. Überhaupt läßt sich die Lage in Algier ohne das indochinesische Vorspiel schlecht begreifen. Die Armee will hier eine Scharte auswetzen. Sie hat in den Dschungeln und Reisfeldern Asiens bitteres Lehrgeld für die Erkenntnis zahlen müssen, daß mit dem leichten patriotischen Sturmgepäck des Soldaten die Gefechte des zwanzigsten Jahrhunderts nicht mehr zu gewinnen sind. Die französische Armee hat die Propaganda entdeckt, und der Journalist – früher ein etwas komischer, oft hämischer Außenseiter – wird zum Kampfgefährten oder zum heimlichen, aber ebenbürtigen Gegner für diese jungen Offiziere, die sich mit der psychologischen Kriegführung vertraut machen wollen. Der Oberst mit dem Boxergesicht, der auf die Fangfragen mit einem rauhen Lachen antwortet und den das Katz-und-Maus-

Spiel der Pressekonferenz sichtlich amüsiert – in Indochina setzten die Presseoffiziere immer die Miene von edlen Märtyrern auf – ist eines der einflußreichsten Mitglieder des »Wohlfahrts-Ausschusses«, ein angeblicher Experte der psychologischen Aktion. Der Prophet und Lehrmeister der Algerien-Armee ist nicht Charles Maurras, der Vater des integralen französischen Nationalismus, wie man oft vermutete, sondern er heißt Mao Tse-tung. Die Armee hat den »revolutionären Krieg« teilweise am eigenen Leib in den Gefangenenlagern des Vietminh durchgestanden. Jetzt versucht sie, die Methoden des Kommunismus für die nationalen Zwecke Frankreichs im Dschebl Nordafrikas einzuspannen, ein Experiment, das nicht nur das Schicksal Algeriens, sondern die Zukunft ganz Frankreichs belastet. Deshalb liegt das Interesse auf jenen Pressekonferenzen nicht so sehr bei den Zahlenangaben über getötete Rebellen, erbeutete Waffen, verhinderte Einsickerungen, sondern in den knappen Antworten auf politische Fragen, aus denen allzuoft eine ärgerliche Gereiztheit über das Unverständnis des Mutterlandes herausklingt.

In den zahllosen Bistros und Terrassenrestaurants der Europäerstadt findet diese Erbitterung drastischen Ausdruck. Politische Entrüstung ist der große Zeitvertreib. Selbst die jungen Leute mit den Halbstarken-Manieren und der levantinischen Mimik, deren Ansturm auf das Generalgouvernement den Putsch des 13. Mai ausgelöst hat, verschwenden selten mehr einen Blick auf die goldhäutigen Mädchen, die sich mit der Anmut veredelter Pariser Midinetten und den törichten Starallüren christlicher Libanesinnen bewegen. Sie diskutieren wie ihre Eltern über Politik, und Politik ist hier gleichbedeutend mit Agitation.

Während ein Lautsprecherwagen der Armee zu propagandistischen Filmvorführungen über die »Revolution des 13. Mai« einlädt, schaut das Bild General de Gaulles, dieser abweisende herrische Kopf, befremdet und einsam über das Treiben der südlichen, wortstarken Plebejer. Ein geschäftiger Trupp kommt näher: drei Zivilisten unter der Anleitung eines Fallschirmjägers mit Klebetopf und Plakaten. Neben das Porträt de Gaulles, oft quer über den Kopf des Generals, wird ein neuer Anschlag angebracht, eine Landkarte, die Frankreich und Algerien umfaßt. »Von Dünkirchen in Flandern bis Tamanrasset im Herzen der Sahara«, steht in roten Lettern geschrieben: »53 Millionen Franzosen«. Dieses Schlagwort der Integration ist Trumpf. »Algerien soll eine französische Provinz sein wie die Bretagne oder Burgund«, so lautet die Forderung des »Wohlfahrtskomitees«, und wehe dem, der in Algier an diesem Programm rütteln möchte oder nur einen Zweifel anmeldet.

Veitstanz der Verbrüderung

Algier, Juli 1958

General Jacques Massu, der »Sieger« der Schlacht von Algier, hat zur Verbrüderungsfeier im Industrieviertel Belcour eingeladen. Die Veranstaltung fiel mit dem »Id el Kebir«, dem islamischen Gedenkfest zu Ehren des abrahamitischen Sühneopfers zusammen. Belcour ist eine trostlose Gegend. Zwischen den gestikulierenden Haufen eines verwahrlosten arabischen Unterproletariats patrouillierten an diesem Abend vereinzelte Fallschirmjäger. Diese drahtigen, eng geschnürten Männer in den gescheckten Tarnanzügen wirkten wie bösartige und gefährliche Wespen. Wo sie auftauchten, teilte sich die dichteste Ansammlung wie mit einem Zauberstab.

Das Fest, die »Diffa«, wie man hier sagt, fand in einem großen Hof statt, dessen Portal durch eingeborene Wachmannschaften behütet war, wenig vertrauenerweckende junge Männer in blauen Monteuranzügen. Sie droschen mit sichtlichem Vergnügen auf ihre Landsleute ein, wenn sie dem Tor zu nahe kamen. Im Innern hatten sich die Frauen unter einem Zeltdach an niedrigen Tischen mit Hammel, Kuskus und Süßigkeiten gelagert. Neben den vermummten Muselmaninnen kauerten auch europäische Damen der Gesellschaft mit dem Gehabe freundlicher, aber recht autoritärer Stifterinnen von Patronats- oder Wohltätigkeits-Veranstaltungen. Madame Massu präsidierte. Der gute Wille zur Annäherung war allzu sichtbar und rührend.

General Massu legte sein Haudegengesicht mit dem breiten Schnurrbart in breite und sympathische Lachfalten. Mit seiner riesigen Nase hätte er ein Reiter-Kapitän des großen Turenne sein können. Der Mann entbehrte nicht einer entwaffnenden Naivität. Als ihm die Verhörmethoden seiner Paras in der Kasbah vorgeworfen wurden, hatte er sich selbst auf den Folterstuhl spannen und durch Elektroschocks quälen lassen. So schlimm sei das doch gar nicht, meinte er nach dem Experiment.

Unter den Geladenen der Feier von Belcour fiel mir ein hagerer, ärmlich gekleideter Mann mit seinen fünf Söhnen auf, der mit atemraubender Hast Hammel und Grieß hinter die gelben Zähne preßte, ohne sich durch ein Wort oder einen Blick ablenken zu lassen. Es waren auch Vertreter der alten Führungskaste vorhanden, Qadis, Scheichs und andere Notabeln, die ihre feudalen Privilegien unter der Glasglocke der französischen Verwaltung ihr Leben lang erhalten hatten und die sich nun rat-

und hilflos mit der nationalen und sozialen Revolution des jungen Algerien konfrontiert sahen. Ein alter Richter, ein bärbeißiger Mann, dessen
Haupt ganz unter dem Turban verschwand und dessen Zwiebelbart an
Bilder aus der osmanischen Zeit erinnerte, schaute wütend auf die bal-
genden Kinder zu seinen Füßen. Am sympathischsten wirkten die altge-
dienten Veteranen der algerischen Schützenregimenter mit vielen
Orden auf der Dschellabah und ehrlichen, einfältigen Gesichtern.

Sehr zahlreich war diese schmausende Gemeinde nicht. »Warten Sie
nur, bis das offizielle Mahl zu Ende ist, dann öffnen wir das Portal, und
das ganze Stadtviertel Belcour kommt zu uns«, hatte der Verwaltungsoffizier S.A.U. (Section Administrative Urbaine) gesagt. Die Tore gingen
auf, doch es stürmte nur ein Heuschreckenschwarm frecher, lärmender,
schmutzstarrender Araberjungen herein und ein paar Mädchen mit zer-
zausten Zöpfen und geblümten Kleidern, die sie im Staub nachzogen. Es
kamen jene unangenehmen Miliz-Gestalten im Monteuranzug, die jetzt
Stimmung machten. Es versammelte sich eine Horde unschlüssigen,
lauernden Lumpenproletariats. Das Orchester spielte monotone arabische Weisen. Ein Sänger war auch bestellt, ein Mann mit blassen,
beinahe edlen Zügen, ein melancholischer Poet aus Bou Saada. Er breitete die Blätter mit seiner handgeschriebenen Dichtung vor mir aus. »Das
sind Verse zu Ehren der Verbrüderung aller Algerier und der Erneuerung
des französischen Algerien seit dem 13. Mai«, sagte ein hinzutretender
Offizier. Aber als ich den stillen Mann auf arabisch ansprach, zeigte er
mir ein selbstverfaßtes Minnelied, eine »Qassida«, ganz im Stil der frühen prä-islamischen Beduinen-Lyrik, wo der verzweifelte Liebhaber am
glimmenden Nomadenfeuer steht und der Geliebten, die er noch nie in
seine Arme schließen konnte, nachweint. »Ya, qalbi . . . oh mein
Herz . . .« begann das traurige Lied.

»Ya qalbi . . .« sang der Dichter mit der zitternden, beinahe meckernden Stimme des arabischen Vortrags. Das Mikrofon war schlecht eingestellt, der Lärm der Menge zu laut. Die verschleierten Frauen unter dem
Zelt stimmten gellende Yu-Yu-Schreie an, und jetzt sprangen die ersten
Männer auf, wild blickende Wegelagerergestalten zum stampfenden
Tanz. Drei junge Araberinnen traten in den Kreis der Klatschenden. Sie
waren unverschleiert und trugen knapp sitzende europäische Kleider. Sie
banden sich eine Schärpe um die üppigen Hüften, zogen die Stöckel-
schuhe aus und wiegten sich im Bauchtanz, steigerten allmählich das
Tempo, rafften mit den Händen das lang wallende Haar, bewegten sich
in erotischen Schwingungen, daß die Männer heiße Entzückungsrufe

ausstießen. Vor allem eine blutjunge Kabylin mit widderähnlichem Profil, in einen hellgelben Rock eingezwängt, beherrschte die Runde orientalischer Sinnlichkeit.

Der Dichter war neben mir stehengeblieben und sah mit traurigem Blick auf die entfesselten Freudenmädchen von Belcour. Die anständigen, verschleierten Frauen nahmen ihre Kinder bei der Hand und gingen. Das Fest der Verbrüderung ging als Veitstanz des Pöbels zu Ende.

Die Ultras und de Gaulle

Sidi Ferruch, Juli 1958

Der Sand von Sidi Ferruch ist historischer Boden. Ein massiver Turm, der die Bucht beherrscht, erinnert an die französische Landung im Sommer 1830, Auftakt zur Eroberung ganz Algeriens. An dieser Stelle gingen im November 1942 auch die Soldaten General Eisenhowers an Land. Mit der Riviera läßt sich diese Südküste des Mittelmeers nicht vergleichen. Der Sand ist schwarz und mit fleckigem Gestein durchsetzt. Die Dünen sind von grauem Schilf verunstaltet. Am häßlichsten sind hier die Siedlungen: billige Buden aus Zement, grell bemalt und ungepflegt. Ungepflegt ist auch das Publikum, die aufgedunsenen Frauen, die Dubout gezeichnet haben könnte, die schwitzenden Männer im Unterhemd. Es sind nicht nur Europäer dort. Auch Moslems kommen mit ihren Familien. Deren Frauen sind allerdings meist zu Hause geblieben. Die arabischen Kinder vergnügen sich mit dem Vater und planschen im Wasser. Man kann von Algerien sagen, was man will, aber Apartheid wird hier nicht praktiziert.

Über die Dünen fahren die sandgelben Command-Cars des 3. Fallschirmjäger-Regiments. Der Kommandeur dieser Einheit, Oberst Trinquier, ist der meistdiskutierte Mann in Algier. 1946 hatte ich unmittelbar unter dem Hauptmann Trinquier in Cochinchina gedient. Wer hätte damals vermutet, daß dieser elegante Offizier, der wie ein Filmstar wirkte und eine lange Dienstzeit in der internationalen Konzession von Schanghai hinter sich hatte, der später hinter dem Rücken des Vietminh die Partisanengruppen des Meo-Volkes im indochinesischen Hochland organisierte, sich zur treibenden Kraft des militärischen Aufbegehrens gegen den ohnmächtigen Pariser Parlamentarismus aufschwingen, daß er sich als Experte der härtesten revolutionären Kriegführung entpup-

pen würde. Die Soldaten Trinquiers trugen immer noch den chinesischen
Drachen im Wappen. Die »Paras« verluden ihre Feldbetten und Zelte.
Das 3ème R.P.C. (Régiment de Parachutistes Coloniaux) rückte aus der
Umgebung Algiers in die Bergschluchten des Ouarsenis im Süden ab, wo
die mit den Franzosen kooperierende »Bellounis-Armee«, eine rein algerische Hilfstruppe, die die grün-weiße Fahne der Nationalisten führt, in
die Dissidenz gegangen ist. Ich schaue der gelben Wagenkolonne Trinquiers und seinen jungen Offizieren mit den kahlgeschorenen Köpfen
unter dem roten Béret lange nach. Es hätte damals in Indochina eines
Zufalls bedurft, und ich wäre heute einer von ihnen.

Die Verlegung des Regiments Trinquier aus dem Algérois an den felsigen Nordrand der Sahara, so munkelt man unter den radikalen französischen Nationalisten, den Ultras von Algier, entspreche einem hinterhäl-
tigen Plan de Gaulles. Er wolle die Hauptstadt von jenen politisierten
Truppen entblößen, die sich am nachhaltigsten mit dem Putsch des 13.
Mai und der »Algérie Française« solidarisiert hatten. Die Stimmung ist
schon wieder gereizt bei den Pieds Noirs. Für die kleinen Weißen
erscheint die Verleihung der vollen Gleichberechtigung an die Muselmanen als Auftakt zu einem schonungs- und aussichtslosen Existenzkampf.
Es ist kein Zufall, daß gerade unter den Taxichauffeuren, wo Moslems
und Christen sich ungefähr die Waage halten, die Feindseligkeit beider
Seiten besonders hart aufeinanderprallt. »Bevor die Araber hier ihre
Autonomie erhalten«, sagt mir ein europäischer Taxifahrer, »da gehe ich
lieber in die korsische Heimat meiner Väter zurück, und glauben Sie mir,
dann sorgen wir Korsen aus Algier dafür, daß Ajaccio ebenfalls die
Hauptstadt eines unabhängigen Landes wird. Was diese Algerier können, das vermögen wir auch.« In der Umgebung Algiers haben ein paar
aufgeschlossene Industrielle versucht, die »Integration« in die Tat umzu-
setzen. Sie stellten an jede Maschine je einen muselmanischen und je
einen europäischen Arbeiter. Das Resultat: Nach drei Tagen führt entweder der Moslem lediglich Handlangerdienste für den Europäer aus, oder
die Zusammenarbeit war in eine Schlägerei ausgeartet.

Das europäische Proletariat von Algier liefert das Fußvolk für die
extremistischen Bewegungen. Die Organisatoren dieser Ausbrüche sind
jedoch nicht in den Arbeitervierteln von Belcour oder Bab-el-Oued zu
suchen. Die Pariser Regierung hat es mit den Finanzinteressen und politischen Ambitionen einer kleinen, aber mächtigen Gruppe von Großgrundbesitzern und Unternehmern zu tun. Der Einfluß der »algerischen
Lobby«, gerade in den letzten hektischen Tagen der Vierten Republik,

kann gar nicht überschätzt werden. Diese Routiniers parlamentarischer Verzögerungsgefechte, die das »Rahmengesetz« zuerst verstümmelten, dann jedes Gespräch mit Tunis und Rabat vereitelten, die von Algier aus einen Teil der französischen Presse nachhaltiger beherrschten als die offiziellen Parteien des Palais Bourbon, sahen ihre Stunde kommen, als die französische Armee in Nordafrika angesichts der Unschlüssigkeit und Paralyse der Regierung, angesichts der drohenden Internationalisierung im Rahmen der »guten Dienste« des US-Botschafters Robert Murphy die Geduld verlor. Hinter den randalierenden Studenten, die das Generalgouvernement am 13. Mai stürmten, aber auch hinter den Obersten des »Wohlfahrts-Ausschusses«, konnte man stets diese überlegenen Drahtzieher wittern, für die das nationale Interesse oft nur Vorwand zur Wahrung der eigenen erdrückenden Vorrechte war.

So bleibt es auch heute. Ich habe ein langes und recht offenes Gespräch mit Alain de Sérigny, dem Wortführer der Ultras geführt. Sérigny war Besitzer und Chefredakteur des *Echo d'Alger*, der größten Zeitung Nordafrikas. Mit Nachdruck trat dieser soignierte, von seiner politischen Bedeutung durchdrungene Mann für die Integration Algeriens in das Mutterland ein. Die Föderation lehnte er mit Vehemenz ab. Aber als ich ihn nach der Zeitspanne fragte, in der die völlige Gleichstellung der Moslems verwirklicht werden solle, unterbrach er mich brüsk: »Ich bin doch nicht Mendès-France, daß ich Ihnen einen ultimativen Termin angebe.« – »Was würden Sie tun«, fragte ich weiter, »wenn General de Gaulle sich für eine andere Lösung entschiede als die Integration?« – »Aber das ist doch gar nicht denkbar; den Gedanken weisen wir zurück«, wurde mir heftig erwidert. »Wenn de Gaulle der algerischen Wirklichkeit auf den Grund gegangen ist, dann kann er gar nicht anders, als sich für den von uns vorgeschlagenen Weg entscheiden.« Es klang ein drohender Unterton aus diesem letzten Satz.

Am folgenden Tag traf de Gaulle zum zweiten Besuch nach seiner Regierungsübernahme in Algier ein. Ich stand am Straßenrand, als die schwarze Citroën-Kolonne dem Sommerpalast der Generalgouverneure zusteuerte. Die Stunde wirkte schon tragisch. Die Wohlfahrts-Ausschüsse waren durch die Weigerung de Gaulles, sich eindeutig für die Integration Algeriens auszusprechen, zutiefst erbost. Auch seine nuancierte Haltung gegenüber den algerischen Nationalisten alarmierte sie. Diese Komplotteure, die es gewohnt waren, alle bisherigen französischen Ministerpräsidenten schamlos unter Druck zu setzen, hatten die Flüsterparole ausgegeben: Kein Triumphzug für de Gaulle, sondern kühle Zurückhaltung.

Deshalb waren die Fahnen selten, und die Zuschauer standen in dünner Einerreihe hinter dem Spalier aus algerischen Tirailleurs und Landsturmsoldaten. Aus einer Ecke, wo sich Halbwüchsige zusammenrotteten, ertönten Pfui-Rufe. »Schämt ihr euch nicht?« herrschte ein Major sie an. Plakate mit dem Bild des Generals waren zerfetzt worden. Die Inschriften »Es lebe Salan« waren über Nacht häufiger geworden als die Lothringer Kreuze, so daß die Armee in aller Hast neben jedes »Vive Salan« ein übergroßes »Vive de Gaulle« pinseln ließ. Es war ein seltsamer Abend. Die europäischen Zivilisten trotzten, und die Muselmanen waren überhaupt nicht zu sehen mit Ausnahme jenes blinden Veteranen mit dem roten Fez und den vielen Orden, der an seinem Stock ein blau-weiß-rotes Fähnchen befestigt hatte und es dem schwarzen Citroën des Generals entgegenschwenkte. De Gaulle war in seiner offenen DS 19 stehend durch die dämmerigen Straßen Algiers gefahren, als sehe er das alles nicht. Schon begegnete er den Algier-Franzosen mit jenem »mépris de fer«, der »eisernen Verachtung«, die zur Legende des Befreiers Frankreichs gehörte.

Am nächsten Mittag warteten die ungestümen Zivilisten der »Wohlfahrts-Ausschüsse« vergeblich vor dem Gitter des Sommerpalastes in der glühenden Sonne. De Gaulle ließ sie nicht vor. Er hatte vor der Presse verkündet, daß in Zukunft die gleichen Briefmarken und Banknoten auf beiden Seiten des Mittelmeers Geltung haben würden. Zu weiteren Zugeständnissen an die Integration ließ er sich nicht herbei. »Der Alte führt die Ultras an der Nase herum«, kommentierte ein Pariser Korrespondent.

Statt der Zivilisten beorderte de Gaulle die Generale und Obersten in den Sommerpalast. Sie kamen – die Schultern rollend und selbstbewußt – in ihren Tarnuniformen, mit aufgekrempelten Ärmeln, die Brust voller Orden. Ihnen gegenüber stand vor den maurischen Kacheln des großen Salons der einsame Mann im schlichten Khakituch des Brigadiers. Er war lediglich mit dem Lothringer Kreuz dekoriert. Aber er beherrschte alle Anwesenden mit der Höhe seines Wuchses und seiner eiskalten Autorität, die Furcht einflößte. De Gaulle redete nur kurz zu den Offizieren von Algier. Sie waren nicht zu einer politischen Aussprache, sondern zum Befehlsempfang gekommen. Nach der gebieterischen Audienz verweilten sie ziemlich ratlos diskutierend im Palmengarten. Die Journalisten aus aller Welt beobachteten die Offiziere von Algier mit Spannung, und als sie sich zum Gehen anschickten, sagte ein Amerikaner: »Here goes the glory of France.«

Das Ballett der »Fliegenden Bananen«

Guelma, Anfang August 1958

Um vier Uhr früh wurde ich von einem Soldaten geweckt. Er hatte den schweren amerikanischen Stahlhelm auf dem Kopf und hielt eine Maschinenpistole in der Hand. »Oberst Le Bosc hat mich zu Ihnen geschickt«, sagte er. »Wir sind einer Gruppe von Fellaghas fünfzig Kilometer östlich von Guelma auf den Fersen.« Draußen stand der Jeep fahrbereit. Das Städtchen Guelma lag noch in tiefem Schlaf. Nur die Hunde bellten. Ein bewaffneter Posten stand mit schlaftrunkenen Augen vor dem Musikpavillon am Hauptplatz.

Am Rande der Ortschaft stießen wir auf eine Kompanie Fallschirmjäger, die bereits auf ihre Fahrzeuge geklettert waren. Wir schlossen uns ihnen an. Die kargen Kuppen des Atlas setzten im Osten rötliche Kronen auf. Der Fahrtwind war frisch. Die letzten Häuser hatten Getreidefeldern Platz gemacht. Jetzt folgten Olivenhaine, und dann umgab uns nur noch eine dämmerige Macchia. Öde Hänge säumten von beiden Seiten das Asphaltband. Agaven reckten sich rechts und links der Straße wie Prunkwedel eines orientalischen Herrschers. Nur die geknickten Telefonmasten gaben Kunde vom Krieg.

Wieder mußte ich an Indochina denken, als ich die graugrünen Uniformen, die jungen Gesichter sah und die leise Brise auf der Haut spürte, die mehr noch als das Morgenrot den kommenden Tag anmeldete. Die Offiziere des Bataillons, das durch den Atlas rollte, um einen unfaßbaren Feind zu stellen, haben fast sämtlich in Ostasien gedient.

Auf dem Felsvorsprung rechts, auf dem schon der weiße Glanz der frühen Sonne liegt, klebt eine Meschta, armselige Lehm- und Steinhütten. Ein paar Kinder drängen sich vor den dunklen Öffnungen, werden aber von den Müttern jäh zurückgezerrt. Die schwarzen Ziegen bleiben bei unserem Anblick stehen, dann flüchten auch sie in wilder Panik, während zwei Jagdmaschinen über die kahle Kuppe brausen. Die Luft hat sich mit Grollen und Schnaufen gefüllt. Während wir am Rande des tiefen Talkessels anlangen, entdecken wir eine Kette von Hubschraubern. Die »Fliegenden Bananen« drehen sich schwerfällig wie trächtige Rieseninsekten, schnuppern vorsichtig die Windrichtung, denn von der hängt die unfallfreie Landung ab, setzen sich torkelnd auf die Kämme rings um die Schlucht. Gleichzeitig – so erkenne ich schmerzhaft gegen das Flimmern des durchbrechenden Gestirns – öffnet sich ihr Bauch. Grün und

braun gescheckte Männer springen heraus, verteilen sich mit komisch
wirkender Hast. Vom anderen Ende der Talsohle hören wir den Feuer-
stoß eines Maschinengewehrs. Die Einkreisung ist vollendet. Gegenüber
versperrt die zweite Kompanie den Abzug nach Süden.

Die Fallschirmjäger, die aus den Hubschraubern herausquellen, käm-
men weit zerstreut den oberen Saum der Schlucht ab. Der Jeep hat mich
neben einem improvisierten Gefechtsstand in einer Lehmkate abgesetzt.
Ein athletischer blonder Major der Paras gibt durch das Feldtelefon seine
Befehle. »Wir haben sie erwischt«, sagt er zu mir. »Aber leider keine
bewaffneten Fellaghas. Nur politische Kader und Verwaltungsbeauftrag-
te, Steuereinnehmer und Propagandisten.« Die zwei Mistral-Jäger kommen wieder so dicht über die Höhen, daß man glaubt, sie müßten zer-
schellen. Auf einmal stößt die eine Maschine steil ins Tal und feuert aus
ihren Maschinengewehren auf eine flüchtende Gruppe von drei Männern. Steine und Felssplitter wirbeln hoch. Drei graue Gestalten liegen
im Geröll. Ein Bündel bewegt sich noch. Die Paras lesen den Überlebenden auf. Aus den Meschtas ringsum werden die Männer zusammengetrieben, armselige Gestalten, in ausgefranste braune Tücher gehüllt, den
formlosen Turban auf den ausgemergelten Köpfen. Ein Verwaltungsoffizier nimmt sich die rund fünfhundert Kabylen vor und verlangt ihre
Papiere. Die Fallschirmjäger stehen mit schußbereitem Gewehr daneben.
Das Ganze spielt sich beinahe wortlos ab. Ein Sergeant berichtet von den
drei Ausbrechern: Zwei Sicherheitsbeauftragte der FLN hatten mit
einem Eingeborenen, der der Zusammenarbeit mit den Franzosen verdächtig war, entrinnen wollen. Die beiden Rebellen seien tot. Wie durch
ein Wunder sei der dritte Mann nur verletzt.

Ich bin zu einer Gruppe Paras getreten. Sie sind nicht begeistert von
dem Ergebnis dieser Aktion. »So geht es jetzt schon wochenlang«, sagt
ein Gefreiter aus Lyon mit Tarzan-Gesicht. »Wir klettern wie die Bergzie-
gen, und dann gibt es nicht einmal Feuerwerk. Alles was wir tun dürfen:
diese Mistkerle zusammentreiben, die doch alle mit den Fellaghas unter
einer Decke stecken, sie sortieren und ihnen beibringen, wie man ›Vive
la France‹ schreit. Das war im April noch anders, als die Rebellen in
Bataillonsstärke von Tunesien aus durchzubrechen versuchten.«

Der blonde Major bereitet etwas Besonderes vor. Er telefoniert mit der
Division und fordert zwei Bomber B 26 an. Aber das geht offenbar nicht
ohne Einwände von oben. »Ich versichere Ihnen«, sagt der Major, »daß
ich nur ein Schaubombardement vorführen will. Das beeindruckt die
Kerle mehr, als wenn ich sie hundertmal hintereinander ›Es lebe das

französische Algerien‹ rufen lasse.« Die Mistral-Jäger sind wieder da,
und auf Anweisung des Majors tosen sie so nahe über die Köpfe weg, daß
die Eingeborenen sich mit verzerrten Gesichtern auf den Bauch werfen.
Nun schießen glühende Schlangen aus den Tragflächen, enden zischend
und brüllend auf der kargen Geröllhalde. Nach einer Weile brummen die
bestellten B 26 heran, setzen zum Tiefflug an und hüllen das Felstal in das
Bersten ihrer Bomben und den schwarzen Qualm der Napalm-Behälter.

Der Verwaltungsoffizier hat aus dem Haufen dreißig Verdächtige
ausgesondert, die nicht zu den umliegenden Meschtas gehören. Sie werden auf zwei Lastwagen verfrachtet und zum Regimentsstab gefahren.
Nach und nach sammeln sich auch die Soldaten. Die Fallschirmjäger klettern auf die Laster. Das Ballett der Hubschrauber ist längst wieder abge-
kreiselt. Die Bergkuppe raucht noch wie eine verlassene Opferstätte. Die
Kabylen werfen scheue Blicke auf den geschwärzten Felsen, bevor sie sich
wieder ihren Hütten, ihren Ziegen und ihren verängstigten Angehörigen zuwenden.

Psychologische Kriegführung

Ain Beida, August 1958

Nach dem Abendessen stand der Oberst als erster auf. Dann setzten wir
uns in die Ecke mit den Korbsesseln und tranken den kalten Grog, die
Spezialität des Regiments-Kasinos. Die beiden Sozialassistentinnen wurden um diese Stunde nach Hause geschickt. Die eine war eine blonde
Nordfranzösin mit dem burschikosen Auftreten von Frauen in Uniform,
die zu lange in der Armee gedient haben. Die andere war eine algerische
Muselmanin mit samtbraunen Augen, die mit einem Militärarzt verlobt
war und sogar zum Christentum übertreten wollte.

Auch der Feldgeistliche wandte sich zum Abschied. Den ganzen
Abend war er die Zielscheibe freundlicher Neckereien von seiten der
jungen Offiziere gewesen – die Frage des Zölibats hatte zur Debatte
gestanden –, bis der Oberst das Gespräch autoritär beendete. »Ich habe
festgestellt, daß ein Offizier, der seine Frau nachkommen läßt, nur noch
die Hälfte leistet. Die Kirche weiß schon, was sie tut.« Zuletzt war der
stille Hauptmann für »muselmanische Angelegenheiten« mit dem Jeep
in den Bordsch oberhalb der Stadt zurückgefahren, ein Fort mit dicken

Mauern und Schießscharten, das in den ersten Zeiten der französischen Eroberung um die Mitte des 19. Jahrhunderts erbaut worden war. Als er sich bei Tisch mit mir auf arabisch unterhielt, war ein anderer Capitaine aufgestanden und hatte sich zum Zeichen des Protestes an das andere Tischende gesetzt.

Oberst Wibert galt als einer der fähigsten Offiziere in diesem Sektor gegenüber der tunesischen Grenze. Seit dem 13. Mai übte er auch die zivile Befehlsgewalt im Städtchen Ain Beida aus. Seine skeptische, humorvolle und doch resolute Einstellung zu den Geschehnissen zwischen Paris und Nordafrika unterschied ihn wohltuend von den ränkeschmiedenden Kameraden in Algier. Der Colonel war Ostfranzose, und in seinem Regiment dienten überwiegend junge Leute aus Lothringen und der Champagne. Er war mit seinen Soldaten überaus zufrieden. »Da behauptet man, daß in Frankreich jeder dritte kommunistisch wählt. Ich möchte wissen, wo in meiner Einheit die Roten stecken«, sagte er.

Am Nachmittag hatten wir über die militärische Lage gesprochen. Am späten Abend unter dem fahlen Neonlicht der Offiziersmesse, in dieser kleinen Stadt am Rande des Dschebl, durch deren Gassen ab neun Uhr nur noch die Stiefel der Patrouillen hallten, drängten sich die wirklichen, die politischen Probleme auf.

Unweigerlich wandte sich das Gespräch dem Militärputsch vom 13. Mai zu. »Auch wir haben unsere Revolution gehabt«, sagte Oberst Wibert in seiner Sesselecke. »Die Europäer hier im Ort – sie machen immerhin ein Fünftel der Bevölkerung von Ain Beida aus – haben ihren Wohlfahrts-Ausschuß gegründet und der Armee, in diesem Falle mir selbst, die Macht angetragen. Heute schimpfen sie übrigens schon wieder, wir würden das Gemeindeleben in eine Kaserne verwandeln.« Der Oberst lächelte pfiffig. »Wissen Sie, was das bei uns war, der 13. Mai, das war der Triumph Tartarins und das war Clochemerle.« Clochemerle ist die burleske Geschichte einer spießigen Kleinstadtrevolte in der französischen Provinz anläßlich der Errichtung einer Bedürfnisanstalt.

Als die Nachricht der großen Kundgebungen auf dem Forum von Algier bis Ain Beida drang, hatten sich auch dort die wackeren Patrioten zusammengetan und waren wild entschlossen, dem »System des Verzichts und des Verrats« ein Ende zu setzen. Vertreter dieses Systems war ein Sous-Präfekt, der dem sozialistischen Innenminister Jules Moch die Treue hielt. Zum System gehörte aber auch der Bürgermeister von Ain Beida, der das Unglück hatte, nicht dem gleichen Clan und der gleichen Sippe anzugehören wie die Hauptschar der »Erneuerer«.

Der selbsternannte Wohlfahrts-Ausschuß war durch die fahnenge-
schmückten Straßen und eine jubelnde, aufgeregte Menge zum Colonel
marschiert, der sie in seinem Büro empfing. »Wir haben uns entschieden,
die Geschicke der Stadt in unsere Hand zu nehmen«, sagten die europäischen Revolutionäre mit eifriger Miene und warteten freudig gespannt
auf eine heftige Entgegnung. »Aber bitte sehr«, sagte der Oberst und
nahm ihnen durch seine Bereitwilligkeit den Wind aus den Segeln, »ich
werde Ihnen nach Kräften zur Seite stehen. Was haben Sie zunächst vor?«
An ein konkretes Programm hatte der Wohlfahrts-Ausschuß gar nicht
gedacht, und es vergingen keine drei Tage, da hatte der Oberst an ihrer
Stelle die Marschroute ausgearbeitet und an die Spitze der »Erneuerer«
einen ausgedienten Offizier manövriert, der für Ordnung und Mäßigung sorgen sollte.

Etwas bewegter verlief der Fall des Sous-Präfekten, eines nervösen,
dramatisch veranlagten Mannes, der die Offiziere als Putschisten
bezeichnete und an die letzte Regierung der Vierten Republik in Paris ein
pathetisches Ergebenheits-Telegramm aufgab, das übrigens nie durchge-
kabelt wurde, da sich dem Postbeamten beim Lesen dieser »antipatrioti-
schen« Zeilen die Haare sträubten. Als der einsame Sous-Präfekt und
letzte Verteidiger der Vierten Republik – durch einige Gläser algerischen
Rotweins gestärkt – den Europäern von Ain Beida entgegentrat und das
Opfer einer randalierenden Gruppe von Jugendlichen zu werden drohte,
bahnten ihm die Militärs eine Gasse aus der südländisch erregten Menge
und bestellten für ihn einen Flugzeugplatz nach Paris.

Seitdem hat Ain Beida wieder zum Alltag zurückgefunden, mit strenger Polizeistunde, mit gelegentlichen Überfällen der Fellaghas, die
immerhin den stellvertretenden Gemeindevorsitzenden am hellen Mittag niederknallten, mit der Sorge um die Ernte und mit drückend schwülen Sommernächten. Die jüdischen Händler hocken hinter ihren Theken,
zahlen Steuern an die Rebellen, stellen sich gut mit dem Militär. Sie warten vorsichtig ab. Die Europäer sitzen mißmutig in den Cafés am Place
Saint Augustin und sehen sorgenvoll zu, wie der Oberst die Integrations-
parolen ernst nimmt, überall die legalen Löhne der Landarbeiter anschlagen läßt, die Vorrechte der Algier-Franzosen einschränkt.

»Kommen Sie morgen abend zur großen Kundgebung auf dem Platz
Saint Augustin«, hatte der Colonel geraten. Den ganzen Vormittag waren
Autos mit Lautsprechern durch die Straßen des Moslem-Viertels gefahren. Sie spielten Marschmusik und luden zur Versammlung ein. Die sin-
kende Sonne berührte bereits die obere Stufenreihe des römischen

Amphitheaters, da kamen die ersten Eingeborenen aus ihren Häusern in Gruppen zu vier und fünf. Der Platz füllte sich schnell mit Moslems aller Altersgruppen, vom ehrwürdigen Greis bis zum jungen Autoschlosser in blauer Monteurskluft. Sie sprachen wenig untereinander. Sie stellten sich vor dem Verwaltungsgebäude auf, das mit großen Schildern: »Es lebe das französische Algerien«, »Vive de Gaulle«, »Vive Soustelle« behängt war. Wieder brüllten Märsche aus den Lautsprechern. Armee-Patrouillen standen einsatzbereit an den Straßenkreuzungen. Sie machten noch einmal Stichproben unter den »Demonstranten«. Vor der Balustrade, auf die sich ein Offizier geschwungen hatte, standen Schulmädchen in lärmender Unordnung. Sie waren noch zu jung für den Schleier. Gleich neben ihnen in einem sorgfältig reservierten Karree waren die muselmanischen Frauen von Ain Beida in weiße Haiks gehüllt, das Gesicht durch ein rotes oder grellgrünes Tuch maskiert.

Der Capitaine auf der Empore winkte, um Ruhe herzustellen. Er war ein »Spezialist«. Vier Jahre lang hatte der hagere, ausgelaugte Mann in den Gefangenenlagern des Vietminh in Indochina verbracht. Vier Jahre lang war er zweimal am Tag zur obligatorischen politischen Instruktionsstunde angetreten, hatte den Zirkus der Selbstkritik, der Sprechchöre, der Gehirnwäsche am eigenen Leibe erlitten. Jetzt war er wieder bei der Truppe und leitete den »psychologischen Krieg« im Sektor von Ain Beida. Mit erhobenen Armen, wie ein erfahrener Agitator, hatte er sich aufgereckt. Neben ihm stand der algerische Dolmetscher, der einzige Muselmane, der sich seit der Ermordung des stellvertretenden Bürgermeisters auf die Rednertribüne wagte. Es waren viele Moslems zur Kundgebung gekommen. »Das wäre noch vor sechs Monaten undenkbar gewesen«, sagte der Reserveleutnant neben mir. »Aber machen Sie sich keine Illusionen. Wenn die Algerier so zahlreich kommen, so bedeutet das lediglich, daß der Druck der Rebellen nachgelassen hat. Politische Schlüsse zu ziehen, wäre völlig verfrüht.«

»Wir rufen jetzt zusammen: Vive l'Algérie Française«, schrie der Capitaine mit beschwörender Stimme ins Mikrofon. Ich stand mitten unter den Moslems. Sie hoben die Hände über den Kopf wie Rotchinesen auf Massenmeetings – ich war wirklich der einzige, der nicht klatschte – und sie riefen mit etwas kläglicher Stimme: »Vive . . . vive . . .« Dabei sahen sie sich wie schüchterne Schulkinder an, die eine Lektion des Lehrers nachplärren. Der Capitaine forderte sie mit rudernden Gesten auf: »Ich habe euch nicht laut genug gehört. Ihr müßt kräftiger schreien. Also noch einmal im Chor . . .«

Als Oberst Wibert hinzutrat, ließ der Hauptmann auch den Colonel hochleben. Die Ansprache des Obersten war praktischen Fragen gewidmet. Er schilderte den Fall eines europäischen Vorarbeiters, der den eingeborenen Tagelöhnern einen Teil ihrer Zahlung vorenthielt. Er, der Colonel, habe dafür gesorgt, daß dieser Ausbeuter ins Gefängnis kam. Die Zuhörer könnten sich selbst davon überzeugen und sollten in Zukunft mit jeder Beschwerde vertrauensvoll zu ihm kommen. Er bürge dafür, daß ihnen Gerechtigkeit geschehe. Dann sprach er zur bevorstehenden Abstimmung über die neue französische Verfassung: »General de Gaulle hat gesagt, es komme nicht darauf an, ob ihr für oder gegen die Verfassung stimmt, sondern daß ihr überhaupt zur Urne kommt. Auch die Frauen sollen wählen. Wir werden ein besonderes Büro für die Frauen aufmachen. Damit die eifersüchtigen Ehemänner sich keine Sorgen machen, versichere ich euch, daß alle Schreibkräfte im weiblichen Wahlbüro ebenfalls Frauen sein werden.« Die angetretenen Männer gingen brav und, wie es schien, etwas erheitert auseinander. Die Lautsprecher verbreiteten wieder kriegerische Weisen. »Nous sommes les Africains qui revenons de loin . . .« dröhnte es.

Bei Einbruch der Nacht saßen wir beim eisgekühlten Grog. Wir sprachen vom psychologischen Krieg und dessen Propagandisten in Algier, von den mit Mao Tse-tung jonglierenden Obersten des »Comité de Salut Public«, für die der Kommandant von Ain Beida keine besondere Zuneigung empfand. »Was wir hier machen, ist Paternalismus, das wissen wir sehr wohl«, sagte er nachdenklich. »Wie wir die nächste Etappe bewältigen sollen, die Moslems zur politischen Verantwortung und Mitarbeit heranzuziehen, das weiß ich nicht. Wir bauen Schulen, wir pflegen die Kranken, wir holen nach, was in hundert Jahren versäumt worden ist, und das versichere ich Ihnen: Wir werden hier nicht noch einmal so unrühmlich abziehen wie aus Indochina.« Ich mußte an den sorgfältig gekleideten Araber denken, der nach der Kundgebung an den Oberst herangetreten war und ihm die blödsinnigsten Fragen über die Abhaltung des Referendums stellte. Der Colonel, der lange im Orient gedient hatte, verstand sehr wohl, daß es dem Mann darum ging, am Abend im Kreise seiner Verwandten und Freunde erzählen zu können: »Ich habe dem Oberst die und die Frage gestellt, und er hat mich für einen Esel gehalten. Er hat aber nicht gemerkt, daß ich eigentlich ihn zum Narren hielt.«

Der skeptische Offizier für »muselmanische Angelegenheiten« mischte sich in unser Gespräch ein. »Haben Sie gehört, was sich neulich

im Oranais ereignet hat? Ein allzu eifriger junger Offizier hatte seine zerlumpten Moslems zusammengetrieben und sie bei einer Inspektion de
Gaulles ›Vive l'Algérie Française‹ schreien lassen. Dann trat er vor den
mißmutigen Gründer der Fünften Republik und meldete: ›Mon Général,
was Sie hier sehen, diese Männer, die Ihnen zurufen, sind vollwertige
Franzosen – des Français à part entière.‹ De Gaulle hat den Capitaine wie
abwesend gemustert und dann schneidend gesagt: ›Ziehen Sie Ihre
Schützlinge erst einmal anständig an – habillez-les d'abord –.‹ Dann hat
er der Veranstaltung grußlos den Rücken gekehrt.«

»Ja, der psychologische Krieg«, seufzte der Oberst und trank das Glas
leer. »Unsere jungen Offiziere glauben daran. Sie haben die Politik entdeckt, und es wird ihnen schwerfallen, wieder zur Rolle der ›großen
Schweigenden‹ zurückzufinden, wie die Armee in Frankreich früher
hieß. Wir werden demnächst sogar mit öffentlicher Selbstkritik nach
Vietminh-Modell anfangen. Wir haben ein paar ehemalige Fellaghas, die
zu uns übergegangen sind und die dazu bereit wären. Der Soldat muß
leben wie der Fisch im Wasser, hat Mao Tse-tung geschrieben. Das ist der
Fall für unsere Feinde. Uns geht es darum, dem Fisch das Wasser abzugra-
ben, die Bevölkerung allmählich von den Rebellen zu lösen. Aber eines
macht mich doch stutzig: Unser Capitaine, den Sie auf der Kundgebung
sahen, hat diese psychologische Knetung der roten Propagandisten ganze
vier Jahre in den Vietminh-Lagern über sich ergehen lassen müssen; ein
Kommunist ist er trotzdem nicht geworden.«

Auf der anderen Seite in Tunis

Tunis, August 1958

In den Stäben Algeriens wird man eigenartig gemustert, wenn man
erzählt, daß das nächste Reiseziel Tunis heißt. »Sie gehen also zum
Feind«, scheint jeder Blick zu sagen, und es klingt beinahe etwas Neid
durch die Frage hindurch. In Tunis, der Propaganda- und Nachschubzen-
trale der Rebellen, kann sich der zivile Besucher jenen persönlichen
Anschauungsunterricht vom algerischen Aufstand holen, der den französischen Offizieren in Nordafrika versagt bleibt. Dort tritt der Gegner
zum erstenmal aus der Anonymität der unfaßbaren Masse heraus und
läßt die Maske des Partisanenkampfes fallen.

Aus dem Bullauge der DC 4-Maschine versuche ich krampfhaft, dort unten in der Gegend von Soukh Ahras zwischen den graugrünen Korkeichenwäldern eine Kampftätigkeit auszumachen. Im Vorfeld der französischen Morice-Linie sind die Lager der Fellaghas dicht an die französischen Außenposten herangeschoben. Aber die hölzernen Wachtürme um den Flugplatz von Bône, mit ihren Scheinwerfern und Maschinengewehren, bleiben die letzte kriegerische Vision. Die Natur hat keine Trennungslinie zwischen Algerien und Tunesien gezogen, und der weiße Schaumstreifen des Meeres pulsiert ohne Unterbrechung am sandigen Küstenstreifen.

Dann landet die Maschine in Tunis, und auf einmal ist der Druck fortgenommen. Man hat sich so daran gewöhnt, die schußbereiten Posten neben jedem Flugzeug stehen, die Rollfelder von Drahtverhau und Mirador-Ketten eingezäunt zu sehen, daß die Nonchalance des tunesischen Personals, die Stille des Abends verwirren. Der Frieden kommt wie ein Schock. Die tunesischen Zöllner tragen flache Tellermützen und rote Aufschläge. Die besondere Aufmerksamkeit des Kontrollbeamten gilt den Drucksachen. Meinem Nachbarn nimmt er ein paar rechtsgerichtete Pariser Zeitungen weg. Er tut das mit bedauerndem Lächeln. »Zu dumm«, sagt er, »daß Sie ausgerechnet keine anderen Blätter mit sich führen.« Ein anderer Fluggast aus Algier ist eiligen Schrittes zum Zeitungsstand gegangen, um *L'Express*, Zeitschrift des linksgerichteten französischen Liberalismus und Befürworter der Unabhängigkeit Algeriens, zu kaufen. In Algier ist dieses Blatt nicht zu finden. Auch daran merkt man, daß eine Grenze überschritten ist. An lila blühenden Hecken vorbei ist der Bus nach Tunis eingefahren. Durch die feierlichen Palmenwedel dringt der Gestank der Abwässer des Chalk-el-Wadi. Am breiten, baumbestandenen Boulevard Bourguiba warten die kleinen Renault-Taxis – rot und weiß gestrichen – in langer Reihe, und die Arbeitslosen, deren es viele gibt, verkaufen Straßenbahn-Fahrscheine mit kleinem Aufschlag an die Passanten. Die Stadt wirkt gelassen und träge. In dieser Brutstätte antifranzösischer Verschwörung – wie man es von Algier aus sieht – ist Frankreich näher als in Constantine. Man muß schon Arabisch verstehen, um die verwaschenen Plakate mit dem Gewehr entziffern zu können, auf denen der Abzug der letzten französischen Garnisonen gefordert wird.

Dennoch hat sich einiges geändert in Tunis seit meinem letzten Besuch im Herbst 1953. Neben jede französische Reklame schmiegen sich die Schnörkel der arabischen Schrift. Auf den Caféterrassen der Innen-

stadt, vor den italienischen Pizzerias sitzen überwiegend tunesische
Gäste. Die jungen Araber sind in die kleidsame weiße Gandura gehüllt,
um deren Frische man sie beneidet und in die sie sich wie in eine römische Toga zu drapieren verstehen. In dem maltesischen Restaurant, wo
unter trostloser Neonbeleuchtung die bescheidenen europäischen Familien schweigend ihre Ravioli essen, dringt aus dem Nebenzimmer lautes
arabisches Rufen. Dann singen die tunesischen Studenten, und durch das
Speiselokal hallt ein zügiger Rhythmus, der an den libanesischen »Dabke« erinnert. Von Zeit zu Zeit sehen sich die jungen Europäer wortlos
und vielsagend an. Ich muß an die französischen Taxichauffeure denken,
die neben ihren arabischen Kollegen an den kleinen Renaults warteten.
Auch sie tauschten ähnliche Blicke, wenn ihnen ein tunesischer Polizist
unter weißem Tropenhelm etwas zu selbstbewußt einen anderen Park-
platz anwies. Die Süditaliener, die in Tunis besonders zahlreich sind, passen sich wohl am geschmeidigsten an. Auf den Eisenstühlen des Boulevard Bourguiba sitzen sie bei Einbruch der Nacht wie auf dem Corso von
Catania, Palermo oder Tarent: schwerfällige Matronen in schwarzen
Kleidern sind darunter und rehäugige pummelige Mädchen mit weiten
Röcken. Etwas deklassiert wirken die Europäer hier schon, die in den
Hotels Pförtnerdienste versehen oder vor den Postschaltern schwitzend
Schlange stehen.

Bevor ich durch ein mittelalterliches Stadttor die engen Straßen der
Medina, der alten Araberstadt, betrete, bleibe ich verdutzt unter zwei
blauen Straßenschildern stehen. Da heißt der größte, repräsentativste
Platz der tunesischen Hauptstadt weiterhin »Place de France« und an ihm
entlang läuft die »Rue du Général de Gaulle«. Die Tunesier sind ein
liebenswürdiges Volk, und die Unabhängigkeit ist ihnen nicht zu Kopf
gestiegen. Der Europäer wird hier mit südländischer Nachbarlichkeit
behandelt, und selbst die polemischen Inschriften zur staatlich angeord-
neten Sauberkeitskampagne: »Befreit Euch vom Schmutz, wie Ihr Euch
vom Kolonialismus befreit habt!« sind nicht ganz so böse gemeint.

Zum erstenmal seit meiner Ankunft in Nordafrika betrete ich eine
Medina ohne die geringste Beklemmung und ohne böse Vorahnung. Wie
unendlich weit erscheint hier die erstickende Kasbah von Algier. Im Vorbeigehen fällt mir plötzlich auf, daß über den meisten Buden und maurischen Cafés neben dem Bild des Staatspräsidenten Bourguiba und den
roten tunesischen Fähnchen auch regelmäßig der grün-weiße Wimpel
der algerischen Befreiungsfront flattert und daß aus sämtlichen Lautsprechern die feierlich beschwörende Stimme des Radio-Kommentators
von Kairo tönt.

Sehr imposant ist das Hauptquartier der algerischen Aufstandsbewegung nicht. Man braucht eine Weile, bis man in der belebten, lärmenden Rue de Corse zwischen einem Bäckerladen und einem Limonadenverkäufer das anspruchslose Haus findet. Die Holztür trägt weder Schild noch Namen. Ein tunesischer Polizist steht nebenan und mustert unauffällig die Besucher des stillen Hauses. Auf mein Klingeln öffnet ein junger Algerier, mich mit argwöhnischem Blick betrachtend. Wie ich ihm meine Karte gebe, spricht er mich auf deutsch an. Er hat in Deutschland gearbeitet, aber in ein Gespräch läßt er sich nicht verwickeln.

Ich warte in der Diele des ersten Stocks. Hier muß einmal ein Anwaltsbüro gewesen sein. Die altertümlichen Sofas sind morsch und geben dem Gewicht des Besuchers klagend nach. Die Türen sind großzügig geöffnet, auch zu jenem Zimmer, dessen Betreten durch ein französisches Schild aufs strengste untersagt ist. Mehrere junge Leute arbeiten an einem Archiv und schleppen Bündel von Zeitungen. El Moujahid – »Kämpfer des Heiligen Krieges«, so nennt sich das Wochenblatt der Nationalen Befreiungsfront. Es liegt auf jedem Tisch aus. Der junge Mann, der mich eingelassen hat und im hintersten Zimmer verschwunden war, kommt mit einem aufmunternden Lächeln zurück. »Monsieur Boumendjel wird Sie gleich empfangen.« Dann vertieft er sich mühsam in die Lektüre einer arabischen Zeitung. Es herrscht ein fröhlich-kollegiales Durcheinander in diesem Befehlsstand des nordafrikanischen Widerstandes. In der Rue de Corse ist vor allem die Propagandazentrale der FLN untergebracht. Es tagt hier auch die offizielle Vertretung für Tunesien. Jede Botschaft oder Gesandtschaft umgibt sich heute mit mehr Vorsichtsmaßnahmen und Sicherungen.

Ich muß an den Sommer 1956 in Kairo denken und an meinen ersten Besuch bei den algerischen Exilgruppen in Ägypten. Am Abend zuvor war mir Allal-el-Fassi, der Bannerträger des marokkanischen Nationalismus und Vorsitzende der Istiqlal-Partei in der eleganten Konditorei Groppi am Qasr-el-Nil begegnet. Er hatte fremd und geheimnisvoll gewirkt mit seinen blauen Augen und dem rötlichen Kinnbart unter den dunkel-afrikanischen Ägyptern. Allal-el-Fassi hatte sich so urban und liebenswürdig gezeigt, wie es die Angehörigen der alten Geschlechter des fernen Maghreb verstehen. In seinem gutgeschnittenen europäischen Anzug konnte man ihn nur schwerlich für das Haupt einer streng islamischen Erneuerungsbewegung halten. Aber gelegentlich brach jene ungestüme, beinahe zerstörerische Energie durch, die die verdutzten und erschrockenen Ägypter und Levantiner die »Hidda el maghribiya«, die nordafrikanische Heftigkeit nennen. Der Vorsitzende des Istiqlal war in optimistischer Stimmung, während er mir den Teller mit süßem Gebäck zupackte. Die Verstaatlichung des Suez-Kanals hatte noch nicht stattgefunden. Ben Bella war noch nicht verhaftet. Ein vertraulicher Emissär der Pariser Regierung hielt sich in Kairo auf und suchte Kontakt mit der FLN. In jenen Tagen machten die Nordafrikaner aus ihrer Geringschätzung für die Kairoten kein Hehl, und auch die Beziehungen zu Gamal Abdel Nasser entbehrten jeder Herzlichkeit.

»Suchen Sie doch unsere algerischen Brüder auf«, beendete Allal-el-Fassi das Gespräch. »Berufen Sie sich auf mich.« Und so hatte ich mich am nächsten Tag im Kairoer Büro der Algerischen Befreiungsfront eingefunden. In der verkehrsreichen Straße war ich schließlich vor einem mysteriös schweigsamen Portal angelangt wie in einem Kriminalfilm. Auch hier hatte ein ägyptischer Polizist allzu unbeteiligt Posten bezogen. Im ersten Stockwerk herrschte die gleiche brüderliche Unordnung wie in Tunis in der Rue de Corse. An jenem Nachmittag hatte mich noch Mohammed Khider empfangen, der jetzt im französischen »Santé«-Gefängnis sitzt, nachdem er gemeinsam mit Ben Bella auf dem Flug nach Tunis von den Franzosen gekidnappt wurde. Mohammed Khider, ehemaliger Straßenbahnschaffner in Algier und Abgeordneter der französischen Nationalversammlung, strotzte zu jener Zeit von Zuversicht und Energie. Nichts war seltsamer als die Pressekonferenzen der FLN in Kairo, die sich stets zu einem Exklusiv-Gespräch zwischen den algerischen Aufstandsführern und den am Nil akkreditierten französischen Korrespondenten entwickelten, während die Masse der Journalisten, das Fußvolk der ägyptischen Presse, teilnahms- und verständnislos im Hintergrund des Empfangsraumes sitzen blieb. Taufik Madany, der Vorsitzende der islamischen Ulama-Bewegung, verlas die Pressekommuniqués; denn er – der Koran-Gelehrte – war am ehesten in der Lage, die klassisch arabischen Formulierungen in fehlerlosem »Tadschwid« vorzutragen. Die neu hinzugekommenen algerischen Politiker, die damals zahlreich in Kairo eintrafen, sahen sich gezwungen, ihre Erklärungen verlegen auf französisch abzugeben.

Seit jenem Sommer 1956 hat sich das offizielle Gesicht des algerischen Aufstandes gründlich verändert. Die hintere Tür der Wartediele in der Rue de Corse war endlich aufgegangen. Ein dunkelhäutiger Sudanese ging an mir vorbei in Begleitung eines hochgewachsenen korpulenten Mannes, der mich sofort mit großer Leutseligkeit begrüßte. Maître Boumendjel erinnerte mich irgendwie an Carlo Schmid. Er sprach ein völlig akzentreines Französisch und hätte dem Typus nach Südfranzose sein können. Das Zimmer, in dem er mich empfing, war mit Akten und Zeitungsausschnitten gefüllt. An der Wand hing eine Karte Algeriens, daneben die grün-weiße Fahne mit rotem Halbmond und Stern. Über der Flagge krümmte sich ein symbolischer Stacheldraht wie eine Dornenkrone. Ein zweiter Mann war bei meinem Eintreten aufgestanden. Er war klein und schmächtiger als Boumendjel. Seine Augen lächelten nicht. Er hatte nichts von der jovialen Art des Rechtsanwalts. Sein verschlossenes feines Gesicht, die prüfenden Augen kamen mir bekannt vor. »Dr. Ahmed Francis«, stellte Boumendjel ihn vor, und auf einmal kam mir die Erinnerung an jenen regennassen Vormittag im Januar 1956 in Algier, als Francis mich noch als Repräsentant der gemäßigten Autonomisten-Partei UDMA in seinem bescheidenen Büro am Hafen empfangen hatte. Wenige Tage später war er nach Kairo geflohen und hatte alle Brücken hinter sich abgebrochen. Nunmehr ist er zum Bevollmächtigten der Algerischen Befreiungsfront in Marokko ernannt worden und spielt in den obersten Führungsausschüssen eine diskrete Rolle.

»Es trifft sich gut, daß Sie uns zu zweit antreffen«, sagte Boumendjel, der wie Francis den Hemdkragen offen trug, wohl um den revolutionären Charakter der Bewegung zu unterstreichen. »Wir arbeiten als Kollektiv, wir sprechen im Auftrag der Front und nicht im eigenen Namen. Deshalb bitten wir Sie auch, uns nicht persönlich zu zitieren.« Das Gespräch kam schnell und ergiebig in Fluß. Schon nach den ersten Worten wurde die wachsende Verbitterung der Exil-Algerier deutlich. Die Fronten hatten sich verhärtet. Die Kompromißbereitschaft war geschwunden. Der Krieg mit all seinen Folgen und Gewohnheiten hatte sich als unerbittlicher Richter zwischen die Parteien gestellt. Darüber konnten auch die trügerische Vertraulichkeit dieses verstaubten Anwaltsbüros und die Bonhomie Boumendjels nicht hinwegtäuschen.

Hinter der scheinbaren Ungezwungenheit lauern Mißtrauen und trotziges Selbstbewußtsein. Die Propagandastellen, die mit erstaunlicher Begabung für großangelegte Public Relations die anreisenden Journalisten aus aller Welt betreuen und beim überwiegend angelsächsischen und liberalen Pressekorps von Tunis – im professionellen Jargon »Maghreb-Circus« genannt – einen willigen Resonanzboden gefunden haben, arbeiten meisterhaft. Die schonungslose Wirklichkeit des algerischen Widerstandes wird durch die Partisanenführer der Algerischen Befreiungsarmee repräsentiert, und die sind verschlossen, rauh, leidenschaftlich. Die Militärs der ALN verachten die fast levantinische Lässigkeit, die sinnenfreudige Eitelkeit ihrer tunesischen Gastgeber, und die Minister des Präsidenten Habib Bourguiba zahlen den algerischen Brüdern diese Herablassung reichlich heim, indem sie sie als Hinterwäldler und Grobiane abtun. Die bewaffnete Präsenz der Algerier auf tunesischem Boden stellt für das Regime Bourguiba eine schwer erträgliche Prüfung dar. Dennoch wären die französischen Nachrichtendienste, die in Tunis stark vertreten sind, schlecht beraten, wenn sie diese maghrebinischen Zwistigkeiten überbewerteten.

An die 200 000 algerische Flüchtlinge sind in den Lagern unweit der Grenze untergebracht. Daneben – sehr viel diskreter und dem Zublick des Reisenden entzogen – existieren die Ausbildungs- und Sammellager der Fellaghas auf tunesischem Boden. Eine Einschätzung der bewaffneten und uniformierten algerischen Mudschahidin auf tunesischem Staatsgebiet bleibt zwangsläufig ungenau. Sicher ist, daß die Befreiungsarmee in Zahl und Bewaffnung der schmächtigen tunesischen Nationalgarde mit ihren sechstausend Mann weit überlegen ist.

Nicht nur dank dem moralischen Übergewicht des Kämpfenden über den Verhandelnden lastet die ALN auf dem tunesischen Staatsbau. Mit der drohenden Präsenz ihrer kriegserprobten Truppen könnte sie eines Tages entscheidend in die innere Entwicklung der tunesischen Republik eingreifen. Die zahlreichen Bilder der Fellaghas mit funkelnagelneuen Uniformen und adretten Krankenschwestern wurden meist in tunesischen Ausbildungs-Camps aufgenommen, und die abenteuerlichen Berichte europäischer und amerikanischer Reporter, die den Kampf der Rebellen »an der Front« beschreiben, beschränken sich auf einen schmalen Streifen Niemandsland, östlich von Bône und Tebessa. Die Algerier bilden in Tunesien einen Staat im Staat.

Diese latente Spannung zwischen FLN und Tunis hat eine aktuelle Reibungsfläche gefunden. Es fiel den Algeriern schwer, der Absprache zwischen de Gaulle und Bourguiba über den Abzug französischer Truppen aus Tunesien mit Ausnahme Bizertas entgegenzutreten. Aber es wurde bestimmt mit Bitterkeit vermerkt, daß verschiedene Garnisonen des tiefen Südens direkt über die Grenze nach Algerien überwechselten, um dort den Kampf gegen die FLN zu intensivieren. Als das Abkommen zwischen Tunis und der französischen Erdöl-Gesellschaft C. R. E. P. S. bekannt wurde, wonach das Petroleum-Lager von Edjele nahe der libyschen Grenze, das die FLN als ein rein algerisches Vorkommen betrachtet, über eine Sahara-Pipeline an den tunesischen Hafen Gabes geleitet werden soll, kam es zum offenen Streit.

»Bourguiba ist uns in den Rücken gefallen«, konnte man die jungen Extremisten des algerischen Widerstandes in den Straßen von Tunis vernehmen, und selbst der verträgliche Boumendjel im Büro der Rue de Corse hatte mir bedeutungsvoll die letzte Ausgabe des *Moujahid* in die Hand gedrückt, dessen Leitartikel »Mehr als das tägliche Brot« gegen diesen angeblichen Bruch der maghrebinischen Solidarität anwetterte.

Bei der algerischen Vertretung in Tunis herrschten Mißmut und Empörung. Die militärischen Meldungen, die über die Grenze drangen, klangen nicht gut. Das Oberkommando der Befreiungsarmee hatte seine ehrgeizigen Pläne aufstecken müssen. Den teilweise in Bataillonsstärke operierenden Partisanen war der Befehl gegeben worden, sich wieder in kleine Trupps, in »Kataeb«, aufzulösen und den individuellen Terror zu aktivieren. Die Franzosen hatten längs der Grenze elektrisierte Zäune und Minenfelder angelegt. Diese »Barrage«, die sogenannte Morice-Linie, erwies sich als ein mörderisches Hindernis für die Infiltranten. Dazu kam die Enttäuschung der FLN über die Politik General de Gaulles, von dem sich verschiedene Mitglieder des Koordinierungsausschusses größere und schnellere Nachgiebigkeit versprochen hatten. Mit einiger Sorge sah man der groß angekündigten französischen Offensive gegen die fünf Gebirgs-Bollwerke der Rebellen von den Nementschas bis zu den Höhen um Tlemcen entgegen.

»Bestehen Sie weiterhin vor jeder Verhandlung mit Paris auf der Anerkennung der algerischen Unabhängigkeit durch Frankreich?« hatte ich im Hauptquartier der FLN in Tunis gefragt. »Für uns ist die Unabhängigkeit nicht irgendeine Vorbedingung«, wurde mir geantwortet, »sie ist überhaupt der letzte Sinn unseres Kampfes. Wenn Frankreich einmal unsere Unabhängigkeit anerkannt hat, dann sind wir bereit, über alles andere, über die Siedler, Wirtschaftsinteressen, Kulturabkommen, weitherzig zu verhandeln. Aber vom ›Istiqlal‹ können wir nicht abgehen.«

Auf diese starre Prinzipienforderung, die jeden Übergangskompromiß als feige und unehrenhaft ablehnt, hat der Taktiker Bourguiba mit Verärgerung reagiert. In einer Geburtstagsrede hat er der FLN eine ausführliche Vorlesung über die Kunst der diplomatischen Verhandlungen gehalten, die in dem Ausruf gipfelte: »Krieg ist gleichbedeutend mit List.« Setzt euch erst einmal mit den Franzosen an den Verhandlungstisch, das Übrige werdet ihr schnell hinzugewinnen, schien er den Algeriern in Hammam Lif zuzurufen und verwies auf seine eigenen Erfolge. Tatsächlich betrachtet der französische Wohlfahrts-Ausschuß von Algier die geringe politische Anpassungsfähigkeit der Rebellen als seinen sichersten Trumpf. Bei den Algeriern stößt Bourguiba mit seinen Vorhaltungen auf wenig Gegenliebe. Sie spotten schon darüber, daß der tunesische Staatschef sich weiterhin als »Mudschahid el akbar – als größter Streiter im Heiligen Krieg« lobhudeln läßt. Wer könnte auch innerhalb der Befreiungsfront die Verantwortung und vor allem die Autorität für eine erfolgverheißende Verhandlungsführung aufbringen? Etwa der alte Partei-Routinier Ferhat Abbas, der sich zwar anschickt, den offiziellen Vorsitz der ersten algerischen Exilregierung zu übernehmen, den die Militärs der ALN jedoch spöttisch den Befehlshaber der »Wilaya von Montreux« nennen, weil Abbas sich meist zu diplomatischen Kontakten in der Schweiz aufhält? Oder der joviale Anwalt Boumendjel, den man sichtlich ausgesucht hat, um die ausländischen Journalisten verbindlich und freundlich zu unterhalten? Der große Mann der Rebellion, Ahmed Ben Bella, sitzt seit der sogenannten Flugzeug-Affäre im Pariser Gefängnis. Der unversöhnliche und zwielichtige Drahtzieher des Aufstandes der Kabylei, Abbane Ramdane, ist bei seinem letzten Besuch im Kampfgebiet im Auftrag seiner eigenen Führungsgefährten und Rivalen umgebracht worden. Der einstige Sergeant der französischen Armee, Amar Ouamrane, fühlt sich in der Rolle eines rauhbeinigen Haudegen wohl und schnauzt jeden Besucher aus Paris an: »Wollen Sie sich mit einem Mörder kleiner Kinder unterhalten?« oder »Was würden Sie sagen, wenn Sie einer unserer Bomben zum Opfer fielen?« Als ob es dann überhaupt noch etwas zu sagen gäbe.

Wer ist wirklich verantwortlich in diesem Führungskollektiv, dessen interne Feindschaften – nicht nur zwischen Kabylen und Arabern oder zwischen Politikern und Militärs – aufreibend und mörderisch sein müssen wie in jeder Sammeldirektion und wie in jeder von außen gesteuerten Widerstandsbewegung? Aus der Sicht des meeroffenen Tunis mit seinen geschmeidigen Menschen wirkt der Aufstand der algerischen Hinterwäldler, der Berber, die vom Raffinement des arabischen Orients kaum einen Hauch verspürten, dafür aber auf den Arbeitsplätzen in Frankreich den Dampf marxistischer Ideologie eingesogen haben, wie ein maghrebinischer »Bundschuh«, ein Sturm entfesselter Derwische.

Oberst Krim Belkassem gilt zur Stunde als das Haupt des militärischen Flügels. Er hat als Gefreiter bei den Franzosen gedient, bevor er die Gesetzlosigkeit wählte. Krim Belkassem, der gedrungene Mann mit dem düsteren Gesicht und dem sardonischen Lachen, gab dieser Tage einem ahnungslosen amerikanischen Reporter ein langes und sachliches Interview. Aber am Ende ging die makabre Dramatik des Kabylen, seine

Freude am wilden Spiel mit ihm durch: »Haben Sie schon einmal einen Menschen mit bloßen Händen umgebracht?« fragte er den verblüfften Amerikaner. – Ein verhinderter Romanheld für André Malraux.

Omar L. ist tunesischer Kommunist und Mitglied des Zentralkomitees. In dem bäuerlichen Haus seines Vaters in Nabeul, dessen Mauern hellblau getüncht sind, sitzen wir gemeinsam auf dem Schaffell und diskutieren Politik. Das bleiche, scharfe Profil Omars hinter der dunkel getönten Brille ist unbewegt. Doch die Sprache des jungen Intellektuellen klingt scharf, wie abgehackt. Die Gestik ist nervös. Nicht auf Klassenkampf und Gesellschaftsveränderung sei die Strategie der tunesischen Kommunisten in dieser Anfangsphase gerichtet, so erfahre ich. Der Marxismus sei in Nordafrika noch auf den Umweg des radikalen arabischen Nationalismus angewiesen. Gamal Abdel Nasser von Ägypten sei in dieser Perspektive ein unentbehrlicher Wegbereiter, auch wenn er die Kommunisten des Niltals in Konzentrationslager eingesperrt habe. Die Freiheitskämpfer Algeriens, so meint der Ingenieur Omar L., drehen kräftig am Rad der Geschichte. Bourguiba hingegen sei kaum besser als der libanesische Präsident Camille Chamoun, der angesichts des nasseristischen Aufstandes der Moslems von Beirut und Saida die US-Marines ins Land gerufen hat. Bourguiba, dieser »Demagoge mit dem Mussolini-Gehabe«, sei nicht davor zurückgeschreckt, die amerikanische Interventionspolitik in Nahost gutzuheißen. Vielleicht ziele er insgeheim auf die Führung des geeinten Maghreb hin und hoffe, daß Washington ihm zu diesem Ziel verhelfe. Aber der »Mudschahid el akbar«, hier lachte der junge Kommunist schallend, habe die Rechnung ohne die algerische Revolution gemacht.

Die französische Frau Omars hat sich zu uns gesellt. Ich könnte sie schon einmal gesehen haben unter den ernsten, hageren Mädchen, die im Quartier Latin die kommunistische *Humanité* verkaufen. Sie serviert uns eine Spezialität des tunesischen Sahel, den schmackhaften Kuskus mit Fisch. Sie paßt überhaupt nicht in diesen Rahmen und lächelt entschuldigend, wie ich die Einrichtung des Salons ihres Schwiegervaters mustere. Über dem Plüschsofa sind zwei Kanonenrohre aus Blech als Dekoration gekreuzt. Neben dem Glasbehälter mit künstlichen Blumen hängen zwei Farbdrucke mit üppigen Odalisken. In der Souvenir-Ecke gruppieren sich die Familienphotos um eine Abbildung des heiligen Schwarzen Steines von Mekka, um die Kaaba.

In jenen Tagen war Hammamet, das nur ein paar Kilometer von Na-

beul entfernt ist, noch ein liebliches Fischerdorf, wo abends der Jasmin
duftete. Der Schafhirte zog dort mit seiner Herde an der alten spanischen
Festung vorbei und blies auf der Flöte. Vier Frauen saßen im weißen
Schleier am Rande des Friedhofs, als seien sie den Gräbern entstiegen. Sie
blickten aufs Meer. Cristiane Darbor besaß ein bescheidenes Appartement in Hammamet. Sie wollte mich am späten Abend zu französischen
Freunden nach Sidi-Bou-Said mitnehmen, sogenannte »Liberale«, die
mit dem Unabhängigkeitskampf der Algerier sympathisierten. Tunesien
ist der Sammelplatz jener Linksintellektuellen und Progressisten geworden, die bei den Paras von Algier als Vaterlandsverräter gelten und von
den Pieds Noirs mehr gehaßt werden als die Fellaghas. Auf dem Nachttisch Cristianes entdeckte ich ein Photo Ben Bellas. Insgeheim schwärmte
sie wohl für den stattlichen algerischen Revolutionär, der, wie ich scher-
zend bemerkte, dem französischen Schlagersänger Luis Mariano ähnlich
sah. Das Engagement so mancher französischer Bürgerstochter zugunsten der algerischen Revolution hatte zweifellos auch eine erotische
Komponente.

In Sidi-Bou-Said war eine ganze Runde versammelt. Das Dorf – hoch
auf den Felsen – mit seinen schneeweißen Mauern, den hellblauen Fen-
sterläden und Türen, den kunstvollen Schmiede-Erkern, das Panorama
aus Klippen, lila Blüten und tiefgrüner See war von atemraubender
Schönheit. »Ist das nicht prächtiger als Capri?« fragte die blonde elegante
Gastgeberin, während wir auf die Terrasse ihrer maurischen Villa traten.
Sie war eine sehr mondäne, etwas exzentrische Frau mittleren Alters. Sie
trug ein weites orientalisches Gewand, war über und über mit Schmuck
behängt. Sie lehnte sich sehr selbstbewußt auf den Diwan und hatte nur
Augen für einen breitschultrigen algerischen Partisanen, der in buntka-
riertem Hemd und engen Hosen vor ihr kauerte. Ahmed erzählte auf ihr
Geheiß, und alle anderen schwiegen. Er berichtete über einen Durchbruch seiner »Katiba« durch die französische Morice-Linie; wie seine
Gefährten im Feuer der Maschinengewehre und Granatwerfer liegen-
blieben, sofern sie nicht in die mörderischen Minenfelder gerieten.
Plötzlich kam mir die Erinnerung an die »Aeneis«, an jene Passage im
zweiten Gesang des Vergil, wo die Königin Dido von Karthago in ähnlicher Unverblümtheit dem unheilverfolgten Aeneas die Schilderung
seines Mißgeschicks abforderte: »Continuere omnes intentique ora tene-
bant – Alle schwiegen mit angespanntem Gesicht«. Auch dieses Mal sank
die feuchte Nacht – Nox humida – über dem benachbarten Karthago, wo
sich heute am Rande der phönizischen Ruinen der Boulevard Dido mit

der Avenue Mendès-France kreuzt. Dem jungen Algerier standen am Ende seines Berichts die Tränen in den Augen: »Quis talia fando . . . temperet a lacrimis? . . .«

Die überwiegend französische Gesellschaft – vom Strand und vom Segeln tief gebräunt – hatte dem Whisky kräftig zugesprochen. Man sprach erregt von der zunehmenden Nervosität und Sorge der Algerier angesichts der Abstimmungskampagne über die Verfassung der Fünften Republik in Frankreich und in den nordafrikanischen Départements. Die psychologische Auswirkung auf die Weltöffentlichkeit könnte beträchtlich sein. Man erregte sich auch über die Amerikaner, die den Franzosen weiterhin Waffen für die Niederwerfung des Aufstandes lieferten. Regelmäßig kam das Gespräch auf Gamal Abdel Nasser und die Faszination, die dieser Tribun gerade auf die jungen Tunesier ausübte.

Bourguiba – Algier – Nasser, immer wieder kreist das Gespräch um diese Dreiecks-Konstellation. Wie lange kann der tunesische Staatschef noch gegen den Strom schwimmen? Die Frage wird unterschiedlich beantwortet. Die einen meinen bereits, im Volk die ersten Ansätze organisierten Widerstandes, zumindest aktiver Verschwörung auszumachen. Die anderen wiederum, und sie mögen der Wahrheit näherkommen, glauben weiter an Bourguibas Stern.

»Nur die Kugel des Attentäters kann Bourguiba aus dem Sattel werfen«, hatte mir am Vortag einer der jungen Journalisten der Destur-Partei gesagt und wies bedeutungsvoll auf ein Kinoplakat an der Hauptstraße: »Alle können mich töten.« – »Eine Zeitlang haben wir befürchtet, die europäischen Extremisten aus Algier würden die Mörder dingen. Dann kam ein ägyptisches Komplott, das rechtzeitig aufgedeckt wurde. Heute stellen die Algerier vielleicht die reale Gefahr dar.« – Anarchie und Nihilismus seien eine größere Versuchung für die algerischen Aufständischen als der enge ideologische Panzer des Kommunismus, kamen die Gäste von Sidi-Bou-Said überein, und ließen sich Riesencrevetten zum Rosé-Wein servieren.

Das Dreieck-Thema der politischen Unterhaltung wurde durch eine vierte Dimension erweitert: Der Name de Gaulle war gefallen. Welches sind die Absichten des Generals? Wie oft wurde mir die Frage in Bitterkeit, Zuversicht und Skepsis gestellt, seit ich in Tunis ankam. Die gut Informierten sagten es grad heraus: Vor dem Winter, bevor de Gaulle nicht Staatspräsident der Fünften Republik sei, würde er mit seinen Algerien-Plänen nicht herausrücken. Bis dahin brauche er die Obersten von Algier, um die politischen Parteien in Paris in Schach zu halten, und die Parlamentarier von Paris, um die Nordafrika-Armee zu zügeln. »Kennen Sie die letzte Geschichte vom Besuch des tunesischen Botschafters Masmudi bei de Gaulle?« fragte ein Journalist aus Paris und atmete den viel zu süßen Duft einer Jasminblüte ein. Masmudi hatte den General in einer persönlichen Audienz gebeten, Ahmed Ben Bella freizugeben. Ben Bella wird von den verhandlungsbereiten Kreisen in Paris als geeigneter Gesprächspartner angesehen. »Warum soll ich Ben Bella schon entlassen?« soll de Gaulle geantwortet haben. »Es geht ihm nicht schlecht im Gefängnis. Er lebt als politischer Häftling unter vergünstigten Bedingungen. Er kann mit seinen algerischen Freunden kommunizieren. Er ist in Sicherheit und behält sein Prestige bei seinen Landsleuten. Im übrigen verfügt er über eine reiche Bibliothek und kann endlich etwas für seine Bildung tun.«

Ich erwähnte, daß ich vor zwei Wochen mit Paul Delouvrier, dem von de Gaulle neu entsandten Generalgouverneur für Algerien, ein langes Gespräch geführt hatte. Der Ingenieur Delouvrier war kein Politiker, sondern Technokrat. Im Hinblick auf Algerien war er völlig unbelastet, ja unbefangen. Der Auftrag de Gaulles hatte bei ihm keinerlei Begeisterung ausgelöst, wie er mir gestand. Die Benennung Delouvriers, so erklärte ich meiner eleganten Gastgeberin von Sidi-Bou-Said, gebe Anlaß zu Hoffnung. Ich hütete mich jedoch in diesem indiskreten, plappernden und versnobten Kreis die tatsächliche Anekdote seiner Berufung preiszugeben. »Sie sind doch Reserveoffizier?« hatte de Gaulle gefragt. Delouvrier bejahte. »Dann können Sie sich dieser Ernennung nicht entziehen.« Delouvrier hatte einen letzten Einwand versucht: »Mon Général, ich muß Ihnen gestehen, daß ich unter gewissen Umständen kein Gegner der algerischen Unabhängigkeit bin.« – »Et moi donc«, gab de Gaulle majestätisch von sich, »als ob ich das wäre.« Der Vorfall hatte sich im Frühsommer 1958 abgespielt.

Treibjagd auf Fellaghas

Akfadu-Wald (Kabylei), im Sommer 1959

Das ist kein Krieg mehr. Das ist eine Großwildjagd. Das Wild, das hier gejagt wird, heißt Mensch, »fellouz«, wie die Soldaten statt »Fellagha« sagen. Mit dem Jeep fahren wir durch den Akfadu-Wald, ein undurchdringliches Dickicht aus Korkeichen und Macchia. In diesem Gelände hatte der sagenhafte Partisanenführer Amirouche sein Hauptquartier aufgeschlagen. Hier befand sich das Lebenszentrum des Aufstandes, das Herz der Rebellion, die Wilaya III. Die große Zeit der »Befreiungsfront« ist in diesem Abschnitt vorbei. Der Jeep schwankt wie ein Schiff auf der Fährte, die Bulldozer erst vor zwei Tagen aufgebrochen haben. Der Hauptmann der Fallschirmjäger auf dem Vordersitz hält den Karabiner schußbereit. Weniger wegen der Heckenschützen, die hier und da aus den Korkeichen feuern könnten, als wegen des Wildschweinbratens, den er gern für die Verpflegung der Truppe zum Lagerplatz bringen möchte. Hüfthohe Affen leben im Akfadu-Wald, springen beim Nahen des Autos erschrocken aus den Baumkronen. Schakale huschen über die Lichtung. Der Capitaine hat aus dem fahrenden Jeep geschossen. Der tote Schakal ist fett und wohlgenährt. Es hat nicht an Leichen gefehlt im Akfadu-Wald. Hier war es unter den Fraktionen der FLN zu blutigen Säuberungs-aktionen gekommen. Neuerdings fordert das Unternehmen »Jumelles«, das die Franzosen seit einem Monat gegen das Bollwerk des Aufstandes führen, schwere Opfer bei den Partisanen.

Zwei Stunden sind wir mit einem Zug Fremdenlegionäre durch die Dornen und Sträucher auf Pirsch gegangen. Wir haben keinen Fellagha entdeckt. Die Spuren ihrer Maultiere waren noch zu sehen. In der Ferne hören wir einmal die Feuerstöße eines leichten Maschinengewehrs. Viel-leicht lagen sie unmittelbar neben uns im Dickicht oder in einer Felshöh-le. Die Legionäre tragen grüne Bérets und Tarnjacken. Wir kommen am ehemaligen Befehlsstand der Wilaya III vorbei, eine Höhle im Waldbo-den, mit Zweigen und Wellblech zugedeckt. Aber der Stab ist längst über alle Berge. Am Himmel kreist ein knallrot gestrichenes Aufklärungsflug-zeug. »Da schau mal, Richthofen persönlich«, sagt eine Stimme neben mir auf deutsch. Eine Überraschung, in dieser nordafrikanischen Wildnis deutsche Laute zu hören. Während einer Marschpause habe ich mich zu den Legionären gesetzt. Die Zahl der Freiwilligen aus der Bundesrepu-blik geht langsam zurück. Trotzdem machen die Deutschen noch rund siebzig Prozent der Mannschaftsbestände aus. Warum sie gekommen sind? Aus Abenteuerlust die einen, wegen zerrütteter Familienverhält-nisse die anderen – Alimente spielen eine große Rolle –, manche auch, weil sie zu Hause etwas ausgefressen hatten. Der Krieg ist für sie ein Handwerk, das sie vorzüglich beherrschen. Die Abenteuerlustigen sind nur selten auf ihre Kosten gekommen.

Der Gefechtsstand des General Faure befindet sich auf einer großen

Lichtung. Die ersten Fallschirmjäger sind hier erst vor acht Tagen abgesprungen. General Faure genießt in Frankreich einen etwas ominösen
Ruf. Lange vor dem 13. Mai-Putsch von Algier war er in ein politisches
Komplott verstrickt gewesen. De Gaulle hat ihm die schwierigste Befrie-
dungsaufgabe in Algerien übertragen, das militärische und zivile Oberkommando in der Kabylei. Faure ist eine straffe Erscheinung und ein
liebenswürdiger Gesellschafter. Als Offizier der französischen Gebirgsjä-
ger hatte er 1940 am Kampf um Narvik teilgenommen. Er ist dedizierter
Befürworter der Integration Algeriens mit Frankreich. Die Nuancen, den
Empirismus der gaullistischen Nordafrika-Politik lehnt er ab.

Die Franzosen sind dabei, den Algerienkrieg zu gewinnen. Vor vierzehn Tagen war ich von Marokko über die Grenzstadt Oujda mit dem
Zug nach Oran gerollt. Im Scherifischen Königreich tritt die algerische
Grenzarmee diskreter auf als in Tunesien. Etwa dreitausend Soldaten der
»Befreiungsarmee« dürften zwischen Oujda und Figuig auf ihre Stunde
warten. Aber auch im Westen bilden die französischen Grenzsperren
und elektrifizierten Warnsysteme ein fast unüberwindliches Hindernis
für die Infiltranten. General Faure berichtet über die Fortschritte der
Pazifizierung. Natürlich sei es schwer, einen Partisanenkrieg gegen eine
Aufstandsorganisation zu gewinnen, die im Osten und im Westen, in
Tunesien und in Marokko, über unverletzliche rückwärtige Basen, über
sogenannte »Sanctuaires« verfügt. Georges Bidault, der prominente
MRP-Politiker und frühere Ministerpräsident, der 1955 den Sultan von
Marokko, Mohammed V., nach Madagaskar verbannt und damit den
nordafrikanischen Konflikt in tragischer Weise eskaliert hatte, nennt
Algerien in seinem jüngsten Buch »L'oiseau aux ailes coupées – Der
Vogel, der seiner Flügel beraubt wurde«. Mit den Flügeln sind Marokko
und Tunesien gemeint. »Wir werden es trotzdem schaffen«, meinte, der
grauhaarige Oberst im Stab des Generals Faure. »Wir sind dabei, den Fellaghas in der Großen und Kleinen Kabylei gründlich das Handwerk zu
legen. Im Ouarsenis ist weitgehend Ruhe eingekehrt, und in den Ne-
mentscha-Bergen rührt sich nicht mehr viel. Bleibt noch der Aures, aber
dort hatte es noch nie Frieden gegeben. Wenn Sie mich fragen, so schätze
ich die Feuerkraft der FLN in Algerien selbst auf sechstausend Gewehre,
und die meisten von ihnen sind tagsüber vergraben.« Der Oberst ist kein
Schwadroneur. Ich war tatsächlich zwischen Oran und Algier durch eine
weitgehend friedliche Landschaft gefahren, aus der die Spannung der
zwei ersten Kriegsjahre gewichen ist. Sogar die Kasbah von Algier hatte
ich allein durchstreift. Die Widerstandsparolen der Befreiungsfront sind

von den Mauern verschwunden. Statt dessen wird für die »Algérie Française« mit allen Mitteln Stimmung gemacht. Die französischen Offiziere
der »Sections Administratives Urbaines«, die sich um den Kontakt zu den
Algeriern bemühen, ja die sich in der Illusion wiegen, sie könnten das
Vertrauen der Einheimischen gewinnen und von den skeptischen Paras
deshalb als »Boy Scouts« belächelt werden, haben über den flachen
Dächern der arabisch-türkischen Altstadt Lautsprecher anbringen lassen,
aus denen ohne Unterlaß Propagandaparolen und französische Marschmusik klingen. Mag auch gelegentlich mal ein Zug entgleisen, ein Dutzend Telefonmasten gefällt oder ein Attentat durchgeführt werden, im
ganzen gesehen kann die Armee mit ihren Resultaten zufrieden sein.

Wir sitzen mit General Faure und seinem Stab am Camping-Tisch
unter einem geräumigen Zelt. Schon beim Apéritif ereifert sich ein
Hauptmann über die Ungewißheit der Pariser Direktiven. »De Gaulle
hat uns den Auftrag erteilt, der Rebellion das Rückgrat zu brechen, und
das haben wir geschafft. Aber ein klares politisches Konzept hat er uns
nicht übermittelt. Manche fürchten, daß wir am Ende doch wieder zu
einem Verzicht gezwungen werden sollen.« Der Capitaine stößt auf
schweigende und trotzige Zustimmung. Der Fotograf von *Paris-Match*,
der sich unserer Mittagsrunde zugesellt hat, macht mich auf einen kahl-
köpfigen Major aufmerksam, dem die übrigen Offiziere mit einer gewissen Zurückhaltung begegnen und der gerade von einem Sergeanten aus
dem Zelt gerufen wird, weil Verdächtige aufgegriffen worden seien. »Das
ist der Spezialist des ›Détachement Opérationnel de Protection‹«, flüstert
mir der Fotograf zu, »der Fachmann für Verhöre und Folterungen.« Zwei
algerische »Harki«, Freiwillige auf seiten der französischen Armee, mit
grünen Dschungelhüten und furchterregenden Gesichtern begleiten den
Major zu einem schwerbewachten Holzbunker am äußersten Rande der
Lichtung.

Immer wieder dreht sich das Gespräch um das Schlagwort Integration.
Ob diese Offiziere, die in Nordafrika eine Art militärischen Ordensstaat
errichten möchten wie ihre Vorfahren, die Kreuzfahrer, in der Levante,
tatsächlich an diese These der Verschmelzung glauben oder sie auch nur
wünschen? Ich wende ein, daß – unter Berücksichtigung der galoppierenden Geburtenrate bei den Nordafrikanern – die konsequente Durchführung der Integration zu einer fatalen ethnischen Verschiebung führen müsse, daß in knapp dreißig Jahren auf drei Franzosen ein Algerier
käme und daß Frankreich binnen einer Generation aufhören würde, eine
europäische und westliche Nation zu sein. »Ich kenne Ihre Argumente«,

entgegnete der grauhaarige Colonel; »aus dem Elysée-Palast wird häufig kolportiert, die Schlacht von Poitiers gegen die Sarazenen sei von Karl Martell vergebens gewonnen worden, wenn man den Anhängern der ›Algérie Française‹ nachgäbe. Aber wir können doch nicht ewig kapitulieren. Wir können doch die Algier-Franzosen und die Zehntausende von Harki, die freiwillig auf unserer Seite fechten, den Fellaghas nicht ans Messer liefern.« Ich mußte an die Anekdote denken, die in Algier umging. Ein bekannter französischer General hatte sich mit dem Gedanken getragen, einen kleinen algerischen Moslem an Kindesstatt anzunehmen; in letzter Minute hatte er diese Adoption doch noch in eine Vormundschaft umgewandelt.

Am frühen Nachmittag sind wir wieder auf Patrouille, auf Pirsch gegangen. Im nahen Wadi belfern plötzlich Maschinengewehre. Vier Fellaghas mit zwei Maultieren sind gesichtet. Die Aufständischen tragen Drillichjacken, Blue Jeans und grüne Schirmmützen. Durch die ersten Feuerstöße sind vierzig andere Partisanen, die hinter den Felsen im Anschlag lagen, aufgescheucht worden. Französische Alpenjäger, pausbäckige Jungen des letzten Rekrutierungsjahrgangs, stürzen auf den Steilhang zu. Das sind nicht mehr die militärischen »Existentialisten« des Indochina-Feldzuges, die im Dschungel von Annam »einen Fleck Erde ohne Asphalt« suchten. Es sind die braven Söhne von Kleinbauern und linksgerichteten Arbeitern, die unter der nordafrikanischen Sonne unversehens ihren patriotischen Instinkt entdecken.

Die Fellaghas versuchen, sich zwischen den Oleanderbüschen in Trupps von vier und fünf Mann aufzulösen. Aber der Tag ist zu hell. Die Hubschrauber der Fallschirmjäger haben den Weg zum Kamm versperrt. Die Algerier brechen im Feuer zusammen. Nur eine kleine Gruppe entkommt. Auch die Franzosen haben Verluste, vier Verwundete und zwei Tote. Die Verwundeten werden am nächsten Morgen im Tagesbericht von Algier erwähnt. Die beiden Toten werden verschwiegen.

Über dem Dorf Tifrit weht die Trikolore. Tifrit ist den Franzosen selbst in den schweren Jahren 1956 und 1957 treu geblieben. Das ist kein Zufall. Hier lebt die zahlreiche Sippe und Klientel des Baschaga Butaleb, dessen Vorfahre sich schon 1860 als erster auf die Seite der anrückenden französischen Truppen schlug. Der Baschaga, der als »Kaid« bei den umliegenden Dörfern über herrische Autorität und geringe Beliebtheit gebot, wurde denn auch eines der ersten Opfer des Aufstandes. Er wurde von den Partisanen erschossen, ein Teil seiner Familie verschleppt. Erst die Ankunft einer französischen Kompanie rettete die Sippe vor der Ausrottung.

»Diese Rebellen sind keine wahren Moslems«, sagte ein überlebender Patriarch der Familie, ein Greis, der als einziger den Burnus trägt. »Sie haben das Grab des großen Marabu Mohammed Ben Malik, Stammvater unserer Sippe, der vor rund siebenhundert Jahren in der benachbarten Höhle lebte und Wunder wirkte, geschändet. Sie haben unsere Zawiya, unsere religiöse Bruderschaft zerstreut. Wir sind das letzte fromme und gottesfürchtige Dorf im ganzen Umkreis.«

Das Grab des Heiligen ist mit grellen Tüchern zugedeckt. Die grünen und roten Fahnen sind aufgerichtet. Aber die Koranschule ist leer. Es ist gar nicht so widerspruchsvoll, daß ausgerechnet dieses profranzösische Dorf des Baschaga Butaleb als letzte Ortschaft der Kabylei der Derwisch-Tradition des nordafrikanischen Islam treu geblieben ist. Die nationale Revolution der FLN ist zutiefst islamisch inspiriert, sie richtet sich jedoch gegen die Vorrechte der Marabu-Familien, gegen die »Bruderschaften«, Turuq oder Zawiya, gegen die abergläubischen Bräuche, die damit verbunden sind. Soweit die Revolutionäre der FLN sich auf eine religiöse Motivation berufen, möchten sie die Lehre des Propheten in ihrer koranischen Reinheit wiederherstellen und von jenen schmarotzerhaften Sufi-Orden, jenen Pseudo-Mystikern säubern, die allerorts, auch in Marokko, mit den europäischen Behörden kollaboriert haben.

Ein Jahr zuvor hatte mir ein Verwaltungsleutnant in dem Kabylendorf Aissa Mimoun den Aufruf des Marabu von Ikhelouiene zugesteckt. Der heilige Mann hatte seine Schrift auf französisch abgefaßt, wie übrigens auch die Rebellen Befehle und Flugblätter fast immer in französischer Sprache formulieren. Auch dieser Repräsentant einer wenig orthodoxen Richtung des ländlichen Islam, stand auf der französischen Seite, denn er fühlte sich durch die algerische Revolution persönlich bedroht. Deshalb rief er seinen Landsleuten in dem Manifest zu: »Schart Euch um das mächtige Frankreich, um Euren Vater de Gaulle! Frankreich ist gerecht und stark und will Euer Heil.« Doch plötzlich wurde alles hintergründig und fremd. Der Marabu beendete seinen Appell auf arabisch mit einer Sure des Korans: »Oh, Ihr Gläubigen! Satan hatte ihre Taten vor ihren eigenen Augen veredelt. Er hatte gesagt: Heute wird kein Mensch Euch überwinden, denn in Wahrheit ich stehe Euch bei. – Aber als beide Heere sich gegenüberstanden, wandte er sich von beiden ab und sagte: wahrlich ich habe keinen Anteil an Euch. Ich sehe, was Ihr nicht seht. – Wahrlich, so spricht der Prophet, ich fürchte Allah, denn das Strafgericht Allahs ist unerbittlich . . .«

Ein junger, westlich wirkender Algerier hat sich zu uns gesellt. Er ist
eben aus Frankreich zurückgekehrt, wo er als Mechaniker gearbeitet hat.
Die Nordafrikaner, die man so zahlreich in Frankreich antrifft, sind fast
ausschließlich Kabylen, die die Armut der Heimat zur Auswanderung
zwingt. Der junge Mann gehört dem Clan des Baschaga Butaleb an, und
das hatte sich bei den Nordafrikanern in Lyon, wo er arbeitete, schnell
herumgesprochen. Von da an war er in Frankreich vor den Attentätern
der FLN seines Lebens nicht mehr sicher. Eigenartigerweise kam er nach
Hause zurück, um Schutz zu suchen, obwohl dort oben – in der Mittagsglut – der drohende Akfadu-Wald flimmert. Einer der entschlossensten
Partisanenführer hat dort das Erbe des Amirouche angetreten. Er heißt
Mohand Ould Hadj, ein ehemals reicher und angesehener Kaufmann.
»Ein sehr ehrbarer Mann, bevor er in die Wälder ging«, bestätigt sogar
der Alte im Burnus, der Mohand gut gekannt hat.

Wenn der Abend über die Kabylei hereinbricht, könnte man sich in
der Haute Provence wähnen, wäre nicht der schwefelgelbe Schein am
Himmel. Diese karge Gegend ist überaus dicht bevölkert. Bei Nacht
leuchten die Dörfer ebenso zahlreich im Gebirge wie auf den Hängen des
Libanon. An den dunklen Flecken in den Wadis kann man die Ortschaften erkennen, die im Zuge französischer Vergeltungs- oder Sicherungsmaßnahmen ausgesiedelt und total zerstört wurden. Bei Tage bieten sie
einen gespenstischen Anblick mit ihren offenen Steinwänden und verödeten Gassen.

Ein fahler Morgen bricht an. Wir erreichen den Akfadu-Paß. Die Fallschirmjäger mit den bizarren Schirmmützen, die auch den Nacken
schützen, sind schwer bepackt. Der Soldat, der den Granatwerfer
schleppt, strauchelt unter dem Gewicht, bückt sich, als wolle er sich
erbrechen, beißt dann mit gelbem Gesicht die Zähne zusammen. Auf
den Steilhängen bohren sich die Dornen des Unterholzes tief unter die
Haut.

Hundert Meter vor uns hat ein aufklärender »Voltigeur« eine Gruppe
Fellaghas aufgescheucht. Er schießt hinter ihnen her. Aber die Partisanen
sind wie Eber durch das Gestrüpp gepreßt – mitten in den Kessel hinein. Denn die Höhen sind auch auf der Ostseite besetzt, und im Süden
naht wie ein Schwarm bösartiger Hornissen das Geschwader der »Fliegenden Bananen«, der schwerbäuchigen Transporthubschrauber des
modernen Commando-Krieges. An der Felswand jenseits des Wadi, dort
wo die Ruinen des Dorfes Sidi-el-Hadj beginnen, wird durch Rauchsi-

gnal der Landeplatz angedeutet. In rascher Reihenfolge kreiseln die Hubschrauber an, stellen sich steil auf wie Seepferdchen, bevor die eine
Schiene den Boden berührt und die Marine-Füsiliere herausspringen. Sie
torkeln dann wieder nach Süden ab.

Der Ring ist geschlossen. Die Treibjagd beginnt. Rund achtzig Fellaghas müssen in diesem Talkessel stecken. Dreitausend schwerbewaffnete
französische Soldaten, zwanzig Sikorski-Hubschrauber, Aufklärungs-
und Jagdflieger, sogar eine Batterie Gebirgsartillerie sind aufgeboten,
um ihnen den Garaus zu machen. Unter den Partisanen soll sich Mira
Abdul Rahman befinden, der militärische Befehlshaber der Wilaya III, so
hat ein Überläufer am Vortag berichtet. Als erste haben die Fremdenlegionäre Feindberührung. Mit dem bloßen Auge sehen wir sie den Steilhang hinabstürmen. Über das Sendegerät melden sie fünf tote Gegner.
Wer jetzt bei den Partisanen nicht im Waldloch liegt, in absolut sicherer
Tarnung, der wird den Tag kaum überleben.

An einer Meschta auf halbem Weg zum Wadi kommt es zum Gefecht.
Drei Fallschirmjäger sind verwundet, und die Aufständischen feuern aus
einer bunkerähnlichen Steinhütte. Da springt ein Para aufs Dach, reißt
das Wellblech auseinander, wirft eine Granate hinein und läßt sich seitlich abrollen. Die sechs toten Algerier in der Hütte führten nur alte Flinten, Revolver und Jagdgewehre mit sich. Man könnte sie für harmlose
Wilderer halten, wenn nicht die Fotos in ihren Taschen wären. Da sieht
man sie mit kriegerischen Mienen inmitten einer Katiba von vierzig
Mann. Auf dem Bild halten sie funkelnagelneue Karabiner und leichte
Maschinengewehre in der Hand. Vermutlich haben sie diese modernen
Waffen irgendwo im Gestrüpp, in einem unauffindbaren Versteck auf
höheren Befehl vergraben. Ihre Ersatzleute werden sie finden, und der
Krieg stirbt nicht aus.

Die Paras zeigen mir das Tagebuch des Feldwebels, der die kleine
Truppe befehligte. Die Eintragungen sind in französischer Sprache.
»Armee der Nationalen Befreiung« steht darin und dann »Es lebe das
freie Algerien!«, eine Inschrift, die ich in der »verbotenen Zone« häufig
an den Lehmwänden der ausgebrannten Meschtas entdeckt hatte. Dann
folgt eine pedantische Buchführung über Inspektionen, Handstreiche
und auch Steuereintreibungen bei der Bevölkerung. Ein Fallschirmjäger
hat eine Zahnbürste neben dem jüngsten Toten aufgehoben. Er schüttelt
nachdenklich den Kopf, ehe er sie fortwirft.

In jede Höhle werden Granaten geworfen. Die Macchia wird durchkämmt. Trotzdem sind nur vierzig der achtzig gemeldeten Fellaghas

gefallen, man möchte sagen zur Strecke gebracht, so ungleich ist der Kampf. Die französischen Soldaten werden die Nacht im Freien verbringen. Naßkalter Nebel zieht auf. Das werden böse Stunden sein nach dem erstickend heißen Tag.

Eine »Alouette« – eine »Schwalbe«, wie der kleine französische Hubschrauber heißt, hat uns zum Befehlsstand des Oberbefehlshabers für Algerien, General Challe, gebracht. In 1700 Meter Höhe erstreckt sich die Zeltstadt auf der kahlen Bergkuppe. Unzählige Antennen projizieren surrealistische Zeichnungen auf den Abendhimmel. Hinter den aufgeschlagenen Zeltplanen diskutieren die Stabsoffiziere vor hellerleuchteten Landkarten mit bunten Eintragungen. Die Ordonnanzen drängen sich vor dem Fernsehschirm, wo eine Chansonsängerin aus Algier sich tief ins Dekolleté blicken läßt. Die riesige blau-weiß-rote Fahne über dem Lager ist ab Einbruch der Dunkelheit hell angestrahlt, als entfalte sie sich unter dem Pariser Triumphbogen am 14. Juli. Rings ums Lager sind Panzerspähwagen aufgefahren. Aber ist das überhaupt notwendig?

Über den Felsbrocken des Dschurdschura-Gebirges liegt der letzte rote Streifen des Tages. Tief unten, im viel zu breiten Geröllbett quält sich der wasserarme Summam-Fluß. Hier hatte im Sommer 1956 der erste große politische Kongreß der Befreiungsfront getagt, und hier soll demnächst die Pipeline verlaufen, durch die das Erdöl der Sahara zum Mittelmeer gepumpt wird. Der blonde, knabenhafte Leutnant aus der Touraine hat ein grün-weißes Abzeichen aus der Tasche geholt. Er hat es am Nachmittag auf der Bluse des algerischen Feldwebels entdeckt. Ob ich das lesen könne, fragt er. Auf dem Tuchfetzen mit dem roten Halbmond der Mudschahidin sind arabische Schriftzeichen gestickt: »Armee der Nationalen Befreiung«, entziffere ich, und darüber ein Spruch des Korans: »Allahu maa es sabirin – Allah ist mit den Standhaften«.

Barrikaden in Algier

Algier, Dezember 1959

»Kann man dem Nationalismus mit Wohlstand begegnen?« so begann ich einen Zeitungsartikel nach ausführlichen Gesprächen in den schlecht geheizten Stuben der Wirtschaftsabteilung des Generalgouvernements. »Können die Franzosen von den Algeriern den Verzicht auf ihr Unab-

hängigkeitsstreben erkaufen, wenn sie ihnen eine große wirtschaftliche
Zukunft als Provinz des Mutterlandes verheißen? Das ist nach Ansicht
der unentwegten Integrationsanhänger das Ziel des ›Plans von Constantine‹, der in den kommenden Jahren und Jahrzehnten Algerien mit Hilfe
des Sahara-Erdöls in ein Industrieland verwandeln soll. Was das Petroleum betrifft, so wurden alle Erwartungen übertroffen. In fünf Jahren
soll die Rohölproduktion der Sahara 28 Millionen Tonnen betragen, in
zehn Jahren mindestens 50 Millionen Tonnen. Das Erdgas von Hassi
R'Mel sei in so unvorstellbarem Reichtum vorhanden, daß es ohne
Schwierigkeiten die Bedürfnisse ganz Europas decken könne. In der
kommenden Dekade soll die Hälfte der Investitionsausgaben in Algerien
mit den Staatsgewinnen aus der Erdölproduktion finanziert werden. Die
Fertigstellung der Pipelines zum Mittelmeer schreitet trotz des Krieges
fristgerecht voran.

Aber was Algerien am dringlichsten braucht, sind neue Arbeitsplätze,
und daran wird es auch in Zukunft fehlen. Die Erdöl-Industrie beschäftigt nur eine verhältnismäßig geringe Zahl von Arbeitern. Wenn das
Schwerindustrie-Projekt, das große Vorhaben von Bône, wirklich
Erleichterung auf dem algerischen Arbeitsmarkt schaffen soll, müßte es
von einem ganzen Netz von Fabriken und weiterverarbeitenden Betrieben umgeben sein. Doch hier wirkt sich der Aufstand als Hemmschuh
aus. Statt 122 Milliarden Francs an Investitionen aus privater Hand, mit
denen man für Bône gerechnet hatte, sind bisher nur 14 Milliarden eingegangen. Innerhalb von fünf Jahren sieht der Plan von Constantine die
Schaffung von 3000–4000 neuen Arbeitsplätzen vor. Die Bevölkerungs-
zunahme pro Jahr beträgt jedoch 250 000, und Algerien lebt bereits in
einem Zustand chronischer Unterbeschäftigung.

Als ein wirtschaftliches Allheilmittel kann also der Plan von Constantine nicht angesehen werden. Wird wenigstens die allmähliche Besserstellung der muselmanischen Bevölkerung – deren Last zunächst das
Mutterland zu tragen hätte – dem Nationalismus entgegenwirken? Die
Präzedenzfälle aus der zeitgenössischen Geschichte sind in dieser Beziehung eindeutig: Die Hebung des allgemeinen Lebensstandards in Algerien wird den algerischen Nationalismus nicht hemmen, sondern ihn
beschleunigen. Diese Erkenntnis wird in Algier sogar von Experten vertreten, denen man keinen übertriebenen Liberalismus vorwerfen kann.
Es scheint deshalb, als verspräche man sich in der Umgebung de Gaulles
von der Besserung der algerischen Lebensbedingungen keineswegs einen
Verzicht der Moslems auf ihren nordafrikanischen Nationalismus, son-

dern allenfalls eine Mäßigung, eine Kanalisierung ihrer Bestrebungen
zur Selbständigkeit. Man möchte den Aufstand der unkontrollierbaren
und wilden Fellaghas nach und nach in eine ordentliche Emanzipation
von gemäßigten und verantwortungsbewußten Patrioten umleiten, die
sich der Notwendigkeit einer engen ökonomischen und politischen
Zusammenarbeit mit Frankreich bewußt bleiben. Eine solche Entwicklung setzt jedoch einen langen Zeitablauf voraus, und Zeit ist Mangel-
ware in Nordafrika.«

»De Gaulle an den Galgen« röhrte die Menge. Ich war in eine Gruppe
europäischer Aktivisten von Algier eingekeilt. Rund fünftausend Menschen waren im Stadtteil Saint-Eugène zusammengekommen, um auf
Einladung der Kampfverbände für ein »französisches Algerien« der Rede
des ehemaligen Ministerpräsidenten und MRP-Führers Georges Bidault
zu lauschen. Die breitschultrigen Männer vom Ordnungsdienst, die die
Rednertribüne gegen etwaige Attentate der algerischen Nationalisten
abschirmten und die Schmährufe gegen de Gaulle auslösten, waren brutale Schlägertypen.

Jacques Susini, der Sprecher der französischen Studenten von Algier,
ein blasser Jüngling mit verblüffend tiefer Stimme, hatte in dramati-
schem Orgelton den Präsidenten der Fünften Republik des Verrats am
französischen Algerien bezichtigt. Je heftiger die Anklagen gegen General de Gaulle klangen, desto brausender war der Applaus. Eine kleine
Bürgerkriegsarmee in Zivil war im Stadion Saint-Eugène unter dem
blaßblauen Winterhimmel von Algier zusammengekommen.

Ein Wind der Gewalttätigkeit wehte über dem Stadion. Die »nationalen Franzosen« von Algier, wie sie sich selbst nannten, die Ultras, wie sie
in Paris hießen, waren in Rage. Am 13. Mai 1958 hatten sie gewähnt, den
Sieg in Händen zu halten. Als de Gaulle an die Spitze Frankreichs gerufen wurde, glaubten sie, er werde ihre Politik durchführen: die Wiederherstellung einer lückenlosen französischen Herrschaft in Nordafrika,
die Errichtung einer Art Franco-Regime im französischen Mutterland,
die endgültige Absage an Liberalismus und Demokratie. Statt dessen –
und das warf der Studentenführer Susini dem General vor – hatte Paris
sich mit Tunis und Marokko versöhnt, hatte den aufständischen Algeriern den »Frieden der Tapferen« und neulich sogar die Selbstbestimmung angeboten. De Gaulle war als Staatschef der Fünften Republik über
jeden Diktaturverdacht erhaben.

Jedesmal wenn der Name eines Politikers der Vierten oder der Fünften Republik fiel, wurde er mit Pfui-Rufen bedacht. Premierminister Michel Debré, der sich einst in seinem *Courrier de la Colère* als fanatischer Anwalt der »Algérie Française« gebärdet hatte, wurde von den Schmähungen nicht ausgenommen. Was mochte in dem Christdemokraten Georges Bidault angesichts dieser entfesselten Rechtsextremisten vorgehen? Der frühere Ministerpräsident griff in seiner Rede die Politik de Gaulles mit scharfen und oft brillanten Formulierungen an. Die Fünfte Republik habe sich auf den Weg des Verzichts begeben. Sie stehe im Begriff, alle Verpflichtungen gegenüber den Algier-Franzosen preiszugeben. Doch der Applaus für Bidault war wenig spontan. Die geistreichen Wendungen des ehemaligen Geschichtsprofessors kamen bei den an eine rüdere Sprache gewöhnten Schlägern von Belcour und Babel-Oued schlecht an. Im Grunde verachteten sie diesen kleinen, eitlen Mann mit dem sauber gezogenen Silberscheitel, der nach langen Jahren parlamentarischer Ränke und Erfolge seine Begabung als Volkstribun zu entdecken glaubte. Seine Rede ging im Geschrei gegen de Gaulle unter, und sein Gesicht erstarrte in einer gewissen Verlegenheit.

Neben mir kommentierte ein »Gorilla« des Ordnungsdienstes die Bidault-Rede mit wüsten Beleidigungen: »Geh doch weg, fils de pute, du Hurensohn, du gehörst ja auch zu den verfaulten Parlamentariern . . .« Auf der obersten Tribünenbank sprang in regelmäßigen Abständen ein älterer Mann auf und brüllte: »Algérie Française!« Er schrie so laut, daß der Hals anschwoll und der Kopf zu platzen drohte.

»Gleich kriegt er einen Schlaganfall«, meinte einer der Demonstranten. Rings um Bidault hatten die Anführer der vierzehn »Nationalen Bewegungen« für ein französisches Algerien Platz genommen. Sie waren alle erprobte Komplotteure und zur Stunde wieder dabei, einen neuen Putsch zum Sturz der Fünften Republik und de Gaulles auszuhecken. Die meisten dieser Verschwörer stehen auf der Liste, die der Generaldelegierte Delouvrier – der Titel Generalgouverneur wurde abgeschafft – für den Fall von Unruhen zum beschleunigten Abtransport nach Frankreich bereithält. Aber die Extremisten haben viele Komplizen in der Verwaltung und in der Armee. Sie sind längst gewarnt und werden untertauchen, ehe es zu neuen gewalttätigen Kundgebungen in Algier kommt.

Neben Jacques Susini, dem Sprecher der Studenten, saß der Abgeordnete Lagaillarde, der am 13. Mai den Sturm auf das Generalgouvernement angeführt hatte. Sein fuchsroter Bart löste keine ungeteilte Begeisterung mehr aus. Er ist Parlamentarier geworden; er ist nicht zurückgetreten, als de Gaulle seine liberale Algerien-Politik einleitete; seine Pro-

teste sind nach Meinung mancher Algier-Franzosen zu lahm geblieben.
»Jetzt verdient er sechshunderttausend Francs im Monat«, bemerkte eine
Stimme in der Menge.

Endlich kommt auch ein Moslem zu Wort. Der Baschaga Boualem ist
ein hochgewachsener, imposanter Mann. Er kleidet sich in algerische
Tracht. Der weiße Schesch umrahmt das blasse Gesicht. Auf der Brust
trägt der ehemalige Rittmeister der französischen Armee eine Reihe
hoher Auszeichnungen. Doch die traurigen Augen Boualems blicken
alles andere als kriegerisch. Es spielt ein beinahe schüchternes Lächeln
um seinen Mund. Der Baschaga spricht ein paar Worte über die enge Verbundenheit der Provinz Algerien mit dem Mutterland in das Mikrofon.
Die anwesenden Europäer brüllen Beifall, und der einsame Krieger und
Feudalherr setzt sich wieder. Die Attentäter der FLN haben bereits die
halbe Familie des Baschaga Boualem getötet. Er selbst schwebt täglich in
Lebensgefahr. Wieder meldet sich eine anonyme Stimme in der
Zuschauermasse: »Es wird nicht mehr lange dauern, dann haben sie den
auch umgelegt.«

»Was heißt hier Selbstbestimmung«, hat Bidault gerufen, »die muselmanischen Algerier haben längst ihre Entscheidung zugunsten Frankreichs gefällt.« Die Aktivisten jubeln. Sehen sie denn nicht, daß außer
dem Baschaga Boualem nur zwei alte verhutzelte Moslems erschienen
sind, offenbar Türwächter irgendeiner französischen Verwaltung, die auf
höhere Weisung geschickt wurden und die man gut sichtbar hinter der
Rednerloge plaziert hat? Dabei ist das Stadion Saint-Eugène neben einem
überwiegend arabischen Stadtviertel gelegen.

Unter den fünftausend Menschen ist keine einzige Uniform zu sehen.
Die Armee steht offiziell abseits. Es liegen strenge Befehle aus Paris vor.
Wenn der Name de Gaulles in den Versammlungen der Ultras geschmäht
wird, so soll die Armee daran keinen Anteil haben. Die Mauerinschrift
»De Gaulle lügt«, die heute ebenso häufig in Algier zu sehen ist wie früher das Plakat »Die FLN lügt«, wird jeden Abend von Militärpatrouillen
gewissenhaft überpinselt. In der Armee herrscht nicht die gleiche Stimmung wie am Vorabend des Putsches vom 13. Mai. Aber es brodelt unter
der Decke der äußeren Disziplin. Viele Offiziere, die sich von der Integration Algeriens das Heil und die Erneuerung Frankreichs versprachen,
sind über den Liberalismus, den eiskalten Wirklichkeitssinn de Gaulles,
der in so eigenartigem Widerspruch zum Pathos seiner Reden steht,
zutiefst enttäuscht, ja bestürzt. Noch erscheinen sie wie gelähmt und
untereinander gespalten. Aber der Respekt vor dem Präsidenten der

Fünften Republik ist im Schwinden. Bei den Pieds Noirs wird de Gaulle nur noch mit dem zotigen Schimpfwort »la Grande Zohra« bedacht.

Man sagt, die »Aktivisten« wollten ihr Pulver trocken halten, sie rüsteten sich für die entscheidende Kraftprobe, die stattfinden könnte, sobald die offiziellen Verhandlungen zwischen de Gaulle und der FLN in Paris oder sonstwo beginnen. Ohne die Armee vermögen sie nichts. Deshalb die unentwegte Frage in Algier nach den Absichten, nach der Loyalität der Generale und Offiziere. Die europäischen Nationalisten suchen mit allen konspirativen Mitteln ihre Verbindungen zum Militär auszubauen. Immer wieder hört man den Namen des Generals Raoul Salan, »le Chinois«, wie man ihn in Fernost nannte, der sich mit de Gaulle überworfen hat und nun als letzter Rekurs der verzweifelten Algier-Franzosen erscheint.

Beim Verlassen des Stade Saint-Eugène mußte ich an mein Treffen mit Oberst Godard am Vortag denken. Der Sicherheitsbeauftragte für die Stadt Algier war Para-Offizier und hatte sich schon in der Résistance des Zweiten Weltkrieges beim Kampf um das Plateau du Vercors in Savoyen einen Namen gemacht. Godard stand wie eine zornige Bulldogge vor dem Stadtplan der Kasbah, als ich das Gespräch auf die bevorstehende Verhandlungsrunde mit der »Algerischen Befreiungsfront« brachte. Nach ein paar Prinzipienerklärungen kam er zur Sache: »Meinen Sie, daß die Offiziere der Algerien-Armee ihrer überseeischen Tradition und Aufgabe einfach den Rücken kehren werden? Glaubt denn de Gaulle, daß wir nach dem Fiasko von Indochina bereit sind, einen neuen Rückzug aus Nordafrika zu akzeptieren? Die Armee will nicht ihr letztes Prestige und den mühsam wiedergewonnenen Glauben an sich selbst preisgeben. Wir lassen uns nicht in die modrigen Kasernen des Mutterlandes und den monotonen Schlendrian des Garnisonslebens in der Provinz verbannen. Ich meinerseits gehe nicht nach Romorantin zurück, und ich kenne viele, die meine Entschlossenheit teilen.« Tatsächlich hatte sich Colonel Gardes, den ich als Leiter des Presse-Camps von Hanoi im Jahre 1954 kennengelernt hatte und dem ich im Hotel Aletti per Zufall begegnete, mit ähnlicher Vehemenz geäußert. Ich wußte damals noch nicht, daß diese beiden Offiziere – gemeinsam mit Oberst Argoud – zu diesem Zeitpunkt bereits als Rädelsführer der Revolte der Ultras und der späteren OAS agierten.

Am Abend nach der Kundgebung im Stadion hatte Georges Bidault sich mit seinen neuen politischen Freunden in der Bar des Hotels »Saint Georges« getroffen. Die Hotelterrasse hängt wie ein schwebender Garten hoch über Algier. Bidault und der Baschaga Boualem waren von der üblichen Gefolgschaft der Ultras und von wachsamen Gorillas umgeben. An einem streng abgesonderten Tisch, nur wenige Meter entfernt, hatte der Fallschirmjäger-General Massu Platz genommen. Er hatte wohl mit zwiespältigen Gefühlen vernommen, daß Georges Bidault mit dem Sprechchor »De Gaulle an den Galgen« gefeiert wurde. Die Stadt Algier ist total antigaullistisch geworden, und dadurch trennt sie sich mehr und mehr von der »Métropole«, die in de Gaulle weiterhin den obersten Schiedsrichter der nationalen Interessen Frankreichs, den »arbitre«, gerade auch in der Nordafrika-Krise sieht. Die randalierenden Pieds Noirs von Algier hätten gut daran getan, im Stadion Saint-Eugène die Inschrift zu lesen, die als Mahnung für allzu hitzige Sportler und Zuschauer über dem Eingang angebracht war: »Es ist leicht, den Schiedsrichter zu beschimpfen; es ist schwer, ihn zu ersetzen.«

Genau einen Monat nach der Kundgebung von Saint-Eugène errichteten die europäischen Extremisten der »Nationalen Front« ihre Barrikaden im Stadtzentrum von Algier und feuerten auf die Gendarmen aus dem Mutterland. Eine Woche lang dauerte der Aufstand der Ultras, der vom Rotbart Lagaillarde – er hatte seine Gefolgsleute also doch nicht enttäuscht – und dem zwielichtigen Kneipenbesitzer Jo Ortiz angeführt wurde. Im Hintergrund agierten die konspirierenden Colonels. Antoine Argoud beschimpfte den aus Paris herbeigeeilten Premierminister Debré als Verräter. Die 10. Fallschirm-Division sympathisierte nach der Abberufung ihres Kommandeurs Jacques Massu offen mit den rebellierenden Pieds Noirs. Dennoch brach der Aufstand gegen die »Grande Zohra« wie ein Spuk zusammen, als die 25. Luftlandedivision nach Algier verlegt wurde und die überforderten Barrikadenkämpfer unter einem unaufhörlich strömenden Regen zum Trocknen nach Hause gingen. De Gaulle – so schien es – hatte jetzt freie Hand und schickte sich an, den gordischen Knoten zu durchhauen.

Im Hinterhof der Revolution

Tunis, Ende Januar 1960

Tunis wimmelt von Agenten, Spionen und Geheimpolizisten. Die Perfektion des tunesischen Spitzelsystems knüpft an lange türkische Tradition an. In der trüben Bar am Boulevard Bourguiba, wo sich die Partisa-

nen auf Stadturlaub treffen, unter dem trostlosen Neonlicht eines ent-
zauberten Orients, bewegen sich die verdächtigen Gäste – Aufständische, Waffenhändler, Nachrichtenübermittler – wie Krebse in einem
trüben Tümpel. Jeder beobachtet und überwacht jeden. Die Statisterie
eines drittrangigen Spionagefilms ist hier versammelt, und die wenigen
Mädchen sind wie für das Sunlight der Bühne geschminkt.

Um so auffälliger ist die Unbekümmertheit, mit der sich die algerischen Minister der Exilregierung in Tunis bewegen. Auf jedem Empfang
sind sie dabei. Noch nie hatte man so viel Gelegenheit, völlig ungezwungen mit den Häuptern dieser geheimnisumwitterten Verschwörung zu
plaudern. Ministerpräsident Ferhat Abbas ist weniger leutselig geworden. Dafür gibt sich der Nachrichten- und Geheimdienstchef Abdelhafid
Bussuf höchst aufgeräumt. Der distinguierte schlanke Mann mit den dik-
ken Brillengläsern, den Ben Bella später mit Stalins GPU-Chef Beria vergleichen sollte, lächelt so verbindlich wie ein Wolf im Schafstall. Ich hatte
Bussuf vor sechs Monaten in Marokko kennengelernt. Damals, in dem
weißen Haus der Rue Charles Péguy von Rabat kam er gerade von einer
Audienz bei Kronprinz Mulay Hassan zurück und trug noch den zeremo-
niellen Anzug mit silbergrauem Schlips. Bussuf ist kein Arbeiter der letzten Stunde. Er gehörte mit dem gefangenen Ahmed Ben Bella, der in
absentia zum Vizepremierminister ernannt worden ist, und mit Kriegs-
minister Krim Belkassem jener winzigen Gruppe von Desperados an, die
im November 1954 den Partisanenkrieg in Algerien entfachten. Im
Gegensatz zu vielen anderen Führern des Aufstandes läßt Abdelhafid
Bussuf keine persönliche Wärme aufkommen. Der Mann mit dem exakt
gestutzten kleinen Schnurrbart hat etwas Dozierendes, wenn er spricht.
Bevor er in den Maquis ging, war Bussuf Schulmeister gewesen, und
seine akzentreine französische Sprechweise wirkt pedantisch. Gelegentlich züngelt Fanatismus hinter der Maske eisiger Selbstbeherrschung.

Abdelhafid Bussuf wird zu den »Harten« der FLN gezählt, zweifellos
zu Recht. Unter den zahlreichen algerischen Persönlichkeiten, denen ich
bisher begegnete, hat Bussuf die kategorischsten Positionen bezogen,
ohne auch nur zu versuchen, sie nach orientalischer Art in die Verbindlichkeit der äußeren Form einzupacken. Während wir in Rabat den grünen Pfefferminztee tranken und die Leibwache, die den Minister zum
Flugplatz bringen sollte, vor dem Portal ungeduldig wurde, fiel mir eine
Äußerung Ferhat Abbas' ein. Von französischen Journalisten auf die
Schwierigkeiten verwiesen, die sich General de Gaulle beim Versuch
einer Verständigung mit der FLN bei seinen eigenen Militärs, bei den

französischen Obersten, entgegenstellten, hatte Ferhat Abbas bemerkt: »Auch ich habe meine Colonels.«

In diesem Januar 1960 richten sich die forschenden Blicke der Beobachter in Tunis vorrangig auf Krim Belkassem, den kleinen, steinharten Kabylen, der seit der Schaffung des militärischen Führungstriumvirats der FLN der starke Mann der Revolution ist. Krim sitzt neben dem ägyptischen Delegationschef Fuad Galal auf einem altmodischen Sofa. Den Kontakt mit der Presse überläßt er seinem neuen Staatssekretär Si Mohammedi.

Si Mohammedi ist als Oberst Naceur in den Maquis von Algerien bekannt geworden. Der herkulisch gebaute Kabyle mit dem sanguinisch roten Gesicht wirkt fast europäisch. Er ist ein Mann des Untergrundkampfes, noch nicht an die Salons von Tunis gewöhnt und freut sich wie eine Debütantin über das aufgeregte Getue der Cocktail-Party. Si Mohammedi hat während des Zweiten Weltkrieges in einer muselmanischen Sondereinheit der deutschen Wehrmacht als Feldwebel gedient. Er war im Sommer 1942 dabei, als das deutsche Oberkommando den großen Zangengriff nach dem Orient – über Ägypten im Süden und den Kaukasus im Norden – führen wollte. Si Mohammedi hat später in der Kalmükkensteppe gekämpft und wurde zur Zeit des Tunesien-Feldzuges hinter den alliierten Linien in Ostalgerien bei Tebessa in deutschem Auftrag abgesetzt. Si Mohammedi ist ein rauher Sohn des Krieges. Aber auch er hält sich an die Weisung größter Höflichkeit und offizieller Mäßigung, die Krim Belkassem ausgegeben hat. Hans-Jürgen Wischnewski hat Si Mohammedi auf die Seite genommen und spricht mit ihm über die beschleunigte Rückführung desertierender Fremdenlegionäre.

Ein junger Oberleutnant der Algerischen Befreiungsarmee kommt auf mich zu. Sein Bruder studiere in der Bundesrepublik und habe ihn auf meine Rundfunkkommentare hingewiesen. »Warum benutzen Sie immer noch das Wort Fellagha, das uns eine gewisse französische Propaganda angehängt hat?« fragt er vorwurfsvoll. »Wir sind wirklich keine ›Straßenräuber‹. Wir sind auch keine Terroristen, ebensowenig wie die französischen Maquisards im Zweiten Weltkrieg. Wir üben allenfalls Gegenterror aus. Wenn Sie uns schon nicht als ›Freiheitskämpfer‹ bezeichnen wollen, dann nennen Sie uns doch Mudschahidin. Sie haben sich mit dem Islam befaßt und sollten deshalb wissen, daß hier tatsächlich ein Dschihad, ein Heiliger Krieg im Gange ist.«

Die »blaue Nacht« des Terrors

Algier, Anfang März 1962

Die Frühlingsluft ist weich wie Samt. Auf den Trottoirs der Rue Michelet flanieren die Europäer. Sie sind bereits sommerlich gekleidet. Die Studenten palavern beim Apéritif auf der Terrasse des »Otomatic«. Überall werden Blumen verkauft. So verzerrt war also das Bild, das die Pariser Presse ihren Lesern bot. Wenn man den Korrespondentenberichten des *France-Soir* Glauben schenkte, versank die Stadt Algier in Chaos und Blut, seit die vier Generale Challe, Salan, Jouhaud und Zeller vor einem Jahr erfolglos gegen de Gaulle geputscht hatten und ein Teil ihrer Anhänger, die sogenannte OAS – »Organisation de l'Armée Secrète« – in den Untergrund gegangen war. Am Vormittag, bei meiner Ankunft waren die Gendarmeriekontrollen am Flugplatz Maison Blanche zwar streng gewesen, aber nun herrschte im Zentrum der Europäerstadt eine – wie mir schien – gelassene, ja heitere Atmosphäre.

Unvermittelt – ich wollte gerade die Stufen zum Fußgängertunnel vor der Universität betreten – höre ich zwei Schüsse. Keine zwei Meter von mir entfernt liegt ein Mann in seinem Blut, ein alter Araber, dem der rote Fez vom Kopf gerollt ist. Er war ein harmloser Blumenverkäufer, aber die Tatsache, daß er Moslem war und sich in das Europäerviertel wagte, ist ihm zum Verhängnis geworden. Die Menschen ringsum haben abwesende Gesichter aufgesetzt, tun so, als hätten sie nichts bemerkt, drehen sich nicht einmal nach dem blutenden Leichnam um. Die Ambulanz, die schließlich erscheint, lädt das Mordopfer mit Routinegesten auf eine Bahre und braust davon. Meine euphorische Stimmung ist im Nu verflogen.

In der Nacht zum 5. März wird Algier durch eine schier unaufhörliche Folge von Explosionen erschüttert. Ich bin wie die meisten Journalisten im Hotel »Aletti« abgestiegen. Gemeinsam mit dem *Welt*-Korrespondenten August Graf Kageneck blicken wir in die Nacht, die »nuit bleue«, wie sie später in der französischen Presse bezeichnet wurde. 117 Bomben gingen in dieser »blauen Nacht« hoch, die meisten kurz vor Morgengrauen. Die Sirenen der Krankenwagen heulten. In mehreren Vierteln wurde geschossen. Die OAS protestierte noch einmal mit allen Mitteln der Einschüchterung und des Terrors gegen die »Preisgabe« Algeriens durch das Mutterland. »Opération Rock 'n' Roll« war der Codename, unter dem diese Sprengstoff-Aktion gestartet worden war. Dahinter standen die

verzweifelten Figuren der OAS und jene »soldats perdus«– wie de Gaulle
sie nannte –, jene »verlorenen Soldaten«, die der Armee den Rücken
gekehrt hatten, die ihrem Oberbefehlshaber den Gehorsam verweigerten, ja mit List und Gewalt versuchten, »la Grande Zohra« umzubringen.
Der Generalsputsch vom April 1961 wirkte in schrecklicher Weise fort.
Die Verschwörer hatten damals binnen 24 Stunden begriffen, daß die
vorherrschende Meinung im Mutterland sich längst mit der »Algérie
algérienne«, die de Gaulle vorschlug, abgefunden hatte. Diese Komplotteure hatten nicht einkalkuliert, daß die Nordafrika-Armee sich mehrheitlich aus Reserveoffizieren und Wehrpflichtigen zusammensetzte, die
nach Hause wollten und keinerlei Neigung verspürten, in das Abenteuer
eines Bürgerkrieges zu schlittern. Das letzte Carré der aufsässigen Generale, das 1. Fallschirmregiment der Fremdenlegion, ließ sich in seiner
Garnison von Zeralda durch die »Gendarmes Mobiles« entwaffnen. Das
1er R.E.P. wurde aufgelöst. Die Offiziere dieses Regiments, soweit sie
nicht rechtzeitig zu den Putschisten der OAS in den Untergrund gestoßen waren, stimmten nach ihrem Fehlschlag voll Trotz und Trauer das
Lied der Edith Piaf an: »Non, je ne regrette rien . . . Nein, ich bereue
nichts . . . Mit meinen Erinnerungen habe ich ein Feuer angezündet . . .
Je me fous du passé . . . Ich pfeife auf die Vergangenheit . . .«

Seitdem ging in Algier »Fantomas« um, jene unfaßbare Gruselgestalt
aus einer französischen Kriminalserie, die mit gespenstischer, kriminel-
ler Lust Mord und Schrecken verbreitet. Jeden Tag wurden Moslems auf
offener Straße niedergeschossen. Aber auch jene Offiziere, die treu zu de
Gaulle standen, waren aufs äußerste bedroht. Die Algerische Befreiungsfront hatte sich ihrerseits die an Anarchie grenzende Verwirrung
ihrer Gegner zunutze gemacht. Die Kasbah war längst der Kontrolle der
französischen Ordnungskräfte entglitten. Die Paras waren abgezogen.
Die FLN-Führer hatten die grün-weiße Fahne der Revolution mit rotem
Halbmond und Stern über den flachen Terrassen der Altstadt gehißt, und
wehe dem Europäer, der sich in Sichtweite der algerischen Scharfschützen wagte. Sie lauerten am Eingang der Kasbah und im Umkreis der
»Place du Gouvernement« auf Opfer, um sich für die Übergriffe des entfesselten Europäer-Mobs zu rächen. Schon am späten Nachmittag leerten
sich die Straßen, und sehr bald gewöhnte ich mir – wie alle anderen
Bewohner Algiers – an, beim Gehen stets hinter mich zu spähen. Die
bewährte Taktik, wenn man in einer einsamen Gegend von einem anderen Passanten gefolgt war, bestand darin, den Schritt zu verlangsamen
und ihn vorgehen zu lassen. Sobald der Unbekannte überholt hatte,

schielte er seinerseits nach hinten und versuchte, das Manöver im umge-
kehrten Sinne nachzuvollziehen.

Es gingen schlimme Gerüchte um. Um den totalen Zerfall der Staatsgewalt zu verhindern, waren aus Frankreich Anti-Terror-Gruppen eingeflogen worden, sogenannte »Barbouzes«, die unter den Attentätern der
OAS aufräumten und denen grausame Foltermethoden nachgesagt wurden. Von einer ominösen Villa in El-Biar war die Rede, wo eine Gruppe
Vietnamesen – Überlebende der Binh Xuyen-Piraten aus dem französischen Indochina-Krieg – sich als Spezialisten der Tortur betätigten und
eines Tages kollektiv den Tod fanden, als ein gewaltiges TNT-Paket der
OAS in ihren Mauern gezündet wurde. Auf der arabischen Seite übten
die Kommissare der FLN unerbittliche Vergeltung an jenen Moslems, die
der Zusammenarbeit mit den Franzosen verdächtig waren. Während fast
alle Algier-Franzosen, die es sich leisten konnten, ihre Familien über das
Mittelmeer nach Frankreich verschickten, bauten die »petits Blancs« von
Belcour und von Bab el Oued ihre verschlampten Arkadenhäuser und
baufälligen Mietskasernen zu Festungen aus, bereiteten sich mit einem
selbstmörderischen Mut, den ihnen keiner zugetraut hatte, auf den
Untergang vor. Wie hatte doch sogar Albert Camus, der liberale Schrift-
steller des humanistischen Existentialismus, ein Sohn bescheidener
Algier-Franzosen, geschrieben: »Wenn ich die Wahl habe zwischen der
Gerechtigkeit und meiner Mutter, dann hat meine Mutter den Vorrang.«
Zwischen Algier und Oran war die »Pest« ausgebrochen.

»Fantomas« hatte sich vor Einbruch der »nuit bleue« auch im Hotel
»Aletti« vorgestellt. Viele Journalisten hatten Drohbriefe der OAS erhalten. Die Presse, so hieß es in den Pamphleten, trage eine große Schuld am
Verlust Algeriens. Besonders verhaßt bei den Ultras war eine Gruppe von
zwölf italienischen Korrespondenten, die bei der Beschreibung der blutigen Gewaltmethoden der OAS mit ihrem großen Vorbild Malaparte zu
rivalisieren suchten. An diesem Abend stürmte eine Gruppe uniformierter französischer Gendarmen in die Hotelhalle und die angrenzende Bar,
wo die Presseleute ihre Informationen austauschen. Der befehlende Gen-
darmerie-Hauptmann ließ einen der Italiener auf der Stelle festnehmen
und abführen, während er den übrigen den Tod androhte, falls sie das
Land nicht unverzüglich verließen. Als die Uniformierten einen angese-
henen amerikanischen Journalisten zusätzlich aufforderten, ihnen nach
außen zu folgen, stießen sie allerdings auf unerwarteten Widerstand. Der
Amerikaner war erbleicht und wehrte sich gegen die Anstrengungen
zweier »Ordnungshüter«, die ihn zum wartenden Wagen eskortieren

wollten. Er wäre wohl doch mitgegangen, aber da trat ihnen die britische Journalistin Claire Holingworth in den Weg. Claire hatte so manche Kriegsberichterstattung hinter sich. Die letzte Greuelmeldung aus dem abscheulichen Bürgerkrieg hatte sie an diesem Nachmittag wohl mit einer starken Dosis Whisky hinuntergespült, jedenfalls stand sie nun den Gendarmen wie eine erzürnte und ergraute Löwin gegenüber. Sie packte den Amerikaner am Ärmel und herrschte die Bewaffneten an: »Dieser Mann verläßt das Hotel nicht. Sie haben keinen Haftbefehl, und wir wissen nicht einmal, wer Sie sind.« Immer mehr Journalisten waren jetzt zusammengeströmt, und die sechs Gendarmen reagierten mit Unsicherheit und Hast. Beinahe fluchtartig verließen sie das »Aletti« und ließen den amerikanischen Kollegen hinter sich. Auch der entführte Italiener sollte übrigens am nächsten Tag freigegeben werden.

Die Gendarmen waren kaum fortgefahren, da kam ein anderes Polizeiaufgebot mit Sirenengeheul herangebraust. Eine Truppe von etwa dreißig C.R.S.-Angehörigen der Sonderpolizei des französischen Innenministeriums besetzte die Hotelhalle. Jetzt flüchteten alle Presseleute in die oberen Etagen, um einer eventuellen Verschleppung zu entgehen. Auch ich schloß mich mit August von Kageneck in meinem Zimmer ein, bis sich herausstellte, daß das C.R.S.-Detachement gar nicht auf Journalisten Jagd machte, sondern auf ihre Vorgänger, die falschen Gendarmen, die in Wirklichkeit einem getarnten Kommando der OAS angehörten.

In jenen Tagen war es bereits möglich, mit geheimen Emissären der Algerischen Befreiungsfront in Algier selbst Kontakt aufzunehmen. Es bedurfte einiger diskreter Mittelsmänner, einer Fahrt durch muselmanische Außenviertel, wo man als Europäer den Kopf besser ein wenig einzog, und nach einigem Warten saß man dann in einer schmucklosen Standardwohnung jener Sozialwohnblocks, die im Zuge des »Plans von Constantine« errichtet worden waren, einem jungen, selbstbewußten Moslem mit Sonnenbrille gegenüber, der die neue Macht und die neue Ordnung in den nordafrikanischen Départements, besser gesagt in den »Wilayas« Algeriens, repräsentierte. Mit leiser Stimme trug der Unbekannte seine Sorge vor, daß auch die muselmanische Bevölkerung durch die permanenten Provokationen der Ultras zu massiven Überfällen auf die Europäerviertel aufgestachelt werden könnte. Für die »Befreiungsfront« werde es immer schwieriger, den Zorn ihrer Landsleute zu zügeln. Zur Stunde sei die Disziplin der Algerier jedoch mustergültig.

Die französische Administration hatte Algier längst verlassen und residierte – durch Gendarmen und C.R.S. militärisch abgeschirmt – in den hastig errichteten Betonklötzen von Rocher Noir. Die Unabhängigkeit Algeriens war nur noch eine Frage von Monaten.

Tatsächlich ging am 1. Juli 1962 die Präsenz Frankreichs in Nordafrika offiziell zu Ende. Während des Algerien-Kriegs haben die französischen Streitkräfte 25614 Gefallene beklagt. 2788 europäische Siedler sind zwischen 1954 und 1962 umgebracht worden. Die Zahl der toten Algerier konnte nicht annähernd ermittelt werden: Die Schätzungen schwanken zwischen einer halben und einer Million.

Ben Bella wird entmachtet

Algier, Juni 1965

Auf den Hängen von El Biar hatte Hanns Reinhardt, dpa-Korrespondent für Nordafrika, in seiner maurischen Villa zum Meschui eingeladen. Es war Abend. Der betäubende Blumenduft wurde durch die Fettdämpfe des Hammelbratens überlagert, der sich im Garten am Spieß drehte. Es waren zumeist Journalisten anwesend, dazwischen – wie ein Orakel – Si Mustafa, der Vertrauensmann der algerischen Armee im Informationsministerium. Si Mustafa hieß eigentlich Siegfried Müller, stammte aus Frankfurt, hatte in der Fremdenlegion gedient, von wo er zur Algerischen Befreiungsarmee desertierte. Früher hatte er angeblich sogar als Vopo in der DDR amtiert. Während des Algerien-Krieges hatte er von Tlemcen aus die deutschen Soldaten der Fremdenlegion zum Überlaufen aufgefordert. Jetzt gehörte er zum Oujda-Clan des Obersten Boumedienne.

Mustafa Müller wirkte an diesem Abend angespannt und verschlossen. Am Vortag hatte sich eine dramatische Wende vollzogen. Wie die meisten Kollegen war ich nach Algier gekommen, um über die Asiatisch-Afrikanische Konferenz zu berichten, die Präsident Ahmed Ben Bella einberufen hatte. Aber in der Nacht des 19. Juni hatte die Armee des Oberst Boumedienne gegen Ben Bella geputscht. Der Staatschef war ohne Gegenwehr seiner Getreuen verhaftet worden, und die politischen Kräfteverhältnisse hatten sich total verschoben. Die Asiatisch-Afrikanische Konferenz, deren Delegierte teilweise bereits eingetroffen waren und im »Club des Pins« ein sehr komfortables Quartier bezogen hatten, würde voraussichtlich abgeblasen werden. Ben Bellas Hoffnung, sich vor diesem

Forum als Wortführer der Dritten Welt zu profilieren, war durch die eigene Armee vereitelt worden.

Hanns Reinhardt, blond, blauäugig, Typus ehemaliger Marineoffizier, hatte mich beiseite genommen. Beim schweren Rotwein hingen wir gemeinsamen Erinnerungen nach. Vor drei Jahren hatten wir im tunesischen Randstreifen der sogenannten »Grenzarmee« der FLN einen Besuch abgestattet. Diese Truppe, die inzwischen auf zwölftausend Mann angeschwollen war, verfügte über moderne sowjetische Waffen, sogar Panzerspähwagen. Nach zahlreichen vergeblichen Versuchen, die Morice- und Challe-Linie der Franzosen zu durchbrechen, war diese »Armée des frontières« für den Tag X in Reserve gehalten worden, für die Stunde der Unabhängigkeit. Ende Juli 1962 war die »Indépendance« feierlich proklamiert, und die »Grenzarmee« schickte sich an, auf breiter Front und mit Einwilligung der französischen Garnisonen in ihre Heimat zurückzukehren. Uns war schon damals im tunesischen Grenzgebiet aufgefallen, daß diese Einheiten stark politisiert waren, daß eine Art Prätorianergarde sich anschickte, die exklusive Macht im neuen algerischen Staat für sich zu beanspruchen.

Zwei Wochen später war das Unvermeidliche passiert. Das junge, eben aus der Taufe gehobene Algerien stand am Rande des Bürgerkriegs. In Algier hatte sich mit Hilfe der Partisanen der Wilaya III der Apotheker Ben Khedda als Chef der Exekutive etabliert, nachdem er seinen Berufskollegen Ferhat Abbas an der Spitze der provisorischen Revolutionsregierung abgelöst hatte. Die Maquisards des inneren Widerstandes patrouillierten in den Straßen der Hauptstadt in buntgescheckten Uniformen. Teilweise hatten sie sich mit Tarnjacken und roten Bérets als Paras verkleidet, als wollten sie ihren schlimmsten Gegnern von gestern nacheifern. Die Partisanen hatten die Verwaltung an sich gerissen, soweit von Administration noch die Rede sein konnte, und die verschiedenen Wilayas schienen nicht gewillt, sich von dem farblosen Zivilisten Ben Khedda Vorschriften machen zu lassen. Als die Grenzarmee aus Tunesien anrückte und im großen Bogen von Süden her der Hauptstadt nahte, war das »Pronunciamiento« bereits vollstreckt. Die Soldaten und Offiziere Boumediennes hatten Ahmed Ben Bella, den repräsentativsten und populärsten Helden der algerischen Unabhängigkeit, der vor kurzem aus seiner Internierung in Frankreich entlassen worden war, auf den Schild gehoben und sprachen Ben Khedda und seinem Häuflein Exilpolitiker jede Legitimität ab. Wir waren in Algier, als sich der Umsturz vorbereitete. Noch wurden die Straßen des Europäerviertels durch pittoreske Streifen der Wilaya III kontrolliert, Berberkrieger aus dem nahen Gebirge, die sich weigerten, vor Ben Bella und Boumedienne zu kapitulieren. Aber die Kasbah hatte schon die Schwenkung vollzogen. Die Untergrundkämpfer der türkischen Altstadt hatten die Zeichen der Zeit erkannt, Verbindung zur Grenzarmee aufgenommen, und nun schirmten schwerbewaffnete Zivilisten mit grün-weißer Armbinde das dunkle Gassengewirr gegen die Kabylen und die letzten Anhänger Ben Kheddas ab.

Mit Hanns Reinhardt waren wir nach einigem Palaver durch die Sperren zu Yacef Saadi gelangt, dem legendären Rädelsführer der »Bataille d'Alger«, der die gewaltsame Säuberungsaktion der Kasbah durch die Fallschirmjäger des General Massu um Haaresbreite überlebt hatte und inzwischen ebenfalls aus den französischen Gefängnissen heimgeschickt worden war. Yacef Saadi sah keineswegs wie ein imponierender Freiheitskämpfer aus. Der kleine Mann mit dem Menjou-Bärtchen und dem etwas schwammigen Gesicht wirkte eher verschlagen und listig als heroisch. Er empfing uns mit großer Herzlichkeit, bot uns Tee und Süßigkeiten an, führte uns auf eine überragende Terrasse. Dort waren Maschinengewehre in Stellung gebracht, sie beherrschten die Zugänge der Kasbah. »Es wird nicht mehr lange dauern«, sagte Yacef Saadi, »dann rücken die Soldaten Boumediennes in Algier ein. Es sind disziplinierte Einheiten. Das Land braucht nach den langen Wirren eine starke Führungspersönlichkeit, nämlich Ben Bella, und eine verläßliche Ordnungstruppe. Der Clangeist der Berber und der anarchische Instinkt der Maquis-Kämpfer müssen sich der neuen historischen Phase Algeriens beugen.« An diesem Abend kam es auf den südlichen Anmarschstraßen des Algérois noch zu sporadischen Gefechten. Dann marschierte die »Armée des frontières« in der Hauptstadt ein, und die Bevölkerung jubelte ihrem Liebling Ben Bella zu. Die überrumpelten Krieger der Wilaya III zogen sich verbittert und wütend in ihr Gebirge zurück.

Wieder war fast ein Jahr vergangen. Im Frühjahr 1963 war ich mit einem Fernseh-Team nach Algerien gekommen. Die Kabylei hatte sich gegen die ihr verhaßte Zentralgewalt des Präsidenten Ben Bella erhoben. Mit Hanns Reinhardt hatte ich sorgfältig die Umgehungsstraßen und Nebenpisten studiert, auf denen ich mit unserem VW-Bus – von der offiziellen »Armée de Libération Nationale« unbehelligt – ins Aufstandsgebiet durchschlüpfen könnte. Es gelang mir tatsächlich, die Militärsperren der Soldaten Boumediennes, die inzwischen russische Stahlhelme und Schnellfeuergewehre trugen, zu vermeiden. Am Nachmittag waren wir im Herzen der Kabylei, im Umkreis der Städtchen Fort National und Michelet, die damals noch ihre französischen Namen trugen. Von bewaffneten Partisanen der Wilaya III wurde ich sofort in die Befehlszentrale der »Front der Sozialistischen Kräfte« (FFS) geführt, wo uns der junge und sympathische Führer der Kabylen-Revolte Ait Ahmed in einem als Stabsbüro improvisierten Café Maure empfing. Ait Ahmed war 1956 gemeinsam mit Ben Bella vom französischen Geheimdienst gekidnappt worden, aber weniger als ein Jahr nach der Unabhängigkeit standen die beiden Männer sich als Feinde gegenüber. »Wir haben keine Revolution gemacht, wir haben keinen endlosen Partisanenkrieg geführt, um jetzt dem Personenkult für Ben Bella zu huldigen und ein Militärregime zu akzeptieren«, erklärte Ait Ahmed. Mir schien es, als fiele es den kriegerischen Berbern schwer, nach so vielen Jahren des Abenteuers und des heroischen Wagnisses in den Alltag einer trivialen, zivilen Existenz zurückzufinden. Der angeborene Individualismus dieses stolzen Bergvolkes lehnte sich spontan gegen die politische Gleichschaltung auf, die die Küsten-Araber wohl leichter über sich ergehen ließen.

Etwas außerhalb von Michelet wurde ich am nächsten Tag dem eigentlichen Befehlshaber, der Seele des Aufstandes, vorgestellt. Ein grauhaariger, breitschultriger Mann mit martialischem Schnurrbart schüttelte mir die Hand mit Bärengriff, jeder Zoll ein Herr, ein Wilhelm Tell des Atlas. »Das ist der Kommandeur der Wilaya III, Mohand Ould Hadj«, sagte der Partisan neben mir ehrfurchtsvoll, und mir kam die Erinnerung an die Treibjagd im Akfadu-Wald vor vier Jahren, als die Soldaten des General Faure vergeblich nach diesem legendären Partisanenführer gefahndet hatten. Als ich zwei Tage später auf Schleichwegen nach Algier zurückfuhr und aus der Ferne beobachtete, wie die reguläre Armee Boumediennes Panzerspähwagen sowjetischer Bauart und leichte Artillerie auf den Zufahrtstraßen der Kabylei sammelte, spürte ich, daß der Revolte der »Front der Sozialistischen Kräfte« keine lange Dauer mehr beschieden war.

»Wann haben wir uns eigentlich das letzte Mal gesehen?« fragte der dpa-Korrespondent, während er ein Stück Hammelbrust abriß und neben mein Rotweinglas legte. »Das war doch erst vor einem Jahr.« Tatsächlich waren wir im August '64 mit kleiner militärischer Eskorte, die uns der Major Chabou, Stabschef der »Nationalen Volksarmee«, zur Verfügung gestellt hatte, von Algier bis in die unmittelbare Grenznähe Marokkos gefahren. Am späten Abend hatten wir das Städtchen Marnia, den Geburtsort Ben Bellas, erreicht und waren sofort in eine Kaserne eingewiesen worden. Zu jener Zeit träumte Präsident Ben Bella noch davon, ganz Afrika vom Imperialismus und Neokolonialismus zu reinigen. Er sah sich gewissermaßen als »Zaim«, als Führer in einem weltweiten Befreiungskampf der Dritten Welt. Er hatte Rückhalt in Moskau gesucht, arbeitete weiter auf das engste mit Gamal Abdel Nasser zusammen und sympathisierte mit Fidel Castro. Für die Befreiung Palästinas wollte er – mit großer und naiver Geste – hunderttausend algerische Freiwillige zur Verfügung stellen.

In der Kaserne von Marnia wurden Schwarzafrikaner – sie mochten insgesamt ein Bataillon bilden – für den Partisanenkrieg in ihren jeweiligen Heimatländern ausgebildet. Die meisten von ihnen stammten aus den portugiesischen Kolonien und waren – weiß Gott, auf welchen Umwegen – in den Maghreb gelangt. Es gab auch Kameruner, Kongolesen und südafrikanische Angehörige des »African National Congress« (ANC). Wir filmten ausgiebig die militärischen Übungen dieser angehenden Widerstandskämpfer. Die algerischen Ausbilder hetzten ihre schwarzen Zöglinge durch das felsige Gelände, schossen haarscharf über ihre Köpfe hinweg, jagten sie durch Stacheldrahtverhaue und Hindernisse bis zur totalen Erschöpfung. Dann zogen die »Freiheitskämpfer« singend in ihre Baracken. »Sie wissen gar nicht, welche Mühe es macht, aus diesen Leuten Soldaten zu machen«, lachte der Major mit der Kalaschnikow. »Unser Präsident hat sich viel vorgenommen.«

Und nun – etwa zehn Monate später – am 19. Juni 1965 war Ben Bella auf ziemlich heimtückische Weise gestürzt und verhaftet worden. Der Präsident hatte den Coup der Militärs überhaupt nicht kommen sehen. Die Soldaten Boumediennes waren mit ihren Panzern und Mannschaften ausgerückt, um angeblich bei einem Filmvorhaben über die »Schlacht von Algier« als Statisten mitzuwirken. Viele hatten sich als französische Fallschirmjäger verkleidet. Die Dreharbeiten und die historische Rekonstruktion wurden von Yacef Saadi technisch beraten. So fiel es nicht auf, als in der Nacht plötzlich Truppenbewegungen entstanden und die bescheidene Villa Joly, wo Ben Bella residierte, umzingelt wurde.

Der plötzliche Umsturz von Algier war eine Warnung an alle Experten für arabische und insbesondere maghrebinische Fragen. Niemand hatte diesen Putsch vorausgesagt. Unter den französischen Spezialisten gab es vor dem 19. Juni 1965 keine einheitliche Meinung über die Person Oberst Boumediennes. Kaum einer der französischen Offiziere, die mit dem verschlossenen algerischen Verteidigungsminister in Berührung gekommen waren, hätten ihm die Ausbootung Ben Bellas zugetraut.

Mancher hielt den früheren Kommandeur der Grenzarmee für ein
»Schilfrohr, das mit Eisenfarbe bepinselt« sei. So wenig inneren Zusammenhalt die Führungskräfte der algerischen Revolution auch seit der
Machtergreifung und der Proklamation der Unabhängigkeit bewiesen
hatten, so sehr sich die einzelnen Gruppen befehdeten und bis aufs Messer bekämpften, diese eingefleischten Verschwörer hatten es verstanden,
alle Rivalitäten hinter einer Mauer des Schweigens zu verbergen. Die
sehr intimen Männerfreundschaften und Eifersüchte, die in der Abgeschiedenheit der Grenzlager und der Maquis entstanden waren, standen
ohnehin jeder rationalen Analyse im Weg.

Die Gründe und die näheren Umstände des Sturzes Ben Bellas sind
heute bekannt, wenn auch nicht die psychologischen Triebkräfte der
Hauptakteure. Präsident Ben Bella war sich seiner Sache zu sicher geworden. Dieser Tribun, der sich in seiner Gefängniszelle eine umfangreiche
politische Bildung angeeignet hatte, fühlte sich als Zaim von Gott berufen, Algerien dem Sozialismus entgegen und in die Spitzengruppe der
Völker der Dritten Welt zu führen. Er hatte die diversen algerischen Fraktionen und Cliquen rastlos und geschickt gegeneinander ausgespielt. Zu
seiner Lektüre während der Festungshaft dürften neben den Schriften
des Antillen-Negers Frantz Fanon auch Macchiavellis Werke gehört
haben. Vor allem hatte er mit unverhohlener Bewunderung die Politik de
Gaulles verfolgt, der ihm vorgemacht hatte, wie man sich einmal auf
diesen, einmal auf jenen politischen Flügel stützen kann, ohne jemals
dessen Gefangener zu werden. Wie de Gaulle dank dem Putsch von
Algier am 13. Mai 1958, war Ben Bella durch den offenen Bruch Oberst
Boumediennes und seiner Grenzarmee mit der damaligen provisorischen algerischen Regierung des Ministerpräsidenten Ben Khedda an die
Macht gekommen. De Gaulle hatte über drei Jahre gebraucht, um die
Armee, die ihm die Tore des Elysée-Palastes geöffnet hatte und dann
politische Ansprüche anmelden wollte, völlig zu entmachten. Für Ben
Bella schien am Vorabend des großen Asiatisch-Afrikanischen Gipfel-
treffens von Algier der Moment gekommen, um die »Algerische Nationale Volksarmee« in ihre Schranken zu weisen.

Doch Oberst Boumedienne war weder ein General Massu noch ein
General Salan. Die Absicht Ben Bellas, sich aus dem allzu engen Bündnis
mit der Armee zu lösen, war ihm bekannt. Die Absetzung des Innenmi-
nisters Ahmed Medeghri hatte ihn gewarnt. Die Ernennung des Oberst
Tahar Zbiri zum Generalstabschef, die während einer Reise Boumediennes nach Moskau stattfand, war ein zusätzlicher Hinweis. Schließ-

lich stand am Vorabend der sogenannten zweiten Bandung-Konferenz die Entlassung des Außenministers Abdelaziz Bouteflika, eines engen Vertrauten des Verteidigungsministers, fest und schien auf eine Ausbootung Boumediennes selbst hinzuweisen.

Ben Bella hatte gerade eine triumphale Rundreise durch das westliche Algerien, das ihm besonders verbunden war, hinter sich gebracht. Er fühlte sich stark und beliebt. Er stand im Begriff, sich mit seinen alten Feinden aus der Kabylei zu versöhnen. Sein ehemaliger Mithäftling Ait Ahmed, Anstifter des jüngsten Kabylen-Aufstandes und geistiger Doktrinär der »Front der Sozialistischen Kräfte«, der in einer Zelle von Algier auf sein Urteil wartete, sollte begnadigt werden. Ja, man sprach davon, daß Ait Ahmed anstelle von Bouteflika das Außenamt übernähme. Offensichtlich suchte Ben Bella sich in dem Moment mit den Kabylen zu versöhnen, wo sich die Kraftprobe mit der Armeeführung Boumediennes anbahnte. Er wollte sich auf jene oppositionellen Kräfte stützen, die er nur dank der Armee hatte niederringen können, und nach außen den Eindruck erwecken, im Grunde sei Boumedienne der Anstifter der harten militärischen Maßnahmen gegen die Opponenten der alten Befreiungsfront gewesen. Es war eine nicht ungeschickte und etwas zynische Rechnung, die Ben Bella aufgestellt hatte. Am Vorabend der Asiatisch-Afrikanischen Konferenz fühlte er sich immun. Er konnte nicht ahnen, daß die Militärs das Risiko auf sich nehmen würden, das Treffen scheitern zu lassen und das internationale Prestige Algeriens zu schädigen, wenn es darum ging, ihren letzten Trumpf gegen den allzu mächtig werdenden Präsidenten auszuspielen.

Ben Bella hatte die Verschwörung unterschätzt. Die Nationale Volksarmee hatte mit monolithischer Entschlossenheit zugeschlagen und einen Staatsstreich von technischer Perfektion durchgeführt. Außer dem Parlamentspräsidenten Ben Allah hat sich kein nennenswerter Politiker Algeriens gerührt, um dem Volksidol von gestern beizustehen. Jene Männer des inneren Widerstandes, die Ben Bella als Vertrauensleute in die Armee geschleust hatte, wie der bereits erwähnte Stabschef Zbiri, waren aktiv am Komplott beteiligt; die eigentliche Verhaftung des Zaim in der »Villa Joly« auf den Höhen von Algier wurde von Tahar Zbiri in Person vorgenommen.

Das muß die bitterste Erfahrung für Ben Bella gewesen sein: der Abfall, der Verrat fast all jener Männer, auf die er sich verlassen zu können glaubte. Jetzt mußte er dafür zahlen, daß er ohne Rücksicht auf Personen und Freundschaften den einen gegen den anderen wie Schachfiguren ausgetauscht hatte. Die Opponenten aus der Kabylei hatten den Versöhnungsversuchen Ben Bellas ohnehin skeptisch gegenübergestanden und spendeten beim Sturz des starken Mannes Beifall. Die meisten Kabinettsmitglieder bekannten sich mit überstürzter Hast zum neuen Revolutionsrat, den Boumedienne proklamierte, ohne dessen Zusammensetzung zunächst bekanntzugeben. Die Minister der verschiedenen Exilregierungen aus der Zeit des Befreiungskampfes witterten beim Sturz des Zaim die Hoffnung, wieder aktiv am politischen Leben teilzunehmen. Die religiösen Kräfte, die in der Vereinigung der Ulama zusammengefaßt waren, hatten das sozialistische Experiment Ben Bellas ohnehin mit Mißtrauen verfolgt und waren von seiner Kampagne zugunsten der Emanzipierung der algerischen Frau in keiner Weise beglückt. Die Ulama gaben dem Staatsstreich des Oberst Boumedienne, der einst an der islamischen Universität El Azhar in Kairo studiert hatte, ihre spontane Zustimmung.

Nur eine Gruppe blieb Ben Bella treu, und gerade diese Unterstützung war angetan, den gestürzten Staatschef zusätzlich zu diskreditieren. Es handelte sich um die algerischen Kommunisten, die Linkssozialisten und Progressisten, ja auch um jene französischen Marxisten, die nach dem Algerien-Krieg über das Mittelmeer gekommen waren, um als Berater in den Ministerien, als Journalisten in den Redaktionen und als Lehrer in den algerischen Schulen an der Verwirklichung einer sozialistischen Wunschvorstellung mitzuwirken, deren Realisierung ihnen in Frankreich selbst versagt blieb. Die französischen Kolonisten in Algier, die fast alle ins Mutterland zurückgekehrt waren, hatte man einst die Pieds Noirs genannt. Die französischen Marxisten, die nach der Unabhängigkeit nach Algier gekommen waren, nannte man jetzt die »Pieds Rouges«, die »Rotfüße«. Für die Pieds Rouges und ihre linkssozialistischen algerischen Freunde war der Sturz Ben Bellas eine böse Überraschung. Ben Bella hatte sie begünstigt, nicht weil er Kommunist war oder aus Algerien einen marxistischen Staat machen wollte – sein tief eingefleischter muselmanischer Glaube hätte sich dagegen gesträubt –, sondern weil er die algerischen Roten als Manövriermasse benutzen wollte gegen die Armee und gegen jenen Überrest der algerischen Bourgeoisie, die ihm Bodenreform und Sozialismus nicht verzeihen konnte.

In den kritischen Junitagen nach der Absetzung Ben Bellas sah es achtundvierzig Stunden aus, als befände sich Algerien am Rande des Bürgerkrieges. Die Kundgebungen in Algier selbst blieben zwar auf lärmende Straßenaufläufe kleiner Gruppen von Halbwüchsigen und Studenten beschränkt. Dennoch sah die Armee sich veranlaßt, über die Hauptstadt eine militärische »Quadrillage« zu verhängen. Die von wenigen Agitatoren gelenkten Demonstrationen gegen Oberst Boumedienne haben es immerhin fertiggebracht, einen solchen Eindruck von Unsicherheit in Algier zu stiften, daß die Asiatisch-Afrikanische Konferenz vertagt wurde. Eine Bombenexplosion auf dem Gelände am »Club des Pins« hatte den Ausschlag gegeben.

Doch die erwartete Fortsetzung der Unruhen blieb aus. Ein paar aufsässige Linksintellektuelle wurden verhaftet, einige französische Ratgeber ausgewiesen, und schon verstummte in den Straßen von Algier der Ruf: »Boumedienne assassin«. Bezeichnenderweise waren die Schmährufe gegen Boumedienne stets lauter gewesen als die Forderung nach einer Rückkehr Ben Bellas. Die Opposition gegen die Armee wurde in diesen heißen Sommertagen von Algier im wesentlichen von Studenten und Gewerkschaftern getragen. Aber Studentenbund und Syndikate waren in der Vergangenheit ja keineswegs bedingungslose Befürworter des gestürzten Staatschefs gewesen, sie hatten manche harte Auseinandersetzung mit dem Zaim gekannt, der die Spitzen der jeweiligen Organisationen mit ihm ergebenen Figuren hatte besetzen lassen. Diese von Ben Bella ernannten Studenten- und Gewerkschaftsführer verfügten im entscheidenden Moment nicht über ausreichende Gefolgschaft, um wirkungsvoll auf die Straße zu gehen.

Es ist eigenartig, wie schnell das Prestige Ben Bellas in Algerien verblaßt ist, wie schnell dieses Volk den Zaim zu vergessen scheint. Wirklich populär bleibt er wohl bei den sogenannten »Yaouled«, den kleinen Schuhputzern von Algier, die er in Kinderheimen und Lehrlingswerkstätten zusammenfassen ließ und die in ihm eher den erfolgreichen Mittelstürmer der Fußballmannschaft von Marnia bewunderten als den Begründer des algerischen Sozialismus. Beliebt bleibt Ben Bella ebenfalls bei den Frauen Algeriens, denen sein Typ des orientalischen Schlagersängers gefiel, denen sein Emanzipationsprogramm entgegenkam und denen die muselmanische Askese eines Boumedienne unheimlich erscheint. Die Algerier sind für Ben Bella nicht auf die Barrikaden gegangen. Was sie an dem Putsch der Militärs am meisten schockiert, ist die Tatsache, daß nunmehr die Armee ganz unverhüllt die Macht ausübt. Das verschworene Offizierskorps bildet einen Staat im Staat.

Das neue Algerien des Revolutionsrats trägt zunächst einmal das Gesicht eines Mannes, des Oberst Houari Boumedienne. Sein Lebenslauf ist nur in groben Zügen bekannt. Vor vierzig Jahren wurde der Oberst in

Guelma in Ostalgerien als Sohn einer einfachen Landarbeiterfamilie geboren. Er soll einmal in einer französischen Fabrik gearbeitet haben, aber die wesentlichen Etappen seiner Ausbildung sind die islamische Zaituna-Universität in Tunis, die berühmte muselmanische Hochschule El Azhar in Kairo und die geheimen militärischen Ausbildungslager des Irak. Boumedienne spricht ein schwerfälliges Französisch. Hingegen ist er in der arabischen Koransprache bewandert wie kaum ein anderer Repräsentant der algerischen Führungsschicht. Dieser Mann mit dem hageren Antlitz und dem brennenden Blick des Fanatikers ist kaum mit der Zivilisation des Westens in Berührung gekommen und wurzelt zutiefst im puritanischen Islam.

Man sagt Houari Boumedienne nach, er sei gerecht. Zweifellos ist er so introvertiert, wie sein Gegner Ben Bella extravertiert war. Ihm ist mit westlichen Maßstäben nicht beizukommen. Er enthüllt sich im Grunde erst, wenn er arabisch spricht, nicht das volkstümliche Dialekt-Arabisch, dessen sich Ben Bella bediente und auf das – in ägyptischer Mundart – auch Gamal Abdel Nasser zurückgreift, wenn er zur Masse spricht. Als Oberst Boumedienne die erste Proklamation des Revolutionsrats vor der Kamera verlas, da sprach er im klassischen Rhythmus des Korans. Bereits als Oberbefehlshaber der sogenannten Grenzarmee war Boumedienne durch seine äußere Bescheidenheit aufgefallen. Man sah an ihm nie irgendwelche Rangabzeichen. Er war meist in einen alten Regenmantel gehüllt, stand abseits und schwieg. Als starker Mann des algerischen Staates hat er diese Haltung vorerst nicht geändert. Nur im äußersten Fall bindet er einen Schlips um. Uniform trägt er nie. Dieses betont zivilistische Auftreten täuscht nicht darüber hinweg, daß die Offiziere der einstigen Grenzarmee aus Marokko und Tunesien den Ton angeben im Revolutionsrat und in der Regierung. So wurde das Industrieministerium zwar dem Ingenieur Abdessalam übertragen, einem algerischen Technokraten, der mit den Franzosen die entscheidenden harten Verhandlungen über die Petroleum-Abkommen führt. Aber Finanzminister in der neuen Regierung wurde Qaid Ahmed, während des Krieges Major Slimane, dem zur Verwaltung dieses schwierigen Ministeriums das elementare Fachwissen fehlt.

Dem Oberst ist innerhalb der Nationalen Volksarmee ein gewisses Amalgam gelungen zwischen der »Armee der Grenzen«, die – mit sowjetischem Material ausgerüstet und von ehemaligen algerischen Offizieren der französischen Armee beraten – niemals aktiv in die Kämpfe eingreifen konnte, und den Maquisards des Inneren, die die ganze Bürde des

Krieges mit völlig unzureichender Bewaffnung und unter schrecklichen Verlusten durchstehen mußten.

Auf dem zivilen Sektor scheint der Regierungschef jedoch keinen gesteigerten Wert darauf zu legen, die authentischen Väter der Revolution und jene prononcierten Persönlichkeiten in sein Kabinett aufzunehmen, die in den Exilregierungen von Tunis eine entscheidende Rolle gespielt hatten. Als einziger »historischer Führer«, wie man in Algier sagt, steht Rabah Bitat, ein Haftgenosse Ben Bellas, auf der Ministerliste. Weder Mohammed Khider noch Abdelhafid Boussouf haben einen Sitz in der Regierungsmannschaft. Der Führer des Kabylen-Aufstandes gegen die Franzosen und spätere Verteidigungsminister Krim Belkassem ist zwar nach Algier zurückgekehrt, bleibt aber von den Regierungsgeschäften ausgeschlossen. So ergeht es auch dem ehemaligen Ministerpräsidenten Ben Khedda. Die Hoffnung vieler Algerier, Boumedienne werde sich dem Chef der ersten algerischen Exilregierung, Ferhat Abbas, zuwenden, wurde nicht erfüllt. Es haben vielleicht einige Kontakte stattgefunden zwischen den putschenden Offizieren und dem Apotheker von Setif, den Ben Bella unter polizeiliche Bewachung gestellt hatte. Aber sie haben zu keinem Ergebnis geführt. Ferhat Abbas, der in der Schule des französischen Parlamentarismus groß geworden ist, forderte eine Demokratisierung der algerischen Politik und eine Liberalisierung der algerischen Wirtschaft als Voraussetzung für seine Teilnahme an der politischen Verantwortung. Diese Forderungen mußten auf taube Ohren stoßen bei einer festgefügten militärischen Kaste, die den Parlamentarismus lediglich als Ausdruck westlicher Debilität und die freie Wirtschaft als korrupten Sumpf der Volksausbeuter empfindet. Der Revolutionsrat wäre andererseits heute wie gestern verlegen, wenn er eine Definition jenes spezifisch algerischen Sozialismus geben sollte, den die Umgebung Boumediennes anstrebt.

Vor meinem Rückflug aus Algier notierte ich: »Boumedienne hat zu verstehen gegeben, daß Algerien sich seinen eigenen Problemen widmen und auf die Flucht in die Außenpolitik verzichten soll. Damit gibt er bewußt die panafrikanische und panarabische Tendenz der algerischen Revolution preis, ja den Anspruch auf eine Führungsrolle innerhalb der Dritten Welt, den Algerien unter Ben Bella erhob. Zweifellos ist das eine vernünftige Entscheidung. Denn Algerien wird damit die kostspielige Illusion genommen, am Rad der Geschichte zu drehen. Wenn Boumedienne in absehbarer Zeit wirtschaftliche Erfolge vorweisen kann, wird sich dieser außenpolitische Verzicht positiv auszahlen. Doch wenn die ökonomischen Wiederbelebungsversuche des Revolutionsrats scheitern sollten und sich statt dessen lediglich die Privilegien der Offizierskaste im Angesicht einer darbenden Bevölkerung bestätigen, dann müßte man sich auf tiefe Enttäuschung vorbereiten. Dann wäre nicht ausgeschlossen, daß die algerische Masse eines Tages Ahmed Ben Bella nachtrauert, ihrem Zaim, der Algerien zwar nicht aus dem wirtschaftlichen Chaos herausführen konnte, ihm aber statt dessen den Traum einer weltweiten Mission vorgaukelte.«

Der Marabu von Neuilly

Neuilly-sur-Seine, November 1981

Man sah Ahmed Ben Bella nicht an, daß er mehr als zwanzig Jahre seines Lebens im Gefängnis verbracht hatte, sechs Jahre bei den Franzosen, fünfzehn Jahre unter der Herrschaft Oberst Boumediennes, die sich bis zum Tod des Oberst, 1979, wie ein dunkler Mantel über Algerien gelegt hatte. Die Haft hatte den maghrebinischen Freiheitshelden, der schon 1949 zu den Verschwörern der »Organisation Spéciale« und zu den Vorkämpfern der Unabhängigkeit gehört hatte, in keiner Weise gebrochen. »Wie alt sind Sie, Monsieur le Président?« fragte ich ihn gleich zu Beginn unserer Begegnung in der Wohnung seiner Anwältin im Pariser Luxus-Vorort Neuilly-sur-Seine. »Ganz genau weiß ich das nicht, entweder 64 oder 65«, antwortete er lächelnd. Er wirkte mindestens zehn Jahre jünger. Ben Bella war immer noch wie ein Athlet gebaut, das Haar auf dem mächtigen Löwenschädel war pechschwarz. Die ersten, härtesten Jahre der totalen Isolationshaft in den algerischen Kerkern nach seinem Sturz im Sommer 1965, als ihn seine Wächter wohl um den Verstand bringen wollten, hatten ihm nichts anhaben können. »Ich habe mich in meiner Zelle jeden Tag einem eisernen Programm an Leibesübungen unterworfen«, fuhr der Präsident fort, »aber was mir tatsächlich erlaubt hat, bei Verstand zu bleiben und mein Innenleben zu vertiefen, das war die Religion, die Gottergebenheit des Islam. Von Anfang an, das müssen Sie wissen, ist der Islam meine innigste politische Motivation gewesen. Bevor ich Nationalist wurde, war ich Moslem.«

Es war unmöglich, nicht mit Ben Bella zu sympathisieren. Das pausbäckige Schlagersänger- und Sportlergesicht von einst war durch die

Jahre der Prüfung prägnanter geworden. Seine Bewegungen waren sicher, sein Auftreten war durch eine typisch orientalische Liebenswürdigkeit geprägt. Das Selbstbewußtsein Ben Bellas, den ich früher nur aus der Ferne inmitten einer jubelnden Menge hatte erspähen können, war völlig unversehrt. Am meisten beeindruckte mich die Heiterkeit, die Gelassenheit, die aus seinen großen Maghrebiner-Augen sprach. Der Eindruck männlicher Würde wurde durch den schwarzen Anzug betont. Ein Titel der Oriana Fallacci ging mir durch den Kopf: »Un Uomo«.

»Meine Frau führt gerade noch ein Gespräch mit einer spanischen Journalistin«, sagte Ben Bella. »Anschließend setzen wir uns zusammen.« Zohra Ben Bella mußte einen französischen Elternteil haben. Sie sprach kaum Arabisch, hingegen Französisch ohne jeden Akzent. Mit Sicherheit war sie zum Islam übergetreten, denn sie hatte ihren Mann mitsamt den beiden Adoptivtöchtern vor kurzem nach Mekka begleitet. Ursprünglich hatte sie wohl jenen französischen Pieds Rouges nahegestanden, die mit den algerischen Aufständischen sympathisierten und Nordafrika zum Marxismus bekehren wollten. Aber es war ganz anders gekommen. Zohra trug ein weites Gewand, das ihre füllige Gestalt verhüllte. Auf der kleinen Nase saß eine riesige Brille, und die Haare waren nach strenger Vorschrift durch ein Kopftuch bedeckt. Diese Frau überraschte durch ihre Heiterkeit. Sie zwitscherte und lachte. Sie brachte uns Kaffee und begann ihr Interview mit der Spanierin.

»Waren Sie von Anfang an in Ihren Mann verliebt?« fragte die Journalistin aus Madrid. Zohra lachte schallend. »Im Gegenteil. Ich konnte ihn nicht ertragen, als er damals in den ersten Jahren der Unabhängigkeit Präsident war. Ich habe ihn verabscheut. Ich fand ihn gräßlich, zumal alle algerischen Frauen in ihn verliebt waren. Ich befand mich damals in der Opposition gegen Ben Bella, auf seiten seines politischen Rivalen Mohammed Budiaf. Ich bin immer gegen die jeweiligen Machthaber gewesen und habe stets auf der falschen Seite der Barrikade gestanden. Ich bin in jenen Tagen sogar vorübergehend eingesperrt worden.« – »Und wie kam es später zu Ihrer Heirat mit Ben Bella?« – »Als er im Kerker verschwand, als man ihm unrecht tat, habe ich Mitgefühl für Ben Bella empfunden. Eines Tages – viele Jahre waren vergangen, und niemand wußte, ob er überhaupt noch lebte – wurde ich gefragt, ob ich den Expräsidenten heiraten möchte. Ich habe diese Heiratsvermittler erst einmal ausgelacht, dann doch eingewilligt, den geheimnisvollen Gefangenen in seiner Internierung aufzusuchen. Ich habe zwei Worte mit ihm gesprochen und war sofort über beide Ohren in ihn verliebt. Wir haben

geheiratet, und ich habe ein paar Jahre lang seine Haft und seine Einsamkeit geteilt.« – »Ist er ein guter Ehemann?« wollte die Spanierin wissen. –
»Ich wünschte allen Frauen einen solchen Mann und einen solchen Vater
für ihre Kinder. Gewiß, es war hart und bedrückend in unserer Gefäng-
niszeit. Die Bedingungen waren äußerst streng. Aber ich denke dennoch
gern daran. Damals hatte ich ihn nämlich 24 Stunden pro Tag für mich
allein. Heute hingegen ist er so beschäftigt und häufig abwesend.«

Mein Gespräch mit Ahmed Ben Bella begann. Sein vordringliches
Anliegen war die Entwicklungspolitik. »Das Nord-Süd-Gespräch ist eine
große Täuschung«, begann er. »Auch das Gerede vom Technologie-Trans-
fer verschleiert nur neue Formen der Ausbeutung der Unterentwickelten
durch die Industrienationen. Wir sollten erst einmal eine semantische
Frage klären. Was heißt überhaupt Entwicklung? Das Wort selbst ist verdächtig geworden. Aus dem Bruttosozialprodukt macht man einen Götzen. Die hemmungslose industrielle Entwicklung, der ich selber einmal
angehangen habe, ist dabei, den Norden zu verseuchen, und der Süden
bleibt zur unerträglichen Abhängigkeit verurteilt. Wir sollten uns darauf
besinnen, daß es in der ersten Linie darum geht, die Menschen in der
Dritten Welt zu ernähren. Die Förderung der eigenen Landwirtschaft –
auf die lokalen Nahrungsbedürfnisse zugeschnitten – ist die erste Pflicht
für die unterentwickelten Länder. Statt Exportprodukte anzubauen, die
sogenannten ›cash crops‹ – Wein im muselmanischen Algerien, Erdnüsse
in Senegal, Baumwolle in Ägypten und Usbekistan, Sisal in Tansania,
Kakao an der Elfenbeinküste –, hätten die Regierenden längst dazu übergehen müssen, prioritär die Grundnahrungsmittel für ihre Landsleute
anzupflanzen. Sie sollten aufhören, große industrielle Projekte anzu-
steuern, die sie nur noch abhängiger machen. Statt dessen müßten sie
eine Leichtindustrie im Zusammenhang mit den eigenen Bodenproduk-
ten entwickeln und einen bescheidenen, aber vernünftigen Binnenmarkt
animieren. Die reichen arabischen Erdölproduzenten sollten auf angemessene Weise zum Fortschritt ihrer darbenden islamischen Brüder
beitragen. Jene Zinsen, die sich in den internationalen Banken häufen
und gegen die Vorschriften des Koran verstoßen, sollten für die Ernäh-
rung und Gesundheitspflege aller Enterbten verwandt werden. Das ist
ein Gebot muselmanischer Solidarität, eine neue Form des ›Zakat‹.«

Die Selbstentfremdung der islamischen Massen im Sog des kulturellen Einflusses des Westens stimmte Ben Bella nachdenklich und besorgt.
»Wir müssen zu uns zurückfinden«, sagte er ohne jedes Pathos. »Die
westliche Entfremdung, das ist nicht nur der Kapitalismus, sondern auch

der Marxismus. Für uns gehört die Sowjetunion zum Westen.« Als ich
ihm zustimmte und den Marxismus als eine späte christlich-jüdische
Häresie bezeichnete, sagte er wörtlich: »Der Marxismus ist ein entarteter
Sohn des Christentums. Aber Sie werden verstehen, daß ich eine solche
Äußerung nicht öffentlich, sondern nur unter vier Augen machen
kann.« Mit Gamal Abdel Nasser, dem er nachtrauerte, habe ich häufig
über das Verhältnis zwischen Sozialismus und Islam diskutiert. Inzwischen sei ihm die Erkenntnis gekommen, daß die koranische Botschaft
unverzichtbar und allumfassend sei. Im Gegensatz zu Jesus sei Mohammed Gesetzgeber gewesen. Politik und Religion könnten nicht auseinan-
derdividiert werden. Das Paradies dürfe nicht nur ins Jenseits verwiesen
werden, während die Erde ein »Tal der Tränen« bleibe. Es gehe darum,
das »kleine Paradies«, die gottgefällige Gesellschaft schon im Diesseits zu
schaffen. – Wieder einmal stieß ich auf die islamische Grundvorstellung
des Tauchid.

»Stimmt es, daß Sie durch das Experiment Khomeinis im Iran fasziniert sind?« fragte ich. Ben Bella bejahte das ohne Zögern. »Wichtiger als
alle wirtschaftliche Entwicklung ist die Wiedererweckung unserer eigenen islamischen Persönlichkeit und unsere Verwurzelung in den überlieferten Wertvorstellungen. Dagegen wird eingewendet, der Koran sei vor
1400 Jahren niedergeschrieben worden. Aber seitdem ist unsere geistliche Entwicklung ja nicht stehengeblieben. Die ›Sunna‹ erlaubt eine ständige Anpassung des ewigen, ungeschaffenen Wortes Allahs an die wechselnden Umstände. Im übrigen gibt es den ›Ijtihad‹, die unermüdliche
Bemühung des einzelnen und der Gemeinschaft um eine fortschrittliche
Auslegung der heiligen koranischen Schrift.« Khomeini habe im Westen
natürlich befremdet, und vieles sei im Iran chaotisch und widersprüchlich verlaufen. Dennoch habe Khomeini als erster in der muselmanischen Welt eine totale »islamische Kulturrevolution« durchgeführt, und
die werde weiter wirken und weiter hallen. »Das Experiment Khomeini
ist längst nicht am Ende«, betonte Ben Bella, »auch wenn der Westen das
erhofft. Der Imam mag sterben, aber seine Botschaft hat Bestand.« Es sei
auch für Algerien unentbehrlich, die »Scharia«, die muselmanische
Rechtsprechung, wieder einzuführen. Die Jugend neige mehr und mehr
dem fundamentalistischen Islam zu. Auch Algerien werde zurückfinden
zur reinen islamischen Identität.

Ob er sein Comeback in die algerische Politik vorbereite, wollte ich
wissen. »Sie fragen, ob ich die Macht ergreifen will in Algier«, vereinfachte der gestürzte Präsident. »Nein, das will ich nicht. Aber ich stehe

mit meinem Rat und meiner Erfahrung zur Verfügung, wenn mein Land, das einer großen Krise entgegentreibt, meiner bedarf.« Er wolle dem jetzigen Präsidenten Schedli-Ben-Dschedid, der auf den unerbittlichen Boumedienne gefolgt war und Ben Bella aus der Haft entlassen hatte, keine unnötigen Schwierigkeiten bereiten. Aber die Kluft drohe sich zu vertiefen. Es sei Tatsache, daß er mit mir in Algerien niemals so offen sprechen könnte wie hier in Paris. Es kämen zahlreiche junge Algerier zu ihm auf der Suche nach geistiger und politischer Anregung.

Kein Wunder, daß neuerdings gewisse Führungskreise der algerischen Einheitspartei FLN mit Irritation die Aktivitäten Ben Bellas in Frankreich beobachteten. Der frühere Präsident hatte zuletzt, bevor er ins Ausland abwanderte, im Städtchen M'Sila gelebt, und *El Moujahid*, das offizielle Organ der Nationalen Befreiungsfront, das halb arabisch und halb französisch erscheint, hatte bereits eine Kampagne gegen den »Marabu von M'Sila« – so wurde Ben Bella apostrophiert – eingeleitet. Da saß ich ihm gegenüber, dem »Marabu von Neuilly-sur-Seine«. Durch das vorhanglose Fenster blickte der rötlich angestrahlte Herbsthimmel der »Ile-de-France« und die Zweige der entlaubten Bäume der Rue Perronet. Als Ben Bella mich bat, ihm eine Tonkassette von dem Fernseh-Interview zu überlassen, das wir im Anschluß an unseren Dialog gefilmt hatten, mußte ich an jenen anderen Asylanten denken, an Ruhollah Khomeini, den »Marabu von Neauphle-le-Château«, der ebenfalls aus dem Exil heraus mit dem Gewicht seiner charismatischen Persönlichkeit, aber auch mit dem technischen Hilfsmittel seiner Tonband-Kassetten den Iran revolutioniert hatte. Eine jüngste Reaktion aus Algier lag bereits vor. Wieder hatte der anonyme Leitartikler des *Moujahid* Ben Bella heftig angegriffen. Der Ex-Präsident, der sich als »Mann der Situation bezeichnet, falls der Horizont sich verdunkeln sollte«, wurde dieses Mal als »Monsieur le touriste parisien« und als »alternder Star« verunglimpft.

Friede über den Gräbern

Algier, Anfang Dezember 1981

Wiedersehen mit der türkischen Zitadelle von Algier, die der Kasbah zu ihren Füßen den Namen gegeben hat. Dort wo früher die Janitscharen des Sultans hausten, ist das Architektenbüro zur Erhaltung und Sanie-

rung der Altstadt untergebracht. Jede winzige Sackgasse, jede Wohn-
höhle ist auf dem Stadtplan eingezeichnet, und die baufälligen Häuser in
Rot, Gelb und Grün markiert. Ich muß an die »Quadrillage« zur Zeit der
»Schlacht von Algier« denken, als mir Colonel Godard vor einer ähnlichen Skizze mit gezücktem Zeigestock einen Vortrag über die Ausmerzung des Terrorismus hielt. Dieses Mal wurde ich von zwei jungen
Frauen über die Restaurierungsarbeiten in der Kasbah unterrichtet. Die
blonde Französin ist mit einem Algerier verheiratet. Der Typus der anderen mit den schrägstehenden Augen kommt mir vertraut vor. Sie gibt
sich als Eurasierin zu erkennen, die im Zuge der französischen »coopération technique« nach Nordafrika gekommen ist. Beide sind diplomierte
Orientalistinnen.

Der algerische Bürovorsteher unterrichtet Geschichte an der Universität. Mein Interesse am Islam überrascht ihn. Keiner seiner Besucher habe
ihn auf diese Zentralfrage angesprochen. »Der Hafen ›El Dschazair‹ zählte
im Jahr vor der französischen Besitznahme 30 000 Einwohner und 180
Moscheen«, so berichtet er. »130 Jahre später, als die Franzosen das Land
verließen, war aus Algier eine Millionenstadt mit 500 000 Moslems
geworden, aber es existierten nur noch zwölf Moscheen.« Seit der Unabhängigkeit sei die Zahl der islamischen Gebetshäuser auf zweihundert
angewachsen, und jede Woche käme es zur Gründung neuer religiöser
Treffpunkte, sogenannter »wilder Moscheen«, wo fromme Fundamentalisten, denen die Koraninterpretation der offiziellen Ulama zu lasch
erscheine, einer strengeren und theokratischen Form des Islam anhin-
gen. Der Geschichtsprofessor wurde, ohne es zu merken, vom theologischen Thema gefesselt. »Wir haben den Koran mit Computern ausgewer-
tet«, sagte er, »und dabei eine mathematische Grundregel festgestellt.
Immer wieder stoßen wir dabei auf die Zahl 19. Nehmen Sie nur die
einleitende Gebetsformel ›Bismillahi rahmani rahim‹ und schon haben
Sie diese mysteriöse Ziffer 19.« Er sei ein mathematisch und statistisch
veranlagter Mystiker, wandte ich ein, ein »Sufi« der Neuzeit, und er
lachte. Offiziell sei der Islam durch die Kolonisation respektiert worden.
In Wirklichkeit hätten die Franzosen mit allen Mitteln versucht, eine
Säkularisierung Nordafrikas durchzusetzen. Man denke nur an die islamischen Stiftungen und Vermächtnisse für religiöse Zwecke – »Waqf«
im Orient, »Habus« im Maghreb genannt –, die durch die Fremdherrschaft praktisch ausgelöscht worden seien.

Über die politische Bedeutung der islamischen Wiedergeburt schwieg
mein Gesprächspartner sich vorsichtig aus. Aber die beiden jungen

Frauen genierten sich nicht. Sie hatten natürlich in der Presse gelesen, daß es in der südalgerischen Stadt Laghuat zu einem regelrechten Aufstand der Fundamentalisten – hier nannte man sie pauschal »Moslem-Brüder« – gekommen sei. Man habe die Truppe einsetzen müssen, um Laghuat freizukämpfen, und es sei Blut geflossen. Diese Art Zwischenfälle seien jedoch in keiner Weise auf Laghuat beschränkt geblieben. An der Universität Algier komme es regelmäßig zu gewalttätigen Auseinandersetzungen zwischen Marxisten und islamischen Integristen, ganz zu schweigen von der kulturellen Selbstbehauptungs-Bewegung der Kabylen, die ihre sprachliche Identität gegenüber dem Totalitätsanspruch des Arabismus behaupten wollten. Seit Präsident Anwar-es Sadat in Ägypten den Kugeln der Fanatiker zum Opfer fiel, sei man jedoch auch in Algier hellhörig geworden, und die Polizei, die »Schurta«, richte ein wachsames Auge auf die Moslem-Brüder. Die Anhänger dieser Bewegung hätten sich zur Tarnung die Bärte abrasieren lassen, aber ihre Botschaft gewinne gerade bei den Jugendlichen an Boden.

Mit einem graubärtigen deutschen Architekten wanderte ich durch das Labyrinth der Kasbah. Trotz seiner sechzig Jahre durcheilte mein Begleiter wie ein junger Mann die steilen Gassen, wo ihn die meisten kannten und freundlich begrüßten. Unzählige Kinder spielten im ewigen Schatten dieser Moderwelt. Nur an einer Stelle war eine weite Bresche in das engbrüstige Häusergewirr gerissen und zu einem kleinen, weißgetünchten Platz ausgebaut worden. Es handelte sich um die ehemalige Bombenwerkstatt des Widerstandskämpfers Ali-la-Pointe und seiner Gefährten. Eine unscheinbare weiße Gedenksäule mit rotem Halbmond und Stern erinnerte an diese tragischen und zwielichtigen Schuhada. Seit Oberst Schedli-Ben-Dschedid nach dem Tode Houari Boumediennes die Staats-, Partei- und Armeeführung Algeriens übernommen hatte, durfte wieder öffentlich über den historischen Werdegang der algerischen Revolution diskutiert werden. An einer dieser Podiumsdebatten hatten unter anderen Yacef Saadi, der eigentliche Anführer des Widerstandes der Kasbah, und Djamila Bouhired, die meistgefürchtete Bombenlegerin aus jener Zeit, teilgenommen. Doch von den eigentlichen Revolutionshelden der ersten Stunde, von jener kleinen Verschwörergruppe der »Organisation Spéciale«, die am Allerheiligentag 1954 den Aufstand ausgelöst hatte, weilte nur noch ein einziger in Algerien, der Parlamentspräsident Rabah Bitat. Auch um ihn kreiste das Gerücht, er wolle sich aus zwingenden Gründen ins Ausland absetzen. Ben Bella hielt sich seit seiner Freilassung überwiegend in Frankreich auf. Mohammed Khider, den ich 1956 in Kairo getroffen hatte, war in Madrid erschossen worden, weil er angeblich über den Zugang zum Kriegsschatz der Befreiungsfront verfügte. Krim Belkassem, der starke Mann aus der Kabylei, war in einem Frankfurter Hotel ermordet worden. Abdelhafid Bussuf war im Ausland gestorben. Mohammed Budiaf komplottierte, wie man in Algier behauptete, im benachbarten Marokko. Der Linkssozialist Ait Ahmed, der bei der Kabylen-Revolte im Jahre 1964 eine führende Rolle gespielt hatte, lebte in Frankreich. Qaid Ahmed, auch Major Slimane genannt, den ich paradoxerweise im Amtszimmer des damaligen Ministerpräsidenten von Rheinland-Pfalz, Helmut Kohl, getroffen hatte – er plädierte in der Staatskanzlei von Mainz gegen Boumedienne und für die Anerkennung der PLO – war in der Verbannung gestorben. Die Revolution hatte auch im Maghreb ihre Kinder verschlungen oder sie erbarmungslos kaltgestellt.

Am späten Nachmittag schlenderte ich durch die zentralen Geschäftsstraßen, die frühere Rue Michelet und die Rue d'Isly. Die Hauptstadt zählt inzwischen drei Millionen Einwohner. Die Zahl der Algerier war insgesamt auf zwanzig Millionen angeschwollen. Das Geschiebe war fast unerträglich, und achtzig Prozent der Menschen, die mich umgaben, waren jünger als 25 Jahre. Die chronische Arbeitslosigkeit, mehr noch als die Armut und die Versorgungsengpässe, stellte das explosivste Problem der jungen algerischen Volksdemokratie dar. Kein Wunder, daß der islamische Mystizismus auf die ratlose und perspektivenarme Jugend einen mächtigen Sog ausübte. Die Geschäfte und Kaufhäuser stellten ein äußerst dürftiges Warenangebot zur Schau. In dieser Hinsicht wirkte Algier wie eine Kapitale des Ostblocks. Nur Süßigkeiten – vom Baklawa zum Rahat Lukum – waren in Hülle und Fülle vorhanden. Die spärlich belieferten Textilläden füllten ihre Vitrinen mit einer Vielzahl rosa gefärbter weiblicher Nachtgewänder. Der Sozialismus hatte sich in Algerien seit der Machtergreifung Ben Bellas etabliert, und die rigorose Planwirtschaft, die Schedli-Ben-Dschedid jetzt vorsichtig zu lockern suchte, hatte Mangel und Verzicht im Gefolge gehabt. Ein maßloser Industrialisierungsehrgeiz hatte das ökonomische Gleichgewicht völlig zerstört. In der Rue d'Isly war das Denkmal des französischen Generals Bugeaud durch die Reiterstatue des Nationalhelden Abdel Kader verdrängt worden. Aber die »Milk-Bar« an der nahen Ecke war von einer ebenso dichten Kundschaft belagert wie an jenem fernen Tag, als dort eine Bombe des algerischen Untergrundes explodierte.

Zum Abendessen trafen wir uns mit ein paar Deutschen im angeblich

besten Restaurant von Algier im Villenviertel von Hydra. Nach der alten
Französin, die hier seit der Unabhängigkeit ausgeharrt hatte, wurde es
immer noch »Chez Catherine« genannt. Die Speisenauswahl war
beschränkt, und die Gastronomie wurde kleingeschrieben. Aber der
maurische Rahmen dieses verschachtelten Hauses wirkte bezaubernd.
Die »Valse Musette«, die aus dem Lautsprecher kam, klang nostalgisch.
An den Tischen und in den Nischen saßen die Angehörigen der algerischen »Jeunesse dorée«, Söhne und Töchter von Würdenträgern des Regimes, von Geschäftsleuten, die es durch Schiebung und Steuerhinterzie-
hung zu Reichtum gebracht hatten. Auch dieses äußerlich puritanische
Regime hatte seine Parasiten und Profitler. Die jungen Männer trugen
elegante Maßanzüge. Die Mädchen – viele von ihnen orientalische
Schönheiten – zeigten Dekolletés, die jeden Moslem-Bruder in Rage
gebracht hätten. Man sprach halb französisch, halb arabisch, lärmte und
lachte, demonstrierte seinen Ausnahmestatus und das Vermögen der
Eltern. Die Gesellschaft wirkte sehr libanesisch und levantinisch in
diesem ansonsten spartanischen Atlas-Staat. »Sie sollten einmal eine
Hochzeit bei der neuen Geschäfts-Bourgeoisie von Algier erleben«, sagte
meine deutsche Nachbarin. »Neulich hat unser Hausbesitzer seine Tochter verheiratet. Zehntausende von Dinaren wurden ausgegeben, und es
hat an nichts gefehlt. Eine Etage war für die Männer und eine für die
Frauen reserviert. Am Ende des üppigen Festmahles mußten sich die
Frischvermählten in die Brautkammer zurückziehen, und jeder warte-
tete darauf, daß die stolzen Eltern das blutbefleckte Bettuch als Beweis
der vollzogenen Ehe und der Jungfräulichkeit der Braut beibringen würden. Es entstand eine mehr als peinliche Situation, als die Schwiegermut-
ter ohne diese Trophäe zurückkehrte, weil der junge Mann der psychologischen Belastung dieses Mannbarkeitstestes offenbar nicht gewachsen
war.« Wie wenig hatte sich doch zwischen Nil und Maghreb geändert,
seit der blinde ägyptische Schriftsteller Taha Hussein um die vergangene
Jahrhundertwende in seinem Tagebuch »El Ayyam« eine Hochzeit in
Kairo beschrieb. Der Direktor der deutschen Schule von Algier machte
auf die Gefahren aufmerksam, die unweigerlich aus der Diskrepanz im
Lebensstandard zwischen den wenigen Reichen und den vielen Armen
erwuchsen. »Ich war in Teheran tätig, bevor ich nach Algier kam«, sagte
er, »und manchmal werde ich hier an jene kaum spürbaren Warnsignale
erinnert, die im Iran den schiitischen Aufstand der Mustazafin ankündigten.«
  Trotz der fortgeschrittenen Jahreszeit war das Wetter mild wie im

Frühling. Sogar das Hotel »Aurassi«, das mir im Frühjahr 1974 so finster erschienen war, wirkte dieses Mal freundlicher. Offenbar strengte sich die Direktion auch besonders an, denn der Staatsbesuch des französischen Präsidenten Mitterrand stand bevor, und die Journalisten aus Paris waren alle im »Aurassi« untergebracht. Dort erreichte mich auch ein Anruf des »Polisario« oder – offiziell gesagt – das Telefonat eines Sprechers der »Demokratischen Arabischen Sahara-Republik«. Er wollte mich zu einem neuen Ausflug nach Tinduf überreden. Die Sahrawi hatten gerade im ehemals spanischen Rio de Oro den Wüstenflecken Gelta Zemmur erobert und den Marokkanern eine empfindliche Schlappe beigebracht. Aus Rabat war zu hören, daß die Partisanen mit schweren sowjetischen Panzern und mit Sam-Raketen angetreten waren. Auch die versöhnlichere Haltung des Präsidenten Schedli-Ben-Dschedid hatte den Sahara-Konflikt mit Marokko also nicht beilegen können. Unter den ausländischen Beobachtern in Algier wurde mehr und mehr die Überzeugung vertreten, daß es sich bei den kämpfenden Polisario-Kriegern nur noch zu einem geringen Prozentsatz um tatsächliche Sahrawi aus dem spanischen Territorium handelte. Die große Mehrheit sei unter den Wüstenstämmen Süd-Algeriens, Mauretaniens und Malis rekrutiert worden. Aufgrund der bevorstehenden Mitterrand-Visite mußte ich die Einladung nach Gelta Zemmur ausschlagen. Ich sei auch in Zukunft jederzeit willkommen, versicherte die Stimme am Telefon.

Gleich nach seiner Ankunft in Algier fuhr François Mitterrand zum Heldenfriedhof »El Alia« und legte am Sarkophag Houari Boumediennes einen Kranz nieder. Ein kleines Detachement der Algerischen Volksarmee in grau-blauer Galauniform präsentierte das Gewehr. Neben vielen Schuhada des Befreiungskrieges ruhten hier an prominenter Stelle der historische Vater des muselmanischen Widerstandes in Nordafrika, Emir Abdel Kader, sowie die FLN-Führer Murad Didouche und Larbi Mhidi. Mitterrand war von Präsident Schedli-Ben-Dschedid begleitet. Das schlohweiße Haar ließ den algerischen Staatschef älter erscheinen, als er war. Nach dem Tode Boumediennes, der sich in seiner endlosen Agonie unvorsichtigerweise einem russischen Ärzteteam in Moskau anvertraut hatte, war Schedli von seinen Kollegen im obersten militärischen Führungsgremium wohl an die Spitze des Staates getragen worden, weil man in ihm eine relativ unpolitische Erscheinung und den einfachsten gemeinsamen Nenner sah. Schon spottete man, es befände sich ein »maghrebinischer Hindenburg« im höchsten Amt der Demokratischen Volksrepublik Algerien. Sehr bald stellte sich jedoch heraus, daß Schedli über Bauernschläue und List verfügte. Der radikale Linksflügel, der in den letzten Jahren Boumediennes den Ton angegeben hatte, wurde kaltgestellt, insbesondere der mächtige Partei-Organisator Yahiaoui und jener Außenminister Bouteflika, der mit dem fröhlichen Grinsen eines sizilianischen Wegelagerers seine Position im Zentrum der Macht zu einträglichen Finanzmanipulationen benutzt haben soll. Jetzt machte Bouteflika Geschäfte in den Golfstaaten, so erzählte man.

François Mitterrand verließ mit bleichem, ernstem Gesicht die Gedenkstätte von El Alia, um durch ein Spalier von Schulkindern und Fabrikarbeitern, die speziell für diesen Anlaß Freizeit erhalten hatten, zum Sommerpalast zu fahren. Die Verneigung vor den Gräbern der »Märtyrer« war einer schlichten Sühnefeier gleichgekommen. Die Algerier hatten wohl nicht vergessen, daß der sozialistische Staatschef der Fünften Republik im Jahr 1954, als der Algerien-Krieg ausbrach, Innenminister der Vierten Republik in der Regierung Mendès-France und damit zuständig für die nordafrikanischen Départements gewesen war. Am 12. November 1954 hatte Mitterrand im Palais Bourbon feierlich verkündet: »Algerien ist Frankreich – L'Algérie, c'est la France –, meine Politik läßt sich in drei Worten zusammenfassen: Willenskraft, Festigkeit, Präsenz.«

Siebenundzwanzig Jahre waren seit diesem markigen Ausspruch vergangen, und jetzt fuhr Mitterrand durch eine dichte Menge freundlicher Menschen, die ihm blau-weiß-rote und grün-weiße Fähnchen entgegenhielten und im Sprechchor »Schedli – Mitterrand« riefen. Banderolen hießen den französischen Gast willkommen. Am häufigsten waren die arabisch beschrifteten Spruchbänder mit der Losung: »El thaura min el schaab ila el schaab – Die Revolution aus dem Volk für das Volk«. Die französischen Reporter aus Paris zeigten sich trotz dieser herzlichen Willkommensatmosphäre skeptisch. Einige von ihnen hatten im Jahr 1975 Valéry Giscard d'Estaing auf einer offiziellen Rundreise durch Algerien begleitet, und nichts war von den damaligen Versöhnungs- und Verbrüderungsschwüren übriggeblieben. Für mich war es ein seltsames Gefühl, Mitterrand genau an jener Straßenkreuzung – im offenen Wagen neben Schedli-Ben-Dschedid stehend – in Richtung auf den Sommerpalast abbiegen zu sehen, wo de Gaulle im Sommer 1958 den ersten Schmähungen durch die Algier-Franzosen ausgesetzt gewesen war.

Am Tag vor dem Eintreffen des französischen Präsidenten hatte ich in Hydra den französischen Botschafter Mérillon aufgesucht. Wir kannten uns aus schwierigen Zeiten. Mérillon hatte sein Land in Jordanien während des »Schwarzen September« vertreten und 1975 in Süd-Vietnam als diplomatischer Akteur den Fall Saigons miterlebt. Am Quai d'Orsay war er vielleicht als »Giscardien« eingestuft, jedenfalls verbrachte er seine letzten Tage in Algier. Der lebhafte kleine Diplomat ließ sich keine Enttäuschung anmerken. »Dieser Besuch Mitterrands stellt wirklich eine große Chance der endgültigen Bereinigung zwischen unseren beiden Ländern dar«, meinte er. »Was trennt uns noch von den Algeriern? Die Frage der Archive, die in Südfrankreich gelagert sind und deren Auslieferung die Algerier verlangen; die Aushandlung des Preises für das Erdgas der Sahara, das die Algerier gern am Petroleum-Kurs indiziert sähen; die zwangsläufigen Probleme, die sich aus der Präsenz von einer Million algerischer Gastarbeiter in Frankreich ergeben. Das sind Streitpunkte, die sich mit gutem Willen ausräumen lassen. Unsere Divergenzen mit Großbritannien – um nur dieses Beispiel zu erwähnen – sind sehr viel schwerwiegender. Aber was zwischen Paris und Algier wie eine Mauer fortbesteht, das ist das abgrundtiefe Mißtrauen der Maghrebiner. Sobald es zu einem kulturellen Eigenständigkeitsanspruch der Kabylen kommt, wird der französische Geheimdienst dahinter vermutet. Es genügt, daß eine Sardinenbüchse explodiert, und das ist das Werk französischer Agenten. Wenn Mitterrand – als sozialistischer Präsident – Vertrauen schaffen kann, wenn er dort reüssiert, wo Giscard aufgrund seiner Vorliebe für die marokkanische Monarchie Hassan II. scheiterte, dann hat er das Wichtigste vollbracht: Dann wird endlich der Schlußstrich unter den unseligen Algerien-Krieg gezogen.«

Wir sprachen über das Hochkommen des religiösen Fanatismus. Algerien mache keine Ausnahme, meinte Mérillon. Die Entwicklung laufe nun einmal einem wachsenden islamischen Rigorismus zu. Außerhalb der Stadt Algier werde praktisch kein Alkohol mehr ausgeschenkt. Der Fastenmonat Ramadan werde streng befolgt. Der Botschafter zog eine Parallele zu seiner Dienstzeit in Amman. Im ersten Jahr seiner dortigen Akkreditierung habe König Hussein von Jordanien ihn noch während des Ramadan mit Whisky und Zigarre empfangen. Im letzten Jahr nach dem »Schwarzen September« habe der haschemitische Herrscher sich streng an die islamische Vorschrift gehalten. Eine ähnliche Veränderung sei in Algerien mit Außenminister Ben Yahia vorgegangen. Dieser feinfühlige, nervöse Intellektuelle habe ursprünglich als indifferenter Moslem, fast als Atheist gegolten, bis er mit knapper Not bei einem Flugzeugunfall in Mali dem Tod entkam. Einen ganzen Tag habe er dort unter den Leichen in der zertrümmerten Maschine verbracht, und seitdem habe sich Ben Yahia zu einem eifernden Muselmanen geläutert.

Am Nachmittag vor seiner Rückreise nach Paris war ein Besuch der Kasbah im Programm Mitterrands vorgesehen. Es war eine eher symbolische Veranstaltung, wiederum eine Art Sühnegang, und sie wurde aus Sicherheitsgründen im Eilschritt absolviert. Es waren nur die unteren Straßen der Altstadt ausgewählt worden, wo früher überwiegend Juden gewohnt hatten. Die Mauern entlang diesem Parcours waren speziell geweißt worden. »Getünchte Grabmäler«, tuschelte der Korrespondent einer konservativen Zeitung aus Paris. Beim Verlassen der Altstadt warf Mitterrand einen kurzen Blick auf die Ketschawa-Moschee, die zur Zeit der französischen Präsenz Kathedrale des Bischofs von Algier war. Die neue Ersatzkathedrale, die sich oberhalb der Rue Didouche Mourad im Stil eines Atommeilers zu behaupten suchte, wurde durch eine gewaltige Tankstelle der algerischen Erdöl-Gesellschaft Sonatrach verunstaltet und durch deren Firmenzeichen halb verdeckt.

Bedeutsamer als dieser pittoreske Ausflug am Rand der Kasbah war zweifellos Mitterrands Auftritt im algerischen Parlament, in der »Nationalen Volksversammlung«. Die Kammer war in einem Flügel der modernen Bürgermeisterei von Groß-Algier untergebracht, während die Kommissionen und Büros immer noch im Jugendstilgebäude der alten Assemblée Algérienne tagten. Mitterrand nahm mit etwas angespanntem Gesicht neben dem ergrauten Parlamentspräsidenten Rabah Bitat Platz. Der Kammervorsitzende, einer der ersten Kampfgefährten Ben Bellas, der sich später mit ihm überworfen hatte, las seine Begrüßungsansprache in Hocharabisch ab. Er hatte mit der rituellen Einleitung: »Im Namen Allahs, des Gnädigen, des Barmherzigen« begonnen. Unser Kameramann Jossi hatte mir einen Sitz mitten unter den Abgeordneten ergattert. »Die Stimmung ist hier ein wenig wie bei uns in der Knesset«, flüsterte er mir grinsend zu. Zu meiner Linken saß ein junger Deputierter aus Mascara, zu meiner Rechten eine recht ansehnliche Volksvertreterin aus Sidi Bel Abbes. Mit Ausnahme von zwei Beduinen aus der Sahara waren alle Abgeordneten europäisch gekleidet, und die meisten waren zu jung, um am Befreiungskampf teilgenommen zu haben. Ich stutzte, als ich feststellte, daß etwa ein Drittel der anwesenden Volksvertreter zum Kopfhörer mit der französischen Übersetzung greifen mußte, während Rabah Bitat seine hocharabischen Sätze formulierte.

François Mitterrand war seinerseits ans Rednerpult getreten. Was er sagte, war reiflich überlegt und sorgfältig ausgewogen. Aber es sprang kein Funke über. Er stand als Fremder vor dieser maghrebinischen Versammlung. Der sozialistische Staatschef Frankreichs erschien durch seine aufklärerische Rationalität gelähmt im Angesicht dieses orientalischen Auditoriums und einer historischen Situation, die des Pathos und der »Grandeur« bedurft hätte. Welch eine Rede hätte wohl de Gaulle an dieser Stelle und in dieser Stunde gehalten, fragten sich die Beobachter aus Paris. Während mäßiger Beifall aufkam, fiel mein Blick auf das Wappen hinter der Tribüne des Parlamentspräsidenten. Es war ein grün-weißer Schild mit rotem Halbmond und rotem Stern. Plötzlich mußte ich an den toten Partisanen im Akfadu-Wald denken, der auf seiner Brusttasche das gleiche Zeichen getragen hatte mit dem Koranvers, der in dieser nüchternen Volkskammer fehlte: »Allah ist mit den Standhaften.«

Immer wieder kehrt man zum Sommerpalast der einstigen französischen Generalgouverneure – jetzt »Palast des Volkes« genannt – zurück. Er ist François Mitterrand als herrschaftliche Gastresidenz zugewiesen worden. Hier finden die meisten Besprechungen und auch die offiziellen Empfänge statt. Nur die intimsten Beratungen zwischen den beiden Staatschefs sind im Regierungssitz Schedli-Ben-Dschedids anberaumt. Wo der algerische Präsident tatsächlich seinen Herrschaftsgeschäften nachgeht, ist heute ebensowenig bekannt wie zu Zeiten seines geheimnisbesessenen Vorgängers Boumedienne. Die Steintreppen und Innenportale im Palais d'Eté werden von Spahis mit gezogenem Säbel bewacht. Die sozialistische Haute-Volée der Fünften Republik mischte sich ungezwungen und betont kollegial unter die Kohorte der Journalisten. Die neuen Männer, die so lange Jahre in der Opposition verbracht hatten, genossen sichtlich den Glanz der Scheinwerfer. In sympathischer Weise standen sie für fast jede Information offen. So berichtete Außenminister Cheysson über das Befremden der Algerier angesichts der von Mitterrand verkündeten Absicht, französische Soldaten für die Friedenssicherung auf der Sinai-Halbinsel abzukommandieren. Schedli, der weiterhin der arabischen »Front der Verweigerung« treu blieb, befürchtete offenbar, die Pariser Regierung könnte zum Mitgaranten des verhaßten Camp David-Abkommens werden. »Präsident Mitterrand hat die Algerier wissen lassen, daß er von den platonischen Willensbekundungen der Europäer in der Nahost-Frage nicht viel halte«, teilte Claude Cheysson mit. Wer bei der Lösung des Palästina-Konfliktes ein Recht der Mitsprache beanspruche, dürfe auch nicht vor dem konkreten, das heißt dem militärischen Engagement zurückschrecken.

Ein deutscher Korrespondent, der früher in Delhi gelebt hatte, erwähnte, daß der pompöse Kolonialstil, der den großen Festsaal im ersten Stock des Sommerpalastes von Algier mit orientalischen Orna-

menten und Halbbögen dekorierte, in Indien als »Mussolini-Moghul«
belächelt würde. Mich erinnerten die Fayencen und gedrechselten
maurischen Säulen an jene Pressekonferenz, die de Gaulle hier 1958
abgehalten hatte, um die Einführung einheitlicher Briefmarken in Algier
und im Mutterland anzukündigen. Mit August von Kageneck, der sich
ebenfalls im Gefolge Mitterrands befand, frischten wir Erinnerungen an
den Aufstand der Colonels, an die »nuit bleue«, an die Kämpfe im
Dschebl auf und entdeckten plötzlich, daß wir in den Augen der jüngeren Kollegen als törichte Veteranen wirken mußten, die mit ihren Feld-
zügen prahlten, »qui racontent Verdun«, wie man auf französisch sagt.

Im Garten des Palais d'Eté empfing Mitterrand die Angehörigen der
französischen Kolonie, die meisten von ihnen Lehrer und Techniker.
43 000 Franzosen lebten immerhin wieder in Algerien. Nur viertausend
davon waren alte Pieds Noirs, die nach der Unabhängigkeit ausgeharrt
und manche Demütigung ertragen hatten. Die neuen »Coopérants«
bereiteten der Französischen Botschaft keine sonderliche Freude. »Es ist
oft der Ausschuß der Entwicklungshelfer, der nach Algerien kommt«,
sagte ein Conseiller. »Sehen Sie sich das nur an, Bartmenschen und verspätete Hippies sind darunter. Sie haben die Nachfolge der ›petits Blancs‹
angetreten, und ihr Ansehen bei den Einheimischen ist gering.« Die
»kleinen Weißen« der Coopération lebten oft unter kümmerlichen
Bedingungen, waren schlecht bezahlt und litten wie das algerische Gastvolk unter den Engpässen der Versorgung. Kein Wunder, daß sie sich mit
hemdsärmeliger Entschlossenheit zum Buffet vorschoben, wo so uner-
schwingliche Köstlichkeiten wie Champagner und Lachs geboten wurden. Es war ein ziemlich trauriges Schauspiel. Mitterrand, der diese
Auslandsfranzosen mit ungewohnter Wärme begrüßt hatte, zeigte sich
am Ende Arm in Arm mit Schedli-Ben-Dschedid auf dem Balkon, und
die beiden Präsidenten ernteten stürmischen Beifall.

Am Rande des offiziellen Staatsempfangs im Palais d'Eté war ich
plötzlich meinem alten Arabischlehrer und Mentor Jacques Berque
begegnet. Mitterrand hatte diesen Professor am Collège de France und
Experten für arabische Soziologie, der unser Studienzentrum im Libanon
in den fünfziger Jahren geleitet hatte, in seinem Gefolge nach Algier mitgenommen. Jacques Berque, obwohl selber in Algerien geboren, hatte zu
jener Gruppe französischer Linksintellektueller gehört, die sich der
Repressionspolitik der Vierten Republik im Maghreb mit Entrüstung
widersetzt hatten. Mitterrand stellte den Professor dem algerischen
Staatschef vor, und Jacques Berque improvisierte in reinstem, klassi-

schem Arabisch eine kurze Begrüßungsansprache, die Schedli-Ben-Dschedid nur partiell zu verstehen schien. Neben den Silberplatten mit Kuskus und Meschui fragte ich Berque nach seinen jüngsten Erfahrungen mit der islamischen Soziologie. Er hatte seinerzeit die These vertreten, erst die Säkularisierung, die Loslösung der Politik von der alles beherrschenden koranischen Botschaft könne der islamischen Welt die längst fällige, unentbehrliche Modernisierung, die Anpassung an die Technologie des zwanzigsten Jahrhunderts bescheren. Jacques Berque, dem die inzwischen verflossenen Jahre kaum anzumerken waren und der sich unbewußt das Gehabe, ja die Mimikry eines Koran-Gelehrten, eines Alim zugelegt hatte, war ein Mann der Wissenschaft, der sich neuen Realitäten nicht verschloß. Er lächelte etwas hintergründig: »Früher habe ich versucht, die Muselmanen von den Vorzügen der Laizität zu überzeugen, ihnen die Notwendigkeit der Trennung von Religion und Staat nahezubringen. Heute bin ich zwangsläufig zu einem Verkünder des Islam bei jenen marxistisch beeinflußten Ideologen des Westens geworden, die durch den materialistischen Fortschritt oder die Rationalität geblendet sind. Ich mag Ihnen widersprüchlich erscheinen, aber glauben Sie mir: Alles steht im Koran.«

Auf dem Europäer-Friedhof von Saint-Eugène – unweit jenes Stadions, wo Georges Bidault einst die Algier-Franzosen gegen de Gaulle aufgewiegelt hatte – wollte der Patriot Mitterrand den aus Nordafrika vertriebenen Landsleuten eine letzte Huldigung erweisen. Das Viertel Saint-Eugène war seit der Unabhängigkeit umgetauft worden und hieß nun Bologhine. Die verwahrlosten Gräber waren für den hohen Besucher vom Unkraut gereinigt worden. Auf den Steinen und Grüften waren sehr mediterrane Namen zu lesen: Martinez, Bossa, Palermo, Sarlande, Schiaffino und viele andere. Die »Familie Hernandez«, theatralische Verkörperung der Lebensfreude und Vitalität der kleinen Leute im einst europäischen Teil Algiers, war in Saint-Eugène zur historischen Reminiszenz geworden. Vielleicht war dies die ergreifendste Stunde des Staatsbesuchs. Zwei Mädchen mit roten Rosen erwarteten den Präsidenten vor dem zentralen Gedenkstein. Ein paar katholische Geistliche im römischen Kragen waren ebenfalls zugegen. Ein pechschwarzer Antillen-Neger in dunklem Anzug, die Brust mit einer breiten Sammlung französischer Orden geschmückt, hielt den Kranz bereit, eine Figur, die in die surrealistische Filmwelt Jean Cocteaus als Wächter der Toten gepaßt hätte. Mitterrand, gefolgt von seinen engsten Mitarbeitern und ein paar Luftwaffenoffizieren, griff nach dem Kranz mit der blau-weiß-

roten Schärpe und legte ihn nieder. Er hatte sichtlich Mühe, das schmerzende Rückgrat zu beugen. Dann verharrte er schweigend vor diesen
makabren Überresten imperialer französischer Präsenz jenseits des Mittelmeers. Sein blasses Gesicht glich einen Moment lang dem Profil eines
römischen Imperators.

Wie dauerhaft sind doch die Friedhöfe in dieser nordafrikanischen
Erde, und wie beharrlich behauptet sich hier das menschliche Bedürfnis
nach Weiterleben jenseits von Tod und Untergang! Ein paar Tage zuvor
war ich durch die herbstlich verklärte Mitidscha zum Badeort Tipasa
gefahren. Die Kolonistendörfer von einst waren ausschließlich von Arabern bewohnt. Wo die Pieds Noirs einst mit mediterraner Heiterkeit
beim Pastis gelärmt hatten, saßen jetzt schweigende, in sich gekehrte
Orientalen, die früh am Morgen einen Kaffee bestellten und den ganzen
Tag in beschaulicher Untätigkeit verbrachten. In Zeralda wie in den
meisten Ortschaften war die katholische Kirche mit Brettern vernagelt.
Tipasa war einige Jahre nach der Unabhängigkeit durch den französischen Architekten Pouillon zu einem Ausflugs- und Ferienort modernsten Stils ausgebaut worden. Um diese Jahreszeit waren glücklicherweise
keine Touristen anwesend. So drehte ich dem neo-maurischen Freizeit-
stil Pouillons schnell den Rücken und wandte mich den römischen und
byzantinischen Ruinen von Tipasa zu. Jenseits der Bucht wurde die arabische Neugründung, die wohl erst nach den Einfällen der Beni Hilal im
zehnten Jahrhundert entstanden war, durch einen überdimensionalen,
geradezu herausfordernden Moscheebau erdrückt. Zum Nachmittagsgebet tönte die Stimme des Muezzin herüber. Im ockergelben Ruinenfeld
der Antike, rund um das Amphitheater und die Thermen, herrschte
Schweigen. Am besten waren die Gräber mit dem Christuszeichen PX
und die byzantinische Basilika erhalten. Wieder einmal verkündeten die
Toten ihre hartnäckige, nutzlose Mahnung. Der Chor der Basilika war
nach Jerusalem ausgerichtet, aber gleich daneben verneigte sich eine
weißverschleierte Araberin in Richtung Mekka.

Während die schwarze Wagenkolonne Mitterrands wie ein Begräb-
niszug den Friedhof von Saint-Eugène unter dem Sirenengeheul der
Motorradeskorte hinter sich ließ, schweiften meine Gedanken fast
zwangsläufig zu den geborstenen Sarkophagen von Tipasa. Hier wie dort
öffnete sich der Totenacker auf das smaragdgrüne Meer. Am Portal von
Saint-Eugène hatte ich eine lateinische Inschrift entziffert: »Hodie mihi,
cras tibi ... aequo pulsat pede ... Mit gleichgültigem Fuß stößt der
Tod ... heute mich, morgen dich ...«

ERBSTREIT IM HAUSE ABRAHAM

> *Vers l'Orient compliqué, je partais*
> *avec des idées simples.*
> *In den komplizierten Orient reiste*
> *ich mit einfachen Vorstellungen.*
>
> Charles de Gaulle

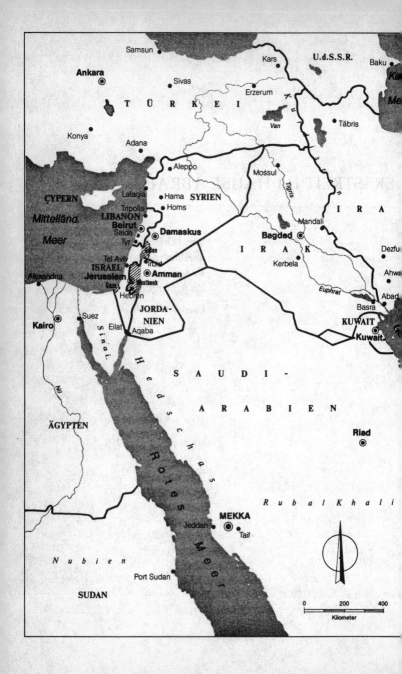

Erster Blick nach Galiläa

Golan-Höhen, im Herbst 1951

»Sie kennen doch Deraa aus den Erzählungen von El Aurens«, fragte der syrische Oberleutnant. Obwohl er einen Lehrgang in den USA absolviert hatte, sprach er den Namen des Colonel »Lawrence of Arabia« immer noch wie die Wüstenreiter des Scherif Hussein aus. Deraa war eine trostlose Siedlung auf dem Weg von Damaskus zu den Golan-Höhen. Durch diese grauen Steingassen war Lawrence als einsamer, unvorsichtiger Späher in der Verkleidung eines Beduinen geirrt, als ihn eine türkische Patrouille aufgriff. Die kollektive Vergewaltigung, die dann folgte, hatte den Helden der »Sieben Säulen der Weisheit« in geradezu neurotischer Weise gezeichnet. Danach konnte nicht genug Blut fließen, und es wurde kein Pardon gewährt, wenn eine osmanische Nachhut in den Hinterhalt der Beduinen des »El Aurens« geriet.

»Die Engländer verstehen sich auf Orient-Politik«, nahm der Oberleutnant das Gespräch wieder auf. »Sie kaufen sich ein paar Paschas, setzen einen haschemitischen König an deren Spitze, sorgen für gute Verbindungswege, damit ihre Söldner jeden Widerstand im Soforteinsatz brechen können, und das Volk wird in Unwissenheit gehalten. So kann man eben ein arabisches Land beherrschen. – Die Franzosen haben sich bei uns in Syrien viel törichter angestellt. Sie haben zwar versucht, alle nur erdenklichen Bevölkerungsgruppen gegeneinander auszuspielen, die Christen gegen die Moslems, die Alawiten gegen die Sunni, die Drusen gegen die übrigen, aber gleichzeitig haben sie den Schülern und Studenten die Geschichte der Französischen Revolution eingetrichtert. Dann wunderten sich die Lehrmeister aus Paris, daß wir die Konsequenz aus diesem Unterricht zogen und die Bastille der Mandatsverwaltung stürmen wollten.«

In engen Schleifen war die Schotterstraße nach Südwesten abgezweigt

und erkletterte das Plateau. Vulkanische Felslandschaft bedrängte uns.
Das Gestein war schwarz. Schwarz waren auch die Ziegen, die durch den
Lärm unseres Jeeps verscheucht und von zwei drusischen Hirten mühsam wieder gesammelt wurden. Wir näherten uns der syrisch-israeli-
schen Grenze. Ein Hauptmann mit zwei Soldaten hatte sich uns zugesellt. Das Golan-Plateau fiel plötzlich steil ab. Zu unseren Füßen
erstreckte sich die Jordan-Senke mit dem Huleh-See, der damals von den
jüdischen Siedlern noch nicht trockengelegt war. Dahinter stiegen die
sanften Hügel von Galiläa an. Der Kontrast konnte nicht krasser sein zwischen der steilen, nackten Öde, auf der wir uns befanden, und dem israelischen Pionierland jenseits des Huleh. Dort drüben hatte – der jüdische
Staat war erst drei Jahre alt – die intensive Agrar-Bearbeitung die Landschaft mit fruchtbarem Grün überzogen. Sogar die spröden Hänge waren
mühsam aufgeforstet worden. Der syrische Hauptmann war sich dieses
Kontrastes wohl bewußt. »Wir sind ein armes Land«, beteuerte er, »das
auf seine eigenen Kräfte angewiesen ist; aber den Zionisten dort drüben
steht die ganze Kapitalkraft des Weltjudentums zur Verfügung.« Er
führte mich zu einer Kette von flachen Betonbunkern, deren Schießscharten auf die israelischen Kibbuzim gerichtet waren. »Wir verfügen
hier über eine erstklassige Position, wenn eines Tages der Krieg um Palästina wieder ausbricht, und dieser Tag wird mit Sicherheit kommen«,
fuhr der Offizier fort. »Diese Bunkerstellung ist übrigens von Ihren deutschen Freunden entworfen worden, denen Sie in Damaskus begegnet
sind.«

Tatsächlich verdankte ich den Ausflug in die vordersten syrischen
Stellungen am Golan der Empfehlung des deutschen Oberst Kriebel, der
im syrischen Verteidigungsministerium in jenen Tagen eine Gruppe von
dreißig ehemaligen Wehrmachtsoffizieren leitete. Diese Militär-Missi-
on, deren Mitglieder individuell vom syrischen Generalstab rekrutiert
worden waren, entsprachen durchaus nicht jenen phantastischen, in
Teheran kolportierten Gerüchten von einer 12 000 Mann starken deutschen »Orient-Armee«, die angeblich auf seiten der Araber zum Einsatz
gegen Israel bereit stände. Oberst Kriebel hatte mich ohne Umstände in
seinem Büro in Damaskus empfangen, das von syrischen Militärpolizisten mit roter Schirmmütze bewacht war. Sein Vater war bereits als
Wehr-Berater in China tätig gewesen. Kriebel entsprach dem Typus des
intellektuellen Generalstäblers. Die Atmosphäre in seiner Amtsstube
war nüchtern. Er betonte auch, daß er Experten und keine Landsknecht-
Naturen um sich versammelt habe. Den offiziellen Segen aus Bonn habe

er zwar nicht. Die Bundesrepublik sei doch erst aus der Taufe gehoben, und die Bundeswehr befinde sich in der allerersten Konzeptionsphase. Die westlichen Alliierten hätten keine Einwände gegen diese deutsche Mission erhoben. Im Zeichen des kalten Krieges –, seit einem Jahr in Korea in einer tödlichen Eskalation hochgeschraubt – sei die Präsenz von Westdeutschen in Syrien einer möglichen sowjetischen Einflußnahme bei weitem vorzuziehen. Er habe seinen Offizieren die Weisung erteilt, stets Zivil zu tragen, und bemühe sich um guten Kontakt nach Bonn. Seines Wissens sei in Ägypten eine ähnliche Offiziersgruppe tätig.

Es ging sehr sachlich zu bei den deutschen Militär-Experten in Damaskus. Orientalisch wirkten nur die syrischen Ordonnanzen, die in kurzen Abständen türkischen Kaffee servierten. Aber Kriebel verheimlichte nicht, daß dieser Kargheit und Disziplin, die er seinen Mitarbeitern auferlegte, eine sehr viel abenteuerlichere Phase vorangegangen war. Der Militärdiktator Husni Zaim, der kurz nach Kriegsende die Macht an sich riß und den britischen Fusionsplänen im »Fruchtbaren Halbmond« einen Riegel vorschob, hatte angeblich eine Leibwache aus ehemaligen SS-Leuten um sich geschart. Diese Überlebenden des Dritten Reiches hatten nicht verhindern können, daß Husni Zaim durch ein Komplott – angeblich vom Intelligence Service angezettelt – gestürzt und füsiliert wurde. Später kamen andere Abenteurergestalten nach Syrien. Einer Anzahl deutscher Soldaten war die Flucht aus den englischen Kriegsgefangenenlagern auf Zypern geglückt. Mancher ehemalige Gefreite beförderte sich selbst zum Major und wollte den Syrern das Kriegshandwerk beibringen. Sogar drei israelische Agenten, als deutsche Offiziere getarnt, hatten in den Stäben von Damaskus Dienst getan, berichtete mir ein Hauptmann des Deuxième Bureau in Damaskus. Dieser Capitaine trug den Namen Abdulhamid Serraj, und ich konnte nicht ahnen, daß er eines Tages zum gefürchtetsten Geheimdienstchef seiner Republik und 1958 zum Mentor des kurzlebigen Anschlusses Syriens an Ägypten würde. In jenen Nachkriegstagen hatte auch der deutsche Panzergeneral von Stachwitz ein enttäuschendes Gastspiel in der Levante gegeben. Wie mir von syrischer Seite erzählt wurde, hatte Stachwitz seine Berater-Tätigkeit jäh abgebrochen, nachdem einer seiner Geheimberichte über den mangelhaften Zustand der syrischen Verteidigung längs der israelischen Grenze auf seltsamen Umwegen zum Einwikkeln von Käse verwendet und einem syrischen Parlamentsabgeordneten beim Einkauf in die Hand gedrückt worden war, was natürlich erheblichen Ärger auslöste.

Im Spätsommer 1951 wurde Syrien mit starker Faust regiert. Unabhängig von den Zivilregierungen, die sich in Damaskus ablösten, lag die tatsächliche Macht in den Händen des Oberst Adib Schischakli, eines Kurden mit steinernem Gesicht, von dem es hieß, er halte sich nie vor einem Fenster auf, sondern sorge stets dafür, mit dem Rücken zur Wand zu stehen. Das Machtinstrument Schischaklis war das erste Panzerbataillon von Damaskus, das er persönlich kommandierte. Er habe einst der »Syrischen Volkspartei« (PPS) nahegestanden, so munkelte man, jener »Hizb Qaumi el Suri«, die von einem libanesischen Christen gegründet worden war, einem wirren Sozialismus nationalistischer Prägung anhing und die volle Säkularisierung des Staates forderte. Die PPS träumte in jenen Tagen noch von einer Groß-Syrischen Republik, die das türkische Cilicien, Jordanien, Palästina, die Sinai-Halbinsel und sogar Zypern umfaßt hätte. Ähnlich wie Atatürk den Hunnenkönig Attila zum türkischen Nationalhelden auserkoren hatte, holte die PPS in den dreißiger Jahren den Feldherrn Hannibal aus der Mottenkiste der Geschichte und spannte den Karthager für ihre utopischen Ziele ein. Die PPS, die ein Vierteljahrhundert später im libanesischen Bürgerkrieg von ahnungslosen westlichen Korrespondenten als progressistische Bewegung hochgelobt werden sollte, führte damals schon ein stilisiertes rotes Hakenkreuz mit weißer Scheibe auf schwarzem Hintergrund in ihrem programmatischen Wappen.

Jedes Gespräch in Damaskus ist konspirativ. In einem orientalischen Palast der Altstadt besuchte ich auf Empfehlung Kriebels einen immens reichen christlichen Geschäftsmann. Butros war mindestens siebzig Jahre alt. Er gehörte den maronitischen Christen an, also jener mit Rom unierten orientalischen Konfession, die in Syrien nur eine verschwindende Minderheit darstellt, aber in der Republik Libanon – entsprechend dem dort vereinbarten und dubiosen Proporz-System des »Nationalpaktes« – den Staatspräsidenten sowie den Oberbefehlshaber der Armee stellte. »Schischakli hat sich längst von der PPS distanziert«, erklärte mir Butros. »Diese Syrische Volkspartei, die ursprünglich von dem griechisch-orthodoxen Christen Antun Saada konzipiert wurde und in der weiterhin die Angehörigen dieser Konfession den Ton angeben, kann für den Sunniten Schischakli kein ausreichendes Instrument sein. Die PPS gerät zudem in den Verdacht, mit dem britischen Geheimdienst zu konspirieren, und das kommt in Syrien einem Todesurteil gleich. Die Franzosen sind hier höchst unbeliebt, ja mit ihrem verzweifelten Versuch, sich noch 1945 hier festzukrallen – sie haben damals sogar Damaskus mit Artillerie beschossen –, ehe sie von den britischen Verbündeten zum Abzug gezwungen wurden, haben sie sich lächerlich gemacht. Aber eines hat das Deuxième Bureau der Mandatsmacht hier hinterlassen, ein abgrundtiefes Mißtrauen gegen das ›perfide Albion‹.«

Bis spät in die Nacht schilderte mir Butros die Tragödie der orientalischen Christenheit in der Levante. »Wir sind die Väter des arabischen Nationalismus«, beteuerte er. »Unsere Intellektuellen, unsere Journalisten aus Syrien und Libanon, haben im wesentlichen auch die arabische Presse in Kairo gegründet. Diese Vorläufer haben sich gegen die türkische Gewaltherrschaft aufgelehnt. Es ging ihnen nicht nur darum, die arabische Nation, die arabische Umma aus der schrecklichen Abhängigkeit von der ›Hohen Pforte‹ zu lösen. Es ging um mehr. Der Osmanische Sultan hatte seit dem Ende des letzten Abbasiden-Zweiges in Ägypten auch den Titel des Khalifen für sich usurpiert. Er war der ›Befehlshaber der Gläubigen‹. Die Befreiung der Araber vom türkischen Joch würde, so hofften wir damals, den christlichen Minderheiten des Orients endlich die Gleichberechtigung mit den Moslems im Rahmen einer säkularisierten arabischen Nation bringen. Religion und Politik wären dann endlich getrennt, und die ›Nahda‹, das nationale Erwachen, würde in einen demokratischen Modernismus westlicher Prägung einmünden, wie ihn die Besten unserer Propagandisten beim Studium an der Sorbonne kennen- und schätzengelernt hatten. Wir wären endlich befreit gewesen von jenem diskriminierenden Status als ›Dhimmi‹, als ›Beschützte‹, den der Koran den Christen und den Juden, den ›Leuten des Buches‹, oder ›Ahl el Kitab‹, großzügig für die damalige Zeit, aber sehr restriktiv auferlegte.«

Der kleine weißhaarige Butros war auf Franzosen und Engländer nicht gut zu sprechen. Die Mandatsmächte seien den Christen in den Rücken gefallen. Die Franzosen hätten zwar geglaubt, am Libanon ein christliches Bollwerk hinterlassen zu können, doch die Entente-Mächte hätten den Arabismus bereits während des Ersten Weltkrieges verraten, als das geheime Sykes-Picot-Abkommen die Aufteilung des Orients unter den westlichen Imperialisten besiegelt habe. Der französische General Gouraud hatte 1920, als der haschemitische Araber-Fürst Feisal, der Weggefährte des Colonel Lawrence, in Damaskus die Generalstände der arabischen Befreiung ausrufen wollte, diesen Feudalherrn aus dem Hedschas in die irakische Wüste gejagt. Die chaotischen Beduinen seien ohnehin untauglich gewesen für eine geordnete Staatsgründung, meinte Butros mit einem verächtlichen Lächeln, und Feisal habe sich glücklich schätzen dürfen, daß er in Bagdad noch mit einem Königreich von briti-

schen Gnaden beliehen worden sei, wie auch sein Bruder Abdallah mit
dem Wüstenfetzen von Transjordanien abgefunden wurde, ein »Sand-
König« gewissermaßen. Aber die arabischen Intellektuellen, vor allem
die griechisch-orthodoxen Vorkämpfer der Nahda, seien an ihrem
Demokratie-Verständnis französischer oder britischer Provenienz verzweifelt. Der arabische Nationalismus, von den Entente-Mächten mißachtet und mißbraucht, habe sich nunmehr neuen Idealen zugewandt.
Der Nationsbegriff habe sich von den rationalen Modellen der Französischen Revolution oder eines Ernest Renan sowie von der Schimäre des
Westminster-Parlamentarismus abgewandt und neue Erfüllung in einer
völkischen, romantischen Interpretation gesucht, wie sie in den dreißiger Jahren im Gefolge Mussolinis und Hitlers hochkam. An die Stelle des
verspäteten Jakobinertums und jener aufgeklärten, voluntaristischen
These, wonach die Nation sich als tägliche Volksabstimmung, »un
plébiscite de tous les jours« offenbare, sei der Begriff der unausweichlichen, völkischen Zwangszugehörigkeit getreten, und diese Thesen
seien von ein paar jungen arabischen Propagandisten nachträglich mit
dem deutschen Gedankengut Herders und Fichtes verquickt worden.
Nicht von ungefähr habe die »Syrische Volkspartei« das Hakenkreuz
nachgeäfft.

Butros war aufgestanden. Er hatte die Maske weiser Abgeklärtheit fallen lassen. »Ich war persönlich befreundet mit dem Gründer der bedeutendsten Nationalbewegung in unserem Raum, mit Michel Aflaq, dem
Inspirator der ›Hizb el Baath el arabi‹, der ›Partei der arabischen Wiedergeburt‹. Bezeichnenderweise ist Michel Aflaq auch ein griechisch-ortho-
doxer Christ und predigt den säkularen Staat, selbst wenn er das nicht
zugeben will, um seine bürgerliche Gleichberechtigung als orientalischer
Christ in der arabischen Umma seiner Wünsche zu garantieren. Ich habe
lange und häufig mit Michel Aflaq gestritten. Als Maronit, als Angehöriger einer kämpferischen christlichen Konfession, die sich zumindest im
libanesischen Gebirge gegen alle Stürme behauptet hat, distanziere ich
mich von der Anpassungsfähigkeit, den fatalen Zugeständnissen meiner
griechisch-orthodoxen Glaubensbrüder. Ich kann nicht daran glauben,
daß der arabische Nationalismus sich einer zwangsläufigen Re-Islamisierung verweigern kann. Wir Maroniten sind gebrannte Kinder.«

Spät in der Nacht bin ich durch den Suq von Damaskus geschlendert.
Die blondgefärbten griechischen Schleiertänzerinnen in den Kabaretts
des Bahnhofsviertels waren eine geringe Attraktion. So stand ich plötzlich am Eingang der Omayyaden-Moschee. An der Enge des überdachten

Bazars gemessen, wirkte der marmorgepflasterte Innenhof mit dem Grab Johannes des Täufers wie eine unendliche Ebene. Die korinthischen Säulen dieser riesigen Kultstätte verwiesen auf den hellenistischen und byzantinischen Ursprung des islamischen Gotteshauses. Das Gespräch mit Butros ging mir durch den Sinn, vor allem die Sorge des alten Maroniten, daß die nationalarabische und säkulare Ausrichtung der Syrischen Republik dem religiösen Aufbegehren des Islam auf die Dauer nicht standhalten könnte. Ins Hotel »Orient-Palace« zurückgekehrt, faßte ich die Eindrücke des Abends in einem Artikel zusammen. Die britischen Orient-Experten gebärdeten sich in jenen Jahren noch als Inspiratoren und Gönner der Araber-Liga. Die Tendenz setze sich neuerdings in London durch, so formulierte ich, die bisherige Unterstützung der dynastischen Feudalkräfte im arabischen Raum preiszugeben und auf die Förderung »muselmanischer Sozialisten« umzuschalten, die sich auch als »muslimische Brüder« zu erkennen gäben. »Wenn Syrien weiterhin auf seinem nationalistischen und laizistischen Sozialismus autoritärer Prägung besteht«, so druckte die *Saarbrücker Zeitung* am 3. November 1951 meinen Beitrag ab, »dann wird vielleicht die nächste Kampfphase um den Führungsanspruch in Damaskus gegen diese Bewegung der islamischen Erneuerung geführt werden müssen.«

Ein Mythos wurde Staat

Golan-Höhen, Februar 1982

Auf dem Golan liegt eine dünne Schneeschicht, die nicht ausreicht, die schwarzen Lavafelsen zuzudecken. Der Himmel leuchtet dunkelblau. Trotz der frühen Nachmittagsstunde ist es bitterkalt. Die israelischen Soldaten im Stützpunkt 92 sind wie Polarforscher eingemummt. Bei Nacht fällt die Temperatur auf zehn Grad minus. »Sind Sie schon einmal hier oben gewesen?« fragt der Feldwebel. Ich erwähne meinen Besuch bei den Syrern im Herbst 1951. Aber auch im Frühjahr 1969 hatte ich dieser strategischen Drehscheibe, von der man Galiläa im Westen und die Senke von Damaskus im Nordosten bedrohen kann, inspiziert. Die israelische Armee, »Zahal« genannt, hatte 1967 im Sechs-Tage-Krieg die syrischen Bunker geknackt und die Flagge mit dem David-Stern über dem Golan gehißt. Im Städtchen Kuneitra, das bei den Kämpfen stark beschädigt worden war, hatten sich junge jüdische Kolonisten niedergelassen und eine Wehrsiedlung gegründet. Wir hatten uns 1959 unter dem penetranten Schneeregen fröstelnd in die Bar des »Golan-Hotels« geflüchtet, die gleichzeitig als Cooperativ-Laden eingerichtet war. Die jungen Wehrbauern aus dem Nahall plauderten und lärmten dort mit einem Trupp Fallschirmjäger, verwegenen und drahtigen Gestalten, denen man jedes Kommando-Unternehmen zutraute. Israel schwelgte in jenen ersten Jahren nach dem Sechs-Tage-Krieg im Vollgefühl seiner militärischen Überlegenheit. Ägypten, Jordanien und Syrien waren in Rekordfrist auf die Knie gezwungen worden.

An diesem klaren und kalten Februartag 1982 ist die Stimmung weniger euphorisch im Stützpunkt 92. Durch den Feldstecher erkenne ich die plattgewalzten Ruinen von Kuneitra. Im Jom-Kippur-Krieg von 1973 hatten die syrischen Panzerbrigaden an dieser Stelle im Überraschungsstoß einen massiven Durchbruch erzwungen, der nur durch die Aufbietung aller Reserven von »Zahal« aufgefangen und zurückgeworfen werden konnte. Kuneitra war im anschließenden Waffenstillstands-Abkommen der Regierung von Damaskus zurückerstattet worden. Vorher hatten die israelischen Pioniere alles gesprengt, die letzte Hauswand niedergewalzt. »Wir haben keinen Ärger mit den Syrern«, sagt der Feldwebel. »Jenseits von Kuneitra liegen zwei Infanterie-Brigaden. Sie verhalten sich ruhig. Im übrigen wissen wir ziemlich genau, was sich bei ihnen bewegt. Schauen Sie sich nur unsere Radar-Anlagen an. Die spähen bis Damaskus.«

Der Stützpunkt 92 besteht aus zwei massiven quadratischen Bunkern. Die Felsblöcke werden durch ein Stahlnetz zusammengehalten. Die Bauweise erinnert mich an die Stellungen der Bar-Lev-Linie am Suez-Kanal. Dort waren statt der Felsbrocken Sandsäcke in ähnlicher Form geschichtet und festgezurrt. Als ich unseren offiziellen Begleiter aus Jerusalem, den Journalisten Zwi, auf diese Parallelität anspreche, wehrt er ärgerlich ab. »Verschonen Sie uns mit Ihren Vergleichen« , sagt er. »Wir haben aus den ersten Rückschlägen von 1973 gelernt. Vielleicht hat uns die Lektion am Ende geholfen. Wir hatten uns zu sicher gefühlt. Mit achthundert Soldaten war die Front am Suez-Kanal eben doch nicht gegen die ägyptischen Divisionen zu halten.«

Auf unserer Fahrt nach Metullah, der äußersten israelischen Ortschaft in jenem nach Norden gerichteten Finger Galiläas, der sich tief ins libanesisch-syrische Grenzgebiet bohrt, tankten wir in einem Drusen-Dorf. Wir hatten Glück, daß uns wenigstens Benzin eingefüllt wurde, denn die große Mehrzahl der 13 000 Drusen, die im Golan-Gebiet nach der Flucht der Syrer ausgeharrt hatten und dort mit 3000 israelischen Neusiedlern in schwieriger Koexistenz leben, waren in den Generalstreik getreten. Die Regierung Begin hatte die administrative Einverleibung des Golan-Gebietes in den Staat Israel verfügt – wohl als psychologische Kompensation für die endgültige Räumung der Sinai-Halbinsel, der sie widerstrebend zugestimmt hatte. An die Drusen wurden nun israelische Kennkarten verteilt, aber die Anhänger dieser esoterischen Geheimsekte, die vor allem am Libanon und im syrischen Dschebl Druz heimisch ist, haben sich gegen die einseitige Maßnahme gesträubt. Seit meinem Besuch im Februar 1969 ist also auch bei den Drusen die Stimmung umgeschlagen, denn damals rühmten die israelischen Offiziere noch die Kooperationswilligkeit dieser selbstbewußten und kriegerischen »Taifa«. Im Verbund der israelischen Streitkräfte gab es sogar kleine drusische Kampfeinheiten.

Die Abendsonne taucht die schneeigen Hänge des Hermon, von den Arabern »Dschebl Scheikh« genannt, in rosa-violette Farbspiele. An der Demarkationslinie haben uns österreichische UNO-Soldaten begrüßt, die gelangweilt in einer alten Ausgabe der *Kronen-Zeitung* blättern. Die Straße fällt in steilen Kurven ab. Wir verlassen das vulkanische Plateau. Zur Rechten beherrscht eine wuchtige Ruine die Steinwüste. »Das ist eine Kreuzritterburg«, erklärt Zwi. »Man nennt sie Kalaat Nimrod.« Das ganze Heilige Land ist mit diesen gewalttätigen Zeugnissen abendländischen Machtwillens und christlichen Glaubens übersät. Keiner der großen arabischen Khalifen hat so eindrucksvolle Festungen hinterlassen. Zweihundert Jahre lang hat sich hier die erobernde Christenheit behauptet. Weit mehr noch als die zyklopischen Wälle, die Raymond de Toulouse in Tripolis errichtete, hat mich die relativ bescheidene Insel-Burg im Golf von Aqaba beeindruckt, die dem israelischen Hafen und Ausflugsziel Eilath vorgelagert ist. Von diesem winzigen Stützpunkt aus hatte der Ritter Raymond de Châtillon mit einem paar Dutzend Gefolgsleuten zur tollkühnen Eroberung der arabischen Küste angesetzt und war mit seiner Nußschale bis in die Nachbarschaft von Medina, fast bis zur Grabstätte des Propheten Mohammed, vorgestoßen.« Sie wissen, daß die Araber immer wieder die Gründung Israels mit jenen fränkischen Fürstentümern des Mittelalters vergleichen und dem jüdischen Staat das gleiche Schicksal voraussagen?« sagte ich zu Zwi. »Wie sollte ich das nicht wissen«, antwortete er. »Aber wir haben keine Heimat im Abendland, in die wir uns zurückziehen können.«

Metullah ist ein gepflegtes, fast idyllisches Dorf. In keinem der blühenden Gärten fehlt der Bunker, der den jüdischen Familien Schutz vor Raketenüberfallen der Palästinenser bieten soll. Denn die libanesische Grenze ist nur ein paar hundert Meter entfernt. »Sie haben es hier mit Alt-Zionisten zu tun«, erklärte Zwi, »die seit zwei Generationen in diesem Außenposten ausharren. Sie lassen sich nicht durch die Katjuschas erschrecken, im Gegensatz zu den marokkanischen Neu-Einwanderern von Kyriet Schmoneh in der südlichen Nachbarschaft, wo jeder Granateinschlag Panik und Hysterie auslöst.«

Im bescheidenen, aber gemütlichen Hotel war die Zusammenkunft mit dem libanesischen Major Saad Haddad vereinbart. Haddad war christlicher Offizier der libanesischen Armee. In den Wirren des Bürgerkriegs hatte ihn die Regierung von Beirut beauftragt, für die Sicherheit der maronitischen Dörfer längs der Grenze mit Israel zu sorgen. Die Palästinenser waren dort mit dieser christlichen Minderheit ziemlich rücksichtslos umgesprungen. Auch die libanesischen Schiiten, die in dem südlichen Grenzstreifen in großer Mehrzahl heimisch sind, litten unter der Willkür der unkontrollierbaren Splittergruppen der PLO. Jeder Vergeltungsschlag der Israeli forderte weit mehr Opfer bei den einheimischen Zivilisten als bei den palästinensischen Partisanen. Auf dem Höhepunkt der Straßenschlachten von Beirut, die im ganzen Land zum unerbittlichen Konfessionskrieg ausarteten, hatte Major Haddad für seine schmale Grenzzone mit etwa 130000 Menschen den Schutz der israelischen Armee akzeptiert. In den Augen der arabischen Nationalisten war er damit zum Verräter geworden, und auch die Behörden von Beirut, die sich seit 1976 unter syrischer Kuratel befanden, distanzierten sich eilfertig von diesem eigenwilligen Offizier und verleugneten die Weisungen, die sie ihm ursprünglich erteilt hatten.

Major Haddad ist in Begleitung von zwei israelischen Offizieren gekommen. Er trägt grüne Felduniform mit Schirmmütze. Der Mann wirkt offen, sympathisch und resigniert. Dem Typus nach könnte er mit seinem dunkelblonden Haar und dem direkten Blick Europäer sein. Es macht ihm sichtlich Vergnügen, französisch zu sprechen. Zur Zeit des Algerien-Krieges hat er einen Lehrgang in der französischen Waffenschule von Saint-Maixent absolviert. Als er sich vor unserer Kamera vor einer rot-weiß-roten Fahne mit der libanesischen Zeder in Position setzte, ging auf einmal der Schalk mit ihm durch. Oder war es Verzweiflung? Er imitierte de Gaulle auf dem Höhepunkt des Generalsputsches von Algier: »Françaises, Français, aidez-moi!« parodierte Haddad. Aber dann

wurde er ernst und traurig. »Frankreich« , so sagte er, als die Kamera lief,
»war einmal unsere zärtliche Mutter – notre tendre mère – aber jetzt ist
Frankreich eine harte Mutter geworden, gierig auf Erdöl und nachlässig
gegenüber ihren Kindern.« Major Haddad war in dieser unerbittlichen
Auseinandersetzung um das Heilige Land zur tragischen Nebenfigur
geworden. »Eines Tages wird ihm wohl nichts anderes übrigbleiben, als
in Israel um Asyl nachzusuchen«, meinte der israelische Oberleutnant,
nachdem der Libanese – von zwei Leibwächtern begleitet – gegangen
war.

Im letzten Haus am Rande von Metullah suche ich Uri auf. Sein
Garten ist durch den Stacheldraht eingezäunt, der die libanesische
Grenze markiert. Uri ist ein massiver, bärtiger Mann, der aufgrund
seines Leibesumfangs und seiner Glatze älter wirkt als er ist. Er genießt
als Journalist und Schriftsteller bis nach Tel Aviv den Ruf eines vorzüglichen Kenners der arabischen Frage. Vor kurzem noch hat er den Major
Haddad politisch beraten, aber jetzt haben sie sich wohl entzweit.
»Haddad ist ein gebrochener Mann«, sagte Uri, der sich zwischen Wul-
sten von Manuskripten und Bücherstapeln in den Sessel fallen ließ. »Ich
verstehe sogar, daß es für einen christlichen Orientalen schwer, fast
unerträglich ist, mit uns Israeli auszukommen.« Ich stellte meinerseits
ein paar Betrachtungen an über die traditionelle Spannung zwischen
Juden und Christen in der Levante. Für die dortigen Christen bleiben die
Juden die Verantwortlichen am Tode Christi, das verstockte Volk der
ursprünglichen Auserwähltheit, das sich dem wahren Messias verweigert hat. In den Augen der Juden gilt Jesus, der Nazarener, als einer der
Ihren, ein mystischer und verbohrter Außenseiter, der sich aus der
Gemeinschaft, in die er hineingeboren wurde, ausgeschlossen, dessen
exaltierte Heilsbotschaft auf dem Irrweg einer historischen Zufälligkeit
universale Ausmaße angenommen hat und dem eigenen Volk zum Verhängnis geworden ist. An diesem tradierten Gegensatz gemessen,
scheint das Verhältnis des Islam zu Judaismus und Christentum relativ
unbelastet. Sowohl das Alte wie das Neue Testament hat Mohammed in
seine Heilslehre eingebaut, hat aus beiden Religionen unentbehrliche
Vorläufer der eigenen Offenbarung, des Siegels der göttlichen Erkenntnis gemacht. » . . . Jenen gehört das Paradies, die sich auf dem Wege
Allahs mühen . . . Ihnen wird die wahre Verheißung zuteil, getreu der
Thora, dem Evangelium, getreu dem Koran . . . «, heißt es in der neunten
Sure.

Uri und Zwi sorgten sich über die jüngste politische Verhärtung in

Jerusalem. Beide waren liberale Publizisten. Doch selbst die hartnäckig-
sten Optimisten mußten erkennen, daß der Gegensatz zwischen Juden
und Arabern – trotz Camp David und Sinai-Räumung – sich dauernd
vertiefte. Das West-Jordan-Land wurde bei Nacht von israelischen Zivil-
fahrzeugen gemieden, weil dort die Straßen häufig mit Felsbrocken blok-
kiert wurden, oder weil junge Palästinenser alle Fremden mit Steinen
bewarfen. Der Widerstand, den die zionistischen Sinai-Siedler von Yamit
dem Evakuierungsbefehl der eigenen Regierung entgegengesetzt hatten,
die peinlichen Krawallszenen zwischen unentwegten Orthodoxen und
den Soldaten des Juden-Staates, die ausführlich im Fernsehen gezeigt
worden waren, hatten bei der jüdischen Bevölkerung einen Schock hinterlassen. »In den Stunden der Prüfung und des Triumphes verstärkt sich
bei uns der religiöse Flügel«, erklärte Uri. »Als wir 1967 den wunderba-
ren, geradezu biblischen Sieg über unsere versammelten Feinde errun-
gen hatten, habe ich selbst – und ich betrachte mich als einen ziemlich
ungläubigen Juden – die mystische Erschütterung, den Finger Gottes
gespürt. Jetzt ist es wieder soweit. Die Existenzkrise, die sich unerbittlich
abzeichnet, kommt den Predigern der starren Rechtgläubigkeit zugute.
Haben Sie beobachtet, wie sehr sich die Träger der Kipa, des runden
Käppchens, das man als Zeichen des religiösen Engagements auf dem
Hinterkopf trägt, bei uns in letzter Zeit vermehrt haben?«

»Wann sind Sie zum erstenmal nach Israel gereist?« wollte Uri von mir
wissen. Das war im Frühherbst 1951 gewesen. Bevor ich im Wagen des
französischen Generalkonsulats über die noch relativ frische Waffenstill-
standslinie nach West-Jerusalem durch das Mandelbaum-Tor geschleust
wurde, hatte ich einige Tage in der jordanisch verwalteten Altstadt verbracht. Dort herrschte damals ein orientalischer Lebensrhythmus, eine
von Touristen kaum getrübte Beschaulichkeit. Über dem Heiligen Land
lag eine biblische Weihe, so schien es mir wenigstens. Diese friedliche
Illusion wich allerdings, sobald man sich in die Nähe des Tempelbereichs
mit Sandsackbunkern und Stacheldrahtverhauen begab. Die jordanischen Vorposten unter dem rot-weißen Kopftuch zeigten durch die
Schießscharten auf die blau-weiße Fahne mit dem David-Stern, die nur
ein paar Kilometer entfernt die Geburt eines neuen Staatswesens im
Orient und den Beginn einer totalen Umwälzung aller Strukturen signalisierte.

Auch Bethlehem war damals noch ein idyllischer Flecken. Ein italienischer Franziskaner – die Fratres Minores betreuen die Heiligen Stätten –

führte mich zur Geburtsgrotte. Im Gewölbe der Kirche herrschte eine lang angestaute Spannung zwischen den christlichen Konfessionen. Vor allem die Griechisch-Orthodoxen machten den lateinischen Franziskanern zu schaffen. Auf den goldenen Stern weisend, der den präzisen Stand der Krippe Christi andeuten soll, sagte mein italienischer Cicerone: »Wir können diese bärtigen Popen« – er selbst trug einen stattlichen Bart, der ihm fast bis zur Kordel über die braune Kutte fiel – »natürlich nicht daran hindern, an dieser heiligen Stelle ihre Devotionen zu verrichten. Aber in letzter Zeit haben sie den Stern so häufig und so intensiv geküßt, daß wir Verdacht schöpften. Wissen Sie, was wir feststellten? Sie haben versucht, die Nägel, die diese Goldplatte am Boden fixieren, mit den Zähnen zu lockern, vermutlich um ihn dann für sich zu beanspruchen. Wir kämpfen hier täglich um jeden Quadratmeter, der uns Lateinern zusteht. Das Dach der Geburtskirche gehört uns. Auch hier wollten uns die Orthodoxen ein Schnippchen schlagen. Sie hatten bei Nacht ein Kreuz mit Glühlampen auf dem First angebracht und glaubten wohl, mit dieser Tücke ein zusätzliches Besitzrecht anzumelden. Es blieb uns nichts anderes übrig, als die Beduinen der Jordanischen Legion zu rufen und von ihnen das Kreuz abmontieren zu lassen. Stellen Sie sich das vor, wir christlichen Mönche mußten das Zeichen des Erlösers durch ungläubige Moslems entfernen lassen!«

Bei näherem Zusehen war auch in jenem September 1951 die Altstadt von Jerusalem von tiefen Emotionen bewegt. Wenige Wochen zuvor war König Abdallah von Jordanien beim Besuch der El Aqsa-Moschee durch einen palästinensischen Fanatiker – angeblich ein junger, unauffälliger Schneider – erschossen worden. Abdallah hatte versucht, mit den Israeli zu einem modus vivendi zu kommen, zwischen dem West-Jordan-Ufer, das er de facto annektiert hatte, und dem Judenstaat eine wirtschaftliche Kooperation zu vereinbaren und Haifa als Transithafen zu benutzen. Golda Meir war damals – als Beduinenfrau verkleidet – zu Geheimverhandlungen nach Amman gekommen. Diese Kompromißbereitschaft war dem greisen Haschemiten-Herrscher von Jordanien zum Verhängnis geworden. Dreißig Jahre vor Sadat erlitt er das Schicksal des ägyptischen Präsidenten. Die Beduinen-Krieger der Arabischen Legion hatten auf den Mord ihres geliebten Königs mit Wut und Ausschreitungen reagiert. Sie waren durch die Gassen der Altstadt gestürmt, hatten die Palästinenser, die ihnen begegneten, verprügelt und zahlreiche Läden verwüstet.

Im modernen, israelischen West-Jerusalem hatte ich mich 1951 nicht aufgehalten. Mein französischer Begleiter zeigte mir im Vorbeifahren das Hotel King David, das im Verlaufe der Kampfaktionen jüdischer Geheimorganisationen gegen die scheidende britische Mandatsmacht gesprengt worden war. Eine Vielzahl englischer Offiziere war bei diesem Attentat umgekommen, das die »Irgun zwa Leumi« – unter der Führung des Untergrundkämpfers Menachem Begin stehend – für sich beanspruchte. In West-Jerusalem fielen mir die orthodoxen Juden auf, die sich von ihrer galizischen Getto-Tracht nicht getrennt hatten. Selbst Tel Aviv erschien mir wie ein Stück Osteuropa am Mittelmeer. Die Stadt war damals schon häßlich. Aber es pulsierte in ganz Israel eine Dynamik, eine unbändige Pionierstimmung, die in geradezu explosivem Kontrast zur Lethargie der arabischen Nachbarländer stand. Die Aufbruchstimmung der Juden war stürmisch nach vorn gerichtet. Jeder lebte noch unter dem Eindruck des Wunders von 1948, als die versammelten Armeen der Arabischen Liga von den schlecht bewaffneten Milizen des Judenstaates in die Flucht geschlagen wurden. Meiner Zeitungsreportage, die ich in diesen Tagen niederschrieb, gab ich den Titel: »Sparta im Heiligen Land«.

In Tel Aviv hatte ich mich mit Chaim, dem Korrespondenten einer amerikanischen Nachrichten-Agentur, angefreundet. Er stammte aus Lemberg, hieß ursprünglich wohl Leo und hatte als Journalist zur Zeit der Weimarer Republik in Berlin gearbeitet. Auf abenteuerlichen Fluchtwegen war er der Vernichtung entkommen. Nach seiner Ankunft im britischen Mandatsgebiet Palästina hatte ihn eine schwere Lähmung befallen, und er bewegte sich nur noch im Rollstuhl. »Irgendwie bin ich symptomatisch für meine Generation, für das Volk des Exodus«, scherzte er ohne Bitterkeit. »Auf meinem Rollstuhl fühle ich mich wie Moses auf dem Berg Nebo. Ich sehe das Gelobte Land, aber ich nehme keinen wirklichen, tätigen Anteil mehr an ihm. Schauen Sie sich jedoch meinen achtjährigen Sohn an. Er ist ein echter ›Sabra‹, er ist gesund und unkompliziert. Der ist unbelastet von der tausendjährigen Demütigung des Gettos. Was hat es mir genützt, daß ich mich den Europäern, den Gojim, assimilieren wollte, daß ich an die Aufklärung, die Menschenrechte, den Sozialismus, das Weltbürgertum glaubte. Ich habe alle ihre Sprachen gesprochen – Deutsch, Polnisch, Russisch, Französisch, Englisch. Mein Sohn lernt nur noch Hebräisch. Er soll ein israelischer Nationalist sein und nichts anderes mehr.«

In Wirklichkeit war Chaim ein nuancierter und skeptischer Intellektueller geblieben. Er war sich des unglaublichen Unterfangens wohl bewußt, an dieser Küste Asiens aus dem Nichts einen Staat zu schaffen, der die zweitausendjährige Diaspora der Juden kurzerhand negierte, der wieder an die Zeit Christi oder – genauer gesagt – an jenes fast prähistorische Königtum Davids und Salomons anknüpfte, das ein knappes Jahrhundert geblüht hatte und vor drei Millenien in der Nacht der biblischen Geschichte verdämmerte. »Ich bin kein Zionist gewesen«, fuhr Chaim fort. »Ich habe diese Bewegung der Rückwanderung seinerzeit als utopisch und romantisch abgelehnt. Ich fühlte mich der deutschen Kultur verbunden. Die antisemitischen Pogrome der Zaren in der Ukraine gingen mich nicht unmittelbar an, und die Dreyfus-Affäre in Frankreich, die Theodor Herzl zum Judenstaat bekehrte, war für mich ein hysterischer Anfall französischer Chauvinisten. Hitler hat uns den Zionismus eingebleut. Er hat uns keine Wahl gelassen. Er hat die Befürworter der jüdischen Anpassung an die Gastvölker Europas wieder in ihre uralte jüdische Identität zurückgestoßen.«

Nirgendwo wird so pausenlos und besessen über Politik geredet wie in Israel, und das Schicksal des Judenstaates steht unweigerlich im Zentrum jeder Debatte. Die Juden selbst erzählen zahllose Witze über ihren Hang zur Nabelbeschauung. Chaim war sich durchaus bewußt, daß die deutsche Wandervogel-Bewegung, daß sogar die völkisch-germanischen Hirngespinste im moribunden Habsburger-Reich die zionistische Rückbesinnung zutiefst beeinflußt hatten. »Ein Jude sei unfähig zur Landwirtschaft, hat man uns unterstellt. Jetzt haben wir einen Staat von Wehrbauern geschaffen und machen die Wüste urbar wie niemand vor uns. Die Juden seien untauglich für den Kriegsdienst. Jetzt sind wir dabei, die beste Armee des Orients, ja der ganzen Welt aufzustellen. Wir bauen eine Luftwaffe und eine Marine auf. Sie müssen die amerikanischen Juden beobachten, wenn sie uns besuchen kommen, wenn sie sich darüber begeistern, daß es hier nicht nur israelische Kaufleute, Anwälte und Ärzte gibt, sondern daß wir eigene Industriezweige entwickelt haben. Unsere Kinder haben Abschied genommen vom Kosmopolitismus, und wenn man uns im Westen plötzlich vorwirft, wir – die Opfer des Hitlerschen Holocaust – hätten uns zum ›Blut und Boden-Mythos‹ bekehrt, dann kümmert uns das nicht.« Natürlich war Chaim, als er noch Leo hieß, Freidenker gewesen. Die orthodoxen Juden von Mea Schearim, die den Staat Israel ablehnten, weil sie die wirkliche Befreiung ihres Volkes von der Rückkehr des Messias erwarteten, waren ihm ein Greuel. Dennoch beschäftigte ihn die religiöse Frage zutiefst. Nicht die Gemeinschaft der Rasse und des Blutes habe Israel zusammengehalten in den Jahrtausenden der Zerstreuung, sondern der mosaische Pentateuch und der Glaube an die göttliche Auserwähltheit. »Ob wir es wollen oder nicht, wir sind ein Gottesstaat. Israeli kann nur sein, wer Jude ist. Deshalb bilden wir eine ganz besondere Gemeinschaft. Sogar den überlieferten Namen des Landes, in dem wir uns niedergelassen haben, suchen wir möglichst totzuschweigen, denn Palästina, auf arabisch ›Filistin‹, ist nach unseren biblischen Erzfeinden, den Philistern, benannt. Wir haben – rein äußerlich – alle angeblichen Tugenden, die exklusiven Eigenschaften der Arier übernommen und übersteigert. Am Ende steht jedoch unser unlösbarer Bund mit dem wahrhaftigen Gott.«

Chaim erzählte mir eine Anekdote aus den Tagen der »Alijah«, der überstürzten Rückführung orientalischer Juden ins Gelobte Land, nach dem Feldzug von 1948. Zahlreiche arabische Staaten hatten ihre jüdischen Minderheiten ausgewiesen und vertrieben. So kehrten die irakischen Israeliten, die seit der babylonischen Gefangenschaft an Euphrat und Tigris lebten, nach Zion zurück. Sogar aus dem fernen Jemen wurden rund 70000 Juden, die von ihren südarabischen Landsleuten kaum zu unterscheiden waren und noch nie ein Flugzeug gesehen hatten, im massiven Lufttransport-Unternehmen »Fliegender Teppich« in den jungen Staat Israel rückgeführt. Als David Ben Gurion diese Heimkehrer am Flugplatz begrüßen wollte, hallten ihm jene Gebete entgegen, die die Ankunft des Messias begrüßen. Der robuste Regierungschef Ben Gurion war zutiefst verwirrt und sei vor heiligem Schreck erbleicht.

Wir waren mit Uri in die kalte, sternenklare Nacht hinausgetreten. Ein paar hundert Meter entfernt verlief der »gute Zaun« zwischen Israel und Libanon, wie die Grenze in Jerusalem offiziell bezeichnet wurde. Sie war für den Touristen-Rummel mißbraucht worden. Souvenir-Läden hatten sich am Übergang zum Haddad-Streifen etabliert, verkauften Fähnchen mit David-Stern und Libanon-Zeder, T-Shirts mit dem Aufdruck »The good fence«, Aschenbecher und anderen Schnickschnack. Uri war ziemlich degoutiert von diesem Treiben. »Was sich im Norden abspielt, ist tragisch und blutig«, sagte er. »Verharmlosung und Geschäftsrummel sind deplaciert. Wir machen uns selbst unglaubwürdig gegenüber den Libanesen mit diesem Getue. Aber sind wir Juden überhaupt in der Lage, ein Verhältnis zu den Arabern zu finden?« Er nahm das Gespräch über meine Erinnerungen an 1951 und meine Begegnung mit Chaim in Tel Aviv wieder auf. Ganz so schlimm sei es doch nicht geworden. Fast alle Israeli sprächen mehrere Sprachen. Der Kosmopolitismus sei nicht erloschen, und sei es auch nur wegen den Hunderttausenden von Juden, die weiterhin über doppelte Staatsangehörigkeiten verfügten. Aber ob unter den Sabra, unter den in Israel geborenen Söhnen Israels, noch Männer vom epochalen Format eines Einstein, eines Freud, Propheten vom universalen Anspruch eines Karl Marx aufwachsen würden, das erscheine ihm zweifelhaft. Uri wandte sich wieder dem Thema der jüdischen Orthodoxie zu. Die Regierungsmehrheit Menachem Begins war so prekär, daß sie auf die Stimmen der strenggläubigsten Juden und ihrer Rabbis angewiesen war. Unter den Modernisten schimpfte jeder über die Extravaganzen des Ober-Rabbiners Goren, über die Spitzfindigkeiten der talmudistischen Auslegung des Schabbath, die unter anderem zu absurden Fahrstuhl-Regelungen in den Hotels führte. Die Flugzeug-Linie »El Al« sei dabei, mit Rücksicht auf das Reiseverbot am Schabbath, ihre wirtschaftliche Existenz aufs Spiel zu setzen.

»Haben Sie die letzte Ausgabe der ›Jerusalem Post‹ gelesen?« fragte Uri. »Da wird ganz offene und harte Kritik geübt an unseren ›Ayatollahs‹ aus dem orthodoxen Viertel von Mea Schearim.« – Es gab wohl keinen Ausweg aus der innerjüdischen Diskussion. Man konnte sich theoretisch und intellektuell von den mosaischen Vorschriften distanzieren, aber was hielt denn diesen jüdischen Staat zusammen, diese Versammlung von so unterschiedlichen Menschen – vom osteuropäischen Aschkenasi zum orientalischen Sepharden, von den pedantischen, spießigen »Jecke« aus Deutschland bis zu jenen exotischen Proselyten Rußlands und Nordafrikas, die aus tatarischem oder berberischem Ursprung kamen? Was motivierte die Präsenz dieser nach Jahrtausenden heimgekehrten Diaspora am Strand von Palästina und auf den Hügeln von Judäa, wenn nicht der Glaube an den Gott Jahwe und die Auserwähltheit seines Volkes? Immer wieder wurde Israel auf die Bibel zurückgezwungen. »Haben Sie von der jüngsten Geschmacklosigkeit aus London vernommen?« fragte der bärtige Uri. »In einem Theaterstück taucht der greise Adolf Hitler im Amazonas-Dschungel auf und hält sich – weil er durch seine Ausrottungsaktion die Rückwanderung der überlebenden Juden ins Gelobte Land forcierte – für den Messias?« Er schwieg eine Weile. »Etwas anderes sollten wir bedenken. Unser zutiefst gottesstaatlicher Identitätsbegriff, auch wenn wir uns gegen ihn sträuben, hat auf die Araber, auf den Islam rundum abgefärbt. Wir hatten immer gehofft, durch unsere Technik, unsere Modernität, unsere Fortschrittlichkeit hier im Orient eine Welle der Säkularisierung, der Abkehr von den religiösen Erstarrungsformen des Korans auszulösen. Ansätze dazu waren ja bei den Arabern vorhanden. Ihr nationales Bewußtsein war nach westlichen, teilweise laizistischen Modellen orientiert. Selbst Gamal Abdel Nasser bekannte sich noch zu einem arabischen Sozialismus, der die islamischen Integristen auf Distanz hielt, und er zögerte nicht, den Widerstand der Moslem-Brüder gegen seinen Staatsbegriff mit eiserner Faust zu zerschlagen. Aber mir scheint manchmal, als hätten wir mit dem religiösen Mythos unseres unveräußerlichen Anspruchs auf Erez Israel auch bei unseren Nachbarn die eigene Suche nach göttlicher Berufung ausgelöst, und die ist beim Islam ja ohnehin vorprogrammiert. Wir ließen den Jüngern Mohammeds doch gar keine Wahl. Der Zionismus hat sie gewissermaßen zur Theokratie zurückgetrieben. Heute blicken wir alle wie gebannt auf die Welle des Fundamentalismus, die aus Persien auf uns zustürmt. Aber der Ayatollah Khomeini, der den Schah stürzte – bewegt er sich am Ende nicht in der Logik eines politisch-religiösen Selbstverständnisses, das uns sehr vertraut ist? Sollte er uns nicht als eine Art unheimlicher Golem unserer eigenen Wiedergeburt erscheinen?«

Die Bergpredigt ist verhallt

Merjayun, Februar 1982

Der Ausflug in den Haddad-Streifen war deprimierend. Nur ein Teil der süd-libanesischen Bevölkerung war zurückgeblieben. Ganze Dörfer waren verwaist. Neben dreißigtausend Maroniten lebten hier rund hunderttausend Schiiten, und deren wahre Gefühle waren durch die anerzogene Taqiya wohl verborgen. Ein paar Milizionäre des Major Haddad wurden uns vorgestellt, in der Mehrzahl Christen. Sie verfügten über ein paar altertümliche Sherman- und französische AMX 13-Panzer. Diese Tanks waren mit silber-schwarzen Zebra-Streifen bemalt. Neben der Vorderluke waren Abbildungen des Heilands und der Mutter Gottes auf die Panzerplatte geklebt. Die »christlichen« Tanks trugen ein weißes Kreuz als Kennung. »Jesu, ich vertraue auf Dich«, stand auf einem Sherman zu lesen.

Bei den Schiiten von Kafr Kila erfuhr ich, daß es den Moslems der Haddad-Zone gestattet wurde, durch die palästinensischen Linien und Kontrollen nach Norden bis nach Beirut zu reisen. Den Christen war das versagt. Die Mauern der Dorfstraße waren mit Abbildungen des in

Libyen vermißten Imam Musa Sadr dekoriert. Früher seien auch die Khomeini-Porträts zahlreich gewesen. Neuerdings seien sie jedoch – wohl auf Weisung der Israeli – entfernt worden. Die Stimmung in Kafr Kila wirkte entspannt. Die Händler und Bauern schlürften ihren Tee. Ein schiitisches Gemeinschaftshaus, ein »Club«, wie die Einheimischen sagten, in Wirklichkeit eine »Husseiniyeh«, wo man im Trauermonat Muharram des Imam Hussein gedachte, war im Bau. Nicht weit davon, in Deir Minsas, entdeckten wir eine griechisch-katholische Kirche. Jenseits der früh blühenden Mandelbäume versperrte ein steiler Höhenzug den Blick nach Norden. Darauf lastete die Kreuzritter-Burg Beaufort. In Sicht – fast in Reichweite der Israeli – saßen dort die Palästinenser. Die Friedenstruppe der Vereinten Nationen, UNIFIL genannt, mit blauen Helmen und Fahnen, war vergeblich bemüht gewesen, einen durchgehenden Riegel zwischen die feindlichen Parteien zu schieben. Bei Beaufort behauptete die PLO weiterhin ein »eisernes Dreieck« mit vierhundert Partisanen, während an den Westhängen des Hermon, im Arkub-Gebiet, auch »Fatah-Land« genannt, tausend Soldaten Yassir Arafats die vorgeschobensten Stellungen behaupteten. Die Festung Beaufort war pausenlos von israelischen Jagdbombern angegriffen worden. Die Türme und Zinnen waren zerschmettert. Die wuchtigen Grundbastionen und Felsgewölbe hatten der Explosionsgewalt standgehalten.

Das Städtchen Merjayun lag traurig unter grauen Wolken. Ein schneidender Wind war plötzlich aufgekommen. Schwarz gekleidete Nonnen huschten durch die Gassen. Die gelbgrünen Kuppeln der griechisch-katholischen Bischofskirche beherrschten die braunen Ziegeldächer. Die Bevölkerung war von elftausend auf viertausend Menschen geschrumpft. Ein maronitischer Lehrer wurde uns als Chef der libanesischen Zivilverwaltung vorgestellt. Er sah die Situation am Libanon in düsteren Farben. »Sie kennen die Ziele der Palästinenser und der Araber im allgemeinen«, sagte er. »Der Islam pocht auf seine Rechte. Vordergründig bekämpft man die Juden, die Leute des Schabbath, ›les gens du samedi‹, aber heute – wie die blutigen Ereignisse seit 1975 beweisen – sind auch die Leute des Sonntags, die Christen, anvisiert.« In der Präsenz der Syrer am Libanon – die stillschweigend mit Israel vereinbarte »Rote Linie« verlief knapp nördlich von Merjayun – sah der Lehrer trotz aller Nachteile für die Unabhängigkeit seines Landes eine Chance minimaler Stabilität. »Die Syrer tragen zur Disziplinierung der PLO bei«, meinte er, »und mit den Soldaten aus Damaskus ist nicht zu spaßen.«

Auf der Rückfahrt nach Jerusalem rasteten wir am See Genezareth. Die Böen aus Norden waren kalt. Die Abendsonne reflektierte sich in den Schaumkronen des aufgewühlten Binnenmeeres. Auch dieses Mal würde ich meinem einfältigen Wunsch nicht nachkommen können, an der Stelle, wo der Herr auf den stürmischen Fluten gewandelt war und Simon Petrus verzagte, Wasserski zu laufen. Wir aßen in dem arabisch-christlichen Lokal »Brot und Fische«. In der Dämmerung ging ich allein am See spazieren, unweit der Stelle, wo Christus auf wunderbare Weise Brot und Fisch vermehrt hatte. Die Touristen-Saison war noch nicht angebrochen, und das »Meer von Galiläa« war einer der wenigen Plätze im allzu geschäftigen Israel, wo man die ursprüngliche und vielleicht imaginäre Weihe des Heiligen Landes nachempfinden konnte. Der Berg der Seligkeiten stieg in sanften Konturen zu den frühen Sternen an.

Ich hatte in der vorhergehenden Woche die brillante Studie Bassam Tibis über die »Krise des modernen Islam« gelesen. Die Gedanken des jungen syrischen Professors, sein unentwegter Versuch, Islam und Moderne in Einklang zu bringen, die Säkularisierung des Orients allen Widerständen zum Trotz voranzutreiben, interessierten mich zutiefst. Aber mit welchen Mißverständnissen waren die von ihm zitierten koranischen Erneuerer des neunzehnten Jahrhunderts der abendländischen Kultur begegnet! Der Theologe Jamal ed-Din el Afghani, der in Persien den revolutionären Tabak-Streik der Mullahs ermutigt hatte und an der Ermordung des Schah Nasir-ud-Din nicht unbeteiligt war, hatte zur Stärkung des türkischen Khalifats aufgerufen, die islamische Umma zu einer religiös motivierten »Nation« umfunktionieren wollen und sich insgeheim als eine Martin-Luther-Gestalt des Orients betrachtet. Die Unvereinbarkeit zwischen Moslems und Christen, wo wurde sie handgreiflicher als zu Füßen dieses Berges und an diesem See in Galiläa, wo Jesus die acht Seligpreisungen verkündet hatte? »Selig die Mühseligen und Beladenen . . . Selig die Friedfertigen . . . Selig, die Armen im Geiste, denn ihrer ist das Himmelreich . . .« Um auf den Gedanken zu kommen, aus der Bergpredigt ein politisches Programm abzuleiten oder gar Argumente gegen die Atlantische Nachrüstung, hatte es der westeuropäischen Wiedertäufer des ausgehenden zwanzigsten Jahrhunderts und ihrer millenarischen Atom-Ängste bedurft. Wie oft hatten mir die Fundamentalisten der islamischen Revolution die Unvereinbarkeit ihrer religiösen Überzeugungen mit der Aussage des Evangeliums entgegengehalten. »Gib dem Kaiser, was des Kaisers ist, und Gott, was Gottes ist«, eine solche Mahnung steht dem muselmanischen Anspruch des Tauchid diametral entgegen, genauso wie der Ausspruch Jesu: »Mein Reich ist nicht von dieser Welt.« Was soll ein streitbarer Moslem mit dem Bibelzitat anfangen, der Geohrfeigte habe auch noch die andere Wange hinzuhalten, oder mit der Warnung Christi an Petrus: »Wer zum Schwerte greift, wird durch das Schwert umkommen«? Gewisse Koran-Exegeten von heute versuchen zwar das Wort Dschihad auf seine ursprüngliche etymologische Bedeutung, nämlich »Anstrengung« und »Bemühung« zurückzustufen, aber mir waren zu viele Mudschahidin zwischen Pazifik und Atlantik begegnet, für die die Vokabel Dschihad Heiliger Krieg und nichts anderes bedeutete. »Denen gehört das Paradies, die auf dem Wege Allahs streiten, die töten und getötet werden«, hallte es mir da entgegen. War der Verfasser des »Heliand« im frühen deutschen Mittelalter bei seiner Übertragung des Neuen Testaments nicht genötigt gewesen, auf die germanischen Neubekehrten, auf deren Vorstellungen von Mannestreue und kriegerischem Heldentum Rücksicht zu nehmen, zu denen es im Urtext der Heiligen Schrift so wenig Entsprechungen gab?

Auch das Christentum der römischen Päpste hatte im Mittelalter eine Hoch-Zeit des Fundamentalismus, der intoleranten Scholastik, des »consensus fidelium« und des Gottesstaates, der »Civitas Dei«, gekannt. Innozenz III. war diesem Ziel recht nahe gekommen, und das Kaisertum im Heiligen Römischen Reich war in diese theokratische Begriffswelt fest einbezogen. »Le Pape et l'Empereur, ces deux moitiés de Dieu – Papst und Kaiser, diese beiden Hälften Gottes« schreibt Victor Hugo. Doch im Grunde handelte es sich bei diesem päpstlichen Machtstreben im Namen des Dreifaltigen Gottes um eine Abkehr von der ursprünglichen Botschaft jenes zum Leiden geborenen Gottessohnes, der den Verzicht auf alles Weltliche predigte, von seinen Jüngern Armut und Demut forderte, die Gewalt ablehnte, die Nächstenliebe zur höchsten Tugend erhob, wie ein Schächer am Kreuz starb und seiner Gemeinde die Überzeugung hinterließ, der Weltuntergang, der Tag des Gerichtes, sei nahe. Auf diesen Ur-Christus hatten alle Ketzer, Irrlehrer, Ordensgründer, Mystiker, Reformer und Heiligen zurückgreifen wollen, bis schließlich Martin Luther die Autorität Roms herausforderte, das päpstliche Lehramt negierte, die »Freiheit des Christenmenschen« proklamierte und – ohne es wohl selbst zu ahnen – den Weg freimachte für die Aufklärung, die Modernisierung, die Säkularisierung des Okzidents. Der Kampfruf der jesuitischen Gegenreformation »Omnia ad majorem Dei gloriam« konnte diesen Durchbruch nicht mehr eindämmen.

Wie anders die Botschaft des Propheten Mohammed – Friede und

Heil seinem Namen. Jedesmal, wenn ein frommer Moslem aus den erstarrten Rechtsvorschriften der Scharia, aus der kasuistischen Koran-Auslegung der Schriftgelehrten ausbrechen will, wenn er eine Synthese schaffen möchte zwischen der ursprünglichen Lehre von Medina und den Erfordernissen des industriellen Zeitalters unserer Tage, dann steht er dem lückenlosen Staats- und Gesetzes-Kodex des Gottgesandten gegenüber, der den Anspruch erhebt, alle Fragen für alle Zeit gelöst zu haben. Mohammed war nicht nur der Empfänger mystischer Impulse gewesen. Die ersten, die kürzesten Suren, die infolge der rein quantitativen Numerierung der späteren Koran-Ausgaben am Ende des Heiligen Buches stehen, tragen zwar noch den Stempel des ekstatischen Staunens. Die Offenbarung drückt sich hier in knappen, stoßähnlichen, verzückten Ausrufen, in Versen aus, in denen man das Galoppieren der Pferde zu hören vermeint. Doch darauf folgt die Amts- und Lehr-Periode von Medina, das gesetzgeberische Werk des aus Mekka vertriebenen Religionsstifters, wo jeder Aspekt des täglichen Lebens in präziser, pedantischer und auch sozial-revolutionärer Ausführlichkeit niedergelegt ist. Der Koran ist allumfassend, läßt keine Ausweitung zu, erlaubt keine Nebeninterpretation. Es handelt sich – dem Wesen der Botschaft gemäß – um eine göttlich inspirierte, perfekte Vorschrift für das Menschengeschlecht. Mohammed war Legislator. Er schuf bewußt die unlösliche Einheit zwischen Religion und Staat, die Verschmelzung von din wa dawla, wie man später formulierte. Er war – ganz im Gegensatz zu Jesus – Feldherr und Befehlshaber der Gläubigen, der komplette, vollkommene Mensch in den Augen seiner Gefolgsleute, das Siegel der Propheten. Aber niemals beanspruchte er auch nur den winzigsten Anteil an der göttlichen Natur Allahs. Ein Ausbruch oder eine Abschweifung aus dem Islam in das Säkulum erscheint deshalb den frommen Eiferern von gestern und von heute als eine Gotteslästerung, als ein Verrat an der tradierten Offenbarung. Laizisierung bedeutet Bruch mit dem Koran. Die Theokratie ist unveräußerlich im Koran vorprogrammiert. »Wahrlich, wir haben Dir dieses Buch gesandt, damit Du unter den Menschen richtest, wie Gott es Dir offenbart hat.« (Sure 4, Vers 105)

Yerushalayim oder El Quds?

Jerusalem, Februar 1982

»Ich hänge an Jerusalem wie an einer geliebten Frau«, sagte Mansur, »und ich bin rasend eifersüchtig, wenn man sie mir nehmen will.« Mansur war palästinensischer Journalist. Ich hatte ihn im arabischen Restaurant »Philadelphia« gleich außerhalb der alten Stadtmauer kennengelernt. Seinem sieghaften Namen entsprach Mansur keineswegs. Er war klein gewachsen und trug einen allzu levantinischen Schnurrbart unter der breitgedrückten Nase. Der Palästinenser gewann jedoch durch seine orientalische Liebenswürdigkeit. »Sie sehen einen Heimatlosen in seiner eigenen Heimat«, hatte er zur Einleitung beteuert und mich in sein Haus am Rande von Bethlehem eingeladen.

Der späte Himmel war rötlich gefärbt über »El Quds«, der »Heiligen«, wie Jerusalem bei den Arabern heißt. Bethlehem war fast schon ein Vorort dieser Metropole, die laut Gesetzesbeschluß der israelischen Knesset wiedervereinigt und dem jüdischen Staat als Hauptstadt einverleibt worden war. Die Altstadt lebte von nun an nur noch eine gedämpfte und prekäre Existenz. Gewiß, die Pilgerzüge wallfahrteten noch zur Grabeskirche und sangen ihre Litaneien. Die Ladenbesitzer machten gute Geschäfte mit den Touristen und Auslands-Juden, die zu Besuch nach Erez Israel kamen. Aber wegen der anhaltenden politischen Spannungen wimmelte es von israelischen Militär-Patrouillen in den Gassen, die – das Maschinengewehr über der Brust – den Blick forschend auf die verschlossenen und feindseligen Gesichter der Araber richteten. »Ich kenne das berauschende Gefühl, das einen Neunzehnjährigen überkommt, wenn er mit seiner Knarre Macht und Überlegenheit demonstrieren kann«, hatte mir vor ein paar Tagen ein deutscher Kollege gesagt, der Weltkriegs-Erinnerungen auffrischte. Ich hatte natürlich auch den Felsen-Dom und die El Aqsa-Moschee besucht, wo dem Koran zufolge Mohammed – von Medina auf wunderbare Weise in der Nacht des Schicksals nach Jerusalem versetzt – auf dem Hengst Buraq bis in den Siebten Himmel aufgestiegen war. Obwohl ich den Freitag für diesen Gang ausgewählt hatte und die Sonne schien, war die weite Esplanade des einstigen Salomonischen Tempels in keiner Weise von muselmanischen Betern gefüllt. Israelische Einsatztruppen bewachten die Zugänge zum Heiligtum, denn durch ein Attentat war die Befürchtung neu genährt worden, jüdische Fanatiker wollten sich dieser heiligsten Stätte

der Bibel gewaltsam bemächtigen. Wenn die frommen Israeliten aus aller
Welt sich weiterhin darauf beschränkten, vor der Klagemauer mit den
herodianischen Felsquadern bei der Nennung »Adonais« wippende Verbeugungen auszuführen, so weil sie – in Unkenntnis der ursprünglichen
Tempelanlage – fürchten mußten, den Ort des Allerheiligsten zu entwei-
hen, wo einst die Bundeslade aufbewahrt wurde. Die Stimmung war
betreten und aufsässig zugleich bei den Palästinensern in der El Aqsa-
Moschee. Irgendwie mußte ich an einen Freitags-Gottesdienst im sowjetischen Taschkent denken.

Noch bildet die arabische Altstadt das Herz der Heiligen Stadt. Aber
sie ist eingekreist, belagert, beherrscht von den neuen jüdischen Wohn-
vierteln, die Bürgermeister Teddy Kollek mit methodischem Eifer auf
den umliegenden Höhen errichten ließ. Er hat darüber gewacht, daß
keine scheußlichen nackten Zementwände, wie sie ansonsten in Israel
allzu häufig sind, die Hauptstadt verunstalten. Jede Mauer muß durch
Naturstein verkleidet sein. Aber hinter dieser ästhetischen Verschalung
kann der Beobachter beim Bau neuer Hochhäuser feststellen, wie breit die
Mauern auf den zwei bis drei Meter dicken Betonfundamenten sind, ganze
Bunker- und Festungssysteme, die im Falle eines Krieges und Straßenkampfes jedem angreifenden Eindringling zum Verhängnis würden. Die
Neubauten in Jerusalem sind nach strategischen Plänen angelegt.

Mansur lebte noch in einem jener schönen levantinischen Häuser,
wie ich sie vom Libanon her kannte. Das Ziegeldach stieg symmetrisch
und relativ flach an. Die Terrasse war durch dreifach geschwungene
Bögen veredelt. Der Sohn des Hauses, Kamal, etwa achtzehn Jahre alt,
brachte mit gebührendem Respekt vor dem Vater und dem Gast Tee mit
Süßigkeiten und zog sich zurück. »Wir sind an einer Wende angekommen«, begann Mansur das Gespräch. »Es wird jetzt deutlich, daß Menachem Begin gar nicht daran denkt, auf echte Autonomie-Verhandlungen
für das West-Jordan-Ufer und Gaza einzugehen. In Wirklichkeit wollen
die Israeli Judäa und Samaria, wie sie sagen, ihrem Staat einverleiben.
Der Übergang von der Militär- zur Zivilverwaltung unter dem Professor
Menachem Milson ist dafür ein klares Indiz.«

Es war kalt in dem großen Salon. Wir drängten uns an den Petroleum-
Ofen. Auf den Golan könnten die Israeli eventuell verzichten, wenn
ihnen hundertprozentige militärische Garantien geboten würden, fuhr
der palästinensische Gastgeber fort. In Gaza fühlten sich die Juden ohnehin als Außenseiter. Dort sei doch schon Samson durch die Philister
geblendet worden. »Eyeless in Gaza«, lächelte Mansur. »»Geblendet in

Gaza‹. Sie kennen das Buch von Aldous Huxley. Der Titel könnte die zionistische Besatzungspolitik umschreiben.« Ich erinnerte mich an eine nächtliche Fahrt durch den Gaza-Streifen am Neujahrsabend 1971. Wir kamen vom Suez-Kanal. Der israelische Begleitoffizier hatte die Umgehungs-Route verpaßt. Dann saß er mit entsicherter Pistole neben mir. Kein Mensch, kein Auto begegneten uns in den veródeten Baracken-Siedlungen außer einem einzigen Ambulanzwagen, mit riesiger entfalteter Rot-Kreuz-Flagge, die wohl Schutz vor Attentaten bieten sollte.

»Professor Milson schaltet jetzt mit List oder Gewalt alle Bürgermeister und Lokalpolitiker aus, die der PLO nahestehen« , fuhr Mansur fort. »Er stellt sogenannte Dorf-Verbände, ›Village Leagues‹, aus palästinensischen Kollaborateuren zusammen und rekrutiert sogar arabische Söldner. Viele Freiwillige findet er nicht. Hat man diese Art Hilfswilliger in Algerien nicht als Harki bezeichnet?« Mansur war ein nuancierter Mann, ein Angehöriger jenes palästinensischen Bürgertums, das – wie er selbst eingestand – mehr zum pathetischen Wort als zur revolutionären Tat neige. Es sei eine Tragödie, so meinte er, daß die palästinensischen Intellektuellen, die die Vorhut der arabischen Erneuerung und Modernisierung hätten bilden können – in keinem anderen Land der Umma gebe es so viel Diplomierte und Promovierte – zum Exil, zur Hilfsarbeit oder zur Zweitrangigkeit verurteilt blieben. Von der Exil-Organisation Arafats war er nicht sonderlich begeistert. »Sie wissen, wie man Yassir Arafat bei uns gelegentlich nennt: el rajul min al barra – der Mann von draußen, und tatsächlich fehlt es den Emissären der PLO oft an Instinkt für unsere Probleme in der alten Heimat.« Er befürchtete, daß die Israeli systematisch dazu übergehen könnten, die Araber Palästinas, deren Bevölkerungszuwachs für den Judenstaat ein unlösbares Dilemma darstellt, aus dem Land zu ekeln. Die meisten Akademiker seien bereits abgewandert, und von der PLO-Zentrale aus Beirut tönten nur heldische Durchhalte-Parolen. Der tatsächliche Widerstand gegen die zionistischen Annexions-Absichten käme von Jugendlichen und Kindern, von Schülern und Studenten. Die gingen auf die Straße, würden Barrikaden errichten, Steine gegen die israelischen Militär-Patrouillen werfen, Streiks erzwingen. Aber die Gegenseite sei nicht zimperlich, vor allem die orthodoxen jüdischen Neusiedler auf der West-Bank. Ich erinnerte mich an Fernseh-Bilder aus Ramallah und anderen Orten, wo Zivilisten mit dem jüdischen Käppchen auf dem Kopf mit ihren Uzi-Maschinenpistolen auf steineschleudernde junge Palästinenser das Feuer eröffneten und dabei durchaus nicht nur über die Köpfe hinweg zielten.

»Unsere Jugend ist in Bewegung geraten«, sagte Mansur. »Vor allem in Nablus neigen unsere muselmanischen Studenten mehr und mehr der fundamentalistischen Richtung zu. Vielleicht haben die Israeli ursprünglich solche Spaltungssymptome gefördert. Doch die Tendenz gewinnt jetzt ihre eigene Dynamik. In der El Najah-Universität von Nablus ist ein marxistischer Lehrer von seinen islamischen Studenten aus dem Fenster geworfen worden, und der Kampfruf lautet auch bei uns: ›Allahu akbar‹. Kennen Sie den Hadith, der dieser Tage bei uns viel zitiert wird? Demnach verkündete der Prophet all jenen Gläubigen, die im Bereich von ›As Scham‹ leben – damit ist Damaskus und Syrien unter Einschluß Palästinas gemeint – daß sie auf alle Zeiten verurteilt seien, Mudschahidin zu bleiben. Das trifft auf unsere Kinder zu. Auch mein Sohn Kamal läßt sich von mir kaum noch mäßigen.«

Wir sprachen zwangsläufig von der Bedeutung Jerusalems für den Islam seit dessen fernen Ursprüngen. Mohammed war in seiner seherischen Inspiration ja zutiefst durch die Juden Arabiens beeinflußt worden, die dort im fünften Jahrhundert eine führende intellektuelle Rolle spielten. Einige der berühmtesten Qassida-Dichter arabischer Sprache waren Juden. Ganz Arabien stand damals – wenn Mohammed nicht gekommen wäre – möglicherweise im Begriff, zum mosaischen Glauben überzutreten, wie das ein paar jemenitische Stämme bereits vollzogen hatten. Bei seiner Flucht nach der Oase Yathrib, die erst später in »Madinat ul Nabi« umbenannt wurde, hatte der Prophet wohl gehofft, die dort siedelnde jüdische Gemeinde – sie war zahlreich und wohlhabend – werde seiner Botschaft lauschen. Mit Rücksicht auf diese erhoffte Konversion ließ er anfangs die Gebetsrichtung, die Qibla, nach Jerusalem orientieren und noch nicht nach Mekka. Erst als die Juden von Medina diesen wirren Wüstenprediger, der sich als Siegel der Offenbarung aufführte, alle ihre Propheten durcheinanderwarf und den Talmud nur vom Hörensagen kannte, mit Hohn und Spott überhäuften, als die gelehrten Rabbi von Yathrib ihm verächtlich den Rücken kehrten, holte Mohammed zum schrecklichen Strafgericht aus, eroberte die Lehmburgen der Israeliten und ließ die Männer erschlagen, Frauen und Kinder in die Sklaverei verkaufen.

»Heute sind wir die Bedrängten«, seufzte Mansur. »Was mich am meisten an den Zionisten stört, die durch Jahrtausende verfolgt und gedemütigt wurden, das ist ihre Selbstgerechtigkeit, ihr Mangel an Mitgefühl für unsere palästinensische Tragödie. Der Prophet soll über das von ihm angerichtete Unglück der Juden von Medina immerhin geweint haben. Vielleicht liegt es daran, daß unser Gottverständnis universal ist, für alle Menschen gilt, während der jüdische Jahwe ein Stammesgott blieb.« Ich brachte das Gespräch auf Jerusalem zurück, auf die Illusionen, denen sich der Westen bei allen seinen Lösungsvorschlägen in hartnäckiger Selbsttäuschung hingab. Ich erwähnte ein Gespräch, das ich mit meinem Arabisch-Professor Jacques Berque nach dem Sechs-Tage-Krieg von 1967 im »Collège de France« geführt hatte. »Jerusalem«, hatte Berque gesagt und die Hände zum Himmel erhoben, »Jerusalem, das ist kein Problem der Politik, das ist eine Frage des Jüngsten Gerichts.«

Zwei Wochen nach meiner Abreise aus Israel erhielt ich die Mitteilung, daß Kamal, der Sohn Mansurs, bei einer anti-israelischen Kundgebung schwer verletzt worden war. Ich schickte dem palästinensischen Journalisten einen Brief, um meine Anteilnahme zu bekunden. Zehn Tage später erhielt ich seine Antwort: »Kamal müsse sich noch einer dritten Operation unterziehen, aber Gott sei gnädig gewesen, er sei außer Lebensgefahr.«

Wie Fremde im Land der Philister

Hebron, Februar 1982

Im Februar 1969 standen hier nur ein paar Baracken, ein Wachturm und Stacheldrahtverhaue. Sie signalisierten die noch illegale Landbesitznahme einer kleinen Gruppe eifernder zionistischer Kolonisten auf den Höhen bei Hebron. Durch den Schneeregen waren die Konturen dieser Siedlung kaum zu erkennen gewesen. – Innerhalb von dreizehn Jahren war eine mächtige Wohnburg daraus geworden, ein Komplex von mehrstöckigen Häusern, deren wuchtige Betonmauern, die sich zum Widerstand gegen Artillerie-Beschuß eigneten, wie in Jerusalem durch Naturstein-Platten verharmlost wurden. Kiryat Arba hieß diese jüdische Zitadelle, die die Altstadt der Palästinenser aus felsiger Höhe überragte. Nach dem Urvater Abraham, dem »Freund Gottes«, wurde Hebron auf arabisch »El Khalil« benannt.

Eliakim Aezni hatte uns auf einen karstigen Hügel geführt. Das weite Land Judäa lag uns zu Füßen. Eliakim war verantwortliches Mitglied des »Gusch Emonim«, des »Kern der Gläubigen«, einer extrem zionistischen Kampfgruppe, die die Einverleibung Judäas und Samarias – andernorts sprach man von Cis-Jordanien – in den israelischen Staat kompromißlos betrieb. Am liebsten hätten diese Zeloten wohl die Ausdehnung des Judenstaates vom Nil, dem Fluß Ägyptens, bis zum Euphrat angestrebt, wie in der Bibel verheißen und wie sie – der PLO zufolge – die israelische Flagge mit ihren beiden blauen horizontalen Streifen ober- und unterhalb des David-Sterns programmiert. Eliakim war ein gesprächiger, rastloser Mann. Kein Wunder, er war Anwalt. Sein bebrillter Intellektuellenkopf mit dem dichten, graumelierten Haarwuchs erinnerte an Trotzki. Wir hatten ihn in der kleinbürgerlichen Gemütlichkeit seiner Wohnung angetroffen, deren gepflegter Salon der Grabstätte Abrahams zugewandt war. Er hatte uns dann rund um die neuen, ziemlich seelenlosen Wohnblocks von Kiryat Arba geführt. Wir hatten vor dem Spielplatz verweilt, wo jüdische Kinder in bunten Anoraks lärmten, ein kleines Disney-Land. In einer Konditorei hatten wir Kaffee getrunken und die Touristen-Gruppen aus Alt-Israel beobachtet, die zum Ausflug nach Hebron in Bussen angerollt kamen. Ihre Begleiter trugen die Pistole im Gürtel und waren wachsam wie Schäferhunde.

Eliakim holte vor der steinigen Landschaft Judäas zur programmatischen Rede aus: »Der nächste Krieg gegen die Araber kommt bestimmt, er muß kommen«, begann er. »Wir werden tief nach Norden in den Libanon vorstoßen, um den Terroristen ein für allemal das Handwerk zu legen. Der erste Feldzug von 1978, der nur bis zum Litani-Fluß führte, war gewissermaßen eine Fehlgeburt. Wir dürfen der großen Auseinandersetzung mit den ›Amalekitern‹ nicht ausweichen, wenn wir uns in diesem, unserem Land behaupten wollen.« In heftiger Form wandte er sich gegen die Kompromißler und Beschwichtiger in den eigenen Reihen. Die Palästinenser hätten ihre Chance verwirkt, als sie das begrenzte israelische Autonomie-Angebot abgelehnt hätten. Die Regierung von Jerusalem habe nun neue administrative Instanzen geschaffen und Dorf-Ligen der Araber ins Leben gerufen, um den Emissären der PLO entgegenzuwirken. »Wir sind endlich abgekommen von der törichten Zurückhaltung Mosche Dayans, der – wie er selbst sagte – keine palästinensischen Quislinge wollte. Was hat er sich dafür eingehandelt? Arabische Bürgermeister, die offen mit Yassir Arafat sympathisieren und die Weltpresse gegen uns aufhetzen. Diese Periode ist jetzt vorbei. Entweder akzeptieren die Palästinenser den uralt verbürgten Anspruch auf unsere Heimat, die Gott uns zugewiesen hat, oder sie erleiden das Schicksal der Kanaaniter. Jaffa war auch einmal eine rein arabische Küstenstadt. Heute ist sie überwiegend jüdisch bevölkert. Genauso könnte es Hebron und seinen Einwohnern ergehen, wenn sie in ihrer Verstocktheit verharren.«

Unser Kameramann Jossi, selbst gebürtiger Israeli, zeigte sich nach unserem Abschied von Eliakim über die Besessenheit der Gusch Emonim entsetzt. Er hoffte auf liberale Lösungen, auf friedliche, ja freundschaftliche Koexistenz zwischen Arabern und Juden. Dabei hatte Eliakim – vom rein zionistischen Standpunkt beurteilt – die Logik auf seiner Seite. Die Juden der Diaspora waren in das Gelobte Land zurückgekehrt, um die legendäre Wiege der Väter in Besitz zu nehmen. Jede Diskussion über die Zugehörigkeit Jerusalems zum Judenstaat war in dieser Perspektive absurd, denn der Begriff Zionismus leitete sich von »Zion« ab.

»Nächstes Jahr in Jerusalem« hatte das auserwählte Volk in der endlosen Verbannung zwischen Maghreb und Wolga gebetet. »Meine rechte Hand möge verdorren, ehe ich Dich vergäße, oh Jerusalem«, lauteten die Worte des Psalmisten. Die Küste zwischen Aschkalon und Haifa, wo der neue Staat Israel ursprünglich Gestalt gewann, sei keineswegs biblisches Siedlungsgebiet der Juden gewesen, verwies ich Jossi, den meine historischen Argumente irritierten. Am mediterranen Strand Palästinas hätten im Süden die Philister, im Norden die Phönizier ihre Herrschaft ausgeübt. Von einer hebräischen Schiffahrt im Mittelmeer war nie die Rede gewesen, und wenn zu Zeiten Salomons – vor fast drei Jahrtausenden – jüdische Seeleute erwähnt wurden, so waren sie vom Hafen Eilath am Roten Meer ausgeschwärmt und in Richtung Jemen und Äthiopien gesegelt.

Nach Verabschiedung des streitbaren Eliakim schlenderten wir durch das alte, das arabische Hebron. Die palästinensischen Glasbläser hatten sich so weit angepaßt, daß sie für jüdische Touristen auch blaue Ornamente mit dem David-Stern und hebräischen Inschriften produzierten. Rund um die klotzige Moschee »Haram el Khalil«, deren Sockel aus der herodianischen Epoche stammt, während die gigantischen Quadern von den Byzantinern des Kaisers Justinian aufgeschichtet wurden, brodelte unterschwellige Spannung und Feindseligkeit. Seit der Eroberung der Stadt durch die israelische Armee im Sechs-Tage-Krieg von 1967 war der Zugang jenes Teils des Moschee-Gewölbes, das die Gräber Abrahams, Saras und der anderen semitischen Patriarchen enthielt, auch den Juden zugänglich gemacht worden. In früheren Zeiten hatten die Israeliten – bei ihrer Pilgerfahrt – auf der siebenten Stufe des Eingangs verharren müssen. Das erzwungene Nebeneinander der beiden abrahamitischen Religionen im Gotteshaus des gleichen Stammvaters führte zu permanenten Reibungen. Die Zeit war längst vorbei, da man jüdische Besatzungs-Offiziere im vertraulichen Gespräch mit dem würdigen Bürgermeister von Hebron, Scheich El Jabari, filmen konnte. Die arabischen Frauen von Hebron gingen meist verschleiert. Die Männer trugen das schwarz-weiße oder rot-weiße Kopftuch, den »Keffieh«. Sie mieden sorgfältig die israelischen Militär-Patrouillen, die um den Haram el Khalil kreisten, und warfen haßerfüllte Blicke auf die jungen jüdischen Kolonistinnen in Jeans und T-Shirt, die ostentativ die Uzi-Maschinenpistole über der Schulter trugen.

Ich habe eine Weile lang am Grabe Abrahams verweilt. Die Moslems verrichteten mit versteinerten Gesichtern ihr Mittagsgebet. Anschließend drängten sich die jüdischen Pilger in das muffige Gewölbe. Die Zionisten gebärdeten sich hier wie Eroberer, fühlten sich als Gefolgsleute jenes alttestamentarischen Feldherrn Joschua, der den kanaanitischen König von Hebron erschlug. In pendelnder Körperschwingung huldigten sie dem sieghaften Gott Israels. In der abrahamitischen Höhle von Machpela herrschte die Stimmung des biblischen Krieges, der gnadlosen Auseinandersetzung im Namen eines unerbittlichen Gottes.

»Am Anfang steht Abraham«, so begann ich im März 1969 eine Fernseh-Dokumentation über den damaligen Stand der Nahost-Krise. »Der Patriarch, der Erzvater war in grauer Vorzeit aus Ur in Chaldäa aufgebrochen und vom Gott Jahwe in das Land Kanaan geführt worden, das man heute Palästina nennt. Abraham hatte von seiner Frau Sara einen Sohn, Isaak. Isaak zeugte Jakob, der nach seinem Kampf mit dem Engel Israel genannt wurde. Auf diesen Stammvater Jakob-Israel führen die Juden ihren Ursprung als Volk zurück ... Abraham, den die Moslems Ibrahim heißen, hatte von seiner Magd oder Nebenfrau Hagar einen zweiten Sohn, den er Ismael nannte. Im fernen zentralarabischen Hedschas, dort, wo die Heiligen Stätten von Mekka verehrt werden, erbaute Ibrahim dem Koran zufolge gemeinsam mit Ismael das Haus Allahs, »Beit Allah«, über dem schwarzen Meteoriten der Kaaba. Heute noch erinnert das Ritual der Mekka-Pilger an jene Episode aus dem Leben des kleinen Ismael, als er mitsamt seiner Mutter Hagar – von Abraham auf Betreiben der eifersüchtigen Sara verstoßen – in der Wüste zu verdursten drohte. Damals entdeckte Hagar nach verzweifeltem Suchen, das die Mekka-Pilger in vorgeschriebenem Laufschritt nachahmen, die Quelle Zem-Zem, die ein von Allah gesandter Engel aus dem Felsen sprudeln ließ. Der biblischen und der koranischen Tradition zufolge gilt Ismael als der

Stammvater der Araber. – Der Koran deutet ebenfalls an, daß Ibrahim in Mekka von Gott aufgefordert worden war, das Opfer seines Sohnes – Ismael oder Isaak, das bleibt ungewiß – zu vollziehen und daß er den Teufel, den Scheitan, der ihn zum Ungehorsam verleiten wollte, durch Steinwürfe vertrieb. Das Ersatzopfer des Hammels, den der Stammvater anstelle des eigenen Sohnes schlachtete, nachdem wiederum ein Engel ihm Einhalt geboten hatte, brachte er jedoch im Bereich des salomonischen Tempels von Jerusalem dar, auf jenem Felsen, über dem sich heute die goldene Kuppel der Omar-Moschee wölbt. – Ibrahim, so betont der Koran, war weder Jude noch Christ, sondern »Hanif«, ein inspirierter Gläubiger an den einzigen Gott. Der Bibel zufolge haben Isaak und Ismael zum Zeichen der Versöhnung ihren Vater schließlich gemeinsam in Hebron bestattet, wo der Patriarch zu Lebzeiten mit seinen Herden kampiert und dem Hethiter Ephron die künftige Grabstätte abgekauft hatte. Dennoch heißt es im 1. Buch Moses von Abraham: »Er blieb ein Fremdling im Land der Philister.« – An der Stelle, wo Ibrahim und Ismael das »Haus Allahs« errichteten, versammeln sich seit Jahrhunderten unzählige Jünger der koranischen Offenbarung zum »Hadsch«. Ihre weltumspannende Solidarität gibt Kunde von dem unvorstellbaren Erfolg der islamischen Wüstenreligion, die sich im Gegensatz zum mosaischen Glauben nicht auf ein vorbestimmtes Volk beschränkt. Der Koran wurde zwar in arabischer Sprache dem Propheten eingegeben, aber die Söhne Ismaels dürfen daraus keine Vorrangstellung ableiten. Die Umma, die Achthundert-Millionen-Schar der Gläubigen aller Rassen, das ist das auserwählte Volk des Islam. Im Hadith, in der muselmanischen Überlieferung, steht zu lesen, daß ein gelehrter, alter Jude Selbstmord beging, als er Mohammed predigen hörte. Es sei ihm dabei bewußt geworden, daß die Erleuchtung, der göttliche Vorzug, nunmehr von Israel auf Ismael übergegangen war.

Das Flüchtlingsviertel von Jericho, das während des Sechs-Tage-Krieges von seinen palästinensischen Einwohnern überstürzt verlassen worden war, bietet immer noch den Anblick zerbröckelnder Lehm-Ruinen, als seien die Heerscharen Joschuas gestern mit ihren Posaunen um diese Mauern gezogen. Der Nahall Kalia hingegen, eine befestigte Farm, die schon 1969 von jungen jüdischen Pionieren in Besitz genommen und urbar gemacht wurde, hat sich südlich von Jericho, in Blickweite des Toten Meeres, zu einem stattlichen Kooperativ-Unternehmen, zu einem »Moschaw« entwickelt. Die »normative Kraft des Faktischen«, wie man

geschwollen sagt, wirkt sich in der Jordan-Senke zugunsten der israelischen Okkupation aus. Der Nahall Kalia erinnert auch daran, daß die
Besitznahme Judäas durch den Staat Israel nicht erst unter der Regierung
Begin eingesetzt hat, sondern von den sozialistischen Kabinetten Jerusalems, insbesondere auf Initiative des Ministers Igal Allon, systematisch
betrieben wurde. Die sogenannte Allon-Linie, die sich wie ein Sperriegel
vor die jordanische Grenze legt, soll nunmehr durch jüdische Wehrdör-
fer ergänzt werden, die nach strategischen Gesichtspunkten im Gebirgsland von Judäa und Samaria aus dem Boden gestampft werden. Nur die
Zahl und die Bevölkerungsdynamik der begeisterungsfähigen zionistischen Pioniere läßt zu wünschen übrig. Viel mehr als 25 000 Juden haben
sich bislang nicht in Cis-Jordanien niedergelassen.

Westlich der stumpfen Silberplatte des Toten Meeres haben sich
Luxushotels etabliert. Die Kundschaft ist reich und überwiegend amerikanisch. Da blicken die alten Juden aus New York auf den Berg Nebo, wo
Moses starb. Die Weihe dieses Panoramas hat unter dem Fremdenrum-
mel gelitten. »America's playgrounds« im Heiligen Land. Am Nachmittag lassen sich die Touristen zum nahen Qumran fahren, zu den Höhlen
jener Essener, denen Johannes der Täufer nahestand. Oder sie besteigen
die Seilbahn, die sie anstrengungslos auf den schroffen Felsen von Massada befördert.

Es war später Abend, als wir dort anlangten. Die Wüste ringsum
hüllte sich bereits in Purpur und Gold. An dieser Stelle, wo die jüdischen
Zeloten den Legionen des Titus letzten Widerstand leisteten und dann
den kollektiven Freitod wählten, um der Folter, der Demütigung, der
Sklaverei zu entgehen, ließ der israelische Staat anfangs seine jungen
Offiziere vereidigen, ehe er diese Zeremonie an die Klagemauer verlagerte. Eine Gruppe dicklicher, junger Juden aus USA weilte noch auf der
felsigen Höhe, stolperte – von zwei drahtigen, bewaffneten Sabra eskor-
tiert – durch die Ruinen des herodianischen Winterpalastes. Sie ließen
sich die deutlich erkennbaren Umrisse der Kastelle erklären, die die
römischen Belagerer ringsum disponiert hatten. Dann sammelten sich
die Ausflügler in einer verfallenen, kleinen Synagoge zum Gebet.

Massada ist von den israelischen Politikern stets als das Symbol ihres
Willens zum äußersten, notfalls selbstmörderischen Widerstand zelebriert worden. Die Zeloten, die sich der Unterwerfung durch Rom und
der heidnischen Entfremdung mit makabrer Konsequenz widersetzt hatten, sind heute Leitbilder des zionistischen Staates geworden. Das Vermächtnis dieser Fanatiker hat zusätzliches und schreckliches Gewicht

gewonnen, seit Israel über die Atombombe verfügt und zweifellos bereit wäre, die Nuklearwaffe gegen seine Feinde einzusetzen, ehe es an Selbstaufgabe oder Untergang dächte. Die Atom-Anlagen von Dimona in der Negew-Wüste unweit von Beerscheba erscheinen neben Massada als zeitgemäße Ergänzung, als apokalyptischer »deterrent«.

In Richtung auf Eilath rollten wir nach Süden weiter. Militär-Patrouillen begegneten uns. Über der Wüste von Moab ging der Mond auf. Wir blickten lange auf das fahle Gestirn. Die Astronauten aus der Neuen Welt haben inzwischen ihren Fuß auf diesen Trabanten unserer Erde gesetzt, aber die Mythen, aus denen sich der Krieg um das Gelobte Land nährt, reichen zurück in jene abrahamitische Vorzeit, als die Völker Kanaans die volle Scheibe des Mondes noch als Verkörperung der Fruchtbarkeitsgöttin Aschdaroth anbeteten.

Eine Mauer aus Blei und Blut

Jerusalem, März 1982

Der Bus-Bahnhof war kein sehr imponierender Rahmen für die Begrüßung des französischen Staatschefs in Jerusalem. Aber François Mitterrand, der sich geweigert hatte, den von Israel annektierten arabischen Ost-Teil zu betreten, mußte sich damit begnügen. Teddy Kollek, der Oberbürgermeister von Jerusalem, war durch die Rücksichtnahme Mitterrands auf die Gefühle der Palästinenser ohnehin verärgert und hatte wissen lassen, daß er nur bei der Ankunft aus Höflichkeit zugegen wäre, allen anderen protokollarischen Auftritten Mitterrands jedoch fernbliebe.

Ein sephardischer Ober-Rabbi mit rotem Barrett – eine ähnliche Figur war mir einst im marokkanischen Mellah von Mogador begegnet – reichte dem französischen Gast Brot und Wein. Es war eine recht stillose Veranstaltung. Neben den Rabbis und einer Reihe von Knesset-Abgeordneten war eine ganze Phalanx christlicher Bischöfe, Patriarchen und Äbte angetreten. Vereinzelte muselmanische Ulama vervollständigten dieses trügerische Bild ökumenischer Eintracht. Die Journalisten, Fotografen und Kameraleute beherrschten das Feld. Sie beunruhigten die in Kompanie-Stärke postierten Sicherheitskräfte. Die Blicke des Presse-Korps richteten sich vor allem auf die schöne, dunkelhaarige Frau des

Staatspräsidenten Navon, eine ehemalige Miss Israel, deren Eleganz sich vom saloppen Aufzug ihrer meisten Landsleute wohltuend unterschied. Mitterrand hatte sich mit einem zerknitterten, senffarbenen Anzug der allgemeinen Nachlässigkeit angepaßt.

Beim Staatsbankett im Festsaal des Parlaments wurde größerer Aufwand betrieben. Hier gab Ministerpräsident Menachem Begin den Ton an. Was ihm an Gefälligkeit der Gesichtszüge versagt blieb, ersetzte Begin durch sorgfältige Kleidung, Handkuß und eine altmodische Courtoisie des Umgangs, die an Vorkriegs-Polen erinnerte. Aufgrund einer schweren Hüftverletzung war der Regierungschef Israels im Rollstuhl an seinen Tisch unter den Wandteppichen Marc Chagalls mit den biblischen Motiven geschoben worden. Doch zur Willkommensrede erhob er sich, ließ sich dabei die Anstrengung und den Schmerz nicht anmerken. Begin drückte sich in fehlerfreiem Französisch aus, betonte die bekannten Positionen Israels ohne jede Konzession an seinen Gast, der in der vermeintlichen Rolle eines Vermittlers nach Jerusalem gekommen war. Das Wort »Palästinenser« wurde in dieser Ansprache ausgespart. Mitterrand seinerseits brachte einen lyrischen, blumigen Toast aus. Es war darin die Rede von der fatalen Eile eines jeden Staatsbesuchs, von seinem Bedauern, »nicht wie ein Landmann behutsam über die Äcker schreiten zu können . . .«, von »blühenden Bäumen, denen nicht genug Aufmerksamkeit geschenkt wird«. Die Journalisten lauschten diesen bukolischen Sprüchen mit einiger Skepsis. Sie spähten die Politiker des Juden-Staates aus: Shimon Peres, den sozialistischen Oppositionsführer, der im Schatten Begins eine sympathische, aber schwache Figur abgab; Itzak Schamir, der kleingewachsene Außenminister mit dichtem weißem Haar und Schnurrbart; man hätte ihm nie zugetraut, daß er beim Kampf gegen die englische Mandatsmacht jenem gefürchteten »Stern-Gang« angehörte, der den UNO-Beauftragten Graf Bernadotte umgebracht hat. Am häufigsten wurde der Verteidigungsminister Ariel Sharon fotografiert, dem dieses stilisierte Getue im Knesset-Festsaal offenbar gleichgültig und lästig war. Ariel Sharon – Arik, wie ihn seine Freunde nennen – war im Gegensatz zu Begin nicht in der Diaspora geboren, sondern in Erez Israel. Er war im Kibbuz aufgewachsen, bewirtschaftete jetzt eine stattliche Farm im Negew. Sehr bäuerliche Züge hafteten ihm an, und man traute dem untersetzten Mann die Kraft eines Stieres zu. Die angelsächsische Presse charakterisierte ihn als »Bulldozer«. Als Soldat und General war er berühmt geworden. Er hatte zeitweilig die geheimen israelischen Kommando-Trupps mit großem Erfolg kommandiert. Seine große Stunde schlug im Jom-Kippur-Krieg von 1973, als die Ägypter den Suez-Kanal überschritten, die Bar Lev-Linie durchstoßen hatten, während auf dem Golan die syrischen Panzer-Divisionen nur mit äußerstem Aufgebot von Zahal gestoppt wurden. Ariel Sharon war damals – ohne ausdrückliche Weisung seines Oberbefehlshabers – zum tollkühnen Gegenstoß angetreten. Mit seinen Tank-Brigaden war er beim sogenannten »Déversoir« auf Pontons über den Suez-Kanal gegangen und hatte die III. ägyptische Armee in stürmischer Umklammerung an den Rand der Vernichtung und des Verdurstens gebracht. Der Weg nach Kairo lag damals offen vor den Sturm-Einheiten dieses eigenwilligen Kommandeurs. Ich hatte mich in jenen Tagen in der ägyptischen Hauptstadt befunden und den Hauch des Entsetzens gespürt, den diese brutale Wendung des Kriegsglücks bei den Kairoern auslöste. Sharon war damals von seinen begeisterten Soldaten auf Schultern getragen worden. Wie zu Zeiten Sauls und Davids hallte der Schrei: »Arik, melech Israel – Arik, König von Israel« im ägyptischen Land Gosen am »Déversoir«. Die Berufspolitiker in Jerusalem blickten seitdem mit einiger Besorgnis auf diesen ungestümen Mann.

Unten an den festlich gedeckten Tischen rivalisierten die polnischen Kasino-Allüren Menachem Begins mit dem Literaten-Talent François Mitterrands. Madame Navon sonnte sich in ihrer Schönheit. Aber gleich nebenan, in der trüben Kantine, wo man die internationale Presse mit einem scheußlichen Selbstbedienungs-Buffet abfütterte, präsentierte sich eine ganz andere Gesellschaft. Da boten die Polizisten und Sicherheitsbeamten, die Parlaments-Angestellten und Putzfrauen in brüderlichem, ungezwungenem, lautem, burschikosem Durcheinander ein ganz anderes Bild vom Judenstaat. Hier wurde die Egalität dieser Stammes-Gemeinschaft überbetont. Die rauhe Kibbuz-Pose, die nur für die wenigsten eine erlebte Wirklichkeit darstellt, vermischte sich mit ukrainisch-galizischem Schlendrian. Während Begin und Mitterrand wohlgesetzte Reden austauschten, legten sich Staatsschützer und Reinemachefrauen zu einem Nickerchen auf die schäbigen Bänke. Die geladene Journalisten-Elite aus aller Welt stand sich die Beine in den Bauch. Als ein Pariser Korrespondent sich über diese mangelnde Rücksichtnahme in heftigem Ton beschwerte, wurde er von einer stämmigen Dolmetscherin zurechtgewiesen: »Schreien Sie mich nicht an; wir sind doch keine Freunde!«

»Wie kommen diese zahllosen Neueinwanderer mit der Beherrschung der hebräischen Sprache zurecht?« hatte ich einen ortsansässigen deutschen Kollegen gefragt. Der lachte. »Es kommt nicht darauf an, daß

Sie das Evrit korrekt sprechen, sondern schnell und laut und daß sie die
Schimpfworte beherrschen.« – Der gleichheitsbesessene Sozialismus der
ersten Zionisten gab dem Judenstaat weiterhin das Gepräge. Die tatsächliche Differenzierung des Gesellschaftslebens vollzog sich überaus diskret. Man hielt hier offenbar nicht viel von jener schauspielerischen
Noblesse, mit der die Araber demonstrativ ihre Gastlichkeit schmücken.
Dafür war das jüdische Volk durch zu viele Feueröfen gegangen.

Am nächsten Vormittag schlug die Stunde der Wahrheit. Mitterrand
blieb seinem Vorsatz treu, die Palästinenser-Frage in aller Deutlichkeit
vorzutragen. Vor dem Hintergrund der mächtigen Quadersteine herodianischen oder gar salomonischen Ausmaßes, die über der Rednertribüne der Knesset lasten, bezeichnete der französische Staatspräsident die
PLO als die reale Vertretung der Kämpfenden. Er bekannte sich zum
Selbstbestimmungsrecht der Palästinenser, ja zu ihrem Anspruch, ein
eigenes Staatswesen zu bauen. Doch es nützte dem Gast aus Paris wenig,
daß er von Begin als »Freund Israels« belobigt wurde, daß er nach Präsident Carter aus USA und Anwar-es-Sadat aus Ägypten als erster ausländischer Staatschef in diesem Rahmen auftrat – kein günstiges Omen
übrigens –, daß er aufgrund der zahlreichen und einflußreichen Juden in
seiner engsten Umgebung von den Pariser Journalisten als »judeophil«
bezeichnet wurde. Für Menachem Begin blieb die Organisation Yassir Arafats eine Vereinigung von Terroristen. Den Buchstaben L der PLO,
der für »liberation« steht, wollte er nicht gelten lassen. »Dieses Land ist
längst befreit worden, als wir das britische Mandat abschüttelten«, beteuerte der Premierminister. Während der Ansprache Begins, die sich
ausführlich mit der russischen Bedrohung des Orients befaßte, sprang
ein arabisch-christlicher Abgeordneter aus Nazareth, der Arzt Tewfik
Tubi, auf, um sich gegen den systematischen Anti-Sowjetismus und die
anti-palästinensische Hetze der Likud-Regierung zu verwahren. Tewfik
Tubi konnte trotz mehrfacher Ansätze den Redefluß Begins nicht bremsen. Der Abgeordnete aus Nazareth gehörte der Kommunistischen Partei
Israels, Rakah, an, und es war ein erschütterndes Zeichen, daß sich dieser
soignierte, großbürgerliche Akademiker, der im griechisch-orthodoxen
Glauben erzogen war, an den sowjetfreundlichen Marxismus klammerte
wie an eine letzte Chance des Widerstandes gegen den zionistischen
Herrschaftsanspruch von heute und – wer weiß – gegen die radikale Re-
Islamisierung seiner arabischen Landsleute, die sich vielleicht für morgen ankündigt.

Einige Pariser Kollegen hatten den Auftritt ihres sozialistischen Präsidenten mit Kopfschütteln verfolgt. Das arabisch-französische Verhältnis, das de Gaulle und dessen Nachfolger nach dem Algerien-Krieg in zwanzig Jahren mühsam gekittet hatten, sei nun durch den zweitägigen Staatsbesuch Mitterrands in Jerusalem aufs schwerste belastet worden, so behaupteten sie. Ich mußte meinerseits an die denkwürdige Pressekonferenz des Generals im Elysée-Palast nach dem Sechs-Tage-Krieg denken, als de Gaulle für die Juden folgende Formulierung fand: »peuple d'élite sûr de soi, dominateur – ein elitäres Volk, selbstsicher und auf Herrschaft bedacht«. Ein Sturm der Entrüstung war damals durch die französische Judenschaft – immerhin eine Gemeinde von 700 000 Menschen – gegangen. Es hätte nicht viel gefehlt, und der Befreier Frankreichs vom Vichy-Faschismus wäre als Antisemit beschimpft worden. Ich hatte de Gaulle lange und aufmerksam genug interpretiert, um zu wissen, daß er den Franzosen, die er gelegentlich als Kälber – des veaux – bezeichnete, gerade jene elitären Eigenschaften gewünscht hätte, die er auf dieser Pressekonferenz den Juden zugestand.

Wie war es wirklich um die Aussichten einer französischen oder europäischen Vermittlung zwischen Juden und Arabern bestellt? Ich mußte an das Gespräch mit dem Journalisten Zwi in Metullah denken. Die Aufgabe Judäas und Samarias, so war mir überall bestätigt worden, müßte unter den Juden einen Bürgerkrieg auslösen. Die Perspektive, von Ramallah aus eine arabische Speerspitze auf die Wespentaille des Judenstaates und aufs Mittelmeer gerichtet zu sehen, war für die Masse der Israeli absolut unerträglich. Wer wollte andererseits den Palästinensern zumuten, die zu drei Millionen im ganzen Orient zerstreut waren, sich im Dreieck Nablus – Hebron – Jericho und auf dem ohnehin übervölkerten Gaza-Zipfel einpferchen zu lassen, ihren irredentistischen Forderungen auf Haifa, Jaffa und vor allem auf Jerusalem abzuschwören? Die europäischen Anwälte des Kompromisses zwischen den Söhnen Israels und Ismaels hatten ihre utopischen Koexistenz-Theorien offenbar ohne jede konkrete Fühlungnahme mit den unmittelbar Betroffenen entworfen. Und wer sollte die Garantien für die so viel zitierte Sicherheit des jüdischen Staates in den wiederhergestellten Grenzen von 1967 bieten? Mitterrand, der immerhin ein militärisches Engagement Frankreichs in Nahost ernsthaft in Betracht zog, hatte der leichtfertigen Gemeinschafts-Erklärung der Europäer von Venedig den Rücken gekehrt. Wie würden wohl die Deutschen reagieren, wenn es hieße, zwei oder drei Bataillone der Bundeswehr mit einem klaren Sicherungs- und notfalls Schießbefehl an den Jordan zu entsenden? Oder sollten wieder einmal die Amerikaner in die Bresche springen, sich im Heiligen Land in eine unhaltbare neokolonialistische Rolle drängen lassen, um dann möglicherweise von beiden Seiten unter Feuer genommen zu werden?

In den Kulissen des Mitterrand-Besuchs brachten die israelischen Pressesprecher immer wieder die Libanon-Frage auf. Die PLO habe sich dort von einer Partisanentruppe zu einer regulären Armee mit modernen russischen Panzern und schwerer Artillerie ausgewachsen. Begin hatte nicht gezögert, seinen Geheimdienstchef General Saguy, zum diesbezüglichen Rapport bei Mitterrand zu zitieren. Er werde am Libanon keinen christlichen Holocaust dulden, hatte der israelische Ministerpräsident in aller Form erklärt und die spätere Militäraktion »Frieden für Galiläa« psychologisch vorbereitet. Bei meinen vertraulichen Kontakten im israelischen Außenministerium war mir aufgefallen, wie häufig dort auf die Bedeutung Jordaniens verwiesen wurde. Im Wappen der Irgun-Kampfgruppe, aus der die Herut-Partei Begins hervorgegangen ist, erscheint Groß-Israel in der Form Palästinas inklusive Transjordaniens, überlagert durch eine Faust mit Gewehr. Die Heimstätte der Palästinenser, so wurde wohl auch Mitterrand beigebracht, brauche gar nicht mehr geschaffen zu werden, sie existiere bereits jenseits des Jordan, in jenem Haschemitischen Königreich, wo die Palästinenser siebzig Prozent der Bevölkerung ausmachen und wo die Präsenz König Husseins auf dem Thron von Amman ein Anachronismus sei.

Am späten Abend kamen wir auf der Suche nach dem Restaurant des deutschen Emigranten Fink aus Würzburg an ein paar zwielichtigen Disco-Lokalen vorbei. Die jungen Israeli bewegten sich hier wie Rocker oder »Loubards« mit Lederjacken, Macho-Allüren und schweren Motorrädern. Sogar ein paar Punks waren darunter. Ihre Mädchen waren grell geschminkt, trugen Goldpailletten um die Augen, gaben sich aggressiv keß, obwohl oder weil das orthodoxe Viertel von Mea Schearim nur ein paar Blocks entfernt war. Diese frivolen Außenseiter fallen im strengen Jerusalem stärker auf als im toleranten Tel Aviv. In der Archäologie-Ausstellung des Sheraton-Hotels waren mir die unzähligen Fruchtbarkeits-Göttinnen und Geschlechtssymbole, die steinernen Phalli, aufgefallen, die von der Sexualbesessenheit der kanaanitischen Ureinwohner dieses Landes Kunde gaben, bevor die monotheistischen und puritanischen Hirtenstämme der Hebräer aus der Wüste in das »Gelobte Land« einbrachen. Beim Gastwirt Fink wurde zu gutem deutschen Essen »Oh, alte Burschenherrlichkeit« gespielt. »O jerum, jerum, jerum, o quae mutatio rerum«, summten wir mit.

Pressekonferenz im Kellergeschoß des Sheraton. Menachem Begin, immer noch im Rollstuhl, ist in großer Form. Wenn ich ihn früher auf dem Fernsehschirm beobachtete – neben dem jovialen Anwar-es-Sadat von Ägypten, der sich die Allüre eines Grandseigneurs gab –, hatte der Israeli stets schlecht abgeschnitten. Aber hier, im Dialog, in der Herausforderung mit den Journalisten, gewann dieser kleine, spröde Mann das Format eines Politikers ersten Ranges. Fast wurde er zur biblischen Richtergestalt. Der PLO, einer Organisation, die die Vernichtung des Judenstaates zum Grundsatz ihrer Charta gemacht habe, könne kein Zugeständnis gemacht werden, erklärte er. Man würde ihm zwar immer sagen, die Resolutionen der Palästinenser seien so schlimm nicht gemeint, aber Ähnliches habe man einmal vom antisemitischen Wahn Hitlers wie er sich in »Mein Kampf« ausdrückte, auch behauptet. Im Hinblick auf das West-Jordan-Ufer und den Verdacht israelischer Anschluß-Absichten in diesem Raum hatte Begin unlängst geäußert: »Warum sollen wir annektieren, was uns ohnehin gehört?« In Gegenwart Mitterrands gab er sich nuancierter. Am Ende brach es dennoch aus ihm heraus. »Dieses ist das Land unserer Väter, unserer Könige, das Land der Verheißung, das Gott uns angewiesen hat. Wie könnten wir darauf verzichten? Als ich ein kleiner Junge war in Polen, in Brest-Litowsk, da betete mein Vater: ›Nächstes Jahr in Jerusalem‹, und er sagte zu uns Kindern nicht: Wir werden einmal nach Palästina auswandern, sondern er sagte: Wir werden nach Israel heimkehren . . .«

Vor dem Telex-Raum traf ich Eugène Mannoni, Korrespondent der Wochenzeitschrift *L'Express*, ein Veteran, mit dem ich seit den Kongo-Wirren befreundet war. Er stand noch unter dem Eindruck der Pressekonferenz Begins und der letzten Meldungen über Protest-Kundgebungen der Palästinenser bei Nablus. Eugène seufzte über seinem Manuskript. »Ist das nicht alles hoffnungslos?« fragte er. »Du wirst mich für frivol halten, aber im Grunde gab es nur einen Mann, der dieses Land begriffen hat: Pontius Pilatus.« Der römische Statthalter hatte sich die Hände in Unschuld gewaschen, als man von ihm ein Urteil über den angeklagten Jesus von Nazareth verlangte.

Die Vorfrühlingsnacht war beißend kalt in Jerusalem. Eben hatte der Muezzin der El Aqsa-Moschee zum Abendgebet gerufen. Auf der großen gepflasterten Esplanade vor der Klagemauer waren Einheiten der israelischen Armee angetreten. Zuschauer drängten sich in großer Zahl – darunter auch orthodoxe Juden mit Schläfenlocken und Kaftan. Sie wurden

von Militärpolizisten auf Abstand gehalten. Aus dem Lautsprecher
ertönte Musik: »Jerusalem, Du Stadt aus Gold.« Die israelische Armee,
Zahal, vollzog seit ein paar Jahren die Rekrutenvereidigung im Angesicht des salomonischen Tempels. Die Hoffnungen des Jahres 1967, als
Mosche Dayan mit den ersten Sturmtruppen zur Klagemauer vorgedrungen war und in eine Ritze des Gesteins den Zettel mit dem Wort
»Schalom« gesteckt hatte, gehörten der Vergangenheit an. Die Rekruten
waren keine Jünglinge mehr. Es handelte sich um Neu-Einwanderer aus
Australien, aus Argentinien, vor allem aus Rußland. Sie waren zwischen
25 und 35 Jahre alt und würden nur eine begrenzte Dienstzeit absolvie-
ren. Die meisten wirkten kein bißchen soldatisch, waren von zu vielen
Jahrhunderten in den Gettos Osteuropas gezeichnet. Aber der Wille zum
kriegerischen Einsatz und die eifernde Disziplin waren ihnen deutlich
anzumerken. Ein schlanker, sehniger Offizier gab Kommandos. Die Sergeanten prüften wie Wachhunde die exakte Ausrichtung der Rekruten.
Rings um die Klagemauer und vor jenem unterirdischen Einlaß, wo nach
den Fundamenten des Tempels Salomons gegraben wird, brannten Fak-
keln. In Flammenschrift leuchteten hebräische Buchstaben auf: »Lehre
den Sohn Juda, mit Pfeil und Bogen zu schießen«, lautete der Bibelspruch. Der Schofar, das jüdische Horn, wurde geblasen, und ein Feld-
Rabbiner nahm das Gelöbnis entgegen. Einer nach dem anderen liefen
die Rekruten nach vorn. Mit der Linken nahmen sie das Gewehr, mit der
Rechten den Pentateuch, die fünf Bücher Moses, entgegen. Dann ertönte
– in musikalischer Anlehnung an die »Moldau« von Smetana – die
schwermütige Nationalhymne Israels. Der jüdische Staat – gerade weil
er aus dem Nichts aufgetaucht war – wußte, daß eine Armee auf die Kraft
der Symbole, ja auf Totems und Fetische nicht verzichten kann, daß die
Bereitschaft zum Tod mit der Waffe in der Hand auf Pathos und Pomp
angewiesen ist. Zahal verstand sich auf Weihe und Dekorum.

Ein schmächtiges blondes Mädchen in Uniform hatte unmittelbar vor
der Klagemauer zur Gitarre gegriffen. Auch das war Bestandteil der
Eidesleistung. Von zwei weiblichen Offizieren eingerahmt, begann sie
ihren Gesang: »Ein Mädchen stand vor der Mauer und küßte sie. Das Bla-
sen des Schofar-Horns klingt so mächtig, so sagt sie mir, aber die Stille
tönt viel mächtiger. Auf ihrer Stirn im Abendlicht leuchtet der Purpur
der Königinnen . . . Die Mauer ist verlassen und traurig, eine Mauer aus
Blei und Blut. Es gibt Menschen mit steinernem Herz. Es gibt Steine mit
menschlichem Herz. Aufrecht vor der Mauer verharrt ein Fallschirmjäger, der einzige Überlebende seiner Gruppe. Der Tod hat kein Gesicht, so

sagt er mir, er hat nur ein Kaliber, neun Millimeter. Das ist alles, und ich weine nicht . . . Aufrecht vor der Mauer – ganz in Schwarz – steht eine Soldatenmutter. Die Augen meines Sohnes, so sagt sie mir, leuchten heller als die Kerzen, die hier gezündet wurden. Ich schreibe keinen Zettel, den ich in die Spalte der Mauer schiebe. Denn gestern erst habe ich dieser Mauer etwas Größeres geopfert als Worte und Buchstaben ausdrücken können.« – Langemarck in Israel.

Wende am Nil

Kairo, im Sommer 1956

Die Hauptstadt am Nil schwirrt vor Gerüchten. Selbst die bleierne Hitze lähmt nicht die Nervosität, die sich der einheimischen Masse und der fremden Botschaften schleichend bemächtigt hat. Der Rais, wie man Präsident Gamal Abdel Nasser zu nennen pflegt, hat auf einer gewaltigen Kundgebung in Alexandria die Nationalisierung des Suez-Kanals verfügt. Er hat damit die Entente-Mächte Großbritannien und Frankreich, die über die effektive Kontrolle und die Aktienmehrheit dieses Wasserweges zwischen Afrika und Asien verfügen, in unerträglicher Weise herausgefordert. Der »Bikbaschi«, der Oberst, so hieß Nasser damals noch in den hämischen Kommentaren an Themse und Seine, hatte seine ägyptischen Zuhörer in einen Rausch der Begeisterung versetzt. Er hatte seine Rede mit ein paar hocharabischen Sätzen begonnen, war dann aber – wie üblich – in den Dialekt des Niltals verfallen und von seinem rednerischen Talent mitgerissen worden. Dieser Nationalist, der als Kind schon den englischen Flugzeugen, wenn sie über seinem Dorf in Oberägypten dahinzogen, die geballte Faust gezeigt hatte, war sich seines Wagnisses wohl bewußt. Er habe seine Rede immer wieder durch hysterisches Gelächter unterbrochen, hieß es in einem Bericht der Französischen Botschaft. In jenen Tagen überschätzten die »Freien Offiziere«, die 1952 den fetten König Faruk verjagt hatten – ihr Aufstand hatte sich an der arabischen Niederlage in Palästina entzündet –, wohl noch die Macht des britischen Löwen, standen unter dem Eindruck eines halben Jahrhunderts semi-kolonialer, hochmütiger Präsenz Albions.

Dieser Tribun Nasser, der im Dienste des arabischen Nationalismus eine solche Energie und Dynamik entfaltete, könne doch kein authentischer Ägypter sein, hatten die britischen Intelligence-Experten ursprünglich gemutmaßt und nachgeforscht, ob nicht türkisches, albani-

sches, kaukasisches Blut in Nassers Adern floß. Aber sie hatten sich überzeugen müssen, daß es sich um einen echten Sohn des Niltals, Sprößling
einer einfachen Fellachen-Familie, handelte. Der Vater hatte es immerhin zum Postbeamten gebracht. Jedenfalls war man in London und Paris
fest entschlossen, dem Bikbaschi eine Lektion zu erteilen. Für die Engländer ging es um die Wahrung ihrer gesamt-arabischen Position zwischen
Libyen und dem Persischen Golf, um die Orientierung der Araber-Liga,
deren diskrete Förderer sie mit ihren panarabischen Utopien von Anfang
an gewesen waren. Für die Franzosen ging es um den Maghreb. »Eine
französische Division im Niltal ist zehn Divisionen in Algerien wert«,
hatte Generalgouverneur Lacoste gesagt.

Ich war von Süden nach Kairo gekommen. Vor dem Abflug von Khartum hatte ich das Schlachtfeld von Omdurman besucht, wo Lord Kitche-
ner 1898 dem islamischen Aufstand des Mahdi ein blutiges Ende gesetzt
hatte. Ab Luxor, wo die Tempel von Karnak vom Touristenbetrieb noch
weitgehend verschont waren, war ich mit der Bahn nilabwärts in die
Hauptstadt weitergereist. Kairo war damals noch eine kosmopolitische
Stadt. Zwar spürte man bereits die spröde Hand der Revolution. Gamal
Abdel Nasser hatte Nationalismus und Sozialismus auf seine Fahnen
geschrieben. Die Ambitionen dieses hoch und breit gewachsenen Offiziers waren immens – panarabisch, panafrikanisch, sogar panislamisch,
wenn er auch die konspirativen Zellen der »Moslem-Brüder« unerbittlich zerschlug. Erst sehr viel später sollte man erkennen, daß dieser arabische Revolutionär – bei aller krampfhaften Verweigerung westlicher
Vorherrschaft – widerwillig im Einflußbereich abendländischer Ideen-
Anleihen verharrte. Sein ägyptischer und panarabischer Nationalismus
war ohne die europäischen Denkschulen nicht zu erklären. Sein Sozialismus war – nolens volens – vom Vulgär-Marxismus geprägt. Am Ende
sollte ein fortschrittlich schillerndes Militär-Regime stehen, dessen privilegierte Offiziere meist aus dem Kleinbürgertum stammten und deshalb die feudalistische Schicht der Paschas und Effendis, vor allem auch
die bislang allgegenwärtige Wafd-Partei aufs äußerste bekämpften. Es
wurde ein arabischer Sozialismus proklamiert, der sich die stürmische
Industrialisierung des Niltals – durch die Schlagworte Assuan und
Heluan beflügelt – zum Ziel gesetzt hatte. Es wurde damit nicht viel
bewegt, ebenso wie bei der Bemühung, der Wüste jenseits der Über-
schwemmungszone des Nils fruchtbares Land abzuzwingen. 1956
schwärmte man in Kairo noch von der »Befreiungs«-, der »Tahrir-Pro-
vinz«, wo Kanäle in den Sand gezogen und moderne Siedlungen für die

Fellachen errichtet wurden. Die Schulen wurden nationalisiert und mili-
tarisiert. Die Frauen sollten im patriotischen Sinne emanzipiert werden.
Daß die kleinbürgerliche Mediokrität, daß der levantinische Schlendrian
schließlich über diese lyrischen und sehr ehrbaren Ambitionen siegen
würden, war damals noch nicht abzusehen und kann auch nicht dem Rais
allein angelastet werden. Der Schlamm des Niltals ist zäh und klebrig.
Das vieltausendjährige Land der Pharaonen zu revolutionieren und zu
dynamisieren sollte sich als übermenschliche Aufgabe erweisen.

Die rassischen und religiösen Minderheiten von Kairo und Alexan-
dria, die bisher über Einfluß und Macht verfügt hatten, spürten seit dem
Umsturz von 1952, daß ihre Zeit zu Ende ging. Es war irgendwie symbolisch, daß Gamal Abdel Nasser seine Brandrede zur Nationalisierung des
Suez-Kanals in Alexandria gehalten hatte, in jener alten hellenistischen
Gründung, die bald darauf durch das Roman-Quartett des Iren Lawrence
Durrell mythologisiert und künstlerisch verdichtet wurde. Die Griechen,
Juden, Armenier, Libanesen, Italiener oder auch die ägyptischen Kopten
im Niltal witterten mit dem Instinkt ewig bedrohter Minoritäten die
eingetretene Wandlung. Hinter den Parolen des arabischen Nationalismus – »Araber« war bisher fast ein Schimpfwort gewesen – verbarg sich
die islamische Rückbesinnung und die islamische Intoleranz. Es war kein
Platz für Justine, für Balthasar und Nessim mehr. Beinahe zwangsläufig
endet bei Durrell der Lebensweg der schönen und extravaganten Jüdin
Justine, der Gattin des reichen Kopten Nessim aus Alexandria, in einem
klösterlich kargen Kibbuz des Staates Israel.

An einem Zeitungsstand von Qasr-el-Nil beim Verlassen der Kondito-
rei Groppi war mir in einer lokalen griechischen Zeitung der Titel aufgefallen: »Hoi Galloi stin Kypron – Die Franzosen auf Zypern«. Nicht nur die
Engländer konzentrierten Truppen auf der Insel Aphrodites. Auch die
Franzosen waren mit Vorausabteilungen einer Fallschirm-Division dort
eingetroffen. Der sozialistische Ministerpräsident Guy Mollet, der sich in
Paris in Abstimmung mit Anthony Eden anschickte, den Suez-Feldzug der
Entente-Mächte einzuleiten, ahnte wohl nicht, daß er mit diesem aussichtslosen und törichten Unternehmen den Schlußstrich unter hundertfünfzig Jahre französischen Einflusses im Niltal zog.

Das Erwachen der arabischen Nation, die Modernisierung des
Orients, die Einbeziehung des Islam in westliche Staats- und Gesell-
schaftsnormen hatte mit der Landung Napoleon Bonapartes, des Ersten
Konsuls, in Ägypten begonnen. Die großen Dinge vollzögen sich im
Orient, hatte der Korse sinniert. Er war von diesem historisch-strategi-

schen Abenteuer – die Abschnürung der Verbindungswege zwischen
England und Indien war wohl nur ein Vorwand gewesen – zutiefst beses-
sen gewesen. Bevor er die Mameluken, Nachkommen von Sklaven, Leib-
eigenen und Palastwächtern aus dem Kaukasus, die seit Jahrhunderten
mit Billigung der türkischen Pforte eine turbulente Willkürherrschaft im
Niltal ausübten, vor den Toren Kairos besiegte, hatte Napoleon seinen
Soldaten zugerufen: »Von der Höhe dieser Pyramiden blicken vierzig
Jahrhunderte auf euch herab.« Sein Ägypten-Feldzug endete im Fiasko.
Aber es blieb die kulturelle und zivilisatorische Befruchtung. Jene französischen Orientalisten und Gelehrten, die der Erste Konsul mit nach
Ägypten genommen hatte, diese »Esel – les ânes«, wie die Soldaten sie
nannten, hinterließen mit ihren Studien und Schriften bleibende und
richtungweisende Spuren. Die arabische Nahda hat ihnen immens viel
zu verdanken. Der Korse führte zwar damals noch die »Leiden des jungen
Werther« als Lieblingslektüre bei sich und verzehrte sich in seinen Brie-
fen an die unbeständige Josephine. Aber gleichzeitig imponierte ihm die
Größe und die Strenge des Islam. Seine Proklamationen an die Ägypter
begann er mit den Worten: »Bismillah rahmani rahim – Im Namen
Allahs, des Barmherzigen, des Gnädigen«. Er diskutierte mit den Ulama,
mit den Koran-Gelehrten von El Azhar, und hätte sie gern als politisches
Balance-Element gegen die Mameluken eingesetzt. Der spätere Kaiser
der Franzosen spielte sogar mit dem Gedanken, zum Islam überzutreten.

Die radikale Umwandlung Ägyptens zu einem militärischen und ökonomischen Machtfaktor, die sich im Zeichen des westlichen Modernismus zwanzig Jahre später unter dem genialen Wali Mehmet Ali vollzog,
ist ohne diese napoleonische Expedition gar nicht zu erklären. Mehmet
Ali, dieser ehemalige albanische Tabakhändler, war es auch, der die
Herrschaft der Mameluken durch ein wohlgeplantes Gemetzel in der
Zitadelle von Kairo beendete.

Im Sommer 1956 stand Kairo schon im Zeichen des Abschieds vom
Okzident. Luxus und Dekadenz der Minoritäten waren noch überall
sichtbar. Aber die blühenden ausländischen Kultur-Institute bangten um
ihre Zukunft. Die christlichen Schulen sahen sich in ihrer Existenz
bedroht, sobald es zur unausweichlichen Kraftprobe käme. Sogar das ver-
ruchte Kairoer Nachtleben war bereits vom islamisch-kleinbürgerlichen
Puritanismus aufs äußerste eingeengt. Mit Nostalgie erzählten alternde
»Jouisseurs« von orgiastischen Festen, die einst auf den Wohnbooten am
Nil veranstaltet wurden.

In jenen Tagen traf ich Jean Lacouture, der als Korrespondent einer

Pariser Abendzeitung in der ägyptischen Hauptstadt akkreditiert war.
Als eingefleischter Linksliberaler empörte sich der Franzose über die
Kriegsvorbereitungen der eigenen Regierung. Er war gerade von einem
Abstecher aus dem Libanon zurückgekommen. Als er hörte, daß ich mich
anschickte, nach Beirut zu fliegen, gab er mir den Rat, einen guten
Bekannten, den Professor Jacques Berque, im Gebirgsdorf Bikfaya aufzusuchen. Dieser Orientalist, der dort ein Sprachzentrum leitete, könne mir
stichhaltige Auskünfte über die Zukunft des arabischen Nationalismus
geben.

Arabische Lektionen

Bikfaya (Libanon), im Sommer 1956

Die Sammel-Taxis, die nach Damaskus, nach Saida oder in die Gebirgsdörfer des Mont Liban fuhren, warteten in langer Reihe am Place des
Canons, am Bordsch, wie man damals sagte, die einen am Rande des
ausgedehnten Bordell-Viertels mit seinen Neon-Zeichen »Amina«,
»Claudette« , »Nadia« oder wie die stinkenden Lasterhöhlen alle hießen,
die anderen am Ausgang des Suq, der levantinischen Händlergassen, die
zu den Großbanken der Rue Allenby – an der Freitags-Moschee vorbei –
und zu den mondänen Treffpunkten der libanesischen Hauptstadt über-
leiteten. »As Scham«, schrien die Chauffeure, die Kunden nach Syrien
suchten. Ich ging zu der Gruppe, die »Bikfaya – Baskinta« schrie. Der
Bordsch sollte später in »Platz der Märtyrer« umbenannt und mit einem
häßlichen Denkmal zu Ehren jener arabischen Nationalisten – meist
Christen – ausgestattet werden, die im Ersten Weltkrieg an dieser Stelle
von den Türken gehenkt worden waren. Niemand hätte sich vorstellen
können, daß dieser brodelnde Treffpunkt orientalischen Lebens im Sommer 1975 zur Frontlinie zwischen christlichen Phalangisten und sogenannten Palästino-Progressisten, daß hier eine meilenweite Wüste aus
Trümmern und Schutt entstehen würde.

Ich zwängte mich in das Taxi, in dem bereits vier Libanesen saßen.
Mit Kreuzen und Marien-Medaillen am Hals wies der Chauffeur sich als
Christ aus. An der Windschutzscheibe klebten Madonnen- und Herz-
Jesu-Bilder. Vom Spiegel hing ein Rosenkranz. Auch der Heilige Georg
mit dem Drachen war vertreten. Vor der Fahrt bekreuzigten sich die Pas-

sagiere. Die Straßen ins Gebirge waren gewunden, und die libanesischen Chauffeure rasten wie Selbstmörder.

An der Kurve von Antelias, beim Sitz des armenischen Katholikos, bogen wir ins Gebirge ab. In steilen Biegungen erkletterten wir die Metn-Provinz. Der Ausblick von der Höhe war herrlich. Beirut schob sich mit seiner weißen Häusermasse wie eine gigantische phönizische Hafen-Zitadelle ins tiefblaue Mittelmeer. Die Dörfer des Metn waren von Obstgärten eingerahmt, die Steinhäuser sauber und stattlich. An den Felsvorsprüngen klebten Klöster des streitbaren Ordens der Maroniten-Mönche und erinnerten an die gar nicht ferne Zeit, da die orientalische Christenheit nur im Schutz der Berge ein Minimum an kollektiver Eigenständigkeit gegenüber dem alles beherrschenden Islam behaupten konnte. Nach einer knappen Stunde erreichten wir die ersten Häuser von Bikfaya. Das Dorf gefiel mir auf den ersten Blick mit seiner bukolischen Ruhe, einem strahlenden Meeres-Panorama und der sanften Masse des Sanin im Osten, dessen Gipfel trotz der sommerlichen Jahreszeit noch von ein paar Schneefetzen gekrönt war. Das Taxi hielt auf meine Weisung vor einer Villa in grauem Naturstein, wo das »Zentrum zur Erlernung der modernen arabischen Sprache – Centre d'Etudes Pratiques d'Arabe Moderne«, abgekürzt CEPAM, untergebracht war.

Dem Institutsleiter Jacques Berque war meine Ankunft avisiert worden. Es war gerade Pause, und er empfing mich inmitten der Lehrgangsteilnehmer in einem weiten Salon, dessen Terrasse sich auf das Mittelmeer und die grünen Hänge öffnete. Professor Berque hatte sich schon damals in seltsamem Mimikry die gesetzten Bewegungen und die höflich distante Art eines muselmanischen Alim angeeignet. Sein kurzes Borstenhaar und der Schnurrbart waren leicht ergraut. Er stellte mir verschiedene seiner Zöglinge vor – Diplomaten, Offiziere, ehemalige Zivilkontrolleure aus Marokko und Kolonial-Administratoren, eine Gruppe junger Universitäts-Dozenten – etwa zwei Dutzend insgesamt. Die Kursusteilnehmer tranken Tee oder schenkten sich zu dieser frühen Aperitif-Stunde bereits Whisky ein. Aus dem Plattenspieler tönte erst ein Vivaldi-Konzert, dann eine Balladenfolge von Georges Brassens. Die Runde wirkte elegant und heiter. Plötzlich kam mir der Gedanke, mich für den nächsten Lehrgang, der im Herbst beginnen würde, zu bewerben. Ich befand mich ohnehin in einer Phase beruflicher Umorientierung, und eine Spezialisierung in arabischen Fragen erschien mir zukunftsträchtig. Den Zeitungen und Rundfunkstationen, für die ich berichtete, könnte ich angesichts der wachsenden Krisenstimmung einen solchen Aufenthalt als Korrespondent in der Levante plausibel motivieren. Die Genehmigung des Quai d'Orsay, mich beim CEPAM einzuschreiben, dürfte keine Schwierigkeiten bereiten. Jacques Berque nahm meinen Antrag mit wohlwollendem Lächeln und einladender Handbewegung entgegen. »Ahlan wa sahlan«, sagte er. Ich verstand damals noch nicht, daß dieser Willkommensgruß in wörtlicher Übersetzung den Wunsch nach »Familienglück und Leichtigkeit im Leben« ausdrückt.

Bikfaya, Herbst 1956 bis Frühjahr 1958

Die Rückkehr nach Bikfaya im Spätherbst war enttäuschend. Berge und Meer waren von Nebel verhangen. Durch die Gassen fegte ein schneidender, feuchter Wind. Die wenigen Menschen hatten sich in Pullover, Schals und Wollmützen vermummt. In den zugigen Häusern hockten sie fröstelnd rund um die Kohlenbecken. In Abständen prasselten Regengüsse gegen die Fenster. Auch im CEPAM war die Stimmung gedrückt. Wenigstens bullerten hier die Petroleumöfen. Bei den Kursusteilnehmern drehten sich alle Gespräche um ein einziges Thema: Das Fiasko der franko-britischen Suez-Expedition. Besonders die Militärs und Nordafrika-Spezialisten waren deprimiert. Einer von ihnen war in den ersten, erfolgversprechenden Tagen der Landung in Port Said, als die israelischen Panzer bis zum Suez-Kanal vorpreschten, tatsächlich in Khaki-Uniform, ohne Rangabzeichen und Dekorationen allerdings, durch die Hauptstraße von Bikfaya stolziert und hatte den erstaunten Libanesen verkündet: »Nous revenons – Wir kommen zurück.« Jetzt herrschte Katzenjammer bei den wenigen Hurra-Patrioten, während die liberale Mehrheit sich über den Dilettantismus der Regierung Mollet erregte, und ein paar marxistisch orientierte Dozenten sich sogar schadenfroh die Hände rieben. Gegenseitige Abneigungen und Gereiztheit kamen unter den verschiedenen Grüppchen dieser im Gebirge isolierten Gemeinschaft auf. Der algerische Oberleutnant Rahmani, der im CEPAM den Islam wiederentdeckt hatte und sich zum Ärger seiner Kollegen mehrfach am Tag nach Mekka verneigte, war kurz vor meiner Ankunft abberufen worden. Sein Weggang hatte die Stimmung in keiner Weise bereinigt. Der nationale Zwist um die französische Nordafrika-Politik spiegelte sich im Mikrokosmos dieses erzwungenen »Huis-clos«.

Mit Ausnahme der Republik Libanon hatten sämtliche arabischen

Staaten nach der Landung von Port Said die diplomatischen Beziehungen zu den Entente-Mächten aufgekündigt. Als der christliche Präsident Camille Chamoun vom islamischen und nasseristischen Flügel des Beiruter Parlaments unter heftigen Druck gesetzt wurde, seinerseits den Bruch mit Paris zu vollziehen, schaltete sich der maronitische Patriarch in Person ein. »Bevor der französische Botschafter dieses Landes verwiesen wird« , so erklärte Seine Seligkeit Paul Boutros Meouchi, ein bärtiger Hüne, der sich stets in knallroter Kardinalstracht bewegte, »nehme ich ihn in meiner Gebirgsresidenz von Bkerke auf.« Der Patriarch deutete bereits die Möglichkeit einer maronitischen Sezession an, und diese Drohung reichte aus, um die Dinge wieder ins Lot zu bringen. Das Denkmal zu Ehren der französischen Levante-Armee an der Avenue des Français von Beirut wurde von den Nasser-Freunden allerdings gestürzt.

In Bikfaya war von der panarabischen Erregung der muselmanischen Küstenbevölkerung nichts zu spüren. Der Quai d'Orsay hatte gewußt, warum er sich dieses wehrhafte christliche Dorf für die Gründung eines französischen Sprachzentrums ausgesucht hatte. In Bikfaya existierte seit langem eine Niederlassung der Jesuiten. Vor allem aber galt der Ort als Hochburg einer national-libanesischen Partei – »Phalanges« oder auf arabisch »Kataeb« genannt – die den Eid geleistet hatte, die stets gefährdete Gleichberechtigung der maronitischen Christenheit, sowie auch deren seit dem Mandat gewonnene Privilegien, mit allen Mitteln zu verteidigen. Die Kataeb verfügten damals schon über eine bewaffnete Miliz. Ehrlich gesagt, in jenen Tagen nahmen wir die Phalangisten nicht ganz ernst. Ihr Vorsitzender, Pierre Gemayel, war ein straffer autoritärer Mann mit eindrucksvollem Adlerkopf. 1936 hatte er Berlin während der Olympischen Spiele aufgesucht und soll gewisse Sympathien für die Achsenmächte empfunden haben. Aber damit stand er keineswegs allein im Orient. In seiner Parteizentrale am Hafen von Beirut war er in weißer Sportkluft dargestellt, die Hand zum olympischen Gruß erhoben. Tagsüber arbeitete er am Place des Canons im Herzen der Hauptstadt als Apotheker.

Ein Feudalherr war Pierre Gemayel in keiner Weise, und seine Gefolgschaft rekrutierte sich bei den kleinen Leuten, bestenfalls im Mittelstand der maronitischen Gemeinschaft. Die Christen des Gebirges hatten schon im neunzehnten Jahrhundert ihre gesellschaftliche Emanzipation vollzogen und ihre Feudalherren, die mehrheitlich der drusischen Geheimsekte angehörten, verjagt oder entmachtet.

Einer von ihnen, der Emir Chehab, Nachfahre einer einflußreichen

Dynastie, lebte weiterhin als fröhlicher, kultivierter Privatier in Bikfaya. Seine Familie war sogar seit einigen Generationen zum Christentum übergetreten. Der Emir war ein liebenswürdiger Patrizier, der uns gelegentlich in seine stattliche Villa zum Tee und zur Plauderei über die neuesten französischen Literaten einlud. Ohne daß wir es merkten, boten die Kataeb doch einen wirksamen Schutz gegen nasseristische Anschläge. Die Engländer unterhielten nämlich in der südlichen Gebirgsprovinz des Schuf, im Dorf Schemlan, ein vergleichbares Institut für arabische Studien und hatten diese Einrichtung – ihrer Orient-Erfahrung gemäß – dem Schutz der dort ansässigen Drusen anvertraut. Aber die schießfreudigen Gefolgsleute des Drusen-Führers Kamal Dschumblatt waren wohl weniger verläßlich als die Phalangisten des Pierre Gemayel. Das britische Zentrum wurde durch einen Bombenanschlag beschädigt. Es war bezeichnend für die unterschwellig immer noch glimmende Rivalität zwischen Franzosen und Engländern im Orient, daß uns Professor Berque strikt untersagte, mit den Kollegen von Schemlan irgendeinen Kontakt aufzunehmen. Erst später erfuhren wir, daß sich unter den Internen des britischen Instituts der ominöse Sowjet-Agent Kim Philby befand, der seinen Aufenthalt am Libanon als Ausweichstation vor seinem endgültigen Absprung nach Moskau benutzte.

Im Hotel Dagher war ich in diesem Spätherbst der einzige Gast. Die meisten anderen Lehrgangsteilnehmer hatten mit ihren Familien Häuser in Bikfaya gemietet. Ich wurde meinerseits in die Sippe Dagher einbezogen und kostete eineinhalb Jahre lang das libanesische Nationalgericht Kebbeh in allen nur denkbaren Variationen. Die Großfamilie Dagher – dazu gehörten Großmutter, Tanten, Onkel, Neffen, Cousinen und Enkel – versammelte sich während des ganzen Winters frierend im großen Salon des Untergeschosses. Als Oberhaupt dieses Clans fungierte der etwa fünfzigjährige Emile, der nur einmal im Monat – wenn er geschäftlich nach Beirut mußte – den braunen Schlafrock und die Filzpantoffeln auszog. Es waren freundliche und gastliche Leute. Da sie der besitzenden Schicht angehörten und sich etwas darauf einbildeten, sprachen sie auch untereinander ein Gemisch aus Arabisch und Französisch. An ihrer maronitischen Frömmigkeit war nicht zu rütteln. Emile hatte einen fast gleichaltrigen Bruder, Georges, der sich zur Zeit meines Aufenthalts in Westafrika befand. Dort verkauften die Daghers wie so viele Libanesen an eine anspruchslose schwarze Kundschaft alle nur erdenklichen Billigwaren für den täglichen Gebrauch, machten gute Profite und überwiesen den Gewinn in ihre Heimat. Drei Jahre später sollte ich das Etablissement der Brüder Dagher zufällig in der Mali-Hauptstadt Bamako entdecken. Wie phönizische Abenteurer, von denen die libanesischen Maroniten so gern ihre Abkunft ableiten möchten, wirkten diese bescheidenen und genügsamen Händler mit ihrem Ramschladen keineswegs. Aber emsig waren sie, auf das Wohl ihrer Sippe bedacht und stets auf der Hut vor fremdenfeindlichen Aufwallungen der schwarzen Massen, denen sie seit Aufkommen der afrikanischen Unabhängigkeit ausgeliefert waren. Emile und Georges lösten sich im Dreijahres-Turnus ab. Noch ein Jahr würde Emile sein Schlafrock-Farniente im heimatlichen Bikfaya genießen können, dann würde er wieder schwitzend und wachsam hinter der Theke von Bamako stehen.

Unter meinen Kollegen des CEPAM freundete ich mich mit zwei sehr konträren Typen an. Hauptmann Garnet hatte zwei Jahre lang als Kamelreiter in der Sahara gedient und mit seinem Trupp zwischen Hoggar und Niger-Schleife nomadisiert. Für das »Schiff der Wüste« empfand er seitdem einen an Haß grenzenden Abscheu. Kamele seien bösartige, höchst empfindliche und störrische Tiere, meinte Garnet, der seine spätere Versetzung in die höllische Hitze von Dschibuti am Roten Meer als Erlösung empfunden hatte. Der Capitaine war ein Mann von Ordnung und Disziplin. Er hatte in Indochina gedient, und obwohl auch er die Notwendigkeit einer neuen, liberalen Araber-Politik Frankreichs bejahte, entrüstete er sich über die Linksintellektuellen des CEPAM, deren Stellungnahmen zugunsten der Fellaghas in seinen Augen an Landesverrat grenzten. Besonderen Anstoß nahm er an jenem Major Courtin, dem ich 1958 im Generalgouvernement von Algier wiederbegegnen sollte und der sich immer wieder – trotz seiner Zugehörigkeit zur »Großen Schweigenden«, wie man die Armee in Frankreich nannte – zu antimilitaristischen Tiraden verstieg.

Der andere Freund, Francis Noguère, war von einem ganz anderen Schlag. Er kam aus dem Unterrichtsministerium, hatte jahrelang in Oberägypten Französisch unterrichtet und dabei eine erstaunliche Kenntnis des Arabischen erworben, das er mit starkem Nil-Akzent sprach. Von Haus aus war der Südfranzose Noguère Antikolonialist und Sozialist im Sinne von Jean Jaurès. Trotzdem verstand er sich gut mit Hauptmann Garnet. Sein heiteres Naturell machte ihn auch den Libanesen sympathisch. Wenn der Tankwart Joseph, ein bärenstarker Maronit und begeisterter Phalangist in seinen Mußestunden, Noguère von weitem erblickte, formulierte er blumige Begrüßungsformeln auf arabisch, ja eines Tages ging die Poesie mit ihm durch: »Du erscheinst wie

die Sonne hinter dem Sanin – Tadharu kama es schams waraa es Sanin!«
Tatsächlich war es ein erhebender Anblick, wenn das Tagesgestirn die
verschneite, flache Bergkuppe am Rande der Bekaa von Osten anstrahlte.

Mit Garnet und Noguère unterhielten wir uns häufig über libanesische Politik, während die Frau des Capitaine, die aus Mauritius stammte,
uns eine vorzügliche französische Cuisine bereitete, willkommene Ab-
wechslung nach dem orientalischen Einerlei des Hotels Dagher. Der
schlanke, blonde Capitaine und der kleine, dunkelhaarige Studienrat mit
den dicken Brillengläsern amüsierten sich gemeinsam über das martialische Auftreten der Phalangisten des Pierre Gemayel. Der Apotheker
hatte uns einmal – bei den wenigen Kontakten, die sich mit seinen
Kataeb ergaben – sein Programm zu erklären versucht. Im Gegensatz zur
Mehrzahl seiner Landsleute war er ein schlechter Redner. »Der Libanon
ist ein arabisches Land, aber seine Zivilisation ist westlich ausgerichtet«,
meinte er. Aber diese Formulierung befriedigte ihn nicht. »Der Libanon
ist zwar ein Land arabischer Sprache, aber Araber sind wir nicht«, verbesserte sich Gemayel. In den seltenen Libanon-Reportagen der französischen Presse pflegte man den Gründer der Phalanges stereotyp als »letzten Kreuzritter« zu bezeichnen. Das klang sehr hochtrabend. Jedenfalls
wäre uns damals in Bikfaya nicht im Traum der Gedanke gekommen, daß
zwanzig Jahre später der gleiche Pharmacien Gemayel von deutschen
Skribenten als blutrünstiger Faschist verteufelt würde.

»Wir sollten uns vor der wahllosen Übertragung unserer westlichen
Begriffswelt auf den Orient hüten«, meinte Noguère schmunzelnd. »Was
heißt hier schon Faschismus? Es hat zweifellos in den dreißiger Jahren
eine gezielte Bemühung der Achsenmächte um Einfluß in der Levante
gegeben. Mussolini, das hat man heute völlig vergessen, war hier besonders ambitiös, und seine Agenten haben mindestens drei Organisationen im Kampf gegen die Mandatsmächte systematisch begünstigt: Die
Moslem-Brüder des Predigers Hassan el Banna in Ägypten, die Phalangisten und Kataeb im Libanon und eine radikal-zionistische Bewegung in
Palästina, die sich später als »Irgun zwa Leumi« zu erkennen gab. Wer
hätte geglaubt, daß die Saat der italienischen Geheimdienste jemals so
prächtig aufgehen würde? Im Orient geht eben nichts verloren. Jede politische Phantasmagorie, jede abstruse Sektenbildung wirkt fort, überdauert die Jahrhunderte, die Millenien. Der ganze Mittlere Osten ist mit
solchen Splittern übersät, ein buntgefülltes Museum der Völkerkunde
und der Metaphysik.«

Hauptmann Garnet fand die politischen Assoziationen Noguères reichlich überzogen. Sehr bald verhaspelten sich die beiden in einem konfessionellen Disput. Der Capitaine war – wie sich das für seinen Stand gehörte – praktizierender Katholik. Noguère hingegen war viel zu aufgeklärt, um – wie mancher seiner Kollegen aus dem Erziehungsministerium, die sich in Bikfaya mit der Sprache des Propheten mühten – dem Marxismus anzuhängen. Der Marxismus sei eben doch nur eine neue Form der Religiosität, argumentierte er. Das Judentum habe in Karl Marx seinen vorläufig letzten und – seit Jesus – erfolgreichsten Propheten hervorgebracht. Die wirkliche Parade gegen die chiliastischen, die jenseitsbesessenen Mythen, die den Orient weit mehr noch als den Okzident plagten, sei in der biologischen Entwicklungslehre, sei bei Darwin zu suchen. Noguère trug das mit einem Lachen vor, denn er nahm sich selbst nie ganz ernst.

Ich ahnte damals nicht, daß ich Francis Noguère im Februar 1966 als wohletablierten Direktor des französischen Kulturinstituts in Saida wiedertreffen würde, wo er gleichzeitig eine gewisse Kontrolle über die zahllosen französischsprachigen Schulen im Süd-Libanon ausübte. Von der Terrasse seiner stattlichen Villa blickten wir auf den alten phönizischen Hafen von Sidon. »Du würdest dich wundern, wer eben auf deinem Stuhl gesessen hat«, sagte er. »Der griechisch-katholische Bischof von Tyr. Wir sind gut befreundet. Ich stehe hoch im Kurs bei den hiesigen Kalotten-Trägern.« Das Telefon unterbrach ihn. Er nahm den Hörer ab und zwinkerte mir zu. Die Oberin der maronitischen Mädchenschule von Saida rief an. »Oui, Révérende Mère«, hauchte der wackere Antiklerikale Noguère ein über das andere Mal in die Muschel. »Diese Ordensschule sollte dich interessieren«, meinte er immer noch feixend nach dem Gespräch. »Sie ist im Khan Frangie von Saida untergebracht, in der alten Karawanserei der Kreuzritter. Das Gebäude ist heute noch Eigentum des französischen Staates.«

Damit hatte es eine besondere Bewandtnis. Das ging zurück auf König Franz I. von Frankreich und auf seine Allianz mit dem Sultan von Istanbul gegen das Habsburger Weltreich. Als Gegenleistung hatte Franz I. von dem Herrscher der Pforte in den sogenannten Kapitulationen erreicht, daß Frankreich eine privilegierte Sonderstellung im Orient erhielt. Der Konsul des Königs von Frankreich, der im Khan Frangie residierte, hielt seine Hand nicht nur über die europäischen Kaufleute in diesem Teil der damals türkischen Levante; die französische Monarchie hatte seit Franz I. ihr gutes Verhältnis zur Pforte genutzt, um im Libanon als Protektor der orientalischen Christenheit anerkannt zu werden.

Wenn in jenen Tagen das Kulturleben der libanesischen Christenheit überwiegend französisch orientiert blieb und wenn nach siebenhundert Jahren islamischer Unterwerfung die klotzigen Neubauten wohldotierter christlicher Schulen wie moderne Kreuzritterburgen die Hänge des Gebirges erkletterten, so war das in letzter Analyse auf Franz I. und auf sein unchristliches Bündnis mit dem Großtürken zurückzuführen. Franz I. und dem Kardinal Richelieu, der die Allianz mit dem Sultan bekräftigte, ist es zu verdanken, daß heute Jesuiten, Maristen und Brüder der Christlichen Schulen die Nachfolge der streitbaren Tempelorden angetreten haben.

Noguère erinnerte daran, daß die antiklerikalsten Regierungen der Dritten Republik die französischen Ordensmissionen im Orient stets mit Rücksicht auf die nationalen Interessen Frankreichs begünstigt hatten. Für Noguère war Franz I. ein Realist, ein beinahe moderner Mann, und die Kreuzfahrer mit ihren Burgen und ihrer Ritterromantik waren in seinen Augen einfältige Tölpel. »Was zählt, das ist das Bleibende«, meinte Noguère. »Die Tempelorden haben nur Ruinen hinterlassen. Der Verrat Franz I. und Richelieus an der von Habsburg repräsentierten Christenheit hat den christlichen Minderheiten im Orient erlaubt zu überleben.«

Im Sprachzentrum von Bikfaya wurde in den Jahren 1956 und 1957 fürchterlich gebüffelt. Wir sprachen von der »méthode obsessionnelle«. Wir wetteiferten im Erlernen arabischer Wortwurzeln, gingen relativ schnell an die Lektüre von Tageszeitungen heran und ließen uns von den Nachrichtensendungen des libanesischen Rundfunks berieseln. Am Diktaphon verzweifelten wir an der Unzulänglichkeit der eigenen Aussprache. Die Kurse und Seminare dauerten von neun Uhr morgens bis spät in die Nacht. Professor Berque hatte ein klug gefächertes Lehrpersonal angeworben, ein Spektrum der religiös-philosophischen Gegensätze dieser kleinen Gebirgsrepublik. In der Mehrzahl kamen die Dozenten von der Libanesischen Universität Beirut.

Es waren sehr unterschiedliche Persönlichkeiten darunter, aber wir schätzten jeden von ihnen auf seine Weise. Suhail Idris, der gedrungene Beiruter mit dem dicken Schnurrbart und der frühen Glatze, war sunnitischer Moslem und gemäßigter Nasserist. Er sah nun einmal im ägyptischen Rais den Heilsverkünder der arabischen Nation, und der Erfolg von Suez schien ihm recht zu geben. Bei Suhail Idris gehörte die nationalistische Zeitschrift *Ros-el-Yussef* aus Kairo sehr bald zur bevorzugten

Lektüre. Die anti-imperialistischen Karikaturen waren dort bissig und aggressiv. In jenen Monaten schlug die Stimmung im Orient zugunsten der Russen um. Der unerwartete Satelliten-Vorsprung Moskaus bereitete den Amerikanern damals erhebliche Sorge. Als der erste Sputnik die Erde umkreiste, zeigte uns Suhail eine aufschlußreiche Zeichnung: Der künstliche Erdtrabant der Sowjets umkreiste unseren Planeten, der mit einer jubelnden orientalischen Masse angefüllt war. »Kulluna nuhibbu el qamar – wir alle lieben den Mond«, übersetzten wir mühsam. Zur Verherrlichung des roten Sputnik hatte der Karikaturist der *Ros-el-Yussef* auf den Vers eines beliebten arabischen Schlagers zurückgegriffen.

Suhail legte Wert darauf, seine kulturelle Emanzipation unter Beweis zu stellen. Er hatte Veröffentlichungen Jean-Paul Sartres und Simone de Beauvoirs übersetzt. Dabei war ihm der peinliche Lapsus passiert, den Titel »Le Deuxième Sexe – Das zweite Geschlecht«, mit »El jins el jamil – Das schöne Geschlecht« zu übersetzen, was eine geringe Einfühlungsgabe in die Nöte feministischer Emanzipation verriet. Aber er erfuhr am eigenen Leibe die schmerzlichen Vorurteile der orientalischen Männergesellschaft. Seine junge Frau, die er innig liebte, erwartete ein Kind. Die ganze Großfamilie war im Warteraum der Klinik versammelt. Wäre ein Knabe geboren worden, hätte es einen Sturm der Begeisterung, Gratulationen ohne Ende und Freudentänze gegeben. Aber es kam ein Mädchen zur Welt, und ohne ein Wort, ohne einen Gruß wandte die ganze Sippe dem konsternierten Vater den Rücken, ließ ihn allein. Wir trösteten Suhail, so gut wir konnten.

Der sunnitische Professor war ein guter Analytiker der verworrenen Ereignisse im groß-syrischen Raum. Er suchte uns die Vielfalt der politischen Stränge in Damaskus zu erläutern. Die Reden des Präsidenten Schukri-el-Kuwatli pries er als Glanzstücke hocharabischer Rhetorik, auch wenn er vom Opportunismus dieses Repräsentanten der syrischen Groß-Bourgeoisie wenig hielt. In jenen Tagen profilierte sich am Barada bereits jene verschwörerische Offiziersgruppe unter Oberst Abdulhamid Serraj, die den Anschluß Syriens an Ägypten vorbereitete. Den Triumphalismus der Nasseristen bekamen wir auf unseren Ausflügen ins muselmanische Küstengebiet zu spüren, wenn wir – als verdächtige Westler erkannt – in der Altstadt von Saida von Kindern mit Steinen beworfen wurden und aus allen Ecken der Schrei gellte: »Yahia Gamal Abdel Nasser – Es lebe Gamal Abdel Nasser!« In solchen Fällen entschärfte Noguère die Situation, indem er – in bestem ägyptischen Tonfall – den Segen Allahs auf den Führer des Niltals herabrief.

Ganz anders als der Sunnit Suhail Idris war der Schiite Fuad Bubu geartet. Er war ein Mann profunder Wissenschaft und großer Bescheidenheit. Der korpulente Süd-Libanese stammte aus Saida. Er äußerte sich selten über Politik, sondern hielt sich – gemäß den Vorschriften seiner Konfession – an das Verschwiegenheits-Gebot. Die Schiiten des Libanon hatten mehr noch als die Christen unter den Jahrhunderten des sunnitischen Khalifats gelitten. Bubu erzählte uns, daß am Tage der Landung französischer Truppen in der Levante nach dem Ersten Weltkrieg die Christen seiner Vaterstadt vor Freude geweint und auf der Straße getanzt hätten.

Den Schiiten hatte diese Befreiung vom Osmanischen Joch wenig gebracht. Bei unseren Reisen in den Süd-Libanon verwiesen zwar unsere marxistischen Lehrgangsteilnehmer stets auf die schamlose Ausbeutung der dortigen Pächter und Tabakpflanzer durch die Feudalherren. Daß die gesellschaftliche Diskriminierung dieser Bevölkerungsgruppe weitgehend durch ihre Zugehörigkeit zur Schiia bedingt war, daß auch die »Partei Alis« ähnlich wie die orientalische Christenheit in der unwirtlichen Gebirgswelt Flucht vor der sunnitischen Unterdrückung gesucht hatte, erwähnten sie ungern, weil solche Thesen schlecht in ihr klassenkämpferisches Konzept paßten. Auch in der Hochebene der Bekaa – von Baalbek an nordwärts – waren die Schiiten stark vertreten. Durch besonderen Eifer taten sich die Bewohner von Hermel hervor, wo die Frauen – in gelbe Tschadors gehüllt – uns wie Gespenster im Nebel begegneten. Baalbek mit seinen himmelragenden hellenistischen Säulen gab damals noch nicht Anlaß zu religiös-soziologischen Betrachtungen, sondern wir nahmen dort unter den von Scheinwerfern glorifizierten Ruinen des Imperium Romanum Platz, lauschten den feierlichen Alexandrinern der »Comédie Française«. Deren Akteure waren speziell aus Paris angereist, um »Britannicus« zu spielen.

Die maronitische Glaubensrichtung war durch Antoine Charabié und Emile Boustany vertreten. Beide erinnerten mich – obwohl sie Laien und brave Familienväter waren – an jene Abbés meiner Kindheit, die mich im Collège Saint Michel im westschweizerischen Fribourg unterrichtet hatten. Charabié war ein bäuerlicher Sohn Bikfayas geblieben, ein schüchterner, etwas unbeholfener Mann des Gebirges. Boustany gehörte einer der großen maronitischen Familien Beiruts an, aber auch sein Name verriet den bescheidenen Ursprung der christlichen Prominenz von heute. Ob sie nun Boustany – zu deutsch »Gärtner« – oder Khoury – zu deutsch »Priester« – hießen, ob sie sich inzwischen als schwerreiche

Finanziers oder als okzidentalisierte Intellektuelle etabliert hatten, sie alle blickten auf Ahnen zurück, die in den Schluchten des Libanon noch mühsam ihre steilen Terrassen bebaut und dabei gehungert hatten. Bestenfalls hatten die Vorväter als verheiratete geistliche Hirten mit der Flinte in der Hand zur steten Abwehr gegen die islamische Unterdrückkung und gegen die Strafexpeditionen der Drusen bereitgestanden. So sehr wir mit Suhail und Fuad sympathisierten und so sehr uns Antoine und Emile gelegentlich auf die Nerven gehen mochten, insgeheim gehörten die beiden Christen zu uns, waren von unserem Schlag, während die beiden Moslems durch eine seltsame Scheidewand getrennt blieben.

Da war auch der Pater d'Alverny aus Savoyen, ein temperamentvoller bärtiger Jesuit, dessen Ankunft im CEPAM stets durch das Knattern seines Motorrads angekündigt wurde. Der Père d'Alverny hatte sich so gründlich an seine libanesische Umwelt angepaßt, daß er uns sogar die Suren des Propheten Mohammed im meckernden, singenden Akzent dieses Gebirgsvolkes vortrug. Dem Jesuiten war nämlich sinnvollerweise unsere Unterrichtung in islamischer Theologie übertragen worden. Bei diesen Übungen waren stets ein paar junge europäische Ordensbrüder des benachbarten katholischen Sprach-Instituts zugegen.

Achthundert Jahre früher hätte d'Alverny vermutlich den kriegerischen Templern zugehört. Jetzt mußte er sich damit begnügen, eine Gruppe von dilettantischen Orientalisten in die mühsame Exegese des Koran und in die blumige Überlieferung aus dem Prophetenleben, in den Hadith einzuführen. Er tat das mit großem Respekt vor der islamischen Offenbarung. Nur selten ging der Schalk mit ihm durch, zumal wenn er in die Fußstapfen seines belgischen Ordensbruders Lammens S. J. trat und sich mit dem Liebesleben des Gottgesandten befaßte. So berichtete er uns die Anekdote von der blutjungen Lieblingsfrau des Propheten, Aischa, die sich eines Tages von der Karawane Mohammeds abgesondert hatte und erst nach längerem Irren in der Wüste am folgenden Morgen in Begleitung eines stattlichen Beduinen wieder auftauchte. Mohammed hatte sich damals zornig unter sein Zelt zurückgezogen. Die bösen Zungen kolportierten Gerüchte, und Aischa weinte Tag und Nacht, bis dem Propheten die göttliche Versicherung zukam, seine Frau sei unschuldig und die Verleumder machten sich strafbar. Ali Ibn Abu Talib, der spätere Gründer der Schiia, hat damals offenbar an der Tugend Aischas gezweifelt und wegwerfend gesagt: »Allah hat die Zahl der Frauen nicht begrenzt; ihrer sind viele.« Mit dieser Bemerkung hatte er vielleicht, ohne es zu ahnen, den verhängnisvollen Kampf um die Erbfolge des Propheten ausgelöst, denn Aischa, seine Todfeindin, sollte alles daransetzen, Ali und seine Nachkommen auszuschalten.

Die Weiblichkeit war in Bikfaya schwach vertreten. Um so mehr beeindruckte uns Siham Beschir, die Sekretärin des CEPAM, eine blutjunge, hübsche Libanesin, die im Nachbardorf Mheite zu Hause war. Mheite grenzte unmittelbar an Bikfaya, war lediglich durch die griechisch-orthodoxe Konfession seiner Einwohner von den Maroniten getrennt. Das drückte sich auch in der politischen Orientierung aus. Neben Bikfaya, der Hochburg der Kataeb, galt Mheite als Hort der »Syrischen Volkspartei« PPS, von der ich bereits 1951 in Damaskus vernommen hatte und die unverdrossen ihrer Groß-Syrischen Utopie nachging. Die PPS oder »Parti Populaire Syrien« stand mit den Phalangisten Gemayels auf Kriegsfuß. Die Griechisch-Orthodoxen hatten einst im russischen Zaren ihren Protektor gegen die türkische Pforte gesucht, nach der Oktober-Revolution jedoch mit den Briten konspiriert. Die Maroniten von Bikfaya unterstellten diesen feindlichen Brüdern in Christo, daß ihre jungen Leute neuerdings dem Marxismus zuneigten und verkappte Kommunisten seien. Siham war eine orientalische Schönheit mit rabenschwarzem langem Haar, mandelförmigen Augen und einem makellosen Teint. In der kargen Männerwelt des CEPAM ließ sie ihre Reize spielen. Dem Flirt mit Siham waren strenge Grenzen gesetzt, wie ich zum eigenen Leidwesen erfahren mußte, als sie endlich meine Einladung zum Abendessen nach Beirut akzeptierte, sich dabei jedoch von ihrem jüngeren Bruder begleiten ließ. Für den Spott bei meinen Kollegen und Rivalen brauchte ich nicht zu sorgen. Die junge Libanesin bekannte sich ganz offen zur PPS und versuchte sogar, für deren krauses Gedankengut zu werben, während sie beim Zeitunglesen unsere Aussprache des Arabischen, das sie besonders klangvoll akzentuierte, mit Engelsgeduld verbesserte. Um militante Marxistin zu werden, war sie zu attraktiv und zu eitel. Wie ich viel später erfuhr, hat sie einen reichen Libanesen geheiratet, der in Brasilien seinen Geschäften nachging.

Lediglich ein Druse fehlte in unserem Lehrkörper. Diese esoterische Taifa spielte auch zu jener Zeit eine entscheidende Rolle im libanesischen Puzzle. Sie verdankte das im wesentlichen ihrem höchsten Stammes- und Feudalherrn, Kamal Dschumblatt, der durch seine profunde Intellektualität und die Extravaganz seiner politischen Meinungen alle ausländischen Besucher faszinierte. In seinen diversen Palästen herrschte Kamal Dschumblatt noch wie ein Fürst über seine Drusen, was ihn nicht hinderte – ihn machte kein Widerspruch verlegen – progressistische Ideen zu verkünden und nach außen einen extrem egalitären Sozialismus zu predigen, von dem wohlweislich die unterwürfigen Angehörigen seiner verschwiegenen Religionsgemeinschaft ausgeschlossen blieben. Die kriegerischen Drusen – meist in den Tälern des Schuf beheimatet, an den schwarzen Pluderhosen und weißen Kopfbedeckungen zu erkennen – beugten sich der weihevollen Autorität dieser verwirrenden Persönlichkeit, die von ihren Gegnern als Scharlatan bezeichnet wurde, während die Spötter auf seine Ähnlichkeit mit Salvador Dali verwiesen.

Die Geheimsekte der Drusen, so lernten wir bei Pater d'Alverny, war im elften Jahrhundert, zur Zeit der schiitischen Fatimiden-Herrschaft im Niltal entstanden. Als ihre geistigen Väter galten die Mystiker Hamza und Darisi – letzterer gab der Gemeinschaft seinen Namen –, die in dem geistesgestörten Fatimiden-Khalifen Hakim bi Amrillah eine gottähnliche Inkarnation verehrten. Die Gefolgschaft des Darisi wurde später in Eingeweihte oder »Uqqul« und Unwissende, »Dschuhhul«, unterteilt. An der Spitze huldigte man wohl einem obskuren, gnostisch angehauchten Pantheismus. Nach der Ermordung des Khalifen Hakim, der Juden und Christen grausam drangsaliert hatte und ein Opfer seines eigenen Verfolgungswahns wurde, weigerten sich die Drusen, seinen Tod zur Kenntnis zu nehmen. Die alte schiitische Vorstellung vom »Verborgenen Imam« wurde jetzt auf diesen tyrannischen Paranoiker übertragen.

Der unerbittlichen Repression durch die rechtgläubigen Moslems entkamen die Drusen, indem sie in die Gebirge der Levante flüchteten, in den Libanon natürlich, in den syrischen Dschebl Drus und auf den Karmel oberhalb von Haifa. Ob die Drusen überhaupt noch als Moslems zu gelten haben, bleibt umstritten. Kamal Dschumblatt hatte sich in hinduistische Meditationen versenkt, was den Verdacht nährte, die Uqqul wüßten um die Mysterien der Seelenwanderung. In mancher Hinsicht war der Drusen-Führer das paradoxe Spiegelbild seiner libanesischen Heimat. Keiner war bewanderter als er in allen Facetten westlichen Geisteslebens. Keiner verstand es wie er, den Tiger des arabischen Nationalismus zu reiten. Im Grunde sei Dschumblatt ein Neurotiker, von den Familientragödien seiner Kindheit in unheilvoller Weise gezeichnet, ein orientalischer Atride, so meinte der Jesuit d'Alverny.

Um Informationen über diese geheimnisvollen Drusen zu sammeln, waren wir eines Tages zu ihrem diskreten Meditations-Heiligtum am südlichen Rand der Bekaa gepilgert, unweit des schattigen Tales, wo die Quellen des Jordan sprudeln. Ein Verbindungsmann hatte uns zu einem blitzsauberen, schlichten Gehöft geführt. Eine Gruppe von Greisen mit herrlichen Silberbärten – sie sahen aus wie die Zwerge Schneewittchens – hockten dort in der Runde und begrüßten uns mit ausgesuchter Höflichkeit. Man reichte uns Früchte, warmes Fladenbrot und goldenen Honig. Diese frommen Uqqul strahlten vor Weisheit und innerem Frieden. Über ihre Religion verrieten sie kein Wort. Der Älteste nahm mich am Ende bei der Hand. Der Raum war ohne Dekorationen, die Wände weiß getüncht und nackt bis auf eine Inschrift: »Allah«. – »Gibt es einen schöneren Ausdruck, gibt es einen so hehren Begriff wie dieses Wort ›Allah‹«, sagte der Druse mit verzücktem Lächeln und entließ mich väterlich.

Der Libanon sei die »Schweiz des Orients«, so las man damals in den Reiseprospekten, eine Insel des Friedens und der Demokratie. Der ernsthaften Betrachtung hielt diese idyllische Behauptung nicht stand. Die politischen Verhältnisse bewegten sich stets am Rande des Bürgerkrieges, und die verschiedenen Konfessionen standen sich in tief eingefleischtem Mißtrauen gegenüber. Die französische Mandatsmacht hatte vor ihrem Abschied aus der Levante den christlichen Maroniten die tatsächliche Vorherrschaft in die Hand gespielt dank eines »National-Paktes« der vielfältigen Bekenntnisse, der angeblich auf dem Proporz der jeweiligen Religionsgemeinschaften beruhte, einer tatsächlichen Bevölkerungszählung jedoch nicht standgehalten hätte. Die Wahlen in den jeweiligen Bezirken wurden – wenn es glatt ging – mit Geldscheinen – wenn es kritisch wurde – mit der Flinte ausgetragen. In den muselmanischen Stadtvierteln von Beirut, Tripolis und Saida stand die Gendarmerie oder die Armee unter christlichem Kommando stets bereit, eine prekäre Ordnung zu wahren. Die Nasseristen, die bei den sunnitischen Massen damals den Ton angaben, waren deklarierte Feinde des maronitischen Konfessionsklüngels. Die Drusen waren wie immer ein Sonderfall. Sie hatten im siebzehnten Jahrhundert unter ihrem Emir Fachruddin die türkischen Garnisonen besiegt und im Verbund mit maronitischen Freischärlern den ganzen Orient bis hinunter nach Aqaba vorübergehend beherrscht. Nach ihrer Unterwerfung durch den Sultan waren sie zu ihrer Lieblingsbeschäftigung, der Bekämpfung und Niederbrennung christlicher Dörfer, zurückgekehrt. 1860 hatte es einer Landung französischer Truppen auf Anweisung Napoleon III. bedurft, um dem Massaker der Maroniten am Mont Liban, das von den Drusen vollstreckt und von den Türken ermutigt wurde, Einhalt zu gebieten. Diese Feindschaften wirkten natürlich fort.

Selbst unter den diversen christlichen Konfessionen ging es keineswegs glimpflich zu. Die griechischen Katholiken, auch Melkiten
genannt, die in der Stadt Zahle am Rande der Bekaa besonders zahlreich
waren, standen den römisch-unierten Maroniten nahe. Die Griechisch-
Orthodoxen hingegen blickten mit dem Argwohn und dem Neid
benachteiligter Brüder auf die orientalischen Papisten, ganz zu schweigen von den orthodoxen Armeniern – es gab auch katholische Armenier,
Nestorianer, Chaldäer, Jakobiten und andere –, die sich in verschwörischen Zirkeln zusammentaten und untereinander befehdeten. Sogar die
maronitische Taifa war in diverse Clans gespalten. Im eigentlichen Mont
Liban – in Metn und in Kesruan – hatten sich die Kataeb des Scheich
Pierre Gemayel durchgesetzt. Im südlichen Schuf gab der ehrgeizige
Abgeordnete Camille Chamoun den Ton an, der 1958 – als er ein zweites
Mandat als Staatschef erzwingen wollte – am Ausbruch des ersten Bürgerkrieges und der damit verbundenen US-Intervention ein gerüttelt
Maß Schuld trug. Ganz im Norden, wo die Westhänge des Libanon zum
muselmanischen Hafen Tripolis abfallen, erreichte bereits im Jahre 1957
die Sippenfehde ihren absurden und makabren Höhepunkt. Als wir die
Ortschaft Zghorta durchquerten, lag an allen Straßenecken die libanesische Gendarmerie mit Maschinengewehren im Anschlag, um den
Zusammenprall zwischen den maronitischen Sippen Frangié und
Doueihy zu verhindern. Beide Gruppen hatten sich bereits schwere Verluste zugefügt und Dutzende von Toten auf dem Gewissen. Während der
Messe, die ein Priester des Doueihy-Clans zelebrierte, waren dem Geistlichen, der die Hostie zur Wandlung hob, mit lautem Klirren zwei Pistolen aus dem Gürtel gerutscht, und jeder der frommen Kirchgänger hatte
instinktiv das eigene Schießeisen gezogen. Die Vendetta der Frangié und
Doueihy respektierte nicht einmal den Frieden der gemeinsamen Gotteshäuser. Suleiman Frangié, der Patriarch seines Clans, der 1970 mit diskreter syrischer Unterstützung Präsident der Republik Libanon werden sollte, war übrigens der einzige echte Feudalherr, der am Rande der maronitischen Gemeinschaft überlebt hatte. Sein Sohn Tony, ein Todfeind der
Phalangisten, verfügte später über seine eigene Miliz, wie auch Dany
Chamoun, der Sohn des Präsidenten Camille Chamoun, eine schwerbewaffnete Leibgarde, die »Tiger«, halten sollte. An diesen beiden Gruppen
gemessen, waren die jungen Kataeb des Scheich Gemayel recht harmlose
Gesellen.

Die große und endlose Debatte in unserer Klausur von Bikfaya kreiste immer wieder um das Thema der Erneuerung, Einigung und Modernisierung der arabischen Nation. Jacques Berque war als Soziologe geradezu besessen von dieser Notwendigkeit. Er beklagte die Unfähigkeit der arabischen Umma, ihre verstaubten, teilweise noch mittelalterlichen Strukturen durch eine radikale Hinwendung zum Sozialismus abzuschütteln. Suhail Idris hielt – getreu dem geläufigen Jargon der Nasseristen – eine Vielzahl von apologetischen Erklärungen für die Zersplitterung und die wirtschaftliche Rückständigkeit der »Uruba« bereit. Am Anfang standen die Mongolen des Dschingis-Khan-Enkels Hulagu, die das Abbasiden-Reich von Bagdad und den ganzen Orient verwüstet hatten. Dann kam das Jahrhunderte während türkische Joch und die systematische Vasallisierung der Araber durch die Pforte. Dem schloß sich nahtlos der Kolonialismus der Entente-Mächte an, der wiederum vom US-Imperialismus abgelöst wurde. Am Ende stand der Zionismus, dessen Staatswerdung im Heiligen Land doch in Wirklichkeit auf die arabischen Erneuerungs- und Modernisierungsbestrebungen wie ein heilsamer Peitschenhieb hätte wirken müssen.

Die Diskussion über die arabische Wiedergeburt ist bis auf den heutigen Tag nicht verstummt und dreht sich im Kreise. Im CEPAM von Bikfaya setzten die einen auf Gamal Abdel Nasser und seinen arabischen Sozialismus, erwarteten vom Rais, daß er die große Wende vollziehe. Aber für die Experten des Niltals wirkte diese Hoffnung damals schon fadenscheinig. So setzten die Liberalen und Marxisten unter unseren Lehrgangsteilnehmern zunehmend auf die algerischen Revolutionäre, die im engen Kontakt mit den französischen Verhältnissen und der europäischen Aufklärung für eine geistige Führungsrolle weit über den Maghreb hinaus prädestiniert schienen. Ein Beamter des Quai d'Orsay, der später Botschafter in Libyen werden sollte, tippte seinerseits auf die palästinensischen Flüchtlinge, die Opfer der jüdischen Landnahme zwischen Nazareth und Eilath. Die Palästinenser, so argumentierte er, würden durch das israelische Beispiel zwangsläufig in eine intellektuelle und technische Führungsrolle befördert, sie würden aufgrund ihrer Prüfungen zur Vorhut und Elite der arabischen Revolution. Keine dieser Hoffnungen hat sich später bewahrheitet.

Sollte am Ende Ibn Khaldun, dieser maghrebinische Chronist aus dem vierzehnten Jahrhundert, dieser erstaunliche Vorläufer der Soziologie, recht behalten, wenn er die Entwicklung der Araber für alle Zeiten als einen ruhelosen Kreislauf beschrieb, der weder gesellschaftlichen noch

wirtschaftlichen Gesetzen, sondern zutiefst religiösen Impulsen
gehorchte? Die Zivilisation der Städte, je höher und üppiger sie sich entwickelte, je mehr sie dem Luxus und – aus strenger islamischer Sicht –
dem Laster verfiel, entfachte unweigerlich das Machtstreben, den religiösen Reinheitswillen der Wüstenvölker. Es kam dann zur rasanten historischen Beschleunigung. Am Ende stand jedesmal die Machtergreifung
dieser nomadischen Frömmler – heute würde diese Rolle wohl dem islamisch fanatisierten Unterproletariat, den Mustazafin, wie Khomeini
sagt, zufallen –, bis die neuen Herren sich der Verweichlichung, der
Ausschweifung und der Sünde ergäben und ihrerseits Opfer einer neuen
koranischen Säuberungswelle würden.

Die Thesen des Ibn Khaldun, dessen gelehrte Ausdrucksweise unseren
Übersetzungsbemühungen erfolgreich widerstand, wurden in frappierender Weise durch einen Vortrag Arnold Toynbees ergänzt und aktualisiert, dem wir in der Amerikanischen Universität von Beirut lauschten.
Der britische Geschichtsphilosoph, der bereits durch das hohe Alter
gezeichnet war, wiederholte seine längst bekannten Betrachtungen über
die kulturelle und kommerzielle Vermittlungsrolle Syriens, über die
»Häfen des Meeres« und die »Häfen der Wüste«, aber plötzlich belebte
und verjüngte er sich, als er das Thema der »Herodianer« und der »Zeloten«, dieser widerstreitenden Parteien des hebräischen Volkes zur Zeit
des Imperium Romanum aufgriff. Die Herodianer waren die Anpasser
und Opportunisten, die sich mit der Fremdherrschaft – unter Wahrung
des Scheins der eigenen staatlichen und religiösen Autonomie – abgefunden hatten, während die Zeloten sich in wildem Eifer gegen die römischen Okkupanten und deren Götzenkult auflehnten, ehe sie nach einer
Reihe von blutigen Revolten auf dem Felsen von Massada den eigenen
Untergang inszenierten. Diese beiden Richtungen – so führte Toynbee
aus – seien nicht nur für die Juden, sondern auch für ihre semitischen
Vettern, die Araber, charakteristisch. Ins Zeitgenössische übertragen: Die
konservativen arabischen Kollaborateure des Westens sähen sich der
Sturmflut nationaler und vor allem islamischer Unduldsamkeit hilflos
ausgesetzt; das ewige Pendelspiel gehe weiter.

Die industrielle Revolution, so stimmten fast alle Professoren und
Lehrgangsteilnehmer in Bikfaya überein, sei die unabdingbare Voraus-
setzung für die gesamtarabische Anpassung an das zwanzigste Jahrhun-
dert und für die Abkehr von den erstarrten Postulaten der islamischen
Theokratie. Nur Francis Noguère behielt sein skeptisches Lächeln: »Die
Araber sind ja nicht einmal mit der Landwirtschaft zurechtgekommen,

die der Prophet gering achtete«, wandte er ein. »Wie sollen sie da bei der
Industrialisierung reüssieren. Es ist doch eine sehr abendländische Vorstellung, daß der technische Fortschritt eine historische Zwangsläufigkeit
sei und universale Geltung besitze.« Sogar der Père d'Alverny, der dem
katholischen Integrismus nicht ganz fernstand, plädierte im Sinne einer
wachsenden Säkularisierung der arabischen Gesellschaft. Er verwies auf
die theologische Öffnung, die im vergangenen Jahrhundert vom großen
Scheich Mohammed Abduh an der El Azhar-Universität von Kairo
gepredigt worden sei. Er erwähnte in diesem Zusammenhang auch die
emanzipatorischen Theorien des Theologen Jamal ed-Din el Afghani,
wobei er eingestand, daß Afghani alles andere als ein religiöser Liberaler
war, sondern ein verkappter Anwalt islamischer Macht.

Mit seiner Vorliebe für Mohammed Abduh stieß unser jesuitischer
Lehrmeister auf den heftigen Widerspruch der marxistischen Fraktion.
Der Philosophie-Dozent Le Moël aus Quimper in der Bretagne, einge-
schriebenes Mitglied der Kommunistischen Partei Frankreichs, hielt
nichts von diesen Neuerern. Mohammed Abduh sei nicht einmal an den
sozialreformerischen Thesen des Papstes Leo XIII. zu messen, ganz zu
schweigen von der Enzyklika »Rerum novarum«, die die zögernde
Abkehr der römischen Kirche vom starren Traditionalismus signalisierte. Erst die Hinwendung zum dialektischen Materialismus – unter
Respektierung der geistigen Überlieferungen, verstehe sich – könne den
Orient aus dem zählebigen Obskurantismus befreien.

Als wir zu Beginn des Jahres 1958 unseren Sprachkursus in Bikfaya
beendeten, hatten wir dank der Intensität unserer Bemühungen beachtliche Fortschritte gemacht. Aber wir standen den Kontakten des täglichen
Lebens mit unseren hocharabischen Ausdrucksformen ziemlich hilflos
gegenüber, fühlten uns etwas lächerlich, wenn wir mit Taxifahrern oder
Straßenhändlern von Beirut in unserer geschwollenen Literatursprache
zurechtkommen wollten, so als ob man die heutigen Römer auf latei-
nisch ansprechen würde. Wenn sich meine Kenntnisse aufgrund mangelnder Praxis im folgenden Vierteljahrhundert auch etwas verflüchtig-
ten, und im Umgang mit den Moslems wiederbelebt werden mußten, es
bleibt mir ein Diplom – von der Libanesischen Universität Beirut und
der Universität Paris gemeinsam ausgestellt –, worin mir bescheinigt
wird, daß ich mich um die Erlernung der »lughat el arabia el haditha«,
der modernen arabischen Hochsprache, redlich bemüht habe.

Beirut wird zum Schlachtfeld

Beirut, im Herbst 1975

Trauer und Wut beim Anblick Beiruts. Sie haben der Stadt das Herz herausgerissen. Die Front des Bürgerkrieges läuft quer über die alte Place des Canons. Im Frühjahr dieses Jahres haben die Nord-Vietnamesen Saigon gestürmt; und jetzt fällt die andere Metropole der außereuropäischen Welt, der ich sentimental verhaftet war, der Barbarei anheim. Den neuen Kräften, die den Orient exklusiv für sich beanspruchen, war diese Stadt ein Dorn im Auge mit ihrer Kultur und ihrer Protzigkeit, mit ihrem intellektuellen Kosmopolitismus und ihrer merkantilen Unersättlichkeit. Ein Stück phönizisch-hellenistischer Antike hatte sich hier erhalten unter der zeitgemäßen Tünche französischer »Pénétration culturelle« und levantinischer Nachäffung des »American way of life«.

Nicht dem vielgerühmten Nachtleben von Beirut trauere ich nach. Die orientalischen Gäste der luxuriösen Night-Clubs, wo europäische Cancan-Tänzerinnen die Beine warfen, blickten mit trauriger Gier auf das blonde Fleisch. Die Bordelle dieser Hafenstadt waren abscheuliche Absteigen, wo eilige und verschämte Männer ihre sexuelle Notdurft verrichteten. Von Scheherazade, von der erotischen Lyrik eines Hafis, eines Omar Khayyam ist keine Spur geblieben. Die Ölscheichs von heute strotzen vor Geld und Geilheit.

Nein, die Treffpunkte, denen ich nachtrauere in Beirut, das sind: die Konditorei der Avenue Weygand, wo eine bürgerliche Elite im Stil des neunzehnten Jahrhunderts plauderte; die Redaktion der Zeitung *L'Orient*, die mit dem Pariser *Le Monde* zu wetteifern suchte und deren libanesische Redakteure die Komplikation des Orient mit cartesianischer Klarheit erhellten; das Restaurant »Ajami«, wo die besten Mezze bis in die späte Nacht serviert wurden; aber auch jene billigen Freßbuden der kleinen Leute, wo das saftige Schawarma-Fleisch am Spieß tropfte.

Ich mag die Wunden, die Beirut verstümmelt haben, nicht beschreiben, sowenig wie mir die morbide Betrachtung von Kadavern liegt. An den Scharfschützen der Bürgerkriegs-Armeen vorbei bin ich durch die Ruinen geirrt, an den gespenstischen Fassaden des Bankenviertels der Avenue Allenby vorbei. Auf der Place de l'Etoile, wo ein Panzerspähwagen der libanesischen Armee inmitten gähnender Leere und Verwüstung eine staatliche Präsenz zu demonstrieren sucht, die längst erloschen ist, läßt ein Knall im blauen Himmel das Stottern der Infanterie-Waffen vorübergehend verstummen. Ein israelisches Aufklärungsflugzeug hat demonstrativ mit seinem Bang die Schallmauer durchbrochen. Die Ruinen von Beirut rings um den Suq, das Parlament, die Freitags-Moschee, die großen Kinos, die Finanzpaläste und das »Red light-Quarter« sind zu einer surrealistischen Kulisse geworden, als hätten die Kämpfenden für die Dreharbeiten Volker Schlöndorffs eine angemessene Staffage schaffen wollen.

In dem Roman »Die Fälschung«, den Schlöndorff verfilmte, beschreibt Nicolas Born diese Geisterwelt: » . . . Weiter in Richtung der Souks war alles geborsten, lag, hing in Fransen, Fetzen . . . Überall an Kreuzungen und Straßenecken Barrieren aus Sandsäcken, leere MG-Nester. Hängender, gestürzter Stahlbeton, zerrissene Gewölbe, Mörtelhaufen, Schuttlager, in der Hitze zu Klumpen geschmolzenes Plastik und Metall, gerüttelte und geschüttelte Baumasse zurück aufs Grundgeflecht, auf kahle ausgehöhlte Konstruktionen, auf freiragende Faser. Von Feuer und Rauch gestrählte Fliesenwände, gestürzte Treppen . . . Das ganze Viertel war so durchsichtig geworden, von einer grobkörnigen, schneeigen Leere, so niedergerieben, und es wunderte ihn sehr, daß hier und da immer noch ein Gebäude erhalten war, hervorgehoben, ausgezeichnet, eine höhnische Herausforderung, darin zu wohnen . . . « In der Roman-Figur des Journalisten Laschen hatte Beirut einen stilistisch begabten Leichenbeschauer gefunden.

Über die Ursachen, über die Verantwortung an dieser Katastrophe trennten sich die Meinungen und die unvermeidliche Parteilichkeit der Standpunkte. Um den Libanon in diesen Abgrund zu stürzen, hatte es auswärtiger Kräfte bedurft. Dabei hatte alles relativ harmlos angefangen.

Ich erinnerte mich an jenen sonnigen Februartag 1966 in Saida. Es war dort zu Unruhen gekommen. Flüchtlinge aus Palästina – sie wurden damals im gesamten Libanon auf eine viertel Million geschätzt – waren auf die Straße gegangen, um gegen den verdächtigen Tod eines der Ihren zu protestieren. Dieser Palästinenser, der in der Verhörzellen der libanesischen Gendarmerie umgekommen war, hatte einer jener Kampforganisationen angehört, die damals noch von den Nasseristen gesteuert wurden. An der Spitze eines kleinen Trupps Fedayin hatte er die Grenze nach Israel überschritten und dort Sabotage verübt. Die Israeli nahmen diese Übergriffe nicht tatenlos hin. Zur Vergeltung waren sie in den Libanon eingedrungen und hatten eine Mühle gesprengt. Die Warnung war in Beirut verstanden worden. Die libanesische Polizei hatte den Attentäter dingfest gemacht und einer harten Prozedur unterzogen. Am nächsten Tag lebte er nicht mehr. Unter allen Mitgliedern der Araber-Liga war der Libanon am wenigsten darauf erpicht, in kriegerische Auseinandersetzungen mit Israel verwickelt zu werden. Doch mit Beschwichtigungen nach allen Seiten war es nicht getan.

Im Sommer 1958, als Präsident Chamoun angesichts des bewaffneten Aufstandes der Drusen und der Moslem-Opponenten die amerikanischen »Ledernacken« ins Land rief, hatten die Palästinenser noch keine nennenswerte Rolle gespielt. Das sollte sich in den folgenden zehn Jahren gründlich ändern. 1964 wurde offiziell die »Organisation zur Befreiung Palästinas«, PLO, ins Leben gerufen und von nun an suchten die Flüchtlinge, deren Lager von Tripolis im Norden bis Tyr im Süden verstreut waren, ein Mitspracherecht in der Republik Libanon zu erhalten. Sie stellten Milizen auf, boten den Sicherheits-Organen des Gastlandes – Gendarmerie und Armee – die Stirn, wucherten zum Staat im Staat aus. Die levantinischen Politiker von Beirut glaubten smart zu sein, indem sie dieser Herausforderung geschmeidig begegneten. Sie sollten sehr bald entdecken, daß die PLO nicht auszutricksen war. Nach dem Sechs-Tage-Krieg sann die ganze arabische Welt auf eine Revanche gegen den Judenstaat, die möglichst auf dem Rücken anderer ausgetragen würde.

1969 gestand das Abkommen von Kairo, das von Gamal Abdel Nasser noch persönlich patroniert wurde, den Palästinensern die Selbstverwaltung und die Unverletzlichkeit ihrer Militärstrukturen innerhalb der Lager zu. Der Weg, der zur Auflösung der libanesischen Souveränität führte, war vorgezeichnet. Die tragische Wende fand 1970 statt. In Jordanien hatte König Hussein auf den Versuch der PLO, sein Land als kriegerische Plattform gegen Israel auszubauen und die reale Macht an sich zu reißen, mit einem wütenden und blutigen Gegenschlag geantwortet. Die Fedayin waren in Amman von den Beduinen des Haschemiten-Herrschers zu Paaren getrieben worden. Die Flüchtlinge wurden einer rigorosen Regierungskontrolle unterworfen. Den Partisanen Yassir Arafats blieb nur noch die Flucht ins Ausland. Über den sogenannten Arafat-Pfad am Hermon entlang sickerten die besiegten palästinensischen Freischärler der unterschiedlichsten Fraktionen in den Süd-Libanon ein, wiederholten – dieses Mal mit Erfolg – das Manöver, das in Jordanien an der Entschlossenheit Husseins gescheitert war.

Seit dem Bürgerkrieg von 1958 hatte sich in der »Schweiz des Orients« der politische Sprengstoff angehäuft. Die radikalen Pan-Araber, die Linksextremisten, die militanten Moslems, die Drusen hatten sich bisher den christlich kommandierten Streitkräften unterlegen gefühlt.

Nun fanden sie in den palästinensischen Partisanen willkommene Verbündete, und erst sehr viel später sollten sie entdecken, daß sie in die Abhängigkeit der PLO gerieten. Alle Voraussetzungen für den Bürgerkrieg waren geschaffen, als die christlichen Maroniten, die sich in ihren Privilegien, aber auch in ihrer Existenz als gleichberechtigte und freie Glaubensgemeinschaft bedroht fühlten, ihre Milizen aufboten, um der tödlichen Bedrohung mit Waffengewalt zu begegnen. Als in Ain Remmaneh, einem Vorort Beiruts längs der Straße nach Damaskus, ein Autobus mit bewaffneten Palästinensern – sie gehörten der pro-irakischen Tendenz an – in den Hinterhalt von Phalangisten geriet und zusammengeschossen wurde, war das Signal gegeben. Der Totentanz konnte beginnen.

Sehr bald stellte sich heraus, daß der maronitische Präsident Suleiman Frangié, der die Protektion des syrischen Präsidenten Hafez el Assad genoß und ein Todfeind des Gemayel-Clans war, der Situation in keiner Weise gewachsen war. Im Gegensatz zur Arabischen Legion des jordanischen Königs erwiesen sich die libanesischen Streitkräfte als untaugliches Repressions-Instrument und wurden durch ihre konfessionellen Gegensätze gelähmt. Im Verlauf der späteren Wirren lehnte sich ein gewisser Oberleutnant Khatib mit ein paar hundert sunnitischen Soldaten gegen das überwiegend maronitische Oberkommando auf, gründete die »Armee des Arabischen Libanon« und verbündete sich mit jenen Kräften des Untergangs, die von der Pariser Presse mit dem schmeichelhaften und irreführenden Sammelbegriff »les Palestino-Progressistes« bezeichnet wurden.

Der exakte Ablauf dieser Tragödie war natürlich viel komplizierter, verworrener, orientalischer, als hier in ein paar Zeilen dargestellt werden kann. Der Jesuit René Chamussy hat in seinem Buch »Chronique d'une guerre« jede Phase dieses betrügerischen und tödlichen Reigens frei von jeder Polemik und von Ressentiments niedergeschrieben.

Im Herbst 1975 hatte sich das Unwiderrufliche bereits vollzogen. Inmitten einer Traube von Journalisten und Fotografen wurde ich – unweit des Hauptquartiers der PLO – zwar noch flüchtiger Zeuge eines improvisierten Treffens zwischen Yassir Arafat und dem maronitischen Ex-Präsidenten Camille Chamoun, die vergeblich eine Waffenpause aushandeln wollten, während in der Ferne die Maschinengewehre ratterten. Die beiden Bürgerkriegs-Gegner waren jeder von einer eindrucksvollen Kohorte Leibwächter umgeben. Arafat trug die Schirmmütze und nicht das Keffieh, wirkte wie immer grünlich-bleich, trat in

Begleitung des Saiqa-Kommandanten Muhsen Zuheir auf, der im kriegerischen Battle-Dress gekommen war. Chamoun war im soignierten Zweireiher mit Krawatte erschienen. Sein weißes Haar war straff gescheitelt.
Hinter seiner Sonnenbrille, umringt von den Gorillas, wirkte er wie ein
Mafioso. Der Palästinenser Muhsen Zuheir, der de facto ein Agent und
Instrument der Syrer war, sollte ein paar Jahre später, während er dem
dolce vita an der Côte d'Azur nachging und aus dem Bett seiner Mätresse
ins Spiel-Casino überwechseln wollte, unter den Kugeln von Attentätern
sterben, deren Identität und politische Couleur nie geklärt wurde. Die
Begegnung Arafat – Chamoun in der Frontstadt Beirut war ein gespen-
stisches Spektakel.

Am Sonntag fuhr ich nach Norden. Ich wohnte noch im Luxus-Hotel
»Phénicia«. Die sogenannte »Bataille des Hôtels«, die später in die
»Bataille des Tours«, die Schlacht um die Wolkenkratzer am Rande des
Christenviertels von Aschrafiyeh, überging und eine der schlimmsten
Phasen des Mordens auslöste, hatte noch nicht begonnen. Die bewaffneten Palästinenser mit ihren Kalaschnikows, ihren schwarz-weißen oder
rot-weißen Kopftüchern, ihrem wölfischen Mißtrauen, das plötzlich in
herzliche Jovialität umschlagen konnte, die Wegelagerer-Gestalten der
Nasseristen, der »Murabitun«, deren Stellungen bis an die Place des Mar-
tyrs reichten, waren mir seit der Ankunft in West-Beirut vertraut, wie
auch ihre Mauer-Inschriften, die von Pan-Arabismus, Anti-Zionismus,
Anti-Imperialismus, Anti-Amerikanismus und heldischer Selbstbestäti-
gungs-Pose tönten. Oberhalb des Hafens – nach Passieren eines chaotischen Niemandslandes – wurde der Übergang in die christlich beherrschte Zone groteskerweise durch eine Girlande bunter Glühbirnen
signalisiert, an der ein großes Holzkreuz baumelte. Auch die Waffenträger der Kataeb trugen das Kruzifix auf der Brust. Auf den Plakaten war
hier das Bild Gamal Abdel Nassers durch sulpizianische Darstellungen
eines sanft lächelnden Heilandes ersetzt. »Ecce homo« fiel mir angesichts
dieser Verwirrungen ein. Die Phalangisten wirkten unheimlich mit
ihren schwarzen Gesichtsmasken, in die für Mund und Augen grobe
Löcher geschnitten waren.

Wir hatten den Zollhafen und die Docks links liegenlassen und näherten uns dem Nahr Beirut. Unser Chauffeur wurde immer nervöser. Wir
steuerten in Sichtweite des Schlachthofviertels und der sogenannten
»Karantina«, wo sich die Ärmsten der Armen, Docker und Gelegenheitsarbeiter – viele Kurden und Schiiten waren darunter – den linksradikalen Kampfgruppen angeschlossen hatten. Sie hatten ihre Enklave im

christlichen Sektor zu einem Bollwerk ausgebaut und nahmen die Verkehrsstraßen zwischen Beirut, der Nordküste und dem Gebirge unter
gezielten Beschuß. Der Fahrer trat den Gashebel durch, solange wir uns
im Visier der kurdischen Scharfschützen von Karantina befanden – und
plötzlich, unvermittelt waren wir in eine andere Welt versetzt, umgab
uns sonntäglicher Frieden. Die Menschen, die die Straßen säumten, trugen ihre besten Anzüge und Kleider, wurden vom Läuten der Glocken
zum Hochamt gerufen, trafen sich zum morgendlichen Arrak auf blumenumrankten Terrassen. Die stilisierte Zeder des Libanon auf den
Mauern, die Bilder des Familien-Trios Gemayel – der Patriarch Pierre
und seine Söhne Beschir und Amin – markierten die Zugehörigkeit dieser
Vorstädte und Dörfer zum maronitischen Lager. Diese betont bürgerliche
Ordnung und Gesittung steigerte sich noch in der Umgebung des Hafens
Jounieh, wo in besseren Zeiten das »Casino du Liban« mit seinen Spielsälen
und Revuen die exklusivsten Luxus-Attraktionen der Levante geboten hatte. Jounieh fungierte nunmehr als heimliche Hauptstadt des christlichen
Mini-Staates, der sich nach dem Auseinanderbrechen des gesamtlibanesischen Mosaiks quasi automatisch konstituiert hatte.

Auch in Byblos tummelten sich die Sonntags-Ausflügler im Umkreis
der Kreuzritter-Kirche, die festungsähnlich – durch hellenistische Säulen
konsolidiert – den phönizischen Hafen, die Grabstätte des Königs Ahiram und das römische Amphitheater krönte. Am Strand wurde gebadet
und gepicknickt. Dieses Volk von levantinischen Krämern, wie man sie
bezeichnet hatte, demonstrierte im Angesicht des nahen Todes und allen
Vorboten des Unterganges zum Trotz eine bemerkenswerte Contenance,
eine geradezu animalische Lebensbejahung. In Wirklichkeit verbarg sich
hinter dieser Fassade demonstrativer Sorglosigkeit blinder Haß auf die
»Palestino-Progessisten« und nackte Überlebensangst. Die Verrohung
der Sitten hatte auch die Phalangisten nicht verschont. An gewissen Stra
ßensperren, sowohl der Moslems als auch der Christen, kam der Religionsvermerk einem Todesurteil oder zumindest einer Entführung
gleich. Dann war es eine Existenzfrage, ob man Ahmed oder Georges
hieß. Die Ausschaltung der Karantina-Bastion durch die Kataeb-Miliz
Beschir Gemayels war vom militärischen Standpunkt eine Notwendigkeit. Die Erstürmung dieses befestigten Elendsviertels erfolgte im Januar
1976. Sie artete zu einem scheußlichen Massaker aus und löste beim
internationalen Pressekorps, das die Übergriffe der Gegenseite sehr viel
nachsichtiger behandelt hatte, einen Sturm der Entrüstung und bleibende Aversion gegen die christlichen Milizen aus.

Jenseits des letzten Check-Points der Kataeb, nördlich von Batrun, beginnt wieder das revolutionäre Chaos. In Tripolis herrscht eine fast apokalyptische Stimmung. Die libanesischen Gendarmen haben sich in ihrer Kaserne verschanzt und warnen uns vor unkontrollierten Schießereien in der Innenstadt. Die Situation in dieser überwiegend muselmanischen Stadt des Nordens ist total undurchsichtig. Im Suq und in den Industrie-Vierteln haben die Partisanen der Bewegung »24. Oktober« die Macht an sich gerissen. Sie gebärden sich links-sozialistisch und extremrevolutionär, was immer das in diesem Durcheinander bedeuten mag. An ihrer Spitze steht ein hochangesehener Anwalt, Faruk Moqqadem, der angeblich von Oberst Kadhafi mit Geld und Waffen unterstützt wird. Die Partisanen des »24. Oktober« werden durch palästinensische Instrukteure marxistischer Obedienz gedrillt und im Häuserkampf trainiert. Als Faruk Moqqadem die Zitadelle Saint-Gilles, das gigantische Bauwerk des Grafen Raymond von Toulouse, im Handstreich besetzen wollte, löste er den syrischen Gegenschlag aus.

In Damaskus hatte man mit Mißtrauen beobachtet, daß die Oktober-Bewegung auch beim verhaßten Baath-Regime von Bagdad Rückhalt suchte. Ohne Verzug setzte Präsident Hafez-el-Assad die ihm ergebene, schwerbewaffnete Palästinenser-Fraktion »Saiqa« in Bewegung, um in Tripolis ein prekäres Gleichgewicht herzustellen. Dabei stützte sich die Saiqa auf die örtliche Alawiten-Gemeinde, etliche tausend Anhänger jener Geheimsekte, die in der Armee und im Sicherheitsapparat von Damaskus über die entscheidenden Schlüsselstellungen verfügt.

Nach vielen Irrungen landen wir im Parteilokal einer absurden Splittergruppe, deren Freischärler sich durch eine Art S.A.-Armbinde zu erkennen geben. Auf rotem Hintergrund hebt sich eine weiße Scheibe mit irgendeinem schwarzen Symbol ab. Trotz dieses eindeutig nazistischen Emblems geht es hinter den Sandsäcken der Parteizentrale sehr marxistisch-leninistisch zu. Die unvermeidlichen Größen der Dritten Welt, dazu gehören Che Guevara und Ho Tschi Minh, blicken zwischen Einschußspuren von den Wänden. Es läßt sich ganz angenehm plaudern mit diesen wilden Männern, deren Wortführer sich in der Mehrzahl als armenische oder orthodoxe Christen zu erkennen geben. Sie lassen die Maschinenpistole nie aus der Hand und spielen gelegentlich mit einer Defensiv-Handgranate. Plötzlich wird die Mittagsruhe durch eine kurze, heftige Ballerei in der Nachbarstraße zerrissen. Blutjunge Männer in Tarnuniform, das Keffieh theatralisch um den Hals geschlungen, nahen im Laufschritt. Sie tragen einen Toten, dem das Blut aus einem breiten

Einschuß in der Herzgegend strömt. Ein hysterisch schreiender Halb-
wüchsiger taucht seine Hände in die Wunde und beschmiert sich mit
dem Blut des Märtyrers.

Im Akkar-Gebiet nördlich von Tripolis, in unmittelbarer Nachbarschaft der syrischen Grenze, sei es zu Ausschreitungen gegen die dort
lebenden christlichen Minderheiten gekommen, haben uns die Gendarmen gesagt. Wir erreichen das Dorf Tell Abbas ohne Behinderung. Es ist
von Griechisch-Orthodoxen bewohnt. Bei Nacht sind die Christen überfallen worden. Sunnitische Moslems der Umgebung – angeblich arme
Leute, die von ihren Feudalherren aufgestachelt wurden – sind in die
Häuser eingebrochen. Sie haben ein Dutzend Männer erschossen, die
Kreuze des Friedhofs gefällt, die orthodoxe Kirche entweiht, die Heiligenbilder der Ikonostase als Zielscheibe für ihre Flinten benutzt. Die
Aktion war bis Morgengrauen beendet. »Allahu akbar«, hatten die
Angreifer gebrüllt. – »Das ist der Ruf des Heiligen Krieges«, sagte der
Lehrer von Tell Abbas, dem noch das Entsetzen in den Augen steht. Ein
paar Tage zuvor seien drei maronitische Mönche im benachbarten Kloster Deir Aschasch ermordet worden. Vielleicht seien das Phalangisten
gewesen, aber hier in Tell Abbas, bei den Orthodoxen, habe man sich
doch stets um ein gutes Auskommen mit den Moslems, den Palästinensern und den Marxisten bemüht. Diese Anpassung habe sich nicht
bezahlt gemacht. Vermutlich seien die im Hintergrund agierenden sunnitischen Landbesitzer darauf aus, die Christen von ihren fruchtbaren
Äckern zu vertreiben, um sich diesen Besitz anzueignen. Zu diesem
Zweck hätten sie ihre Pächter aufgehetzt und mißbraucht. Der Lehrer
war ratlos. Aus Tripolis war der griechisch-orthodoxe Bischof in einer
schwarzen Limousine angerollt. Er betete in der Kirche, suchte seine
Gemeinde salbungsvoll zu trösten und mußte sich mit leeren Verspre-
chungen begnügen.

Die Syrer sind überall

Der Mercedes des deutschen Geschäftsträgers ist mit Panzerblech verstärkt. Das ist keine überflüssige Maßnahme, seit der französische Botschafter Delamare vor ein paar Monaten in seinem Citroën von Kugeln durchsiebt wurde. Neben dem Fahrer, der ebenfalls bewaffnet ist, sitzt ein Beamter des Bundesgrenzschutzes mit entsicherter Maschinenpistole. Ich war erst am Nachmittag angekommen, und am Abend schon holte mich Günter Altenburg, der für den seit geraumer Zeit abwesenden Botschafter der Bundesrepublik die Stellung hält, im Hotel »Commodore« ab, um mit mir ins Gebirge nach Beit Mery zu einem Maroniten-Kongreß zu fahren. Vor uns rollt ein anderer Wagen der Deutschen Botschaft mit zusätzlichem Sicherheitspersonal und einem Sprechfunkgerät.

Es herrscht Aufregung im Moslem-Viertel Basta. Zwischen der »Palästinensischen Befreiungs-Armee« P. L. A., die in Wirklichkeit eine Filiale der syrischen Streitkräfte ist, und einer sunnitischen Partisanengruppe, die sich »Ansar-el-Thaura« oder »Gefährten der Revolution« nennt, ist es zum Schußwechsel gekommen. Allmählich kennt sich niemand mehr aus im Wirrwarr der rivalisierenden Kampfgruppen und Banden von West-Beirut. Oft beherrschen sie nur zwei Straßenzüge, und ihre Ideologie ist kaum definierbar.

Die syrische Armee ist allgegenwärtig. Die Soldaten aus Damaskus stehen ziemlich lässig an den Kontrollposten, die Kalaschnikow im Arm, das grüne Barett auf dem Kopf. Nur selten tragen sie sowjetische Stahlhelme. Sie winken den Autoverkehr mit müder Geste durch, auch unseren kleinen Botschafts-Konvoi, der am Museums-Übergang in den von christlichen Phalangisten kontrollierten Ostteil von Beirut überwechselt.

Die Präsenz von 25 000 bis 30 000 bewaffneten Syrern geht auf den Höhepunkt des Bürgerkriegs im Juni 1976 zurück. Die Palästinenser – im Verbund mit den muselmanischen Nasseristen und den linksradikalen libanesischen Parteien, die in der »Nationalbewegung«, im »Mouvement National«, zusammengefaßt sind – hatten Anfang 1976 die Schlacht um die Hotels und die Türme von Beirut gewonnen. Sie drangen jetzt tief ins Gebirge vor, wo die Kataeb die eigenen Kräfte sträflich überschätzt hatten. Was den Christen bevorstand, hatte der Drusen-Führer Kamal Dschumblatt, der das »Mouvement National« präsidierte, einer Delega-

tion maronitischer Mönche angedeutet, wenn man deren Aussagen
Glauben schenken darf: »Ihr seid früher unsere Leibeigenen gewesen,
und dieses Schicksal steht euch wieder bevor, falls ihr den Widerstand
nicht einstellt. Mindestens ein Drittel von euch wird ohnehin ins Ausland flüchten, und viele werden umkommen.« Im Namen der PLO hatte
der Sicherheits-Chef Abu Iyad, der als zweiter Mann Arafats und als sein
heimlicher Rivale galt, am 23. Mai 1976 öffentlich erklärt: »Unser Weg
nach Palästina führt über Jounieh.« Jounieh war die provisorische Hauptstadt der Kataeb-Verwaltung.

Der Libanon stand im Begriff – nach der Unterwerfung der christlichen Milizen – ein Protektorat, ein Ersatz-»Homeland« der Palästinenser
zu werden. Diese Perspektive, die Israel nicht tatenlos hinnehmen konnte, beunruhigte auch den syrischen Präsidenten Hafez-el-Assad, der der
PLO zutiefst mißtraute und den in seinem Land befindlichen Palästinensern von Anfang an die Daumenschrauben angelegt hatte. Es kam zu
endlosen Palavern innerhalb der Araber-Liga. Die USA drängten auf
eine arabische Schlichtungs-Intervention. Schritt für Schritt sickerten die
Syrer ein, erst in die Bekaa-Hochebene und in das Akkar-Gebiet, wo
ganze christliche Dörfer bereits von ihrer Bevölkerung fluchtartig verlassen worden waren. Nach langen orientalischen Basar-Verhandlungen –
die saudischen Petro-Dollars gaben am Ende den Ausschlag – wurde die
Aufstellung einer arabischen Friedenstruppe, der sogenannten »Arabischen Abschreckungskraft« – bestehend aus Syrern, Libyern, Saudis
und Sudanesen – beschlossen. In Wirklichkeit wurde die syrische Truppenpräsenz legalisiert und dem Ungestüm der Palästinenser die Kandare
angelegt. Die einrückenden Divisionen Hafez-el-Assads zögerten nicht,
das Feuer auf die Freischärler der PLO und deren »progressistische«
Freunde zu eröffnen. Von den Christen wurden die bislang beargwöhn-
ten und verhaßten Syrer als Retter begrüßt und bejubelt. Die syrische
Artillerie-Unterstützung erlaubte es dann auch den Phalangisten, das
Palästinenser-Lager von Tell-el-Zaatar, ein Dorn im Fleisch des christlichen Verteidigungs-Réduits, zu liquidieren. Wieder kam es zu schweren
Verlusten unter Frauen und Kindern, aber die Fedayin der PLO hatten
die Evakuierung der Zivilisten, die ihnen angeboten worden war, kategorisch verweigert und sogar auf Defaitisten geschossen, die das Lager
aus Selbsterhaltungstrieb verlassen wollten.

Die Syrer waren nicht zimperlich im Libanon, den sie seit jeher als
ihre Einflußzone betrachteten. Sie machten Jagd auf alle bewaffneten
Fraktionen, die mit dem irakischen Erbfeind sympathisierten. Politische

Gegner wurden systematisch umgebracht. Ausländische Journalisten, die über die Willkür der syrischen Mukhabarat berichteten, mußten um ihr Leben fürchten. Kein Wunder, daß von den Übergriffen der »Friedenstruppe«, die sich in eine Okkupationsarmee verwandelt hatte, in der Weltpresse kaum die Rede war.

Die regulären syrischen Regimenter setzten sich im wesentlichen aus bäuerlichen Wehrpflichtigen zusammen, die im Sündenpfuhl Beirut all das fanden, was ihnen die heimischen Dörfer nicht bieten konnten: Konsumgüter jeder Provenienz auf dem Schwarzmarkt, Drogenkonsum und käufliche Mädchen. Aber neben diesen harmlosen Rekruten hatte der Bruder des Präsidenten, Rifaat-el-Assad, der über die allmächtigen Geheimdienste in Damaskus gebot, eine Sondertruppe von gewalttätigen Schlägern nach Beirut geschickt, die der Volksmund aufgrund ihrer rosa gescheckten Tarnanzüge »Pink Panthers« nannte. Die Euphorie zwischen Christen und Syrern sollte nicht lange dauern. Hafez-el-Assad ging nach dem Rezept des »Teile und herrsche« vor. Nachdem er die Palästinenser und »Progressisten« unter Kuratel gestellt hatte, waren die Maroniten an der Reihe. Die Tatsache, daß sich bei Jounieh in aller Heimlichkeit ein kleiner israelischer Verbindungsstab etabliert hatte, der die Kataeb – recht spärlich übrigens – mit Waffen belieferte, war für Damaskus ein unerträglicher Tatbestand. Die Regierung von Jerusalem, die mehrfach ihre Solidarität mit den libanesischen Christen beteuert hatte, sah untätig zu, wie der maronitische Mini-Staat von Jounieh unter dem syrischen Zangengriff schrumpfte und der christliche Stadtteil Aschrafieh in Ost-Beirut durch schweren Artillerie-Beschuß verwüstet wurde. Die Israeli hofften wohl – in totaler Verkennung der vorherrschenden abendländischen Mentalität –, daß die Christenheit West-Europas und Amerikas sich zu einer Rettungsaktion ihrer orientalischen Glaubensbrüder aufraffen würde.

Im Herbst 1981 nahte die Katastrophe. Die christlichen Milizen hatten ihren Anspruch auf die überwiegend griechisch-katholische Stadt Zahle am Osthang des Libanon und am Westrand der Bekaa geltend gemacht und ein paar Partisanentrupps eingeschleust. Das syrische Oberkommando wertete diesen Vorstoß als Bedrohung seiner Verbindungslinien zwischen Damaskus und Beirut, die tatsächlich – ein paar Kilometer von Zahle entfernt – über den Knotenpunkt Chtaura verliefen. Als erschwerender Umstand trat hinzu, daß Hafez-el-Assad es gewagt hatte, allen israelischen Protesten und Warnungen zum Trotz, Sam-6-Raketen in der Bekaa zu installieren. Es folgte die Einkreisung und Bombardierung Zahles durch die Syrer. Die Kataeb, die auf den Höhen des Sanin einen Maultierpfad ins Gestein gehauen hatten, um ihre vorgeschobene Position bei Zahle zu versorgen, sahen sich plötzlich massiven Bombardements syrischer Migs ausgesetzt. Es wurden sogar syrische Kommandos mit Hubschraubern auf dem Sanin-Gipfel abgesetzt. Das winzige Territorium der Maroniten war nach diesem Flankenmanöver kaum noch zu halten. Endlich, in dieser äußersten Not, beschloß Jerusalem eine begrenzte Intervention zur Rettung der Christen. Zwei syrische Helikopter mitsamt ihren Sturmtruppen wurden abgeschossen. Israel hatte ein klares Signal gesetzt: Bis hierhin und nicht weiter. In Damaskus war diese Sprache verstanden worden.

In jenem Herbst 1981 war ich Augenzeuge dieser kritischen Runde gewesen. Der Präsident des Deutschen Roten Kreuzes, Walter Bargatzky, hatte mich in meiner Eigenschaft als Präsidiums-Mitglied nach Beirut geschickt, um festzustellen, ob die Entsendung des Hilfsschiffs »Flora« an die libanesische Küste sinnvoll sei. An Ort und Stelle sollte ich sehr schnell zu dem Schluß kommen, daß ein solcher Einsatz unter den gegebenen Umständen wenig empfehlenswert war. Wäre die »Flora« vor dem christlichen Hafen Jounieh vor Anker gegangen, wäre sie für die Phalangisten ein höchst unwillkommener Beobachter der nächtlichen Waffenlieferungen gewesen, die in aller Heimlichkeit aus Haifa eintrafen. Hätte man das Schiff bei Tyr oder Saida im Einflußbereich der Palästinenser stationiert, wäre sie schnell in Verdacht geraten, für die Amerikaner zu spionieren. In beiden Fällen riskierte sie Beschuß und Versenkung, wobei die wirklichen Täter natürlich die Gegenseite beschuldigt hätten.

Da der Flugplatz Beirut wieder einmal gesperrt war, mußte ich bis Damaskus fliegen und meinen Weg in den Libanon per Taxi fortsetzen. Die syrische Hauptstadt schwirrte von Kriegsgerüchten. Die Präsenz der Sam-6-Raketen in der libanesischen Bekaa, so mutmaßte jeder, würde von den Israeli nicht ungestraft hingenommen werden. Tatsächlich sollte ich auf meiner Fahrt nach Beirut eine geradezu provokativ eingerichtete Raketenstellung unweit des Straßenrandes mit bloßem Auge entdecken. Mein syrischer Taxifahrer aus Damaskus machte endlose Umwege, um die Kataeb-Linien zu meiden.

Als wir schließlich die Hauptstadt von Süden her ansteuerten, wurde ich durch ungewohnte Plakate und Mauerinschriften überrascht. Früher hatte die Parole: »El Fatah fi kulli maqam – El Fatah ist überall« vorgeherrscht, und die Porträts Gamal Abdel Nassers, des Drusen-Führers Dschumblatt oder irgendwelcher palästinensischer Größen wetteiferten untereinander. Das hatte sich gründlich geändert, seit etwa 300 000 schiitische Flüchtlinge aus der Gegend von Tyr und Nabatieh am Südrand von Beirut kampierten und mit ihrer eigenen Kampforganisation »El Amal«, zu deutsch »Die Hoffnung«, zusehends in Widerspruch zu den Palästinensern und den Linksextremisten gerieten. »El Amal fi kulli maqam – El Amal ist überall«, stand jetzt allenthalben zu lesen. Das vertraute Antlitz des Ayatollah Khomeini mitsamt seinem Jünger Musa Sadr blickte in tausendfacher Vervielfältigung auf den chaotischen Strom nervöser Autofahrer, die sich offenbar dieser weitreichenden politischen Gewichtsverlagerung gar nicht bewußt waren.

Die Gemayels

Beit Mery, April 1982

Beirut mit seiner Hektik liegt hinter uns in der Tiefe. Die Nervosität fällt von uns ab, während der Botschaftswagen sich zwischen Pinien und Sommervillen im Gebirge hochwindet. Am Eingang des Höhenkurortes Beit Mery dringen flotte Weisen zu uns. Ein paar Bewaffnete mit der Zeder auf der Armbinde weisen uns den Weg zum Luxushotel »El Bustan«. Dort ist von der Phalange-Partei eine »Internationale Solidaritätskonferenz für den Libanon« zusammengetrommelt worden. Sehr viel ausländische Prominenz ist nicht zugegen. Aber das Ambiente ist verblüffend. Im Garten ist eine Kapelle in knallrotem Garderock und imitierten Bärenfell-Mützen angetreten. Zwischen Walzern und Slows spielt sie französische, amerikanische und sogar deutsche Märsche. Gleich daneben sind junge Mädchen als Hostessen und Majoretten in blauer Uniform aufgereiht. Im Bankettsaal wird ein fürstliches Büfett aufgetischt. Beschir Gemayel, der vierunddreißigjährige Sohn des Patriarchen Pierre, machte neben seiner schwangeren Frau die Honneurs. Der Befehlshaber der »Forces Libanaises«, wie die vereinigten maronitischen Streitkräfte sich neuerdings nennen, ist ein Mann großer Ambitionen. Der junge Anwalt, der trotz des gutgeschnittenen Anzugs wie der Mittelstürmer einer mediterranen Fußball-Mannschaft aussieht, kann weder im Wuchs noch im Profil mit seinem imponierenden Vater rivalisieren. Der ältere Bruder Amin, der Intellektuelle des Clans, der – was man seinem »babyface« nicht zutraut – für Wirtschafts- und Finanzfragen in der

Christen-Enklave des Mont Liban verantwortlich ist, steht offensichtlich im Schatten Beschirs. Amin ist mit äußerster Eleganz sowie sämtlichen Cartier- und Gucci-Attributen gekleidet. Seine geistigen Gaben werden selbst von seinen Gegnern anerkannt. Er pflegt eine Reputation nuancierter Mäßigung und distanziert sich von den Brachial-Methoden seines Bruders. Aber das kann ein abgekartetes Spiel sein. Wie ich Amin im Laufe des Abends auf die Möglichkeiten eines maronitischen Separatstaates anspreche, auf die Schaffung eines »christlichen Israel« , widerspricht er kategorisch und glaubwürdig. »Wir haben zwar in Jounieh ein weltbekanntes Casino, aber wir denken überhaupt nicht daran, ein levantinisches Monaco zu werden. Wer uns das unterstellt, will uns als Dummköpfe verkaufen. Wir sind in eine arabisch-muselmanische Umgebung geboren, und wir müssen mit ihr leben. Vor ein paar Tagen habe ich sogar mit Abu Iyad, dem Mann der PLO, der auf Jounieh marschieren wollte, ein langes und offenes Gespräch geführt.«

Unter den Gästen wird viel Eleganz und Luxus zur Schau getragen. Ein paar kunstvoll toupierte und sehr ansehnliche Damen schmücken sich mit Modellkleidern aus Paris und kostbarsten Juwelen. Einige westliche Journalisten empören sich über diese Protzerei in einem vom Krieg verwüsteten Land. »Hier tanzt man auf dem Vulkan, und die orientalischen Kokotten führen sich auf wie Marie-Antoinette ein paar Tage vor dem Sturm auf die Bastille«, meinte ein Korrespondent aus Holland. In Wirklichkeit werden Beharrungsvermögen, Härte, Ausdauer und Selbstbewußtsein demonstriert. »Wir überlassen es Herrn Arafat und seinesgleichen, mit Bartstoppeln und im stilisierten, schmutzigen Battle-Dress Heldentum zu mimen«, sagt ein soignierter Herr mit Menjou-Bärtchen.

Ich komme mit dem amerikanischen Militärattaché ins Gespräch. »Man soll diese Christen nicht unterschätzen«, sagt er. »Unter Jimmy Carter hatte kein Mensch im Weißen Haus und im State Department geglaubt, daß diese raffgierigen, versnobten Levantiner das Zeug zum Widerstand hätten. Wir hatten sie praktisch schon abgeschrieben, und es wurde ernsthaft überlegt, wie man die am meisten kompromittierten und engagierten Maroniten-Führer sowie deren Sippen auf amerikanischen Schiffen ins Ausland bringen würde. Wir hatten uns auf ein neues Saigon im Orient vorbereitet. Aber die Kataeb haben uns eines Besseren belehrt. In gewissem Sinne haben sie uns beschämt. Die meisten Emigranten der Oberschicht kehren in regelmäßigen Abständen in ihre Heimat zurück. Ein Drittel der hohen Profite, die die unermüdlichen und genialen Geschäftemacher hier immer noch erzielen, werden im Libanon selbst neu investiert, und das reicht aus, um aus dem hiesigen Pfund eine harte Währung zu machen.«

Im übrigen, so meinte der Amerikaner, hätten die Maroniten wohl die schlimmsten Prüfungen hinter sich. Die Syrer gerieten mit ihren Okkupations- und Meuchelmord-Methoden nach und nach ins Visier der internationalen Ächtung, und die Palästinenser seien drauf und dran, sich mit den meisten ihrer Verbündeten des »Mouvement National« mit Ausnahme vielleicht der Marxisten-Leninisten zu überwerfen.

Verschiedene Bischöfe und Patriarchen bewegen sich in der eitlen und bunten Menge. Im Mittelpunkt aller Diskussionen steht jedoch ein halbes Dutzend maronitischer Mönche, Angehörige einer streitbaren orientalischen Kongregation. Sogar die Politiker drängen sich an diese selbstbewußten Geistlichen heran, deren schmucklose schwarze Kutten sich wie im Protest von dem goldenen und violetten Prunk der Kirchenfürsten abheben. Père Karam, der Feldgeistliche der »Forces Libanaises«, lädt mich zum Besuch der Hochschule seines Ordens in Kasslik und in das Hauptquartier der christlichen Milizen ein.

Das Volk des Heiligen Marun

Kasslik, Karfreitag 1982

Die Hochschule von Kasslik – ein nüchterner Bau aus gelbem Naturstein – war enttäuschend modern. Die Atmosphäre eines Priesterseminars oder eines Klosters war unverkennbar. Rektor Tabet saß in seiner Kutte hinter einem riesigen Schreibtisch. Das Profil dieses Mannes war von römischer Klarheit. Im Gegensatz zu den übrigen orientalischen Konfessionen legten die meisten maronitischen Mönche Wert auf exakte Rasur. Der Pater begann sofort mit einem Vortrag über die Ursprünge seiner Taifa. Es sei eine phantasievolle Legende, daß die Maroniten sich von den seefahrenden Phöniziern ableiteten, erklärte er. Der Heilige Marun, der Gründer und geistliche Vater dieser Gemeinschaft, der ihr auch seinen Namen vermachte, habe im fünften Jahrhundert im heutigen Grenzgebiet zwischen Syrien und der Türkei östlich von Antiochia gelebt: ein Einsiedler, ein Anachoret wie jener Säulenheilige Simeon, der in Byzanz zu großen Ehren gekommen sei. Sankt Marun habe sich als schlichter Eremit unter freiem Himmel kasteit, ein zutiefst engagierter Parteigänger des Konzils von Chalkedon, wo das Dogma von der Doppelnatur Christi, Gott und Mensch in einer Person, bestätigt wurde.

Die Chalkedonier waren im damaligen Byzantinischen Reich den Anfechtungen der Monophysiten und Nestorianer ausgesetzt. Nach dem Tode Maruns sammelten sich syrische Mönche am Grabe des Heiligen, um ihm nachzuleben, und im Umkreis dieses ersten Klosters ließ sich eine wachsende Gemeinde von Gläubigen mitsamt ihren Familien nieder. Diese frühen Maroniten waren sehr bald der Verfolgung durch die Häretiker ausgesetzt. Schon im sechsten Jahrhundert kam es bei Aleppo zum ersten Massaker, dem 350 Märtyrer zum Opfer fielen. In der Folge hatten sich die Monophysiten, die die ausschließlich göttliche oder menschliche Natur Christi verehrten und von Byzanz gelegentlich aus taktischen Gründen begünstigt wurden, in weiten Teilen des Orients durchsetzen können. Schon aus jener Zeit stammten die ersten Kontakte des »Hauses Marun« mit dem Bischof von Rom, die sich im Laufe der Jahrhunderte zur vollen Union mit der katholischen Kirche vertiefen sollten. Die Eroberung Syriens durch die muselmanischen Araber, die von den übrigen christlichen Konfessionen mit verblüffender Unterwürfigkeit akzeptiert wurde, löste bei den Maroniten schon damals erbitterte Gegenwehr aus.

Im zehnten Jahrhundert beschloß die Gemeinde, die stark dezimiert worden war, in jenem Gebirgsland Zuflucht zu suchen, das schon den letzten Heiden des Oströmischen Reiches und allen möglichen Sekten Asyl geboten hatte, im Libanon. Dort errichteten sie unter der Anleitung ihrer Mönche eine militärisch strukturierte Gemeinschaft. Mit den Kreuzrittern aus dem Abendland, denen sie sich zunächst als vorzügliche Bogenschützen anschlossen, gerieten die Maroniten schließlich in offenen Konflikt, als sie sich den Latinisierungs-Bemühungen der »Franken« und ihres Klerus widersetzten.

Nach der Vertreibung der Kreuzfahrer durch die Mamelucken gerieten die Maroniten in die Abhängigkeit von drusischen und sunnitischen Feudalherren. Zu Beginn des neunzehnten Jahrhunderts dienten sie als gleichberechtigte Krieger in den Heeren des ägyptischen Khedive Mehmet Ali. Aber ihrer Leibeigenschaft und Knechtschaft setzten sie erst mit einer langwierigen, blutigen Bauernrevolte zwischen 1840 und 1860 ein Ende. Die Intervention des Zweiten französischen Kaiserreichs verschaffte den mit Rom unierten und von Paris protegierten Maroniten sodann einen autonomen Sonderstatus innerhalb des morschen türkischen Reiches, bis die französische Levante-Armee das Mandat Syrien an sich riß und den Libanon als Heimstätte der orientalischen Christen unter effektiver Führung der Maroniten ausrief. 1500 Jahre hatte der »lange Marsch« dieser verschworenen Taifa durch Leiden und Prüfungen bis zur Unabhängigkeit des Jahres 1943 gedauert. Aus einer Religionsgemeinschaft war im Laufe der Jahrhunderte aufgrund permanenten Zusammenlebens und intensiver Verschwägerung eine organisch gewachsene Volksgruppe geworden, eine Ethnie, die sich – unabhängig von ihrer semitisch-arabischen Sprachzugehörigkeit – auch als solche empfand. Aus der geschichtlichen Abhandlung des Père Tabet ergab sich, daß die Maroniten, die ihren Exodus auf die Vertreibung aus Nord-Syrien datierten, ebenfalls im Bewußtsein göttlicher Auserwähltheit oder zumindest besonderen göttlichen Schutzes lebten.

Ich sprach Rektor Tabet auf die islamische Wiedergeburt und die Ausstrahlung der schiitischen Revolution Khomeinis an. »Ein orientalischer Bart beeindruckt die Abendländer stets«, lachte der glattrasierte Mönch. »Uns stört Khomeini kein bißchen, und was seinen Lieblingsschüler Musa Sadr betrifft, so beten wir, daß er noch am Leben ist.« Ein zierlicher und schüchterner Geistlicher, Père Simeon, hatte sich uns zugesellt. Er hatte lange im Rheinland studiert und sprach fließend Deutsch. Er kam auf das Buch »Die Fälschung« von Nicolas Born zu sprechen und auf den Film, den Volker Schlöndorff daraus gemacht hatte. »Wir sind selten so diskriminiert worden, wie in diesem angeblichen Tatsachen-Roman«, empörte sich der kleine Pater Simeon. »Spätestens seit 1860 ist es völlig lächerlich, von christlichen Feudalherren im Mont Liban zu sprechen, mit Ausnahme vielleicht des Clans Frangié von Zghorta. Kein Geringerer als Karl Marx hat 1859 den Aufstand der maronitischen Pächter gegen die Drusen als ›soziale Agrar-Revolution‹ beschrieben. Gewiß, es hat auf dem Höhepunkt des Bürgerkrieges bedauerliche Ausschreitungen von seiten unserer Milizen gegeben, aber wir sind doch die ewig Unterdrückten gewesen, leben immer noch unter einem fürchterlichen Trauma. Die islamische Herrschaft über Christen und Juden, über die Ahl el Kitab, mag im Mittelalter milder gewesen sein als die Methoden der römischen Inquisition gegen Mauren und Juden in Spanien. Aber Sie wissen vielleicht, wie der französische Islamologe Rondon und der syrische Wissenschaftler Haurani den Status der ›Leute des Buches‹ unter der islamischen Theokratie bezeichnet haben: Sie genössen eine ›verachtende Toleranz‹. Wir Maroniten spüren nicht die geringste Neigung, das Schicksal der ägyptischen Kopten oder der irakischen Nestorianer zu erleiden.«

Die beiden Mönche suchten vergeblich nach einer Erklärung für das Desinteresse, ja die latente Feindseligkeit, die der orientalischen Christenheit aus den Medien des Abendlandes entgegenschlug und für die das Buch Nicolas Borns ein typisches Beispiel sei. »La trahison des Clercs – Der Verrat der Intellektuellen«, so könne man das auf französisch mit einem alten und treffenden Ausdruck umschreiben, kommentierte Pater Tabet. Die Franzosen hätten die Libanesen besonders enttäuscht. Die katholischen Hilfsorganisationen der Bundesrepublik hingegen seien den Maroniten diskret, aber wirksam beigesprungen. »Die Abendländer begreifen nicht, daß ihnen die modische Anbiederung an den Islam, zumal wenn sie im Verdacht des Erdöl-Opportunismus steht, bei den Arabern nichts einbringt«, erklärte Simeon. »In muselmanischer Sicht sind und bleiben die Westeuropäer, die ›Franken‹, nun einmal Christen, ›Massichi‹, Messias-Anhänger, oder ›Nasrani‹ , Nazarener, wie man etwas abschätzig sagt. Von jedem Moslem zwischen Atlantik und Pazifik wird bei aller Zerrissenheit, die die Umma heimsucht, Solidarität und Brüderlichkeit mit den Menschen gleichen Glaubens erwartet. Wenn sich die Westeuropäer einem vergleichbaren Engagement zugunsten der Christen des Nahen Ostens entziehen, statt dessen mit deren Gegnern lauthals sympathisieren und sich selbst verleugnen, dann machen sie sich sogar bei den Moslems nur verächtlich und verdächtig.«

Die Karfreitags-Zeremonie in Kasslik war schlicht und würdig. Pater Tabet offizierte mit zwei anderen Priestern, darunter Pater Karam. Ein Chor von etwa dreißig Mönchen stimmte liturgische Gesänge des maronitischen Ritus an. Die Sprache war teils Alt-Syrisch – »Syriaque«, wie es auf französisch heißt, dem Aramäischen, das zu Lebzeiten Christi gesprochen wurde, eng verwandt – teils Hoch-Arabisch. Auch bei den Christen des Orients heißt Gott Allah. In den Psalmen war die Rede vom »Schaab Israel« – vom »Volk Israel« . Im Evangelium stellt Pilatus die Frage: »Bist du der König der Juden – Maliku Yahud?« Der Klageruf Jesu am Kreuz – »Warum hast du mich verlassen?« – brauchte gar nicht ins Arabische übersetzt zu werden: »Lima sabaqtani« war reines, modernes Schrift-Arabisch. Auch die maronitischen Semiten des Libanon waren angetreten, um ihren Anteil am Erbe des Stammvaters Abraham zu behaupten.

Die Gemeinde setzte sich im wesentlichen aus kleinen Leuten zusammen, armen Bauern aus dem Gebirge, Handwerkern, Krämern. Ein paar Honoratioren, darunter der greise Adlerkopf Pierre Gemayels, wirkten

wie sizilianische »Padroni«. Im Mittelpunkt der religiösen Feier befand
sich ein schwarzes, silberbesticktes Tuch mit einem Kruzifix in der Mitte.
Es sollte das Grab Christi darstellen, und die Gläubigen häuften Blumen
auf die Darstellung des Gekreuzigten. Die modernen Wandteppiche
stellten die wunderbare Brotvermehrung dar und den Stammvater Abraham, umgeben von drei Erzengeln. Zur gleichen Stunde versammelte
sich eine tausendköpfige Menge am Marienheiligtum von Harissa auf
der steilen Höhe über dem Patriarchat von Bkerke, wo eine mächtige
Madonnen-Statue, »Notre Dame du Liban«, auf das Mittelmeer blickt.
»Wie die Zeder des Libanon bin ich erhöht worden – Quasi cedrus exal-
tata sum in Libano«, stand darunter. Zu Füßen des Heiligtums verkauften die Devotionalien-Händler abscheulichen Kitsch in Himmelblau und
Rosarot. Der Heilige Marun war auf gut Glück als bärtiger Greis mit
schwarzer Kapuze dargestellt. Die Karfreitags-Prozession folgte einem
kostümierten Heiland mit Dornenkrone, der ein Holzkreuz schleppte.
Plötzlich fiel mir auf, daß zumindest die Verherrlichung des Leidens, des
Martyriums sowie das Warten auf die Wiederkehr des Erlösers ein kurioses Bindeglied schuf zwischen Christentum und muselmanischer Schiia.
Eine Art maronitischer Muharram wurde auf den Höhen von Harissa
zelebriert. Die Sängerin Feyrouz, die weit über den Libanon in der arabischen Welt berühmt ist, hatte sich ganz in Schwarz – wie in einen Tschador – gehüllt. »Ana el umm el hazina . . .«, sang sie mit ihrer warmen,
etwas kehligen Stimme: »Stabat mater dolorosa . . .«

Am Ostersonntag hatten wir irrtümlich angenommen, im Patriarchat
von Bkerke würde sich – geschart um den geistlichen Oberhirten der
Maroniten, der sich in seiner Eigenschaft als Patriarch von Antiochien
weiterhin als Nachfolger Petri betrachtet und deshalb stets den Namen
Butros trägt – eine eindrucksvolle Zahl von Gläubigen einfinden. Aber
der Innenhof des Patriarchats mit der Lourdes-Grotte blieb verwaist, und
selbst die Kirche war kaum zu einem Drittel gefüllt. 1966 hatte ich an
dieser Stelle erlebt, wie Seine Seligkeit Paul Butros Meouchi – ein »Alter
vom Berge« christlichen Formats, mächtig gewachsen, ein imposanter
orientalischer Kirchenfürst, von der Kalotte bis zu den Socken in das
knallige Rot der Kardinäle gehüllt – eine Delegation muselmanischer
Ulama zum interkonfessionellen Gespräch empfing. Damals war der
maronitische Patriarch die alles beherrschende Persönlichkeit gewesen,
und die Koran-Gelehrten waren seiner Autorität nicht gewachsen.

Am Meouchi gemessen war sein Nachfolger Antoine Pierre Khoraiche
eine arge Enttäuschung. Der frühere Bischof von Saida war winzig und

schüchtern. Der tragischen Situation seines Landes war dieser konziliante Mann, der – ohne vermutlich Lessing je gelesen zu haben – die
drei abrahamitischen Religionen wie ein zeitgenössischer Nathan der
Weise zu versöhnen suchte, nicht gewachsen. Sein mangelndes Engagement auf seiten der ihm anvertrauten Gemeinde hatten ihm die Gläubigen – an deren Spitze der Orden der Maronitischen Mönche – mit
Geringschätzung und Distanz heimgezahlt. Der Wappenspruch »Gloria
Libani data est ei – Die Glorie des Libanon ist ihm verliehen« paßte ebensowenig zu Seiner Seligkeit Antoine Khoraiche wie das gold- und silber-
durchwirkte Meßgewand, das mit einer breit ausladenden Zeder
geschmückt war.

In Byblos – auf arabisch Jbeil genannt – hatten wir uns mit Pierre
Yazbek, dem Informationschef der Phalanges verabredet, einem athleti-
schen jungen Mann, Typus des erfolgreichen Ingenieurs. In Jbeil versammelten sich die ersten Osterspaziergänger, besser gesagt Oster-Automo-
bilisten, denn es entstand rund um den winzigen Hafen ein Korso von
Limousinen, Sportwagen und Kabrioletts. Die jungen Libanesen am
Steuer – die Freundin oder Braut auf dem Nebensitz – hupten wie besessen, riefen und winkten sich zu, trugen ihre Eitelkeit und ihre » happiness« zur Schau, steuerten unaufhörlich, für unsere Begriffe stumpfsin-
nig, auf geringster Distanz im Kreise herum.

» Sie sehen, daß wir wenigstens keine Probleme mit der Benzinversor-
gung haben«, sagte Pierre Yazbek, der dem Treiben mißbilligend zusah.
Wir begleiteten ihn die Hügel hinauf bis zu seinem Heimatdorf Amschit.
Es war ein idyllischer Flecken mit Olivenhainen und schönen alten
Häusern. Diese Harmonie wurde durch billige, geschmacklose Neubauten beeinträchtigt, in aller Eile errichtet, um Flüchtlingen aus anderen,
kriegsverwüsteten Provinzen des Libanon Unterkunft zu bieten. Die
Bautätigkeit im christlichen Mini-Staat war durch die Ereignisse in
unvorstellbarem Maße angekurbelt worden. Überall schossen längs der
Küste Mietskasernen, Zweckbauten und häßliche Villen in die Höhe, die
nie ganz vollendet, aber sofort bewohnt wurden. Der Charme dieses ehemaligen Ferienparadieses war ein für allemal zerstört, durch den Beton
aufgefressen worden.

Pierre Yazbek beklagte diese Verschandelung. Es stecke viel Geschäfte-
macherei dahinter. Selbst in Beirut wurden während der Gefechtspausen
und in Sichtweite der Ruinenfelder des Zentrums schon wieder neue
Wolkenkratzer in Rekordtempo hochgezogen.

»In unserem Land vollzieht sich eine gründliche soziologische Veränderung«, erklärte der Wortführer der »Forces Libanaises«; das Wort »Phalanges« hörte er nicht gern. Zum Beweis führte er uns in den schloßähnlichen Sitz eines greisen Anwaltes und dessen Schwester, die uns in ihrem kostbaren Salon mit altfranzösischer Politesse Likör und kleine Schokoladen-Eier reichten. »Diese reizenden Leute«, meinte Pierre, nachdem wir uns umständlich verabschiedet hatten, »sind Relikte des 19. Jahrhunderts. Die Zeit der Notabeln ist vorbei. Wir müssen uns auf das Volk stützen.« Die maronitische Oberschicht war sich dieser Veränderung wohl bewußt. Sie blickte mit einiger Herablassung auf diese rauhen Männer der Kataeb hinab, die als Waffenträger und Verteidiger der christlichen Identität unentbehrlich waren. Die Kataeb waren keineswegs ein Werkzeug der steinreichen maronitischen Finanz-Oligarchie, wie so oft behauptet wurde. In den gehobenen Kreisen hätte man es gern gesehen, daß der Gouverneur der libanesischen Nationalbank, Michel Khoury, ein hochkultivierter, sensibler Magnat, der mich im exklusiven Restaurant »Le Vieux Quartier« in Ost-Beirut ein paar Tage zuvor bewirtet hatte, seine Kandidatur auf das Amt des libanesischen Staatsoberhauptes anmelden würde. Das Mandat des derzeitigen Staatspräsidenten Elias Sarkis, der sich durch ewiges Zaudern und geringe Kompetenz diskreditiert hatte, würde spätestens im September 1982 erlöschen. Aber als Nachfolger profilierte sich zur Stunde weder Michel Khoury noch der Kompromiß-Politiker Raymond Eddé, der dem »Bloc National« vorstand und sich nach einigen Mordanschlägen nach Frankreich abgesetzt hatte. Hingegen schob sich der vierunddreißigjährige Kataeb-Kommandant Beschir Gemayel nach vorn. Das Rennen hatte erst begonnen, und bei der letzten Entscheidung über die Spitzenbesetzung der Republik würden Damaskus, Jerusalem und Washington ihr Wort zu sagen haben.

Pierre Yazbek erzählte uns, daß seine Familie – wie so manche Angehörigen des Arslan-Clans – vor fünf Generationen von der drusischen Gemeinschaft zum maronitischen Christentum übergetreten war. Wir waren in Amschit zum österlichen Mahl eingeladen worden, und ich hatte erwartet, eine brave, traditionelle libanesische Sippe im Sonntagsstaat anzutreffen. Statt dessen begrüßte uns eine bunte Gruppe meist junger Männer und Frauen, die höchstens entfernt miteinander verwandt waren, saloppe Kleidung trugen und in sehr burschikoser Weise miteinander scherzten. Die Männer gehörten den verschiedensten Berufen an und dienten alle periodisch bei den »Forces Libanaises«, deren aktives Aufgebot mit 6000 Mann beziffert wurde, das jedoch jederzeit auf 15 000 erhöht werden konnte. Einer war in der Khaki-Uniform seiner

Einheit gekommen. Die Mädchen überraschten mich am meisten. Bei ihnen war die Veränderung des Sittenkodex und des Lebensstils im christlichen Libanon gegenüber meiner Lehrzeit in Bikfaya am krassesten zu erkennen. Drei von ihnen lebten von ihren Ehemännern getrennt. Zwei hatten sich scheiden lassen, und zu diesem Zweck waren sie, da die maronitische Kirche keine Auflösung der Ehe zuließ, zur Orthodoxie übergetreten. Schon in Beirut hatte man mich auf die radikale Verselbständigung vieler libanesischen Christinnen hingewiesen. »Les veuves joyeuses – Die lustigen Witwen«, nannte man diese orientalischen Töchter der Emanzipation in den Salons der Bourgeoisie.

Unweigerlich kam das Gespräch wieder auf das Buch »Die Fälschung« und den Film Volker Schlöndorffs. Die Fröhlichkeit flaute plötzlich ab. Der junge Mann in Uniform zuckte die Achseln. Die Bergpredigt enthalte leider keine Anleitungen für einen Überlebenskampf, wie ihn die Christen des Libanon gegen eine feindliche Umwelt führen müßten, die ihrerseits noch in alttestamentarischen Kategorien denke. Übergriffe und Grausamkeiten seien zweifellos auch von den Christen verschuldet worden, aber ob der Okzident berufen sei, den ersten Stein zu werfen? Keinem arabischen Staat sei es bisher eingefallen – trotz allen Hasses auf die Zionisten – eine Endlösung der Judenfrage im Stile des Dritten Reiches vorzuschlagen. Die Franzosen ihrerseits, die sich neuerdings so gern als Moralapostel und Anwälte der Palästinenser aufführten, sollten sich daran erinnern, daß im Algerien-Krieg eine Million Moslems umgekommen seien. Gewisse europäische Intellektuelle der jungen Generation möchten vielleicht das Unbehagen an den Untaten ihrer Väter durch heuchlerische Selbstgerechtigkeit auf Kosten der isolierten und bedrängten libanesischen Christenheit wettmachen, klagte der junge Phalangist.

Pierre Yazbek griff beschwichtigend ein. Ob mich dieser Teil des Libanon nicht irgendwie an Korsika erinnere, wollte er wissen. Man achte bei den »Forces Libanaises« neuerdings auf strikte Disziplin. Es sei gar nicht einfach gewesen, im Durcheinander der rivalisierenden Miliztruppen Ordnung zu schaffen. Was sich 1978 bedauerlicherweise in Zghorta zugetragen habe, wo Tony, der Sohn des maronitischen Ex-Präsidenten Suleiman Frangié – Exzellenz Tony in dem Roman »Die Fälschung« – mitsamt seiner Familie, mit Frau und Töchterchen von einer feindlichen christlichen Fraktion erschossen worden war, dürfe sich in Zukunft nicht mehr wiederholen. Beschir Gemayel habe die sogenannten »Tiger«, die Dany Chamoun, dem Sohn des Ex-Präsidenten Camille Chamoun, unterstanden, entwaffnen lassen. Die »Wächter der Zeder« des ominösen Abu

Arz seien energisch diszipliniert worden. Gemayel dulde es auch nicht mehr, daß dubiose europäische Söldner die maronitischen Freiwilligen im Handwerk des Krieges ausbildeten. Pierre Yazbek hütete sich wohlweislich zu erwähnen, daß die Kommandos der Kataeb gelegentlich in Israel einem hochprofessionellen Training unterzogen wurden.

Andreas Kohlschütter, Mittelost-Korrespondent der *Zeit*, der unser Team auf dem Ausflug nach Amschit begleitet hatte, stellte die Frage nach den künftigen dramatischen Entwicklungen, wie sie ihm ein hochgestellter Kataeb-Funktionär, Karim Pakradumi, angekündigt hatte. Der armenische Katholik Pakradumi hatte selbst in den kritischsten Stunden der bewaffneten Auseinandersetzung zwischen Phalangisten und Syrern den Draht nach Damaskus nie abreißen lassen. Jetzt, so hatte Pakradumi angedeutet, kündige sich – von Israel kommend – eine totale Umkrempelung der libanesischen Verhältnisse an. Darauf konnte oder wollte Pierre Yazbek nicht antworten.

Treffpunkt »Commodore«

Beirut, April 1982

Das Hotel »Commodore« von Beirut, wo das internationale Presse-Korps nach Zerstörung des »Saint-Georges«, des »Phénicia«, des »Holiday Inn« sein Hauptquartier aufgeschlagen hatte, war ein zweitklassiges Unternehmen, aber das Management tat sein Bestes. Am schwersten war der Lärm zu ertragen. Die Einflugschneise zum Flugplatz Khaldé führte genau über die Dachterrasse des »Commodore«. Das Appartementhaus gegenüber, wo sich hinter gestreiften Jalousien und roten Vorhängen ein unbekümmertes levantinisches Familienleben abspielte, amplifizierte jedes Geräusch. Eine Batterie von Preßluftbohrern, die die Nebenstraße aufrissen, zehrte an den Nerven. Die gelegentlichen Schießereien in den Nachbarvierteln waren deshalb nur bei Nacht zu hören, es sei denn, israelische Aufklärer überflogen Beirut, und die Flak belferte ohnmächtig gegen diese Eindringlinge an. In indirekten Verhandlungen, die sich auf diskreten Umwegen über New York und Riad abspielten, war zwischen PLO und Israel vor nunmehr zehn Monaten eine Waffenruhe vereinbart worden, und es grenzte ans Wunderbare, daß beide Parteien sich seitdem ziemlich strikt an dieses Abkommen hielten.

Das »Commodore« war nur zwei Straßenzüge von der »Hamra« entfernt, der lebenstrotzenden Geschäftsader von West-Beirut. Hier konzentrierte sich der zähe Überlebenswille dieser Handelsmetropole in imponierender Weise. Zwischen den Ruinen des Krieges und den Sandsack-Bunkern der Milizen waren alle nur erdenkbaren Güter, alle Luxusprodukte der Welt zu finden. Die Imbiß-Lokale »Mövenpick« und »Café de Paris« hätten fast auf die Züricher Bahnhofstraße gepaßt. Französische Couturiers waren mit ihren Boutiquen vertreten. Daniel Hechter und Ted Lapidus stellten neue Kreationen aus. Die Wechselstuben brüsteten sich mit der Härte der libanesischen Währung, neben der das syrische Pfund oder der israelische Schekel eine traurige Figur abgaben. Die Trümmergrundstücke mit den pockennarbigen Mauerstummeln waren Gegenstand schwindelerregender Spekulationen. So schnell vollzog sich die Banalisierung des Schreckens. Neues Leben regte sich sogar in der Vernichtungszone im Herzen der Altstadt. Längs der Strandpromenade und der »Avenue des Français«, wo die abenteuerlichen Partisanen-Gestalten der Murabitun sich vor einem Denkmal Gamal Abdel Nassers mit der Kalaschnikow in Griffweite auf Friseursesseln fläzten und müden Auges auf eine monumentale Abfallhalde blickten, richteten sich Squatter bereits in den ausgebrannten und ausgebombten Wohnhöhlen ein. Dort wo früher einmal im Kabarett »Théâtre des Cinq Sens« die Zwistigkeiten der Araber-Liga und die Großmacht-Ambitionen Ägyptens unter Nasser von christlichen Laienschauspielern mit Hohn und Spott übergossen worden waren – »Der Libanon ist klein, aber er bettelt nicht, er trinkt aus seinem eigenen Glas«, hieß es damals –, da installierten sich Bars und Bordelle mit grell geschminkten, fetten Orientalinnen, die eine überwiegend syrische Kundschaft betreuten.

Rund um das »Commodore« war eine erfreuliche Auswahl von Restaurants verstreut, wo man weiterhin vorzüglich essen konnte. Im »La Mouffe« oder im »Normandie« saß man gemütlich beim »Steak au poivre« . Nach Einbruch der Dunkelheit lockten auch die flackernden Neon-Reklamen der Nightclubs die einsamen Wanderer an. Gleich gegenüber dem Hotel präsentierte sich ein solches Etablissement unter dem Firmenschild »Blue Cloud«. Mit einer gewissen Wehmut entdeckte ich beim Besuch des »Blue Cloud«, daß die Hostessen, die Freudenmädchen, ja sogar die Bauchtänzerinnen West-Beiruts in großer Mehrzahl fernöstlicher Herkunft waren. Die Mädchen von den Philippinen und aus Thailand – ein paar Koreanerinnen waren auch dabei – hatten ein Quasi-Monopol des Nachtlebens für sich gepachtet. Sie standen hier als Söldnerinnen des Pläsiers reichen levantinischen Kaufleuten und arabischen Ölscheichs zur Verfügung. Die kleine niedliche Cherry, mit der ich im »Blue Cloud« einen undefinierbaren Cocktail trank, hatte schon in Bagdad, in Kairo und in Kuwait gedient. Ihre Kontrakte, ihre Gagen und die reale Möglichkeit, ein paar Dollar nach dreijähriger Verpflichtung auf die Seite zu legen, waren miserabel. Für die arabischen Männer hatten diese Asiatinnen nur Geringschätzung, fast Verachtung übrig, was sie hinter dem obligaten Lächeln und der dick aufgetragenen Schminke verbargen. Cherry war Katholikin. Sie stammte aus Cotabato von der südphilippinischen Insel Mindanao. Sie war aus dem heimischen Bürgerkrieg, den die Regierung von Manila gegen die muselmanischen Rebellen der Moro-Bewegung führt, in diesen nahöstlichen Krisenherd verschlagen worden, seltsames Strandgut einer schrumpfenden Geographie.

Das Hotel »Commodore« war nicht nur die Herberge der Journalisten wie früher einmal – auf sehr viel stilvollere Weise – das »Continental« von Saigon. Hier gaben sich auch die verschiedensten Geheimdienste ein Stelldichein. Neben der PLO hielten die Syrer ein wachsames Auge auf diesen internationalen Treffpunkt. Der alte palästinensische Geistliche, der stets in speckiger Soutane herumlief, hatte sich bestimmt nicht zur geistlichen Betreuung der Hotelgäste seit Jahren im »Commodore« eingemietet. Das professionelle Niveau der meisten Korrespondenten, die hier auf dramatische News warteten, war ziemlich betrüblich. Die amerikanischen Fernseh-Teams gaben den Ton an. Sie zeichneten sich oft durch Trunksucht und Lärm aus. Man kam sich clever vor, wenn man den südlich gelegenen Staat Israel als »Dixieland« bezeichnete. In der Bar neben der Empfangshalle waren die Presseleute stets von einer Kohorte libanesischer und palästinensischer Mädchen umgeben, die sich nicht nur Drinks bezahlen ließen und für flüchtige Abenteuer zur Verfügung standen. Diese dilettantischen Mata Haris, deren Reize leider nicht den Ansprüchen eines James Bond genügt hätten, interessierten sich für die politischen Meinungen ihrer Gelegenheits-Bekannten und waren zum Teil auf Erkundung von Exklusiv-Informationen angesetzt. Aus den Lautsprechern des »Commodore« rieselte unablässig Unterhaltungsmusik auf die Bar-Gäste. Am häufigsten ertönte in diesem Hotel, das sich fest in Händen der PLO befand, das Leitmotiv aus dem pro-zionistischen Film »Exodus«.

Die Zahl und die professionelle Qualität der Berichterstatter stieg jedesmal brüsk an, wenn die internen libanesischen Wirren, die nur müdes Interesse bei der Weltöffentlichkeit fanden, durch internationale

Ausweitungen und Komplikationen aufgewertet wurden. In diesen April-Tagen verdichteten sich die Gerüchte über eine bevorstehende Militär-Aktion Israels großen Stils gegen das im Süd-Libanon ange-häufte Waffen-Arsenal sowjetischer Herkunft. Washington war äußerst besorgt, und der US-Militärattaché in Beirut tippte auf ein baldiges und brutales Ende des lauen Waffenstillstandes längs der Grenze von Galiläa. Diese intensiven Spekulationen reichten aus, um das permanente Presse-Aufgebot von Beirut durch eine Vielzahl hochkarätiger Kollegen, die in aller Eile aus New York, London und Paris angeflogen kamen, zu verstär-ken. Unter den Neuankömmlingen entdeckte ich manchen guten Bekannten aus Indochina, und auch Georges Ménager, jener *Paris-Match*-Fotograf, mit dem ich 1959 auf der Pirsch nach algerischen Fella-ghas durch den Akfadu-Wald gestapft war. Die Franzosen waren durch die dramatische Verschlechterung ihrer Beziehungen zu Damaskus aufgescheucht worden. Der Besuch Mitterrands in Jerusalem hatte bei den Syrern tiefes Mißtrauen geweckt, und Innenminister Gaston Def-ferre tat ein übriges, indem er die Ermordung des Botschafters Delamare, die ein paar Monate zurücklag und damals heruntergespielt worden war, nunmehr offiziell dem Damaszener Geheimdienst anlastete. »Tod eines Botschafters« lautete der Titel einer anklagenden filmischen Dokumenta-tion, die vom Pariser Fernsehen in diesen Tagen ausgestrahlt werden sollte. Ménager war mit dem Auftrag nach Beirut gekommen, den Spu-ren des internationalen Terroristen Carlos nachzugehen. Die Libanesen quittierten die höchst selektive Anteilnahme der westlichen Presse an ihren Leiden mit Bitterkeit.

Das Wiedersehen mit Robin war eine freudige Überraschung. Wir hatten in Phnom Penh gelegentlich ein paar Pfeifen Opium gemeinsam geraucht und kannten uns schon aus der ersten Phase der afrikanischen Unabhängigkeit. Der Schotte arbeitete in Beirut für eine Londoner Wirt-schafts-Publikation. Er hatte sich einen roten Bart wachsen lassen und glich mehr denn je dem Schauspieler Peter Ustinov. Robin hatte uns zu einer selbstgekochten vietnamesischen Mahlzeit in sein Appartement eingeladen. An diesem Abend in Beirut schwelgten wir in melancholi-schen Erinnerungen an Fernost. »Saigon am Mittelmeer«, spottete der rothaarige Journalist. Es waren zwei englische Kollegen zugegen und René Faure, der Korrespondent der französischen Nachrichtenagentur AFP. Mit René war ich seit den Kongo-Wirren befreundet. Er war diplo-mierter Orientalist und hatte lange in Rabat und in Kairo gearbeitet. Seit die Regierung Mauroy auf offenen Kollisionskurs zu Syrien gegangen war, fühlte sich kein Franzose mehr seiner Haut sicher. Ein Chiffreur der Französischen Botschaft und dessen Frau waren in ihrer Wohnung erschossen worden. Morddrohungen waren an der Tagesordnung. Ein französischer Fallschirm-Offizier der internationalen UNIFIL-Truppe, der speziell zum Schutz der Ambassade nach Beirut abgestellt worden war, fiel einem Attentat zum Opfer. René hatte Mühe, die Angst und die Unruhe seiner libanesischen Mitarbeiter im exponierten AFP-Büro zu beschwichtigen. Er selbst war anonym gewarnt worden, wechselte häufig sein Schlafquartier und trennte sich nicht von seiner Smith & Wesson.

Auch an diesem Abend war ich zu Fuß die paar hundert Meter zur französischen Presse-Agentur im Immeuble Najjar geschlendert und hatte die letzten Nachrichten vom Ticker geholt. Zwei Gendarmen und zwei Beamte in Zivil sicherten den Eingang. Dennoch sollte sich meine böse Ahnung drei Tage später bewahrheiten. Eine Plastik-Bombe mittleren Kalibers explodierte unter der Fußmatte des AFP-Büros, und es war ein glücklicher Zufall, daß nur Materialschaden entstand.

Es konnte nicht ausbleiben, daß unsere kleine Runde in der Wohnung Robins sich bei Saigoner Suppe und krustigen »Nems« den üblichen Journalisten-Witzen zuwandte. Einer der beiden englischen Kollegen, ein »Old Hand« in Nahost, erzählte die Story unseres gemeinsamen Bekannten John Ridley aus dessen Korrespondentenzeit in Kairo. Vor Ausbruch des englisch-französischen Suez-Unternehmens hatte Ridley von seiner Londoner Redaktion ein dringendes Kabel erhalten. » Will the Egyptians fight? – Werden die Ägypter kämpfen?« lautete die Frage. »Berichten Sie darüber in tausend Worten.« – Das Antwort-Telegramm Ridleys ist in die Geschichte von Fleet Street eingegangen: »No, no, no – tausendmal nein!«

René, der einer traditionsbewußten calvinistischen Familie entstammte, war nicht recht zum Scherzen aufgelegt. »Dieses Beirut wäre die ideale Bühne für eine Kafka-Inszenierung. Aber das reicht nicht aus: Beirut, das ist heute Kafka plus König Ubu.« Er erzählte, daß während der blutigsten Phase des Bürgerkrieges ausgerechnet eine libysche Folklore-Gruppe von Oberst Kadhafi zum Auftritt im »Casino du Liban« in das Phalangisten-Gebiet von Jounieh geschickt worden sei. Den Palästinensern habe diese Inkonsequenz den Atem verschlagen.

Wir trennten uns vor Mitternacht. Eine Gebirgsfahrt nach Bikfaya, von der ich erst am Nachmittag zurückgekehrt war, hatte mich ermüdet. Das maronitische Dorf, das ich so liebgewonnen hatte, war in scheußlicher Weise modernisiert und verschandelt worden. Der technische Fortschritt war eben nicht aufzuhalten, und die Hamburger- und Popcorn-Lokale verdrängten die gemächlichen orientalischen Café-Stuben. Von meinen alten Lehrern traf ich Antoine Charabié inmitten seiner Sippe. Ich wurde in den Salon gebeten, mit Süßigkeiten bewirtet. Antoine hatte sich kaum verändert, aber sein Auftreten war straffer und selbstbewußter geworden. Er stand jetzt dem christlichen Gymnasium von Bikfaya vor. Die schweren Tage der Beschießung seines Dorfes durch syrische Artillerie, die ganz in der Nähe, bei Dhour Choueir, Stellung bezogen hatte, quittierte er mit lässiger Handbewegung: »Wir haben uns daran gewöhnt, morgens zu kämpfen und nachmittags zu unterrichten oder umgekehrt.«

Bevor ich mein Bett im »Commodore« erreichen konnte, wurde ich von einem Schweizer Reporter und Kameramann angehalten. »Kommen Sie noch auf mein Zimmer«, drängte mich dieser Front-Veteran aus Indochina. »Ich möchte Ihnen auf meinem Video-Gerät sensationelle Bilder zeigen.« Der Schweizer war kurz vor meiner Ankunft in Beirut überraschend von der Iranischen Botschaft mit einem ganzen Pulk westlicher Journalisten zum Besuch des Schlachtfeldes von Dezful erst nach Teheran und dann ins irakische Grenzgebiet geflogen worden. Seine Bilder waren aus einem persischen Hubschrauber aufgenommen. Der Anblick der Wüstenschlacht, der sich auf dem Monitor bot, war gespenstisch: Ungezählte Panzerfahrzeuge waren von den iranischen Sturmtruppen, den Pasdaran und den blutjungen Todesfreiwilligen, die man Bassij nannte, in nächtlichen Überfällen mit der Panzerfaust aus kürzester Entfernung vernichtet worden, ein Spektakel der totalen Niederlage. Ein paar irakische Tanks waren in ihrer Panik gegeneinander geprallt. »Was sich zwischen Iran und Irak abspielt, ist für die Zukunft des Mittleren Osten weit schicksalhafter als alles, was wir hier im Libanon registrieren«, hatte mir ein türkischer Diplomat auf einem der letzten Botschafts-Cocktails versichert. – »Wie konnten die Iraner nur so dicht an die feindlichen Stellungen und Tanks herankommen?« fragte ich den Schweizer Kollegen. Der zitierte eine zynische Redewendung, die in Teheran kolportiert wurde: »Sie stürmen durch die Minenfelder direkt ins Paradies.«

Palästinenser-Staat Süd-Libanon

Tyr, April 1982

Drei dunkelhäutige Fidschi-Soldaten unter der himmelblauen Fahne der UNO versperrten mit ihrem Schlagbaum die Straße nach Süden. Wir hatten die Pufferzone im Süd-Libanon erreicht, die durch die internationalen Kontingente der Vereinten Nationen unter dem Sammelnamen UNIFIL okkupiert war und theoretisch die israelischen und palästinensischen Gegner auf Distanz halten sollte. In Wirklichkeit sickerten die Fedayin, wann immer sie wollten, durch die UNIFIL-Linien, und ein paar Wochen später würden die Panzer von Zahal die angebliche Friedenszone widerstandslos durchstoßen. Die Ohnmacht der Weltfriedens-Organisation, ihre dilettantische Anmaßung waren mir schon während der Kongo-Wirren zwischen 1960 und 1962 aufgefallen. »Le Machin – Das Dingsda«, wie de Gaulle die UNO bezeichnet hatte, war seinem Ruf treu geblieben. Von der Sperre mit den Fidschi-Männern konnten wir in der Ferne die Höhenzüge erkennen, die bereits zum Streifen des mit Israel verbündeten Major Haddad gehörten. Im Umkreis der Festung Beaufort hielten die Palästinenser – unbehindert durch irgendeine auswärtige Kontrolle – die aktive Kampfberührung mit den Israeli aufrecht. Der Waffenstillstand, der hier seit Juni 1981 nun bereits zehn Monate andauerte, näherte sich seinem unvermeidlichen Bruch. Darin stimmten alle Beobachter überein. Die Fidschi-Insulaner mochten vorzügliche Soldaten sein, wie ihre bravourösen Einsätze während des Zweiten Weltkriegs im Pazifik bewiesen hatten. An dieser historischen und kulturträchtigen Küste des östlichen Mittelmeeres wirkte die schlichtende Präsenz dieser stattlichen Melanesier, die vor eineinhalb Jahrhunderten die europäischen Entdecker noch durch ihren Kannibalismus erschreckt hatten, denn doch etwas verwirrend.

Unsere Fahrt in den Süden hatten wir unter der Patronage der PLO angetreten. Die Sammelorganisation der palästinensischen Kampfverbände hauste immer noch in den chaotischen, durch Stacheldraht und Benzinfässer gesperrten Straßenzügen des West-Beiruter Stadtteils Fakahani in der Nähe der Arabischen Universität. Das Informationsbüro war unordentlich und schäbig wie eh und je. Die verschiedenen Zweigstellen und Befehlsstände der Palästinenser hausten stets in Zwischenetagen, die über ächzende Fahrstühle oder verschmutzte Treppen erreicht wurden. In den Geschossen oben und unten wohnten völlig unbeteiligte Familien,

die – im Falle von Attentaten oder Bombenangriffen – wohl eine Art
Geisel-Funktion erfüllten. Das Informationsbüro hatte uns Mohammed
Schaker zugewiesen, einen wohlerzogenen jungen Mann, der aufgrund
seines langen Aufenthalts in der Bundesrepublik fließend Deutsch
sprach. Eine der Stärken der PLO liegt zweifellos in der Auswahl ihrer
politischen und propagandistischen Vertreter für den Umgang mit
Ausländern. Man hat es da meist mit aufgeschlossenen, liebenswürdigen
und recht gemäßigten Gesprächspartnern zu tun, die sich von der hysterischen Überreiztheit vieler Partisanen in den Flüchtlingslagern vorteilhaft unterscheiden.

Vor dem UN-Posten mit den Fidschi-Kriegern erwähnte ich in einem
Fernseh-Kommentar die wachsende Isolierung der Palästinenser, die von
den arabischen Brüdern zunehmend als lästige Außenseiter, ja als potentielle Störenfriede behandelt wurden. Mohammed Schaker stimmte
dieser Betrachtung voll zu. Wir wendeten unseren Mietwagen, und er
verwies mich auf die dichten Orangenhaine, die die Ebene zu beiden
Seiten der Asphaltstraße kilometerweit säumten. »Eine ideale Landschaft
für den Partisanenkrieg«, meinte er. Tatsächlich boten die Zitrusbäume
perfekte Deckung für bewegliche Infanteristen mit Panzerfäusten, die
sich dem Vordringen von Tank-Kolonnen aus dem Süden entgegensetzen wollten. Unter ähnlichen Bedingungen hatten die Vietkong dem
Armoured-Corps der Süd-Vietnamesen schwere Verluste zugefügt. Es
sollte sich jedoch bei israelischen Großoffensive, die ein paar Wochen
später über diese Gegend hinwegfegte, zeigen, daß die Fedayin ihre militärischen Chancen in keiner Weise zu nutzen verstanden.

Südlich von Tyr suchten wir das Flüchtlingslager Raschidiyeh auf, das
schon 1948 eingerichtet worden war und aus einer Anreihung von relativ
wohnlichen Steinhäuschen bestand. Wir hatten gehofft, Kampfübungen
oder Trainings-Szenen der Fatah-Partisanen filmen zu können. Aber die
Informationsstelle der PLO in Beirut hatte dafür gesorgt, daß wir kaum
Bewaffnete vor die Linse bekamen. Statt dessen wurden uns kleine Pfad-
finder vorgeführt, die ein patriotisches Lied anstimmten, das das Wort
»Filistin watani . . . Palästina, mein Vaterland . . .« ständig wiederholte.
Wir wurden freundlich bewirtet, aber gültige Informationen erhielten
wir nicht. Auf einem Plakat entzifferte ich: »El Quds ya Arab!«, was sich
wie folgt übersetzen ließe: »Es geht um Jerusalem, Ihr Araber!« Mohammed Schaker erklärte mir, dieser Aufruf sollte die arabischen Brüder mahnen, sich nicht durch andere Kriegsschauplätze wie Afghanistan vom prio-
ritären Ziel der Befreiung Palästinas ablenken zu lassen.

Ganz offensichtlich bemühte sich die PLO in jenen Tagen um niedriges Profil. Sie wollte den israelischen Schlag gegen den Süd-Libanon so lange wie möglich hinauszögern. Der Geheimdienst des jüdischen Staates sah in dieser Zurückhaltung ein Indiz für die allmähliche Umgestaltung der bisherigen Partisanen-Verbände von El Fatah zu einer voll ausgerüsteten konventionellen Armee, die Yassir Arafat, von äußeren Störungen gefeit, in aller Ruhe durchführen wollte. Wie dem auch sei, was wir im überwiegend palästinensisch kontrollierten Südteil des Libanon antrafen, war ein Wirrwarr von Kompetenzen, eine Überlagerung verschiedenster Kommandostellen und Milizen. Wohlweislich hatte man uns nicht nach Nabatiyeh gelassen, wo der schiitische Kampfbund El Amal sich mit linksradikalen Libanesen und proirakischen Palästinensern herumschoß. Der Passierschein Mohammed Schakers verschaffte uns zwar freie Fahrt; die Wegelagerer-Typen undefinierbarer politischer Couleur winkten uns teils argwöhnisch, teils freundlich durch. Aber sobald wir die Kamera herausholten, versagten die Überredungskünste unseres Begleiters. Lediglich ein Kontrollposten der sogenannten »Armee des Arabischen Libanon« ließ uns die Flußbiegung des Litani unterhalb einer zerstörten Brücke filmen.

In den phönizischen Küstenstädten Tyr und Sidon mußten wir uns bei den Dreharbeiten auf Ausgrabungen und Altertümer beschränken. In den Häfen lag eine Anzahl zerbombter Schiffe. Auf den meisten Wohnhäusern waren Flakbatterien in Feuerbereitschaft. Tyr und Sidon waren durch Betonbunker und Sandsackstellungen zu schwer befestigten Verteidigungszentren ausgebaut worden. Der Straßenkampf von Haus zu Haus war vorprogrammiert, und diese Vorbereitungen waren dem israelischen »Mossad« wohl bekannt. Am Rande von Saida, wie Sidon heute auf arabisch heißt, wurden wir – wieder unter striktem Filmverbot – zu einer palästinensischen Befehlsstelle geführt. Der Unterstand war durch eine meterdicke Betonschicht geschützt, keine überflüssige Vorkehrung, wie die geborstenen Zementmassen in unmittelbarer Nachbarschaft anzeigten. Im neon-erleuchteten Kellerraum empfing uns Kommandant Azmi, der zuständige palästinensische Befehlshaber für den Südabschnitt, ein etwa vierzigjähriger Mann mit resolutem Auftreten.

Wir hatten vergeblich ein militärisches Briefing erhofft. Azmi, der aus Hebron stammte, verkündete lediglich, daß die Streitkraft der PLO jedem israelischen Angriff mit Gelassenheit entgegensähe. Um so bereitwilliger äußerte er sich zur großen Politik. Er begrüßte mit besonderer Freude Besucher und Gäste aus Deutschland. » So wie ihr Deutschen euch von Hitler befreit habt, so wollen wir Palästinenser uns eines Tages von dem Faschisten Begin befreien«, endete seine Ansprache. Nach den unzähligen Glorifizierungen des Nationalsozialismus, die ich in der arabischen Welt vor allem in den ersten zwei Dekaden nach dem Weltkrieg hatte anhören müssen, klang diese neue Sprachregelung recht ungewöhnlich. Als ich ein paar Wochen später dem Botschafter der DDR in Bagdad diese Episode erzählte – er war zuvor in Beirut auf Posten gewesen und hatte dort enge Beziehungen zu Yassir Arafat gepflegt –, äußerte er seine tiefe Befriedigung. »Dann haben sich unsere Bemühungen um eine Veränderung des Deutschland-Bildes bei den Arabern am Ende doch bezahlt gemacht«, meinte der Repräsentant Ost-Berlins lachend.

Es war früher Abend, als wir oberhalb der Küsten-Autobahn die Ruinen von Damur sichteten und von den ersten syrischen Kontrollen aufgehalten wurden. Später passierten wir auch Stellungen der libanesischen Regierungs-Armee, einer Truppe von rund 20 000 Mann, die aufgrund ihrer religiösen Spaltungen im Bürgerkrieg versagt hatte, neuerdings jedoch, durch französische Waffen verstärkt, neues Selbstvertrauen gewann.

Jedesmal, wenn wir diesen theoretischen Schützern der zerschlissenen Staats-Souveränität begegneten, erhellte sich die Miene unseres Fahrers Wajih. »Lebanese Army« , rief er dann begeistert. Der Druse Wajih hatte, wie die Mehrzahl seiner Glaubensbrüder, zum libanesischen Nationalbewußtsein zurückgefunden. Er beklagte zwar, daß Walid, der Sohn des von den Syrern erschossenen Drusen-Führers Kamal Dschumblatt, eine schwache Persönlichkeit sei und als Vorsitzender der »National-Bewegung« immer noch willfährig nach Damaskus reise, um dort mit den Mördern seines Vaters zu konferieren. Aber die Rückbesinnung sämtlicher Religionsgemeinschaften auf die nationale Identität des Libanon, die sich zwangsläufig in behutsamer Frontstellung gegen die syrische und die palästinensische Militär-Präsenz vollzog, war in Gang gekommen. So hatte unlängst eine energische Absage der sunnitischen Ulama von Beirut die Konstituierung von linksradikalen Munizipalräten nach dem Sowjet-Modell verhindert. Das muselmanische Bürgertum der Hauptstadt, das sich im Gefolge des Polit-Veteranen Saeb Salem – Saeb Bey genannt – sammelte, war es leid, die endlosen Übergriffe von Ausländern und Extremisten zu erdulden. Auch die Ermordung eines führenden sunnitischen Koran-Gelehrten durch die Schergen der syrischen Mukhabarat konnte diesen Trend nicht umkehren. Es wurden wieder heimliche Kontakte zwischen den christlichen Kataeb und ihren muselmanischen Todfeinden von gestern geknüpft.

Das maronitische Réduit genoß zum erstenmal seit Ausbruch des Bürgerkriegs Ruhe und Sicherheit. Die Gefechte spielten sich immer häufiger zwischen den Splittergruppen des »Mouvement National« ab. So kam es an diesem Abend unserer Heimkehr aus dem Süden urplötzlich zu einer heftigen Knallerei in unmittelbarer Nähe des Hotels »Commodore«. Mit wieselartiger Behendigkeit ließen die Ladenbesitzer ihre Stahlgitter herunter, und die Straßenverkäufer verschwanden mit ihren Gemüsekörben, Schuhkartons, Textilangeboten wie ein Spuk. Barrieren sperrten die Zugangsgassen zur Hamra, und dahinter postierten sich resolute Zivilisten mit Kalaschnikows und RPG-7. Die Vorderfront des Hotels »Bristol« wurde durch ein Bazooka-Geschoß getroffen. Die Plänkelei verebbte allmählich. Der Zusammenstoß, so mutmaßte man, war aus unerfindlichen Gründen zwischen Angehörigen der PPS, die sich neuerdings als »National-Soziale Syrische Partei« vorstellte, und einer obskuren Fraktion ausgetragen worden, die den Namen »Salah-ud-Din« trug.

In den Kommando-Zentren der PLO

Beirut, April 1982

Bei unserer Erkundung der politischen Temperamente und Meinungen freundeten wir uns in den folgenden Tagen sogar mit den Murabitun an, den »Unabhängigen Nasseristen«, wie sie sich selbst bezeichneten. Deren befestigtes Hauptquartier – ebenfalls mitten in übervölkerten Wohnquartieren gelegen – war durch ein Aufgebot von Flak und leichter, fahrbarer Artillerie umstellt. Leider verfehlten wir ihren Führer, Ibrahim Koleilat, der vor seinem Engagement für die pan-arabische Sache der Beiruter Unterwelt angehört und ein paar Morde auf dem Gewissen haben sollte. Koleilat hatte mit seinen wilden Murabitun an der Spitze des Kampfes gegen die Phalangisten gestanden. Zu unserer Überraschung wurden wir im bunkerähnlichen Gebäude einem hocheleganten jungen Mann vorgestellt, der aufgrund seines Studiums in den USA ein amerikanisch gefärbtes Englisch sprach und höchst vernünftige Ideen äußerte. Wie ich später erfuhr, gehörte der Anwalt Ahmed Halabi dem Braintrust Koleilats an, einer Gruppe von drei Akademikern, die man

scherzhaft »Die drei Kardinäle« nannte. Der soignierte »Kardinal« gab zu
erkennen, daß auch seine Bewegung drauf und dran war, sich von Syrern
und Palästinensern zu distanzieren. Der libanesische Patriotismus flakkerte selbst bei den Nasseristen wieder auf. Auf die verworrenen konfessionellen Verhältnisse der Republik angesprochen, erklärte Halabi sich
bereit, die Präsenz eines maronitischen Christen an der Spitze des Staates, wie das der »Nationalpakt« vorsah, zumindest für die nächste Amtsperiode noch einmal zu akzeptieren. Die Kandidatur Beschir Gemayels
sei jedoch unerträglich. Was den Oberbefehlshaber der Armee und den
Leiter des Zweiten Bureaus betraf, müsse politisch umdisponiert werden.

Wir unterhielten uns lange über die Perspektiven des islamischen
Fundamentalismus. Ahmed Halabi schien die dubiosen Anfänge seines
Chefs völlig verdrängt zu haben. Der Westen – er habe ihn ja in Amerika
intim kennengelernt – sei leider eine Welt der moralischen Auflösung.
Die Werte des Islam seien intakt geblieben, auch wenn er persönlich von
den iranischen Ayatollahs nicht viel halte. Das Hochkommen der schiitischen Bewegung am Libanon beunruhigte die Führer der Murabitun, die
andererseits mit den diversen kommunistischen Splitter-Fraktionen
nichts mehr zu tun haben wollten.

Der »Kardinal« betonte den Unterschied zwischen Schiia und Sunna.
Aber eines müsse er Khomeini zugestehen, er sei der tatsächliche Auslö-
ser einer gewaltigen religiösen Bewegung, die die ganze Umma aufwüh-
le. Meine Bitte, den Nasseristen-Führer Ibrahim Koleilat am nächsten
Tage auf offener Straße inmitten seiner Partisanen zu interviewen,
wurde mit einem amüsierten Lächeln abgelehnt. Offenbar war es für den
umstrittenen Bandenführer viel zu gefährlich, seinen Bunker ohne
umfangreiche militärische Schutzmaßnahmen zu verlassen. Tatsächlich
explodierte etwa zwei Wochen später eine gewaltige Sprengladung im
Hauptquartier der Murabitun. Die Syrer, so munkelte man, hätten die
Rückwendung Koleilats zum libanesischen Vaterland auf ihre Weise
quittiert.

Bassam Abu Scharif küßte mich auf beide Wangen. Ich wußte nicht, welchem Umstand ich diese brüderliche Geste verdankte. Abu Scharif war
einer der engsten Vertrauten des Arztes George Habasch im Führungsgremium der »Volksfront für die Befreiung Palästinas« (PFLP). Dieser
marxistisch-leninistische Zweig der PLO, der sich gelegentlich in heftigem Gegensatz zu Yassir Arafats El Fatah bewegte, bekannte sich zu den
meisten Attentaten, Flugzeugentführungen und Sabotage-Akten, mit

denen die Palästinenser Anfang der siebziger Jahre die westliche Welt erschüttert hatten. Abu Scharif und seine Gefährten gehörten natürlich zu den Zielscheiben des israelischen Gegenterrorismus. Beim Öffnen eines ihm zugeschickten Buches war er durch einen Sprengsatz fast erblindet. Seine Hände wurden verstümmelt, er humpelte seitdem am Stock. Nur mit einem Auge und mit einer starken Lupe konnte er noch lesen. Das Gesicht war von tiefen Narben gezeichnet. Die Atmosphäre bei der »Volksfront« wirkte angespannter, verkrampfter als bei El Fatah. In der Mehrzahl rekrutierten sich die Anhänger des Dr. George Habasch, der selber griechisch-orthodox getauft war, unter den palästinensischen Christen, und denen fehlte vielleicht die Schicksalsergebenheit, die Zuversicht, die Unbefangenheit der Moslems. Als Marxisten waren sie ohnehin in einer schiefen Position gegenüber dem panarabischen Nationalismus, der mehr und mehr seine tiefste Motivation im Islam suchte. »Die Moslem-Brüder sitzen heute überall«, gab Abu Scharif im Gespräch zu, »sogar bei El Fatah. Mit Rücksicht auf Präsident Hafez-el-Assad, der gegen diese islamischen Fanatiker in Syrien einen Kampf auf Leben und Tod führt, müssen unsere Ikhwan allerdings sehr behutsam auftreten.«

Das Hauptquartier der PFLP war durch ein besonders ausgefranstes Aufgebot junger Leibwächter abgeschirmt. »Man sollte diese Höhle nicht betreten, ohne mit den Sterbesakramenten versehen zu sein«, hatte man uns im Spaß geraten. Dennoch waren wir bald im Besitz einer offiziellen Pressekarte dieser extremistischen Gruppe, die in ihren versteckten Ausbildungslagern fortfuhr, Terroristen aus aller Herren Ländern auszubilden, darunter versprengte Mitglieder der Rote-Armee-Fraktion aus der Bundesrepublik. Auch Angehörige der neonazistischen Kampfgruppe Hoffmann tummelten sich in irgendwelchen Palästinenser-Camps. Zusätzliche Schlagkraft gewann die Volksfront des Arztes Habasch durch ihre Assoziation mit der starken armenischen Volksgruppe, die seit den Massakern in Ost-Anatolien nach Beirut geflüchtet war. Zur Verzweiflung ihres geistlichen Oberhauptes, des Katholikos von Antelias, hatten sich zahlreiche armenische Christen der Geheim-Armee ASALA angeschlossen, die aufgrund ihrer weltweiten Verflechtungen zum gefürchteten Gegner der westlichen Sicherheitsdienste wurde und die sich die Entstabilisierung der Türkei zum Ziel gesetzt hat. Der ASALA, die mit siebzigjähriger Verspätung den Völkermord der Armenier rächen will, wurde von den Experten unterstellt, enge Beziehungen zum sowjetischen KGB in Eriwan zu unterhalten.

Mit dem Pressesprecher der PFLP, Mahmud Saouri, vereinbarten wir ein Fernseh-Interview bei Dr. Giorgiu, wie Habasch von seinen Gefolgsleuten liebevoll genannt wurde. Mahmud Saouri war völlig erblindet, aber ein unermüdlicher und gebildeter Propagandist seiner Sache. Trotz seines betont muselmanischen »nom de guerre« war er ebenfalls palästinensischer Christ. Im Kola-Viertel wurden wir unter schwerster Bewachung zu George Habasch eingelassen. Gemessen an den winzigen Schreibstuben, in denen seine Mitarbeiter wiederum auf der Zwischenetage einer dicht bewohnten Mietskaserne diskutierten und telefonierten, war das Büro des Chefs der Volksfront relativ komfortabel. Von den Wänden blickten die wohlvertrauten Bärte Che Guevaras und Ho Tschi Minhs. Auf dem Schreibtisch stand eine Lenin-Büste. Man hatte uns wissen lassen, daß der Gesundheitszustand des Dr. Giorgiu nicht der beste sei. Tatsächlich schien der PFLP-Führer einen Schlaganfall erlitten zu haben. Er bewegte sich mühsam am Stock und war ganz anders, als man sich einen weltweit gefürchteten Terroristen vorstellt. Im Gegensatz zu einigen ziemlich finsteren Gestalten seiner Umgebung trug er Heiterkeit zur Schau. Der Schnurrbart und das dichte Kopfhaar waren ergraut. An Kamera-Auftritte war er gewöhnt. Fragen beantwortete er mit professioneller Routine.

Wie sich die Volksfront zu dem de facto-Waffenstillstand mit Israel verhalte, wollte ich wissen, ob sie durch ihre Zustimmung zu dieser Kampfpause nicht ihre revolutionären Ziele und Methoden geopfert habe. Beim Wort »Waffenstillstand« ertönte aus dem Mund des Dr. Habasch ein leises, spöttisches Lachen, das gar nicht harmlos klang. Die PFLP habe sich aus nationaler Disziplin und Solidarität an die Abmachungen gehalten, die Yassir Arafat vor zehn Monaten mit den Amerikanern und indirekt mit den Israeli vereinbart hatte. Sie sei im Rat der PLO überstimmt worden. Aber er persönlich halte überhaupt nichts von dieser Kampfpause, und er sei zutiefst überzeugt, daß der Krieg gegen Israel demnächst in verstärkter Form aufflammen werde. Die Frage nach dem Terrorismus und den Flugzeugentführungen, die seine Organisation praktiziert hatte, beantwortete Habasch ohne eine Spur von Verlegenheit. »Seit 1974 haben wir auf Aktionen dieser Art verzichtet. Die weitere Entwicklung wird zeigen, ob wir unter gewissen Umständen wieder zu unseren ursprünglichen Methoden zurückkehren müssen.« Schließlich äußerte er sich nuanciert zum Thema des islamischen Fundamentalismus. Man müsse da unterscheiden. Es gebe muselmanische Reaktionäre, die vom amerikanischen CIA ausgehalten und unterstützt würden. Dazu zählte er die Moslem-Brüder, die von Jordanien aus gegen das Baath-Regime von Damaskus operierten. In der islamischen Revolution Khomeinis hingegen sähe er objektiv positive Aspekte. Gewiß, er könne schwerlich mit den Mullahs von Teheran sympathisieren, die die progressistischen Elemente des iranischen Volkes bedrängten. Aber die Ereignisse in Persien seien aus dem gesamten Befreiungs-Vorgang im Mittleren Osten nicht wegzudenken. Der US-Imperialismus habe dort seine bitterste Schlappe erlitten.

Am Nachmittag donnerten israelische Kampfflugzeuge über die Dächer und Terrassen von Beirut. Aus allen nur denkbaren Stellungen feuerten Flak-Batterien auf die Düsenmaschinen mit dem David-Stern. In den westeuropäischen Hauptstädten war offenbar eine Attentatswelle gegen israelische Diplomaten angelaufen. In Paris war der Botschaftsrat Barsimentov erschossen worden, und Begin hatte zu verstehen gegeben, daß er solche Terror-Akte als Bruch des Waffenstillstands-Abkommens ahnden werde. Die offizielle PLO-Führung distanzierte sich sofort von dem Anschlag. Die ominöse Figur Abu Nidals, so mutmaßte man in Beirut, sei der Verantwortliche dieser blutigen Provokation. Abu Nidal galt als extremer, geradezu pathologischer Killer. Er hatte selbst Yassir Arafat nach dem Leben getrachtet und eine Vielzahl offiziell akkreditierter Palästinenser zwischen London, Paris, Brüssel und Wien zur Strecke gebracht, weil sie im Auftrag des PLO-Chairmans angeblich eine zu konziliante Politik vertraten. Abu Nidal hatte ursprünglich in Bagdad Asyl und Unterstützung gefunden. In dem Maße, wie der Irak sich unter dem Druck seines Krieges gegen Khomeini mit dem Westen arrangierte, wurde die Stellung Abu Nidals am Tigris unhaltbar. Er setzte sich nach Damaskus ab, was wiederum gewisse Rückschläge auf die tatsächlichen Absichten der Syrer zuließ.

Während des Überflugs der israelischen Phantoms und Kfir-Maschinen war die Bevölkerung von Beirut auf die Straße geeilt, um das Spektakel zu genießen. Sogar die Badegäste am ausgebrannten Hotel »Saint-Georges«, wo der Swimming-Pool mit Snackbar wieder funktionierte, waren neugierig aus dem Wasser gekommen. Irgendwo im Süden waren wohl ein paar Bomben auf palästinensische Stellungen geworfen worden. Unser Kamera-Assistent Michael befand sich gerade bei den Murabitun, als auch diese wackeren Kämpfer auf die israelischen Flugzeuge aus allen verfügbaren Rohren losballerten und bei dieser Gelegenheit die Dachgiebel und Terrassenbrüstungen der umliegenden Häuser herunterschossen. Am Tag zuvor war Michael mit einem Hechtsprung in volle

Deckung hinter einem Abfallhaufen gegangen, als auf der Fahrbahn ein Feuerwerk von Revolver- und Gewehrsalven losging. Aber in diesem Fall hatte es sich lediglich um die explosiven Freudenkundgebungen eines orientalischen Hochzeitszuges gehandelt.

Beim Abendessen im »Normandie« entdeckte ich ganz zufällig den jungen Palästinenser Hassan, den ich bei seiner Volontärzeit bei der *Saarbrücker Zeitung* schätzengelernt und der sich damals mit meinem Sohn angefreundet hatte. Hassan hatte eine Runde deutscher Journalisten und Kameraleute um sich versammelt und diskutierte mit ihnen über das unerschöpfliche Thema des Zionismus. Er militierte in den Reihen des extremen Widerstandes und litt dabei zutiefst unter seiner familiären Tragödie. Sein Vater, ein angesehener Araber des West-Jordan-Ufers, hatte sich nämlich den sogenannten »Dorf-Ligen« der israelischen Zivilverwaltung unter Professor Milson zur Verfügung gestellt. Von den PLO-Partisanen war er deshalb als Kollaborateur überfallen und verwundet worden.

Trotz der späten Stunde traten wir jedesmal den Heimweg zum Hotel ohne irgendwelche bösen Ahnungen an. Die Stadt wimmelte von schwerbewaffneten und total unkontrollierten Elementen aller Schattierungen. Aber die Übergriffe waren äußerst selten. Was sich im Schatten an Erpressungen, an »Rackets« und Plünderungen auf Kosten der libanesischen Zivilisten abspielte, blieb uns allerdings weitgehend verborgen. In einem waren sich alle Beobachter einig: Die Zahl der Sexualverbrechen und Vergewaltigungen blieb auf ein Minimum beschränkt. Es gab keine schlüssige Erklärung dafür, es sei denn, man akzeptierte jene in Journalistenkreisen umgehende Blödelei, wonach bei den jungen Partisanen das Abfeuern der Kalaschnikow den Orgasmus ersetzte.

Tiefe Nacht in Beirut. Andreas Kohlschütter hat mich überredet, ihn zum PLO-Informationsbüro zu begleiten. Die Palästinenser sind Menschen der Dunkelheit, und Yassir Arafat trifft seine Verabredungen gern nach Mitternacht. Mahmud Labadi, der offizielle Sprecher der Sammelorganisation, hat es sich bequem gemacht. Er hat die Schuhe ausgezogen und streckt sich auf einem durchgesessenen Sofa. In Labadi hat Arafat einen hervorragenden Anwalt seiner Sache gefunden. Für seine Kontakte mit deutschen Medien kommt ihm die perfekte Kenntnis der deutschen Sprache zugute, die er in der Bundesrepublik und in der DDR erworben hat. Mahmud Labadi war in melancholischer Stimmung, was seine semitischen Züge hinter der dunkelgeränderten Brille besonders betonte. In dem vergammelten Empfangsraum hielt sich noch ein halbes Dutzend anderer Palästinenser auf, darunter unser Begleiter Mohammed Schaker und ein junger Mann, der gelangweilt mit seiner Kalaschnikow spielte. Ein anderer Mitarbeiter – mit Schlägermütze und wild karierter Jacke – hätte dem Typ nach in das antisemitische Nazi-Hetzblatt »Der Stürmer« gepaßt. Alle wirkten nachlässig und übermüdet. Ein paar Tage zuvor hatte ich in der christlichen Hochburg Kasslik das »Haus der Zukunft – Beit el Mustaqbil« der Kataeb aufgesucht. Dort waltete Amin Gemayel inmitten perfekter Karteien und Computer-Anlagen mit Datenbank und allen nur erdenkbaren Gadgets modernster Informatik in klimatisierten Salons mit weichem Fußbelag und ordnete soziologische oder wissenschaftliche Studien in einer echt futuristischen und leicht sterilen Efficiency an. Wie anders die Palästinenser, die aufgrund des Subsidienflusses aus den arabischen Golfstaaten finanziell bestimmt weit besser gestellt waren als die maronitischen Phalanges.

Eine Art Liliputaner in schmuddligem Nachthemd brachte uns den üblichen Tee. Dabei kippte eine Tasse auf den Schreibtisch Labadis. Der wischte die Flüssigkeit mit einem Achselzucken von den eng beschriebenen Blättern, die sich dort häuften. »Ich arbeite an einer neuen Studie über den Zionismus«, sagte er resigniert. Auf den abblätternden Tapeten klebten die üblichen Propaganda-Plakate: eine stilisierte Karte Palästinas, dekoriert mit einer Moschee-Kuppel und einem Kirchturm, Symbol der überkonfessionell betonten Eintracht der PLO; ein waffentragendes Mädchen mit roter Kommando-Mütze und schwarz-weißem Keffieh, die programmatische Inschrift »Revolution bis zum Sieg – El Thaura hatta el nasr!« – Während unseres Gesprächs, das ungezwungen, planlos und in einer zutiefst menschlichen, ja brüderlichen Atmosphäre verlief, starrten die jungen Palästinenser, die des Deutschen nicht mächtig waren, auf den flackernden Bildschirm, wo eine schwülstige ägyptische Liebesromanze mit viel Gesang und Bauchtanz ablief.

Eine blonde, dezidierte Amerikanerin gesellte sich ein paar Minuten zu uns. Es handelte sich um die Journalistin Flora Lewis, die eine Verabredung mit Yassir Arafat treffen wollte. In ihrer Anwesenheit verebbte das Gespräch. »Auch das ist so eine Zionistin«, sagte der PLO-Sprecher, nachdem sie gegangen war. Ob er auch die Italienerin Oriana Fallacci empfangen habe, fragte ich. »Die kommt hier nie wieder hinein«, wehrte Labadi ab; »sie hat in ihrem Artikel behauptet, Yassir Arafat sei schwul.« Ich erzählte von meinem Besuch bei George Habasch. Der sei ein hoch achtbarer, wenn auch kranker Mann, ehrlich und total engagiert, kommentierte Labadi. Das gleiche könne man nicht von allen Fraktionsführern sagen. Nayef Hawatmeh, der marxistisch-leninistische Anführer der »Demokratischen Front zur Befreiung Palästinas« DFLP, sei ein Opportunist. Im übrigen sei er christlicher Jordanier. Von Ahmed Jibril, dem Chef des sogenannten »Generalkommandos«, wurde hier auch nicht viel gehalten. Trotz seines betont muselmanischen Namens und seiner engen Bindung an Libyen sei Jibril gebürtiger Christ und gelte als käuflich. »Der Kommunismus und der Marxismus-Leninismus haben keine Chance in unserer Welt«, betonte Labadi, »selbst der Süd-Jemen ist nur an der Oberfläche rot getüncht. Wir haben längst aufgehört, die Sowjetunion zu überschätzen.« Es folgte eine lange und recht deprimierende Aufzählung, an der sich zwei neu hinzugekommene PLO-Funktionäre auf englisch beteiligten. Wütende Enttäuschung machte sich bei den Palästinensern Luft. Von den meisten arabischen Brüdern fühlten sie sich damals schon verraten und verkauft.

Man kam überein, daß die orientalischen Christen marginal und zum Extremismus verurteilt seien. Der syrische Kommunistenführer Khaled Bagdasch, ein Kurde, stelle den Typus des desperaten Außenseiters dar. Präsident Saddam Hussein sei ein blutrünstiger Diktator, Hafez-el-Assad von Damaskus ein Mafioso.

König Hassan II. von Marokko wurde als skrupelloser Fuchs geschildert. Die Polisario-Front befinde sich am Ende ihrer Kraft. Kadhafi sei ein Irrer. Mubarak von Ägypten befinde sich vielleicht auf dem rechten Weg der Annäherung an die übrigen Araber. Aber der Grad seiner Intelligenz sei umstritten. »Seit König Feisal tot ist, sind die Saudis total verdorben; aber auch Khomeini ist für die meisten von uns eine Schreckensgestalt«, sagte einer der PLO-Männer.

»Ich bin kein wirklicher Nasserist gewesen, aber rückblickend erscheint uns Gamal Abdel Nasser wie ein Gigant«, nahm Labadi wieder auf. »Auch in Europa fehlt es euch ja an Staatsmännern. Da habt ihr es nur noch mit Zwergen zu tun, seit de Gaulle gegangen ist.«

Übrigens habe Nasser Yassir Arafat stets verdächtigt, Moslem-Bruder gewesen und es geblieben zu sein. Aus dem Gedächtnis zitierte ich den Journalisten Laschen aus dem Buch »Die Fälschung«: »Und was bedeutete es, daß er Ariane liebte . . . Die Frage könnte er Mr. Arafat stellen, der mit einem Lenin-Zitat darauf antworten würde . . .« Zum erstenmal grinste Labadi über das ganze Gesicht: »Wissen Sie, daß Arafat seit einiger Zeit immer häufiger den Koran zitiert. Und schauen Sie hier, was ich lese: Eine Studie über die ›Raschidun‹ , die vier ›rechtschaffenen‹ Khalifen des Früh-Islam. Wissen Sie, welche Parole in unserer Heimat, auf der West-Bank umgeht: Die sechziger Jahre seien die Jahre des arabischen Nationalismus gewesen, die siebziger die Jahre der palästinensischen Revolution, die achtziger Jahre seien die Dekade des islamischen Durchbruchs. Sie sehen es ja selbst: Überall haben wir es mit religiösen Führern zu tun: Ayatollah Khomeini, Ayatollah Begin und unlängst noch Ayatollah Carter.«

Auf der Mattscheibe des TV-Geräts trat die ägyptische Hauptdarstellerin unterdessen in immer durchsichtigeren Hüllen auf. Wenn sie beim Tanz das lange Haar um sich schleuderte und die üppigen Hüften spielen ließ, war sie vom erhitzten Beifall einer musizierenden Gruppe schwitzender, dicker Männer umringt. Ihr athletischer Liebhaber hingegen gab sich verzweifelten Kraftübungen hin, um den Gedanken an diese erotische Verführung zu bannen, hackte Holz, als gelte es, einen Rekord zu brechen und kehrte in heimlicher Sehnsucht doch immer wieder zu seiner Angebeteten zurück. Im Traum sah er sich als Fischer, der diese Nixe des Nils im Netz und kaum bekleidet in seine Arme zog.

Eine Maschinengewehr-Salve hallte von der Küsten-Corniche herüber und brachte uns jäh zum Libanon zurück sowie zu dem Thema der israelischen Offensive im Süden, die nun von einem Tag zum anderen fällig wurde. Labadi versicherte uns, daß die PLO in keiner Weise an der Wiederaufnahme der Kämpfe interessiert sei, sondern auf ihre volle diplomatische Anerkennung im Westen hinarbeite. Das wisse Menachem Begin natürlich auch. Die jüngsten Attentate gegen israelische Diplomaten seien gezielte Provokationen und paßten besser in das Konzept der Zionisten als in das der PLO. Wenn tatsächlich Abu Nidal dahinterstehe, habe er Israel einen großen Dienst erwiesen. »Was uns an den Israeli am meisten bekümmert«, sagte Labadi, »das ist ihre Unfähigkeit, unser Unglück nachzuempfinden, ihr totaler Mangel an ›compassion‹, ihre schreckliche Selbstgerechtigkeit. Sogar Anwar-es-Sadat hat das in tragischer Weise zu spüren bekommen. Nachdem er das Abkommen von Camp David unterzeichnet und seinen Frieden mit Israel gemacht hatte, war er überflüssig geworden, hat man ihn seinen Feinden im eigenen Land ans Messer geliefert, statt ihm ein paar Konzessionen zu machen, die ihm erlaubt hätten, die Kritiker der islamischen Opposition zu entwaffnen.« Der amerikanische CIA habe zugestimmt, daß der Ägypter Sadat geopfert wurde, während der gleiche Geheimdienst keine Anstrengungen scheue, den syrischen Präsidenten Hafez-el-Assad, diesen angeblichen Sowjet-Freund, zu warnen und abzuschirmen. Wir waren mitten-

drin in den typisch orientalischen Mutmaßungen über die abgefeimte
Verschwörung des Westens. »Muamara« hieß das Stichwort auf arabisch.

Das Telefon unterbrach uns. Es mochte jetzt zwei Uhr nachts sein. Yas-
sir Arafat erwarte uns und sei zum Gespräch bereit, wurde uns mitge-
teilt. Die Fahrt war kurz. Diese Etagenhäuser glichen sich alle im Umkreis
der Arabischen Universität. Die bewaffneten Männer in Uniform und in
Zivil waren besonders zahlreich. Man führte uns in Begleitung Mahmud
Labadis und Mohammed Schakers in einen großen Sitzungssaal. An der
Wand hingen eine Landkarte Palästinas und Fotos der Städte Jaffa und
Hebron.

Es ist überflüssig, Arafat zu beschreiben. Er kam durch die Tür wie
seine eigene Legende mit schwarz-weißem Keffieh, Stoppelbart und
leicht geröteten Basedow-Augen, trug olivgrüne Uniform und den
Revolver an der Hüfte. Ein paar Tage zuvor hatte ein amerikanischer Kollege ihn noch als »Mensch gewordenes Reptil« bezeichnet und sich über
die wenig einladende Erscheinung dieses Mannes mokiert, der sich spätestens seit seinem UNO-Auftritt mit viel Geschick und Geschmeidigkeit
um die Sympathie der westlichen Öffentlichkeit bemühte.

In Wirklichkeit und aus der Nähe wirkt der Palästinenser-Führer ganz
anders. Er strahlt sogar eine gewisse Wärme aus. Aus dem fahlen, über-
nächtigten Gesicht blicken traurige, fast fiebrig glänzende Augen, und
das stereotype Lächeln erscheint als Gemisch von lauernder List und
Scheuheit. Der Händedruck ist lasch. Jedenfalls ist dieser Mann ein Über-
lebenskünstler, der zahllosen Attentaten und Verschwörungen entkam,
ein Meister des Kompromisses und der Täuschung, ein Widerstands-
Taktiker, dessen allzu betonter Sinn für die Realität ihm zwar erstaunliche Erfolge auf dem Feld der Diplomatie einbrachte, seine tatsächliche
Glaubwürdigkeit jedoch fatal beeinträchtigt. Wie er als Guerilla-Führer
im chaotischen, mörderischen und tückischen Schlangenknäuel der PLO
zwanzig Jahre lang seine Position behaupten konnte, wird eines Tages
nur Yassir Arafat selbst erzählen können.

Weder das lange Gespräch mit ihm noch das anschließende kurze
Fernseh-Interview brachte irgendeine Neuigkeit. Dem PLO-Chef wurden nach jeder Frage kleine beschriebene Zettel von einem Mitarbeiter
zugeschoben. Menachem Begin habe die Annexion des West-Jordan-
Ufers längst beschlossen, betonte Arafat, und die Jerusalemer Regierung
sei nichts anderes als eine Junta. Die Palästinenser müßten die Rechnung
für jene Verbrechen zahlen, die Europa an den Juden begangen habe. Die

Palästinenser seien andererseits das Gewissen und die Vorhut der arabischen Nation. Der angekündigten Offensive der Israeli sähe die PLO mit Gelassenheit entgegen. »Wir sind wie ein Schwamm, der sich unbegrenzt vollsaugen kann«, sagte Arafat. »Wir haben nichts zu verlieren, und es ist nicht leicht, uns zu knacken ... Wenn die Dunkelheit am tiefsten erscheint, dann ist die Morgendämmerung nahe ... Manche Libanesen mögen sagen: Arafat go home; nichts anderes verlange ich.« Viermal erwähnte er, daß er ägyptischer Reserve-Offizier sei, und sein Wunsch, mit Kairo wieder ins Gespräch zu kommen, war unüberhörbar.

Auch vor der Kamera bewahrte Arafat seine leicht provozierende Selbstsicherheit und wiederholte seltsam lächelnd die bekannten Thesen. »Wenn die Israeli mit ihren Divisionen zu uns kommen wollen, dann erwarten wir sie in aller Ruhe, und wir sagen ›Welcome‹.« Vor dem Fernseh-Auftritt hatte ich ihm – wie das üblich ist – meine Fragen genannt. »Einverstanden«, sagte Yassir Arafat, »bis auf den letzten Punkt. Da wollen Sie meine Meinung zur islamischen Revolution, zum religiösen Fundamentalismus hören. Aber hierzu werde ich mich nicht äußern.«

»Verschweigen Sie das Ziel unserer Fahrt«, ermahnte mich der drusische Fahrer Wajih, der es meisterhaft verstand, zwischen den verschiedensten Bürgerkriegsfronten zu lavieren. »Wir kommen durch Stützpunkte von Kommunisten und Palästinensern, die auf den schiitischen Kampfbund El Amal gar nicht gut zu sprechen sind.« Schon Mahmud Labadi hatte die Partisanen von El Amal als Instrumente des syrischen Geheimdienstes bezeichnet, des »Deuxième Bureau« von Damaskus, wie er sich ausdrückte. Wir waren an den Shanty-Towns von Sabra, einem der größten Flüchtlingslager und einer strategischen Schlüsselstellung der PLO vorbeigekurvt und holperten durch die Schlaglöcher des Slum-Viertels Bordsch Barajneh. Die mißmutigen Waffenträger irgendeiner marxistisch gearteten Splittergruppe beachteten uns kaum. Als sich die Mauern mit den Porträts Khomeinis und des Imam Musa Sadr bedeckten, wußte ich, daß wir angekommen waren.

Es hatte lange gedauert, ehe ich von dieser gewichtigsten konfessionellen Gruppe des Libanon, die heute auf eine knappe Million geschätzt wird, gebührend Kenntnis nahm. Während unserer Studienzeit in Bikfaya war von den Schiiten selten die Rede gewesen. Aber im Herbst 1975 hatte ich eine Dokumentation der libanesischen Filmproduzentin Jocelyne Saab angekauft, und darin wurde das erbärmliche Schicksal dieser Menschen anschaulich dargestellt. Kein Wunder, daß die wenigen Intel-

lektuellen der »Partei Alis« zunächst für den Marxismus anfällig waren.
Die Schiiten waren, wie die übrigen religiösen Minderheiten, vor den
Verfolgungen der sunnitischen Araber und Türken ins Gebirge geflüchtet. Im Gegensatz zu den Maroniten hatten sie jedoch die Ausbeutung
ihrer Feudalherren nie abschütteln können und fristeten im Süden vor
allem als Saisonarbeiter und Pächter auf den Tabak-Plantagen ein küm-
merliches Dasein. Jocelyne war als Maronitin aus sehr vermögender
Familie geboren, hatte sich jedoch mit ihrer angestammten Umgebung
überworfen und nach Linksaußen orientiert. Die Reportagen dieser kna-
benhaft zierlichen jungen Frau über die Polisario in der West-Sahara
oder über die Volks-Fedayin in Persien gehörten zu den besten Filmstrei-
fen, die auf dem Markt zu finden waren. Als sich die Grenzüberfälle der
PLO gegen die jüdischen Siedler von Galiläa häuften, waren die Schiiten,
die in der Südzone neunzig Prozent der Bevölkerung darstellten, die
natürlichen Opfer der israelischen Vergeltungsschläge geworden. Im
Laufe der Jahre – vor allem nach 1978 – waren dreihunderttausend schiitische Flüchtlinge nach Norden in die Hauptstadt geströmt und bildeten
dort wiederum ein bedauernswertes Unterproletariat. Das politische
Erwachen dieser geknechteten Taifa – wie bereits erwähnt – kam aus
dem Iran in Gestalt des schiitischen Predigers Musa Sadr, des Lieblingsschülers eines gewissen Khomeini aus der heiligen Stadt Qom. Mit magi-
schem Charisma – die Bilder Jocelyne Saabs zeigten die Verzückung der
zu Zehntausenden zusammengelaufenen Gläubigen – verwandelte der
Imam Musa Sadr in den siebziger Jahren diesen verzagten Haufen in
eine streitbare Masse. Seine besondere Zuneigung galt den Ärmsten der
Armen, jenen Enterbten, die man im Iran als Mustazafin, im Libanon als
»Muharimin«, als Ausgeschlossene bezeichnet. Musa Sadr gründete die
Organisation El Amal, und auf einmal verfügte die »Partei Alis« am Libanon über ein wirksames Instrument, über eine mitreißende Persönlichkeit. Er gebot den Großgrundbesitzern die Auszahlung gerechter Löhne,
und die palästinensischen Fedayin, die im Schiiten-Gebiet bisher als
überlegene Streitmacht ein sehr willkürliches Regiment geführt hatten,
wies er in ihre Schranken. Unweigerlich kam es zu bewaffneten Zusammenstößen zwischen PLO-Partisanen und Schiiten, als im Frühjahr und
Sommer 1976 der syrische Druck auf die Palästinenser massiv zunahm
und Präsident Hafez-el-Assad, der sich als Angehöriger der Alawiten-
Sekte in der Verehrung Alis den Schiiten verbunden fühlte, bei den Milizionären von El Amal potentielle Verbündete suchte. Es war wohl auch
ein schiitisches Sonderkommando, das ein Jahr später das irakische

Botschaftsgebäude in Beirut, das den Syrern ein Dorn im Auge war, mit einer gewaltigen Explosion hochgehen ließ. Schon im Jahr 1976 war es zur Bombardierung schiitischer Institutionen durch die marxistischen Freischärler der »Demokratischen Front zur Befreiung Palästinas« gekommen. Musa Sadr wurde zum »Odd man out«, zum Stein des Anstoßes, und der Verdacht ist übergroß, daß dieser bärtige Hüne, der das ganze Kartenspiel am Libanon durcheinanderbrachte, aufgrund irgendwelcher PLO-Intrigen während seines Besuchs in Libyen im August 1978 verhaftet und, wie zu vermuten, ermordet wurde.

Sogar die ersten Ansätze der islamischen Revolution des Iran wurden vom Libanon aus gesteuert. In Saida hatte der Perser Mustafa Tschamran die Leitung eines schiitischen Bildungszentrums übernommen. Er baute diese Schule systematisch zur Ausbildungsstätte für Partisanen und Propagandisten der schiitischen Erhebung in seiner iranischen Heimat aus. Mustafa Tschamran sollte ein paar Jahre später das Corps der persischen »Revolutionswächter«, der Pasdaran, ins Leben rufen, wurde sogar Verteidigungsminister in Teheran und fiel bei den Kämpfen gegen die irakische Invasionsarmee in Khuzistan. Die tödlichen Schüsse eines Konterrevolutionärs trafen ihn in den Rücken.

Das Hauptquartier von El Amal war in Bordsch Barajneh in einem unordentlichen Wohnkomplex mit vertrocknetem Garten untergebracht. Die Partisanen waren auf unseren Besuch in keiner Weise vorbereitet. Es gelang mir jedoch, ihren Argwohn auf wunderbare Weise zu zerstreuen, indem ich ein Foto vorwies, das mich – neben Khomeini kauernd – auf dem Flug zwischen Paris und Teheran zeigte. Ich wurde nun als Ehrengast und Freund behandelt, mit Artigkeiten überhäuft und zu den Führungsgremien der Organisation geleitet. Der Anwalt Nabah Berri begrüßte uns in seiner Eigenschaft als Vorsitzender, ein kultivierter freundlicher Mann, der sich in gepflegtem Französisch ausdrückte und mir viel zu westlich erschien, als daß er für die Masse seiner Anhänger wirklich repräsentativ hätte sein können.

Tatsächlich war der »Oberste Schiitische Rat« des Libanon von schweren Führungskämpfen heimgesucht. Die bedingungslose Gefolgschaft, die von den Emissären Khomeinis gefordert wurde, stieß nicht nur bei den Linksradikalen auf Widerspruch. Der eigentliche Mentor der Bewegung war natürlich ein Prediger, ein Mujtahid, ein Ayatollah – wie man in Persien gesagt hätte –, der Scheich Mohammed Mahdi Schamsuddin. Dem verschwundenen Musa Sadr konnte dieser Ersatz-Imam allerdings nicht das Wasser reichen.

Im Pressegespräch betonten die Schiiten-Führer stets ihre Forderung auf Widerrufung des »Nationalpaktes« aus dem Jahr 1943. In dieser Vereinbarung war die stärkste, die schiitische Gemeinschaft in den Spitzenämtern der Republik mit der unwichtigen Repräsentativ-Funktion des Parlaments-Präsidenten abgespeist worden. Diese Ablehnung des »Pacte National«, der die Maroniten so einseitig begünstigte, erschwerte natürlich auch jene taktische Abstimmung zwischen El Amal und den Kataeb, die sich ansonsten als Folge der gemeinsamen Frontstellung gegen palästinensische Übergriffe ganz natürlich ergeben hätte. Den Schwerpunkt ihrer Selbstbehauptung hatten die Schiiten im strategischen Dreieck Saida – Nabatiyeh – Tyr nördlich des Haddad-Streifens bezogen. Die Freischärler Arafats sahen sich dadurch in ihrer Bewegungsfreiheit eingeengt.

In der Freitags-Moschee der Schiiten in Bordsch Barajneh waren wir mit unseren Kameras willkommene Augenzeugen. Die Inbrunst dieser Gemeinde war ebenso eindringlich wie in Qom oder Meschhed. Die Khutba wurde von dem Mufti Abdel Amir Abalan pedantisch und pompös vorgetragen. Der Prediger war exakt wie die persischen Mullahs gekleidet und wirkte genauso machtbesessen. Beim Verlassen des Gebetshauses wurden wir von einer erhitzten Menge Jugendlicher umringt. Sie wollten uns zu Zeugen der schiitischen Revolution am Libanon machen. Dabei zeigte der deutschsprechende Wortführer auf das Bild eines bärtigen Würdenträgers mit schwarzem Turban, der mit Khomeini und Musa Sadr eine Art Dreifaltigkeit bildete. »Das ist Ayatollah Mohammed Baqr Sadr, unser glorreichster Märtyrer aus dem Irak, den der teuflische Präsident Saddam vor zwei Jahren in Bagdad verhaften und hängen ließ«, ereiferte sich der junge Mann. »Saddam wird dafür verdammt werden.« Entrüstung, ja offener Haß entlud sich in Bordsch Barajneh vor allem auch gegen das bewaffnete Palästinenser-Lager in unmittelbarer Nachbarschaft. Am Vortag war es hier noch zu blutigen Krawallen gekommen. »Diese Palästinenser im Libanon sind Feiglinge«, schäumte ein bewaffneter Amal-Partisan auf englisch; »sie schießen auf unsere Frauen und Kinder, aber gegen die Israeli kämpfen sie nicht. Die einzigen guten Palästinenser sind diejenigen, die in ihrer Heimat geblieben sind und sich dort gegen die Zionisten zur Wehr setzen.« Im politischen Wirrwarr des Libanon zeichneten sich neue Kräftelinien ab.

Ich fragte die jungen Leute nach Musa Sadr. An dessen Ermordung durch die Schergen Kadhafis wollten sie nicht glauben. »Der Imam Musa Sadr lebt weiter, auch wenn er irgendwo festgehalten wird«, antworteten sie im Chor. »Im übrigen ist ein Märtyrer, selbst wenn er dahingeschieden wäre, einflußreicher und heiliger als irgendein Lebender. Musa Sadr war nie so mächtig, so gegenwärtig wie jetzt, da er verschwunden ist und nicht bei uns weilt.« Die ewige Legende vom Verborgenen Zwölften Imam hatte in Beirut neue Nahrung und Substanz gefunden.

Die Israeli kommen

Damur, April 1982

Dieses Mal sah es nach Großangriff aus. Die israelischen Piloten donnerten im Tiefflug über Beirut. Die Vergeltungsaktion nach der Ermordung des jüdischen Diplomaten Barsimentov steigerte sich. Die Luftabwehr der versammelten Syrer, Palästinenser und Links-Libanesen war lächerlich wirkungslos. Die Kfir und Phantoms stießen in regelmäßigen Abständen rotflammende Feuerbälle ab, die die hitzesuchenden Abwehrraketen erfolgreich von den Flugzeugen ablenkten. Dabei kippten die Maschinen unablässig über ihre Tragflächen ab, tummelten sich wie Delphine der Luft, um den Flakgeschossen geringes Profil zu bieten. Ein törichtes Luftwaffenlied aus dem Zweiten Weltkrieg kam mir in den Sinn: »Die stolze Maschine, sie wackelt, sie wackelt, den Feind hat der Teufel geholt . . .«

Der Feind, die Palästinenser, wurde an diesem Nachmittag nicht in Beirut selbst bombardiert. Der Angriff war gegen südliche Positionen, Ausbildungslager und Waffenstapel im Raum von Damur, knappe dreißig Kilometer südlich der Hauptstadt konzentriert. Aus dem Jahr 1957 war mir das freundliche Maronitendorf Damur längs der Corniche, die nach Saida führt, in guter Erinnerung. Die Straßenhändler boten dort schöne, rustikale Tonkrüge mit bunter Bemalung an. Im April 1982 hatten die Israeli gute Gründe, in Damur schlimmer zu wüten als anderorts. Hier verschanzten sich vornehmlich die extremistischen, kaum kontrollierbaren Fedayin Ahmed Jibrils, die marxistischen Freischärler der PFLP und der DFLP. Angeblich hatten sogar Freiwillige aus Libyen sowjetische Raketen an diesem Küstenstreifen in Stellung gebracht. Zudem war Damur nach den tragischen Ereignissen des Januar 1976 Symbol des Mordens und des Terrors geworden.

Nachdem die christlichen Milizen das Bollwerk von Karantina am östlichen Hafenrand von Beirut gestürmt und dort unter den überwiegend kurdischen Dockarbeiterfamilien ein Blutbad angerichtet hatten – etwa fünfhundert Menschen wurden angeblich getötet – holten die Palästinenser im Verbund mit linkslibanesischen Kampfgruppen in Damur zum grausamen Gegenschlag aus. Auch hier galt es, eine strategische Position des Gegners auszuräumen, denn die Ortschaft Damur schob sich wie ein Riegel bis an die Küstenautobahn, über die der gesamte Verkehr und Nachschub in den heißumstrittenen Süden ging. Als die Partisanen der PLO über das unbefestigte und völlig wehrlose Damur hereinbrachen, waren die meisten christlichen Einwohner bereits mit Schiffen evakuiert worden. Zurück blieben nur jene Familien, die sich aufgrund ihrer politischen Option für die libanesische Linke und die von Kamal Dschumblatt geführte »National-Bewegung« in Sicherheit wähnten. Sie hatten den Wahnwitz dieses Krieges unterschätzt, und die entfesselten Palästinenser ruhten nicht, ehe sie ihrerseits fünfhundert Christen umgebracht hatten. Das Dorf Damur wurde von den PLO-Partisanen gesprengt und verwüstet. Dennoch bevölkerten sich die Ruinen sehr bald wieder. Im August 1976 hatten die christlichen Kataeb mit syrischer Unterstützung das Palästinenser-Lager Tell-el-Zaatar ausgeräumt. Die Flüchtlinge und Überlebenden von Tell-el-Zaatar suchten Zuflucht, nisteten sich als Squatter in Damur ein und trugen dazu bei, aus dieser Ortschaft eine Zwingburg palästinensischen Einflusses am Libanon zu machen. Kein Wunder, daß die israelischen Bomberpiloten mit Vorliebe ihre tödliche Last über diesem »libanesischen Oradour« abluden.

Der Luftangriff war noch im Gange, da fuhren wir mit Wajih in Richtung Damur. Die Israeli verfügten offenbar über eine vorzügliche Aufklärung und hatten sehr selektiv gezielt. Sie wußten, wo die Fedayin ihre getarnten Militärbasen hatten. Die Flakbatterien längs der Corniche und der südlichen Autobahn belferten wie wild. In einiger Entfernung waren immer noch Kampfflugzeuge zu erkennen, die heulend im Steilflug aus dem abendlich blassen Himmel stießen. Die Rauchsäulen blähten sich zu gigantischen schwarzen Pilzen auf. Ein paar Öltanks brannten in der Nähe des Strandhotels, wo angeblich palästinensische Kampfschwimmer für Sabotageakte in Israel ausgebildet wurden. Ambulanzen mit rotem Halbmond und Blaulicht kamen uns heulend entgegen. Jeeps und Limousinen, vollgestopft mit Partisanen, rasten ziellos hin und her.

Über eine Seitenstraße gelangten wir in die Gespensterstadt Damur. Sofort wurden wir von gestikulierenden Waffenträgern umringt. Der Ausweis des Dr. Habasch schützte vor Unannehmlichkeiten. Aber filmen durften wir nicht. Die Ruinen Damurs waren ja nicht das Ergebnis israelischer Einschüchterungsangriffe, sondern der blindwütigen Vergeltungsaktion aus dem Januar 1976. Im übrigen war jedes Haus – auch wenn es von Zivilisten bewohnt wurde – zum Bunker ausgebaut, und auf den flachen Dächern ragten die Geschützrohre wie sonst die Fernsehantennen. Bei den Fedayin herrschten Nervosität, Disziplinlosigkeit, stellenweise Hysterie. Es mochte sich um individuell tapfere Männer handeln, aber Selbstbeherrschung besaßen sie nicht und ein geordnetes, systematisches Kämpfen traute man dieser buntscheckigen Truppe kaum zu. »Ein Rudel von Wölfen«, kommentierte ein bissiger britischer Kollege.

Wir kehrten nach Beirut zurück, als die letzten Maschinen mit dem David-Stern abdrehten. Der Zivilverkehr hatte längst wieder überhandgenommen. Die libanesischen Chauffeure verschwendeten nur wenige Blicke auf die zerschossenen und rauchenden Karosserien am Rande der Autobahn. Die Erdbeerverkäufer hatten ihre Stände während des ganzen Bombardements ohnehin nicht im Stich gelassen. Der Außengürtel der Hauptstadt kündigte sich durch dampfende Abfallhalden an. Das Meer war an diesem Abend flach und unbeteiligt. Es glänzte kupferfarben in der untergehenden Sonne.

Was sich an diesem Apriltag abspielte, war nur ein warnender Hinweis auf die kommende Eskalation. Als am 3. Juni der israelische Botschafter in London durch ein neues Attentat schwer verwundet wurde, blieb auch Beirut von Repressalien nicht mehr verschont. Die PLO-Lager im Weichbild der Stadt wurden nach zehnmonatiger Waffenruhe systematisch bombardiert. Dieses Mal gelang es Yassir Arafat und seiner gemäßigt taktierenden Fraktion der PLO nicht mehr, die Wut, die Rachegelüste der radikalen Partisanengruppen zu bändigen. Am Süd-Libanon wurden einige Salven Katjuscha-Raketen auf israelische Grenzdörfer abgefeuert. Der Anlaß, manche sagen der Vorwand, für die seit langem geplante Offensive »Frieden für Galiläa«, war endlich gegeben. Am 6. Juni stürmte Zahal nach Norden. Israelische Kommandos landeten bei Tyr, bei Saida, bei Damur, das jetzt durch Flächenbombardements total plattgewalzt wurde. Binnen sechs Tagen stand die Armee Arik Scharons am Stadtrand von Beirut. Die Zeit war reif für den großen »showdown«, die Karten wurden aufgedeckt und neu verteilt.

Präsident Assad, »Löwe und Held«

Aleppo, April 1982

Die Nonnen waren in schwarze Wollschals gehüllt. Ihre Schülerinnen hatten sich weiß vermummt, traurige kleine Bräute mit blassen Vogelgesichtern und viel zu großen byzantinischen Augen. Die Luft war kalt und dennoch muffig in der schmalen Kirche. Das Frauenkloster von Seyednaya nordwestlich von Damaskus gelegen und von felsigen Schluchten umringt, gehört dem griechisch-katholischen Ritus an. Der bärtige Priester, wie ein Pope in Gold und Schwarz gehüllt, kam eiligen Schrittes hinter der Ikonostase hervor, wo er das heilige Opfer zelebrierte. Zwei kleine Mädchen schwenkten die Weihrauchfässer vor dem Offizianten. Dann wurde den wenigen Gläubigen, die fröstelnd in den Bankreihen standen, geweihtes Brot gereicht, das man nach der Bekreuzigung aß.

Hier waren wir unendlich weit entfernt vom kriegerischen Triumphalismus der maronitischen Mönche von Kasslik. Diese Christenheit war seit dem Niedergang des römischen Ostreichs gedemütigt und geschunden worden. Ihre Liturgie, die in kläglichem Abglanz die frühere Glorie von Byzanz spiegelt, mutete – verglichen mit der Schmucklosigkeit und Strenge islamischer Gebetsübungen – fast wie ein Mummenschanz an. Unweit Seyednaya wandten wir uns dem christlichen Flecken Maalula zu, wo sich angeblich noch die Sprache Christi, das Aramäische, bei der älteren Dorfbevölkerung ziemlich rein erhalten hat. Das Grab der Heiligen Taghla war in eine Grotte eingelassen, wo wundertätiges Wasser tropfte. Der ganze Berg mußte früher Dutzenden von Einsiedlern in seinen Höhlen Unterschlupf geboten haben.

Mein Fahrer Samuel genoß es, mich an diese Stätten verschütteter Frömmigkeit zu führen. Er hatte sich gleich als assyrischer Christ, als Nestorianer zu erkennen gegeben. Einige Jahre seines Lebens hatte er ausgerechnet in Schweden verbracht, wo ein Teil seiner Familie seßhaft geworden war. Samuel stand als Fahrer von Ausländern ohne Zweifel im Dienste irgendeiner Sicherheitsabteilung von Damaskus, sonst hätte er seinen Beruf gar nicht ausüben können. Er war etwa sechzig Jahre alt, bewegte sich aber mit jugendlicher Lebhaftigkeit und trug auf der Fahrt stets das schwarz-weiße Arafat-Tuch. Samuel bildete sich etwas darauf ein, nestorianischer Christ zu sein, Assyrer, wie er betonte. Mit den Arabern wollte er nichts zu tun haben. Diese Beduinen hätten doch nur Verwüstung und Niedergang gebracht. Wie die meisten Christen der Arabischen Republik Syrien – sie machen etwa zehn Prozent der Gesamtbevölkerung aus – ertrug er das stark personalisierte Baath-Regime des Präsidenten Hafez-el-Assad als das geringere Übel. Im Angesicht der nahenden Flut des muselmanischen Fundamentalismus bot die säkulare und gemäßigt sozialistische Ideologie der »Arabischen Baath-Partei« den Minderheiten weiterhin die Chance einer begrenzten Gleichberechtigung. »Sollen die Moslems um die Macht in Damaskus ringen«, sagte Samuel, »wir Christen wenden uns unterdessen den Geschäften zu.«

Der Nestorianer war von der Leidenschaft des konfessionellen Disputs besessen und erwies sich somit als echter Nachfahre jenes byzantinischen Imperiums, dessen Senatoren – während des Türkensturms – dem Streit über das Geschlecht der Engel mehr Aufmerksamkeit widmeten als der Verteidigung ihrer Metropole am Bosporus. Mit dem orthodoxen Pater Michel im Kloster Mar Sarkis zankte sich Samuel über Spitzfindigkeiten der liturgischen Linguistik. Er war noch immer des Lobes voll für den Patriarchen Nestorius, zeitweise geistliches Oberhaupt der Ostkirche, der über die Fragen der Doppelnatur Christi zu Fall gekommen und durch das Konzil von Ephesus endgültig zum Irrlehrer erklärt worden war. Der permanente Dogmenstreit muß so unerträglich gewesen sein, wurde so grausam ausgetragen, daß die Masse der von den byzantinischen Kaisern geächteten Nestorianer die erobernden Reiter des Khalifen Omar nach der Schlacht am Yarmuk fast als Befreier begrüßte und sich mehrheitlich zum Islam bekehren ließ. Da Nestorius die überwiegend menschliche Natur Christi betont hatte, fiel diese Konversion relativ leicht. »Es ist nicht viel von unserer Größe übriggeblieben«, klagte Samuel. »Unsere Mönche hatten sich in Persien verbreitet und waren drauf und dran, ganz China zu missionieren. Heute sind wir Spreu. Nach dem Ersten Weltkrieg hatten wir versucht, in unserem irakischen Siedlungsgebiet nördlich von Mossul ein eigenes Staatswesen zu behaupten. Mit britischer Unterstützung hat die muselmanische Soldateska des

Königs Feisal unsere Dörfer eingeäschert, sie dem Erdboden gleichgemacht. Die Überlebenden wurden über den ganzen Orient und bis nach
Amerika verstreut.«

Auf unserem Abstecher nach Palmyra nahm uns die fruchtbare Ebene
von Homs auf. Überall waren die Wände und Mauern mit Abbildungen
des starken Mannes von Damaskus, General Hafez-el-Assad, beklebt.
Der Personenkult hatte sich in den letzten Jahren grotesk gesteigert,
wurde zur Zwangsvorstellung. Der Prophet hatte sehr wohl gewußt,
warum er die bildliche Darstellung des Menschen verboten hatte. Das
energische Gesicht des Diktators mit der ungewöhnlich hohen Stirn
zwang sich auf den Plakaten ein möglichst harmloses Lächeln ab. Henry
Kissinger war von der brillanten Intelligenz, von dem raubtierähnlichen
Überlebensinstinkt des Syrers weit mehr beeindruckt gewesen als von
den geistigen Gaben des Ägypters Anwar-es-Sadat.

Immer wieder wurden wir von bewaffneten Posten angehalten, viele
davon in nachlässigem Zivil, nur an der Kalaschnikow als Regime-
wächter und Milizionäre der Baath-Partei zu erkennen. Es war dann ratsam, energisch auf die Bremse zu treten, denn es wurde ohne Warnung
geschossen. Schon in Damaskus fiel dem Besucher auf, daß die ganzen
Ministerienviertel durch Sandsackbarrikaden, Stacheldraht und Spezial-
truppen mit roter Mütze abgeriegelt waren. Das Assad-Regime war
durch eine Vielzahl von Bombenanschlägen verunsichert. Die Geheimorganisation der Moslem-Brüder rühmte sich dieser Überfälle und Attentate. Was 1951 nur in Ansätzen zu ahnen gewesen war – das Hochkommen der »Muslimischen Brüder«, wie ich damals in der *Saarbrücker
Zeitung* schrieb – das eifernde und gewalttätige Aufbäumen gegen den
säkularen arabischen Nationalismus, war nun zum bedrohlichen Alptraum angewachsen.

Die Selbstverherrlichung Hafez-el-Assads kannte keine Grenzen.
Überall wurde er als »Held der Befreiung«, als »Führer und Sohn des Volkes« gefeiert, als »arabischer Held«, als »heldischer Löwe«. Trotz dieser
schwülstigen Huldigung, trotz des erdrückenden Spitzelsystems erschien
mir Damaskus als eine gelassene, etwas phlegmatische Stadt. Kaum hatte
ich die Stellungen der SAM-6-Raketen in der libanesischen Bekaa hinter
mir gelassen – zu Füßen der Rampen hatten Beduinen Zelte aufgeschlagen und weideten ihre Schafe – luden auf syrischem Boden die schattigen Ausflugslokale am Ufer des Barada zum abendlichen Mezze ein. Das
Zentrum von Damaskus dröhnte zu später Stunde vom Lärm endloser
Truppentransporte. Die Sattelschlepper mit Panzern und die schweren

Artillerielafetten wurden eilig nach Süden und Osten verlagert. Der christliche Antiquar, bei dem ich mich nach Raritäten umsah, schien sich um diese kriegerischen Vorgänge wenig zu kümmern. Er brachte immer neue, immer prächtigere Ikonen aus seinem diskreten Hinterraum. Das seien doch keine orientalischen, sondern russische Heiligenbilder, wandte ich ein. »Natürlich«, antwortete der alte Melkite, »diese Ikonen haben unsere Offiziere, die in der Sowjetunion ihre Lehrgänge absolvierten, herausgeschmuggelt.«

Ich hatte eine Verabredung im Viertel der Muhajirin, nach jenen muselmanischen Kaukasiern benannt, die nach dem Ersten Weltkrieg vor dem Bolschewismus in die Levante geflüchtet waren. Als ich im Restaurant »Le Vendôme« zu Abend aß, stand die Sichel des Mondes über dem Kassiun-Gebirge. Der Kellner erzählte mir, daß gelegentlich der deutsche General Remer, der am 20. Juli 1944 bei der Niederwerfung des Putsches gegen Hitler eine verhängnisvolle Rolle gespielt hatte, bei ihm zu Gast sei. Remer, nunmehr ein alter Herr, mache gute Geschäfte mit dem Import deutscher Schäferhunde nach Syrien.

Im »Vendôme« hatte ich auch im späten September 1970 diniert. Ich war damals mit einem Mietwagen aus Amman nach Damaskus geeilt. In Jordanien hatte König Hussein den Aufstand der Palästinenser in einer äußerst blutigen Blitzaktion seiner Beduinen niedergeschlagen. Seitdem sprach man von dem »Schwarzen September« in Amman. Die Republik Syrien, die zu jener Zeit von einer extremistischen Clique der Baath-Partei und von dem hitzigen Triumvirat der Ärzte Nureddin Atass und Yussef Zouayen sowie des Generals Salah Jedid regiert wurde, hatte versucht, den palästinensischen Brüdern zu Hilfe zu kommen. Die syrischen Panzerbrigaden waren über die jordanische Grenze nach Süden gerollt. Weit waren diese Tanks nicht gekommen. Der Oberbefehlshaber der syrischen Luftwaffe, ein gewisser Hafez-el-Assad, hatte nämlich das abenteuerliche Engagement des herrschenden Triumvirats mißbilligt und den Bodentruppen jede Luftunterstützung verweigert. Für die jordanischen Jagdbomber war es unter diesen Umständen ein leichtes, den Panzervorstoß der Syrer zu stoppen. Als ich die Grenze am Nachmittag passiert hatte, wurde noch heftig geschossen, und ich hatte dem Chauffeur eine hohe Prämie zahlen müssen, ehe er mit mir durch die jordanischen Linien, die ausgebrannte Zollstation und die sich sammelnden Haufen palästinensischer Fedayin auf syrischer Seite brauste. Auch in jener Septembernacht 1970 lag Damaskus scheinbar friedlich und unbeteilig unter der Mondsichel. Aber an den Tischen des »Vendôme« wurde aufgeregt getuschelt. Der Luftwaffen-General Hafez-el-Assad, so flüsterte man, habe am Vormittag einen Staatsstreich vollzogen, die Ministerien besetzen lassen, die ultra-radikalen Hasardeure der Zouayen-Clique unter Hausarrest gestellt.

Eine Dekade war seitdem verstrichen, aber Damaskus blieb weiterhin ein Hort der Intrigen und Verschwörungen. General Hafez-el-Assad hatte sein Ziel erreicht. Seit zehn Jahren war er Staatschef der Arabischen Republik Syrien, und die widerwillige, chaotische Baath, die »Sozialistische Partei der Arabischen Wiedergeburt«, hatte er ohne viel Federlesen auf Vordermann gebracht. Schwieriger war es offenbar, mit dem Geheimbund der Moslem-Brüder fertig zu werden. Die Ikhuan hatten schon in den frühen vierziger Jahren ihre ersten Zellen in Syrien gebildet. Spätestens nach dem Militärcoup von 1963, als die linken Radikalinskis der Baath-Partei ihre »Revolution« einleiteten, gingen die muselmanischen Fundamentalisten in den konspirativen Untergrund. Sie fanden Anklang bei den armen Bevölkerungsschichten und beim sunnitischen Bürgertum, widersetzten sich den Säkularisierungs- und Nationalisierungsmaßnahmen der »Feinde Gottes«, wie sie schon damals polemisierten. Sie riefen zum Heiligen Krieg auf, als die neue Verfassung des Jahres 1973 auf den Passus verzichtete, wonach der Staatschef Syriens stets ein Muselmane sein müsse. Das Signal zum bewaffneten Widerstand war damit gegeben, denn General Hafez-el-Assad gehörte jener geheimnisvollen, der Schiia verwandten Sekte der Alawiten an, die schon von den türkischen Khalifen als schlimme Ketzer verfolgt worden waren. Präsident Assad gelang es zwar später, die sunnitischen Koran-Gelehrten, die Ulama von Damaskus, unter Androhung von Haft und Folter zur Ausstellung eines Persilscheins zu zwingen. Sie bestätigten ihm, daß er ein echter und gläubiger Anhänger des Propheten sei. Dieses Possenspiel löste zusätzliche Entrüstung aus.

Der assyrische Chauffeur Samuel hütete sich, über diese heiklen Hintergründe des syrischen Staatslebens Auskunft zu geben. In Palmyra gebärdeten wir uns denn auch wie brave Touristen und schlenderten durch die imposanten Ruinenfelder, die das Römische Reich und die selbstherrliche semitische Königin Zenobia zu Ehren des Gottes Baal und des Kaisers Diokletian hinterlassen hatten. Manches erinnerte mich an das algerische Timgad. Wohlweislich wurde kein Wort über die schrecklichen Ereignisse verloren, die sich hier im Juni 1980 abgespielt hatten. Als die Moslem-Brüder zu immer rabiateren Anschlägen gegen das Baath-Regime ausholten und ein Attentat gegen den Staatschef um Haaresbreite vereitelt worden war, hatte Hafez-el-Assad unter seinen politischen Gegnern, die in einem Spezialgefängnis unweit von Palmyra eingekerkert waren, aufgeräumt. Nachdem man ihnen eine trügerische Freilassung vorgespiegelt hatte, wurden mindestens fünfhundert Häftlinge mit Maschinengewehren und Hubschrauberkanonen auf freiem Felde niedergemäht.

Immer wieder angehalten, unablässig überprüft, hatten wir die Stadt Homs auf der Fahrt nach Norden passiert. Hafez-el-Assad, der »Held des Volkes«, lächelte auch dort, in tausendfacher Vervielfältigung, aber das zentrale Amtsgebäude seiner Baath-Partei war durch einen Sprengstoffanschlag in der Mitte geborsten. Es ging weiter nach Hama. »Sie wissen, was in Hama vorgefallen ist?« fragte Samuel lauernd. Bei der Nennung dieser drittgrößten Stadt Syriens verdüsterten sich stets die Gesichter. Hama war dem Baath-Regime von Anfang an ein Dorn im Auge gewesen. Die konservative und streng muselmanische Opposition verfügte hier über eine Hochburg. Im März 1980 war in Hama und Aleppo ein politisch und religiös motivierter Generalstreik von den Moslem-Brüdern ausgerufen worden. Bewaffnete Gruppen von Freischärlern machten Jagd auf linke Intellektuelle der Baath-Partei, auf Agenten des Sicherheitsdienstes, auf exponierte Persönlichkeiten des Assad-Regimes, vor allem auf Alawiten. Im Juni 1979 hatten die Streiter Allahs unter den Kadetten der Militär-Akademie von Aleppo ein Blutbad angerichtet. Sechzig junge Alawiten waren getötet worden. Unter dem Befehl des Präsidentenbruders Rifaat-el-Assad wurde dessen Schlägertruppe, die »Verteidigungs-Brigaden« oder »Pink Panthers« auf die beiden aufsässigen Bollwerke der »Reaktion« losgelassen. Dazu gesellte sich die gefürchtete Sonderbrigade des Oberst Ali Haydar, die sich in der Ayyubiden-Zitadelle von Aleppo verschanzte und zur gnadenlosen Vergeltung ausholte.

Im Frühjahr 1981, so schien es, war der Aufstand der Moslem-Brüder, die sich inzwischen in der »Vereinigten Islamischen Front« zusammengetan hatten und ganz offen die islamische Revolution propagierten, unter den Kugeln und den Folterinstrumenten des Baath-Regimes und seiner Schergen zusammengebrochen. Selbst erfahrene westliche Beobachter gaben diesen fanatisierten Oppositionellen, die sich natürlich als Mudschahidin bezeichneten, keine Chance mehr, zumal ein großer Teil des sunnitischen Bürgertums und der städtischen Kaufmannschaft,

denen Hafez-el-Assad mit wirtschaftlichen Liberalisierungs-Maßnah-
men entgegengekommen war, für eine fundamentalistische Machtergreifung und die damit verbundene engstirnige Anwendung koranischer Vorschriften nicht zu begeistern war.

Dennoch kam es – acht Monate nach dem Massaker von Palmyra –
zum grausigen Höhepunkt des Bürgerkriegs. Die Stadt Hama erhob sich
wie ein Mann gegen Hafez-el-Assad. Die Sicherheitsorgane und Garnisonen wurden vertrieben oder ausgelöscht. Die ersten Verstärkungen aus
Damaskus, dazu gehörten Eliteeinheiten der Fallschirmjäger, wurden
aufgerieben. Da gab es kein Halten und keine Gnade mehr. An Hama
sollte ein Exempel statuiert werden. Luftwaffe, schwere Artillerie, Panzerkolonnen wurden gegen die muselmanischen Umstürzler aufgeboten.
Ein Strafgericht ohnegleichen ging über der Stadt nieder, die einst wegen
ihrer historischen Sehenswürdigkeiten und ihrer rastlosen, ächzenden
Wasserräder berühmt war. Der Befehl war erteilt worden, keinen Stein
auf dem anderen zu lassen. Die Moscheen wurden gesprengt, und – um
den Eindruck religiöser Einseitigkeit zu vermeiden – auch die christlichen Kirchen dem Erdboden gleichgemacht. Unter den Trümmern lagen
ungezählte Opfer. Vorsichtige Schätzungen sprachen von zehntausend
Toten, mehr als der ganze libanesische Bürgerkrieg in sieben Jahren
gefordert hatte.

Samuel verstummte, als wir uns dem Trümmerfeld näherten. Die
große Achse Damaskus – Aleppo führt zwar nicht durch das enge innere
Straßenlabyrinth von Hama, aber sie macht auch keinen Bogen um die
Stadt, so daß die Verwüstung keinem Durchreisenden entging. »Das hat
Hafez-el-Assad an seinen eigenen Brüdern, an den Syrern selbst verübt«,
hatte mir ein oppositioneller Arzt in Damaskus zugeraunt. »Wo solche
Barbarei aufkommt, da lastet der Fluch Gottes auf dem Land.«

Hama sah aus wie eine deutsche Mittelstadt nach einem Flächenbom-
bardement des Zweiten Weltkrieges. Die vom Schutt mühsam geräum-
ten Straßen waren fast menschenleer. Ein paar Frauen in schwarzem
Umhang huschten durch die Trümmer. Die Sicherheitstruppen waren
besonders zahlreich und nervös. Die »Rosa Panther« hielten uns die Kalaschnikow unter die Nase. Aber ich wußte seit ein paar Tagen, welches
das beste Passierwort war: »Ajnabi«, zu deutsch »Ausländer«. Die eigenen Landsleute waren zutiefst verdächtig. Der Fremde hingegen blieb
ein Außenseiter, wirkte harmlos, wurde höflich durchgewinkt. Bulldozer
waren dabei, die Schuttberge beiseite zu schieben. Sprengkommandos
ebneten zerbrochene Mauerwände vollends ein. Die Untat von Hama

sollte durch die Planierung der Ruinen recht und schlecht kaschiert werden. Über dem Horror und dem Morden lächelte das Bild Hafez-el-
Assads, »Sohn des Volkes und Held«. An der Ausfahrt fiel mir ein Transparent aus besseren Zeiten auf: »Thanks for your visit to Hama«, war auf
englisch zu lesen.

Die Sonne stand tief, als wir Aleppo zustrebten. Die ländliche Umgebung wirkte jetzt doppelt friedlich und mild. Auf dunkelbraunem Acker
schimmerte hellgrüne Saat. Silberne Olivenhaine, weißblühende Kirsch-
bäume verklärten den violetten Abend. Die runden Lehmbauten der
armen Dorfbewohner liefen spitz nach oben aus und glichen Bienenkör-
ben. Wieder hielten uns Milizionäre an, dieses Mal in Räuberzivil. »Die
meisten dieser Posten sind Alawiten aus dem Gebirge rund um den
Hafen Latakia«, erklärte Samuel; »für sie ist Ali wichtiger als Mohammed, und es heißt sogar, sie beteten den Schwiegersohn des Propheten
an. – Haben Sie den rassischen Typus dieser jungen Leute beobachtet?
Viele von ihnen sind blond oder rothaarig und haben blaue Augen. Im
Volksmund wird behauptet, sie seien Nachkommen der fränkischen
Kreuzfahrer, und manchmal nennen wir sie ›unsere Deutschen‹, ›unsere
Germanen‹. Deshalb sind sie auch so rauh und kriegerisch.« Tatsächlich
wirkten diese Bauernburschen aus den alawitischen Bergdörfern kein
bißchen levantinisch. Es bedurfte schon einiger Fantasie, um nordische
Züge an ihnen zu entdecken, aber die roten Schöpfe waren zahlreich –
wie übrigens auch bei den Juden; ihre Gesichtszüge waren wie mit dem
Beil gehackt, die Augen stechend.

Das Hotel »Baron« in Aleppo hatte sich seit meinem letzten Aufenthalt
im Sommer 1951 kein bißchen verändert. Kein Möbelstück war ausgetauscht oder auch nur verrückt worden, so schien mir. Aber was damals
noch osmanischen Pomp, gepaart mit französischer Mandatsherrlich-
keit, ausdrückte, war jetzt verstaubt, verdreckt, brüchig. Die holzgetä-
felte Bar war mit müden Orientalen gefüllt. Das Empfangspersonal hätte
einer Zuchthausbewachung Ehre gemacht. Das Spitzelwesen entbehrte
jeder Diskretion. Ein alter Kellner im Smoking wirkte ebenso unzeitge-
mäß wie der Salon mit den zerbröckelnden Antiquitäten, die wohl vom
Euphrat stammten und winzige Männchen mit riesigen Phalli darstellten. Ein Fernsehgerät, das graue Bilder mit viel Schnee vermittelte, war
die einzige Innovation im Hotel »Baron«. Nach Einbruch der Dunkelheit
schlenderte ich – unter den unvermeidlichen Blicken des »Batal«, des
heldischen Präsidenten, durch die verschmutzten und überfüllten

Geschäftsstraßen. In jedem zweiten Torbogen stand irgendein bewaffneter Jüngling. Aleppo schien unter permanentem Belagerungszustand zu leben. Im überdachten Suq, einem Prachtstück altorientalischer Baukunst, verrammelten die Ladenbesitzer ihre »Dukkan«, deren Angebot ohnehin Ramsch war. Von den Steinwölbungen hingen zahllose Zettel in den Farben des Regenbogens. Sie waren mit Versen des Korans beschriftet. Die Moscheen waren zum Abendgebet gut besucht. Argwohn und Angst waren seit den furchtbaren Ereignissen von Hama allgegenwärtig, klebten wie Pech an jedem Passanten, spiegelten sich in den rastlos schweifenden Blicken. Erst im Umkreis des pyramiden-ähnlichen Kegels der Ayyubiden-Zitadelle atmete ich auf. Hier war kein Gedränge und Geschiebe mehr. Über den Zinnen der Burg flimmerten die ersten Sterne, und an den Tischen des Straßencafés verharrten ein paar in sich gekehrte Greise, ließen den Trubel der Politik an sich vorbeirauschen und saugten an gurgelnden Wasserpfeifen.

In meinem Hotelzimmer las ich in der Broschüre der Moslem-Brüder, die mir von einem Regimegegner in die Hand gedrückt worden war. Die Ereignisse von Hama waren darin beschrieben: » . . . Zuerst wurden die Häuser bombardiert, dann durchsuchte man sie und ließ die Leichen einfach liegen. Eines solchen Vorgehens haben sich nicht einmal die Zionisten schuldig gemacht . . . Die Massaker von Hama, wo während der wochenlangen Kämpfe zwischen Streitkräften des Regimes und den Mudschahidin im Februar dieses Jahres nach vorsichtigen Schätzungen mindestens 35000 Menschen ums Leben gekommen sind, haben in der Stadt eine tiefe und unüberwindliche Schockwirkung hervorgerufen. Ein Blutbad von derartiger Größenordnung und Grausamkeit, begangen an einer wehrlosen Zivilbevölkerung, hat nicht einmal der als blutrünstig weltweit bekannte Hitler fertiggebracht . . . Assad, der ›Löwe‹, so nennt sich der Tyrann, seitdem er Präsident ist. Sein tatsächlicher Name ist ›Wahsch‹, die ›Bestie‹ . . .«

Der italienische Honorar-Konsul Robert Barundji war etwa fünfzig Jahre alt. Trotzdem wirkte er wie ein Überlebender des Osmanischen Reiches. Robert war griechisch-katholischer Christ, Rechtsanwalt von Beruf und mit Reichtum gesegnet. Seine Villa war ein kleines Märchenschloß mit Marmorböden, zierlich verschnörkelten Stilmöbeln und einer goldverkrusteten, polychrom ziselierten Zimmerdecke im Salon, die ein Vermögen gekostet haben mußte. Auf den effektvoll beleuchteten Regalen war viel kostbarer Kitsch, aber auch erlesenes Sammlergut ausgestellt. Barundji war ein perfekter Gastgeber, ein Orientale von profunder französischer Akkulturation. Der Mann war klein und schmächtig gewachsen. Er wirkte schüchtern und sprach mit leiser Stimme. Aus den grauen Augen im langgezogenen Kopf sprach wache Intelligenz und eine leicht resignierte Liebenswürdigkeit.

Eine exklusive Runde hatte sich in dieser luxuriösen Villa mitten in Aleppo versammelt. Unter den einheimischen Gästen waren die Christen in der Mehrheit. Sie gehörten der besitzenden Oberschicht von gestern an, fühlten sich nach dem Scheiden der französischen Mandatsmacht, das hier wie ein Ereignis von gestern wirkte, etwas verwaist, blickten nach Paris, erörterten seine politischen Mutationen und literarischen Launen, als strahle dort immer noch das aufklärerische Licht der Menschheit. Eine Reihe von sunnitischen Großbürgern und Feudalherren war ebenfalls geladen. Sie hatten unter den Sozialisierungsmaßnahmen der letzten drei Jahrzehnte vielleicht mehr gelitten als die geschmeidigen Christen, die schon zu Zeiten des türkischen Sultans stets auf Ausplünderungen gefaßt waren.

»Während der ägyptisch-syrischen Staaten-Fusion unter Nasser«, sagte Robert mit seinem feinen ironischen Lächeln, »sind den meisten der hier Anwesenden im Zuge der Bodenreform ihre Ländereien abgenommen worden. Sie sind fast alle wieder auf die Füße gefallen und haben neuen Besitz geschaffen. Wir Aleppiner sind vitaler als wir aussehen.«

Die meisten Gäste waren mit irgendwelchen Gebrechen behaftet. Mehrere gingen an Krücken, zwei wurden sogar von ihren Dienern im Rollstuhl gefahren. Alle wirkten ungesund und ausgelaugt. In den levantinisch ausdrucksvollen Gesichtern mit den gewaltigen Nasen und den schweren Säcken unter den Augen drückte sich eine gewisse physische Dekadenz, sogar Degeneration aus, Folge allzu langer und hermetischer Endogamie. Ein paar junge Frauen faszinierten durch ihre diaphane, leicht morbide Schönheit, die durch die Extravaganz der Haute-Couture-Kleider aus Paris betont wurde. Die älteren Damen hingegen – darunter die beiden sehr resoluten Schwestern Barundjis – waren fett wie Nilpferde. In ihren schwarzen Kleidern, unter denen die Fleischpakete Wulste bildeten, erinnerten sie an Gestalten aus den Alpträumen Goyas. Dabei verfügten diese Frauen über perfekte Umgangsformen und geistreiche Konversation. Man hatte mich vorgewarnt, und dennoch blickte ich wie gebannt auf die Juwelen, die diese wenig attraktiven Hälse, Dekolletés und Hände schmückten. Unvorstellbarer Reichtum wurde hier transportiert, Werte, die pro Person die Million Dollar überschreiten mochten.

Robert stellte mich den in Aleppo akkreditierten Konsuln vor. Der Franzose, ein jovialer Bonvivant, gab unumwunden zu, daß er in Nord-Syrien keine konkreten Interessen mehr zu vertreten habe, sondern nur eine symbolische Präsenz demonstriere. Anders die Russen und die Türken. Der sowjetische Generalkonsul Ahmedow war Usbeke und früherer Offizier der Roten Armee. Seine Frau, eine blonde Slawin, ließ ihn keine Sekunde allein. Nach den Moslems in der Sowjetunion befragt – das Thema drängte sich in Aleppo auf – gab er deren Zahl mit fünfzig Millionen an. Etwa zehn Prozent davon würden noch ihre Religion praktizieren. Er selbst sei Kommunist. Ahmedow wirkte verbindlich und ein wenig unsicher auf dem ungewöhnlichen Parkett. Eine syrische Dame, deren geographische Kenntnisse begrenzt waren, obwohl sie gerade eine Südost-Asien-Tournee absolviert hatte, fragte ihn – aufgrund seiner Schlitzaugen, des mongolischen Gesichtsschnitts und des kupferfarbenen Teints – ob seine Familie birmanischen Ursprungs sei. Robert machte mich auch mit Konsul Saltanow, dem zweiten Mann der sowjetischen Vertretung bekannt, und ich prallte fast zurück. Saltanow hatte eine Yul-Brynner-Glatze, glasblaue Augen und ein wachsbleiches Gesicht mit harten Konturen. Der Konsul war Russe, aber sein Name deutete einen fernen tatarischen Ursprung an. Er war, wie man mir zuflüsterte, der verantwortliche und tätige Repräsentant Moskaus in diesem Krisenwinkel. Wenn er in einem Spionagefilm als KGB-Resident aufgetreten wäre, hätte jeder Kinobesucher gefunden, die Maskerade sei allzu dick aufgetragen. Ich konnte meine Augen nicht von Saltanow lassen, der sich bei aller Geschmeidigkeit mit Robotergesten bewegte.

Das Pendant zu dem Russen und vielleicht sein diskreter Gegenspieler war ein eleganter junger Türke, dem Typus nach Offizier. Er hatte in Frankreich studiert und gab unumwunden zu, daß der Raum von Aleppo, der ja unmittelbar an den immer noch umstrittenen Sandschak von Iskenderun grenzt, für Ankara ein eminent wichtiges Gebiet sei. »Wir haben uns allzusehr dem arabischen Orient entfremdet und zu einseitig nach Westen ausgerichtet«, meinte der türkische Konsul. Die Agitation der Moslem-Brüder, die ja vor allem auch auf Aleppo übergegriffen hatte, wurde von den türkischen Behörden mit Sorge registriert.

»Hier findet eines der größten Versteckspiele der Weltpolitik statt«, sagte der Konsul. »Hafez-el-Assad hat Syrien zum Freund und Verbündeten der Sowjetunion gemacht. Die syrische Armee ist mit russischem Material überreichlich ausgestattet. Dreitausend sowjetische Offiziere sind hier als Berater und Ausbilder tätig, dazu kommen zweitausend zusätzliche Zivilexperten und deren Familien. Die Rote Flotte verfügt im Hafen von Tartus über weitgehende Fazilitäten. Und trotzdem regen wir uns darüber nicht übermäßig auf, und die Amerikaner zeigen noch größere Gelassenheit. Für Moskau erscheint Hafez-el-Assad als verläßlicher Partner und Syrien als die unentbehrliche strategische Drehscheibe in Nahost. In Wirklichkeit ist der Einfluß der Russen begrenzt. Sie haben keinen Zugang zu den wirklichen Kommandostellen des Staates und der Streitkräfte. Der russische Botschafter muß tagelang beim Präsidenten antichambrieren, während die Emissäre Washingtons – sei es Kissinger früher oder Philip Habib heute – binnen fünfzehn Minuten vorgelassen werden. Die Russen sind für die Syrer angesichts der brisanten Palästina-Situation wichtig und nützlich, aber man schätzt sie gering, und niemand bewundert sie. Wenn es den Moslem-Brüdern gelingt, einen sowjetischen Offizier zu erschießen, geht ein Raunen der Schadenfreude durch die Bazargassen. Die Amerikaner hingegen, die sind Trumpf – verhaßt gewiß, wegen ihrer Bindung an Israel, aber Washington gilt hier als Weltmacht ersten Ranges. Dort befinden sich Reichtum und modernste Technologie. Daneben erscheinen die Russen – zu Unrecht wahrscheinlich – als arme Schlucker.«

Der Türke hatte alle Länder der Europäischen Gemeinschaft bereist. »Es ist seltsam«, bemerkte er lachend, »während die Verbündeten der USA in Europa sich von Uncle Sam abwenden und dessen vermeintliche Schwächen anprangern, ist hier im Orient – bei den geifernden Gegnern Amerikas – das US-Prestige ständig im Wachsen.«

Robert Barundji war hinzugetreten und pflichtete dem Türken bei. Präsident Hafez-el-Assad, so ergab sich im Gespräch, sei für alle Beteiligten im Nahost-Spiel eine unersetzliche Figur. Natürlich für die Russen, mit denen er einen Freundschaftspakt unterzeichnet hatte; aber auch für die Amerikaner, denn die sehr eigenwillige Politik des Baath-Regimes habe Syrien von der übrigen arabischen Staatenwelt isoliert, sorge dafür, daß die vielgepriesene Einheit des arabischen Lagers illusorisch bleibe. »Das klingt alles sehr zynisch, aber stellen Sie sich vor, die Moslem-Brüder kämen hier an die Macht«, erklärte der italienische Honorar-Konsul; »wie groß würde dann die Gefahr eines Übergreifens ihres theokratischen Fanatismus auf alle umliegenden, bislang noch gemäßigten Staaten sein.« Der sozialistische Laizismus der Baath-Politiker von Damaskus, gepaart mit deren haßerfüllter Frontstellung gegen die feindlichen Baath-Genossen von Bagdad, das seien wirksame Garanten der arabischen Spaltung und der arabischen Ohnmacht. Auch die Israeli hät-

ten das begriffen. Ihre Verbalattacken gegen Präsident Assad entsprächen einer propagandistischen Pflichtübung. Hinter dieser Nebelwand
sei der syrische Präsident auch für die Zionisten das geringere Übel und
ein durchaus kalkulierbarer Faktor. Dieser panarabische Revolutionär
und Sozialist sei im Ernstfall auf die Petro-Dollars der Saudis angewiesen, und man könne wetten, daß der israelische Geheimdienst Mossad
den syrischen Staatschef auf Umwegen über die Umtriebe oder Mord-
pläne der Moslem-Brüder informiere.

Dem Türken war das Gespräch wohl doch zu heikel geworden. Wir
sprachen über Paris, über die rührende Anteilnahme dieser reichen
Aleppiner am Quartier Latin ihrer Jugend- und ihrer Studentenerinne-
rung. Robert mußte sich anderen Freunden widmen. »Reizende Leute
sind das«, sagte der türkische Konsul, als wir allein waren, »und ich
möchte ihnen nicht zu nahe treten. Aber finden Sie nicht, daß uns diese
Runde ins neunzehnte Jahrhundert zurückversetzt?« Tatsächlich schien
mir auf einmal, als wäre ich bei einem orientalischen Marcel Proust –
»du côté de chez Barundji« in Aleppo zu Gast, als begegneten sich all
diese hochkarätigen Finanziers und ihre schmuckbeladenen Matronen
auf der »Suche nach der verlorenen Zeit«.

Am frühen Morgen brachen wir zum Kloster Sankt Simeon – zu arabisch »Qala't Samaan« auf. Der Fahrer Samuel hatte inzwischen Vertrauen
gefaßt. Er äußerte sich ziemlich unverblümt über die Moslem-Brüder.
Von denen hätten die christlichen Syrer, die etwa zehn Prozent der
Bevölkerung ausmachten, nichts Gutes zu erwarten. In Homs sei es zu
Ausschreitungen der Sunniten gegen die Nasrani, die Nazarener,
gekommen. Man habe ihnen den Alkoholgenuß und die Benutzung von
öffentlichen Bädern verbieten wollen. Auf die christlichen Frauen sei
Druck ausgeübt worden, das Haar zu verhüllen und keine Hosen zu tragen. Gegen harmlose Liebesszenen in westlichen Filmen seien Krawalle
veranstaltet worden, und das einzige Kabarett von Homs hätten die
Ikhuan verwüstet. Mit der Toleranz sei es nicht weit her bei den Jüngern
des Koran. Samuel zeigte mir einen Auszug aus der »Charta der nationalen Allianz für die Befreiung Syriens«, aus dem Grundsatzprogramm der
Moslem-Brüder: »Der Islam ist die Staatsreligion«, hieß es da, »und die
islamische Scharia ist die grundlegende Quelle der Gesetzgebung und
Kodifikation in ihrer Eigenschaft als Kulturerbe und als juristisches Erbe
für alle Araber, Muslime, ja sogar für die ganze Menschheit. Ihre
Anwendung berührt die Nicht-Muslime nicht in ihrem eigenen Glau-

ben, in der Ausübung ihrer eigenen Riten, in der Anwendung ihrer eigenen Gesetze in aller Freiheit und Sicherheit . . .« Für den letzten
beschwichtigenden Absatz fiel mir ein Koranzitat aus der Sure El Maida
ein: »Oh, ihr Gläubigen, befreundet euch nicht mit den Juden und den
Christen . . . Wer sich mit ihnen befreundet, wird einer der ihren; Allah
verweigertseineFührungderGemeinschaftderUngerechten!«

Die Landschaft wurde karstig. Wir näherten uns der türkischen Grenze. Seit die Franzosen 1939 die Neutralität Ankaras im Zweiten Weltkrieg durch die Abtretung von Alexandrette, dem heutigen Iskenderun,
erkauft hatten, war Antiochia, der erste orientalische Bischofssitz Petri,
ein ödes türkisches Provinznest geworden. Samuel hatte mir um jeden
Preis die Kloster- und Festungsruinen von Sankt Simeon zeigen wollen,
und bei unserer Ankunft verstand ich, warum. An dieser Stelle hatte
Byzanz ein Denkmal seiner Größe und seines Sinnes für Schönheit hinterlassen. Der fromme Eremit Simeon hatte hier im fünften Jahrhundert
meditiert und gebüßt. Im Zentrum der Basilika war noch der Sockel einer
sechzehn Meter hohen Säule erhalten, auf der Simeon 27 Jahre seines
Lebens in totaler Entsagung bis zum Tode verharrte. Nicht weit von
dieser Pilgerstätte hatte zur selben Epoche auch der Heilige Marun als
Einsiedler unter freiem Himmel gelebt. Der Grundriß des byzantinischen Sakralbaus entsprach dem klassischen Kanon justinianischer
Architektur: Das Kreuz im Quadrat wurde von einer monumentalen
Kuppel überwölbt. Die Hagia Sophia von Konstantinopel war das
ursprüngliche Modell gewesen. Die Dome von Ravenna und Aachen
waren nach den gleichen Regeln, wenn auch in sehr viel bescheidenerem
Ausmaß entworfen worden. Selbst der Islam zollte widerstrebend den
genialen Baumeistern von Byzanz seinen nachträglichen Tribut und
gestand damit eigenes kreatives Unvermögen ein. Fast sämtliche
Moscheen, mit denen die Osmanischen Sultane und Khalifen ihr Imperium ausstatteten, gingen auf das Konzept der Hagia Sophia zurück.
Lediglich die spitz zulaufenden Minaretts waren eine türkische Zutat.

Samuel sonnte sein christliches Selbstbewußtsein im Schatten dieser
enthaupteten Säulen, der geborstenen Kuppeln, des kraftvoll geschwungenen Portals von Sankt Simeon. Das Land ringsum war versteppt und
trug keine Frucht. »In dieser Gegend existierten einst blühende Städte.
Reiche Ernte wurde eingebracht«, erzählte er. Aber dann seien die
Eroberer des Islam, die Beduinen, gekommen, die den Ackerbau gering
achteten. Den Garten, den sie vorfanden, hätten sie zur Einöde gemacht.
Heute würden sie zwar argumentieren, daß eine Folge von schweren

Erdbeben den Lauf der Flüsse zwischen Aleppo und Antiochia verändert und die Landschaft ausgetrocknet habe. Doch das seien fadenscheinige Ausreden.

Die Ebene unter uns lag wie ausgestorben bis auf das Kurdendorf Afrin, das nur ein paar Kilometer von der türkischen Grenze entfernt war. Ein Fremdenführer, der – durch unsere Ankunft im Mittagsschlaf geweckt – eilfertig seinen Obolus kassierte, erklärte uns die Festungsanlagen rund um das Kloster Sankt Simeon. Nach dem ersten Siegessturm der islamischen Heere habe Konstantinopel noch einmal im zehnten Jahrhundert, im sogenannten »Goldenen Zeitalter von Byzanz«, zum kraftvollen Gegenangriff ausgeholt. Dem Soldaten-Kaiser Johannes Tzimiskos sei es gelungen, den Raum von Antiochia, ja sogar die Bekaa-Hochebene, Damaskus und einen Teil des Heiligen Landes für die Christenheit zurückzuerobern. Diese kurzfristige Blüte des Ostreichs zerbrach unter den Schlägen nicht etwa der Araber, sondern der türkischen Seldschuken, die sich ihrerseits plötzlich mit den Kreuzritter-Heeren des Abendlandes konfrontiert sahen. Vor Antiochia, das 1098 den Muselmanen entrissen wurde, kam es zum endgültigen Bruch zwischen den fränkischen Rittern, die zur Befreiung des Heiligen Grabes und zur eigenen Bereicherung gen Osten gezogen waren, und jenem byzantinischen Kaiser Alexios Komnenos, der sich immer noch als rechtmäßiger Herrscher der längst verlorenen oströmischen Besitzungen in Syrien aufspielte. Unserem Fremdenführer von Sankt Simeon war es nur sehr unzulänglich gelungen, diese verworrenen Ereignisse aneinanderzureihen.

Ich hatte befürchtet, unsere Küstenfahrt nach Latakia, Banias und Tartus würde an der Spionitis der staatlichen Sicherheitsorgane scheitern. Es gingen Gerüchte über verstärkte sowjetische Rüstungslieferungen und die Präsenz russischer Kriegsschiffe in den syrischen Häfen um. Doch die Straßenkontrollen am Flußlauf des Orontes und am Strand des Mittelmeers waren spärlicher als zwischen Damaskus und Aleppo. Wir durchquerten das Siedlungsgebiet der Alawiten; da konnte sich das Regime auf eine verläßliche, verschworene Anhängerschaft stützen. Die Huldigungen an die Regierungspartei wurden noch häufiger: »Einheit« – gemeint war die vielgeschundene arabische Nation –; »Freiheit« – dieses Wort wurde wohl im Orwellschen Sinne interpretiert –; »Sozialismus« – auch darüber ließ sich streiten – lautete die stets wiederkehrende Parole des Baath.

An diesem Freitag waren viele Ausflügler unterwegs. In den Bussen saßen organisierte Betriebsgemeinschaften – Männlein und Weiblein gemischt, die Frauen unverschleiert. An den Bächen wurde zwischen Mohnblüten und Olivenbäumen kampiert und gegrillt. Es ging recht volksdemokratisch zu. Der Verzicht auf die im islamischen Orient übliche Geschlechtertrennung wirkte befreiend. Samuel hatte den Sender Monte Carlo eingestellt, der auf Zypern über eine mächtige Relaisstation in arabischer Sprache verfügte. Beirut sei erneut bombardiert worden, meldete Radio Monte Carlo. Während wir in Banias an den silbernen Öltanks und Raffinerien vorbeifuhren, wo die Pipeline aus dem Irak am Mittelmeer endet, erwähnte der Nachrichtensprecher gerade, daß die Syrer zwei Tage zuvor aus Solidarität mit den befreundeten Iranern Khomeinis die Petroleumausfuhr des benachbarten Mesopotamiens boykottiert und die Rohrleitungen abgedrosselt hatten.

Eine Gralsburg im Land der Alawiten

Damaskus, April 1982

Die Gebirgsdörfer der Alawiten im Hinterland von Latakia und Tartus haben von dem kometenhaften Aufstieg eines der ihren, des Generals Hafez-el-Assad, profitiert. Die armseligen Lehmkaten von einst wurden durch schmucklose, aber relativ wohnliche Zementbauten ersetzt. Geld ist reichlich vorhanden dank des Wehrsoldes, den die jungen Männer nach Hause bringen. Fast alle männlichen Alawiten im waffenfähigen Alter stehen im Dienst des Regimes. Zwanzigtausend dienen in den Verteidigungsbrigaden des Präsidentenbruders Rifaat-el-Assad. Ein Neffe des Staatschefs, Oberst Adnan Rifaat, kommandiert eine rein alawitische Miliz, und dazu kommen die berüchtigten Sondereinheiten des Oberst Ali-Haydar sowie die weitverzweigten Geheimdienste, die allgegenwärtigen Mukhabarat. Die Regierungssprecher verweisen natürlich darauf, daß im »Regional-Kommando« der Baath-Partei von einundzwanzig Mitgliedern nur vier der Alawiten-Sekte angehörten und daß dies Verhältnis innerhalb der eigentlichen Regierung noch geringer sei. Aber die Macht in Syrien liegt nun einmal bei den Sicherheitsorganen und den Spitzeldiensten.

Kaum eine Offenbarungslehre des Orients ist so verkapselt, in sich verschlossen wie die der Alawiten. Bei der Fahrt durchs Gebirge machte Samuel mich auf die Heiligengräber der Sekte aufmerksam – »Ziara«

genannt –, grüne Kuppelbauten im Stil maghrebinischer Marabus, die stets von breit ausladenden Bäumen überschattet waren. In synkretistischer Verbindung mit dem Islam hatte sich offenbar eine Art Naturkult bei den Alawiten erhalten. Was ich von dieser Gemeinschaft wußte, ging auf den Vortrag eines ehemaligen Offiziers der französischen »Forces Spéciales du Levant« in unserem Sprachinstitut von Bikfaya zurück. Commandant Floriol machte kein Hehl daraus, daß die französische Mandatspolitik in der Levante nach dem uralten Rezept des »Teile und herrsche« einen Mini-Staat der Alawiten ins Leben rufen wollte. Im Gegensatz zu den Drusen des Dschebl Drus, die erst nach schweren Kämpfen von der Fremdenlegion unterworfen wurden, fügten die Alawiten sich in das von Paris ausgeklügelte System. Sie waren stets gehetzt und gedemütigt worden. Der türkische Sultan Selim hatte im fünfzehnten Jahrhundert zu einem Ausrottungsfeldzug gegen diese Ketzer ausgeholt. Sie lebten an den steinigsten Hängen als Pächter und Tagelöhner sunnitischer Großgrundbesitzer, und der Umstand, daß diese Ausbeuter vornehmlich in Hama beheimatet waren, erklärt vielleicht die Unerbittlichkeit des Strafgerichts, das über diese aufsässige Stadt im Februar 1982 niederging.

Mit unendlicher Geduld hatte Major Floriol wenigstens einen Zipfel ihres Geheimnisses gelüftet. Im neunten Jahrhundert, so schien es, hatten sich die Alawiten von der schiitischen Glaubensrichtung des Islam gelöst. Ihr Inspirator soll ein persischer Fürst gewesen sein. Wieder einmal wiesen die Spuren des Mystizismus in das Land des Zarathustra. Ali sei größer als Mohammed in der Vorstellung dieser Sekte, so hatte Floriol erfahren. Ali war beinahe Gott und Bestandteil einer seltsamen Dreifaltigkeit, der natürlich der Prophet aus Mekka, aber auch ein gewisser »Salman« angehörte. Salman leite sich wohl von dem arabischen Namen Suleiman ab und sei mit dem biblischen König Salomon identisch, hatte Floriol gemutmaßt. Mit ihrem gnostischen Astral-Kult huldigte diese esoterische Lehre einem verschwommenen Pantheismus, ja neben christlichen Relikten schienen sogar Elemente der Seelenwanderung vorhanden, denn die Bösen wurden als Tiere wiedergeboren. Eine erbliche Priesterkaste, die »Schuyukh«, wachte darüber, daß der Zugang zu den Mysterien und zum »Tor«, zum »Bab« der Offenbarung auf die Eingeweihten beschränkt blieb. Die weltliche Feudalschicht kriegerischer Clan-Chefs rivalisierte gelegentlich mit diesen geistlichen Führern. Die Frau galt bei den Alawiten noch weniger als bei den rechtgläubigen Moslems. Floriol hatte uns seine Erkenntnisse mit vielen Vorbehalten vorgetragen. Nachdrücklich wandte er sich gegen die böswilligen Verleumdungen, mit denen die sunnitischen Ulama diese Häretiker zu diskreditieren suchten. Demnach beteten die Alawiten die Sonne, den Hund, die weiblichen Genitalien und gewisse Bäume an, ja ihre religiösen Feste würden zu wilden Orgien ausschweifen.

Diese ewig bedrängte Minderheit hatte die Chance mit beiden Händen ergriffen, die ihnen die französische Mandatsmacht in den zwanziger Jahren bot. Das sunnitische Bürgertum war vor allem am Handel und am Ertrag ihrer Latifundien interessiert. Die Alawiten drängten sich in die militärische Laufbahn und verschafften sich somit nach Proklamation der syrischen Unabhängigkeit Zugang zu den Schlüsselpositionen der jungen Republik. Andere hatten sich als Lehrer ausbilden lassen, schlossen sich als unausgegorene Halbgebildete den sozialistischen Bewegungen und vor allem der Baath-Partei an, die sie mit ihrem alteingefleischten Clan-Geist systematisch unterwanderten. An der Baath-Revolution von 1963 hatten sie maßgeblichen Anteil. Ihre wirkliche Stunde schlug im Herbst 1970, als Hafez-el-Assad sich im Präsidentenpalast von Damaskus installierte. Seitdem kontrollierte die verschworene Gemeinschaft von einer Million Alawiten eine überrumpelte Masse von acht Millionen Sunniten in der Arabischen Republik Syrien.

Trotz ihrer frühen Abwendung von der traditionellen schiitischen Gemeinschaft – sie hatten ursprünglich der sogenannten Siebener-Schiia angehört, die statt der zwölf Imame der persischen und der mesopotamischen Glaubensrichtung nur sieben anerkennt – fühlten sich die Alawiten, wie ihr Name besagt, der »Partei Alis« weiterhin auf das engste verbunden. In Ruhollah Khomeini erkannten sie einen fernen Bruder im Glauben, und in der iranischen Revolution, die ja vorrangig den Enterbten, den Mustazafin zugute kommen sollte, einen Parallelfall zu ihrer eigenen Auflehnung gegen die Vorherrschaft der Reichen und Hochmütigen, der Sunniten. Nur gebot ihnen die schiitische Verschleierung, die Taqiya, die auch sie praktizierten, ihre geheime religiöse Revanche über die Sunna in den Tarnmantel einer säkularen und rein sozialistischen Reformbewegung zu kleiden. Kein Wunder auch, daß die Alawiten-Clique von Damaskus im Libanon-Konflikt für die Schiiten von »El Amal« Partei ergriff und in den Reihen dieser Taifa bereitwillige Verbündete fand. Schiitische Libanesen kämpften in den Reihen der »Pink Panther« des Generals Rifaat-el-Assad und fanden sich bereit, Mordanschläge im Auftrag des Geheimdienstes von Damaskus auszuführen, die für die Syrer selbst allzu kompromittierend gewesen wären.

Am Ende dieser Reise durch das Alawiten-Gebirge steht eine geradezu Wagnersche Vision: »Le Krak des Chevaliers« oder auf arabisch »Qalaat el Hosn«, die gewaltigste, klotzigste Festung, die die Kreuzritter im Umkreis des Heiligen Landes hinterließen. Der Krak paßt überhaupt nicht in diese offene Landschaft, unter diesen blauen Mittelmeerhimmel. Aus den Nebeln des Abendlandes, aus der ungestümen, himmelstürmenden Frömmigkeit des fränkischen Rittertums und seiner keltischen Legenden ist diese Gralsburg aufgetaucht. Die rauhen Barone aus dem christlichen Westen waren als Barbaren in den Orient eingefallen. Dem Zivilisationsstand der Byzantiner, die sie verachteten, und der Muselmanen, die sie als Gegner schätzten, waren sie weit unterlegen. Aber welch kolossale Kraft äußert sich in der Aufschichtung dieses trutzigen Monuments. Die Kirche von Konstantinopel hatte ihre Mönche und Kleriker stets zum Waffenverzicht und zur Friedfertigkeit verpflichtet. Die streitbaren Ordenskrieger, die die Ungläubigen mit Schwert und Feuer bekämpften und notfalls ausrotteten, waren Ausdruck jener germanisch-lateinischen Verschmelzung, die die Nachfolger Karls des Großen zu ihrem historischen Adlerflug befähigte. Auf den Kampfschrei des Korans »Allahu akbar« antwortete der christliche Schicksalsruf: »Deus vult – Gott will es so!« »Gesta Dei per Francos – Die Taten Gottes, von den Franken ausgeführt«, hatte der Chronist Godefroy de Comines seine Schilderung einer späten Phase der Feldzüge gegen die Muselmanen betitelt.

Die lärmenden arabischen Jugendgruppen – von Propagandisten der Baath-Partei begleitet – promenieren heute verständnislos zwischen den zyklopischen Mauern, schlendern über die Ziehbrücke, am Refektorium und am Gemach des Ordensmeisters vorbei. Sie verweilen kaum in der gotischen Kapelle, wo zu Zeiten der fränkischen Herrschaft das Mysterium von Leib und Blut Christi zelebriert wurde. Auf der weit ausladenden Festungsplattform bleibt ein massiver runder Steintisch völlig intakt, und man kann sich vorstellen, wie die Ritter hier zu einer exotisch verfremdeten Artus-Runde zusammenkamen. Jerusalem war längst an den Halbmond verlorengegangen und die Garnison des Krak nur noch vierhundert Mann stark, als die Heerscharen des Mamelucken-Sultans Baibars nach endloser Belagerung und Aushungerung die Entscheidung zu ihren Gunsten erzwangen.

Samuel hatte für die Besichtigung des Qalaat el Hosn einen alten Bekannten angeheuert, einen pensionierten Studienrat, Nestorianer natürlich, der sich als Fremdenführer einen kleinen Nebenverdienst verschaffen wollte und aufgrund seines hohen Alters keine großen politischen Rücksichten mehr zu nehmen brauchte. »Welch seltsames Nebeneinander«, bemerkte ich, »diese schäbigen Alawitendörfer des Nosairi-Tals und hoch darüber schwebend die herrische Parzifal-Vision des Krak!« Der weißhaarige Studienrat, der sich kurioserweise als Monsieur Frank anreden ließ, widersprach mir. »Die Kreuzritter und die Alawiten«, so holte er aus, »haben mehr miteinander zu tun als Sie denken. Nicht weil diese bäuerlichen Typen von den germanischen Eroberern abstammen, wie das immer behauptet wird, sondern weil sie sich schon im zwölften und dreizehnten Jahrhundert auf Leben und Tod begegneten. Sie sind heute am Orontes entlanggefahren, und Samuel hätte Ihnen den Dschebl Ansarieh zeigen sollen. Dort hatte sich der ›Alte vom Berge‹ – in Wirklichkeit hieß er Sinan Ben Salman – in seinem Adlernest verschanzt, und der ganze Orient zitterte vor seinen Mörderbanden, den ›Assassinen‹.« Wer konnte sich noch zurechtfinden in den religiös-konspirativen Abgründen der islamisch-schiitischen Welt? Denn in Persien hatte man mir ebenfalls von einem »Alten vom Berge« erzählt, der von seiner Gebirgsfestung Alamut aus gewütet hatte. Hassan Sabah hieß der fanatische Schiitenführer, den die persischen Emigranten von heute mit dem Ayatollah Khomeini vergleichen. Hassan Sabah war im elften Jahrhundert in der Heiligen Stadt Qom geboren, wechselte von der Zwölfer-Schiia zur Siebener-Schiia über, sammelte fanatische Jünger um sich, die er in einer klösterlichen Kaserne ausbildete und die als Terroristen ausschwärmten, um im Namen Allahs und einer angeblich im Koran vorprogrammierten Gerechtigkeit die Mächtigen und die Reichen dieser Welt heimzusuchen und umzubringen. Fünfunddreißig Jahre lang hatte ganz Persien vor diesem alten Wüterich gezittert, dessen blutrünstige Erfolge sich auf den Volksaufstand der Entrechteten stützten, der Leibeigenen, der Geschundenen, der Mustazifin würde man heute in Teheran sagen. Hassan Sabah war nicht nur ein schiitischer Fanatiker. Als Vorkämpfer gegen die Fremdherrschaft der türkischen und sunnitischen Seldschuken ist er auch als iranischer Nationalist in die Geschichte eingegangen. Ich erwähnte diese seltsame Parallelität zwischen Persien und Syrien. Aber Monsieur Frank belehrte mich wiederum eines Besseren.

»Die Perser mögen ihren Alamut-Helden als ›Alten vom Berg‹ bezeichnen, der wahre ›Scheikh ul Dschebl‹ ist bei uns beheimatet. Er hat die Kreuzritter heimgesucht, und das damalige muselmanische Establishment hat er das Fürchten gelehrt.« Sinan Ben Salman sei ebenfalls

Siebener-Schiite, also ein »Ismaelit« gewesen – aus Mesopotamien gebürtig. Aber für die Alawiten von heute gelte er weiterhin als eine Art Leitbild und Prophet. Die geheimnisvolle Figur Salman, die in der alawitischen Dreifaltigkeit verehrt und irrtümlicherweise oft mit König Salomon verwechselt wird, sei kein anderer als dieser Terroristenführer aus dem Dschebl Ansarieh, dieser mittelalterliche »Carlos«. Angeblich hätte er seine verzückten Gefolgsleute, die sich – nur mit dem Dolch bewaffnet – unter Preisgabe der eigenen Person auf ihre Opfer stürzten, durch den Genuß von Haschisch und die Vorspiegelung paradiesischer Visionen in Trance versetzt. Deshalb habe man diese Attentäter als »Haschischin« bezeichnet, woraus die Kreuzritter das Wort »Assassinen« gemacht hätten. Heute noch seien die Alawiten als Haschisch-Lieferanten berüchtigt, und die Besetzung der libanesischen Bekaa, wo die Canabispflanze gut gedeiht, stelle für den syrischen Tresor eine beachtliche Einnahmequelle dar. Die christlichen Phalangisten seien übrigens an diesem einträglichen Handel beteiligt.

Der alte Nestorianer war in die Gegenwart abgeschweift. »Aufs Morden verstehen sich unsere Alawiten von heute«, flüsterte Monsieur Frank, nachdem er sich vergewissert hatte, daß niemand ihn hören konnte. »Diese wilden Männer aus den Bergen sind in den sunnitischen Städten zu Recht verhaßt und gefürchtet. Denken Sie nur an das Grauen von Hama, an die Ermordung des Drusen-Führers Kamal Dschumblatt und des französischen Botschafters Delamare im Libanon, um nur diese beiden Exempel unter Hunderten zu zitieren.« Aber an seinem Vorläufer aus dem zwölften Jahrhundert gemessen, sei Hafez-el-Assad nur ein Dilettant. Der Fatimiden-Khalif El Amir in Kairo und der Abbasiden-Khalif El Mustarschid in Bagdad, die beiden Statthalter Allahs auf Erden, seien damals von den Haschischinen erdolcht worden, aufwühlende Ereignisse, die sich allenfalls mit der jüngsten Ermordung des Präsidenten Sadat vergleichen ließen. Unter den christlichen Fürsten seien König Konrad von Jerusalem und Prinz Raimund von Antiochia den Assassinen zum Opfer gefallen. Sogar der sieghafte Sultan Saladin, Herrscher über Syrien und Ägypten, habe sich mit knapper Not einem Anschlag entzogen und von nun an seine Nächte in einem streng bewachten, transportierbaren Holzturm verbracht. Angeblich zahlten die Monarchen des Abendlandes Erpressungsgelder an den »Alten vom Berg«, um ihre Sicherheit zu erkaufen. »Sie sehen, welch seltsame Fäden schon zur Zeit der Kreuzritter zwischen den Schiiten Persiens und Syriens, zwischen Alamut und Ansarieh, gesponnen wurden. Die eigentlichen Siebener-Schiiten, die Ismaeliten Syriens, die den sehr mondänen Karim Aga Khan als religiöses Oberhaupt verehren, sind heute nur noch eine friedliche Restgemeinde von 30 000 Fellachen. Die Alawiten hingegen sorgen für historische Kontinuität.« »Ein einziger Krieger zu Fuß«, so hieß es in den Heldenliedern der Assassinen, »wird zum Entsetzen des Königs, auch wenn dieser über hunderttausend bewaffnete Reiter verfügt.«

Von den höchsten Zinnen des »Krak des Chevaliers« blickten wir nach Süden. Die libanesische Grenze am Akkar war mit bloßem Auge zu erkennen. »Meinen auch Sie, daß der jüdische Staat eines Tages unter dem geballten Sturm der Araber untergehen wird wie seinerzeit die christlichen Fürstentümer der Levante?« fragte ich Frank. Bei dem alten Studienrat kam die assyrische Verachtung für die Söhne der Wüste zum Vorschein. »Ich bezweifle, ob die Juden sich selbst so tölpelhaft ans Messer liefern wie damals die Ritter des Abendlandes«, antwortete er mit hintergründigem Lächeln. »Aber eines muß ich richtigstellen. Es waren keine arabischen Heere, die über das Kreuz des Westens siegten. Saladin, der Jerusalem eroberte, war Kurde. Baibars, der den Krak zur Übergabe zwang, war Mameluke, also vermutlich kaukasischer Herkunft, und die Kriegsscharen, die im Dienste der Fatimiden oder der Abbasiden den Krummsäbel schwangen, setzten sich mehrheitlich aus türkischen Söldnern zusammen, ganz zu schweigen von den Seldschuken, die von Zilizien aus die christliche Nordflanke bedrohten.«

Als wir am späten Abend die Stadtgrenze von Damaskus erreichten, war die Autobahn durch Armeekonvois verstopft. Ein alawitischer Milizionär, den lediglich die Kalaschnikow als Ordnungswächter auswies, inspizierte unseren Kofferraum nach Waffen und Sprengstoff. Mit einem Grinsen wünschte er uns: »Bon voyage«.

Zwölf Jahre nach dem Schwarzen September

Amman, September 1982

Den Untergang der Palästinenser von Beirut habe ich auf dem Fernsehschirm in Paris verfolgt. Ich war in jenen Tagen mit der Berichterstattung
über den gesteigerten internationalen Terrorismus in der französischen
Hauptstadt beschäftigt, der in unmittelbarem Bezug zum blutigen Poker-
spiel im Nahen Osten stand. Aber das war ein schwacher Ersatz für die
persönliche Teilnahme an der Tragödie, die über die libanesische Hauptstadt hereingebrochen war. Das Attentat gegen das Restaurant Golden-
berg im alten Getto nahe der Seine hatte, wenn man den französischen
Nachrichtendiensten glaubte, das Ziel verfolgt, die Wut und den Vergel-
tungswillen der Israeli aufs äußerste zu provozieren. Wieder einmal – so
mutmaßten die Franzosen – habe der palästinensische Killer Abu Nidal
die Hände im Spiel gehabt. Er und seine Hintermänner hätten darauf
spekuliert, daß Menachem Begin den Befehl zum rücksichtslosen Gene-
ralangriff auf Beirut erteilen würde. Von einer solchen Racheaktion hätte
sich das Ansehen des jüdischen Staates sobald nicht erholt. Die Amerikaner wären in der ganzen Welt als Komplizen dieses unvermeidlichen
Blutbades angeprangert worden und – last not least – der gesamte Füh-
rungsstab der PLO unter Yassir Arafat wäre unter den Trümmern Beiruts
begraben oder auf schimpfliche Weise in zionistische Gefangenenlager
abgeführt, auf jeden Fall als moderater und kalkulierbarer politischer
Faktor ausgeschaltet worden. Hinter Abu Nidal, so vermuteten die französischen Experten wie beim Mordanschlag auf den Papst, agierten noch
ganz andere Drahtzieher, und die Befehlsstränge reichten eventuell weit
über Damaskus hinaus.

  Sie zogen also ab, die Palästinenser – unter dem Schutz französischer
Fremdenlegionäre, eine Ironie der Geschichte, die die Chronisten festhalten sollten. Die TV-Bilder sind allen bekannt. Zum ersten Mal seit

Vietnam war eine Schlacht – die Belagerung und Beschießung Beiruts – mit allen ihren Phasen in die Wohnzimmer des europäischen und amerikanischen Durchschnittsbürgers projiziert worden. Wie zur Zeit der Napalmbombardierung vietnamesischer Dörfer ging ein Aufschrei der Entrüstung durch die westlichen Medien, die andere Kriegsgreuel kaum zur Kenntnis genommen hatten, sofern sie von freier Berichterstattung hermetisch abgedichtet verliefen. Vor allem die deutsche Öffentlichkeit, die in den Nachkriegsjahren bedingungslos auf seiten der Zionisten gestanden hatte – die Gründe waren einleuchtend –, zeigte sich nunmehr zutiefst schockiert. Man hatte offenbar in der Bundesrepublik der Vorstellung angehangen, die Gründung des Judenstaates sei ein Experiment humanitären Weltbürgertums gewesen. In Wirklichkeit hatte es sich um eine Verzweiflungstat von Überlebenden gehandelt, die weiterhin um ihre Existenz bangten. Israel betete zum strengen Rächergott Abrahams und der Propheten.

Die Palästinenser Arafats, so schien es, brachten das Akrobatenstück zustande, eine flagrante, militärische Niederlage in einen politischen Sieg umzumünzen. In der Umgebung von Tyr und Saida hatte die PLO monatelang Zeit gehabt, die Abwehr der angekündigten israelischen Offensive vorzubereiten. Aber allenfalls auf der Kreuzritterburg Beaufort kam es zu nennenswertem Widerstand. Ansonsten stießen die Divisionen des Generals Scharon nur auf sporadische Gegenwehr. Der palästinensische Wille zur Selbstaufopferung erwies sich als großer Bluff. Keiner der PLO-Führer wurde auch nur verwundet. Imperative Weisungen aus Washington und die Rücksichtnahme auf hohe Verluste in den eigenen Reihen hatten das israelische Kommando bewogen, auf eine sofortige Eroberung Beiruts, die vermutlich binnen achtundvierzig Stunden möglich gewesen wäre, zu verzichten. Es kam zur wochenlangen Einkreisung und Verwüstung der levantinischen Metropole. Die Fedayin ließen Artilleriebeschuß und Bombardierung über sich ergehen, überlebten mit relativer Gelassenheit in ihren Stellungen, zeigten zum erstenmal gute Nerven. Aber im Häuserkampf, in einer echten kriegerischen Konfrontation, wurden sie nie gefordert. Jetzt bewährte es sich, daß über den Tunnelsystemen von Bunkern und Arsenalen, die die Fedayin in Sabra, Schatila und Bordsch Barajneh ausgebaut hatten, Zehntausende von Zivilisten kampierten. Jede Bombe gegen diese Kriegsziele forderte Opfer unter Frauen und Kindern. Den Kommandostellen der PLO kam zugute, daß sie sich im Viertel Fakahani in übervölkerten Mietskasernen etabliert hatten. Jeder beklagte die Palästinenser,

aber kaum einer sprach von den Libanesen in Ost-Beirut, die zu Objekten
einer kollektiven Geiselnahme ohnegleichen geworden waren und ihre
Gastlichkeit gegenüber den Flüchtlingen aus dem Heiligen Land nunmehr teuer und blutig bezahlten.

Oberst Kadhafi aus Libyen hatte den Palästinensern den brüderlichen
Rat erteilt, in den Ruinen von Beirut zu sterben. Aber Yassir Arafat war
stets ein Mann abwägenden Kalküls gewesen. Beirut war nicht mit Stalingrad zu vergleichen und schon gar nicht mit Warschau während des
Aufstands von 1944. Für eine Goten-Schlacht fehlte den Palästinensern
die germanische Lust am Untergang. Die Bilder, die über die internationalen Fernsehkanäle die Welt erreichten, nachdem Philip Habib in unermüdlicher orientalischer Verhandlungskunst – er stammt nicht
umsonst von libanesischen Eltern ab – einen effektiven Waffenstillstand,
den Einsatz internationaler Sicherungstruppen und den Abzug der PLO
erreicht hatte, vermittelten keine Götterdämmerung. In der Pose von
Triumphatoren, die Finger zum sieghaften V-Zeichen gespreizt, ihre
Kalaschnikows und ihre Fahnen schwingend, ließen die Fedayin sich
zum Hafen von Beirut eskortieren. Dabei feuerten sie wild und blind-
lings in die Luft, als handele es sich um eine Fantasia. Daß durch ver-
streute Kugeln mindestens ein Dutzend harmloser Zuschauer getötet
und weit mehr verletzt wurden, spielte in dieser Stimmung kollektiver
Hysterie eine untergeordnete Rolle. Die palästinensischen Kampforganisationen gingen in die Zerstreuung, in die Diaspora. Acht arabische Länder hatten nach langem Zaudern dem amerikanischen Drängen nachgegeben und sich bereit erklärt, ein paar hundert, allenfalls ein paar
Tausendschaften Palästinenser als Asylanten aufzunehmen. Demnächst
würden diese Freischärler zersplittert und zerfächert sein zwischen Tunis
und Khartum, zwischen Sanaa und Bagdad. Jeder organische Zusammenhalt würde zerrissen. Im Irak würden diese ausgebildeten Kämpfer
wohl gleich an der Front des Schatt-el-Arab gegen die Perser verheizt. In
Aden würde das marxistisch-leninistische Regime versuchen, ihre ideologischen Freunde, die dem Kommando George Habaschs und Nayef
Hawatmehs unterstanden, zu terroristischen Aktivitäten zu mißbrauchen. In Syrien, wo die Bevölkerung von Tartus die Verteidiger von
Beirut mit dem Schrei »ahlan wa sahlan, ya Abtal – seid willkommen, ihr
Helden« gefeiert hatte, wurden sofort rigorose Sicherungsmaßnahmen
gegen sie ergriffen, die einer Internierung gleichkamen. Überall nahm
man den Palästinensern die Waffen ab. Nur Habib Burgiba, der seit den
Tagen des Algerien-Krieges Erfahrungen mit Exil-Regierungen und

fremden Grenzarmeen gesammelt hatte, konnte sich relativ großzügig zeigen. Tunesien lag weit vom Schuß. Vor den TV-Kameras hatte Yassir Arafat es fertiggebracht, in diesem chaotischen Niedergang sein seltsames, nunmehr unerträgliches Lächeln zu bewahren. Trotziger Ernst wäre in dieser Stunde angebrachter gewesen. Mir fiel plötzlich auf, wie sehr er Rainer Werner Faßbinder ähnelte, ein grinsender Faßbinder mit Keffieh. Doch es bestand nicht der geringste Anlaß, den PLO-Chairman zu unterschätzen. Er würde weiter manövrieren, lavieren, um seinen Palästinenser-Staat ringen, und er hatte in den letzten Wochen des Desasters weltweite Sympathien gewonnen.

Wenn es neben dem Bramarbasieren der »Helden« zu ergreifenden Szenen der Wahrheit und der Würde kam, so war das den trauernden, weinenden und schreienden Palästinenser-Frauen zu verdanken. Sie wußten um ihr Unglück. Sie klagten gewiß Amerika und die Zionisten an, aber ihr ganzer geballter Haß entlud sich gegen die arabischen »Brüder«, die die Palästinenser ins Feuer geschickt und dann im Stich gelassen, ja verraten hatten. War es nicht eine Ungeheuerlichkeit, daß die einzige Protestkundgebung gegen die Bombardierung Beiruts, zu der sich der gesamte Nahe Osten aufraffte, ausgerechnet in Tel Aviv stattfand? Die Frauen der Fedayin brüllten ihre Verachtung der arabischen Regierungen, der Präsidenten, der Könige in die Mikrophone der Reporter. Die PLO würde – falls sie das Debakel von Beirut am Ende überleben sollte – dieser Bitterkeit, diesem Haß, dieser Verhärtung in den eigenen Reihen Rechnung tragen müssen.

Im Kampf um Jerusalem und das Heilige Land war ein Kapitel zu Ende gegangen, eine Tür zugeschlagen worden. Ein neues Drama begann. Die französischen Paras, die breitbeinig und martialisch am Sarg eines ihrer erschossenen Offiziere die militärischen Ehren erwiesen, die Ledernacken der US-Marines, die in voller Kriegsmontur an den Strand von Beirut gestapft waren, als gelte es, die Eroberung von Iwojima zu wiederholen, die italienischen Bersaglieri, die die gleichen Hahnenfedern am Helm trugen wie zu Zeiten des Hauses Savoyen und des Duce – sie waren aus einer Welt des trivialen Konsums und des Agnostizismus mit einem Schlag an die Küste und in die Welt der Kreuzfahrer versetzt worden. Den Wirren des Orients waren sie kaum noch gewachsen.

Während ich nach Amman flog – die Swissair-Maschine machte einen weiten Bogen um den Staat Israel –, gingen mir die Fernsehbilder des Vorabends durch den Kopf. König Hussein von Jordanien hatte es sich

nicht nehmen lassen, persönlich zum Flugplatz Mafraq – etwa hundert
Kilometer nördlich von Amman – zu kommen, um dreihundert palästinensische Fedayin aus Beirut zu empfangen. Es handelte sich um Angehörige der Badr-Brigade, einer Einheit der »Palästinensischen Befreiungsarmee« PLA, die in Wirklichkeit voll in die jordanischen Streitkräfte
integriert war. Diese Palästinenser hatten sich – mit Genehmigung des
Monarchen – zu Beginn der israelischen Offensive nach dem Libanon
gemeldet. Sie waren von den Sicherheitsorganen des Königreichs sorgfältig überprüft und gesiebt. Trotzdem hatte man ihnen vor der Rückkehr
in die Heimat, vor der Landung in Mafraq die Waffen abgenommen.
Jetzt kamen sie in langer Reihe die fahrbare Treppe hinunter. Hussein
erwartete sie in Generaluniform, reckte sich hoch, um jeden der Partisanen in die Arme zu schließen und auf beide Wangen zu küssen. Der
Monarch, der im »Schwarzen September« 1970 mit der gleichen harten
Konsequenz die Beschießung der Palästinenser-Lager von Amman
angeordnet hatte wie im August 1982 der israelische Verteidigungsminister Scharon in Beirut, stilisierte sich zum Gönner und Protektor des
Fedayin. War das Erinnerungsvermögen der arabischen Massen tatsächlich so strapazierfähig?

Im September 1970 hatte ich es dem Wohlwollen des WDR-Intendan-
ten Klaus von Bismarck verdankt, der trotz aller Querelen der Rundfunk-
politik, trotz Aufsichts- und Verwaltungsratssitzungen sein »abenteuer-
liches Herz« bewahrt hatte, daß ich meinen Schreibtisch als Fernseh-
Direktor in Köln kurzfristig verlassen konnte, um nach Amman zu fliegen. Die erste Runde des jordanischen Bürgerkriegs war bereits entschieden. Am 17. September 1970 hatte König Hussein seinen treuen Beduinen Order erteilt, der unerträglichen und demütigenden Situation, in
die ihn die Palästinenser gebracht hatten, ein Ende zu setzen. Die PLO
führte sich seit Monaten in Jordanien auf, als repräsentiere sie bereits die
tatsächliche Staatsgewalt. Die Freischärler unter dem schwarz-weißen
Kopftuch veranstalteten Paraden und ergingen sich – Parolen und
Kampflieder brüllend – in heldischer Pose. Für die Kameras der ausländischen Fernsehgesellschaften führten sie in ihren Übungslagern Einsatz-
bereitschaft vor, sprangen durch brennende Reifen, robbten unter Stacheldraht, während schreiende Instrukteure scharf über die Köpfe der
Rekruten feuerten. Eine revolutionäre Show wurde geboten, aber für
Hussein ging es ums Ganze, seit die Fedayin sich anmaßten, Sicherheits-
kontrollen und Verhaftungen durchzuführen, seit sie Geplänkel an der
Jordan-Front provozierten. Hätte er eine Woche länger zugesehen, wäre

ihm nur noch die Abdankung und die Flucht ins Ausland geblieben. Im frühen September 1970 war der Punkt ohne Wiederkehr erreicht. Die linksextremistischen Gefolgsleute George Habaschs hatten vier Verkehrsmaschinen nach Mafraq in Nord-Jordanien entführt und im Beisein der internationalen Presse gesprengt. Das hatte sich auf jener Rollbahn vollzogen, wo der Monarch zwölf Jahre später die geschlagenen Palästinenser von Beirut abküssen sollte. Das Schicksal des Haschemiten-Throns von Jordanien schien mit dieser ungeheuerlichen Herausforderung besiegelt.

Aber der König – ein authentischer Nachkomme des Propheten – war aus hartem Holz geschnitzt. Seine Beduinen-Armee stand hinter ihm, brannte darauf, mit diesen palästinensischen Protzen abzurechnen. Als der Feuerbefehl kam, ballerte die jordanische Artillerie in die befestigten Flüchtlingslager von Amman, als gelte es, die Israeli zu besiegen. Die königstreue Truppe machte Jagd auf die PLO-Partisanen in der Innenstadt. Eine Anzahl von Gebäuden ging in Flammen auf. Ein paar tausend Palästinenser – genaue Zahlen wurden nie bekannt – wurden getötet. Unglaubliche Mengen von Munition wurden verschossen. Aber gegenüber den Berufssoldaten des Königs reichte es nicht aus, »trigger-happy« mit der Kalaschnikow zu spielen und sich an Explosionslärm zu berauschen. In achtundvierzig Stunden war der Spuk verflogen. In den Flüchtlingslagern weinten die Frauen. Die PLO-Kämpfer mußten überstürzt die Hauptstadt räumen.

Als ich in jenem »Schwarzen September« in Amman eintraf, hatte der König die Partie bereits gewonnen. Er hatte den größeren Mut und die stärkeren Nerven bewahrt. Im Hotel »Intercontinental«, wo schon ein paar Wochen zuvor, im Juni, eine radikale Palästinenser-Gruppe vorübergehend achtzig Geiseln genommen hatte, waren die meisten Scheiben zerborsten und die Empfangshalle durch Einschüsse verwüstet. Die Krise war noch nicht ganz ausgestanden. Zwölftausend irakische Soldaten, Sympathisanten der PLO, standen im Land und hätten jederzeit gegen den Königspalast marschieren können. Aber die Amerikaner und die Israeli hatten zu verstehen gegeben, daß sie eine solche Verletzung der jordanischen Souveränität nicht dulden würden. Im Norden setzte das syrische Baath-Kommando seine Panzer in Bewegung, doch Verteidigungsminister Hafez-el-Assad, der auch die Luftwaffe befehligte, machte den Extremisten der Zouayen-Clique einen Strich durch die Rechnung.

Knapp fünfzig Kilometer nördlich von Amman in Jerrasch, traf ich auf eine versprengte PLO-Einheit, die vor der monumentalen Kulisse des antiken römischen Amphitheaters kampierte. Die Männer waren niedergeschlagen. Sie wußten, daß sie ihre Chance verspielt hatten, daß sie sich nach einem neuen Exil umsehen mußten. Wir bogen nordwestlich in Richtung Ajnul ab. Dort hatte sich ein verlorener Haufen von El-Fatah-Partisanen in der alten Kreuzritterburg eingenistet. Das Jordantal und das palästinensische Westufer lagen zu ihren Füßen. In Trauer und Schmerz starrten diese jungen Palästinenser auf ihre verlorengegangene Heimat, die zum Greifen nahe lag, auf ihr Gelobtes Land. Morgen oder übermorgen würden die Beduinen Husseins auch diese Stellung ausräuchern, und schon richteten sich die Blicke der geschlagenen Fedayin auf den Libanon, diese letzte Zuflucht und Ausgangsbasis im Kampf gegen Israel.

Das alles lag jetzt zwölf Jahre zurück, war aber durch die Schlacht um Beirut in tragischer Weise aktualisiert worden. In Amman wollte ich dieses Mal Erkundigungen über jene Moslem-Brüder einholen, von denen in Syrien so viel die Rede war und die angeblich die Gunst König Husseins genossen. In Wirklichkeit war alles viel komplizierter, und der Haschemiten-Herrscher von Amman, der sich dem westlichen Lebensstil weitgehend ergeben hatte, blickte mit starkem Vorbehalt auf die islamischen Fundamentalisten. Als Instrument gegen den Machtappetit der Syrer waren ihm die Moslem-Brüder jedoch willkommen unter der Voraussetzung, daß sie sich in Jordanien jeder Agitation und Gewalttat enthielten. Die Ikhwan, die ihrerseits für Hussein nicht viel übrig hatten, hielten sich strikt an dieses Gebot. Als dennoch vor ein paar Tagen eine Granate gegen einen christlichen Alkoholladen geschleudert wurde und der Verdacht nahelag, islamische Fanatiker hätten diese Tat begangen, fand die jordanische Polizei schnell heraus, daß in Wirklichkeit die Spuren der Täter zum Geheimdienst von Damaskus führten.

Der »Rat der islamischen Organisationen und Gesellschaften« diente den Moslem-Brüdern als relativ harmlose Fassade in Amman. Ich wurde von einem bärtigen Athleten an der Tür erwartet und zum Generalsekretär dieses »Council«, Abdellatif Subeihi, geführt. Das Gespräch verlief liebenswürdig, fast herzlich. Subeihi trug ein weißes Kopftuch mit Agal. Er war etwa sechzig Jahre alt und wirkte kein bißchen wie ein Terroristenführer. Gleich zu Anfang zeigte er mir einen Brief, den er an Ronald Reagan geschrieben hatte. Der amerikanische Präsident wurde daran erinnert, daß alle Macht von Gott komme und daß er eines Tages für deren Ausübung Rechenschaft ablegen müsse. »In wenigen Jahren haben

Sie mehr Unheil angerichtet als Großbritannien, Frankreich und Holland in Dekaden«, so hieß es in dieser Anklageschrift zur Palästina-Frage. Die Behauptung der Syrer, die Moslem-Brüder von Amman ständen im Solde des CIA, klang demnach nicht gerade glaubwürdig. Subeihi präsentierte sich als versöhnlicher Fundamentalist. Natürlich ließ er an dem Grundkonzept der Einheit von Religion und Staat, von »din wa daula« nicht rütteln. Er wußte keinen einzigen der bestehenden islamischen Staaten zu zitieren, der den Anforderungen des Korans und der Scharia in befriedigender Weise genügte. »Wenn ich mich in der Welt umsehe«, so sagte der Generalsekretär, »erscheint mir Großbritannien als ein Land, das den muselmanischen Idealvorstellungen besser entspricht als manches arabische Land. In England herrscht eine gewisse soziale Gerechtigkeit, die freie Meinung wird geduldet. Wo gibt es das in unserem Raum?« Natürlich wollte ich seine Meinung zu Khomeini und der iranischen Revolution erfahren. »Ich war in Teheran«, antwortete Subeihi, »und konnte feststellen, daß die Schiiten, was immer man sagen mag, rechte Moslems sind. Aber die Exzesse der Perser können wir nicht gutheißen. Wir haben damals die Geiselnahme von Teheran getadelt, weil sie gegen die islamische Gesittung verstieß.« Es störte diese frommen sunnitischen Moslems wohl, daß ausgerechnet Präsident Hafez-el-Assad von Syrien – dieser abtrünnige Alawit, dieser »Kafir« – an der Omayyaden-Moschee von Damaskus neuerdings das Bildnis Khomeinis anschlagen ließ. Im übrigen mußte Subeihi Rücksicht auf König Hussein nehmen, der sich politisch und militärisch voll auf seiten des Regimes Saddam Hussein von Bagdad engagiert hatte.

Die Zerrissenheit der arabischen Nation erfüllte Subeihi mit tiefer Trauer. Die Einheit der Araber sei eine wesentliche Voraussetzung für den Zusammenhalt der gesamten islamischen Umma. Aber es gehe ja nicht nur den Arabern so schlecht. Auch die Deutschen, von denen die arabischen Nationalisten in der Vergangenheit so viel gelernt, die sie so bewundert hätten, seien heute der Spaltung, der Zerrissenheit, der Überfremdung durch schädliche Einflüsse aus USA ausgeliefert. Immer wieder kehrte er zum Thema Palästina zurück. Die Juden seien unentbehrlich gewesen für die muselmanische Heilsgeschichte. Aber jetzt drohe ihnen göttlicher Zorn. Er zitierte einen Hadith, eine glaubwürdig verbürgte Überlieferung aus dem Leben des Propheten. Der zufolge hatte Mohammed angekündigt, daß der Staat der Juden – ehe er zerstört werde – bis zum Jordan reichen würde. Auch die Christen hätten Anteil an der Offenbarung, schweifte Subeihi ab. Isa, der Sohn Miriams,

werde eines Tages wiederkehren, so sei geschrieben, nicht als neuer Prophet, denn Mohammed sei das Siegel der Verkündung, sondern als
»muslich«, als »Reformer«. Zum Schluß überreichte mir der diskrete
Interessenvertreter der Moslem-Brüder von Amman ein Exemplar des
Korans, eine Geste, zu der sich ein schiitischer Mullah niemals bereitge-
funden hätte.

Abkehr von den alten Turbanen

Irbid, September 1982

Die Stadt Irbid liegt im Länderdreieck Jordanien – Israel – Syrien. Im
»Schwarzen September« 1970 hatte sich hier die »Demokratische Befreiungsfront für Palästina« DFLP des Partisanenführers Nayef Hawatmeh
festgekrallt, ehe auch sie über den »Arafat-Pfad« am Hermon entlang
nach Libanon ausweichen mußte. Die Stimmung war 1970 aufs äußerste
gespannt in Irbid, denn Nayef Hawatmeh und seine marxistisch-leninistische Gefolgschaft hatten dort den ersten arabischen Sowjet, eine Art
Räte-Republik ausgerufen. Irbid eignete sich für ein solches Experiment.
Hier fühlte man sich stets zu Syrien hingezogen, hielt Distanz zum
haschemitischen Thron, hatte seit der Mandatszeit mit der »Baath-Partei« und der »Hizb Qaumi« sympathisiert.

Von dieser kurzen Phase kommunistischer Utopie war im September
1982 nichts mehr zu spüren. Die Stadt hatte sich nach allen Seiten ausgedehnt, rivalisierte nach Kräften mit Amman und war durch die Gründung der Yarmuk-Universität aufgewertet worden. Sehr königstreu – so
hörte man in der Umgebung des Palastes – sei die Bevölkerung von Irbid
immer noch nicht. Hussein begrenzte seine Besuche in dieser Außenposition nach Kräften, flog allenfalls unter massivem Schutz mit dem Hubschrauber ein, um möglichst schnell wieder abzureisen. In Irbid war ich
mit einem alten Bekannten verabredet. Fauzi war Agronom, überwachte
die Bewässerungsprojekte im nahen Yarmuktal und unterrichtete an der
neuen Universität. Seine Frau war Deutsche. Wir hatten uns vor Jahren
in München angefreundet. Fauzi entsprach dem etwas schmerzlichen
Schönheitsideal der arabischen Kinohelden und sprach mit leiser,
weicher Stimme. Er packte mich gleich in sein Auto, und wir fuhren nach
Westen auf die Golan-Grenze zu. Wir ließen Irbid mit seinen Betonwän-

den, seinen Moscheen und Kirchen schnell hinter uns. Die Sonne stand schon tief. Die Straße erkletterte die nackten Höhen von Umm Qeis. »Man braucht hier nur den Boden zu kratzen, und man stößt auf Funde aus der Zeit des Hellenismus und des Byzantinischen Reichs«, erklärte Fauzi. »In meinem Garten in Irbid habe ich ein antikes Mosaik entdeckt. Wir befinden uns im Gebiet der alten Dekapolis, zu der unter anderem Amman, das alte Philadelphia, Jerasch oder Gerasa sowie Umm Qeis gehörte, das die Römer Katara nannten. Mehr als zehn Millionen Menschen sollen zur Blütezeit in dieser Kornkammer des Römischen Reiches gelebt haben, wo heute nur Steine und Sand zu finden sind.« – Die Ausgrabungen vom Umm Qeis hatten eine stattliche Basilika, Thermen und Stallungen, ausgedehnte Handelsviertel mit gepflasterten Gassen und ein Amphitheater freigelegt, wo für die Patrizier mächtige Sessel in den Basalt gehauen waren. »Wie konnte eine solche Kultur untergehen?« fragte ich und blickte auf die schmutzstarrenden Araberkinder, die vor Lehmhütten spielten. »Es müssen mächtige Erdbeben stattgefunden haben«, lautete die Antwort. »Das Irrigationsnetz wurde verschüttet. Das geschah etwa zur Zeit der Omayyaden.« Es war schon ein seltsamer Zufall, daß der Untergang ertragreicher Agrarwirtschaft im Orient und im Maghreb, daß der Verfall blühender Siedlungsgebiete – hier wie im Umkreis von Antiochia durch angebliche Naturkatastrophen verursacht – so häufig mit der Ankunft der erobernden Beduinen zusammengefallen war.

Die Felsen von Umm Qeis fielen im syrischen Grenzgebiet steil zum Tal des Yarmuk ab, an dessen Ufern der Khalif Omar die Heere von Byzanz entscheidend geschlagen hatte. Es war einer jener Abende, die auch die sprödeste Landschaft in Feuer und Purpur tauchen. Jenseits des Yarmuk stellte sich abrupt und schwarz ein bedrohliches Massiv quer, der Golan. Auf dem Kamm waren israelische Positionen und Radarsysteme zu erkennen. »So nah sind sie, die ›Vettern – the cousins‹ –«, scherzte Fauzi. »Die Wasserfläche, die im Westen glänzt, ist der See Genezareth. Wo die ersten Lichter flackern, liegt Tiberias. Jener Kegel, der den Blick nach Haifa versperrt, ist der Berg Tabor, wo Christus vor seinen Jüngern verklärt wurde und mit den Propheten sprach. Wenn wir uns nach Norden wenden, können wir die Nähe von Damaskus ahnen. So eng, so geballt liegt hier alles nebeneinander. Der Nahost-Konflikt wird geographisch im Westentaschenformat ausgetragen.«

Wir näherten uns dem tief eingeschnittenen Yarmuk, der sich dreihundert Meter unter dem Meeresspiegel in den Jordan ergießt. Es roch

nach Schwefel. In El Hama neben einer Bananenplantage befand sich ein
Thermalbad, und ich erinnerte mich jetzt daran, daß Oberst Kriebel mir
1951 vor meiner Golan-Fahrt geraten hatte, ein Schwefelbad im Freien zu
nehmen. Am dampfenden Teich, auf dem gelblicher Schaum trieb,
brachte uns der Wirt Kebab und Tonic Water. Den ganzen Nachmittag
über hatte ich versucht, Fauzi zu einer politischen Aussage zu bewegen.
Aber der Agronom war beharrlich ausgewichen. Er erging sich in loyali-
stischen Gemeinplätzen, wenn er vom König sprach. Die Palästinenser,
die immerhin siebzig Prozent der Gesamtbevölkerung Jordaniens
ausmachten, seien integriert, auch wenn viele Flüchtlinge noch in Lagern
lebten und sich seit fünfunddreißig Jahren von der UNRWA füttern ließen. Die gemäßigten arabischen Kräfte seien durch die jüngste Libanon-
Krise gestärkt worden, und man könne jetzt ernsthaft an einen Kompromiß mit Israel denken. Im Irak wirke der König tatkräftig mit, die arabische Nation vor den Persern zu schützen.

Ein Panzerspähwagen und zwei Armeelastwagen rollten vorbei. Auf
der Fahrt waren mir die Bunker und Stellungen aufgefallen, die die jordanische Armee ausgehoben hatte. Die Soldaten Husseins, so schien mir,
hatten seit 1970 viel von ihrer Disziplin, ihrem britischen Drill verloren.
Die Arabische Legion des jordanischen Königs Abdallah hatte im Sommer 1941 den achsenfreundlichen Putsch des Irakers Raschid el Ghailani
in Bagdad wie ein Strohfeuer ausgetreten, stand aber damals noch unter
dem Befehl des legendären Briten Glubb Pascha. Neuerdings sammelte
König Hussein, der Enkel Abdallahs, seine verläßlichen Beduinen wohl
zum eigenen Schutz rund um Amman. Die Palastgarde bestand immer
noch aus den Nachkommen jener Tscherkessen, die der türkische Sultan
vor dem Ersten Weltkrieg zum Schutz der Hedschas-Bahn aus dem
Kaukasus in das damalige Wüstenkaff Amman umgesiedelt hatte. In
ihren Paradeuniformen sahen diese Leibwächter wie Don-Kosaken aus.

Fauzi hatte seinen Kebab beendet. Unvermittelt blickte er mich ernst
an. »Warum soll ich Ihnen Lügen erzählen? Wir Araber sind so tief gedemütigt, so sehr erniedrigt worden wie nie in der Geschichte. Daran sind
unsere Herrscher schuld, die Könige und Präsidenten ohne Ausnahme.
Am schlimmsten sind diese Saudis mit ihren müden Augen, aus denen
nur Verachtung spricht. An wen sollen wir uns noch klammern, an den
›Verrückten‹ etwa, ›el mahbul‹, wie wir hier Kadhafi nennen. Es ist doch
lächerlich und unerträglich, daß die riesige arabische Umma durch den
israelischen Zwerg terrorisiert und gegängelt wird. Da behaupten unsere
Führer immer, die Zionisten würden über das ganze jüdische Kapital des

Westens verfügen. In Wirklichkeit kassieren die Saudis astronomische Summen, weit mehr als die Juden-Kollekten einbringen, und wir vermögen nichts. Seit Gamal Abdel Nasser haben wir keinen Staatsmann mehr gehabt, den wir respektieren konnten. Mag Khomeini Schiite sein und ein fanatischer Greis, aber er hat unsere Despoten das Fürchten gelehrt, und deswegen ist der Alte von Qom sehr angesehen in Irbid. Sein Bild war überall zu sehen, bis die Geheimpolizisten des Königs kamen und dessen Entfernung erzwangen. Hoffentlich bricht die irakische Front bald zusammen, denn Saddam Hussein ist nicht besser als die anderen. Mit uns Arabern stimmt irgend etwas nicht. Unsere Tapferkeit ist unbestreitbar, aber jeder Realismus geht uns ab. Denken Sie nur an den Libanon. Da wird schon wieder eine schreckliche Niederlage wie ein Sieg gefeiert. Wenn etwas schiefgeht, ist immer ein anderer, ein Sündenbock zur Hand. Haben Sie schon von einem arabischen Führer gehört, der Selbstmord begangen hätte?« – Was er von den Moslem-Brüdern halte, wollte ich wissen. Man solle die Ikhwan nicht überschätzen, meinte Fauzi. In Irbid habe sich die Masse der Bevölkerung inzwischen von den arabischen Nationalisten, von den Baathisten und den Qaumiyin abgewendet und suche in der islamischen Rückbesinnung neuen Halt. Ob die »Muslim-Brothers« den geeigneten Weg wiesen, bleibe fraglich. Es sei ein großes Umdenken im Gange. Das Osmanische Reich erscheine heute in einem neuen Licht. Es sei den Arabern damals nicht gut gegangen, aber den Türken doch auch nicht, und die islamische Umma sei wenigstens politisch geeint gewesen. »Wir müssen uns heute fragen, ob der arabische Nationalismus nicht eine große Selbsttäuschung war«, endete Fauzi und dann platzte es aus ihm heraus: »Was wir heute brauchen, ist eine gesamtislamische Revolution.«

Wir fuhren am Yarmuk entlang bis zur Grenze des Golan-Gebiets, das die Israeli den Syrern entrissen hatten. Die jordanische Regierung hatte nach Grundwasser sondieren lassen, und eine gewaltige Fontäne hatte die Bohreinrichtungen weggespült. Im sandigen Wadi wurde rund um die Uhr geschuftet, um das sprudelnde Naß einzufangen, einzudämmen und – wenn möglich – den Israeli vorzuenthalten. Bulldozer und Lastwagen waren in der Dunkelheit unterwegs. Die Bagger kamen im Scheinwerferlicht nicht zur Ruhe. Die Konstruktionsfirma am Yarmuk mitsamt Ingenieuren und Arbeitern stammte aus Südkorea. Die Ausländer waren überall. Im eigentlichen Jordantal, gegenüber dem israelisch besetzten Westufer war die Wüste zum Grünen gebracht worden. Reiche Kaufleute aus Amman hatten sich in diesem subtropischen Klima für die Wintermonate Villen mit prächtigen Gärten bauen lassen. Auch Mietshäuser brachten dort hohe Renditen. Die staatliche »Jordan Valley Authority« konnte sich mit Recht brüsten, kapitalistisch konzipierte Agraranlagen großen Stils geschaffen zu haben. Die Landarbeiter und Tagelöhner waren aber ausnahmslos ägyptische Fellachen. Die Müllabfuhr in Irbid besorgten Pakistani, und im »Marriott«-Hotel von Amman war das Personal fast rein philippinisch, wozu sich übrigens die Gäste beglückwünschen konnten.

In der Hauptstadt wurde in Botschaften und Ministerien über den letzten Reagan-Plan für Palästina und dessen Erfolgsaussichten gerätselt. Der US-Präsident wollte den Israeli jede weitere Kolonisation in den besetzten Gebieten verweigern und – im lockeren Verbund mit dem Königreich Jordanien – auf der West-Bank und im Gaza-Streifen eine echte Autonomie der Palästinenser in freier Selbstbestimmung vorantreiben. Am Ende hätte wohl ein konföderatives Gebilde zwischen Ost-Jordanien einerseits und einem halb-souveränen Palästinenser-Staat andererseits gestanden. Sofort war Menachem Begin gegen diesen Vorschlag Sturm gelaufen. Die Experten wetteten, ob die PLO auch dieses Mal wieder die Chance verpassen würde, die Israeli durch taktisches Entgegenkommen ins Unrecht zu setzen. König Hussein befand sich in einer schwierigen Lage. Jede Veränderung des ohnehin labilen Status quo konnte ihm zum Verhängnis werden. Er hatte seine Palästinenser auf dem Ostufer recht und schlecht diszipliniert, sie durch das unerwartete jordanische Wirtschaftswunder auch korrumpiert. Seine Beduinentruppe sorgte dafür, daß keine Saboteure und Attentäter über den Jordan nach Westen einsickerten. Die Israeli hätten sofort härteste Repressalien eingeleitet, und die Erinnerung an die Vernichtung des jordanischen Dorfes Karama war nicht verblaßt. Das Haschemitische Königreich, das weiterhin über organische Bindungen zum Westjordanufer verfügte, die dortigen Beamten bezahlte und bestens informiert war, beobachtete das zionistische Experiment der sogenannten »Dorf-Ligen« und deren palästinensische Kollaborateure mit bösen Ahnungen. Jeder Palästinenser, der Land an die Juden verkaufte, wurde in Amman zum Tode verurteilt. Der offizielle Standpunkt Begins und vor allem seines Verteidigungsministers Scharon war bekannt: Die Palästinenser besaßen bereits ihren Staat, nämlich in Jordanien. Es lag an diesen Palästinensern, ob sie sich auf alle Zeit von einem haschemitischen König aus Hedschas regieren lassen oder ob sie ihre eigene Republik auf der East-Bank gründen wollten. Der Scharon-Plan – so hieß diese These bereits – kündigte neue Konflikte an.

Auf meiner Suche nach islamischen Fundamentalisten wurde ich natürlich an die Scharia-Fakultät der »Jordan University«, an die koranische Rechtsschule, verwiesen. Auf dem ausgedehnten, schattigen Campus mit schmucken Natursteinbauten wurde ich an den Professor und Alim Ibrahim Zeid el Keilani verwiesen, dessen angesehene Familie aus der Gegend von Hebron stammte. In der Scharia-Fakultät trugen die jungen Männer Bärte, die Mädchen waren verschleiert. Von Scheich Keilani war ich angenehm überrascht. Der vitale Mann mit rötlichem Backenbart und hellen Augen erinnerte mich an Allal el Fassi, den Vorläufer des marokkanischen Nationalismus. Keilani durfte auf Weisung des Königs nicht länger in den Moscheen predigen. Seine geistlichen Thesen vertrugen sich nicht mit den Weisungen des Hofes. Natürlich bekannte sich auch Keilani gleich zu Beginn des Gesprächs zum Prinzip »din wa daula«. Er verwies mich auf die Tatsache, daß die Mekkapilger in Jordanien immer zahlreicher würden und daß diese »Hujjaj« wesentlich jünger seien als früher. »Wer einmal zur Kaaba gewallfahrtet ist, der legt eine Art Gelübde ab, die islamischen Gebote in aller Strenge weiterhin zu befolgen«, erklärte der Scheich. »In der Vergangenheit nahmen überwiegend die Alten diese Verpflichtung auf sich. Die Generationsverschiebung ist für die Wiedergeburt des Glaubens aufschlußreich. Gerade die Jungen vertiefen sich heute in das Studium des Heiligen Koran.« Professor Keilani war eine gewisse Sympathie für die Revolution Khomeinis anzumerken. Immerhin habe der Iran im Namen des Islam dem amerikanischen Imperialismus so kühn getrotzt, daß er für die Araber vorbildlich sein sollte. Zwei Irrwege hätten die Entwicklung des Orients seit Beginn des Jahrhunderts gekennzeichnet. Im theologischen Bereich, so führte Keilani aus, habe die Ulama-Bewegung eine falsche Richtung eingeschlagen. Die Koran- und Scharia-Gelehrten hätten zu Recht auf eine größere Orthodoxie, auf die strenge Exegese der heiligen Schriften und Überlieferungen gedrungen und manchen obskurantistischen Aberglauben, wie er vielerorts vegetierte und die wahre Botschaft verzerrte, ausgeräumt. Aber die Ulama seien fast überall in die Abhängigkeit der weltlichen Herrscher geraten, sie hätten sich als deren Instrumente mißbrauchen lassen. Die Beispiele des religiösen Opportunismus im Dienste verbrecherischer Potentaten seien nicht mehr zu zählen. Der oberste Scheich von El Azhar in Kairo habe das Camp-David-Abkommen und den Frieden Ägyptens mit Israel gutgeheißen. Die Ulama von Damaskus

hätten dem alawitischen Ketzer Hafez-el-Assad bestätigt, daß er ein
rechtgläubiger Moslem sei. In Saudi-Arabien hätten die Wächter der
Wahhabiten-Gemeinde dem sittenlosen Prinzen Fahd auf den Thron
geholfen. Das Ende des Lehrmonopols dieser Schriftgelehrten sei gekommen. Auf der Suche nach neuer, spontaner Frömmigkeit wende sich
gerade die junge Generation von den alten Turbanen ab.

»Der andere Irrweg«, so fuhr Keilani fort, »war der panarabische
Nationalismus.« Seltsamerweise tauchten hier die Argumente Fauzis
wieder auf. »Gamal Abdel Nasser gilt weiterhin bei vielen Orientalen als
der große Rais. In Wirklichkeit hat seine Ideologie des arabischen Sozialismus nur Schaden, Spaltung und Verwirrung gestiftet. Ein frommer
pakistanischer Moslem ist wertvoller und gottgefälliger als ein lauer
arabischer Moslem. Nicht die arabische Nation, sondern die gesamtislamische Umma reflektiert den Willen Allahs.« Ob man das Ideal der Identität von Religion und Staat im Rahmen eines Königreichs oder einer
Republik verwirkliche, sei relativ unwichtig. Immerhin sei seit Abschaffung des Khalifats durch Atatürk ein Vakuum entstanden, und die
geheime Hoffnung bestehe, daß die Statthalterschaft Gottes auf Erden
eines Tages in dieser oder jener Form wieder restauriert werden könne.
»Wir Araber waren drauf und dran, uns in den westlichen Schablonen
von Nationalismus und Sozialismus zu verstricken, unsere islamische
Eigennatur preiszugeben«, grübelte Scheich Keilani. »Ausgerechnet die
Zionisten mit ihrem zutiefst theokratischen Staatskonzept haben uns auf
den rechten Weg zurückgedrängt. Die Juden – wie so oft in ihrer langen
Geschichte – sind auch heute noch, auf schwer erklärliche Weise, Instrument des göttlichen Willens.«

SAUDI-ARABIEN:
Segen und Fluch des schwarzen Goldes

Filmkulisse in der Wüste

Taif, September 1981

Allüre haben sie, diese Saudis. Über dem langen weißen Gewand aus Seide oder Wolle, dem »Thwab«, tragen sie den goldgesäumten »Mischlah«, das braune oder schwarze Cape, mit unnachahmlicher Eleganz. »Ihr Überhang ist sicher aus Kamelhaar gewoben«, wurde ein Würdenträger des Hofes von einer Referentin des Elysée-Palastes gefragt, die François Mitterrand nach Taif begleitete. Der Araber lächelte nachsichtig: »Wir tragen nur erstklassige englische Wolle.« Der Zauber war gebrochen. Alles war künstlich in dieser protzigen Verschwendungskulisse von Taif. Die Paläste aus Marmor, Metall und Kristall schienen dem fremden Planeten irgendeines Science-fiction-Films entliehen. Sie standen beziehungslos in der kahlen Minerallandschaft. Ähnlich wie die Saudis auf der Hochebene von Taif könnte sich die Menschheit in hundert Jahren vielleicht auf einem fernen, öden Stern einrichten. Die feierlichen Araber in ihren biblischen Gewändern hatten jeden Bezug zur Dürftigkeit der Nomadenwelt, aus der sie eben aufgetaucht waren, verloren. Sie waren Statisten eines absurden Polit-Thrillers, einer orientalischen »Star-War«-Inszenierung. Sie wurden zu Gefangenen einer futuristischen Utopie, die zu beherrschen sie sich einbildeten.

Jean-Louis Arnaud, mein unverdrossener Gefährte aus den Tagen der Gefangenschaft beim Vietkong, der als Kolumnist der Mitterrand-freundlichen Zeitung *Le Matin* beim Elysée in hohem Ansehen stand, strich sich nachdenklich über den breiten Royal-Air-Force-Schnurrbart, den er sich in Indien zugelegt hatte. »Weißt du, woran sie mich erinnern, diese saudischen Prinzen in ihren klimatisierten Marmorkathedralen, in denen kein vernünftiger Mensch leben möchte, unter ihren Lüstern und Edelholztäfelungen: an Kurienkardinäle. Ein islamischer Vatikan ist das hier. Diese Herren der Wüste haben das gleiche salbungsvolle Auftreten, die abgewogene, liturgisch getönte Sprache wie unsere römischen Prälaten. Schau dir den einen oder anderen Sudeiri-Prinzen gut an. Er könnte mit den Borgias verwandt sein.« Jean-Louis erzählte mir von seinem Gespräch mit Michel Jobert, dem Außenhandelsminister im Kabinett Mauroy. Der winzig gewachsene Jobert war durch die Zuweisung eines Super-Luxus-Appartements mit dreizehn riesigen Zimmern überrascht worden, und es war typisch für die anerzogene Sparsamkeit dieses sehr bürgerlichen Franzosen, daß er vor dem Schlafengehen zehn Minuten damit verbrachte, sämtliche Lampen und Kronleuchter in seiner Suite auszuschalten.

Unter den alten Globetrottern des Pressekorps, die im Gefolge Mitterrands die Sondermaschine nach Hedschas bestiegen hatten, war man sich im Hinblick auf die Zukunft des Königreichs Saudi-Arabien schnell einig: »Das kann auf die Dauer nicht gut gehen.« Es wurde an diesem Abend, während tunesische und pakistanische Kellner alle nur denkbaren Leckerbissen des Westens und des Ostens servierten – sogar das Olivenöl kam aus Spanien, die Datteln aus Algerien –, viel gespöttelt über die Theorien des allzu brillanten Schriftstellers und Politikers Jean-Jacques Servan-Schreiber. »JJSS«, wie er in Paris genannt wurde, hatte in seiner »Totalen Herausforderung« ein Treffen der Öl-Potentaten der OPEC in Taif beschrieben und von einem harmonischen, versöhnten Erdball geträumt, wo der Westen die Technologie, die Araber die Petro-Dollars, die Entwicklungsländer ihre unbegrenzte Konsumkraft einbringen würden. Dabei lag Mekka – vor den Ungläubigen streng abgeschirmt – nur ein Dutzend Meilen von Taif entfernt.

Schon in jenen Tagen präsentierte sich Prinz Fahd Ibn Abdul Aziz als starker Mann von Saudi-Arabien. König Khaled kam François Mitterrand mühsam am Stock entgegen. Er war von seinem Herzleiden und vom nahen Tod gezeichnet, der ihn im Juni 1982 hinraffen sollte. In seinen Palästen von Riad, Jeddah, Taif und Dahran trauerte der kranke Khaled jenen Zeiten nach, als er sich im Auftrag seines Vaters noch den Beduinenstämmen der Wüste widmen konnte, der Falkenjagd nachging und mit den Kriegern des Nedschd im Rhythmus des Säbeltanzes stampfte. Fahd, der Kronprinz und Regierungschef, war von einem ganz anderen Kaliber. Wir hatten Muße, diesen hochgewachsenen, korpulenten Mann mit dem feisten Gesicht und dem Spitzbart zwei Stunden lang zu mustern, wie er sich gemeinsam mit Mitterrand dem Fragenritual der Pressekonferenz stellte. Aus den müden Augen des Kronprinzen mit den schweren Lidern sprach Menschenverachtung und eiskalter Überdruß.

Wie ein riesiger, träger Kater saß er lauernd auf der Empore, ließ sich die Fragen übersetzen, antwortete scheinbar gelangweilt, aber stets präzise und sachkundig. Prinz Fahd hatte ein paar Monate zuvor einen Palästina-Plan auf den Verhandlungstisch gelegt, der seinen Namen trug. Es ging dabei im wesentlichen um die Schaffung eines unabhängigen Palästinenser-Staates auf der West-Bank und in Gaza. Jerusalem sollte zur Hauptstadt der Palästinenser erklärt werden. Bemerkenswert war in diesem Vorschlag die indirekte Anerkennung des Juden-Staates gemäß der UNO-Resolution 242. François Mitterrand sah im Fahd-Plan eine Chance, die Vermittlungsmission im Orient, zu der er sich berufen glaubte, behutsam aufzugreifen. Das war ein knappes halbes Jahr vor seiner ernüchternden Staatsvisite in Israel. Im Gegensatz zu König Khaled, der von der Bevölkerung wohlgelitten war – jedermann wußte, daß dieser verspätete Beduine über keine hohen Geistesgaben verfügte –, war Prinz Fahd in den Augen vieler Saudis eine düstere, umstrittene Persönlichkeit. Sein staatsmännisches Talent, seine stahlharte Energie, wenn es darum ging, die Rechte der Dynastie zu wahren, waren unbestritten. Aber sein privater Lebenswandel gab Anlaß zu Gerüchten. Man munkelte von ungeheuerlichen Summen, die der Kronprinz in westlichen Kasinos verspielt habe, von seinem Hang zum Alkohol, von galanten Abenteuern in Cannes, London und New York. All das war den puritanischen Wahhabiten ein Greuel.

Im September 1981 war der Tod König Khaleds bereits abzusehen und die Nachfolge geregelt. Diese Monarchie ließ keine politischen Parteien zu, es sei denn, man betrachtete die saudische Dynastie mit ihren 17 000 Prinzen und Anverwandten als die alles beherrschende Einheitspartei. Das Politbüro, so meinten die Spötter, setze sich aus den leiblichen Söhnen des Gründerkönigs Abdul Aziz Ibn Saud zusammen, der in den zwanziger und dreißiger Jahren das Herrschaftsgebiet seiner Familie zwischen Persischem Golf und Rotem Meer in sensationeller Weise erweitert und konsolidiert hatte. Über die internen Machtkämpfe drangen wenig Informationen nach außen. Man wußte, daß Prinz Fahd sich auf die Solidarität seiner sieben jüngeren Brüder vom Sudeiri-Clan stützte. Hassa Bint Sudeiri war die Lieblingsfrau und kluge Konfidentin Ibn Sauds gewesen. Nach dem Tod dieses Patriarchen versammelte sie ihre Söhne täglich um sich, erteilte ihnen Ratschläge und Empfehlungen bis zu ihrem Ableben im Jahr 1969. Diese Tochter eines Stammesfürsten fungierte im Schatten ihres Harems als eine der einflußreichsten Persönlichkeiten des Landes, sorgte dafür, daß ihr Clan über entscheidende

Schalthebel der Macht verfügte. So kontrollierten die Sudeiri-Prinzen
Sultan und Turki die regulären Streitkräfte, Prinz Nayef war Innenminister, die Prinzen Salman, Sattam und Ahmed amtierten als Gouverneure
von Riad und Mekka. Mehrere hundert Millionen Dollar, so hieß es,
wurden jährlich aus einem geheimen Sonderfonds an jene Mitglieder
der königlichen Familie gezahlt, die nicht unmittelbar an Regierung,
Verwaltung und deren immensen Pfründen teilhatten, um sie bei Laune
zu halten.

Während ich die babylonische Maske des Kronprinzen Fahd studierte,
mußte ich an seinen Halbbruder, König Feisal, den Vorgänger Khaleds,
denken. Im Februar 1975 hatte ich einer Audienz beigewohnt, die einer
Gruppe deutscher Industrieller unter Leitung des damaligen Wirtschafts-
ministers Friderichs gewährt wurde. König Feisal war der Antityp zu
Fahd. Er blickte aus traurigen Eulenaugen. Die graue Gesichtshaut und
die schmerzlich verzogenen Mundwinkel deuteten auf ein schweres
Magenleiden. Feisal war hager. Die religiöse Strenge, die Askese waren
ihm ins knochige Gesicht geschrieben. In diesem müden alten Mann,
dem man nicht zutraute, daß er an der Spitze der erobernden Beduinen-
scharen seines Vaters Ibn Saud die heiligen Stätten Mekka und Medina
dem Familienbesitz einverleibt, den Schützling des britischen Colonial
Office, den Scherif Hussein aus Hedschas vertrieben hatte, brannte
immer noch das heilige Feuer der wahhabitischen Frömmigkeit. Feisal
hatte das Bündnis mit Amerika akzeptiert. Er sah in der Allianz mit Washington die leidige, aber unentbehrliche Gewähr für die Stabilität seiner
Dynastie und die Bewahrung des islamischen Glaubens, der durch gottlose, subversive Machenschaften bedroht war, wie der letzte gescheiterte
Armee-Putsch im Jahre 1969 bewiesen hatte. Er verabscheute den Kommunismus, aber sein Haß gegen den Zionismus war vermutlich noch
brennender. Auf dem Nachttisch meines Hotels in Riad hatte – so wie
man in christlichen Ländern oft ein Exemplar der Bibel vorfindet – ein
Abdruck des »Protokolls der Weisen von Zion« gelegen. König Feisal
betrachtete insgeheim wohl auch Karl Marx als einen getarnten Vorläufer der zionistischen Weltverschwörung.

Trotz dieser Marotte strahlte dieser Beduinen-Monarch eine faszinierende Autorität und echte Würde aus. Er hielt nicht viel von Sicherheitsmaßnahmen, und diese mangelnde Abschirmung wurde ihm am 23.
März 1975, wenige Wochen nach unserer Audienz im Palast von Riad,
zum Verhängnis. Von einem seiner zahlreichen Neffen, der angeblich
die Hinrichtung seines Vaters rächen wollte, wurde er ermordet. Selt-

same Mutmaßungen gingen über die tatsächliche Motivation des Attentäters um, der in den USA studiert hatte und den Gerüchten des Suq
zufolge im Dienste einer pro-israelischen CIA-Fraktion gestanden hätte.
Vermutlich war Feisal die letzte Figur auf dem Thron der Sauditen, die
der gesamten Bevölkerung Respekt einflößte und über die arabische
Halbinsel hinaus ein weltweites religiöses Ansehen in der islamischen
Umma genoß. Wenn er bei der jährlichen Pilgerfahrt die muselmanischen Staatschefs zwischen Pazifik und Atlantik empfing, umgab ihn die
Aura eines geheimen Khalifen. In den Herrschaftstagen Feisals war das
Hofleben noch nicht im byzantinischen Protokoll erstarrt. Jeder Beduine
konnte den König ansprechen, wenn er ihm auf der Straße begegnete.
»Ya Feisal«, riefen dann die selbstbewußten Männer des Nedschd, und
der Monarch ließ sich mindestens auf den Austausch der hergebrachten
Grußformel ein. In seinem Palast empfing er einmal in der Woche alle
möglichen Ulama und Stammesältesten, aber auch ganz einfache Bitt-
steller und Beschwerdeführer aus dem Volk. Am liebsten lauschte der
Herrscher den weisen Worten der Greise. So erlebte ich, wie ein blinder
Scheich und Schriftgelehrter aus dem Nedschd Feisal ermahnte, am Koran, als einziger Verfassung des Reiches, festzuhalten. Es folgte ein endloser Exkurs über die Zeit der Kreuzzüge, die der fromme Alim mit der
Präsenz des Judenstaates im Heiligen Land verglich. Der König lauschte
mit Geduld und Höflichkeit. Er stimmte dem Alten gewichtig zu.

Auch die deutschen Handels- und Industrievertreter wußten die
guten Manieren der Saudis zu schätzen. Der Hof hatte immerhin eine
beachtliche Zahl junger Prinzen und Söhne einflußreicher Familien zum
Studium ins Ausland, vor allem in die USA geschickt, wo sie sich dank
einer oft brillanten Auffassungsgabe mit den ökonomischen und technologischen Realitäten der Gegenwart vertraut machten. Der Umgang mit
den Saudis – bei aller Distanz und Hoheit, die diese Wüsten-Araber zur
Schau trugen – sei sehr viel angenehmer als das rüde, patzige Geschäfts-
gebaren der neureichen Business-Manager Persiens, die zu Füßen des
Pfauenthrones um astronomische Profite rangen. An die deutsche Wirt-
schaftsdelegation unter Minister Friderichs hatte Feisal – im Tone eines
Predigers – freundliche und ermutigende Worte gerichtet. Aber am Ende
horchte ich plötzlich auf. Von den Gemeinsamkeiten der deutschen und
arabischen Interessen sprach der König, und dann erwähnte er in aller
Deutlichkeit: » . . . kifachuna el 'amm dudd es suhiuniya . . . « Der Dolmetscher des Auswärtigen Amtes aus Bonn, ein gebürtiger Palästinenser,
übersetzte korrekt: » . . . unser gemeinsamer Kampf gegen den Zionis-

mus . . .« Auf deutscher Seite wurde nicht widersprochen. Es entstand
peinliches Schweigen. Die meisten der Anwesenden hatten die Bedeutung
des letzten Satzes gar nicht begriffen, sondern fragten sich mit einigem
Erstaunen, was der König mit dem »gemeinsamen Kampf gegen den
Zynismus« gemeint haben mochte. In der gesamten Umma war bekannt,
daß es die sehnlichste Hoffnung Feisals war, eines Tages in der El Aqsa-
Moschee von Jerusalem – frei von jeder zionistischen Präsenz – seine
Gebete verrichten zu können. Die Erfüllung blieb ihm versagt.

Bei unserer Ankunft in Riad hatte sich ein stämmiger Europäer im
schwarzen Anzug unserer Gruppe zwanglos beigesellt. Er schien in Arabien zu Hause zu sein, und wir beide sympathisierten sofort. Ein Beamter der Botschaft tuschelte mir zu, daß es sich um den vielgenannten Waffenhändler M. aus dem Rheinland handelte. M. hatte nach dem Zweiten
Weltkrieg Fallschirmspringer in Ägypten, später auch in Saudi-Arabien
ausgebildet. Auf einem Auge war dieser grauhaarige Haudegen erblindet. Beim Blumenschneiden in seinem Garten bei Bonn hatten ihm die
Dornen einer Rose die Netzhaut zerkratzt. Der Waffenhändler verfügte
natürlich über die besten Beziehungen in den Ministerien, vor allem
aber bei der »Nationalgarde«, der »Haras el watani«, einer reinen Beduinentruppe, die früher unter dem Namen »Weiße Armee« geführt worden war und ein Gegengewicht zu den regulären Streitkräften bildete.
Die Nationalgarde unterstand dem Befehl des Prinzen Abdallah, der
einem konservativen Flügel der Dynastie angehörte, dem späteren König
Khaled besonders verbunden war und mit seinen Prätorianern unter
dem rotweiß geschecken Kopftuch den Einfluß des Sudeiri-Clans tempe-
rierte. Es war ein prächtiges Bild, als diese Wüstengarde vor der Tribüne
Abdallahs ihre Reiterspiele veranstaltete. Sie waren die Söhne jener
weißgekleideten Ikhwan, die der heiligen Sache der Wahhabiten-Erneue-
rung und dem Ehrgeiz des Königs Ibn Saud zum Sieg verholfen hatten.
Die Beduinenstämme, so hieß es, machten damals noch vierzig Prozent
der Bevölkerung aus, aber die Zahl war rückläufig. Meist waren es nur
noch die Frauen, die sich um die Schaf- und Ziegenherden kümmerten.
Die Männer hatten längst das Kamel gegen dröhnende Lastwagen eingetauscht und gingen profitablen Transportgeschäften als motorisierte
Nomaden nach. Für manuelle Arbeit war ein gebürtiger Saudi ohnehin
nicht zu gewinnen. Der Erdölreichtum war wie ein goldener Regen, vielleicht auch wie ein sterilisierender Fluch über diese Unendlichkeit aus
Sand und Stein niedergegangen. Die industriellen Aufgaben wurden
einem Heer von Fremdarbeitern übertragen, die damals noch mehrheit-

lich aus dem Yemen und aus Pakistan kamen. Der angestammten Bevölkerung von etwa vier Millionen echter saudischer Untertanen standen schätzungsweise 3,5 Millionen Ausländer gegenüber – darunter auch viele Palästinenser in gehobenen Verwaltungsstellen und Libanesen im Großgeschäft. Es gehörte nicht viel Phantasie dazu, um sich die Sprengkraft dieses Agglomerats auszumalen.

Von Riad waren wir nach Osten, in die Nähe des Persischen Golfs gefahren, den die Araber nachdrücklich als »Arabischen Golf« bezeichnen. Wir sollten die landwirtschaftlichen Projekte filmen, die die saudischen Behörden mit gewaltigem finanziellen Aufwand und mit Hilfe artesischer Brunnen entwickelten. Auch hier fanden wir bei den Pächtern und Landarbeitern meist Fremde, teilweise auch Schiiten, die ausgerechnet in dieser strategischen Ecke – die Erdölfelder waren nicht weit – relativ stark vertreten waren. Die echten saudischen Araber hielten es mit jenem Hadith aus dem Leben des Propheten, demzufolge Mohammed beim Anblick eines Pflugs all jenen Landsleuten Schande angekündigt hatte, die sich eines solchen Gerätes bedienten. Ein peruanischer Diplomat in Jeddah hatte angesichts der Agrarfeindlichkeit der Saudis und so vieler Araber lachend bemerkt: »Würde man im Orient den Grundsatz unserer lateinamerikanischen Bodenreformer anwenden: ›La tierra a los quien la trabajan – die Erde soll denen gehören, die sie bearbeiten‹, dann käme es in der ganzen Region zu gewaltigen Umschichtungen.«

Der Waffenhändler M. hatte unsere Dreharbeiten dank seiner Beziehungen und seiner fröhlich-burschikosen Umgangsmanieren mit den Großen des Regimes in dankenswerter Weise erleichtert. Wir wohnten den Schießübungen der Sicherheitstruppe »Amn el 'am« bei und waren überrascht, französische Ausbilder anzutreffen. Ein saudischer Polizeileutnant lud mich anschließend in seine kleine Villa am Rande von Riad zu einem Drink ein. Er holte die Whiskyflasche vom Regal und bedauerte lebhaft, daß seine Frau uns nicht begrüßen konnte, weil sie bei einer Freundin zu Besuch war. Der Genuß aller berauschenden Getränke war offiziell aufs strengste verboten, auch wenn die Ausländer und die kleinen Leute sich mit selbstgebrannten Alkoholika – »Sadiqi – mein Freund« genannt – aushalfen. Die Frauen-Segregation wurde so eifersüchtig gehandhabt, daß die Schülerinnen nur über einen Fernsehmonitor von männlichen Lehrern unterrichtet werden durften. Das Gebaren des Polizeileutnants deutete auf eine erfreuliche Liberalisierung der Sitten, zumindest bei den gebildeten Schichten hin. Der Offizier stammte aus Mekka, und im Gespräch merkte ich bald, wie sehr das alteingeses-

sene Bürgertum des Hedschas unter der Exklusivherrschaft der Wüsten-
fürsten aus dem trostlosen Nedschd zu murren und zu stöhnen begann.
Bei der Heimfahrt ins Hotel wurden wir von einem Lastwagenfahrer
geschnitten. »Ya badu!« brüllte der Leutnant den Fahrer an. »Du Beduine!«, so wie man bei uns gelegentlich den Ausdruck »Bauer« noch als
Schimpfwort benutzt.

Im Suq von Riad und vor allem im Hafen von Jeddah, wo die letzten
schönen Häuser aus der Türkenzeit mit ihren holzgeschnitzten Balkonen
den Preßlufthämmern und immer neuen, stillosen Wolkenkratzern zum
Opfer fielen, hatte mich die Arglosigkeit verblüfft, mit der die Geldwechsler und Bankiers ihre monetären Transaktionen ohne jeden Schutz
auf offener Straße abwickelten. Die Safes standen offen und waren zum
Bersten mit Rial, Dollars und allen nur denkbaren Devisen gefüllt. »In
Europa ist viel gezetert worden über die Justizmethoden Saudi-Arabiens,
wo man den Dieben die Hand abhackt und die Schwerverbrecher öffentlich enthauptet«, bemerkte Mahmud Hartmann dazu, ein seit fünfundzwanzig Jahren in Jeddah ansässiger Deutscher, der zum Islam übergetreten war. »Die islamische Rechtsprechung beruht auf Abschreckung. Das
Rezept des Koran ist überaus wirksam. Hier gibt es fast keine Morde, und
es fällt offenbar niemandem ein, im Basar einen Geldwechsler auszurau-
ben, obwohl das ein Kinderspiel wäre. Jene europäischen Liberalen, die
behaupten, der Strafvollzug habe keinen Einfluß auf das Ausmaß der Kriminalität, sollten sich einmal im wahhabitischen Königreich Saudi-Arabien umsehen.« Mahmud Hartmann, den ich schon seit früheren Besuchen in Jeddah schätzte, war eine etwas geheimnisvolle Persönlichkeit. Er
hatte sich dem streng muselmanischen Lebensrhythmus gut angepaßt,
eine Palästinenserin geheiratet und verfügte offenbar über enge Beziehungen zu wichtigen saudischen Dienststellen.

Mit Mahmud sprach ich oft und lange über die krassen Widersprüche
dieses Landes. Erst im Jahr 1959 war die Sklaverei offiziell abgeschafft
worden. Insgeheim blieb der Nomade, der Hirte das Idealbild dieser
Gesellschaft, die durch die Flut des schwarzen Goldes und mehr noch
durch die magischen Importe einer unverdauten Spitzentechnologie zur
Schizophrenie verurteilt schien. Im Hadith heißt es: »Moses war Schafhirte wie später David – und auch ich, Mohammed, wurde erwählt, als
ich die Schafe meiner Familie in Ayad hütete.« An diesen Vers mußte ich
denken, als ich an einem Donnerstagabend die Skyline von Riad hinter
mir ließ und – wie so viele einheimischen Stadtbewohner – etwas Erfrischung in der Wüste suchte. Mit schweren amerikanischen Limousinen

war die saudische Neo-Bourgeoisie in die Dünen gefahren. Man kampierte dort – streng nach Familien gruppiert –, hatte billige Fabrikteppiche ausgebreitet, briet Hammelspießchen, trank Coca-Cola und ließ die Transistoren brüllen. Die jungen Männer spielten Volleyball. Der alte Nomadeninstinkt hatte sie ins Freie getrieben, fern von ihren klimatisierten, mit westlichem Schnickschnack gefüllten Beton-Appartements. Gleichzeitig waren sie einer karikaturalen Form des »American way of life« verfallen. In der anbrechenden Dämmerung filmten wir eine prächtige Bildersequenz, als unversehens eine Kompanie der Nationalgarde mit geschultertem Gewehr in den aufgeblähten Feuerball der untergehenden Sonne hineinmarschierte.

Der Sturm auf Mekka, der blutige Aufstand der religiösen Eiferer im November 1979, lag fast zwei Jahre zurück, als wir uns im Gefolge Mitterrands in Taif aufhielten. Alle Gespräche und alle düsteren Zukunftsspekulationen kreisten noch um dieses unerhörte Ereignis. Seit der Verwüstung der heiligen Stätten des Islam durch die ketzerischen Qarmaten des zehnten Jahrhunderts hatte keine solche Entweihung mehr stattgefunden. Die Franzosen waren besonders gut über den Ablauf der Revolte informiert. Eine Handvoll Anti-Terror-Spezialisten des GIGN (Groupe d'Intervention de la Gendarmerie Nationale) war überstürzt nach Saudi-Arabien eingeflogen worden, um die Militärbehörden bei der Niederschlagung der Revolte zu beraten. Seltsames Schauspiel, wie die Ungläubigen aus dem Abendland einspringen mußten, um die Sakralbauten des Islam zu schützen! Eine neue Lesart der »gesta Dei per Francos«.

Es waren keineswegs schiitische Außenseiter oder gottlose Marxisten, die das Attentat gegen die »Masjid el haram« und die Geiselnahme Khaleds geplant hatten. Letztere Aktion mißlang, weil der König unpäßlich war und nicht zum Gebet an der Kaaba kommen konnte. An der Spitze des Aufruhrs stand ein siebenundzwanzigjähriger muselmanischer Zelot, Mohammed el Qahtani, der sich selbst zum »Mahdi«, zum »Rechtgeleiteten«, zum Vorboten und Verkünder des Reiches Gottes ausgerufen hatte. Qahtani wollte zurückfinden zu den reinen Vorschriften des Früh-Islam. Die saudischen Prinzen von heute verdammte der selbsternannte Mahdi Mohammed el Qahtani, der mit dem Zwölften Imam der Schia in keiner Weise verwechselt werden darf, wohl aber zu dem sudanesischen Mahdi des ausgehenden neunzehnten Jahrhunderts gewisse Parallelen aufweist, als eine Bande von Ungläubigen. Die Koran-Gelehrten, die der Dynastie willfährig zur Verfügung standen, schloß er in diese Verurteilung ein. Mohammed el Qahtani war kein Landesfremder, im Gegenteil,

er gehörte der Sippe des Propheten an, und die bewaffnete Tausendschaft, die sich ihm anschloß – Frauen und Kinder nahmen an dem heiligen Abenteuer teil – waren allesamt sunnitische Araber. Vierzehn Tage
lang haben die Aufständischen sich im Umkreis der Kaaba behauptet. Als
die Masse der Bevölkerung sich ihnen nicht spontan anschloß und die
Engel des Himmels nicht zu Hilfe eilten, verschanzten sich die Rebellen
in den riesigen Kellergewölben der Wallfahrtsstätte. Weder die Soldaten
der saudischen Armee noch die Beduinen der Nationalgarde waren in
der Lage, den Widerstand dieses verzweifelten Haufens zu brechen.
Zuverlässigen Quellen zufolge mußten Sonderkommandos aus Jordanien und sogar aus Ägypten – von französischen Gendarmen instruiert –
die Kellergewölbe von Mekka stürmen. Auf beiden Seiten kam es zu
schweren Verlusten. Zweiundsechzig überlebende Aufrührer wurden
am 9. Juni 1980 öffentlich enthauptet, darunter der politische Führer der
Bewegung, Juhayman el Oteiba, der auch erst siebenundzwanzig Jahre
alt war.

Die Botschaft Qahtanis und seiner Getreuen ist dennoch nicht erstickt
worden. Sie forderten die Rückkehr zur Herrschaft der Gerechtigkeit,
wie sie in der Frühzeit des Islam vom Propheten und den ersten Khalifen
vorgelebt worden sei. Das Volk Gottes sollte durch eine möglichst
einstimmige Ratsversammlung, die Schura, vertreten sein und zu Wort
kommen. Der Aufstand von Mekka signalisierte eine bedenkliche
Schwächung des Hauses El Saud. Weder der religiöse Eifer noch die Treue
der Beduinen waren mehr zuverlässige Größen, auf die das Regime sich
stützen konnte. Natürlich hegten die stolzen Wahhabiten nicht die
geringste Absicht, sich dem religiösen Taumel des Ayatollah Khomeini
anzuschließen. Für sie war die Mullahkratie von Teheran Ausfluß schiitischer Häresie und persischer Anmaßung. Grund mehr für die echten
Araber vom Stamme des Propheten, für die Anhänger der sunnitischen
Rechtgläubigkeit, den Iranern das Monopol der längst fälligen religiösen
Erneuerung und Rückbesinnung streitig zu machen, die grüne sieghafte
Fahne der islamischen Revolution, die zu Unrecht in Qom, Teheran und
Meschhed gehißt worden war, über den heiligsten Stätten der Offenba-
rung, über Mekka und Medina wehen zu lassen. Die Studentenschaft, die
junge Intelligenzia Saudi-Arabiens war weit mehr als die einfältigen
Beduinen in den Sog der heiligen Entrüstung geraten. Lange nach dem
Scheitern des Putsches und der Hinrichtung der Rädelsführer war in den
Waschräumen der Universität von Riad die Inschrift zu lesen: »Juhay-
man, unser Märtyrer, warum hast du nicht die Paläste gestürmt? Der
Kampf geht weiter!«

Fast zur gleichen Zeit, ebenfalls im November 1979, wurde ein anderer schwerer Schlag gegen die Stabilität des Königreichs geführt. Dieses Mal waren es die Schiiten im östlichen Landesteil, unweit der Küste des Persischen Golfes – etwa 300 000 insgesamt – die der saudischen Macht trotzten. Die Dynastie hatte ihnen stets verboten, den Trauermonat Muharram zu Ehren des Imam Hussein feierlich zu begehen. Diese Diskriminierung wollten sie sich nicht mehr gefallen lassen. Seit Jahrzehnten waren die Schiiten Saudi-Arabiens fast als Parias behandelt und unterdrückt worden. Die Krieger der Wahhabiten-Sekte hatten im achtzehnten und neunzehnten Jahrhundert immer wieder zu Razzien gegen die schiitische Bevölkerung Mesopotamiens ausgeholt. Sie hatten sogar die Gräber Alis und Husseins in Nedschef und Kerbela verwüstet. Seit der Ölboom über das wahhabitische Königreich gekommen war, fiel den Schiiten eine besondere Bedeutung zu. Ihre Gemeinschaft siedelte im Umkreis der reichsten Erdölfelder. Aus Tagelöhnern waren nach und nach unentbehrliche Arbeitskräfte der ARAMCO geworden. Das schiitische Proletariat der Ostküste durfte – gemäß der saudischen Gesetzgebung – weder Gewerkschaften bilden noch streiken. In ihren verschwiegenen Reihen vollzog sich eine ideologische Radikalisierung, die das übrige Saudi-Arabien bisher ausgespart hatte. Bei den Schiiten kam es zu anti-amerikanischen Kundgebungen. Nach einer Phase linksradikaler Untergrundtätigkeit entdeckten die Parteigänger Alis schließlich im Imam Khomeini ihr Vorbild und ihren Vorkämpfer. Die saudische Nationalgarde hat den offenen Aufruhr der Schiiten im Herbst 1979 brutal niedergeworfen. In Qatif wurde in die Menge geschossen. Die Bilder Khomeinis wurden von den Mauern gerissen. Seitdem hat die Regierung von Riad sich jedoch bemüht, den religiösen Forderungen dieser Minderheit entgegenzukommen und ihnen kultische Gleichberechtigung gewährt. Ob diese Beschwichtigung ausreicht, um die unterschwellige Stimmung des Aufruhrs zu dämpfen, hängt wohl vom weiteren Verlauf des irakisch-iranischen Krieges ab.

An Prinz Fahd, dem Regierungschef, lag es in erster Linie, die Konsequenzen aus den tragischen Ereignissen von Mekka zu ziehen. Es hatte sich erwiesen, daß die saudischen Streitkräfte im Ernstfall wenig taugten und daß die Beduinentruppe der Haras el watani trotz ihres martialischen Gebarens eine verlotterte »Harka« war, wie ein französischer Experte es ausdrückte. Was nützte es da, daß man das phantastische Rüstungsbudget zusätzlich erhöhte, daß der Wehrsold verdoppelt wurde? Die Dynastie wußte nunmehr, daß ihr Überleben auf auswärtigen Schutz angewiesen war. Prinz Fahd bemühte sich um Verteidigungsabsprachen mit Ägypten, auch wenn er sich verbal immer noch von Camp David distanzierte. Die Jordanier waren seit langem unentbehrlich. Vor allem aber die amerikanischen Stäbe setzten zur konkreten Planung des katastrophalen Ernstfalles an. Die Zahl der Militärberater aus USA wurde vermehrt. Die »Rapid Deployment Force« baute Eingreifbasen rund um die arabische Halbinsel auf. Die Petroleumfelder, so argumentierten die Militärs, seien kaum zu schützen, aber eine Wiederholung des iranischen Fiaskos wäre selbst in der Perspektive einer weit verzettelten Volkserhebung durchaus zu kontern. Im Grunde glichen die Oasenstädte des wahhabitischen Königreichs einem Archipel inmitten eines Ozeans von Sand. Es würde auf jeden Fall möglich sein, die eine oder andere Position zu behaupten, einen oder mehrere Prinzen zur Respektierung der Legitimität in Reserve zu halten und agieren zu lassen. Vor allem würde man es in diesem kaum bevölkerten Land nicht mit jenen Menschenlawinen, jenen revolutionären Lavaströmen zu tun haben, die die gewaltsame Unterdrükkung der Khomeini-Bewegung in Teheran illusorisch machten.

Fahd Ibn Abdul Aziz hatte die Sturmzeichen erkannt. Dem als Playboy verschrieenen Kronprinzen oblag es nunmehr, die Rückkehr zur rigorosen und prüden Anwendung der wahhabitischen Vorschriften zu erzwingen. Der Alkohol wurde plötzlich unerschwinglich teuer. Die Kontrolle des florierenden Geschäfts mit Pornofilmen verschärfte sich. In den Geschäftsvierteln wachten die Religionswächter wieder mit Argusaugen über die züchtige Kleidung der Frauen. Die gigantischen Industrialisierungsprojekte, die vor allem in Yanbu am Roten Meer und in Jubail am Persischen Golf aus dem Sand gestampft werden sollten, wurden gebremst und nur in dem Maße weitergeführt, wie die Verpflichtung zusätzlicher Fremdarbeiter vermieden werden konnte. Dieser Staat, dem der unermeßliche Erdölsegen ohne jede eigene Leistung, ohne eigene Beteiligung, ohne jedes eigene Verdienst, sondern lediglich durch eine Laune der Geologie und dank der Findigkeit westlicher Prospektoren in den Schoß gefallen war, sah sich nicht länger befähigt, irgendein industrielles Anschlußprogramm zu konzipieren. Scheich Yamani, der versierte und weltweit geschätzte Erdölminister, fuhr fort, im Auftrag der Dynastie die OPEC-Preise für das schwarze Gold durch intensive Förderung auf einem für den Westen halbwegs erträglichen Niveau zu halten. Aber die jungen Nationalisten an Schulen und Universitäten, die insgeheim mit der Revolte des Mahdi von Mekka sympathisierten, hatten längst errechnet, daß Saudi-Arabien mit einem Drittel seiner laufenden Petroleumproduktion zwar auf eine Reihe unsinniger Prestige- und Pompprojekte verzichten müßte, aber durchaus in der Lage bliebe, den gehobenen Bedürfnissen der Bevölkerung im Zug einer vernünftigen Wirtschaftsplanung zu genügen. In diesen Kreisen entrüstete man sich auch über die weltweiten Spekulationen, über das Jonglieren mit Immobilien, Börsenwerten und Rohstoffpreisen, zu denen es den arabischen Prinzen an kommerzieller Begabung nicht fehlte.

Der französische Staatsbesuch hatte eine Anzahl ausländischer Diplomaten und Beobachter aus der Hafenstadt Jeddah ins Hochland von Taif gelockt. In der Hotelhalle entdeckte ich Christopher Murray, dem ich 1974 in Kuweit und dann in Abu Dabi begegnet war, wo er sich als amerikanischer Wirtschaftsberater bei den Vereinigten Emiraten betätigte. Er war mir durch einen Schulfreund, der seinerseits bei der Weltbank in Washington arbeitete, als vorzüglicher Sachkenner und Orientalist empfohlen worden. Christopher übte vermutlich diskrete Nebenbeschäftigungen aus. Seit einem Jahr war er zur US-Botschaft nach Jeddah versetzt. Wir kamen gleich auf die Ölstaaten am Persischen Golf zu sprechen. »Sie würden die Gegend nicht wiedererkennen«, sagte Christopher. »Als Sie vor sieben Jahren den Golf bereisten, war der Ölboom mit all seinen Konsequenzen bereits im Gange. Aber seitdem hat eine ungeheure Beschleunigung stattgefunden. Die Söhne der Kameltreiber und Perlenfischer sind der absurden Verschwendungssucht, einer wahnwitzigen Spitzentechnologie verfallen. Was wir damals nie für möglich gehalten hatten: Das ›Recycling‹ der Petro-Dollars zugunsten der westlichen Industrienationen ist in vollem Gange. Die Öl-Scheichs mit Ausnahme der Saudis und der Kuweiti müssen ihren Größenwahn zügeln, kommen teilweise schon in Zahlungsschwierigkeiten. Vor allem aber herrscht Panik an der Piratenküste, seit der irakische Feldzug gegen die Revolution Khomeinis im Sand von Khuzistan steckenblieb.«

Christopher Murray war ein Mann der Zahlen und Fakten. Man sah seinem harmlosen Babbitt-Gesicht gar nicht an, wie intensiv und kompetent er sich mit dieser Region befaßte. »Weniger als sechs Millionen Menschen«, so zitierte er seine Statistiken, »in sechs Staaten – Saudi-Arabien, Bahrein, Vereinigte Emirate, Kuweit, Oman und Qatar – verfügen jährlich über zweihundert Milliarden Dollar.« Aber der Wurm sei in der Frucht. Der Petroleumbedarf des Westens gehe zurück, die Zahl der Förderländer nehme zu. Im übrigen habe die Überfremdung der Golfländer im Zuge einer forcierten Einwanderungspolitik absurde Ausmaße angenommen. Die eigentlichen Kuweiti bildeten nur noch eine Minder-

heit von 35 bis 40 Prozent im eigenen Scheichtum. In Qatar stellten die
Einheimischen 25 bis 30 Prozent dar. In den Vereinigten Arabischen
Emiraten war der Anteil der echten Landessöhne auf 15 bis 20 Prozent
gesunken. Wenn man die Zahlen der aktiven Bevölkerung zugrunde legte, steigerte sich die Präsenz der Ausländer in den verschiedenen Ländern auf 70 bis 90 Prozent. Ein solches Mißverhältnis müsse zwangsläufig
in den Abgrund führen, folgerte Christopher, auch wenn die Emire,
Scheichs und Prinzen nunmehr Wert darauf legten, den Anteil der unberechenbaren Palästinenser, – die man bereits als die »Juden Arabiens«bezeichnete –, der Yemeniten, überhaupt aller Araber zu reduzieren, und
an ihrer Stelle Pakistani, Bengalen, Inder, Thai, Filipinos und Südkoreaner zu verpflichten. Die Zugehörigkeit zur arabischen Nation, sogar das
Bekenntnis zum Islam galten neuerdings als negatives Kriterium für die
Erteilung der Einreise- und Arbeitsgenehmigung. Noch desolater stehe
es bei den Streitkräften dieser Mini-Staaten. Im Offizierskorps seien Jordanier, Engländer, Ägypter und Amerikaner in der Überzahl. Bei der
Truppe herrschten Balutschen, Yemeniten, Sudanesen und Pakistani vor.
In der Armee der Vereinigten Emirate seien 23 Nationalitäten vertreten.

»Die Zeitbombe tickt am Golf«, folgerte der Amerikaner, »und wir
sind ziemlich ratlos.« In Bahrein, wo die Mehrzahl der Bevölkerung sich
zur Schiia bekenne, habe sich die Agitation der Khomeini-Anhänger zu
einer akuten Bedrohung des sunnitischen Scheichs Khalifa ausgewachsen.
(Tatsächlich sollte dort im Dezember 1981 ein Komplott aufgedeckt werden, das angeblich von Teheran gesteuert wurde.) Auch in den übrigen
Scheichtümern der Piratenküste zwischen Kuweit und Oman brodelte es.
Dem Fanatismus der persischen Mullahs versuchten die sunnitischen
Feudalherren durch Überbetonung der eigenen Frömmigkeit und Koran-
Treue zu begegnen. Die Bigotterie der lokalen Fernsehstationen konkur-
rierte mit den frömmelnden TV-Sendungen aus Teheran. Der Schatten
Khomeinis lastete auf all diesen Duodez-Fürsten, die es – mit Ausnahme
des unmittelbar gefährdeten Scheichs von Bahrein – nicht wagten, gegen
die iranische Welle frontal Stellung zu beziehen. Waren es 70 000 oder
100 000 Perser, die an der Südküste des Golfs seit Generationen heimisch
waren und nun in der Mehrzahl zu Sympathisanten, Propagandisten,
gelegentlich sogar zu aktiven Agenten der schiitischen Revolution wurden? Auf den Märkten von Abu Dabi, wo überwiegend Farsi gesprochen
wird, gehörten die Bilder des streitbaren Imam, so berichtete Christopher, zur Ausstattung der meisten Läden und Verkaufsbuden. Die Zöllner der Emirate drückten beide Augen zu, wenn das übliche Schmuggel-

gut, das auf wendigen Motorbooten die süd-iranischen Häfen erreichte, durch gelegentliche Munitions- und Waffenlieferungen ergänzt wurde. Die Saudis hatten zwar ihre arabischen Anrainer im sogenannten »Rat für Zusammenarbeit des Golfs« locker zusammengefaßt, eine militärische Koordination beschlossen und die diversen Zwergstaaten auf eine rigorose Abwehr der iranischen Revolution verpflichtet. Offiziell standen all diese Fürsten auf seiten des Baath-Regimes von Bagdad, finanzierten dessen Kriegsanstrengung am Schatt-el-Arab. In Wirklichkeit hielten sie sich gedeckt, wo immer sie konnten.

Von Staub zu Staub

Diraya, September 1981

Am vorletzten Tag des Mitterrand-Besuchs hatte König Khaled zu einem Ausflug nach Diraya, zur Wiege der Dynastie, eingeladen. Zwei Sonderflugzeuge starteten in Richtung Riad. Dort warteten die klimatisierten Luxuslimousinen am Flugplatz. Im Vorbeigehen entdeckten wir zwei Awacs-Maschinen der US-Air Force. Die Fahrt nach Diraya dauerte nicht lange. Die Hauptstadt des Königreichs hatte sich seit meinem letzten Besuch entlang der neugebauten Asphaltbahnen wie mit Krakenarmen ausgedehnt. 1968 war ich noch auf einer holprigen Wüstenpiste gereist. Der Chauffeur des Informationsministeriums war mit seinem schweren Buick in das ausgetrocknete Wadi von Diraya gerollt und bis zur Achse im Flugsand stecken geblieben. Seine weiße »Dischdascha« hatte er bei den vergeblichen Bemühungen, das Fahrzeug wieder flott zu machen, mit Öl beschmiert. Danach war er in Apathie versunken. Ein paar junge Leute aus der Oase hatten uns schließlich weitergeholfen.

Dieses Mal führte eine breite Prachtallee an Hochhäusern und Palästen vorbei bis zum Ausgangspunkt der wahhabistischen Revolte und der saudischen Dynastie. König Feisal hatte angeordnet, daß die Ruinen von Diraya als Monument des frommen und bescheidenen Anfangs zu erhalten und zu pflegen seien. Hier hatte im achtzehnten Jahrhundert der strenge Prediger Mohammed Abdul Wahhab die Beduinen des Nedschd zur Reinheit der Lehre, zur strengsten koranischen Befolgung der hanbalitischen Rechtsschule aufgerufen. Hier war der Eifer der Wüste fast wie zu Zeiten des Propheten aufgelodert. Mit Hilfe des Krie-

gergeschlechts der saudischen Fürsten, mit denen er sich verbündete, hatte
Abdul Wahhab die türkischen Okkupanten, die Garnisonen des fremden,
verhaßten Khalifen von Istanbul aus der zentralarabischen Wüste vertrieben. Der Verlust dieser fernen Außenregion wäre für die Hohe Pforte
eventuell zu verschmerzen gewesen. Aber die Beduinen des Nedschd
schwärmten nach Mesopotamien und bis in die Hedschas aus. Ihre fanatische Botschaft islamischer Erneuerung dröhnte durch die ganze Halbinsel.
Der Wali von Ägypten, der in der ersten Hälfte des neunzehnten Jahrhunderts über stärkere Heere verfügte als der Sultan am Bosporus, wurde beauftragt, die rebellischen Wahhabiten, wie man sie nunmehr nannte, zu
unterwerfen. Unter unsäglichen Strapazen quälten sich die Soldaten aus
dem Niltal durch die feindselige Wüste. Auf Befehl Ibrahim Paschas
besetzten sie schließlich Diraya, die Hochburg des puritanischen Reformismus, und zerstörten die Oasensiedlung bis auf die letzte Lehmhütte.

François Mitterrand und die ihn begleitende Presse wurden von
Kamelreitern am Rande von Diraya willkommen geheißen. Die ganze
Zeremonie vollzog sich unter einem weitgespannten schwarzen Zelt.
Beduinenkrieger führten einen Säbeltanz vor. Die Sonne neigte sich, als
die westliche Besuchergruppe im Eilschritt durch die Ruinengassen
geführt wurde. Das alte Serail der Saudi-Dynastie war restauriert worden. Die dicken Lehmwälle mit Zinnen, Terrassen und dreieckigen
Schießscharten waren angeblich in assyrischem Stil gebaut. Ich war mit
einer Journalistengruppe auf die höchste Plattform geklettert. Ganz fern
im Osten erkannten wir die Zement- und Stahlstrukturen der Hauptstadt. Ringsum dehnte sich ockerfarbene Wüste. Violette Schatten breiteten sich aus. Die Palmen waren jetzt schwarz, und das Trümmerfeld
dieses saudisch-wahhabitischen Bollwerks glich eher einer Schutthalde
als einem historischen Mahnmal. Ein Windstoß aus Süden wirbelte den
Sand hoch und verstärkte den Eindruck von Verlorenheit und Öde.
Neben mir stand eine syrische Journalistin, die während der Pressekonferenz in Taif durch ihre aggressiven Fragen aufgefallen war. Die junge
Frau hatte widerwillig ein Kopftuch übergezogen, weil der saudische
Brauch das verlangte. Sie war Kurdin, wie man mir erzählte, und militante Anhängerin der Sozialistischen Baath-Partei. Die Beduinen-Folk-
lore vor dem Gastzelt hatte sie mit Ungeduld und Ärger quittiert. Jetzt
ließ auch sie den Blick über das Ruinenfeld von Diraya schweifen. »Das
ist also der Ursprung der Saudis«, sagte sie plötzlich mit Grimm in der
Stimme; »da sind sie hergekommen, und hierin, in den Staub, werden sie
wieder zurückkehren.«

Der Triumph war kurz

Bagdad, Mai 1982

Schwarze Tücher auf den Mauern von Bagdad. Sie tragen alle die gleichen weißen Inschriften: erst den Namen des Gefallenen und darunter den stets wiederholten Satz: »As schuhada akbar minna jamian – Die Märtyrer sind größer als wir alle zusammen«. Der Krieg gegen den Iran des Ayatollah Khomeini, der nun schon zwanzig Monate dauert, fordert immer mehr Opfer. Keine irakische Sippe sei verschont geblieben, so hört man. Wie hoch die Verluste tatsächlich sind, weiß niemand. Man spricht in Bagdad von 30000 irakischen und 70000 persischen Toten. Doch das sind vorläufige Zahlen, und die Schlacht um die iranische Hafenstadt Khorramschahr am Schatt-el-Arab, die vor zwanzig Monaten von den Divisionen Bagdads fast im Handstreich genommen wurde, ist neu entbrannt. Täglich treffen neue Gefallenenlisten ein.

Das Triumphgeschrei, das den Vormarsch der Iraker in den ersten Wochen des Krieges begleitet hatte, ist an Euphrat und Tigris längst verstummt. Präsident Saddam Hussein, der starke Mann von Bagdad, hatte geglaubt, den uralten Konflikt zwischen Semiten und Persern mit einem gewaltigen Faustschlag zu seinen Gunsten entscheiden zu können. Man stritt sich um die Souveränitätsrechte am Schatt-el-Arab, um den ungehinderten Zugang des Iraks zum Persischen Golf. Saddam Hussein hatte auch gefordert, daß die vom Schah einst okkupierten Inseln Tumb und Abu Musa in der Straße von Hormuz an die Vereinigten Emirate zurückerstattet würden. In Wirklichkeit ging es um die Loslösung der teilweise arabisch bevölkerten Erdölprovinz Khuzistan vom persischen Staatsverband und mehr noch um die Zerschlagung des schiitischen Gottesstaates Khomeinis.

Die Iraker meinten, die Stunde sei günstig. Die Attentate der Volks-Mudschahidin forderten täglich neue Opfer in Teheran und den persischen Provinzstädten. Die Mullahkratie und die herrschende »Islamisch Republikanische Partei« schienen in ihren Grundfesten erschüttert. Eine iranische Armee, die diesen Namen verdiente, gebe es nicht mehr, so hatten wohl westliche Experten den irakischen Stäben eingeredet, und die Revolutionswächter, die Pasdaran, seien ein chaotischer Haufen. Eine Anzahl persischer Emigranten – darunter der ehemalige Ministerpräsident Schapur Bakhtiar und General Oveissi –, die vor Ausbruch der Feindseligkeiten in Bagdad gesehen worden waren, hatten Saddam Hussein in seinen trügerischen Erwartungen bestätigt. Kurzum, man glaubte an einen Blitzsieg der irakischen Panzerkolonnen, an den Zusammenbruch, ja an die interne Auflösung der Islamischen Republik Iran. Obwohl in Bagdad wie in Damaskus die »Sozialistische Partei der Arabischen Wiedergeburt«, die säkular ausgerichtete Baath – mit den syrischen Brüdern übrigens zu Tod verfeindet –, die Alleinherrschaft ausübte, trat Saddam Hussein in die Fußstapfen des Khalifen Omar, benannte seinen Feldzug gegen die Iraner als »neues Qadissiya«, nach jener Schlacht des siebten Jahrhunderts, die das Ende des persischen Sassaniden-Reichs besiegelt hatte. Die Schiiten Khomeinis wurden somit durch den sunnitischen Präsidenten des Irak den in Qadissiya besiegten Ungläubigen der Zarathustra-Religion gleichgesetzt, eine schreckliche Verleumdung in den Augen der Mullahs von Teheran, die den »Tyrannen Saddam« seit langem schon als Instrument des Satans, als »neuen Yazid« identifiziert hatten.

Das Kriegsglück war den Irakern nicht hold gewesen. Nachdem sie Khorramschahr überrannt und den Erdölhafen Abadan eingekreist hatten, traten sie auf der Stelle. Das gewaltige sowjetische Material, das sie in der Wüste von Khuzistan aufboten, vermochte nicht viel gegen den Todesmut der Pasdaran. Ruhollah Khomeini, in seiner Eigenschaft als Faqih und als oberster Befehlshaber der Streitkräfte, hatte seinen Offizieren die Weisung erteilt, den Belagerungsring von Abadan um jeden Preis zu sprengen. Tatsächlich gelang diese Operation. Die Iraker hatten andererseits mit einer Volkserhebung der Araber Khuzistans zu ihren Gunsten gerechnet. Auf ihren Landkarten hieß diese Provinz längst »Arabistan«. Aber die Araber von Ahwas, Bustan und Susangerd waren in der Mehrheit schiitische Moslems und solidarisierten sich wider Erwarten mit der Khomeini-Revolution. Sie setzten sich gegen die Iraker zur Wehr. Die Soldaten Saddam Husseins quittierten diesen Verrat an der gesamtarabischen Sache mit der totalen Vernichtung aller Ortschaften, deren sie sich in den ersten Wochen bemächtigt hatten.

Im Frühjahr 1982 dramatisierte sich der Krieg. Bei Dezful waren ganze irakische Panzerbrigaden in einer einzigen Nacht aufgerieben worden. Ein schrecklicher, sinnloser Konflikt schwelte am Schatt-el-Arab, am Zusammenfluß von Euphrat und Tigris. Die Verluste an Menschen und Material ließen sich bereits an den großen europäischen Schlachten des Ersten und Zweiten Weltkrieges messen. In Bagdad war dieser Aderlaß auf Schritt und Tritt zu spüren. Selbst in der christlichen Kirche der assyrischen Chaldäer waren unter der Marien-Statue Bilder von »Märtyrern« angeschlagen, die im Dienste der »Arabischen Republik Irak« mit der Waffe in der Hand gefallen waren. In den Ministerien waren die männlichen Beamten in großer Zahl an die Front geschickt worden. Weibliche Hilfskräfte mußten für sie einspringen. Die einheimischen Fachkräfte der großen Wirtschaftsunternehmen wurden scharenweise durch Ausländer ersetzt. Von jedem Angehörigen der Baath-Bewegung erwartete der Staats- und Parteichef, daß er sich freiwillig zur Front meldete. Neben den regulären Streitkräften, deren Verluste nur schwer aufzufüllen waren – der Irak zählt etwa dreizehn Millionen Einwohner, während Persien über fast vierzig Millionen Menschen verfügt –, wurde eine sogenannte »Volksarmee« ausgehoben, eine Art »Volkssturm«, dessen Rekrutierung in den Mittelklassen der Gymnasien begann, auf ehrwürdige Greise nicht verzichtete und alle Männer zwischen 16 und 45 Jahren erfassen sollte. Tiefe Niedergeschlagenheit lastete in jenen Tagen auf Bagdad. Daran konnten die glorifizierenden Porträts des Präsidenten Saddam Hussein nichts ändern, die den Besucher des Iraks auf Schritt und Tritt verfolgten. Der Staatschef, der »Held«, wie ihm auch hier gehuldigt wurde, war in diversen Posen dargestellt: Er ragte sieghaft aus babylonischem Gemäuer; er zerschmetterte feindliche Panzer und Flugzeuge; er wies einer jubelnden Masse den Weg in die glorreiche Zukunft.

Die Metropole Bagdad glich einer gewaltigen Baustelle. Überall waren Bulldozer, Kräne, Batterien von Preßlufthämmern am Werk, rissen altes Mauerwerk nieder, ebneten ganze Straßenviertel ein, buddelten an gigantischen Unterführungen. Die Skyline der Stadt am Tigris veränderte sich von Monat zu Monat. Immer neue Betonklötze und Wolkenkratzer wurden im Eiltempo hochgezogen. Vom Swimmingpool des Hotels »Melia Mansur«, wo die knappen Bikinis einiger Araberinnen und der freie Alkoholausschank den weltlichen Charakter des Regimes betonten, bot sich ein Panorama hektischen Aufbaus um jeden Preis, wie ich ihn bisher nur in Teheran zu Zeiten des Schahs beobachtet hatte. Völ-

lig unwirklich zitterte die Stimme eines unermüdlichen Muezzins, durch
Elektronik verstärkt, über dieser futuristischen Silhouette. Der fromme
Rufer begnügte sich nicht mit den fünf täglichen Gebeten. Er füllte die
Zwischenzeit mit Koran-Rezitationen, die erfolgreich gegen die profane
Lautsprechermusik des Hotels ankämpften. »By the rivers of Baby-
lon ... I remember Sion ... « klang es gerade durch das Hotel »Melia
Mansur«: »An den Flüssen Babylons ... gedenke ich Zions ...« Die
Juden des Irak, eine Restgruppe jener Hebräer, die – nach der Zerstö-
rung des Salomonischen Tempels durch den babylonischen König Nebu-
kadnezar – ins Zweistrom-Land verschleppt worden waren, lebten, von
wenigen Ausnahmen abgesehen, seit ihrer Austreibung im Jahr 1948 im
Staate Israel.

Andere Fremde waren jetzt in Massen nach Mesopotamien geströmt.
Der irakische Erdölreichtum, der industrielle Boom wirkten wie ein
Magnet. Die Staaten der Westeuropäischen Gemeinschaft rivalisierten
mit den Ostasiaten und den Amerikanern um diesen einträglichen
Markt, wo das Recycling der Petro-Dollars durch die Spendierfreudigkeit
der Planungsbehörden fast automatisch erfolgte. Die US-Firmen waren
durch den anhaltenden Abbruch ihrer diplomatischen Beziehungen in
Bagdad benachteiligt und auf eine gewisse Diskretion angewiesen. Deutsche und Franzosen hingegen hatten sich mit vollem Engagement ins
Irak-Geschäft gestürzt und suchten dort nach einem Ersatz für den verlorenen iranischen Markt. Wer wollte sich schon daran erinnern, daß Saddam Hussein noch vor wenigen Jahren als Statthalter Moskaus im Mittleren Osten verpönt war, daß er mit den Russen einen Freundschaftspakt
lange vor Syrien unterzeichnet hatte, daß unvorstellbare Mengen sowjetischen Kriegsmaterials in den irakischen Arsenalen gelagert waren, ehe
es an der persischen Front wie Schnee in der Sonne schmolz. Weil er ein
so guter Kunde war, sah man Saddam Hussein einiges nach. In Bagdad
war das Wort »Israel« immer noch tabu. Die Zeitungen schrieben von
»Zionist entity«, ein Relikt jener gar nicht fernen Tage, da die regierende
Baath-Partei die totale Vernichtung Israels und die Vertreibung aller
Juden aus Palästina forderte. Hohe Profite ließen sich an Euphrat und
Tigris erzielen. Daß im Konflikt mit Teheran der Irak eindeutig als
Aggressor dastand, wurde in den westlichen Kanzleien mit dem Mantel
der Nächstenliebe zugedeckt. Die amerikanischen Orientexperten bang-
ten vor einem Übergreifen der islamischen Revolutionswelle auf die
Golfstaaten. Eine Annäherung an Saddam Hussein hatte sich dank saudi-
scher Vermittlung längst vollzogen, und jeder verlustreiche Kriegstag

band den Irak noch fester an den Okzident. Die Russen verharrten in
eigentümlicher Lähmung zwischen den Fronten, machten sich sowohl in
Teheran als auch in Bagdad mit diesem Lavieren suspekt. Ihr Rüstungs-
material hatte sich gegenüber den schlecht gewarteten Flugzeugen und
Panzern amerikanischer Fabrikation, über die die Perser verfügten, als
unterlegen erwiesen. Schrittweise schaltete Bagdad auf Waffenlieferungen aus dem Westen, vor allem aus Frankreich, um.

Das alte Bagdad, das ich 1951 zum erstenmal entdeckt hatte, überlebte
im Umkreis der Raschid-Straße, die nach dem Achsen-Freund Raschid el
Ghailani benannt war. Die schmuddeligen Arkaden und Ziegelbauten
aus der türkischen Herrschaftszeit waren reif für den Abbruch. Im Basar
ging es schlampig zu. Mein Begleiter Hamid führte mich zur Zunftgasse
der Goldschmiede. Sie gehörten angeblich alle jener Religionsgemeinschaft der »Sabäer« an, die vom Koran – aus unerfindlichen Gründen –
unter die »Leute des Buches« eingereiht werden. Gleich nebenan wütete
der Maschinenlärm des Mammutprojekts von Haifa-Street. Hier wurde
flott und zielstrebig gearbeitet. Dafür sorgten die Konstruktionsfirmen
aus Südkorea. In einem Außenviertel von Bagdad, in »Madinat el Thaura
– Stadt der Revolution«, jetzt zu Ehren des Präsidenten in »Madina Saddam« umbenannt, war hingegen ein monumentaler Schildbürgerstreich
inszeniert worden. Über den Asphaltbahnen wölbte sich eine Vielzahl
von Fußgängerpassagen mit automatischen Rolltreppen, die aufgrund
der ständigen Sandeinwirkung niemals funktionieren würden. Riesige
Slum-Areale, wo vor allem Schiiten wohnten, wurden dem Erdboden
gleich gemacht, und mittendrin dehnte sich ein Friedhof hochtechnisierter Baumaschinen. Eine Hundertschaft fast fabrikneuer Bulldozer verrot-
tete neben anderem Gerät im Wüstenklima.

Seit die Siegeserwartungen der Iraker geschrumpft waren, hatte sich
der deutschen Ingenieure und Kaufleute Sorge und Unruhe bemächtigt.
Im tiefen Süden, im Umkreis des Hafens Basra, waren die Artillerie-
duelle von Khorramschahr zu hören. Der Zugang des Iraks zum Persischen Golf war durch die persische Kontrolle des Schatt-el-Arab abge-
schnürt. Die Syrer hatten die Pipeline nach Westen, zum Mittelmeer
blockiert. Eine einzige Erdölleitung führte von Mossul in die Türkei, aber
damit war der maximale Petroleumexport des Irak auf 600 000 Barrel pro
Tag gedrosselt, während der benachbarte Iran, wo angeblich doch totales
Chaos herrschte, die eigene Produktion schon wieder auf mindestens
zwei Millionen Barrel pro Tag hochgetrieben hatte. Hinzu kam der ewige
Ärger mit den aufständischen Kurden, die die einzig funktionierende

irakische Pipeline südlich der türkischen Grenze zu sprengen suchten. Nebenbei schritten diese wackeren Gebirgskrieger, die unter dem Befehl der Söhne Barzani oder des zwielichtigen Partisanenführers Talabani standen, zu Geiselnahmen vorzugsweise unter den westlichen Monteuren und Technikern. Auch einige Deutsche waren gekidnappt worden. Die Zahlung von Lösegeldern war problematisch, weil die irakischen Behörden ein solches Nachgeben gegenüber den Rebellen als staatsfeindlichen Akt ahndeten. Fast sämtliche Importe des Irak mußten den mühseligen Landweg über den jordanischen Rotmeerhafen Aqaba passieren und verteuerten sich entsprechend. Schon rechnete man sich in den klimatisierten Büros von Bagdad aus, daß Saddam Hussein seinen ehrgeizigen Fünfjahres-Plan nicht durchhalten könnte, daß die Entwicklungsprojekte in Verzug kämen, ja, daß der Irak demnächst an den Rand der Zahlungsunfähigkeit geriete. Wenn das Wirtschaftsleben – parallel zum Krieg – dennoch weiterging, so war das den stattlichen Summen zu verdanken, die Saudi-Arabien und die Golf-Emirate ihren Wächtern und Schützern am Schatt-el-Arab zur Verfügung stellten.

Bagdad, ja das ganze Land wimmelte von Ausländern. Eingeborene irakische Arbeitskräfte waren kaum noch verfügbar, jedenfalls nirgendwo anzutreffen. Statt dessen waren Schwärme von Fremdarbeitern aus der ganzen Welt nach Mesopotamien gekommen. Ein orientalischer Sklavenmarkt sui generis war hier entstanden, an dem gemessen die westeuropäische Gastarbeiterproblematik geradezu harmlos erschien. Am Swimmingpool des Hotels zeigte mir ein libanesischer Geschäftsmann eine deutsche Illustrierte, in der er gerade blätterte, verwies auf eine Reportage über die Lebens- und Arbeitsbedingungen gewisser Ausländerkategorien in der Bundesrepublik, wo der Reporter sich zu Recht über illegale Ausbeutungspraktiken entrüstete. Mit vierzehn D-Mark pro Stunde sei eine Fachkraft sträflich unterbezahlt, las ich in dem Bericht. Der Libanese schüttelte den Kopf: »Wissen Sie, wie sich hier die Anwerbung von Arbeitern vollzieht?« fragte er. »Ich kenne das von meiner Baufirma. Ich wende mich an ein Regierungsamt, an die sogenannten ›Work Contractors‹ und kann meine Wünsche äußern. Ich habe die Auswahl zwischen den Nationalitäten – Pakistani, Inder, Yemeniten, Ägypter, Rot-Chinesen, Filipinos, Thai usw. –, erfahre die Tarife je nach Spezialisierung und Staatsangehörigkeit und kann ein Dutzend davon oder ein paar hundert bestellen. Die Löhne werden zwischen den Regierungen der Ursprungsländer und den Bagdader Behörden ausgehandelt. Die Arbeiter bekommen meist nur einen spärlichen Teil davon ausbezahlt.« Inzwischen hatte sich herumgesprochen, daß die Inder besser arbeiteten als die Pakistani, daß die Ägypter, von denen mehr als eine Million in Mesopotamien nach Gelegenheitsjobs suchten, nicht viel taugten und daß auch die Chinesen der Volksrepublik längst nicht so fleißig und tüchtig waren, wie man ursprünglich angenommen hatte. Den besten Ruf – auch wenn sie etwas unheimlich wirkten – genossen die anspruchslosen Südkoreaner, aber die schufteten in geschlossenen, disziplinierten Gangs und im Dienste ihrer eigenen Großunternehmen.

Türme gegen den Himmel

Takrit, Mai 1982

In weiten Spiralen hatten wir das Minarett Malwiya erklettert und blickten aus der Höhe dieses babylonisch anmutenden Stufenturms auf die Ruinen von Samarra. Viel war von dieser Metropole nicht übriggeblieben. Ich war in Begleitung Toby Elliotts, eines englischen Archäologen, von Bagdad aus etwa 110 Kilometer nach Norden gereist, um Samarra, die »Prächtige«, zu besuchen. Eine Million Menschen hatten hier zur Zeit der Abbasiden-Khalifen im neunten Jahrhundert gelebt. Das weit ausladende Minarett hatte dem Sand und der Sonne widerstanden. Auch die Außenmauern der großen Moschee, die zu den Glanzzeiten von Samarra hunderttausend Gläubige fassen konnten, waren erhalten. Alle anderen Bauten aus sonnengetrockneten Ziegeln waren, wie im alten Babylon, der unerbittlichen Erosion zum Opfer gefallen. Deutsche Heeresflieger, die im Ersten Weltkrieg auf seiten der Türken kämpften, hatten als erste die Konturen, den verwehten Grundriß dieser riesigen Siedlung entdeckt, die sich auf zwei Kilometer Breite fünfunddreißig Kilometer lang am Westufer des Tigris hinzog.

Toby Elliott wandelte nicht in den Fußstapfen des Lawrence of Arabia oder jenes geheimnisumwobenen Agenten Saint-John Philby, der den großen wahhabitischen Gründungsmonarchen Abdulaziz Ibn Saud beraten hatte. Der junge Archäologe hatte seine eigenen Theorien über die angebliche Herrlichkeit der frühen arabischen Khalifate entwickelt. Die Omayyaden von Damaskus wären als Baumeister recht unbedeutend geblieben, wenn sie sich nicht das hellenistische und byzantinische Erbe angeeignet hätten. Was nun die Abbasiden betraf, die schon nach knapp neunzigjähriger Glanzzeit den Omayyaden das Khalifat entrissen, dessen Sitz nach Bagdad verlagerten und tatsächlich eine weithin leuchtende Kulturperiode in Mesopotamien einleiteten, so habe sich ihre Pracht, ihr Raffinement von iranischen Einflüssen genährt. »Ohne Perser keine Abbassiden«, erklärte Toby kategorisch. »Iranische Verwaltungsmethoden, iranische Architekturmodelle, iranische Dichtung – auch wenn sie sich in arabischer Sprache ausdrückte – bildeten den Kern der Abbasiden-Zivilisation. Was man in der Antike vom Verhältnis Rom – Griechenland sagte, ließe sich auf die arabischen Fürsten von Bagdad übertragen: ›Persia capta ferum cepit victorem – Das unterworfene Persien machte sich den wilden Sieger gefügig‹.«

Im Sprachzentrum von Bikfaya hatte die seltsame Akkulturation am Hof der Abbasiden zu den Lieblingsthemen des Jesuiten d'Alverny gehört. Die Khalifen von Bagdad – Harun ar Raschid war der bedeutendste unter ihnen – hatten zahllose persische Wissenschaftler und Poeten an ihren Hof gerufen. Das Prestige der arabischen Sprache war durch die koranische Offenbarung so erdrückend, daß diese Iraner sich mit äußerster Flexibilität das Idiom des Propheten zu eigen machten, es bald besser beherrschten als die eigentlichen Söhne der Wüste. Die Mäzene von Bagdad hatten einen sehr eigenartigen Kultur- und Literaturbegriff entwickelt. Spontane Schöpfung war hier wenig gefragt. Hingegen waltete eine intellektuelle Sammlerleidenschaft. Enzyklopädische Kompendien wurden angelegt, was vor allem auch den altgriechischen Philosophen zugute kam. Auf diese Weise war – um nur dieses Beispiel zu erwähnen – das Werk des Aristoteles gerettet und an das Abendland weitergereicht worden. Besonderes Vergnügen empfanden die Abbasiden an linguistischen Seltenheiten. Die Hofdichter – in der Mehrzahl Perser – gingen zu den Beduinenstämmen, suchten bei ihnen nach ausgefallenen Vokabeln – die Sprache der Nomaden war in dieser Hinsicht unsäglich reich – und brachten ihre Funde wie exquisite Kostbarkeiten an den Hof zurück. Die »Meistersinger« von Bagdad überboten sich vor dem Thron des Khalifen mit ihren sprachlichen Entdeckungen. Die Findigsten wurden mit Gold überschüttet. Die eigentlichen Araber, die aus Hedschas herübergekommen waren, hielten nicht viel von diesen höfischen Quiz-Veranstaltungen und Subtilitäten, denen sie nicht gewachsen waren. Sogar das Schachspiel – eine iranische Erfindung natürlich – fand keine Gnade in ihren Augen. »Schach ist nur für Barbaren da«, schrieb ein entrüsteter Chronist aus Medina. Der Khalif Harun ar Raschid – Zeitgenosse Karls des Großen – war hingegen von diesem königlichen Spiel begeistert.

»Alle Baudenkmäler der Abbassiden – soweit sie uns nach dem Mongolensturm überkommen sind –«, betonte Toby, »tragen den Stempel ihrer iranischen Architekten. Sogar die Blüte des Omayyaden-Reiches im fernen Spanien konnte auf die iranische Kulturbefruchtung, die auf seltsamen Umwegen bis nach Andalusien gelangt war, nicht verzichten.«

Die Ruinen von Samarra gaben Kunde von der Zerbrechlichkeit arabischer Staatskunst. Toby holte zu einem gelehrten Vortrag aus. »Warum ist diese Stadt im Jahr 838 auf Beschluß des Khalifen El Mu'tasim so willkürlich und abrupt aus dem Schlamm des Tigrisufers gestampft worden, wo doch Bagdad, als angestammter Sitz der Dynastie so nahe lag? Die kulturelle Überfremdung des frühen Abbasiden-Reiches durch die Perser ging parallel zu seiner militärischen Abhängigkeit von türkischen Söldnertrupps, die – aus Zentralasien kommend – vom Reichtum Mesopotamiens angezogen wurden und die dem Khalifen ihre kriegerischen Dienste anboten. Sehr früh kam es zur Aufstellung türkischer Prätorianergarden, die dem Herrscher sehr viel zuverlässiger erschienen als seine eifersüchtigen arabischen Blutsbrüder oder die allzu wendigen Iraner, die überdies noch mit der Mystik der schiitischen Sektierer sympathisierten. Nun waren diese Turkomanen wilde Reiter der Steppe, die sich an das gesittete Stadtleben schwer gewöhnten. Es kam zu blutigen Zusammenstößen zwischen den arabischen Basari von Bagdad und diesen rauhen Gesellen. Der junge Herrscher Mu'tasim, der auf den Schutz der Turkomanen nicht verzichten wollte, beschloß also kurzerhand die Verlegung seiner Hauptstadt und seines Hofstaats in die neue Monumentalresidenz von Samarra, die in Rekordzeit errichtet wurde. Die ungestümen, aber unentbehrlichen Türken wurden in Sonderquartieren rund um den Palast kaserniert und mit Sklavinnen verheiratet.

Schon im frühen neunten Jahrhundert stand also das arabische Großreich der Abbasiden im Schatten einer erst obskuren, dann immer handgreiflicheren Türkenherrschaft«, schloß Toby Elliott mit einem maliziösen Lächeln. Die arabische Macht des Mittelalters sei eine kurzfristige Fata Morgana gewesen. Auf die ersten turkomanischen Palastwächter seien immer neue und immer aggressivere Zuwanderungen aus der Steppe gefolgt. Nach und nach seien die späten Abbasiden-Khalifen die Gefangenen ihrer Leibwächter geworden, ja die Entscheidung über die Nachfolge des Statthalters Allahs auf Erden habe am Ende weniger im Ratschluß der gelehrten Ulama als in den schwieligen Händen dieser zentralasiatischen Raufbolde gelegen. Nicht erst der Mongolensturm des schrecklichen Hulagu habe der Pracht und der Macht des arabischen

Mesopotamien im 13. Jahrhundert ein Ende gesetzt. Lange vorher hätte die Abbasiden-Dynastie unter dem militärischen Druck der türkischen Majordome und deren Verfügungstruppe gelebt. »Wenn ich die Legionen ausländischer Arbeiter aus aller Welt, die Millionen Fremden sehe, die heute für den Bestand der Arabischen Republik Irak unentbehrlich geworden sind«, sinnierte der Archäologe, »muß ich an jene Perser und Türken des Abbasiden-Reiches denken, die ursprünglich als Handlanger, als Hilfskräfte, als Leibeigene angeheuert wurden und später die Realität der Staatsgewalt an sich zogen, ehe neue Sturmwolken aus Zentralasien – Mongolen, Perser, Seldschuken, Osmanen – den arabischen Hochmut und seinen entliehenen Glanz endgültig in den Staub warfen.«

Jenseits der Gespensterstadt des Mu'tasim waren lebendige, moderne Viertel entstanden. Der Zugang zum muselmanischen Heiligtum, wo zwei der schiitischen Imame bestattet sind, wurde uns durch einen argwöhnischen Wächter verwehrt. Toby mit seinem blonden Bart und der sonnengeröteten Haut konnte schwerlich als Araber durchgehen. Vom Portal aus blickten wir auf die goldenen Kuppeln und die Blumenornamente, die mir von Qom und Meshed her vertraut waren. In Samarra, so besagt die Überlieferung, sei der Zwölfte, der letzte Imam, El Mehdi, auf wunderbare Weise entrückt worden. Im Kindesalter war er in den unterirdischen Gewölben, die nach uigurischem Vorbild angelegt waren, verschwunden. Seitdem wird der Verborgene Imam als »Herr der Zeit – Sahib el zaman« verehrt, als schiitischer Messias, der eines Tages, nach einer Periode apokalyptischer Verwirrung, wiederkehren soll, um das Reich Gottes zu errichten. Mir war aufgefallen, daß nur im Stadtzentrum von Bagdad Frauen in westlichen Kleidern zu sehen waren. In der Provinz waren sie fast ausnahmslos in schwarze Tücher gehüllt.

Ich legte Wert darauf, fünfzig Kilometer weiter nach Norden in Richtung Mossul bis nach Takrit zu fahren. Mit diesem Städtchen hatte es eine besondere Bewandtnis. Zunächst stammte Saladin aus dieser Gegend am Tigris. Salah-ud-Din war Kurde von Herkunft und genießt, weil er den Christen die Heilige Stadt Jerusalem entriß, besondere Verehrung im ganzen islamischen Bereich. Noch im libanesischen Bürgerkrieg hatte sich eine Splittergruppe den Namen Salah-ud-Din zugelegt. Takrit verfügt auch über aktuelle Berühmtheit. Der »große Held« der Baath-Revolution, Saddam Hussein, ist in diesem Flecken geboren, rekrutiert die treuesten Anhänger und den Herrschaftsklüngel seines Regimes unter seinen Verwandten oder Versippten, die den sogenannten »Takriti-Clan« bilden, die konspirative Schaltzentrale aller Staatsgewalt.

Am aufwendigen Straßenbau mit Neonbeleuchtung, an der Errichtung relativ komfortabler Wohnblocks für die bislang armselige Lokalbevölkerung, an Kinderspielplätzen und Ausstellungsgebäuden läßt sich die Gunst ermessen, die Takrit seit der Machtergreifung der Sozialistischen Baath-Partei im Juli 1968 zuteil wurde.

Die Baath hatte lange Jahre im Untergrund operiert, stand zeitweise den irakischen Kommunisten nahe und wurde insbesondere von den militanten Nasseristen aufs schärfste verfolgt. Die Bewunderer Gamal Abdel Nassers – meist panarabische Militärs – hatten sich unter Anleitung der Gebrüder Aref den Weg zum Präsidentenpalast freigeschossen. Sie bekämpften alle zentrifugalen Kräfte, seien es nun Kurden, Schiiten oder Marxisten. Der Irak gewann während des langen und chaotischen Interregnums, das der Ermordung des Haschemiten-Königs Feisal II. im Juli 1958 folgte, den Ruf einer barbarischen Mordgrube, wo die rivalisierenden Fraktionen ihre Führungskämpfe mit Maschinenpistole und entsetzlichen Foltermethoden austrugen. In diesem Klima boxte sich der junge Saddam Hussein nach oben. Er kam aus kleinsten, ärmlichsten Verhältnissen, war als Waise aufgewachsen, tat sich schon sehr jung als gefürchteter »Gang-Leader« hervor, wie die vertraulichen Berichte der Israeli glaubwürdig schildern. Dieser irakische »Ali la Pointe« hatte schon als Zweiundzwanzigjähriger mit einem Attentat gegen General Qassem von sich reden gemacht. Saddam soll manchen Gegner eigenhändig mit der Pistole aus dem Weg geräumt haben und wäre beinahe selbst in einer Folterzelle umgekommen, als ein erster Putschversuch im Jahre 1964 scheiterte. In der Illegalität vollzog sich der allmähliche Durchbruch des sunnitischen Takriti-Flügels gegen die schiitischen Führungsanwärter der Baath-Partei, die ursprünglich in der Mehrzahl waren. Am 17. Juli 1968 um drei Uhr nachts war es soweit. Mit Hilfe der Militärgarnison riß die Baath-Partei die Regierungsgewalt in Bagdad an sich, veranstaltete – wie das in Mesopotamien seit babylonischen Zeiten üblich war – ein Massaker unter den Unterlegenen. General Ahmed Hassan-el-Bakr ging aus diesem Umsturz als Staatschef, Saddam Hussein als Vizepräsident des Irak hervor. Beide gehörten dem gleichen Bu-Nasir-Stamm aus der Gegend von Takrit an. Familiäre oder zumindest regionale Bande schmiedeten diese mesopotamischen Mafiosi aneinander. Zum inneren Kreis gehörten Taha Yassin Ramadhan, ein ehemaliger Kebabhändler, der als Vizepremierminister im Krieg gegen den Iran das Kommando der Volksarmee übernehmen sollte; Barzan Ibrahim-el-Takriti, ein Halbbruder Saddam Husseins, der sämtliche Sicherheitsdienste koordinierte und am Tigris

eine ähnliche Funktion ausübte wie Rifaat-el-Assad in Damaskus; Verteidigungsminister Adnan Kheirallah. Ein gescheiterter Coup der verbleiben-
den Schiiten im obersten Baath-Gremium verschaffte den Takriti das
Monopol der Macht. Als Präsident Bakr schwer erkrankte und für das
unerbittliche Regierungsgeschäft untauglich wurde, ließ sich Saddam Hussein zum Staatspräsidenten des Irak proklamieren.

Auch dem Irak war auf düstere Weise sein »Big Brother« beschert worden. Über den Staatchef wurde meist im Flüsterton gesprochen. Die
vielen deutschen Techniker und Kaufleute einigten sich darauf, den
Namen Saddam Hussein, der jeden Spitzel aufhorchen ließ, durch »Karl-
Heinz« zu ersetzen. Selbst für die in Bagdad akkreditierten Diplomaten
wurde es immer schwieriger, an eine führende Persönlichkeit des Regimes heranzukommen. »Karl-Heinz« und seine Takriti kapselten sich
ab. Sie hatten guten Grund, umsichtig zu sein. Dem Fernsehen war es
vorbehalten, öffentliche, riskante Massenkundgebungen durch Bild-
schirm-Kontakte und patriotisches Tremolo zu ersetzen. Die TV-Produ-
zenten von Bagdad schreckten vor keiner Lächerlichkeit zurück. Das politische Programm war mehr als erbaulich. Da spreizte sich ein Sänger im
dunklen Anzug und eleganten Schlips, sang flammende Hymnen auf die
Helden des Vaterlandes. Im Hintergrund wurden unterdessen Standfo-
tos projiziert: Bunkerstellungen mit irakischen Soldaten, martialische
Gesichter von Kämpfenden, tote Iraner und brennende Panzer. Dann trat
eine Gruppe feister Knaben in silbergescheckten Uniformen und mit
breiten goldenen Epauletten auf. Auch sie krähten irgendeinen heroischen Text. Es war von Vaterland, Sieg und dem »Helden Saddam Hussein« die Rede. Das Training weiblicher Soldaten durfte im Programm
nicht fehlen, aber der Höhepunkt war wohl mit der Ausbildung der freiwilligen Feuerwehr erreicht. Mit allen Zeichen der Todesverachtung
wurden zwei brennende Reifen mit einem Minimax gelöscht. Fast jeden
Abend erschien Vizepremier Ramadhan auf der Mattscheibe. Er posierte
in Felduniform, inspizierte die ungelenken Milizsoldaten seiner Volksarmee, die sich offenbar noch nicht von dem Schock erholt hatten, diesem
mesopotamischen »Heldenklau« ausgeliefert zu sein. Ramadhan wirkte
wenig vertrauenerweckend. Das grobe Gesicht verriet Brutalität. Der
Bauch blähte sich ballonähnlich über dem Koppel.

Um den Präsidenten selbst zirkulierten die widersprüchlichsten
Gerüchte. Es wurde behauptet, Saddam Hussein sei aufgrund der jüngsten militärischen Rückschläge im obersten und geheimsten Gremium
der Baath überstimmt worden. Schon sah man in Ramadhan den provi-

sorischen Nachfolger. Aber stets wurde dieses Geflüster widerlegt. An jenem Abend war das TV-Dementi besonders spektakulär. Mehr als eine halbe Stunde ging »Karl-Heinz« auf dem Bildschirm spazieren. Der Staatschef trat im grünen Battle-Dress mit den Insignien eines Feldmarschalls auf, obwohl er nie gedient hatte. Die Uniform mit dem schwarzen Barett stand ihm gut. Unter den Arm hatte er den britischen Stick geklemmt. Der Mann war hochgewachsen, hielt sich kerzengerade. Wenn er unter dem Schnurrbart die makellosen Zähne zum Lächeln entblößte und die Fältchen sich um die Augen legten, sah er dem amerikanischen Filmstar Clark Gable ähnlich. Ansonsten schoß der Blick düster und gefährlich unter den schweren Lidern hervor. Saddam gab eine gute Figur ab, wenn er – von einem ungeheuren Sicherheitsaufgebot umschwärmt – den weißen Mercedes eigenhändig durch die Bauprojekte von »Saddam-City« steuerte. Die Pistole trug er an der Hüfte. Die Zigarre ließ er nicht aus dem Mund. Die Jubelszenen der Bevölkerung waren gut einstudiert. Die Männer klatschten. Die Frauen stießen markerschütternde Yu-Yu-Schreie aus. Die alte schwarzverhüllte Mutter eines »Märtyrers« umarmte den Präsidenten, dem beinahe die Zigarre aus den Zähnen rutschte. Ein hysterischer Schreier wollte sich mit seinen Lobhudeleien wohl eine Extragunst verdienen. Ingenieure traten zum Report an, die »Karl-Heinz« erst mit krampfhaftem Interesse, dann mit sichtlicher Langeweile anhörte. In einem Hochhaus, wo der Arbeitsrhythmus spektakulär beschleunigt wurde, schien lediglich ein alter ägyptischer Fliesenleger durch den hohen Besuch überrascht. Der Greis in abgenutzter Galabieh reichte dem Präsidenten die Hand, aber die war mit Zement verschmiert, und der Staatschef wich vor dieser Berührung zurück. Der Alte packte Saddam beim Hals und küßte ihn auf beide Wangen. Da lachte selbst »Karl-Heinz« huldvoll.

Während er ein gigantisches Kanalisationsprojekt inspizierte, blieb plötzlich der übliche Applaus aus, da rührte sich keine Hand, es entstand peinliche Stille. Die gedrungenen Männer, die hier unter den gelben Schutzhelmen schufteten, hatten bronzefarbene, platte Gesichter. Aus schmalen Sehschlitzen blickten sie gleichgültig und etwas verächtlich auf diesen Potentaten, der Jovialität vorspielte und sein politisches Überleben unter Beweis stellte. Die Koreaner standen wie Figuren aus Erz. So mochten die mongolischen Steppenreiter des Dschingis-Khan-Enkels Hulagu auf die qualmenden Trümmer des eroberten Bagdad geblickt haben. Der Präsident hatte wohl kein Gespür für die unheimliche Symbolik dieser Schweigeminute.

Totentanz im Kabarett

Bagdad, Mai 1982

Das Nachtleben von Bagdad war dem islamischen Puritanismus noch nicht erlegen. Der Amüsierrummel nahm auch keine Rücksicht auf die Trauer der Hinterbliebenen, ignorierte den Krieg und seine Opfer. Das Angebot war vielfältig und teuer im »Moulin Rouge«, im »Hindia«, im »Tausendundeine Nacht«. Mit einer Gruppe deutscher Firmenvertreter war ich zu später Stunde ins »Hindia« gegangen, dessen Show angeblich sehenswert war. Die Straßen waren leer. Der Mond stand am klaren Himmel. »In stummer Ruh lag Babylon«, zitierte mein Begleiter Walter, ein deutscher Ingenieur, der seit Jahren im Irak lebte und dabei viel Geld gemacht hatte. Walter war bekannt für seine galanten Erlebnisse mit den Stripteaseusen und Go-Go-Girls der verschiedensten Etablissements. Seit die müden Bauchtänzerinnen aus Kairo durch ein Aufgebot schlanker Thai-Mädchen vorteilhaft ergänzt worden waren, erschien Bagdad in den Augen des grauhaarigen Ingenieurs als ein Platz, wo es sich aushalten ließ. Er empörte sich allerdings über die Gagenverträge, mit denen man die Asiatinnen in schamloser Weise übervorteilte. Viele der Mädchen aus Manila, Bangkok, Seoul mußten sich für mindestens zwei Jahre als »Hostessen« verpflichten, das heißt, sie sollten die Gäste – leicht bekleidet und Heiterkeit vortäuschend – zu möglichst hohem Konsum animieren. Wenn sie vier Bier pro Abend – eine Flasche kostete immerhin den Gegenwert von hundert D-Mark – an den Mann gebracht hatten, war ihr Soll erfüllt, und sie erhielten klägliche Prozente. Was sie an Geld verdienten, wurde den Hostessen durch skandalöse Mietpreise für erbärmliche, kollektive Unterkunft wieder abgenommen, wo sie keinen Männerbesuch empfangen durften. Wenn diese fernöstlichen Animiermädchen nach Ablauf ihres Kontraktes nach Hause abgeschoben wurden, hatten sie allenfalls fünfhundert US-Dollars auf die Seite gelegt. Am besten fuhren noch jene Töchter der Nacht, die zum ältesten Beruf der Menschheit zurückfanden. Mit Prostitution ließ sich Kapital machen, aber es gehörte viel Gerissenheit dazu, den Zuhältern und Erpressern ein Schnippchen zu schlagen.

Die Show im »Hindia« war tatsächlich sehenswert. Die Zauberkünstler, Artisten, Karatekämpfer hatten internationales Niveau. Mein Blick schweifte immer wieder zu den Asiatinnen. Auch der Ferne Osten war also in die entwürdigende Abhängigkeit der Ölmagnaten geraten. Eine kesse Tanzgruppe aus Thailand untermalte ihre katzenähnlichen Bewegungen mit schrillem Schlagergesang. »Alles was ich habe, will ich dir geben«, klang es auf deutsch. Walter, der einige Whiskys zuviel getrunken hatte, stieß mich in die Seite. »Schau dir doch die Araber hier im Raum an, die traurigen Gesichter, die sie machen. Amüsieren tut sich keiner, und sie sehen alle aus, als hätten sie ein schlechtes Gewissen. Erst beim Bauchtanz geraten sie in Stimmung.« Tatsächlich war jetzt eine Ägypterin auf die Bühne getreten. Eine elektrisierende Wirkung ging von ihr aus. Sie ließ die Hüften spielen, zitterte mit den Schultern, ließ den Kopf schlangenähnlich pendeln, umschrieb dann mit weit ausholenden rhythmischen Schritten einen Kreis. Die Orientalen waren gebannt. Die Bauchtänzerin, die sich ihres Effektes bewußt war, erntete tosenden Beifall.

Ein Geschäftsfreund Walters, ein beleibter Iraki namens Raschid, hatte sich zu uns gesellt und bestellte Champagner. Er hatte eine abweisend trotzige Koreanerin bei sich. Oder war sie betrunken? Raschid tuschelte mit dem deutschen Ingenieur. »Es sieht schlecht aus an der Front«, sagte Walter. »Wir liefern gepanzerte Ambulanzwagen an die irakische Armee. Es handelt sich in Wirklichkeit um rollende Operationssäle. Für die Bundeswehr und selbst die US-Army wären die viel zu kostspielig. Hier schaut man nicht aufs Geld. Aber was nützen all diese Anschaffungen und die perfektioniertesten Waffen? Seit in Dezful die vierzehnjährigen persischen ›Bassij‹ bei Nacht durch ihre Linien sickerten und die schwersten Tanks mit primitiven Bazookas vernichteten, ist die Armee Saddam Husseins noch nicht wieder zu sich gekommen. Aus Khuzistan werden fürchterliche Verluste gemeldet. Aber hier wird gesoffen, getanzt und gehurt.«

Der Ansager kündigte den Höhepunkt der Show an. Langbeinige, blonde Girls aus England traten auf, der Wuchs perfekt, die Gesichter etwas pferdeähnlich. Zunächst vollführten diese Damen aus London mit eindrucksvoller Präzision eine kriegerisch wirkende Veranstaltung mit Lichteffekten und rauchenden Detonationen. »Wenn der General Maud, unser britischer Befreier vom türkischen Joch, das sehen würde«, lachte Raschid, »die Töchter Albions entblößen ihre Reize vor Beduinen!« – »Die Knallerei auf der Bühne soll uns wohl daran erinnern, daß die Schlacht um die Falkland-Inseln immer noch im Gang ist«, meinte Walter. Bei der nächsten Nummer, die das Ballett aus England vorführte, hielten wir den Atem an. Die Tänzer und Tänzerinnen hatten sich in grünlich schauerlichem Dämmerlicht als Leichen maskiert. Mit Toten-

köpfen und weiß leuchtenden Skeletten lagen sie reglos am Boden wie
verwesende Soldaten auf einem Schlachtfeld. Dann trat eine nackte
Nymphe aus der Kulisse heraus, tanzte einen lasziven Reigen, und die
Kadaver erwachten vor Gier und Sehnsucht nach dem schönen Fleisch,
nach dem prallen Leben, preßten sich an die Verführerin und verfielen
zurück ins Nichts.

Walter war mit hochrotem Kopf aufgesprungen. Es war nicht nur der
Alkohol. Er war zutiefst ergrimmt. »Mit der Maschinenpistole sollte man
hier um sich schießen«, schrie er, zum Glück auf deutsch, so daß ihn
niemand verstand. »Hat denn in diesem Wahnsinnsland niemand ein
Gefühl dafür, daß man sich hier an den Gefallenen versündigt, daß in
scheußlichster Weise an der Trauer des Volkes gefrevelt wird? Sieht denn
niemand die Feuerzeichen an der Wand? Wer so stupid ist, wer kein
Gespür hat für diese monumentale Geschmacklosigkeit, der verdient,
daß er untergeht. Die Mullahs werden dafür sorgen, daß diese Schweine-
rei aufhört.« Wir verließen den Night-Club. Walter hatte Mühe, den
Wagen zu steuern. Er lallte unzusammenhängend. Aber dann wurde er
klar. »Ich hatte bis vor kurzem geglaubt, Saddam Hussein könne es mit
Hilfe der Amerikaner und der Saudis schaffen und gegen die Perser
durchhalten«, sagte er. »Jetzt kommen mir Zweifel. Gewiß, der Mann hat
das Land fest im Griff. Aber er hat auch im Innern zuviel Feinde. Das
kann er nach Menschenermessen nicht überleben.« – Unvermutet fand
der Ingenieur zu dem Gedicht von Heinrich Heine zurück, das er als
Kind einmal gelernt hatte: »Karl-Heinz ward aber in selbiger Nacht/Von
seinen Knechten umgebracht.«

Die Friedhöfe der »Partei Alis«

Kerbela, Mai 1982

Gemessen an dem Sicherheitsaufgebot in Syrien, gaben sich die Geheimdienste des Irak diskret. Straßenkontrollen waren selten. Der Krieg
gegen den Iran tobte irgendwo in der Ferne. Nur die endlosen Warte-
schlangen vor den Tankstellen deuteten auf eine gewisse Unordnung hin.
Vielleicht war die permanente Verschwörung so sehr Bestandteil des irakischen Nationalcharakters geworden, daß jedermann instinktiv an der
Vertuschung der existierenden Spannungen mitwirkte. Per Zufall erfuhr

ich, daß ein paar hundert Meter von der Kanzlei der Bundesrepublik entfernt ein graues anonymes Gebäude Angehörige der »Rote-Armee-
Fraktion« beherbergt hatte, daß Brigitte Mohnhaupt dort lange vermutet
wurde. Aber Bagdad hatte seine Schwenkung nach Westen vollzogen
und dem finstersten palästinensischen Killer, dem gefürchteten Abu
Nidal, bereits die Tür gewiesen.

Auf der Fahrt nach Süden wurde der Horizont durch eine Erdauf-
schüttung pharaonischen Ausmaßes verstellt. Auf der Höhe dieser Sand-
burg zeichnete sich eine Vielzahl von Flakbatterien und Raketenstellun-
gen ab. Der Himmel wurde durch knallrote Fesselballons versperrt. Hinter dieser aufwendigen Abwehr befand sich die Nuklearaufbereitungs-
anlage Ozirak – ursprünglich von den Franzosen betreut –, die im Sommer 1981 durch einen perfekt inszenierten Bombenüberfall der israelischen Luftwaffe lahmgelegt worden war. Saddam Hussein hatte trotzdem seine Absicht nicht aufgesteckt, die irakische, die erste arabische
Atombombe zu bauen, auch wenn die Pariser Experten jetzt zusätzliche
Kontrollmaßnahmen forderten.

In Ktesiphon führte mich Hamid, mein irakischer Begleiter, zum obligaten Besuch des Qadissiya-Monuments. Es handelte sich um eine
geschlossene Panoramaschau mit gelungenen perspektivischen Effekten.
Die siegreichen Beduinenreiter des frühen Islam zersplitterten die dicht-
gedrängte Phalanx des persischen Sassaniden-Herrschers. Die Kriegsele-
fanten der Iraner wurden durch Pfeile geblendet. Auf den Rücken von
Kamelen hatten die Araber brennende Reisigbündel befestigt, die sie
gegen den Feind jagten, um Panik zu stiften. Ein wirbelnder, völlig origi-
neller Bewegungskrieg der Wüstenreiter, eine Revolution der Kriegs-
kunst, war dem persischen wie auch dem byzantinischen Imperium über
Nacht zum Verhängnis geworden. Sowohl die Künstler als auch die
Handwerker, die das Mahnmal von Qadissiya entworfen und gebaut hatten, stammten aus Korea.

In Babylon irritierte mich die pseudo-archäologische Rekonstruktion
eines eckigen assyrischen Königstores, hellblau bepinselt, mit groben
Tierdarstellungen dekoriert. Im Wirrwarr der zerbröselnden Ziegel der
alten Königsstadt hatte sich eine ganze Vogelschar eingenistet. Ihr Zwitschern paßte gar nicht zu diesem melancholischen, von der Hitze
erdrückten Ruinenfeld. Bei meiner Einreise in Bagdad hatte ich befürchtet, daß die Behörden meinen Wunsch, die Pilgerstätten der Schiia zu
besuchen, rundweg ablehnen würden. Aber es gab nicht den geringsten
Einwand. Der Weg nach Kufa, nach Nedschef, nach Kerbela, zu den

heiligsten Gräbern der »Partei Alis« , war frei. Dabei wußte jedermann, daß sich in diesem südmesopotamischen Raum das Schicksal und der Bestand der Irakischen Republik entscheiden würde. Von den dreizehn Millionen Einwohnern des Landes bekennen sich sechzig Prozent zum schiitischen Glaubenszweig. Da die Christen etwa acht Prozent und die sunnitischen Kurden immerhin dreizehn der Gesamtbevölkerung ausmachen, blieb für die Kernschicht der sunnitischen Araber, auf deren Schultern das Regime ruhte, ein knappes Fünftel übrig. Damit ließ sich schwer regieren, seit Ruhollah Khomeini seine schiitischen Brüder im Zweistrom-Land zum Aufstand gegen die Baath-Partei des Präsidenten Saddam aufrief, Agitatoren und Prediger der Schiia einschleuste und ganz offen den Sturz der Gottesfeinde von Bagdad zum Kriegsziel erklärt hatte.

Die Schiiten des Irak blickten auf eine lange Geschichte des Leidens und der Unterdrückung zurück. In Kufa, wohin wir jetzt steuerten, hatte der Prophetenvetter Ali, der Erste Imam, eine ideal-islamische Gesellschaft – durchaus vergleichbar mit dem Modell von Medina – gegründet, ehe er durch den Usurpator Moawiya umgebracht wurde. In Kerbela war der Dritte, der Heiligste Imam Hussein in den Hinterhalt des zweiten Omayyaden-Khalifen, des teuflischen Yazid geraten und mit seinen zweiundsiebzig Gefährten nach verzweifeltem Widerstand ermordet und verstümmelt worden. Die Partei Alis war im Zweistrom-Land stets zahlenmäßig stark und von glühender Mystik beseelt gewesen. Im Verbund mit den unterworfenen Persern hatten sie mitgewirkt, die Omayyaden-Herrschaft von Damaskus auszuhöhlen, der Abbasiden-Dynastie in Bagdad zum Sieg zu verhelfen. Aber diese Hilfe wurde ihnen schlecht gedankt. Auch die Abbasiden-Khalifen sahen in der Rechtgläubigkeit der Sunna das unentbehrliche Instrument ihrer weltweiten Statthalterschaft. Der wachsende Einfluß türkischer Söldner und Majordome, die Überflutung Anatoliens durch die kriegerischen Seldschuken, später durch die Osmanen, führten zur endgültigen Konsolidierung der sunnitischen Vorherrschaft. Die »Partei Alis« wurde an den Rand gedrängt, des religiösen Abweichlertums bezichtigt, von allen Ämtern des Staates und der Religion ferngehalten. Im benachbarten Persien hatte sich das nationale Aufbegehren der Iraner der Nachfolge Alis bedient, um die Fremdherrschaft von Türken und Afghanen abzuschütteln. Nach der erfolgreichen Reichsgründung des Safawiden-Schah Ismail wurde die Schiia – ein einmaliger Fall in der gesamten islamischen Umma – zur Staatsreligion deklariert. Aber in Mesopotamien blieben die Anhänger der Zwölf

Imame eine geknechtete, gedemütigte Gemeinschaft, deren Gläubige meist den unteren sozialen Schichten angehörten, sich der Trauer um ihre Märtyrer und der Hoffnung auf die Erlösung durch den Zwölften, den Verborgenen Imam hingaben. Immerhin war es diesen Eiferern, die um keine Verstellung verlegen waren, noch im neunzehnten Jahrhundert gelungen, eine Anzahl von Beduinenstämmen von der Sunna weg und zu sich herüberzuziehen.

Das Ende des Osmanischen Reiches und des Khalifats von Istanbul nach dem Zweiten Weltkrieg brachte den Schiiten des Irak keine Linderung. Die Haschemiten-Dynastie aus Hedschas, die durch die englische Mandatsmacht importiert worden war, verachtete diese Ketzer. Die panarabischen Nasseristen, die am 14. Juli 1958 mit dem anti-monarchistischen Putschgeneral Qassem triumphierten, sahen in der verstockten schiitischen Gemeinde einen Spaltpilz, der sich für die erträumte Einheit der arabischen Nationen nur negativ auswirken konnte. Eine kleine Schicht schiitischer Intellektueller hatte deshalb bei den oppositionellen Linksparteien, bei den Kommunisten sogar und vor allem beim sozialistischen Baath Einfluß gesucht und gefunden. Die folgenden Schwierigkeiten zwischen Baath und Schiia haben wir bereits kurz erwähnt. Der radikale Bruch zwischen ihnen vollzog sich spätestens im Trauermonat, im Muharram des Jahres 1977, als die Büßer- und Flagellantenprozession zwischen Nedschef und Kerbela durch Polizeieinsatz gesprengt wurde. »Saddam, nimm deine Hände weg! Das irakische Volk erträgt dich nicht mehr«, brüllte die aufgebrachte Masse. Die irakische Schiia hatte sich längst ihre eigene Kampforganisation »Ed Dawa – der Ruf« zugelegt. In ihrem höchsten Würdenträger, dem Ayatollah Uzma Mohammed Baqr Sadr, verfügte sie über einen mächtigen, starrköpfigen Inspirator. Dieser Ober-Mullah, dieser Khomeini des Irak, wie man ihn später bezeichnete, verurteilte die säkularen Prinzipien des Baath-Regimes von Bagdad als Verleugnung des islamischen Tauchid-Begriffs. Für Saddam Hussein gab es keine Wahl mehr. Der Weg der Repression war vorgezeichnet, zumal in Persien inzwischen die schiitische Revolution des Imam Khomeini angelaufen war. Unter den Anhängern von »Ed Dawa« wurde blutig aufgeräumt. Der hohe Ayatollah Mohammed Baqr Sadr wurde 1979 verhaftet und 1980 hingerichtet. Die Schiia hatte einen Märtyrer mehr. Aus dem Blut Husseins sprossen wohl immer neue Blüten des Glaubens, »zuhur el Islam«.

Es war nur eine Frage der Zeit, so wurde in Bagdad gemutmaßt, bis die von Khomeini propagierte Erhebung der »Partei Alis« gegen Saddam

Hussein im Zweistrom-Land um sich greifen würde. Der Irak jagte hunderttausend Iraner, die teilweise seit Generationen im Land ansässig
waren, unter widrigsten Umständen über die Grenze nach Persien. Mit
Sorge beobachteten die Sicherheitsdienste des Baath, wie sich neben der
relativ harmlosen Bewegung »Ed Dawa« nunmehr eine rabiate schiitische Partisanengruppe im Untergrund formierte, die »Mudschahidin
Islam« – nicht zu verwechseln mit den Volks-Mudschahidin Persiens.
Radio Teheran rief zur Revolte gegen Saddam auf. Nach der Hinrichtung
Mohammed Baqr Sadrs war der nächsthohe irakische Ayatollah,
Mohammed Baqr-el-Hakim, nach Teheran geflüchtet und präsidierte
dort einem irakischen »Revolutionsrat«. Unter den Flüchtlingen und
Vertriebenen, später auch unter den irakischen Kriegsgefangenen, die
sich zur »Partei Alis« bekannten, wurde eine »Armee der islamischen
Mobilisierung« rekrutiert, deren eindeutiges Ziel die Ausdehnung der
schiitischen Gottesherrschaft auf Mesopotamien war. Khomeini arbeitete offen auf den Untergang des Baath und die Gründung einer »Islamischen Republik Irak« nach dem Modell von Teheran hin. Solange die
schiitische Theokratie auf rein persisches Territorium begrenzt blieb, haftete ihr in den Augen der gesamten islamischen Gemeinschaft der Verdacht nationalistischer Abweichung an. Erst die Errichtung des »Welayet-e-Faqih« im arabischen Bagdad würde der Khomeini-Revolution eine
panislamische Legitimierung, der Botschaft von Qom die letzten Weihen
verleihen. Im Grunde ging es darum, die grausige Schmach, die Schandtat von Kerbela, zu löschen. Nichts Geringeres als die Rehabilitierung und
die Revanche der Schiia nach 1300 Jahren des Scheiterns, des Leidens, der
Tränen schwebte Khomeini vor. Solches stand in Mesopotamien auf dem
Spiel. Als Saddam Hussein am 22. September 1980 seinen Panzerdivisionen den Befehl erteilte, der »Islamischen Republik« Khomeinis den
Garaus zu machen, war er sich dieser tödlichen Gefahr im eigenen Staat
wohl bewußt. In Khuzistan sollte auch der Aufsässigkeit der landeseigenen Schiiten das Rückgrat gebrochen werden.

Die Oase Kufa kündigte sich durch schattige Palmenhaine am Ufer des
Euphrat an. Wie ist es nur zu erklären, daß diese mit zwei gewaltigen
Strömen gesegnete Region unfähig bleibt, landwirtschaftliche Entwicklung voranzutreiben? Der Irak importiert weiterhin Getreide für seine
relativ spärliche Bevölkerung. »Man stelle sich vor, den Israeli sei die
Agrarnutzung Mesopotamiens übertragen«, hatte ein französischer
Agronom in Bagdad beklagt. In Kufa ging Hamid, mit dem ich mich
inzwischen angefreundet hatte, stracks auf die Doppelmoschee der

Imame Muslim Ben Aqil und Hani Ibn el Arwa zu. Wieder leuchteten massive Gold- und Blumenfayencen hinter lehmgelben Mauern. Am Eingang lauerten schiitische Mullahs, die man hier »Schuyuch« nannte, um jeden Ungläubigen abzuwehren. Aber Hamid war bereit, mich kurzerhand als Moslem zu deklarieren. »Sie heißen Abdullah Hadschi aus Deutschland. Das gibt Ihnen als Mekkapilger zusätzliches Gewicht«, lachte er. Ich mußte an Karl May und Kara Ben Nemsi denken. Der Wächter des Heiligtums war höflich, aber ein wenig skeptisch. Am ersten Grab, am versilberten Gitter, das die Gläubigen mit verzücktem Augenaufschlag berührten und wo eine verschleierte Frau bittere Tränen über das blutige Schicksal der Heiligen Imame vergoß, gab der schiitische Geistliche die knappe Weisung: »Faticha«. Er forderte uns auf, die Eröffnungssure des Korans zu rezitieren. Insgeheim dankte ich dem Pater d'Alverny, daß ich der Situation gewachsen war und diese Probe islamischer Frömmigkeit bestand.

Das Spiel wiederholte sich in Nedschef und in Kerbela, wo die Schreine der Imame Ali und Hussein in Schatzkammern aus Gold und Silber gebettet sind. Wie in Meschel sind die Gipsstalaktiten der Wölbung mit Spiegelfacetten ausgelegt, so daß die mächtige Wölbung ins Magische verzerrt wird. Einer der Religionsdiener schilderte uns aufdringlich und mit weithin schallender Stimme, daß Präsident Saddam Hussein die gewaltige Summe von 25 Millionen Dinar gestiftet habe, um die schiitischen Heiligtümer zu restaurieren und zusätzlich zu schmücken. Tatsächlich war »Karl-Heinz« unter kolossalem Sicherheitsaufgebot an die Gräber Alis und Husseins gepilgert und hatte dort seine Gebete verrichtet. Das Geburtsdatum Alis wurde zum nationalen Feiertag deklariert, ja der Staatschef schreckte nicht davor zurück, sich selbst als Nachkomme des Imam Hussein zu bezeichnen. In den Ministerien bemühte man sich neuerdings, zuverlässigen Schiiten ein paar Posten zuzuschieben und sie ins Staatsleben zu integrieren. Ob Saddam Hussein den abgrundtiefen Argwohn dieser verarmten, in sich versponnenen Gemeinschaft damit überwand, blieb zweifelhaft. Die Lobpreisungen, die die Mullahs von Nedschef und Kerbela auf ihren Staatschef ausbrachten, waren vielleicht ein besonders krasses Exempel schiitischer Verstellung und Irreführung, ein Triumph der Taqiya.

Trotz des grellen, schmerzenden Mittagslichtes herrschte eine düstere, fast gespenstische Stimmung in Kerbela und in Nedschef. Die Architektur der Heiligtümer war stets die gleiche. Im Angesicht der Hussein-Moschee – jenseits eines weiten, leeren Platzes, über den nur ein paar schwarze Tschadors huschten – erhob sich das leuchtende Monument zu Ehren des treuen Gefährten Abbas, der sich mit Löwenmut den Schergen des Verräters Yazid in den Weg gestellt hatte. Der tapfere Abbas war zur legendären Figur geworden. Als die Übermacht seiner Feinde ihn entwaffnen wollte – beide Arme waren ihm abgehackt worden – nahm er den Säbel zwischen die Zähne und focht bis zum Tod weiter. Nedschef wirkte noch öder, noch trister, noch verwahrloster als Kerbela. Daran änderten auch die goldstrotzenden Moscheen nichts. An deren Herrlichkeit gemessen wucherte die Dürftigkeit der menschlichen Natur zur unerträglichen Misere aus, wurde die Rückbesinnung auf die transzendentale Bestimmung zum einzigen, unveräußerlichen Trost. Durch diese stickigen Gassen war fünfzehn Jahre lang der aus dem Iran verbannte Ayatollah Khomeini zum Sarkophag Alis gewandelt – jeden Tag präzis zur gleichen Stunde – und hatte sich im Glauben gestärkt.

Mir fielen Taxis und Busse auf, die schwarz verhüllte Särge transportierten. Es gibt keine sehnlichere Erfüllung für einen Schiiten, als im Umkreis der großen Imame begraben zu sein. Die Pilgerstätten sind deshalb zu gewaltigen Nekropolen geworden. Schon Karl May, der sich sehr gewissenhaft mit dem Orient befaßt hatte, schilderte die Leichenkarawanen aus Persien, die mit ihren verwesenden Kadavern, entsetzlichen Gestank und Pest verbreitend, durch die Wüste nach Kerbela zogen. Der Friedhof von Nedschef hat mich zutiefst beeindruckt. Über dem graubraunen Gräbermeer schwebte die goldene Kuppel der Ali-Moschee wie eine mystische Verheißung. Die Totentafeln aus Stein und Lehm – nach einheitlichem Muster behauen – standen in Reih und Glied. Man hätte diese nach oben abgerundeten Gedenksteine aus der Ferne für erstarrte, verschleierte Frauen halten können oder für eine beklemmende Anhäufung von Sphinxdarstellungen, denen man das Antlitz gestohlen hatte. Der Kult des Todes, dem sich die Schiia verschrieben hatte, legte sich dem Besucher auf die Brust. Die Luft schien mit Verwesung und Klage gefüllt. Ein Koranvers fiel mir ein, den ich längst vergessen glaubte: »Kullu nafsin zaikat ul maut – Jedes Lebewesen trägt den Geschmack des Todes in sich.«

Frontabschnitt Mandali

Der irakische Sergeant rückte seinen russischen Stahlhelm zurecht. Dann zeigte er mit ausgestrecktem Arm auf eine kahle, gelbe Höhenkette. »Dort sitzen die Iraner«, sagte er. »Wir befinden uns an dieser Stelle etwa zwanzig Kilometer tief auf persischem Boden.« Der Unteroffizier ging zu seinem Landrover. Er kam mit ein paar Äpfeln zurück, die er an uns verteilte. »Sie werden sagen können, daß Sie auf iranischem Feindesboden einen irakischen Apfel gegessen haben«, lachte er. Aber schon meldete der junge japanische Journalist des *Asahi Schimbun*, der unseren Ausflug an die Front begleitete, Widerspruch an. Wir kamen überein, daß das Obst aus der Türkei importiert sein müsse.

Ursprünglich hatte das Oberkommando in Bagdad die Stadt Qasr Schriin als unser Ziel im Grenzgebiet angegeben. Nach knapp dreistündiger Fahrt hatten wir die Schranke und die Militärstellung erreicht, die den Übergang nach Persien markierten. Jenseits dieser Linie hielten die Soldaten Saddam Husseins noch einen Streifen von etwa vierzig Kilometer Tiefe sowie die strategische Schlüsselstellung Qasr Schriin, die sie vor zwanzig Monaten, als sie überraschend angriffen, völlig unversehrt besetzt hatten. Am Kontrollpunkt entstand Diskussion und Verwirrung. Es wurden Telefongespräche geführt. Der Besuch von Qasr Schriin war von höchster Stelle abgeblasen worden. Warum, wurde uns nicht gesagt. Die Iraker hatten die menschenleere Stadt systematisch vernichtet, und vielleicht sollten wir nicht Augenzeugen dieser sinnlosen Zerstörungswut werden.

Im Eiltempo waren wir in Richtung Bagdad zurückgerast. Die wüstenähnliche Landschaft zu beiden Seiten war platt wie ein Teller. Die irakische Hauptstadt war hier von der iranischen Grenze nur etwa hundert Kilometer Luftlinie entfernt. Wir begegneten zahlreichen Militär-Konvois. In der Ortschaft Miqdadiyah waren T-62-Panzer massiert. Dort schwenkten wir nach Südosten ab, wurden zweimal gecheckt und erreichten den Flecken Mandali. Unter den Palmenbüschen waren Panzer, Lastkraftwagen und Mannschaftszelte spärlich getarnt. Das Materialaufgebot sowjetischer Fabrikation war beeindruckend. Auch zwei französische Panzerspähwagen vom Typ Cascavel entdeckte ich in einem trockenen Wadi. Der Himmel war mit grauem Dunst überzogen, die Mittagshitze unerträglich. In einer Ziegelbaracke reichte man uns Tee. Ein

Major übernahm von nun an unsere Führung. Er war in Frunse, in Sowjetisch-Kirgisien, und in der Ukraine als Panzeroffizier ausgebildet worden. An der Wand – neben dem unvermeidlichen Präsidenten und dessen Losungen: »Einheit – Freiheit – Sozialismus« oder »Die vereinigte arabische Nation ist Trägerin der ewigen Botschaft« – entdeckte ich endlich das Bild des Gründers der Baath-Partei, Michel Aflaq. Er wirkte durchaus wie ein Mann des alten Mandats-Regimes, dieser griechisch-orthodoxe Syrer, Vater der nationalarabischen Revolution. Sein Haar war schlohweiß. Sein gallischer Schnurrbart erinnerte an den »Tiger« Clémenceau. Meine Bemühungen um ein Gespräch mit Aflaq, der in Bagdad als eine Art inoffizieller zweiter Staatschef – ohne jeden Einfluß übrigens – auf den Protokollisten geführt wurde, waren ergebnislos gewesen.

Der Major brachte uns zum vordersten Gefechtsstand der Brigade »Numan«. Trotz der sowjetischen Ausrüstung ging es bei der irakischen Armee noch sehr britisch zu. Die Offiziere legten Wert auf polierte Stiefel und das Stöckchen, von dem sie sich nie trennten. Der vorderste Befehlsbunker war durch eine mächtige Betonplatte geschützt. Drunten trauten wir unseren Augen nicht. Der Komfort eines Luxushotels umgab uns. Der Boden war mit dicken Teppichen ausgelegt, die Wand mit Edelholz verkleidet, die ziselierte Decke durch bunte Arabesken dekoriert. Natürlich blickte auch hier »Karl-Heinz« aus allen Ecken, aber daneben gab es ein Stilleben mit Früchten und einen Buntdruck, der die Wilhelm-Tell-Kapelle am Vierwaldstätter See darstellte. Ein eleganter Oberst mit Fallschirmabzeichen hielt seinen Lagevortrag in diesem ungewöhnlichen Kommandoposten, während wir in rotgepolsterten Sesseln mit goldenen Armlehnen versanken. Natürlich war das unterirdische Gewölbe voll klimatisiert. »Mich wundert es nicht mehr, daß die Iraker diesen Krieg nicht gewinnen«, flüsterte mir der Japaner zu.

Auf der Gegenseite habe er es mit Teilen der 22. iranischen Infanterie-Division und dem 192. Infanterie-Regiment zu tun, erklärte der Oberst. Diese regulären Einheiten seien mit Revolutionswächtern gemischt. Schwere Waffen seien bei den Persern selten. Ein paar M-60-Panzer seien wohl vorhanden. Ansonsten würden sie gelegentlich mit Granatwerfern schießen. Die Kampftätigkeit sei gering, und die Luftwaffe Khomeinis sei praktisch nicht in Erscheinung getreten. Neuerdings würden Verstärkungen nach dem Süden, wohl nach Khorramschahr verlagert. An Munitionsmangel leide der Gegner offenbar nicht. Die Perser seien mit Straßenbau in dem schwierigen Gebirgsgelände beschäftigt, das ihren Nachschub behinderte.

Nach diesem summarischen Briefing waren wir in einem Toyota-Landrover über Schotterwege zur »Front« auf iranischem Territorium gefahren und blickten jetzt Äpfel kauend nach Osten. Wir rollten ein paar Kilometer in Sichtweite der iranischen Linien. Der Major wollte uns den Flecken Naft Schah zeigen, wo zu Zeiten der Pahlevis Erdöl in kleinen Mengen gefördert wurde. Als Khomeini zur Macht kam, wurde Naft Schah in »Naft Khomeini« umbenannt, und jetzt hieß der gesprengte Bohrturm mit den paar Baracken – bis auf weiteres – »Naft Saddam«. Der japanische Kollege hatte gedrängelt, noch näher an die iranischen Stellungen gelassen zu werden. Aber die Iraker nahmen kein unnötiges Risiko auf sich. »Wir wollen Frieden mit den Persern«, betonte der Major. »Wir geben ihnen das Land zurück, das wir besetzt haben. Khomeini soll lediglich versichern, daß er sich nicht mehr in unsere inneren Angelegenheiten einmischt.« Der Offizier gab die offizielle Linie von Bagdad wieder, die nach den Rückschlägen von Dezful ganz auf Beschwichtigung aus war. Sehr martialisch wirkten die Iraker nicht.

Am Nachmittag fuhren wir über die breite Asphaltbahn in die Hauptstadt zurück. Mein Begleiter Hamid, der mir am letzten Tag gestanden hatte, daß auch er Schiite sei, hatte das Radio angedreht. Der Staatsrundfunk von Bagdad sendete heldische Männerchöre, die vom gottgewollten Sieg der arabischen Sache dröhnten. »Allahu akbar«, klang es unentwegt im Programm dieses säkularen Staates. Dazwischen die beschwörende, irgendwie aufgeregte Stimme des Nachrichtensprechers. Sondermeldungen jagten sich, untermalt von Marschmusik. Die Gesichter der irakischen Soldaten in unserem Landrover waren ernst geworden. Die Gespräche verstummten. Die Iraner hatten zum Sturm auf das irakische Verteidigungs-Réduit von Khorramschahr angesetzt und offenbar – von Norden kommend – den äußeren Verteidigungsring durchbrochen. Der Radiokommentator behauptete zwar, daß der Feind schreckliche Verluste erleide, daß das irakische Kommando die Lage voll kontrolliere, aber diese Beteuerungen klangen unecht. Jeder von uns spürte, daß die Soldaten des Saddam Hussein in Bedrängnis geraten waren. Tatsächlich erlitt zu dieser Stunde die Armee von Bagdad ihre schlimmste Demütigung am Schatt-el-Arab.

Wir überquerten den Tigris. Der goldene Dom der Kadhimain-Moschee rückte näher. Als wir dieses hohe schiitische Heiligtum am Rande von Bagdad passierten, wurden gerade zusätzliche schwarze Tücher mit den Namen neuer Märtyrer an der Außenmauer befestigt.

Von Nasser bis Mubarak

Kairo, September 1982

Megalopolis am Nil. Kairo ist auf zehn Millionen Menschen angeschwollen. Die genauen Zahlen kennt keiner. Ich lasse mich im Umkreis der El-Azhar-Moschee in der Menge treiben, wende mich vom Khan Khalili ab und gerate in menschenwimmelnde Gassen, wo der Stuck von den Mauern bröckelt, die Häuser zusammenbrechen. An der Peripherie von Kairo soll es Satellitenviertel geben, wo Wasser und Strom mangeln, die Bevölkerungskonzentration noch heilloser ist als in der Altstadt. Aber hier ist der Niedergang spektakulärer. Zwischen El Azhar und Nil sind es ja Prachtbauten der Khedive-Zeit, mächtige Etagenhäuser im orientalischen Jugendstil, die – wie von Lepra befallen – pathetischen Untergang demonstrieren. Jenseits einer Sackgasse hinter der ehrwürdigsten Lehrstätte des Islam stehe ich plötzlich vor einer Düne. Auf dem Kamm ragen drei tote Bäume gegen den Himmel. Hinter einem Drahtverhau spielt eine Rotte von Kindern im Sand.

Wie kommt es, daß dieser Spaziergang so beklemmend, fast furchterregend ist? Aus der geballten Masse der Ägypter ist keinerlei Feindseligkeit gegen den einsamen Fremden zu spüren. Aber ich komme mir plötzlich uralt vor. In diesem Chaos zerbröselnder Lehmwände und vegetativen Lebens dürfte das Durchschnittsalter höchstens bei fünfzehn Jahren liegen, Folge einer phantastischen Bevölkerungsexplosion. Sehr oft ist es mir in den Ballungszentren Asiens oder Afrikas passiert – in Kalkutta war das besonders eindringlich –, daß mir diese brodelnde Unordnung zutiefst archaisch vorkam, daß ich einer Frühphase der Menschheit zu begegnen glaubte. Aber hier in Kairo ist es seltsamerweise anders. Ich muß plötzlich an gewisse amerikanische Zukunftsfilme denken, die ein hermetisch abgeschottetes Manhattan in einem vergleichbaren Zustand der totalen Unordnung und des Verfalls zeigen, eine sterbende Metropolis, die mit sich selbst nicht mehr fertig wird und sich der Anarchie ergibt. Die Aufgabe der Behörden, die von der in Kriminalität versinkenden Masse wohlweislich abgeschirmt sind, besteht in diesen Horrorvisionen nur noch darin, den Menschen ihre tägliche Speisung zu verabreichen – »Soilent green« hieß diese synthetische Nahrung in einer Hollywood-Produktion –, und schon denke ich an jenen Bazarhändler im Khan el Khalili, demzufolge die alles beherrschende Sorge der ägyptischen Regierung darauf gerichtet sei, dem Volk am Nil genügend »ful« für das traditionelle Bohnengericht und Brot zu beschaffen, das man im Ägyptischen bezeichnenderweise »esch« nennt, wie das Leben selbst. Als erschreckende Zukunftsvision einer aus den Fugen geratenen Menschheit, so erscheint mir Kairo an diesem Abend. In das marmorgleißende Hotel am Nil mit seiner Klimaanlage und den verchromten Fahrstühlen kehrt man dann wie in einen Bunker des Komforts, in eine Fluchtburg des Luxus zurück.

Dennoch kommt in Kairo niemals das Gefühl der persönlichen Unsicherheit auf. Die Ägypter sind umgängliche Menschen, und die Polizeikräfte – in engsitzenden schwarzen Uniformen, mit Stahlhelm und aufgepflanztem Bajonett – wurden in den letzten Monaten verstärkt, ganz zu schweigen von den zahlreichen Geheimdiensten, den Mukhabarat, die unter Präsident Hosni Mubarak schon wieder fast so einflußreich sein sollen wie zu Zeiten Gamal Abdel Nassers. Am Nil verflüchtigen sich alle Gewißheiten. Alle Erkenntnisse über die islamische und arabische Welt werden hier fragwürdig. Kairo, »El Qahira«, geht auf eine Gründung der schiitischen Fatimiden-Dynastie im zehnten Jahrhundert zurück, die ihrerseits aus Ifriqiya, dem heutigen Tunesien kommend, das Niltal erobert und teilweise zur »Partei Alis« bekehrt hatte. Alle großen Bauten des Mittelalters, die uns erhalten blieben, die Azhar-Universität, die der »Blume« Fatima geweiht ist, die großen Moscheen Sultan Hassan und Sultan Hussein, das Gebetshaus Sayyida Zeinab, nach der Mutter Alis benannt, weisen auf die Kulturleistung dieser schiitischen Khalifen und deren Frömmigkeit hin. Aber außer ein paar Volksbräuchen, außer der jährlichen Feier zur Geburt Alis oder des Aschura-Tages, der hier nicht mit Trauer und Geißelung, sondern mit Verteilung von Süßigkeiten begangen wird, ist von der Schiia nichts übriggeblieben. Noch in jüngster Vergangenheit verfügten die Schiiten – als gesonderte religiöse Gruppe – nicht einmal über ein gesetzliches Statut. Das stimmt nachdenklich im Hinblick auf die großen mystischen Bewegungen, die den Islam von heute aufwühlen. Vom gewaltigen schiitischen Aufruhr, der

zwischen Maghreb und Maschreq im zehnten und elften Jahrhundert
toste, von der Herrschaft der Fatimiden, in deren Namen vorübergehend
die Freitags-Predigt in Mekka und Medina gehalten wurde, ist am Ende
nur die Zerrgestalt jenes geistesgestörten Khalifen Hakim bi Amrillah in
die Geschichte eingegangen, weil die Sekte der Drusen ihm weiterhin
göttliche Ehren erweist und weil er mit seinen blutigen Ausschreitungen
gegen die Christen im Niltal sowie im Heiligen Land – er ließ die Aufer-
stehungs-Kirche plündern – die Kreuzzugsstimmung des Abendlandes
angefacht hatte.

Wer an den Nil kommt, begebe sich zu den Gräbern der Pharaonen! So
habe ich in Heliopolis das Grab Gamal Abdel Nassers aufgesucht. Man
hat dem ersten Rais kein Mausoleum errichtet. Der schlichte Marmor-
sarkophag ruht am Rande einer Moschee im Pseudo-Fatimiden-Stil. »Es
gibt keinen Gott außer Gott«, steht auf dem Sargdeckel. Ich hatte Nasser
ein paarmal bei Großkundgebungen erlebt, wenn sein Charisma die
Massen in hysterische Wallung brachte. Dieser Mann hatte auf allen
Gebieten eine Vielzahl von Rückschlägen und Enttäuschungen einstek-
ken müssen. Seine Staaten-Union mit Syrien war gescheitert. Sein Feldzug in Yemen endete mit kläglichem Fiasko. Im Sechs-Tage-Krieg hatten
ihm die Israeli eine vernichtende Niederlage zugefügt und die Sinai-
Halbinsel entrissen. Sogar sein kühnstes Projekt, auf das er alles gesetzt
hatte, der Staudamm von Assuan, sollte sich im nachhinein als eine sehr
fragwürdige Konstruktion erweisen. Heute leidet die Landwirtschaft des
Deltas bereits unter zunehmender Versalzung. Der beschleunigte Abfluß
ins Mittelmeer fördert die Erosion. Der fruchtbare Schlamm Äthiopiens
bleibt im riesigen Stausee von Nubien hängen. Vor allem aber stellt diese
riesige Mauer eine apokalyptische Gefährdung des Niltals in Kriegszei-
ten dar. Eine Sprengung des »Sadd-el-'Ali« und die folgende Flutkata-
strophe würden das bewohnte, das nutzbare Ägypten von der Landkarte
löschen. Damals, als der Rais die Konsequenz aus dem militärischen De-
saster von 1967 ziehen und zurücktreten wollte, waren Millionen Kairoer
schreiend, weinend, klagend auf die Straße gegangen. Sie konnten auf
diese Herrscher- und Vatergestalt nicht verzichten. Sein Begräbnis im
Jahr 1970 nahm die Form einer nationalen Tragödie an.

Wir waren im Frühjahr 1965 mit einem umfangreichen Redaktions-
und Kamera-Team nach Kairo gereist, um gewissermaßen das Schlimmste
zu verhindern. Die Bundesregierung unter Ludwig Erhard stand im
Begriff, mit dem Staat Israel endlich diplomatische Beziehungen anzu-

knüpfen, und Nasser hatte sein Veto eingelegt. Das TV-Interview, das der WDR beantragt hatte, war darauf angelegt, dem ägyptischen Staatschef eventuell ein Einlenken zu ermöglichen. Nasser empfing uns in Heliopolis in einer relativ bescheidenen Villa. Er war kein Freund protziger Repräsentation und lebte nicht nur aus Sicherheitsgründen stets im Umkreis der Kasernen. Als ich dem massiven Mann gegenüberstand, spürte auch ich seine magnetische Wirkung. Der Rais verkörperte das neue und das uralte Ägypten. Es war, als träte uns eine Wiedergeburt Pharaos entgegen. Seine Liebenswürdigkeit war verführerisch, aber daneben ging eine animalische Kraft von ihm aus. Er erinnerte an die mächtigen Tiergötter seines Landes, an den heiligen Stier, der im Schlamm des Nils für Ernteertrag bürgt. Wenn er lächelte, drängte sich der Gedanke an jene heiligen Krokodile auf, denen höchste Verehrung gezollt wurde. Vom fernsten Maghreb bis zum Persischen Golf verfügte dieser ungewöhnliche Offizier über eine Ausstrahlung, die der eines Khalifen gleichkam.

Was Gamal Abdel Nasser uns damals im einzelnen mitgeteilt hat – von seinem Berater Mohammed Hassanein Heikal sekundiert –, ist mir nicht haften geblieben. Wichtig war nicht, was er sagte, sondern was er war. Er führte wohl, mit entwaffnender Miene, eine ziemlich harte Sprache, drohte mit scharfen Sanktionen, falls Bonn und Tel Aviv sich einigen sollten. In der Sendung, die am folgenden Tag ausgestrahlt wurde, kommentierte Dieter Gütt: »Nasser hat zu den Deutschen gesprochen wie Hitler zu den Polen.«

Bevor ich mit den Filmrollen des Interviews im Gepäck nach Köln zurückflog, besuchten wir zu später Stunde den deutschen Raketen-Spezialisten Professor Pilz in seiner Wohnung am Rande Kairos. Pilz war dem Ruf der Ägypter gefolgt und bastelte mit unzureichenden technischen Mitteln am Bau von Trägerwaffen, die von den ägyptischen Streitkräften an Paradetagen stolz vorgeführt wurden, deren tatsächliche Einsatzfähigkeit jedoch mehr als fragwürdig blieb. Die Israeli hatten diesem Treiben nicht tatenlos zugesehen. Pilz erhielt ein Paket, das beim Öffnen explodierte und der deutschen Sekretärin des Professors das Augenlicht raubte. Es war ein deprimierendes Gespräch mit diesem enttäuschten Wissenschaftler und seiner entstellten Gefährtin. Der Krieg der Geheimdienste kannte keine Pause und Gnade.

Das Monument zu Ehren Anwar-es-Sadats ist sehr viel stattlicher als Nassers Grabstätte. Die Pseudo-Pyramide mittleren Ausmaßes ist präzis gegenüber jener Tribüne errichtet, wo der zweite ägyptische Präsident am 7. Oktober 1981 anläßlich einer Truppenparade von muselmanischen Fanatikern ermordet wurde. Seine Sargplatte trägt die Inschrift: »Held des Krieges und Held des Friedens«. Sie erinnert daran, daß der Mann, der durch die Unterzeichnung des Friedens mit Israel von so vielen Arabern als Defaitist geschmäht wurde, im Ramadan-Krieg des Jahres 1973 der erste und einzige arabische Feldherr war, der den Israeli mit der erfolgreichen Überschreitung des Suez-Kanals jemals eine schmerzliche und nie ganz verheilte Niederlage beibrachte. Zum Zeitpunkt der Staatsvisite Giscard d'Estaings im Dezember 1975 hatte ich Gelegenheit, Anwar-es-Sadat eingehend zu beobachten. Es war schon seltsam, mit welcher Sicherheit und Eleganz der Ägypter sich neben der fast arroganten Hoheitlichkeit des französischen Staatschefs behauptete. Unter Nasser war Sadat, den man als gefügigen Botengänger des Rais, ja als eine Art Türsteher belächelte, nie aus dem Schatten seines Jugendfreundes herausgetreten. Niemand hätte diesem ziemlich dunkelhäutigen Mann von stark nubischem Typ jemals zugetraut, daß er mehr vermochte, als strahlend zu lächeln und sich elegant zu kleiden. Dabei hat er in seiner kurzen Regierungszeit weit mehr bewirkt als sein Vorgänger, das Volksidol.

Im Herbst 1973, während der Ramadan-Offensive, die die Israeli Yom-Kippur-Krieg nennen, war ich auf dem Umweg über Benghazi am Ende einer trostlosen Taxifahrt durch die Wüste – an Tobruk, Sollum und El Alamein vorbei – nach Kairo gekommen. Die ägyptischen Flugplätze waren natürlich gesperrt. Im »Hilton-Nile« fand ich Kohorten von Journalisten vor, und wir alle litten unter den gleichen Frustrationen. Die Ägypter ließen uns nicht an die Front. Meine wenigen Kommentare zur Lage rezitierte ich auf dem Balkon des Informationsministeriums. Eine freundliche Beamtin, die des Deutschen mächtig war, stand hinter der Kamera und hörte sich als Zensorin meinen Text genau an. Dann nahm sie mit gewichtiger Miene die Filmrolle mitsamt Tonband und Verschickungssack in Empfang und versicherte uns, daß das Material mit einer nächtlichen Sondermaschine nach Europa verfrachtet würde. In Wirklichkeit landete alles in einer Schublade nebenan. So begnügten wir uns damit, die dickbäuchigen sowjetischen Antonow-Maschinen zu zählen, die ununterbrochen Kriegsmaterial ins Niltal schafften. Nach den ersten Tagen des Triumphes kam bald der schreckliche Rückschlag. General Scharon war durch die ägyptischen Linien gestoßen, hatte den Suez-Kanal überquert und die III. ägyptische Armee umzingelt. Kairo hielt den Atem an, und es bedurfte härtesten amerikanischen Drucks, um die

Israeli zu zwingen, auf die Vernichtung der III. Armee, eine Demütigung, die Sadat zum Verhängnis geworden wäre, zu verzichten.

Immerhin hatte der ägyptische Anfangs- und Teilerfolg, als die Divisionen Kairos das israelische Verteidigungsdispositiv der Bar-Lev-Linie niederwalzten, das Prestige des neuen Rais so gesteigert, daß er von nun an einen Ausgleich mit Jerusalem anstreben konnte. Am Suez-Kanal hatten die Ägypter zum erstenmal die Rolle des ewig Besiegten abgeschüttelt. Die psychologischen Voraussetzungen für Camp David waren damit geschaffen. Zwei Jahre nach dem Ramadan-Krieg war ich – wie erwähnt – in Begleitung Giscard d'Estaings wieder nach Ägypten gekommen. Ich löste mich bald aus dem Präsidentengefolge, und am frühen Freitagmorgen fuhr ich unter Militäreskorte auf einer Pontonbrücke über den Suez-Kanal. Dort hatte Anwar-es-Sadat seine Offiziere zu einer Gedenkfeier auf dem nunmehr wieder ägyptisch verwalteten Ostufer versammelt. Die Dämmerung lag noch grau über der Wüste, als der Ruf des Muezzin ertönte und der Rais sich in der Uniform eines Feldmarschalls in den Ruinen von El Qantara zum Frühgebet nach Mekka verneigte. Unter den hohen Chargen fehlte lediglich der Kommandant der II. ägyptischen Armee, General Fuad Ghali, weil er koptischer Christ war. Erst beim anschließenden Frühstück im festlich dekorierten Kasino war Fuad Ghali wieder dabei. Ein koptischer General hatte seine Nützlichkeit in Ägypten, denn als christlicher Außenseiter würde er nie auf den Gedanken kommen, gegen das Staatsoberhaupt zu putschen.

Inmitten seiner Offiziere war Sadat leutselig und gut gelaunt. Hier fühlte er sich in seinem Element. Moslem und Soldat zu sein war für ihn wohl der intimste Lebensinhalt. Als Präsident blieb er Dilettant, zog sich gern in sein Landhaus zurück, erwarb den Ruf eines Sybariten, der erst zu später Stunde sein Büro betrat. Gamal Abdel Nasser hingegen hatte sich zu Tode geschuftet. Die Abkehr Sadats vom rigorosen Staats-Sozialismus, die sogenannte »Infitah-Politik«, entsprach dem lässigen Temperament dieses Bonvivant, der die Russen aus irgendeinem Grunde haßte, die sowjetischen Ratgeber zu Tausenden nach Hause schickte und nunmehr voll auf Amerika setzte. Daß die ökonomische Liberalisierung mit gesteigerter Korruption, Vertiefung der ohnehin bedrohlichen sozialen Gegensätze und dem Hochkommen einer schamlosen Schicht von skrupellosen, inkompetenten Geschäftemachern parallel ging, schien Sadat wenig zu stören, zumal seine elegante Gattin Jehan, eine gebürtige Malteserin, an dieser krampfhaften Selbstbereicherung der »happy few« erfolgreich teilnahm. Der »Held« von Suez geriet allmählich ins Zwielicht. Es reichte den

Massen des Niltals nicht mehr, daß er sich sympathisch und väterlich gebärdete. Als Sadat das ungeheure Wagnis auf sich nahm, das ihm niemand zugetraut hatte – den Abschluß von Camp David, die Rede in der Knesset von Jerusalem, der Friede mit Israel –, waren die Ägypter wohl so verblüfft, anfangs auch so erleichtert, die ewige Kriegsdrohung von sich abgewendet zu sehen, daß sie mehrheitlich und spontan ihrem Rais breite Zustimmung schenkten. Das Land hatte zu lange anstelle der anderen Araber, die aus der Ferne aufhetzten oder Beifall spendeten, seine besten Söhne für die palästinensische Sache geopfert.

Das Grab Anwar-es-Sadats am Rande der Wüste und jener endlosen Nekropole von Kairo, die sich die Mamelucken-Herrscher und Generationen reicher Effendis – unter dem Einfluß des pharaonischen Totenkultes hatten errichten lassen, war kein Wallfahrtsort geworden. Die zwei Wächter mit der Lanze und die Polizisten in Zivil waren nicht da, um Prozessionen von Trauernden zu kanalisieren, sondern um eine Schändung des Marmorsarges zu verhindern. Allenfalls die Kaufleute des Khan el Khalili oder das wohlhabende Bürgertum trauerten dem Infitah der Sadat-Ära nach. Im übrigen ist es still geworden um den ermordeten »Kriegs- und Friedens-Helden«. Schon seine Beerdigung hatte die Kairoer kalt und mürrisch gelassen. Heute zerblättern und vergilben seine letzten Porträts unter der Wüstensonne. Das Volk am Nil, das immer noch unter dem Eindruck des großen Rais Gamal Abdel Nasser steht, hat die Erinnerung an Anwar-es-Sadat bereits verdrängt.

Daß ausgerechnet Sadat den Kugeln einer extremen Gruppe von Moslem-Brüdern zum Opfer fiel, war eine Ironie des Schicksals. In jungen Jahren hatte er sich nämlich den Ikhwan zutiefst verbunden gefühlt und hatte – seinem eigenen Tagebuch zufolge – mit deren Gründer Hassan el Banna während des Zweiten Weltkrieges konspiriert. Die Gründung der Moslem-Brüder geht etwa auf das Jahr 1930 zurück. Der Lehrer Hassan el Banna, der später mit Berlin und Rom zu kollaborieren suchte, hatte den Kern seines Programmes in folgendem Grundsatz niedergelegt: »Allah ist unser Ziel, der Prophet Mohammed ist unser Führer, der Koran ist unsere Verfassung, der Heilige Krieg ist unser Mittel, der Tod im Dienste Allahs unser höchster Wunsch.« Das waren keine leeren Sprüche. 1945 wurde Premierminister Ali Maher, der den Achsenmächten den Krieg erklärt hatte, durch einen Jünger Hassan el Bannas ermordet. Nokraschi Pascha, der drei Jahre später die Vereinigung der Ikhwan auflöste, erlitt das gleiche Schicksal. 1949 wurde Hassan el Banna seinerseits umgebracht.

Zwischen Gamal Abdel Nasser und den Moslem-Brüdern kam es sehr schnell zur offenen Konfrontation. Seine nationalen und politischen Staatsvorstellungen waren mit der Theokratie Hassan el Bannas nicht zu vereinbaren. Nach dem Verbot der Bruderschaft im Januar 1954 entging Nasser knapp einem Attentat. Die Repression des Rais wurde von nun an unerbittlich und verschärfte sich noch, als im August 1965 ein weitverzweigtes islamisches Komplott aufgedeckt wurde. Die führenden Persönlichkeiten der Ikhwan wurden hingerichtet, Tausende von Anhängern in Konzentrationslagern eingesperrt, Armee und Polizei gesäubert. Erst nach dem Tod Nassers sollte sich der eiserne Griff der staatlichen Sicherheitsdienste lockern. Der neue Präsident Anwar-es-Sadat war so sehr damit beschäftigt, die Fortschritte der Marxisten in der Umgebung der Ministerien einzudämmen, wo sie sich mit den sowjet-freundlichen Nasseristen verbündet hatten, daß er dem Bund der Moslem-Brüder wieder eine gewisse Bewegungsfreiheit einräumte. Die meisten Ikhwan wurden aus der Haft entlassen, und der neue oberste Führer der Bruderschaft, der greise Jurist Scheich Omar Telemsani, gewann an Zulauf und Ansehen.

Die Polizei hatte strikte Weisung erhalten, leisezutreten und auf keinen Fall Märtyrer zu schaffen. Eine ganze Reihe islamisch inspirierter Gewaltakte wurden zwar durch Verhaftungen und auch durch Hinrichtungen punktuell geahndet. Der zweite Rais raffte sich jedoch nicht zur großen Repression im Nasserschen Stil auf, selbst nachdem er mit dem Abschluß des Camp-David-Abkommens – in den Augen der Fanatiker – sein eigenes Todesurteil unterschrieben hatte. Sadat glaubte sich als frommer, praktizierender Moslem irgendwie gefeit, trug doch seine Stirn das dunkle Mal, das nur der eifrige Beter im Laufe langer Jahre durch ständige Verbeugung bis zum Boden erwirbt. Um die muselmanischen Fundamentalisten für sich zu gewinnen, stand er im Begriff, das islamische Recht, die Scharia, zur maßgeblichen Gesetzgebung Ägyptens zu machen. Er drohte 1977 den Abtrünnigen vom Islam die Todesstrafe an, geriet in offenen Konflikt mit Schenuda III., dem streitbaren Patriarchen der ägyptischen Kopten, der seine Gläubigen zu einem fünftägigen Hungerstreik aufrief. Die islamische Agitation flackerte nunmehr im ganzen Land, vor allem in jenen Städten und Dörfern Oberägyptens auf, wo die Kopten besonders zahlreich sind. In Kairo kam es im Juni 1981 zu mörderischen Ausschreitungen fanatisierter Moslems gegen die Christen des Viertels Zawiya-el-Hamra.

Bislang hatte Sadat in Privatgesprächen immer wieder die Meinung

vertreten, der Schah von Persien sei nur gestürzt worden, weil er sich mit
den Mullahs angelegt hatte. Jetzt sah er im eigenen Niltal die Drachensaat aufgehen. An den Universitäten betonten die bärtigen Studenten
ihre Zugehörigkeit zur militanten Bruderschaft. Mehr und mehr Frauen
– auch unter der Intelligenzia – legten den Schleier an und jubelten der
Parole ihrer Sprecherin Zineb Ghazali zu: »Jerusalem und Andalusien!«
Sogar die spanische Reconquista wurde in Frage gestellt. Prediger und
Volkstribune erhoben die Stimme gegen den Verrat an den palästinensischen Brüdern und plädierten für die Schaffung des islamischen Gottesstaates. Anfang September 1981 riß dem Rais endlich die Geduld. Zwei
Tage lang dauerte die Verhaftungswelle, die sich überwiegend gegen
muselmanische Extremisten, aber auch gegen militante Kopten richtete.
Unter den Internierten befanden sich Scheich Omar Telemsani wie auch
der koptische Patriarch Schenuda III. Sadat gestand am Vorabend seiner
Ermordung selber ein, daß er längst nicht alle Verdächtigen unschädlich
gemacht habe. Er hoffte wohl auf deren Besinnung und staatserhaltende
Vernunft. Er betrachtete sich ja nicht als Verräter am Arabismus und
schon gar nicht am Islam. Vielleicht verglich er sich insgeheim mit dem
großen Sultan Saladin, der als vorbildlicher Ritter von den Christen des
Mittelalters ebenso gefeiert wurde wie Sadat von den westlichen Medien
unserer Tage und eiferte diesem islamischen Herrscher über Ägypten
und Syrien nach, der die Kreuzfahrer durch Edelmut und Großzügigkeit
beeindruckte, ihnen am Ende jedoch die heilige Stadt Jerusalem entriß.
Das Vorbild war bestechend: Die Renaissance – in der Göttlichen Komö-
die Dantes –, die Aufklärung – in »Nathan der Weise« von Lessing – hatten dem Sultan Saladin ein rühmendes dichterisches Denkmal gesetzt.

Die wütenden Moslems des Niltals sahen es anders. Im Umkreis der
großen Bruderschaft, deren Anhang in die Millionen ging, wucherten
extremistische Randgruppen eiskalter Fanatiker. »Takfir wa el higra« hieß
die eine, was mit »Verfluchung und heilige Abkehr von der Welt« übersetzt werden könnte. Eine andere nannte sich kurzum »Gihad« – »Heiliger Krieg«. Ähnlich wie die frühchristlichen Anachoreten der thebaischen Wüste oder der wirre Fatimiden-Khalif Hakim zogen sich diese
jugendlichen Derwische, diese »Hippies des Islam«, wie man sie
fälschlich genannt hat, nach Bruch aller Familienbande in die Einöde
zurück, kehrten der verfaulten Gesellschaft den Rücken, bildeten klösterliche Gemeinschaften. Aus ihren Reihen sollten die Mörder Sadats
hervorgehen und jener Leutnant Islambuli, der den Anschlag gegen den
Rais mit nachtwandlerischer Sicherheit ausführte. »Ich habe Pharao ge-

tötet«, rühmte sich dieser neue »Haschischi«, ehe er zum Galgen geführt wurde.

Hosni Mubarak, Nachfolger Sadats, dritter Präsident der Arabischen Republik Ägypten, bleibt in den Augen des Volkes ein unbeschriebenes, manche meinen, ein leeres Blatt. Vermutlich ist die »vox populi« ungerecht, wenn sie diesem Luftwaffengeneral, der in jeder Hinsicht ein schweres Erbe übernommen hat, mit Skepsis, ja mit Spott begegnet. Aber sofort nach meiner Ankunft in Kairo wurde mir einer der zahllosen Witze erzählt, die über den neuen Rais im Umlauf sind. »Hosni Mubarak«, so berichtet die typisch ägyptische »Nokta«, »ist ohne Paß und Ausweis nach Kairo von einer Auslandsreise zurückgekehrt. Dem Polizeibeamten, der seine Papiere prüfen will, antwortet der Präsident entrüstet: ›Ich bin der Staatschef von Ägypten; ich habe es nicht nötig, mich auszuweisen.‹ Der Polizist schüttelt den Kopf: Er habe seine Vorschriften und denen müsse sich jeder beugen. Aber er möchte ja gern dem Einreisenden entgegenkommen. Unlängst sei Frank Sinatra auch ohne Paß und Visum angekommen und dem habe er gesagt: ›Zeig, was du kannst. Singe uns etwas vor und dann werden wir dich erkennen.‹ Sinatra habe ›Strangers in the night‹ vorgetragen und sei natürlich ins Land gelassen worden. Ähnlich sei es Yehudi Menuhin ergangen, obwohl der Jude sei und auch keine Papiere besaß. Er habe gefiedelt, und dann habe man ihm natürlich die Grenzformalitäten erleichtert. ›Wenn du Präsident Mubarak bist‹, so fuhr der Beamte fort, ›dann zeige auch du, was du kannst, und wir lassen dich durch.‹ – Der Rais überlegte eine Weile: ›Ich kann überhaupt nichts‹, sagte er dann resigniert. – Der Polizist machte das Gitter weit auf. ›Willkommen in der Heimat!‹ rief er aus. ›Jetzt hast du tatsächlich bewiesen, daß du Hosni Mubarak bist‹.«

Natürlich kann auch am Nil ein Mensch mit seinen höheren Zwecken wachsen, und ein Fliegergeneral sollte über einige Fähigkeiten verfügen. Es scheint jedenfalls, als versuche Mubarak, sich von seinem Vorgänger Sadat nachdrücklich zu distanzieren. In den ausländischen Vertretungen hatte man gleich damit gerechnet, daß er sich dem arabischen Lager wieder annähern würde, wie das die Vernunft gebot. Die Beziehungen zu Israel haben sich abgekühlt, aber auch das war zu erwarten und beinahe logisch angesichts der Entwicklung im Libanon und in Cis-Jordanien. Auf wirtschaftlichem Gebiet findet sich dieser Militär natürlich am mühsamsten zurecht. Hier hat er katastrophale Zustände vorgefunden. Dem »laissez-aller« der späten Sadat-Jahre begegnet er mit zunehmender Strenge,

ja manche meinen bereits, der staatliche Dirigismus, den Nasser auf die
Spitze getrieben hatte, komme unter Mubarak wieder zu seinen Rechten.
Jedenfalls scheint Gamal Abdel Nasser als heimliches Vorbild posthumen
Einfluß zu gewinnen.

Das Kernproblem der ägyptischen Innenpolitik von heute – das ist
durchaus keine fixe Idee – bleibt auch nach der Ermordung Anwar-
es-Sadats und dem anschließenden Strafgericht die Zügelung der
extrem-islamischen Strömung, die Kontrolle der Moslem-Brüder. Die
Massen des Niltals hatten nach dem Friedensschluß mit Israel vergeblich
auf ein Wunder gehofft. Sie hatten allen Ernstes erwartet, nun werde der
amerikanische Dollarsegen über Ägypten niedergehen und auch die
Lebensbedingungen des kleinen Mannes verbessern. Natürlich war das
naive Selbsttäuschung. Gerade die Studenten und Intellektuellen waren
durch die revolutionären Ereignisse im Iran, den Anschlag auf Mekka,
die Zellenbildung der Fundamentalisten von »Takfir wa el higra« und
»Gihad« zutiefst aufgewühlt. Welche positive Perspektive, welch eigener
Standpunkt blieben ihnen denn noch außerhalb des Islam? Die Zeichen
der religiösen Intoleranz häuften sich bis in die Details des täglichen
Lebens. Es konnte passieren, daß ein Taxifahrer in Kairo einen Fahrgast
ablehnte, weil er vorher Alkohol getrunken hatte. Den christlichen Kopten wurde unter Androhung von Gewalt in vielen Dörfern verboten, ihre
schwarzen Schweine zu halten. Ägyptische Zöllner weigerten sich, Lam-
penständer, die menschliche Körper darstellten, freizugeben. Jeder physische Kontakt mit Andersgläubigen – und sei es nur ein Händedruck –
wurde von gewissen Rigoristen abgelehnt, weil dadurch der Gang zur
Moschee entweiht würde. Ein ägyptischer Diplomat, der seit langen Jahren im Ausland lebte, erzählte mir, daß er mit seinen Söhnen zu den
Pyramiden und zur Sphinx gefahren sei. Der Fremdenführer sah ihn prüfend an: »Du bist doch Ägypter?« – »Ja.« – »Du bist doch Moslem?« –
»Ja.« – »Und warum zeigst du deinen Kindern dieses Heidenzeug, diese
Überreste aus der Zeit der Unwissenheit, der ›jahiliya‹?« Sogar die leibli-
che Tochter Gamal Abdel Nassers, die an der Kairoer Universität politische Wissenschaften unterrichtet, sah sich heftigen Vorwürfen ihrer Studenten ausgesetzt, weil sie nicht-muselmanische Autoren auf dem Lehrplan beließ.

»Alles steht im Koran«, so lautete die Parole der Ikhwan. Die religiösen Verbote einer längst verflossenen Epoche wurden wieder ausgegra-
ben. »Urin, Exkremente, Sperma, Knochen, Blut, Hunde, Schweine,
Ungläubige, Wein, Bier, Kamelschweiß« galten als unrein, waren

»haram«, und irgendein Kontakt mit diesen Tabus, die auch Khomeini in seinen Schriften ausführlich erwähnt, zwingen den frommen Moslem zur Wiederholung seiner Waschungen vor dem Gebet. Erschwerend trat bei der intoleranten Schriftauslegung hinzu, daß sie neben dem Text des Korans in verstärktem Maße die Vorschriften der muselmanischen Überlieferung, die Sunna, zumal den »Hadith« zur Richtschnur nahm – eine halbe Million Sentenzen, die sich auf angebliche Aussagen des Propheten berufen, deren authentischer Charakter jedoch – mit Ausnahme von zweiundvierzig unter ihnen – alles andere als hieb- und stichfest ist. Gewiß wäre es Aufgabe der Koran-Gelehrten, der Exegeten der Scharia, gewesen, den Exzessen einer pedantischen Frömmigkeit Grenzen zu setzen. Aber diese Ulama hatten ihre ursprüngliche Lehrautorität längst eingebüßt. Ihr oberster Sprecher, der »Scheich el Azhar«, der früher von den Theologieprofessoren kooptiert wurde und deshalb – unabhängig von der jeweiligen Regierung – über höchstes Ansehen verfügte, war gedemütigt worden, seit Gamal Abdel Nasser seine Ernennung von Staats wegen erzwang, ihn gewissermaßen zum Diener der weltlichen Macht degradierte. Heute entfaltete sich denn auch im Niltal der sogenannte »Parallel-Islam« und kultivierte seine Exzesse.

Ähnlich wie Sadat hat auch Hosni Mubarak anfangs gehofft, einen relativ vernünftigen Flügel der Bruderschaft auf seine Seite ziehen zu können. Indem er ihren religiösen und sittlichen Forderungen entgegenkam, wähnte er wohl, sie aus der aktiven Politik heraushalten zu können – ein sehr brüchiges Kalkül. Der Führer der Moslem-Brüder, Omar Telemsani, und viele seiner feurigsten Prediger wurden auf freien Fuß gesetzt, während der koptische Patriarch Schenuda weiterhin inhaftiert blieb. Schon im September 1982 mußte Mubarak zur Kenntnis nehmen, daß jede Beschwichtigung von den Ikhwan als Schwäche ausgelegt wurde. Ein radikal-muselmanisches Komplott wurde aufgedeckt. Der harte Kern der Moslem-Brüder wollte im Niltal den Gottesstaat errichten und Mubarak aus dem Weg räumen. Seitdem rätselt man in Kairo, ob der dritte Rais bei der Niederkämpfung der religiösen Extremisten ebenso konsequent vorgehen wird wie Gamal Abdel Nasser und ob er das Zeug hat, diese Kraftprobe durchzustehen.

Die Kopten im Abseits

Wadi Natrun, September 1982

Schon aus der Ferne erblickten wir die hohen Mauern des Klosters Sankt Makarios über den Dünen. Der Kirchturm mit dem Kreuz, der gleichzeitig als Wasserreservoir dient, ragte spitz in den Wüstenhimmel. Der Mönch Kiryllos – die koptischen Ordensmänner werden als »Abuna« angeredet – hatte uns am Eingangstor erwartet, ein heiterer, freundlicher Mann, der eine schwarze Galabieh trug und ein schwarzes Kopftuch dazu. Nein, diese hohen Wälle seien nicht zu Verteidigungszwecken angelegt. Es gehe lediglich darum, den Sand der Wüste abzuhalten und den blühenden Innengarten zu schützen. Aber dann führte uns der Mönch zur alten Lehmburg im Innern der Klosteranlage. »Hierhin haben sich unsere Mönche in früheren Jahrhunderten flüchten müssen«, erklärte er. »Hier bewahrten sie ihre kostbarsten Manuskripte auf, wenn aus der Wüste feindliche Angreifer – Räuber und Araber – über sie herfielen.« »Araber« hatte in Sankt Makarios noch einen negativen Klang.

Das Kloster Makarios war unter Leitung eines modern und fortschrittlich eingestellten Abtes zu einem Musterbetrieb geworden. Die Mönche hatten im Umkreis ihres Monasteriums die Wüste fruchtbar gemacht, pflanzten Bäume und Kulturen an, die dem Sand und der Sonne am besten widerstanden, züchteten auch neue Rinderrassen. »Um zwei Uhr früh beginnt bei uns der Tag mit vier Stunden Gebet und Meditation«, erklärte der Abuna. »Anschließend arbeiten alle auf dem Feld oder in unseren Kleinbetrieben. Wir schuften bis zum Abend wie Fellachen, weil die Arbeit gottgefällig, eine andere Form des Gebetes ist. Viele von uns verfügen über Universitätsdiplome, aber unser Abt, Matta el Maskin, wacht darüber, daß nur wenige die priesterlichen Weihen erhalten. Wir wollen keine Hierarchie untereinander, sondern die demütige Gleichheit vor dem Herrn.« Er zeigte uns in der Ferne winzige Behausungen, die durch Steinmauern abgeschirmt waren. »Dort leben unsere Eremiten; wenn einer von uns das Bedürfnis spürt, sich ganz abzusondern und Gott in der Einsamkeit zu suchen, steht ihm diese Möglichkeit offen.«

Natürlich war Sankt Makarios eine Ausnahme unter den anderen koptischen Klöstern. Noch vor einem Jahrhundert war der urchristliche Klerus Ägyptens – die Heilslehre war hier im ersten Jahrhundert der Zeitrechnung angeblich durch den Evangelisten Markus verbreitet worden – in Ignoranz und Aberglauben erstarrt. Selbst die Bischöfe konnten kaum lesen und schreiben. Die Renaissance der koptischen Kirche war ein Phänomen, das sich parallel zur nationalen Wiedergeburt Ägyptens allmählich angebahnt hatte. Das pharaonische Dekorationsmotiv des Phönix, der aus der Asche ersteht, war in den Kirchen reich vertreten und neuerdings richtungweisend für diese Gemeinschaft, die den Stürmen der Geschichte und des Islam widerstanden hatte. Es gibt heute wohl an die sechs Millionen koptische Christen in Ägypten. Prüfungen und Verfolgungen sind ihnen nicht erspart geblieben. Am schlimmsten haben sie unter dem geistesgestörten Fatimiden-Khalifen Hakim bi Amrillah und später unter den Mamelucken gelitten. Nach der islamischen Eroberung im siebten Jahrhundert war es zu verschiedenen Volksaufständen im Zeichen des Kreuzes gekommen, die jedesmal mit blutigen Strafexpeditionen der muselmanischen Herren und mit Zwangsbekehrungen geahndet wurden. Die koptischen Fellachen Oberägyptens waren die Ärmsten unter den Armen. Ihre Standhaftigkeit im Glauben war fast unerklärlich. Die darbenden Nilbauern und Tagelöhner ließen sich das Kreuz auf die Hand tätowieren, ein »signum indelibile«, das sie bei jeder Verfolgung als Opfer geradezu designierte. Das Symbol des Kreuzes, das in allen Variationen bei den Kopten auf Schritt und Tritt zu finden ist, stellt ja auch eine Herausforderung an die Muselmanen, eine Negierung des Korans dar, wo es in der Sure »An nisa« heißt: »Jesus – auf arabisch Isa – Sohn der Maria, ist ein Prophet Gottes; aber sie haben ihn nicht getötet; sie haben ihn nicht gekreuzigt.«

Heute findet man Repräsentanten der ägyptischen Christenheit in allen sozialen Schichten, vom Lumpensammler bis zum Finanzmagnaten. Die Regierung von Kairo legt Wert darauf, daß ein oder zwei koptische Minister im Kabinett vertreten sind. Der jetzige Außenminister Butros Ghali gehört zu ihnen. Mehmet Ali, der Gründer des neuen Ägypten, hatte diese religiöse Minderheit geradezu privilegiert, weil sie westlichen Einflüssen aufgeschlossener gegenüberstand als die Masse der Moslems. Die mächtige Wafd-Partei, die unter der Monarchie florierte, war von christlichen Politikern stark geprägt. Dennoch war eine Reihe koranischer Beschränkungen für diesen Zweig der »Familie des Buches« in Kraft geblieben. Ein Christ konnte niemals Staatschef Ägyptens werden. Er darf heute nicht einmal Arabisch-Lehrer oder Frauenarzt sein. Die Ehe mit einer Muselmanin ist ihm versagt, und der Bau von Kirchen bleibt streng reglementiert. Unter Nasser und vor allem seit Sadat ist die koptische Gemeinschaft Schritt um Schritt zurückgedrängt worden. Als

Präsident Sadat immer konsequenter zur koranischen Gesetzgebung zurückkehrte – was einer Aufhebung der bürgerlichen Gleichberechtigung der Kopten und ihre Rückverweisung auf den Status der Dhimmi gleichkam – hatte sich das Oberhaupt der Kirche, wie erwähnt, zur Wehr gesetzt. Patriarch Schenuda III. – er wird häufig als koptischer Papst bezeichnet – ließ sich nichts gefallen, organisierte seine Gläubigen, bot die reichen, nach Amerika emigrierten Kopten auf, um Stimmung gegen den Rais zu machen. Gleichzeitig verstärkte er sein Lehramt und seine Autorität an der Spitze der Christus-Gemeinde. Gegen dieses Aufbegehren schritt Präsident Sadat rigoros ein. Schenuda III. lebt heute noch in einem Kloster des Wadi Natrun unter scharfer Polizeiaufsicht als Gefangener und hat keinen Kontakt mehr zu seiner Gemeinde. Pater Kiryllos zeigte mir von der Höhe seines Kirchturms die gelben Gebäude jenseits der Düne, wo das Oberhaupt der koptischen Kirche interniert ist.

Die Mönche von Sankt Makarios waren recht unabhängige Geister. Der offene Konflikt ihres Patriarchen mit dem ägyptischen Staatschef hatte sie beunruhigt, und sie plädierten für Einlenken. Mit Unbehagen beobachteten sie auch den resoluten Überlebenskampf ihrer maronitischen Glaubensbrüder im Libanon. War eine solche Haltung Ausdruck von Resignation und Schwäche, oder entsprach sie einer höheren Einsicht? Yakub, unser koptischer Begleiter aus Kairo, hatte uns vorgewarnt, daß Sankt Makarios dem Publikumsbesuch normalerweise verschlossen sei und daß der hochverehrte Abt Matta-el-Maskin wohl kaum für uns zu sprechen wäre. Der Besuch in der alten Klosterkirche aus dem fünften Jahrhundert war interessant genug. Die Anlage des koptischen Gotteshauses entspreche immer noch der Struktur des salomonischen Tempels, erklärte Abuna Kyprianos. Das eigentliche Meßopfer vollzog sich – ähnlich wie bei den Byzantinern – hinter einer Trennwand. Die alten Ikonen der Kopten standen der naiven Kunst von heute nahe. Sie entbehrten jeder Tiefenperspektive und stellten die Taufe Jesu im Jordan, verschiedene Heilige der ägyptischen Kirche und das alttestamentarische Wunder der Jünglinge im Feuerofen dar. Seit ihrer babylonischen Gefangenschaft unter dem König Nebukadnezar hätten die Juden aufgehört, außerhalb ihrer Sakraltexte hebräisch zu sprechen, erklärte Kyprianos. Sie hätten sich – auch noch zu Tagen Christi – für den Tagesgebrauch der aramäischen Sprache bedient. Die Einführung des Evrit, des Neu-Hebräischen, die sich im Zeichen des Zionismus vollzog, stelle deshalb eine willkürliche Neuschöpfung dar, die im übrigen von den streng orthodoxen Juden abgelehnt werde.

Am Ende wurden wir doch in einen peinlich sauberen, nüchternen Empfangsraum geführt, wo Abt Matta-el-Maskin uns erwartete. Der schwarzgekleidete Greis strahlte Güte und Würde aus. Yakub teilte dem obersten Abuna mit, daß ich an einem Buch über die islamische Revolution schreibe, und ich erwarte schon eine unwillige oder ablehnende Reaktion. Das Gegenteil war der Fall. »Sie haben recht, daß Sie sich mit diesem aktuellen Thema befassen«, sagte Matta-el-Maskin in ziemlich fließendem Englisch; »denn die islamische Revolution wird kommen, auch hier in Ägypten. Ich diskutierte oft über diesen unvermeidlichen Vorgang mit den Koran-Gelehrten und Ulama. Es hat keinen Sinn, wenn wir koptischen Christen uns gegen diese Entwicklung stemmen. Das könnte am Ende nur unseren Untergang bedeuten. Wir werden mit der islamischen Revolution so oder so zurechtkommen müssen.«

Die Reliquien des Heiligen Makarios des Großen, des Gründers der koptischen Ordensgemeinschaft, waren in einem röhrenähnlichen Ledersack aufbewahrt. Sie ruhten auf einem Sarkophag, der die Gebeine aller nachfolgenden Äbte enthielt. Der Modernismus der Mönche von Sankt Makarios war nicht typisch für die übrigen Monasterien Ägyptens. Im Kloster Paramos, das wir anschließend aufsuchten, hatte sich die koptische Eigenart vielleicht reiner erhalten als im elitären Rahmen von Sankt Makarios. Der Abuna, der dort unsere Führung übernahm, trug eine schwarze Kappe, die mit silbernen Kreuzen reich bestickt war. Im Warteraum hingen die Bilder früherer Bischöfe und Patriarchen in goldenen Festgewändern, den Schlangenstab in der Hand. Diese bärtigen, pompösen Gestalten sahen ein wenig wie Baal-Priester aus. Aber die Frömmigkeit war groß, auch in Paramos. Unser geistlicher Führer zeigte uns kostbare Manuskripte in koptischer Liturgiesprache. Das griechische Alphabet war hier durch ein paar altägyptische Zutaten ergänzt. Er führte uns zu den Gräbern der beiden Gründungsheiligen Maximus und Domarius, römische Kaisersöhne, die dem entsagungsvollen Beispiel des Heiligen Antonius gefolgt und jung gestorben waren. Vor dem Bildnis des Nubiers Moses des Schwarzen, der nach Jahren der Sünde und des Verbrechens durch Buße und Kasteiung den Ruf großer Heiligkeit erworben hatte, verharrte eine Gruppe von Mädchen im Gebet. Sie sangen dann eine Litanei in koptischer Sprache, die von rhythmischen Zimbelschlägen begleitet wurde.

Grausames Erwachen

Sinai, September 1982

Kairo lag im frühen Dämmerlicht. Neben einem österreichischen Studenten saß ich ziemlich verlassen auf der Bank eines sandigen Hinterhofs, der seinen anspruchsvollen Namen »Sinai Terminal« nicht verdiente. Plötzlich traute ich meinen Augen nicht. Um die Straßenecke kam ein rot-weiß gestrichener Reisebus mit hebräischen Inschriften und dem israelischen Nummernschild gefahren. Im Hotel war mir schon aufgefallen, daß die *Jerusalem Post* am Zeitungsstand aushing. Aber daß die Busse der »Egged Tours« aus Tel Aviv so demonstrativ durch die ägyptische Hauptstadt fuhren, wirkte fast wie eine Provokation. Die Normalisierung nach Camp David hatte sich also doch auf erstaunliche Weise konkretisiert.

Es gesellten sich ein paar zusätzliche Passagiere zu uns, sieben insgesamt: Israeli, die einen Ausflug nach Kairo gemacht hatten, und zwei ägyptische Frauen, die wohl aus familiären Gründen nach Gaza wollten. Die beiden stämmigen Chauffeure aus Tel Aviv traten sehr selbstbewußt auf. Es nahmen zusätzlich zwei muskulöse Ägypter in dem Egged-Bus Platz, und man sah ihnen an, daß sie irgendeinem Sicherheitsdienst angehörten. Während der Ausfahrt durch Kairo bis jenseits des Suez-Kanals begleitete uns ein kleiner weißer Polizeiwagen und bot einen sehr theoretischen Schutz.

Die israelischen Fahrer sprachen nicht Arabisch. Ihr Umgang mit den beiden ägyptischen Schutzengeln war ausgesprochen jovial. Die Ägypter boten Zigaretten an, und man versuchte auf englisch ein wenig zu scherzen. Längs der Autobahn nach Ismailia zog die Wüste vorbei mit Panzeransammlungen, exerzierenden Soldaten, Radarstationen. Am Kanal bogen wir nach Norden ab und überquerten den Wasserweg auf einer Fähre. Wir wurden vor den wartenden ägyptischen Fahrzeugen bevorzugt eingewiesen. Jenseits von El Qantara, das von Kriegsspuren gezeichnet blieb, erinnerte eine verblichene arabische Inschrift: »10. Tag des Ramadan« an die erfolgreiche Kanalüberschreitung unter Sadat. Hier verabschiedeten sich die beiden ägyptischen Sicherheitsbeamten von den israelischen Chauffeuren mit dem Gruß »Schalom«. Die Sinai-Wüste nahm uns auf. Immer noch lagen vernichtete Panzer weit zerstreut. Daneben kampierten Beduinen unter Zelten und in Blechhütten. In der Stadt El Arisch hatte Präsident Mubarak das Aufbauwerk seines Vorgängers zügig fortsetzen lassen. Zwischen den Kränen stand in großen Lettern der Name des Großunternehmers Osman Ahmed Osman, der unter Sadat höchste Gunst, vorübergehend sogar Ministerehren genossen hatte und neuerdings angeblich in Ungnade gefallen war. Am weißen Mittelmeerstrand wurde eifrig am »Sinai Beach«-Hotel gearbeitet. Es folgten noch einige Armeecamps der Ägypter, und auch die blaue Fahne der Vereinten Nationen war gelegentlich zu sehen. Wir durchquerten die militärisch verdünnte Zone, die der israelischen Grenze vorgelagert ist und von den Amerikanern überwacht wird.

Der Grenzübergang vollzog sich ohne Dramatik, zügiger als erwartet. Die blau-weiße Fahne mit dem David-Stern wehte beinahe einträchtig neben der rot-weiß-schwarzen Flagge Ägyptens. Die Zoll- und Sicherheitsüberprüfung entbehrte jeder Schikane.

Sehr bald setzte sich die Tour nach Norden fort. Im Gaza-Streifen gingen die Frauen verschleiert. Die Siedlungen der Palästinenser wirkten nach fünfunddreißigjährigem Lagerleben immer noch improvisiert und dürftig. Aber so sehen auch ganz normale Dörfer in Syrien, Jordanien oder Ägypten aus. Mit der Überschreitung der alten Staatsgrenze Israels änderte sich plötzlich das Bild. Wir fuhren durch ein nahöstliches Kalifornien mit Zitrusplantagen, soweit der Blick reichte. Die jungen Menschen trugen bunte, leichte Sommerkleider. Grelle Reklameschilder verstellten die Landschaft. So normal, so banal ging es also heute zwischen Ägypten und Israel zu. So sehr war der Friede von Camp David zur greifbaren Realität geworden. Ich erinnerte mich an das Jahr 1968, als ich zwischen den Bunkern der Bar-Lev-Linie – die ägyptischen Stellungen jenseits des Suez-Kanals im Rücken – einen Fernsehkommentar über die zwangsläufige Feindschaft zwischen Pharao und Israel formuliert hatte. Wie unberechenbar der Orient doch war! Wie sehr der politische Beobachter doch immer wieder Gefahr lief, gerade anhand von analytischen Betrachtungen und geschichtlichen Parallelen zu falschen Schlüssen zu kommen! Mit meinen Kassandrarufen kam ich mir plötzlich etwas lächerlich vor angesichts dieser friedlichen Grenze bei Rafah, wo nicht einmal die Schlacht von Beirut neue Spannung und Feindschaft angefacht zu haben schien.

In Tel Aviv endete die Fahrt auf einem chaotischen Busbahnhof, ein Stück Galizien unter Mittelmeersonne, wo fromme Juden mit schwarzen Hüten und Bärten achtlos an kessen, braungebrannten Mädchen in Hotpants vorbeisahen. Ein Taxi fuhr mich zu den felsigen, kühlen Höhen von Judäa. Jerusalem lag bereits im rosa Abendlicht. War meine ganze

Berichterstattung über die Lage im Nahen und Mittleren Osten nicht von
einem übertriebenen Hang zur Dramatisierung geprägt? So fragte ich
mich beim späten Drink in der Hotelbar. War ich nicht an den unwägba-
ren Realitäten des Friedens und des menschlichen Versöhnungswillens
vorbeigegangen? Um drei Uhr nachts würde ich mit dem Mietwagen
schon wieder nach Norden in Richtung Libanon unterwegs sein.

   Als ich nach kurzem Schlaf – benommen und müde – auf den Nachtportier zuging, um meinen Zimmerschlüssel abzuliefern, war der hell-
wach und aufgeregt. »Es wird nicht einfach für Sie sein, nach Beirut zu
kommen«, sagte er. »Soeben ist im Radio gemeldet worden, daß der
gewählte libanesische Präsident Beschir Gemayel durch ein Sprengstoff-
attentat getötet worden ist. Wird denn das Morden hier nie ein Ende
nehmen? Werden wir Israeli denn niemals in Frieden mit unseren Nachbarn leben können?« Verflogen war jetzt die friedliche Vision von Rafah,
der Schalom-Gruß zwischen Israeli und Ägyptern, die beiden Fahnen,
die einträchtig über der Grenze wehten. Im Libanon war mit dem fünf-
unddreißigjährigen Beschir Gemayel, diesem hemdsärmeligen, resoluten Maronitenführer nicht nur eine steile politische Karriere ausgelöscht
worden. Alle mühsamen Verhandlungsresultate zwischen Washington,
Fes, Riad, Jerusalem und Amman waren in Frage gestellt. Neues Gemetzel kündigte sich an. Für Wunschdenken war kein Vorwand mehr vorhanden. Die politische Wirklichkeit dieser Region offenbarte sich wie ein
Gorgonenhaupt: bluttriefend, gnadenlos und ziemlich widerwärtig.

MALAIISCHE SCHATTENSPIELER –
SCHWARZE MARABUS

Utlub el 'ilm hatta fi Sin.
Suche die Weisheit bis hin nach China.

Arabisches Sprichwort

Auf der Suche nach dem »Großen Pferd«

Turfan, September 1980

In einer unendlichen, sandigen Mulde entdecken wir Turfan. Das Grün der Gärten flimmert fast schwarz in der Mittagshitze Zentral-Asiens. Ein Kindheitstraum hat sich erfüllt. Die Saga des schwedischen Forschers Sven Hedin verdichtet sich zur Wirklichkeit und zur leisen Enttäuschung. Die Oase Turfan – die Chinesen sagen Tulufan – liegt im Herzen von Sinkiang, von Ost-Turkestan, wie man früher schrieb. Jahrzehntelang galt sie als unerreichbar. Jahrhundertelang war diese Station der alten Seidenstraße, die schon Marco Polo auf seiner endlosen Reise nach Peking passiert hatte, von der Geschichte vergessen.

Die Menschen hier – 22 Rassen siedeln in der Provinz Sinkiang, die zweieinhalbmal so groß ist wie Frankreich – haben nur zum Teil platte mongolische Gesichter. Die Uiguren hingegen, nach denen die Autonome Region im äußersten Westen Chinas benannt ist und die erst im 12. Jahrhundert in dieses endlose Rätsel-Land aus Wüste, Steppe und Hochgebirge einbrachen, sind in der Mehrzahl reine Türken geblieben, würden ohne weiteres nach Anatolien passen, zumal wenn sie ihre buntbestickte runde Trachtenkappe, die Tupeteika, durch die blaue oder grüne Mao-Mütze ersetzt haben. Ähnlich hatte Kemal Atatürk der Modernität gehuldigt, als er zwischen Thrazien und Kaukasus das Tragen der westlichen Schirmmütze anstelle des Tarbusch verfügte. An der zentralen Straßenkreuzung von Turfan schieben wir uns mühselig durch ein Gewirr von Eselskarren, Fahrrädern und Lastwagen. Der Markt mit den riesigen Melonen, den süßesten Trauben der Welt, den lila-getönten Teppichen, dem billigen Hausrat gleicht irgendeinem Basar in Afghanistan oder in Persien. Die Soldaten der Chinesischen Volksbefreiungsarmee in ihren froschgrünen Uniformen mit dem roten Kragenspiegel bewegen sich hier wie Fremdlinge.

Sinkiang heißt »Neumark« in der Übersetzung, und Neumark ist die ferne Dsungarei, dieser »Wilde Westen Chinas« für das Reich der Mitte geblieben. Inmitten der orientalischen, meist türkischen Völkerschaften, die sich mit Ausnahme der Mongolen und einiger Tibeter sämtlich zum Islam bekennen, fühlten sich die chinesischen Neusiedler und Wehrbauern wie Verbannte. Unsere offiziellen Begleiter aus Peking betonen zwar bei jeder Gelegenheit, daß schon die Han-Dynastie um die Zeitenwende, vor allem aber die Tang-Kaiser in der Epoche unserer Merowinger, das heutige Sinkiang in ihr befestigtes Sicherheitssystem gegen die nomadisierenden Reiterhorden der hunnischen Barbaren einbezogen hatten. Am Rand der Senke von Turfan, wo muselmanische Kuppelgräber den Weg zur zentralasiatischen Senke – 140 Meter unter dem Meeresspiegel – weisen, haben sie uns die Ruinen jener chinesisch geprägten Kao-Cheng-Bollwerke gezeigt, die erst der schreckliche Tamerlan in Gespensterstädte verwandelte. Sie führen uns in unterirdische Gräberstätten, auf deren Wänden die hochmütigen Gesichter chinesischer Mandarine und Feldherrn das Chaos der zentralasiatischen Völkerwanderungen überdauert haben. Die rote, kahle Kuppe des »Feuerbergs« , so berichtet Madame Fu aus Schanghai, die sich über unsere Unkenntnis verwundert, sei doch eine abenteuerliche Station im beliebtesten chinesischen Roman, der »Reise nach Westen« , gewesen. Hier, kaum zwanzig Kilometer von Turfan entfernt, sei der fromme buddhistische Mönch Xuanzang auf seiner Pilgerfahrt nach Indien dem Drachen, der Schildkröte und vor allem dem weißen Pferd begegnet und habe nur dank der List und den Zauberkünsten seines mythischen Begleiters, des »Goldenen Affen«, überlebt. In den Schluchten des Roten Berges sind die tausendjährigen buddhistischen Klöster mit den prächtigen Felsmalereien längst entweiht worden. Die türkisch-muselmanischen Eroberer haben die Gesichter dieser heidnischen Götzen, der Boddhisatvas, und der Fabeltiere in ihrem bilderstürmerischen Eifer zerkratzt.

Ich reise mit einer Gruppe deutscher Professoren durch die Dsungarei. Einer von ihnen hielt in Saarbrücken Vorlesungen über vergleichendes Recht. Er wollte sich bei der Dolmetscherin Fu nach dem Justizwesen in der Autonomen Region der Uiguren erkundigen. »Welche Gerichte haben Sie hier in Sinkiang?« fragte der Jurist aus der Bundesrepublik. – »Überwiegend Hammelfleisch«, lautete die verblüffende Antwort, die im Mini-Bus schallendes Gelächter auslöste. Aber Madame Fu in der Mao-Jacke hatte unversehens ein Kern-Thema berührt. Nicht nur weil sie Nomaden und Schafhirten sind, verzichten die Uiguren, Kasaken,

Tadschiken und Kirgisen Sinkiangs auf den Genuß des im eigentlichen China so begehrten Schweinefleisches. Das muselmanische Speiseverbot, das »Haram« des Koran, hat hier Grenzen der Gesittung bezogen, die selbst die roten » Rowdies« der Kulturrevolution nicht ernsthaft angetastet hatten. An den Schaschlik- und Schischkebab-Buden von Turfan und Urumtschi hatte ich in wohlgesetzten arabischen Lettern das Wort »Musulman« gelesen, das den Konsumenten anzeigte, hier sei nach islamischer Vorschrift geschlachtet worden.

In der Provinzhauptstadt Urumtschi waren die von Sven Hedin beschriebenen Festungsmauern aus Lehm unter dem Druck einer gewalttätigen Industrialisierung geborsten. Sie waren durch das häßliche Durcheinander von Wohn-Slums ersetzt worden. Im Auftrag der Provinzverwaltung hatte sich unserer Reisegesellschaft ein kasakischer Begleiter angeschlossen. Muhammad, wie er sich mir vorstellte, hatte in Peking Hoch-Arabisch studiert. Für die Han-Chinesen, die sich ja nur in Monosyllaben artikulieren, war aus Muhammad »Mister Mu« geworden. Wir freundeten uns schnell an, während er mich zum beherrschenden Ausblickspunkt von Urumtschi führte, einer felsigen Höhe, die demonstrativ durch eine neue chinesische Pagode mit geschwungenen Dächern und Drachenornamenten gekrönt war. Daneben gab es noch eine rötliche Turmruine aus der islamischen Zeit, die weiterhin »Minara humra« hieß und vor der sich die jungen Uiguren photographieren ließen. Die kasakische Muttersprache Mister Mus klang ganz Türkisch mit ihren vielen Umlauten, aber seine Schlitzaugen ordneten ihn der mongolischen Völkerfamilie zu. Er schlug mir vor, die Freitags-Moschee von Urumtschi aufzusuchen, ein grün bepinseltes Holzhaus mit einem Blechdach und ein paar dekorativen Koransprüchen, wo gerade – in der stickigen Sommerhitze – Kohle für die kommenden eisigen Wintertage in Säcken angeschleppt wurde. Muhammad stellte mich dort seinem Onkel, dem Imam Abdullah Hadschi, vor, der zweimal seit Gründung der maoistischen Volksrepublik – 1958 und 1962 – nach Mekka gepilgert war. Abdullah Hadschis Asiatengesicht wurde unter dem weißen Turban von einem spärlichen Silberbart eingerahmt. Aus seinen Augenspalten lächelte weise Einfalt. Madame Fu hatte uns versichert, daß seit Ende der Kulturrevolution und vor allem seit der »Zerschlagung der Viererbande«wieder große religiöse Toleranz gegenüber dem Islam geübt werde. Muhammad bestätigte, daß in der Stadt Urumtschi mit ihren 800 000 Einwohnern, von denen jetzt allerdings 77 Prozent der chinesischen Han-Rasse angehörten, etwa zwanzig Moscheen

geöffnet seien. Doch diese muselmanischen Gebetshäuser – eines war im
taoistischen Tempelstil erbaut – befanden sich in einem erbärmlichen
Zustand des Verfalls. Vorbeter oder Prediger waren kaum zu finden, seit
vor drei Jahrzehnten die letzte koranische Unterrichtsstätte in Kaschgar
geschlossen worden war.

In der uigurischen Schule Nummer Fünf von Urumtschi herrschte ein
anderer Geist. Die türkischen Lehrer und Lehrerinnen malten lateinische
Buchstaben an die Schiefertafel, denn das Uigurische wird seit 1960, als
die arabischen Schriftzeichen offiziell abgeschafft wurden, im westlichen
Alphabet geschrieben. Auch hier drängt sich der Vergleich mit Atatürk
auf. Die Kinder saßen brav und diszipliniert auf den Bänken. Viele trugen das rote Halstuch der Jungen Pioniere. Zum Erziehungsprogramm
gehören an erster Stelle die Leitsätze des Marxismus-Leninismus sowie
das maoistische Gedankengut. Dazu sind die Verheißungen der »Vier
Modernisierungen« getreten, wie Deng Xiaoping sie seinen Landsleuten
anpries. Nach Spuren islamischer Lehre oder auch nur islamischer Kultur haben wir vergebens gesucht. Auf unsere Frage nach koranischem
Unterricht reagierte die sympathische uigurische Lehrerin verlegen und
störrisch. Mit ihrem Kopftuch und dem bunten Rock über der Hose hätte
man sie für eine orientalische Fabrikarbeiterin in Rüsselsheim halten
können. Inmitten ungelenker Kinderzeichnungen, die den materiellen
und technologischen Fortschritt Chinas verherrlichen sollten, entdeckten
wir ein Stalin-Zitat auf rotem Grund: »Man muß wissen, daß die Erziehung eine Waffe ist, wie man sie benutzt und gegen wen man sie führt.«

Im ganzen Land waren die Pisten von zerbröckelnden Karawanse-
reien und Lehmfestungen gesäumt. Immer wieder sichteten wir Trupps
kasakischer Reiter unter der Mao-Mütze, die mit gutturalen Schreien
ihre Pferdeherden über die horizontlose Steppe trieben. Sobald wir von
der Eisenbahn-Trasse abbogen, die einst – zur Zeit der proletarischen
Freundschaft zwischen Peking und Moskau – bis zur sowjetischen Station Alma Ata hätte verlängert werden sollen, mehrten sich die zweihöckrigen Kamele, und die Symbole kommunistischer Fortschrittlichkeit
wurden spärlich. Vorübergehend wähnten wir uns in jenes prä-maoisti-
sche Sinkiang zurückversetzt, wo der Ruf des Muezzins den Lebensrhythmus der wenigen Oasensiedlungen bestimmte. Damals waren die
Han-Chinesen nur eine Minderheit von 350 000 Menschen.

Wer in der Autonomen Region der Uiguren nach Spuren einer islamischen Revolution suchen will, der muß in die Vergangenheit zurückgreifen. Der Schwede Sven Hedin war Augenzeuge jenes muselmanischen

Aufstandes der dreißiger Jahre, als ein abenteuerlicher »War Lord« mit kindlichem Gesicht, Ma Chungyen oder das »Große Pferd« geheißen, Sinkiang von dem Kuomintang-Regime des Marschalls Tschiang-Kaischek abspalten und in dieser isolierten Gegend Zentral-Asiens einen islamischen Staat errichten wollte. Ma Chungyen war kein Uigure oder Kasake. Er war kein Türke, sondern Angehöriger jener starken Glaubensgruppe rein chinesischer Moslems, die – seit dem späten Mittelalter zum Islam bekehrt – von Sven Hedin als »Dunganen«, von der heutigen Volksrepublik als »Hui« bezeichnet werden. Wie viele Hui es in China gibt, ist schwer zu ermitteln. Die Schätzungen schwanken zwischen 20 und 30 Millionen. Sie sind in Peking stark vertreten, wo ihre islamischen Restaurants – »Mat'am islami« steht oft Arabisch am Eingang – vorzügliches Hammelfleisch zubereiten. In der Südprovinz Jünan, die bereits an Vietnam grenzt und wo die Lehre des Propheten angeblich durch muselmanische Krieger des Mongolenkaisers Kublai Khan verbreitet worden ist, war ich auf Hui gestoßen, und sogar in Blickweite der legendären Potala-Burg in der tibetischen Hauptstadt Lhasa hatte ich eine Moschee entdeckt, wo fromme moslemische Kinder sich durch weiße Kalotten zu erkennen gaben. In der großen Flußschleife des Hoang-Ho nördlich der Kansu-Provinz hat die maoistische Volksrepublik den Hui die eigene Autonome Region Ning Xia zur Verfügung gestellt, die Ausländern allerdings verschlossen bleibt.

Im chinesischen Ministerium für Nationalitäten war ich mit einem hohen Funktionär namens Hu Qiaomu zusammengebracht worden, der sich als »Dungane« zu erkennen gab. Auf meine Frage nach der Beschneidung der muselmanischen Knaben reagierte er mit schamhafter Ratlosigkeit, und er wußte mir nicht einmal anzugeben, welcher muselmanischen Rechtsschule – sie gehören dem hanefitischen »Madhhab« an – die chinesischen Moslems folgen. Seltsame Widersprüchlichkeit des Kommunismus: Da wird in China eine der Sprache, der Rasse und der Kultur nach rein chinesische Bevölkerungsgruppe – nur weil sie dem islamischen Glauben anhängt – als eigene »Nationalität« geführt. Ähnlich werden die »Muselmanen« der jugoslawischen Föderativ-Republik Bosnien, die dem Idiom und dem Volkstum nach echte Serbo-Kroaten sind, als getrennte Nationalität registriert. Diese bosnischen Moslems – so sei am Rande vermerkt – werden demnächst die Mehrheit in ihrer Teilrepublik erreichen. Zeichen einer religiösen Renaissance sind in Bosnien eindeutig vorhanden.

Die Hui in China sind von einer solchen Hoffnung auf islamisches

Wiedererstarken weit entfernt. Als General Ma Chungyen in den dreißiger Jahren die Kuomintang-Regierung von Nanking mit seinen Dunganen-Soldaten und den ihnen verbündeten türkischen Horden Sinkiangs herausforderte, geriet er zwischen die Mühlsteine der Weltpolitik. Tschiang-Kaischek schickte seine Armee aus, um den muselmanischen Aufrührer, um das »Große Pferd« zu bändigen und wurde dabei durch ein letztes Aufgebot russischer Weißgardisten unterstützt, die in Sinkiang Zuflucht vor den Bolschewiken gefunden hatten. Auf der anderen Seite setzte sich die Rote Armee Josef Stalins aus Sowjetisch-Turkestan nach Urumtschi und Turfan in Marsch, um diese islamischen Eiferer zu unterwerfen und um ein zusätzliches Einflußgebiet in Zentral-Asien seinem Machtbereich einzuverleiben. Zwischen 1934 und 1943 war Sinkiang ein sowjetisches Protektorat. 80 000 russische Soldaten waren dort stationiert. Wenn Stalin auf dem Höhepunkt des Zweiten Weltkrieges diese strategische Außenposition widerstrebend räumte, so weil er jeden Soldaten gegen die Deutschen brauchte und wohl auch, weil die Amerikaner darauf drängten, daß in Ost-Turkestan die alte chinesische Ordnung oder Unordnung zugunsten ihres Verbündeten Tschiang-Kaischek wieder hergestellt wurde.

Ma Chungyen jedenfalls ist nach dem Scheitern seines islamischen Aufbegehrens im Strudel jener turbulenten Tage untergegangen. Die letzten Spuren der »Flucht des Großen Pferdes« führten 1934 zu den Rotarmisten, die den muselmanischen General wohl internierten, ehe er einer stalinistischen Liquidierungswelle zum Opfer fiel. Die Wiederholung einer solchen Revolte ist heute kaum mehr vorstellbar, auch wenn es gelegentlich zu heftigen Zusammenstößen zwischen Han-Chinesen und Türken – vor allem in den Ortschaften Aksu und Kaschgar – gekommen ist. Seit dem Sieg des Maoismus hat sich nämlich eine totale Umschichtung der Bevölkerungsstruktur ergeben Der »Große Steuermann« hatte den Soldaten seiner Zweiten Feldarmee befohlen, in Sinkiang als Wehrbauern seßhaft zu werden. Während der Kulturrevolution wurden zahllose »klassenfeindliche Elemente« als Industriearbeiter in diese ferne Einöde verbannt, und schließlich wurden die aufsässigen jungen Rotgardisten, deren man überdrüssig geworden war, durch den sehr konfuzianischen Parteiapparat massenweise als Aufbaukräfte in diese Mondlandschaft verschickt. Innerhalb von dreißig Jahren ist die rein chinesische Bevölkerung Sinkiangs auf fünf Millionen hochgeschnellt. Die Han sind heute ebenso zahlreich wie das Turk-Volk der Uiguren, und die demographische Kurve dürfte sich weiter im Sinne der expansiven

Dynamik der »Söhne des Himmels« entwickeln. Damit wird auch – im Gegensatz zum benachbarten Sowjetisch-Zentralasien – der Islam in Chinesisch-Turkestan nach und nach zu einem Randproblem, selbst wenn die frommen Dunganen weiterhin von einem muselmanischen Gottesstaat träumen und wider alle Vernunft das ferne und völlig exotische Arabien, das Ursprungsland des Propheten und der Offenbarung, als ihre echte und mystische Heimat betrachten.

Es war Sonntagnachmittag in Turfan. Unsere Schanghai-Limousine wurde durch einen Volksauflauf und große Betriebsamkeit aufgehalten. Mit Balken, Backsteinen und Mörtel beladen lief eine Vielzahl von Männern und Jugendlichen geschäftig über die Hauptstraße. An den weißen Kappen gaben sie sich als Moslems zu erkennen. Zur Linken wurde ein baufälliges Haus, das sich beim näheren Zusehen als Moschee auswies, abgerissen. Zur Rechten wurde ein islamisches Gotteshaus – sehr viel größer und stattlicher – neu errichtet. Die Uiguren und Dunganen von Turfan hatten den freien Sonntag für diese Gemeinschaftsarbeit gewählt. Die Stimmung war freudig erregt. Es wurde gelacht und gesungen. Ich ging in das alte Gebetshaus, dessen Außenmauern noch standen. Neben dem Minbar waren – im Stil asiatischer Miniaturen – die heilige Stätte von Mekka, die schwarze Kaaba, und ein wogendes Meer von Pilgern in naiver, fast paradiesischer Verklärung abgebildet. Auf der anderen Seite der Straße fügten die freiwilligen frommen Maurer die Steine zur Rundung des Mihrab zusammen, der exakt im Sinne der Qibla ausgerichtet war. Tot ist der Islam keineswegs in der Dsungarei, auch wenn er unerbittlich in die Minderheit gedrängt wird.

Die Chinesen tun sich nicht nur als Kommunisten, sondern vor allem als tief eingefleischte Konfuzianer schwer mit den offenbarten Religionen. »Wir sind keine Muselmanen« , hatte uns ein hoher Beamter in Peking erklärt. »Wir verbreiten den Sozialismus nicht mit dem heiligen Buch in der einen Hand und dem Schwert in der anderen.« Und dennoch, die Intoleranz der marxistischen Revolutionäre und ihre brutalen Kollektivierungsmaßnahmen stalinistischer Prägung hatten in den fünfziger Jahren 60 000 Kasaken veranlaßt, ein besseres Los ausgerechnet in der benachbarten Sowjet-Republik Kasakstan zu suchen. Über dieses peinliche Kapitel schweigt man heute in Urumtschi. Stattdessen wurde Frau Fu nicht müde, die territorialen Ansprüche Pekings gegenüber Sowjetisch-Zentralasien – rund eineinhalb Millionen Quadratkilometer – anzumahnen. Das chinesische Tang-Reich hatte bis zum Balkasch-See gereicht und das ganze Hochland von Pamir umfaßt.

Wird der Islam Sinkiangs allmählich entwurzelt, überwuchert werden wie vor ihm der Feuerkult des Zarathustra, die Heilsbotschaft der nestorianischen Mönche, die weltabgewandten Meditationen des Buddhismus? Die Urbevölkerung der Dsungarei hat von der aktiven Gestaltung der Weltgeschichte Abschied genommen. Die Vorstellung fällt schwer, daß aus diesem Raum die Hunnen aufgebrochen sind, deren Sturmwolken den Untergang des Römischen Imperiums im Westen beschleunigten, die aber auch im Osten die Ordnung des Reiches der Mitte erschütterten. Heute explodieren in der Nähe des Lop Nor, in der Taklamakan-Wüste, die Wasserstoffbomben der Volksbefreiungsarmee. Während der sogenannten chinesischen Straf-Aktion gegen Vietnam im Februar 1979 rechnete Peking so sehr mit einem russischen Schlag gegen seine äußerste West-Provinz, daß zwei Grenzdistrikte von der Zivilbevölkerung evakuiert wurden. Die muselmanischen Turkvölker Sinkiangs, Nachkommen und Vettern jener Seldschuken und Osmanen, die das byzantinische Ostreich besiegten und die grüne Fahne des Propheten bis vor die Mauern von Wien trugen, sind heute nur noch ohnmächtige Zeugen jener gigantischen Machtprobe, die manchen Futurologen zufolge in Zentralasien aufkommt und die nahe Jahrtausendwende überschatten wird.

Die Ängste des Mr. Ping

Jambi (Sumatra), im Frühjahr 1975

Die Luft klebte an der Haut. Die tropische Nacht war unerträglich schwül in Jambi. Die Elektrizität war ausgefallen. Die Klimaanlage in dem verrotteten Hotel war mit einem ächzenden Laut stehengeblieben. Im Chinesenviertel suchte ich jetzt mühsam mit einer Taschenlampe meinen Weg. Die »Söhne des Himmels« waren durchweg nur mit Turnhosen bekleidet. Sie nahmen keine Notiz von den Moskitoschwärmen, die aus den Sümpfen rings um den breiten Strom hochkamen und sich im Schein der Karbidlampen zu glitzernden Wolken ballten. Die Holzhäuser der Chinesen waren von den indonesischen Behörden oft mit einem diskriminierenden Schild gekennzeichnet. W.N.A.-Jina war darauf zu lesen, und jeder einheimische Malaie wußte somit, daß hier ein Ausländer aus dem Reich der Mitte lebte, ein fremder Schmarotzer und Aussauger, dessen Geschäftstüchtigkeit und Fleiß ihn für das nächste antichinesische Pogrom qualifizierte. Endlich hatte ich den Reishandel des Mister Ping entdeckt. Ein spindeldürrer alter Mann mit kahlem Schädel und dicker Hornbrille nahm den Brief entgegen, den ich aus Saigon mitgebracht hatte. Die Hauptstadt Süd-Vietnams stand kurz vor dem Fall – der endgültige Sieg der roten »Bo Doi« aus dem Norden konnte nur noch eine Frage von Wochen, höchstens von Monaten sein –, und mein langjähriger Verbindungsmann Chao aus der Chinesenstadt Cholon hatte mich gebeten, seinen Verwandten auf Sumatra eine Botschaft zukommen zu lassen. Wahrscheinlich bereitete der junge Chao seine Flucht vor, oder es ging um eine letzte finanzielle Transaktion vor der Ausreise. Dem Kaufmann Ping war es offenbar gelungen, die indonesische Staatsangehörigkeit zu erwerben, denn über seinem Eingang fehlte das Schild W. N. A.-Jina. Trotzdem bedurfte es des Briefes seines fernen Neffen, um mich als Besucher akzeptabel und vertrauenswürdig zu machen. Bei den Chinesen von Jambi, das spürte man beinahe physisch, herrschte im Umgang mit der malaiischen Mehrheit eine Stimmung, die aus Furcht, Geringschätzung und Trotz gemischt war.

Ping hatte kurz gelacht, nachdem er den Brief entziffert hatte. Er sprach glücklicherweise Englisch, und ich war auf keinen Dolmetscher angewiesen. »Mein Neffe Chao macht sich wohl falsche Vorstellungen über die Möglichkeiten, die unserer Gemeinschaft hier auf Sumatra offenstehen«, kommentierte er das Schreiben. »Wir sind Ausgestoßene. Um zu überleben und Geschäfte zu machen, brauchen wir die Protektion hoher indonesischer Offiziere oder Beamter, und das kostet viel Geld. Sie sind mir als Freund empfohlen, und Sie werden sicher an unserem bescheidenen Mahl teilnehmen wollen.« – Zwei Söhne Pings waren auf ihren ratternden Hondas vorgefahren. Eine Enkelin in kurzem Kattunkleid brachte Reis, Krabben und Suppe. Uns allen lief der Schweiß in Strömen herunter. Das Gespräch kam mühsam in Gang.

Ich berichtete dem alten Ping von meinem Ausflug nach Rantau-Rasau am Vortag. Präsident Suharto, der »lächelnde General«, wie ihn ein deutscher Journalist beschrieb, hatte im trostlosesten Sumpfgebiet von West-Sumatra ein neues Siedlerdorf eingeweiht. Die Erde dort war schwarz und faulig. In den frisch gestochenen Kanälen stand das brackige Wasser rötlich gefärbt, von Mikroben wimmelnd, wie stinkendes Blut. Ein bleierner Himmel lastete auf schwarzen Baumstümpfen, und wir waren dem Ersticken nahe. Seit Tagen plagte mich ein schleichendes Fieber, das ich mir auf Neu-Guinea zugezogen hatte. Der »lächelnde General« mit dem schwarzen Samtkäppchen schien weit weniger unter dieser düsteren Umgebung zu leiden als die Neusiedler aus Ost-Java, die im Zuge des großen »Transmigrasie«-Programms aus ihrer übervölkerten Heimatinsel in diesen feindlichen, menschenleeren Urwald verpflanzt worden waren. Mit wohlwollender Miene hatte Präsident Suharto die Kinder in Pfadfinder-Kluft gestreichelt, die Notabeln seiner Gunst versichert, symbolisch das kleine Erntemesser zur Hand genommen, um ein paar Reisbüschel zu schneiden. Mit der »Fatiha« hatte er die Moschee aus Blech und Holzlatten eingeweiht.

Die Chinesen Indonesiens – niemand wußte, ob drei oder fünf Millionen – seien bei Suharto doch relativ gut aufgehoben, fragte ich Ping. Von dem Generalpräsidenten war bekannt, daß er ein recht duldsamer Mann sei. Mit seiner großen politischen Sammelbewegung »Golkar« hatte er – gestützt auf die Militärs – eine recht eigenwillige Form der überlieferten javanischen Übereinstimmungskunst, des »Musjawarah«, auf sein Reich der dreitausend Inseln übertragen. Doch dieser muselmanische Staatschef, der über die größte Masse von Gläubigen innerhalb des Dar-ul-Islam verfügte – man schätzte die Moslems in Indonesien auf 135 Millionen –, war alles andere als ein Fanatiker. Das hinduistische Erbe Insulindes, das sich erst im 15. Jahrhundert der koranischen Botschaft ergeben hatte, prägte den »lächelnden General« noch zutiefst. Zu seinen geheimen Beratern gehörten zwei oder drei »Dukun«, Weissager und Magier, die den strengen muselmanischen Ulama ein Greuel waren. Im übrigen hieß die offizielle Staatsdoktrin weiterhin »Panjasila«, ein wohlklingendes Gemisch aus schwammigen Demokratie-Parolen, Neutralitätsformeln und religiöser Scheintoleranz.

»Sie können unsere Lage nicht verstehen«, sagte Ping. »Sie haben die Ereignisse von 1965 nicht miterlebt. Bis dahin hatte es ein gewisses Gleichgewicht gegeben zwischen den ›Nationalisten‹, die dem früheren Präsidenten und Staatsgründer Sukarno ergeben waren, den drei Millionen Kommunisten, die unter ihrem Generalsekretär Aidit die stärkste KP Südostasiens aufgebaut hatten, und schließlich der dumpfen Masse der Muselmanen im Hintergrund. Welche typisch javanischen Komplotte und Intrigen dem gescheiterten Militärputsch vom Oktober 1965 vorausgegangen sind, das weiß niemand, auch nicht, inwieweit die Kommunisten an dieser Offiziersrevolte beteiligt waren oder ob der Coup insgeheim von Sukarno persönlich angezettelt war. Das Ergebnis war jedoch grauenhaft. Wir Chinesen haben damals die Wut der Malaien, den Fanatismus der Moslems, zu spüren bekommen. Was uns von den Indonesiern trennt, das ist ja nicht nur die Rasse und die Abstammung, das ist vor allem die Religion. Sie hassen uns, weil wir Schweinefleisch essen.« Unvermittelt hatte der alte Ping zu kichern begonnen, wie das häufig passiert, wenn die Söhne des Konfuzius bei der Schilderung tragischer und grausiger Ereignisse sich um Contenance bemühen. Ping hatte mehrere Familienangehörige verloren. Die Zahl der Opfer des damaligen Amoklaufes gegen Kommunisten und Chinesen wurde in ganz Indonesien auf eine knappe Million geschätzt. Die Erinnerung an dieses Entsetzen hatte sich noch nicht verflüchtigt. »Es kann jeden Tag wieder losgehen«, meinte der alte Chinese sorgenvoll.

Wie stand es wirklich um die Natur dieses indonesischen Islam? Viele Experten in Djakarta beteuerten, daß die Seele der Malaien trotz oberflächlicher Bekehrung zur Lehre des Propheten zutiefst vom Hinduismus geprägt bleibe. Der beste Beweis dafür sei doch die javanische Mythologie, durch das Schatten-Theater, den Wajang-Kulit, stets neu belebt, dessen handelnde Figuren sämtlich der Mythenwelt des Ramayana oder des Mahabarath entliehen seien. In Djokjakarta hätten die missionierenden arabischen Händler aus Hadramaut und Maskat den Islam nur popularisieren können, indem sie die traditionellen Gamelan-Orchester vor ihren improvisierten Moscheen klimpern ließen. Ich hatte dort dem Fest des »Sekaten« , eine Verballhornung des arabischen Wortes »Schahadatain« – das doppelte Bekenntnis zu Gott und Mohammed ist damit gemeint – sowie der bizarren bunten Prozession zwischen Sultanspalast und Freitags-Moschee beigewohnt. Das war gewiß keine Veranstaltung nach dem Geschmack frommer Fundamentalisten. Aber gar nicht weit von Djokjakarta entfernt, fast in Sichtweite der buddhistischen Stupas von Borobudur, hatte das Strafgericht gewütet. Der liebliche Fluß, in dem sich der hinduistische Tempel Prampanan spiegelt, war im Herbst 1965 durch die Leichen der Kommunisten verstopft und durch ihr Blut gerötet worden. Auch da wendeten gewisse Spezialisten ein, die Malaien – in entsetzlicher Raumnot zusammengepfercht und dem gesellschaftlichen Consensus gemäß zu äußerer Höflichkeit und verkrampftem Lächeln verpflichtet – hätten in diesem Amok-Rausch endlich ihre lang angestaute Frustration und ihren Haß abreagiert. Doch das unerbittliche Instrument dieses Strafgerichts gegen die gottlosen Marxisten in Ost- und Zentral-Java war nun einmal jene Jugendorganisation der »Ansar«, die sich den Namen der ersten Gefährten des Propheten in Medina zugelegt und ihre Opfer mit dem Schrei »Allahu akbar« geschlachtet hatten.

Waren nicht seit der Staatsgründung Indonesiens immer neue brodelnde Parteien der Rechtgläubigkeit aufgestanden? Bei meinem ersten Besuch im Sommer 1954 mußten die Züge zwischen Bandung und Surabaya noch militärisch gegen die fanatischen Banden des »Dar-ul-Islam« geschützt werden. Zu den Führern dieser Partisanen, die den Zentralstaat Sukarnos ablehnten, gehörte der holländische Hauptmann Westerling, der aus taktischen Gründen zum Islam übergetreten war. Auf Sulawesi hatte General Suharto in Person, lange bevor er die Nachfolge Sukarnos antrat, gegen den Aufstand der muselmanischen »Masjumi«- Partei gekämpft, und es mag ein geringer Trost für ihn gewesen sein, daß dieser Insel-Islam teilweise durch matriarchalisches Fremdgut verfälscht war. Seit der Kommunismus als rührige und mächtige Opposition ausgeschaltet, seit die marxistische Botschaft mit all ihrer Hoffnung auf gesellschaftliche Besserstellung im Blut erstickt worden war, blieb den armen Leuten von Indonesien nur noch der Islam als Instrument sozialrevolutionärer Veränderung. Bei den wiederholten japan-feindlichen Ausschreitungen in Djakarta, die natürlich auch die chinesischen »Compradores« einbezogen und gegen die Sittenlosigkeit der Hauptstadt – die Massage-Salons und Bordelle – Sturm liefen, waren die islamischen

Parolen nicht zu überhören. An der äußersten Nordwestspitze Sumatras, in Atjeh, dort wo einst die frommen und handelstüchtigen Prediger aus Süd-Arabien an Land gegangen waren, hatte sich in den Koranschulen, den Pesantren, eine eifernde, auf Theokratie zielende islamische Gefolgschaft erhalten, die sich allmählich aus ihren ererbten Sufi-Bräuchen löste und den religiösen Integrismus in ganz Indonesien heimisch machen wollte. Ganz erfolglos war diese Erneuerungsbestrebung wohl nicht, denn mindestens 70 000 Indonesier pilgerten jährlich nach Mekka, damals das stärkste Kontingent nach den Türken. Er denke daran, mit seiner Familie nach Malaisia auszuwandern, sagte Ping und kicherte wieder. Aber die dortigen Behörden seien auf chinesische Einwanderer nicht erpicht. Tatsächlich war es im Mai 1969 auf der Halbinsel von Malakka zu blutigen Ausschreitungen zwischen dem malaiischen Staatsvolk, den »Bumiputra« oder »Söhnen des Bodens«, wie sie sich nannten, und jener Masse chinesischer Einwanderer gekommen, die fast ebenso zahlreich und sehr viel geschäftstüchtiger waren als die Einheimischen. Im Gegensatz zu Siam, wo sich im Schatten Buddhas eine gewisse Verschmelzung zwischen Thai und chinesischen Immigranten bis hinauf in die Königsfamilie vollzogen hatte, blieben die rassischen Trennungslinien in Malaisia unerbittlich und unversöhnlich. Das islamische Bekenntnis der Bumiputra ließ keine Mischehen, keine Akkulturation, allenfalls eine mißtrauische Koexistenz zu. In jenem Frühjahr 1975 war die politische Bewußtseinsbildung des islamischen Fundamentalismus, die sich inzwischen im Zeichen des »Pati Islam-Sa-Malaysia« anbahnt und vor allem in den östlichen Sultanaten bei der malaiischen Jugend sowie im Kleinbürgertum um sich greift, erst in Ansätzen zu erkennen.

Mister Ping hatte den sicheren Instinkt der Verfolgten. »Die Muselmanen werden dem ›smiling General‹ eines Tages zu schaffen machen, und die Explosion könnte eventuell von Malaisia aus gezündet werden. Sagen Sie das meinem Neffen Chao, falls Sie ihn in Saigon noch antreffen. Zwischen Malakka und Sumatra ist das Meer nur ein paar Meilen breit. Unter den jungen ehrgeizigen Offizieren Indonesiens – so flüstert man schon – soll es konspirative Gruppen geben, die im Namen des Koran nach sozialer Veränderung und nach Macht streben. Eine islamische Junta ist auf die Dauer nicht auszuschließen.« Der alte Chinese setzte ein freudloses Grinsen auf: »Vergessen Sie das nie: Indonesische Politik ist immer Schattentheater, und dahinter sitzt irgendein unbekannter, unsichtbarer ›Dalang‹, ein Drahtzieher, ein Puppenspieler. Hoffentlich trägt er demnächst nicht das weiße Gewand des muselmanischen Ustaz.«

Auf Vorposten in Kaschmir

Muzafarabad (Azad Kaschmir), Februar 1972

»Ya Ali! Ya Ali!« schrien die ausgemergelten, kleinen Milizsoldaten, die in Kompaniestärke angetreten waren. Vier Mann rannten nach vorn und stürzten sich mit vorgehaltenem Gewehr mitten in den Stacheldrahtverhau, der zu Übungszwecken vor ihnen aufgerollt worden war. Wie Fakire auf einem Nagelbrett hatten sich die vier islamischen Freiwilligen dieser Prüfung unterzogen, und ihre Kameraden benutzten die liegenden Körper als menschliche Brücke, um den Stacheldraht unverletzt zu überwinden. Der pakistanische Hauptmann, der uns begleitete und den Stick nach britischer Art unter dem Arm geklemmt trug, lächelte zufrieden. »Unsere Mudschahidin aus dem Freien Kaschmir sehen zwar nicht nach viel aus, aber sie sind wackere Kämpfer.« Diese Methode der Überwindung von Stacheldrahthindernissen, erklärte der Captain, habe sich bereits bei den englischen Truppen während des Ersten Weltkrieges am Frontabschnitt von Ypern bewährt. »Ya Ali!« brüllten die Milizionäre wieder, während sie getreu dem Exerzier-Drill der früheren Kolonialmacht wie Hampelmänner abgehackte Bewegungen ausführten und sich zur Marschkolonne zusammenschlossen. Die altertümlichen Enfield-Gewehre reichten den schmächtigen Gebirgskriegern bis zur Schulter. Der Kriegsruf »Ya Ali« wies sie als gläubige Schiiten aus.

Wir befanden uns hoch im Gebirge von »Azad Kaschmir«, in jenem Teil der äußersten indischen Nordprovinz am Himalaya, die bei der Spaltung des Subkontinents im Jahr 1947 dem neugeschaffenen islamischen Staatsgebilde Pakistan zugefallen war. Der Jhellum, ein dunkelgrüner, reißender Nebenfluß des Indus, schäumte in der Tiefe. Die schneebedeckten Berghöhen waren in Wolken gehüllt. Die pakistanische Armee hatte gerade den Krieg um Ost-Bengalen ruhmlos verloren. In »Azad Kaschmir«, im »Freien Kaschmir«, gebärdeten sich ihre Offiziere, als hätten sie noch Aussicht auf Revanche. Aber die Demütigung saß ihnen tief in den Knochen. Bei unserer Fahrt durch die verschneiten Ortschaften bei Murree hatten wir die peinlichen Plakate » Crush India – Zerschmettert Indien!« gesehen. Vor ein paar Wochen noch hatte es in Rawalpindi geheißen, ein pakistanischer Soldat sei zehn Inder wert.

Wir waren im Jeep bis zur äußersten Spitze des pakistanisch beherrschten Kaschmir gerollt. Die Schotterpiste, die durch die Jhellum-Schlucht in Richtung Srinagar führte, war hier durch eine befestigte Höhenstellung der Inder versperrt. Durch den Feldstecher waren die Sikh-Soldaten der anderen Seite mit ihren grünen Turbanen und gepflegten Bärten klar auszumachen. Es schien mir, als blickten die Vorposten dieser kriegerischen Mischreligion mit Geringschätzung auf ihre muselmanischen Erbfeinde im Tal. Die Sekte der Sikh war vor etwa vierhundert Jahren im Pandschab gegründet worden und im Kampf gegen die Mogul-Herrschaft sofort zu einem verblüffenden militärischen Machtfaktor geworden. An Kasten-Arroganz gaben die Sikhs selbst den Brahmanen nichts nach.

Bei den Pakistani herrschte Ohnmacht und Wut. Die Regierung von Islamabad hatte ihr volkreichstes Staatsgebiet mit 75 Millionen Moslems, das von nun an »Bangla Desch« heißen sollte und von West-Pakistan durch zweitausend Kilometer indischen Territoriums getrennt war, in eine von Dehli geförderte Unabhängigkeit entlassen müssen. Vier pakistanische Divisionen hatten in Dacca ziemlich schmählich kapituliert. 95 000 Gefangene warteten in den indischen Lagern, bis die neue Regierung Bhutto nicht nur den Verlust Ost-Bengalens quittierte, sondern auch ihren De-facto-Verzicht auf den indisch verwalteten Teil von Kaschmir bescheinigte, eine Provinz, die sich bei freier Entscheidung – aufgrund ihrer überwiegend islamischen Bevölkerung – dem pakistanischen Staat angeschlossen hätte. Seit 1947 wurde sporadisch in diesen Bergen gekämpft, und immer wieder war es den muselmanischen Truppen mißlungen, in das fruchtbare Tal von Srinagar mit seinen Seen und seinen Mogul-Schlössern einzubrechen. Jede Hoffnung auf eine Rückeroberung Kaschmirs schien endgültig geplatzt. Über die muselmanische Widerstandsbewegung des Scheich Abdullah, jenes greisen Moslem-Führers, der sich von seinen Anhängern »Löwe von Kaschmir« nennen ließ, machte man sich in Islamabad keine Illusionen. Ich hatte den Scheich Abdullah zwei Jahre zuvor in Srinagar interviewt und ihn bei einer Massenkundgebung beobachtet, ein schöner, eitler, alter Mann, der sich als Pseudo-Nehru stilisierte. Bestimmt kein Mudschahid.

Der Präsident von »Azad Kaschmir« hingegen, den die Pakistani eingesetzt hatten, war von einem anderen, kämpferischen Format. Er saß zwar nur in dem lehmigen Bazar-Flecken Muzafarabad, doch dem bärtigen Sardar Abdul Quyyum Khan traute man zu, daß er 1947 mit ein paar wilden Stammeskriegern die ersten Schüsse auf die indischen Doghras abgefeuert hatte. Auf seinem Schreibtisch verwahrte er ein Fähnchen von Azad Kaschmir, das mit dem Blut der Märtyrer getränkt war.

Die Niederlage von Ost-Bengalen hatte Pakistan in eine Existenzkrise gestürzt. Dieses künstliche Staatsgebilde unterschied sich vom übrigen indischen Subkontinent ja nur durch das koranische Bekenntnis, lebte von seiner islamischen Besonderheit, und nun hatte sich in Bangla Desch erwiesen, daß dieses fundamentale religiöse Band nicht ausreichte, die divergierenden Regionalinteressen zu überbrücken. Die dunkelhäutigen Moslems von Ost-Bengalen waren es satt gewesen, sich von den hellhäutigen Pandschabi aus dem Westen bevormunden und schikanieren zu lassen. In Scheich Mujibur Rahman hatten sie einen, wie es schien, charismatischen Führer gefunden, der nach einer Vielzahl von Demütigungen durch die Zentralregierung in Islamabad sogar die Hilfe der hinduistischen Erbfeinde in Anspruch nahm, um die Sezession von Bangla Desch zu erzwingen. Das Konzept des islamischen Gottesstaates war gescheitert. Die pakistanische Führungsschicht hatte diese Auflösung mit Bestürzung und Hilflosigkeit registriert. Staatschef Yahia Khan, der der damaligen Militär-Junta vorstand, griff schon frühmorgens zur Whiskyflasche. Das Eingeständnis der Niederlage gab er über das staatliche Fernsehen bekannt, doch er schämte sich, in Person auf dem Bildschirm zu erscheinen, so daß nur seine Stimme zu hören war. Niemand wollte in dieser tragischen Stunde, in der die Generale total versagt hatten, die Regierungsgewalt in Islambad übernehmen mit Ausnahme von Zulfikar Ali Bhutto, der nunmehr zu retten versuchte, was zu retten war.

Bhutto, ursprünglich aus Bombay stammend, einer der reichsten Grundbesitzer aus dem südlichen Sind, war ein sehr umstrittener Politiker. An der Spitze seiner straff organisierten »Pakistan People's Party«, die er alsbald mit einer Schlägertruppe, der »People's Guard« versah, stürzte er sich in ein demagogisches Reformprogramm, das an den tatsächlichen Herrschaftsverhältnissen der »22 Familien« wenig ändern sollte. Hingegen erging sich »Bhuttolini«, wie ihn die Militärs nannten, in endlosen sozialistischen Erneuerungs-Erklärungen, zerschlug mit harter Hand jene islamischen Volkskundgebungen, die sich gegen Alkoholkonsum und mangelnde Frömmigkeit der Privilegierten richteten, und zeigte sich gerne mit der blauen Mao-Mütze auf dem Kopf, um seine enge Verbundenheit mit der Volksrepublik China und deren Gründer zu bekunden. In Wirklichkeit stand Bhutto der englischen »Fabian Society« des 19. Jahrhunderts weit näher als den Gedanken Mao Tsetungs.

Zulfikar Ali Bhutto hatte ein gerüttelt Maß Schuld an der ostbengalischen Tragödie auf sich geladen. Er war – als Sonderbeauftragter Islamabads nach Dacca entsandt – nicht gewillt gewesen, irgendwelche Konsequenzen aus dem totalen Wahlsieg der Awami-Bewegung Mujibur Rahmans zu ziehen. Als die Armee von Islamabad zum erbarmungslosen Schlag gegen die Separatisten des Ostens ausholte, hatte Bhutto frohlockt: »Allah sei Dank. Nun ist Pakistan gerettet.«

Im Frühjahr 1971 war ich nach Dacca geflogen, um die vorletzte Phase des bengalischen Bürgerkriegs an Ort und Stelle zu beobachten. Die pakistanische Armeeführung stand vor einer ziemlich aussichtslosen Aufgabe. Der ostbengalische Landeszipfel, wohl die dichtest besiedelte Gegend der Welt, war rundum vom feindseligen indischen Aufmarschgebiet umgeben. Die Grenzen ließen sich nicht abschirmen. Die Partisanentätigkeit der Awami-Partei Mujibur Rahmans wäre vielleicht zu ertragen gewesen, aber jedermann wußte, daß Indira Gandhi in Delhi auf die Stunde wartete, um ihren überlegenen Divisionen den konzentrischen Vormarsch auf Dacca zu befehlen. Die brutalen Ausschreitungen, deren sich die Soldaten aus Pandschab und Sind an ihren ostbengalischen Glaubensbrüdern schuldig machten, vor allem die Vergewaltigungen an bengalischen Frauen, die von der indischen Propaganda hochgespielt wurden, setzten die Pakistani ins Unrecht. Der britische Drill aus der Kolonialzeit, der in den Kasernen von Rawalpindi immer noch in hohen Ehren stand, hatte das Offiziers-Korps in keiner Weise auf die Bekämpfung einer Volks-Guerilla vorbereitet. Alle Voraussetzungen und alle Vorwände für die unvermeidliche indische Intervention waren parat. Den pakistanischen Behörden nutzte es wenig, daß sie die unglückliche Exilgruppe der Moslems aus Bihar, die anläßlich der »Partition« von 1947 aus ihrer indischen Heimatprovinz nach Ost-Bengalen geflüchtet waren, in Milizen zusammenfaßten und zur Repression anstachelten. Diese »Razakar« wie die Bihari sich nannten, gingen mit den Bengalen besonders rücksichtslos um und schufen zusätzlichen Haß gegen die Zentralregierung.

Das ostbengalische Territorium ist geographisch so begrenzt, daß man es in wenigen Stunden von Ost nach West durchstreifen kann. Die platte

Reis-Ebene des Brahmaputra und seiner Nebenarme stand unter Wasser. Die Straße klebte auf schlüpfrigen Deichen, die den Fluten kaum noch standhielten. Zum Krieg hatte sich eine Überschwemmungskatastrophe gesellt. Die dunkelbraunen Bengalen hoben sich nur durch ihren weißen Lendenschurz vom Schlamm des Deltas ab. An der islamischen Frömmigkeit dieser Bevölkerung konnte niemand zweifeln. Vor Jahrhunderten hatten sich wohl die Ostbengalen in der Mehrzahl zur Lehre des Propheten und zur Religion ihrer afghanisch-persischen Eroberer bekehrt, um der Zwangsjacke ihrer niederen hinduistischen Kastenzugehörigkeit zu entkommen. Gerüchte gingen jetzt um, wonach der Einfluß des greisen Maulana Baschani, eines islamischen Predigers, der sich ausgerechnet zum Maoismus bekannte, im Wachsen sei. Manche spekulierten sogar darauf, daß sich diese Baschani-Gefolgschaft nach der unvermeidlichen Unabhängigkeit von Bangla Desch mit den kommunistischen »Naxaliten« im indischen Westbengalen und im Umkreis von Kalkutta zusammentun könnten. Doch das klang sehr wirklichkeitsfremd.

Das »Intercontinental« von Dacca war der Sammelpunkt von Journalisten aus aller Herren Länder. Die dreisten, fetten Raben, die gerade noch an frischen Leichen gepickt hatten, stürzten sich im Steilflug auf das Büfett, das mittags rund um den Swimmingpool aufgebaut war, und plünderten es behender als die Presseleute. Auch Claire Holingworth, die standhafte Verteidigerin des Hotel »Aletti« von Algier, hatte sich im »Intercontinental« einquartiert. Sie bat mich zum Whisky auf ihr Zimmer und entfaltete eine Generalstabskarte. »Die Lage ist für die Pakistani hoffnungslos«, trug sie vor. »Islamabad hat bis zuletzt auf chinesische Waffenhilfe spekuliert. Die einzige pakistanische Panzer-Brigade in Ost-Bengalen wurde an den äußersten Nordstreifen verlagert, der der Grenze zwischen Assam und Tibet am nächsten liegt. Aber die Chinesen werden sich hüten, in Indien zu intervenieren. Tschou Enlai hat Indira Gandhi spöttisch mit der Queen Victoria verglichen. Zu einem neuen Himalaya-Feldzug ist er nicht bereit. Statt ein Verteidigungs-Réduit rund um Dacca zu beziehen, verzetteln die Pakistani ihre knapp 100 000 Mann in diesem Brei von achtzig Millionen Bengalen. Der Krieg ist verloren, noch ehe Indira Gandhi zum Angriff bläst.«

Von diesem Feldzug in Bangla Desch bleibt mir eine seltsame, feierliche Erinnerung haften. Nach langem Warten hatten wir mit unserem Wagen auf einer der großen Fähren Platz gefunden, die den Brahmaputra in beiden Richtungen überqueren. Die Fähre war mit pakistanischem

Militär und Material überladen. In der Mitte des schokoladenbraunen Stroms, der trotz seines gewaltigen Volumens mit dem reißenden Tempo eines Gebirgsbachs dem Ozean zuschoß, kenterte plötzlich ein bengalisches Segelschiff und lag kieloben im Fluß. Die braunen Passagiere klammerten sich verzweifelt an ein paar treibende Planken und Fässer. Sie schrieen, winkten um Hilfe und trieben dem sicheren Tod entgegen. Ein pakistanischer Unteroffizier übernahm mit unerwarteter Initiative die Rettungsaktion, und es gelang den Soldaten tatsächlich, die todgeweihten Bengali unter Einsatz des eigenen Lebens an Bord der Fähre zu hieven. Nur der älteste Schiffbrüchige war der physischen Belastung nicht gewachsen gewesen. War er sofort ertrunken? Hatte er einen Herzschlag erlitten? Jedenfalls trieb der Greis – für uns unerreichbar – den Brahmaputra hinunter, während seine beiden Söhne sich mit Schreien der Verzweiflung und der Trauer auf die Planken warfen. Es war ein weihevolles Schauspiel, wie der tote Patriarch mit dem Silberbart und der vom Wasser aufgebauschten weißen Kleidung – von den braunen Fluten des Heiligen Stromes getragen – mit friedlichem, fast lächelndem Antlitz nach Süden entschwand. Ein später Sonnenstrahl, der durch die schwarzen Regenwolken brach, umfing den Leichnam wie ein Glorienschein.

Debakel in Ost-Bengalen

Rawalpindi, Februar 1972

Im Cantonment von Rawalpindi – niedrige Backsteinbauten aus der Zeit imperialer britischer Größe – sah ich mir mit einer Gruppe pakistanischer Offiziere die letzten Bilder aus Dacca kurz vor dem Einmarsch der Inder an. Es war ein TV-Bericht der BBC, der etwa ein Jahr alt war. Er vermittelte meisterhaft die Stimmung der Niederlage, die Auflösungserscheinungen bei den pakistanischen Truppen, auch wenn die gefilmten Kriegshandlungen sich im wesentlichen auf die Bombenangriffe der indischen Luftwaffe beschränkten.

Anschließend wurde ein ganz anderes Stück »news-reel« eingelegt, das ursprünglich in unserem Projektionsprogramm gar nicht vorgesehen war: die Siegesparade in Delhi. Indira Gandhi genoß ihren Triumph. In perfekter Ausrichtung zogen die Elitetruppen – Sikhs, Doghras, Gurkhas – an dieser Frau vorbei, Tochter des Pandit Nehru, Sproß einer uralten

Sippe von Kaschmir-Brahmanen. Sie verkörperte Stolz und unbändigen
Herrschaftswillen. Die pakistanischen Offiziere im verdunkelten Vor-
führungsraum gaben keinen Laut von sich. Für diese Moslems war es
doppelt schmerzhaft, ausgerechnet durch eine Frau gedemütigt worden
zu sein. Sie blickten gebannt auf das überlegene, moderne Kriegsmaterial
– meist sowjetischer Fabrikation –, das auf der Leinwand vorbeirollte
und das, wie sie sich einredeten, den Ausgang des Feldzuges entschieden
hatte.

Nach dem Militär-Défilé entfaltete sich eine Prozession bunt aufge-
putzter Festwagen, auf denen die Figuren des hinduistischen Pantheons
überdimensional dargestellt waren. Tänzerinnen in durchsichtigen Saris
bewegten sich zu Füßen dieser Götzenbilder. Nackte, spindeldürre »Sad-
hus« mit verfilztem Haar und struppigem Bart – die Gesichter mit Kuh-
Exkrementen beschmiert – begleiteten die Nachbildung eines »Jagger-
naught«, jenes sakralen Tempelgefährts, unter dessen gewaltige Räder
die frommen Hindus sich früher zu Hunderten stürzten und zermalmen
ließen, um der Gottheit wohlgefällig zu sein. In historischen Trachten,
mit Lanzen und Schuppenpanzern, trabten nun berittene Rajputen und
Mahraten an der Ministerpräsidentin vorbei. Sie versinnbildlichten den
unbeugsamen Widerstand der hinduistischen Krieger- und Ritterkasten,
die sich trotz einer fast tausendjährigen muselmanischen Fremdherrschaft der Mogul-Kaiser über den Subkontinent nie unterwarfen und
noch weniger zum koranischen Glauben bekehren ließen.

Nach der Filmvorführung kam das Gespräch im Offizierskasino nur
langsam in Gang. Niemand hatte eine Erklärung dafür, daß die hehre
Botschaft des Propheten Mohammed an der Götzenwelt des Hinduismus
trotz jahrhundertelanger Bemühungen der frommen Eroberer aus dem
Norden und dem Westen, trotz ihrer robusten Einschüchterungsmetho-
den verpufft war. Einem wahren Moslem mußte diese Verherrlichung
des tanzenden, weltzerstörenden Schiwa, des Ganesch-Gottes mit dem
Elefantenkopf, der finsteren, schwarzen Kali mit ihren Schädel-Attribu-
ten ein Greuel sein. Und dennoch hatte die Lehre vom einzigen Gott
angesichts dieses mythischen Dschungels versagt. Das Schwert des Islam,
das die verwandten und geduldeten »Leute des Buches« im Orient mühelos vasallisiert hatte, war an der indischen Ur-Religion, an der krassesten
Form des Heidentums, des »Kufr« und des »Schirk«, stumpf und schartig
geworden, soviel Blut auch im Dienste der heiligen Sache vergossen worden war. »Wir haben vor der Partition von 1947 so lange mit den Hindus
koexistiert« , ereiferte sich der Presse-Offizier, ein diplomierter Soziolo-

ge, als er mich zum Wagen begleitete, »und die Verstocktheit dieser Ungläubigen, ihr Festhalten an ihren teuflischen Bildern bleibt uns unerklärlich. Dabei vertreten wir nicht nur das Wissen von dem einzigen Gott, wir boten ihnen die Verkündigung der Gleichheit aller Menschen, einer gerechten Gesellschaft. Dennoch verkapseln sich diese Hindus in einer Kastenwelt, die letztlich die Herrschaftsstrukturen der arischen Erobererrasse verewigt. Wer nicht nach den Vorschriften, dem ›Dharma‹ seiner Kaste lebt – das bedeutet für die unteren Kategorien oft die schrecklichste Erniedrigung –, dem droht ja im nächsten Leben eine viel entsetzlichere Form des ›Avatar‹ , der kann sogar als Wurm im Darm eines Hundes wiedergeboren werden.« Der Offizier schwieg, und dann sagte er wie zu sich selbst: »Das Licht unseres Propheten ist vergeblich über dem Ganges aufgegangen.«

Ein General verordnet die Theokratie

Islamabad, Frühjahr 1981

Das Fernsehprogramm in Pakistan ist für westliche Begriffe nie sehr heiter gewesen. Jetzt ist es vollends unerträglich geworden. General Ziaul-Haq hat 1979 im Namen eines engstirnigen Islam, gestützt natürlich auf gewisse Militärs, aber vor allem auf die integristische Moslem-Partei »Jamiat-e-Islami«, die Regierungsgewalt an sich gerissen. Seinen Vorgänger Bhutto hat er einkerkern und nach einem dubiosen Prozeß hängen lassen. Auf dem Bildschirm lösen sich seitdem erbauliche theologische Diskussionen mit den Koran-Rezitationen der Maulanas ab. Pakistan war nach den Vorstellungen seines Gründers Mohammed Ali Jinnah 1947 als islamischer Separatstaat ins Leben gerufen worden. Das einzige Bindeglied zwischen den konstituierenden Völkerschaften war das koranische Bekenntnis. Jinnah, der der schiitischen Glaubensrichtung angehörte, war bei aller religiösen Überzeugung Anhänger des Westminster-Parlamentarismus geblieben. Diese utopische Kombination zwischen Ost und West wurde jetzt beiseite gefegt. Die angelsächsische Rechtsprechung wird systematisch durch die »Schari'a«, die islamische Jurisprudenz, verdrängt, deren Strafmaß die Abschreckung ist. Inzwischen hat man in Islamabad eingesehen, daß die öffentliche Auspeitschung von Trunkenbolden und Sexualdelinquenten, die man

bereitwilligst filmen ließ, zwar eine Volksbelustigung für die einheimischen Massen darstellte, dem internationalen Image des Moslem-Staates
jedoch schweren Schaden zufügte. Die Hände von Dieben wurden in
Pakistan ohnehin nie abgehackt, wie überhaupt das Militär-Regime vor
den extremen Formen des Obskurantismus zurückschreckte.

Der Oberlehrer Jaafar saß neben mir im Hotelzimmer des »Holiday
Inn« von Islamabad, als auf dem Bildschirm das Psalmodieren eines
frommen Mannes durch aktuelle Berichterstattung unterbrochen wurde.
Die pakistanischen Geiseln einer Flugzeugentführung waren nach Zwi-
schenstationen in Kabul und Damaskus glücklich wieder in Rawalpindi
gelandet. Zia-ul-Haq in Person begrüßte die Heimkehrer unter strömendem Regen. Mir war von Anfang an der faszinierende, runde Katzenkopf
des Generals aufgefallen, das erfrorene Lächeln seiner makellosen Zähne,
der starre Blick. Jaafar war zutiefst irritiert. »Diese Oppositionellen der El-
Zulfikar-Gruppe haben der Junta Zias einen unschätzbaren Dienst erwiesen«, bemerkte er. »Mu'tazar Bhutto, Sohn des gehenkten Präsidenten,
war töricht genug, die Flugzeugentführung mit den Kommunisten Afghanistans zu koordinieren und sich sogar in Kabul Waffen aushändigen
zu lassen. Jetzt ist er in den Augen des Volkes als Sowjet-Freund diskreditiert und Zia-ul-Haq hat gut lächeln. Überhaupt: Wenn der Afghanistan-
Krieg nicht wäre und diese Stimmung des Heiligen Krieges an der Nord-
grenze, dann wäre die Militär-Junta längst gestürzt. Die Intervention der
Russen am Hindukusch war für unseren General-Präsidenten ein
Geschenk des Himmels.«

Der Lehrer Jaafar, der mir aus Kollegenkreisen empfohlen war,
berichtete, daß Zia – Sohn eines Mullahs – ursprünglich ein recht lebens-
froher Offizier und ein kräftiger Trinker gewesen sei. Aber dann habe er
sich nach einer Reihe familiärer Tragödien der Religion zugewandt und
sei unter den frömmelnden Einfluß des Maulana Maududi und seiner
»Jamiat-e-Islami« geraten. Seitdem steuere Pakistan auf die islamische
Theokratie zu. Bisher hätte die starke Gemeinschaft der Schiiten diese
Entwicklung noch gebremst. Sie stelle immerhin 25 Prozent der Bevölkerung dar. Der schiitische Klerus, der in Pakistan zahlenmäßig nicht in der
Lage sei, den Staat zu beherrschen, sei deshalb auf die eigene Unabhängigkeit vom sunnitischen Machtapparat bedacht. Es sei sogar zu heftigen
Auseinandersetzungen zwischen den Rechtsschulen beider Konfessionen, der »Fikh-e-Hanafia« und der »Fikh-e-Jafaria« gekommen. Dabei sei
es vor allem um die karitative »Zakat«-Steuer auf Bankguthaben gegangen, die Zia-ul-Haq einführen wollte. Am Ende habe der General sich

jedoch erstaunlich flexibel gezeigt, und die Schiiten seien vollwertig im »Pakistanischen Rat für islamische Ideologie« vertreten, ein Privileg, das der Sekte der »Ahmadiya«, die schon seit 1974 – unter Bhutto also – aus der Gemeinschaft der Gläubigen offiziell ausgeschlossen wurde, verweigert wurde. »Wie die Wirtschaft zurechtkommen wird mit dem theologischen Verbot des Zinssystems, weiß ich nicht« , meinte Jaafar, »aber das Unterrichtswesen ist bereits schwer angeschlagen. Der Darwinismus ist aus dem Lehrprogramm verbannt, und die historische Wissenschaft darf sich nicht länger mit prä-islamischen Studien befassen. Die Zeit der Unwissenheit, der ›Dschahiliya‹, die gesamte Historie vor der Geburt des Propheten, ist so gut wie gelöscht, und das passiert in einem Land, wo die älteste Ziegel-Kultur am Indus bei Mohenjo Daro mit den legendären Sumerern wetteifern kann.«

Auf dem Bildschirm küßte General Zia-ul-Haq – immer noch durch einen Regenschirm vor dem Wolkenbruch geschützt – die strahlenden Passagiere der rückgeführten PIA-Maschine ab. Sein seltsamer, grinsender Kopf erschien jetzt in Großformat. Jaafar schaltete das Fernsehgerät ab. »Haben Sie es gemerkt?« fragte er. »Dieser Mann ist wie die Cheshire-Katze aus ›Alice in Wonderland‹. Sein Antlitz verflüchtigt sich, aber sein Lächeln bleibt doch im Raum.«– »Was ist die Alternative zu Zia-ul-Haq?« fragte ich. Jaafar zuckte traurig die Schulter: »So wie die Dinge stehen, ist er noch eine Weile im Amt, und dann folgt ein anderer General.«

»National Day« in Rawalpindi. Die Armee paradiert vor dem Staatschef. Die Uniformen sind bunt und prächtig. Die Lanzenreiter leuchten knallrot. Die schmetterlings-ähnlichen Turbane des »Frontier-Corps« flattern im Wind. Die Marine defiliert ganz in Weiß. Die Commandos sind gesprenkelt wie Leoparden. Die britische Tradition des »Grand Tattoo« hat hier überlebt. Wenn die Truppen die Tribüne des Staatschefs erreichen – der Präsident von Guinea, Sekou Touré, von Kopf bis Fuß in Weiß gehüllt, steht zu seiner Rechten – schreien sie: »Allahu akbar«. Aber das Material, das hier vorgeführt wird, ist altmodisch. Die von China gelieferten Panzer T 52 und T 54 sind kein »match« für die Sowjet-Modelle des indischen »Armoured Corps«. Neben ein paar französischen Mirages älteren Datums brausen zwei Staffeln chinesischer F 6, die der MIG 19 nachgebaut sind, über die Zuschauer. Die Franzosen haben auch Crotale-Raketen geliefert. Die Militär-Attachés – der Chinese erhielt den Ehrenplatz – fotografieren wie wild, obwohl sich das gar nicht lohnt.

Auf einem abendlichen Botschafts-Cocktail begegne ich dem Mir von Hunza, dem Feudalherrn über das nördlichste Gebirgstal Pakistans in unmittelbarer Nachbarschaft des Pamir. Über Hunza führt die chinesische Asphaltstraße, die Pakistan mit Sinkiang wie durch ein Nadelöhr verbindet. Der Mir von Hunza ist – wie seine Untertanen – ismaelitischer Schiite, gehört also der Gemeinschaft des Aga Khan an. So hätte man sich den Herrscher über dieses ferne Schangri-La zu Füßen des Himalaya nicht vorgestellt. Der Mir ist hochelegant nach westlicher Mode gekleidet und kleingewachsen. Bemerkenswert sind sein hellblondes Haar und die blauen Augen. Der britische Gesandte, der lange in Paris gelebt hat, zwinkert mir zu. »Sieht der mit seinem Haarschopf und den lustigen Augen nicht aus wie ›Tintin‹?« fragt er. Der Kinderheld »Tintin«, der mit seinem Hund Milou und dem zerstreuten Professor Nimbus die Welt nach Abenteuern durchstreift, ist jedem französischen Schüler als Comic-Strip-Held, als »Héros de bande dessinée« bekannt. Ein anderer Cocktail-Gast erklärte mir, daß die Einwohner des Hunza-Tals einem versprengten Zweig der »Weißen Hunnen« angehören. Ich beobachtete den Mir aus dem Profil, mit seiner blonden Tolle, der mächtigen Nase, mit den sinnlichen Lippen und den etwas vorstehenden, verwunderten Augen. Plötzlich kamen mir die Legenden in den Sinn über die Nachkommen, die Alexander der Große in diesem gebirgigen Teil Asiens hinterlassen hätte. Der erobernde Makedonier ist im Volksmund von Nuristan als Iskander lebendig geblieben, und der Mir von Hunza sieht ihm auf erstaunliche Weise ähnlich.

Das Gespräch auf dem Botschaftsempfang kreiste natürlich um Afghanistan und Indien. Mit allen Mitteln versuchte die Regierung von Delhi, die bereits ihre eigene Atombombe gezündet hatte, das Zustandekommen einer pakistanischen oder »islamischen« Bombe zu vereiteln. Nicht alles war so verlaufen, wie Indira Gandhi es sich 1972 erhofft hatte. Nach einer Reihe von blutigen Militär-Coups hatte sich Bangla Desch aus der allzu engen Umklammerung durch Indien gelöst und seinerseits den Weg der islamischen Rückbesinnung beschritten. »Die Inder haben uns die Waffe der Propaganda voraus«, sagte ein pakistanischer Martial-Law-Administrator. »This woman«, so nannte man hier Indirajee, »versteht es, die westlichen Medien zu manipulieren. Die Inder sind Meister darin. Denken Sie nur an Mahatma Gandhi, diese ›große Seele‹, diesen listigen, bigotten Hindu-Anwalt aus Südafrika. Wissen Sie, was Gandhi den deutschen Juden geraten hat, als die antisemitischen Verfolgungen der Hitler-Zeit einsetzten? Sie sollten in den Hungerstreik treten.«

Es entstand ein betretenes Schweigen in der Runde. Nur der Pakistani lachte über seinen Witz und ließ sich nicht beirren. Der gleiche Gandhi, ein eingefleischter hinduistischer Traditionalist, habe wenig ausgerichtet zugunsten der Parias, der Kastenlosen, der »Sweepers«, deren Lebenszweck laut hinduistischer Vorstellung darin besteht, Exkremente wegzuräumen, und denen man früher Blei in die Ohren träufelte, wenn sie zufällig den heiligen Text der Veda vernahmen. Aber er habe diesen Unseligen den schönen Namen »Harijan«, »Kinder Gottes«, verliehen. »Haben Sie eine der letzten Ausgaben der ›Far Eastern Economic Review‹ gelesen?« fragte der Martial-Law-Administrator. »Dort wird im Zusammenhang mit den blutigen Ausschreitungen der Hindus gegen die Kastenlosen im August 1980 über die jüngste Entwicklung unter den Millionen Harijans im Indus- und Ganges-Gebiet berichtet. Die Sweepers geben sich nicht mehr damit zufrieden, ihre nächste Reinkarnation in Rechtlosigkeit und Demut abzuwarten, um vielleicht ein gehobeneres Dasein zu verdienen. Die Parias treten massenweise zum Islam über, suchen ihre Erlösung im Koran und vermehren damit die Zahl der Moslems in Indien, die jetzt die Hundert-Millionen-Grenze überschreiten dürfte.«

Es war fast Nacht, als ich zum Grab des Bari Imam pilgerte, eines islamischen Heiligen und Wundertäters, dessen Wallfahrtsstätte unmittelbar neben den Betonklötzen von Islamabad in einer idyllischen Talmulde verborgen liegt. Bari Imam hat, der Überlieferung zufolge, als Sufi und Eremit in einer Höhle des Margalla-Gebirges unter wilden Tieren gelebt. Durch sein Beispiel habe er viele Hindus zum Islam bekehrt. Der fromme Mann war unter einer Kuppel bestattet, deren Stilelemente sehr hinduistisch wirkten. Dieser muselmanische Sufi war das Opfer einer fast heidnischen Verehrung geworden. Die Pilger versprachen sich Wunder von seiner Fürbitte bei Allah, befestigten als »ex-voto« Schnappschlösser am Gitter seiner Gruft. Der Wächter, der allzu gierig die Hand zum Bakschisch ausstreckte, bedeckte den Sarg mit schnell verwelkender Blütenpracht. Er war ganz in Grün gekleidet. Vermummte Frauen knieten vor dem Sarkophag und krochen um ihn herum. Das Grab des Imam Bari war ein Sammelplatz für Bettler und Krüppel. Verstümmelte Kinder gaben sich hier ein Stelldichein. Sogar Transvestiten, grell gekleidet, grotesk geschminkt, hatten den Schrein als esoterische Kultstätte auserkoren. Der faulige Atem der Vielgötterei wehte über dem Grab des Bari Imam.

Ein arabisches Kuba

Hadramaut, Januar 1972

Der Mann, der mich am Flugplatz von Aden erwartete, sah aus wie eine Ratte. Er trug Zivil und hieß angeblich Othman. Seine Zugehörigkeit zum Geheimdienst dieses einzigen marxistischen Staates der arabischen »Umma« stand ihm in die lauernden Augen geschrieben. Ich war aus Addis Abeba eingeflogen und besaß keinen süd-yemenitischen Sichtvermerk im Paß. »Sie sind angekündigt«, sagte Othman und führte mich durch eine Serie von versandeten Holzschuppen, an finster blickenden Uniformierten vorbei zum Ausgang. »Welcome in Socialist Yemen«, verabschiedete sich Othman am Dienstwagen, der mich zum »Crescent« Hotel brachte. »Ihre Kollegen sind bereits im Land. Sie arbeiten im Gebirge jenseits von Lahej. In spätestens zwei Tagen sind Ihre Freunde in Aden zurück.« Es handelte sich um die Französin Marie-Claude und den Luxemburger Gordian, mit denen ich zwei Jahre später den Iran bereisen sollte. Schlüsselfigur dieses Unternehmens war jedoch Rosy, eine aus Kairo gebürtige blonde Jüdin, Frau eines der besten Pariser Orient-Experten. Ihre politischen Überzeugungen bewegten sich links von Marx, wie Marie-Claude spöttelte. Gleichzeitig war sie als Sympathisantin des militantesten Flügels des arabischen Nationalismus bekannt. Rosy hatte uns die äußerst seltene Drehgenehmigung für Süd-Yemen beschafft. In unserem buntgemischten Team betätigte sie sich als Tontechnikerin und trug schwer unter dem Gewicht der Nagra.

Bis zuletzt hatte ich befürchtet, bei der Landung in Aden abgewiesen oder sogar vorübergehend inhaftiert zu werden. Sicherheitsspezialisten aus der DDR berieten das süd-yemenitische Innenministerium. Im »Crescent«-Hotel, dessen britische Pracht seit der Unabhängigkeit erheblich gelitten hatte, wies man mir ein muffiges Zimmer an. Im Speisesaal gesellte sich gleich ein kaffeebrauner Bewässerungs-Experte aus Haiti zu mir, der für die Vereinten Nationen arbeitete und sein Wissen vielleicht sinnvoller in den Dienst seiner eigenen wasserarmen Antillen-Heimat gestellt hätte. Monsieur Lejoli aus Haiti war eine Frohnatur. Er unterschied sich vorteilhaft von den Politikern, Agenten, Komplotteuren aus allen nur denkbaren arabischen Ländern, die mit gehetzten oder bedrohlichen Blicken an den anderen Tischen saßen. Lejoli litt unter heftigen rheumatischen Schmerzen und hatte sich im chinesischen Hospital der Akupunktur unterzogen. Die Ärzte aus dem Reich Mao Tsetungs – die wie alle anderen roten Söhne des Himmels im Yemen unter ebenso erbärmlichen Bedingungen lebten wie die Einheimischen, um ihre proletarische Solidarität zu bekunden – behandelten auch ihre arabischen Patienten mit dieser Nadelkunst. Revolutionäre Erfolge blieben ihnen dabei versagt, und mein Haitianer verfluchte die fernöstlichen Heilmethoden, während er seine Languste – das einzige Gericht, das beliebig verfügbar war – mit schmerzverzerrtem Gesicht entschalte. In jenen Tagen der späten Kulturrevolution wiegten sich die chinesischen Entwicklungshelfer noch in der Illusion, daß ihnen der entsagungsreiche Einsatz zugunsten der Völker der Dritten Welt politische Zinsen einbringen würde.

Am späten Abend wanderte ich über die verödete Promenade vor dem »Crescent«. Ich verweilte an der Stelle vor dem Postamt, wo mein Fernseh-Kollege Walter Mechtel 1967 von der Kugel des Mörders getroffen worden war. Die eigene Tochter hat die Tragödie dieses Mannes in Romanform unter dem Titel »Friß, Vogel« dargestellt. In den deutschen Redaktionen war lange darüber gerätselt worden, aus welchem Grunde Mechtel diesem Attentat zum Opfer fiel. Hatte er während des nordyemenitischen Bürgerkrieges zu engagiert zugunsten der Saudis und ihrer feudalistischen Stammesverbündeten berichtet? War ihm sein Report über den angeblichen Gaskrieg der Ägypter – die Soldaten Gamal Abdel Nassers hatten sich damals zwischen Taez und Sanaa in ein glückloses Militär-Abenteuer eingelassen – zum Verhängnis geworden? Ich hatte mich in Jedda mit Oberst Schams, einem der Chefs der saudischen Abwehr, ausführlich über dieses Thema unterhalten, ohne zu einem Ergebnis zu kommen. In Aden selbst neigte man schon 1969 – bei meinem letzten Aufenthalt – dazu, das Verbrechen einem manischen, kaum politisch motivierten Mörder anzulasten, »The killer of Steamer Point« genannt, der täglich nach Opfern suchte und der Walter Mechtel aufgrund seines blonden Haares und des militärisch geschnittenen Khaki-Anzugs wohl für einen britischen Offizier gehalten hatte. Der

»Killer«, so hieß es, habe sich seiner Tat öffentlich gebrüstet. Er sei übrigens fast jeden Nachmittag am Strand von »Gold Mohur« anzutreffen, am exklusiven Ausländer-Ausflugsziel von Aden, wo die Badenden gegen die Haifische durch Stahlnetze abgeschirmt waren.

Anschließend ließ ich mich mit dem Taxi durch die Gassen des »Kraters« fahren. Die schwarzen Lava-Felsen bildeten eine beklemmende Kulisse und ließen dem Sternenhimmel Süd-Arabiens nur einen Spalt. Hier war ich im Sommer 1962 in einem arabischen Hotel vor Hitze halb umgekommen und hatte einen Zusammenprall zwischen arabischen Revolutionären und der britischen Ordnungstruppe beobachtet. Der Krater war jetzt ausgestorben, und der Chauffeur setzte mich aus eigener Initiative vor dem Night-Club des »Aden Rock«-Hotels ab, wo eine spekkige ägyptische Bauchtänzerin von schweigenden Keffieh-Trägern gierig angestarrt wurde. Lange würde diese Frivolität im puritanisch-sozialistischen Staat wohl nicht mehr dauern. Die marxistischen Behörden hatten sogar die Lieder der berühmten ägyptischen Sängerin Umm Kalthum aus ihrem Rundfunk-Programm verbannt.

Warum hatte sich ausgerechnet der Süd-Yemen dem Marxismus-Leninismus verschrieben? Auf welchen Umwegen war Aden zum Angelpunkt der sowjetischen Flottenstrategie im Indischen Ozean geworden? Warum hatte die islamische Immunität gegen die kommunistische Ideologie in diesem Falle versagt? Gewiß, die Engländer hatten am Bab-el-Mandeb besonders ungeschickt taktiert. Sie hatten viel zu lange versucht, die rückständigen Feudalherren in den winzigen Emiraten des Hinterlandes gegen das Aufbegehren der Hafenarbeiter und Halbintellektuellen der Hauptstadt auszuspielen. Als der arabische Nationalismus nicht mehr zu hemmen war, hatte die britische Verwaltung mit allen Mitteln die relativ gemäßigte, panarabische Bewegung »FLOSY« benachteiligt und geschwächt, weil deren Führer mit Gamal Abdel Nasser sympathisierten, ein Schachzug, der damals angesichts der ägyptischen Truppenpräsenz in Nord-Yemen plausibel erschien. Aber damit hatten die Engländer bewußt jenen extremistischen, straff organisierten Untergrund-Organisation, »Nationale Befreiungsfront – Jibhat et-tahrir el-watani« –, in die Hand gespielt, die unter Leitung von traditionellen Bandenführern, Dorflehrern und ein paar Berufsrevolutionären den Aufstand der Pächter und Kleinbauern vor allem in der unzugänglichen Gebirgszone von Radfan gegen ihre fürstlichen Ausbeuter schürte. Am Ende stand die Machtergreifung eines roten, quasi-kommunistischen Regimes an der Südwestspitze Arabiens, die Schaffung eines

Herdes umstürzlerischer Agitation, der bis in den Persischen Golf ausstrahlte.

Als Gordian und Marie-Claude nach Aden zurückkehrten, berichteten sie von den Jubel- und Freudenkundgebungen, die in der schwarzen, vulkanischen Gebirgsgegend von Beiha die Ankunft des damaligen Staatschefs Salim Rubaya Ali begleitet hatten. Die beiden hatten lange im Orient gelebt und wußten, was von den Begeisterungsstürmen der Massen zu halten war. Sie waren dennoch beeindruckt. Im Gegensatz zum arabischen Sozialismus Gamal Abdel Nassers, der von den yemenitischen Ideologen der NLF – später wurde daraus die »Sozialistische Einheitspartei« – als kleinbürgerlich belächelt wurde, war in diesem äußersten Winkel der »Arabia felix« offenbar ein gesellschaftlicher Umbruch von seltener Konsequenz in die Wege geleitet worden. Die Mangel- und Verwahrlosungs-Erscheinungen, wie sie auch in Yemen als Folge der Hinwendung zu Planwirtschaft und Kollektivismus sofort auftauchten, wurden in den Augen der kleinen Leute wenigstens teilweise aufgewogen durch die asketische Selbstzucht der Regierenden. Der frühere Lehrer Salim Rubaya Ali, der sich gern mit seinem Kriegsnamen Salmin anreden ließ, bewegte sich damals auf einer diplomatischen Gratwanderung zwischen Moskau und Peking, neigte offenbar dem Maoismus zu, was ihm später zum Verhängnis wurde. Denn die Russen verfügten über Sympathien und Einfluß bei den yemenitischen Streitkräften. Mit deren Hilfe sollte Präsident Salmin durch seinen prosowjetischen Rivalen Ali Abdallah Saleh im Jahre 1980 endgültig an die Wand gespielt und schließlich als »Verräter« hingerichtet werden. Die sozialistische Tugendhaftigkeit blühte auch hier im Schatten des Galgens.

Ich hatte mich Gordian und Marie-Claude angeschlossen, um endlich einen Blick auf Hadramaut werfen zu können, um jene langgestreckte Oasenkette im Süden des endlosen Wüstenquadrats, des »Rub-el-Khali«, zu entdecken, die schon zu Zeiten der Könige von Saba und des Himyariten-Reiches den Weihrauch-Karawanen Schutz vor Sandsturm und Räubern boten. Eine klapprige Iljuschin hatte uns auf der staubigen Rollbahn abgesetzt. Der Schuppen, in dem die Sicherheitsbehörden amtierten, war mit revolutionären Inschriften bepinselt, die den »wissenschaftlichen Sozialismus« priesen sowie die Befreiung Arabiens von den reaktionären Feudalherren, den Verbündeten des Zionismus und des US-Imperialismus forderten. Ein Märtyrer des Befreiungskampfes war in grellen Farben wie ein indischer Heiliger abgebildet.

Sobald wir unsere Fahrt durch Hadramaut antraten, verloren die offiziellen Parolen des Marxismus-Leninismus jeden Wirklichkeitsbezug. Die yemenitischen Hochhäuser aus Lehm waren mir aus dem nördlichen Landesteil bekannt. In der Wüstenleere Hadramauts muteten diese braunen, mit weißen Kalkmalereien dekorierten Burgen archaisch, urfremd, verwirrend an. Ur und Ninive mögen ähnlich in Lehm geknetet gewesen sein. Die Etagenhäuser erreichten solche Höhen, daß der Gedanke an Babylon sich aufdrängte, an jenen Turm, den die Menschen erbauten, um den Himmel zu berühren. In Tarim, so liest man, ragt das höchste Minarett der arabischen Welt.

Die Paläste der Emire und der reichen Kaufleute von Hadramaut stehen heute verwaist, sie sind Museen geworden, durch die man die Oasen-Bauern und Nomaden führt, um ihnen die Verschwendung und den Luxus der früheren Ausbeuterklasse vor Augen zu führen. Die Besitzenden von gestern sind meist ins Ausland geflüchtet. Es waren geniale, wagemutige Händler, die aus dieser Oasenlandschaft aufbrachen, den Islam nach Malaya und Insulinde brachten und dabei immensen Reichtum anhäuften. Der Sklavenhandel mit der afrikanischen Ostküste hatte sich einst im Hafen Mukalla konzentriert, wo heute noch die Schwarzen die mühseligsten Arbeiten verrichten.

In Mukalla ankerte neben den dickbäuchigen arabischen Dhows ein unscheinbarer Kutter unter sowjetischer Flagge. Er gehörte einer kleinen Gruppe russischer Fischerei-Experten an, die neben der Verbesserung der Fang-Methoden im Süd-Yemen wohl auch ozeanographische Vermessungen im Dienste der Moskauer Flotten-Strategie vornahmen. Die krampfhaften Bemühungen der roten Seemacht, trotz ungünstigster Ausgangsposition auf allen Weltmeeren Flagge zu zeigen – so auch im Indischen Ozean –, erinnerte in mancher Hinsicht an den Ehrgeiz des Admiral von Tirpitz im späten Wilhelminischen Reich. Die Russen von Mukalla lebten, wie üblich, von der eingeborenen Bevölkerung getrennt. Ein weißer Bungalow stand ihnen zur Verfügung. Ihr Dolmetscher war ein Usbeke.

Im Inneren Hadramauts tat sich die marxistisch-leninistische Revolution schwer mit der stockkonservativen Bevölkerung. In Tarim gab immer noch die erstaunlich zahlreiche Gemeinde der »Sayed«, der Nachkommen des Propheten, den Ton an. Diese »Schurafa«, über deren Stammbaum sich streiten ließ, waren am buntbestickten Tarbusch unter dem weißen Turban zu erkennen. In der Gesellschaftsstruktur hat sich hier eine kastenähnliche Pyramide erhalten, an deren Spitze natürlich die Sayed stehen. Diese soziale Abkapselung, die durchaus nicht dem arabisch-islamischen Brauchtum entspricht, verweist bereits auf das nahe Indien. Als wir das Freitags-Gebet filmen wollten, lösten wir den Zorn der alten Propheten-Nachkommen aus. Der Mob rottete sich zusammen. Nur das energische Eingreifen unserer bewaffneten yemeni-tischen Begleiter, die den Frömmlern von Tarim mit progressistischer Geringschätzung begegneten und sie mit Kolbenschlägen auseinander trieben, verhinderte unsere Steinigung.

Die Oase Sheban war von Verfall und Untergang gezeichnet. Die Pal-menhaine waren verdorrt. Die meisten Bewohner dieser einst blühenden Handelsstation waren abgewandert. Zwischen den rostbraunen Wolken-kratzern aus Lehm, deren Fensterornamente abbröckelten, spielten Schwärme von zerlumpten Kindern. Tief verschleierte Frauen drückten sich in die Torbögen, als wir vorbeikamen. Diese Tristesse von Sheban wurde am späten Nachmittag durch eine politische Kundgebung zusätz-lich akzentuiert. Die »Volksfront für die Befreiung Palästinas« – PFLP in der Abkürzung –, die marxistisch-kommunistische Kampforganisation des christlichen Arztes George Habbasch, hatte zu einer Demonstration gegen Zionismus und Imperialismus aufgerufen. Schafiq, der zuständige Delegierte der PFLP für Süd-Yemen, hatte eine kleine Tribüne aufgebaut und warb über den Lautsprecher um Teilnahme. Schafiq war ein blen-dend aussehender Palästinenser mit dezidiertem Auftreten. Zu seinen Plakaten gehörte eine Karikatur Husseins von Jordanien, die den hasche-mitischen Herrscher mit der Augenklappe Moshe Dayans darstellte. Es kamen fast nur neugierige Kinder zu der Veranstaltung. Die Frauen ver-harrten schamhaft am Rande des großen sandigen Platzes. Ein paar Greise hatten sich vor dem Rednerpult hingekauert. Man merkte ihnen Skepsis und Gelassenheit an. Schafiq tat uns ein bißchen leid. »Es ist ein mühseliger Kampf, den wir führen«, gestand er am Ende ein.

Im Regierungs-Gästehaus von Tarim saßen wir bis in die späte Nacht mit dem Palästinenser zusammen, der sofort mit Rosy sympathisierte und in der ägyptischen Jüdin eine aufgeschlossene Gesprächspartnerin fand. Der Diener hatte uns trüben Palmschnaps eingeschenkt, dessen Wirkung in jeder Hinsicht verheerend war. Die Diskussion zwischen Rosy und Schafiq verlief meist auf Arabisch. Der ewige Streit um die arabische Erneuerung wurde auch in dieser Nacht nicht gelöst, aber wir erfuhren immerhin, daß die Regierung von Süd-Yemen die Befreiungs-front des marxistischen Arztes Habbasch eindeutig gegenüber der Fatah-Organisation Yassir Arafats begünstigte. Schafiq hatte angeblich ein paar seiner Leute auf der Insel Perim mitten im Bab-el-Mandeb am südlichen

Flaschenhals des Roten Meeres installiert, von wo sie die israelische Schiffahrt aus Eilath bedrängen sollten. Offenbar waren aber auch sowjetische »Marine-Experten« auf diesem strategischen Eiland zugegen, und die wachten darüber, daß keine peinlichen Zwischenfälle entstanden. Von Süd-Yemen aus, so hoffte Schafiq, werde die revolutionäre Welle auf die reaktionären Golf-Emirate überspringen. Für die Saudis hatte der Palästinenser nur Verachtung übrig. »Diese feisten und verspielten Prinzen sind zu nichts mehr fähig«, sagte er. »Es müßte für sie ein Kinderspiel sein, von ihrer nahen und offenen Grenze aus die Demokratische Republik Yemen aus den Angeln zu heben, zumal die obskurantistischen Reaktionäre in Hadramaut nur auf die Gelegenheit zum bewaffneten Aufstand warten. Aber den Saudis fehlt jede Begabung zur großen Politik, jeder Hang zum militärischen Wagnis.«

Bis in die Nacht debattierten wir über das Rätsel, warum ausgerechnet in Aden der revolutionäre Nationalismus der Süd-Yemeniten in das kommunistische Fahrwasser geraten war. Das Regime sei viel solider, als die westlichen Imperialisten annähmen, meinte Schafiq. Marie-Claude, die sich wie stets mit soziologischer Gründlichkeit dieses Themas angenommen hatte, hielt eine Erklärung bereit, die recht plausibel klang. In den entlegenen Felstälern von Radfan, von wo die marxistischen Aktivisten ausgeschwärmt waren, so hatte sie herausgefunden, lebten versprengte Reste jener Qarmaten-Sekte, die im 10. Jahrhundert den Islam zu einer frühkommunistischen, total egalitären, jeden Besitz verneinenden Gesellschaft umformen wollten. Die Qarmaten waren Bestandteil jenes großen schiitischen Aufbegehrens, das parallel zu den Fatimiden-Khalifen von Kairo damals die gesamte islamische Gemeinschaft erschütterte. Ausgangspunkt dieser Sekte war die Insel Bahrein. Die Qarmaten hatten sogar Mekka gestürmt, zum Entsetzen der gesamten Umma die heiligen Stätten rings um die Kaaba verwüstet und den schwarzen Meteoriten entführt. Sie waren dann besiegt und weitgehend ausgerottet worden, bis auf jene Restgruppen im yemenitischen Gebirge, deren Nachfahren schließlich am Bab-el-Mandeb mit tausendjähriger Verspätung die klassenlose Gesellschaft verwirklichen sollten. Den Halbmond hatten die »roten Qarmaten« von heute durch Hammer und Sichel ersetzt.

Erdnüsse zu Ehren Allahs

Dakar, im Frühjahr 1971

Die riesigen Wolof-Neger der Präsidenten-Garde präsentierten den blanken Säbel. Der knallrote Spahi-Mantel fiel ihnen bis auf die Sporen. Leopold Sedar Senghor wirkte zierlich und – mit seiner dicken Professoren-Brille – sogar ein wenig komisch neben diesen schwarzen Hünen. Für den Staatspräsidenten von Senegal war das ein großer Tag. Er empfing seinen alten Pariser Mitschüler aus der »Ecole Normale Supérieure«, den Staatspräsidenten der Fünften Französischen Republik, Georges Pompidou. Ein skurriles Schicksal hatte diese beiden Freunde, die sich in den dreißiger Jahren als Absolventen der exklusiven Intellektuellen-Brutstätte Frankreichs kennengelernt hatten, an die Spitze ihrer jeweiligen Heimatländer befördert. Den meisten Gästen, die in langer Reihe anstanden, um den Staatschefs ihre Aufwartung zu machen, entgingen die schelmischen Blicke, die der joviale Auvergnate Pompidou und der sensible Senegalese gelegentlich austauschten. War hier nicht ein grandioser Studenten-Ulk, ein »canular«, wie er selbst Jules Romains in seinem Roman »Les Copains« niemals eingefallen wäre, zur weltpolitischen Realität geworden? Auch die Frauen der Staatschefs waren seit langen Jahren befreundet. Beide überragten ihre Männer fast um Kopfeslänge. Die Haut der Madame Senghor, einer strengen, blonden Normannin, wirkte besonders weiß neben der Ebenholzfarbe ihres Mannes.

Leopold Sedar Senghor verstand sich aufs Repräsentieren. Er hatte mühelos den grandiosen Stil der französischen Generalgouverneure für West-Afrika übernommen, die vor der Unabhängigkeit in diesem weißen Palais residiert hatten. Auch in der Kunst des Regierens hatte er die Methoden der alten Kolonialbehörden weitergeführt. Er leugnete den Zwiespalt nicht, in dem er lebte. Senghor, der im Quartier Latin auf das erfolgreichste assimilierte Intellektuelle aus West-Afrika, war der

Erfinder, der Prophet und Sänger der »Négritude« geworden. Lange bevor in den Slums Nordamerikas das Wort »Black is beautiful« als Aufschrei des Protestes und der krampfhaften Selbstbestätigung aufkam, hatte dieser Professor für französische Literatur und begnadete Dichter französischer Sprache den Adel, die Würde, die Kraft des »Negers«– er schockte vor diesem Wort nicht zurück – glorifiziert. Vielleicht half ihm diese Identifizierung mit den tellurischen Kräften Afrikas über seine tatsächliche kulturelle Entfremdung und über die Tatsache hinweg, daß die Zufälle der Entkolonisierung und seine unbestreitbare politische Begabung ihn, den Christen, den Katholiken, in das höchste Amt eines neugezimmerten afrikanischen Staates gehievt hatten, dessen Bevölkerung sich zu 90 Prozent zum Islam bekannte. Der schmächtige Normalien Senghor berief sich mit einiger Eitelkeit auf die angeblich portugiesische Ableitung seines Namens: »Senhor«, zu deutsch »Herr«. Niemand verstand es besser, die machtbewußten Stammesfürsten von Senegal und vor allem jene hoch gewachsenen und in den Augen ihrer Gefolgsleute über magische Kräfte verfügenden Marabus, die in ihren weiten, farbigen Bubus noch imponierender erschienen, zu manipulieren und zu umgarnen.

Der festliche Rahmen im Präsidenten-Palast wirkte durchaus französisch an diesem Abend zu Ehren Pompidous. Aber Afrika kam hier voll zu seinem Recht. In den Nischen kauerten schwarze Musikanten, und das Geplapper der Gäste war untermalt vom melodisch-eintönigen Zupfklang des »Balafon«. Ich war mehrfach mit Senghor zusammengetroffen. Er war ja auch in deutscher Literatur außerordentlich bewandert, und es gehörte die ganze Ignoranz junger Frankfurter Ideologen dazu, diesen Repräsentanten einer euro-afrikanischen Sammelkultur zu schmähen und zu beleidigen. »Toute civilisation est métissage«, lautete einer der Kernsätze des Staatschefs von Senegal. »Jede Zivilisation ist Frucht einer Vermischung.«

Ich hatte Senghor lange über die besondere Natur des Islam im Schwarzen Erdteil ausgefragt, »L'Islam noir«, wie die Franzosen freiweg sagten. Die arabischen Autoren hatten schon vor Jahrhunderten mit gleicher Entschiedenheit auf die spezifisch negroiden Züge verwiesen, die der koranischen Botschaft südlich der Sahara aufgedrückt worden seien. Der maghrebinische Reisende Ibn Battuta, der offensichtlich nicht frei war von rassischen Vorurteilen – das Wort »Abid« bezeichnet im Arabischen sowohl den Schwarzen als auch den Sklaven –, hatte im 14. Jahrhundert pedantisch aufgeführt, was ihm bei den zum Islam bekehrten

Afrikanern der Niger-Schleife gefallen und was ihm mißfallen hatte. Belobigt wird bei den Schwarzen ihr stark ausgeprägter Gerechtigkeitssinn und die Sicherheit, die im Mali-Reich für Reisende herrschte. Auch die Frömmigkeit der »Sudan« erkannte Ibn Battuta an, die Exaktheit ihrer Gebetsausübung, ihre weiße Kleidung an muselmanischen Feiertagen und ihr Bestreben, den Heiligen Koran auswendig zu lernen. Hingegen zeigte sich der maghrebinische Chronist schockiert über die Nacktheit der Sklavinnen in der Öffentlichkeit, über die Gewohnheit der Neger, sich in Gegenwart des Herrschers Staub und Asche auf das Haupt zu streuen, über die Rüpelspiele bei Hof und vor allem über die Unsitte der Eingeborenen, verwestes Fleisch, Hunde und Esel zu verspeisen.

Im Ton der Befremdung schilderte der gleiche Ibn Battuta ein grausiges Erlebnis: » Der Sultan Mansa Suleiman empfing eine Abordnung von Kannibalen. Diese Wilden trugen riesige Ohrringe. Der Sultan ehrte diese Männer, indem er ihnen eine Dienerin als Gastgeschenk übergab. Die Neger brachten sie um und fraßen sie auf. Sie beschmierten ihr Gesicht und die Hände mit dem Blut der Sklavin und bedankten sich beim Herrscher . . . Man erzählte mir, daß diese Kannibalen die Hand- und Bruststücke der Frauen als besondere Leckerbissen schätzen . . .«

Ein anderer Araber der gleichen Epoche, El Omari, hatte sich recht abfällig über die Sahel-Zone geäußert: »Wisset, daß das Mali-Reich in seinen westlichsten Ausläufern den Ozean berührt. Die Hauptstadt des Königs heißt Nyani. In diesem Land ist die Hitze unerträglich, das Leben dürftig. Die Menschen sind sehr groß, so schwarz wie es nur geht, mit krausem Haar. Ihr hoher Wuchs ist auf die Länge ihrer Beine zurückzuführen . . . «

Sobald an jenem protokollarischen Abend zu Ehren Pompidous einer der Würdenträger des senegalesischen Islam, ein gewichtiger Marabu, in der Empfangshalle auftauchte, hatte Senghor kein Auge mehr für die europäischen Ehrengäste. Auf der Loyalität dieser geistlichen Führer islamischer Bruderschaften, die sich inmitten einer Eskorte von Balafon-Spielern und Fächerträgern bewegten, ruhte das innere Gleichgewicht der Republik Senegal. Sie bürgten für die Staatstreue der schwarzen Bauernmassen der Savanne. Ihre Autorität bildete das unentbehrliche Gegengewicht zur städtischen Quirligkeit der Hafenbevölkerung und der intellektuell angehauchten Jugend von Dakar, die mit marxistischen Parolen liebäugelte. Für die Ethnologen bildeten die Wolof, das Staatsvolk von Senegal, ein ideales Studienobjekt, um die Verschmelzung zwischen Afrikanität und Islam zu erkunden und zu testen.

Von Dakar fuhr ich nach Osten in das senegalesische Hinterland. Die Savanne war mir aus der Zeit meiner mehrjährigen Rundfunk-Berichterstattung über Afrika vertraut. Längs der Bahnlinie, die nach Bamako, der Hauptstadt von Mali, führt, erstreckte sich der braune Sahel in ermüdender Monotonie. Die grünen Hecken rings um die Dörfer aus Lehm- und Strohhütten waren mit gelbem Staub verkrustet. Die Baobab-Bäume verstellten mit runden Leibern, mit nackten weißen Ästen, die sie wie drohende Arme ausstreckten, als befremdliche Riesen den blaßblauen Horizont. Je weiter die Fahrt ins Innere ging, desto häufiger wurden die hohen Erdnuß-Pyramiden, die unermüdliche Scharen von Wolof-Bauern säuberlich aufschichteten. Die Erdnuß ist die Haupternte und die wesentliche Einnahmequelle der Republik Senegal. Die schwarzen Menschen, die sich wie Ameisen mit der Ernte und Lagerung der »Cacahuètes« beschäftigen, folgen einem religiösen Gebot, verrichten eine Gott gefällige Tat.

Der Islam hat in diesem Teil des Sudan seltsame Blüten getrieben. Die Lehre des Propheten war durch maurische Eroberer, Prediger und Kaufleute Schritt für Schritt erst in die Sahel-Zone, dann bis an die Grenze des tropischen Regenwaldes verbreitet worden. Es vollzog sich ein bizarrer Synkretismus zwischen den krausen animistischen Vorstellungen der Ureinwohner und der strengen Botschaft des Koran. Der afrikanische Islam organisierte sich in Bruderschaften, in »Turuq« – das arabische Wort »tariqa« heißt »der Weg« in der Übersetzung, ist also rein etymologisch dem chinesischen »Tao« verwandt. Die eifernde, ostentative Frömmigkeit der »tariqa« mit ihren ekstatischen Übungen des »dhikr«, mit der rhythmischen Wiederholung des muselmanischen Bekenntnisses zum einzigen Gott, entsprach zweifellos der religiösen Veranlagung der Neger. Das Tariqa-Wesen Schwarz-Afrikas erscheint deshalb den arabischen Soziologen von heute als eine Degeneration der spiritualistisch, spekulativ und meditativ ausgerichteten Sufi-Bewegung, die an Euphrat und Nil bereits im hohen Mittelalter florierte und sich in Auflehnung gegen die selbstgerechte, versteinerte Wissenschaft der offiziellen Schrift- und Rechtsgelehrten der Sunna, zu den »Ulama«, diesen Pharisäern des Islam, wie man sie genannt hat, entfaltete. Immerhin hatten sich zur Zeit der arabischen und dann türkischen Khalifen die Derwisch-Orden – den Turuq durchaus verwandt – auch im eigentlichen Orient verbreitet und beim kleinen Volk wachsenden Anklang gefunden. Wenn im Maghreb der Berber wie im Sahel-Gürtel der Sudan-Afrikaner die wundertätigen Marabus eine so ungewöhnliche und unorthodoxe

Bedeutung erlangten, so ist das nicht zuletzt auf die permanente Kampf-und Missionsrolle des Islam in diesem Erdteil zu erklären. Das Wort »Marabu« leitet sich ja von jenen kriegerischen Bruderschaften, den »murabitun« ab, die in befestigten Klöstern, im »ribat«, zusammenge-faßt waren und im Norden den Abwehrkampf gegen die christliche »Reconquista«, im Süden die Verbreitung der Heilslehre bei den götzen-verehrenden Schwarzen auf sich genommen hatten.

Die »Tariqa« war Instrument der kriegerischen Expansion, aber auch der erfolgreichen Assimilation des Islam im afrikanischen Neuland des Südens. Die stärkste Tariqa, die vom Senegal bis zum Oberen Nil über eine zahllose Anhängerschaft verfügt, ist die »Qadiriya« geblieben, und deren Ursprung geht auf einen arabischen Sufi, Abdel Qadr el Djilani, zurück, der im Bagdad des 12. Jahrhunderts predigte. Die zweitwichtig-ste Richtung, die »Tijaniya« erstand erst im Marokko des 18. Jahrhun-derts unter der Inspiration des Marabus Sidi Ahmed el Tijani und stellte ein Aufbäumen maghrebinischer Frömmigkeit gegen den Verfall islami-scher Macht im äußersten Westen dar.

Als die Franzosen mit der systematischen Eroberung und Kolonisa-tion West- und Äquatorial-Afrikas begannen, stießen sie auf den bewaff-neten Widerstand der »Khuan« – eine Verballhornung des arabischen »Ikhwan«, die »Brüder«. Sie mußten die Banden von El Hadj Omar, ein Angehöriger der Tijaniya, im heutigen Senegal und Mali unterwerfen, verfolgten den Mandingo Samory Touré bis ins Gebirge des Fouta Djalon und prallten schließlich am Tschad um die Jahrhundertwende mit den Reiterheeren des wilden Rabah zusammen. Hundert Jahre zuvor war die Viehzüchter- und Nomadenrasse der Peul, auch Fulah oder Fulbe genannt, vom Taumel islamischer Frömmigkeit erfaßt worden. In grauer Vorzeit waren die Peul, vom Oberen Nil kommend, im ganzen Sahel-ausgeschwärmt. Sie schlossen sich der »Qadiriya« an und eroberten unter dem großen Feldherrn und Marabu Osman Dan Fodio das gesamte Haus-sa-Land im heutigen Nigeria. Ausgerechnet die Tsetse-Fliege wurde den Reiterheeren der Peul zum Verhängnis. Die Schlafkrankheit hinderte Osman Dan Fodio daran, den Heiligen Krieg bis zur Küste des Guinea-Golfes vorzutragen und die Heiden des Regenwaldes mit Feuer und Schwert zum Glauben an den einzigen Gott zu bekehren.

Der Senegal war zur Heimstätte einer ganz bizarren Frömmigkeit geworden. Unter dem Volk der Wolof griff Anfang des 20. Jahrhunderts die Sekte der »Muriden«, »Anwärter« oder »Willige«, um sich, die der ketzerische Marabu Amadu Bamba, ursprünglich der Qadiriya zugehö-

rig, gegründet hatte. Die »Muridiya« wurde anfangs von den Kolonialbehörden beargwöhnt, dann als politischer Stabilisationsfaktor geschätzt.
Diese Tariqa entwickelte völlig originelle Formen der Frömmigkeit. Der
gewöhnliche »Muride« ist dazu verurteilt, als Erdnuß-Bauer sein Leben
zu fristen und seine Gottgefälligkeit durch einen möglichst hohen Ernte-
Ertrag zu beweisen. Seine religiöse Verpflichtung beschränkt sich auf die
Feldarbeit. Eine ganze Struktur von Marabus überwacht diese überaus
profitliche Geschäftigkeit. Sie gehen anstelle der einfachen Muriden den
rituellen Pflichten des Islam nach. Sie entlohnen die Erdnuß-Bauern entsprechend ihren bescheidenen Bedürfnissen, erwerben mit dem Gewinn
der Ernte weitere Ländereien, nehmen die Vermarktung der »Arachides«
in die Hand und herrschen als geistliche Potentaten, mit magischen Kräften ausgestattet, über eine kollektivistisch organisierte, ziemlich armselige Gemeinschaft. Amadu Bamba hatte bis zu seinem Tod im Jahre 1927
bereits vierhunderttausend Gläubige um sich geschart. Der »Große
Serigne« oder »Höchste Khalifa« ließ sich zuletzt als Inkarnation Gottes
auf Erden feiern. Er wurde in der monumentalen Moschee von Tuba
begraben. Angehörige seiner Sippe folgen ihm bis heute an der Spitze
der Muridiya. Sie verfügen über den Segen Allahs, die »Baraka«, nehmen
die Sünden ihrer Gefolgsleute auf sich und verbürgen sich für deren See-
lenheil.

Die große Muriden-Moschee hatte ich schon beim ersten Besuch als ein
Monument des einfallslosen Gigantismus empfunden. Das weiße
Gebäude mit den grünen Kuppeln war aus weiter Ferne zu erkennen. In
der überdimensionalen Halle suchten Wolof-Neger im schneeweißen
Bubu Schatten und Erbauung. Ich hatte diesen Ort Anfang der sechziger
Jahre an einem der großen Pilgertage erlebt. Die demütigen Erdnuß-
Bauern – Talibé genannt – gaben sich ihrer fröhlich kindlichen Gläubig-
keit hin. Der »Grand Khalifa« fuhr in einem schwarzen Cadillac durch die
jubelnde Menge. Das feiste Gesicht war von der eigenen Würde durchdrungen. Er warf ein paar Münzen und Geldscheine unter das Volk. Die
Talibé balgten sich um diese bescheidenen Gaben, die den Wert von
Amuletten besaßen. Auch die anderen Marabus dieser Sekte zeichneten
sich durch Fettleibigkeit und Arroganz aus. Sie verbargen ihre Augen
hinter mächtigen Sonnenbrillen und rollten ebenfalls in stattlichen
Limousinen an. Häufig saßen junge, schwarze Konkubinen im golddurchwirkten Bubu neben den heiligen Greisen. Eine Truppe halbnack-
ter, wilder Gesellen mit verfilztem Haar ließ schwere Keulen wirbeln

und sorgte für Ordnung. Der Islam war hier zweifellos in ausbeuterischem und barbarischem Aberglauben verkommen.

Mit einer Runde senegalesischer Studenten hatte ich tags zuvor in der Rue de Bayeux von Dakar zusammengesessen. Sie gehörten der marxistischen »Partei der Afrikanischen Unabhängigkeit« an. Ihr bescheidenes Lokal mit Bildern von Lenin und Ho Tschi Minh war mitten im billigen Bar- und Bordell-Viertel untergebracht. Die jungen Revolutionäre beschimpften Senghor als einen »Affen der französischen Kolonisation«. Auch an den Marabus und ihrem System der Tariqa übten sie heftige Kritik. Die »Khuan« hätten einmal als Kampfinstrument gegen die gallischen Eroberer eine nützliche Funktion erfüllt. Im Siedlungsgebiet des Wolof-Volkes hätten sie dazu beigetragen, die Feudal- und Häuptlingsstrukturen zu verwischen. Die Muriden hätten mit der Förderung der Erdnuß-Monokultur – in der Sicht einer objektiven dialektischen Beurteilung – sogar gewisse moderne Wirtschaftskonzeptionen am Senegal heimisch gemacht. Aber seitdem würden die religiösen Scharlatane an ihrer Spitze mit den Imperialisten, mit den Kapitalisten, den Neo-Kolonialisten und den Epigonen à la Senghor paktieren. Diese Medizinmänner im Gewand des Islam seien ein Hort finsterer Reaktion. Die Zauberkunst des »Gris-Gris« oder des »Ju-Ju«, wie man im benachbarten Gambia sagt – der wundertätigen Amulette, die sich oft aus Tierknochen, Haaren, Wurzeln und Dreck zusammensetzen –, sei ihnen vertrauter als die Suren des Koran. In gewissen Savannen-Gegenden sei es noch üblich, Schiefertafeln mit Koransprüchen zu beschreiben, die Kreide dann abzuwaschen und das gewonnene Getränk als Heilmittel gegen alle mögliche Krankheiten zu verkaufen. »Es wird Zeit, daß diese Volksbetrüger mit ihrer Verdummungslehre vom wissenschaftlichen Materialismus verdrängt werden«, sagte ein zwei Meter hoher, gazellenschlanker Student der Soziologie.

Diese Begegnung mit den marxistischen Revolutions-Anwärtern der PAI lag jetzt zehn Jahre zurück. Aus dem arabischen Raum – aus Marokko, Ägypten und Saudi-Arabien – eilten neue Missionare an das Cap Verde und in den Sahel, um der negroiden Verirrung des Marabutismus und der wild wuchernden Bruderschaften einen orthodoxen Riegel vorzuschieben. Die Bewegung der Ulama hatte vor allem bei jenen senegalesischen »Tullab« Fuß gefaßt, die in der Universität von El Azhar in Kairo oder in der Qarawiyin von Fez die Scharia studierten. Sie verfügten neuerdings in der »Medina« von Dakar über prächtige Moscheen, die von den Gönnern aus Maghreb und Maschreq nicht ohne politische Hintergedanken gestiftet worden waren. »Stellen Sie sich vor, daß die Muriden den im Koran anempfohlenen Hadsch nach Mekka durch die Pilgerausflüge nach Tuba zu ersetzen suchen«, ereiferte sich ein junger, strenger Imam vor dem quadratischen Minarett seines im marokkanischen Stil erbauten Gebetshauses. »Der Islam hat uns Würde und Gesittung gebracht sowie das Gefühl der Zugehörigkeit zu einer weltweiten Brüderlichkeit im Schatten Allahs. Vergleichen Sie doch nur das gesetzte, ehrbare Auftreten eines afrikanischen Moslems mit der Zügellosigkeit, der geistigen Verwirrung, die so viele Christen oder Animisten unseres Erdteils kennzeichnen. Wir müssen verhindern, daß der Geist der ›Dschahiliya‹, der heidnischen Unwissenheit, in der Tarnung der ›Tariqa‹ bei uns überlebt.«

Die ganze Sahel-Zone war in Bewegung geraten. Ich hatte das bei meiner letzten Reise nach Fort Lamy erfahren. So hieß in jenen Tagen noch die Hauptstadt der Republik Tschad, Ndjamena. François Tombalbaye, der christliche Präsident, Angehöriger des südlichen Savannen-Volkes der Sara, hatte am Nationalfeiertag die widerwillige Huldigung der muselmanischen Stammesfürsten aus dem Norden entgegengenommen. Es war ein herrliches Bild. Auf ihren buntgezäumten Pferden, überdacht von Baldachinen, umschwärmt von halbnackten Leibeigenen, ritten diese schwarzen Potentaten an der Tribüne vorbei. Sie paradierten unter Helm und Schuppenpanzer, wie sie von den Mameluken Ägyptens zur Zeit der späten Kreuzzüge getragen wurden. In den nördlichen Grenzprovinzen des Tschad war damals bereits der Bürgerkrieg ausgebrochen. Die kriegerischen Tubu des Tibesti-Gebirges hatten sich gegen die unerträgliche Bevormundung durch die früheren Sklavenvölker des Südens, insbesondere gegen die großsprecherischen Sara erhoben. Im streng muselmanischen Grenzraum von Abéché kam es zu sporadischen Partisanen-Überfällen. Die arabisierten Stämme der zentralen Steppenzone bereiteten ebenfalls die bewaffnete Auflehnung vor. Staatschef Tombalbaye hatte französische Truppen, meist Fremdenlegionäre, zu Hilfe gerufen, um den Zerfall seines bunt gescheckten Staatsgebildes zu verhindern. Ein paar Jahre später sollte er von der eigenen Armee gestürzt und ermordet werden.

Am Rande der Festlichkeiten war ich mit einem israelischen Landwirtschaftsexperten ins Gespräch gekommen, der im Süden, im Umkreis von Fort Archambauld, beim Baumwoll-Anbau technische Hilfe leistete. »Lange werde ich meine Tätigkeit hier nicht mehr ausüben können«, meinte er. »Unsere israelische Mission wird wohl demnächst mit Rücksicht auf das Hochkommen des islamischen Fanatismus geschlossen werden. Die Bewegung greift weit über die Grenzen des Tschad hinaus. Es brodelt in Nord-Nigeria. Dort sind die Emmissäre des Libyers Kadhafi bereits am Werk.«

In Nigeria war zu jener Zeit der Biafra-Krieg im Gang, und die Divisionen der nigerianischen Bundesregierung, die sich vor allem unter den muselmanischen Haussa des Nordens rekrutierten, reduzierten den kleinen Separatstaat des Ibo-Generals Ojukwu in tödlicher Umklammerung. Der Untergang Biafras war schon abzusehen. Die Ereignisse in Nigeria seien exemplarisch, fand der Israeli. Da hätte das Ibo-Volk von Ost-Nigeria – die erste wirkliche Nation Afrikas, wie der Präsident der Elfenbeinküste, Houphouët-Boigny, feststellte – sich in Biafra eine christliche Zitadelle schaffen wollen. Sie seien allen anderen Nigerianern – obwohl unmittelbar aus der tiefsten Sippen-Anarchie des Urwaldes gekommen – an technischer und politischer Begabung weit überlegen. Aber unter dem Vorwand der Unverletzlichkeit der von den Briten ererbten Grenzen hole die Regierung von Lagos, in Wirklichkeit die muselmanische Mehrheit des Nordens, zur Vernichtung Biafras aus. Was dem Fulah-Eroberer Osman Dan Fodio im 19. Jahrhundert verwehrt blieb, das würde jetzt von den Haussa-Kommandeuren der nigerianischen Armee nachgeholt. Die Niederwerfung Biafras und des christlichen Ibo-Volkes sei ein versteckter »Heiliger Krieg«, behauptete der Israeli.

Unendlich könnte man spekulieren über die diversen Aspekte des Islam im Schwarzen Afrika. Ich mußte an einen Abend in Ost-Guinea denken. Das lag lange zurück, im Frühjahr 1959. Ich war von Conakry aus zwölf Stunden lang über verrostete Schienen mit dem Triebwagen durch das Futa-Djalon-Gebirge, diesen Wasserturm West-Afrikas, nach Kankan am Oberlauf des Niger gerattert. Kankan galt auch unter der Herrschaft des Marxisten Sekou Touré, der sich anläßlich seiner Unabhängigkeits-Erklärung persönlich mit de Gaulle angelegt hatte, als Heilige Stadt des Islam. Der Name dieser trägen Sahel-Ortschaft gemahnte an jenen schwarzen Mali-Herrscher Kankan-Musa, der im 14. Jahrhundert an der Spitze einer gewaltigen Karawane nach Mekka aufgebrochen war. Seine Kamele waren angeblich so reich mit Gold beladen, daß der jäh gestürzte Kurs des Edelmetalls im Suq von Kairo nach Durchreise Kankan-Musas lange brauchte, um sich zu erholen. Von der Herrlichkeit dieses Mandingo-Königs war in Kankan nichts mehr zu merken. Auf den flachen

Dächern kauerten Aasgeier. Auf den Höckern der Lehm-Moscheen und ihren stachligen Minaretts, die den Taubenhäusern des Niltals gleichen, waren Straußeneier aufgespießt. Die »Demokratische« Einheitspartei Sekou Tourés hatte die Bevölkerung zu spektakulären, aber völlig unsinnigen Gemeinschaftsarbeiten im Namen des Sozialismus aufgerufen.

Am Flußbett des Niger fiel mir eine Gruppe schwarzgekleideter Knaben auf. Sie waren vor kurzem beschnitten worden und verrichteten unter Leitung eines frommen Greises das Abendgebet. Im Freilicht-Kino von Kankan wurde ein ägyptischer Film gezeigt. »Zuhur el Islam – Blumen des Islam« lautete der Titel. Das Martyrium der ersten Gefährten und Anhänger des Propheten in Mekka wurde auf der flackernden Leinwand dargestellt. Das Kino war bis an die Außenmauer zum Brechen gefüllt. Die ausschließlich afrikanischen Zuschauer erbauten sich staunend an der wundersamen Frühgeschichte ihrer Religion. Sie brüllten vor Freude, als die frommen »Ansar« aus Medina endlich über ihre Verfolger siegten. Völlig außer Rand und Band geriet die Zuschauermasse, wenn Bilal auftrat, jener Negersklave, den der Prophet Mohammed freigelassen und aufgrund seiner mächtigen Stimme zum ersten Gebetsrufer, zum Muezzin, berufen hatte. Die Taten Bilals – er zeichnete sich auch durch herkulische Kraft aus – lösten Stürme der Begeisterung aus. In der Figur Bilals, dieses orientalischen Spiritual-Sängers aus der Zeit der Hijra, vollzogen die einfachen Seelen von Kankan die Identifizierung ihrer schwarzen, stets unterdrückten Rasse mit der Gleichheitsbotschaft des Gesandten Gottes aus dem fernen Arabien.

In Erwartung des neuen Mahdi

Dakar, im Herbst 1980

Seit dem Pompidou-Besuch in West-Afrika ist wieder eine Dekade vergangen. Der Nachfolger de Gaulles ist längst zu Grabe getragen, und sein Freund Leopold Sedar Senghor steht im Begriff, die Präsidentschaft von Senegal seinem Gefolgsmann Abdou Diouf, einem Moslem, zu übertragen. Die Nacht ist vorgeschritten, und seit Stunden wird in der kleinen Villa am Rande der Universität des Cap Verde debattiert und palavert. Ich bin der einzige Weiße in dieser Runde schwarzer Intellektueller: Hochschuldozenten, Journalisten, angehende Politiker. »So schlecht wie eure

Studenten in Deutschland ihn machen wollten, war unser Senghor gar nicht«, bemerkt Ibrahim Aw, ein riesiger Wolof, der sich als Hörspiel- und Filmautor einen Namen gemacht hat. »Senghor ist natürlich ein Nachzügler. Aber er war unentbehrlich für den Übergang von der Kolonisation zur Unabhängigkeit.« Ich erkundigte mich nach dem Einfluß der Marxisten der »Parti Africain de l'Indépendance«. Deren Bedeutung sei im Schwinden, lautete die Antwort. »Die Zeit der bedingungslosen Anpassung an den Westen oder an den Norden, wenn Sie den Nord-Süd-Jargon vorziehen, ist vorbei«, erklärte der Arabisch-Lehrer Diallo, der ein weißes islamisches Gewand trug, wie es gelegentlich von den libyschen Konsulatsbeamten zu Werbungszwecken in Westafrika verteilt wird. »Der materielle Fortschritt, diese Zwangsvorstellung des Marxismus, ist für uns doch nur eine zusätzliche Alienation, und die Sowjetunion hat sich schon vor der Afghanistan-Krise als Imperialmacht zu erkennen gegeben. Eine neue Spiritualität, das ist es, was uns fehlt. Die aber finden wir in einem erneuerten, das heißt in einem auf seine Ursprünge zurückgeführten Islam.«

Diallo, von den übrigen Senegalesen des Kreises scherzhaft »Ayatollah« genannt, löste Widerspruch und Heiterkeit aus. Ob er den Missionaren Kadhafis in die Falle gegangen sei, fragte Lamine, der Redakteur eines in Dakar erscheinenden Wochenblattes. Die Araber seien recht zwielichtige Verbündete, kam man in der Runde überein. »Früher haben sie uns auf den Sklavenmärkten verkauft, und heute kaufen sie uns mit ihren Petro-Dollars«, spottete der Journalist und löste wiederum unbändige afrikanische Fröhlichkeit aus. Man scherzte über Idi Amin von Uganda, der sich mit libyscher Unterstützung als Vorkämpfer des Islam aufgeführt hatte, über den blutrünstigen Kaiser von Zentralafrika, Jean Bedel Bokassa, der für klingende libysche Münze vorübergehend zum koranischen Glauben übergetreten war und dabei den pompösen Namen »Saif ul Islam – Schwert des Islam« angenommen hatte. Sogar Präsident Omar Bongo aus dem äquatorianischen Gabun war neuerdings muselmanischer Konvertit. Jetzt waren die libyschen Agitatoren drauf und dran, im benachbarten Gambia Unruhe zu stiften und in Bandjul die kleine Gendarmerie-Truppe dieses einst britischen Zwergstaates, die »Field Force«, aufzuwiegeln. – »Ah ces Anglophones«, hob der junge Abgeordnete Cherif Ndiaye die Hände zum Himmel und gab seine Anekdote zum besten. Sein Vetter Assan Ndiaye – die Gambier gehören in der Mehrzahl dem gleichen Wolof-Volk an wie die Senegalesen – habe gegenüber britischen Besuchern seine ganze Mißachtung für die frankophonen Stammesbrüder von Dakar in einem Kernsatz ausgedrückt: »These senegalese cousins are so awfully continental.«

Auch im Senegal war es zu ersten fundamentalistischen Kundgebungen am Rande der fest etablierten Moslem-Bruderschaften, der »Turuq« gekommen. In der Umgebung von Kaolak, so berichtete Ibrahim Aw, sei ein Sprößling der großen Marabu-Sippe der Nias unter Hausarrest gestellt worden. Es gäre in der Tijaniya und auch in der Qadiriya. Die Ausstrahlungen dieser Unruhen seien bis nach Nord-Nigeria zu spüren, wo die Masse der Gläubigen nach neuen Formen der Frömmigkeit suche. In Kano sei es wiederholt zu blutigen Zusammenstößen mit den Polizeikräften gekommen, die auf Weisung ihrer Fürsten und Emire in die Menge gefeuert hätten. Als ich im Februar 1956 das Haussa-Land entdeckt hatte, ging es an den Höfen des Sultans von Bornu und des Sardauna von Sokoto noch wie im Mittelalter zu. Die Huldigung der Untertanen und der Ausritt zum Freitags-Gebet vollzogen sich in grandiosem, farbenprächtigem Zeremoniell. Auch dort war offenbar die überlieferte Ordnung erschüttert. Die massiven muselmanischen Ballungszentren Nord-Nigerias standen an der Schwelle des unkontrollierten Aufbruchs. Wohin diese ungewissen Tendenzen steuerten, die im Tschad bereits im Chaos des Bürgerkrieges explodiert waren, die sich im Sudan von Khartum im Wiedererstarken der Mahdia-Bruderschaft ankündigten, wußte keiner meiner senegalesischen Diskussionspartner zu deuten.

Diallo, der »Ayatollah« unserer Runde, war gerade von einer Reise aus Ost-Afrika zurückgekehrt. Er hatte ein paar Wochen in Dar-es-Salam verbracht und einen Abstecher nach Sansibar unternommen. Meine Erinnerungen an Sansibar lagen um ein Vierteljahrhundert zurück. Damals wurde die Gewürz-Insel, die 1890 vom Wilhelminischen Reich gegen Helgoland an die Briten ausgetauscht worden war, noch von einer arabischen Aristokratie aus Maskat regiert. Wenige Jahre später sollten die Söhne der Negersklaven, in der radikalen »Afro-Shirazi«-Partei organisiert, die Macht an sich reißen und ihre hellhäutigen Feudalherren aus Süd-Arabien in einem unerbittlichen Pogrom massakrieren. Die Moslems von Maskat gehören heute noch der ibaditischen Richtung des Islam an, auch »Kharidschiya«, die »Partei des Austritts« genannt, weil ihre Anhänger sich zur Zeit des Erbfolge-Streites nach dem Tod des Propheten von Sunna und Schiia distanziert und sich geweigert hatten, für Ali oder Moawiya Stellung zu beziehen.

Von der früheren Macht der »Khawaridsch«, die vorübergehend den Maghreb beherrscht hatten, waren nur ein paar winzige Restpositionen übriggeblieben. Darunter befanden sich die südalgerische Oasengruppe des Mzab, die tunesische Insel Djerba sowie – bis zum Aufstand der früheren Negersklaven – das Sultanat Sansibar, wo die Ibaditen von Oman und Maskat sich nach dem Schrumpfen des portugiesischen Imperiums im Indischen Ozean etabliert hatten. Diese Araber hatten sich nicht damit begnügt, die Gewürznelken zu kommerzialisieren. Sie hatten Sansibar zum größten Sklavenmarkt des schwarzen Erdteils gemacht. In ganz Ost-Afrika – bis zu den Großen Seen, ja bis zum Oberlauf des Kongo – hatten sie, bis zur Ankunft der europäischen Kolonisatoren, die schwarze Arbeitskraft gejagt, in Ketten gelegt, in endlosen, mörderischen Karawanen an die Küste getrieben. Diallo stritt diese schmachvolle Vergangenheit, die auch durch die exemplarische Rolle des Muezzin Bilal nicht aufgewogen werden konnte, keineswegs ab. Aber als die Sprache auf den christlichen Staatschef von Tansania, Julius Nyerere, kam, fand der »Ayatollah« zu seinen islamischen Vorurteilen zurück. Er mokierte sich über den »Mwalimu« Nyerere, für dessen Weisheit so manche Europäer schwärmten. »Da wird in Dar-es-Salam immer von der Rückkehr zur afrikanischen Ursprünglichkeit geredet und das Suaheli als die Sprache der schwarzen Unabhängigkeit, des ›Uhuru‹, zelebriert«, erhitzte sich Diallo. »Wissen Sie, was das Suaheli-Idiom in Wirklichkeit ist: Ein arabisches Pidgin, die Umgangssprache der arabischen Sklavenhändler. Nyerere bezeichnet sich als den ›Mwalimu‹ seiner Nation. Im Arabischen heißt der Lehrer ›muallim‹. Das berühmte Wort ›Uhuru‹ kommt ebenfalls aus dem Arabischen, von ›hurreya‹, die Freiheit. ›Safari‹ ist von ›safar‹, die Reise, abgeleitet und ›Askari‹ von ›askar‹, der Soldat. Nyerere bildet sich viel auf sein mißglücktes Kollektivierungs-Experiment, auf die ›Ujamaa‹ ein, aber auch dieser Ausdruck ist dem arabischen Begriff für Versammlung ›el jamaa‹ entliehen.« – »Toute civilisation est métissage«, zitierte Ibrahim Aw seinen Präsidenten Senghor und hatte die Lacher auf seiner Seite. Ich gab eine persönliche Begegnung mit Felix Houphouet-Boigny, dem Präsidenten der Elfenbeinküste, zum besten. Ich hatte ihn zu den negativen Nachwirkungen der weißen Fremdherrschaft befragt, und der alte Staatschef von Abidjan hatte ohne jeden Komplex geantwortet: »Warum sollen wir uns der Kolonisation schämen; schämen sich denn die Einwohner von Köln, daß ihre Stadt einmal Colonia Agrippinensis hieß?«

In Begleitung Lamines trat ich den Heimweg zum Hotel »Teranga« an. Vom Atlantik kam der Nebel in dichten Schwaden auf. Wir mußten die Scheibenwischer anstellen. Wir begegneten einer Kolonne französischer

Armee-Lastwagen, und ich erkannte die roten Bérets der Fallschirmjäger, die weiterhin am Cap Verde eine strategische Stellung hielten. Die Militärpräsenz der Franzosen auf afrikanischem Boden sei natürlich ein Anachronismus, bemerkte mein langjähriger senegalesischer Bekannter, der vor ein paar Jahren noch kräftig dem Alkohol zugesprochen hatte und sich neuerdings an die koranische Enthaltsamkeit hielt. »Aber die Russen täuschen sich, falls sie hoffen, bei uns irgendwelche Positionen gewinnen zu können. Unser Nachbar Sekou Touré hat seine Erfahrungen mit Moskau gemacht. Jetzt ist Paris wieder der privilegierte Partner in Conakry. Der alternde Marxist und Revolutionär Sekou wird immer häufiger von seinen Genossen bei Anwandlungen islamischer Frömmigkeit überrascht.«

Ich erzählte Lamine von meiner Begegnung mit einem sowjetischen TASS-Korrespondenten in Djibuti, kurz bevor dieser Zwergstaat am entgegengesetzten, östlichen Horn Afrikas seine Unabhängigkeit feierte. Wir hatten im »Palmier de Zinc« zwanglos geplaudert, gemeinsam über die unerträgliche Hitze geschimpft und kräftig gezecht. Am Ende fragte ich den Russen, warum seine Regierung sich so vorbehaltlos – sogar unter Einsatz kubanischer Regimenter – auf seiten der Äthiopier engagiert habe. Durch diese Unterstützung der christlichen Amhara und Galla – oder Oromo, wie man sie jetzt nannte – würde Moskau doch Gefahr laufen, langfristig die ganze islamische Umgebung gegen sich aufzubringen. Ob es sich rentiere, die Derg-Führung des Oberst Mengistu Haile Mariam von Addis Abeba zum Marxismus bekehrt zu haben. Der russische Kollege musterte mich mit whisky-getrübtem Blick. Er begann einen historischen Exkurs über den Einfall der wilden Horden des sudanesischen Mahdi im 19. Jahrhundert. Damals waren die muselmanischen »Ansar« bis ins Herzland Äthiopiens, an den Tana-See vorgestoßen und hatten die Königstadt Gondar verwüstet. »Mit unserer Ideologie können wir bei den Moslems ohnehin nicht viel ausrichten«, sagte der TASS-Korrespondent. »Und schließlich sind wir Russen. Wir haben unsere nationale Tradition. Denken Sie nur an die Balkan-Kriege gegen die Türken. Wir können doch diese koptischen Christen in ihrer geographischen Isolation nicht ganz im Stich lassen.«

AFGHANISTAN –
DER VERGESSENE KRIEG

> *»Ergreife dein Maschinengewehr! So verehrst du
> das Blut unserer Märtyrer. Zerstöre die Paläste
> der Unterdrücker! Dann wirst du mit Hilfe Allahs
> siegen. Vernichte die Partei des Teufels!«*

Afghanisches Kriegslied

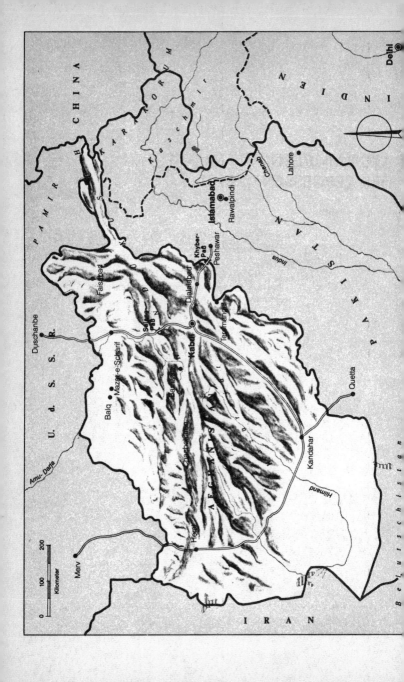

Mord im Königspalast

Im Treppenhaus und im großen Sitzungssaal des früheren Königspalastes, der jetzt »Haus des Volkes« heißt, sind die frischen Einschläge von Schüssen zu sehen. Der heruntergebröckelte Mörtel ist noch nicht beiseite gefegt. Im Innenhof – hinter den Schutzmauern und den zinnenbewehrten Türmen – stehen Panzer vom Typ T 54 zum Einsatz bereit. Die Soldaten, die am Eingang unsere Papiere prüften und uns nach Waffen abtasteten, trugen erdbraune, abgeschabte Uniformen.

Hafizullah Amin, der am 15. August, also vor knapp einem Monat erst, unter dramatischen Umständen die Macht über Afghanistan an sich gerissen hat, fand sich überraschend bereit, die in Kabul anwesenden Journalisten zu empfangen. Er war bis Mitte August Premierminister unter dem Staatspräsidenten und Parteivorsitzenden Mohammed Nur Taraki gewesen. In Wirklichkeit galt Hafizullah Amin seit dem prosowjetischen Putsch im April 1978, seit der sogenannten »Saur-Revolution«, als der starke Mann von Kabul, auch wenn er in den offiziellen Verlautbarungen stets als »treuer Gefolgsmann« und »gelehriger Schüler« des Vorsitzenden Taraki bezeichnet wurde. Diese zwei Kommunisten an der Spitze der »Demokratischen Republik Afghanistan« gehörten beide dem Volk der Paschtunen und der radikal-marxistischen Partei »Khalq« an. Von Charakter und Temperament her waren sie grundverschieden. Mohammed Nur Taraki, dessen Bild noch bei meinem letzten Besuch in Kabul vor einem Jahr jedes offizielle Gebäude, jede Amtsstube und jede leere Wand geziert hatte, war – wie es hieß – Sohn armer Hirten, ehe er mit viel Fleiß und Ehrgeiz studierte, Lehrer wurde und sich dann paradoxerweise vorübergehend als Dolmetscher an der amerikanischen Botschaft anstellen ließ. Daneben war Taraki ein Dichter geblieben, der in seinen Versen dem sozialen Fortschritt huldigte, den Feudalismus verdammte und die Sonne der marxistisch-leninistischen Revolution für sein rückständiges Heimatland am Hindukusch herbeisehnte.

Daß sein Wunsch sich jemals so radikal verwirklichen würde, hatte er wohl selbst nicht zu träumen gewagt. Es hatte des staatsmännischen Unvermögens und der Borniertheit des Präsidenten Daud bedurft, der erst vor fünf Jahren seinen königlichen Vetter Schah Mohammed Zaher ins Exil gejagt hatte, um der winzigen pro-sowjetischen Fraktion zum Sieg zu verhelfen. Präsident Daud hatte mit seinen rücksichtslosen Herrschaftsmethoden fast alle politischen Kräfte – von den islamischen Fundamentalisten bis zu den Linksradikalen – gegen sich aufgebracht. Er war naiv genug gewesen, sich von einer einseitig engen Bindung an die Sowjetunion, deren nachbarliches Übergewicht ohnehin auf Afghanistan lastete, die Konsolidierung seiner Macht zu erhoffen. Insbesondere die afghanische Armee war durch die Ausrüstung mit sowjetischen Waffen und die Präsenz von 1 500 russischen Militärberatern – dazu kamen fünftausend zwielichtige Zivil-Experten aus dem Sowjetreich – in eine fatale Abhängigkeit von Moskau geraten. Als Daud endlich erkannte, daß die systematische Bevorzugung der linksradikalen Opposition Afghanistans für ihn selbst zur Gefahr wurde, daß der feudalistische Traditionalismus, der korrupte Nepotismus, die mit seinem Namen assoziiert waren, von den marxistischen Sozialrevolutionären eines Tages abgeschüttelt würden, hatte er die Mehrzahl dieser potentiellen Regimegegner wieder einmal verhaften lassen.

Was stellten diese pro-sowjetischen Gruppen – »Khalq« oder »Volkspartei«, »Parcham« oder »Partei der Flagge« – in Wirklichkeit schon dar? Gemessen an den religiösen Fanatikern der »Hezb-e-Islami« , die in Afghanistan einen theokratischen Staat gründen wollten und deren Aufstand Daud im Jahre 1974 erbarmungslos zerschlagen und dezimiert hatte, handelte es sich bei den Marxisten um »intellektuelle Clubs«, wie man in Kabul spottete. Wenn es insgesamt zehntausend »Khalqi« und fünftausend »Parchami« im ganzen Land gab, dann hatte man schon sehr hoch geschätzt. In der Nacht des 18. April 1978, als die Hauptstadt plötzlich vom Lärm des Straßenkampfes widerhallte und die Gefängnistore aufgerissen wurden, befürchteten die inhaftierten Linksoppositionellen, sie würden zu einer überstürzten Massenexekution abgeschleppt. Das Gegenteil war eingetreten. Präsident Daud war seinerseits Opfer eines Militär-Coups geworden. Die progressistischen Offiziere, die sich gegen die Willkürherrschaft Dauds auflehnten, waren nur zu einem ganz geringen Teil Kommunisten; die meisten waren ehrliche, reformfreudige

Nationalisten, die Afghanistan aus seiner mittelalterlichen Rückständigkeit herausführen wollten. Der tödliche Fehler dieser Militärs bestand wohl darin, daß sie dieses löbliche Ziel im Verbund mit den Anhängern der marxistischen und pro-sowjetischen Parteien erreichen wollten. Sie hatten das ideologische Training, die agitatorische Erfahrung und vor allem die konspirativen Fähigkeiten dieser kleinen Kader-Gruppen unterschätzt, die binnen kürzester Frist das Königreich Afghanistan in eine strikte Volksdemokratie und einen ergebenen Verbündeten, ja Vasallen der Sowjetunion verwandelten.

Von Anfang an stand die Saur-Revolution im Zeichen tödlicher Fraktionskämpfe. Taraki und Amin an der Spitze ihrer »Khalq«-Partei sorgten zunächst dafür, daß jene umstürzlerischen Offiziere, denen sie alles verdankten, deren Reformismus ihnen jedoch viel zu lasch und nationalistisch erschien, ihren Einfluß verloren oder kurzerhand umgebracht wurden. Aber auch die kleinere Intellektuellen-Partei »Parcham«, deren Mitglieder sich meist aus den Söhnen und Töchtern der Bourgeoisie von Kabul rekrutierten, war den machtbesessenen Khalqi zutiefst suspekt. Die Parcham-Führer, an ihrer Spitze ein gewisser Babrak Karmal, verdankten nur den sowjetischen Freunden ihr nacktes Überleben. Sie wurden zunächst als Botschafter in die Hauptstädte des Ostblocks geschickt, später auch dieses diplomatischen Alibis beraubt und offiziell verfemt. Unter den politischen Gegnern aller Couleurs setzte nach der sozialistischen Siegesproklamation ein schreckliches Morden ein. Der Dichter Mohammed Nur Taraki regierte mit Heimtücke und ideologischer Verbohrtheit hinter der Maske väterlichen Wohlwollens. Die offiziellen Ziele der Saur-Revolution, die jetzt im Sturmschritt angestrebt wurden, erschienen durchaus anerkennenswert: Frauenemanzipation, Bodenreform, Zerschlagung der feudalistischen Stammesstrukturen, Alphabetisierung der Massen. Aber die Methoden, mit denen diese guten Absichten verwirklicht werden sollten, waren mörderisch, brutal und stalinistisch. Der »getreue Schüler« Hafizullah Amin stellte den abscheulichsten Terror in den Dienst des sozialistischen Fortschritts. In einem zutiefst islamischen Land wurde verfügt, die bisherigen Landesfarben Schwarz-Rot-Grün – die grüne Komponente symbolisierte das muselmanische Bekenntnis – durch die monochrom rote Flagge zu ersetzen. Die Reformbewegung artete in Vergewaltigung und systematische Zerstörung aller überlieferten Werte aus. Zu einer Stunde, da im benachbarten Iran die Modernisierungspolitik des Pahlevi-Regimes durch das Aufkommen des islamischen Traditionalismus schach- und mattgesetzt worden war, versuchten ein paar Ideologen des Marxismus-Leninismus an den Hängen des Hindukusch das Rad der Geschichte, das sich unaufhaltsam auf den religiösen Fundamentalismus zu bewegte, auf die Stunde des westlichen, atheistisch inspirierten Materialismus zurückzudrehen.

Das Resultat ließ nicht auf sich warten: Die Armee, die sich im wesentlichen aus Söhnen von Bauern und Tagelöhnern zusammensetzte, war zutiefst verunsichert. Die Mullahs prangerten die Frauenemanzipation in ihren Predigten als Sittenverfall und gottlosen Frevel an. Der gewaltsame Eingriff städtischer Intellektueller in die organisch gewachsenen Feudalstrukturen auf dem Lande führten zur abwehrenden Rückbesinnung auf die Stammessolidarität. Sogar die Schulen mitsamt ihren progressistisch orientierten Lehrern galten als Instrumente des Teufels. Alle Erneuerungsmaßnahmen standen nämlich im Zeichen einer hemmungslosen Unterwerfung unter die sowjetische Bevormundung, einer schamlosen Preisgabe der afghanischen Unabhängigkeit. Die Saur-Revolution hatte kaum vier Monate die rote Fahne gehißt, da organisierte sich schon der bewaffnete Widerstand in den entlegenen Gebirgstälern, und der Islam wurde zum Kristallisationspunkt einer ansonst recht nebelhaften nationalen Identität der Afghanen.

Man wird lange noch darüber rätseln, ob die Russen die effektiven Drahtzieher und Akteure der Saur-Revolution gewesen sind. Wenn Präsident Daud tatsächlich in den letzten Wochen seiner Herrschaft die Gefahr einer zu engen Bindung Afghanistans an Moskau erkannt haben sollte – womit sich sein schlagartiges Vorgehen gegen die Linksopposition erklären ließe –, dann hätte der Kreml immer noch in Kabul über zahllose Druckmittel verfügt, Afghanistan auf einen streng neutralen, gemäßigt pro-sowjetischen Kurs zu bringen, zumindest am Hindukusch eine gewisse »Finnlandisierung« zu erzwingen. Damit hätte sich das sowjetische Sicherheitsbedürfnis in Zentralasien durchaus zufrieden geben können. Wie es dann wirklich zur Ermutigung des extremen Flügels der »Saur«-Bewegung durch die Russen kam, wird weiterhin ein Geheimnis bleiben. Vielleicht waren die sowjetischen Asien-Experten zu sehr die Gefangenen ihrer eigenen Ideologie, um einen Fehlschlag der Weltrevolution in einem so entlegenen Land überhaupt in Betracht zu ziehen. Vielleicht wollten die örtlichen Armee-Berater und KGB-Agenten – ohne präzise Rücksprache mit der Zentrale – die unverhoffte Chance nutzen, ein Territorium von hervorragender strategischer Bedeutung ihrem Glacis einzuverleiben. Vom afghanischen Balkon aus beherrscht Moskau theoretisch die Zugänge zum indischen Subkontinent. Gleichzeitig schob sich das russische Imperium um eine entscheidende Wegstrecke an den Persischen Golf, seine Erdölquellen, an jene warmen Meere des Südens heran, von denen schon das Zarenreich geträumt hatte. Doch kann es nicht lange gedauert haben, bis die realistischen Analytiker innerhalb der sowjetischen Führung bedauern mußten, jenen militärischen und ideologischen Aktivisten, die bei der Errichtung der afghanischen Volksdemokratie mitgewirkt hatten, grünes Licht gegeben zu haben.

Seit dem 15. August 1979 war die Saur-Revolution um eine zusätzliche Moritat bereichert. Regierungschef Hafizullah Amin, der allein im Monster-Gefängnis Pul-e-Scharki zwischen zehn- bis fünfzehntausend politische Verdächtige inhaftiert hatte und viele tausend Gegner hinrichten ließ, war in allen Bevölkerungsschichten so verhaßt geworden – er wurde grimmig als »Scheitan«, als »Teufel« bezeichnet –, daß die russischen Protektoren auf seine Ablösung sannen. Der bewaffnete Widerstand hatte auf sämtliche Provinzen Afghanistans übergegriffen. Allein in der Provinz Paktia waren angeblich zweihundert Panzerfahrzeuge der Regierungsstreitkräfte vernichtet worden. Ganze Bataillone dieser Armee liefen zu den Mudschahidin, zu den »Kämpfern des Heiligen Krieges«, wie sie sich inzwischen vorstellten, über. Die Sowjets suchten nach einer Ersatzfigur für den zutiefst unpopulären Amin, und es fiel ihnen kein Besserer ein als die heuchlerische Vaterfigur, als der Pseudo-poet Taraki, der gerade an der Konferenz der blockfreien Nationen in Havanna teilgenommen hatte und auf der Rückreise nach Kabul in Moskau Station machte. Dort wurde Taraki von Leonid Breschnew demonstrativ vor den Fernsehkameras abgeschmatzt und als besonderer Liebling des Kreml deklariert. Insgeheim hatten die russischen Sicherheitsexperten bereits ein Komplott ausgeheckt, um den hinderlichen Hafizullah Amin durch einen Mordanschlag anläßlich einer internen Parteisitzung auszuschalten. Taraki würde daraufhin das Tempo der Bolschewisierung verlangsamen, einen Teil der Gefangenen entlassen und – unter Beibehaltung der totalen Abhängigkeit von Moskau – einen behutsamen sozialistischen Kurs ansteuern.

Doch es kam alles ganz anders. Hafizullah Amin war offenbar gewarnt worden und erwies sich – zur großen Überraschung der Pistolenhelden des KGB – als »the fastest gun in the East«. Ein ergebener Offizier, Major Tarun, hatte Amin mit seinem eigenen Leibe gedeckt und war dabei tödlich getroffen worden. Amin blieb unverletzt. Taraki hinge-

gen und sein Mord-Kommando blieben im Feuer der geistesgegenwärti-
gen Amin-Anhänger liegen. Über Nacht war Hafizullah Amin Staats-
und Parteichef in Kabul geworden. Er hatte zweifellos den harten Kern
der zu allem entschlossenen »Khalqi« hinter sich. Dieser Polit-Abenteu-
rer war ebensowenig wie Mohammed Nur Taraki jemals durch eine
sowjetische Kader-Schule gegangen. Er hatte als junger Mann einen
Masters-Degree als Pädagoge an der Columbia University von New York
erworben, ehe er in seine Heimat zurückkehrte und die Führung des
radikalsten marxistisch-leninistischen Flügels übernahm. Hafizullah
Amin galt als undurchsichtiger, verschlagener Verschwörer. Selbst seine
Todfeinde sprachen ihm den Löwenmut und eine gewisse nationalistische Grundüberzeugung jedoch nicht ab, und gerade diese Neigung
hatte ihn in den Augen der Russen zusätzlich verdächtig gemacht.

Im Namen eines sehr hypothetischen afghanischen Nationalkommu-
nismus hatte Hafizullah Amin dem Kreml erfolgreich getrotzt. Kein
Wunder, daß an diesem 25. September 1979 die internationale Presse
zusammenströmte und im düsteren Konferenzsaal des »Volkshauses«
dem Auftritt des zwielichtigen Polit-Killers mit äußerster Spannung entgegen sah. Die Erwartung wurde nicht enttäuscht. Hafizullah Amin kam
mit schwerer Eskorte. Die Leibwächter in Zivil und Uniform trugen die
Kalaschnikow schußbereit. Die afghanischen Presseleute klatschten
pflichtgemäß beim Auftreten des roten Diktators. Auch die anwesenden
sowjetischen Kollegen – sie stellten das gewichtigste Kontingent – ent-
blödeten sich nicht, diesem Potentaten Beifall zu spenden, der eben erst
dem Mordanschlag des KGB um Haaresbreite entronnen war. Hafizullah
Amin war ganz anders, als ich ihn mir vorgestellt hatte. Der stämmige
Mann trat uns lächelnd und selbstsicher entgegen. Er wirkte in keiner
Weise verklemmt. Unter anderen Umständen hätte man ihn fast sympathisch gefunden. Die Journalistenrunde schüchterte ihn keineswegs ein.
Wir hatten es hier mit einem knallharten zentralasiatischen »Mafioso«zu
tun, der die Situation auf unerklärliche Weise genoß. Er setzte sich an
den Konferenztisch und sah den Korrespondenten herausfordernd ins
Auge. »Der Scheitan hat Mut«, flüsterte mir ein amerikanischer Kollege
zu. Das Profil dieses starken Mannes von Kabul war wie in Stein
gehauen. Hafizullah Amin strotzte vor Kraft.

Seine kurze einleitende Erklärung über die jüngsten Gnadenmaßnah-
men, die er einer Anzahl politischer Häftlinge gewährt hatte, leitete er
mit der rituellen Anrufung »Allahs des Barmherzigen« ein. Dann nahm
er in der Haltung eines Catchers die Herausforderung der Pressekonfe-

renz an. Nach der Zahl der Opfer der Saur-Revolution gefragt, antwortete er, ohne mit der Wimper zu zucken, daß niemand ohne schlüssige Beweise verhaftet worden sei und daß es ordentliche Gerichte für die Schuldigen gäbe. Wie lange die Kämpfe mit den afghanischen Aufständischen wohl dauern würden, ob er ein Ende des Partisanenkampfes absehe, wollte ich wissen. »Das müssen Sie die Konterrevolutionäre selbst fragen«, lautete die knappe Antwort. Und welche Kräfte sich hinter diesem Widerstand befänden, fragte ich weiter. Da sah er mich fest an und lachte ungezwungen. »Das wissen Sie doch selbst.« Später holte er zu einer langatmigen Attacke gegen »Amnesty International« aus. Diese Organisation verbreite nur Lügen, genauso wie Radio Peking, genauso wie der pakistanische Rundfunk, die »Voice of America«, die »Deutsche Welle« und – last not least – die BBC.

Das Interesse der Journalisten konzentrierte sich natürlich auf die Person des verschwundenen Präsidenten Mohammed Nur Taraki, dessen Schicksal in dieser Stunde noch ungeklärt war, wenn auch die Kugeleinschläge an den Wänden deutliche Hinweise gaben. Taraki sei krank, verkündete Hafizullah Amin, »der treue und folgsame Schüler«, mit einem seltsamen Lächeln. Taraki befände sich im Krankenhaus. Wie krank Taraki sei? Das könne er nicht beantworten. An welcher Krankheit Taraki leide? – Da geschah das Unglaubliche. Hafizullah Amin brach in schallendes Gelächter aus und blinzelte der Journalistenrunde zu: »I am not a doctor after all – Ich bin doch kein Arzt!« Nach einer kurzen Pause fügte er hinzu: »Wer sich gegen das Volk stellt, muß mit allem rechnen. Wehe dem, der seine Größe in der Erniedrigung des Volkes sucht!«

Beim Verlassen des alten Königspalastes waren die russischen Kollegen auf unsere Scherze nicht ansprechbar. Ich mußte an ein Gespräch denken, das ich ein Jahr zuvor im Sommer 1978 mit dem damaligen deutschen Botschafter Hoffmann in dessen Kabuler Residenz geführt hatte. Hoffmann war gerade von der Zusammenkunft mit seinem sowjetischen Kollegen Puzanow zurückgekehrt. Botschafter Puzanow war Mitglied des Zentralkomitees der KPdUSSR. »Die Russen wissen offenbar auch nicht mehr ganz, woran sie mit der sogenannten Saur-Revolution sind«, berichtete Hoffmann. »Als ich Puzanow auf die Rivalitäten zwischen Khalqi und Parchami ansprach, hat er die Hände zum Himmel gehoben und geantwortet: ›Das ist alles schwer erklärlich. Wir Christen bleiben eben Außenseiter in diesem fremden muselmanischen Land, und vieles bleibt uns verschlossen.‹ – ›Wir Christen‹ hatte der Mann aus dem Moskauer Zentralkomitee gesagt.«

Wir wollten über Land fahren. Ein junger sympathischer Fernsehreporter von »Afghan Films« namens Feroz begleitete unseren Kameramann Baldur und mich ins Innenministerium. Dort wollten wir die Erlaubnis einholen, bis Mazar-e-Scharif im Norden zu reisen. Wir geduldeten uns vor einer Schreibstube in dem geräumigen Hof, wo viele weinende Frauen auf Nachricht von ihren verschollenen Männern warteten. Die Formalitäten gingen zügiger vonstatten als erwartet. Was bewegte wohl den Diktator Amin, ausgerechnet einem Fernsehteam aus der Bundesrepublik, das sich in Teheran ein harmloses Touristenvisum erschlichen hatte, die Drehgenehmigung und den »Propusk« bis fast an die Grenze zur Sowjetunion zu erteilen? Schon damals gingen Gerüchte, Hafizullah Amin strecke angesichts seines unvermeidlichen Zerwürfnisses mit Moskau Fühler nach Peking, Islamabad und vielleicht sogar nach Westen aus. Zwei blonde Russen in Zivil, zweifellos Sicherheitsexperten des Innenministeriums, musterten uns argwöhnisch. Bevor wir mit unserem kostbaren Dokument den Gebäudekomplex verließen, sprach uns ein hoher afghanischer Polizei-Offizier mit goldenen Tressen auf Mütze und Schultern in fast perfektem Deutsch an. »Fahren Sie schnell aus Afghanistan weg«, riet er uns mit Galgenhumor, »sonst werden Sie auch noch vernichtet.«

Tatsächlich versank ein großer Teil des Landes in Anarchie, wie wir bei einem Gang durch den Basar und beim Besuch der Freitags-Moschee erfuhren. Im Gespräch betonten wir ständig, daß wir keine Sowjets, keine »Schurawi«, seien, denn vor ein paar Tagen war in Kandahar – eine Stadt, die der Regierungskontrolle weitgehend entglitten war – ein Dutzend Russen von der rasenden Menge massakriert und entsetzlich verstümmelt worden. Die Armeegarnisonen hätten sich angeblich im Landesinnern gegen das rote Regime der » Demokratischen Volkspartei« – wie die »Khalq« sich neuerdings offiziell nannte – erhoben. In Pul-e-Scharki und in umliegenden Gefängnissen seien allein in den letzten Wochen dreitausend Häftlinge erschossen worden. Auch die deutsche Kolonie hatte unter den Wirren gelitten. Zwei Lehrerfamilien der renommierten deutschen Amani-Schule waren bei einem Picknick im Ausflugsort Paghman, etwa zwanzig Kilometer von Kabul entfernt, überfallen und getötet worden. Wer für diesen Anschlag verantwortlich war, die Mudschahidin, die die Deutschen vielleicht für Russen gehalten hatten, oder ganz gewöhnliche Banditen, die sich die wachsende Unsicherheit zunutze machten, blieb ungeklärt.

Bei Sonnenaufgang erwarteten uns zwei Limousinen der »Afghan

Tours« vor dem Hotel » Intercontinental«. Der Fernsehkollege Feroz, der lange in England gelebt hatte, war von zwei Chauffeuren begleitet, die alles andere als vertrauenserweckend wirkten, mächtigen Gorillas mit dem breiten Stalin-Schnurrbart, der als inoffizielles Kennzeichen der Khalq-Anhänger galt. Die Seitentaschen dieser Begleiter waren durch schwere Schießeisen ausgebeult. Der eine hatte in Deutschland, in der Gegend von Mannheim, gearbeitet und sprach ein leidliches Deutsch. Durch malerische orientalische Marktszenen fuhren wir schnurstracks nach Norden. Zwischen Kabul und Scharikat erstreckten sich endlose Obstgärten zu beiden Seiten der Straße. Alle zehn Kilometer wurden wir von Militärsperren angehalten, die unsere Papiere kontrollierten. Die afghanischen Soldaten trugen abgerissene Uniformen und machten einen verwilderten Eindruck. In Teheran hatten mir vor der Abreise die zuständigen Militärattachés von einer straffen Disziplinierung dieser afghanischen Armee durch das sowjetische Ausbilder-Corps berichtet. Davon war nichts zu merken. Zwischen den Gehöften entdeckten wir eine Anzahl altertümlicher Panzer vom Typ T 34.

Links zweigte die Schotterstraße nach Bamiyan ab. Vor einem Jahr war ich hier abgebogen, um die Mondlandschaft des Hazaradjat zu entdecken. Durch abenteuerliche Felsschluchten, die meist nur einen schmalen Spalt blauen Himmels freigaben, hatten wir nach mehrstündiger Fahrt den Flecken Bamiyan erreicht. Wir hatten unsere Route bis zu den glasklaren Seen von Band-e-Amir fortgesetzt. Dort herrschte damals noch ungetrübtes Camping-Leben. Die frühe Dämmerung lag über dem Tal von Bamiyan, als ich aus meiner komfortablen Hotel-Jurte trat. Die roten Morgenstrahlen tasteten die kahlen Felsen über den winzigen grünen Feldern ab, und plötzlich leuchteten die Buddha-Statuen auf, Denkmäler pharaonischen Ausmaßes, die mit elegantem, fast hellenistischem Faltenwurf der Toga in den Berg gemeißelt waren. Die Köpfe dieser falschen Götter aus dem indischen Subkontinent waren von den muselmanischen Eroberern zerschmettert worden. Das milde Lächeln Gautamas war den eifernden Bilderstürmern aus Arabien zum Opfer gefallen. In der hohen Steilwand schichteten sich zahllose Höhleneingänge wie Bienenwaben übereinander. Hier hatten die buddhistischen Mönche meditiert, ihre Sutren geleiert und das Nirwana angestrebt. An diesem Ort hatten sich orientalische Mystik und hellenistischer Ästhetizismus in seltenem Einklang verschmolzen.

Zur Rechten entdeckte ich eine rosa aufleuchtende Trümmerstadt. Hier waren im dreizehnten Jahrhundert die Mongolen des Dschingis

Khan eingefallen, hatten alles zerstört. Unter den Hufen ihrer Pferde
schien kein Gras mehr zu wachsen. Aber einige Nachkommen des wilden Steppenvolkes waren offenbar in diesem abgeschiedenen Tal des
ewigen Reitens müde geworden. Sie hatten sich im Umkreis von Bamyan
seßhaft gemacht. Die Gesichter der örtlichen Bevölkerung, tiefbraun
gefärbt, mit engen Schlitzaugen und hohen Backenknochen, waren rein
mongolisch. »Hazara« wurden sie von den übrigen Afghanen genannt.
»Hazara« ist das persische Wort für »Tausend« in Erinnerung an jene
Tausendschaft, die sich an dieser Stelle niedergelassen und inzwischen
von der gesamten Felswüste im Herzen Afghanistans Besitz ergriffen
hat. Wie es so oft den erfolgreichen, aber primitiven Eroberern passiert,
so waren auch die Mongolen des Hazaradjat sehr bald wieder aus ihrer
beherrschenden Stellung von der altangestammten Urbevölkerung dieses Gebirgslandes verdrängt worden. Im Lauf der Jahrhunderte war aus
den stolzen Hazara des Dschingis Khan ein Haufen von Leibeigenen,
Tagelöhnern und Hilfsarbeitern geworden. Sie gerieten in eine fast skla-
vische Abhängigkeit von den arischen Paschtunen, die sich von altersher
als Herrenrasse empfanden und im modernen Afghanistan die Rolle des
Staatsvolkes an sich rissen. Sowohl die Feudal-Oligarchie im Umkreis der
Königsfamilie als auch die marxistischen Ideologen der Saur-Revolution
gingen fast ausnahmslos aus den eitlen, untereinander rivalisierenden
Paschtunen-Stämmen hervor.

Mit dem roten Umsturz in Kabul schlug seltsamerweise auch die
Stunde der Hazara. Diese Mongolen hatten sich durch irgendeinen
Zufall der Geschichte vor Jahrhunderten zum schiitischen Zweig des
Islam bekehrt, was ihnen von seiten der sunnitischen Paschtunen zusätzliche Geringschätzung einbrachte. Aber seit im benachbarten Iran der
Ayatollah Khomeini die Anhängerschaft Alis mit neuem, heiligem Elan
beflügelte, hatten auch die Hazara Selbstbewußtsein gefaßt. Mit wenigen Ausnahmen galten sie bisher als eine Art Unterproletariat, als die
»under dogs« Afghanistans. Ihre Söhne dienten als einfache Muschkoten
unter dem Kommando paschtunischer Offiziere. Sie hätten – der Klas-
senkampf-Theorie zufolge – spontane Anhänger des sozialistischen
Umschwungs der Khalqi und Parchami sein müssen. Doch genau das
Gegenteil trat ein. Die Nachfahren des Dschingis Khan kapselten sich in
ihrer urweltlichen Gebirgswelt am Hindukusch ab. Ihre Mullahs predigten den Heiligen Krieg gegen die gottlosen »Kufara« aus Kabul. Die Agitatoren der »Demokratischen Volkspartei« und die progressistischen
Schulmeister, die sich ins Hazaradjat wagten, um dort die sozialen Ver-

hältnisse umzukrempeln, wurden von der frommen schiitischen Bevölkerung erschlagen. Spätestens seit dem Frühjahr 1979 war das gesamte Hazaradjat zu einem Bollwerk des islamischen Widerstandes gegen den roten Atheismus geworden. Unter den Angehörigen dieser mongolischen Minderheit in Kabul und deren Klerus hatten die Schergen Hafizullah Amins besonders blutig gewütet.

Im August 1979 konnte deshalb nicht mehr die Rede davon sein, in Richtung Bamiyan abzuzweigen. Selbst unsere beiden Aufpasser mit dem Stalin-Schnurrbart gaben das unumwunden zu. Die Asphaltstraße schraubte sich in Haarnadelschleifen zum Salang-Paß hoch. Die Lastwagen, die wir überholten, waren knallbunt bemalt. Mit Silberblech waren sie zu phantastischen Karossen ausgebaut. Immer wieder las ich den Namen Allahs und des Propheten sowie Koransprüche über der Fahrerkabine. Die Heilige Kaaba von Mekka war eines der beliebtesten Dekorationsmotive. Die Dörfer klebten dicht gedrängt mit einladenden Holzterrassen an den Steilhängen. Wir rasteten an einer Tschekhana. Die Lkw-Chauffeure musterten uns zurückhaltend. Zwei Brücken waren von den Mudschahidin gesprengt worden. Pioniere der afghanischen Armee – von russischen Ingenieuren angeleitet – hatten sie notdürftig repariert. Die Barriere des Hindukusch versperrte den Horizont im Norden. Die Felsen waren nackt, grau und schreckerregend. Die Gipfel reichten bis sechs- und siebentausend Meter hoch. Der Schnee war dort im Hochsommer nicht geschmolzen. In diesem Land einen Partisanenaufstand zu bekämpfen, mußte ein ziemlich aussichtsloses Unternehmen sein. Es fehlte zwar an schützender Vegetation. Dafür waren die Felsmassen wie von einem wahnsinnigen Giganten chaotisch aufeinandergetürmt. Überall boten sich Vorsprünge und Höhlenlabyrinthe. Am Hindukusch gemessen, erschienen die Berge der algerischen Kabylei wie Maulwurfshügel.

Kurz vor dem endlosen Salang-Tunnel, der in dreitausend Meter Höhe den Hindukusch in Richtung Norden überwindet und der erstaunlich schwach gesichert war, drängten uns Militärkonvois an den Straßenrand. Die T 52-Panzer wurden auf Sattelschleppern transportiert. Unsere zwei Khalqi wurden wütend, als wir die Tanks filmen wollten.

Beim Verlassen des Gebirges war die Gabelung nach Doschti durch ein starkes Militäraufgebot gesperrt. Rings um das Siedlungsgebiet der Hazara war ein Sicherheitskordon gezogen worden. Die schiitischen Mongolen führten nunmehr in ihrer felsigen Abgeschiedenheit eine von den Kabuler Behörden völlig autonome Sonderexistenz. Der Gouverneur von Doschti, so erzählte uns Feroz, sei ein paar Tage zuvor von islamischen Attentätern erschossen worden. Vor uns öffnete sich allmählich die endlose zentralasiatische Ebene. Der Hindukusch lag hinter uns. In der dunstig flimmernden Hitze des Tieflandes begannen die spärlichen Weidegründe der Turkmenen, die Siedlungsgebiete der Usbeken und Tadschiken. Wir hatten bereits das Glacis Sowjetisch-Zentralasiens erreicht, und die nächste geographische Markierung, die diese horizontale Fläche durchzog, war jener Grenzfluß Amu Daria, der zu Zeiten Alexanders des Großen und seiner Diadochen Oxus genannt wurde. Auf dem Nordufer des Amu Daria erstreckten sich Drahtverhaue, Minenfelder und Wachttürme, hinter denen sich das Sowjetreich gegen jeden unkontrollierten Kontakt abschirmt.

Wir hielten, um ein paar Turkmenen-Jurten zu filmen. Die Frauen waren knallrot gekleidet, trugen barbarischen Silberschmuck. Wären die Gesichter nicht schon mongolisch geformt gewesen, hätten sie fast in die Kabylei gepaßt. Sie boten uns warme Brotfladen an, die gerade in einem Erdofen gebacken wurden. In einer Felsschlucht, die dem Tiefland vorübergehend etwas Relief verlieh, zog eine Kamelkarawane an uns vorbei. Die Tiere waren mit Webstoffen beladen. Die Händler, die mit ihrer Ware dem nächsten Markt zustrebten, gehörten dem Volk der Tadschiken an, einem Zweig der iranischen Rasse, der im Gegensatz zu den Persern dem sunnitischen Islam huldigt. Im Städtchen Khulm, wo ich ein Jahr zuvor einen dunkelroten Teppich erstanden hatte, dösten die Basarhändler in der Mittagsglut vor sich hin. Hier war angeblich die antisozialistische Stimmung besonders virulent, denn die meisten Familien von Khulm waren Ende der zwanziger und Anfang der dreißiger Jahre aus der Sowjetunion herübergeflüchtet, um der russischen Fremdherrschaft und der marxistischen Gottlosigkeit zu entgehen.

Schließlich näherten wir uns Mazar-e-Scharif, »Grab des Edlen« in der Übersetzung. Feroz wurde plötzlich von einem Lachanfall geschüttelt, als wir einen Triumphbogen am Eingang der Stadt passierten, der mit vielen roten Fähnchen und Khalq-Emblemen geschmückt war. »Haben Sie das gesehen?« prustete Feroz. »Diese Idioten haben vergessen, die Huldigungsparolen an Mohammed Nur Taraki zu löschen. Er wird hier immer noch als der große Lehrmeister und Vater des afghanischen Volkes gepriesen.« Als wir am nächsten Tag das Portal auf dem Rückweg wieder passierten, hatten eilfertige Hände die Spuren dieses makabren Personenkultes gelöscht.

Mazar-e-Scharif verweist bereits nach Samarkand und Bukhara. Achtzehn verschiedene Rassen aus dem zentralasiatischen Großraum sind hier vertreten. Mittelpunkt dieses Verwaltungszentrums ist eine mächtige Moschee, in der angeblich der Vetter und Schwiegersohn des Propheten, Ali Ibn Abu Talib, der Stammvater der schiitischen Glaubensrichtung, auf wunderbare Weise bestattet wurde, nachdem ein weißes Kamel den Leichnam dieses »Scharif« aus dem fernen Mesopotamien in die fromme Landschaft Baktriens transportiert hatte. Das Gebetshaus war von Rosengärten und feierlichen Höfen umgeben. Schon aus der Ferne leuchteten die blau-grünen Kacheln und Blumenornamente. Die Kuppel und die Minaretts verrieten den Einfluß iranischer Architekten, wie überhaupt nördlich des Hindukusch die Sprache der Paschtunen als Vermittlungsidiom unter den zahlreichen Rassen durch eine vereinfachte Form des Persischen – »Dari« genannt – abgelöst wird. Im Basar von Mazar-e-Scharif, wo die orientalischen Händler mißmutig unter den ihnen auferlegten knallroten Spruchbändern der kommunistischen Propaganda Tee schlürften und ihre Geschäfte umständlich abwickelten, dröhnte aus dem Lautsprecher ein kurioser Wechselgesang. Ein Mann sang eine erste Strophe in Dari, und der Refrain wurde auf Usbekisch von einem Knaben mit heller Mädchenstimme vorgetragen. »Milch und Zukker«– »Schir-o-Schakar« hieß dieser melodische Dialog. Das Usbekische gehört der großen Familie der Turk-Sprachen an, und im Lied war immer wieder die Rede von »Gül« und »Bülbül«, von »Rose« und »Nachtigall«. Faszinierend an dieser zutiefst exotischen Umgebung war der Umstand, daß die meisten der hier vertretenen Völkerschaften – Usbeken, Tadschiken, Turkmenen, Kirgisen, Tataren, Kasaken und wie sie alle heißen mochten – auch jenseits der befestigten Sperrlinie im Norden, die den sowjetischen Machtbereich abschirmte, als massive, geschlossene Siedlungsgruppe vertreten sind. Die Sowjetgrenze war hier nur vierzig Kilometer entfernt, doch unsere Khalqi-Chauffeure erklärten kategorisch, daß eine Fahrt bis zum Amu Daria streng untersagt sei. Die Gerüchte verdichteten sich, wonach die Rote Armee jenseits des Flusses ihre Divisionen massierte und für alle Eventualitäten bereit hielt.

Das Khalq-Regime hatte in Mazar-e-Scharif eine krampfhafte Werbeaktion entfaltet. »Es lebe die Saur-Revolution und ihr Erfolg«, stand auf den Transparenten im Basar. »Arbeiter der ganzen Welt vereinigt Euch!« – »Wir wollen Frieden in der Welt.« – »Nahrung, Kleidung, Wohnung« – »Lang leben die Bauern Afghanistans« . Sogar unmittelbar über dem Moschee-Eingang, unter den kunstvollen arabischen Schriftzeichen des Simses, die versicherten, daß es außer Allah keinen Gott gebe und daß

Mohammed sein Prophet sei, waren die Agitprops nicht davor zurückgeschreckt, das kreisrunde, blutrote Wahrzeichen der Khalq-Partei anzubringen, was von den frommen Betern, die sich mit Turban und Tupeteika nach Mekka verneigten, als unerhörter Frevel empfunden wurde. An den Mauern des Verwaltungsbaues, wo wir auf der Fahrt zum komfortablen Jurten-Hotel haltmachten, um eine weitere Genehmigung einzuholen, waren grob gepinselte Plakate aufgeklebt. Sie waren gegen die islamischen Widerstandskämpfer gerichtet, die sich selbst als »Ikhwan« , als »Brüder« bezeichneten. Die Mudschahidin waren als satanische Gestalten auf den Posters dargestellt. »Weg mit den Brüdern des Teufels!« stand darunter.

Am nächsten Morgen brachen wir nach Osten auf. Unser Ziel war die uralte Stadt Balq, wo Alexander der Große einst sein Hauptquartier errichtet hatte. Die Baumwollfelder waren durch hohe Lehmruinen begrenzt. In der Metropole des antiken Baktrien hatte später auch der gefürchtet Mongolenkaiser und Weltbeherrscher Timur Lenk, im Westen als Tamerlan bekannt, residiert. Von siebzig öffentlichen Bädern, die damals in Balq existiert hatten, war ein einziges »Hammam« übriggeblieben. Zweirädrige Droschken wurden von winzigen Pferden mit knallrotem Troddelschmuck gezogen. Sie trabten an unförmigen Lehmwällen entlang, die angeblich auf den großen Mazedonier zurückgingen. Am runden Marktplatz kaufte ich eine kleine Dionysius-Statue aus Ton, deren Echtheit zweifelhaft war. Die blauen Tonperlen hingegen, die die Händler auf Schnüren aufgereiht hatten, waren teilweise dreitausend Jahre alt, wie mir später in Kabul ein französischer Archäologe beteuerte. Feroz machte mich beim Rückweg nach Mazar-e-Scharif auf einen Felsblock aufmerksam, wo angeblich der früh-iranische Legendenheld Rustam, Sohn des Zer, auf seinen epischen Wanderungen gerastet hatte. Die widersprüchlichsten Mythen gaben sich hier ein Stelldichein.

In Mazar stießen wir schließlich doch auf ein paar überzeugte Anhänger des neuen sozialistischen Regimes. Sie waren in einer Parteizentrale der Khalq-Partei verbarrikadiert. Die Männer trugen die üblichen Stalin-Schnurrbärte. Die Mädchen hatten Schleier und Kopftuch durch rote Blusen und enge Röcke ersetzt, die die Waden freiließen. Auch die Männer trugen rote Hemden. Die Tische waren mit knallroten Tüchern bedeckt. Sogar die Gardinen – soweit vorhanden – waren rot, und unter dem roten Khalq-Wappen blickte lediglich ein Lenin-Kopf aus Gips bleich und erstarrt auf diese monochrome Farbenorgie. Die Kalaschnikow-Gewehre standen stets in Reichweite, denn die Attentate auf die gottlosen Kommunisten häuften sich. Die Khalqi erinnerten mich ein wenig an jene französischen Kollaborateure des Zweiten Weltkrieges, an die »Miliciens«, die als Polizeischergen und Maquis-Bekämpfer zur Zeit der deutschen Besetzung berüchtigt gewesen waren. Genauso isoliert und verabscheut von der Masse der Bevölkerung erschienen diese jungen Marxisten Afghanistans. Manche von ihnen waren vielleicht einmal mit idealistischem Modernisierungswillen der kommunistischen Bewegung beigetreten. Aber jetzt waren sie als Landesverräter abgestempelt, als Handlanger der Russen und – was schlimmer war – als Abtrünnige des Islam. Die »Rothemden« erklärten uns, daß die Alphabetisierung der Massen ihre vordringlichste Aufgabe sei. Die Überwindung des Obskurantismus sei die erste Voraussetzung für den Erfolg der Revolution. Frauenemanzipation und Bodenverteilung an die ausgebeuteten Pächter seien zwei andere Marksteine des Fortschrittes. Mit dem Wortführer der Gruppe fuhren wir zu einem Baumwollager, wo die weißflockige Ernte für den Versand zu großen Ballen zusammengepreßt wurde. Hier war gerade eine ideologische Unterrichtung der Arbeiter im Gange. Eine junge Parteigenossin stand mit Kreide und Zeigestock vor der Tafel, pinselte arabische Schriftzeichen aufs Brett und forderte die Anwesenden auf – einmal eine Frau mit Kopftuch, dann einen alten Turbanträger – die Lettern zu entziffern. Der alte Arbeiter tat sich schwer bei dieser Lektion, aber er brachte den Satz zu Ende: »Der Kampf der Khalq-Partei gegen den Analphabetismus ist die wichtigste Arbeit der Regierung«, druckste er. Ringsum war das Gelände durch bewaffnete Milizionäre abgeschirmt.

Unsere Heimfahrt nach Kabul begann verspätet. Als die Ebene hinter uns lag und die Gebirgswelt des Hindukusch uns von allen Seiten bedrängte, senkte sich die Sonne mit beklemmender Hast. Wir sichteten eine massive Ansammlung schwerer Panzer, aber unsere Aufpasser wachten darüber, daß wir kein Bild schossen. Die Landschaft wirkte im Halbdunkel noch unheimlicher. Mit den besten Ferngläsern wäre in der Dämmerung kein Partisanentrupp mehr ausfindig zu machen gewesen. Flugzeuge oder Hubschrauber hätten an diesen grauen Steilhängen aus nacktem Fels keinen Gegner entdecken können. Mit dem Nachlassen der Helligkeit schlug die Stunde der Mudschahidin. Unsere Begleiter musterten nervös und beklommen die überhängenden Gesteinsmassen. »Let's keep our fingers crossed«, sagte Feroz, der mit einem Überfall zu rechnen schien. Die vielen Panzerspähwagen sowjetischer Bauart, die tagsüber in forschem Tempo an uns vorbeigebraust waren, hatten sich um diese Zeit in ihre Kasernen und Stützpunkte zurückgezogen. Über dem Salang-Paß wölbte sich bereits ein glasklarer Sternenhimmel. Dann empfing uns die Gruft des endlosen Tunnels. Südlich des Hindukusch wurden wir wieder in regelmäßigen Abständen durch Militärsperren kontrolliert. Zwei Panzer standen dann schußbereit zu beiden Seiten der Asphaltbahn. Die Soldaten ließen die Taschenlampen aufleuchten und hielten uns ihre entsicherten Waffen entgegen. Unsere Autos wurden nach Waffen und Sprengstoff untersucht. Einmal stürmte ein junger Soldat mit der Kalaschnikow im Anschlag auf uns zu, stieß einen gellenden Schrei aus, und es sah tatsächlich aus, als wolle er das Feuer eröffnen. Aber es hatte sich nur um einen Scherz gehandelt, und unsere Begleiter lachten dröhnend. Wir erreichten Kabul kurz vor der Sperrstunde um 23.00 Uhr.

Trotz der späten Zeit wurde uns im obersten Stockwerk des »Intercontinental«, im Pamir-Restaurant, noch ein vorzügliches Abendessen serviert. Wir zögerten zwischen der Bestellung von Languste und Salang-Forelle. Ein Orchester aus Bangla Desch spielte westliche Schlager, und eine dekolletierte bengalische Sängerin ließ ihre Hüften spielen. Eine total unwirkliche Atmosphäre herrschte in dieser orientalisch stilisierten Luxusherberge. Durch die Panorama-Scheiben schweifte der Blick über die nächtliche Mulde von Kabul. Scheinwerfer tasteten den Himmel ab. Längs der Zufahrtsstraßen, wo die Lichterketten der Militärkonvois den spärlichen Zivilverkehr längst verdrängt hatten, rotteten sich die Panzerrudel wie bedrohte Ungeheuer zusammen.

Unser Abflug aus Kabul vollzog sich ohne Zwischenfall. Die Sicherheitsbeamten ließen unsere belichteten Filmrollen unberührt. Wir bestiegen die Düsenmaschine der afghanischen Luftlinie »Ariana«, deren Benennung dem Rassenstolz der arischen Paschtunen huldigt. Ein letzter Blick fiel auf die roten Spruchbänder am Kontrollturm: »Welcome to the Land of the new Model-Revolution!« – »Long live proletarian internationalism!« – »Workers of the World unite!« – Das Riesenporträt des ermordeten Präsidenten Taraki war hier rechtzeitig entfernt worden, doch war es noch nicht durch das Bildnis Hafizullah Amins ersetzt. Orwellsche Visionen am Hindukusch.

Am Khyber-Paß

Die Straße zum Khyber-Paß ertrank in Regen und Schneematsch. Aus früheren Jahren war mir diese Strecke gut bekannt, die mit der Empire-Legende so eng verbunden ist und über die laut Kipling – auf der Suche nach Kafiristan – der Mann auszog, der »König sein wollte – The man who would be King«. Diesesmal betrachtete ich die strategische Landschaft mit anderen Augen. Die Schmalspurbahn, die die Engländer um die Jahrhundertwende in unmittelbarer Grenznähe bis fast nach Turkham durch zahllose Tunnel gebaut hatten, sollte die Munitionstransporte an diese äußerste Gewitterecke des von ihnen beherrschten Subkontinents ermöglichen. Der Blick der britischen Indien-Armee war damals angespannt nach Norden gerichtet, seit der Herrscher aller Reussen seine Kosaken über Bukhara und Khiva in das südliche Zentral-Asien ausschwärmen ließ und mit der Einverleibung der Oasen Merv und Kuschka zu einer akuten Bedrohung des mittelöstlichen Gleichgewichts ausholte. Der Drang des Zaren zum Indischen Ozean war formell erst 1907 durch ein Stillhalte-Abkommen mit London aufgefangen worden, nachdem Rußland im Fernen Osten vom japanischen Reich der Aufgehenden Sonne besiegt worden war und sich für die bevorstehende Auseinandersetzung mit den Mittelmächten auf dem Balkan nach neuen Verbündeten umsah.

In den Schluchten längs der Khyber-Straße waren Panzersperren im Stile der Betonhöcker des »Westwalls« erhalten. Sie stammten aus der Periode 1939 bis 1941, als die britische Generalität allen Ernstes damit rechnen mußte, daß Josef Stalin, der sich nach der Teilung Polens als Verbündeter Hitlers gebärdete, seine Panzerkolonnen in Richtung auf Rawalpindi und Delhi in Bewegung setzen würde. Was zur Jahrhundertwende und zu Beginn des Zweiten Weltkrieges als strategische Hypothese erschien, war am 29. Dezember 1979 plötzlich bedrohlich Wirklichkeit geworden. In der Festwoche zwischen Weihnachten und Neujahr hatte Moskau zum perfekt organisierten Überfall gegen Afghanistan ausgeholt. Luftlandetruppen waren überraschend in Kabul gelandet, und lange Panzerkolonnen rollten über Kunduz und den Salang-Paß nach Süden. Mit einem Schlag war der Pufferstaat am Hindukusch zum sowjetisch okkupierten Satelliten geworden. Hafizullah Amin, der sich diesem Gewaltstreich entgegenstemmen wollte, wurde in seiner Residenz ermordet. An seine Stelle trat der Generalssohn Babrak Karmal, früherer Schüler der deutschen Amani-Schule. Karmal hatte sich als intellektueller Führer der marxistischen Parcham-Partei hervorgetan. Nach der Saur-Revolution war er durch seine Rivalen des »Khalq« verdrängt und ins sowjetische Exil geschickt worden. Jetzt kehrte er im Troß der Roten Armee nach Kabul zurück und fügte sich in die Rolle eines afghanischen Quislings. Hafizullah Amin war gefürchtet und gehaßt gewesen. Babrak Karmal wurde von seinen Landsleuten verachtet.

Als ich an diesem Märztag 1981 die Grenze am Khyber-Paß erreichte und dort von einer Aussichtshöhe nach Turkham auf die andere Seite spähte, waren keine russischen Soldaten zu erkennen. Nur zwei afghanische Militärs, erdbraun uniformiert und verwahrlost wie eh und je, blickten teilnahmslos auf die Händler und Nomaden, die die Kontrollstation in beiden Richtungen passierten. Doch jenseits der Straßenbiegung, die den Einblick verwehrte, begann bereits der sowjetische Militärbereich. Die nahe Provinzhauptstadt Jallalabad war zu einem Schwerpunkt der Partisanenbekämpfung ausgebaut.

Immer noch diskutierte man in den westlichen Kanzleien über die Gründe, die den Kreml zum Einmarsch nach Afghanistan bewegt hatten. Die in Peschawar zahlreich vertretenen Beobachter der ausländischen Nachrichtendienste stellten sich solche Fragen längst nicht mehr. Im Herbst 1979 hatte zwar Hafizullah Amin seinen sowjetischen Protektoren vorübergehend trotzen und deren Günstling Taraki umbringen können. Aber Afghanistan versank zusehends im Chaos. Die Mudschahidin, die Streiter des Heiligen Krieges, hatten sich nicht nur des zentralen Hazaradjat und der Außenprovinzen bemächtigt. Sie kontrollierten die Umgebung von Herat, die Gebirgsgegenden von Paktia und Logar sowie jenes legendäre Land Nuristan – einst »Kafiristan«, »Land der Ungläubigen« genannt –, dessen Bewohner bis zur späten und gewalttätigen Islamisierung durch Schah Abdurrahman die groben Holzstatuen ihrer Ahnen als Götzen verehrt hatten. Sogar die unmittelbare Umgebung von Kabul war verunsichert. Die große Ringstraße, die über Ghazni und Kandahar einen weiten Bogen nach Westen schlug, wurde immer häufiger von den Aufständischen gesperrt. Anfang Dezember 1979 war es nur noch eine Frage von drei bis vier Monaten, bis das verhaßte Khalq-Regime mitsamt seinem Bandenchef Hafizullah Amin vom Aufstand und vom Rachewillen der Massen hinweggefegt würde. Was wäre an die Stelle der afghanischen Volksdemokratie getreten? Voraussichtlich irgendeine Form der radikalen islamischen Gottesherrschaft oder eine islamische Anarchie. Der Präzedenzfall Iran wurde in jenen Tagen in Kabul häufig zitiert ungeachtet der Tatsache, daß die islamische Revolution Afghanistans weder über die klerikalen Strukturen der Schiia noch über einen charismatischen Führer von der Statur eines Khomeini verfügte.

Für die Sowjetunion wäre eine solche Machtergreifung der kriegerischen Mullahs in Kabul unerträglich gewesen. So wie in Persien mit dem Sturz des prowestlichen Schah auch das Ansehen der amerikanischen Hegemonialmacht zu Schaden gekommen war, so hätte ein Sieg des militanten Islam über das kommunistische Regime der »Demokratischen Volkspartei« in Afghanistan sich als fataler Prestigeverlust der Sowjetunion ausgewirkt. Mohammed hätte über Marx triumphiert. Der Widerhall dieser ideologischen und strategischen Schlappe der Weltrevolution am Hindukusch wäre sogar unendlich folgenschwerer gewesen als die Demütigung Präsident Carters in Teheran. Jenseits des Amu Daria, in unmittelbarer Nachbarschaft der turkmenischen, usbekischen und tadschikischen Stämme Afghanistans lebten nämlich die islamischen Völker der Sowjetunion, und wer konnte garantieren, daß die bestürzende Entwicklung im nahen Kabul nicht in Taschkent, Duschanbe oder Bukhara schwer kalkulierbare Folgen nach sich zog.

Natürlich gab es auch eine andere, eine offensive Lesart der Ereignisse. Die Sowjetmacht – oder zumindest ein harter Flügel in Armeeführung und KGB – sah demnach in der bewaffneten Intervention am Hindukusch die langersehnte Chance, ihren Einflußbereich bis an die Tore des indischen Subkontinents vorzuschieben, Pakistan unter Druck zu setzen und in Balutschistan eine Sezessionsbewegung zu fördern, die mit etwas taktischem Geschick endlich die «warmen Meere« des Südens in Reichweite des russischen Imperialwillens rücken würde. Ein solcher Vorstoß konnte den Persischen Golf in unmittelbarer Nachbarschaft der Meerenge von Hormuz abschnüren und dem Kreml die Mittel verschaffen, die Erdölversorgung des Westens bei der Gurgel zu packen. Die Rote Armee war mit fünfundachtzigtausend Soldaten in Afghanistan einmarschiert. Der Mythos ihrer Unbesiegbarkeit war so groß, daß die meisten ausländischen Militär-Experten Afghanistan ohne Zögern verloren gaben und abschrieben. War nicht Afghanistan ohnehin Bestandteil des sowjetischen Glacis in Zentralasien gewesen? fragten die patentierten Anwälte der Beschwichtigung in Westeuropa, und in ihre Behauptung mischte sich ein Unterton der Erleichterung. Doch es sollte ganz anders kommen. Die Mudschahidin brauchten zwar eine Weile, bis sie den

Schreck vor den stählernen Ungeheuern der sowjetischen Panzerdivisionen, vor allem das Entsetzen vor Hubschraubern und Jagdbombern überwanden. Aber dann versteifte sich der Widerstand, und plötzlich schien die Sowjetunion in die Falle gegangen zu sein, hatte der Kreml sich sein eigenes »Vietnam« bereitet, wie man in einer etwas leichtfertigen Analogie hören konnte. Das Aufgebot von fünfundachtzigtausend Rotarmisten war jedenfalls völlig unzureichend, um des Widerstandes dieser kriegerischen Rassen Afghanistans Herr zu werden und um ein Terrain zu meistern, das für jeden Okkupanten zum Alptraum werden mußte.

Ich war schon im Sommer 1980 von Vertretern des afghanischen Widerstandes in Europa kontaktiert und zu einer Fernsehreportage in die »befreiten Zonen« eingeladen worden. Mein Hauptgesprächspartner war der Arzt Karim, der in einem katholischen Krankenhaus bei Osnabrück praktizierte und der fundamentalistischen Bewegung »Hezb-e-Islami« in verantwortlicher Position angehörte. Ich traf den wortkargen, ernsten Tadschiken in einem Restaurant von Wiesbaden. Wir vereinbarten, daß ich zu einer ersten Kontaktaufnahme nach Peschawar fliegen würde, ehe ich das TV-Unternehmen in Angriff nähme. Die »Islamische Partei« war für mich ein Begriff, seit ich das Porträt ihres Führers, Gulbuddin Hekmatyar, in Teheran bei einer Kundgebung von Exil-Afghanen im Sommer 1979 zum ersten Mal entdeckt hatte. Gerade der radikale, unversöhnliche Charakter dieser Bewegung auch gegenüber dem Westen bot eine gewisse Garantie für ihre revolutionäre Authentizität.

Peschawar erwies sich im März 1981 als treffliche Nachrichtenbörse. Der Himmel war grau und regnerisch. Die konspirativen Tätigkeiten hatten sich aus den niedrigen Kolonialbauten des »Dean«-Hotel, wo die Gäste der Empire-Atmosphäre Rudyard Kiplings nachtrauerten, in den modernen Betonkasten des »Intercontinental« verlagert. Der Honorarkonsul der Bundesrepublik, Rudolf von Przyborowski, verschaffte mir schon am ersten Abend Verbindung zu den Spitzen der pakistanischen Verwaltung in dieser Nord-West-Provinz und zu einer Vielzahl hoher Offiziere, die unter dem Militärregime des Präsidenten Zia-ul-Haq das Sagen hatten. Mancher dieser Generale und Obersten hatte noch in der britischen Indien-Armee gedient. Sie sprachen beim stets gefüllten Whisky-Glas, was ihrer muselmanischen Rechtgläubigkeit offenbar keinen Abbruch tat, und beim Tanduri-Chicken unaufhörlich von Tennis, Golf und Polo. Sie waren durch den Prägstock, den »Mint«, des britischen Militarismus gegangen, und mancher von ihnen entsprach geradezu karikatural dem Bild jenes »Colonel Blimp«, der so viel zur Belebung englischer Kasinowitze beigetragen hat. Erst zur vorgerückten Stunde wandte sich die sportlich-legere Konversation ernsteren Themen zu. Dann begann der stille amerikanische Konsul, der früher einmal bei Vinh Long im vietnamesischen Mekong-Delta Dienst getan und dann von Zamboanga aus den Moro-Aufstand der südphilippinischen Moslems beobachtet hatte, die Ohren zu spitzen.

Natürlich wurde auch bei »Sir Rudolf«, wie der deutsche Konsul scherzhaft genannt wurde, die ewige Streitfrage aufgewärmt, ob die sowjetische Afghanistan-Aktion defensiv oder offensiv gemeint sei. »Ich habe einmal gelernt, daß der Angriff die beste Verteidigung sei«, bemerkte ein Air-Marshal mit prächtigem RAF-Schnurrbart, der sich rühmte, sein Großvater habe in Waziristan noch auf einem Haufen von Schädeln regiert. Der Commissioner für Grenzfragen, ein straffer, hellhäutiger Zivilist mit scharfem Profil, dessen Zuständigkeit sich von Chinesisch-Sinkiang bis Persisch-Balutschistan erstreckte, verglich die Präsenz von zwei Millionen afghanischer Flüchtlinge auf pakistanischem Boden mit dem unlösbaren Palästinenser-Problem im Nahen Osten. Natürlich waren auch mir diese endlosen Sammellager der »Refugees« rund um Peschawar aufgefallen, die wider Erwarten vorzüglich betreut und passabel versorgt schienen. Alle möglichen Hilfsorganisationen waren hier tätig. Am häufigsten war die saudische Flagge über den Sanitätszelten zu sehen. Bemerkenswerterweise bauten die afghanischen Flüchtlinge, bevor sie ihre Zeltplane gegen ein Wellblechdach eintauschten, erst eine mannshohe Lehmmauer um ihre Behelfssiedlungen, um die Frauen dem Zublick der Fremden zu entziehen. Rudolf von Przyborowski, der eine Anzahl Afghanen in seiner Möbelfabrik beschäftigte, wußte zu berichten, daß diese Arbeiter nach einer Tätigkeit von jeweils drei Monaten sich bei ihm abmeldeten, um wieder über die Grenze zu gehen, zur Waffe zu greifen und am Widerstand gegen die Sowjets, die Schurawi, teilzunehmen. Die Pakistani waren sich sehr wohl bewußt, daß ihr Land – weit mehr als der Iran Khomeinis – zum rückwärtigen Sammellager, zur Versorgungsbasis, zum großen »Sanctuary« , wie man einst im vietnamesisch-kambodschanischen Grenzgebiet sagte, des Widerstandes geworden war. In der pakistanischen Nord-West-Provinz, wo Paschtunen lebten wie im südlichen Afghanistan, verfügten die Dorf- und Stammesältesten – nach dem arabischen Wort »Malik« genannt – über volle und bewaffnete Autonomie gegenüber den Zentralbehörden. Die Solidarität mit ihren Stammesbrüdern jenseits der Grenze war absolute sittliche Pflicht, war Kernsatz ihres Ehrenkodex, des »Paschtunwali« .

Die Hauptlast der Kämpfe hatte sich in den letzten Wintermonaten in die Nähe der pakistanischen Grenze verlagert. Im Kunar-Tal, in Nuristan, in Paktia waren verschiedene Garnisonen der afghanischen Regierungsarmee durch die Mudschahidin eingekreist. Ganze Bataillone waren mitsamt ihren russischen Waffen zu den Aufständischen übergegangen. Es bedurfte immer wieder massiver Einsätze von Panzern und vor allem Hubschraubern, um die militärische Situation halbwegs zu stabilisieren. Die russischen Soldaten zeigten sich nicht sonderlich kampffreudig und schickten meist die afghanischen Regierungstruppen ins Feuer. Kein Wunder, daß diese Satelliten-Armee wie »Chagrin-Leder« schrumpfte. Zusätzliche Probleme waren, wie der pakistanische Grenzkommissar versicherte, der sowjetischen Führung bei ihren Wehrdienstpflichtigen aus Zentralasien erwachsen. Die Usbeken, Tadschiken, Turkmenen der Roten Armee waren unter der Propagandabehauptung nach Afghanistan geschickt worden, es gelte dort die chinesischen und amerikanischen Imperialisten zu bekämpfen. Aber diese Lüge war allzu fadenscheinig. Angesichts der tatsächlichen Situation hatten die sowjetischen Muselmanen sehr bald mit ihren afghanischen Glaubensbrüdern sympathisiert. Sie waren kaum zum Einsatz gegen die Mudschahidin zu bringen. Stattdessen nutzten sie ihre angeborene orientalische Basar-Begabung für einträgliche Schwarzmarktgeschäfte – die Versorgung der Truppe war ohnehin miserabel –, und es hieß, daß sie gelegentlich sogar ihre Kalaschnikow gegen ein Exemplar des »Heiligen Koran« eintauschten, der in der Sowjetunion so gut wie unauffindbar war und in Moskau angeblich mit zweitausend Rubel gehandelt wurde. Jedenfalls waren die meisten Rotarmisten aus den islamischen Teilrepubliken Zentralasiens, die anfangs vierzig Prozent der Gesamttruppenstärke ausgemacht hatten, nach etwa zwei Monaten über die Grenze zurückbeordert worden. Fünftausend ihrer muselmanischen Landsleute, die als Zivilexperten in das eroberte Afghanistan gekommen waren, erwiesen sich ebenfalls als psychologisch anfällig und politisch untauglich. Die Söhne des russischen Staatsvolkes der Sowjetunion mußten die Bresche füllen.

Im Hotel »Intercontinental« war ein größeres Aufgebot ausländischer Journalisten eingetroffen. Zu meiner freudigen Überraschung erkannte ich den Australier Neil Davies, den wagemutigsten Fernsehreporter aus dem Kambodscha-Krieg, mit dem ich gelegentlich zusammengearbeitet hatte. Wir gingen in die exklusive Hotelbar für Ungläubige, die allen Moslems streng verschlossen war, weil dort Alkohol ausgeschenkt wurde. Ein paar Türken hatten gerade versucht, eine Runde Bier zu bestellen, aber der Barmann mußte über einen siebenten Sinn verfügen; er hatte seine Glaubensgenossen sofort erkannt. Neil Davies war eigentlich nicht zur Berichterstattung über Afghanistan aus Bangkok nach Peschawar gekommen. Er sollte die Entführung einer Maschine der »Pakistan International Airlines« covern, die von Hijackern unter Gewaltanwendung nach Kabul und dann nach Damaskus umgeleitet worden war. Bei den Entführern handelte es sich um Angehörige der Untergrund-Organisation »El Zulfikar«, die die Hinrichtung des ehemaligen pakistanischen Staatspräsidenten Zulfikar Ali Bhutto durch General Zia-ul-Haq rächen wollten. An der Spitze dieser Verschwörer befand sich Bhuttos Sohn Mu'tazar, der in Afghanistan von den pro-sowjetischen Behörden protegiert wurde. Die Flugzeugentführer waren in Kabul sogar mit zusätzlichen Waffen ausgestattet worden, und ganz offensichtlich sollte der Anschlag dazu dienen, das streng islamische Militärregime von Islamabad, das allzu offen mit den Mudschahidin kooperierte, unter Druck zu setzen. Zia-ul-Haq hatte wider Erwarten der Forderung nach Freilassung einer Anzahl politischer Gefangener der Bhutto-Partei nachgegeben und dank dieser Konzession viel Sympathie bei der aufgebrachten pakistanischen Bevölkerung geerntet.

Die Ausländerbar des »Interconti« wurde um 22.00 Uhr geschlossen. »Die Geiselaffäre der PIA ist vorbei; der Rest interessiert mich nicht«, brummte Neil Davies und schob das leere Whisky-Glas beiseite. »Afghanistan, das ist kein Krieg für mich. Kein Alkohol, keine Frauen. Schau dir doch nur das lokale Fernsehprogramm an: Ein Mullah löst dort den anderen mit seinen Koran-Sprüchen ab. Diese besessene Beschäftigung mit der Religion liegt mir nicht. Ich nehme morgen früh ein Taxi nach Islamabad und fliege mit dem ersten Flugzeug nach Bangkok zurück.«

Am nächsten Morgen gelang es mir nach mehreren vergeblichen Versuchen, die telefonische Verbindung zur »Hezb-e-Islami Afghanistan« herzustellen. Der Beauftragte für Pressekontakte war ein gewisser Mangal Hussein, den ich nach schwierigem Palaver in Englisch und Arabisch schließlich an den Apparat bekam. Die liebenswürdige, etwas ölige Stimme kündigte mir seinen Besuch an, ohne eine Uhrzeit zu präzisieren. Als ich einwand, ich könnte eventuell abwesend sein, antwortete Mangal Hussein: »Machen Sie sich keine Sorgen. Wir sind stets informiert, wo Sie sich befinden.« Am späten Nachmittag stand er plötzlich mit einem ebenfalls ganz in Weiß gekleideten Begleiter vor meiner Zimmertür. Beide trugen mächtige schwarze Bärte, Sandalen an den Füßen und weiße Kalotten auf dem Kopf. Mangal Hussein, der in England studiert hatte und seitdem unter gewissen Hemmungen gegenüber westlichen Ausländern zu leiden schien, war von einem französischen Reporter mit einem Geier verglichen worden. Tatsächlich beherrschte die gewaltige Nase wie der Schnabel eines Raubvogels das bleiche, schmale Gesicht, und die Augen blickten lauernd. Sein Begleiter, der in Amerika gelebt und sich den Namen Aminullah zugelegt hatte, war kleiner und breiter gewachsen als der hagere Mangal. Er wirkte auch harmloser. Wir hatten kaum zu sprechen begonnen, da traten die beiden auf den Balkon, um das Nachmittagsgebet zu verrichten. Ich hatte den Empfehlungsbrief Dr. Karims überreicht. Wir verhandelten jetzt konkret über die Durchführung einer Reportage bei den Mudschahidin, studierten die Karte und die möglichen Infiltrationsschneisen. Im Prinzip waren wir uns einig. Der Termin unserer Expedition wurde auf den Frühsommer fixiert. Ich wußte damals nicht, daß der Ausgang der französischen Präsidentschafts- und Parlamentswahlen eine Verzögerung nach sich ziehen würde. Meine beiden Besucher leerten ihre Coca-Cola-Flaschen, und wir verabschiedeten uns ohne übertriebene Herzlichkeit.

Dennoch verzichtete ich darauf, eine der zahlreichen anderen afghanischen Exil-Organisationen aufzusuchen, die in Peschawar ihr Hauptquartier aufgeschlagen hatten. Mir war zwar von jenen französischen Fotografen, die unermüdlich im Kunar-Tal herumkraxelten, geraten worden, mit einer rivalisierenden Splitterbewegung der »Hezb-e-Islami«, die dem Kommando des alten Paschtunen-»War-Lords« Yunis Qales unterstand, Absprachen zu treffen. Ein französischer Arzt der Organisation »Médecins sans frontières« hatte mir seinerseits zugeredet, mit der »Nationalen Befreiungsfront – Jabha-i-Negat-i-Milli Afghanistan« des Partisanenführers Mudjadedi ein Programm auszuarbeiten. Die Ärzte, die auf seiten der Partisanen bis zur Selbstaufopferung durchhielten, waren stille, bescheidene Helden. Bei meinem Gesprächspartner handelte es sich um einen Jüngling, dem niemand die Strapazen eines mehrmonatigen Aufenthalts im Kampfgebiet zugetraut hätte. Noch eindrucksvoller war die kleine »Doctoresse«, die ihn in die Berge begleitet hatte. Sie wirkte blutjung, zerbrechlich und hatte große Kinderaugen. In Wirklichkeit mußte sie zäh wie eine Katze und ungewöhnlich mutig sein. Trotz aller Bedenken blieb ich bei meinem Entschluß. Doktor Karim hatte versprochen, eigens vor unserem Aufbruch im Sommer nach Peschawar zu kommen, und sogar der amerikanische Konsul betrachtete offenbar die »Hezb-e-Islami« als die seriöseste Widerstandsbewegung.

Die geheimen Emissäre aus Ägypten und Saudi-Arabien, so erfuhr ich, gaben ihrerseits aus Gründen der politischen Affinität der Zusammenarbeit mit dem Feudalherrn Pir Ahmed Ghailani den Vorzug. Ghailani wurde als Nachkomme des Propheten verehrt und genoß als eine Art Erb-Heiliger breiten Anhang bei gewissen Paschtunen-Stämmen. Doch dieser zentralasiatische Marabu lebte zu ostentativ im Luxus. Er war dem Westen in Lebensstil und konservativer Grundeinstellung zu sehr erlegen, als daß er sich auf die Dauer in diesem mörderischen Durcheinander behaupten konnte. Ein deutsch-sprachiger Vertrauensmann namens Hakim, der mich ebenfalls im Hotel aufsuchte und mir die Zusammenhänge dieser rivalisierenden Persönlichkeiten und ihrer Gefolgschaft zu entwirren suchte, meinte über Ghailani: »Ich will mit diesem Auserwählten nichts mehr zu tun haben, seit er von niemandem mehr einen Rat annimmt und darauf besteht, direkt mit Allah zu kommunizieren.« Hakim hatte einmal der marxistischen Khalq-Partei nahegestanden, aber seit deren Kollaboration mit den Russen war er zum erbitterten Feind der Kommunisten geworden. Wir sprachen unter anderem über die Volksbefreiungs-Bewegung der afghanischen Maoisten – in der Abkürzung SAMA genannt – die sich auch die Bezeichnung »Ewige Flamme« zugelegt hatte. Diese Splittergruppe würde im Ausland weit überschätzt, meinte Hakim, auch wenn ihr im Zuge der Stadt-Guerilla spektakuläre Coups gegen die russischen Invasoren gelängen. »Es ist wie bei allen Widerstandsbewegungen«, sagte Hakim zum Abschied. »Die wirklichen Führer von morgen, die kennen wir wohl noch gar nicht. Gerade im geographisch und ethnisch zerrissenen Afghanistan ist der Partisanenkrieg in erster Linie eine Frage der Stammeszugehörigkeit. Die Heimat, das Vaterland, das ist für unsere Gebirgskrieger nicht irgendeine hypothetische nationale Einheit, sondern oft nur ein Tal, in dem ihre Sippe seit Generationen ansässig ist. Für Leute wie mich, für die aufgeklärten Intellektuellen und Städter, wird es immer schwerer, uns eine erträgliche Zukunft auszumalen. Die Russen und ihre Kollaborateure sind uns zutiefst verhaßt. Aber ich fürchte mich auch vor dem religiösen Fanatismus der Mullahs und ihrer destruktiven Heiligkeit.«

Auf den Routen der Mudschahidin

Das Unternehmen begann als Maskerade. Wir hatten uns im Basar von Peschawar afghanische Kleidung schneidern lassen. Mit Staunen hatten wir die unförmig weiten Hosen anprobiert. Dazu gehörte ein flatterndes Hemd, das bis auf die Knie fiel und eine ärmellose Weste. Wir hatten eine braune Tarnfarbe gewählt, die uns im Gelände schützen sollte. Als wir uns am Abend vor dem Aufbruch unter dem gewaltigen Paschtunen-Turban oder der runden Wollmütze der Nuristani im Spiegel betrachteten, kamen wir uns reichlich grotesk vor, zumal uns die Bartstoppeln nach Yassir-Arafat-Mode im Gesicht standen. Aber die Mudschahidin des »Hezb-e-Islami«, die wir über die Grenze nach Afghanistan begleiten sollten, hatten kategorisch auf dieser Kostümierung bestanden. Wir hätten sonst keine Chancen, die pakistanischen Kontrollen zu passieren, und in Afghanistan selbst würden wir uns in europäischer Kleidung größten Gefahren aussetzen.

Um sechs Uhr früh waren wir zum Hauptquartier der »Hezb-e-Islami« im Stadtteil Fakirabad bestellt. Dort warteten bereits drei grell bemalte afghanische Autobusse, in die sich etwa hundertachtzig Mudschahidin gezwängt hatten. In dieser Menge würden wir unauffällig untertauchen und uns im Notfall gegenüber den pakistanischen Polizeibeamten als Turkmenen oder Usbeken ausgeben.

Die Stimmung in den Bussen war freudig erregt. Die meisten jungen Männer, die noch unbewaffnet waren und wohl im Zuge eines sorgfältig ausgeklügelten Rotationssystems nach einer Erholungszeit in der Etappe wieder in das Kampfgebiet zurückkehrten, fieberten dem »Heiligen Krieg« entgegen. Vor dem Eingang des Hauptquartiers der »Hezb-e-Islami«, das festungsähnlich um eine improvisierte Moschee gruppiert war, standen schwerbewaffnete Posten mit Kalaschnikow-Schnellfeuergewehren, die jeden Besucher nach Waffen oder Sprengstoff abtasteten. Am Vortag hatten wir im Innern des verschachtelten Gebäudes den Führer dieser fundamentalistischen islamischen Partei interviewt. Gulbuddin Hekmatyar, ein etwa dreißigjähriger hagerer Mann, machte aus seinen Überzeugungen kein Hehl. Seine Bewegung stand in vorderster Front gegen die sowjetische Invasion, aber im Gegensatz zu anderen afghanischen Widerstandsgruppierungen lehnte er jede Zusammenarbeit mit dem Westen und vor allem mit Amerika ab. »Wir brauchen die Hilfe aus dem Ausland nicht«, beteuerte Hekmatyar, »im Notfall werden wir uns die Waffen auf dem Schlachtfeld selbst besorgen.« Der oberste Führer der »Hezb-e-Islami« stand schon seit sieben Jahren im Widerstand gegen die Staatsgewalt. Seine Freunde, junge Militärs und Studenten, hatten 1974 gegen das autoritäre Regime des Präsidenten Daud im Namen des militanten Islam geputscht und waren fast alle hingerichtet worden. Hekmatyar sprach zu uns mit leiser, beherrschter Stimme auf »Dari« . Er war auch des Englischen mächtig. Sein Blick war leicht verschleiert und nach innen gekehrt, wie das bei frommen und zutiefst engagierten Moslems oft der Fall ist. Hekmatyar gab im Hinblick auf die muselmanische Bevölkerung Sowjetisch-Zentralasiens eine kühne, ja geradezu vermessene Erklärung ab: Ziel der »Hezb-e-Islami« sei nicht nur die Befreiung Afghanistans, sondern aller Glaubensbrüder, die jenseits des Amu Daria dem Joch der Fremdherrschaft und der Gottlosigkeit ausgesetzt seien.

Von den westlichen Fotografen und Reportern rund um den Swimmingpool des Hotels »Intercontinental« von Peschawar waren wir wiederum vorwurfsvoll gefragt worden, warum wir ausgerechnet die »Hezb-e-Islami« als Weggefährten ausgesucht hatten. Ich hatte mich ganz bewußt dieser extrem islamischen Gruppe zugewandt, die neben dem Kampf gegen die russischen Eindringlinge auch die eigenen Feudalherren dem Egalitarismus des Früh-Islam unterwerfen will und andererseits den obskurantistischen oder zumindest naiven Glaubensvorstellungen der ländlichen Mullahs mit Mißtrauen gegenübersteht. Ich hatte stets die Erfahrung gemacht, daß im Partisanenkrieg den radikalen, den unversöhnlichen Organisationen die Zukunft gehört. Die Gründer der »Hezb-e-Islami« und auch ihre jetzige Führung entstammen im wesentlichen der afghanischen Intelligenzia und einem Flügel des Kleinbürgertums, der in der Rückkehr zu den Grundprinzipien des Früh-Islam eine religiöse und vor allem auch gesellschaftliche Erneuerung sucht. Es scheint sich zu erweisen, daß diese muselmanischen Revolutionäre, die in mancher Beziehung den Moslem-Brüdern verwandt sind, über verschwörerische und organisatorische Fähigkeiten verfügen, die den anderen Kampfgruppen abgehen. Es ist kein Zufall, daß die pro-sowjetische Propaganda des Babrak-Karmal-Regimes in Kabul die »Hezb-e-Islami« zur vorrangigen Zielscheibe ihrer Gegenpropaganda gemacht hat und Hekmatyar stets mit blutüberströmtem Gesicht darstellt. Offenbar sollen auch die afghanischen Oligarchen und die Mullahs von den regierenden Marxisten in eine breite Abwehrfront gegen diese Tendenz radikaler islamischer Erneuerung mit einbezogen werden.

Als die drei Busse nach längerer Wartezeit sich endlich in Bewegung setzten, sprangen die Unterführer von ihren Sitzen auf und schrien »Nara-e-takbir«, was etwa »Ruf der Verherrlichung« bedeutet. Daraufhin antworteten die Mudschahidin im Chor: »Allahu akbar – Allah ist groß«, und dieser Schrei wiederholte sich dreimal. Dabei zeigten sie mit dem ausgestreckten Zeigefinger auf den Himmel.

Es wurde eine endlose Fahrt. Als wir das Stammesgebiet der Paschtunen, die sogenannte »tribal area« erreichten, hielten die pakistanischen Soldaten und Polizisten, die immer noch die Forts aus der Kipling-Ära bewachen, unseren Transport häufig an. Aber der brausende Ruf »Allahu akbar« und die Versicherung unserer Mitreisenden, es handele sich um afghanische Mudschahidin, die an die Front zurückkehrten, bewahrten uns vor der genaueren Identitätsprüfung, die unserer Reise ein plötzliches Ende gesetzt hätte. Durch felsiges Gebiet schlängelte sich die Straße in Richtung Parachinar. Die Reis- und Getreidefelder wurden seltener. Hingegen häuften sich die Behelfssiedlungen der afghanischen Flüchtlinge und die schwarzen Ziegenzelte der buntgekleideten Nomaden, der »Kutschi«. Die mühselige Reise dauerte zehn Stunden. Wir hatten die Höhe von zweitausend Meter überschritten. Die Luft wurde dünner und kühler. Über einen Schotterweg erreichten wir schließlich bei sinkender Sonne das Grenzdorf Teremangal am Ende einer pakistanischen Gebietsspitze, die sich tief in afghanisches Territorium hineinbohrt. Teremangal wirkte wie ein großer Karawanen-Umschlagplatz aus der Zeit Marco Polos.

Lange Reihen von zweihöckrigen Kamelen trafen hier mit ihren Lasten ein. Die knallrot gekleideten Paschtunen-Frauen hielten sich fern von den fremden Männern im Hintergrund. Die steile Höhe, wo sich bereits die afghanische Grenze abzeichnete, wurde von einem pakistanischen Fort bewacht. Es herrschte eine geheimnisvolle Betriebsamkeit in Teremangal und die Atmosphäre großen Abenteuers. Eilig wurden wir in einem Teehaus untergebracht, damit die Spitzel aller nur denkbaren Organisationen nicht vorzeitig bemerkten, daß hier ein deutsches Fernsehteam seinen Weg nach Afghanistan suchte. Der Kommandant unseres Unternehmens, ein bärtiger, stiller Paschtun mit Lammfellmütze, der den Namen »Schahid«, das heißt »Bekenner« trug, erklärte uns, daß wir mitten in der Nacht aufbrechen würden, daß dreißig bewaffnete Mudschahidin zu unserem unmittelbaren Schutz bei uns blieben, daß jedoch eine weitere Gruppe von hundertfünfzig Mann in einigem Abstand zusätzliche Sicherung gewährleisten würde. Wir hatten von Peschawar aus bereits vier Esel und sechs Pferde gekauft, um unsere schwerfällige TV-Ausrüstung zu transportieren. Die Nacht in Teremangal war vor allem mit Packen und Vorbesprechungen ausgefüllt bei grünem und schwarzem Tee, der uns wach und nervös machte. Wir kamen praktisch nicht zum Schlafen. Der Aufbruch in der Dunkelheit und im Schlamm, es hatte tags zuvor geregnet, vollzog sich in einem großen Durcheinander. Als wir über einen Steilhang, der nicht enden wollte, auf die Grenzlinie zuhasteten, verbreitete die frühe Sonne ihr erstes Licht, und wir hatten Glück, daß eine pakistanische Streife uns nicht in letzter Minute noch aufhielt. Die afghanische Grenzstellung auf der anderen Seite war verwüstet und ausgebrannt. Daneben entdeckten wir einen zerstörten sowjetischen Mannschaftspanzer. Schahid, der neben mir ritt, erklärte, daß dieses Gebiet bereits seit zwei Jahren von den Russen und den Kommunisten befreit sei. Hohe grüne Kiefernwälder geleiteten uns talab. Wir befanden uns in einem Gebiet, wo vor Ausbruch der Feindseligkeiten deutsche Entwicklungshelfer ein großes Forstprojekt gefördert hatten. Aber alle Ausländer waren aus diesem kritischen Territorium längst verschwunden, und von dem Sägewerk standen nur noch die Außenmauern. Kommandant Schahid, der nur »Paschtu« oder »Dari« beherrschte, ließ mich durch unsere beiden Dolmetscher, den afghanischen Ingenieur-Studenten Wali aus Hildesheim und den Soziologie-Studenten Amin aus Straßburg, wissen, daß wir uns nunmehr in kleinen Gruppen von zwei bis drei Mann weiterbewegen sollten. In etwa sechs Kilometer Entfernung jenseits des Flusses zeigte er uns ein befestigtes Militärlager das sich noch in den Händen der pro-sowjetischen Regierungstruppen befand und von wo gelegentlich auf die durchziehenden Mudschahidin das Feuer eröffnet wurde. »Im allgemeinen verhalten sie sich friedlich in der Erwartung, daß auch wir sie in Ruhe lassen«, erklärte Schahid. »Sie werden ohnehin nur durch Hubschrauber versorgt und sind weitgehend isoliert.«

Wir durchquerten nunmehr eine Reihe von Dörfern, die teilweise noch bewohnt waren, auch wenn gelegentliche Raketenangriffe Löcher in die Lehmmauern gerissen hatten. Das Getreide stand hoch. Die Aprikosenbäume trugen erste Früchte. Es war ein herrlicher Morgen, und die gewaltigen Berge, die den Horizont verstellten, waren noch schneebedeckt. Wir befanden uns in alpiner Höhe, und in den nächsten Tagen sollten wir uns stets zwischen dreitausend und viertausend Meter Höhe bewegen, was das Atmen und die Kameratätigkeit nicht gerade erleichterte. Unsere unmittelbaren Begleiter waren nicht sonderlich gut bewaffnet. Sie trugen britische Enfield-Gewehre aus dem Zweiten Weltkrieg und zeigten einige Nervosität, weil der Paschtunen-Stamm der Dschördschi kein zuverlässiger Partner im Kampf gegen die Russen und gelegentlich sogar käuflich sei. Möglicherweise offenbarte sich hier auch zum ersten Mal die Rivalität zwischen den afghanischen Widerstandsgruppen, denn bei weitem nicht alle Mudschahidin sympathisierten mit den strengen Eiferern der »Hezb-e-Islami«.

Im Laufe dieses ersten Tages entdeckten wir, welche Strapazen uns bevorstanden. Ein Steilhang folgte dem anderen. Wir stolperten durch steinige Flußbette und quälten uns mühselig die Saumpfade empor. Als wir den ersten großen Paß in viertausenddreihundert Meter Höhe erreichten, wo der schneeweiße Bergkegel des Safid-Koh zum Greifen nahe erschien, sank unsere Zuversicht, und wir fragten uns, wie wir unser Unternehmen durchstehen würden. Mir wurde auf einmal der Grund klar, warum so wenig und so unzureichend über den afghanischen Widerstand berichtet worden war. Die physischen Leistungen, die in dieser abweisenden Gebirgsgegend den Reportern und Kameraleuten abverlangt werden, gehen an die Grenzen der körperlichen Belastbarkeit. Im Hauptquartier der »Hezb-e-Islami« war man sich in schmerzlicher Weise bewußt, daß aller kriegerischen Leistung ohne eine gleichzeitige propagandistische Aktion das weltweite Echo versagt bleiben würde. Die »Algerische Befreiungsfront« im Kampf gegen Frankreich, die Palästinenser in ihrer Auseinandersetzung mit Israel, der Vietkong im Indochina-Konflikt hatten gezeigt, wie man die Trommel rühren kann. Aber wer war schon bereit, sich in die tödliche Wildnis Afghanistans zu verirren!

Nach der ersten Rast in einer jener zahlreichen Steinhütten, wo rund um einen riesigen Ofen stets Tee zubereitet wird und die deshalb von den Afghanen »Samowar« genannt werden, setzten wir mit müden Knien unseren Weg fort. Erstaunlich, wie belebt diese schroffe Gebirgspiste war. Alle Mudschahidin, die sich – von Pakistan aufbrechend – ins Innere Afghanistans bewegten, waren mit Infanterie-Waffen ausgerüstet. Diejenigen aber, die – aus dem Innern kommend – in Richtung Teremangal zogen, waren unbewaffnet. Der Schluß lag nahe, daß sich in der Nähe der Grenze umfangreiche Arsenale und Waffenverstecke befanden. Besonders beeindruckte uns eine Truppe schlitzäugiger Mongolen, die im Laufschritt einen Steilhang hinaufhasteten. Sie gehörten dem Volk der Hazara an, das im unzugänglichen Kerngebiet Afghanistans rund um Bamiyan weiterhin die wackersten Kämpfer des Heiligen

Krieges stellte und in ihren Fels-Réduits von den pro-sowjetischen Streit-kräften kaum behelligt wurde. Die Nachkommen Dschingis Khans eilten wie ein Spuk an uns vorbei, grüßten mit » Salam alaikum« und waren bereits hinter der nächsten Höhe verschwunden.

Gegen Abend erreichten wir ein felsiges Gebirgstal und einen neuen »Samowar«. Der Ort wurde Laredar genannt. Bewaffnete Gruppen lager-ten bereits um die Teehütte. Es wurde Zeit, mit dem Corps-Kommandan-ten Schahid ein grundsätzliches Gespräch zu führen. Der ursprüngliche Plan der »Hezb-e-Islami« war es nämlich gewesen, unser Kamera-Team bis weit ins Landesinnere in die Provinz Parwan, das heißt nordwestlich von Kabul, zu eskortieren. Die Strecke, die wir auf dem Hin- und Rück-marsch hätten zurücklegen müssen, betrug in der Luftlinie sechshundert Kilometer, in Wirklichkeit wohl das Doppelte. Wir wären nach dem Durchqueren des Stammesgebiets der Mangal in die Nähe der großen Straße Kabul – Jallalabad gelangt, die von den Russen tagsüber zumin-dest durch Panzer-Konvois und Hubschrauber kontrolliert wird. Diese relativ offene Strecke hätten wir in einem Nachtmarsch von zehn Stun-den bewältigen müssen, aber wir hatten an diesem ersten Tag bereits erfahren, daß die Zeit- und Streckenbegriffe der Mudschahidin unsere Kräfte weit überforderten. Bei den Afghanen gehörte es offenbar zum männlichen Wettstreit – es ist ein Stück Prahlerei dabei –, ausgedehntes und schwieriges Hochgebirgsgelände in einem Minimum von Zeit zu bewältigen. Nur durch diese fast unglaublich wirkende Beweglichkeit und Ausdauer läßt sich erklären, daß der Widerstand gegenüber der sowjetischen Machtentfaltung sich im ganzen Land behauptet. Die russi-schen Infanteristen sind natürlich ebenso wenig wie ein deutsches Kame-ra-Team in der Lage, ein vergleichbares Marschtempo anzuschlagen oder sich in dieser Wildnis zurechtzufinden.

Nach der Überquerung der Straße Kabul – Jallalabad wären wir dann über Sorubi nach Norden geleitet worden, wo uns das größte Wagnis erwartete. Wir sollten dann nämlich zwischen der Hauptstadt Kabul und der großen sowjetischen Militärbasis von Bagram jene Ebene durchque-ren, wo ausgedehnte Obst- und Weingärten zwar eine gewisse Deckung gegen feindliche Luftaufklärung boten, wo jedoch auch die lebenswich-tige Verkehrsachse verläuft, die Kabul mit dem Salang-Paß und der sowjetischen Grenze im Norden verbindet. Mit unserem umfangreichen Troß wären wir mit Sicherheit aufgefallen. Auch wenn die sowjetischen Nachrichtendienste und deren »Intelligence« den Ansprüchen des Parti-sanenkrieges nicht gewachsen waren, gab es doch genügend Spitzel und widerstreitende Parteien, um die Präsenz von fünf westlichen Ausländern zu melden. Im relativ offenen Gelände zwischen Kabul und Bagram wären wir mit Leichtigkeit durch Hubschrauber-Kommandos zu stellen gewesen. Selbst wenn uns dieses Husarenstück gelungen wäre, hätten wir noch Gebirgshöhen von viertausend Meter überwinden müssen, um in relative Sicherheit und eine gut abgeschirmte »befreite Zone« zu gelangen. Später sollte sich herausstellen, daß die »Hezb-e-Islami« mit unserer Expedition eine ganz präzise Absicht verband: Starke Gruppen von Mudschahidin waren in der Umgebung des früheren Ausflugsortes Paghman in etwa zwanzig Kilometer Entfernung von Kabul konzentriert worden und sollten dort den Sowjets und ihren afghanischen Verbündeten eine offene Schlacht liefern. Dabei wären wir als westliche Augenzeugen willkommen gewesen, um über die Wirksamkeit des afghanischen Widerstandes zu berichten. Daß wir dabei unter Beschuß der russischen Kampfhubschrauber und Bomber geraten wären, hätten unsere afghanischen Freunde wohl mit der ihnen eigenen Schicksalsergebenheit in Kauf genommen.

Es kam zu einem schwierigen Gespräch mit Schahid, als ich ihm erklären mußte, daß der Marschrhythmus und die Zielsetzung, die uns von den Mudschahidin vorgeschrieben waren, für uns nicht akzeptabel seien. Unsere Tour hätte sich auf mindestens zwei Monate ausgedehnt, und wir hätten nach zwei Wochen Marsch vermutlich einen solchen Grad der Erschöpfung erreicht, daß die Kamera-Arbeit nicht mehr möglich gewesen wäre. Ehe der Kommandant mit seinen Partisanen dann schließlich im Eilmarsch seinen Weg auf die noch etwa zehn Wegstunden entfernte Ortschaft Azrow fortsetzte – sie war von den Russen in den Vortagen bombardiert worden –, verabschiedeten wir uns immerhin mit dem dreifachen Bruderkuß, der bei den afghanischen Bergvölkern üblich ist. Zwei bewaffnete Mudschahidin wurden zu unserem Schutz zurückgelassen. Das war keine überflüssige Vorsichtsmaßnahme, denn das Material und auch das Bargeld, das wir transportierten, stellten in dieser Wildnis einen unvorstellbaren Reichtum dar, und das Gebiet war keineswegs von Wegelagerern frei.

Dieser Aufenthalt in Laredar wurde schließlich wider Erwarten zu einem ungewöhnlichen Erlebnis. Wir befanden uns offenbar auf einer der großen Infiltrationsschneisen der Widerstandskämpfer, die in die Umgebung von Kabul und nach dem äußersten Norden Afghanistans führen. Ohne Unterlaß trafen neue Trupps von Mudschahidin verschiedenster rassischer und politischer Zugehörigkeit ein. Sie rasteten dann

kurz an unserem Samowar, tranken eine Tasse Tee und kochten etwas
Reis ab. Dann verrichteten sie in frommer Inbrunst ihr Gebet. Die
Gewehre hatten sie dabei in Griffweite. Der jeweilige Befehlshaber fungierte auch als Vorbeter, als »Imam«. Die »Fatiha«, die Eröffnungs-Sure
des Koran, hallte feierlich durch das felsige Gebirgstal. Zwei Greise mit
weißen Bärten sprachen uns heiter und freundschaftlich an. Sie zeigten
auf den Himmel und beschrieben die Hubschrauber, fluchten auf die
Schurawi, die Sowjets, und ahmten das Bellen eines Maschinengewehres
nach. Selbst für diese alten Männer, die sich mit erstaunlicher Behendigkeit im steilen Gelände bewegten, war der Heilige Krieg offenbar ein
Mordsspaß.

Wenn eine bewaffnete Truppe auftauchte, fragten wir stets nach
deren politischer Zugehörigkeit. Waren es Männer der »Hezb-e-Islami«,
umarmten sie unsere beiden Leibwächter, und wir setzten uns zu ihnen
ans Feuer. Als jedoch Partisanen des »Harakat-e-Enqelab-e-Islami«
auftauchten und ein Plakat mit dem Bild ihres Anführers Mohammedi
an die Steinmauer unserer Teestube hefteten, wurde die Atmosphäre
gespannt, fast feindselig. Gleich am ersten Tag war uns aufgefallen, daß
die Afghanen sich niemals ohne ihre Feuerwaffe bewegten. Der Besitz
eines Schießeisens war für sie die unentbehrliche Bestätigung ihrer
Männlichkeit.

Bis spät in die Nacht diskutierte ich mit unserem Dolmetscher, dem
Soziologie-Studenten Amin, über die ideologische Ausrichtung seiner
Partei und den hinderlichen Bruderzwist der verschiedenen Partisanengruppen. Für diese einfachen und frommen Männer war der Islam eine
obsessionelle Religion, die jeden Bereich ihres täglichen Lebens durch-
drang. Hier wurde noch deutlicher als in Peschawar, warum die »Hezb-
e-Islami« sowohl die von den bürgerlichen Kreisen des Westens bevorzugte National-Islamische Front des pro-amerikanischen Ghailani wie
die maoistische Aktionsgruppe »Sama« – von linksorientierten europäischen Intellektuellen überbewertet und gepriesen – entschieden ablehnte. Es lag nahe, die konspirative Erfahrung und die unerbittliche Disziplin der »Islamischen Partei« des »Ingenieurs« Hekmatyar mit der kommunistischen Partisanenbewegung Titos in Jugoslawien während des
Zweiten Weltkrieges zu vergleichen, während man in Ghailani oder
anderen pro-westlichen Figuren afghanische Parallelfälle zu dem
unglücklichen serbischen Oberst Mihajlović sehen konnte.

In Laredar verbrachten wir die Nacht auf dem bloßen Boden des mit
Qualm gefüllten »Samowar«. Das Kamera-Team wurde in der ersten

Nacht das Opfer zahlloser Flohbisse, und dieses Ungeziefer sollte uns auch in den folgenden Tagen ständig begleiten. Als erste Speise wurden uns etwas Reis und ein paar Kartoffeln angeboten, dazu der grüne, gezukkerte Tee. Wir sollten nicht zur Ruhe kommen. Der »Wirt« unseres Etablissements stolperte ständig über die Schlafenden, um karge Rationen für neue Gruppen von Mudschahidin aus seinen Kisten und Schachteln zu holen. Diese Krieger blieben ein paar Stunden am Lagerfeuer sitzen, wärmten sich und traten wieder unverdrossen ihren Marsch ins Gebirge an. Aus dem Innern kommend, traf auch eine Karawane mit Verwundeten ein und wurde in Richtung Pakistan weitergeleitet. Die Russen hatten den Tesin-Paß bombardiert, der zur Straße Kabul – Jallalabad überleitet. Dabei hatte es siebzehn Tote und eine Vielzahl von Verwundeten gegeben.

Schon am frühen Morgen näherten sich Kamele aus der Richtung der pakistanischen Grenze, die mit Bazooka-Geschossen beladen waren. Der Strom der Mudschahidin wollte jetzt nicht mehr abreißen. Unser Kameramann Baldur sprach vom »Mudschahidin Highway«. Ein Vergleich mit Vietnam war hier völlig unangebracht, denn die US-Luftaufklärung hätte eine solche Partisanenkonzentration längst zerschlagen, ja wir hätten mit B 52-Flächenbombardements rechnen müssen. Zu unserer großen Überraschung war das Waffenarsenal der Mudschahidin weit besser als erwartet. Jagdgewehre und altertümliche Flinten waren längst verschwunden. Selbst jene Waffen, die in dem Paschtunen-Dorf Deraa in Pakistan mit so viel Geschick von den dortigen Schmieden nachgeahmt werden, waren bei den afghanischen Widerstandskämpfern verpönt, weil sie oft schon nach ein paar Schüssen untauglich wurden. Die Grundausrüstung war neben dem bereits erwähnten Enfield-Gewehr mehr und mehr die russische Kalaschnikow, auch AK 47 genannt. Dazu kamen leichte Maschinengewehre sowjetischer und britischer Fabrikation und eine Luftabwehrwaffe relativ schweren Kalibers, die bei den Russen »Daschka« heißt.

Immer wieder stellten wir fest, daß an panzerbrechenden Mitteln kein Mangel war und daß die Rohre der RPG 7 sowie ihre Geschosse zum häufigsten Frachtgut gehörten. Wir sahen uns sorgfältig die Ursprungszeichen dieser Bazookas an. Offenbar gehörte es zu einer stillschweigend vereinbarten Politik, die afghanischen Partisanen mit Geräten sowjetischer Fabrikation oder zumindest sowjetischen Typs zu versorgen. Ein bärtiger Paschtunen-Krieger, ein Hüne, erklärte uns durchaus glaubwürdig und unter Zustimmung seiner Gefolgsleute, daß die Mudschahidin

ihre ursprüngliche Panzerfurcht längst überwunden hätten, daß sie oft
vor Freude tanzten, wenn russische Tanks gemeldet wurden und daß die
Kämpfer des Heiligen Krieges sich dann um die Ehre stritten, ihre Bazookas aus kürzester Entfernung abzufeuern. Die sowjetischen Kampfflugzeuge – es handelte sich meist um MIG 21 – hatten viel von ihrer Wirkung verloren und galten vor allem als psychologisches Mittel der
Kriegführung. Gefährlich, tödlich und fast unverwundbar hingegen
blieben die sowjetischen Hubschrauber vom Typ MI 24, die aufgrund
ihrer Titanium-Panzerung auch mit schweren Maschinengewehren vom
Kaliber 12,7 Millimeter, wie sie neuerdings angeblich von den Chinesen
auf Umwegen geliefert wurden, nicht heruntergeholt werden konnten.
Ganz eindeutig fehlt es dem afghanischen Widerstand an Boden-Luft-
Raketen. Die Gebirgskrieger sind den Raketen und Bordwaffen der MI 24
ziemlich hilflos ausgeliefert. Die Truppenbewegungen der Russen auf
den von ihnen tagsüber kontrollierten Straßen vollziehen sich unter dem
unentbehrlichen Schutz der unverwundbaren Helikopter. Man kann
sich also ohne viel Phantasie ausmalen, wie grundlegend sich die strategische Gesamtsituation verändern würde, falls die Afghanen tatsächlich
eines Tages mit Boden-Luft-Raketen vom Typ SAM 7 selbst in bescheide-
nem Ausmaß ausgerüstet würden. Es käme dann zu einer entscheidenden Wende des Krieges. Die Russen würden in die Defensive gedrängt
und könnten vermutlich nicht einmal die unentbehrlichsten Verbindungswege, die vom Amu Daria über den Salang-Paß nach Kabul und
von dort über die große Ringstraße nach Kandahar und nach Herat führen, offen halten.

In den folgenden Tagen unseres Weitermarsches konnte ich erneut
feststellen, daß der Vergleich zwischen Afghanistan und Vietnam ziemlich irreführend ist. Wir kamen auf unserem Weg nach Azrow durch
Gebirgsdörfer, die zwar gelegentlich aus der Luft beschossen worden
waren; aber eine systematische Vernichtungsaktion durch die sowjetische Luftwaffe, wie sie in Indochina in den »free fire-zones« durch die
US Air Force üblich war, fand in diesem Teil Afghanistans nicht statt.
Selbst die Getreidefelder, die kurz vor der Ernte standen, waren nicht
durch Chemikalien vernichtet worden. Von einer ununterbrochenen
Luftwaffen-Präsenz, wie sie sich die Amerikaner auch in den entlegensten Winkeln Indochinas leisteten, konnte hier nicht die Rede sein.
Offenbar wurden die russischen Hubschrauber und MIGs voll und ganz
benötigt, um die wichtigsten Städte abzuschirmen und die großen strategischen Straßen zu überwachen. Auch das Zahlenverhältnis dürfte

sich mehr und mehr zu Ungunsten der Roten Armee auswirken. Bei der Partisanenbekämpfung wird von den Experten das Verhältnis zehn zu eins zugrundegelegt, um eine Erfolgschance zu bieten. Davon ist man in Afghanistan unendlich weit entfernt. Selbst wenn die Russen statt 85 000 Mann, wie bisher offiziell angegeben wurde, 100 000 Soldaten in Afghanistan stationiert hätten – davon sind bestenfalls 20 000 Mann echte Kampftruppen –, ist das ein völlig unzureichendes Aufgebot. Die afghanische Regierungsarmee, die auf russischer Seite kämpft, ist in den letzten Monaten stark geschrumpft, und ihre Kampfbereitschaft läßt zu wünschen übrig. Immer wieder kommt es zu massiven Desertionen. Ihr derzeitiger Mannschaftsstand wird mit höchstens 35 000 Mann beziffert. Dem stehen nach vorsichtigen Schätzungen rund 70 000 gut bewaffnete, hochmotivierte und im Gebirgskampf erfahrene Mudschahidin gegenüber. Darüber hinaus gibt es mindestens 100 000 zusätzliche Partisanen, die tagsüber als Bauern und Händler leben, jederzeit jedoch den verschiedenen Widerstandsbewegungen als bewaffnete Hilfskräfte zur Verfügung stehen.

Gegen Mittag kündigte mir Amin die Ankunft einer etwa dreihundert Mann starken Einheit der »Hezb-e-Islami« an. Diese Krieger, die sich zur Tarnung gegen Luftangriffe in Gruppen von zwanzig bis dreißig Mann aufgelöst hatten, waren gut bewaffnet und unterstanden einem straffen Kommando. Amin machte mich mit dem Befehlshaber bekannt, einem bärtigen Tadschiken mit schwarzem Turban, der sich nie von seiner Kalaschnikow trennte. Der etwa dreißigjährige Führer trug den Namen Abdel Wadud und verfügte über besonderes Prestige. Sein älterer Bruder, Mohammed Omar, hatte 1974 als Medizinstudent an dem islamischen Putsch gegen Präsident Daud in führender Position teilgenommen und war nach dem Scheitern des Staatsstreichs hingerichtet worden. Er galt als Märtyrer, als »Schahid«, und wurde im Gespräch stets als »Doktor Schahid« erwähnt, obwohl er es nicht zum Staatsexamen gebracht hatte. Nach kurzem Gespräch erklärte sich Abdel Wadud bereit, uns ein Stück weiter ins Landesinnere in Richtung auf die Straße Kabul – Jallalabad, die ich mir als Ziel gesetzt hatte, zu begleiten. Im Gegensatz zu unseren ersten Begleitern zeigte er volles Verständnis für die Gebote unserer Fernseh-Arbeit und den langsamen Marschrhythmus, der uns auferlegt war. Seine Männer bildeten einen verwegenen und sympathischen Haufen. Es waren keine Paschtunen unter ihnen, sondern nur Tadschiken und Usbeken aus dem Norden Afghanistans. Die Tadschiken sind der Sprache und dem Typus nach Perser, bekennen sich jedoch überwiegend zum sunnitischen Zweig des Islam. Der Großteil ihrer Stammesbrüder lebt jenseits der Grenze in Sowjetisch-Tadschikistan. Die Usbeken hingegen gelten als Turk-Volk, sind dem Typus nach meist den Mongolen eng verwandt. Ich konnte nicht umhin, immer wieder einen Vergleich zwischen den afghanischen Mudschahidin und ihren palästinensischen oder iranischen Gesinnungsgefährten anzustellen. Bei diesen Afghanen war große Gelassenheit und Selbstsicherheit zu spüren, gepaart mit gottergebener Bereitschaft zur Selbstaufopferung. Von der Hysterie so vieler palästinensischer Fedayin oder von der hektischen Neurotik so mancher iranischer Pasdaran war hier keine Spur.

Abdel Wadud stammte aus der Provinz Takhor im äußersten Nordosten Afghanistans. Sein Ursprungsdorf lag nur fünfzig Kilometer von der sowjetischen Grenze am Amu Daria entfernt, und dort besaß er auch weiterhin sein Hauptquartier. Im Sommer 1979 hatte er der damaligen Regierung des später ermordeten Präsidenten Hafizullah Amin vorgetäuscht, er wolle sich mit dreihundert Gefolgsleuten dem Kampf der marxistischen Regierung gegen die Aufständischen anschließen. Er nahm dreihundert Gewehre in Empfang, ging damit in den Widerstand und führte den ersten Angriff auf die Provinzhauptstadt Faisabad in Badakschan. Ursprünglich war Abdel Wadud Lehrer, aber inzwischen war er zu einem exemplarischen Führer im Heiligen Krieg herangewachsen. Er versammelte seine Leute unter dem Bild Hekmatyars, und der Student Kais aus Kabul feuerte mit einem Megaphon die Sprechchöre an. Die Mudschahidin ließen ihre Partei, die »Hezb-e-Islami«, hochleben, ihren Führer Hekmatyar und die Unabhängigkeit Afghanistans. Doch der ewig wiederkehrende Ruf lautete: »Allahu akbar«. Nach den Schmähungen der Sowjetunion, des Kommunismus und der roten »Quislinge« von Kabul ertönte auch der Ruf »Margbar Amerika« – »Tod den Amerikanern«. Die Frontstellung gegen Moskau hatte hier keineswegs zu einer Versöhnlichkeit gegenüber dem Westen geführt, auch wenn wir in späteren Gesprächen erfuhren, daß die iranische Revolution Khomeinis nicht ganz nach dem Geschmack der meisten afghanischen Widerstandskämpfer war. Ein wesentlicher Unterschied, so übersetzte mir Amin, sei in dem Umstand zu suchen, daß die straffen Strukturen des schiitischen Klerus bei der sunnitischen Mehrheit Afghanistans befremdend wirkten.

Von nun an setzten wir unseren Weg – teils zu Fuß, teils zu Roß – gemeinsam mit der Truppe Abdel Waduds fort. Wir durchquerten eine wilde und für uns äußerst mühselige Gebirgslandschaft. Von der Höhe der Pässe schweift der Blick in dunstig blaue Täler und auf schneeige Gipfel. Die Baumgrenze signalisiert dort eine Höhe von mindestens viertausendfünfhundert Metern. Die Pferde bewegten sich mit äußerster Sicherheit an den Steilhängen und im Geröll des Flußbettes, das uns gegen Abend aufnahm. Als wir in der übernächsten »Tschekhana« eintrafen, die weit geräumiger, wenn auch nicht hygienischer war als unser letzter »Samowar« von Laredar, hatte sich das Gros der usbekisch-tadschikischen Truppe Abdel Waduds bereits am Flußbett eingefunden. Sie boten mit ihren Lagerfeuern, ihren Pferden und Eseln, den Fellmützen und Waffen ein äußerst wildes, kriegerisches Bild. Amin erklärte mir, daß die Stimmung dieses Heerlagers bereits typisch für Nord-Afghanistan und seine dortigen Nomadenvölker sei. Wir selbst fühlten uns ein wenig wie bei Dschingis Khan zu Gast. Abdel Wadud teilte uns mit, daß auch er an der großen Sternfahrt in die Provinz Parwan teilnehme, wohin uns der Paschtunen-Führer Schahid hätte begleiten sollen. Doch sein eigentliches Endziel sei seine heimatliche Provinz Takhor und die unmittelbare Nachbarschaft von Sowjetisch-Tadschikistan. Die einfachen Mudschahidin, die sich um uns gedrängt hatten und uns in jeder Weise ihre Freundschaft bekundeten, versicherten am Lagerfeuer, daß es ihre Absicht sei, nicht nur Afghanistan von den gottlosen Schurawi zu befreien, sondern auch ihren muselmanischen Brüdern in Sowjetisch-Tadschikistan, -Usbekistan, -Turkmenistan die Unabhängigkeit von den Russen und die Wiederherstellung des wahren Glaubens zu bringen. Sie teilten die kühnen Träume ihres Vorsitzenden Hekmatyar.

Unser Fernseh-Team von fünf Mann integrierte sich inzwischen reibungslos in die kriegerische Truppe Abdel Waduds. Der Kameramann Baldur paßte zwar mit seiner germanischen Blauäugigkeit nicht recht in diese Umgebung, imponierte jedoch durch seinen hünenhaften Wuchs und seine Kraft. Der Toningenieur Helmut aus dem Saarland entsprach mit seinem dunklen kelto-romanischen Typus in so frappierendem Maße dem Aussehen vieler afghanischer Mudschahidin, daß wir ihn jedesmal vorzeigten, wenn die Gefahr einer Enttarnung bestand. Der Kamera-Assistent Michael erwarb sich persönliches Ansehen, als er bei einer der zahlreichen Schießübungen, die die Mudschahidin veranstalteten, mit der Kalaschnikow sofort ins Ziel traf. Ich selbst versuchte, meine muselmanische Umgebung durch gelegentliche Koran-Zitate zu beeindrucken, und mein Sohn Roman, der als Stabsarzt der Bundeswehr Urlaub genommen hatte, um mich auf dieser Expedition zu begleiten, wurde immer wieder von Kranken auf seine Heilkünste angesprochen.

Viel konnte er nicht ausrichten, denn sehr oft handelte es sich um fortge-
schrittene Tuberkulose oder um Malaria.

Im Lager von Azerre – so hieß der kleine Rastplatz – kreiste das
Gespräch der Mudschahidin ständig um die militärische Lage. Für diese
einfachen Männer aus dem Gebirge, die ansonsten als Pächter oder Tagelöhner ein mühseliges Brot verdienten, stellte der Heilige Krieg das
große Abenteuer, die männliche Erfüllung dar. Wir erfuhren, daß die
wichtigsten Städte Afghanistans – wie Kandahar und Herat – von der
Roten Armee nur unzureichend kontrolliert wurden. Zwischen den
Widerstandskämpfern der verschiedensten Provinzen bestand offenbar
ein relativ gut funktionierendes Rotationssystem, auch wenn die Kriegs-
bedingungen insgesamt für einen westlichen Beobachter chaotisch wirkten.

Die »Hezb-e-Islami«, die zweifellos über die solidesten Strukturen
verfügte, hatte in jeder Provinz eine sogenannte »Schura«, eine gewählte
Versammlung als lokales Entscheidungsgremium eingesetzt. Abdel
Wadud versicherte, daß ein häufiger Austausch von Einheiten zwischen
den entlegensten Gebieten Afghanistans stattfinde, um die Erfahrungen
zu vergleichen und zwischen den verschiedenen Rassen und Stämmen
ein Gefühl der islamischen Verbundenheit zu erzeugen. So sei er mit seinen Männern aus dem fernen Takhor und Badakschan nach Logar und
Paktia an der pakistanischen Grenze gekommen, um mit den paschtuni-
schen Mitstreitern Solidarität zu üben. Ich konnte mich jedoch des Ver-
dachts nicht erwehren, daß die Waffenversorgung eine gewisse Rolle bei
dieser Reise nach Süden gespielt hatte.

Natürlich versuchten die Afghanen die Rivalitäten, die zwischen den
verschiedenen Organisationen bestehen, herunterzuspielen. Dennoch ist
das Mißtrauen, ja die Feindschaft zwischen den verschiedenen Fraktionen groß. Es soll sogar zu bewaffneten Auseinandersetzungen und zu
Überfällen auf Waffenkarawanen kommen. Das entspricht durchaus dem
Temperament dieses archaischen Landes. Die Männer der »Hezb-e-
Islami« betrachten ohnehin nur die strengen Fundamentalisten als
annehmbare Verbündete und sehen in den Maoisten Ausgeburten teuflischer Verirrung. Im Westen ist diese Zersplitterung der afghanischen
Résistance immer wieder kritisiert und bedauert worden. Tatsächlich
gibt es zahlreiche Stammes-Organisationen im Innern, die im pakistanischen Peschawar oder Quetta kaum bekannt sind und ihren Dschihad
völlig autonom führen. Doch diese Vervielfältigung kann sich auch als
Vorteil für die Partisanen erweisen. Für die sowjetische Militärmaschine

besteht nicht die geringste Chance, durch eine gutgezielte Operation die
Front ihrer Gegner ein für alle Mal zu zerschlagen. Der afghanische
Widerstand ist eine Art Hydra, der ständig neue Köpfe nachwachsen. Die
orientalische Mentalität dieser Krieger muß ohnehin jeden europäischen
Strategen zur Verzweiflung treiben. Bei unserem relativ kurzen Abstecher nach Afghanistan konnten wir ebenfalls feststellen, daß die sogenannten »freien Gebiete« sich ausdehnen, von der sowjetischen Intervention immer weniger behelligt werden, je weiter man sich in das
Innere begibt und von den zwei oder drei großen Verkehrsachsen entfernt.

Es war ein sehr stimmungsvoller Abend in Azerre. Die Gestalten der
Mudschahidin zeichneten sich beim Abendgebet vom grünlichen Himmel ab. Durch das steinige Tal hallte das Wiehern der Pferde und der
Schrei der Esel, von dem der Prophet Mohammed in einer Koran-Sure
gesagt hat, es sei der häßlichste Laut der Schöpfung. Bevor wir im Qualm
unserer Teehütte, umgeben von Schwärmen von Flöhen, einschliefen,
übersetzte uns Amin das Lied, das vom Lagerfeuer zu uns herüberklang:
»Ergreife dein Maschinengewehr! So verehrst du das Blut unserer Märtyrer. Zerstöre die Paläste der Unterdrücker, denn du wirst mit Hilfe Allahs
siegen! Vernichte die Partei des Teufels!«

Von Azerre aus ging es in steilen Schluchten abwärts in Richtung auf
die Ortschaft Azrow. Das Land war hier dichter besiedelt. Die Lehmburgen, die der dortige Paschtunen-Stamm der Mangal errichtet hatte, erinnerten in ihrer abweisenden Architektur an die »Qusur« des marokkanischen Hoch-Atlas. Eine seltsame Gleichförmigkeit der islamischen Welt
zwischen äußerstem Maghreb und äußerstem Maschreq wurde hier
sichtbar. Über einzelnen Gräbern flatterten bunte Fahnen. Sie zeigten
an, daß hier »Schuhada«, Gefallene des Heiligen Krieges bestattet waren.
Neben immer neuen Gruppen von Mudschahidin, die sich in beiden
Richtungen, nach Nordwesten und Südosten, bewegten, begegneten wir
auch kleinen Gruppen von Flüchtlingen, die vor den russischen Bombardements in Pakistan Asyl suchten. Sie hatten nur armselige Habseligkei-
ten bei sich. »Das sind die angeblichen Feudalherren, von denen Radio
Kabul immer in seinen Propagandasendungen berichtet«, sagte Wali.

Die Sonne stand im Zenit, als wir das Tal von Dschanohel erreichten.
Gemessen an unseren bisherigen Unterkünften wirkte dieser Rastplatz
fast lieblich und erinnerte an die Beschreibung des Paradieses, das im
Koran als Garten mit blühenden Bäumen und rauschenden Bächen
geschildert wird. Unsere Ansprüche waren inzwischen recht bescheiden

geworden, und die Maulbeeren, von den Afghanen »Tut« genannt, erschienen uns als köstliche Speise, obwohl sie noch gelb und unreif waren. Abdel Wadud hatte Tee, etwas Hammelfleisch und Fladenbrot – »Nan« genannt – für uns vorbereiten lassen. Wir lagerten unmittelbar neben einer schlichten Moschee aus Lehm, die weiß getüncht war. Es war Freitag, und die Krieger Abdel Waduds bereiteten sich zum großen Gebet und zur Predigt, zur Khutba, vor. Vorher führten uns ein paar Kinder des Dorfes, wo ebenfalls Bombardierungen stattgefunden hatten, zu zwei Blindgängern, mächtigen russischen Bomben, deren Stahlmantel im Lehm zu erkennen war. Die Dorfjugend amüsierte sich damit, Steine auf diese hochexplosiven Ungetüme zu werfen.

Um ein Uhr mittags versammelten sich die Mudschahidin zum Gebet. Vorbeter und Prediger war Abdel Wadud. Er verkörperte jetzt die ideale islamische Kriegergestalt, den »Amir el Mu'minin« . Er war geistlicher Führer, militärischer Kommandant und höchste politische Autorität. Bei seinem Gebet hielt er anstelle des traditionellen »Schwert des Islam – Saif ul Islam« eine Kalaschnikow in der Hand, wie das zum ersten Mal in Teheran von Ayatollah Taleghani vorgeführt worden war. Die wilden Männer vom Volk der Usbeken und Tadschiken waren in innige Frömmigkeit versunken. Abdel Wadud richtete seine Ansprache auf »Dari«, der persischen Umgangssprache, an seine Gefolgsleute: »Ihr seid die glücklichsten Menschen auf Erden! Für euch stehen nur zwei glorreiche Wege offen: Entweder ihr überlebt als Sieger und werdet als ›Ghazi‹ hoch geehrt, oder ihr sterbt als Märtyrer des Glaubens, als ›Schahid‹, und dann findet ihr Einlaß zu den Ehrenplätzen des Paradieses.« Später führte er aus, daß allein der Glaube an Allah zu diesem Kampf befähige, denn nur ein frommer Moslem könne es wagen, die ungeheure Macht der Sowjetunion herauszufordern. Während der Khutba erhob sich jener usbekische Unterführer, den wir wegen seines wilden Aussehens Dschingis Khan getauft hatten, und zitierte mit lauter Stimme einen Vers des Koran: »Wenn einer sagt, daß die Toten, die auf dem Wege Allahs sterben, tot seien, dann irrt er; sie sind lebendig! Ihr wißt es nur nicht.«

Nach dieser frommen Veranstaltung legten wir uns zur Siesta nieder. Der Toningenieur Helmut hatte mir seinen Walk-Man mit Kassette geliehen. Es war ein unbeschreibliches Gefühl, plötzlich und unerwartet in dieser Wildnis die Klänge der Tannhäuser-Ouvertüre zu hören. Als die Posaunen machtvoll einsetzten, überraschte ich mich dabei, daß ich lauthals sang: »Im Kreuz ist Heil!« – was glücklicherweise keiner unserer afghanischen Freunde verstand.

Am Nachmittag inszenierten die Mudschahidin eine Kampfübung für unsere Kameras. Bei einem wirklichen Gefecht wären wir ohnehin nicht zum Filmen gekommen, sondern hätten vor den sowjetischen Hubschraubern Deckung suchen müssen. Aber auch diese Demonstration war eindrucksvoll. Obwohl wir wußten, daß die Partisanen im Anschlag lagen, brauchten wir eine geraume Zeit, bis wir sie hinter den Felsbrocken entdeckten. An vietnamesischen Verhältnissen gemessen, die so oft als Vergleich zitiert werden, bietet die Gebirgswelt des Hindukusch mit ihren unglaublichen Klüften und dem weitverzweigten Höhlensystem noch besseren Unterschlupf als der indochinesische Dschungel, wo die Lebensbedingungen selbst für die Nord-Vietnamesen – wie wir aus eigener Erfahrung wußten – ziemlich unerträglich waren und wo die Malaria-Quote bei den »Bo-doi« häufig bei dreißig Prozent lag. Überrascht waren wir von der Feuerdisziplin der bunten afghanischen Truppe. Abdel Wadud hatte die strikte Anweisung gegeben, nicht verschwenderisch mit der Munition umzugehen. Wenn trotzdem häufig und begeistert geballert wurde, war das ein Zeichen dafür, daß keine akuten Nachschub-Probleme für Munition bestanden. Die Partisanen bewegten sich mit der Behendigkeit von Gemsen in der Felswand, obwohl die meisten von ihnen nur zerrissene und völlig ausgelatschte Halbschuhe ohne Sokken trugen. Selbst im Winter, so sagten sie uns, verfügten sie über kein besseres Schuhwerk und müßten sich damit im Schnee bewegen. Das beschleunige dann lediglich ihr Tempo. Auf meine Anfrage antwortete Abdel Wadud, daß das militärische Training seiner Männer so relativ befriedigend sei, weil eine Vielzahl von Offizieren der früheren afghanischen Armee sich den Mudschahidin angeschlossen hätten und für eine systematische Instruktion sorgten.

Als feierlicher Höhepunkt wurde uns ein Reiterspiel, ein »Buskaschi« vorgeführt. Diese rüde Veranstaltung ist vor allem in Nord-Afghanistan höchst populär. Die Reiter der Steppe prügeln sich dabei um einen toten Hammel. Sehr oft kommt es zu schweren Stürzen und Unfällen, denn jeder von diesen verwegenen Nomaden möchte der beste »Chapandoz«, der kühnste Reiter, sein. Der »Buskaschi« ist übrigens durch den Roman und den Film von Joseph Kessel »Les Cavaliers« popularisiert worden. Bei unserem Spiel ging es relativ harmlos zu. Die Saumpferde eigneten sich schlecht zu wilden Kraftproben. Dennoch spürten wir einen Hauch tollkühner Ausgelassenheit dieser auf ständige Kraftproben ausgerichteten Männerwelt Zentral-Asiens. Unser Kommandant Abdel Wadud erwies sich als vorzüglicher Reiter und als geborener »Chapandoz«.

Nachts schliefen wir in der Moschee zu Füßen der Gebetsnische, des Michrab, was wohl für uns Ungläubige eine besondere Ehrung darstellte. Die ganze Zeit wachten die Posten über unsere Sicherheit. Ihre Gewehrläufe zeichneten sich vom Sternenhimmel ab. Abdel Wadud hatte uns abgeraten, den Weg nach Nordwesten mit seiner Truppe fortzusetzen. Wir würden Schwierigkeit haben, Futter für unsere Tiere zu finden. Nach der Bombardierung des Tesin-Passes müßten wir voraussichtlich ein total unwegsames Gelände durchqueren, und vor allem böte sich keine Gelegenheit, die Straße Kabul–Jallalabad bei Tageslicht zu filmen, da wir sie in aller Eile bei Nacht überqueren müßten. Der Aufbruch der Mudschahidin war ursprünglich für den Zeitpunkt des Morgengebets um vier Uhr dreißig angesetzt. Plötzlich wurden jedoch die Weisungen geändert, und um zwei Uhr nachts fand der Abmarsch statt. Binnen einer Viertelstunde war diese Truppe von etwa dreihundert Mann wieder voll bewegungsfähig. Wir brauchten sehr viel länger, bis wir unsere Saumpferde beladen hatten und mit einer kleinen Eskorte in entgegengesetzter Richtung den Rückweg antraten. Ich wollte nicht die Ankunft des Morgenlichts in Dschanohel abwarten. Am Vortag war so viel Lärm und Schießerei veranstaltet worden, daß wir allen Ernstes mit der Ankunft sowjetischer Hubschrauber rechnen mußten. Die Dunkelheit war unser bester Schutz.

Auf dem Rückritt sah ich schon so verwildert aus, daß ich häufig von älteren Männern angehalten wurde, die ein Gespräch in Paschtu oder Dari mit mir führen wollten. In mühseligem Aufstieg erreichten wir wieder die Raststätte von Azerre, lagerten uns um den unvermeidlichen »Samowar« und sprachen mit Hilfe unseres Dolmetschers Amin über die Probleme des Islam. Selbst die ganz einfachen Mudschahidin waren erstaunlich gut informiert über die Vorgänge im benachbarten Iran und in der arabischen Welt. Unser zuverlässigster Leibwächter war ein kleiner, aber kräftig gewachsener Hazara aus der Umgebung von Kabul, namens Daud. Er hatte mich aufgrund meiner Koran-Sprüche besonders ins Herz geschlossen. Wir diskutierten darüber, warum die Fundamentalisten des »Hezb-e-Islami« sich weigerten, bei den Amerikanern wirksame Unterstützung gegen die Russen zu suchen. Aber hier handelte es sich um eine grundsätzliche, fast theologische Frage. Der Bekennersatz des Islam: »La ilaha illa Allah! – Es gibt keinen Gott außer Gott!« wurde konsequent in die Politik übertragen. Eine irgendwie geartete Unterwerfung oder auch nur Anlehnung an eine Supermacht wäre gewissermaßen als Verrat an dem Prinzip erschienen, wonach Gott unvergleichlich groß ist – »Allahu akbar!«. Auf seiten der afghanischen Mudschahidin

bestand starke Sympathie für die Bewegung der Moslem-Brüder im arabischen Raum. Hingegen wurde das syrische Baath-Regime des Präsidenten Hafez-el-Assad als gottlos bezeichnet, als Satellit der Sowjetunion, ja
als objektiver Komplize Israels. Vor allem beeindruckte mich die egalitäre Grundhaltung dieser Bewegung, auch wenn sie das Wort »sozialistisch« von sich wies. Amin zitierte einen Vers des Propheten Mohammed, wonach »alle Menschen gleich sind wie die Zähne eines Kammes«.

An diesem Tag waren wir fünfzehn Stunden lang zu Fuß und zu Pferd
unterwegs. Der Zustand unserer Erschöpfung, als wir wieder in Laredar
eintrafen, läßt sich ausmalen. Von nun an waren wir nur noch schwach
bewacht, das Risiko eines Zusammenstoßes oder einer Plünderung war
erheblich. Trotzdem fühlten wir uns keine Sekunde bedroht, weil unsere
Leibwächter, besonders der Student Kais und der Mongole Daud, es als
ihre Ehrenpflicht betrachteten, uns heil zurückzubringen. Im Stammesgebiet der Dschördschi kam es zu unterschwelligen Spannungen mit der
Bevölkerung, was unsere Begleiter uns zu verheimlichen suchten. Aber
ihre Nervosität entging uns nicht. Nach einigen mühseligen Etappen
erreichten wir schließlich wieder das zerstörte afghanische Grenzfort.
Auf der Paßhöhe, die zur ersten pakistanischen Ortschaft, Teremangal,
überleitete, stand ein einzelner pakistanischer Soldat. Wir hatten uns in
kleine Gruppen von zwei bis drei Mann aufgeteilt. Der Posten musterte
erstaunt und mißtrauisch diese seltsamen Gestalten, die ihm entgegen-
kamen. Im letzten Trupp ritt Amin, ganz in Weiß gekleidet, mit einer
Kalaschnikow auf der Schulter, dahinter mein Sohn Roman; ich beendete
den Konvoi.

In Teremangal wurden wir so diskret, wie es ging, wieder in der dortigen »Tschekhana« untergebracht, wo sich zweifelhafte Figuren sammelten und uns argwöhnisch musterten, darunter, wie wir später hörten,
auch zwei pakistanische Geheimpolizisten. Die Erklärung Amins, wir
seien Reisende aus Nuristan, stieß verständlicherweise auf Skepsis. Wir
hatten Eile, aus Teremangal wegzukommen, denn die Stimmung unter
den dortigen Paschtunen war unerfreulich. Unter einem Plakat zu Ehren
Khomeinis kam es zu heftigen politischen Auseinandersetzungen. Als
die Nachtlager ausgebreitet wurden, spürten wir, daß wir uns in einer
sehr homophilen Umgebung befanden. Mit einem Schlag waren wir aus
der hehren Stimmung des Heiligen Krieges in die Atmosphäre eines
»Midnight-Express« versetzt. Vor dem Einschlafen zog der letzte
Eindruck von unserem Ausflug ins afghanische Kampfgebiet an mir vorbei: Unmittelbar vor der Grenze trieb ein alter Paschtune seinen mit

Hausrat und Konservenbüchsen beladenen Esel den Steilhang hinauf; auf dem Rücken trug der Greis jedoch – sauber in eine durchsichtige Plastikhülle verpackt – drei funkelnagelneue Anti-Tank-Geschosse.

Mit der gewohnten Effizienz hatten Amin und Wali einen Bus voller Mudschahidin organisiert, in dem wir untertauchten. Aufgrund unserer Bartstoppeln und unserer schmutzigen Kleidung waren wir inzwischen sehr viel glaubwürdiger geworden. Das Fahrzeug war von innen mit Silberblech ausgeschlagen wie ein Tabernakel. Die pakistanischen Kontrollen waren schärfer als auf der Hinfahrt, weil die Sicherheitsbehörden von Islamabad offenbar befürchteten, daß die bewaffnete Opposition gegen das Regime des Präsidenten Zia-ul-Haq – insbesondere die Anhänger des hingerichteten Staatschefs Zulfikar Ali Bhutto – Agenten und Saboteure der aufgelösten »Pakistan People's Party« aus Afghanistan einschleusen wollte. Im Hauptquartier der »Hezb-e-Islami« von Fakirabad verabschiedeten wir uns schließlich mit den traditionellen Küssen und ehrlicher Rührung von unseren treuen afghanischen Schutzengeln und Freunden. Unsere verwilderte Ankunft im Hotel »Intercontinental« von Peschawar löste eine kleine Sensation und laute Heiterkeit beim Personal aus.

An einem Ort, den wir geheim zu halten versprachen, war uns zuvor von der »Hezb-e-Islami« noch eine besondere Überraschung geboten worden. Doktor Karim, der unsere Expedition von Anfang an organisiert hatte und jetzt plötzlich wieder zu uns stieß, ließ uns in einem verschwiegenen Haus zwei Angehörige der sowjetischen Streitkräfte vorführen, die von den Mudschahidin gefangengenommen worden waren. Es handelte sich um einen russischen Sergeanten aus der Gegend von Perm am Ural, der sich bei Bagram leichtsinnig von der Truppe entfernt hatte und in den ersten Tagen stets befürchten mußte, von seinen afghanischen Bewachern umgebracht zu werden. Nunmehr wirkte er etwas zuversichtlicher. Sein Name war Juri Gregorjewitsch Powarnizyn. Sehr aufschlußreich waren seine Erklärungen nicht, was wohl vor allem an der mangelnden Sprachkenntnis unseres Dolmetschers lag. Der Chefredakteur der Zeitschrift *Schahada*, ein grauhaariger und bärtiger Kollege namens Sediqi, sprach zwar in einem sehr väterlichen Umgangston mit den beiden Gefangenen, war aber nicht in der Lage, klare Aussagen zu erzielen. Immerhin verglich Powarnizyn das sowjetische Vorgehen in Afghanistan mit der faschistischen Aggresion gegen die Sowjetunion im Zweiten Weltkrieg.

Der andere Sowjetarmist war ein Turkmene namens Jasguljew, dessen

Vorname Mohammedgul ihn als Moslem auswies. Er bezeichnete sich als Überläufer. Während Powarnizyn im Umkreis von Bagram den Mudschahidin in die Hände gefallen war, hatte Jasguljew bei Scharikar, längs der Straße, die zum Salang-Paß führt, das Lager gewechselt. Damit war ein zusätzlicher Beweis erbracht, daß sich die Mudschahidin auch in dieser Gegend, die als Kerngebiet der sowjetischen Machtentfaltung in Afghanistan betrachtet wird, ziemlich unbehelligt bewegen konnten und weite Landstriche verunsichern. Der Turkmene Jasguljew beklagte sich darüber, von den russischen Vorgesetzten seiner Einheit schlecht behandelt worden zu sein. »Ich wurde häufig geschlagen«, so meinte er, »so wie das bei uns mit den Ehefrauen passiert.« Er wolle von nun an am Heiligen Krieg teilnehmen und äußerte nach einigem Zögern, daß die islamische Revolution auch auf die muselmanischen Völker in Sowjetisch-Zentralasien übergreifen würde. Mein Angebot an die beiden Gefangenen, Briefe an ihre Familien über das sowjetische Rote Kreuz zuübermitteln – die Afghanen waren damit einverstanden –, wurde von den beiden Sowjet-Soldaten abgelehnt.

Den ersten Abend nach unserem Eintreffen in Peschawar verbrachten wir – wie gewohnt – im gastlichsten Haus dieser Hauptstadt der pakistanischen Nord-West-Region, beim deutschen Honorarkonsul Przyborowski. Sir Rudolf hatte, wie üblich, eine Runde pakistanischer Generale und hoher Beamter zu Gast. Der interessanteste Gesprächspartner war wiederum jener pakistanische Sicherheits-Commissioner, der die gesamte Grenze von Chinesisch-Sinkiang bis Balutschistan überwachte. Ich fragte ihn, ob Pakistan nicht durch die Nachbarschaft des afghanischen Brandherdes zutiefst beunruhigt sei, ob man in Islamabad nicht befürchten müsse, daß die Russen eines Tages – wie früher einmal die Amerikaner im kambodschanischen Grenzgebiet – versuchen würden, durch gezielte Faustschläge die rückwärtigen Basen, die »Sanctuaries« der Mudschahidin auf pakistanischem Boden auszuräumen. Dabei dachte ich insbesondere an die von uns besuchte Ortschaft Teremangal, aber es gab bestimmt noch Dutzende anderer Passierstellen und afghanischer »Ho-Tschi-Minh-Trails« . Der Grenzkommissar legte große Gelassenheit an den Tag. Anfangs hätten die pakistanischen Behörden sich tatsächlich sehr bedrängt gefühlt, aber im Laufe der Monate habe sich erwiesen, daß die Rote Armee auch nur mit Wasser koche, daß sie ja kaum in der Lage wäre, ihre lebenswichtigen Positionen und Verkehrsadern in Afghanistan offen zu halten. Zu einem tollkühnen Unternehmen jenseits der Grenze verfüge sie beim jetzigen Kräftestand gar nicht über ausreichende Reserven, ganz abgesehen von dem internationalen Aufruhr, der dann entstünde. Gewiß, der russische Bär sein kein »Papier-Tiger«, aber es handele sich offenbar doch um einen verwundbaren Koloß, wie der Widerstand der Mudschahidin beweise. Bedenklich sei bisher die totale Unterlegenheit der pakistanischen Luftwaffe gewesen, aber das könne sich hoffentlich demnächst ändern, wenn die Amerikaner im Zuge ihrer erweiterten Militärhilfe auch moderne Kampfflugzeuge vom Typ F 16 an Islamabad liefern würden.

Wir diskutierten lange über den vergessenen Krieg in Afghanistan, der im Gegensatz zum Vietnam-Konflikt so wenig Echo bei der internationalen Presse findet. Die sowjetische Stillschweige-Taktik, die gezielte Desinformation durch wohlorganisierte Reisen befreundeter Journalisten, die von Moskau und Kabul gesteuert wurden, die alte Kunst der »Potemkinschen Dörfer«, hatten sich bisher im Sinne der russischen Verschleierungs-Taktik bewährt. Dabei seien die positiven Auswirkungen des afghanischen Widerstandes bereits evident. Eine Großmacht, die unfähig sei, ein rückständiges Gebirgsvolk von fünfzehn Millionen niederzuwerfen, werde sich in Zukunft hüten, ähnliche Abenteuer etwa im benachbarten Iran mit seiner brodelnden Masse von etwa vierzig Millionen Moslems zu riskieren. Eine russische Militär-Expedition in die Tiefe des pakistanischen Raumes mit seinen achtzig Millionen Menschen erscheine so gut wie ausgeschlossen. »Wir stehen vor einer verblüffenden und erschütternden Tatsache«, beendete der Kommissar seinen Erfahrungsaustausch; »die Russen sind dabei, ihren Partisanenkrieg in Afghanistan zu verlieren – denn wer eine solche Guerilla nicht durch totale militärische und politische Überlegenheit erdrückt, der ist am Ende der Unterlegene; – aber die Weltöffentlichkeit und die Medien des Westens nehmen diese Entwicklung nicht zur Kenntnis. Vielleicht haben Ihre Freunde der ›Hezb-e-Islami‹ tatsächlich recht, und es gibt ein stillschweigendes, augenzwinkerndes Einverständnis zwischen den beiden Supermächten in Ost und West, die islamische Revolution unter Kontrolle zu halten und ihr die gebührende Publizität zu versagen.«

ZWISCHEN MARX UND MOHAMMED –
MOSLEMS IN DER SOWJETUNION

Ausländern ist der Besuch Turkestans untersagt ohne Sondergeneh-migung der russischen Regierung. Der Reisende muß seinen Antrag über seine Botschaft in St. Petersburg mindestens sechs Monate vor Antritt der Reise einreichen. Er muß genaue Angaben über seine Reiseroute machen, die Ortschaften in der Reihenfolge, wie er sie besuchen will, und die Dauer des jeweiligen Aufenthalts. Das Hoch-land von Pamir, die Straße von Merw nach Kuschka und verschie-dene andere sind Ausländern untersagt ... Bei seiner Ankunft in Aschkhabad, Bukhara oder Taschkent hat sich der Reisende unver-züglich den russischen Behörden vorzustellen. (Audienz-Anzug er-fordert.) Aus dem Baedeker 1914

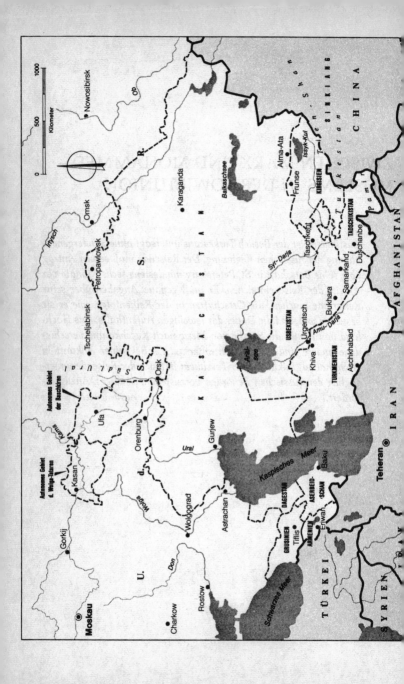

Beim Großmufti von Taschkent

Taschkent, Dezember 1958

Mein Visum nach Sowjetisch-Usbekistan – nach Russisch-Turkestan, wie man 1914 sagte – hatte ich nicht als Journalist, sondern als Orientalist beantragt. Meine Formulare hatte ich in Paris eingereicht. Offenbar stand ich auf keiner schwarzen Liste, denn ich erhielt binnen weniger Tage die Genehmigung, über Moskau nach Taschkent zu reisen.

Im grünen Zuckerbäckerbau der deutschen Vertretung in der Grusinskaja empfing mich Botschafter Kroll jovial und mitteilsam. Er hatte ein gutes persönliches Verhältnis zu Nikita Chruschtschow, dem er in Statur und Temperament ein wenig glich. Von meiner Reise nach Zentral-Asien versprach sich Kroll nicht viel. »Den Russen ist gelungen, woran die Franzosen in Nordafrika scheiterten« , sagte er kategorisch. »Der Islam stellt keine geistliche oder gar politische Kraft mehr dar. Die Usbeken, Tadschiken und wie sie alle heißen, sind als loyale Sowjetbürger erzogen. Alles andere wäre pure Spekulation.«

Die vierundzwanzig-stündige Verspätung beim Weiterflug aus Moskau wegen starkem Schneefall nahm ich gern in Kauf. Zwei Stunden nach dem Start von Wnukowo riß die Wolkendecke auf. Die braune Wüste von Kasakstan lag tief unten, ein abweisend fremder Planet. Der Aral-See tauchte wie ein gewaltiger Krater auf, dampfend grau, als wäre er mit flüssigem Blei gefüllt. Der vereiste Strand zog sich wie eine brandige Kruste um diese Wunde im asiatischen Erdleib.

»In Kürze landen wir in Taschkent, der Hauptstadt der Föderativen Republik Usbekistan«, kündigt die pummelige Aeroflot-Stewardess an. Dreitausend Kilometer trennen uns von Moskau. Die Erde kommt näher, dunkler, nackter Ackerboden, der durch schnurgerade Kanäle in riesige Quadrate unterteilt ist. Die Kolchos-Siedlungen kleben an schlammgelben Straßen. Der Himmel über den schneebedeckten Ausläufern des

Tien-Schan-Gebirges ist von einem glasklaren Glorienschein verklärt. Die Sicherheitskontrolle nach der Landung ist wohlwollend.

Im Herzen von Taschkent lasse ich mich ein paar Stunden nach meiner Ankunft und nach Verabschiedung des Intourist-Führers in der sonntäglichen Menge treiben. Die Männer mit den Mongolengesichtern und der schwarz-weißen, eckigen Kappe, der »Tupeteika« im Nacken, unterhalten sich in einer rhythmischen, stark mit Umlauten durchsetzten Sprache, die dem Türkischen verwandt ist. Selbst im Winter scheint die Sonne mild über Taschkent. Wir sind hier auf dem Breitengrad Neapels. Die Straßen der Europäerstadt – die Siedlungsfläche von Taschkent steht der Ausdehnung Moskaus kaum nach – sind noch vom zaristischen Gouverneur in großzügiger Planung ausgerichtet. Die zaristische Kolonisation verstand sich auf den Städtebau. Die Häuser sind jedoch durchweg flach und verzichten auf Etagen. An Raum fehlt es ja nicht, und Erdbeben sind häufig. Dadurch entsteht zuweilen der Eindruck einer Pionier-Siedlung.

Die breiten Alleen sind mit Bäumen bestanden, meist mit dem akazien-ähnlichen zentralasiatischen »Karagatsch«. Ein buntes Rassengemisch bewegt sich in der Hauptgeschäftsstraße, schiebt sich am Zirkus, an zwei Kinos und einem Park mit Gipsfiguren vorbei. Nur in den seltensten Fällen sieht man Russen und Usbeken in gemischten Gruppen. Sie gehen sorgfältig getrennt aneinander vorbei und sprechen jeder in seiner Sprache. Usbekische Frauen nehmen überhaupt nicht an diesem Feiertagsbummel teil. Hingegen drängen sich stämmige Russinnen so resolut durch das Gewimmel wie französische Gendarmen-Frauen auf einem Markt der Elfenbeinküste.

Neben Slawen und mongolisierten Turaniern fallen mir zahlreiche Armenier auf mit levantinischen Profilen und Mandelaugen. Sie haben nach Abschaffung aller Privatunternehmen den staatlichen Handel von Inner-Asien weitgehend in der Hand. Auch Koreaner hat ein seltsames Schicksal aus ihrer fernen Halbinsel Anfang der dreißiger Jahre in diese muselmanische Sowjetrepublik verschlagen.

Taschkent ist keine häßliche Stadt, trotz der platten Häuserzeilen und der geschmacklosen Denkmäler an jeder Kreuzung. Allerdings habe ich bisher nur den europäischen Kern gesehen. Die eigentliche Usbeken-Stadt, die weit verzettelten Außenviertel, sind mit ihren abweisenden orientalischen Lehmmauern auf der Fahrt vom Flugplatz nur flüchtig an mir vorbeigehuscht. Das Auge blieb an weißbärtigen Patriarchen haften, die neben der Tupeteika noch den Seidenmantel mit roten, grünen und silbernen Streifen sowie einen knallbunten Schal als Gürtel trugen. Nach letzten offiziellen Zählungen lebten 760 000 Menschen in Taschkent. Heute dürfte die Million beinahe erreicht sein. Davon sind sechzig Prozent Usbeken und rund vierzig Prozent Slawen.

Der große Stolz der Stadt ist der Opernplatz. Auch wenn die Rosenbeete nicht blühen, hat dieses Forum etwas Imponierendes. Die Oper von Taschkent, eine gigantische, orientalische Feldherrnhalle, ist in dieser weiträumigen Landschaft gar nicht fehl am Platz. Der Erziehungswille der Sowjets, der sich im Bau dieses kolossalen Musentempels mitten in Turkestan kundtut, ist gewalttätig und achtunggebietend. Das funkelnagelneue Hotel »Taschkent«, das der Oper symmetrisch gegenübersteht, ist mit buntgeblümten Kacheln im usbekischen Stil geschmückt. Von außen ein geschmackvoller und harmonischer Bau aus der Stalin-Ära.

Im Innern muß man diesen vorzüglichen Eindruck allerdings revidieren. Da wacht schon ein Portier in speckiger Livree grimmig darüber, daß jeder Gast – auch der westliche »Kapitalist«– beim Eintritt die Schuhe abstreift. Am Empfangsbüro, das unter der Leitung einer Armenierin steht und wo zwei usbekische Angestellte wie dekorative Buddhas beschaulich hinter ihren Schreibtischen thronen, herrscht fröhliche Unordnung. Der Fahrstuhl wird von einer schlitzäugigen hübschen Usbekin mit rotem Schultertuch sehr eigenwillig, aber mit rührender Freundlichkeit bedient.

Sogar die Etagen-Aufpasserinnen, meist vollbusige, blonde Russinnen, die die meiste Zeit in englischen Wörterbüchern studieren, sind trotz der sprachlichen Mißverständnisse aufopfernd um den Gast bemüht. Hier sind wir weit entfernt von der muffigen Intourist-Atmosphäre des Moskauer Hotels »National«. Das Hotel »Taschkent« nimmt den westlichen Ausländer ohne Mißtrauen, mit der Gastlichkeit einer orientalischen Karawanserei auf.

Dieser entwaffnende gute Wille hilft darüber hinweg, daß die Heizung schlecht funktioniert, das Badewasser eiskalt sprudelt und die Türklinke mit teuflischer Tücke den Finger verklemmt. Aus dem Radio-Apparat im Zimmer klingt eine fremdartige Musik. Sie verschmilzt den eintönigen Rhythmus orientalischer Weisen mit chinesischen Klangmotiven. Es ist später Nachmittag, aber die Hoteldirektion hat mich gebieterisch in den Eßsaal verwiesen. Der ist zu jeder Tageszeit überfüllt. Schon am frühen Morgen servieren die russischen Kellnerinnen Wiener Schnitzel und Schaschlik, mit Wodka und Narsan-Sprudel begossen. Unaufhörlich umkreisen Putzfrauen die Tische der Speisenden, von denen Fleischstücke, Brotrinden, Schalen auf den Boden fallen, wenn nicht gerade eine Bierflasche umgestoßen oder eine Soßenschüssel über die Tafeldecke geleert wird. In Taschkent ißt man mit urwüchsigem Genuß, mit zügelloser Begeisterung. Die Zeiten der großen Hungersnöte leben noch frisch im Gedächtnis. Wer sich hier den Bauch vollschlägt, glaubt im dunklen Unterbewußtsein, dem Schicksal ein Schnippchen zu schlagen. Schon habe ich sie liebgewonnen, diese flachgesichtigen, wild blickenden Usbeken mit ihren weichen Stiefeln und der schwarz-weißen Tupeteika, die Zweidrittel der Gäste ausmachen. Auf dem Flugplatz in Moskau hatten sie vor ihrer Wodka-Karaffe wie stolze, aber ein wenig heruntergekommene Indianer gewirkt, die sich dem Feuerwasser ergeben haben. Aber hier in Taschkent bestimmen sie die Atmosphäre, ob sie nun die hochgeschlossene Mao Tsetung-Jacke des Parteifunktionärs, der blaue Anzug des Ingenieurs oder die Stiefelhose des Kolchos-Arbeiters kleidet. Sie überbetonen wohl ihre Vertrautheit mit dem luxuriösen Rahmen, der sie im Hotel umgibt. Wenn die ersten hundertfünfzig Gramm Wodka geleert sind – mit der koranischen Alkohol-Enthaltung ist es bei diesen Moslems der Sowjetunion also nicht weit her –, dann umarmen sie sich brüderlich, dann legen sie die Hand zum Gruß nach Muselmanen-Sitte besonders feierlich auf die Brust und werfen der blonden russischen Bedienung Blicke zu, die nur zu sehr an die kollektive Sexual-Not türkischer Caféhäuser erinnert.

Das Orchester des großen Opernhauses von Taschkent trug Smoking. Darunter kam beim Primas-Geiger ein blaues Hemd, beim Cellisten ein grauer Pullover und beim Posaunenbläser ein grüngestreifter Schlips zum Vorschein. Der Dirigent war waschechter Usbeke. Auf dem Programmzettel war seine Nationalität nur an seinem Vornamen Bachram zu erkennen. Aus seinem Nachnamen Inojatow wäre das nicht ohne weiteres hervorgegangen. Die Russifizierung der Familiennamen ist konsequent durchgeführt worden. So heißt ein Usbeke namens Raschid, was in der frommen Sprache des Koran der »Rechtgeleitete« bedeutet, heute im sowjetischen Amtsregister »Raschidow«. Wäre der ägyptische Staatschef Sowjetbürger, hätte er sich als »Abdelnasserow« im Standesamt eingetragen. Um den ganzen Widersinn dieser Slawisierung zu begreifen, müßte man ihn auf deutsche Verhältnisse übertragen. Wären die Russen ebenso energisch in der DDR vorgegangen, würde Herr Gottlieb aus Leipzig heute »Gottliebow« heißen.

Immerhin der Dirigent ist Usbeke und herrscht über ein vorwiegend slawisches Orchester. Auch im Zuschauersaal sind die Russen in großer Mehrheit. Eigenartigerweise sieht man niemals einen Russen mit einer usbekischen Frau, wohl aber manchen arrivierten usbekischen Parteifunktionär oder Kolchos-Ingenieur mit einer russischen Ehehälfte. Das erinnert stark an Nordafrika, wo die Araber häufig Französinnen heiraten, wo aber eine Muselmanin allgemeiner Ächtung verfällt, falls sie die Ehe mit einem Europäer eingeht.

Ist Zentral-Asien das »Algerien der Sowjetunion«? Die Kolonisationsprobleme haben sich in Usbekistan bestimmt ähnlich gestellt wie in Nordafrika. Sie sind hier – auf den ersten Blick und vom Standpunkt des Kolonisatoren gesehen – ungleich gründlicher und auch geschmeidiger gelöst worden. Diese Menge im kümmerlichen Sonntagsstaat, die in der Pause durch die hochgewölbten Hallen der Oper wandelt, lebt allem Anschein nach in brüderlicher »Integration«, um ein Schlagwort aus Algerien zu gebrauchen. Die Usbeken, die hier verkehren, gehören zu der vom Sowjetstaat gründlich assimilierten Schicht.

Die Platzanweiserin gleicht einer üppigen türkischen Harems-Schönheit. Was sich wohl meine usbekischen Nachbarn bei der Aufführung des Balletts »Maskerade« gedacht haben? Oder gar die schlitzäugigen Lausbuben, die sich kurz vor Aufgehen des Vorhangs auf die Plätze der ersten Reihe, die für gewichtige Honoratioren reserviert waren, vorpirschten? Ein verblüffendes Ballett war das. In der Hauptstadt von Sowjetisch-Zentralasien, diesem Leuchtturm sozialistischen Fortschritts, wurde eine geschniegelte Pantomime aus der späten Zarenzeit vorgeführt. Gewiß, es wurde herrlich getanzt, wie man das bei den Russen gewohnt ist. Die Bühnendekoration jedoch war in pedantischem Naturalismus gehalten. In monströsen Ballungen hing der Plüsch wie ein drohendes Ungewitter über den Tanzenden.

Das Textbuch war rührend: Es ging um die Leidenschaft eines jungen Adligen und seiner zu Unrecht verdächtigten Geliebten aus bestem Hause. Dazu kamen Spielsaal-Szenen, Duelle, galante Abenteuer zaristischer Gardeoffiziere. Lakaien in Livree servierten von früh bis spät Champagner, und die Gläser zerbrachen klirrend an den Marmorwänden. Ein höfischer Unsinn, die Welt Franz Léhars, eine tragisch verzeichnete »Lustige Witwe«, Courths-Mahler, »Kameliendame«, ja sogar ein Schuß Gounod als die Braut, von ihrem eifersucht-zerrissenen Liebhaber vergiftet, sich vor der Madonnen-Ikone ins Gebet flüchtet. Ein unglaublich abgeschmackter, altmodischer Kitsch ging in dieser fortschrittlichen Oper des Arbeiter- und Bauernstaates über die Bretter. Die

Darsteller taumelten stets zwischen ekstatischem Liebesüberschwang und höllentiefer Verzweiflung, was sie mit augenquellender Stummfilm-Mimik ausdrückten.

Die kleine usbekische Studentin neben mir – ganz verzaubert vom Anblick einer solchen hackenklappernden, händeküssenden und sekttrinkenden Pracht – klatschte sich die Hände wund, als am Ende der russische Ballettmeister den usbekischen Dirigenten auf beide Wangen küßte und sich demonstrativ die Tupeteika auf den Kopf stülpte. Im Foyer hatte ich, beim Versuch ein Programm zu erstehen, die Übersetzerhilfe eines blonden Russen mittleren Alters in Anspruch genommen, der Englisch sprach. Er stellte sich als Wladimir Rodinow vor. Am Ausgang traf ich ihn wieder. »Wie können Sie nur im sozialistischen Staat eine so ausgefranste Klamotte aus der reaktionären Welt des neunzehnten Jahrhunderts aufwärmen?« fragte ich ihn. – Der angeredete Russe schwieg eine Weile und sah mich mit seinen blauen Augen schelmisch an. »Sie haben gar nicht bemerkt, daß Sie einer Premiere beiwohnten«, sagte er lachend. »Der Mann, den Sie für den Ballettmeister hielten und der so großen Applaus erntete, ist der junge Laputin, der Komponist des Balletts ›Maskerade‹. Sie haben eine Aufführung der jüngsten choreographischen Schöpfung der Sowjetunion erlebt.«

Der Genosse Barami, Leiter des Intourist-Büros von Taschkent, war ein verschlossener, umsichtiger Mann. Er hauste in einem dumpfen Hotel zweiter Ordnung. Im Vorzimmer saßen Chauffeure und Buchhalter, nachlässig und salopp, mit Schlägermützen, Lederjacken und unrasiertem Kinn, so daß der Eintretende zunächst zurückprallte. So ähnlich stellt man sich – mitsamt den roten Spruchbändern an den Wänden – eine Verhörstube der Tscheka in den zwanziger Jahren vor. Bis der fremde Besucher dahinter kommt, daß es sich um durchschnittliche, brave Sowjetbürger handelt, vielleicht partei-doktrinär etwas über dem Mittelmaß liegend, weshalb man sie auch dem verderblichen Kontakt mit Ausländern aussetzt, aber ansonsten freundlich, ungeniert und mit ausgeprägtem Egalitäts-Empfinden ausgestattet.

Der Genosse Barami sprach angeblich nur Russisch, und ein blonder Ukrainer namens Pawlow, der in seinem hellen Staubmantel beinahe amerikanisch wirkte, übersetzte. Barami war kein Russe und auch kein Usbeke. Später erfuhr ich, daß er der persischen und schiitischen Minderheit aus der Umgebung von Bukhara angehörte. An seinem behutsamen, etwas öligen Auftreten, der mißtrauischen Art und dem weichen

Blick erkannte ich ihn als einen Bruder jener rassischen Splittergruppen, die in schwieriger Zwischenstellung über den ganzen Orient verstreut sind, von den Armeniern des Libanon bis zu den Parsi in Pakistan.

Die Stadtrundfahrt begann mit einer Besichtigung der Denkmäler zu Ehren Lenins, der Roten Armee, des Revolutions-Generals Frunse und vieler anderer. Auf dem »Platz der Brüderlichkeit« fiel mir das Grab des usbekischen Generals Raschidow auf, der als Held der Sowjetunion bei der Eroberung Danzigs gefallen war. Wenn Frankreich das Forum von Algier in einer föderativen Republik Algerien mit dem Grab eines im Kampf um die gemeinsame Sache gefallenen algerischen Generals hätte schmücken können, wäre die Nordafrika-Problematik vielleicht in einem ganz anderen Licht erschienen.

Es war ein sonniger Morgen, der Himmel blaßblau, von weißen Schleiern wie von Spinnengewebe überzogen. Trotz der winterlichen Jahreszeit ein richtiger Frühlingstag. Die Karagatsch-Bäume schoben ihr kahles Ästefiligran versöhnlich vor die scheußlichen Statuen und Gipsabgüsse. Wir fuhren immer noch im europäischen Stadtteil, in dem die Usbeken kaum weniger fremd erschienen als die Araber in der Rue Michelet von Algier. »Den Namen Taschkent hat noch niemand etymologisch erklären können«, sagte Barami. »Wir nehmen an, daß das altiranische Wort ›Schasch – der Stein‹ Pate gestanden hat. Die ›steinerne Stadt‹, bestimmt nicht wegen ihrer Mauern, die von jeher aus Lehm waren, sondern um die Härte und die Widerstandskraft ihrer Bewohner zu umschreiben.«

Das Zentrum der »Steinernen« war ein runder Platz, von dem alle großen Alleen strahlenförmig auseinanderliefen. Eine beachtliche urbanistische Leistung der Zarenzeit. Jedes Denkmal hatte Genosse Barami mit erschöpfender Gründlichkeit beschrieben, nur an der mächtigen Bildsäule, die das zentrale Rondell beherrschte, ging er wortlos vorbei. Auf dem Sockel stand das Bronzedenkmal Josef Stalins. Die Hauptpost, die Universität mit ihrer Ziegelfront, der grüne Bahnhof, der ehemalige Gouverneurspalast, die Bibliothek, das große Kaufhaus, alles mußte ich von der schwarzen Zim-Limousine aus bewundern. Das waren keine schönen Bauten in unserem Sinne, aber man vergaß auf diesen Asphaltstraßen nur zu leicht, daß wir uns in Zentral-Asien befanden, daß wenige Kilometer im Südwesten Persien mit seiner Misere und seinen Feudalstrukturen begann, daß Usbekistan an Afghanistan grenzt, wo ein erstarrtes Mittelalter vegetierte.

»Wann besuchen wir endlich die Usbeken-Stadt?« fragte ich am Ende

unschuldig, denn ich wußte wohl, daß Taschkent in den Tagen der Roma-
nows aus zwei streng geteilten Städten bestand: einer modernen Siedlung für Verwaltung und Europäer mit breiten Alleen und einem orientalischen Gassengewirr aus Lehm für die Eingeborenen auf der anderen
Seite. Nach dem gleichen Prinzip hatte der französische Marschall Lyautey in Marokko die Städte des Protektorats entworfen. Noch vor dem
Kriege war – zuverlässigen Reiseberichten zufolge – die alte von der
neuen Stadt durch eine gelbe, staubige Einöde getrennt, mit Elendsbarak-
ken für entlassene politische Sträflinge, die »Armen Weißen« der russischen Kolonisation.

Heute hat dieses Rümpel-Gelände einer schnurgraden Prachtallee
weichen müssen, nach dem Dichter Alischer Novai benannt, dem Vater
der usbekischen Poesie, wenn man der sowjetischen Sprachregelung
Glauben schenkt. Im Schatten von Universitäts-Instituten, Riesenkinos
und Verwaltungspalästen steht Novai mit Ziegenbart und Turban recht
bescheiden und resigniert auf seinem Denkmalssockel. Er scheint von
der Zeit der großen Mongolen-Kaiser zu träumen, statt – wie die Pro-
spekte das vorschreiben – prophetisch in die sozialistische Zukunft der
usbekischen Nation zu weisen. Die Betonbauten der Alischer-Novai-
Allee fressen sich unablässig in den weichen Brei modriger Lehmhäuser,
die für das alte Taschkent typisch waren. Ohne Übergang ragt auf der
Rückseite der Paradestraße das riesige Sport-Stadion über den flachen
Dächern. Gegensätze, wie man sie in Nordafrika, in Südamerika, in allen
überstürzt nach vorne strebenden außereuropäischen Gebieten treffen
kann.

Zwei kleine Usbeken mit Pelzmütze sind auf uns aufmerksam geworden, stellen sich in strammer Haltung auf den leeren Bänken des Stadions zur Fotografie bereit. Am Horizont ragt der Sendeturm von Radio
Taschkent wie ein Totem-Pfahl des Fortschritts. Die beiden Jungen
erwarten ein Trinkgeld. »Bakschisch« sagt man in den nichtsozialisti-
schen Ländern des Orients. Als Barami ihnen ein paar Kopeken reicht,
antworten sie mit strahlenden Gesichtern »Rachmat«, ein Wort, das auf
usbekisch »Danke« heißt, das aber aus dem Arabischen kommt, wo es
»Barmherzigkeit« bedeutet.

Ich unterhalte mich darüber mit dem Leiter des Intourist. Der taut auf,
als er vernimmt, daß ich Arabisch studiert habe. Obwohl er kein gläubiger Moslem mehr ist, will er mir zeigen, daß auch er die Sprache des Propheten kennt und beginnt in feierlichem Ton: »Bismillahi rahmani
rahim, el hamdulillah . . . Im Namen Allahs des Barmherzigen . . .« –

»maliku yaum iddin . . . Richter am Tage der Schuld . . .«, falle ich in die
erste Sure des Koran, die »Fatiha« ein und gemeinsam – in der Zim-
Limousine des Intourist – zitieren wir die beschwörende Endformel des
Gebets: »Führe uns den graden Weg . . ., nicht den Weg derer, denen Du
zürnst, noch den Weg der Irrenden.«

»Lernbegierige Jugend ist weiser als die Alten, die sich an starre Den-
kungsart klammern«, hatte Alischer Novai im fünfzehnten Jahrhundert
in seinen »Weisheitssprüchen« geschrieben. – »Es salam alaikum«,
grüßte ich die alten Männer auf den Holzpritschen und legte die Hand
auf die Brust. »Alaikum es salam«, schallte es aus dem Raum zurück.
Nach strahlendem Orient sah es in dieser usbekischen Teestube, dieser
»Tschekhana« von Taschkent nicht aus. Wie verhutzelte Zauberer saßen
die alten Männer in geblümten Mänteln vor ihrer Tasse Tee. Die Teppiche, die die Pritschen zudeckten, waren abgeschabt und zerschlissen. An
den Wänden hingen Plakate mit kommunistischen Parolen, riefen zur
Steigerung der Produktion auf, kündigten ein glücklicheres Leben im
Sowjetstaat an.

Das sorgenfreie, herrliche Leben der sozialistischen Zukunft schien
noch recht weit entfernt zu sein. Die »Tschekhana« war in einer windigen
Gasse der alten Usbeken-Stadt versteckt, wo der Schlamm schwarz und
knöcheltief auf dem Kopfsteinpflaster steht. Mit dem Dolmetscher Pawlow waren wir sprungweise über riesige Pfützen vorangekommen und
preßten uns gegen die Mauern, wenn ein Eselskarren den Dreck hoch
aufspritzen ließ. Gern war der blonde Ukrainer nicht mit mir gekommen, als ich in die elenden Eingeborenen-Viertel eindrang und der
Prachtallee Alischer Novai resolut den Rücken kehrte. Mit resigniertem
Seufzen war er mir gefolgt.

Die Kinder hatten gleich den Ausländer erkannt, aber sie blieben
neugierig und wohlerzogen auf Distanz. Sie hatten freundliche runde
Mongolen-Gesichter und trugen die flache Tupeteika wie Puppen. Die
Frauen gingen vielfach in russischer Kleidung: Kopftuch, Stiefel und
lange Jacken. Doch da tauchte ganz unerwartet eine seltsame Erscheinung hinter der Bretterwand auf, mit weitem, dunkelblauem Umhang
über Rock und Stiefel. Vor dem Gesicht hing ein schwarzes Gewebe
aus Roßhaar. Die letzten verschleierten Frauen huschten wie Verstoßene
durch die Gassen von Taschkent.

Die trostlosen Lehmmauern schließen die Höfe ebenso eifersüchtig ab
wie in der persischen Stadt Täbris. Aber im Innern finden sich keine blü-

henden Gärten. Über den öden Terrassen ragt die hohe Kuppel einer verfallenen Moschee. Die verschlungenen Inschriften zum Preise Allahs
und seines Propheten sind verwittert. Auch das Buckeldach des »Hammam«, des maurischen Bades, hat dem Verfall nicht standgehalten. Hinter dem Holzverschlag der Karawanserei hausen die Reisenden wie in
Ställen. Und dennoch, die Handwerker, die in kleinen, verrauchten
»Artelen« hämmern und schmieden, die Arbeiter, die sich mit diesen
Lehmhütten zufriedengeben, leben dezenter als ihre Standesgenossen
jenseits der iranischen Grenze im Süden. Sie essen sich satt, sie kleiden
sich warm, und einmal in der Woche gehen sie ins Kino oder ins Theater.

Ein schönes, blaues Licht steht über den Gassen. Die Sonne vergoldet
die Dürftigkeit. Werden die alten Männer der Tschekhana mir Auskunft
geben können über die stillen Sehnsüchte, die verlorenen Hoffnungen
des usbekischen Volkes, über das kaum erfaßbare innere Leben, die
heimlich verkapselte Eigenart Innerasiens, die unter der Kruste der Verwahrlosung aller marxistischen Gleichschaltung widersteht? Sie unterhalten sich halblaut, schlürfen den Tee aus henkellosen chinesischen Tassen. In der hintersten Ecke kauert eine Gruppe junger Männer. Sie rau-
chen schweigend die kaukasischen Kazbek-Zigaretten. In jedem Café-
haus von Ankara, von Damaskus oder von Algier könnten sie ebenso
gelassen und ein wenig feierlich die Zeit an sich vorbeilaufen lassen.
Unabhängig von Staatsgrenzen und Klassenideologie hat ihnen der
Islam seine Verhaltensmaßregeln, seinen Stempel aufgedrückt. Bevor sie
Usbeken, Sowjetbürger oder Proletarier sind, benehmen sie sich als
Muselmanen, mögen sie auch nie die Moschee aufsuchen.

Pawlow und mir hat der einäugige Verwalter der »Tschekhana«, ein
abweisender großer Kerl, den Tee gebracht. Ich studiere die häßlichen
Partei-Anschläge an den Wänden, auf denen sich semmelblonde russische Pioniere mit rotem Halstuch tummeln. An anderer Stelle werden
die Kolchos-Bauern auf die Vorzüge der Sparkassen hingewiesen. Auch
kritische Plakate sind darunter: Da sitzt ein junger Mann mit langer
Mähne, einer weiten karierten Jacke und engen Röhrenhosen – ein
»Zazou«, wie man 1945 in Paris gesagt hätte – seinem betagten Vater auf
den Schultern, der sich arbeitend über den Schreibtisch beugt. »Damit ist
eine kleine Gruppe von Faulenzern und Snobs bei uns gemeint, die
Söhne fleißiger Eltern, die auf deren Rücken ein Schmarotzerleben führen«, erklärt Pawlow.

Auf Englisch und Französisch sogar werben die Propagandabilder für
Verständigung aller Rassen, und da entdecke ich ein Plakat mit

geschwungenen arabischen Schriftzeichen, auf dem sich viele farbige Menschen die Hand reichen. »Nachnu lissilm wa sadaqa baina es schu'ub!« lautet der Text. »Wir sind für den Frieden und die Freundschaft der Völker!« Während ich die arabischen Worte halblaut vor mich hin murmele, sind die alten Männer schweigend aufgestanden und haben sich um mich geschart. Der Einäugige spricht den Satz nach. Er kann ihn lesen, er hatte noch auf der alten Schule die arabischen Buchstaben gelernt, denn das Usbekische wird erst seit 1931 in kyrillischen Zeichen geschrieben, nachdem die Sowjetbehörden das kurze Experiment einer lateinischen Transkription verworfen hatten.

Von nun an bin ich ein hochgeehrter Gast. Auch die jungen Männer wollen ihre Sympathie bezeugen und reichen mir Kekse und Kandiszukker zum Tee. Das Sowjetregime hat in Zentral-Asien gegen die arabische Kultsprache einen langen Kampf geführt. Für einen Muselmanen ist das Arabische mehr als eine liturgische Form, es ist die Sprache, in der der Erzengel Gabriel dem Propheten das ungeschaffene Wort Gottes, den Koran, diktierte. Arabisch war die Sprache des Paradieses, von der sich alle Mundarten der Menschheit ableiten. Keiner der anwesenden Usbeken ist dieses heiligen Idioms noch mächtig, aber im Namen muselmanischer Gastfreundschaft hat der Einäugige bei unserem Fortgehen jede Bezahlung abgelehnt. An der nächsten Gabelung zum Komsomolzen-Platz überholen wir eine Gruppe usbekischer Studenten mit Büchern und Heften unter dem Arm. Wie ich den Fotoapparat zücke, stellen sie sich lachend in Position und ballen die proletarische Faust zum Gruß.

In das düstere Intourist-Büro zurückgekehrt, suchte ich den Genossen Barami und den Dolmetscher Pawlow in ein politisches Gespräch zu verwickeln. Pawlow war begeisterter Sportler, aber von politischen Diskussionen über Usbekistan hielt er wenig. Wie er zur Kommunistischen Partei stand, ging mich auch nichts an. Keine Sekunde lang hatte ich bei ihm den Eindruck, er sei mit meiner polizeilichen Beaufsichtigung betraut. Wenn er wirklich über mich Bericht erstattete, so tat er das bestimmt mit der gleichen Redlichkeit, mit der er mir als Fremdenführer behilflich war.

Die Usbeken seien nette Leute, sagte Pawlow, der nach seinem täglichen Dienst in der Universitäts-Bibliothek Taschkent Abendkurse für Akrobatik, ein in der Sowjetunion anerkanntes Sportfach, leitete und sich damit einen Nebenverdienst verschaffte. Früher hat er einmal in Georgien gelebt. Dort seien die Menschen sehr viel schwieriger, auch fremdenfeindlich, womit zweifellos ihre ablehnende Haltung gegen die Russen gemeint war. »Die Usbeken drängen sich heute in Politik, Wirtschaft und Kultur mächtig nach vorn«, bestätigte mir Pawlow. »Sie trauen sich vielleicht mehr zu, als sie tatsächlich zu leisten vermögen.«

In Nordafrika hätte Pawlow wohl als Liberaler gegolten. Aber was heißen schon diese Begriffe in der Sowjetunion? Die Diktatur des Proletariats hat es verstanden, über ihre nicht-slawischen Völkerschaften eine lückenlose Fremdherrschaft hinter der Fassade größter Freizügigkeit zu errichten. Die fünf Föderativ-Republiken Zentral-Asiens – Usbekistan, Kasakstan, Turkmenistan, Kirgisien und Tadschikistan –, deren Gesamtausdehnung rund sieben Mal der Fläche Frankreichs entspricht, haben nicht nur ihre eigenen Regierungen und gesetzgeberischen Versammlungen, sie haben der Verfassung zufolge sogar das Recht auf eigene Diplomatie, eigene Armee, ja das Recht des Ausscheidens aus der Union.

Dem Leiter des Intourist, dem Genossen Barami, hatte ich entgegengehalten, daß diese Freiheit, dieses Selbstbestimmungsrecht ja nur ein schöner Schein sei, daß hinter jedem usbekischen Minister ein russischer Ratgeber oder Amtsdirektor die eigentliche Macht verwalte, daß selbst die kulturelle Förderung der nationalusbekischen Eigenart mehr auf die Hätschelei romantischer Folklore als auf die wirkliche Entfaltung des kulturellen asiatischen Erbes hinziele.

Der Genosse Barami hatte das mit ärgerlicher Miene quittiert, meine Vorwürfe in Bausch und Bogen zurückgewiesen und meinem Wunsch, mich mit politischen Persönlichkeiten zu unterhalten, abgelehnt. Das sei in den Moskauer Weisungen für mein Besucherprogramm nicht enthalten. Als ich darauf verwies, daß in den Sowjetrepubliken Asiens wohl die meisten Ressorts von einheimischen Ministern geleitet, daß die entscheidenden Schlüsselpositionen des Innen- und Sicherheitsministeriums jedoch mit russischen Sowjetbürgern besetzt seien, bestritt er dies energisch. »Alle Ministerposten in der Regierung werden von Usbeken verwaltet, obwohl sich doch immerhin ein Zehntel der Acht-Millionen-Bevölkerung Usbekistans aus Slawen zusammensetzt«, ereiferte er sich. »Im sozialistischen Staat sind die Rassen- und Nationalitäten-Gegensätze endgültig überwunden und gegenstandslos geworden.« – Die Frage nach Kasakstan, wo die eingewanderten Russen heute zahlreicher sind als die einheimischen Asiaten erübrigte sich nach dieser kategorischen Feststellung.

Ist das Sowjetsystem in Zentral-Asien wirklich nur ein Kolonialregime

hinter der Paradewand pseudo-nationaler Eigenständigkeit? Schon bei
der Ankunft auf dem Flugplatz Taschkent entsteht der Eindruck, als seien
die niederen Dienstleistungen – Gepäckträger, Reinemacher und Hilfs-
arbeiter – meist den Usbeken vorbehalten. Dann begegnen dem Reisenden verwahrloste Russen, elende Alkoholiker-Gestalten, im Zentrum der
Stadt, von denen sich die Usbeken beinahe aristokratisch unterscheiden.

Die Usbeken sind keine abgestumpften Indianer. Da waren uns am
Vormittag vor dem stattlichen Gebäude des philosophischen Universi-
täts-Instituts, das jede westliche Hochschule zieren würde, zwei usbekische Studenten begegnet, die Pawlow vom Lesesaal her kannte. Sie
kamen mit herzhaftem Lachen und großer Sicherheit auf mich zu, strahlten mich aus ihren Schlitzaugen an und sagten auf Englisch mit einem
leichten amerikanischen Akzent: »How do you like our country? – Wie
gefällt Ihnen unser Land?« Ebenso selbstgefällig hätte ein Student aus
Minneapolis die Frage an mich richten können. Diese jungen Asiaten leiden offenbar unter keinen Komplexen, fühlen sich nicht als mindere
Menschen eingestuft. Die breiten Bauerngestalten an den Tischen des
Luxushotels »Taschkent«, die häufig das rote Band des »Helden der
Arbeit« am Rockaufschlag tragen, wirken nicht wie Kollaborateure. Den
Russen ist in Usbekistan manches gelungen, woran die Franzosen in
Nordafrika scheiterten. Wie ich Herrn Barami vom Intourist das einge-
stehe, ist er sichtlich geschmeichelt. Er ist ein vorsichtiger Mann. »Ich
kenne die Lage in Algerien unzureichend«, sagt er, »aber ich nehme an,
daß die Klassengegensätze, die widerstreitenden wirtschaftlichen Interessen der Siedler und der Einheimischen, die wir ohne Scheu vor dem
politischen Unterton die ›Nationalen‹ nennen, den Zwist verursacht
haben und ein brüderliches Zusammenleben verhindern.«

Was hält Usbeken und Russen, die föderativen Moslem-Republiken
und die große russische Schwesterrepublik so wirksam zusammen? Es ist
vor allem die Kommunistische Partei, die wirkliche Machtträgerin des
Staates. In langwieriger Arbeit haben die westlichen Kanzleien in Moskau herausgefunden – und zwar war das nur an Hand der muselmanischen oder slawischen Namensgebung der maßgeblichen Kommunisten
möglich –, daß fast alle Kommandostellen der Partei in Zentral-Asien in
russischen Händen konzentriert sind, daß in den Zentralkomitees die
Slawen einen Platz innehaben, der ihrem Bevölkerungsanteil in keiner
Weise entspricht, daß die wenigen aktiven und mit Verantwortung ausgestatteten Usbeken aufgrund ihrer bedingungslosen Treue zur Partei
und deren Gedankengut ausgesucht wurden. Die Partei hindert auch den

geduldeten usbekischen Kultur-Nationalismus daran, sich in politischen Separatismus auszuweiten. Wodurch könnte Frankreich in Nordafrika dieses alles beherrschende Einigungswerk der Kommunistischen Partei ersetzen? Nicht umsonst berief sich der Genosse Barami immer wieder auf das Beispiel und Vorbild Nuriddin Muchiddinows, Sohn eines einfachen muselmanischen Bauern aus der Umgebung von Taschkent, der es über Partei und Rote Armee bis zum Posten des Generalsekretärs der Kommunistischen Partei von Usbekistan, dann zum Ministerpräsidenten seiner Heimatrepublik gebracht hatte. Heute sitzt Muchiddinow als jüngstes Mitglied im Präsidium des Zentralkomitees der KPdSU in Moskau. Nuriddin Muchiddinow ist das Aushängeschild der gelungenen ideologischen, wenn nicht nationalen »Integration« Zentral-Asiens in das Sowjetsystem. Er begrüßte Gamal Abdel Nasser in Taschkent und besuchte den Rais in Kairo. Nur die wenigsten Usbeken wissen noch, daß sein Vorname Nuriddin auf Arabisch »Licht der Religion« bedeutet.

Im »Mukimi-Theater« war ich der einzige Europäer unter rund achthundert Usbeken. Freund Pawlow hatte mich bis zur Straßenbahn gebracht. »Ich kann Ihnen bei der Übersetzung dieses usbekischen Kolchosen-Stücks auch nicht viel nützen«, hatte er gesagt. Dann war die Straßenbahn in Richtung auf die Altstadt abgescheppert.

Das »Mukimi-Theater« war mit zerschlissenem rotem Samt ausgeschlagen. Was der usbekische Dichter Mukimi, nach dem diese Bühne benannt war, wohl von dem Kolchos-Drama gehalten hätte, das an diesem Abend auf dem Programm stand? Mukimi hatte zur Zeit der zaristischen Kolonisation gelebt, und seine Dichtung nährte sich noch aus der großen persischen Überlieferung. Ein Hafiz oder Firdausi war er beileibe nicht, der brave Mukimi:

> »Sag ihr, daß Mukimi in Trauer lebt,
> Und wenn ihr Moslem-Glaube wahr,
> Dann bitt' ich demütig gebeugt,
> Daß sie nur einmal komme, dieses Mal.«

Natürlich war Mukimi nicht wegen dieser seichten Liebes-Elegie zum Schutzherrn des national-usbekischen Theaters der Sowjets erwählt worden, sondern aufgrund seiner heftigen Anklage gegen die Feudalherren und die Bauernschinder seiner Zeit: »Die Herren haben Recht und wir stets Unrecht, deshalb die bitt're Klage meines Lieds.«

Die Zeit der Bauern-Ausbeutung war, Allah sei Dank, überwunden, und hier saß das einfache usbekische Volk – Kolchos-Arbeiter, Gruppen von jungen, kichernden Schülerinnen, Parteifunktionäre – und wartete ungeduldig auf ein Stück zur Verherrlichung des sozialistischen Lebensstils. Als um acht Uhr der Vorhang nicht gleich aufging, brandete ungeduldiges Klatschen und Trampeln durch den Raum.

Das Kolchos-Drama war aufschlußreich. Sämtliche Schauspieler waren Usbeken. Sie spielten mit Naturell und echter theatralischer Begabung. Die Vorführung dauerte dreieinhalb Stunden, und ich verstand kein einziges Wort. Aber der Sinn der Handlung war leicht zu erfassen, und ich habe mich keine Sekunde gelangweilt. Das Drama in vier Akten spielte auf einer usbekischen Baumwoll-Kolchose und behandelte das Schicksal einer besonders erfolgreichen Brigade. Der junge Osman, ein intelligenter, grüblerischer Usbeke, war die Hauptperson. An ihn tritt schon im ersten Akt die Versuchung heran, das harte Landleben mit der leichteren Existenz in der Stadt zu vertauschen. Es kommt zu einer heftigen Auseinandersetzung zunächst mit seiner Mutter, einer herzensguten Frau, die aber noch ganz in der muselmanischen Tradition verhaftet ist, dann mit den Freunden der Kolchose, die seine Landflucht – denn das ist das Hauptthema des ersten Aktes – als eine Desertion, als einen Verrat empfinden. Es treten auch zwei Tunichtgute auf, ein läppischer Faulenzer und ein leicht amerikanisierter »Hooligan«, letzterer auf westliche Mode zurechtgestutzt, die dem jungen Osman das untätige Leben in der Stadt in glühenden Farben schildern und ihrer Verachtung für die Landarbeit drastisch Ausdruck geben. Diese beiden asozialen Figuren, mehr humoristisch als verbrecherisch gezeichnet, die die aufrechten Kolchos-Mitglieder auf der Bühne zur Weißglut bringen, heimsen beim Publikum im Saal Beifall und Heiterkeitserfolge ein. Die Sympathie ist durchaus auf seiten des klassenfeindlichen Hanswurst.

Am Ende siegt natürlich der bessere, der sozialistische Mensch in Osman. Obwohl seine Braut Matluba in der Stadt lebt, bleibt er bei seiner Kolchos-Brigade. Interessant ist das Bühnenbild. Das Elternheim Osmans ist in typisch usbekischem Bauernstil gehalten. Eine Lehmmauer, die Haus und Garten streng nach außen abschirmt. Das Haus anspruchslos mit offener Veranda, auf der im heißen Sommer das Bett steht. Ein paar kommunistische Plakate als Innendekoration. Ein Fahrrad als Zeichen sozialistischen Wohlstandes und große Sauberkeit überall, denn das Theater ist vor allem erzieherisch gemeint.

Der zweite Akt spielt auf dem Baumwollfeld zur Saatzeit. Die Brigade wird von einem Unwetter überrascht, das alle Anstrengungen und Akkordleistungen zunichte zu machen droht. Die Männer setzen sich stumm hin und ergeben sich in das widrige Schicksal. »Wofür schon weitermachen«, sagen sie, und durch ihre Klage klingt das uralte »Maktub« des Islam: »Es steht geschrieben.« Den beiden Faulenzern fällt es leicht, sich über die zerronnenen Träume der Genossen lustig zu machen. Ein bürokratischer Agronom mit hochgeknöpftem Stalin-Kittel stiftet mit seinen unpraktischen Vorschlägen nur noch mehr Verwirrung und Ärger. Der Hieb auf das Bürokraten-Unwesen durfte in diesem Propaganda-Stück nicht fehlen.

Es sieht schlecht aus bei der Kolchos-Brigade. Da nehmen die Frauen das Heft in die Hand. Das sind keine unterwürfigen Muselmaninnen mehr wie die Mutter Osmans, die sich nicht aus den Mauern ihres Hauses heraustraut. Das sind kräftige, tatfreudige, hübsche Mädchen. Sie tragen die Haare in zwölf dünnen Zöpfen nach alter Usbeken-Art geflochten. An ihrer Spitze steht die Parteisekretärin, bezeichnenderweise eine Frau mit stark slawischem Einschlag, die mehr europäisch als asiatisch wirkt. Sie gibt von nun an den Ton an, und die Gesichter der usbekischen Männer im Zuschauerraum, die bisher wie glückliche Kinder gestrahlt hatten, sind bei dieser allzu dick aufgetragenen Frauenemanzipation um einige Schatten düsterer geworden.

Auf der Bühne haben die Frauen die Männer mitgerissen. Die Arbeit wird unverdrossen wieder aufgenommen. Die Sonne bricht – von kunstvollen Bühneneffekten begleitet – triumphierend durch die Hagelwolken. Der Optimismus wirkt beinahe amerikanisch. Die Kolchos-Bauern kehren weihevoll und entschlossen das Antlitz dem siegreichen Gestirn entgegen, und man könnte meinen, es handele sich um fromme Pilger-Pioniere bei der Gründung ihrer Farm im unwirtlichen Wilden Westen der Neuen Welt.

Im dritten Akt ist die Ernte glücklich eingebracht. Die Kulisse stellt das Haus der Parteisekretärin dar, deren Tochter Matluba aus der Stadt zu Besuch gekommen ist. Hier sieht es schon viel luxuriöser und russischer aus. Als Beweis für Fortschrittlichkeit klingelt das Telefon in kurzen Abständen. Matluba ist ein altarabischer Name. Bei uns würde das Mädchen »Désirée – die Erwünschte« heißen. Aber von der usbekisch-islamischen Eigenart hält das Mädchen Matluba nicht viel. Sie kleidet sich wie die Städterinnen, das heißt wie die Russinnen. Sie trägt das Haar nicht mehr in viele kleine Zöpfe geflochten. Nur das breitflächige Gesicht entspricht noch einwandfrei dem Schönheitskanon östlicher Miniaturen.

Matluba ist ihrem Bräutigam Osman in der Stadt untreu geworden und hat einen Intellektuellen geheiratet, der ganz europäisch gekleidet

geht und nicht mehr die Tupeteika oder den buntgestreiften Usbeken-
Mantel trägt wie die meisten Kolchos-Arbeiter. Er ist russifiziert. Und
plötzlich kommt es im Saal bei den Zuschauern zu offenen Mißfallens-
kundgebungen. Die Sympathie der Menge schlägt dem melancholischen
Osman entgegen, der eben noch in Erwartung seiner Liebsten uralte
Liebessprüche vor sich hinmurmelte, in denen das Wort »Bülbül«, die
Nachtigall, immer wiederkehrt. Bülbül, die süße Vertraute aller orienta-
lischen Liebenden.

Die Absicht des Theater-Autoren ist eindeutig: Die gesunde Bauernart
der Kolchos-Arbeiter soll den verweichlichten und versnobten Lebens-
auffassungen der Städter entgegengestellt werden. Der Landarbeiter soll
Recht behalten, das Kollektiv den Sieg über das Individuum davontragen. Aber das Publikum interpretiert diese löbliche Absicht wohl etwas
anders. Der Unterschied zwischen Land und Stadt wird für meine Nachbarn zur Opposition zwischen usbekischer Eigenart und russischer Überfremdung, der Sieg des Kollektivs über die Eigenbrödelei Matlubas, zum
Widerstand uralter Bräuche gegen Moskauer Importsitten. Denn die Parteisekretärin, die ihre eigene Tochter Matluba heftig tadelt, wird in die
Ablehnung der Zuschauer mit einbezogen. Dagegen wird der verträumte
Osman, der sein Mißgeschick wie ein milder persischer Liebender trägt,
mit stürmischem Applaus überschüttet. Unkontrollierbare Stimmungen
werden hier aufgewühlt.

Als am Ende die Parteisekretärin einen Brief der obersten Parteilei-
tung verliest, die der Brigade im Namen des Sowjetstaats höchstes Lob
und Anerkennung zollt, entsteht im Saal ein gewaltiges Rumoren und
Tosen, so daß kein Wort mehr zu verstehen ist. Die zwanzig hinteren
Bänke leeren sich im Wirbelwind, und die Zuschauer stürzen der Garde-
robe zu. Die Botschaft der Partei wird vor halbleerem Saal verlesen.
Kleine Usbeken-Jungen streifen durch die verlassenen Sitzreihen und
suchen nach Zigarettenstummeln.

Um Mitternacht liegt die Altstadt von Taschkent ausgestorben unter
dem hohen Mond. Mutterseelenallein bin ich am Basar und an verfallenen Moscheen vorbei durch die Lehmgassen gewandert. Es ist mir niemand gefolgt. Nur das Bellen der Hunde begleitete mich von Haus zu
Haus. An den Kreuzungen warfen die Laternen weißes Licht. Einmal traf
ich einen usbekischen Polizisten im dunkelblauen Mantel, der keine
Notiz von mir nahm.

Insgeheim und wider alle Vernunft hatte ich gehofft, im nächtlichen
Moslem-Viertel irgendeine Erinnerung oder eine Spur der »Basmatschi«

aufzustöbern. Im offiziellen Partei-Museum waren mir die »Greueltaten« dieser muselmanischen Widerstandskämpfer, die sich mehr als eine Dekade der gewaltsamen Bolschewisierung und Russifizierung widersetzt hatten, anhand von vergilbten Fotografien vorgeführt worden. »Basmatschi« war das offizielle Schimpfwort für diese »Kämpfer des Heiligen Krieges«, diese Mudschahidin. »Basmatschi« hieß übersetzt soviel wie »Banditen« und »Wegelagerer«. Ähnlich haben die Franzosen in Algerien die Partisanen der »Nationalen Befreiungsfront« als »Fellaghas« diffamiert. Die zentralasiatischen Mudschahidin hatten gegen die Übermacht der Rotarmisten und Tschekisten bis in die frühen dreißiger Jahre einen Verzweiflungskampf geführt. Am Ende wurden sie durch die russische Übermacht erdrückt. Die Bilder im Museum zeigten ermordete Kollaborateure des Sowjetsystems – usbekische Parteifunktionäre, emanzipierte, entschleierte Moslem-Frauen, anpassungsfreudige Studenten russischer Institute –, denen die frommen Basmatschi die Gurgel durchgeschnitten hatten. Ob ihre Legende nicht doch im Volk weiterlebte? »Laßt Feuer die betenden Banden der Basmatschi vernichten«, hatte der usbekische Dichter Hamza Hakim Zadeh Niazi geschrieben, der sich rückhalt- und würdelos in den Dienst der sowjetischen Überfremdung gestellt hatte. »Wie sollten wir die Sturmtage vergessen, da glückliche Freiheit uns geschenkt«, las ich weiter im Gedichtband Niazis, der im Museum von Taschkent auslag; »Kein anderer als unsere redlichen Sowjetfreunde konnte uns zu solchen Zielen führen. Wach auf, geliebtes Usbekistan!« Am 29. März 1929 war auch der abtrünnige Hakim Niazi einem Anschlag des muselmanischen Widerstandes zum Opfer gefallen.

In der Altstadt von Taschkent ist mir kein Basmatschi mehr begegnet. Es gärt keine nationale Revolution in Usbekistan. Zwar munkelt man, daß sogar die Spitzen der Kommunistischen Partei noch gewissen islamischen Überlieferungen anhängen, daß die Einehe nicht immer über die Vielweiberei gesiegt hat, ja daß die alten Bruderschaften des Islam, die »Turuq«, »Sufi«- und Derwisch-Orden ihre verschwiegenen Anhänger fänden. Wer kann das nachprüfen? Sicher ist nur, daß ein einsamer Fremder bei Nacht ohne die geringste Beklemmung quer durch das alte »Schasch« streifen kann. Auf der Alischer-Novai-Allee, die bei Nacht dem Boulevard Atatürk in Ankara ähnelt, erreichte ich die letzte Straßenbahn. Vor dem Hotel fiel mir eine Gruppe von Soldaten des Innenministeriums mit grünen Mützen auf, ausschließlich Russen im Gegensatz zu den usbekischen Milizionären, die in Taschkent den Verkehr regeln. Sie bestiegen Lastwagen, die sie in ihre Kaserne fuhren.

Im Restaurant des Hotels »Taschkent« trug eine dunkelhaarige Sängerin im schwarzen Abendkleid schwermütige slawische Lieder vor. Die Gäste schenkten ihr keinen Applaus. An einem Ecktisch entdeckte ich den Russen, der mir in der Oper mit seinen englischen Sprachkenntnissen ausgeholfen hatte. Wladimir Rodinow hatte mich auch wiedererkannt und winkte mir fröhlich zu. Sein hochrotes Gesicht verriet starken Alkoholgenuß. Er sprach dieses Mal mit großer Offenheit, völlig gelöst. Er war Bewässerungs-Ingenieur, hatte als solcher sogar ein Land des Nahen Ostens bereist. Er war bestimmt kein Gegner des Regimes, aber fanatischer Kommunist war er auch nicht. Als er vernahm, daß ich ein usbekisches Theaterstück besucht hatte, lachte er geringschätzig. »Die braven Usbeken, die laufen ins Theater, was auch immer gespielt wird. Wir Russen sind da schon kritischer.« Wladimir Rodinow stammte vom Don und fühlte sich in Zentral-Asien durchaus nicht in der Verbannung. In mancher Beziehung lebe es sich hier großzügiger als im europäischen Rußland, wenn er mit seiner Frau und zwei Kindern auch in einem einzigen großen Zimmer hausen mußte. Aber wo ist das schon anders in der Sowjetunion?

Ich bestellte usbekischen Rotwein, der wie Essig schmeckte. Der dicke einarmige Usbeke am Nebentisch mit einer hohen Kriegsauszeichnung winkte heftig ab, wir sollten doch süßen Landwein bestellen, der sei genießbarer und auch alkoholhaltiger. Dann schimpfte er erbittert auf den Reis-Pilaw, den man ihm serviert hatte. »Ein Skandal, daß man auch Ausländern diesen Fraß als usbekisches Nationalgericht serviert«, rief er in den Saal. – »Nice fellow«, meinte Rodinow und prostete dem Einarmigen zu, »brave Kerle, haben sich im Kriege sehr gut geschlagen.« Rodinow hatte sich auch an das Studium der chinesischen Sprache herangewagt. »Die Sprache der Zukunft«, sagte er. »Leider ist sie wegen der verschiedenen Tonlagen kaum zu erlernen.« Ob den Russen der Aufstieg Chinas nicht manchmal etwas unheimlich vorkomme, fragte ich. Das sei schon ein Problem, gab der Ingenieur zu. Am Jangtsekiang vollzöge sich das gewaltigste Ereignis unseres Jahrhunderts. In Taschkent sehe man fast nie Chinesen. Es sei nicht so wie in Moskau, wo man ständig über sie stolpere. Aber chinesisches Porzellan und Steingut komme schon in Taschkent an. Die Ornamente seien geschickt den historischen Farb- und Zeichenmotiven der Usbeken angepaßt. Diese Chinesen seien gute Kaufleute, und es sei ja anerkennenswert, daß sie große Fortschritte machen und Erfolge davontragen würden. Aber allmählich würden sich die Leute fragen, ob mit den Gelben überhaupt noch Schritt zu halten sei . . .

»Übrigens«, schweifte er ab, »waren Sie einmal in Amerika? Wie sieht es da aus, wie leben die Menschen, was für einen Eindruck gewinnt man dort?«

Unser Gespräch wurde durch die Ankunft des Dolmetschers Pawlow unterbrochen, der sich mit etwas verlegenem Lächeln an unseren Tisch setzte. Rodinow verstummte sofort und musterte Pawlow zurückhaltend. Pawlow hatte vergeblich versucht, mich telefonisch zu erreichen. Er übermittelte mir die Einladung des Mufti, des Vorstehers der muselmanischen Glaubensgemeinschaft in Sowjetisch-Zentralasien für den kommenden Tag. Um die Unterhaltung wieder in Gang zu bringen, sprach ich über Filme. Vor einigen Wochen war der französische Film »Rot und Schwarz« nach dem Roman von Stendhal mit usbekischen Untertiteln gelaufen. Ich erwähnte den Dostojewskij-Film »Der Idiot«, den man in Brest-Litowsk so gelobt hatte. Das sei doch vom Standpunkt der marxistischen Ideologie ein sehr schwer verdauliches Thema, wandte ich ein. »Das Thema schon«, gab Pawlow zu, »aber der russische Volkscharakter ist doch seit den ›Brüdern Karamasow‹ der gleiche geblieben.«

Der Mullah mit dem weißen Turban erwartete uns vor dem Torbogen. »Sie kommen gerade rechtzeitig zum Gebet«, sagte er, und die breiten Lippen unter dem graumelierten Bart verzogen sich zu einem Lächeln. Er sprach Usbekisch. Ein älterer Mann übertrug seine Rede ins Russische, was der Intourist-Dolmetscher Pawlow mir wiederum verständlich machen mußte. Keine ganz einfache Konversation. Der »Scheikh Dini« mit dem weißen Turban und dem listigen Mongolenblick war der Stellvertreter des Mufti, des Oberhauptes der islamischen Religionsgemeinschaft für Sowjetisch-Zentralasien. Er mochte fünfundfünfzig Jahre alt sein. Er bezeichnete sich mit dem arabischen Wort als »Naib el Mufti«.

Wir gingen über die belebte Straße, an deren Ende auf dem Kolchos-Markt Produkte der freien Landwirtschaft, brüchige usbekische Keramik und getragene Kleider feilgeboten wurden. Hinter dem Torbogen, an dem Ausbesserungsarbeiten durchgeführt wurden, begann der Innenhof der großen Moschee von Taschkent. Die »Dschami« war ein weiträumiger, aber anspruchsloser Ziegelbau. Die Kuppeln wölbten sich bescheiden, und das Minarett mit seiner eigenartigen Blechhaube ragte kaum über die Baumspitzen. Von der Höhe des Turms rief gerade ein Greis mit weißem Bart zum Gebet: »Allahu akbar . . .« schallte die meckernde Stimme, durch Lautsprecher übertragen bis an den Eingang, wo kleine Gruppen älterer Männer in Landestracht dem Hause Allahs zustrebten.

Vor dem Betreten der Moschee stellte uns der »Naib« einem stolzen Mann mittleren Alters mit spärlichem Kinnbart und einem orangegelben Turban vor: »Der Mufti von Sowjetisch-Zentralasien.« Da die islamische Religion auch in der Sowjetunion keine geweihte Geistlichkeit kennt, wird die Kultausübung von gelehrten Männern, den Ulama, geleitet. Der religiösen Gemeinschaft steht ein Mufti vor, der unter anderem die »Fatwa« erteilt, die angemessene Auslegung von Koran und Sunna für den täglichen Gebrauch der Gläubigen. Mufti Ziauddin Babakhanow, geistiges Oberhaupt der fünfzehn Millionen Muselmanen von Usbekistan, Kasakstan, Kirgisien, Turkmenistan und Tadschikistan, begrüßte uns als Nicht-Moslems mit der schlichten arabischen Formel: »Ahlan wa sahlan.« Auf gut Glück hatte ich mit dem Naib ein arabisches Gespräch begonnen, und siehe da, der Alte mit dem weißen Turban beherrschte die Sprache des Koran mit allen grammatikalischen Nuancen.

»Wir haben sechzehn große und kleine Moscheen in unserer Stadt Taschkent«, behauptete der Naib. Dann streifte er wie alle übrigen Gläubigen die Gummigaloschen von den weichen Lederstiefeln und betrat das Innere der Moschee. Hier hatten sich inzwischen etwa dreihundert fromme Männer eingefunden, die sich mit dem Spruch »Bismillah« in beinahe militärischer Gliederung ausrichteten und die Stellung des Gebets einnahmen. Die Verbeugung, der »Sudschud«, bei dem die Stirn den Boden berührt, wurde mit ergriffener Exaktheit ausgeführt. Nur ein Zehntel der Gemeinde setzte sich aus jüngeren Leuten zusammen.

Der Mufti hatte sich vor dem Michrab aufgestellt, der Gebetsnische, die die Richtung Mekkas anzeigt. Immer noch rief der Muezzin das klagende Bekenntnis: »Allah ist größer!« Größer als was? Größer als die Religion des Zoroaster, die die islamischen Eroberer aus Baktrien verdrängten? Größer als die Herrschaft der Mongolen-Kaiser, die von hier aus die Welt regierten? Größer als der russische Zar, über dem es doch nur den Himmel gab? Größer wohl auch als die neue seelenlose Leere des Klassenkampfes, des Materialismus, der trügerischen Verwirklichung eines Paradieses auf Erden? Größer als Sputnik und Solnik und alles Gebilde von Menschenhand? Allah ist unvergleichlich!

Nach verrichtetem Mittagsgebet verließen die alten verhutzelten Männer und die düster blickenden asiatischen Hünen in ihren Steppjacken und bunten Mänteln die Moschee. Sie warfen uns prüfende Blicke zu. Der Mufti nahm mich beim Arm und führte mich über einen zweiten Innenhof ins Gastzimmer, wo auf langer Tafel Früchte, Kannen mit Tee und Schalen voll Süßigkeiten bereitstanden.

Wir kamen schnell auf das eigentliche Gesprächsthema: die religiöse Frage. Gleich zu Beginn erwies sich die Übersetzungskunst Pawlows als unzureichend, zumal der Mufti nicht gewillt war, Russisch zu sprechen, und ein zweiter usbekischer Dolmetscher eingeschaltet werden mußte. Dafür drückte sich Ziauddin Babakhanow ohne Schwierigkeiten in klassischem Arabisch aus, und nach fünf Minuten tönten rund um den Tisch nur noch die Laute des Hedschas. Pawlow nahm das mit sichtlicher Erleichterung auf. Falls er einen Bericht machen sollte – denn der Intourist hatte bestimmt nicht ohne gewisse Hintergedanken meinen Besuch beim Mufti erlaubt und organisiert –, würde er allerdings mit sehr dürftigen Informationen heimkommen; Pawlow verstand natürlich kein Wort Arabisch.

»Wir Moslems in Zentral-Asien sind alle Sunniten«, erklärte Ziauddin. »Nur im Südkaukasus, in Aserbeidschan herrschen die Schiiten vor. Im übrigen gehören wir hier alle der Rechtsschule der Hanafiya an.« – »Haben Sie die Möglichkeit, einen koranisch erzogenen Nachwuchs für den Kultus heranzubilden?« – Der Mufti bejahte das. »Die islamische Glaubensgemeinschaft für Zentral-Asien verfügt über zwei Koranschulen. Die eine mit sechzig Schülern in Bukhara, im westlichen Teil Usbekistans. Dort verbringen unsere Studenten – nachdem sie der staatlichen Schulpflicht genügt haben – die ersten vier Jahre. Dann kommen sie nach Taschkent, wo zur Zeit vierzig ›Tullab‹ ihr Studium in drei Jahren vervollständigen. Die ›Madrasa‹ ist gleich in der Nachbarschaft. Sie können sie nach dem Essen mit dem Naib, der dort den Unterricht leitet, besuchen.« Ob es Schwierigkeiten gebe, Schüler zu finden, fragte ich. »In keiner Weise«, antwortete der Mufti, und die Umsitzenden nickten gewichtig mit den Köpfen.

Außer dem Mufti, seinem Stellvertreter, den beiden Dolmetschern und mir waren noch zwei würdige Greise, ebenfalls mit dem weißen Turban des Mullah angetan, zugegen. Der Qadi, der religiöse Richter für Usbekistan, war ein Mann mit strengem Gesicht, das sich bei unerwarteten Gesprächswendungen mit Eifer und List belebte. Er war kleiner als die übrigen »Scheichs«, sah aus wie ein wendiger Hase, wenn die Frage unbequem wurde, und das war eben der Fall. Denn ich erkundigte mich nach der Rolle des Qadi in einer sozialistischen, säkularen Gesellschaft, wie sie den Usbeken durch die Sowjets auferlegt worden war. »Worüber können Sie denn noch Recht sprechen«, hatte ich gefragt, »wo doch die Kompetenz der staatlichen Gerichtsbarkeit in der Sowjetunion jede andere Jurisprudenz ausschließt?« Es entstand Schweigen. Umständlich

begann der Qadi zu erklären, daß viele Erbschafts- und Scheidungskla-
gen, bevor sie vor den staatlichen Richter kommen, eben doch noch einer
islamischen Instanz unterbreitet würden. Der Qadi schien als Vermittler,
als inoffizieller Friedensrichter im Kreis der Gläubigen weiter zu wirken.
Oder hatte ich hier die geheimnisvolle Mauer berührt, hinter der usbekisches Volkstum und islamische Sitte – unerreichbar dem Zugriff der Russen – weiterlebten? Man munkelt, daß selbst einzelne Spitzenfunktio-
näre der Partei in Doppel-Ehe leben, die eine Frau ohne Schleier für den
Ausgang, die andere Frau mit Schleier für das Haus, wie die Spötter
behaupteten. Die Beschneidung der Knaben wird in den muselmanischen Familien ohne Ausnahme praktiziert. Wo verläuft die Grenze zwischen Brauchtum und inniger Glaubenstreue?

Der Mufti lud uns zum Mahl ein. Es gab eine Gemüsesuppe, »Schupa«
genannt. Große Schalen mit Reis-Pilaw wurden auf den Tisch gestellt.
Den Schaschlik streiften wir mit der Hand vom Spieß. Dazu tranken wir
Tee, denn Wodka war in den Räumen neben der ehrwürdigen Moschee
Scheich Mia Muchmin Khan streng verpönt. Das Gästezimmer war mit
Blumenmotiven und blauer Farbe grell bemalt. Die Einrichtung war so
kunterbunt und stillos, wie das in den muselmanischen Haushalten des
ganzen Orients üblich ist.

»Sie haben heute die Moschee beim Mittagsgebet, beim ›Salat es
Zuhr‹ gesehen«, knüpfte der Mufti wieder an. »Aber Sie müssen am Freitag kommen, dem Tag der Predigt, da füllen über dreitausend Gläubige
den Hof.« – Ob die Jungen denn auch noch kämen? – »Es fällt ihnen nicht
leicht. Die Arbeiter sind zur Zeit des Gebets in den Fabriken, die Kinder
in den Schulen. Aber wir kennen viele Familien, deren Kinder nach dem
Unterricht treu und fromm ihr Gebet nachverrichten.« Die Mullahs verschwiegen wohlweislich, daß jeder junge Mann, der die Moschee auf-
sucht, beim beruflichen Vorwärtskommen in Staat, Partei und Gesellschaft schwer benachteiligt wird.

Die Unterhaltung verlief jetzt – von der Verdauung gefördert – in
zwanglosem Fluß. Kräftige Rülpslaute unterbrachen und bekräftigten die
Aussagen. Der vierte Mullah, ein Imam mit Prophetengesicht, hatte
brennende Augen bekommen, als von der Frömmigkeit der jungen
Generation die Rede war. »Ja, die Jugend!« mischte sich auch der Qadi in
seiner heftigen Art ein. »Sie gewinnt wieder mehr und mehr Interesse an
der Religion.« – »Haben Sie das Empfinden, daß die islamische Erneuerung und Wiedergeburt, die an den Südgrenzen der Sowjetunion als Be-
gleiterscheinung des arabischen und des iranischen Nationalismus

auftritt, auch auf Usbekistan übergreift?« fragte ich. Da nickten sie alle lebhaft mit dem Turban, stimmten so eifrig zu, wie das mit ihrer Würde vereinbar war. »Tab'an«, bestätigte der Mufti energisch. »Selbstverständlich.«

Der Mufti war vor zwei Jahren nach Mekka gepilgert. Ich erinnerte mich an die Begeisterung, die die Durchreise sowjetischer Muselmanen seinerzeit in Kairo ausgelöst hatte. Die ägyptische Presse hatte die fernen Ikhwan, diese Brüder im Glauben überschwenglich gefeiert. Knapp zwanzig Moslems aus der gesamten Sowjetunion pilgern jedes Jahr wieder an die heiligen Stätten des Hedschas.

»Wird bei Ihnen der Ramadan eingehalten?« war meine nächste Frage. Gemeint war die strenge Fastenvorschrift, die dem frommen Moslem einen Monat lang von Anbruch des Tages bis zu Beginn der Nacht jede Nahrungsaufnahme untersagt. Die Kommunisten waren gegen dieses Gebot, das die Arbeitsleistung in den Fabriken des Niltals bis zu sechzig Prozent beeinträchtigt, besonders hart vorgegangen. »Wer die materielle Möglichkeit hat und stark im Glauben ist, hält den Fastenmonat auch bei uns«, antwortete Ziauddin Babakhanow ausweichend.

Es war empfindlich kalt im Gästezimmer. Wir saßen im Mantel bei Tisch. Auch das Essen war nur lauwarm. »In wessen Namen wird bei Ihnen die Freitags-Predigt gehalten?«fragte ich weiter. Es gehört nämlich zur islamischen Tradition, im Freitags-Gebet den Namen des Khalifen, des Statthalters Allahs auf Erden, zu erwähnen, ähnlich wie im christlichen Abendland des weltlichen Herrschers mit der Formel »Domine, salvum fac . . .« gedacht wurde. In Marokko wird heute noch die Khutba, die Freitags-Predigt, im Namen des Sultans und Königs begonnen. In der Sowjetunion, so wurde berichtet, war die Partei nicht davor zurückgeschreckt, Josef Stalins Einbeziehung in das Gebet als Schutzherr aller gläubigen Moslems zu fordern. Später soll das Gebet im Namen der Sowjetregierung als Kollektiv gesprochen worden sein.

Der Mufti antwortete ohne Zögern: »Wir haben die Sunna, die älteste Überlieferung studiert und festgestellt, daß die ersten rechtgläubigen Khalifen, die Raschidun, wie wir sagen, nicht in der Khutba erwähnt wurden. Wir haben deshalb nach Anhören der Gelehrten beschlossen, die Freitags-Predigt im Namen der Völker des Islam und aller Völker der Welt zu halten.« – Ein kluger und würdiger Ausweg aus dem Irrgarten der Politik.

In den wenigen Berichten, die aus Usbekistan vorliegen, war die Moslem-Verwaltung von Taschkent stets als eine Versammlung eingeschüchterter, unwissender Greise geschildert worden. Deshalb war ich vom Selbstbewußtsein und vom islamischen Autoritätsgebaren des Mufti Ziauddin Babakhanow sowie von der koranischen Bildung seines Stellvertreters überrascht. Die Moslems in Usbekistan fühlen sich eben heute nicht mehr ganz so isoliert, so hoffnungslos vom übrigen »Dar-ul-Islam« abgeschnitten wie in der stalinistischen Ära.

Ziauddin schilderte, wie nachdrücklich die Stadt Taschkent als »Leuchtturm des Sozialismus« für den ganzen Orient, ja für ganz Asien und Afrika von der Partei herausgestellt werde. Es gehört zur politischen Taktik der Behörden, die freie islamische Kultausübung in der Sowjetunion allen Besuchern von nah und fern vor Augen zu führen, den Vorwurf der Religionsverfolgung, den die amerikanischen Informationsbüros im arabischen Raum gegen die kommunistische Einsickerung ins Feld führen, an Ort und Stelle zu widerlegen. Diesen Propaganda-Rücksichten der sowjetischen Außenpolitik verdankten die Parade-Moslems von Usbekistan eine relativ ungestörte Religions-Ausübung. Sie sind Schauobjekte staatlicher Toleranz, die unter anderem den Teilnehmern des Schriftsteller-Kongresses der Bandung-Staaten – im Oktober 1958 fand diese Tagung in Taschkent statt – in Freiheit vorgeführt werden konnten. Aber als Folge dieser Besuche afghanischer und irakischer Moslems muß der Staat in Kauf nehmen, daß die alten Bande der Umma, der weltweiten islamischen Gemeinschaft, wieder locker geknüpft werden.

»Auch Gamal Abdel Nasser hat einen Tag in Taschkent verbracht, als er die Sowjetunion bereiste. Die Bevölkerung hat ihn mit beispiellosem Jubel begrüßt«, sagte der Mufti. »Aber unsere Moschee hat er nicht betreten«, fügte er etwas verstimmt hinzu. »Wir können übrigens jedes Jahr zwei unserer Studenten an die El Azhar-Universität in Kairo schicken. Zur Zeit weilen vier Studenten an dieser höchsten Lehrstätte des Islam.«

Die islamische Glaubensgemeinschaft in Zentral-Asien hat neues Selbstvertrauen geschöpft. Das ist ein unbestreitbares Resultat der pro-arabischen Außenpolitik der Sowjetunion. Man feiert nicht ungestraft den Erfolg Nassers über jene englisch-amerikanische Landung von Port Said, die in den Augen aller Moslems wie eine Fortsetzung der Kreuzzüge anmuten mußte. Nicht nur am Nil und am Barada wird Gamal Abdel Nasser wie der glorreiche neue Saladin geehrt. Zudem befinden wir uns in der Nachbarschaft des mystischen Persiens, wo die Schiiten von jeher das Gebot der Taqiya, der Verstellung und Geheimhaltung ihrer Überzeugung in Zeiten glaubensfeindlicher Verfolgung, praktizieren.

Ich berichtete dem Mufti von meinen Erfahrungen in der Türkei, wo die Säkularisierungs-Maßnahmen Atatürks, die Ausschaltung des Islam aus dem öffentlichen Leben, noch im Jahre 1951 rigoros gehandhabt wurden, wo aber bei meinem letzten Aufenthalt im Sommer 1957 die Moscheen mit Gläubigen überfüllt waren, der Muezzin wieder auf Arabisch statt auf Türkisch zum Gebet rief, in jeder Ortschaft die Gebetshäuser restauriert wurden oder neu aus dem Boden schossen, ja wo die Frauen auf dem Lande sich wieder in Schleier hüllten. Die Usbeken sind ein Turk-Volk, den Anatoliern rassisch eng verwandt, und die panturanische Aktion Atatürks, des Vaters der Republik von Ankara – dessen Staatsgründung in so mancher Hinsicht dem sozialistischen Experiment in Zentral-Asien ähnelte – zielte einmal auf die Schaffung eines großtürkischen Reiches vom Bosporus bis zum Syr Daria hin. Der türkische General Enver Pascha war sogar – auf Seiten der Basmatschi kämpfend – Anfang der zwanziger Jahre in Turkmenistan gefallen. – »Alles, was in der Türkei vorgeht, interessiert uns ganz besonders«, bemerkte der Mufti vorsichtig. Von den religiösen Bruderschaften, den Derwischen und den Mystikern der Sufi-Richtung hielt er nicht viel. Oder war es zu gefährlich, die »Naqschbandiya-Sekte« zu erwähnen, die an der Spitze des Kampfes gegen den atheistischen Kommunismus gestanden hatte und im nordkaukasischen Daghestan wieder von sich reden machte?

Die ganze Zeit über hatte Pawlow schweigend über seinem Pilaw gesessen und kein Wort des Gesprächs verstanden. Jetzt wandte sich der Mufti auf Usbekisch dem Dolmetscher zu und sprach von den großen Verdiensten der Regierung um die Rettung der Altertümer aus der Zeit des großen Tamerlan, als Samarkand noch die Hauptstadt der Welt war. Ob der Staat auch an der Finanzierung der Ausbesserungsarbeiten beteiligt sei, die hier mit so viel Aufwand an der Moschee Scheich Mia Muchmin Khan vorangetrieben wurden. »Wir bekommen für unsere Bethäuser und den Kultus keine einzige Kopeke von den Behörden«, sagte der Mufti kategorisch. »Wir sind ausschließlich auf die Spenden der Gläubigen angewiesen.« Diese Gaben mußten recht freizügig fließen, stellte auch Pawlow fest, als wir die Straße überquerten und unter Führung des Naib die Koranschule von Taschkent aufsuchten. Vorher hatte sich Ziauddin Babakhanow von uns verabschiedet. Die Stunde des Nachmittagsgebets hatte geschlagen, und da eilten auch schon ein paar alte Männlein durch das große Tor zur Moschee.

Im nüchternen Innenhof der Madrasa herrschte klösterliche Beschaulichkeit. Nur das Hämmern der Arbeiter hallte von der Kuppel herüber.

Die Büros der Schule waren mit schönen Teppichen und einem für sowjetische Verhältnisse luxuriösen Mobiliar ausgestattet. Voll Stolz zeigte uns der Naib die Bibliothek, die alten Manuskripte in kufischer Schrift und auch die Fotokopie jener ehrwürdigen Frühfassung des Heiligen Buches aus der Zeit des dritten Khalifen Osman, die die Russen – vor der Öffentlichkeit verborgen – in einem Museum Taschkents aufbewahren. Seit 1956 werden neue Koran-Exemplare in Taschkent gedruckt. Sie sind nicht für die Einwohner des Landes bestimmt, sondern als Gastgeschenke für muselmanische Besucher aus dem Ausland.

Der stellvertretende Mufti öffnete ein Doppeltor und plötzlich saß mir eine Gemeinschaft bärtiger junger Männer mit weißen Turbanen gegenüber. Als einer der ersten Ausländer hatte ich Zutritt zum Unterricht einer Madrasa in der Sowjetunion. Der Raum diente auch als Versammlungslokal für die islamische Kultverwaltung und wurde von einer plüschdrapierten, roten Tribüne beherrscht. Darunter, an einem langen grünbespannten Tisch, saßen die Schüler des Koran, die künftigen Ulama, die alle bereits den weißen Turban des Scheichs und das feierliche lange Obergewand trugen. Die meisten mochten zwischen fünfundzwanzig und fünfunddreißig Jahre alt sein. Sie stammten aus sämtlichen Republiken Zentral-Asiens, vom Pamir-Hochland bis zum Kaspischen Meer. Die Gesichter waren ernst, oft asketisch.

»Sie studieren um diese Stunde den Hadith, die Überlieferung aus dem Leben des Propheten«, sagte der Naib, der die Ausbildung leitete. »Alle Fächer der koranischen Ausbildung, arabische Grammatik, muselmanische Rechtsprechung, ›Tadschwid‹, das fehlerfreie und rhythmische Psalmodieren, aber auch persische Sprachlehre stehen auf dem Programm.« – In dem aufgeschlagenen Überlieferungsbuch lasen die »Tullab« jene hochbedeutende Begegnung nach, von der der fromme Muslam berichtet. Sie lasen von dem geheimnisvollen Besucher in strahlend weißer Kleidung, der dem Propheten die Frage nach den »fünf Säulen des Islam« stellte. Und als die »Ansar« sich nach dem Fortgang des Weißgekleideten wunderten, daß der von Allah gesandte Prophet einem Unbekannten Rede und Antwort stehe, sagte Mohammed: »Kein anderer war dieser Besucher als Dschibril, als der Erzengel Gabriel.«

Aus dem Lichtschacht der Kuppel fiel ein schräger Sonnenstrahl auf die geneigten Turbane. Vom Komsomolzen-Platz tönte der Lärm der Lautsprecher: sozialistische Parolen, Marschmusik. Aber hier, in die gekräuselte Schrift der Offenbarung versenkt, meditierten die Koran-Schüler über die Begegnung Mohammeds mit dem Engel.

Auch Pawlow, der zum ersten Mal die Moschee Mia Muchmin Khan besuchte, war tief beeindruckt. »Da lebe ich jahrelang in Taschkent und wußte gar nicht, was in der Usbeken-Stadt vor sich geht«, sagte er. Aber an eine Zukunft, an eine Wiederbelebung des Islam in der Sowjetunion, wollte er nicht glauben. »Sie haben doch den Dichter Niazi gelesen«, fügte er etwas irritiert hinzu und blätterte in dem kleinen Versband, den ich am Vortag erstanden hatte. »Tod wünsch' ich dem Mullah, dem Bey, dem Imam und ihren vergifteten Zungen. Tod allen, die den Turban tragen. Der Tag unseres Aufbruchs ist da . . .« las er mir halblaut vor. »Sie wissen aber, wie Hamza Hakim Zadeh Niazi umgekommen ist«, erwiderte ich. Ich hätte ihn auch an den alten Alischer Novai verweisen können. Der mittelalterliche Poet, den die Sowjets als Vater der fortschrittlichen Literatur in Usbekistan verehren, hat einen denkwürdigen Spruch hinterlassen. »Puste, so stark du magst; können Kinder das Licht der Sterne ausblasen?«

Die Kanzeln weinen in Samarkand

Samarkand, Dezember 1958

In die gelbe Landschaft fressen sich tiefe Erosions-Schluchten, als beginne hier schon die Löß-Ebene der chinesischen Nordprovinzen. Der lichtblaue Himmel ruht auf der schneebedeckten Tschezak-Kette. Über den flachen Dächern der Usbeken- und Russenviertel ragen geborsten, aber gewalttätig, erdrückend die Palastruinen aus den großen Tagen Tamerlans und seiner Erben; daneben die buntglasierten Minaretts der verfallenen Moschee Hazrati Hizr. Die alte Kaiserstadt Samarkand hält, was ihr geheimnisvoller Name verspricht. Hier herrschen die Toten über die Lebenden. Hier wird der zukunftsbesessene Sozialismus zum Epigonentum.

>   »Uralt, unvorstellbar alt ist die Straße . . .
> Hierher kam Alexander, der Kühne, Dschingis, der Blutrünstige,
> Tschu Tschin mit der Tigerseele, und Timur –
> Sie kamen wie eine Sturzflut – lüstern nach Mord –
> Wie ein wirbelnder Wüstensturm mit geschwungenen Säbeln . . .«

so heißt es im Gedicht »Turksib« des zeitgenössischen usbekischen Schriftstellers Ghafur Ghulam.

In dieser großen Provinzstadt der Sowjetrepublik Usbekistan hat der Orient alle seine Rechte zurückgefordert. Auf der grobgepflasterten Landstraße rollen zweirädrige Karren, dem ächzenden türkischen »Kagni« verwandt. Alte Usbeken reiten noch in malerischer Tracht auf ihren Eseln, und die Frauen klappen erst den »Parandscha«, den schwarzen Roßhaarschleier aus dem Gesicht, wenn sie die Stadtgrenze hinter sich lassen.

Mit meinem neuen Intourist-Führer Sergej, einem dunkelhaarigen mißtrauischen Russen, kam es zu einem kleinen Zusammenstoß, als ich das Auto anhalten ließ und auf einen Trödel- und Tauschmarkt zueilte, der in einer Lehmschlucht gleich neben der Fahrbahn verborgen lag. Sofort war ich umringt von feilschenden Frauen in türkischen Pluderhosen, von den schwarz-weißen Tupeteikas der Kinder, von mongolischen Hünen, von alten Bettlern, die im Namen Allahs Almosen forderten. »Sie bringen unser ganzes Programm durcheinander«, hatte Sergej tadelnd gesagt, und auch Sonja, die kleine blonde Studentin der Kunstgeschichte, die die Führung übernommen hatte, sah mich vorwurfsvoll hinter der Stahlbrille an. Das Programm des Intourist ist heilig. Daß ich überhaupt nach Samarkand gelangt war, mußte ich als eine Gunst des Schicksals betrachten. Auf meinem sowjetischen Visum war lediglich Taschkent als Reiseziel vermerkt. Als ich in Moskau die Ergänzung »Samarkand« verlangte, wurde ich an die zuständigen Stellen in Usbekistan verwiesen. In Taschkent hingegen schüttelte man bedenklich das Haupt, wollte durch die Moskauer Zentrale gedeckt sein. Man versprach zu telegrafieren. Ich wollte schon die Hoffnung auf die Reise nach Samarkand begraben, da teilte mir der Genosse Barami am nächsten Morgen mit der natürlichsten Miene der Welt die zustimmende Antwort aus der Hauptstadt mit. Sogar der Platz im Flugzeug war belegt.

Nur als ich vorschlug, die Strecke von Taschkent nach Samarkand – beide Städte sind nur durch rund dreihundert Kilometer voneinander getrennt – im täglich verkehrenden, etwas ramponierten Autobus zurückzulegen, stieß ich auf energische Weigerung: »Sie sind uns als Luxusreisender gemeldet. Wir können Sie nicht den Beschwerlichkeiten einer Landreise aussetzen.«

Es ging bestimmt nicht darum, strategische oder industrielle Staatsgeheimnisse vor mir zu verbergen, sondern die Armut und relative Rückständigkeit der Landbevölkerung. Ich sollte weder den schlechten Zustand der zentralasiatischen Straßen kennenlernen, noch von den Bettlern belästigt werden, die wie überall im Orient über die Reisenden herfallen. Die Iljuschin-Maschine – nach dem Modell der amerikanischen Dakota konstruiert – legt die Strecke nach Samarkand mehrmals am Tag zurück. Sie fliegt niedrig über das Schachbrett der gepflügten Baumwollfelder. Die Passagiere auf den Sesseln ohne Sicherheitsgurte waren durchweg Asiaten. Bevor das Flugzeug Samarkand erreichte, mußte es eine steile Höhe überwinden, wo die dunkelbraune Erde und der frische Schnee wie ein riesiger Schokoladenpudding mit Sahne unter der Tragfläche wegzieht.

Der Flugplatz von Samarkand war ein plattgewalzter Ackerboden. Dafür stand eine silberne Lenin-Statue am Ausgang, und daneben der neue Intourist-Dolmetscher Sergej mit der unvermeidlichen Zim-Limousine. Das erste Ziel, das Sergej mir vorschrieb, war die Sternwarte des Ulug Beg, eines Enkels des großen Tamerlan, der die Wissenschaft pflegte und deshalb von den islamischen Eiferern seiner Zeit des Abfalls bezichtigt und ermordet wurde. In der sowjetischen Sprachregelung steht Ulug Beg am Anfang der usbekischen Geschichte als Vorläufer des materialistischen Fortschritts. »Was Ihr den Geist der Zeiten heißt . . .«

Mein mangelndes Interesse für diese Galionsfigur usbekisch-sozialistischen Schulunterrichts wurde von der Archäologin Sonja mit Mißbilligung quittiert. Schon im Museum von Taschkent war mir aufgefallen, daß die Geschichte Turkestans von den sowjetischen Altertumsforschern mit kritischer Einschränkung behandelt wird, als scheuten sie sich vor der verwirrenden Mannigfaltigkeit dieses uralten Kulturbodens. So wird eigenartigerweise in der offiziellen sowjetischen Geschichtsschreibung Alexander der Große nur am Rande erwähnt. Für die usbekischen Historiker von heute war der Zug des Makedoniers, der die persische Herrschaft im heutigen Turkestan auslöschte, ein Abenteuer ohne weitreichende Folgen. Daß Alexander die Stadt Samarkand neu gründete und ihr seinen Namen vererbte, daß seine Diadochen das ferne Baktrien lange genug regierten, um hier eine einmalige Verschmelzung buddhistischer und hellenistischer Kunst zu erlauben, das wird von den Dozenten der Universität Taschkent gering erachtet. Auch die alles beherrschende Religionsgeschichte in Transoxianien, die vom Lichtglauben des Zoroaster über das nestorianische Christentum bis zum erobernden Islam reicht, wird kurz abgetan.

Hingegen sucht man nach laizistischen Ansätzen, nach »objektiv-progressistischen« Einzelgängern wie Ulug Beg, dem mehr Bedeutung beigemessen wird als dem lahmen Timur, dem Schrecken Asiens, dem größten und blutigsten Herrscher zwischen Jangtse und Nil, der Samarkand zu seiner strahlenden Residenz ausbaute. Da wird von einem Bauernaufstand unter den Fürsten von Bukhara mehr Aufhebens gemacht als vom mongolischen Sturm über Mesopotamien und Syrien. Selbst die russische Eroberung Turkestans im neunzehnten Jahrhundert wird mit Rücksicht auf den usbekischen Nationalstolz aus der Klassen-kampf-Perspektive gedeutet. Demnach hätte die Feudalkaste der zentral-asiatischen Emirate in beschämender Selbstaufgabe mit der ihr sozial verwandten zaristischen Aristokratie kollaboriert.

Die Erdbeben haben die Kuppeln Tamerlans gesprengt. Die Revolu-tion hat die bunten Fayencen verkommen lassen. Trotzdem beherrschen die Ruinen die Stadt. Der silberne Lenin am Kolchos-Markt steht wie ein kitschiger Zwerg zwischen den erhabenen Trümmern der Gebetshäuser.

Die Moschee Schah-e-Zindar liegt am Ausgang von Samarkand. Gleich hinter ihr beginnt die öde, gelbe Steppe. Am Rande richten sich unzählige, kaum behauene blaue Steine auf, die Gräber der Muselmanen, die hier im Schatten des »Unsterblichen« dem Tage des Gerichts entge-genharren. Denn die herrische Ruine, deren Kuppel wie ein riesiger Smaragd in der Sonne strahlt, deren verfallene Wandelgänge mit grü-nen, blauen und gelben Kacheln leuchten wie die Paläste im persischen Isfahan, dieses verlassene Heiligtum birgt, man weiß nicht wo, das geheime Verlies, in dem der »lebende Schah«, der »Schah-e-Zindar«, über die Reinheit des Islam wacht.

Khusan-Ibn-Abbas, ein Vetter des Propheten, hatte den Glauben Mohammeds mit Feuer und Schwert bis nach Samarkand getragen. Dort haben ihn die Ungläubigen erschlagen und in einen tiefen Brunnen geworfen. Der Legende zufolge wurde Khusan von einem heiligen Mann, Hazrati Hizr, dem Schutzpatron der Schafhirten, von den Toten erweckt, und so lebt er in der Tiefe des Brunnens und des Glaubens weiter, obwohl sein Grab unter einer unscheinbaren »Kubba« – keine zweihundert Meter von der Smaragd-Kuppel entfernt – von unzähligen Pilgern verehrt wird.

Sonja vermutete hinter dieser eigenartigen Sage einen Rückgriff auf hinduistisches Gedankengut und brahmanische Seelenwanderungs-Mythen. Mir schien es eher, als habe die schiitische Lehre mit ihrem Glauben an den Verborgenen Imam, der bis zum jüngsten Tag in der Ver-borgenheit weiterlebt, um dann als Mahdi die Herrschaft Allahs auf Erden zu errichten, bei der Überlieferung vom lebenden Schah Pate gestanden.

Die Moschee Schah-e-Zindar war nur noch Museum. Auf den Gerü-

sten wirkten usbekische Arbeiter im Auftrag des Staates an ihrer Wiederherstellung. Quer über das öde Leichenfeld gingen immer wieder malerische Trupps von Frauen und Männern, die Männer vorn, die verschleierten Frauen hinten nach. Sie verschwanden in dem kleinen Kuppelbau
– in Nordafrika würde man Marabu dazu sagen – wo die Gebeine des
»Unsterblichen« paradoxerweise verehrt werden. Die Kubba ist auch
heute noch als Kultstätte geöffnet. Gleich am Eingang saßen zwei Mullahs mit weißen Turbanen und traurigen Geierköpfen, hielten in Aus-
führung eines eigenartigen Ritus die Hände unter einer bunten Decke
verborgen. Flache usbekische Brotfladen waren darauf ausgebreitet.

Sergej und die Archäologin zogen die Schuhe aus, und wir gingen in
die halbdunkle Moschee, wo hinter einem Holzgitter der Sarg des Heiligen mit gestickten Teppichen verhüllt war. Pilger lagen auf den Knien
und beugten die Stirn zum Boden. Zum ersten Mal sah ich auch Frauen
gleich neben den Männern das islamische Gebetsritual verrichten. Es
muß ein ländlicher, mit Aberglauben und Sufi-Bräuchen durchsetzter
Islam sein, der sich in Samarkand erhalten hat. Gleich neben den Betern
waren Handwerker damit beschäftigt, die ursprünglichen Wanddekora-
tionen mit dünnen Feilen freizulegen. Ein Russe leitete die Arbeit und
kam mit uns ins Gespräch. Die Grundmauern der Kubba gingen schon
auf vor-islamische Zeiten zurück, behauptete er, und sie seien dabei,
nacheinander vier verschiedene Farb- und Tüncheschichten wie auf
einem Palimpsest abzutragen. Unter den Arabesken und Koran-Sprüchen kamen bäuerliche Feldmotive, Anemonen, Klatschmohn und Mar-
geriten zum Vorschein, die irgendwie an die Mauern der Basilius-
Kathedrale gleich neben dem Kreml in Moskau erinnerten. Nicht den
Ornamenten der arabisch-persischen Eroberer spürten die staatlichen
Restaurateure nach, sondern der urwüchsigen, heidnisch anmutenden
Blumenmalerei der frühen Turk-Völker.

Der Russe hatte uns bis zum Ausgang zurückbegleitet. »Ein eigenarti-
ger Mann«, sagte Sonja. »Er hat sich so intensiv mit der orientalischen
Kunst befaßt, daß er vor zwei Jahren zum Islam übergetreten ist.« – »Und
da sagen Sie noch«, warf ich halb im Scherz ein, »der Schah-e-Zindar
vollbringe keine Wunder mehr.«

Während der blutdürstige Mongolen-Herrscher Tamerlan Syrien und
Mesopotamien brandschatzte, so berichtet die Sage, beschloß seine Lieblingsfrau Bibi Hanim, eine Fürstin aus dem Stamme des Dschingis Khan,
dem heimkehrenden Gatten mit einer einzigartigen Überraschung

aufzuwarten. Sie ließ den berühmtesten Baumeister der Welt kommen und gebot ihm, eine Moschee zu bauen, mit deren Kuppel nur noch das Firmament, mit deren weitgeschwungenem Portal nur die Milchstraße wetteifern könne. Als Gegenleistung forderte der Architekt nach vollbrachter Arbeit, die Kaiserin zu küssen, was ihm gewährt wurde. Aber seine Lippen brannten so heiß, daß er ein deutliches Brandmal im Antlitz Bibi Hanims zurückließ. Diese Spur der Leidenschaft blieb dem fürchterlichen Tamerlan bei seiner Rückkehr nicht verborgen. Vor den Häschern des Kaisers flüchtete der Baumeister auf das höchste Minarett der Moschee, die von nun an den Namen Bibi Hanims trug, und siehe da, ein Dschinn errettete den unglücklich Liebenden in höchster Not und trug den Bedrängten durch die Lüfte nach der persischen Stadt Mesched. Das ist die Geschichte der Bibi Hanim-Moschee, wie sie in Samarkand erzählt wird. Noch heute steht der Reisende fassungslos vor dem grandiosen Machtwillen, der aus diesen Trümmern spricht. Gleich neben der eingestürzten Wölbung und dem öden Innenhof, wo der Wind in den Karagatsch-Ästen wispert, hat sich der Kolochs-Markt von Samarkand etabliert. Die schäbigen Verkaufsbuden des zwanzigsten Jahrhunderts kleben an den herrischen Backsteinwällen des Mittelalters. Trotz der roten Spruchbänder und marxistischen Parolen war das ein durch und durch orientalischer Markt. Studenten irgendeiner technischen Berufsschule bummelten über den Platz. Mit Ausnahme der Tupeteika waren sie wie Russen gekleidet, auch die Mädchen.

Der Dolmetscher Sergej strebte den schiefen Türmen des »Registan« zu, die sich wie gekachelte Schornsteine über die Lehmdächer neigten. Ich wunderte mich schon seit meiner Ankunft in Zentral-Asien, daß wir nirgends Kamele antrafen. Bei den Sowjets steht das Kamel nicht hoch im Kurs. Aus einem unerfindlichen Grunde mißachten die Konstrukteure des Sozialismus das »Schiff der Wüste« als Symbol reaktionärer, feudalistischer Lebensart. »Kamele brauchen wir nicht mehr. Wir haben Lastwagen und Traktoren«, spöttelte Sergej, »was sollen wir da mit diesem langweiligen Wüstentier.« Kaum hatte er das gesagt, da bog auch schon eine feierliche Karawane hochbeladener Kamele um die Außenbrüstung des Registan. Ein alter Mann und ein kleiner Junge begleiteten den würdigen Zug. Der Greis beachtete uns kaum. Aber die Tiere, so schien es mir, musterten den Dolmetscher Sergej mit hämischer Boshaftigkeit.

Das Registan, die verfallene Koranschule und die islamische Universität von Samarkand, erschüttert durch seine Verlassenheit. Die wenigen

Passanten huschen wie in einem Angsttraum über den weitgestreckten Vorhof. Die leeren Balkon-Nischen, die sich einst auf Lehrsäle und Studenten-Stuben öffneten, klaffen wie Löcher einer Katakombe. Selbst das Restaurierungswerk an den bunten Ziegelwänden, an den schiefen Minaretts, die man mit gewaltigen Kabeln aufzurichten sucht, wirken wie Einbalsamierungsarbeiten an einem halbverwesten Leichnam. Das Hauptportal zum großen Gebetshaus ist durch ein häßliches rotes Propagandaplakat verunstaltet.

Das Klagelied des maurischen Dichters Ar Ranadi, der zur Zeit der christlichen Reconquista Spaniens den Verlust Andalusiens an die Katholischen Könige beweinte, findet in den öden Hallen des Registan von Samarkand tragischen Widerhall. »Jedes Unglück enthält einen Trost«, schrieb Ar Ranadi. »Aber es gibt keinen Trost für die Schmach, die hier den Islam heimsuchte . . . Wo ist Cordoba, die Heimstätte der Wissenschaften? Wieviel Gelehrte ließen hier ihren Geist leuchten! . . . Öde ist dieses Land geworden, dem Islam wurde es entfremdet, und mit Ungläubigen hat es sich gefüllt . . . Hier klagen die Gebets-Nischen, obwohl sie aus Stein sind, und die Kanzeln weinen, als wären sie nicht aus Holz . . .«

Das Grab Tamerlans liegt in einem verträumten abseitigen Viertel versteckt. Die farbenfrohe Kuppel des Mausoleums ist in eigenartige Melonenscheiben zerschnitten. Im düsteren Gewölbe ruhen der lahme Mongolen-Herrscher und seine Nachfolger unter Marmor- und Onyx-Platten von ihren weltweiten Ritten aus. Die enge Straße, die sich um die Grabstätte windet, hallt von den Rufen grellgekleideter Frauen wider. Man könnte sich in Persien wähnen. In den kahlen Bäumen zwitschern die Vögel wie bei uns im Frühling. Die Innenwände der Grabstätte sind kunstvoll gekachelt oder mit Marmor verkleidet. Nach oben läuft der Raum in Gips-Stalaktiten aus.

Am Nachmittag begleitete mich Sergej zur Moschee Hodscha-Zul-Murad, die auch heute noch dem muselmanischen Kult offensteht. Die Moschee liegt in einem weiten Garten. Im Sommer wird das Gebet nach draußen, vor die äußere Nische verlegt. Der Giebelvorsprung ruht auf den für Zentral-Asien typischen kolbenförmigen Holzpfeilern. Auf den Stufen der bescheidenen Kanzel, des Minbar, lehnt ein dunkelpolierter Stab, der mit einer Eisenspitze bewehrt ist: Das allegorische »Schwert des Islam«, das der Prediger, der Khatib, am Freitag in die Hand nimmt.

Das Schwert des Islam ist stumpf geworden in Samarkand. Das wird schon bei der Begrüßung durch den Vorsteher der Moschee Hodscha-

Zul-Murad augenfällig. Der Khatib ist ein freundlicher, tölpelhafter Mann, dem auch der weiße Turban des Scheich kein Ansehen verleiht. Er spricht nicht Arabisch, ist kaum in der Lage, ein paar Koran-Verse herunterzuleiern. Da ich lächelnd auf das »Schwert des Islam« verweise, hält er mich für einen Moslem, und ich kann ihm das nicht mehr ausreden. »In sechs großen Moscheen Samarkands wird noch zum Gebet gerufen«, teilt er stolz mit, und man trage sich mit der Absicht, eine Koranschule aufzumachen. »In schaa Allah«, wenn Gott es will. Wieder sind die Wände der Moschee mit Blumenornamenten bemalt. Diesmal sind es riesige Farne, die sich bis zum Dach hochranken.

Der Prediger hat mich in ein kleines Nebengebäude zum Imbiß geladen. Wir sitzen im Schneidersitz auf niedrigen Pritschen, die mit Teppichen gepolstert sind. Außer dem Khatib, der den tönenden Namen Abdul Mumin Ualad Abdul Hadi trägt, ist sein Stellvertreter, der Vorbeter, der Muezzin, und ein »Mutawalli«, ein »Jünger«, zugegen, der sich auch als Revisor betätigt. Neben den einfältigen Greisen mit den silbernen Bärten und dem kindlichen Lächeln wirkt der Revisor etwas bedenklich. Er hat einen stechenden Blick und kontrolliert jede meiner Bewegungen. Entweder handelt es sich um einen aufrührerischen islamischen Fanatiker oder, was sehr viel wahrscheinlicher ist, um einen Polizeispitzel.

Ein schmutzstarrender Diener brachte Tee, flaches Fladenbrot, eine Schüssel mit schwarzem Mus und Trauben. Eine Katze hat sich uns zugesellt und rieb ihr Fell an den Broten. Die Mullahs fuhren ungeniert mit den Händen in die gemeinsame Mus-Schüssel, strichen die klebrige Masse auf das Brot und leckten den Rest sorgfältig von den Fingern ab. Wenn ich dem Khatib Glauben schenken darf, war dieses Kompott die Lieblingsspeise des großen Timur. Er muß demnach ein recht genügsamer Mann gewesen sein, der große Mongolen-Kaiser. Von den Alten war nicht viel zu erfahren. Allenfalls erlaubte das Gespräch Rückschlüsse auf den Grad der Unwissenheit, der den Islam in Samarkand verdüstert. Der Vorbeter war 1957 nach Mekka gepilgert. Er stellte seinerseits viele Fragen. Ob denn in Westeuropa und Amerika die Moscheen geöffnet seien, ob die Kinder dort die Koranschulen besuchten und die Gebete öffentlich verrichtet würden. Ich wandte vergeblich ein, in christlichen Ländern gäbe es keine muselmanischen Schulen, wohl aber in Nordafrika und im arabischen Orient. Doch der Alte ließ sich nicht beirren. »Wieviel Moscheen gibt es in Paris und in New York?« wollte er unbedingt wissen. Als ich ihn mit dem Hinweis auf die große Pariser Moschee im 5. Arrondissement zu beschwichtigen suchte, schüttelte er mit traurigem Lächeln den Turban, als wolle er sagen:»Sprich es doch ruhig aus, du Besucher aus dem Westen. Auch bei euch gibt es eine neue verderbliche Lehre, die es den Gläubigen schwermacht, zu Allah zu beten und die Gebote seines Propheten zu befolgen.« Als ich ihn verließ, war die Stunde des Nachmittagsgebets gekommen. Ein paar alte Männer kauerten schon vor dem Michrab.

Bevor er mir die Hand gab, sah mich Abdul Mumin Ualad Abdul Hadi erwartungsvoll an. Er hatte wohl gehofft, daß ich mich gemeinsam mit ihm nach Mekka verneigen würde. Unter seinem enttäuschten Blick ging ich mit Sergej zum Tor hinaus. Ich hatte beinahe ein schlechtes Gewissen. Der Khatib hielt mich immer noch für einen Moslem, der vom rechten Weg abgekommen war.

Von den zweihunderttausend Einwohnern Samarkands ist nur ein Bruchteil slawischen Ursprungs. Auch hier wohnen die Russen in weitgestreckten Pionierstraßen. Von der asiatischen Landbevölkerung sind diese Siedler durch die Kluft der Kolonisation getrennt. Man merkt ihnen an, daß sie sich fremd vorkommen in diesem Außenposten des Moskowiter-Reiches. Der Intourist-Chauffeur, der mich zum Hotel fuhr, kam gerade von einer Ferienreise aus Moskau zurück.»Zuhause« – für ihn blieb Moskau zuhause, obwohl er schon zwanzig Jahre in Usbekistan lebte – »ist wenigstens richtiger Winter. Da liegt Schnee. Da frieren die Flüsse zu« , sagte er.»Hier, das ist doch kein Klima, dieses Frühlingswetter zur kältesten Jahreszeit. Von der erstickenden, staubigen Sommerhitze ganz zu schweigen.«

Der gleiche Chauffeur hatte Zeichen des Staunens, dann der kopfschüttelnden Mißbilligung von sich gegeben, als Sergej auf meinen Wunsch die orthodoxe Kirche als Fahrtziel angab. Das Gotteshaus lag gar nicht weit vom Hotel mit frisch getünchten Mauern und verblichenen Zwiebeltürmen hinter verrosteten Gittern. Kurz danach kam uns ein russisches Begräbnis entgegen. In lässiger Arbeitskleidung gingen die Männer hinter dem offenen, von Angehörigen getragenen Sarg. Kein Pope war da und keine Hoffnung auf Auferstehung.

Als der Abend fiel, ging ich allein durch das Geschäftsviertel mit den einstöckigen Kauf- und Caféhäusern. Lampionähnliche Beleuchtung flakkerte zu beiden Seiten der Straße. Autoverkehr gab es um diese Stunde nicht. So schlenderten die Käufer und Spaziergänger gemächlich schwatzend auf der asphaltierten Fahrbahn. Wie eine Kurpromenade wirkte die europäische Hauptstraße von Samarkand, wenn man von der Kleidung der Passanten und der Dürftigkeit der Auslagen absah. In den entblätterten Bäumen raschelten unzählige Vögel.

Das usbekische Theater von Samarkand ist in einem gelbweißen Pavillon des Kulturparks untergebracht. Das Tor mit dem Maxim Gorki-Porträt öffnet sich auf das Gipsstandbild eines Fliegers und eines Athleten. Zwischen zwei Trauerweiden ist noch ein verregnetes Transparent vom Schriftsteller-Kongreß der Bandung-Staaten gespannt. Wieder sitze ich als einziger Europäer im überfüllten Zuschauerraum. Wieder ist die erste Reihe für die Honoratioren freigehalten, die mit Verspätung eintreffen. Unterdessen findet ein erbittertes Geplänkel zwischen der Platzordnerin mit dem platten Mongolengesicht und einer Gruppe usbekischer Lausbuben statt, die sich auf die vordersten Plätze drängen. Der muntere Streit sollte sich die ganze Aufführung hindurch fortsetzen.

Der Vorhang ging über einem alt-orientalischen Herrenpalast auf. Das Theaterstück spielte im Mittelalter. Der Emir hatte die junge Bäuerin Saada am Tag ihrer Verlobung mit dem sympathischen Landburschen Furkhad durch seine Häscher entführen lassen. Das propagandistische Leitthema war vom ersten Akt an gesteckt: Unversöhnliche Gegenüberstellung der brüderlichen, glücklichen Lebensart der usbekischen Bauern auf der einen, der habgierigen Lüsternheit und Verworfenheit der herrschenden Feudalkaste auf der anderen Seite. Vier Stunden lang kämpften Furkhad und seine ländlichen Freunde gegen die Arglist des Emirs, seiner Haremswächter und Mullahs, wobei am Ende natürlich das brave Volk den Sieg davontrug. Das Drama wurde von heiteren, dann wieder schwermütigen turanischen Weisen begleitet, und die hübschen Usbeken-Mädchen wiegten die Hüften zum Fächertanz.

Das Publikum war ganz bei der Sache. Als der tapfere Furkhad von den Schergen des Emir vergiftet werden sollte, schrien die Zuschauer laut auf und warnten ihren Helden. Über das traurige Schicksal Saadas im Harem vergossen die Fabrikmädchen bittere Tränen. Das Thema des Klassenkampfes war in einen mittelalterlich exotischen Rahmen übertragen worden. Von der turanisch-islamischen Eigenart war nicht viel mehr als folkloristische Verharmlosung übriggeblieben. Das Ganze hätte – vom sozialrevolutionären Thema abgesehen – in Hollywood aufgezäumt sein können. In ähnlich naiver Geschichtsverfälschung hatte man dort die Abenteuer des persischen Dichters Omar Khayyam auf die Leinwand gebracht.

Bevor das Stück zu Ende ging, bin ich ins Hotel zurückgewandert. Die Menschen sind ungehobelter und aufsässiger in Samarkand. Zeitweilig hatte der Theaterraum einer brodelnden Massenkundgebung geglichen. Wie gelingt es nur den Russen, dieses kraftvolle, eigensinnige, undurchdringliche Volk vor den Wagen des Sozialismus zu spannen? Auch in Samarkand liegen die Straßen bei Nacht ohne Bewachung. Wirkt der stalinistische Terror der Vergangenheit so eindringlich nach, daß sich kein Widerstand zu regen wagt? Lastet das Netz der Partei so lähmend über dem Land, daß jedes Aufmucken sofort erkannt und niedergeschlagen würde? Im Schein der Lampions entzifferte ich das arabische Spruchband zwischen den Trauerweiden: »Friede und Willkommen den Völkern Asiens und Afrikas, die die Freiheit lieben.« Das hochexplosive Wort »Freiheit« wurde hier von den Behörden mit einer Leichtfertigkeit angefaßt, als gäbe es keinen Aufstand der Farbigen, kein Erwachen des Islam jenseits der Sowjetgrenzen. Der Schrei »Hurriya«, wie »Freiheit« auf Arabisch heißt, ist im ganzen Orient zum Kampfruf der fanatisierten Volksmassen geworden. Und hier vermoderte das magische Wort ungelesen auf dem Spruchband des Parks für Kultur und Erholung.

Noch immer flatterten die Vögel in den Baumkronen. Das Hotel »Registan« war von Schwärmen völlig betrunkener Russen umlagert, die keinen Einlaß mehr fanden. Der Bau erinnerte an gewisse Betonkonstruktionen Anatoliens. Die usbekische Bedienung kalkulierte die Rechnungen mit der gleichen mühseligen Langsamkeit wie die Kellner von Ankara. Gleich in der Empfangshalle grüßte mich das Gemälde mit der fröhlichen Jagdgesellschaft aus der Puschkin-Zeit, das mich von Brest-Litowsk an durch die ganze Sowjetunion verfolgt hatte. Die Genossen Lenin und Stalin durften natürlich nicht fehlen.

Der Speisesaal des Hotels gleicht um Mitternacht einem »Wild-West-Saloon«. Von fünfzig Gästen sind mindestens vierzig dem Wodka zum Opfer gefallen. Nur die Kellnerinnen bleiben brav und energisch zurückhaltend. Von Zeit zu Zeit klirrt ein Glas, leert sich ein Teller über die Tischdecke, fällt sogar ein Gast vom Stuhl. Dann kommt die rührige, weißhaarige Dame, die so aussieht, als hätte sie einmal bessere Tage gesehen, und weist den Ruhestörer mit strenger Miene zurecht. »Towarischtsch« redet sie ihn an und sagt dann etwas über »Kultura«, was ich nicht verstehe. Als ein betrunkener Unteroffizier eine dralle Kellnerin auf seinen Schoß ziehen will, tritt der am Eingang wachhabende usbekische Milizionär in Erscheinung, ohne Heftigkeit, mit beinahe brüderlichem Tadel.

Die weißhaarige Dame erkundigt sich nach meinen Wünschen. Die Bedienung ist in Samarkand noch herzlicher um den ausländischen Gast bemüht als in Taschkent. Das Essen ist viel zu fett, die Auswahl ist gering, und man serviert mir, was ich gar nicht bestellt habe. Der usbekische Direktor des Hotels, der von einer russischen Verwalterin diskret angeleitet wird, hat so viel getrunken, daß er plötzlich in seinem Sessel erstarrt und von zwei Männern wie ein Sack hinausgetragen wird. Da gehe auch ich in mein Appartement, ein gutbürgerliches Wohn- und Schlafzimmer. Im Vorbeigehen erkenne ich, daß die gewöhnlichen Sterblichen im Hotel »Registan« zu dritt und viert in kahlen Kammern logieren.

Am letzten Morgen, bevor ich das Flugzeug nach Taschkent bestieg, unternahm ich einen Ausflug zur Moschee Hodscha Aschrur am Stadtrand. Die drei Mullahs mit den weißen Turbanen waren in ein einsilbiges Gespräch vertieft. Das kleine Gebetshaus mit blauem Mauerwerk und reichgeschnitzten Pfeilern spiegelte sich in einem runden Teich. Gleich hinter den zerbröckelnden Stufen begann der verwilderte Friedhof mit verwaschenen arabischen Inschriften. Woher kommt nur die nachdenkliche Trauer, die den scheidenden Gast in Samarkand bewegt? In Samarkand, so sagt die Legende, trifft der Tod seine Verabredungen.

Baumwoll-Kolchosen an der Seidenstraße

Taschkent, Dezember 1958

Aus der großen asiatischen Seidenstraße des Mittelalters ist im Zeitalter des Sozialismus die Parade-Allee der Baumwoll-Kolchosen geworden. Zwischen Taschkent und Tschirtschik lösen sich die Kollektivfarmen beinahe lückenlos ab. »Ordschonikidse«, »Stalin«, »Rotes Usbekistan« heißen sie, und ihre düsteren Spruchbänder hängen niedrig über der Fahrbahn. Die usbekischen Anwesen sind hier gepfleger als anderswo, die Genossenschaftsläden reichlicher ausgestattet. Kinos lösen sich mit frisch getünchten, staatlichen Schulen ab. Wir befinden uns im Gebiet der reichsten Baumwoll-Kolchosen der Sowjetunion. Viertausend Familien sind hier oft in einem Kollektiv zusammengefaßt.

Die Häuser drängen sich so dicht an die Chaussee, daß der Autofahrer sich immer noch im Herzen von Taschkent wähnt. Aber gleich hinter der Lehmmauer beginnen die unendlichen Äcker mit fruchtbarer brauner Scholle. Die schnurgeraden Reihen der Maulbeerbäume, die Trauerweiden an den geometrisch exakten Kanälen weiten die Monotonie der Ebene uferlos aus. Unter dem kalten Winterregen wirkt die Landschaft lähmend und schwermütig. Die einzig fröhliche Note bringen die pausbäckigen Usbeken-Kinder, die sich in hellen Scharen an den Gittern des Schulhofes drängen. Die Internats-Zöglinge tragen Miniatur-Uniformen nach dem Muster der Roten Armee. Sie sind wohlerzogen. Während ich sie knipse, stellen sie sich brav in Position, rufen »Spasibo« und »Doswidanja«. Der Genosse Barami vom Intourist-Büro hat beim Anblick dieser Musterschüler des Systems ein ganz glückliches Gesicht bekommen.

Die Baumwollproduktion, so berichtet er, soll bis 1965 um dreißig Prozent gesteigert werden. Zur Zeit liefere Usbekistan drei Millionen Tonnen Baumwolle von den fünf Millionen, die die ganze Sowjetunion erzeugt. Von den jüngsten Rückschlägen erzählte Barami wohlweislich nichts. Als Chruschtschow – in seinem Eifer, alle Normen zu brechen – die Felder um das Doppelte dichter bepflanzen wollte, hatte sogar der gute usbekische Ackerboden gestreikt. Dieser Raubbau hat im Jahre 1955 die Ernte beinahe um die Hälfte zurückgeworfen.

Sehr weit sind wir nicht gefahren auf der Straße nach Tschirtschik. Auf einmal war der Asphalt zu Ende und ging in heilloses Kopfsteinpflaster über. Also machten wir kehrt. Jenseits der Maulbeerbäume, von deren Blättern sich die usbekische Seidenraupenzucht nährt, fielen mir die endlosen Wein- und Pfirsichpflanzungen der Kolchose »Kizil Usbekistan« auf. Reis, eines der großen Nebenprodukte der zentralasiatischen Landwirtschaft, wird auf dieser Strecke nicht angebaut. Es war mein letzter Tag in Taschkent. Aus Moskau waren wieder Nebel und Schnee gemeldet. Alle Starts waren um 24 Stunden verschoben. Im Hotel saß ein japanischer Diplomat, der schon fünf Tage lang auf den Weiterflug nach der afghanischen Hauptstadt Kabul wartete. Pawlow schlug mir einen Besuch im orientalischen Institut der Universität vor. Sollte ich doch noch einen Einblick in jene geheimnisvolle Agentenschule der Sowjets für den Mittleren Osten bekommen, die die westlichen Nachrichtendienste irgendwo in Usbekistan vermuteten?

Statt eingeschworener Agitprops und geschulter Saboteure wurde mir oberhalb der Treppe des großen Ziegelbaues, wo ein riesiger Marmor-Stalin immer noch den Eingang verstellt, eine Klasse Teenager vorgeführt. Dreizehn Mädchen und zwei Jungen widmeten sich – ohne einleuchtenden Erfolg übrigens – dem Studium der arabischen Sprache. Ihr Professor war ein freundlicher junger Usbeke namens Hakimow. Die Schüler rezitierten in der Sprache des Koran sinnige Übungssätze: »Der sowjetische Mensch wirkt erfolgreich an der Verwirklichung des Kommunismus« oder »Die Front der demokratischen Länder schützt den Frieden«. Mit Ausnahme von vier usbekischen Mädchen waren die Studenten Russen. Auch eine Armenierin war dabei. Sie war die begabteste. Der Unterricht bewegte sich auf gymnasialem Niveau. Hakimow erklärte mir, daß die besten Schüler nach Abschluß ihres Zyklus in Taschkent auf das Orientalische Institut nach Moskau geschickt würden. Warum denn vorwiegend Mädchen Arabisch lernen? Da zuckte er etwas verlegen die Achsel: »Bei uns gilt die Philologie als ein ausgesprochenes Frauenstudium. Für die Männer ist in den Industrie-Berufen viel mehr zu verdienen.« Die sowjetischen Orientalisten hätten sich zwar das Ziel gesetzt, möglichst viel technische Berater aus Zentral-Asien in der hocharabischen Sprache zu schulen. Doch befände sich seines Wissens bisher nur ein einziger usbekischer Ingenieur im Niltal.

Im Professoren-Zimmer wurde ich einem energischen Tadschiken vorgestellt, Latif Maxudow, Dekan des orientalischen Instituts. »Betrachten Sie sich immer noch als Mitglied der Umma, der islamischen Gemeinschaft?« begann ich das politische Gespräch. »Aber selbstverständlich«, lautete die Antwort. Als ich jedoch auf die widersprechenden Zielsetzungen der Nationalbewegungen arabischer Offiziere einerseits und der internationalen Klassenkampf-Thesen des Kommunismus andererseits verwies, erstarrte Maxudows Lächeln. »Die arabischen Nationalisten und wir sind durch den Kampf gegen den westlichen Imperialismus geeint. Alles andere wiegt gering daneben«, sagte er unwirsch.

Als Gamal Abdel Nasser – von seinem Blitzbesuch in Usbekistan nach Moskau zurückgekehrt – die ägyptischen Journalisten seiner Begleitung um sich versammelte, hatte er geäußert: »Wo der Kommunismus die Macht ergreift, ist der Islam zum Tode verurteilt.« Gleich danach verstärkte er in der Vereinigten Arabischen Republik den Kampf gegen den marxistischen Untergrund und ließ die kommunistischen Agitatoren in Konzentrationslagern einsperren.

Der letzte Besuch in Taschkent galt wiederum der Moschee Mia Muchmin Khan. Es war Freitag. Am Eingang des Gebetshauses wartete eine Gruppe Bettler, keine Usbeken, sondern Russen. Die feste Stimme des Mufti Ziauddin Babakhanow hallte bereits aus dem Lautsprecher. Er zitierte einen Vers des Koran auf Arabisch und erläuterte ihn auf Usbekisch. Der Mufti sprach rhythmisch und in gebieterischem Lehrton. Am Ende der Khutba beteuerte er, daß die sozialistischen Ziele der Sowjetunion in so mancher Hinsicht den egalitären Vorstellungen des Früh-Islam entsprächen.

Sorgen im ZK

Moskau, im Sommer 1980

Die Fahrt zum Zentralkomitee der KPdSU führte am alten GPU-Gefängnis Ljubjanka vorbei. Es war der Monat der Olympischen Spiele in Moskau. Die Sicherheitsmaßnahmen rund um das ZK waren unauffällig. Kaum ein Milizionär war zu sehen. P. A. erwartete mich am Eingang, begrüßte mich mit alter Herzlichkeit. Wir waren gute Bekannte seit Bonn und Paris. Mit dem Fahrstuhl fuhren wir in den zweiten Stock. Im Innern war diese Schaltzentrale sowjetischer Macht ein belangloser, etwas muffiger Bürobau. Ein paar gewichtige Männer mit verschlossenen Gesichtern gingen über den Flur. Herr F. erwartete uns in einem kleinen, schmucklosen Sitzungssaal. Mit seinem blassen, ernsten Gesicht, der glatten Haarsträhne, die ihm in die Stirn fiel und den ausdrucksvollen Augen erinnerte er mich an einen befreundeten Diplomaten des Quai d'Orsay, der aus einer bourbonischen Seitenlinie stammte. Wie ein einflußreicher Repräsentant des Arbeiter- und Bauernstaats wirkte Herr F. jedenfalls nicht.

Das Gespräch verlief zwanglos auf Deutsch, und P. A. machte Notizen. Natürlich ging es um Nato-Nachrüstung, Pershing II, deutsch-französische Beziehungen im Verhältnis zu Moskau. Herr F. unterstrich die Gemeinsamkeit der westeuropäischen und der sowjetischen Interessen in vielen Teilen der Welt, unter anderem auch in der Nahost-Frage, wo man sich in Bezug auf Palästina zum Beispiel zu siebzig Prozent einig sei.

Ich nutzte diese Erwähnung des islamischen Raums, um das Afghanistan-Thema aufzugreifen. Herr F., der ohnehin nicht zu Frohsinn und Ausgelassenheit neigte, setzte eine besonders sorgenvolle Miene auf. »Warum haben Sie es denn zugelassen, daß die marxistischen Parteien im April 1978 in Kabul geputscht haben?« fragte ich. »Als ob wir darauf irgendeinen Einfluß gehabt hätten«, erwiderte F. »Präsident Daud war dabei, alle progressiven Elemente seines Landes, die er bereits inhaftiert hatte, physisch zu liquidieren. Die Saur-Revolution war eine spontane Reaktion der Afghanen.« – Wir wandten uns dem Krieg am Hindukusch und der sowjetischen Militärpräsenz in Kabul zu. Natürlich wurde im ZK offizieller Optimismus zur Schau getragen. Als Herr F. die angebliche amerikanische Waffenhilfe für die Rebellen erwähnte, erhob ich Einspruch. »Sie wissen doch selbst, daß die afghanischen Partisanen kaum Munition für ihre alten Flinten haben«, wandte ich ein. – »Schweres Material haben die Rebellen natürlich nicht«, war die Antwort. »Aber Infanterie-Waffen noch und noch. Wozu brauchten sie auch Panzer. Wir können mit unseren Tanks in diesen Gebirgen ja auch nicht viel anfangen.« Die rückwärtigen Lager der Mudschahidin auf pakistanischem Boden seien ein schweres Handikap für eine erfolgreiche Bekämpfung des Aufstandes, und Pakistan lade mit der Duldung dieser unverletzlichen Basen eine große Verantwortung auf sich. – So ähnlich hatten sich vor 1970 die amerikanischen Armee-Sprecher in Saigon über die Existenz der »Sanctuaries« des Vietkong jenseits der kambodschanischen Grenze beschwert.

Die Spaltung und Feindschaft der rivalisierenden marxistischen Parteien Afghanistans untereinander bereiteten der sowjetischen Führung offenbar wachsenden Kummer. Die Angehörigen von »Khalq« und »Parcham« seien einfach nicht unter einen Hut zu bringen, ja sie ermordeten sich gegenseitig, wann immer sich eine Gelegenheit böte. Als ich einwand, daß Moskau mit Babrak Karmal wohl einen allzu willfährigen, aber keineswegs repräsentativen Politiker begünstige, wurde mir geantwortet, daß er immer noch besser sei als sein Vorgänger Taraki oder gar Hafizullah Amin. »Taraki war ein Dichter«, sagte Herr F. und deutete eine Geste der Verzweiflung an. »Der Westen wirft uns unsere bewaffnete Hilfsaktion für Babrak Karmal vor. Aber Taraki hatte uns schon im Herbst 1978, ein halbes Jahr nach der Saur-Revolution, um militärische Hilfe angefleht, und er hat diese Bitte dreizehnmal wiederholt, bevor er durch Amin umgebracht wurde.« Den Vorwurf, Hafizullah Amin ausgeschaltet zu haben, ließ F. nicht gelten: »Hafizullah Amin war vielleicht kein echter Agent des CIA, aber er hatte enge Kontakte dorthin. Sie wissen doch selbst, daß Amin eine Vielzahl von Menschen umgebracht hat. Als wir ihm das Handwerk gelegt haben, war er drauf und dran, die Schiiten Afghanistans, das sind immerhin eineinhalb Millionen, auszurotten.«

Ob die Sowjetunion nicht fürchte, in Afghanistan in ein ähnlich aussichtsloses Unternehmen zu schlittern wie seinerzeit Frankreich in Algerien? »Das können Sie doch nicht vergleichen«, protestierte F. »In Afghanistan haben wir es mit einem absolut rückständigen, total unterentwickelten Land zu tun, das sich noch nicht aus dem Mittelalter gelöst hat. An der Kolonisation Algeriens durch Frankreich kann man viel aussetzen, aber die Franzosen haben dort doch einen nachhaltigen zivilisatorischen Einfluß, eine positive Einwirkung im Sinne der Modernisierung ausgeübt.« Er berichtete von einem Zwischenfall an der sowjetischafghanischen Grenze. Beim Straßenbau auf der sowjetischen Seite seien bei Sprengarbeiten Felsbrocken auf das afghanische Ufer des Amu Daria geschleudert worden. Da seien die Mullahs gekommen, hätten die Bevölkerung versammelt und diese Steine aus dem Land der Gottlosen als »Exkremente des Teufels« bezeichnet. Mit langen Stangen hätten sie diese Spuren des Übels, die kein frommer Moslem mit der bloßen Hand berühren durfte, in das Flußbett des Amu Daria zurückgeschoben.

Über eine Lösung der Afghanistan-Frage war man sich im Zentralkomitee der Kommunistischen Partei der Sowjetunion offenbar nicht einig. Sollte die Karte Babrak Karmal konsequent bis zum Ende ausgereizt werden? Sollte man jenen nachgeben, die für eine massive und radikale Repression des »Banditenwesens« plädierten? Oder sollte man – unter Achtung der afghanischen Eigenart und der islamischen Religion – nach einem hohen Offizier Ausschau halten und der afghanischen Armee die Regelung der internen Probleme Afghanistans überlassen? Militärregime seien ja weit verbreitet in der Dritten Welt. – Dazu konnte ich einwenden, daß von der regime-treuen Armee Afghanistans, die sich im Zustand der Auflösung und Massendesertion befand, ja nicht viel übrig bleibe.

Als ich mich von Herrn F. verabschiedete und P. A. meine Einladung zum Abendessen mit Bedauern ausschlug – »Das sind nicht die Regularien dieses Klosters«, sagte er lachend –, ahnte ich nicht, daß das von F. als dritte Alternative skizzierte Modell der Machtübertragung an die örtlichen Streitkräfte siebzehn Monate später in Gestalt des Generals Jaruzelski der freiheitlichen Volksbewegung Polens aufgezwungen würde.

Schmelztiegel Kasakstan

Alma Ata, im Sommer 1980

»Alma Ata«, ein kasakisches Wort, bedeute in der Übersetzung »Vater der Äpfel«, erklärte der Dolmetscher Wladimir, der mich am Flugplatz abgeholt hatte. Die Äpfel in den endlosen Obstgärten, die zur Stadt führten, waren klein und verkümmert. Um ihre Veredelung hatte sich offenbar nie jemand bemüht. Alma Ata war ganz in Grün gebettet. Trotz der Dunstschleier, die der heiße Sommer zog, waren die Schneegipfel des Alatau-Gebirges klar zu erkennen. In etwa zweihundert Kilometer Entfernung begannen bereits die Provinz Sinkiang und die Volksrepublik China.

Sonderlich exotisch wirkte diese flache, weit ausgestreckte Siedlung nicht. Ein paar Repräsentationsgebäude waren in pseudo-kasakischem Stil ausgeführt. Die Architekten hatten den Beton in Form von gewaltigen Jurten gegossen. Die Europäer waren hier stark in der Mehrzahl. Die kasakische Urbevölkerung sprach zwar eine reine Turk-Sprache, gehörte jedoch eindeutig der mongolischen Rasse an. Diese Asiaten wirkten oft gepflegter und eleganter als die Russen.

Wladimir war ein vierschrötiger, gehemmter Mann. Seine Aussagen waren äußerst vorsichtig. Der Volkspark war unser erstes touristisches Ziel. Eine mächtige Holzkirche aus der Zarenzeit, einst der Heiligen Dreifaltigkeit geweiht, war in ein historisches und völkerkundliches Museum umfunktioniert worden. Ausführliche Darstellungen waren der darwinistischen Entwicklungslehre gewidmet, eine diskrete, aber wirksame Form der atheistischen Einwirkung auf die Schülergruppen mit rotem Halstuch, die sich vor den Resten der Steinzeitmenschen drängten. Auch die kasakische Hirtenzivilisation mit den geschnitzten Truhen und den Filzteppichen wirkte bereits museal. Ein Koran war als archaisches Dokument der Unwissenheit und des Obskurantismus ausgestellt. Ansonsten war das muselmanische Bekenntnis der Kasaken mit keinem Hinweis erwähnt. Die Stammesfehden dieser Nomaden wurden krampfhaft in das offizielle Klassenkampf-Schema integriert. Wladimir gab zu, daß bis zum Jahre 1930 auch Kasakstan von den Banden der Basmatschi heimgesucht worden sei. Rund um die Holzkirche fielen mir seltsame Steinfiguren auf. Sie stellen Menschengestalten mit hohen Mützen und mongolischem Gesichtsschnitt dar. Waren es Grabsteine, Götter aus der Schamanenzeit, Kriegerdarstellungen? Jedenfalls stammten diese Stelen aus der prä-islamischen Zeit. Bei meinem späteren Aufenthalt in Chinesisch-Sinkiang sollte ich im Museum von Urumtschi – das in einer früheren Moschee untergebracht war – völlig gleichartige Steine entdecken. Meine chinesischen Begleiter waren sichtlich erfreut über diese Parallelität der Frühkulturen beiderseits der Grenze. »Das ist doch der eindeutige Beweis dafür, daß Kasakstan und Kirgisien östlich des Issyk Kul-Sees bereits unter den Dynastien der Han und der Tang zum Reich der Mitte gehörten und daß der russische Imperialismus uns diese Gebiete geraubt hat«, versicherten sie kichernd. »Sind es etwa slawische Gesichter, die Sie auf diesen Steinen abgebildet sehen? Nein, es sind Darstellungen chinesischer Mandarine und Feldherren.«

Ein klotziges Denkmal beherrschte den Park von Alma Ata. Es war dem russischen General Panfilow und seiner 316. Schützendivision gewidmet, die in Kasakstan rekrutiert worden war und sich 1941 bei der Verteidigung Moskaus bis auf zwanzig Überlebende hatte aufreiben lassen. Hinter der Bronzestatue eines Sowjet-Soldaten waren die Zinnen des Kreml in rotem Marmor nachgebildet. Nach dem General Panfilow war auch die beherrschende Grenz- und Garnisonstadt benannt, die den Übergang nach Chinesisch-Turkestan beherrscht. Für den Fremden bestand natürlich nicht die geringste Aussicht, diese strategische Zone zu besuchen.

Wladimir war etwas zutraulicher geworden. Er gestand sogar, daß seine Mutter Wolga-Deutsche war. Sie gehörte zu jener unglücklichen Bevölkerungsgruppe, die von Stalin während des deutschen Vormarsches nach Zentral-Asien verschleppt worden war. Die Wolga-Deutschen machen in Kasakstan immerhin 6,6 Prozent der Gesamtbevölkerung aus. Die Slawisierung war spätestens seit dem gewalttätigen Versuch Nikita Chruschtschows, die Steppe in Ackerland zu verwandeln, mit allen Mitteln vorangetrieben und durch die Verschickung von Komsomolzen aus dem europäischen Rußland forciert worden. Zu Zeiten Stalins hatte die durch Zwang und Terror verfügte Seßhaftmachung und Kollektivierung der Kasaken den Bevölkerungsanteil dieser Nomaden in tragischer Weise reduziert. Nunmehr stellten die Kasaken nur noch dreißig Prozent der Einwohner in ihrer eigenen Sowjetrepublik; die muselmanische Bevölkerung mochte etwa zweiundvierzig Prozent erreichen. Dem stand ein Übergewicht von rund fünfzig Prozent Slawen gegenüber. Im trügerischen Gewand der kommunistischen Völkerverbrüderung war die russische Überfremdung unerbittlich vorangetrieben worden. In Moskau hatte mir ein deutscher Kollege, der Kasakstan bereist hatte, von der Verachtung der Russen für die Asiaten gesprochen. »Die Asiaten werden als »Neger« bezeichnet und von den Slawen stets geduzt«, so hatte er mir gesagt. »Sechzig Jahre marxistisch-leninistischer Erziehung haben zumindest bei den Sowjet-Menschen der niederen Schichten den eingefleischten Rassismus in keiner Weise verdrängt.«

Im Hochzeitspalast von Alma Ata war von einer solchen latenten Diskriminierung nichts zu spüren. Unter der hohen Wölbung dieser steinernen Jurte traten die Brautpaare, Russen und Kasaken, im schwarzen Anzug und weißen Brautkleid – die eingeborenen Mädchen trugen oft rosa – sehr diszipliniert an. Es herrschte große Heiterkeit. Eine Nachahmung des Kreml-Geläuts gab das Signal. Der Brautmarsch von Mendels-

sohn-Bartholdy wurde über Lautsprecher abgespielt, und eine Standes-
beamtin in feierlich langer Robe vollzog die Zeremonie. Anschließend
trafen sich die Paare und ihr Anhang zum Glas Krim-Sekt und einem
kurzen Schwatz in einem der Nebenräume, während die nächsten Ehe-
kandidaten aufgerufen wurden. Im Brautgefolge waren Russen und
Kasaken bunt vereint, was darauf schließen ließ, daß neben den Angehörigen auch Berufskollegen zu dieser Feier systematisch eingeladen wurden. Rassisch gemischte Brautpaare entdeckte ich hingegen nicht. Hier
blieben die Völkerschaften – oder die Religionen? – säuberlich getrennt.
Die Asiatinnen mit den mongolischen oder iranischen Gesichtszügen
wirkten oft graziöser als die russischen Frauen. Vor dem Hochzeitspalast,
der auf der anderen Straßenseite durch einen fast gleichförmigen Zirkus-
Bau symmetrisch ergänzt wurde, warteten bunt dekorierte Taxis. Sie trugen – als Verheißung künftigen Nachwuchses – strohblonde Puppen mit
blauen Augen auf dem Kühler.

Natürlich begleitete uns Wladimir auch zur meistgerühmten Sehenswürdigkeit in der Umgebung Alma Atas, zum größten Eislauf-Stadion
der Welt an den Ausläufern des Alatau-Gebirges. Dort wurde Stutenmilch oder »Kumis« für privilegierte Ausflügler in einer lieblos hergerichteten Jurte ausgeschenkt. »Auf diesem grünen Hügel, ›Koktiube‹
genannt, trafen sich früher die Häuptlinge der Kasakenstämme«,
erklärte Wladimir. Die Jurten erinnerten mich an die Indianer-Wigwams
in Nordamerika.

»Gläubige Muselmanen gibt es hier nicht mehr«, hatte Wladimir kategorisch gesagt, als ich den Wunsch äußerte, eine Moschee zu besuchen.
Schließlich gab er nach, und der Intourist-Wagen fuhr mich in das schä-
bigste Viertel von Alma Ata in der Nähe des Bahnhofs. Die Holzhäuser
waren dem Verfall ausgeliefert, die Nebenstraßen – im Gegensatz zum
geometrisch geordneten Schachbrett des Zentrums – durch tiefe Schlaglöcher ausgehöhlt. Ich entdeckte nach längerem Suchen ein bescheidenes
Portal mit dem arabischen Hinweis: »Alma Ata, Musjid«. Die Moschee
war in Holz gebaut. Das Minarett trug eine Blechkrone und wurde
gerade ausgebessert. Im Gebetsraum überraschten farbenprächtige Teppiche. Über der Gebetsnische war die Schahada zu lesen, das Bekenntnis,
daß es keinen Gott außer Allah gebe und daß Mohammed sein Prophet
sei. Drei alte Kasaken mit Tupeteika und weichen Schaftstiefeln hockten
im Garten und tranken Tee. Ich war ins Innere gegangen, nachdem ich
die Schuhe abgestreift hatte. Plötzlich fand ich mich einem jungen
Imam mit Turban gegenüber, der sich in korrektem Hoch-Arabisch

ausdrückte. Zunächst entstand ein Mißverständnis. Als ich mich als »Almani«, als Deutscher vorstelle, verstand er »Albani«, das heißt Albaner, und hielt mich für einen Moslem. Bei der Aufklärung des Irrtums war dem jungen Imam eine gewisse Enttäuschung und auch Mißtrauen anzumerken. Er hatte in Damaskus islamische Studien betrieben, mußte also ein Vertrauensmann des Regimes sein. War er von der Sowjetbehörde als Vorsteher dieses kümmerlichen Außensprengels der großen islamischen Umma bestallt worden, um eventuelle Besucher aus dem Ausland irrezuführen? Oder blieb er insgeheim der koranischen Offenbarung treu? Ich verließ ihn mit dem Gefühl, daß in Kasakstan der Zerfall des Glaubens besonders weit vorangeschritten war. Vor dem Heimgang fielen mir zwei junge bärtige Asiaten auf. Sie trugen die ortsübliche Tupeteika. Ihr düsterer, abweisender Blick kam mir seltsam bekannt vor. Ihr Gehabe, ihre Typologie sogar erinnerten mich an so manche Eiferer des Islam, die mir zwischen Ost und West, zwischen Maghreb und Maschreq begegnet waren.

Ich hatte mich zum Kolchos-Markt fahren lassen. Das Angebot an Früchten und Gemüse war für Moskauer Begriffe unvorstellbar reichhaltig. Die moderne Verkaufshalle war mustergültig und hygienisch angelegt. Die Händler hingegen, die vom Land kamen und zum Teil große Entfernungen zurückgelegt hatten, blieben irgendwie der asiatischen Weite verhaftet. Wenn der ausländische Besucher daran gehindert wurde, den engsten Umkreis der Stadt Alma Ata, diesen Schmelztiegel russischer Assimilation, zu verlassen, so gab es vielleicht gute Gründe dafür und nicht nur den Vorwand des Militär-Geheimnisses im chinesischen Grenzgebiet. Eine Vielzahl asiatischer Rassen und Völkerschaften gab sich auf dem Kolchos-Markt ein Stelldichein, von den Kaukasiern bis zu den Koreanern. Hundert Nationalitäten seien in Kasakstan vertreten, berichtete Wladimir. Die ethnische Vielfalt dieses Marktes spiegelte die Hintergründigkeit eines Landes, dessen Zugang man mir wohlweislich versperrte. Die Gesichter vieler Kolchos-Bauern waren von den unauslöschlichen Spuren der Steppe und des Islam gezeichnet.

Im Intourist-Hotel, wo der Gast aus dem Westen von flüsternden Unbekannten bei Tag und bei Nacht auf den Erwerb einer Blue-Jeans-Hose angesprochen wird, schlug schon am frühen Abend die Stimmung hoch. Es war eine gemischte Gesellschaft im Restaurant versammelt. Die Musikkapelle spielte ohrenbetäubenden Jazz aus den sechziger Jahren. Russen, Kasaken, Tataren, Georgier, Usbeken saßen scheinbar brüderlich beieinander. Es wurde viel und schwer gegessen. Die Tische bogen sich unter Krim-Sekt und bulgarischem Wein. Die Wodka-Flasche war meist diskret auf den Boden gestellt. Wer sich diese relativ teuren Alkoholika leisten konnte, mußte als Parteifunktionär und Mitglied der »Nomenklatura« über Sonderprivilegien verfügen oder sich am Schwarzmarkt bereichern. Die Tanzpaare waren meist säuberlich nach Rassen getrennt. Muselmanische Sowjetbürger luden gelegentlich pralle, blonde Russinnen ein. Nur ausnahmsweise tanzte ein Slawe mit einer Asiatin. Mir fiel ein hochgewachsener russischer Oberleutnant auf. Mit seinen breiten Epauletten, den Schaftstiefeln und dem fast aristokratisch blassen Gesicht hätte er eher ein Offizier des Zaren sein können. Er hielt eine ätherische blonde Braut in den Armen: ein unendlich rührendes, altmodisches und verliebtes Paar, das in einem Tschechow-Stück hätte auftreten können und das hier am Rande der »Tatarenwüste« verbannt und einsam erschien. Das Orchester intonierte plötzlich mit wildem Getöse den Schlager »Dschinghis Khan«, und der armenische Schlagzeuger sang den Text auf Deutsch: »Dsching Dsching Dschinghis Khan . . . He Reiter, he Reiter, immer weiter . . .Auf Brüder, Raufbrüder, Saufbrüder . . . Dsching Dsching Dschinghis Khan . . . Er zeugte sieben Kinder in einer Nacht . . .« Die asiatischen Gäste waren wie ein Mann aufgesprungen, stürzten sich auf die enge Tanzfläche und führten einen stampfenden, barbarischen Reigen auf, als seien sie tatsächlich kriegerische Gefolgsleute des großen mongolischen Eroberers, der der Historie zufolge Pyramiden von Schädeln errichten ließ und die Vergewaltigung der Frauen seiner Feinde genoß. Jede Unterhaltung war unmöglich geworden, solange die Steppenmenschen sich austobten.

Ein stark angetrunkener Mann hatte sich zu uns an den Tisch gesetzt. Er hatte gehört, daß wir Deutsch sprachen und gab sich als Wolga-Deutscher zu erkennen. Das Schicksal hatte ihm übel mitgespielt, und sein Unglück war ihm ins kantige Gesicht geschrieben. Sein Deutsch war anfangs holprig und rostig, wurde aber im Verlauf der Unterhaltung flüssig und prägnant. Ohne Alkohol hätte er wohl schweigend und tiefsinnig verharrt. Aber jetzt sprudelte es aus ihm heraus. In Saratow hatten seine Eltern gelebt, und er war Kind gewesen, als sie nach Zentral-Asien ausgesiedelt wurden. Sein Vater war in einem Blei-Bergwerk zu Tode geschunden worden. Er selbst kam mit dem Leben nicht mehr zurecht. »Die Kasaken, die sich hier entfesseln und vollsaufen«, sagte der Wolga-Deutsche, »sind Natschalniks aus der Provinz, Kolchosen- oder Sowchosen-Vorsitzende, Parteifunktionäre. Immer häufiger findet man diese Asiaten auch in den Ministerien der Sowjetrepublik Kasakstan, obwohl sie nur rund ein Drittel der Bevölkerung ausmachen. Sie sind ohnehin nur gut für Repräsentationsaufgaben. In Wirklichkeit sitzen sie untätig und faul hinter ihren Schreibtischen. Die wirkliche Arbeit wird von diskreten Ratgebern ausgeführt, meist Juden, die sich im Hintergrund halten. Aber die Russen werden sich noch umsehen, wenn sie ihre muselmanischen Fremdvölker an die Freuden der Machtausübung gewöhnen. Sie haben es ja schon in Afghanistan erlebt, wo die usbekischen, kasakischen und turkmenischen Soldaten versagt haben.« – Wie stark der Islam noch bei der Urbevölkerung verwurzelt sei, fragte ich. Der Wolga-Deutsche zuckte die Achseln, trank einen langen Schluck Wodka und rülpste. »Wer weiß das schon? Beschnitten werden sie alle als Knaben. Fromm werden sie erst wieder, wenn sie altern. Dann hören sie auch auf, Wodka zu trinken und gehen wieder in die Moscheen. Die Greise, die ›Weißen Bärte‹, wie man hier sagt, stehen übrigens bei den Jungen in hoher Achtung. Selbst der ältere Bruder ist unumstritten Respektsperson.« – Drei athletische Georgier hatten dem Orchester-Chef einen Zehn-Rubel-Schein zugesteckt, und es ertönte eine urwüchsige kaukasische Weise. Die Georgier strotzten vor Kraft und Männlichkeit. Die dichten Stalin-Schnurrbärte unterstrichen ihr Macho-Gehabe. Sie hakten sich ein und führten einen grusinischen Tanz auf, wild, selbstbewußt, herausfordernd.

»Diese Kaukasier haben es besser als wir Wolga-Deutschen«, klagte der Mann aus Saratow. »Uns haben sie zerstreut und gebrochen. Die Kaukasier haben ihre Identität bewahrt. Die wendigen Georgier verachten die schwerfälligen russischen Bürokraten. Sogar die Muselmanen aus dem Kaukasus haben sich behauptet.« Viele dieser Gebirgsstämme hatten die deutsche Wehrmacht im Sommer 1942 als Befreier begrüßt und mit ihr zusammengearbeitet. Die Tschetschenen und Inguschen aus Daghestan seien daraufhin im Jahr 1944 von Stalin ebenso ausgesiedelt und zwangsverschickt worden wie die Volksdeutschen drei Jahre zuvor. Aber die Moslems des Kaukasus hätten sich nicht gefügt. Sie hätten sich fanatisch an ihren koranischen Glauben geklammert und hätten das Unglaubliche fertiggebracht: Sie seien in ihrer hoffnungslosen Verbannung in Kasakstan zu aktiven Missionaren des Islam geworden, hätten bei den Kasaken den bereits verschütteten religiösen Eifer neu geweckt. Die Derwisch-Orden der muselmanischen Kaukasier seien trotz jahrzehntelanger Verfolgung intakt und unverzagt geblieben. »Heute leben die Tschetschenen und Inguschen wieder in ihrer eigenen autonomen Region im nordkaukasischen Daghestan« , seufzte er bitter. »Aber wir Wolga-Deutsche bleiben Streugut. Wir teilen dieses Schicksal mit den

Krim-Tataren und den Juden.« Seine Worte gingen in einem neuen Ausbruch der Jazzband und dem Jubel der Gäste unter: »Dsching Dsching Dschinghis Khan ... Und man hört ihn lachen, immer lauter lachen ... Sie ritten um die Wette mit dem Steppenwind ... Auf Brüder, Raufbrüder, Saufbrüder ... Dsching Dsching Dschighis Khan ...«

Dschinghis Khan bei den Kirgisen

Frunse, im Sommer 1980

Wieder ein Kolossal-Denkmal aus rotem Marmor. Es ist der vorbildlichen Sowjet-Kirgisin Urkuja Salijenda gewidmet. Die bronzene Frau mit den hohen asiatischen Backenknochen hat sich mit sieghafter Geste den Schleier der islamischen Unterdrückung vom Gesicht gerissen und blickt begeistert ins Leere. Urkuja Salijenda war die erste kirgisische Kolchos-Vorsteherin. Im Jahr 1933 ist diese Aktivistin der Sowjetmacht von den Basmatschi ermordet worden. So lang hat hier der Widerstand gegen den gottlosen Bolschewismus gedauert.

Meine Führerin Nurjamal, die vom örtlichen Intourist bestellt wurde, ist keine Heldengestalt wie die ungestüme Urkuja Salijenda. Sie ist durch und durch asiatisch und erinnert mit ihren schrägen Augen, der elfenbeinernen Haut und dem grazilen Wuchs an die Tonfiguren chinesischer Tänzerinnen aus der Tang-Dynastie. Ich erkläre ihr, daß »Nurjamal« ein rein arabischer Name sei, der »schönes Licht« bedeutet. Ihr Mann ist Maler, genießt als Intellektueller die Förderung des Regimes. Seine Bilder, die in einer Ausstellung hängen, haben sich in erfreulicher Weise von den Platitüden des sozialistischen Realismus entfernt. Van Gogh, Gauguin sogar Buffet dürften seinen Stil beeinflußt haben. Für den Islam zeigt Nurjamal kein Interesse; doch steht sie nachdrücklich zu ihrem kirgisischen Volkstum. In ihrer höflich lächelnden Verhaltenheit unterscheidet sie sich vorteilhaft von einer Vielzahl ihrer russischen Kolleginnen.

Frunse, die Hauptstadt Kirgisiens, verschwindet fast im Grün der Bäume und der Parks. Die Straßen sind noch von den zaristischen Gouverneuren mit dem Lineal gezogen. Frunse ist wohl die reizvollste Siedlung Sowjetisch-Zentralasiens. Die europäischen Sowjetbürger sind auch hier in der Mehrzahl, und die kirgisischen Ureinwohner machen knappe fünfundzwanzig Prozent der Stadtbevölkerung aus. Nurjamal erklärt, daß die Überfremdung ihrer Heimat, die planmäßige russische Einwanderung zwischen 1939 und 1959, den Anteil der Kirgisen in dieser Teilrepublik von zweiundfünfzig Prozent auf vierzig Prozent heruntergedrückt hätte. Aber inzwischen sind die Kirgisen aufgrund ihrer Geburtendynamik fast wieder auf die Hälfte der Gesamtbevölkerung geklettert, und wenn man die übrigen asiatischen Nationalitäten zusammenrechnet, dann kommen die Muselmanen heute auf fünfundsechzig Prozent der Einwohner Kirgisiens. In gewissen ländlichen Gegenden des Ostens sind die Slawen nur eine verschwindende Minderheit.

Flüchtige Sommer-Impressionen: Der Bahnhofsvorplatz mit dem Reiterstandbild des General Frunse, wohlweislich kein Kirgise, sondern ein Sohn des fernen Bessarabien, der nicht nur die Weiß-Gardisten, sondern auch die aufständischen Muselmanen siegreich bekämpfte. Im Wartesaal sitzen die Kirgisen vom Land, schweigsam und massiv, vor ihren Gläsern mit Stutenmilch. Die alten Männer tragen noch den weißen Hirtenhut mit schwarzen Stickereien. Die Frauen haben ihre prächtigen Hauben von einst gegen Kopftücher eingetauscht. Am Nebentisch thront ein asiatischer Hüne mit seiner um vierzig Jahre jüngeren Ehehälfte. Sie sitzt ihm schüchtern und ehrerbietig gegenüber, wagt beim Essen erst spärlich zuzugreifen, wenn er die Platte fast leergeräumt hat. Dazwischen patrouillieren russische Milizionäre. Eine seltsame Mischkultur ist hier entstanden, und der Islam erscheint als fernes Relikt.

Die Freitags-Moschee von Frunse wird durch die häßlichen Betonmauern einer neuen Mietskaserne erdrückt. Wieder ist es ein Holzbau mit einem Blechturm. Nur alte Männer stellen sich ein. Seltsamerweise wird der eine oder andere von seiner slawischen Ehefrau in das Gebetshaus begleitet. Jedenfalls erkenne ich blaue Augen und eine blonde Haarsträhne unter dem festgeknüpften Kopftuch. Der Imam, ein etwa vierzigjähriger Kirgise, hat fünf Jahre in Kairo studiert. Sein Hoch-Arabisch ist gepflegt. Er zeigt mir einen Koran, der angeblich aus Istanbul stammt. Gewiß, so meint er, es kämen fast nur Greise zum Gebet. Die rüstigen Männer seien eben in der Fabrik, und die jungen Leute seien doch »fortschrittlich«. Beim letzten Wort zwinkert er mit den Augen. Am Eingang zur Moschee stauen sich Bettler, ausschließlich Russen, und die frommen alten Kirgisen lassen ein paar Kopeken in die hingehaltenen Mützen fallen. Auch eine Wolga-Limousine mit zwei muskulösen blonden Männern parkt ostentativ vor dem Gebetshaus. Mein Besuch war nicht unbemerkt geblieben, und die staatlichen Sicherheitsorgane genierten sich nicht im geringsten.

686   Zwischen Marx und Mohammed – Moslems in der Sowjetunion

Die Kurstation Alma Artscha gehört zu den wenigen offenen Ausflugszielen für Ausländer. Die Gletscher des Alatau sind hier zum Greifen nahe. Die Gebirgslandschaft leitet bereits zum Pamir, zum Dach der Welt, über. Das Reich der Mitte, die heutige Volksrepublik China, erhebt auch in Kirgisien territoriale Ansprüche, und auf dem Kolchos-Markt, der hier ebenso munter und geschäftig ist wie in Alma Ata, gelten die Dunganen als die verläßlichsten Gemüse- und Obstlieferanten. Die Dunganen – jenseits der Grenze werden sie »Hui« genannt – sind reine Han-Chinesen, die sich vor Jahrhunderten zum Islam bekehrten.

Unentbehrliche und einzig autorisierte Kontaktstelle in Frunse ist wiederum der Speisesaal des Intourist-Hotels, hier des »Alatau«. Vor der Wandabbildung eines kirgisischen Reiters hat sich eine einheimische Jazzband installiert. Wieder dröhnt die Weise »Dschinghis Khan«, wird von den asiatischen Gästen für teure Rubel immer wieder verlangt. Man könnte meinen, dieses Lied aus Deutschland sei zur Nationalhymne der zentralasiatischen Völkerschaften der Sowjetunion geworden, als würde hier in Erinnerung an den gefürchteten Mongolen-Herrscher eine heimliche Revanche über das erobernde Slawentum zelebriert. An allen Tischen fließt wieder Wodka, Wein und »Schampanski« in Strömen. Das muselmanische Gebot der Enthaltsamkeit scheint längst vergessen. In der Konfrontation mit dem Islam ist der Alkoholismus offenbar zur unentbehrlichen Geheimwaffe der marxistischen Weltrevolution geworden. Den emanzipierten Kirgisen-Frauen droht die offizielle Propaganda mit dem Gespenst des Schleiers, des Tschador, wie er im nahen Iran wieder zur Pflicht geworden ist. Den muselmanischen Männern wird im Falle einer Re-Islamisierung die alkoholische Abstinenz als Schreckgespenst an die Wand gemalt. Die allgemeine Betrunkenheit schafft eine Atmosphäre der Brüderlichkeit unter diesen von Natur konträren Nationalitäten. »Alkoholiker aller Rassen vereinigt euch«; diese Formel bildet den Zement, der das Vielvölkerreich Sowjetunion zusammenhalte, hatte ein Spaßvogel in Moskau gesagt. Aber das waren keine resignierten Indianer – wie wir bereits mehrfach feststellten –, die sich hier im Restaurant des »Alatau« vollaufen ließen. Der Genuß des » Feuerwassers« hatte den Kirgisen, Tataren und Usbeken in keiner Weise das Selbstbewußtsein genommen. Die dunkelhaarigen Asiaten hielten nach blonden Russinnen Ausschau, um sie zum Tanz aufzufordern. Tadelnde Blicke hingegen ruhten auf jenen seltenen Europäerinnen, die einer Gruppe junger Afrikaner Gesellschaft leisteten. Die Neger-Offiziere aus Mali, Angola und Mozambique waren zur Ausbildung an sowjetischen Waffensystemen nach Frunse delegiert worden und bekamen eine Form der Rassendiskriminierung zu spüren, die laut offizieller Sprachregelung eine ausschließliche Plage des dekadenten und kapitalistischen Westens war.

Fedor und Natascha waren wegen Überfüllung des Lokals von einer gebieterischen mongolischen Serviererin an meinen Tisch verwiesen worden. Sie begannen gleich das Gespräch auf Englisch, denn sie waren Studenten am Spracheninstitut von Frunse und nahmen jede Übungschance wahr. Beide waren etwa zwanzig Jahre alt, blond, blauäugig und kein bißchen proletarisch. Fedor war vermutlich der Sohn einer hochgestellten Persönlichkeit aus Partei oder Wirtschaft. Natascha hätte dem Aussehen und Benehmen nach in das vornehme Petersburger Smolni-Pensionat für junge Damen aus der gehobenen zaristischen Gesellschaft gepaßt. Es dauerte eine Weile, bis Fedor die übliche Litanei der Parteiparolen, das Prahlen mit der Sowjetmacht beiseite schob und Vertrauen faßte. Natascha hatte von Anfang an zu verstehen gegeben, daß sie keine Propagandistin des Regimes sei. Am nächsten Abend trafen wir uns wieder, und der Alkohol, die heitere Stimmung, eine gewisse sommerliche Euphorie lösten die Zungen. Diese jungen Russen – Natascha stammte aus Leningrad, Fedors Eltern aus Moskau – waren fasziniert vom Westen, besser gesagt von Amerika. Sie wußten sehr wohl, warum die USA die Olympischen Spiele von Moskau boykottierten. Nataschas Bruder diente in Afghanistan, und es sah dort offenbar nicht gut aus. Die kirgisischen Soldaten mußten von dort abgezogen werden, und die Zahl der Gefallenen hatte Unruhe in der Bevölkerung geschaffen. »Was taugt schon eine Olympiade, wenn die Amerikaner nicht daran teilnehmen«, sagte Fedor und blickte skeptisch auf den unvermeidlichen Bären »Mischa«, das Olympia-Maskottchen, das im »Alatau« natürlich zur Wanddekoration gehörte. Der Boykott Präsident Carters aus Anlaß der sowjetischen Afghanistan-Invasion hatte in Sowjetisch-Zentralasien, wie ich immer wieder feststellte, einen weit nachhaltigeren psychologischen Effekt ausgelöst, als die westlichen Presseberichte aus Moskau vermuten ließen. Auf die Tanzenden und die russischen Mädchen weisend, die mit den Afrikanern anbändelten, deutete Fedor an, daß Prostitution und Drogensucht durchaus zum sozialistischen Alltag Frunses gehörten.

Ein befreundetes Studentenpaar hatte sich uns beigesellt. Sie war Kirgisin. Er wirkte europäisch. »Die beiden wollen noch in dieser Woche heiraten«, sagte Natascha, »aber es gibt familiäre Schwierigkeiten.« Für mich brach eine ganze Theorie zusammen. Ich war stets davon ausgegan-

gen, daß bei aller atheistischen Zwangserziehung die islamischen Bräuche sich erhalten hätten, daß das koranische Verbot der Ehe zwischen
einer Muselmanin und einem Ungläubigen strikt eingehalten würde.
Aber hier stand offensichtlich ein Russe im Begriff, eine Kirgisin zu ehe-
lichen. Das Mißverständnis klärte sich erst im Laufe des Abends auf. Der
junge Bräutigam war Sohn eines kirgisischen Schriftstellers. Im Typ war
er jedoch seiner europäischen Mutter nachgeschlagen. Er konnte also
weiterhin als Moslem gelten. Die Verzögerung der Hochzeit kam von seiten der Familie der Braut, wo man offensichtlich das Ende des Fastenmonats Ramadan abwarten wollte. Die religiösen Tabus waren durchaus
nicht alle ausgeräumt.

Taimur, der junge Halb-Kirgise, gestand, daß sein Großvater noch
Mullah gewesen war. Wenn ich ihm Wein einschenkte, sagte er plötzlich
»Rachmat« statt »Spasibo«, und da ich am späten Abend das Gespräch
unumwunden auf die Religion brachte, entschlüpfte ihm sogar ein »Bismillah«. Er zitierte zuerst die übliche These, demzufolge der wahre Kommunismus ja bereits im Koran enthalten oder zumindest angekündigt
worden sei. »Das behauptet Khomeini in veränderter Form auch, wenn
er betont, daß der recht verstandene Islam den Marxismus überflüssig
macht«, wandte ich ein. »Der Prophet sprach schon von den Mustazafin,
den Elenden und Enterbten, lange bevor der Ausdruck ›Proletarier‹
erfunden wurde.« Die Paare vor der Kapelle tanzten jetzt einen usbekischen Reigen zu einer sehr türkisch klingenden Melodie. Mir fiel ein
junger Russe auf, der voller Stolz ein T-Shirt mit der Aufschrift »US
Marines« über seinen Jeans trug. Taimur gab zu, daß der Islam in den
Landbezirken nicht erloschen sei. Zur Beschneidung, zur Hochzeit und
zum Begräbnis komme fast immer noch ein Mullah, nicht jene vom
Sowjetregime offiziell bestallten Kult-Diener, sondern einfache Männer
aus irgendeiner Kolchose, die sich durch besondere Frömmigkeit und
Glaubenstreue auszeichneten. Er fragte mich, ob ich nicht jene weißen
Papiersterne in den Dörfern gesehen hätte, die anläßlich einer Beschnei-
dungsfeier auf den Dächern angebracht würden. Natascha wurde zum
Slow von einem ihrer Professoren aufgefordert. »Er ist Jude«, sagte sie,
als sie an den Tisch zurückkam. »Unsere besten Lehrkräfte an der Universität sind Juden. Für das intellektuelle Leben sind sie unentbehrlich.«

Ich mußte mich glücklich schätzen, am folgenden Tag einen Ausflug
über Land in Richtung Osten machen zu dürfen. Der »warme See« Issyk
Kul war aus dem Touristenprogramm gestrichen worden, vermutlich
weil dort Nuklear-Raketen gegen China in Stellung gebracht waren. So

fuhr ich in Begleitung Nurjamals durch exakt ausgerichtete Straßendörfer bis zu den Ruinen von Burana. In den Kolchos-Siedlungen entdeckte ich statt Moscheen nur die »Kulturhäuser« des Sowjetsystems, aber auf den Friedhöfen waren die Grabsteine fast immer mit einem Halbmond aus Blech verziert. Maurer waren mit dem Bau stattlicher neuer Kuppelgräber – den Marabus in Nordafrika zum Verwechseln ähnlich – beschäftigt. Der Turm von Burana, ein früheres Minarett mit Backstein-Ornamentik, bildete den geographischen Mittelpunkt einer fruchtbaren Ebene. Gigantische Erntemaschinen waren dort im Einsatz. Wegen der einbrechenden Dämmerung tasteten sie die Felder mit Scheinwerfern ab. Die türkische Dynastie der Qarakhaniden hatte rund um Burana im elften Jahrhundert den Schwerpunkt ihrer Herrschaft errichtet. Dann war Dschinghis Khan gekommen – »Er hatte über seine Feinde nur gelacht . . .«, wie es im Schlager heißt – und diese islamische Kultur dem Erdboden gleichgemacht. Ein paar alte Mauern, Trümmerhügel und die Kuppeln von Mausoleen waren rund um das Minarett übriggeblieben. Die roten Transparente der Staatsgüter und Kollektiv-Farmen protzten mit Optimismus und offizieller Zuversicht. Aber über der staubigen, leeren Senke von Burana, unter dem gelbgestreiften Abendhimmel, lastete eine unbeschreibliche Schwermut, die durch Jahrtausende erneuerte Gewißheit menschlicher Vergänglichkeit.

Sechzig Jahre Kommunismus – tausend Jahre Islam

Taschkent, im Sommer 1980

Das Erdbeben von 1966 ist der Sowjetisierung Taschkents zugute gekommen. Vor allem die Lehmhäuser der alten Usbekenstadt sind zusammengestürzt. Wohl oder übel mußten die Obdachlosen in den unpersönlichen Massenquartieren der sozialistischen Mietskasernen untergebracht werden, anonyme graue Wohnblocks, deren Fertigteile kaum verputzt sind und von skeptischen Ausländern als »instant slums« bezeichnet werden. Was von der Altstadt übriggeblieben ist, wird kaum noch repariert, wartet auf den endgültigen Abbruch. Man wird an Süd-Teheran erinnert, auch wenn der Lebensstandard der Eingeborenen hier weit über dem persischen liegt.

Es hat sich viel getan in Taschkent seit meinem ersten Besuch im Dezember 1958. Der Platz vor dem Alischer Novai-Theater mit dem Hotel »Taschkent« und seinen Blumenrabatten wirkt bereits altmodisch. Der stalinistische Repräsentationsstil mit seinen kaukasisch-orientalischen Stilelementen unterscheidet sich dennoch dank seiner baulichen Qualität recht vorteilhaft von jenen neuen vom Westen kopierten Repräsentationskästen, die in der Breschnew-Ära errichtet wurden. Aus der Ferne besticht deren klare Linienführung, aber aus der Nähe geprüft schockiert die Schäbigkeit der Arbeit, die Vergammelung, die sich unmittelbar nach der Fertigstellung bereits des funkelnagelneuen Ministeriums, des Komsomolzen-Heimes und des Pressezentrums bemächtigt hat. Die überdimensionale Uhr dieses Verlagshauses ist vor einigen Monaten stehengeblieben und nie wieder in Gang gesetzt worden. Immerhin hat man die abscheulichen Lenin-Statuen aus Gips, die die ganze Sowjetunion verunstalten, im Zentrum von Taschkent durch einen überdimensionalen Bronze-Kopf des Gründers der Sowjetunion ersetzt. Karl Marx blickt von einem massiven Sockel aus rotem Marmor wie ein jüdischer Bankprokurist auf das Rassengemisch, das in den Grünanlagen flaniert.

Immer noch ist Taschkent halb russisch und halb usbekisch. Aber in der Sozialistischen Sowjetrepublik Usbekistan haben sich die Gewichte insgesamt zugunsten der muselmanischen Urbevölkerung verschoben. Nur zwölf Prozent der Einwohner Usbekistans sind Slawen, und unter den vielen asiatischen Nationalitäten führen die Usbeken mit fast siebzig Prozent. In spektakulärer Weise hat sich die Zahl der Usbeken – sie bilden mit insgesamt fünfzehn Millionen den zweitstärksten turanischen Zweig nach den eigentlichen Türken – seit einer ersten Zählung im Jahr 1926 vermehrt. Damals gab es knapp vier Millionen Usbeken in Sowjetisch-Usbekistan, heute sind sie fast dreizehn Millionen. Die galoppierende Bevölkerungsentwicklung der zentralasiatischen Rassen ordnet sie eindeutig in die Dritte Welt ein. Hingegen haben die Sowjetbürger europäischen Ursprungs längst aufgehört sich zu vermehren. Schon errechnen die Statistiker, daß es im Jahr 2000 im Sowjetreich annähernd achtzig Millionen Muselmanen geben wird, ein knappes Drittel der Gesamtbevölkerung. Hier tickt eine Zeitbombe. Spätestens in zwanzig Jahren wird die russische Kreml-Führung vor unlösbaren Problemen stehen, so geben selbst jene Skeptiker zu, die an eine unvermeidliche Re-Islamisierung der sowjetischen Moslems und an ihr nationales Erwachen nicht glauben wollen. Heute schon steht der sowjetische Vielvölkerstaat mit fast fünfzig Millionen Muselmanen an fünfter Stelle der islamischen Umma hinter Indonesien, Indien, Pakistan und Bangla Desch.

An Selbstbewußtsein mangelt es den Usbeken nicht. Sie sind zum Träger des turanischen Nationalgedankens in Sowjetisch-Turkestan geworden, wo lediglich die Tadschiken der iranischen Völkerfamilie angehören. Josef Stalin, der sich als Georgier auf Nationalitäten-Probleme verstand, hatte das alte Turkestan in eine Vielzahl recht willkürlich zurechtgeschnittener Teilrepubliken fragmentiert. Das Prinzip des »divide et impera« gehörte zum Herrschaftsrepertoire der Sowjetmacht. Heute sind die kraftstrotzenden, vitalen Usbeken zweifellos in Führung gegangen und beleben die zaghaften Emanzipationsbestrebungen ihrer kasakischen, kirgisischen, turkmenischen und tadschikischen Brüder. Ähnlich stolz und komplexfrei gebärden sich nur noch die Georgier im Kaukasus, denen es tatsächlich gelungen ist, einen Teil der eingewanderten Russen aus Grusinien herauszuekeln. Wie die Georgier verfügen auch die Usbeken über Geschäftssinn und händlerische Initiative. Nach den USA und der Volksrepublik China ist Sowjetisch-Zentralasien zum größten Baumwoll-Produzenten der Welt geworden. Die russischen Agronomen haben eine entscheidende Rolle bei diesem wirtschaftlichen Aufschwung gespielt. Sie haben die Oasen zwischen Fergana und Khorezm wieder in blühende Gärten verwandelt, wo Gemüse, Früchte und Reis in reichen Mengen geerntet werden. Auf den Trümmern der vermoderten Feudal-Systeme der Emirate von Bukhara, Khiva und Kokand, die in ökonomischem Niedergang und geistigem Obskurantismus erstarrt waren, hat die marxistische Revolution Fortschritt und Wohlstand gebracht. Das Irrigationssystem, das seit der Zeit der großen Mongolen-Kaiser verschüttet war, wurde freigeschaufelt und gigantisch erweitert.

Ob die Russen den Dank der Eingeborenen für diese Zivilisationstat ernten werden? In Sowjetisch-Zentralasien lebt es sich weit besser und großzügiger als im eigentlichen Rußland. Die freien Kolchos-Märkte in Usbekistan bieten eine Vielzahl landwirtschaftlicher Produkte an, von denen die Moskowiter nur träumen können. Hier wie im Kaukasus fliegen reiche Kolchos-Bauern, die über Privatparzellen von je tausend Quadratmeter verfügen, häufig in die Hauptstadt der Sowjetunion, wo sie ihre Früchte zu hohen Preisen verkaufen. Selbst wenn der Flugpreis abgezogen ist, bleibt noch ein stattlicher Gewinn. Diese ökonomische Überlegenheit, diese schlaue Geschäftigkeit stärkt natürlich auch das Nationalgefühl der Usbeken gegenüber dem slawischen Hegemonialvolk, zumal sie durch die monumentalen Moschee- und Palastruinen von

Samarkand und Buchara eindringlich daran erinnert werden, daß ihre Republik uralter Herrschaftsboden ist, daß Timur der Lahme vom heutigen Usbekistan über die halbe Welt und das ganze heutige Rußland gebot. Die mongolischen, tatarischen und turanischen Horden des Dschinghis Khan, des grausamen Tamerlan und seiner Nachfolger – »Horde« ist eine Verballhornung des Wortes »Urdu«, was »Heerlager« bedeutet – haben das russische Nationalbewußtsein mit Erinnerungen des Schreckens und der Demütigung belastet. Wer möchte behaupten, daß ihr Vermächtnis nicht im Unterbewußtsein der sowjetisierten Völker Asiens weiterlebt?

Mein offizieller Betreuer in Taschkent ist waschechter Usbeke. Farid ist ein stämmiger, heiterer Mann von rund vierzig Jahren. Er hat als Soldat in der Oase Kuschka gedient und ist Mitglied der Kommunistischen Partei. Er ist nicht wenig stolz auf die Betriebsamkeit seiner Landsleute, auch wenn sie die engen Grenzen der sozialistischen Legalität verletzt. Der Privathandel ist bei den Muselmanen häufig Quelle unerwarteten Reichtums. So findet ein neues Automobil der Marke »Wolga« auf dem Schwarzmarkt ohne viel Umstände Käufer, die nicht weniger als 30 000 Rubel – das sind 90 000 D-Mark – bar auf den Tisch blättern. Der durchschnittliche Monatsverdienst der Sowjetbürger wird auf 150 Rubel geschätzt. Farid wie auch sein usbekischer Chauffeur halten nicht viel von den neuen Wohnblocks, in die man Russen und Asiaten gemeinsam einpfercht. Die alten Lehmbauten, die stets um einen Innengarten disponiert und durch Mauern gegen fremde Blicke abgeschirmt waren, entsprachen in ihrer luftigen Geräumigkeit den Bedürfnissen der Einheimischen und erlaubten das Zusammenleben der Großfamilien. Wer gemeint hatte, die Zwangsvermischung in den Wohn-Silos würde die Integration der Sowjetmenschen verschiedensten Ursprungs begünstigen, hat sich offenbar getäuscht. »Es kommt ständig zu Streit und sogar zu Schlägereien zwischen den zugewanderten Russen und den einheimischen Usbeken«, räumte Farid freimütig ein. »Die Russen brüsten sich damit, daß sie uns den Fortschritt und die Revolution gebracht hätten. Wir antworten, daß dies unser Land ist und daß sie für uns Fremde bleiben.« Er selbst baue mit seinem Bruder ein eigenes Haus am Stadtrand, um der seelenlosen Vermassung zu entgehen. Sogar der Chauffeur hat sich mit seiner Sippe zusammengetan, um ein Grundstück von fünfhundert Quadratmeter zu erstehen. Am zweiten Tag fange ich an, Fragen nach dem islamischen Brauchtum zu stellen. Farid hat in Moskau studiert. Er ist um keine Antwort verlegen. Die Religion ist weiterhin das

Kriterium für die nationale Zugehörigkeit. Nur ein Moslem kann Usbeke, Tadschike, Kasake oder Tatar sein.

Wie ich ihn darauf anspreche, daß gewisse Zentral-Aiaten gelegentlich beteuern, sie seien zwar Atheisten, aber natürlich blieben sie Moslems, lacht er schallend. »Man kann uns nicht mit den orthodoxen Christen der russischen Kirche vergleichen. Der Islam ist nicht nur eine Glaubenslehre, er drückt sich im Lebensstil aus, in einer Serie von Verhaltensregeln, die als Brauchtum überleben, auch wenn die religiöse Praxis verkümmert. Bei uns werden alle Knaben beschnitten. Die meisten Usbeken lassen sich vom Mullah trauen und zum Grabe geleiten.« Die Frauen verabscheuten zwar den Schleier, so fährt Farid fort, aber sie seien dennoch die besten Hüterinnen der nationalen und – wenn man wolle – der islamischen Tradition. Die Hochzeitspaläste seien zur Zeit schlecht besucht, weil der Fastenmonat Ramadan angebrochen sei. Auf dem Land hänge man den frommen Überlieferungen natürlich treuer an als in der Stadt. »Wie bringen Sie es fertig, gleichzeitig Marxist und Moslem zu sein?« frage ich direkt. Farid zeigt sich nicht im geringsten verlegen: »Seit sechzig Jahren sind wir Kommunisten, aber seit tausend Jahren sind wir Muselmanen.«

Am Ehrenmal für die gefallenen Helden der Sowjetunion brennt eine ewige Flamme. Junge Pioniere halten dort Wacht. Sie üben Parademarsch und tragen bei besonderen Anlässen ein Gewehr. Die blonden russischen Kinder sind in der Überzahl. Die Mädchen tragen teils blaue Kleider, teils knappe weiße Shorts, die das Schamgefühl mancher Usbeken verletzen dürften. Auf dem Roten Platz marschieren auch Turner hinter einer Militärkapelle auf. Sie solidarisieren sich mit den sportlichen Leistungen der Sowjet-Athleten auf der Olympiade von Moskau. Unter den roten Bannern zieht eine triumphalistische Prozession zur hochaufgerichteten Lenin-Statue, die hinter dem Wasserschleier der Springbrunnen den Arm zur gebieterischen Geste ausstreckt. »Sport ist Opium für's Volk«, bemerkt ein französischer Tourist, der das Schauspiel beobachtet.

Immer wieder fallen mir in Zentral-Asien die neuen Sommeruniformen der Roten Armee auf. Die breitkrempige Kopfbedeckung, die gegen die Sonne schützt, gleicht einem Pfadfinderhut. Inmitten einer Grünanlage mit den Luxusappartements der Nomenklatura zeigt uns Farid ein modernes Restaurant unter blauen Kuppeln. Die Tische sind überfüllt, der Pilaw schmeckt sehr mäßig, aber die Bedienung – Usbeken und Russen – ist brüderlich um die Gäste bemüht, im Gegensatz zum trostlosen

Intourist-Palast »Usbekistan«, wo das Personal alle Rekorde der Muffig-
keit bricht. Immer wieder schwankt man im Kontakt mit den Russen
zwischen Gereiztheit und gerührter Sympathie.

An diesem Abend ist der Speisesaal des Hotels »Usbekistan« mit einer
afghanischen Besuchergruppe gefüllt. Die Afghanen sitzen wie traurige
Vögel in dieser für sie ungewohnten Umgebung, greifen die Nahrung
mit den Fingern, stecken Brot und Käse gierig in die Taschen ihres Tschapan, ehe sie sich auf die Eingangsterrasse kauern und in den Abend
dösen. Die sowjetischen Behörden haben diese Kollaborateure nach
Taschkent eingeladen – Dorfvorsteher, Mullahs, Stammesälteste –, um
ihnen die Vorzüge der »Kultura« vorzuführen. Man sieht diesen rauhen,
faltigen Gesichtern und ihrer Trübsal an, daß sie sich wie Verräter an
Gott und der Heimat, bestenfalls als Geiseln einer imperialen Fremdherrschaft vorkommen. Ich habe Farid nach seiner Meinung zu den
Ereignissen am Hindukusch befragt. »Die Afghanen sind über Nacht aus
ihrem feudalistischen Mittelalter in die sozialistische Zukunft geschleudert worden«, sagt er, »unter Umgehung der bürgerlichen und der proletarischen Revolution. Wie kann das gut gehen? Das Afghanistan von
heute, das entspricht Russisch-Turkestan im Jahr 1917.« – Mit dem
Unterschied, wende ich ein, daß im Jahr 1917 die Realisierung einer klas-
senlosen marxistischen Gesellschaft noch als erreichbares Ziel erscheinen
konnte, daß das »Paradies der Arbeiter und Bauern« sich damals noch
nicht als Utopie erwiesen hatte, während heute die islamische Revolution – von der eigenen Unbesiegbarkeit und Unübertrefflichkeit durchdrungen – der proletarischen Weltrevolution in Zentral-Asien den Rang
ablaufen möchte. »Sie erwarten wohl nicht, daß ich mich mit Ihnen in
einen ideologische Streit einlasse«, brach Farid das Gespräch ab.

Es war Freitag in Taschkent, und nach einem kurzen Bad im fauligen
Wasser des Swimmingpools auf dem Dachgeschoß des Hotels »Usbekistan« wollte ich mich zur Moschee Khazret Imam fahren lassen. Vergeblich versuchte ich hintereinander drei russische Taxi-Chauffeure zu
überreden. Sie stellten sich bockig oder unwissend. »Nje znaju« war die
barsche Antwort. Schließlich winkte ich einen usbekischen Taxifahrer
heran. Ich gab ihm mein Ziel an und hängte einen arabischen Satz an.
Der Usbeke lächelte und zögerte keine Sekunde. Vor dem Eingang
der Freitags-Moschee wollte ich ihm ein paar Rubelscheine in die Hand
drücken, aber er hielt mich wohl für einen ausländischen Muselmanen und wollte von einem frommen Glaubensgenossen keinen Lohn an-
nehmen.

Das Gebetshaus war bereits zur Hälfte gefüllt. Ich wollte mich nach Abstreifen der Schuhe in eine Ecke hocken, um die Zeremonie zu beobachten. Aber da kamen zwei gestrenge, bärtige Männer mit Lammfell-Mützen auf mich zu und forderten mich gebieterisch auf, exakt ausgerichtet – wie der religiöse Brauch es gebietet – in der Reihe der Gläubigen, im »Soff«, meinen Platz einzunehmen. Drei Stunden lang wohnte ich dem Gottesdienst bei und verrichtete die Übungen des Betenden, legte die Hände an die Ohren, strich mir mit den Fingern über das Gesicht, berührte beim »Sudschud« dreimal den Boden mit meiner Stirn in Richtung Mekka, beteuerte, daß Allah groß sei – Allahu akbar – und rezitierte die Fatiha, die Eröffnungs-Sure, die mir seit meinem Orientalistik-Studium haften geblieben war. Großmufti Ziauddin Babakhanow – so war mir gesagt worden – könne aus Gesundheitsgründen dem Gebet nicht vorstehen. Ein anderer Imam – in einen leichten seidenen Tschapan mit gelben, blauen und grünen Streifen gehüllt, den weißen Turban auf dem bärtigen Haupt – stand vor dem Michrab und psalmodierte die Suren. Das Gebet wurde durch die Freitags-Predigt unterbrochen. Der Imam, das symbolische »Schwert des Islam«, einen bunten Stab in der Hand, rezitierte Koran-Verse und kommentierte sie auf Usbekisch. Es war die Rede vom Fastenmonat Ramadan, und es wurden Ratschläge erteilt, wie man diesem islamischen Gebot auch im Rahmen der sozialistischen Rechtsgebung wenigstens partiell nachkommen könne. Dem Khatib wurden Zettel gereicht mit Anfragen von Gläubigen zu präzisen Fällen der Religionsausübung. Die Antwort, die Fatwa, die auf Usbekisch erteilt wurde, war für mich unverständlich.

Nach spätestens einer Stunde wurde die Betstellung für meine ungewohnten Knie und Gelenke schmerzhaft und mühsam. Ich bedauerte, keine Tupeteika mitgenommen zu haben. Ich war einer der wenigen Betenden, die ohne Kopfbedeckung in der Moschee weilten. Ich sah mich aufmerksam unter meinen Nachbarn um, soweit das Gebot der disziplinierten Konzentration das erlaubte. Nicht nur die Moschee, auch der Außenhof war nunmehr mit Gläubigen gefüllt. Natürlich waren die Alten in der Mehrzahl, aber viele Greise hatten ihre Enkel, Kinder zwischen sechs und vierzehn Jahren, mitgebracht. Ein Viertel der Anwesenden setzte sich aus Männern im besten Alter zusammen, und darunter waren bärtige Typen mit verzückten Gesichtern, die in Kairo, Teheran oder Algier als eifernde Fundamentalisten identifiziert worden wären. Diese muselmanische Gemeinschaft von Taschkent war von religiöser Inbrunst durchdrungen, und in ihrer Mitte spürte ich geradezu körper-

lich das tiefe Gefühl der Brüderlichkeit und der Ergebung in den Willen
des einzigen Gottes, das den koranischen Glauben auszeichnet. In der
ersten Reihe war eine Gästegruppe aus Bangla Desch eingewiesen worden, tiefbraune Gesichter unter der weißen Kappe. Diese Ausländer vermittelten den frommen Betern von Taschkent, dieser unentwegten
Gemeinde des »Islam der Vergessenheit«, wie man geschrieben hat, die
Gewißheit, daß sie einer universalen, die Grenzen des Sowjetreichs
sprengenden Umma angehörten, daß sie nicht länger mehr die hoff-
nungslose Nachhut eines sterbenden Mythos, sondern vielleicht die Vorhut einer religiösen Wiederkehr seien. Das Freitags-Gebet war zu Ende.
Die Gläubigen verabschiedeten sich beim »Taslim« mit kurzen Hinwen-
dungen zu ihren Nachbarn rechts und links: »Assalam alaikum wa rah-
matullah – Der Friede sei mit Euch und die Barmherzigkeit Gottes.«
Dann verharrten sie noch in stiller Meditation, und nur die Lippen
bewegten sich im Rhythmus einer Sure. Beim Verlassen der Moschee
fand ich keinen Mietwagen und schleppte mich durch die glühende Mittagshitze zum »Oktober-Markt«.

Halbmond über geborstenem Minarett

Bukhara, im Sommer 1980

Im feierlichen Innenhof der Medressa Abdul Aziz dröhnte hochmoder-
ner und harter Beat, wie er ansonsten in der Sowjetunion kaum zu hören
ist. Die Koranschule stammt aus dem siebzehnten Jahrhundert. Die
einstigen Wohnzellen der geistlichen Schüler, der Tullab, öffneten ihre
leeren Rundbögen wie die Waben eines Bienenkorbes. An diesem Abend
waren sowjetische und ausländische Touristen zu einer folkloristischen
Veranstaltung – usbekische Tänze und Lieder – eingeladen.

   In Bukhara war die Sowjetmacht einst auf hinhaltenden islamischen
Widerstand gestoßen. Die zwangsweise Entschleierung hatte erst im Jahr
1927 stattgefunden. Zehntausend Frauen waren damals vor der mongolischen Ark-Festung zusammengetrieben worden, und ihre »Parandschas«
aus Roßhaar wurden öffentlich verbrannt. Das waren ferne Zeiten.

   Ich war auf den Seitenbau zugegangen, aus dem die aggressive Beat-
Musik kam. Die kleine Nebenmoschee war in ihrer alten Pracht restauriert worden. Die bunten Stalaktiten aus Gips ruhten auf kunstvoll

geschnitzten Querstreben, die mit Sprüchen des Koran dekoriert waren. Aber anstelle der Gebetsnische, die nach Mekka weist, hatten die sowjetischen Touristenbehörden eine Bar hergerichtet, wo Bier, Wein und Wodka serviert wurden. Der Beat und der Alkohol an diesem heiligen Platz waren eine atheistische Provokation, ein bewußter Frevel. Die junge usbekische Intourist-Führerin, die mir durch ihre orientalische Schönheit mit Mandelaugen, langem Rabenhaar sowie durch die Eleganz ihres duftigen Sommerkleides aufgefallen war, hatte ein Glas Wein bestellt. Ich konnte nicht umhin, sie zu fragen, ob sie durch diese Entweihung einer früheren Sakralstätte ihres Volkes nicht schockiert sei. Das hübsche Mädchen reagierte heftig: »Sie sehen uns wohl alle lieber unter Schleiern verhüllt«, fauchte sie, »und jetzt halten Sie uns für Sünder.«

Die Medressa hatte sich etwa zur Hälfte mit Schaulustigen gefüllt. Sie lagerten zum Teil auf hölzernen Pritschen und stützten sich auf Kissen. Auf der improvisierten Bühne wirbelten usbekische Tänzerinnen mit ihren zwölf Zöpfen zum Klang der Tambourine. Unter den überwiegend russischen Touristen gingen Wodka- und Bierflaschen um. Mir fielen vor allem ein paar breithüftige slawische Frauen auf, denen der kurze Rock hochgerutscht war und die unter der Wirkung des Alkohols jede Contenance verloren hatten. Sie schmiegten sich kichernd und lärmend an ihre orientalischen Gelegenheitsbegleiter, die sie in Bukhara aufgelesen hatten. Ihr enthemmtes Gehabe wirkte in diesem Rahmen besonders schamlos.

Die Tänzerinnen auf der Estrade waren durch eine männliche Sängergruppe im bunten Tschapan abgelöst worden, die sich bei der Rezitation in rhythmischen Schwingungen bewegte. Der türkische Professor neben mir – er unterrichtete islamische Kunstgeschichte in Istanbul – wurde plötzlich ganz wach und kritzelte aufgeregt in sein Notizbuch. »Das sind echte Sufi-Gesänge«, flüsterte er mir zu. »Diese Männer führen die klassischen Bewegungen der tanzenden Derwische vor.« Professor Ismet Üzük war mit einer italienischen Besuchergruppe nach Zentral-Asien gereist, weil er auch in Bologna lehrte. Als Türke war er in der Lage, sich mit den Usbeken in ihrer turanischen Landessprache zu verständigen und war deshalb auf russische Dolmetscher nicht angewiesen. Der breitschultrige Mann mit dem zerfurchten Künstlerkopf war vielleicht ein Sympathisant jener panturanischen Bewegung, die von der Vereinigung aller Turk-Völker zwischen Bosporus und Baikal-See träumt. Jedenfalls forschte er leidenschaftlich und intensiv nach allen Spuren nationalen und religiösen Aufbegehrens in Sowjetisch-Turkestan.

Die Medressa Abdul Aziz hatte sich nach und nach geleert. Auch die betrunkenen Russinnen waren mit ihren orientalischen Galans gegangen. Ismet Üzük wurde nicht müde, von seinen Nachforschungen zu erzählen. Er hatte sich nicht nur an die Repräsentanten des offiziell geduldeten Amts-Islam gehalten. Er hatte in einer Vielzahl von Gesprächen versucht, jenem »Parallel-Islam« auf die Spur zu kommen, der vor allem auf dem Land im Halbdunkel der Sufi-Bruderschaften, der Derwisch-Orden und Turuq weiterleben soll und sich dem Zugriff der marxistischen Überfremdung entzieht. »Timur Lenk, der Mongolen-Kaiser, hatte seinerzeit die Derwische der ›Naqschbandiya‹ begünstigt«, erwähnte Ismet. »Das ist kein Zufall, denn der Gründer dieser Gemeinschaft, Bahaut Din Naqschband, hat hier in Bukhara im vierzehnten Jahrhundert gewirkt. Sein Grab wird heute noch als Pilgerstätte verehrt, auch wenn es offiziell als rein museale Sehenswürdigkeit deklassiert wurde.« Die Arbeitskollektive der sozialistischen Landwirtschaft in Zentral-Asien – vor allem in Turkmenistan – hätten häufig die alten Stammes- und Klan-Strukturen der Turk-Völker übernommen, und dadurch seien die islamischen Gemeinwesen zusätzlich gegen alle Fremden abgekapselt. Der offizielle Islam der Geistlichen Direktion von Taschkent übe auf dem flachen Land wenig Einfluß aus. Seit 1969 hätten zwar die Sicherheitsorgane den islamischen Geheimgesellschaften einen verstärkten Kampf angesagt, aber selbst die vom Regime akkreditierten Muftis hüteten sich, anders als durch eine gelegentliche Fatwa gegen gewisse Riten dieses tief verwurzelten Volksglaubens, insbesondere gegen die ekstatische Rezitation des »Dhikr« anzumahnen.

Mit dem Türken wanderte ich durch das nächtliche und verwaiste Bukhara. Der Halbmond, Symbol des Islam, stand hoch und klar über dem geborstenen Minarett der Kalyan-Moschee. Bei Tage hatten hier die usbekischen Arbeiter die Restaurationsarbeiten an den zerfallenen Heiligtümern ihrer Vorfahren mit orientalischem Gesang begleitet. »Die Russen haben sich seit einigen Jahren entschlossen, die Sakral-Ruinen zu renovieren und den Völkern Turkestans die Wahrzeichen ihrer früheren Kultur zurückzuerstatten«, philosophierte der türkische Professor. »Gleichzeitig sind sie gezwungen, die immer zahlreicher werdende einheimische Bevölkerung zu beschwichtigen, sie bei der Verteilung von Schlüsselpositionen in Partei, Regierung und Wirtschaft mehr und mehr zu berücksichtigen. Hier wächst immerhin eine ungeduldige, junge Intelligenzia unter den Usbeken und Tadschiken heran, die auf Beteiligung an Vorteil und Macht pocht. Aber Sie wissen wohl selbst aus Erfahrung, daß jede Nachgiebigkeit im Orient als Eingeständnis der Schwäche gedeutet wird, daß jedes Zugeständnis neue Konzessionen nach sich zieht. Man kann nicht dem großen Arzt und Wissenschaftler Abu Ali Ibn Sina, den die Doktoren des Abendlandes im Mittelalter unter dem Namen Avicenna bewunderten, zu seinem tausendsten Todestag Denkmäler errichten und gleichzeitig erhoffen, daß sich die hiesigen Moslems sowjetisieren, das heißt russifizieren lassen. Mit Rücksicht auf die schiitische Revolution des Iran, auf den afghanischen Widerstand, auf die unheimliche Nachbarschaft Chinas sind die Moskowiter zu Konzessionen an die Fremdvölker Zentral-Asiens gezwungen, aber damit geraten sie in einen Teufelskreis oder – wie unsere frommen Mullahs das ausdrücken könnten – in einen »Gotteskreis«, der unweigerlich zur nationalen Rückbesinnung und – wer weiß – zum islamischen Erwachen führt. In fünfzehn Jahren«, so versicherte Ismet Üzük feierlich, »wird es hier authentische Nationalregierungen geben, möglicherweise noch im Verbund mit Moskau, aber um das Jahr 2000 herum, so möchte ich prophezeien, bricht die große Krise herein, und der Islam wird die heimliche, aber unwiderstehliche Triebkraft dieser ›Nahda‹, dieses Erwachens sein. Die Zugkraft des dialektischen Materialismus ist am Ende, das machen in Europa die polnischen Ereignisse deutlich. Wer wirklich die Existenz Gottes verleugnet, der ist in islamischer Sicht eben kein Mensch mehr, der degradiert sich zum Tier.«

Der Professor hatte sich ereifert. Ich erzählte ihm von einem anekdotischen Erlebnis in der Bar meines Hotels. Zwischen den Wodka- und Sektflaschen hatte dort ein Wimpel mit der Darstellung des vollbärtigen Avicenna und den Jubiläumszahlen 980–1980 gehangen. Der alte usbekische Wissenschaftler sähe doch dem Ayatollah Khomeini recht ähnlich, hatte ich dem tadschikischen Barmann gegenüber bemerkt, der mir vorher versichert hatte, daß die gehobenen Schichten in Bukhara eher Persisch als Türkisch sprächen und daß es unter den Moslems zehn Prozent Schiiten gäbe. Bei der Nennung Khomeinis hatte der Barkeeper, ein junger, sportlicher Mann, aufgehorcht: »This name is rather popular here«, entfuhr es ihm. Aber als ich nachhaken wollte, als ich fragte, in welchen Kreisen wohl der Ayatollah Anklang und Gefolgschaft finde, wich er vorsichtig aus und beendete das Gespräch abrupt.

Wir schlenderten zum quadratischen Teich im Stadtzentrum, wo sich die säkularisierten islamischen Kultbauten – darunter die Medressa Kukeldasch – im trüben Wasser spiegeln. Wir hatten vergeblich gehofft, in einer der Garküchen und Teestuben, die tagsüber gebratene Fische,

Plow oder Schaschlik servieren und von den Russen gemieden werden, ein spätes Mahl zu finden. Dieser Treffpunkt eines urwüchsigen Orients, der in das nahe Afghanistan gepaßt hätte, war zu dieser späten Stunde verlassen. Der türkische Professor fuhr fort zu dozieren. Er berichtete von jener national-kommunistischen Bewegung der zwanziger Jahre, die unter Führung der Wolga-Tataren alle muselmanisch-türkischen Völker der Sowjetunion sammeln wollte. Der Exponent und Theoretiker dieser panturanischen Tendenz, ein gewisser Sultan Galiew, war von Moskau zunächst jahrelang gefördert und geduldet worden, bis Josef Stalin diesem nationalistischen Deviationismus ein brutales Ende setzte und Sultan Galiew 1928 mitsamt seinen Gefolgsleuten in Straflager deportieren und später umbringen ließ. Die Wolga-Tataren hatten den unermüdlichen Christianisierungs-Bemühungen der Zaren und der orthodoxen Kirche mühsam widerstanden. Nun sahen sie sich durch den Bolschewismus ihrer intellektuellen Führungsrolle unter den Moslems des Sowjetreichs beraubt. Der aktive Widerstand gegen die gottlose Überfremdung wurde nunmehr Sache der nordkaukasischen Gebirgsvölker von Daghestan, die sich in kämpferischen Geheimgesellschaften und Sufi-Bünden vor allem in der »Qadiriya« organisiert hatten. Die Nordkaukasier hatten bekanntlich die vordringenden deutschen Truppen im Sommer 1942 als Befreier begrüßt und fielen nach dem Rückzug der Wehrmacht der Rache Stalins anheim. Die überwiegend schiitische Bevölkerung in der transkaukasischen Sowjetrepublik Aserbeidschan, wo die Slawen neuerdings nur noch eine Minderheit von acht Prozent ausmachen, flüchtete sich unterdessen in ihre bewährte Praxis der Geheimhaltung und Verschleierung, in das theologische Zwielicht des »Ketman«. – »Die Usbeken sind die kommende Führungsnation des Islam in der Sowjetunion«, fuhr Ismet fort, »und deshalb ist trotz aller offizieller Behinderung die Geistliche Direktion von Taschkent in Usbekistan heute weit interessanter als die Parallel-Organisationen im Bereich der Wolga-Tataren und der Baschkiren, im nordkaukasischen Daghestan oder in der aserbeidschanischen Hauptstadt Baku, obwohl gerade dort – bei den Schiiten – die Appelle aus Teheran besonders eindringlich nachhallen dürften.« Verwechselte der Professor aus Istanbul seine Wünsche mit der nüchternen Realität? Für ihn war natürlich jener Scheikh Schamil, der der russischen Eroberung des Kaukasus im neunzehnten Jahrhundert – gewissermaßen als Vorposten des Osmanischen Reiches – lange Jahre widerstanden hatte, eine Art Nationalheld, und er trauerte dem Schicksal Enver Paschas nach, jenes türkischen Heerführers des Ersten Weltkrieges, der nach der

Niederlage der Pforte und der Machtergreifung Atatürks nach Turkmenistan ausgewichen war, um dort an der Spitze der islamischen Steppenkrieger im Kampf gegen die Rote Armee den Tod zu suchen.

Es war Mitternacht, aber immer noch erstickend heiß, als ich mein Hotel erreichte. An den modernen Zweckbauten der Neustadt wurde noch zu dieser späten Stunde unter Scheinwerfern gearbeitet. Das künstliche Licht erhellte das sowjetische Heldendenkmal, das in verblüffendem, surrealistischem Stil den Paradeplatz beherrschte. Sehr viel bescheidener nahm sich die klassische Statue des Weisen Avicenna aus, dessen tausendjähriger Ehrentag näherrückte. In den abgelegenen Usbeken-Vierteln bellten die Hunde ohne Unterlaß den Mond an.

Die Kukeldasch-Koranschule war im Zuge einer ideologischen Verhärtung vor einigen Jahren geschlossen und in eine Herberge für junge Sportler umgewandelt worden. Aber die Medressa Mir-e-Arab blieb weiterhin dem Studium des Koran, der arabischen Sprache und der Grundelemente islamischer Wissenschaft gewidmet. Sieben Jahre lang befassen sich in »Mir-e-Arab« rund fünfzig Tullab mit dem Studium des Arabischen, des Koran und des Hadith. Jährlich werden zehn bis fünfzehn Absolventen als Vorbeter und Prediger in die offiziell geöffneten Moscheen der Sowjetunion entsandt, oder sie unterziehen sich einer gründlichen theologischen Weiterbildung in der »Medressa Imam Ismail-el-Bokhari« von Taschkent. Dort dauert der höhere Lehrzyklus für etwa dreißig Studenten weitere vier Jahre, ehe sie als Schriftgelehrter, als »Alim«, oder als muselmanischer Jurist, als »Qadi« qualifiziert sind. Manche von ihnen dürfen anschließend muselmanische Hochschulen des Auslandes, »El Azhar« in Kairo, »El Baidha« in Libyen, »Qarawiya« in Fez oder eine geistliche Lehrstätte in Damaskus aufsuchen. Unter fünfzig Millionen Moslems der Sowjetunion widmen sich weniger als hundert dem Studium der islamischen Gotteslehre.

Zum Zeitpunkt meines Besuches in Mir-e-Arab waren die Koranschüler in Ferien. Ein Schild am Eingang des historischen Gebäudes verwies darauf, daß der Zutritt Nicht-Moslems verboten sei. Im Innenhof stieß ich auf zwei junge Leute, die mich aufmerksam musterten. Sie sprachen ein stockendes Arabisch. Die Fastenzeit Ramadan würde von den angehenden Mullahs streng respektiert, versicherten sie. Auf meine Frage nach der Freitags-Moschee von Bukhara nannten sie mir die Dschami' Hodscha Zain-ud-Din.

Der Direktor der Medressa Mir-e-Arab in Bukhara, ein gewisser Abdulkader Gaparow, war abwesend. Ich sollte ihn erst Monate später in einer sowjetisch-französischen Fernsehdokumentation entdecken. Gaparow stellte sich an der Schwelle seines Instituts im eleganten europäischen Anzug und einem knallbunten Schlips sehr selbstgefällig dem TV-Interviewer. Der etwa vierzigjährige Mann antwortete brüsk und zynisch. Auf Russisch erklärte er, daß die »atheistische Propaganda die religiösen Überzeugungen der Moslems der Sowjetunion nicht erschüttern kann.« Nach den Auswirkungen der Khomeini-Revolution auf seine muselmanischen Landsleute befragt, verweigerte er jede Auskunft. »Ich kümmere mich nicht um Politik. Ich kann Ihnen nicht antworten. Ich bin ein Mann der Religion. Stellen Sie mir doch Fragen zur Religion!«

Der gleiche Gaparow tauchte in besagtem Fernsehfilm wieder auf, während er im Herbst 1980 anläßlich einer großen panislamischen Konferenz, die der Großmufti für Zentral-Asien im Auftrag der sowjetischen Behörden nach Taschkent einberufen hatte, das Wort ergriff. Die Veranstaltung sollte den Beginn des fünfzehnten Jahrhunderts nach der Hidschra zelebrieren. In Wirklichkeit bemühten sich hier die islamischen Kollaborateure des Sowjet-Regimes, die sowjetische Aggression gegen Afghanistan zu rechtfertigen und zu verschleiern. Dieses Mal drückte sich der Genosse Abdulkader Gaparow in vorzüglichem Arabisch auf der Tribüne aus und scheute sich keineswegs, weltpolitische Themen zu behandeln. Er prangerte die amerikanischen Machenschaften im Nahen Osten an, er verurteilte den israelischen Annexionismus und forderte die Rückgabe Jerusalems.

Vor einem breiten Auditorium, wo die Karakul-Mützen der Mullahs aus dem Kaukasus und Baschkirien mit den weißen Turbanen der Ehrengäste aus Syrien und Libyen alternierten, wo der Mufti von Jerusalem neben zwei orthodoxen Popen Platz genommen hatte, war auch mein alter Bekannter Ziauddin Babakhanow ans Rednerpult getreten. Das Filmdokument zeigte, wie er sich mühsam aufrichtete – er mußte wohl einen Schlaganfall erlitten haben –, aber er sprach immer noch mit kraftvoller Autorität. Der Großmufti für Sowjetisch-Zentralasien scheute sich nicht, diese islamische Versammlung für die Verbreitung russischer Propaganda-Thesen zu mißbrauchen, polemisierte gegen die Nachrüstung der Nato in Westeuropa und klagte die USA an, die angeblichen Konterrevolutionäre in Afghanistan zu unterstützten. Verdienterweise endete die pseudo-islamische Inszenierung von Taschkent als Fiasko. Die meisten Länder der Umma hatten sich erst gar nicht vertreten lassen.

Von Bukhara aus ließ ich mich in die »Rote Wüste«, in die Kizyl Kum, fahren, die jenseits der letzten Baumwoll-Kolchosen fast übergangslos beginnt. Ein Straßenschild, nach Nordwesten weisend, gab die Stadt Gazli, wo Erdgas gewonnen wird, als Fernziel an. So weit wurde ich natürlich nicht gelassen. Die Intourist-Führerin Tatjana zeigte mir eine Lehmsiedlung, wo der große Avicenna zur Welt gekommen sei. Von der Pracht jener Zeit war nichts übriggeblieben. Die meisten Kolchos- und Sowchosen-Bauern haben Fernseh-Antennen auf ihren flachen Dächern aufgestellt, und die schäbigen Auslagen in den Kooperativ-Läden unterscheiden sich immer noch vorteilhaft vom Warenangebot in den meisten Siedlungen des europäischen Rußlands. Ein Päckchen polnischer Kaugummi war zum skandalösen Preis von drei Rubel, von umgerechnet neun D-Mark, ausgezeichnet. Die Dünen wurden längs der Asphaltbahn durch Saxaul-Gras befestigt, das auch die Schafe fressen, wie Tatjana erklärte. Wir erkletterten eine sandige Höhe und entdeckten einige Mauerreste. Hier habe Alexander der Große bei der Eroberung Transoxianiens eine seiner Festungen errichtet. Usbeken-Kinder spielten an dieser historischen Stätte und ließen sich lachend fotografieren.

Auf der Rückfahrt nach Bukhara machten wir am Kirow-See Pause. Auch der umliegende Park ist nach dem Alt-Bolschewisten Kirow benannt, der ebenso armselig wie Lenin und Frunse durch eine silbern angepinselte Gips-Statue verewigt wird. Am Ufer des flachen, schlammigen Wassers, in dem Orientalen und Russen planschen, habe ich mich auf dem zerschlissenen Teppich eines Holzbrettes im Freien gelagert und beim usbekischen Kellner Schaschlik und Tee bestellt. Die blonde Tatjana, die mit ungewöhnlicher Eleganz gekleidet ist, weist den Tee, das Fleischspießchen mit Ekel von sich und verschmäht die orientalische Liege. Ihre harten blauen Augen drücken Verachtung für die Eingeborenen aus. Kolonialistische Arroganz ist in Bukhara kein leerer Begriff. Als ich mich über ein gigantisches Porträt des Generalsekretärs Breschnew mokiere, den die offizielle Ikonographie wie einen sozialistischen Dorian Gray mit den Attributen ewiger Jugend ausstattet, wird Tatjana richtig böse.

Vor meiner Abreise aus Bukhara machte ich mich auf die Suche nach der Freitags-Moschee Hodscha Zain-ud-Din. Ich irrte eine Weile zwischen den Monumenten der Qarakhaniden und Samaniden umher. Dann sprach ich einen ärmlich gekleideten Mann mit Tupeteika an. Er wies mir die Richtung, aber im Umkreis des Kolchos-Marktes wußte ich nicht weiter. Der Postvorsteher, den ich fragte, tat so, als würde er mich nicht verstehen, aber dann nahm mich wieder ein unscheinbarer Usbeke bei der Hand und geleitete mich an der Miliz-Station vorbei bis in die unmittelbare Nähe des Gebetshauses. Er wurde von einem anderen Eingeborenen mittleren Alters, der sich beim Gehen ständig umdrehte, abgelöst. Die Mustazafin, die Armen und Bescheidenen, waren der Lehre des Propheten noch am engsten verhaftet, so schien mir. Die Moschee war ziemlich verwahrlost. Der Teich vor ihren Stufen lag ausgetrocknet. Die Holzsäulen des »Aiwan«, der überdachten Vorterrasse, waren auch hier kunstvoll geschnitzt. Aber die Gipsverzierungen des Gebetsraumes bröckelten ab. Zwei alte Männer hockten vor dem Michrab. Sie nahmen kaum Notiz von mir. Ich wandte mich enttäuscht zum Gehen, da holte mich am Eisengitter ein kräftiger Orientale mit Vollbart ein. »I have something for you since you are interested in Islam«, sagte er leise und drückte mir einen Fetzen Papier in die Hand. »Read it later, please«, fügte der Unbekannte hinzu. Erst im Hotelzimmer entfaltete ich die Botschaft. Ich brauchte einige Zeit und Mühe, ehe ich den Sinn der arabischen Schnörkel begriff: »Wer ist ungerechter als jene, die verhindern, daß Allahs Name in seinen Moscheen angerufen wird, und die bestrebt sind, sie zu zerstören?« lautete der Vers aus der zweiten Sure, . . . »Schande über sie in dieser Welt! Und eine fürchterliche Züchtigung im Jenseits!«

Der Iran ist nahe

Aschkhabad, im Sommer 1980

Vor hundert Jahren ist die heutige Sowjetrepublik Turkmenistan von den Russen erobert worden. Mit großen Feiern wird dieses Jubiläum des zaristischen Imperialismus am exakten Erinnerungstag 1981 kaum begangen werden. Wer in der Hauptstadt Turkmenistans, in Aschkhabad, nicht eine latente Spannung wittert, dem mangelt es an Instinkt oder an vergleichender Erfahrung. Die Sowjetsoldaten mit den verbeulten Pfadfinderhüten sind in Aschkhabad besonders zahlreich. Die meisten werden durch ihre schwarzen Kragenspiegel als Panzersoldaten ausgewiesen. Die Bevölkerung soll hier halb russisch, halb muselmanisch sein. Die Trennungslinien sind schärfer gezogen als andernorts. Die turkmenischen Frauen tragen fast ausnahmslos das rote lange Trachtenkleid, den »Koinek«. Den turkmenischen Männern merkt man noch eine gewisse Wild-

heit an. Dieses streitbare Steppenvolk, das erst im dreizehnten Jahrhundert durch wandernde Derwische islamisiert wurde, beugte sich nur
widerstrebend der russischen Gewalt. Unter den Russen ist jene Kategorie stark vertreten, die man in Algerien als »petits Blancs« bezeichnet
hätte.

Auch in Aschkhabad ist das Erdbeben der sozialistischen Gleichma-
chung zugute gekommen. Im Jahr 1948 wurde die Stadt total zerstört.
Von den Lehmbauten des Turkmenen-Viertels ist praktisch nichts übrig-
geblieben. Josef Stalin hat Aschkhabad neu aufbauen lassen, und sein
Architekt Trautmann hat schattige Baumalleen gezogen mit pompösen
Wohnquartieren im pseudo-orientalischen Stil, deren langgezogene
Holz-Erker recht dekorativ sind. In der Chruschtschow- und Breschnew-
Ära sind dann die schrecklichen Kästen nach dem Einheitsmodell von
Nowosibirsk hinzugekommen. Ob dieser Architekt Trautmann vielleicht
Wolga-Deutscher gewesen sei, frage ich. Nein, es habe sich wohl um
einen Juden gehandelt, wird mir mit einer Spur Geringschätzung geant-
wortet.

Hingegen sind die Kommunalbehörden stolz auf die jüngsten urbani-
stischen Leistungen des turkmenischen Architekten Achmedow. Auch er
hat in schweren, wuchtigen Konturen gebaut, aber eine interessante,
dem Land irgendwie angepaßte Form gefunden. Am Ehrenmal für die
Gefallenen hat er auf die üblichen sterbenden oder schwertschwingen-
den Helden mit der Muskulatur von Body-Buildern verzichtet und stattdessen eine hohe steinerne Blume, eine schlichte Tulpe aus Granit, blühen lassen. War es ein islamischer Atavismus, der Achmedow auf die
Darstellung des Menschenbildes verzichten ließ? An der Außenmauer
der Parteischule und des Instituts für Marxismus-Leninismus kam er
nicht umhin, ein breitflächiges, gewaltiges Antlitz zu entwerfen. Es ist
umgeben von den Symbolen des Guten und des Bösen, tellurische
Urkräfte, die offenbar auch um die proletarische Seele des Sowjetmenschen ringen. Ob diese Darstellung des Widerstreits zwischen den Kräften des Lichts und der Finsternis wohl auf den uralten Zarathustra-
Glauben zurückgeht, der in dieser zentralasiatischen Gegend jahrhundertelang florierte?

Aschkhabad lebt in einer Art Belagerungszustand. Man könnte meinen, die Russen fühlten sich durch die Ereignisse im Iran Khomeinis,
dessen Grenzen nur vierzig Kilometer südlich verlaufen, mehr beunruhigt als ihre präsumptiven persischen Opfer. Die Reisemöglichkeiten für
Ausländer im Umkreis der Stadt sind aufs engste limitiert. Die berühmte

Höhle von Bakharden oder der Höhenort Firiuzu, die auf den Touristen-Prospekten angepriesen werden, sind aus dem Programm gestrichen. Bleibt nur der Ausflug nach den Ruinen von Nisa, knappe fünfzehn Kilometer von Aschkhabad entfernt, wo der offizielle Begleiter und Aufpasser darüber wacht, daß kein Fotoapparat auf das Kopetdag-Gebirge gerichtet wird, ein öder Höhenzug, der die Grenze mit dem Iran markiert. Vom Beginn unserer Zeitrechnung bis zum Jahr 400 war Nisa eine wichtige Hauptstadt des Parther-Reiches. Die Grundmauer des zoroastrischen Feuertempels und ein paar Ziegel-Bollwerke sind noch zu erkennen. Aramäische Schriften wurden entdeckt. Soweit der Blick reicht, erstreckt sich jenseits des schmalen grünen Oasenstreifens der »schwarze Sand«der Karakum-Wüste. Natürlich verweisen die Funktionäre stolz auf den Karakum-Kanal, der durch die Einöde eine schnurgerade Linie vom Syr Daria bis zum Kaspischen Meer zieht. Eine beachtliche zivilisatorische Leistung, die jedoch aufgrund der Enge des schlammigen Wasserbettes nicht sonderlich spektakulär wirkt.

Aschkhabad besitzt eine orthodoxe Kirche. Nach einer Moschee habe ich vergeblich geforscht. Man hat deren Aufbau nach dem Erdbeben ganz einfach vergessen. Etwas verlegen verweist man mich auf ein Gebetshaus jener Bahai-Sekte, die von der schiitischen Revolution im Iran so unerbittlich verfolgt wird, aber auch das ist nicht aufzufinden. In Turkmenistan soll es ganze dreißig offiziell registrierte Mullahs geben. In dieser Republik hat also die Gottlosen-Kampagne auf den ersten Blick durchschlagende Ergebnisse erzielt. Die Wirklichkeit sieht vielleicht ganz anders aus. Nirgendwo in Sowjetisch-Zentralasien ist mir die Kluft zwischen Kolonisatoren und Kolonisierten so kraß erschienen. Auf dem großen Sonntags-Markt der Turkmenen, wo sich die ortsansässigen Slawen wie Ausländer bewegen, werden neben knallroten Bukhara-Teppichen und modernsten Hifi-Geräten, die auf geheimnisvollen Schmuggelwegen dorthin gelangt sind, vor allem alte silberne Schatullen verschiedensten Formats gehandelt, die mit braunen Achaten geschmückt sind. Die mürrischen Turkmenen-Frauen im Koinek, die das Haar sorgfältig unter dem Kopftuch versteckt tragen, blinzeln aus ihren Schlitzaugen widerwillig auf den Fremden, der eine solche Silberkapsel erstehen will und verlangen gesalzene Preise. Früher wurden darin Exemplare des Koran oder zusammengerollte Suren als Talisman aufbewahrt. Die russischen Käuferinnen werden geradezu feindselig behandelt. Die junge Volksdeutsche, die uns begleitet, hat vor Betreten des Marktes ihre Zigarette ausgedrückt, denn der Fastenmonat Ramadan ist noch nicht zu Ende.

Die Bevölkerungs-Entwicklung in Turkmenistan ist für Moskau besorgniserregend. In fünfzig Jahren hat die Zahl der Turkmenen sich verdreifacht. 1926 hatte man 766 000 Angehörige dieser Turk-Rasse – »Turkmene« heißt angeblich »Ich bin Türke« – gezählt. Heute sind es weit mehr als zwei Millionen. Russen und Ukrainer stellen knapp dreizehn Prozent der Gesamtbevölkerung in dieser Teilrepublik.

Auch im hiesigen Hotel-Restaurant fließt der Alkohol in Strömen, noch ehe die Sonne sinkt. Die erdrückende, staubtrockene Wüstenhitze forciert den Konsum. Wieder kommt eine Stimmung wilder Ausgelassenheit gerade bei den Asiaten auf. Ein turkmenischer Koloß am Nebentisch – er hat den Schädel glattrasiert, aber der Schnurrbart hängt ihm wie einem hunnischen Steppenreiter zu beiden Seiten des Kinnes herunter – kippt einen Wodka nach dem anderen, führt einen stampfenden Solotanz zum Rhythmus von Boney M. auf, stößt zwei Stühle um und liegt plötzlich strampelnd auf dem Rücken. Er wird mit viel Nachsicht auf die Beine gestellt. Ich beobachte aber auch zwei adrett gekleidete junge Turkmenen – vermutlich Ingenieure –, die von ihrem russischen Kollegen zum Alkohol-Konsum ermuntert werden und sich strikt weigern, etwas anderes als Mineralwasser oder Fruchtsaft zu trinken. Eine Reisegruppe aus der DDR vergnügt sich, so gut sie kann. Am Nachmittag hatte sie ihr großes Erlebnis gehabt, ein Kamelritt am Rande der Wüste. Auch hier intoniert die Kapelle immer wieder das flotte Lied vom großen Dschinghis Khan, und auch hier ist dann die Begeisterung nicht zu zügeln. Ich gehe zu früher Stunde auf das Zimmer, denn das Flugzeug nach Moskau startet im Morgengrauen.

Aus der Höhe wirkt die Karakum-Wüste nicht schwarz, wie der Name besagt, sondern fleckig braun. Der Tag ist klar und blau. Das Kaspische Meer liegt uferlos unter den Flügeln der Iljuschin-Maschine. In der Ferne ahnen wir die Wolga-Mündung und die Industrie-Viertel von Astrakhan. Ich muß plötzlich an den Maghrebiner Ibn Battuta denken, der im vierzehnten Jahrhundert auf seinen endlosen Reisen durch die islamische Welt auch die Stadt Astrakhan als unermüdlicher Chronist besucht hatte. In diesem Raum herrschten damals die Tataren der »Goldenen Horde« und hatten ganz Rußland und die Ukraine unter ihr Joch gezwungen. Vom Kaspischen Meer, so schildert Ibn Battuta, war er nach Norden, in Richtung auf die Ortschaft Bolgar zu den »Wolga-Bulgaren« aufgebrochen, in das »Land der Finsternis«, wie er schrieb. Dort herrsche im Winter permanente Dunkelheit. In der vereisten Schneelandschaft sei der Reisende auf Hundeschlitten angewiesen. Für den frommen Moslem stelle sowohl der ewige Tag des Sommers wie die ewige Nacht des Winters im Fastenmonat Ramadan ein fast unlösbares rituelles Problem. Die goldhäutigen, feingliedrigen Tataren, so vermerkte unter anderem der maghrebinische Globetrotter vor sechshundert Jahren, empfänden instinktiven Abscheu vor der blonden Plumpheit der Russen und ihren stumpfen Blau-Augen. Seltsame Umkehr der rassischen Vorurteile im Verlauf der Jahrhunderte.

Der Mullah und der Kommissar

Moskau, im Sommer 1980

Vor dem Taganka-Theater im östlichen Moskau waren ein paar hundert Menschen auf der Straße. Sie solidarisierten sich bis spät in die Nacht mit dem jäh verstorbenen Poeten und Schauspieler Wladimir Wyssozki, deklamierten seine Gedichte, sangen mit gedämpfter Stimme seine traurigen Lieder, ehe sie von einem Trupp Milizionäre auseinandergejagt wurden. Es war eine zurückhaltende, fast schüchterne Demonstration. Die Resignation war stärker als die Auflehnung. Wyssozki war ein Kritiker des Sowjetregimes gewesen, aber den konsequenten Sprung in das kämpferische Dissidententum hatte er nicht vollzogen. Mit zweiundvierzig Jahren war er gestorben – der Alkohol hatte seinen Tod beschleunigt –, und eine Gemeinde meist junger Menschen gedachte seiner mit Tränen in den Augen und Blumen in den Händen. Der Kontrast vor dem Taganka-Theater konnte nicht frappierender sein: Dostojewskij-Gestalten, zerquälte Raskolnikow-Köpfe auf der einen, blanke Roboter-Gesichter der KGB-Beamten auf der anderen Seite. Unter den bissigen Balladen Wyssozkis, der im Westen vor allem durch seine Ehe mit der Schauspielerin Marina Vlady bekannt geworden war, merkte ich mir jene Passage, wo er ironisch fragt, warum auf den letzten Schah in Persien nicht ein Sowjetbürger gefolgt sei, »wo doch in unserem Turkmenistan jeder zweite ein Ayatollah ist«.

Mit einer Gruppe ausländischer Kollegen hatten wir uns nach einem reichhaltigen russischen Mahl eher per Zufall der Trauergemeinde beigesellt. Am Taganka-Theater war das Erinnerungsbild des Toten schon durch ein Werbeplakat der Olympiade überklebt. Diesen Sportspielen, die gerade im Gange waren, und der damit verbundenen Rücksichtnahme auf fremde Besucher verdankten wohl die Freunde Wyssozkis, daß sie ziemlich ungeschoren davonkamen. Als der WDR-Korrespondent Gerd Ruge gegen den Widerstand der Türhüter in das Innere des Theaters stürmen wollte, um sich zu vergewissern, was dort vorging, wiesen die Milizionäre ihn mit unerwarteter Behutsamkeit zurück. Inga, an ihrer Kleidung auf den ersten Blick als westliche Ausländerin zu erkennen, war inzwischen von einem scheuen Mädchen mit verhärmtem Gesicht auf Englisch angesprochen worden. Es handelte sich um eine russische Baptistin, die staatliche Toleranz für ihr religiöses Bekenntnis forderte und im Westen nach christlicher Anteilnahme suchte.

Bei Dietrich Schanz und seiner russischen Frau Vera berichtete ich zu nächtlicher Stunde über meine flüchtige Reise durch Zentral-Asien. Wir kannten uns seit den Kongo-Wirren und der Ermordung Patrice Lumumbas. Wir hatten uns in den Reisfeldern Vietnams und Kambodschas wiedergetroffen. In Teheran hatten wir gemeinsam die ersten Auswüchse der schiitischen Revolution beobachtet, und sogar auf jener denkwürdigen Pressekonferenz Hafizullah Amins in Kabul war Schanz urplötzlich aufgetaucht, um nach dem Schicksal des gestürzten Präsidenten Taraki zu fahnden. Was die Wiedergeburt des Islam in der Sowjetunion betraf, war Dietrich sehr viel skeptischer als ich. »Du unterschätzt das eiserne Korsett der Partei und des KGB«, meinte er. »Wir sind hier nicht in Persien, wo es den Massen unendlich schlechter ging als in den muselmanischen Republiken der Sowjetunion.« Daß gerade der erträgliche Lebensstandard der Zentralasiaten und Kaukasier Voraussetzung für zusätzliche Aufsässigkeit sei, wollte er nicht gelten lassen. Auch meine These, daß der exemplarische Modellcharakter westlicher Zivilisation und Technik – dazu gehört ja auch das Sowjetsystem in den Augen der Orientalen – längst seine Zugkraft verloren habe, seit der Islam sich auf seine eigenen Werte besinne und alle Überfremdung verteufele, lehnte er ab. Ich tröstete mich am Ende damit, daß meine frühen Prognosen über das Scheitern des amerikanischen Vietnam-Einsatzes seinerzeit von den wenigsten Kollegen geteilt und daß meine Hinweise auf eine eventuelle Revanche der persischen Mullahs am Schah-Regime noch vor wenigen Jahren als Phantasterei verworfen worden waren.

Mitternacht hatte längst vom Kreml-Tor geschlagen, und ich wanderte einsam über den Roten Platz. Im Hotel »Metropol« hatte ich keinen Schlaf gefunden. Ein paar Sicherheitsbeamte beobachteten mich unauffällig. Neben einer Bank entdeckte ich zwei friedlich schlafende Betrunkene. Die Basilius-Kathedrale war von Scheinwerfern angestrahlt und blühte wie ein Bukett wilder Steppenblumen. Hier hatte Iwan der Schreckliche seinen entscheidenden Sieg über die muselmanischen Tataren von Kazan in Stein zelebriert, und die Kirche, die er aus diesem Anlaß erbauen ließ, dieses barbarische, faszinierende Bauwerk aus grellbunten Zwiebeln und Knollen, verwies tief nach Asien. »Grattez le Russe et vous trouvez le Tatare«, sagt ein französisches Sprichwort. »Kratzt den Russen an, und ihr entdeckt den Tataren.«– »Zweihundertfünfzig Jahre mongolischer Willkürherrschaft haben Rußland zutiefst geprägt«, hatte Vera Schanz meine abendliche Debatte mit ihrem Mann kategorisch beendet; »die Leidensfähigkeit und die Geduld der Russen sind seitdem unermeßlich. Ehe sie sich eines Tages wirklich gegen den Zwang des Bolschewismus erheben, kann wieder ein Vierteljahrtausend verstreichen.«

Schon Ibn Battuta war wegen der angeblichen Oberflächlichkeit seiner Berichterstattung über das »Land der Finsternis« getadelt worden. Vor den roten Zinnen des Kreml fielen mir die Vorhaltungen eines in Moskau akkreditierten Diplomaten der französischen Botschaft ein. Ich hatte ihm von den Erfahrungen der deutschen Wehrmacht bei ihrem Vormarsch in der Sowjetunion während des Zweiten Weltkrieges berichtet, als anfangs die Angehörigen der muselmanischen Völkerschaften aus Zentral-Asien und aus dem Kaukasus in Scharen überliefen und sich von den Deutschen nationale wie religiöse Freiheit erhofften. Sie konnten nicht ahnen, daß die weltanschauliche Verblendung der Nationalsozialisten jede Waffenbrüderschaft mit diesen »asiatischen Untermenschen« weit von sich wies, daß gewisse SD-Stellen in ihrer kriminellen Ignoranz sogar die beschnittenen Moslems als Juden ermorden würden. Als am Ende doch noch aserbeidschanische, turkestanische und tatarische Einheiten in feldgrauer Uniform aufgestellt wurden, war die Chance längst vertan. Die Moslems der Sowjetunion hatten es vorgezogen, als tapfere Rotarmisten zu fallen, ehe sie als geschundene und verachtete Kriegsbeute in den deutschen Gefangenenlagern verhungerten.

Charles Ribère hatte einmal als »Contrôleur Civil« in Marokko gedient, ehe er vom Quai d'Orsay übernommen worden war. »Sie suchen immer noch nach einer Bestätigung Ihrer These vom unausweichlichen islamischen Erwachen in der Sowjetunion«, hielt er mir entgegen. »Vielleicht haben Sie sogar recht. Aber glauben Sie wirklich, daß es wünschenswert wäre, die Herrschaft der Kommunisten durch die Herrschaft der koranischen Fanatiker zu ersetzen? Sind Sie nicht auch der Meinung, daß der islamische Obskurantismus sich am Ende viel dumpfer, lähmender und fortschrittshemmender auswirkt als der marxistische Dogmatismus?«– Der Mullah und der Kommissar.

Nirgendwo wird so endlos über Weltpolitik debattiert wie im Moskauer Ausländer-Getto am Kutusowski-Prospekt im Schatten des Hotels »Ukrainja«. Wir kamen überein, daß die Russen sich gegenüber ihren muselmanischen Minderheiten in einer spätkolonialen Situation sui generis befänden. Aber wie lange würde es dauern, ehe sich die Sowjet-Führung dieser objektiven Tatsache bewußt, die ideologischen Scheuklappen abstreifen würde? Die russischen Weltrevolutionäre leugneten den Nord-Süd-Konflikt – zumindest soweit sie selbst davon betroffen waren. Sie wiegelten unentwegt die farbigen Völker der Dritten Welt gegen den Westen auf und schienen immer noch zu glauben, daß ihnen diese oberflächliche Solidarisierung gedankt würde. Was den militanten Islam betraf, so mochte man in Moskau seit dem Auftreten Khomeinis und den Schwierigkeiten in Afghanistan wohl hellhöriger geworden sein. Man entdeckte zögernd, daß dieses mystische Aufbäumen der Muselmanen den Bestand des Sowjetreiches sehr viel unmittelbarer gefährdete als etwa die weltweiten Hegemonialpositionen der Vereinigten Staaten von Amerika, die lediglich aufgrund ihrer engen Bindung an Israel zum verhaßten Popanz der islamisch-arabischen Agitation geworden waren. »Wir sitzen doch alle – Russen, Amerikaner, Europäer – im gleichen Boot, wenn es um unser Verhältnis zur Dritten Welt geht«, hatte ich bei meinem Besuch im Zentralkomitee zu Herrn F. gesagt, bevor ich meine Reise nach Alma Ata antrat.

Es war Zeit, vom Roten Platz und vom Lenin-Mausoleum Abschied zu nehmen. Ich blickte noch einmal zu den gleißenden Kuppeln der Kreml-Kirchen auf. Dort leuchteten unentwegt die goldenen Kreuze der orthodoxen Christenheit. Sie durchbohrten symbolisch und sieghaft den islamischen Halbmond. Jahrhundertelang hatte das Heilige Rußland auf Vorposten gestanden gegen die muselmanischen Heerscharen der Tataren und Türken. Ein Ausspruch Charles de Gaulles kam mir in den Sinn: »Un jour, même les Russes finiront par comprendre qu'ils sont des Blancs – Eines Tages werden sogar die Russen begreifen, daß sie Weiße sind.«

DIE MOSLEMS VOR DER TÜR

. . . East is East and West is West
And never the twain shall meet.

Rudyard Kipling, The Ballad of East and West

Die neuen Janitscharen

Ankara, im Herbst 1982

Im Büyük-Hotel von Ankara krame ich in alten Notizen und Zeitungsartikeln aus dem Sommer 1951. Mit der Türkei hatte ich meine mehrmonatige erste Orient-Tournee begonnen, und ausgerechnet im ost-anatolischen Erzerum, in einem erbärmlichen Hotelzimmer, hatte ich die Serie niedergeschrieben: »Die Türkei wählte Europa.« Der Stil war noch etwas jugendbewegt. Im Umkreis von Erzerum bis hinunter zum Van-See erinnerten verlassene Kirchen der Armenier an den tragischen Untergang dieses christlichen Volkes. »An dem Land zwischen Erzincan und Kars«, so schrieb ich damals, »haftet der Geruch vergossenen Blutes. Unsagbare Traurigkeit lastet auf den verwahrlosten Steinhäusern, wird durch die melancholische türkische Musik noch betont. Wenn der Mond hoch und kalt über den nackten Bergen steht und ein zweirädriger Ochsenkarren, ein ›Kagni‹, sich mit quietschenden Achsen durch die Gassen müht, wirken die runden Strohhaufen auf den flachen Dächern wie düstere Grabkuppeln der Namenlosen. . . . Bei Tag ist der Ort kaum einladender. Seit einigen Jahren tragen viele Frauen wieder den schwarzen Schleier, den sie mit einer Hand vor das Gesicht halten. Die Straßen wimmeln von Soldaten in abgewetzten, verfärbten Uniformen. Die Zivilisten laufen in zerlumpten Anzügen unter der formlosen Schirmmütze, deren Tragen Atatürk anstelle des Fes angeordnet hatte . . . Hier lebt ein arbeitsames, ehrliches, gastliches Volk, das man aber nie lachen hört, das man selten tanzen sieht. Aus starren schwarzen Augen blickt noch die Härte unerbittlicher Jahrhunderte. Wenn die Dunkelheit hereinbricht, arbeitet der Einwohner von Erzerum bis zu vorgerückter Stunde; er trinkt vielleicht einen Raki, wenn er Geld dazu hat, oder er geht – Gipfel des Amüsements – in ein schmutzstarrendes Lokal, wo drei dicke Mädchen auf einem Podest sitzen und stundenlang – ohne Unterbrechung und Anteilnahme – anatolische Lieder singen, die sich wie langgezogene Totenklagen anhören. Das Publikum, nur Männer, kauert an niedrigen Tischen und wendet keinen Blick von den Speckfalten der Sängerinnen ... Es gibt in Erzerum nichts Erholsameres, als im Hotel ›Sen Palas‹ – aus unerfindlichen Gründen ›Palast der Freude‹ genannt – mit den Angehörigen der in Ost-Anatolien stationierten US-Militär-Mission einen späten Whisky zu trinken. Nie hat die etwas polternde Unbekümmertheit der Amerikaner befreiender gewirkt als hier im Vorfeld des Kaukasus. Für die GI's kommt die Entsendung nach Erzerum einer Verbannung gleich. Was bleibt ihnen abends übrig, als in ihren Hotelzimmern Schallplatten aufzulegen und sich mit Alkohol vollaufen zu lassen. Als äußerstes ›excitement‹ haben sie den Wettbewerb im Stiefelputzen erfunden. Sie wienern so lange daran, daß man sich fast in ihnen spiegeln kann, und zeigen sie dann triumphierend den örtlichen Schuhputzern, die sie bei Tage pausenlos umlagern. Hauptgesprächsthema war die geplante Errichtung eines Night-Clubs oder Saloons. Unter Gelächter erzählten die Amerikaner von den Prostituierten von Erzerum, die am Stadtrand in einer separaten Häuserzeile untergebracht waren. Am Eingang dieser Gasse tastete die Polizei jeden Passanten nach Messern und Dolchen ab. In einer hier seltenen Anwandlung religiöser Unduldsamkeit verweigerten diese ›ehrbaren Dirnen‹, die einen orientalischen Sartre hätten inspirieren können, ihre dürftigen Reize den ungläubigen Ausländern aus dem fernen Westen ... In diesen Wochen fanden in Ost-Anatolien Anschläge muselmanischer Bruderschaften gegen Statuen Atatürks statt, so daß sich selbst die neue tolerante Regierungsmannschaft unter Staatspräsident Celal Bayar zu energischen Maßnahmen gezwungen sah. Die Gefahr eines Rückfalls in den islamischen Fanatismus bleibt eben stärker als die Behörden in Ankara zugeben wollen. Beweis dafür ist das Tragen des Schleiers, das in der östlichen Türkei wieder überhand nimmt, oder das Absingen des Koran, das im Rundfunk zugelassen wurde. In den Koranschulen, die sich zwischen Kars und Istanbul vervielfältigen, lernen die Knaben – ohne ein Wort Arabisch zu verstehen – die Suren und Verse mechanisch auswendig. Die ›Demokratische Partei‹, die unlängst die ›Republikanische Volkspartei‹ Ismet Inönüs abgelöst hat, will sich offenbar in religiösen Fragen duldsamer zeigen als der unerbittliche ›Ghazi‹-Atatürk. Aber mit jeder Geste der Konzilianz läuft die laizistische Republik Gefahr, ein Stück von ihrer mühsam errungenen Einheitlichkeit preiszugeben ... ›Wir brauchen einen Atatürk‹, sagen daher viele Studenten der Universität Ankara, die die Meinung vertreten, daß die staatliche Verwaltung nur noch von den Impulsen des großen Gründers zehrt und daß dieser Schwung allmählich erlahmt . . .«

Seit ich diese Zeilen schrieb, ist eine Generation vergangen. Es ist Abend geworden in Ankara. Aus der Etagenwohnung des hochgelegenen Cankaya-Viertels schweift der Blick über das Lichtermeer der Hauptstadt, die inzwischen mehr als zwei Millionen Einwohner zählt. Ich sitze mit einer kleinen Gruppe türkischer Journalisten, Dozenten und Beamten zusammen. Das Gespräch dreht sich um die neue Verfassung, die General Evren, der vor zwei Jahren, am 12. September 1980, die Macht an sich riß, den Türken zur Abstimmung vorlegen will. Jedermann betrachtet es als einen Makel, daß der starke Mann von Ankara seine persönliche Wahl zum Präsidenten der Republik für eine Periode von sieben Jahren – das französische Modell könnte hier Pate gestanden haben – mit dem konstitutionellen Volksentscheid verknüpft. Es wird überhaupt erstaunlich offen und sachlich in dieser Runde diskutiert, deren Teilnehmer aus Anlaß dieses zwanglosen abendlichen Treffens dunkle Anzüge tragen.

Die Machtergreifung der Militärs ist von der großen Mehrheit der Türken als eine Erlösung empfunden worden. Seit Jahren versank das Land im Terrorismus links- und rechtsradikaler Kampfgruppen, steuerte unvermeidlich auf den offenen Bürgerkrieg zu. Vor dem Putsch der Streitkräfte waren binnen zwanzig Monaten fünftausend Menschen auf offener Straße umgebracht worden. Kein Wunder, daß die Städte bei Einbruch der Dunkelheit verwaisten. Mit der Türkei war ein allmählicher Degradierungs-Prozeß vor sich gegangen. Sie lief Gefahr, wieder zum »kranken Mann« am Rande Europas zu werden. Die kraftvolle, disziplinierte Republik, die Atatürk 1938 bei seinem Tod dem Nachfolger Ismet Inönü hinterlassen hatte, war nach und nach den Prinzipien und Idealvorstellungen des Kemalismus entfremdet worden. Mit eiserner Faust, ja mit der Knute hatte Kemal Pascha, der sich im Rahmen der neuen obligatorischen Namensgebung in Mustafa Kemal Atatürk – »Vater der Türken« – umgetauft hatte, dieses Rumpfgebiet des Osmanischen Reiches in Anatolien und Ost-Thrazien nach Europa ausgerichtet. Er hatte den Islam mit oft brutalen Methoden verdrängt, die Scharia durch westlich inspirierte, säkulare Gesetzgebung ersetzt, die Hodschas gezwungen, den Koran auf Türkisch zu beten, die lateinische Schrift eingeführt, eine Vielzahl von Moscheen geschlossen – die größte von ihnen, die von den Byzantinern übernommene Hagia Sophia, in ein Museum verwandelt –, das weibliche Wahlrecht dekretiert, den Frauen

den Schleier vom Gesicht reißen lassen und das Tragen von Fes und Turban zeitweilig unter Todesstrafe gestellt. Der letzte Osmanische Khalif war
1924 schimpflich ins Exil gejagt worden. Die religiösen Bruderschaften
wurden verboten und verfolgt. Die türkische Republik sollte sich endgültig vom Orient abwenden. Mit teilweise leninistischen Methoden schuf
der herrische Staatsgründer einen umfangreichen staatlichen Sektor in
Industrie und Handel, enteignete die Beys in West- und Zentral-Anato-
lien, verteilte das Land an die Bauern. Zentrales Instrument dieser refor-
mistischen Gewalt, Garant der republikanischen und laizistischen
Ausrichtung war die Armee, die 1923 den griechischen Eindringlingen
kurz vor Ankara eine vernichtende Niederlage bereitet hatte. Das Parlament, dem Kemal Atatürk gebieterisch die neue Hauptstadt Ankara
zugewiesen hatte – er mißtraute der levantinischen Fäulnis der alten
Metropole Istanbul am Bosporus –, wurde zunächst noch durch die
Einheitspartei gegängelt, sollte aber nach und nach dem westlichen Plu-
ralismus geöffnet werden. Der Botschaft des Propheten Mohammed,
dieses »schmutzigen und lügnerischen Beduinen«, wie Kemal Pascha
ihn nannte, begegnete der »Vater der Türken« mit Grimm und Feindschaft.
Auf das grandiose Mausoleum dieses gewalttätigen Mannes, das Ankara
wie ein antiker Tempel überragt, hätte man den Leitsatz gravieren können: »Es gibt keinen Gott außer der Nation, und Atatürk ist ihr Prophet.« Wenn ein Land der Umma erfolgreich und konsequent die totale
Abkehr von den überlieferten Prinzipien des islamischen Gottesstaates
vollzogen hatte, dann war es die kemalistische Türkei.

In unserem Kreis von Cankaya waren die Meinungen keineswegs
einheitlich. Die Parteikämpfe, die die Türkei in den beiden letzten Jahrzehnten heimsuchten, hatten zahllose Narben hinterlassen. Unter den
Intellektuellen hatte der Marxismus Fuß gefaßt. Die ländlichen Massen
hingegen suchten wieder Halt im religiösen Brauchtum. Am Nachmittag
hatte ich die Universität von Ankara aufgesucht, deren Autonomie durch
das Militär-Regime drastisch beschnitten worden war. Unter den Studenten waren die blutigsten Kämpfe ausgetragen worden. Nun saßen die
Aktivisten der verschiedenen Richtungen hinter Schloß und Riegel. Polizeiwagen stationierten vor dem Eingang des Instituts für Politische Wissenschaften. Die diversen marxistischen Fraktionen seien, wie mir der
Verfassungsrechtler Mümtaz Soysal in seinem Büro erklärte, durch den
regen Zulauf jener jungen Leute verstärkt worden, deren Eltern bereits
die anatolische Weite mit der Enge der Städte eingetauscht hatten. Diejenigen Bauernburschen hingegen, die unmittelbar aus der ländlichen

Familien-Atmosphäre in die Anonymität der Massensiedlungen hineingestoßen wurden, schlossen sich überwiegend den extrem islamischen oder nationalistischen Kampfverbänden an, von denen die »Grauen Wölfe« des Oberst Türkeş die bekanntesten waren. Parallel zu dem politischen Chaos, dem weder die Sozialdemokraten des Premierministers Bülent Ecevit noch die konservative Gerechtigkeits-Partei des umsichtigen Routiniers Demirel in irgendeiner Weise mehr beikommen konnten, versank die Türkei in wirtschaftlichem Debakel. Die jährliche Inflation hatte 120 Prozent erklettert. Die Exporte schrumpften. In der Republik Atatürks sprach man vom Staatsbankrott.

Als General Evren kurzerhand die Parteien verbot, die Gewerkschaften ausschaltete, die Politiker verhaftete, die Universitäten disziplinierte, hatten viele Studenten, wie Professor Soysal mit einem resignierten Lächeln bemerkte, vergeblich auf einen Aufstand der Arbeiterklasse gewartet. Die junge Intelligenzia hatte nicht einkalkuliert, daß die Masse der Türken – gerade auch in den untersten Schichten – nach Ruhe und Ordnung hungerte, daß die Herrschaft der Generale die Hoffnung auf eine begrenzte ökonomische Besserung in sich trug. Aber wie würde es weitergehen? Darüber wurde an diesem Abend pausenlos und kontrovers diskutiert. General Kenan Evren, der im Volksmund bereits als »Evren Pascha« bezeichnet wurde, hatte die Rückkehr zum strikten Kemalismus befohlen. Niemals war der Name Atatürk so häufig genannt, waren seine Staatsrezepte so eifrig nachgebetet worden. Schon gingen politische Witze um über diese bedingungslose Nachahmung des Staatsgründers, des »Ghazi«, wie man ihn zu Lebzeiten genannt hatte. Die Armee habe nicht begriffen – so argumentierte der Journalist Adnan, dessen Zeitung besser unerwähnt bleibt –, daß die Türkei seit dem Tode Kemal Paschas eine tiefgreifende soziologische Wandlung durchgemacht hat. Die Verstädterung habe psychologische Umschichtungen bewirkt. Die Schulpflicht, auch wenn sie die entferntesten Dörfer noch nicht voll erfaßt habe, wirke sich als unberechenbares Element politischer Bewußtseinsbildung aus. So knapp die bürgerlichen Freiheiten in den Agrar-Provinzen Anatoliens auch bemessen gewesen seien, ihre Abschaffung per Dekret löse nun Widerspruch aus. Zu viele Gegen- und Parallelkräfte hätten sich seit 1938 konstituiert, und die Streitkräfte – im Verbund mit einem Teil des hohen Beamten-Apparats – erschienen vielen Kritikern der bescheidenen Mittelklasse als eine Art türkische »Nomenklatura«, die in geschlossenem Kreise lebte und dank ihrer Stiftungen und konzern-ähnlichen Betriebe über beachtliche Privilegien

verfügte. – Man solle sich nicht täuschen, wandte Sedat, Lehrer an einer
technischen Berufsschule, ein. Es gehe vielen einfachen Leuten in der
Türkei wie den meisten Sowjetrussen. Bevor man daran denke, die
Mauern der »Nomenklatura«, der abgeschirmten Elite, einzureißen, versuche man, sie zu überspringen, zumindest seinen Söhnen Zugang zu
dieser Bevorzugung zu verschaffen. Für die Landbevölkerung stelle die
Armee – ähnlich wie der Klerus im abendländischen Mittelalter – immer
noch die einzig erfolgversprechende Chance des gesellschaftlichen
Aufstiegs dar.

Ob die Generale in ihrer zunehmenden Abkapselung, in ihrem etati-
stischen Sendungsbewußtsein überhaupt noch repräsentativ waren für
die breiten Stimmungsströmungen? »Der Kemalismus ist trotz seiner
forcierten Wiederbelebung unter Evren Pascha ein gescheitertes Experiment«, behauptete die dunkelhaarige Soziologin Nuriye, die sich bisher
mit ihrer progressistischen Meinung zurückgehalten hatte; »man hat die
Bäume gefällt, aber die Wurzeln belassen.« – Jetzt meldete sich Celal, ein
Beamter des Landwirtschaftsministeriums, zu Wort und unterstrich die
fast tragische Situation dieser krampfhaft nach Westen, nach »Avropa«
ausgerichteten Offiziere. Gerade in West-Europa würde ihr säkulares,
den Islam und seine Unwägbarkeiten eindämmendes Experiment im
Namen eines theoretischen und für Anatolien vermutlich untauglichen
Demokratie-Begriffs verworfen. Was man sich denn an der Stelle der
Neo-Kemalisten wünsche? Vielleicht spekulierten gewisse Fortschritts-
Utopisten im Ausland auf eine unwiderstehliche Hinwendung der Türken zum Sozialismus. Aber der Sozialdemokrat Bülent Ecevit habe sich
durch seine allzu auffälligen Appelle an die Solidarität fremder Bruder-
parteien, durch seinen beim Volk verpönten Internationalismus, in Miß-
kredit gebracht. Ob nun die angeblich freiheitlichen Kräfte des Westens
auf den linksradikalen Untergrund spekulieren würden, um die Türkei
nach ihrem Geschmack umzumodeln? Ähnliche Phantastereien habe die
abendländische Intelligenzia auch einmal gegenüber Persien genährt, als
Mohammed Reza Schah noch regierte. Am Ende habe die schiitische
Revolution der Mullahs gestanden. Auch in Anatolien sei nicht völlig
auszuschließen, daß nach einem eventuellen Scheitern Evren Paschas die
Stunde der Hodschas schlagen würde.

Die Behauptungen Celals lösten heftigen Widerspruch aus. Die staatlichen Strukturen des Kemalismus seien unvergleichlich stärker als die der
Pahlevi-Dynastie. Die Türken seien ein autoritäts-gewohntes und autori-
täts-freudiges Volk, wenn es zum Schwur käme, wandte Adnan ein. Er

zog einen gewagten Vergleich mit den Machtinstrumenten des Osmanischen Reiches. Auf der Höhe seiner Macht habe der Sultan von Istanbul sich auf die militärische Elitetruppe der Janitscharen gestützt, die sich im wesentlichen aus zwangsbekehrten Söhnen christlicher Eltern zusammensetzte. Die Janitscharen hätten in späteren Zeiten des Verfalls darüber entschieden, wer am Bosporus als Sultan proklamiert und mit der Würde des Khalifats ausgestattet wurde, ehe sie schließlich, 30 000 Mann, im Jahre 1826 am At Meydani auf entsetzliche und verräterische Weise massakriert worden seien. »Die Angehörigen unserer Oberschicht sind – aufgrund der osmanischen Harems-Wirtschaft – oft balkanischen oder kaukasischen Ursprungs« , sagte Adnan. Sie betrachteten sich natürlich als gute und patriotische Türken. Aber im Geiste seien sie Kinder des Westens – vergleichbar in dieser Hinsicht mit den Elite-Infanteristen des Padischah. Aufgrund ihrer instinktiven Ausrichtung nach Avropa, ihrer resoluten Sonderstellung innerhalb der Nation, möchte er sie als die »neuen Janitscharen« bezeichnen, als ideologische Fremdkörper, die eines Tages von den Urkräften Anatoliens abgestoßen würden.

Das sei graue politische Theorie, widersprach Sedat. Wer wisse eigentlich, wie es im unteren und mittleren Offizierskorps aussehe? Gelegentlich sei von nasseristischen Strömungen die Rede, was immer das bedeuten möge. Im übrigen sei die gesamte bisherige Führungsmannschaft der türkischen Innenpolitik kaltgestellt. Nicht einmal der frühere Premierminister Demirel könne auf eine Reaktivierung hoffen. Ecevit sei für die Militärs zur »bête noire« geworden. Oberst Alparslan Türkeş, der einst die rechtsextremistische Nationale Bewegungs-Partei und die »Grauen Wölfe« befehligte, befinde sich in einer Kaserne am Rande Ankaras hinter Schloß und Riegel. Er werde sobald nicht mehr seine panturanischen Utopien von der Einheit aller Türken zwischen Bosnien und Baikal-See aufwärmen können und müsse froh sein, daß er aufgrund seines fortgeschrittenen Alters der Vollstreckung der Todesstrafe entgehe. Was den religiösen Reaktionär Necmettin Erbakan beträfe, den Vorsitzenden der Nationalen Heils-Partei, so befände auch er sich in Haft, könne den Militärs auf die Dauer jedoch am gefährlichsten werden. Immerhin hatten sich bei den letzten Wahlen zehn Prozent aller Türken für sein Programm der konsequenten Re-Islamisierung ausgesprochen, und das sei nur die Spitze eines Eisbergs.

Die Debatte fand bei Raki, türkischem Wein und Whisky statt. Dazu wurde ein vorzüglicher Fisch aus dem Schwarzen Meer gegessen. Die Argumente wurden stets maßvoll und höflich ausgetauscht. Der Alkohol ließ die Stimmen nicht lauter werden. In dieser Etagenwohnung, in Blickweite des von Scheinwerfern angestrahlten Grabmals Atatürks, wurde ein bemerkenswertes Zeugnis politischer Bildung und Reife abgelegt. Celal meldete sich noch einmal zu Wort und wischte jeden Widerspruch beiseite: »Die politischen Massenverhaftungen, die Schauprozesse, die Hinrichtungen plädieren gewiß gegen die Militärs. Dennoch – ob man es in Westeuropa gern hört oder nicht – der Kemalismus, wie ihn General Evren noch einmal anfachen möchte, bleibt die solideste und wohl die letzte Chance, das westliche Staatsmodell in Anatolien für die Zukunft zu retten. Die Alternative könnte finster sein.«

So fern war der Orient nicht in Ankara. Zum Freitags-Gebet hatte ich mich von Ismet, einem stillen Krim-Tataren, der während des Zweiten Weltkriegs in der deutschen Wehrmacht gedient hatte und auf abenteuerlichen Fluchtwegen in die Türkei gelangt war, zur Moschee Hadschi Beiram nahe der alten Zitadelle fahren lassen. Diese Stätte islamischer Frömmigkeit, die sich neben den wuchtigen Überresten eines römischen Augustus-Tempels recht bescheiden ausnahm, behagte der volkstümlichen Frömmigkeit wohl mehr als jene Kolossal-Moschee im Zentrum der Hauptstadt, die im Stil der Hagia Sophia errichtet wird und nach fünfzehnjähriger Bauzeit noch immer nicht vollendet ist. Eine beachtliche Menge hatte sich rings um Hadschi Beiram geschart. Im Vorhof versammelten sich Trauernde vor schlichten Holzsärgen und stellten ihre Kränze auf. Die Moschee war viel zu klein für den Andrang. So beteten die meisten Männer in strenger Ausrichtung, soweit das die gewundene Gasse erlaubte, im Freien. Da keine Gebetsteppiche vorhanden waren, boten Knaben für ein paar Münzen Papier-Unterlagen an, auf denen sich die Gläubigen nach Mekka verneigten. Männer aller Altersklassen und jeder sozialen Schicht waren vertreten, obwohl die armen Leute und die ländlichen Typen in der Mehrzahl waren. Die Frauen kauerten – die Kopftücher eng geknotet – im weiteren Umkreis. Mir fiel ein kleiner exotischer Trupp mit rein mongolischen Zügen auf. Es handelte sich um turkmenische Flüchtlinge aus Afghanistan, wie man mir erklärte, die als einzige den Turban und den zentralasiatischen Tschapan trugen. Kenan Evren hatte ein paar tausend Asylsuchende aus der Steppe nördlich des Hindukusch in seine Republik aufgenommen, soweit sie der turanischen Rasse angehörten. Die meisten von ihnen – die angeblich aus dem östlichen Wakhan-Zipfel Afghanistans stammten – hatte er im Raum von Antalya angesiedelt. Der Zorn des Generals entlud sich über diese verstörten Einwanderer, als er bei einer persönlichen Inspektion feststellen mußte, daß die Frauen weiterhin Schleier trugen und die Töchter von den Vätern am Schulbesuch gehindert wurden. Wenn dieser Obskurantismus andauere, so hatte Evren Pascha gedroht, werde er die Flüchtlinge kurzerhand nach Afghanistan zurückschicken. Man kann sich den Schock dieser einfältigen Hirten vorstellen, die der marxistischen Gottlosigkeit gerade entronnen waren und nun in den Sog kemalistischer Laizität gerieten.

Mit Staatsminister Mehmet Özgüneş, dem die Direktion für Religiöse Angelegenheiten – Diyanet Işleri Baskani – untersteht und der als einflußreicher Zivilist innerhalb der Militär-Junta gilt, hatte ich am Vortag im flachen Regierungsblock, der auch das Außenministerium und die Amtsstuben des Premierministers beherbergt, ein ausführliches Gespräch geführt. Wie immer blickte das Bild des Ghazi Atatürk mit stahlblauen Augen auf den Besucher. Mehmet Özgüneş war eine souveräne Erscheinung mit perfekten Umgangsformen. Er war hochgewachsen und elegant gekleidet. Dem Auftreten nach hätte auch er Offizier sein können. Özgüneş sprach recht freimütig über die Problematik einer gewissen religiösen Rückbesinnung in der Türkei. Dem müsse man heute Rechnung tragen, vielleicht mehr als zu Zeiten Kemal Paschas. Die neue Verfassung sehe deshalb den obligatorischen Religionsunterricht in den Volks- und Mittelschulen vor. Man wolle dafür nach Kräften die staatliche Lehrerschaft einspannen und von den Imamen und Hodschas abrükken, die bisher das religiöse Lehrmonopol im Schatten ihrer Minaretts ausübten. Der Staatsminister gab zu, daß der Bildungsstand der vom Staat selektierten und bezahlten Hodschas oder Muftis oft unzureichend sei. Eine islamische Entfaltung, sofern sie nicht die Trennung von Religion und Staat – ein unverzichtbares Grundprinzip des Kemalismus – in Frage stelle, sei durchaus akzeptabel. Es gelte sogar, die gemäßigten islamischen Kräfte gegen die Extremisten und Geheimbündler abzuschirmen; denn deren Umtriebe seien bekannt. Alle islamischen Bruderschaften, die »Tarikat«, seien weiterhin streng untersagt, und ihre Aktivitäten würden polizeilich geahndet. Am gefährlichsten sei wohl die »Nakşibendi« – so lautet die türkische Schreibweise –, die in Ost-Anatolien und auch in Istanbul relativ stark sei. Ihre Ursprünge gingen auf Zentral-Asien und das Mittelalter zurück. Die Nakşibendi, so bestätigte Mehmet Özgüneş, sei im sowjetischen Kaukasus ein mächtiges Instrument religiösen Widerstandes gegen den Bolschewismus geblieben. In der Türkei hatten ihre Fanatiker noch in den dreißiger Jahren unter der grünen

Fahne des Propheten einen weit verzweigten Aufstand ausgelöst, der von
den Soldaten Atatürks in harten Gebirgskämpfen niedergeworfen wurde. Es gebe eine andere einflußreiche Tarikat, die Nurculuk, die weniger
aggressiv und vor allem im Raum von Antalya an der Südküste verbreitet
sei. Ernst zu nehmen sei hingegen die Suleymancilik, eine Bruderschaft
jüngeren Datums. Sie sei von einem aus Bulgarien gebürtigen Türken
gegründet worden, der während des Zweiten Weltkriegs in Bosnien auf
seiten der Deutschen in einer muselmanischen Sonder-Einheit der Waf-
fen-SS gedient habe. Dieser religiöse Reaktionär sei inzwischen gestorben, aber die Untergrundtätigkeit der Suleymancilik dürfe in West-
Anatolien und insbesondere bei den Auslands-Türken nicht unterschätzt
werden.

Wir kamen auf die Glaubensgemeinschaft der türkischen »Aleviten«
zu sprechen, von denen ich bisher angenommen hatte, daß sie sich – wie
ihre Glaubensbrüder des Iran – zur Zwölfer-Schiia bekannten. Der Minister gab die Zahl der Aleviten mit drei Millionen an. In amerikanischen
Studien werden sie mit elf Millionen beziffert. Khomeini-Anhänger
seien bei diesen Sektierern kaum zu finden, betonte Özgüneş. Die Aleviten seien in der Mehrheit Anhänger des staatlichen Säkularismus, was
aus ihrer Minderheiten-Position heraus erklärbar war. Sie galten auch als
aufgeschlossener, fortschrittlicher als die Sunniten. Ihre Frauen gingen
unverschleiert, ja die prüden Hodschas verdächtigten sie der sexuellen
Libertinage. Tatsächlich, so meinte der für Religionsfragen zuständige
Staatsminister, hätte sich bei den Aleviten, die vor allem im Raum von
Sivas verstreut sind und deren Studenten oft nach links tendierten,
gewisse Schamanen-Bräuche aus der vor-islamischen Frühzeit der turanischen Völker erhalten.

Fast alle Türken, ob sie nun das Militär-Regime bejahten oder ablehnten, hatten mir versichert, daß eine Wiederholung von iranischen Entwicklungen bei ihnen völlig ausgeschlossen sei. »Zunächst einmal sind
wir Sunni, und dann sind wir keine neurotischen Perser«, so wurde
immer wieder betont. Dennoch gibt es in Anatolien heute, laut offiziellen Angaben, mindestens fünfzigtausend Hodschas, und in keinem Land
des ganzen Dar-ul-Islam schießen so viele Moscheen aus dem Boden. Oft
ragt ein ganzes Dutzend Minaretts in einem einzigen Seitental. Während
der Dauer des Osmanischen Reiches seien nicht so viele Moscheen
gebaut worden wie in der modernen Türkei seit zehn Jahren. Die Zahl
der Mekka-Pilger wurde von Staatswegen drastisch reduziert, indem
man den Gläubigen eine Wiederholung des Hadsch kurzerhand unter-

sagte. Diese Problematik reichte schon über ein Vierteljahrhundert zurück. Im Oktober 1957 hatte ich anläßlich eines Abstechers nach Bursa folgende Reisenotizen festgehalten:» . . . Der Islam kommt mit unerwarteter Heftigkeit in der Türkei wieder zum Durchbruch. Das Säkularisierungswerk Atatürks ist in mehr als einer Hinsicht gefährdet und schon überrannt . . . Die ›Demokratische‹ Regierungspartei, die sich dank ihrer religiösen Toleranz eine dauerhafte Popularität bei der Landbevölkerung sichern möchte, schließt vor der Re-Islamisierung beide Augen, und aus wahlpolitischen Gründen muß die ›Republikanische‹ Gegenpartei dieser Orientierung nachhinken. Fromme Veröffentlichungen liegen heute an jeder Straßenecke aus. Die Zahl der Mekka-Pilger wächst jährlich. Neben den Orgelpfeifen der Getreide-Silos ist das spitze, röhrenförmige Minarett wieder das Wahrzeichen der türkischen Landschaft. In jedem Dorf wird das Haus Allahs durch Kollekten der Gläubigen, aber auch auf Staatskosten verputzt und gereinigt . . . Sogar die von Atatürk unerbittlich zersprengten Bruderschaften und ›Tarikat‹ des Islam regen sich wieder . . .«

Die Generale – Befehlshaber von Heer, Luftwaffe, Marine und Gendarmerie –, die im Präsidialrat, dem natürlich Evren Pascha vorsteht, laut neuer Verfassung sechs Jahre lang das Sagen haben sollen, werden sich sehr intensiv mit der religiösen Volksbewegung, die sie negieren, befassen müssen. Der militärische Enthusiasmus der ländlichen Anatolier, den ich ebenfalls in meiner Reportage von 1957 beschrieben hatte, mag ihnen dabei noch eine Weile zugute kommen. Ich schilderte damals die bescheidenen Feierlichkeiten zu Ehren des Nationalfestes:» . . . Der Jugendpark von Ankara glich einem Rummelplatz. Das Feuerwerk spiegelte sich im großen Teich zwischen Pappeln und Eukalyptus-Bäumen . . . Eine Traube von Wagemutigen wartete geduldig am Fallschirmturm, um sich fünfzig Meter in die Tiefe fallen zu lassen. Die Verkaufsstände waren in Anbetracht der Importschwierigkeiten sehr ärmlich ausgestattet. In der Masse fielen mir immer wieder die untadeligen Offiziers-Uniformen amerikanischen Zuschnitts auf. Die Obersten und Majore mischten sich ohne Standesdünkel unter die Heerschar der Arbeiter und kleinen Leute. Unvermittelt teilten sich die Schaulustigen und machten einem Heeres-Musikzug Platz. Hinter den Pauken und Trompeten formierte sich spontan eine Gruppe junger Zivilisten im wehrpflichtigen Alter und marschierte mit ernsten Gesichtern im Gleichschritt hinter der Kapelle her. ›Daß eine solche Armee-Begeisterung heute noch existiert‹, kommentierte ein ausländischer Militär-Attaché neben uns, und es klang etwas Wehmut aus der Bemerkung . . .«

Diese martialische Grundstimmung der Jugend, die sich heute noch im grimmigen Ausdruck der wachhabenden Soldaten spiegelt, dürfte durch die nunmehr konstitutionell verankerte Herrschaftsstellung der Streitkräfte auf eine harte Probe gestellt werden.

In diesem Herbst 1982 hatte ich darauf verzichtet, nach Konya zu fahren. Diese süd-anatolische Stadt galt schon unter den Seldschuken als Hochburg des religiösen Eifers. Hier hatte einst die Mevlana-Bruderschaft der »tanzenden Derwische«, wie man sie im Westen nennt, ihr eindrucksvolles Tekke-Gebäude, eine Art Kloster, gebaut. Seit einiger Zeit erlaubt die Regierung einmal im Jahr die Vorführung der kreiselnden ekstatischen Tänze, die zur folkloristischen Darbietung degradiert wurden. Die alte Tekke wird neuerdings nicht mehr für diesen Wirbel der bärtigen Sufi mit den hohen, spitzen Kappen und den weitschleudernden Ärmeln zugelassen, sondern ihnen wird eine nüchterne Turnhalle zugewiesen, vermutlich um jede Anwandlung mystischer Verzükkung zu verhindern. Dennoch war vor zwei Jahren der Fremdenverkehrs-Rummel durch eine plötzliche Kundgebung islamischer Eiferer unterbrochen worden. Sie hatten mit dem Schrei »Allahu akbar« die Tribüne gestürmt, wo gerade ein Beamter der Kulturbehörde einen belehrenden Vortrag halten wollte, und waren von schnell hinzugeeilten Polizisten mit Handschellen abgeführt worden.

Die tanzenden Derwische der Mevlana-Tarikat waren durchaus nicht jene finsteren Fanatiker, als die sie im Okzident oft dargestellt werden. Ihr Gründer Mevlana Celaleddin Rumi stammte aus Balq in Afghanistan. Er hatte eine Lehre der Liebe, der Toleranz gepredigt und in dichterischen Schriften überliefert. Von dieser milden Botschaft war offenbar nicht viel übriggeblieben, denn Konya hatte sich vor der Machtergreifung der Militärs zu einem Hort der islamischen Intoleranz zurückentwickelt. Wehe dem Passanten, der im Ramadan auf der Straße rauchte. Er wurde angerempelt, oft verprügelt. Auch für Ausländer war während des Fastenmonats kein Restaurant verfügbar. Die »Heils-Partei« Necmettin Erbakans galt in Konya als die maßgebliche politische Kraft.

Was denn aus der Bektaschi-Bruderschaft geworden sei, jener Tarikat, in der die streitbaren Janitscharen sich wie zu einem Krieger-Orden zusammenschlossen, hatte ich einen islamisch versierten Dozenten der Universität Ankara gefragt. Die Bektaschi, so erfuhr ich, hätten einer ganz anderen geistlichen Kategorie angehört. Ihnen habe etwas Korporatives angehaftet, wie das etwa bei den Zünften mitsamt deren Schutzheiligen im Abendland der Fall gewesen sei. »Wenn Sie eine moderne

Replik zur Beziehung zwischen Bektaschi und Janitscharen suchen, dann mögen Sie den Vergleich mit der kapitalstarken Pensionsstiftung ›Oyak‹ heranziehen, die den türkischen Streitkräften von heute Vorteil, materielle Sicherheit und ein aktives Solidaritäts-Bewußtsein verschafft«, fügte der Dozent mit maliziösem Lächeln hinzu.

In der türkischen Presse von heute muß man lange suchen, ehe man eine kurze und oft einseitige Erwähnung des seit zwei Jahren andauernden Krieges zwischen Iran und Irak entdeckt. Dieser grimmige Konflikt spielt sich in unmittelbarer Nachbarschaft, fast im Einzugsbereich Anatoliens ab, doch die Regierung von Ankara ist auf äußerste Zurückhaltung und Neutralität bedacht. Sowohl mit Teheran wie mit Bagdad wurden die Handelsbeziehungen intensiviert. Nach Persien werden gelegentlich diskrete Waffenlieferungen durchgelassen. Der Irak hat die Bundesrepublik Deutschland als ersten Handelspartner der Türkei verdrängt. Ist man sich in den Regierungsstellen von Ankara der schicksalhaften Bedeutung dieser Auseinandersetzung bewußt? Die groß angekündigte Ramadan-Offensive der Iraner war – trotz allen Opfermuts der jungen »Bassij« – im Vorfeld der Hafenstadt Basra liegengeblieben. Das morastige Gelände am Schatt-el-Arab und ein perfektioniertes Stellungssystem der Iraker hatten den Durchbruch vereitelt. Vor allem war die Luftwaffe Saddam Husseins durch Lieferungen französischer Mirage-Bomber und die Anheuerung ägyptischer Piloten verstärkt worden. Der Irak verfügte bis auf weiteres über die absolute Luftherrschaft. Dagegen half offenbar kein Heldentum. Schon munkelte man, daß bei den iranischen Pasdaran Zeichen der Entmutigung zu erkennen seien, daß die Begeisterung allmählich erlahme. Gleichzeitig entnahm ich jedoch den Pressemeldungen, daß die Perser – nach ihrem Scheitern vor Basra – weiter nördlich einen anderen Frontabschnitt aktiviert hatten. Ausgerechnet bei Mandali, jenem vorgeschobenen Befehlsstand der Numan-Brigade, den ich im Frühjahr besichtigt hatte, waren die Iraker von den Persern auf die ursprüngliche Grenzlinie zurückgeworfen worden. Die Krieger Khomeinis standen nunmehr – eine tellerflache Ebene zu ihren Füßen – nur hundert Kilometer Luftlinie von Bagdad entfernt. In diesem Abschnitt würde sich vielleicht das Schicksal des Mittleren Ostens entscheiden, denn die Mullahs von Teheran schienen ihre großen revolutionären Ziele in Mesopotamien noch längst nicht aufgesteckt zu haben. Auch bei Dezful schoben sich die Perser in Divisionsstärke nach Westen. Die Zermürbungs- und Abnutzungsschlacht könne – den Experten zufolge – noch lange dauern.

Die Türken verhielten sich angesichts dieser explosiven Nachbarschaft außerordentlich vorsichtig. Den religiösen Taumel des Irans beobachteten sie wie die unkontrollierbaren Zuckungen eines gefährlichen
Geisteskranken. Für die Araber des Zwei-Strom-Landes hatten sie nur
Geringschätzung übrig. Zwar waren Landkarten gedruckt worden, auf
denen das irakische Erdölgebiet von Mossul dem türkischen Staatsgebiet
zugeschlagen wurde. Aber konkrete territoriale Forderungen waren
niemals laut geworden. Die einzige noch funktionierende Öl-Pipeline
aus dem Irak führte über Anatolien, und in Ankara erhitzte man sich
erst, wenn kurdische Partisanen diese Leitung sabotierten. In einem
Punkt zumindest fühlten sich die Türken mit den sich bekämpfenden Persern und Irakern solidarisch: Wenn es darum ging, die Kurden niederzuhalten. In Ankara gehörte es zur offiziellen Doktrin, die bloße Existenz
der Kurden, dieser indo-europäischen Rasse, deren Siedlungsgebiet sich
bis zum sowjetischen Süd-Kaukasus und nach Nord-Syrien ausweitet,
kategorisch zu bestreiten. Im amtlichen Sprachgebrauch war weiterhin
nur von »Berg-Türken« die Rede. Die ausländischen Beobachter wurden
sich über die Zahl der Kurden in Anatolien nicht einig. Die Schätzungen
schwankten zwischen sechs und fünfzehn Millionen; die Realität dürfte
wohl in der Mitte liegen. Das Kurden-Thema war tabu in Ankara, aber
die Linksoppositionellen argumentierten bereits, daß diese Angelegenheit – aufgrund des hohen Bevölkerungsanteils dieser »Berg-Türken« –
nicht mehr als Minoritäten-Frage beiseite geschoben werden könne.
Welcher politischen Ausrichtung hingen die Kurden von Ost-Anatolien
an? Bei den letzten freien Wahlen hatten ihre Provinzen rund um den
Van-See mehrheitlich für die streng islamische Heils-Partei gestimmt.
Aber eine starke linksradikale, ja kommunistische Infiltration war
angeblich im Gang, getragen und verstärkt durch die kurdischen Studenten im Ausland, die sich wohl nur noch von der Sowjetunion die nationale Rettung und eine eventuelle Staatsgründung erhofften. Kein Wunder, daß die kurdischen Großgrundbesitzer und Feudalherren, die Agas,
die die Kemalistische Revolution überdauert hatten, den marxistischen
Agitatoren notfalls in Zusammenarbeit mit den türkischen Behörden
entgegentraten, wie überhaupt die Zersplitterung der Stämme und Clans
ein heilloses Handikap für die kurdische Nationalbewegung darstellte.

Flexibel und passiv, so reagierten die Erben Atatürks auf die Turbu-
lenzen, die die südlichen und östlichen Anrainerstaaten heimsuchten.
Selbst gegenüber dem russischen Erbfeind, der weiterhin ein begehrliches Auge auf die Dardanellen richtete, verhielt man sich bei aller Nato-

Treue konziliant und erstaunlich verträglich. Der anatolische Luftraum war von den Sowjets während des Yom-Kippur-Krieges ungeniert für ihre Waffentransporte nach Ägypten benutzt worden. Den Iranern hatte man nach einigem Zögern zugebilligt, daß sie ihre Freiwilligen für den Libanon-Krieg auf dem Umweg über die Türkei nach Damaskus einflogen. Zu einer dynamischen Süd-Politik konnten sich die Neo-Kemalisten offenbar nicht aufraffen, und die liberalen Oppositionellen spotteten gern darüber, daß ausgerechnet der Sozialdemokrat Ecevit sich zur einzigen türkischen Militär-Aktion in der neuen Geschichte aufgerafft hatte, zur Besetzung Nord-Zyperns, ein Aufwand, den man in Ankara offenbar immer noch nicht ganz verkraftete.

Professor Mümtaz Soysal hatte im Gespräch mit mir beklagt, daß kein Arabisch-Unterricht in seinem Institut zugelassen sei, während die großen Sprachen Europas natürlich ihren Platz im Lehrplan hätten. »Wie lange«, hatte ich gefragt, »wird ein Volk mit der imperialen Vergangenheit der Türken Zaungast der Orient-Politik bleiben können, untätig zusehen, wie südlich seiner anatolischen Grenzen ein Vakuum entsteht?« Der Professor hatte gelächelt, aber nicht geantwortet.

Im Hotelzimmer holte ich mir die Niederschrift meiner Erlebnisse von der iranisch-irakischen Front in Khuzistan heraus. Ich begann das Tagebuch aus dem letzten Juni zu lesen und zu redigieren.

Der Weg nach Kerbela – Iranisches Zwischenspiel

Bustan, Ende Juni 1982

Die Landschaft hat etwas Urweltliches. Die gelbe Wüste von Khuzistan ist stellenweise mit grünem Schilf überwachsen. Die Iraker hatten die Nebenflüsse des Schatt-el-Arab gestaut und künstliche Überschwemmungen geschaffen, um das Vordringen der iranischen Sturmtruppen auf Khorramschahr aufzufangen. Das hat ihnen nichts genützt, denn die Perser sind durch diesen Morast mitsamt den gewaltigen Verteidigungswällen, die die Soldaten Saddam Husseins aufgeschüttet hatten, nicht aufgehalten worden. Die Schlacht ist längst abgeklungen, aber die Stimmung bleibt unwirklich und beklemmend. Ich brauche eine Weile, ehe ich merke, woran das liegt: Eine unabsehbare Zahl zerschossener irakischer Panzer und Kettenfahrzeuge liegt in unregelmäßigen Abständen –

manchmal sind sie zu Rudeln zusammengeballt – über die Ebene verstreut. Zwischen Schilf und Sand tauchen diese Ungeheuer des Krieges wie verendete Saurier auf. Ein gewaltiges Sterben hat stattgefunden, als sei eine Naturkatastrophe hereingebrochen und eine ganze Tiergattung ausgelöscht worden. Dazwischen kampieren die Nomaden wie Überlebende.

Längs der Straße, die von Ahwas nach Westen zur irakischen Grenze führt, werden wir immer wieder von bewaffneten Halbwüchsigen angehalten und streng kontrolliert. Sie spaßen nicht, diese Knaben mit der Kalaschnikow, die oft erst dreizehn Jahre alt sind und noch mit Kinderstimmen reden. Selbst Oberst Kafei, der mir zur Begleitung beigegeben ist, muß diesen »Bassij«, wie man sie nennt – das Wort bedeutet soviel wie »Mobilisierung« oder »Aufgebot« –, umständlich seine Papiere zeigen. »Sie werden es nicht glauben«, sagte Kafei, »aber diese Jünglinge sind es, die die irakischen Panzerbrigaden zur Strecke gebracht haben. Die Bassij melden sich freiwillig, werden einen Monat lang an der Panzerfaust oder zum Räumen von Minenfeldern ausgebildet. Sie tragen bei den Vorbeimärschen vor dem Fronteinsatz die weiße Schärpe der Selbstaufopferung, und ihr Kampfschrei lautet: ›Schahid – Märtyrer.‹ Gegen die sowjetischen Tanks setzen wir sie in Trupps von drei oder vier ein. Sie sickern bei Nacht hinter den feindlichen Linien ein und stiften Panik. Vier oder fünf solcher Teams bedarf es oft, um einen einzigen irakischen Panzer zu knacken. Sogar das modernste russische Modell, der T 72, hat ihren primitiven Bazookas nicht standgehalten. Die Verluste der Bassij sind natürlich hoch.«

Da stand einer dieser Knaben neben einem dieser zerborstenen Ungeheuer aus Stahl. Er trug weder einen Helm noch eine ordentliche Uniform. Das Rohr der RPG-7 war viel zu lang für seinen schmächtigen Wuchs. So sahen sie also aus, diese Mammut-Jäger der Neuzeit. »Tankhunter« hießen sie im offiziellen Militär-Jargon. Sie wurden auch in unverantwortlicher Weise als »Minen-Hunde« eingesetzt. Das Panzersterben in der Wüste von Khuzistan hatte solche Ausmaße angenommen, daß ich Oberst Kafei fragte, ob hier nicht vielleicht eine strategische Wende erreicht sei wie im ausgehenden Mittelalter, als die Eisenrüstungen der Ritter der beweglichen Infanterie schutzlos ausgeliefert waren. Kafei blieb skeptisch. So schlecht seien die russischen Waffen auch wieder nicht, und es komme wohl darauf an, wer sie bediene.

Das Städtchen Susangerd sah aus, als sei der Straßenkampf erst vor ein paar Stunden zu Ende gegangen. Wir bogen nach Süden ab, passierten eine künstliche Sumpflandschaft, wo bereits langschnäblige, weiße Vögel heimisch waren. Die Iraker hatten hier ein Befestigungssystem von siebzehn Kilometer Länge aufgeschichtet, und alle hundert Meter richtete ein T 54 – bis zum Turm im Sand verscharrt – seine Kanone ins Leere. Die Pasdaran, die unsere Führung übernommen hatten, wollten die Stadt Hovaiziyeh zeigen, die von den Irakern systematisch ausgelöscht und plattgewalzt worden war. Zwölftausend Menschen – meist Araber – hatten hier gelebt. Kein Stein war auf dem anderen geblieben, als habe Präsident Saddam Hussein diese Bevölkerung dafür strafen wollen, daß sie nicht gemeinsame Sache mit den arabischen Eindringlingen machte, sondern sich stattdessen – getreu ihrer schiitischen Religionszugehörigkeit – zu Khomeini bekannte. Über den Ziegelhaufen und Betonklötzen war lediglich die Moschee verschont geblieben. Deren Außenmauer war mit einem riesigen Porträt des Imam geschmückt. Hovaiziyeh, so schien mir, war mit seiner Atmosphäre der Verwüstung und Trauer so recht geschaffen für die persisch-schiitische Lust am Martyrium. Beschriftete Schilder waren wie Wegweiser in den Schutt gerammt: »Willkommen in Hovaiziyeh, der Stadt aus Blut und Heldentum« , stand dort sogar auf Englisch zu lesen und etwas weiter: »Wir exportieren unsere Revolution in die ganze Welt.«

In Teheran war in Ausländerkreisen endlos darüber diskutiert und sogar gewettet worden, ob die Iraner nach der Rückeroberung von Khorramschahr zum Stoß über die Grenze ins irakische Mesopotamien ansetzen würden. Hier in Frontnähe, längs der Straße, die nach Bustan führte, gab es keinen Zweifel mehr. Ich ließ den Wagen anhalten, um eines der Holzschilder zu filmen, die in regelmäßigen Abständen den Asphalt säumten. Die Umrisse einer Grabkuppel waren da auf grünem Hintergrund dargestellt, und darunter stand in arabischer und lateinischer Schrift »Kerbela« sowie die Entfernungsangabe bis zu dieser heiligsten Stadt der Schiia, die – mitten im Irak gelegen – von den iranischen Heeresspitzen noch durch knappe dreihundert Kilometer getrennt war. Wenn zwei Fahrzeuge mit Soldaten oder Revolutionswächtern sich begegneten, lautete der Begrüßungs- und Ermunterungsruf: »Kerbela, in schaa Allah – nach Kerbela, so Gott will.« Auf Mauerstümpfen las ich zwischen gemalten Blumensträußen den beschwörenden Satz: »Kämpfer, so weit ist es nicht mehr bis Kerbela!« Der Blick dieser Derwisch-Truppe, die sich nach den letzten Waffen-Erfolgen von Dezful und Khorramschahr unbesiegbar wähnte, war mit fiebrigem Glanz auf die goldene Kuppel gerichtet, unter der ihr Imam Hussein ruhte. In Kerbela, wo das

Unheil, die Passionsgeschichte der »Partei Alis« begonnen hatte, im mesopotamischen Herzland der Schiia, würde die Schmach von 1300 Jahren der Verirrung und Verwirrung gelöscht werden.

Das Städtchen Bustan war von der Zivilbevölkerung verlassen. Dafür wimmelte es von unrasierten, kaum uniformierten, hohlwangigen Kriegern. Die Stimmung war exaltiert, immer noch begeistert. Vor der zentralen Husseineyh, die den programmatischen Namen »Tariq el Quds« – Weg nach Jerusalem – trug, warteten Bassij und Pasdaran auf die Essenausgabe. Es war Ramadan, und ein Mullah würde das Signal für den Fastenbruch geben, sobald ein weißer von einem schwarzen Faden nicht mehr zu unterscheiden wäre. Unsere Kamera schuf Ablenkung. Wieder drängten sich wilde, verzückte Gesichter vor der Linse. Man brüllte »Margbar Amerika!« Was nutzte da mein Einwand, daß die zerstörten irakischen Panzer, die in der Wüste von Khuzistan verstreut lagen, doch sowjetischer und nicht amerikanischer Fabrikation waren. Die jungen Leute, die teilweise ein ganz passables Englisch sprachen, verwickelten mich in eine lange politische Debatte. Zentrales Thema war stets der Abwehrkampf gegen die Supermächte, an dem Europa sich doch beteiligen solle. Mit Ungeduld warteten diese Todgeweihten, daß der Imam ihnen die Weisung gäbe, nach Westen zu stürmen. Hatte nicht der Prophet während des Ramadan den Sieg von »El Badr« davongetragen, und ging nicht jeder Schahid, der während des Fastenmonats den Tod fand, mit besonderen Ehren in die Gärten Allahs ein? Es war tiefe Nacht, als wir die Rückfahrt nach Ahwas antraten. Aus den Sümpfen stiegen Schwärme von Stechmücken auf. Die kriegerischen Derwische von Bustan drängten sich um unseren Wagen. »Kerbela, in schaa Allah!« schrien sie aus vollem Hals.

Teheran, Ende Juni 1982

Der Kontrast zwischen der heiligen Hysterie der Truppe in Khuzistan und der betonten Nüchternheit im Hauptquartier der iranischen Streitkräfte von Teheran war frappierend. Zwei Tage vor meinem Frontbesuch in Bustan war ich zum klotzigen Gebäude des Oberkommandos in der Hauptstadt bestellt worden. Schon am Eingangstor herrschte straffe Disziplin. Die Stiefel der Posten waren gewienert, Hosen und Hemden trugen exakte Bügelfalten, Koppel und Schnürsenkel der Militärpolizisten waren schneeweiß. Von hackenklappenden Ordonnanzoffizieren mit glattrasiertem Kinn – ein erwähnenswerter Umstand im revolutionären Persien – wurde ich zum holzgetäfelten, luxuriösen Büro des Stabschefs der drei Waffengattungen geführt, der unter der höchsten Autorität des Imam Khomeini als effektiver Oberbefehlshaber fungierte. General Zaher Nejad war ein alter Bekannter. Im Herbst 1979 kommandierte er die 62. Infanterie-Division in Urmia, und ich hatte gemeinsam mit ihm – anläßlich einer Hubschrauber-Tournee – die Situation in Kurdistan inspiziert. Durch einen tragischen Zufall war Zaher Nejad an die Spitze des persischen Militär-Apparats befördert worden. Eine Transportmaschine, in der sich die höchste Generalität befand, war abgestürzt – niemand wußte, ob es sich um Sabotage oder Unfall handelte –, und Zaher Nejad war fast automatisch aufgerückt. Als er mich an der Tür erblickte, umarmte er mich, küßte mich nach persischer Sitte auf beide Wangen und behandelte mich als Freund. Mit dem Mann war seit den Tagen in Kurdistan eine bemerkenswerte Veränderung vorgegangen. Er hatte sich einen bürsten-ähnlichen Schnurrbart wachsen lassen, wodurch das Gesicht kriegerischer erschien. Aber er hatte tatsächlich an Autorität und Selbstbewußtsein gewonnen. Er war hier der Chef und gab das seinen Offizieren knapp und dezidiert zu spüren.

Zaher Nejad führte mich vor die Landkarte, auf der die letzten Frontveränderungen eingetragen waren. Das iranische Kamera-Team, das ich angemietet hatte, war bei diesem Briefing nicht zugelassen. Der General erklärte mir den Verlauf der Schlacht von Khorramschahr, wie die Perser in einer ersten Phase den Karun-Fluß mitten in der Nacht binnen acht Stunden mit zwei voll ausgerüsteten Divisionen überquert hatten, obwohl die hastig gelegten fünf Ponton-Brücken unter schweres Artillerie-Feuer gerieten. Dann hatten die Iraner, deren Angriffskeil von Osten her erwartet wurde, zu einem halbkreisförmigen Überraschungsstoß aus Norden ausgeholt und die schwer befestigten Stellungen der Iraker mit Allahs Hilfe überrannt. Die logistischen Probleme seien relativ geringfügig gewesen, so erklärte der Generalstabschef, zumindest was die Versorgung der Truppe betraf. In einem gewaltigen nationalen und religiösen Elan hätte die örtliche Bevölkerung Lebensmittel und frisches Wasser in die Wüste gekarrt. Freiwilligen-Kolonnen seien aus dem ganzen Land zusammengeströmt, um in unermüdlicher Arbeit bei Tag und Nacht die zerstörte Verkehrs-Infrastruktur wieder herzustellen. Tatsächlich sollte ich bei meinem Frontbesuch diesen geradezu hektischen Eifer beim Legen von Eisenbahnschwellen, bei der Reparatur zerbombter Brücken nachprüfen können.

Wir gingen in das Arbeitszimmer zurück, wo Kamera und Beleuchtung inzwischen aufgebaut waren. Eine Runde von Obristen war zugegen und auch ein bärtiger Mullah mit mongolischem Augenschnitt. Der schiitische Prediger trug den Turban der Propheten-Nachkommen und war wie ein Dominikaner – ganz in Schwarz und in Weiß – gekleidet. Er war mehr als ein Feldgeistlicher, er wirkte wie ein Inquisitor und folgte dem Interview mit angespannter, kritischer Aufmerksamkeit. »Im Namen Gottes, des gnädigen, des allbarmherzigen«, begann Zaher Nejad seinen Fernseh-Auftritt. Der Sieg des Iran und der islamischen Revolution über den irakischen Präsidenten Saddam Hussein stand für ihn außer Zweifel. »Eine Zeitlang mögen die Iraker die Kriegslast noch ertragen. Aber schon biegt sich ihr Rückgrat. Wir Iraner sind dreieinhalbmal zahlreicher. Am Ende muß das Saddam-Regime zusammenbrechen«, sagte der General.

»So lange Saddam und seine Gefolgsleute in Bagdad regieren, müssen wir bis zu seiner Vernichtung Krieg führen. Wir werden doch unser Nachbarland Irak nicht länger diesem wahnsinnigen Tyrannen ausliefern. Der Imam wird uns, so Gott will, die Erlaubnis geben, den Befehl erteilen, Saddam den Garaus zu machen.« Im übrigen würde ohne die Weisung des höchsten geistlichen Führers kein Panzer, nicht einmal ein Jeep bewegt. »Wir sind Schiiten« , fuhr Zaher Nejad fort, als ich ihn nach einer eventuellen politischen Rolle der Streitkräfte fragte; »die Armee macht bei uns keine Politik. In allem berufen wir uns auf den Imam, der unser religiöser und weltlicher Kommandeur ist.« Ohne Übergang stimmte Zaher Nejad ein lyrisches Loblied auf die Bassij, die halbwüchsigen Todesfreiwilligen an: »Wo hat man je solchen Löwenmut erlebt? Mit knapp fünfzehn Jahren ist der Körper dieser jungen Helden noch nicht ausgewachsen, der Geist noch nicht gehärtet. Zuhause riefen Vater und Mutter sie noch mit Kosenamen, nannte man sie noch ›Liebling – Parviz‹, und jetzt stehen sie furchtlos den schrecklichsten Waffen gegenüber. Sie eilen oft ohne Genehmigung ihres Vaters an die Front, verabschieden sich mit ein paar Zeilen von ihrer Familie. Wo hat es je eine ähnliche Opferbereitschaft, einen solchen Kampfwillen, eine solche Sucht nach Martyrium gegeben auf dem Wege des Allmächtigen und des Glaubens? In welcher Legende, in welcher Heldensage wurden vergleichbare Taten so junger Menschen gepriesen?«

Als die Kamera abgestellt war, beglückwünschte ich den General zu seinem telegenen Talent und seiner rhetorischen Begabung. Da mischte sich der schwarz-weiße Mullah ein: »Der General ist ein vorzüglicher

Soldat, und das soll er bleiben; mehr nicht.« Die Ordonnanzen servierten Tee, Süßigkeiten und Früchte. Wir versanken in tiefen Sesseln, plauderten noch eine Weile und besprachen den bevorstehenden Frontbesuch, für den der General mir eine Sondermaschine zur Verfügung stellen wollte. »Warum haben wir Iraner eigentlich eine so schlechte Presse im Ausland?« fragte Zaher Nejad. »Warum werden unsere Siege systematisch heruntergespielt oder totgeschwiegen?« Ich verwies ihn auf die miserable Public-Relations-Arbeit der iranischen Behörden, auf die unendlichen Schwierigkeiten der Visum-Erteilung, ganz zu schweigen von Drehgenehmigungen. »Das mag sein«, stimmte der General nachdenklich zu, »aber uns ergeht es vielleicht wie dem sprachlosen Liebenden, den unser Dichter Saadi beschrieb.« Unvermittelt stimmte er in dieser Runde von Obristen ein klangvolles persisches Poem an, und die Offiziere fielen ohne Zögern in diese Vers-Rezitation ein. Der Dolmetscher tat sich schwer mit der Übersetzung: »Die echte Liebe bedarf nicht der lauten, äußeren Kundgebung; sie leuchtet aus sich selbst heraus«, so lautete etwa der Abschluß dieses alten Minneliedes aus der Rosenstadt Schiras. Welch seltsames Land, das mich 1951 durch einen verseschmiedenden Grenzbeamten in Aserbeidschan empfangen hatte und mich nunmehr mit der poetischen Anwandlung eines islamischen Revolutions-Generals entließ!

In Teheran verlief das Leben trotz Krieg und immer neuer Verlustmeldungen – auf beiden Seiten mußten inzwischen weit über 150 000 Soldaten gefallen sein – sehr viel normaler, als man sich das im Ausland vorstellte. Für die flüchtigen fremden Besucher offenbarte sich die Verhärtung der Mullahkratie vor allem in der außerordentlich strengen Handhabung der muselmanischen Kleidervorschriften für sämtliche Frauen, inklusive der weiblichen Angehörigen westlicher Botschaften. Der Tschador war obligatorisch geworden, und dagegen nutzte kein Protest. Vor den Tankstellen stauten sich zwar die Autoschlangen. Das Benzin war äußerst knapp rationiert, aber das Verkehrschaos blieb weiterhin das zentrale Problem des Teheraner Alltags. Gewiß waren Verknappungen eingetreten. Viele Konsumgüter waren nicht mehr zu finden. Die Basari, die so mächtig an der Errichtung der islamischen Republik mitgewirkt hatten, stöhnten unter den Markt-Restriktionen und der Einführung des staatlichen Außenhandels-Monopols. Die Händler schürten die Unzufriedenheit; zu Gewalttaten waren sie nicht befähigt. Den Terrorismus, die Sabotage-Akte, die mörderischen Anschläge überließen sie den jungen, enttäuschten Intellektuellen. Kein Tag verging, ohne daß ein Überfall der Volks-Mudschahidin oder einer Minoritäts-Fraktion der Volks-Fedayin kolportiert wurde. Während meines Aufenthalts entging Ahmed Khomeini, der Sohn des Imam, nur durch Zufall einer perfekt inszenierten Ermordung. Die Revolutions-Justiz schlug, wann immer sie der Täter oder Verdächtigen habhaft wurde, unerbittlich und grausam zu. Erschütternde Geständnisse wurden im Fernsehen projiziert, wo junge Männer und Frauen mit tränenüberströmtem Gesicht um Verzeihung für ihr Verbrechen flehten, den Tod bereitwillig akzeptierten und am Ende des Monologs den Segen Allahs auf den Imam Khomeini herabriefen. Zumindest war die politische Gerichtsbarkeit dem grotesken und blutrünstigen Ayatollah Khalkhali entzogen worden, dessen Exzesse sogar bei der schiitischen Geistlichkeit Anstoß erregten. Khalkhali hatte für seine repressiven Neigungen ein anderes Betätigungsfeld gefunden: die Verfolgung und Bestrafung von Drogensüchtigen und Sexual-Delinquenten. Sein Haft-Zentrum war unmittelbar neben der deutschen Botschafts-Residenz gelegen, wo die Schreie der Gequälten und die Peitschenhiebe der Folterer nicht überhört werden konnten. In diese schaurige Atmosphäre fügte sich auch der Prozeß gegen Sadegh Ghotbzadegh ein, den einstigen Vertrauten Khomeinis aus Neauphle-le-Château. Ghotbzadegh war des schlimmsten Verrats und des Putschversuchs zugunsten des Ayatollah Schariat Madari bezichtigt worden. Am Ende einer langen Haft und einer geheimen Verhandlung wurde der ehemalige Außenminister erschossen.

Für die kleinen Leute, die Darbenden, die Arbeitslosen, die sich über die unerschwinglichen Wucherpreise des Schwarzmarktes, wo alles zu haben war, entrüsteten und die ein umstürzlerisches Potential hätten bilden können, wurde von Staatswegen gesorgt. Eine wohlorganisierte Stiftung für die »Mustazafin« war von den Mullahs ins Leben gerufen worden, wuchs sich nach und nach zu einem weitverzweigten Konzern aus. Dieser Wohltätigkeits-Verbund nahm kostenlose Speisungen in den Elendsvierteln vor. Die Coupons für lebenswichtige Güter, deren Preise subventioniert und niedrig gehalten wurden, konnte sich jedermann gemäß einem präzisen Rationierungssystem bei den Mullahs in den Moscheen abholen. Der islamische Sozialismus iranischer Prägung offenbarte sich in einer systematischen Ausweitung des alten »Waqf«-Systems, das von den Regime-Gegnern bereits hämisch mit der kaiserlichen Pahlevi-Stiftung trauriger Angedenkens verglichen wurde. Die Wirtschaft lag keineswegs total am Boden, obwohl die industrielle Produktion und Leistung in katastrophaler Weise zurückgegangen waren.

Die im Iran ausharrenden westlichen Firmen blieben trotz aller Engpässe voll des Lobes für die Arbeitsleistung in den Betrieben und die Zahlungsfähigkeit des Staates. Entgegen den Kassandra-Rufen förderte der Iran ja noch zweieinhalb Millionen Barrel Erdöl pro Tag, weit mehr als der benachbarte Irak, und exportierte mindestens die Hälfte dieser Produktion mit dem vordringlichen Ziel, Waffen einzukaufen. Der Boykott des Westens – von den USA geschürt und von der Westeuropäischen Gemeinschaft gefügig eingehalten – stellte natürlich eine unüberwindliche Belastung dar.

Unter dem Schutz schwerbewaffneter Leibwächter war ich zu Sadegh Tabatabai in eine versteckte Villa von Schemiran gefahren worden. Tabatabai wirkte immer noch munter und jungenhaft. Seine verwandtschaftliche Verbindung zu Khomeini schirmte ihn offenbar gegen Mißgunst und Anfechtungen ab. Er sah den Imam in regelmäßigen Abständen. Als vor zwei Jahren die Iraker zum Großangriff gegen die schiitische Revolution angetreten waren, hatte der Kommentar Khomeinis gelautet: »Dieser Krieg ist ein Segen Allahs.« Tabatabai berichtete über den Gesundheitszustand des obersten Faqih. Der habe sich in verblüffender Weise gebessert, so daß in seiner Umgebung bereits der Scherz umginge: »Khomeini überlebt noch den Zwölften Imam.« Offenbar spekulierte man an der Spitze des iranischen Gottesstaates auf den Aufstand der schiitischen Bevölkerungsmehrheit in Mesopotamien und erhoffte sich davon einen schnellen Sieg über Präsident Saddam und seine Baath-Partei. Der Imam, so versicherte mir Tabatabai, beobachte mit großer Sorge gewisse Exzesse und Fehlleistungen der eigenen Revolution. In kleinem Kreise habe er sein fundamentales Dilemma geschildert: Er sei am Anfang geneigt gewesen, die Bewegung mit Hilfe gemäßigter, frommer Intellektueller durchzuführen; aber dann hätte er am Volk vorbei regiert, die Masse außen vor gelassen. Deshalb habe er sich für den zweiten, schwierigeren Weg entschieden, die armen unwissenden Leute, die Mustazafin, mit einbezogen und versucht, sie voll am politisch-religiösen Umbruch zu beteiligen. Letztere Entscheidung, so gerechtfertigt sie im Angesicht Gottes sei, habe natürlich auch schlimme Entgleisungen zur Folge gehabt. Er, der Imam, sei nicht nur der Führer des Volkes, er sei gewissermaßen ein Vollstrecker des Volkswillens in all dessen Unwägbarkeiten.

Für den gewöhnlichen Sterblichen war Khomeini nur noch im Fernsehen zu erblicken. Ich hatte den Apparat im Hotelzimmer während einer Trauerfeier zu Ehren des Ayatollah Mohammed Beheschti eingeschaltet.

Beheschti war vor genau einem Jahr in einer gewaltigen Explosion, die von den Volks-Mudschahidin mit besonderem technischen Können gezündet wurde, mitsamt einer Vielzahl von Politikern der »Islamisch-Republikanischen Partei« ins Jenseits befördert worden. Dieser frühere Imam der schiitischen Moschee in Hamburg galt als der mächtigste Kleriker und gewiegteste Intrigant in den Führungsgremien der Mullahkratie. Man hatte von ihm als möglichem Nachfolger Khomeinis gesprochen. Jetzt war er mit seinen angeblich 72 Gefährten – 72 Getreue hatten auch auf Seiten des Imam Hussein in der Schlacht von Kerbela vor 1300 Jahren den Tod gefunden – brutal ausgeschaltet worden, und dieses Vakuum war schwer zu füllen. Die Gedenkrede auf Beheschti wurde von Staatspräsident Khamenei gehalten, einem ziemlich farblosen Kleriker, der sich durch die Strenge seiner islamischen Grundsätze, aber auch durch eine relative Kontaktfreudigkeit zu Ausländern auszeichnete. Als einer der einflußreichsten Überlebenden des islamischen Widerstandes gegen den Schah galt weiterhin der Freitags-Imam von Teheran, Ayatollah Montazeri, doch dieser ausgemergelte, fanatische Prediger mit den dicken Brillengläsern wirkte krank und gebrechlich und war schwerlich befähigt, sein Publikum mitzureißen. Blieb Parlamentspräsident Haschemi Rafsandjani, ein relativ junger Hodschatulislam, dem der Bart nur spärlich wuchs. Rafsandjani stand innerhalb der Majlis angeblich einer eher sozial-konservativen Gruppe vor. Um ihn, so munkelte man, schare sich die Fraktion der »Hodschatiyeh«, die den linksradikalen Reformwillen so mancher anderer Mullahs und muselmanischer Intellektueller zu bremsen suchte. Wie diese gemäßigte Tendenz zu dem Namen »Hodschatiyeh« gekommen war, blieb unerfindlich, denn diese Bezeichnung definierte eine theologische Richtung der Schiia, die die Rückkehr des Verborgenen Imam im Gefolge schrecklicher Gottlosigkeit und Verwirrung erwartete, ähnlich wie in der gnostischen Auslegung des Christentums die Wiedererscheinung Jesu am Tag des Jüngsten Gerichts dem Wüten des Antichrist ein Ende setzen würde. Vor allem in Fragen des Großgrundbesitzes schieden sich die Geister innerhalb der regierenden Islamisch-Republikanischen Partei. Die einen beriefen sich auf den Früh-Islam, um die Aufteilung der Ländereien zu fordern. Die anderen suchten im Koran nach Argumenten für die Unverletzlichkeit des Privateigentums, auch der Latifundien.

Alle Eingeweihten stimmten überein, daß Khomeini unersetzlich war, daß an die Stelle des einzigen Faqih allenfalls ein Gremium hoher schiitischer Würdenträger, ein geistlicher Rat, treten könne, sobald der

Imam sterben oder von der politischen Bühne abtreten müßte. Doch die Ayatollahs, insbesondere das halbe Dutzend »Ayatollah Uzma«, die über den Ruf höchster Heiligkeit verfügten, waren untereinander hoffnungslos zerstritten. Wie würden sich am Tage X – wenn die Zwistigkeiten und Richtungskämpfe innerhalb der Mullahs nicht mehr zu verheimlichen wären – die Waffenträger der Nation verhalten, die Militärs und die Pasdaran? Solche Fragen wurden hinter vorgehaltener Hand im Basar und auch in den religiösen Zentren gestellt und immer neu erwogen. Würde die Islamische Republik die faszinierende Figur ihres Gründers überleben? Während der Gedenkzeremonie für Mohammed Beheschti, die in einer Husseiniyeh von Nord-Teheran stattfand, hatte Khomeini, schweigend und regungslos, auf einer Art Podest verharrt. Entgegen den Beteuerungen Tabatabais wirkte der Imam abwesend und fast erloschen. Zu dieser in sich versunkenen Figur paßten jene kriegerischen Aufrufe schlecht, die bis in die Hallen der Ausländer-Hotels plakatiert waren: »Wir werden niemals mit unseren Feinden anders als mit Feuer und Kanonen sprechen.«

Doch Khomeini blieb unberechenbar. Am folgenden Tage bot das iranische Fernsehen einen ganz anderen Auftritt aus der gleichen Husseiniyeh. Dieses Mal empfing der Imam eine Reihe von Mullahs aus Qom und ergriff selber das Wort. Die Persönlichkeit des Alten verwandelte sich total, sobald er zu reden begann. Er war kein flammender Tribun, gewiß nicht, aber eineinhalb Stunden lang predigte er völlig frei, verzichtete auf jedes Manuskript. Er erschien mir ebenso frisch wie in den fernen Tagen seiner Pressekonferenzen von Neauphle-le-Château, und seine Verkündung entbehrte nicht einer mystischen Konsequenz. »Wir lesen in unserer Überlieferung«, so mahnte Ruhollah Khomeini, »daß selbst eine einzige Träne, die über das Martyrium des Imam Hussein vergossen wird, unendlichen Wert besitzt. Gewiß, der ›Herr der Unterdrückten‹ – gemeint war Hussein – bedarf der Trauernden nicht. Aber die Trauernden werden für ihre Anteilnahme am Schicksal des Dritten Imam belohnt werden ... Seit den frühen Zeiten der Verfolgung der Schiiten durch die Omayyaden und die Abbasiden haben die Trauerversammlungen der frommen Gemeinde stets als Mittel gedient, auch die politische Opposition gegen die gottesfeindlichen Unterdrücker zu motivieren ... Mögen die westlich beeinflußten Verleumder uns als Nation von Weinern und Heulern schmähen. Wir wissen, daß unser Weinen eine Brücke schlägt zwischen Gott und seinem Volk, daß das unermüdliche Klagen der Gläubigen unentbehrlich ist für die Erreichung der hohen islamischen Ziele . . . Unsere islamische Revolution hätte nie stattgefunden, wenn sie nicht durch unzählige Trauerveranstaltungen zu Ehren des Imam Hussein vorbereitet worden wäre, wenn wir uns nicht vor Kummer an die Brust geschlagen hätten. Wir verdanken es dem vergossenen Blut unseres Imam Hussein, daß alle Verschwörungen der Supermächte gegen unsere islamische Erhebung fehlgeschlagen sind . . .« Am Ende seiner langen Predigt kam der Imam auf die jüngsten Kämpfe im Libanon zu sprechen. Auch die Islamische Republik Iran sei beinahe dem Irrtum erlegen, die kriegerischen Ereignisse von Beirut als entscheidende Phase des islamischen Abwehrkampfes gegen das verbrecherische Amerika und den Zionismus zu werten. Aber nunmehr sei alles klar und deutlich geworden. Die israelische Offensive am Libanon sei nur ein groß angelegtes Ablenkungsmanöver, um die Gläubigen zu täuschen und von den Gottesfeinden des Saddam-Regimes im Irak abzulenken. Der gleichförmige, etwas nuschelnde Redefluß Khomeinis belebte sich jetzt, als er mit erhobenem Zeigefinger die entschiedene Weisung erteilte: »Auch wir wollen Palästina vom Zionismus befreien. Ehrlicher als alle anderen sogar. Aber wir wissen eines: Der Weg nach Jerusalem führt über Bagdad.«

Die Fernseh-Sendung endete mit einer Koran-Lesung. Ich blätterte in der englisch-sprachigen Ausgabe der Zeitung »Keyhan« vom selben Tage. Auf Seite zwei wurde gemeldet, daß Nur Misuari, der Vorsitzende der »Moro-Befreiungsfront« von den Süd-Philippinen sich in der persischen Hauptstadt aufhielt und daß eine Delegation der Polisario-Front Gespräche im iranischen Außenministerium geführt habe. Der Ferne Osten und der Ferne Westen des Islam gaben sich in Teheran die Hand.

Khorramschahr, Ende Juni 1982

Zurück zur Front am Schatt-el-Arab. Nach unserem Ausflug zu den Pasdaran von Bustan hatten wir die Nacht in Ahwas verbracht. Das Hotel »Astoria« diente noch teilweise als Lazarett. Die Provinzhauptstadt von Khuzistan war zu Beginn der Feindseligkeiten wahllos bombardiert worden und blieb verstümmelt. Beim Morgengrauen rollten wir in Begleitung von Oberst Kafei nach Süden. Die Asphaltstraße war auch hier auf beiden Seiten von zerstörten Panzern gesäumt. Je mehr wir uns Khorramschahr näherten, desto eindrucksvoller türmten sich die nutzlosen

Befestigungsanlagen und Stellungen der Iraker. Über weite Quadratkilometer hatten sie mit Eisenbahnschienen und Telephonmasten sogenannte »Spargelfelder« angelegt. Hatten die Generale Saddam Husseins
tatsächlich mit einem persischen Luftlande-Unternehmen gerechnet?
Hunderte von Automobilen waren auf die Schnauze gestellt und in
Sandhügel gerammt worden, ein surrealistisches Bild, das Kafei mit den
Worten quittierte: »All that was just for show.«

Wir kamen an Soldaten, Revolutionswächtern und halbwüchsigen
Bassij vorbei, die in zerfetzten Uniformen herumlungerten und sehr
mäßig bewaffnet waren. Aber die Kampfmoral war hoch. In den Botschaften von Teheran verglich man bereits diese äußerlich verwahrloste,
aber sieghafte Truppe mit den hastig ausgehobenen Gelegenheits-Solda-
ten der Französischen Revolution – »les Soldats de l'An II« –, die einst
gegen die perfekt gedrillten Regimenter der Fürsten Europas angetreten
waren und das Heer des Herzogs von Braunschweig bei Valmy zum
Rückzug gezwungen hatten. Kurz vor Khorramschahr bogen wir nach
Westen ab und fuhren auf der Straße, die zum irakischen Hafen Basra
führt, bis zur letzten iranischen Stellung. Ein persischer Major hielt hier
ein Vorkommando in einem bunker-ähnlich abgestützten Gebäude. Er
bot uns kaltes Wasser und Trauben an. Ringsum dröhnte Artillerie. Die
Iraner waren nicht nervös. Sie lauschten gerade den Radio-Nachrichten
aus Teheran. Die Belagerung von Beirut durch die Israeli stand im Mittelpunkt des Tagesgeschehens. In Kreisen der schiitischen Revolution hatte
man keine hohe Meinung von den Kampfleistungen der Palästinenser.

Ein zweiter Colonel hatte sich uns zugesellt. Er führte im Kartenraum
nebenan intensive Besprechungen mit Kafei. Allem Anschein nach wurden die Pläne für einen militärischen Vorstoß nach Basra erörtert. Ich
fragte Kafei rundum nach den Chancen einer solchen Offensive. »Natürlich können wir Basra erreichen und erobern, sogar den Schatt-el-Arab
überschreiten«, meinte der Oberst mit einem Optimismus, der sich nachträglich als trügerisch erweisen sollte. »Aber wir wollen Rücksicht auf die
irakische Bevölkerung nehmen. Basra ist eine riesige Stadt, die zweit-
größte des Irak, und die Menschen in diesem Raum sind in der Mehrzahl
Schiiten. Wir werden doch unsere Brüder nicht bombardieren und ihre
Häuser vernichten.« Auch die Militärs machten sich wohl Illusionen
über die Stimmung bei ihren Glaubensgenossen im südlichen Mesopotamien. So viele Iraker hatten sich in den vergangenen Schlachten um Dezful und Khorramschahr fast kampflos ergeben – 42 000 Gefangene wurden aus Teheran gemeldet –, daß der Endsieg der iranischen Revolution

zum Greifen nahe schien. Im Lager Heschmatiyeh hatte ich mir rund fünftausend Kriegsgefangene ein paar Tage zuvor angesehen. Sie wurden von den Persern gut behandelt, aber einer intensiven propagandistischen Beeinflussung unterworfen, vor allem die Schiiten unter ihnen. Diese Bemühung war nicht erfolglos geblieben. In einem separaten Camp waren etwa tausend irakische Soldaten untergebracht, die angeblich zum Kampf gegen das Saddam-Regime von Bagdad entschlossen waren. Als unsere Kamera auf sie gerichtet war, stellten sie sich längs der Lagergasse in zwei Reihen auf und trugen eine ganze Litanei von Kampfparolen vor. Es begann mit »Allahu akbar!« – » Saddam hat den Krieg begonnen. Das Volk verabscheut ihn. Er vernichtet die eigene Nation!« So ging es weiter: »Wir trauern über das Blut unseres schiitischen Märtyrers, des Ayatollah Mohammed Baqr Sard.« – »Die Baath-Partei ist der Feind Gottes!« – »Saddam geht den gleichen Weg wie der Schah.« – » Im Namen des Islam wird Khomeini siegen!« – »Wir wollen die Islamische Republik Irak!« Auch der unvermeidliche Schrei »Margbar Amerika« gehörte zum Repertoire dieser Kriegsgefangenen, die zusammen mit etwa dreißigtausend Exil-Irakern ihre Bereitschaft bekundeten, gemeinsam mit den Divisionen Khomeinis auf Bagdad und Kerbela zu marschieren.

Ich überredete Kafei, mich mit dem Jeep bis in Sichtweite der ersten irakischen Stellungen längs der Straße nach Basra fahren zu lassen. Der Major setzte den Helm auf. Wir ließen ein paar zerstörte Bunker hinter uns und beschrieben im Abstand von etwa hundert Metern einen Halbkreis vor einem Palmenhain, wo die Iraker sich verschanzt hatten. Die Soldaten Saddam Husseins waren nicht zu erkennen und reagierten auch nicht. Nachdem wir gewendet hatten und wieder die persischen Stellungen erreichten, spendete der Major der Gnade Allahs Dank, der uns beschützt hatte, und die beiden Soldaten der Eskorte stimmten in diese Lobpreisung ein.

Unser Fahrer aus Ahwas, ein Bär von Mann, dem der Bart bis unmittelbar unter die Augenlider wucherte, drängte darauf, uns den Zollhafen von Khorramschahr zu zeigen. Hier bildete das breite Strombett des Schatt-el-Arab die Frontlinie. Die Iraner hielten uns an, hinter den Sandsäcken in Deckung zu bleiben, da auf dem Westufer Scharfschützen im Anschlag lagen. Der Zollhafen war ein Schauplatz der Verwüstung und des Todes. Die Iraker waren hier vor den vorrückenden Persern in wilder Flucht zum Strom gehastet. Ein Teil von ihnen konnte mit Pontons übergeholt werden, aber viele wurden von den Geschossen der Perser erreicht. Unmittelbar am Ufer lag Schuhzeug und Ausrüstung zuhauf, die die Iraker von sich geworfen hatten, ehe sie ins Wasser sprangen, um sich schwimmend auf das westliche Ufer zu retten. Alle Stellen, wo ein Iraker gefallen war, hatten die Pasdaran, die jetzt diesen Abschnitt hielten, mit einem Helm gekennzeichnet. Hunderte von Helmen waren zwischen den Schienen, Waggons und Lagerhallen verstreut. Unter den Trümmern lagen noch Leichen und verbreiteten süßlichen Gestank, was die Revolutionswächter nicht hinderte, seelenruhig ihren Reisnapf gleich nebenan zu leeren. Der bärtige Chauffeur stöberte unentwegt neue Kadaver auf. Die Iraker hatten tagelang in der Sonne gelegen. Sie waren teilweise wie Mumien ausgedörrt. Die Haut spannte sich wie schwarzes Leder. Die Gesichter waren zu grausigen Grimassen verzerrt. Ich mußte an die schwarzen Tücher denken, die ihnen zu Ehren inzwischen in Mesopotamien an die Häuserwände geheftet würden: »Die Märtyrer sind größer als wir alle zusammen!«

Die Stadt Khorramschahr, wo bei Kriegsausbruch mehr als zweihunderttausend Menschen gelebt hatten, sah aus wie nach einem Atomangriff. Lange vor der iranischen Gegenoffensive hatten die Pioniere Saddam Husseins Haus um Haus, Mauer um Mauer gesprengt. Die Hochbauten aus Beton waren dem Erdboden gleichgemacht, die Stahlgerüste zu wirren Knäueln verbogen worden. Hier war gewütet worden wie nach dem Sieg eines babylonischen Großkönigs. »Das sieht schlimmer aus als nach dem Mongolensturm«, sagte Oberst Kafei tonlos. »Tonnen von TNT müssen die Iraker für dieses absurde Vernichtungswerk verwendet haben. Was kann nur der Zweck einer solchen Barbarei sein?« Über die Schutthalden war ein denkwürdiges Plakat gespannt. Das Heer der schiitischen Märtyrer umringte darauf den Thron des Ayatollah Khomeini, der fast wie Gottvater erschien, während die Schuhada ohne Kopf, mit blutenden Hälsen, aber mit makellos weißen Gewändern dargestellt waren: »Martyrum candidatus exercitus . . .«

Lediglich die Freitags-Moschee von Khorramschahr war von der Vernichtung ausgespart. Am Portal entdeckte ich eine seltsame Karikatur: Adolf Hitler – durch Schnurrbart und Hakenkreuz kenntlich gemacht – und Saddam Hussein, dem man den David-Stern wie ein Brandmal auf die Stirn gedrückt hatte, schüttelten sich als teuflische Komplizen mit abgefeimtem Lächeln die Hand. Im Innern des Gotteshauses türmten sich leere Bierflaschen. Angeblich hatten die Iraker die Moschee durch Alkoholgenuß zusätzlich entweiht, was mir jedoch wenig glaubwürdig erschien. Die Kuppel war geborsten, und das Sonnenlicht fiel grell auf ein Spruchband, das – persisch und arabisch beschriftet – quer über den

Michrab gespannt war: »Ya Allah, ya Allah« entzifferte ich, »achfaz lana
Ruhollah Khomeini hatta el thaura el Imam el Mehdi – Oh Allah, erhalte
uns Ruhollah Khomeini bis zur Revolution des Imam Mehdi!« – Für die
Wiederkehr des Verborgenen Imams auf Erden war das Wort »thaura«,
auf Persisch »enqelab«, verwendet worden. Als »Revolutionär« sollte der
Zwölfte Imam Mehdi seiner mystischen Entrückung ein Ende setzen und
seine Herrschaft der göttlichen Gerechtigkeit antreten. Bis dahin, so
hofften die Getreuen in ihrem himmelstürmenden Glauben, möge
Khomeini ihnen als sein Statthalter und Sachwalter erhalten bleiben.

Zu Füßen der Hethiter-Burg

Boğazkale, im Herbst 1982

Meine Zeit in der Türkei war dieses Mal knapp bemessen. Trotzdem
wollte ich Ankara, dem trügerischen Schaufenster des Kemalismus,
wenigstens kurzfristig den Rücken kehren, etwas Landluft einatmen und
einen gewaltigen Schritt in die Frühgeschichte der Menschheit vollziehen. Der Mietwagen nahm direkt Kurs nach Osten, bog dann in Richtung auf den Schwarzmeer-Hafen Samsun ab. Der Fahrer Ali kannte den
Weg zu dem Flecken Boğazkale, der sich zu Füßen von Hattusa, der uralten Hauptstadt des Hethiter-Reiches duckte. Ali glich auf verblüffende
Weise dem uigurischen Vorsitzenden einer Volkskommune, dem ich vor
zwei Jahren bei Turfan in Chinesisch-Sinkiang begegnet war. Es gab also
doch – bei allen Variationen zwischen blonden, blauäugigen Erscheinun-
gen einerseits, absolut mongolisch geprägten Gesichtern andererseits –
einen türkischen Urtypus, der über Tausende von Kilometern und Jahren
die Wanderungen und Vermischungen überdauert hatte.

Beim Verlassen Ankaras hatte mir der Chauffeur mit ärgerlicher
Miene die hastig errichteten Baracken und Notunterkünfte auf den
äußeren Hügeln der Hauptstadt gezeigt. »Gecekondu« hießen diese Siedlungen, die »über Nacht gebaut« worden waren, wie der Ausdruck besagte. Bäuerliche Zuzügler vom Land hatten wie Squatter in aller Eile von
leerstehenden Grundstücken Besitz ergriffen, in Rekordzeit ein paar
Mauern hochgezogen und ein Dach darüber errichtet. Somit waren sie
– gemäß dem Gewohnheitsrecht – vor einer Austreibung gefeit. In aller
Ruhe konnten sie dann den Hausbau vervollständigen und ihre Familie

oder Sippe nachkommen lassen. Die Landflucht wurde durch diese
nomadisierende Behendigkeit gefördert, und am Rande der Großstädte
entstanden slum-ähnliche Ballungen, in denen sich das anatolische Proletariat staute. Arbeitslosigkeit und politischer Radikalismus waren in
den Gecekondus zwangsläufig zu Terrorismus und Bandenkämpfen zwischen den » Grauen Wölfen« und den linksextremen Revolutionären der
Dev-Yol-Bewegung ausgeartet. Dennoch konnte die Misere dieser Not-
quartiere mit den erbärmlichen Zuständen, die ich am Südrand von
Teheran seinerzeit vorgefunden hatte, nicht verglichen werden. Ali war
gar nicht angetan von der Vielzahl der Minaretts, die den Horizont nach
allen Seiten verstellten. Er sei früher, als er noch in der Provinz lebte, selber frommer Moslem gewesen, aber inzwischen habe er erkannt, daß die
Schicksalsergebenheit, die die Religion den Armen auferlegt, von den
Besitzenden nur zur Wahrung der eigenen Privilegien mißbraucht würde. Vom Militärregime erwartete er offenbar keine Wunder. Die Inflation sei zwar auf vierzig Prozent im Jahr gesenkt worden, aber was nutze
das, wenn gleichzeitig die Löhne eingefroren blieben und die Masse am
Rande des Existenzminimums vegetiere. Unzufriedenheit und Unruhe
würden nicht auf sich warten lassen, wenn einmal die Genugtuung über
das Ende der bürgerkriegs-ähnlichen Wirren abgeflaut sei.

Die kahle, hügelige Landschaft zu beiden Seiten, wo der Kagni, der
altertümliche Ochsenkarren mit den scheibenähnlichen, vollen Rädern,
längst durch ein modernes Aufgebot von Traktoren ersetzt worden war,
wirkte nicht eigentlich orientalisch. Sie verwies hingegen mit ihrer
Weite und ihrer sanften Melancholie nach Zentral-Asien. So empfand
ich es wenigstens. Auch südrussische Impressionen drängten sich auf.
Auf der anderen Seite erschien mir Anatolien als eine Verlängerung des
Balkans auf vorderasiatischem Boden. Die Altstadt von Ankara rings um
die osmanische Zitadelle und die Moschee Hadschi Beiram, mit ihren
verwinkelten Gassen, den blau getünchten, schiefen Häusern, den Holz-
erkern und Ziegeldächern erinnerte an gewisse türkische Ortschaften
Bulgariens im Umkreis von Plovdiv. Nicht von ungefähr war Atatürk in
Saloniki geboren, und General Kenan Evren hatte bei seinem letzten
Jugoslawien-Besuch vergeblich darum gebeten, das Grab seines Großva-
ters in Mazedonien zu besuchen. Irgendwie schienen sich die kemalisti-
schen Offiziere auch heute noch weit mehr für das Beharrungsvermögen
der islamischen Volksgruppen in Bosnien und im Kossovo – hier als Be-
gleiterscheinung des albanischen Nationalismus – zu interessieren als
für die geographisch weit näher gelegenen Spannungen im Fruchtbaren
Halbmond der Araber.

Ein junger deutscher Archäologe begleitete mich nach einem kurzen
Museumsbesuch in Boğazkale zur alten Hethiter-Hauptstadt Hattusa.
Atatürk hatte in Überbetonung seines nationalen Chauvinismus die
indo-europäischen Hethiter, die im Herzen Anatoliens ab 1600 vor Christus ihr Großreich errichteten, zu authentischen Vorfahren der Türken
deklariert. Von dieser Geschichtsklitterei war man allmählich abgerückt.
Seltsame Burgen und Tempel hatten die Hethiter hinterlassen. Mit unge-
heuerlichem Aufwand hatten sie gewaltige Felsbrocken durch ihre Sklaven zusammentragen und zusammenfügen lassen, aus bloßer Freude an
der gigantischen Steinbearbeitung, wie es schien, denn der Wert dieser
Konstruktionen als Befestigungs- und Schutzanlage war gering. »Die
Hethiter müssen ›Petromane‹ gewesen sein«, kommentierte der bärtige
deutsche Führer. Warum sich ausgerechnet in diesem kontinental isolierten Hochland eine ungewöhnliche Frühkultur sowie ein kriegerisches
Imperium fern von allen Verkehrswegen und befruchtenden Kontakten
hatten entfalten können, blieb den Historikern ein Rätsel. Jedenfalls war
das Hethiter-Reich von Hattusa, das etwa um 1500 vor unserer Zeitrechnung unter seinem Herrscher Tuthalija II. den Höhepunkt seiner Macht
erreichte, ganz nach Süden orientiert und ignorierte die mykenische
Welt der frühen Hellenen. Schon um 1600 vor Christus hatten diese indo-
europäischen Ackerbauern und Krieger die mesopotamische Metrole
Babylon erobert. Im Jahr 1286 vor Zeitrechnung stießen die gefürchteten
Kampfwagen der Hethiter im Gebiet der heutigen Bekaa-Hochebene auf
die Heere des Pharao Ramses II. und lieferten den Ägyptern eine
Schlacht, die von den Chronisten beider Seiten als großer Sieg gefeiert
wurde. Mehr noch als die zyklopischen Maueraufschichtungen der südli-
chen Außenbastion beeindruckte mich das offene Felsheiligtum von
Yazilikaya. Hier erinnerten die hieratischen Götterprozessionen an die
Reliefs von Persepolis. Die Sonnenscheibe mit den weit ausgreifenden
Flügeln war dem ägyptischen Astral-Kult nahe und kündigte die spätere
Darstellung des zoroastrischen Lichtgottes Ahura Mazda an. So sehr
waren die Hethiter durch ihre mesopotamischen und semitischen Kontakte geprägt, daß die Sagenwelt des Gilgamesch zentraler Bestandteil
ihrer Mythologie wurde.

Im Schatten dieser Ruinen und dieser erdrückenden Historie nimmt
sich das moderne türkische Dorf Boğazkale recht bescheiden aus. 2500
Menschen leben hier von der Landwirtschaft und teilweise auch von den
archäologischen Ausgrabungen. Die Häuser sind auf einem grob gefüg-
ten Fundament aus Felsbrocken errichtet. Die Mauern aus luftgetrockne-

ten Ziegeln werden durch Fachwerkbalken zusammengehalten. Ähnlich hatten wohl schon die frühen Hethiter gewohnt, die sich überdies auch des Kagni-Karrens bedienten. Etwa achtzig Einwohner von Boğazkale haben in der Bundesrepublik Arbeit gefunden. Den Wohnungen ihrer Familien merkt man an, daß mit dem in der Fremde verdienten Geld ein relativer Wohlstand eingezogen ist. In diesem Flecken hat sich inzwischen herumgesprochen, daß die Deutschen ihrer zahlreichen Gastarbeiter überdrüssig, daß Kampagnen gegen die Ausländer und insbesondere gegen die Türken im Gange sind. Die Tätigkeit der deutschen Archäologen von Hattusa wird dadurch nicht gerade erleichtert. Mir fiel auf, daß neben der alten Moschee ein funkelnagelneues muselmanisches Gebetshaus mit hochragendem Minarett errichtet wurde. Dieser Bau war erst zwei Jahre alt. Gegen Mittag ertönt weithin der Ruf des Muezzin.

Der junge Archäologe erklärte mir die politische Ausrichtung der Dorfeinwohner. Vor dem Militär-Putsch hätten die Alten mehrheitlich der islamisch orientierten »Heils-Partei« Necmettin Erbakans angehört, während die Jüngeren sich eher der ultra-nationalistischen und panturanischen Bewegung des Oberst Türkeş anschlossen. »Der Islam ist unser einziger Weg«, war damals auf den Häuserwänden zu lesen. Unter den Heimkehrern aus Westeuropa habe gelegentlich fortschrittliches, ja sozialistisches Gedankengut um sich gegriffen. Seit die Generale regierten, habe man sich der Armee-Herrschaft bereitwilligst unterstellt. Im übrigen verhielten die Menschen von Boğazkale sich abwartend.

Die alte Hethiter-Hauptstadt war nur 250 Kilometer von Ankara entfernt, und trotzdem entdeckte man hier eine vielschichtige, ethnisch differenzierte Welt. Vor der Niederlage der griechischen Invasions-Armee im Jahr 1923 hatten in dieser Provinz eine Anzahl griechischer Dörfer existiert, deren Einwohner dann – im Zuge eines umfangreichen Bevölkerungsaustausches – nach West-Thrazien ausgesiedelt wurden. Verlassene armenische Kirchen waren noch anzutreffen. Eine beachtliche alevitische Minderheit war in dieser Gegend vertreten. Diese anatolische Gefolgschaft des Imam Ali zeichnete sich durch Sauberkeit und Fleiß aus. Es gab aber ebenfalls massive Einsprengsel kurdischer Bevölkerung, die aus Ost-Anatolien hierhin verschlagen worden war. Auch im Umkreis von Boğazkale war das Wort »Kurde« unaussprechlich, und ein deutsches Fernseh-Team, das zufällig bei den Dreharbeiten einen berittenen Kurden im Bild festgehalten und dessen Volkszugehörigkeit im Kommentar erwähnt hatte, war von den zuständigen türkischen Behörden getadelt worden.

Am Nachmittag trat ich die Rückfahrt an, und gegen Abend erreichten wir die Außenviertel von Ankara. Es regnete in Strömen. Ich bat Ali, mir die Radio-Nachrichten zu übersetzen. Von Präsident Amin Gemayel war die Rede, der den Abzug aller ausländischen Streitkräfte – Israeli, Syrer, Palästinenser – aus dem Libanon forderte und sich anschickte, nach Washington, Paris und Rom zu reisen. Die Ereignisse von Beirut hätten die türkische Öffentlichkeit weit mehr aufgewühlt als der iranisch-irakische Krieg, hatten mir die deutschen Archäologen von Hattusa bestätigt. Das liege vielleicht daran, daß eine Vielzahl armenischer Überlebender aus Anatolien im Gefolge des Ersten Weltkrieges nach Beirut geflüchtet waren und dort immer noch auf Rache gegen die Osmanen sannen. Die Spuren der armenischen Kampf- und Terror-Organisation ASALA, die sich durch die Ermordung türkischer Diplomaten Publizität verschaffte, führten immer wieder nach Beirut. Im West-Sektor der libanesischen Hauptstadt, so meldete der türkische Rundfunk, seien inmitten einer Vielzahl linksradikaler Ausländer auch 130 Türken von der libanesischen Armee dingfest gemacht worden. Diese Türken seien von palästinensischen Ausbildern im Hinblick auf den revolutionären Einsatz in ihrer Heimat trainiert worden.

Mein letzter Aufenthalt im Libanon lag weniger als einen Monat zurück. Spät in der Nacht nutzte ich die Isolation meiner Hotel-Bleibe, um auch die Erlebnisse aus diesen düsteren Tagen schriftlich zu formulieren.

David-Stern über Beirut – Peripetie im Libanon

Beirut, September 1982

Hauptmann Schlomo gab sich durch sein rundes Käppchen, die »Kipa«, und seinen Vollbart als orthodoxer Jude zu erkennen. An der Grenze zwischen Israel und Libanon – wir bewegten uns längs der Küstenstraße nördlich von Akkon – hatte es Schwierigkeiten gegeben. Stundenlang hatten wir im Kibbuz »Gesher Haziv«, einem blühenden Unternehmen aus der Pionierzeit des Zionismus, warten müssen, ehe uns die israelischen Presse-Offiziere grünes Licht für den Aufbruch nach Norden gaben. Am frühen Morgen hatte sich die Nachricht bestätigt, daß der gewählte libanesische Präsident Beschir Gemayel ermordet worden war, und unmittelbar darauf waren die jüdischen Streitkräfte in West-Beirut eingedrungen. Schlomo lauschte jetzt unentwegt dem Autoradio. Das israelische Oberkommando hatte in dem von Zahal kontrollierten libanesischen Gebiet totale Ausgangssperre verhängt. Die Rundfunk-Sprecherin aus Tel Aviv gab mit nervöser Stimme einen Bericht über die Lage in Beirut. Ich verstand nur ein einziges, alttestamentarisches Wort: »Tohuwabohu«. Das biblische Durcheinander des ersten Schöpfungstages war offenbar über Beirut hereingebrochen.

Jeder Zivilverkehr war im Libanon unterbunden. Nur Militärfahrzeuge der Israeli kamen uns entgegen. An den Kontrollpunkten von Zahal diskutierte Schlomo ausführlich mit den Posten, was den Taxichauffeur Joschua aus Jerusalem aufs äußerste reizte. »So sind sie, unsere Orthodoxen«, flüsterte er mir auf Englisch zu, »umständlich und pedantisch, und dann wundern sie sich, daß keiner sie mag.« Die Bevölkerung des Süd-Libanon versteckte sich in den Häusern. Wir hatten das Palästinenserlager von Raschidiyeh links liegen lassen und rollten zügig auf Tyrus zu. Der Krieg hatte hier kein einziges Haus verschont. Jede Mauer war zumindest durch eine Maschinengewehr-Salve gezeichnet. Die Außenbezirke von Tyr und Saida waren wie von einem Erdbeben heimgesucht. Automobilwracks säumten die Chaussee. »In dieser Gegend gibt es noch vereinzelte Snipers«, warnte Schlomo. »Ducken Sie sich, so tief Sie können, falls es zu einem Feuerüberfall der Terroristen kommt.« Die Spruchbänder, die noch den Wahlsieg des christlichen Präsidentschaftskandidaten Beschir Gemayel feierten, waren stellenweise mit Trauerflor umrandet. Über den Dörfern wehten weiße und schwarze Fahnen. Immer wieder entdeckte ich dasselbe Propaganda-Plakat: Der Libanon war darauf wie eine verstümmelte Hand dargestellt, deren tropfender Zeigefinger auf ein Meer von Blut und auf ein Ruderboot wies, in dem Yassir Arafat – ein Messer zwischen den Zähnen – das Weite suchte. »Wa tabki Lubnan« stand auf dem Poster: »Und der Libanon weint.«

Die Leichen und Verwundeten des Krieges waren längst fortgeräumt worden, aber ein paar verwesende Hunde lagen noch am Wegrand. Die trostlose Leere lastete auf uns. Mit feierlicher Betonung holte Schlomo zu einem hebräischen Zitat aus. Er übersetzte mir die Klage des Propheten Jesaja: »Die Sendboten des Friedens weinen bitterlich; die Straßen sind verwaist; alle Menschen sind von den Pfaden verschwunden; die Erde trauert und stöhnt; der Libanon ist zutiefst verwirrt und durch schwarze Flecken entstellt . . .«

Bevor wir Beirut erreichten, wichen wir nach Osten ins Vorgebirge ab.

Die Dörfer waren hier überwiegend christlich. Die libanesische Zeder war überall als Symbol neu erhoffter Souveränität gehißt. Die Fahnen wehten auf Halbmast. Ein paar Frauen standen an der Türschwelle. Neben den israelischen Militärs, die in voller Kampfmontur steckten, erkannte ich Milizionäre der christlichen Kataeb. In Ausrüstung und Bewaffnung glichen sie den Soldaten von Zahal. Unweit des Präsidentenpalastes von Baabda war das israelische Pressezentrum installiert. Die Formalitäten waren kurz. Schlomo und Joschua begleiteten mich noch bis Aschrafiyeh, zur maronitischen Hochburg in Ost-Beirut. Das Hotel »Alexandre« war fest in phalangistischer Hand und mit Journalisten überfüllt. Ich hatte Mühe, die Empfangsdame auf mich aufmerksam zu machen und einen Kofferträger zu finden. Das gesamte Hotelpersonal saß mit tränenüberströmten Gesichtern vor dem Fernsehapparat und verfolgte auf dem Schirm die feierliche Bestattung Beschir Gemayels in dessen Heimatdorf Bikfaya. Knappe 24 Stunden nach seinem Tod wurde der gewählte Präsident zu Grabe getragen.

Auch ich schaltete sofort auf meinem Zimmer das TV-Gerät ein. Ein eigenartiges Gefühl überkam mich, als ich – unter so dramatischen Umständen – die Kirche und den Friedhof jenes maronitischen Gebirgsdorfes wiedersah, wo ich ein Vierteljahrhundert zuvor meinen Arabisch-Sprachkursus absolviert hatte. Der verbreiterte Hauptplatz von Bikfaya quoll über von Trauernden, Weinenden, Schreienden. Der Sarg des 35jährigen Präsidenten wurde von Militärpolizisten auf den Schultern getragen und war in die rot-weiß-rote libanesische Flagge mit der grünen Zeder gehüllt. Ein Musikzug spielte den Trauermarsch von Chopin. Die Würdenträger sämtlicher christlicher Konfessionen waren angetreten, und sogar eine Anzahl muselmanischer Ulama demonstrierte unter dem weißen Turban nationale Solidarität. Der maronitische Patriarch Khoraisch hielt in klassischem Arabisch die Gedenkrede auf den Toten. Dann trat Amin Gemayel, der ältere und politisch geschmeidigere Bruder Beschirs, nach vorn, ließ sich von tönender Rhetorik hinreißen und kündigte diskret, aber unmißverständlich seine eigene Nachfolge-Kandidatur an. Neben ihm verharrte der Orden der maronitischen Mönche wie eine schwarze, fest gegliederte Kohorte. Plötzlich geschah das Unerwartete: Die Trauermusik brach ab, wurde durch einen flotten Marsch abgelöst. Dann spielte das Orchester sogar zum Dabke, zum fröhlichen Tanz des libanesischen Gebirges, auf. Die Männer und Frauen des Beerdigungszuges, die mit zahllosen weißen Blumengebinden, Kreuzen und Heiligenbildern angetreten waren, weinten und schluchzten weiter.

Aber jetzt bewegten die Menschen sich rhythmisch zu den Klängen des Dabke, bildeten einen Reigen, wiegten sich in den Hüften, stampften mit den Füßen und hielten die Kränze wie Gratulations-Sträuße hoch. »Was bedeutet dieses Freuden-Ritual an einem so tragischen Tag?« fragte ich den Kellner, der mir nach endlosem Warten mit tränengeröteten Augen ein Getränk servierte. »Das ist bei uns im Gebirge so üblich«, antwortete der junge Maronit. »Wenn bei uns ein junger Held zu Grabe getragen wird, dann feiern wir seinen Abschied wie eine Hochzeit.«

Ich trat auf die Terrasse hinaus. Zu meinen Füßen lag Beirut. Seit wir uns der Hauptstadt genähert hatten, waren die Explosionen und Einschläge nicht verstummt. Im Westsektor wurde weiter gekämpft. Die israelischen Sturm-Kommandos durchkämmten einen Straßenzug nach dem anderen. Der Widerstand war sporadisch. Nur ein paar halbwüchsige Murabitun oder verzweifelte Kommunisten feuerten noch ihre Kalaschnikows und Bazookas auf die vorrückenden Panzerkolonnen von Zahal ab. Sie taten das eilig, fast ohne zu zielen, und flüchteten dann in den nächsten Wohnblock. Die Israeli gingen kein Risiko ein. Sie wollten die eigenen Verluste niedrig halten, und die schweren Tankgranaten rissen gewaltige Löcher in die Etagenhäuser, wo die Zivilbevölkerung – im Keller zusammengedrängt – das Ende des Alptraums herbeisehnte. Das Hotel »Alexandre« lag wie ein Feldherrnhügel über der levantinischen Metropole. Rauchwolken verdunkelten den strahlenden Abendhimmel. Die gewaltigen Erschütterungen dröhnten bis Aschrafiyeh, wenn ein Munitionsdepot hochging. Nach Einbruch der Dunkelheit wurden die Westviertel taghell angestrahlt. Die Leuchtraketen pendelten an Fallschirmen langsam herunter.

Keine zweihundert Meter vom »Alexandre« entfernt befand sich das Hauptquartier der Kataeb, wo am Vortag die mörderische Sprengladung von fünfzig Kilogramm TNT explodiert war. Die Trümmerstätte war scharf bewacht. Ringsum waren überlebensgroße Fotografien Beschir Gemayels aufgestellt. Er wirkte darauf hemdsärmelig, optimistisch, jugendlich. Das Attentat war mit professioneller Präzision durchgeführt worden. Beschir hatte keine Chance des Überlebens gehabt, aber die Nebengebäude waren – bis auf die geplatzten Fensterscheiben – völlig unbeschädigt. Schon gingen die wildesten Gerüchte über die Urheberschaft dieses Anschlags um. Dem maronitischen Clan der Frangié aus dem nördlichen Zghorta, den Todfeinden der Gemayel – die Kataeb hatten ein grausiges Massaker an dieser Familie verübt –, wollte man zunächst die Schuld anlasten. Aber dazu war die Sprengung zu perfekt,

das Timing der Zündung zu exakt. Es sah nach Maßarbeit von hochtrainierten Spezialisten aus. Der Verdacht richtete sich auf die Syrer und
dann auf die Israeli. Schon erzählte man sich unter den Christen von
Beirut, daß die Beziehungen des Phalange-Führers Beschir zu den Kommandostellen von Zahal alles andere als herzlich gewesen seien. Die
Zusammenkunft zwischen Menachem Begin und dem frischgewählten
libanesischen Präsidenten sei stürmisch, fast feindselig verlaufen, nachdem Beschir Gemayel sich geweigert habe, einem Friedesvertrag mit
Jerusalem und einer permanenten Militär-Kooperation mit Israel zuzustimmen. Aus der Kanzlei Begins war die gezielte Nachricht von diesem
Geheimtreffen über die Agenturen verbreitet worden, womit offenbar
das Ansehen Gemayels im arabischen Lager gemindert werden sollte.

Trotz der späten Stunde trafen wir Pierre Yazbek, den Informations-
Beauftragten der Kataeb, noch in seinem Büro. Wie fern erschien uns
jetzt die ausgelassene Stimmung unseres gemeinsamen Osterausflugs in
sein Heimatdorf Amschit. Pierre war verzweifelt und wortkarg. Es sei
alles so gut gelaufen nach der Wahl Beschirs. Der neue Präsident, der so
viele Feinde hatte, sei dank seiner dynamischen Konzilianz, seiner natürlichen Autorität auch von der Gegenseite binnen weniger Tage als unentbehrlicher Träger der nationalen Souveränität anerkannt worden. Er sei
drauf und dran gewesen, sich mit fast allen Bürgerkriegs-Fraktionen zu
verständigen. Sogar zu den Murabitun hätten enge Kontakte bestanden.
Die Präsidentschaft eines starken Mannes an der Spitze eines restaurierten libanesischen Staates habe sich angekündigt. Wer auch immer die
Bombe gelegt habe, die Drahtzieher seien sich wohl bewußt gewesen,
daß nicht nur Beschir, sondern daß der ganze Libanon das Opfer wäre.
Falls der vierzigjährige Bruder Amin sich jetzt auf die Nachfolge vorbereite – nachdem er immer im Schatten gestanden hatte –, dann fiele ihm
eine ungleich schwierigere Aufgabe zu. Er verfüge nicht über die gleiche,
unangefochtene Befehlsgewalt über die Kataeb. Er werde von den Opponenten weniger gefürchtet, aber auch weniger geachtet. Amin drohe auf
fatale Weise, in das konfessionelle, pan-arabische, ja in das west-östliche
Spannungs- und Intrigenspiel eingespannt zu werden.

Pierre Yazbek blickte unentwegt auf den Fernsehschirm, während er
mit uns sprach. Die Beerdigungsfeierlichkeit des Nachmittags, der er beigewohnt hatte, war längst vorüber. Immer wieder wurden jetzt Foto-
Aufnahmen Beschir Gemayels aus den verschiedenen Phasen seines jungen Lebens eingeblendet. Ohne Unterlaß wurde klassische, ausschließlich europäische Konzertmusik gespielt, Haydn, Mozart, Beethoven,

Brahms. Die Filmkassetten mit den Orchester-Aufnahmen stammten sämtlich von Transtel aus Köln. Arabische Klänge waren an diesem Tag der Trauer aus dem libanesischen Fernseh- und Rundfunkprogramm verbannt.

Die israelischen Presse-Offiziere in Baabda verhalten sich abweisend und gereizt. Zum ersten Mal seit Gründung des Judenstaates ist eine weltweite, feindselige Kampagne gegen die Kriegführung von Zahal in Gang gekommen. Die endlose Belagerung und Beschießung von Beirut – der erste TV-Krieg seit Vietnam – wirkt sich verheerend auf das Prestige Israels aus. Es bedurfte heftiger Reklamationen, ehe unser Kamera-Team mitsamt dem Chauffeur Wajih und seiner libanesischen Limousine zur Begleitung der vorrückenden israelischen Truppe zugelassen wurden. Der Hauptmann Israel Schwartz wurde uns als Begleiter zugewiesen. In rasender Fahrt ging es nach einem Umweg über Sin-el-Fil zum Hafen. Hier standen die israelischen Panzer in Bereitschaft. Die dröhnende Kolonne setzte sich in Bewegung. Israel Schwartz legte die kugelsichere Weste an, rückte den Stahlhelm zurecht und entsicherte die Uzi-Maschinenpistole. Die gespenstische Trümmerwelt des alten Stadtzentrums von Beirut nahm uns auf. Die israelischen Infanteristen, wachsam wie Großwildjäger, schwärmten aus. Die Tanks ließen ihre Kanonenrohre schwenken. Für unsere Limousine war die aufgewühlte Chaussee stellenweise kaum passierbar. Wir drangen in das Viertel Bab-ed-Driss vor. In der Ferne hallten Detonationen und Schüsse. Die Place de l'Etoile – menschenleer und wüst – ließen wir links liegen. »Das ist die Avenue Georges Picot«, kommentierte Wajih, aber für mich war diese wohlbekannte Geschäftsstraße wie die Landschaft eines fremden Sterns. Wir näherten uns der Strandpromenade, der Avenue des Français mit dem früheren Vergnügungszentrum. Hier hatten sich bereits Squatter einquartiert, meist Schiiten aus dem Süden, wie die Maueranschläge mit dem Bild Khomeinis und Musa Sadrs zu erkennen gaben. Die Leute kamen vorsichtig aus ihren vergitterten Läden und Kellern heraus, gewöhnten sich schnell an die bewaffnete jüdische Präsenz. Das trümmerübersäte Gassengewirr weitete sich zum befreienden Ausblick aufs Mittelmeer. Wir hatten die im Bürgerkrieg heiß umkämpfte Gegend der großen Luxushotels – »Phénicia«, »Holiday Inn«, »Saint Georges« – erreicht. Die Zangenbewegung näherte sich ihrem erfolgreichen Abschluß.

Vor einem Nasser-Denkmal, das den ägyptischen Rais im Straßenanzug auf dem Hintergrund einer Pyramide darstellte – eine Huldigung

der nasseristischen Murabitun –, lagerten die erschöpften Soldaten
Zahals, ohne dem Standbild des Ägypters auch nur einen Blick zu schenken. Sie trugen schwer – oft zwanzig bis dreißig Kilo – an ihren Funkge-
räten, Bazookas, Granatwerfern und Munitionsbehältern. Ich sah sie mir
genau an, die Soldaten Israels, diese modernen Makkabäer. Der orientalische Typus der Sephardim war bei der Truppe stark vertreten. Was
berührte mich so eigenartig an diesen jungen Kriegern? War es die plötzliche Disziplin, die straffe Befehlsgewalt, die raubtierähnliche Sicherheit
der Kampfreflexe, die sich dieser in Etappe oder Ruhestellung recht ver-
lottert wirkenden Truppe bemächtigte, sobald Gefahr und Tod in Erscheinung traten? Was hielt diese so unterschiedlichen Männer, diese fast
chaotischen Individualisten so straff zusammen, die ihre Vorgesetzten
ausnahmslos mit dem Vornamen anredeten? Sie wirkten zutiefst aufeinander eingeschworen. Jede Panzermannschaft bildete eine Schicksalsein-
heit, kannte sich auch im Privatleben. Die Kommando-Spezialisten
waren zur Brüderlichkeit verurteilt. Ein Gefallener wurde beklagt wie
ein Verwandter. Zahal, so entdeckte ich auf der Küstenpromenade, der
Corniche von Beirut, verkörperte einen tribalistischen Schmelztiegel,
eine intime Stammesgemeinschaft, die bei aller Supertechnologie ihrer
Waffensysteme in die Frühgeschichte der Menschheit, in die Legende
der Philister-Kriege verwies. Jeder Außenstehende war ein Fremder, fast
schon ein Feind.

Vom Leuchtturm, aus Richtung Ras Beirut, walzte ein Rudel dröhnen-
der Ungetüme an, Merkeva-Panzer mit dem unförmigen Stahlbauch.
Der Merkeva hatte sich allen sowjetischen Modellen, inklusive dem T 72,
glatt überlegen erwiesen. Vor der DDR-Botschaft vereinigten sich die
beiden Zangen. West-Beirut war endgültig umklammert, der Kampf fak-
tisch beendet. Die Beamten und Angestellten der Ost-Berliner Vertretung, die zu Ehren Beschir Gemayels einen Trauerflor an der schwarz-
rot-goldenen Fahne mit Hammer und Zirkel befestigt hatten, flüchteten
in die Innenräume, als wir unsere Kamera auf sie richteten. Die Israeli
installierten sich im Hauptquartier der Sozialistisch-Fortschrittlichen
Partei des Drusen-Fürsten Walid Dschumblatt. Es war hoher Mittag.
Vom Minarett der Moschee Ain-el-Mreisse, die dem Hotel »Saint Georges« schräg gegenüber liegt, ertönte der Ruf des Muezzin: »Allahu akbar!
Allahu akbar!« Diese klagende Beteuerung ging im Rasseln und Schep-
pern der israelischen Panzerfahrzeuge unter.

Schon regen sich wieder die Politiker und der levantinische Parteien-
Hader. Eindrucksvoll, wie schnell alles zur Normalisierung drängt,

obwohl die letzten Schüsse noch durch die Ruinen hallen. Am frühen Vormittag haben wir Saeb Salam, »Saeb Bey« sagen die Libanesen respektvoll, in seiner schönen osmanischen Villa von Musseitbe aufgesucht. Er plädiert für Versöhnung aller Libanesen, hatte sogar mit Beschir Gemayel ein klärendes Gespräch geführt. Saeb Salam repräsentiert den gemäßigten sunnitischen Flügel und die Mehrzahl der Ulama. Er ist ein gewiegter Taktierer, ein einflußreicher Vermittler und kann sich auf die diskrete Unterstützung der Saudis verlassen.

48 Stunden nach dem Tod Beschirs stehen sich drei Anwärter auf das höchste Staatsamt gegenüber. Amin Gemayel natürlich, der vierzigjährige Bruder, aber auch der greise Camille Chamoun hat plötzlich aus unerfindlichen taktischen Gründen seine Kandidatur bekanntgegeben. Dazu kommt noch der Exil-Politiker Raymond Eddé, der nur noch vom Quai d'Orsay ernst genommen wird. Alle drei sind natürlich – dem »National-Pakt« von 1943 gemäß – maronitische Christen. Am frühen Morgen hatte ich über BBC vernommen, daß Bundeskanzler Helmut Schmidt in Bonn seine Regierungsmehrheit verloren hatte. Beim Frühstück im »Alexandre« traf ich einen deutschen Zeitungskollegen. »Haben Sie die große Nachricht gehört?« fragte ich. – »Ja, ich weiß«, lautete die Antwort; »auch Raymond Eddé ist Kandidat.« So relativieren sich die Prioritäten mit der Entfernung.

Mit Wajih sind wir nach Fakahani, der früheren Hochburg der PLO mitten in Beirut, aufgebrochen. Immer wieder werden wir von israelischen Streifen kontrolliert. In Fakahani hatte die israelische Luftwaffe mit bemerkenswerter Zielsicherheit zugeschlagen. Durch einen einzigen Volltreffer waren achtstöckige Betongebäude plattgewalzt worden. Bei der Arabischen Universität waren die Verwüstungen am schlimmsten, aber durchaus nicht wahllos. Die Häuser, in denen wir Yassir Arafat und George Habbasch begegnet waren, existierten nicht mehr. Das Informationsbüro Mahmud Labadis hingegen hatte das Strafgericht überdauert. Im Umkreis der unterirdischen Großgarage, die wohl der PFLP als Arsenal gedient hatte und wo Wajih seinerzeit unseren Wagen geparkt hatte, sah es nach Stalingrad aus. Seltsamerweise hatte sich hier – in Blickweite israelischer Panzer-Konvois, die ruhelos das Gelände absicherten – eine kleine Gruppe muselmanischer Zivilisten festgekrallt. Sie waren schon dabei, den gröbsten Schutt aus ihren Wohnungen zu entfernen. Ein Knabe ging mit weißer Fahne zwischen den Schutthalden spazieren, ein pathetisches Bild. Eine aufgeregte, grundlos lachende Frau überschüttete uns mit Reiskörnern, als ob wir Sieger oder Befreier wären. Wajih drängte uns weiterzufahren, einen kurzen Abstecher in das nahe Palästinenser-Lager Sabra zu unternehmen.

Auf dem Weg zum Camp raste mit heulenden Sirenen und flackerndem Rotlicht ein Dutzend Ambulanzwagen an uns vorbei. Zu Fuß erreichten wir die einstöckigen Häuserzeilen von Sabra, und mit einem Schlag spürte ich, daß etwas Ungewöhnliches, Schreckliches passiert sein mußte. Es waren keine Menschen zu sehen. Die Wohnungen waren aufgebrochen. Die Mittagssonne lag wie ein gnadenloser Scheinwerfer auf den verlassenen Hütten von Sabra. Jetzt witterte ich den Geruch, den süßlichen, penetranten Gestank, der mir von Vietnam so vertraut war. Dann sah ich die ersten zwei Leichen liegen. Es waren sechzig- bis siebzigjährige Männer, denen die Schüsse klaffende Löcher ins Gesicht gerissen hatten. Dann stolperten wir fast über eine andere Gruppe Toter, die in der Bauchgegend durch eine Feuergarbe auseinandergerissen waren. Sie waren über und über mit Fliegen bedeckt. Das breite, gutmütige Gesicht Wajihs war versteinert. Michael wurde bleich, nahm die Kamera herunter. »Ich kann nicht weiterfilmen, mir ist übel«, sagte er tonlos. Ein Greis winkte uns weiter: »Go«, raunte er uns zu, »look, look!« Eine schreiende Frau wollte unsere Führung übernehmen. In den Häusern seien ganze Familien ausgerottet. Babies lägen dort bei ihren Müttern. Ihr Klagen ging in Schluchzen und Wimmern über. Am Ende der Gasse waren sie aufgehäuft, fünfzehn oder zwanzig Palästinenser. Man hatte sie buchstäblich an die Wand gestellt. Nun versperrten die Toten fast den Durchgang. Im Gegensatz zu den anderen Leichen waren sie von der Hitze noch nicht entstellt. Ihre Hinrichtung mußte in den frühen Morgenstunden stattgefunden haben. Wir sind dann nicht weiter nach Sabra hineingegangen, sondern kehrten nach Aschrafiyeh zurück. Ich legte keinen Wert darauf, Hunderte von Filmmetern mit ermordeten Zivilisten zu sammeln.

Über die Massaker von Sabra und Schatila sind zahllose Kommentare verfaßt worden. Als unmittelbarer Augenzeuge kann ich dazu folgende Aussage machen: Israelische Soldaten waren mit Sicherheit nicht unmittelbar an dem Gemetzel beteiligt. Sie hatten bewaffnete Christen – zum einen Teil gehörten sie zur Truppe des Major Haddad und waren speziell aus dem Süd-Libanon herantransportiert worden, zum anderen handelte es sich um Phalangisten, die wie Wölfe aus dem Gebirge gekommen waren – in die Lager der Palästinenser hineingelassen. Die Israeli mußten dort mit letzter Gegenwehr und eigenen Verlusten rechnen. Deshalb hatten sie die Christen vorgeschickt. Es gab genügend maronitische Freischärler im Libanon, deren Familien von den Moslems und Palästinensern umgebracht worden waren. In den langen Jahren des Bürgerkriegs hatten Verrohung und Haß wie eine Seuche um sich gegriffen. Immer und überall finden sich Sadisten, wenn es ums Morden von Wehrlosen geht. Aber eines scheint sicher: Die unmittelbare Umgebung der Gemayels, die zu diesem Zeitpunkt um Ausgleich und Versöhnung mit den Moslems bemüht waren, trug keine Verantwortung für diese Untat. Sie hatten im Gegenteil alles Interesse daran, Übergriffe ihrer Anhänger zu verhindern. Die Mörder sind wohl ohne präzise Weisungen in Sabra und Schatila eingedrungen. Die Israeli mußten dennoch voll auf dem Laufenden sein. In West-Beirut bewegte sich kein Kamera-Team, geschweige denn eine Rotte Bewaffneter ohne Genehmigung, ja ohne Order von Zahal. Irgendwelche israelischen Befehlsstellen haben die Dreckarbeit anderen überlassen oder zuschieben wollen. Spätestens nach zwei oder drei Stunden, als die Schießerei in den Camps kein Ende nahm, hätte Zahal nach dem Rechten sehen und eingreifen müssen. Stattdessen verharrten die Israeli in knapp zweihundert Meter Distanz und warteten 36 Stunden, ehe sie der Agonie ein Ende setzten. Der jüdische Staat hatte sich in Beirut »schmutzige Hände« geholt. Er war der grausigen Logik der Partisanen-Bekämpfung erlegen. Er war hineingeschlittert »dans le sang et dans la merde«, wie General Massu in Algier es ausgedrückt hatte.

Seltsamerweise sind die Proteste gegen das Morden in Sabra und Schatila im Westen stürmischer und wohl auch ehrlicher gewesen als in den meisten arabischen Ländern. Vielleicht liegt es daran, daß der gewaltsame Tod im Orient zum Tagesgeschäft gehört. Man denke nur an die zehntausend syrischen Opfer des fürchterlichen Strafgerichts von Hama, an die Christendörfer von Akkar im Nord-Libanon, die dezimiert wurden, ohne daß jemand darüber berichtete. Man erinnere sich an Damur und Karantina. Warum sind in Damaskus, Kairo, in Amman und Bagdad die Massen nicht auf die Straßen geströmt, um die »zionistische Untat« anzuprangern? Dafür gibt es nur eine beschämende Erklärung. Die jeweiligen Regierungen und Machthaber haben Angst vor jeder Volkskundgebung großen Stils, die sehr schnell ihrer Regie entgleiten und sich wie eine Sturmflut gegen die eigenen Potentaten richten könnte. Umso beeindruckter, ja geradezu sprachlos nahm die arabische Öffentlichkeit zur Kenntnis, daß sich in Tel Aviv 300 000 Juden versammelten, um das Versagen, die Schuld der eigenen Führung anzuklagen.

Mit unseren belichteten Filmaufnahmen aus Beirut wollte ich nicht über Israel ausreisen, wo wir der Militär-Zensur unterworfen waren. Im übrigen waren die Verbindungen nach Tel Aviv durch die Pressestelle von Baabda bürokratisch erschwert. Zum Glück gab es Joseph, einen besonders findigen Libanesen, der für die Fernsehgesellschaften aus aller Welt das gefilmte und elektronische Material mit an Wunder grenzender Sicherheit über Damaskus »verschiffte«. Am späten Nachmittag, sechs Stunden nach unserem makabren Gang durch Sabra, stieg ich zu Joseph in den Buick, und wir fuhren ins Gebirge der Metn-Provinz. Am Dorfrand von Bikfaya bogen wir scharf nach Nordosten ab. Die gewundene Straße war steil und eng. Der Tag leuchtete noch orangefarben über den Pinienwäldern und der flachen Kuppe des Sanin. Bei Bikfaya waren wir von libanesischer Armee und Kataeb kontrolliert worden. Am Eingang von Dhour Choueir mußte Joseph seinen Kofferraum öffnen. Nach kurzem Palaver mit den Bewaffneten ging es weiter. »Waren das Kataeb?« fragte ich. – »Nein«, sagte Joseph, »das sind die ersten Syrer.« Im Dämmerlicht bewunderte ich die Luxusvillen, die reiche Libanesen für die heißen Sommermonate in dieser Höhe gebaut hatten. Die Ortschaft hieß Bois de Boulogne. Die Landschaft wurde jetzt wild und einsam. »Ich fahre hier erst nach Einbruch der Dämmerung«, sagte Joseph. »Bei Tage bombardieren die israelischen Flieger diese Strecke.« Tatsächlich mußten wir riesige Bombenkrater umfahren. Die Küste und ihre Schwüle, die Greuel des Krieges lagen weit hinter uns. Die ersten Sterne leuchteten durch die Pinien. Die Höhenkämme im Westen waren von später Glut umrandet. »Ist unser Libanon nicht ein herrliches Land?« fragte Joseph.

Immer häufiger wurden wir von syrischen Posten – auch »Rosa Panther« waren darunter – kurz angehalten und dann durchgewinkt. In der Bekaa-Ebene, jenseits von Chtaura, entdeckte ich einen Trupp bewaffneter Palästinenser, die sich durch das rot-weiße Keffieh zu erkennen gaben. Ich besaß kein Visum für Syrien, aber Joseph wollte das arrangieren. Tatsächlich dauerte es keine zehn Minuten, bis ich im Besitz eines Sichtvermerks war. An der syrischen Grenzstation hatte Joseph mit dem zuständigen Polizeibeamten unter vier Augen verhandelt. Kurz vor Mitternacht erreichten wir Damaskus. An den Mauern waren Plakate mit Khomeini-Porträts angeklebt. Der Irak wurde hinter symbolischen Gefängnisgittern dargestellt. Die syrische Hauptstadt empfing mich an diesem Abend wie ein Hafen des Friedens, und der Luxus des Sheraton-Hotels tat mir wohl.

In der Nacht träumte ich dann doch von den Opfern von Sabra. Die Vision war gar nicht furchterregend. Ich ging auf jene Anhäufung von Ermordeten zu, die die enge Gasse des Palästinenser-Viertels versperrten. Ich wiederholte die sinnlosen Worte, die ich an Michael gerichtet hatte: »Die haben es hinter sich.« Die Leichen waren nicht entstellt. Die Gesichter wirkten entspannt, feierlich, fast heiter. Im Tod hielten sie sich brüderlich umschlungen.

Die Türken in Berlin

Im Flugzeug zwischen Ankara und Frankfurt, Herbst 1982

Die Sicherheitsvorkehrungen am Flugplatz Ankara sind verschärft, seit armenische Terroristen dort im August unter den Passagieren ein Blutbad anrichteten. Gendarmen und Polizisten in Zivil stehen schußbereit in jeder Ecke. Die Gepäckkontrolle und Leibesvisitation ist peinlich genau. Durch einen engen Gang werden die Fluggäste dann in einen Warteraum ohne Sitzgelegenheiten geschleust und warten dort dicht gedrängt auf den Abruf ihrer Maschinen.

Der Flug nach Frankfurt ist voll ausgebucht. Die türkischen Gastarbeiter bilden die große Mehrheit. Sie sind meist auf Urlaub in Anatolien gewesen und kehren in die Bundesrepublik zurück, wo sie seit Jahren leben. Es ist eine winzige Gruppe jener 1,7 Millionen Türken, die in Deutschland ansässig geworden sind und sich neuerdings wachsenden Anfeindungen ausgesetzt sehen. Die Anatolier im überfüllten Wartesaal sind freundlich und hilfsbereit. Demnächst wird man ihnen vielleicht in Köln-Nippes oder Berlin-Kreuzberg vorwerfen, daß sie Knoblauch essen und daß ihre Frauen Kopftücher tragen. Mit den in Ankara ansässigen Deutschen habe ich endlos über das Türken-Problem der Bundesrepublik diskutiert. Dieses Land war einst von einer geradezu rührenden Deutschfreundlichkeit geprägt. In den fernsten Dörfern wurde der durchreisende Deutsche wie ein Ehrengast gefeiert, und hier war diese Bevorzugung nicht – wie das bei den Arabern oft der Fall war – mit der Erinnerung an die Hitlersche Judenvernichtung gekoppelt, sondern man knüpfte an die Waffenbrüderschaft im Ersten Weltkrieg und die preußischen Militärinstrukteure an. Diese sentimentalen Bindungen sind nunmehr belastet, teilweise schon ausgelöscht durch Wandschmierereien wie »Türken raus« oder jene abscheulichen Türkenwitze, die an gewissen deutschen Stammtischen umgehen.

Die Deutschen von Ankara stehen ratlos und teilweise wütend dieser

Entwicklung gegenüber. Ist es nur Provinzialismus, der sich in der Bundesrepublik so heftig dagegen auflehnt, daß Menschen aus fremden Kulturkreisen andere Verhaltens- und Lebensnormen mitbringen und auch beibehalten wollen? Die Raffgier der Unternehmer, die nach fleißigen, fügsamen und billigen Arbeitskräften für die Bundesrepublik suchten, die Trägheit der deutschen Arbeitnehmer, die sich für ganze Beschäftigungszweige zu gut dünkten, vor allem auch die pseudo-idealistische Ignoranz gewisser Dritte-Welt-Phantasten, die unter dem Vorwand der Begünstigung von sogenannten Asylanten ihr eigenes innenpolitisches Süppchen kochen wollten, das seien die Faktoren gewesen, die die Türken-Invasion in Deutschland begünstigt und nunmehr zu einem unlösbaren Dilemma gemacht hätten, entrüstete sich ein deutscher Diplomat in der Residenz des früheren Botschafters von Papen. Man sei in Bonn von der törichten Annahme ausgegangen, die eingewanderten Türken könnten und müßten sich assimilieren. Das habe bei den Italienern, den Spaniern, sogar bei den Griechen ziemlich reibungslos geklappt. Aber nun habe man es mit einer Rasse zu tun, deren Ursprünge nach Zentral-Asien zurückreichten und denen die Zugehörigkeit zum Islam unüberwindliche Schranken setze. Die Illusion einer Angleichung der Türken an deutsche Lebensart und deutschen Habitus möge man – von Ausnahmen abgesehen – getrost begraben. Da aufgrund der sträflichen Leichtfertigkeit der deutschen Gesetzgeber aller Parteien keine legale Möglichkeit zur Rückführung der meisten Anatolier mehr existiere, könne sich Deutschland darauf gefaßt machen, mit einer rassischen und religiösen Minorität zu leben. Ein entsprechendes Minderheiten-Statut müsse erarbeitet werden. Wehe aber, wenn es im Jahre 1986, im Zuge der Assoziierung der Türkei mit der Europäischen Gemeinschaft, zur unbeschränkten Öffnung der Grenzen käme. Zusätzliche Millionen von Türken würden sich dann in die Bundesrepublik ergießen, ohne jeden Gedanken an spätere Heimkehr. Die hohe Geburtenrate der bereits vorhandenen Emigranten kündige ohnehin gesteigerte Komplikationen an, meinte der Beamte sorgenvoll. Um 1920 hätten Griechenland und die Türkei noch über durchaus vergleichbare Bevölkerungszahlen verfügt. Heute gebe es neun Millionen Griechen und 45 Millionen Türken.

Immer wieder wurde ich auf die historische Analogie verwiesen: Die Turk-Völker Zentral-Asiens seien ursprünglich als lose Horden nach Westen aufgebrochen. Das Wort war nicht abträglich gemeint, denn unser Ausdruck »Horde« ist von dem türkischen Begriff »Urdu«, das heißt Zeltlager, abgeleitet. In kleinen Gruppen seien sie Schritt für

Schritt in Persien, in Anatolien eingesickert. Sie seien durchaus nicht immer als Eroberer gekommen. Vielerorts hätten sie sich anfangs als Hilfskräfte, Tagelöhner, vor allem aber auch als Söldner verdingt. Aber sie hätten stets ihre Angehörigen, ihre Sippen, ihren Stamm nachgezogen, bis sie am Ende die Stärkeren, die Vitaleren, die Beherrschenden waren. Dieser Horden-Instinkt, dieser nomadische Urtrieb der Türken sei heute längst nicht abgestreift, und nun befänden sich ihre Vorhuten im Herzen Europas. »Wir können 1983 ein denkwürdiges Datum feiern«, hatte ein deutscher Kaufmann gefeixt; »die Belagerung von Wien durch das türkische Massenaufgebot des Groß-Wesirs Kara Mustafa und die Schlacht am Kahlenberg, die dem osmanischen Vordringen ein Ende setzte, liegt dann genau dreihundert Jahre zurück. Aber heute haben wir die Türken in Berlin, und zur Schlacht um Kreuzberg werden wir uns nie aufraffen.« –

Unsere Maschine war pünktlich gestartet und überflog nach einer knappen Stunde den Bosporus. Die Wolkendecke war aufgerissen, und das alte Byzanz mit seinen Stadtmauern, mit dem wuchtigen Block der Hagia Sophia war deutlich zu erkennen. Tausend Jahre lang hatte Konstantinopel, das Zweite Rom, dem Ansturm des Islam und der Türken widerstanden. Von den Rittern des Abendlandes war diese Metropole in schändlicher Weise gedemütigt, geplündert und verraten worden. Im Mai 1453 zog Sultan Mehmet II. mit der Eroberung von Byzanz den Schlußstrich unter eine glänzende, im Westen systematisch verdrängte Epoche. Diese Wende ist von den Historikern festgehalten worden, um das Ende des Mittelalters und den Beginn der Neuzeit zu datieren.

Die Gebirge und Täler des Balkans waren bereits in Dunkelheit gehüllt. Die Stewardess teilte auf Deutsch, Türkisch und Englisch mit, daß wir Sofia überflogen. Meine Gedanken schweiften zurück zu einem Ausflug nach Kreuzberg im vergangenen Juli. Ich hatte mich persönlich von den Zuständen im sogenannten »Türken-Getto« überzeugen wollen. Tatsächlich hatte sich dieser Stadtteil Westberlins trotz des wilhelminischen Zuschnitts seiner Wohnkasernen aus den Gründerjahren weitgehend orientalisiert. Kebab- und Schaschlik-Verkäufer hatten die alten Bierkneipen verdrängt. 130 000 Türken lebten wohl inzwischen in der ehemaligen Reichshauptstadt, und ein sehr verständlicher Trieb der Zusammengehörigkeit drängte sie in scharf umrissenen Vierteln zusammen. Die Mauern in Kreuzberg waren mit Slogans bepinselt. Da wurde immer wieder Freiheit und Demokratie für die türkischen Linksgruppen, den

»Revolutionären Weg – Dev Yol« und andere marxistische Fraktionen
gefordert. Die Wandparolen der deutschen »Aussteiger-Szene«, von
Nuklear-Gegnern, Reagan-Hassern, Instandbesetzern, »Tu nix«- und
»Null-Bock«-Befürwortern waren in Kreuzberg ebenso eindringlich. Im
Umkreis der Türken-Viertel, sei es in Württemberg, Hessen, im Ruhrgebiet, im Rheinland oder Westberlin, wurde viel Aufhebens gemacht von
Messerstechereien und Schlägereien, die zwischen verfeindeten ideologischen Kampftrupps ausgetragen wurden. Seit der Machtergreifung der
Generale in Ankara, wo Hunderte von Links- und Rechtsextremisten in
Permanenz vor den Militärtribunalen standen und mit der Todesstrafe
rechnen müssen, schien die Gewalttätigkeit der Gastarbeiter auf deutschem Boden abgeflaut zu sein. Die früher vielzitierten »Grauen Wölfe«
hatten seit der Inhaftierung ihres Führers, des Oberst Türkeş, von ihrer
Aggressivität verloren. Wenn die links-revolutionären und marxistischen Gruppen in Kreuzberg und Köln so viel von sich reden machten, so
war das oft auf die aktive Solidarität deutscher Sympathisanten zurückzuführen.

Ich wollte mich in Westberlin über die »Re-Islamisierung« – in diesem Falle ist das Wort sicherlich angebracht – der türkischen Bevölkerungsgruppe informieren. Durch Vermittlung eines deutschen Moslems
hatte ich mich in der Mevlana-Moschee an der Skalitzer Straße mit den
zuständigen Hodschas und Imamen an einem regnerischen Nachmittag
verabredet. Die Moschee war in einer geräumigen Zwischen-Etage
untergebracht. Die Gebetsnische und die Kanzel waren bescheiden dekoriert. Die Teppiche, auf denen sich bärtige Männer mit weißen Kappen
zum Gebet nach Mekka verneigten, waren billige Serienprodukte. Der
zuständige Imam, ein sympathischer, stämmiger Mann, der in Kairo und
Damaskus studiert hatte, und die ihn umgebenden frommen Ältesten
begrüßten mich mit großer Herzlichkeit. Sie hatten meine Filme über
Afghanistan und die Moslems in der Sowjetunion gesehen. Wir kauerten
uns auf den Boden und sprachen über die Zukunft des Islam in der Türkei. Als Dolmetscher fungierte ein relativ junger, elegant gekleideter
Türke namens Osman, der als Ingenieur ausgebildet war. »Wir können
nicht behaupten, daß die Mehrzahl der in Berlin lebenden Türken streng
praktizierende Moslems sind« , gestand der Hodscha ein. »Aber wir stellen zweifellos die stärkste geistliche und politische Richtung bei unseren
Landsleuten dar. Wir erkennen die von Atatürk aufgezwungene Trennung von Staat und Religion nicht an. Wir bekennen uns zum Einheits-
prinzip von ›din wa dawla‹.« Osman schob meinen Einwand beiseite, daß

doch überwiegend betagte Männer an diesem Nachmittags-Gebet teilnahmen. »Das ist immer so gewesen bei uns«, beteuerte er mit mir vertrauten Argumenten. »So lange man jung ist, geht man dem Leben und seinen Vergnügungen nach, es sei denn, man fühle sich zur Frömmigkeit speziell berufen. Erst ab vierzig findet der durchschnittliche Moslem zur Religion und denkt an seine von Gott vorgeschriebene Bestimmung.«

Der Hodscha führte mich ins Nebenzimmer, wo gerade Koran-Unterricht erteilt wurde. Jungen und Mädchen murmelten streng getrennt ihre Suren. Die Mädchen mit den Kopftüchern, den weiten geblümten Kleidern, den blassen Gesichtern wirkten wie Kobolde. Der Hodscha beklagte sich darüber, daß die deutschen Behörden den muselmanischen Kindern – im Gegensatz zu den anderen Bekenntnissen – keinen geordneten, staatlich subventionierten Religionsunterricht zukommen ließen. Eine Anzahl frommer Männer fände sich zwar bereit, dieses Versäumnis auszugleichen. Die große Mehrzahl der türkischen Kinder käme nachmittags zur Koran-Lehre in die Moschee. Aber die kemalistische Regierung des General Evren versuche ihrerseits, regierungskonforme Hodschas und Religionslehrer zu den Auslands-Türken zu delegieren. Diese Sendboten seien in Wirklichkeit verkappte Beauftragte der in Ankara offiziell geförderten Gottlosigkeit.

Die Hodschas der Mevlana-Moschee standen wohl der Mevlana-Tarikat nahe, die sich durch ihre Duldsamkeit auszeichnete. Als ich das Thema der religiösen Bruderschaften ansprach, die in der Türkei streng verfolgt werden, lösten sich die Zungen. Vor allem die militante Nakşibendi hätte unter den islamischen Türken von Kreuzberg an Boden gewonnen, so erfuhr ich in der Mevlana-Moschee. Im Rheinland verfüge die Suleymancilik über wachsende und kämpferische Anhängerschaft. Die Nurculuk und sogar die Kadiri seien ebenfalls vertreten. Dieses Überhandnehmen der Tarikat wurde von Osman auf folgende Weise erklärt: »Wir Türken in der Fremde sind zwangsweise in eine Abwehrposition gedrängt. Wir stoßen beim Gastvolk auf Unkenntnis und Geringschätzung unserer kulturellen Eigenart, manchmal sogar auf brutale Reaktionen. Die Deutschen unterschätzen oft unseren nationalen Stolz. Aber was uns den wahren inneren Zusammenhalt, ja die Gewißheit einer gewissen Überlegenheit gibt, das ist unsere Zugehörigkeit zur islamischen Umma. Warum hat die persische Revolution Khomeinis über die Macht des Schah und dessen amerikanische Verbündete gesiegt? Weil die Schiiten im Iran über festgefügte klerikale Strukturen, die Mullahkratie, wie sie sagen, verfügten. In der Sunna ist eine solche Hierarchie nicht vorhanden, widerstrebt der Überlieferung. Doch unsere strikt organisierten Bruderschaften, unsere Tarikat, die von den Unwissenden stets als ›Sekten‹ bezeichnet werden, die bilden ein tragfähiges Gerüst, sind ein mächtiges Instrument der Glaubensbewahrung und der Glaubenserneuerung. Sie spielen für uns eine unentbehrliche kulturelle und auch politische Rolle.«

Eine Gruppe junger Türken – die Fabrikschicht war wohl zu Ende – war hinzugetreten. Sie stellten zahlreiche Fragen nach Ruhollah Khomeini. Sie könnten nicht mit den Schiiten einverstanden sein. Als Sunniten sei ihnen die Unfehlbarkeit der Zwölf Imame unerträglich. Ob Khomeini sich tatsächlich mit dem Gedanken trage, den Titel des Khalifen für sich zu beanspruchen? Unausgesprochen lebte in dieser versprengten osmanischen Gemeinde die alte Sehnsucht nach der Statthalterschaft Allahs weiter, die der Sultan am Bosporus so lange verkörpert hatte.

Das mehrstöckige Gebäude in der Skalitzer Straße, wo die Mevlana-Moschee Unterkunft gefunden hatte, diente offenbar auch als Sportzentrum. Ein Judo- und ein Karate-Club waren dort untergebracht. Es gab sogar einen Übungsraum für die rauhen koreanischen Kampfübungen des Taekwondu. Ob die Nachbarschaft dieser Gymnasten ihn nicht störe, fragte ich den Imam. Er lächelte. »Das sind unsere eigenen Sport-Clubs«, sagte er; »dort bilden wir unsere jungen Leute und Anhänger aus.« Die Begeisterung der türkischen Kinder und Jünglinge für die Nahkampfkünste aus Fernost war aufschlußreich für ihren resoluten Selbstbehauptungswillen. »Auf unsere Art streben auch wir eine islamische Revolution der wahren Gottesgefolgschaft und der sozialen Gerechtigkeit an«, erklärte Osman. »Zu diesem Zweck haben wir die Organisation der Jung-Osmanen gegründet, und es stört uns nicht, wenn unsere Gegner uns als ›grüne Kommunisten‹ beschimpfen, weil wir zu den Gleichheits-Idealen der ersten Khalifen zurückfinden wollen. Jedenfalls verfügen wir hier in der Bundesrepublik über all jene Entfaltungsmöglichkeiten, die uns unter dem Regime des General Evren zuhause strikt versagt wären.«

Wir verabschiedeten uns von den Hodschas der Mevlana-Gemeinde und suchten die nahe Fathi-Moschee in der Görlitzer Straße auf. Die Fenster der Gebetshalle öffneten sich hier auf ein verlassenes Fabrikgebäude. Die Fathi-Moschee wurde von der »Vereinigung für die Lehre des Qur'an e.V.« betreut. Auch hier regte sich unterschwellig das Tarikat-Wesen. Die Freude der Gläubigen war groß, daß jemand sich für ihre Probleme und religiösen Zielrichtungen interessierte. Auch ihre Räume dienten natürlich dem Koran-Unterricht. Über der Gebetsnische stand in arabischen Lettern die Schahada, das islamische Glaubensbekenntnis, und darunter las ich den unvermeidlichen Ruf: »Allahu akbar«. Warum mußte ich in dieser Moschee an den Berliner Katholikentag 1980 denken? Diese christliche Veranstaltung – nur ein paar hundert Meter von der Mauer und ihren Todesanlagen entfernt – war gelegentlich in ein pazifistisches Happening abgeschweift. Sie stand unter dem Motto: »Gottes Liebe ist stärker«, als hätte das islamische Postulat »Allah ist größer!« auf die Katholiken in Berlin nachahmerisch abgefärbt. Eine ausführliche Fernseh-Sendung über den Katholikentag hatte diese Themenstellung: »Gottes Liebe ist stärker« durch die Zusatzfrage ergänzt: »Stärker als was?«, eine für Moslems frevlerische Formulierung.

In der Fathi-Moschee entdeckte ich eine Landkarte, die das alte Osmanische Reich zur Zeit seiner größten Expansion darstellte, von den Toren Wiens bis nach Yemen, von der Ukraine bis an die Schwelle Marokkos. Der Hodscha war neben mich getreten. »So töricht sind wir nicht, daß wir die Macht des Osmanischen Khalifats wiederherstellen möchten«, sagte er, »aber es ist doch nützlich, wenn unsere jungen Leute erfahren, daß die Türken, lange vor Atatürk und ehe unser Staatsgebiet auf den anatolischen Rumpf reduziert wurde, weltweit geherrscht haben.«

Mit Osman unterhielt ich mich noch eine Weile über die Perspektiven der türkischen Re-Islamisierung. Er vertrat die Theorie, daß die künstliche Vorrangstellung der Araber innerhalb der islamischen Umma möglicherweise einem baldigen Ende zusteuere. Die Ohnmacht angesichts der Libanon-Tragödie, der Abnutzungskrieg am Schatt-el-Arab hätten die innere Zerrissenheit der arabischen Nation schonungslos enthüllt. Gamal Abdel Nasser habe mit seinen pan-arabischen Parolen und der Wucht seiner Persönlichkeit über diese Schwächen hinwegtäuschen können. Die erpresserische Nutzung der Energiewaffe durch die Erdöl-Scheichs habe den Arabern in den Augen des Westens eine völlig unangemessene Bedeutung zugespielt. Osman fragte sich, ob innerhalb der islamischen Umma nicht die Führungsrolle der zahlenmäßig überlegenen, mit stärkerem Machtinstinkt ausgestatteten Nicht-Araber, in erster Linie der Türken und der Iraner, fällig sei? Wenn man vom übervölkerten, unruhigen Niltal, das ohnehin eine Sonderstellung einnahm, und vom Maghreb absah, dessen Originalität weiterhin von Berber-Traditionen beeinflußt war, ließe sich durchaus die These vertreten, daß demnächst innerhalb der weltweiten islamischen Gemeinschaft die Stunde der »Schuubiya«, der nicht-arabischen Völkerschaften, schlagen könnte.

Die letzte Entscheidung über eine solche Entwicklung, so meinte Osman, werde eines Tages in Anatolien gefällt.

Ich beobachtete sie aufmerksam, diese türkischen Moslems von Berlin. Ich mußte an die algerischen Fremdarbeiter in der Pariser Banlieue denken, an ihren bärtigen Propagandisten Messali Hadj, der in der Fremde, in der kulturellen Alienation der französischen Elendsviertel – auf dem Umweg über die islamische Rückbesinnung – die algerische Nation entdeckt, ja erfunden hatte, lange bevor diese Bewegung auf die eigentlichen nordafrikanischen Départements übergriff. Mir kam auch der Gedanke an die entwurzelten, verzweifelten Massen des Lumpenproletariats von Süd-Teheran, die ebenfalls – von der glitzernden Luxuswelt des Schah-Regimes und von seiner forcierten Verwestlichung ausgeschlossen – nach einem eigenen, vertrauten Standpunkt, nach einem Halt im Elend und in der Ratlosigkeit suchten. Die Perser von Süd-Teheran hatten sich dem schiitischen Islam und der mystischen Erwartung des Verborgenen Imam zugewandt. Waren auch diese frommen Türken von Berlin, diese verkappten Derwische, Vorläufer einer ähnlichen Entwicklung, die sich im eigentlichen Anatolien noch längst nicht mit vergleichbarer Deutlichkeit artikulierte? Fand die politisch-religiöse Hinwendung der Auslands-Türken vielleicht doch schon ein Echo in den alten Hochburgen islamischer Frömmigkeit Anatoliens und in jenen Squatter-Siedlungen der Gecekondu am Rande der Industriestädte? Osman war kein Neurotiker und auch kein Phantast. »Das liegt alles nur zu einem geringen Teil in unserer Hand«, sagte er beim Abschied. »Allahu wahduhu ya'rif – Allah allein weiß es.«

Nach Verlassen der Fathi-Moschee und ihres öden Fabrikgeländes stand ich im Nieselregen auf der Görlitzer Straße und sah mich nach meinem geparkten Auto um. Mein Blick fiel auf eine evangelische Backsteinkirche, die wohl um die Jahrhundertwende gebaut worden war. Über dem neuromanischen Portal war die Begegnung Christi mit den Jüngern von Emmaus dargestellt. Darunter stand in gotischer Schrift ein Zitat aus dem Lukas-Evangelium. In der Wilhelminischen Epoche sollte dieser Bibelspruch wohl Zeugnis geben von lutherischer Zuversicht und gläubiger Geborgenheit in Gott. Aber der Zeitgeist hatte sich gewandelt. In dieser geteilten Hauptstadt einer gespaltenen Nation, im Vorfeld des zutiefst verwirrten Okzidents und auch im Kontrast zu der sendungsbewußten Moslem-Gemeinde der nahen Fathi-Moschee klang die Einladung der Jünger von Emmaus wie der Schrei einer millenarischen Angst: »Herr, bleibe bei uns, denn es will Abend werden.«

Peter
Scholl-Latour

Der Tod
im Reisfeld

Dreißig Jahre Krieg
in Indochina

Ullstein Buch 33022

Peter Scholl-Latour, seit
1945 Augenzeuge der
indochinesischen Tragödie,
hat seine Erlebnisse und
Erfahrungen zu einer Folge
eindruckstarker Bilder
verdichtet, einer Reportage
höchsten Ranges, mit der
der erfahrene Fernseh-
journalist durch das Wort
sein gewohntes Medium
noch übertrifft. Die Turbulenz
der Ereignisse, die Vielfalt
der Erlebnisse setzen sich
in Spannung um, gleichzeitig
aber wird uns der Blick für
die tieferen Zusammenhänge
geöffnet.

Zeitgeschichte